Wolfgang Köhn · Heilpädagogische Erziehungshilfe
und Entwicklungsförderung

Wolfgang Köhn

Heilpädagogische Erziehungshilfe und Entwicklungsförderung (HpE)

Ein Handlungskonzept

3. aktualisierte Auflage

»Edition S«

Bibliografische Information Der Deutschen Bibliothek
Die Deutsche Bibliothek verzeichnet diese Publikation in der Deutschen
Nationalbibliografie; detaillierte bibliografische Daten sind im Internet über
http://dnb.ddb.de abrufbar.

ISBN 3-8253-8309-1 3. Auflage 2003

ISBN 3-8253-8285-0 2. Auflage 2001

ISBN 3-8253-8254-0 1. Auflage 1998

© 1998, 2001. Universitätsverlag C. Winter Heidelberg GmbH – »Edition S«
© 2003. Universitätsverlag Winter GmbH, Heidelberg – »Edition S«
Imprimé en Allemagne · Printed in Germany
Umschlagdesign: Drißner-Design und DTP, Meßstetten
Druck: Memminger MedienCentrum AG, 87700 Memmingen

Gedruckt auf umweltfreundlichem, chlorfrei gebleichtem und
alterungsbeständigem Papier.

Den Verlag erreichen Sie im Internet unter:
www.winter-verlag-hd.de

Inhaltsverzeichnis

5

9

Vorwort

Das hier vorliegende Handlungskonzept der „Heilpädagogischen Erziehungshilfe und Entwicklungsförderung (HpE)" ist in langjähriger heilpädagogischer Arbeit vor allem mit sogenannten „verhaltensauffälligen", „psychosozial gestörten" bzw. „seelisch behinderten" Kindern und Jugendlichen in Praxis und Lehre entstanden.

Unter Berücksichtigung tiefenpsychologisch orientierter Heilpädagogik wird heilpädagogische Erziehungshilfe und Entwicklungsförderung in der Zusammengehörigkeit und Interdependenz ihrer verschiedenen Elemente dargestellt. Es handelt sich dabei zugleich um eine Überarbeitung von Schriften, die in einer hochschulinternen Reihe „Studientexte Heilpädagogik" bisher nur einem kleineren Leserkreis zugänglich waren.

Das Kompendium richtet sich vor allem an *Studenten der Heilpädagogik,* die sich in Studium, studienbegleitenden Praktika und Berufspraktikum auf Ihre berufliche Tätigkeit vorbereiten.

Praktizierende Heilpädagogen können anhand der Ausführungen ihre berufliche Identität und ihr berufliches Handeln erneut reflektieren.

Dank gilt allen derzeitigen und ehemaligen Studierenden im Studiengang Heilpädagogik an der Katholischen Fachhochschule Nordrhein-Westfalen (KFH NW), die ihre zunehmenden Kenntnisse während des Studiums und ihre berufliche heilpädagogische Erfahrung in die Entwicklung und Überarbeitung dieses Konzeptes einbrachten.

Besonderer Dank gilt den Mitbegründern des Studiengangs Heilpädagogik an der Abteilung Köln der KFH NW im Jahre 1971, Frau Dipl.-Heilpädagogin Maria Sandschulte[†] und Herrn Dipl.-Psychologen und Dipl.-Heilpädagogen Herrn Prof. Norbert Neuhaus[†].

Ebenso meinen Kolleginnen, Frau Studienrätin und Dipl.-Heilpädagogin Margarete Bitter, Frau Dipl.-Sozialpädagogin und Dipl.-Heilpädagogin Irmgard Wintgen und Frau Dr. paed. Hedwig Schlaghecken.

Sie alle waren bereit, in mühevoller Kleinarbeit des Teamteachings ihre wissenschaftlichen Erkenntnisse und praktischen Erfahrungen heilpädagogischer Handlungstheorien, zusammen mit den lernenden und praktizierenden Heilpädagogen, in personales, beziehungstiftendes, verantwortliches heilpädagogisches Handeln umzuwandeln und immer wieder neu und vertieft zu reflektieren. Für kollegiale Ergänzung systemischer Sichtweisen danke ich meinem Kollegen Herrn Prof. Dr. med. Alexander Trost. Für das persönliche Gespräch und die hilfreichen Anregungen in seinen Schriften danke ich Herrn Prof. Dr. psych. Dieter Gröschke.

September 1998   Wolfgang Köhn

Vorwort zur 2. Auflage
Das vorliegende Buch hat sich in kurzer Zeit in der Lehre, im Studium wie auch in der praktischen Tätigkeit von Heilpädagoginnen und Heilpädagogen bewährt und deshalb regen Zuspruch gefunden. Daher erscheint eine weitere Auflage angemessen. Ich freue mich, Ihnen, geehrte Leserinnen und Leser, eine überarbeitete und ergänzte Fassung vorlegen zu können, verbunden mit Dank für Ihre hilfreichen Zuschriften und Hinweise.

November 2000   Wolfgang Köhn

Vorwort zur 3. Auflage
Die dritte Auflage wird verbessert, jedoch unverändert, vorgelegt. Ich danke allen Leserinnen und Lesern für ihr anhaltendes Interesse.

Februar 2003   Wolfgang Köhn

Anleitung zum effektiven Gebrauch

Das vorliegende Kompendium will in *grundlegende* heilpädagogische Denk- und Handlungsweisen einführen und diese zugleich zu einem anwendungsbezogenen *Handlungskonzept* verdichten. Deshalb ist das Buch in Grundlagenkapitel und Übersichtsartikel gegliedert.

Lesen Sie bitte zuerst die *Grundlagenkapitel*

- Die Heilpädagogische Erziehungshilfe und Entwicklungsförderung
- Grundlagen der HpE
- Handlungsprozess der HpE
- Prozesskontrolle der HpE
um die wesentlichen Inhalte sowie die Struktur- und Prozesselemente des Handlungskonzeptes der HpE im Zusammenhang kennenzulernen.

Dann können Sie ganz nach Ihrem Interesse

- Die *Übersichtsartikel*
zu den Elementen der HpE aufschlagen, die in lexikalischer Reihenfolge angeordnet sind.
Wenn Sie wissen wollen, wie die einzelnen Elemente im Konzept der HpE zusammenwirken, beachten Sie bitte zu Beginn jedes Übersichtsartikels die Hinweiszeile: z.B. „Anlass", Seite 201

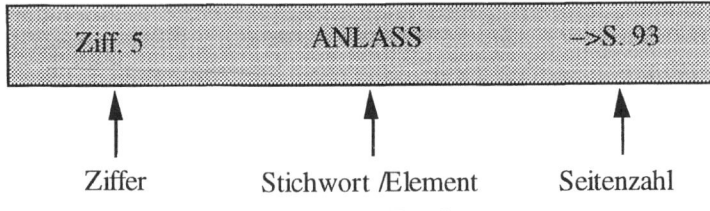

| Ziff. 5 | ANLASS | ->S. 93 |

Ziffer   Stichwort /Element   Seitenzahl
im Flussdiagramm des Handlungsprozesses

Sie können nun das Element/Stichwort (hier: „Anlass") ohne Schwierigkeit im Flussdiagramm des Kapitels ->„Handlungsprozess der HpE" wiederfinden (hier: ->Ziff. 5 im Flussdiagramm; ->Seite 93) und inhaltlich zu Struktur und Handlungsprozess der HpE in Beziehung setzen.

Heilpädagogische Erziehungshilfe und Entwicklungsförderung (HpE)

In diesem Grundlagenkapitel werden folgende Themen angesprochen:

- Grundlagen der HpE 15
  Heilpädagogik 15; Heil, heilen 21; Beziehung 26; Entwicklung 33;
  Förderung 40
- Handlungskonzept der HpE 52
  Struktur 61; Prozess 65; Durchführung 66
- Zusammenfassung 86

• Grundlagen der HpE

- Heilpädagogik

Heilpädagogik ist die Theorie und Praxis der Erziehung unter „erschwerenden Bedingungen". (MOOR 1965, 15) Sie ist als „Erziehung all jener zu verstehen, deren seelisch-geistiges Werden und deren Eingliederung durch individuale Faktoren gestört, fehlgeleitet oder dauernd beeinträchtigt[1] sind." (BACH 1969, 1259)

---

[1]*Beeinträchtigung* bedeutet, dass die persönliche und soziale *Entwicklung des Menschen* durch verschiedene Bedingungen im körperlichen und/oder geistigen und/oder psychischen Bereich erschwert ist. Eine Beeinträchtigung kann auftreten als
a)*Behinderung,*
wenn sie aufgrund einer Schädigung im körperlichen, geistigen, seelischen Bereich umfänglich, schwer und langfristig eine Person an ihrem unmittelbaren Lebensvollzug und ihrer Teilhabe am gesellschaftlichen Leben einschränkt;
b)*Störung,*
wenn sie teilweise, weniger schwer und kurzfristig negativ auf die Entwicklung eines Menschen einwirkt;
c)*Gefährdung,*
wenn sie aufgrund körperlicher, geistiger, seelischer, ökonomischer und sozialer Lebens- und Lernbedingungen eine Störung oder eine Behinderung bewirken oder verstärken kann.

15

„Der Orientierungsbegriff 'Heilpädagogik' ist unter dem Gesichtspunkt des pädagogisch zentral wichtigen Ganzheits- oder Ergänzungsprinzips gewählt worden. Zum Ausdruck kommen soll:
- die anthropologisch ganzheitliche Orientierung einer Erziehung, die einer drohenden personalen und sozialen Desintegration zu begegnen und (ganzheitlichen) Lebenssinn zu erschließen hat,
- das komplementäre Ergänzungsverhältnis zwischen allgemeiner und spezieller Pädagogik und
- die kooperative Ergänzungsbedürftigkeit zwischen spezieller Pädagogik und Nachbardisziplinen.

Heilpädagogik ist demnach Pädagogik unter dem Aspekt speziellen Erziehungsbedarfs beim Vorliegen von Entwicklungs- und Beziehungshindernissen (Behinderungen und sozialen Benachteiligungen). (12 f.) Letztlich geht es darum, im Angesicht vorgefundener Entstelltheit und Bedürftigkeit Zusammenhänge so zu ordnen, daß neue *Sinn-Perspektiven* aufleuchten, Perspektiven der Erlösung." (SPECK 1987, 16)

Insofern dient Heilpädagogik insbesondere Kindern und Jugendlichen, die in vor-, außer- und nachschulischen Handlungsfeldern aufgrund von Erziehungsfehlern, institutionellem Zwang und Druck in Not geraten sind und
- die sich aufgrund der gegebenen soziokulturellen Verhältnisse nicht altersgemäß entwickelt haben oder in ihrer Beeinträchtigung, Behinderung oder (psychischen) Störung als fehlentwickelt gelten bzw. sich entsprechend fühlen und erleben;
- die in ihrer Entwicklung beeinträchtigt, behindert oder (psychisch) gestört und darum zur Enkulturation, Sozialisation und Personalisation nicht fähig sind bzw. sich nicht als entwicklungsfähig fühlen und erleben.

Für diese Menschen ist eine *erzieherische Hilfe* mit besonderen, heilpädagogisch relevanten Methoden[1] notwendig. Die Heilpädagogin lässt sich auf der Suche nach solchen Methoden von den *Erziehungs-* und *Entwicklungsbedürfnissen* des beeinträchtigten Kindes oder Jugendlichen und denen ihrer Bezugspersonen leiten. Alle Akzentuierungen, auch der 'spezielle Förderbedarf' eines beeinträchtigten Menschen, bezieht sich im *heilpädagogischen Handeln* auf *Erziehung an sich,* ist also keine Sonderaufgabe, die sich im Umgang mit dem betreffenden Menschen verselbstständigt und funktional abgehandelt wird. Alle heilpädagogischen Handlungen werden allein aus dem spezifischen, d.h. unabweisbaren Erziehungsbedarf für dieses Kind, diesen Jugendlichen in seiner personalen Einmaligkeit legitimiert.

„Mit *speziellen Erziehungsmaßnahmen* sind Hilfen angesprochen, wie sie beispielsweise für den Bereich der Frühförderung, der Freizeiterziehung, der Sozialerziehung oder der Hilfe bei Verhaltensstörungen gelten. In diesem letzteren Sinn können sich Erziehung und Therapie auch partiell überschneiden ... In den letzten Jahren hat sich auch der Terminus der speziellen pädagogischen *Förderung* eingebürgert." (SPECK 1987, 223)

Wir verstehen Förderung in dieser Schrift mit GRÖSCHKE (1997, 269) präzisierend im Sinne eines Leitkonzeptes der „*Entwicklungsförderung*":

---

[1]*Heilpädagogisch relevante Methoden* sind geeignet, dem in seiner Entwicklung und in seinen Lebensbezügen beeinträchtigten Menschen bei der Bewältigung seines Lebensalltags zu helfen. Heilpädagogen entwickeln solche Methoden in Zusammenarbeit mit ihren Klientel, sowohl nach der Akzeptanz und Wirksamkeit für den Klienten als auch nach ihrer persönlichen Fähigkeit, mit solchen Methoden im Rahmen eines *personalen Beziehungsangebotes* sinnvoll arbeiten zu können. Heilpädagogen sind darüber hinaus verpflichtet, sich auch über Methoden anderer wissenschaftlicher Disziplinen zu informieren und zu prüfen, inwieweit sie im o. g. Sinne hilfreich sind und zur Verbesserung der aktuellen Situation eines beeinträchtigten Menschen beitragen können. Dabei werden sie sich eine gründliche Kenntnis und Beherrschung vorrangig solcher Methoden aneignen, die den Klientel möglichst aktiv mitentscheiden und -arbeiten können. Heilpädagogisch relevante Methoden sind keine punktuellen und isolierten (Übungs-)Angebote, sondern integraler Bestandteil eines umfassenden, heilpädagogischen Handlungskonzeptes, in dem die *Beziehungsgestaltung* zwischen Heilpädagogen und Klientel, in Zusammenarbeit mit einem interdisziplinären Team von Fachleuten, eine herausragende Bedeutung einnimmt.

„Ein heilpädagogisch reflektiertes Praxiskonzept von Entwicklungsförderung konzentriert sich auf das *erzieherische* Moment und führt von daher zur Frage nach den handlungsleitenden *Ziel-* und *Normvorstellungen,* die im Begriff von Förderung immer mit enthalten sind. Es geht um die impliziten oder auch expliziten Vorstellungen von Normalität und Optimalität menschlicher Entwicklungsverläufe. ... Da beim psychophysisch geschädigten Menschen der Gang des normalen Entwicklungsaufbaus in gewisser Weise 'durcheinander geraten' ist, braucht der Heilpädagoge begründetes Erklärungs- und Veränderungswissen, um zu entscheiden, wo er fördernd in das Entwicklungsgeschehen eingreifen muß, damit sich die desynchronisierten Prozesse wieder *selbst regulieren* können und die betroffene Person zu dem ihr möglichen Maß an Selbstbestimmung und Selbstgestaltung finden kann." (GRÖSCHKE 1997, 270)

So geht Heilpädagogik als „Erziehung unter erschwerenden Bedingungen" (MOOR ebd.) vom heilpädagogischen Legitimationsbegriff der „speziellen Erziehungsbedürfnisse" (SPECK ebd.) aus, die sich im Leitkonzept „Entwicklungsförderung" (GRÖSCHKE ebd.) präzisieren lassen und in heilpädagogisch relevanten Methoden ihre praktische Anwendung finden.

Diese erzieherische und fördernde Hilfe, die Heilpädagoginnen als personales Angebot unter erschwerenden Bedingungen zu leisten haben, wird deshalb

„Heilpädagogische Erziehungshilfe und Entwicklungsförderung (HpE)" genannt.

Sie basiert auf Grundlagen der Allgemeinen Pädagogik und spezifiziert diese anwendungsbezogen auf Heilpädagogik.

Die wichtigste *pädagogische* Aufgabe ist es,

angefangen bei der Verantwortung der Eltern und später der Erzieher und Lehrer,

„das Leben ihrer Kinder zu begleiten und dabei 'Kindheit' als eine durchaus *eigenständige und in sich gültige Lebensform und Lebensphase* mit all ihren positiv oder negativ erscheinenden Phasen und Aspekten anzusehen und anzuerkennen." (KRAWITZ 1992, 273)

Die *spezifisch heilpädagogische* Aufgabe ist es „nach Möglichkeiten der Erziehung dort zu suchen, wo etwas Unheilbares vorliegt. Die Hilfe der Heilpädagogik besteht in einer angemessenen Erziehung dort, wo erschwerende Bedingungen vorliegen". (MOOR 1994, 44) Bezogen auf die Erziehung unter erschwerenden Bedingungen menschlicher Entwicklung steht Heilpädagogik in Zuordnung zu anderen helfenden und unterstützenden Berufen (–>Abb. 1).

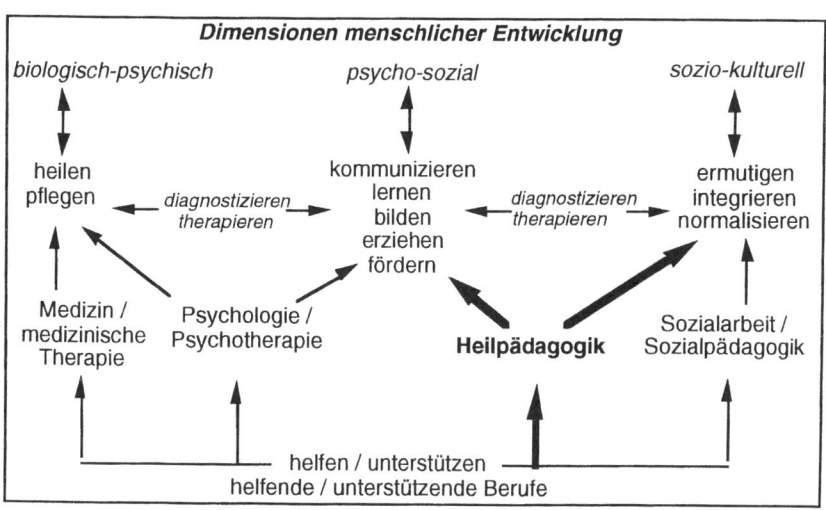

Abb. 1: „Die Dimensionen menschlicher Entwicklung und die Ausrichtung verschiedener 'helfender / unterstützender Berufe' auf die einzelnen Dimensionen" (Störmer/Jödecke 1996)

Heilpädagogik versteht sich dabei als *individuelle* Erziehungshilfe und Entwicklungsförderung (HpE) für Menschen, die unter solchen „erschwerenden Bedingungen" leben. Sie befasst sich mit Problemen der Erziehung und Bildung in menschlichen Beziehungs- und Lernverhältnissen, die als Behinderungen, Störungen oder Gefährdungen *die Entwicklung* des Menschen beeinträchtigen.

Zugleich bemüht sie sich, ein „biosozial-interaktionales Erklärungssystem" (SPECK 1979, 82) zu entwickeln, das Risikofaktoren, ihr mögliches Zusammenwirken sowie mögliche Symptome bzw. Symptomverbindungen aufzeigt. Dies ist jedoch nur zu leisten, wenn für

19

die Heilpädagogik die Erkenntnisse verschiedener Humanwissenschaften herangezogen werden (–>Abb. 2).

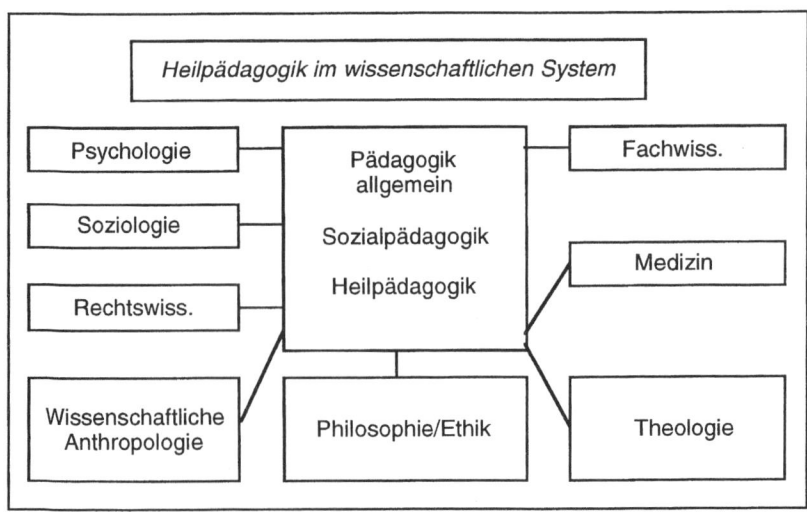

Abb 2: Heilpädagogik im wissenschaftlichen System (In: Speck 1987, 223)

Von besonderer Bedeutung für eine *interdisziplinär* handelnde Heilpädagogik als Erziehungshilfe und Entwicklungsförderung (HpE) sind Forschungsergebnisse und Theorien aus *Humanethologie* (Vergleichende Verhaltensforschung zur Erklärung von Verhaltensabläufen und Handlungsbereitschaft, z.B. durch Untersuchungen an 'erfahrungsfreien' [taub-blind-geborenen] Kindern; oder Kulturvergleich); *Medizin* (Kinderheilkunde, Neuropädiatrie, Psychiatrie und Kinder- und Jugendpsychiatrie, Neurologie, Geriatrie); *Psychologie* (Entwicklungspsychologie, Lern- und Sozialpsychologie, Tiefenpsychologie, humanistische Psychologie, klinische Psychologie); *Soziologie* (Bildungs- Familien-, Organisationssoziologie und Interaktionsanalyse); *Pädagogik* als zentraler Referenzdisziplin.
Grundpfeiler zu Fragen des Menschlichen, so auch zum Sinn des Lebens überhaupt und im Behindertsein, finden sich in der *Wissenschaftlichen Anthropologie,* der *Philosophie* und *Ethik* sowie der *Theologie.*

20

Grundlage aller heilpädagogischen Hilfen ist ein *Menschenbild,* in dem sich der „Glaube an die Gleichheit der Menschenwürde und an die dadurch entstehende Nächstenliebe verbunden hat...", so dass es zu „einer Überwindung der gebrochenen gesellschaftlichen Identität durch den Aufbau einer *sittlich-religiösen* Identität" kommen kann. (HAEBERLIN 1985, 73) Dieses Menschenbild erarbeitet sich jede Heilpädagogin, jeder Heilpädagoge immer wieder neu, um der beruflichen Aufgabe sowohl personal als auch fachlich gerecht werden zu können. Ein Aspekt dieses Menschenbildes wird bereits in der Berufs- und Fachbezeichnung *Heil-*Pädagogik erkennbar. (vgl. GRÖSCHKE 1992, 32)

- Heil, heilen

Heilpädagogisches Arbeiten ist um eine Gesamtförderung des in seiner Entwicklung und Lebensgestaltung beeinträchtigten Menschen bemüht, die sowohl sensomotorische wie intellektuelle, emotionale wie soziale Fähigkeitsbereiche berücksichtigt, um so zu größtmöglicher Autonomie und Selbstverwirklichung in sozialer Mitverantwortung beizutragen. Insofern sind die Begriffe „Heil", „heilen" in der Fachbezeichnung „Heilpädagogik" und in der Berufsbezeichnung „Heilpädagogin, Heilpädagoge" nicht als eine Art des „Gesundmachens" zu verstehen:
„Heilen" ist keine „Reparatur" physischer oder psychischer Störungen, sondern im umfassenden Sinn Erziehungshilfe und Entwicklungsförderung (HpE) der gesamten Persönlichkeit.
Heil, heilen darf in diesem Zusammenhang also nicht als ein objektives Werk, als 'Operation' missverstanden werden, die die Heilpädagogin an einem beeinträchtigten Menschen ausführt. Vielmehr geht es um die größtmögliche *subjektive Erfahrung* von Heil und Heilung im Sinne existenzieller Erfüllung menschlichen Lebens, um die existenzielle Annahme des Menschen im Behindertsein und um eine gemeinsame Lebensbewältigung hin zu immer mehr Menschwerdung. Dazu bedarf es der *Erziehungshilfe*:

Deshalb ist der „Gegenstand" heilpädagogischer Arbeit nicht nur der beeinträchtigte Mensch selber, sondern es sind zugleich die *Erziehungs-* und damit *Beziehungsverhältnisse*, die so bedrohend und eingeschränkt sind, dass Heilpädagoginnen oft erst einmal bemüht sein müssen, tragende Beziehungsverhältnisse zu stiften, damit entwicklungsfördernde Erziehung überhaupt möglich wird.

In der hier akzentuierten Betrachtung von Heilpädagogik, insbesondere in der Arbeit mit „verhaltensgestörten" bzw. „psychosozial beeinträchtigten" oder „seelisch behinderten" Kindern und Jugendlichen, finden wir bereits um das Jahr 1700 im Zusammenhang mit sogenannten „Kinderfehlern", kindlichen Untugenden (also nicht eigentlich mit Behinderungen) das Verbum „heilen" (to cure, to remedy) in der Schrift „Some Thoughts Concerning Education of Children" (1693) des englischen Arztes, Philosophen, Staatsmannes und Pädagogen John LOCKE. (s. KOBI 1993, 12)

Wenn wir in diesem Sinne Heil, heilen als *erzieherisches* Handeln verstehen, sollten wir uns der *sinnstiftenden* Komponente von Erziehung bewusst werden:

„Erziehung ist kein Gegenstand aus dem Bereich des Gegebenen, über den man sich unreflektiert, rein 'pragmatisch', hermachen kann, sondern ein *Thema,* das zunächst als eine Aufgabe erkannt und zur Sprache gebracht werden muss. - Erziehung wird nicht vorgefunden, sondern muss aus Notwendigkeit arrangiert werden. Erziehung ist nicht eine zu entdeckende Seinsform, sondern eine zu findende Bewusstseinsform. Erziehung ist keine Selbstverständlichkeit, sondern eine Durch-uns-Verständlichkeit. Erziehung ist nicht etwas Natürliches (Naturhaftes), Gegebenes, sondern etwas kultürlich Aufgegebenes. Erziehung findet ihre Existenzgrundlage nicht im An-sich-Seienden, sondern erst im Für-jemand-Werdenden. Erziehung gründet in einer intersubjektiven Beziehung, innerhalb derer eine wertorientierte Handlungsfähigkeit zu einer als sinnvoll erachteten Form der Lebensbewältigung und Daseinsgestaltung erworben und vermittelt wird. Erziehung ist ein psychosoziales Arrangement, in welchem ein verbindendes Muster, eine Textur, zur gemeinsamen Daseinsgestaltung gesucht wird." (KOBI 1993, 91 f.)

Heilpädagogik als 'Erziehungshilfe' wird somit zur *'Beziehungshilfe'*. Für das beeinträchtigte Kind, für dessen Eltern und Bezugspersonen, für die Heilpädagogin wie für alle Menschen gründet die Fülle des Lebens auf gestalteten, mitmenschlichen Beziehungen, die geeignet sind, Bedürfnisse des Gebens und Nehmens, der Nähe und Distanz, des Erfülltseins und der Sehnsucht zu ermöglichen und zu befriedigen. Dabei entwickeln Menschen

„Einerseits das eindeutige Bedürfnis nach Hilfe, zugleich aber auch andererseits das Bedürfnis nach Wahrung eines Eigenlebens und nach autonomer Lebensgestaltung. Anders ausgedrückt: Das Bedürfnis nach Teilhabe und Beziehung auf der einen Seite bedeutet zugleich ein Spannungsverhältnis - in einem zunächst positiven Sinn. Beide sind Personen, Subjekte und sind deshalb auf Achtung voreinander angewiesen. Achtung ist das Respektieren des anderen bei aller Teilhabe, auch bei der Abhängigkeit voneinander." (SPECK 1987, 382)

Die subjektive Erfahrung mitmenschlicher Beziehungen beinhaltet durch diese Polarität zugleich immer auch die Erfahrung des Unheils, das der Mensch, insbesondere im Scheitern seiner Beziehungen, erleidet. So fragt sich der beeinträchtigte und behinderte Mensch, so fragt sich auch die Heilpädagogin: Wie kommt es zum Unheil? Woher rührt das Unheil? Dabei entdecken sie, dass sie selber, durch ihr Tun und Lassen, Unheil bewirken. Menschen können sich noch so bemühen, immer wieder werden sie sich selbst und anderen in ihren Beziehungen *begegnen* als begrenzt und begrenzend, als behindert und behindernd, als einander vereinnahmend und einander wegstoßend, sie werden sich und andere *erleben* als Hüter oder Vernichter von Leben. So gelangt der Mensch zum Bewusstsein eigenen Versagens und eigener Schuld. Das Bewusstsein des Menschen, letztlich kein endgültiges Heil schaffen zu können, lässt ihn fragen: Wo ist Heil, wer kann es schaffen, wie kann ich es finden? Anders formuliert: Wohin führt der Sinn (= die Reise, die Fahrt) des menschlichen Lebens, wohin führt mich mein Lebensweg, wohin bin ich mit anderen unterwegs?

„Die Sinnfrage löst sich meines Erachtens erst dann, wenn ich eine Möglichkeit menschlichen Seins annehme, welche allen Erklärungen entzogen ist. Diese ... nicht ableitbare Möglichkeit menschlichen Seins nenne ich die *religiöse Haltung* des Menschen. ... Mit Religiosität meine ich die menschliche Möglichkeit der wertgeleiteten Emotionalität. ... weil sich in meiner Emotionalität aus unerklärlichen Gründen ein Glaube an die Würde aller Menschen und eine Achtung vor dem menschlichen Sein regt, den ich schlicht als Glaube an die Nächstenliebe bezeichnen möchte." (HAEBERLIN 1985, 70 f.)

„So ist Heil zu verstehen als Verganzheitlichung und Sinnerfüllung. Aus dem Verganzheitlichkeits- und Sinnhorizont folgt konsequent, daß es in der Heilpädagogik 'keine Wertfreiheit als methodisches Prinzip' gibt. Heilpädagogik impliziert unabweisbar und notwendig einen ethischen Wertbegriff." (JUST 1992, 98)

Ein gültiger Wertbegriff kann die „Idee des Guten" (SOKRATES, PLATON) sein. Diese Erkenntnis gilt, ausgeformt durch eine zweitausendjährige christlich-abendländische Geschichte, auch als Voraussetzung für eine gerechte soziale Ordnung und einen gerechten Staat und wird proklamiert in Menschenrechten und Menschenpflichten.[1]

Als Leitlinie kann KANTs kategorischer Imperativ gelten: „Handle so, dass die Maxime deines Willens jederzeit zugleich als Prinzip einer allgemeinen Gesetzgebung gelten könne." Und: „Handle so, dass du die Menschheit, sowohl in deiner Person als in der Person eines jeden anderen jederzeit zugleich als Zweck, niemals bloß als Mittel

---

[1]Warum soll der Mensch nicht „jenseits von Gut und Böse" (NIETZSCHE) stehen, nur „seinem Willen zur Macht" (Erfolg, Reichtum, Vergnügen) verpflichtet? Warum sollen Menschen Mitmenschen nicht belügen, betrügen, bestehlen, umbringen, wenn ihnen dies zum Vorteil gereicht und man Entdeckung nicht fürchten muss? Warum sollen Politiker der Korruption widerstehen; Geschäftsleute der absoluten Profitgier; Embryonenforscher der kommerziellen Fortpflanzungstechnik; Mediziner und andere der Liquidierung unerwünschten Nachwuchses aufgrund pränataler Geschlechtsbestimmungen? Und warum soll der Mensch das Gute tun? Warum soll er, statt rücksichtslos und brutal, freundlich, schonungsvoll, ja hilfsbereit sein, warum soll schon der junge Mensch auf Gewaltanwendung verzichten und grundsätzlich für Gewaltlosigkeit optieren? Warum soll dies der Mensch als Einzelner, Gruppe, Nation, Religion *unbedingt,* d.h. *in jedem Fall tun?* Und warum sollen dies *alle tun* und keine Schicht, Klicke oder Gruppe davon ausgenommen sein? - Das sind die Grundfragen jeder Ethik, auch der heilpädagogischen Berufsethik, die sich in besonderer Weise des Konfliktes um das Lebensrecht schwerstbehinderter Menschen in der Auseinandersetzung mit dem Euthanasie-Thema und der sozialgesellschaftlichen Integration behinderter Menschen annehmen muss.

brauchst." Wir erkennen diese Maxime auch in anderen Formulierungen: „Was du nicht willst, dass man dir tut, das füg' auch keinem andern zu!" (Volksweisheit); oder positiv gewendet: „Alles, was ihr wollt, dass euch die Menschen tun, das sollt auch ihr ihnen tun"; und: „Du sollst deinen Nächsten lieben wie dich selbst!" (Jesus v. Nazareth)

Das praktische Wissen für das Vollziehen und die Beurteilung ethischer Handlungen im „guten Sinne" realisiert sich auf interaktionstheoretischer Ebene im heilpädagogischen Handeln dort, wo immer sich Menschen unterwegs als 'der Nächste' in der Gestalt des körperlich, seelisch, geistig beeinträchtigten und behinderten, des sozial verwundeten, beraubten, misshandelten, missbrauchten, ausgegrenzten Menschen und in der Gestalt des reisenden Samariters begegnen. In einer solchen zutiefst menschlichen Begegnung[1] wandelt sich Unheil in Heil, Heilserwartung in Heilserfahrung. Heilserfahrung bedeutet nicht 'heile Welt', die ja jeder Erfahrung offenkundig widerspricht. Heilserfahrung bedeutet auch nicht absolute Gewissheit der Heilung, kann doch die Heilpädagogin in ihrem Bemühen, Hilfe zu leisten, selbst als Aggressor erlebt werden, die neuen Schmerz zufügt und die nicht imstande ist, dauerhafte Heilung zu ermöglichen. Aber dadurch wird die Heilpädagogin erfahren und lernen, dass sie „nicht in erster Linie oder ausschließlich als Fachmann oder Fachfrau gefragt ist, sondern als Mensch und Mitmensch. Der Hilfenehmer möchte wissen und spüren, dass er nicht Objekt eines Jobs, einer professionellen Funktion ist, sondern als Subjekt in einer Beziehung geachtet und gewürdigt wird. Alle heilpädagogische Arbeit ist deshalb immer zuerst ein Sicheinlassen in Beziehungen mit den Menschen, ist immer auch ein Werten des anderen, ein Bestätigen des

---

[1]*Begegnung* wird hier verstanden im Sinne des „Dialogischen Prinzips" Martin BUBERs. Dazu gehört 1. die Anerkennung und Bestätigung der Anderheit im Sinne von Auseinandersetzung auf der Grundlage mitmenschlicher Akzeptanz und Wertschätzung; 2. die Erfahrung der Gegenseite (d.h. die prozesshafte Erfahrungs- und Verstehensannäherung an die Erlebensweisen des Du); 3. die Unmittelbarkeit und Konkretheit der Hinwendung zum Du im Sinne eines offenen personalen Angebotes; 4. die dialogische Verantwortung die sich darin äußert, in der Wechselwirkung von Rede und Gegenrede zur Antwort bereit zu sein in Verantwortung.

Lebenswertes und ein Teilhaben an diesem anderen, seinem Wert und seinen Konflikten." (SPECK 1987, 383 f.)

- **Beziehung**

Die heilpädagogische *Beziehung ist das Fundament* für die heilpädagogische Begleitung des Mitmenschen, vor allem des Kindes. Sie ist
- Voraussetzung für die Erziehung unter erschwerten Bedingungen;
- Hilfe bei der Entwicklung vom Ist-Zustand zum Soll-Zustand, verstanden als
- Prozess der Identitätsentwicklung mit dem Ziel der
- Hilfe zur Vermenschlichung.

Die heilpädagogische Beziehung wird gestaltet
- in der individualisierenden *Einzelsituation* wie
- in der spezifischen *Kleingruppe* und vor allem
- in der *Lebensgruppe* im heilpädagogischen Milieu.

Die heilpädagogische Beziehung ist geprägt von einem *heilpädagogischen Menschenbild,* in dem humane Menschenliebe und Liebe zum Leben sowie eine berufsethische Haltung der *personalen Mitverantwortung* grundgelegt ist, die erworben werden im Ringen um *Selbsterkenntnis* und *Selbsterziehung* der Heilpädagogin als Mensch auf der Suche nach der eigenen Identität.

Die heilpädagogische Beziehung basiert auf der *pädagogischen Theorie,* die bestimmt ist durch die
„Eigentümlichkeit dessen..., was mit 'Erziehung' und mit 'Erziehungswirklichkeit' umschrieben ist. ... Innerhalb von Erziehung (*dieser* Erziehungswirklichkeit) konzentriert sich das pädagogische Geschehen auf ein Du, von dem der individuelle Anspruch ausgeht, durch Erziehung 'Mensch' zu werden. Dieser Anspruch ist immer ein personaler, d.h. er wird nur im unmittelbaren Bezug zum anderen Menschen, zum Mitmenschen realisierbar. Der Mensch kann nicht Mensch werden ohne den Mitmenschen. Mitmenschlichkeit ist daher die zentrale Aussageweise des Menschlichen. Erst im Vollzug wird 'Pädagogisches' möglich: Absichten mit dem Ziel, dem Anderen dazu verhelfen, mündig zu werden, sich selbst zu bestimmen, zu

sich selbst zu stehen, sozialgerecht zu sein, sich selbst immer in Bezug zu anderen zu sehen..." (DICKOPP 1983, 29)

Die heilpädagogische Beziehung basiert nach NOHL (1961) und KLAFKI (1970) auf *pädagogischen Grundlagen* eines interpersonalen Erziehungsverhältnisses:

1. Die heilpädagogische Beziehung wird um des Kindes willen gestiftet, und alles, was innerhalb dieser Beziehungsgestaltung geschieht, geschieht um des Kindes willen.
2. Die heilpädagogische Beziehung ist eine Beziehung der Wechselwirkung.
3. Die heilpädagogische Beziehung kann nicht erzwungen werden.
4. Die heilpädagogische Beziehung ist ihrem Intensitätsgrad nach altersgemäß und entsprechend der vorhandenen körperlichen, geistigen, seelischen und/oder psychosozialen Beeinträchtigungen angemessen zu gestalten. (vgl. HUPPERTZ/SCHINZLER 1983, 18 ff.)

Die heilpädagogische Beziehung ist eingebettet in eine *pädagogische Atmosphäre,* die auf Einstellungen, Haltungen und Formen der menschlichen Zuwendung beruht - vom Erzieher zum Kind, vom Kind zum Erzieher - in besonderen Situationen und im Lebensalltag. Diese vor allem auch *gefühlsmäßigen* zwischenmenschlichen Voraussetzungen und menschlichen Haltungen werden von BOLLNOW als „erzieherische Tugenden"[1] bezeichnet, die in einer pädagogischen

---

[1] *Tugend* meint ursprünglich eine Kraft, ein Vermögen oder eine Fähigkeit etwas zu bewirken und durchzustehen im Sinne von Tüchtigkeit, Tauglichkeit. Es geht bei der Tugend um eine über die aktuelle Situation hinausgehende Wertantwort, um das rechte Menschsein. Tugend ist also nicht ein Mehr oder Weniger Tun oder Lassen, sondern eine Optimierung, d.h. es geht um das Bestmögliche. Thomas von AQUIN definiert Tugend als „ultimum potentiae", als das Äußerste, was ein Mensch sein kann, als die Erfüllung menschlichen Seinkönnens. Durch seine Mühe im Erwerb von Tugenden wird der Mensch 'tüchtig'; Tugenden ermöglichen dem Menschen für etwas 'tauglich' zu sein. PLATON unterscheidet vier Kardinaltugenden: Weisheit (Klugheit), Besonnenheit (Maß), Tapferkeit (Starkmut) und Gerechtigkeit, wobei die Gerechtigkeit den anderen vorgeordnet ist. ARISTOTELES versteht Tugend als eine durch Übung erworbene, gefestigte seelische Haltung, das Finden der jeweils richtigen Mitte in der und aus der konkreten Situation. In der christlichen Tradition werden den o.g. Kardinaltugenden die drei göttlichen Tugenden: Glaube, Hoffnung, Liebe vorangestellt. - In der chinesischen Tradition des fernen Ostens steht in der Tugendlehre die ganzheitlich kontemplative Haltung des Menschen im Vordergrund, mit den Haupttugenden: Wohlwollen als Liebe und Erbarmen, die Rechtheit und die Ehrfurcht, das Wissen um den Menschen, die Aufrichtigkeit und die Treue.

Atmosphäre wachsen können:

„Die pädagogische Atmosphäre... ist eine gefühlsmäßige Einstellung des Kindes zum Erwachsenen, das andere jene entsprechende Haltung, die der Erwachsene von seiner Seite aus dem Kind entgegenbringt... Es geht... um die pädagogische Situation im ganzen und insbesondere die Kind und Erzieher gemeinsam übergreifende Gestimmtheit und Abgestimmtheit des einen auf den anderen, die für das Gelingen der Erziehung erforderlich ist." (BOLLNOW 1965, 12)

Diese „Doppelseitigkeit der erzieherischen Atmosphäre" und die zu entwickelnden „erzieherischen Tugenden" können in Anlehnung an BOLLNOW (1965) wie folgt skizziert werden:

1. Keine falschen Erwartungen

Bezugspersonen bringen Kinder oft zum Scheitern, weil ihre Erwartungen bereits vorauseilend in die Zukunft gerichtet sind und dabei die - vor allem emotionale - Belastbarkeit des Kindes in der Gegenwart 'überziehen'. Neben den notwendigen Spannungen zwischen den vorauseilenden Erwartungen der Erzieher mit der langsamer oder anders als erwartet verlaufenden Entwicklung des - beeinträchtigten, behinderten oder psychosozial gestörten - Kindes wird es noch sehr viel gefährlicher,

„wenn Erzieher und besonders die Eltern in ihren Erwartungen über das vernünftige Maß hinausgehen, wenn sie in ihrer Eitelkeit vom Kind erwarten, daß es einmal ungewöhnliche Leistungen hervorbringt oder bestimmte von ihnen gestellte Aufgaben übernimmt, etwa einen bestimmten, von den Eltern für wünschenswert gehaltenen Beruf ergreift oder das elterliche Geschäft übernimmt und vorwärts führt." (BOLLNOW ebd. 54f.)

Daher gilt es, sich um Entwicklung folgender erzieherischer Tugenden *in der Beziehung zum einzelnen Kind* zu bemühen, um eine entwicklungsfördernde *heilpädagogische Atmosphäre* zu schaffen, durch

2. Zutrauen und Vertrauen,

weil das Kind sich nicht einfach von ihm selbst her entwickelt, sondern in Vielem von den Erwartungen abhängig ist, die ihm insbesondere durch seine Bezugspersonen entgegengebracht werden. Deshalb ist es für die kindliche Entwicklung wichtig, grundsätzlich den körperlichen, geistigen und seelischen Kräften des Kindes zu vertrauen. Der Erzieher sollte davon überzeugt sein, dass es diese oder jene *Entwicklungsaufgabe* gut erfüllen kann.

3. Geduld,

weil beim Kind nie vorausgesetzt werden darf, was es noch lernen soll. Der gute Erzieher engagiert sich, aber er kann auch warten. „Die Geduld ist die Tugend des Wartenkönnens. Wir verstehen sie am besten von ihrem Gegenteil her, von der Ungeduld, oder direkter ausgedrückt, von der Hast." (BOLLNOW ebd. 56f.)

4. Hoffnung,

weil alle Erziehung letztlich getragen wird vom Vertrauen in die Zukunft. Dies gilt für die Heilpädagogin besonders dort, wo keine 'Besserung' eines Leidens oder einer Behinderung erwartet werden, wo im Sinne von Paul MOOR eine „Schwererziehbarkeit" vorliegen oder eine Behinderung nicht aufgehoben werden kann, denn „Die Hauptaufgabe der Heilpädagogik besteht darin, nach den Möglichkeiten der Erziehung zu suchen, wo etwas Unheilbares vorliegt." (MOOR 1994, 43)

Voraussetzung für eine hoffnungsvolle Erziehung ist die *positive Zukunftsperspektive* des Erziehers, denn nur so vermag er diese auch anderen atmosphärisch zu vermitteln:

„Es ist die Hoffnung, daß sich das Kind in der rechten Weise entwickelt, nicht so sehr in eigener Anstrengung, sondern daß die Natur sich in ihm entwickelt. In den schwersten Enttäuschungen und aussichtslos erscheinenden Verwicklungen behält sie die Gewißheit, daß sich alles 'irgendwie' schon lösen wird, und bewahrt darin eine innere Überlegenheit zu den Schwierigkeiten, die auch das Kind, wo es verzagen möchte, mit tragen kann... Hoffnung und Geduld sind so in ihrer notwendigen Polarität zu begreifen. Sie sind in innerster Zusammengehörigkeit und wechselseitiger Ergänzung aufeinander bezogen und bestimmen gemeinsam den zeitlichen, zukunftsbezogenen Aspekt der Erziehung." (BOLLNOW 1965, 61f.)

5. Humor,

weil alle Erziehung - auch im unaufhebbaren Beeinträchtigt- und Behindertsein - letztlich getragen ist von der 'Fülle des Lebendigen', die das Leben in den sogenannten 'kleinen Dingen' alltäglich bereithält als Quelle der Lust, der Freude und des Trostes, als Sinnfindung selbst in Belastung, Schmerz, Trauer und Leid.

„Humor bedeutet in der erzieherischen Perspektive die Fähigkeit, die Kümmernisse des Kindes aus einer gewissen Überlegenheit zu sehen und sie so leicht zu nehmen. Denn würde der Erzieher jedes Leid, das dem Kind oft unendlich und nicht mehr zu ertragen scheint, ebenso schwer nehmen wie dieses, so könnte er gar nicht mehr in der rechten Weise helfen. Durch den Humor löst der Erzieher die Spannung. Dieser Humor muß sich besonders da bewähren, wo sich das Kind in Zorn oder Unart gegen den Erzieher selber wendet, wenn es etwa trotzig aufbegehrt oder diesem gar wehtun will. Hier darf dieser nicht gleich menschlich gereizt reagieren. Dieser überlegene Humor würde freilich entarten, wenn er nicht von der Warmherzigkeit des Mitgefühls getragen ist oder gar in kalte Ironie oder bissigen Spott umschlägt. Wirkliche Ironie, in dem Sinn, wie das Wort heute verstanden wird, kann kein Kind ertragen. Ironie mag eine Waffe im Kampf mit einem gleichwertigen Gegner sein, dem Kind gegenüber aber ist eine ironische Behandlung schlechterdings verboten. Es ist ihr gegenüber in seiner eigenen Schwachheit hilflos und fühlt sich durch die ironische Behandlung aus dem menschlichen Bezug gerissen und im innersten Kern verletzt." (BOLLNOW 1965, 68f.)

Die heilpädagogische Beziehung enthält *spezielle erzieherische Aufgaben und Angebote* der Heilpädagogin an das ihr anvertraute Kind, den Jugendlichen und deren Bezugspersonen, die die Heilpädagogin - ausgehend von der „*heilpädagogischen Bedürftigkeit*" (HAGEL 1990) des Kindes - als gezielte Interventionen in die heilpädagogische Begleitung einbringt. Aufgrund der meist schweren Entbehrungs-, Trennungs-, Gewalt- und Entwurzelungserlebnisse und durch die mit einer Krankheit oder Behinderung einhergehenden Schmerzen und

Traumatisierungen der Kinder, gehören zu den Aufgaben und Angeboten der *personalen heilpädagogischen* Beziehung vor allem:

a) *äußerer Halt,* gegeben durch einen eindeutigen Orientierungsrahmen in einer überschaubaren Lebenssituation;

b) *innerer Halt,* gegeben durch Sicherheit und Geborgenheit spendende unbedingte Zuverlässigkeit;

c) *Vertrauen,* gegeben durch die unmittelbar spürbare selektive Authentizität (Echtheit) in der Selbst- und Fremdwahrnehmung sowie Selbst- und Fremdakzeptanz und der daraus erwachsenden grundlegenden positiven Selbst- und Fremdwertschätzung;

d) *Empathie* (Einfühlungsvermögen), gegeben durch die Fähigkeit, Reaktionen, Handlungsweisen, Auffassungen usw. des Kindes von *dessen Voraussetzungen her* zu verstehen und darauf angemessen einzugehen;

e) *Offenheit und Spontanität,* gegeben im Sicheinlassen auf affektives, psychosomatisches und intellektuelles Geschehen bei sich und den Kindern und Bereitschaft zur freien Kommunikation im Geben und Empfangen solcher Informationen;

f) *Permissivität* (Freizügigkeit), gegeben durch Gewähren von individueller Freiheit beim sinnvollen Suchen und Bestimmen eigener Ziele;

g) *Interdependenz* (gegenseitige Abhängigkeit), gegeben durch ein ausgewogenes Verhältnis zwischen eigener und kindlicher Autorität sowie eigenen und kindlichen Mitbestimmungsbedürfnissen und Selbständigkeitswünschen im Sinne 'ausgleichender Gerechtigkeit'.

Die heilpädagogische Beziehung ist auf *Entwicklungsförderung* hin ausgerichtet. Dabei reflektiert die Heilpädagogin neben den körperlichen und geistigen Fähigkeiten des Kindes oder Jugendlichen insbesondere auch die *innerseelischen dynamischen Faktoren der bewussten und unbewussten Selbststeuerung* auf dem Hintergrund

1. der *Real*-Beziehung;

Jedes Kind gestaltet die Hier-und-Jetzt-Situation entsprechend seinem Lebensalter mit den ihm gegebenen Möglichkeiten: Es ist neugierig, es möchte wissen, wer die Heilpädagogin, der Heilpädagoge ist; Kinder fragen und interessieren sich auch für intime Dinge (Haare, Schminke, Schmuck, Kleidung, Familienstand usw.), kurz: Sie wollen sich mit der Person der Heilpädagogin, des Heilpädagogen vertraut machen und suchen die Auseinandersetzung mit dem Erwachsenen, um sich ins Leben einzuüben.

2. der *Übertragungs*-Beziehung.

In der heilpädagogischen Beziehungsgestaltung werden gerade durch die heilpädagogische Atmosphäre frühkindliche Haltungen und Gewohnheiten reaktiviert, die sonst unterdrückt (d.h. aus Angst vor Liebesverlust verdrängt) oder besonders heftig nach außen abgewehrt werden müssen. Dadurch kommt es zu einer Wiederbelebung unbewusster Konflikte (Komplexe). Dabei wird die Heilpädagogin, der Heilpädagoge als Funktionsträger mütterlicher und/oder väterlicher Verhaltens- und Erlebensweisen angesehen und erlebt, so wie diese vom Kind introjiziert wurden. Die fachlich kompetente Arbeit mit Übertragungsreaktionen, kindlichen Widerständen und Abwehrhaltungen ermöglicht es, frühe Erfahrungen mit dem Kind neu zu durchleben und mit Hilfe der Heilpädagogin im Spiel- und Übungsgeschehen und in alltäglichen Situationen anders zu gestalten und durchzuarbeiten als durch rein reaktives Erwidern, so dass es zur Auflösung von Wiederholungszwängen und zu alternativen Konfliktlösungen kommt. Auf diese Weise kann das Kind mit der und an der Heilpädagogin seine Möglichkeiten und Grenzen erproben; es lernt, sicherer zu werden in Wünschen und Ansprüchen; in der Übernahme ihm möglicher Eigen- und Mitverantwortung; im Treffen von Entscheidungen als Probehandlungen für weiterreichende Entscheidungsfindung; es lernt, angenehme und unangenehme Konsequenzen als Folge eigenen Handelns wahrzunehmen und durch veränderte Eigeninitiative in Versuch und Irrtum aus eigenem Willen positive Bedingungen für sich herzustellen. Aus der Sicherheit und der unbedingten Zuverlässigkeit der Heilpädagogin in ihren haltgebenden Stützen und zumutenden Herausforderungen erarbeitet sich das Kind mit ihr zusammen ein wachsendes Selbstbewusstsein und Selbstvertrauen sowie ein gefestigtes Selbstwertgefühl. Dadurch kann es eine sta-

bilere Identität entwickeln, um seine realen Lebenssituationen unter erschwerten Bedingungen angemessener meistern zu können.
Dieses gemeinsame Erleben und Handeln führt im Durchhalten und Durcharbeiten schwieriger Entwicklungsprozesse auf dem Lebensweg des Kindes zu dessen Fähigkeit, Beziehungen in mitmenschlichen Bezügen angemessener und damit menschlicher zu gestalten und sich auf diese Weise einen erweiterten Raum für seine Entscheidungsfreiheit in den polaren Verhältnissen von Abhängigkeit und Autonomie zu erobern.

- Entwicklung

Der Mensch ist auf Entwicklung hin angelegt. Dieses Postulat hat sich in den Entwicklungslehren über den Menschen, über seine Stellung in der Welt, seine Geschichte, seine Kultur, seine Gesellschaftsformen, ja in seiner Erkenntnis über kosmische Zusammenhänge immer wieder als ein wesentliches, wenn nicht sogar als das oberste Gesetz aller Wirklichkeit herausgestellt.
Entwicklung verstehen wir heute als einen multifaktoriellen, komplexen, fortschreitenden Prozess von Wechselwirkungen, in dem sich der Mensch mehr und mehr der Welt, der Mitmenschen und sich selbst bewusst wird und sich zu seiner Persönlichkeit entwickelt, die ihrerseits auf diese Entwicklung Einfluss gewinnt. Nach SCHENK-DANZINGER (1991, 43) ist Entwicklung ein integrierender Prozess, an dem folgende Faktoren beteiligt sind:
1. *genetische Faktoren* aufgrund Vererbung
   a) strukturelle Reifung zum Menschen
   b) individuell genetische Anlagen (z.B. Temperament)
2. *soziokulturelle Faktoren* im Sinne von Lernangeboten
   a) Kulturkreis
   b) weitere Umwelt (Volk, Stadt oder Land), Sozialschicht, Berufsgruppe der Eltern usw.
   c) engere Umwelt (Milieu) wie Familie, Schule, engerer Freundeskreis

3. *Innerseelische dynamische Faktoren* im Sinne von Selbststeuerung

   a) bewusste Selbststeuerung (Arbeitshaltung, Motivationen, Lebensziele, Lebenspläne, Selbsterziehung, Streben nach Identität und Selbstverwirklichung)

   b) unbewusste dynamische Prozesse (Entstehung von Leitbildern und Leitlinien; die Bewältigung des Trieblebens in der Auseinandersetzung mit Ich und Über-Ich; die Ausbildung von Abwehrmechanismen)

Wenn der Mensch auf Entwicklung hin angelegt ist, stellt sich die Frage: Wozu/Wohin soll sich der Mensch entwickeln? Was ist das Ziel menschlicher Entwicklung?

Eine Antwort auf diese Frage setzt voraus, ein Bild vom Menschen, ein 'Menschenbild' zu entwerfen, über seine Natur und seine Stellung in der Welt (GEHLEN 1958) und seine Stellung im Kosmos (SCHELER 1928). Wir müssen also zuerst danach fragen: „W e r ist der Mensch?" Diese Frage ist sowohl existenziell (die Bestimmung und Definition) als auch dialogisch (die Kompetenz und Verantwortung) des Menschen betreffend zu verstehen im Sinne von:

„Welche Merkmale charakterisieren den Menschen gegenüber anderen Lebewesen und insbesondere auch gegenüber seinen nächsten Verwandten, den Primaten, und was folgt daraus für das Menschwerden?"

Mit SCHENK-DANZINGER (1991, 21 f.) können wir diese Frage zusammenfassend so beantworten:

1. Der Mensch ist nicht wie das Tier mit Instinkten ausgestattet, die sein Verhalten in angeborener, zweckmäßiger Weise regeln. Er ist nicht eingebettet in eine Welt von Zeichen und Signalen, auf die er auf Grund seiner Instinktausstattung zweckmäßig und relativ starr reagiert. *Der Mensch ist ein Lernwesen.* Er muss vom ersten Tag seines Lebens an lernen, um sich in seiner komplizierten und ständig wechselnden Umwelt zu behaupten. Er ist ein *offenes System* und daher in besonderer Weise anpassungsfähig, nicht nur an die ver-

schiedensten Bedingungen des Lebens, sondern auch an einen raschen Wechsel der Umstände.

2. Der Mensch hat als einziges Lebewesen *Selbstbewusstsein.* Er kann sich selbst gegenübertreten, kann sich und andere *reflektieren* und er besitzt die *Fähigkeit,* zu seinen eigenen Trieben und instinktgesteuerten Impulsen *Stellung zu nehmen,* sie zu unterdrücken, die Bedürfnisbefriedigung hinauszuschieben oder Verzicht zu leisten. *Das allerdings muss er erst im Laufe seiner Kindheit lernen.* Er ist jedoch, wie schon SCHELER (1928) sagte, zumindest im Prinzip und der Möglichkeit nach ein "Nein-Sager zum Leben in ihm selbst".

3. Der Mensch lebt als einziges Wesen in *Vergangenheit, Gegenwart und Zukunft.*

4. Da er in die Zukunft lebt, *plant und handelt er.* Er passt sich nicht nur handelnd seiner Umwelt an, sondern er verändert sie auch handelnd, um sie seinen Bedürfnissen anzupassen.

5. Der Mensch lernt nicht nur wie das Tier vorwiegend durch Konditionierungen und Nachahmung, *er lernt auch durch Einsicht,* indem er die Beziehungen von Faktoren innerhalb einer Situation erfasst oder solche Zusammenhänge selbst stiftet. Ferner hat er als einziges Lebewesen die Fähigkeit, durch *Identifikation mit Vorbildern,* denen er sich durch eine *positive emotionale Beziehung* verbunden fühlt, zu lernen.

6. Der Mensch hat nicht nur *primäre Bedürfnisse* nach Nahrung, Flüssigkeit und Befriedigung des Geschlechtstriebes, sondern er hat von Anfang an auch *sekundäre Bedürfnisse,* und zwar nach *Sicherheit, Geborgenheit und Liebe, nach Geltung und Selbstverwirklichung* (MASLOW 1954).

7. Diesen primären und sekundären Bedürfnissen entsprechen *primäre* und *sekundäre Motivationen.* Die Beweggründe des Handelns werden beim Menschen von physiologischen Bedürfnissen in viel geringerem Maße bestimmt als *vom Streben nach Liebe, Lob, Geltung, Ansehen, Macht, Geld und Prestige.* Andere sekundäre Bedürfnisse können im sozialen Kontakt erlernt werden.

8. Nur der Mensch besitzt die *Wortsprache.* Im Gegensatz zum Tier, dessen instinktgesteuertes Kommunikationssystem primär der Le-

bens- und Arterhaltung dient, hat er die Fähigkeit, Sachverhalte darzustellen.

9. Der Mensch kommt nicht, wie alle höheren Säuger, als Nestflüchter zur Welt, der alle arteigenen Eigenschaften mitbringt und in wenigen Stunden zum selbständigen Lebewesen wird. Der Mensch ist ein *Nesthocker eigener Art,* der erst mit Ende des ersten Lebensjahres die arteigenen Merkmale erwirbt, nämlich *die Sprache, den aufrechten Gang* und die spezifisch menschliche, über die Brutpflege hinausgehende *Bindungsfähigkeit.*

10. Viel stärker als bei Tieren, wo dies auch der Fall sein kann, ist die *Sozialisierung beim Menschen ein Lernprozess.*

11. Nur der Mensch besitzt die Fähigkeit, zu werten und *Wertordnungen* aufzubauen, die als Maßstäbe des Gruppen- und Individualverhaltens wirksam werden.

12. Nur der Mensch kann ein *Überich* entwickeln als jene Instanz, in die das Wertsystem introjiziert wird und die jedes Zuwiderhandeln mit stark negativen Gefühlen bestraft bzw. eine Idealvorstellung (Ideal-Ich) des Menschen über sich selbst zu entwickeln hilft; ebenso ein *Gewissen,* das ihm Orientierung zu relativ freier Ich-Entscheidung verhilft, beispielsweise zu altruistischem Handeln unter Einsatz seines Lebens.

Aus dieser Zusammenschau ist ersichtlich, welche Chancen dem Menschen aufgrund seiner Anlagen im Rahmen seiner Kultur, seiner materiellen und sozialen Umwelt gegeben sind, sich in seinen unterschiedlichen Lebensbereichen zu entwickeln durch Einflussgabe und Einflussnahme.

Die teleologische Frage nach Sinn- und Wertprämissen, nach Normen und Geltungsansprüchen, Perspektiven und Zielsetzungen: „Wozu/Wohin soll sich der Mensch entwickeln?" lässt sich anhand der Entwicklungsbezogenheit des Menschen dahingehend beantworten, dass der Mensch das ihm Mögliche entwickeln soll hin zu immer mehr Menschwerdung[1] im Dialog mit der ihn tragenden Welt und seinen Mitmenschen: Im Lernen aus der Vergangenheit, im Gestalten der Gegenwart und in verantworteter Übernahme eines kalkulierten Risikos für die Zukunft. Dazu gehört u.a. auch der *Verzicht* auf das „Menschenmögliche", wenn dieser aus humanen und ökologischen Gründen „um des Guten willen" notwendig, sinnvoll und wichtig erscheint.

Zur Bewältigung seiner altersentsprechenden und kulturell wichtigen Entwicklungsaufgaben hin zu immer mehr Menschwerden benötigt das Kind, der Jugendliche, ja auch der Erwachsene (wenn er in Krankheit, Not- und Krisensituationen gerät) Hilfe und Unterstützung.

Für das Kind, den Jugendlichen dient vorrangig die *Pädagogik* dazu, den jungen Menschen darin zu fördern und zu fordern, immer mehr ins vollgültige Menschwerden vorzudringen und ihn auf diesem Weg zu begleiten.

Heilpädagogik hat dabei die Aufgabe, Erziehung und Bildung dort zu ermöglichen und zu fördern, wo *die Entwicklung des Menschen erschwert* ist.

Dabei ist es wichtig, die jeweiligen *Entwicklungskrisen* zu kennen, in denen der Mensch auf seinem Lebensweg schon unter normalen - besonders aber unter beeinträchtigenden - Lebensbedingungen bestimmte Konflikte als Lebensaufgaben zu lösen hat.

Acht solche Entwicklungsphasen, verstanden als psychosoziale Krisen in Abhängigkeit altersspezifischer Anforderungen, fand ERIKSON (1977) auf dem Hintergrund der psychoanalytischen Entwicklungspsychologie Sigmund FREUDs für das menschliche Leben:

---

[1]Schon von alters her waren sich die Menschen ihrer Menschwerdung als Aufgabe bewusst, um vom „Aufgegebenen" zum „Verheißenen" zu gelangen. Über dem Eingang zum Tempel von Delphi stand das eherne Wort: „Verstehe dich selbst". Das ist eines der vier Worte, die die griechische Lebensweisheit ausmachen. Die anderen drei lauten: „Nichts zuviel"; „Werde, der du bist"; „Sei".

1. Urvertrauen gegen Misstrauen;
2. Autonomie gegen Scham und Zweifel;
3. Initiative gegen Schuldgefühl;
4. Leistung gegen Minderwertigkeitsgefühl;
5. Identität gegen Rollenkonfusion;

----

6. Intimität gegen Isolierung;
7. Zeugende Fähigkeit gegen Stagnation;
8. Ich-Integrität gegen Verzweiflung.

Vom Kindes- bis zum Jugendalter sind es *fünf* Phasen bzw. Krisen die durchlebt und bewältigt und die im späteren Jugendalter über Identitätsdiffusionen zu einer *Identitätsfindung* führen müssen. Auf den einzelnen Entwicklungsstufen stellen sich spezifische Entwicklungsaufgaben zwischen den Polen 'Unabhängigkeit' und 'Zugehörigkeit'. Dabei kommt zuerst den Beziehungs- und damit Erziehungspersonen die bedeutsame Aufgabe des Loslassens-Festhaltens, In-der-Nähe-bleibens zu, wie in der folgenden –>Abb. 3 dargestellt.

Phasen nach Freud	Umkreis der Beziehungspersonen	Kernkonflikt: entwicklungsfördernd / hemmend	Psychosoziale Modalitäten	Erfolglose Konfliktlösung; Fehlentwicklung	Erfolgreiche Konfliktlösung; gesunde Entwicklung	Bleibende Werte (Grundtugenden)
I. Oralsensorisch 1. Lebensjahr	Mutter	Urvertrauen *gegen* Misstrauen	Gegeben bekommen; annehmen; geben/ zuwenden	Komplexe Entwicklungsstörung; schizoide u. depressive Persönlichkeit	Selbstgewissheit; Zuversicht; Wohlsein; Güte	Antrieb und Hoffnung
II. Muskuläranal 2. - 3. Lebensjahr	Eltern	Autonomie *gegen* Scham und Zweifel	Halten (Festhalten) Lassen (Loslassen)	Unsicherheit; Trotz; zwanghaftes Verhalten; Machttendenzen; paranoide Ängste und Zwangsneurosen	Selbstentfaltung; Selbstkontrolle; Kooperationsfähigkeit; Leistungsstolz Gerechtigkeitsgefühl	Selbstbeherrschun g und Willenskraft
III. Lokomotorischgenital 3. - 5. Lebensjahr	Familienzelle	Initiative *gegen* Schuldgefühl	Tun (Drauflosgehen) „Tun als ob" (= Spielen)	Resignation; Angst; Selbstbestrafung; Übergehorsam; Argwohn; hyst. Verleugnung; Großtuerei; psychosomatische Störungen	Aktivität; Zielstrebigkeit geistige Beweglichkeit; Entscheidungskraft; Verantwortlichkeit	Richtung und Zweckhaftigkeit
IV. Latenz 6. - 12. Lebensjahr	Wohngegend Schule	Leistung, Fleiß *gegen* Unzulänglichkeitsgefühl	Etwas „Richtiges" machen; etwas mit anderen zusammen machen	Leistungsunwilligkeit; eingeschränkte Aufmerksamkeit; Selbstbeschränkung; Pessimismus	Arbeitshaltung Leistungswillig keit; Leistungsfähigkeit	Methode und Können
V. Pubertät und Adoleszenz 11. - ca. 18. Lebensjahr	„Eigene" Gruppen; „die Anderen"; FührerVorbilder	Identität *gegen* Rollenkonfusion	Wer bin ich? (wer bin ich nicht?) Das Ich in der Gemeinschaft	Identitätsstörungen; Festigung diffuser IchBilder; Intoleranz; kriminelle oder psychotische Tendenzen	Personale und soziale Identität; Emanzipation; Partizipation; Solidarität	Hingebung und Treue

Abb. 3
Psychosoziale Entwicklungsphasen der Kindheit und Jugend (nach Erikson [4]1977)

- Förderung

Der Begriff „Förderung" wird äußerst vielfältig verwendet. Man findet ihn häufig in zusammengesetzten Substantiven wie Ausbildungsförderung, Förderdiagnostik, Frühförderung, Förderprogramm, Förderstufe, Förderunterricht u.ä.
In diesen Zusammenhängen wird immer auch etwas gefordert. Heißt deshalb fördern = fordern? Und heißt fordern immer fördern? Würde fordern immer fördern, müssten wir dann nicht vom beeinträchtigen Menschen „aus Liebe" und „aus Verantwortung" möglichst viel und oft fordern?
Zur Antwort herausgefordert sollten wir den Mut haben, uns selber zu befragen: möchten wir das für uns selbst so haben? Könnten wir uns vorstellen, auf diese Weise 'gefördert' zu werden? Oder wäre eine solche 'Förderung' für uns eine 'Zumutung'? - „Was du nicht willst, das man dir tu..."
Ehrlich gestanden müssen wir zugeben, dass es Grenzen gibt, bei deren Überschreitung Fordern nicht mehr fördert sondern vielmehr hemmt, stört und belastet! „Zuviel des Guten ist immer das Schlechte" (Sprichwort). Daher gibt es für die heilpädagogische Förderung unterschiedliche Forderungen, die einer (heil-)pädagogischen Haltung bedürfen: Sowohl die Herausforderung im Sinne von Anregung und *zugleich* die Permissivität im Sinne von Gewährenlassen und Ausprobieren.
Mittels sogenannter „Förderabsicht" des Pädagogen soll ein anderer Mensch in bestimmter Hinsicht beeinflusst werden. Damit wäre Förderung beinahe gleichzusetzen mit Erziehung, denn auch dort geschieht gezielte Einflussnahme mit bestimmter Absicht. „Spezielle Erziehung" (= Heilpädagogik) und Förderung werden unter diesem Gesichtspunkt so beschrieben:
„Mit *speziellen Erziehungsmaßnahmen* sind Hilfen angesprochen, wie sie beispielsweise für den Bereich der Frühförderung, der Freizeiterziehung, der Sozialerziehung oder der Hilfe bei Verhaltensstörungen gelten. In diesem letzteren Sinn können sich Erziehung und Therapie auch partiell überschneiden ... In den letzten Jahren hat sich

auch der Terminus der speziellen pädagogischen *Förderung* eingebürgert." (SPECK 1987, 223)

„Drei grundsätzliche Aspekte der Tätigkeit[1], die hier als 'Fördern' bezeichnet wird, sollen kurz dargestellt werden, um diesen Begriff in den richtigen Zusammenhang zu stellen:

1. 'Förderung' geschieht in einem erzieherischen Gesamtzusammenhang

2. 'Förderung' geschieht durch die bewusste Gestaltung von entwicklungsfördernden Situationen

3. 'Förderung' zielt auf Lernprozesse ab und möchte Lernen möglich machen." (STRASSER 1997, 23)

Im Rückgriff auf das vorher beschriebene Verständnis von „Heilpädagogik" muss in diesem Zusammenhang jedoch betont werden, dass Heilpädagogik *nicht* die (additive) Anwendung spezifischer pädagogisch-therapeutischer Methoden auf die Förderung körperlich, geistig und seelisch behinderter Menschen sein kann und will. Es fällt auf und stimmt bedenklich, wenn heute im Trend der Zeit heilpädagogische „Angebote" auf dem Markt der Möglichkeiten wie Kochbuchrezepte aufgereiht zu lesen sind nach dem Motto: „Für jedes Wehwehchen das passende Mittel" bzw. „auf jeden Topf den passenden Deckel!"

Bei einer solchen Machbarkeitsideologie besteht die Gefahr, dass für den beeinträchtigten Menschen ohne seine Mitwirkung allzu leicht und unbesehen 'eingekauft' und 'gedeckelt' werden könnte. Heil-

---

[1]*Tätigkeit* wird ähnlich wie 'Handeln' charakterisiert: als aktiv, zielgerichtet, über einfachere, reaktive Formen von Verhalten hinausgehend, vom Bewusstsein aufgabengerecht reguliert, verschiedene psychische Teilaspekte integrierend vereinigend und in seinen Bewusstseinsgrundlagen gesellschaftlich bedingt. „Tätigkeiten sind gerichtete Aktivitäten, die ein Individuum selbstbestimmt initiiert, um ein für wichtig und wertvoll erlebtes Ziel zu erreichen. Das Erreichen dieses Zieles führt in der Regel zu einem Zuwachs an Selbständigkeit und Lebensqualität im alltäglichen Handeln des Individuums. Da Tätigkeiten (per definitionem) immer gegenstandsbezogen sind, muß das tätige Subjekt auch die objektiven Gegebenheiten 'bewältigen'. Tätigkeiten fördern also den Ausgleich von *Subjektivierung* (eigene Wünsche, Bedürfnisse und Motive) und *Objektivierung* (materielle und soziale Umwelt in ihrer Widerständigkeit). In diesem Sinne bedeutet tätig sein, *kompetent* zu sein, die Befähigung besitzen, sich selbst in seiner Umwelt zurecht finden zu können." (GRÖSCHKE 1997, 302)

pädagoginnen sollten sich deshalb bewusst werden, dass heilpädagogische Förderung aus einer Haltung heraus geschieht, die nicht nur ein *Tun,* sondern auch ein *Lassen* ist, nämlich

„der bewusste Verzicht auf die Ausführung eines bestimmten denkbaren Tuns, das zwar erfolgversprechend und machbar wäre, zu Gunsten eines höherwertigen Prinzips. Ein Beispiel aus der heilpädagogischen Förderpraxis mit Schwerstbehinderten: Die Items eines förderdiagnostischen Instrumentes (sog. Kompetenzinventare) geben mir dezidiert vor, welche Verhaltensleistung des Behinderten unter Einsatz verhaltensmodifikatorischer Techniken erzielt werden könnte, weil sie 'an der Reihe' ist. Ich verzichte jedoch bewusst auf das Einüben, weil ich nicht beweisen kann, was dieses 'Können' für einen Sinn macht im Ganzen der Lebenssituation der behinderten Person. Statt dessen fühle ich mich ethisch aufgefordert, die Situation des Betroffenen mit zu(-er-)tragen, ohne sie aktivistisch zu bekämpfen. Ich werte besonnen den „Komplex der Aufgaben" im Sinne Schleiermachers (als „besonnenes Bewusstsein des Erziehers" [Anm. W. Köhn]) und entschieden nicht nach der technischen Machbarkeit des 'Augenblicks allein', alles andere wäre geist-, seelen- und herzloser 'skilldrill'." (GRÖSCHKE 1997, 136)

Auf der Basis ökologisch orientierter Förderkonzepte bei erschwerten Lernsituationen (HEIMLICH, 1994) wird besonders auf das Eingebettetsein des Umgangs mit Behinderungen in die gesamte Lebenssituation hingewiesen: über den unmittelbaren sozialen Umgang hinaus ist die *Lebenswelt* der Betroffenen einzubeziehen. In diesem Zusammenhang gewinnt das sogenannte *Normalisierungskonzept* aus den skandinavischen Ländern und Nordamerika für die Weiterentwicklung der heilpädagogischen Förderung eine wichtige Funktion. Aus der Kritik an der Anstaltsunterbringung geistig behinderter Menschen erwuchs eine Bewegung zur Unterbringung in familienähnlichen Kleinstheimen und betreuten Wohngemeinschaften, mit einem normalen Tagesrhythmus, einem normalen Wochen-, Jahres- und schließlich Lebensrhythmus, Respekt, einem normalen Leben in einer weitgehend heterosexuellen Welt, normalen ökonomischen Standards sowie einer normalen Lebens- und Wohnumwelt.

Heilpädagogische Förderung als sozialer Umgang wird insgesamt durch die folgenden Grunddimensionen ausgeprägt:

„- *integrierend* durch Ermöglichung gesellschaftlicher Teilhabe,

- *akzeptierend* durch die Achtung vor der Personalität jedes Menschen,

- *verstehend* durch die Sicherstellung kommunikativer Prozesse,

- *dialogisch* durch die Erfahrung von Unterschieden,

- *multisensorisch* durch das Miteinander der vielfältigen leiblich-sinnlichen Voraussetzungen und

- *assistierend* durch den Dienstleistungscharakter ihrer Angebotsformen.

Insofern beruht heilpädagogische Förderung ganz im Sinne von Paul MOOR auf denselben Möglichkeiten wie die „Normalpädagogik" (nämlich dem sozialen Umgang miteinander). Auf diesem Wege gerät Heilpädagogik zu einem Bestandteil einer Allgemeinen Pädagogik als einer „Pädagogik für alle". Zur heilpädagogischen Förderung wird sie durch die heilpädagogische Haltung im Sinne professionsethischer Prämissen (z.B. Achtung vor der Würde und Personalität aller Menschen)." (BUNDSCHUH, HEIMLICH, KRAWITZ, 1999)

Heilpädagogische Förderung hat daher nur dann Erfolg, wenn sie *ganzheitlich* angelegt ist. Dies bedeutet zunächst, den „ganzen Menschen" als *Subjekt* anzusprechen:

„(Heil-)Pädagogik findet auf der Objektebene und unter der Perspektive einer exklusiv objektivierenden Fragestellung kein pädagogisches Thema, keinen als pädagogisch auszuweisenden Gegenstands-(genauer: Person-)Bereich und zerbröselt bestenfalls in Psychopathologie." (KOBI 1983, 47)

Den Menschen als Individuum, als „das Unteilbare", als „er selbst" anzusprechen bedeutet, vorhandene Behinderungen oder Störungen zunächst aus dem Blickfeld zu rücken. Anders gesagt: Die Heilpädagogin geht nicht symptomorientiert bzw. defizitorientiert vor, um funktionalistisch bestimmte Teilbereiche der Gesamtperson zu diagnostizieren und zu trainieren (sei es im körperlichen, geistigen seelischen oder sozialen Bereich).

„Es geht auf der Subjektebene nicht darum, bestimmte Merkmale als Symptome aus dem Beziehungsnetz herauszulösen, sondern im Gegenteil 'objektive Befunde' als subjektive, interaktionale Befindlichkeiten auszuweisen. Was uns heilpädagogisch interessiert, sind die sich in einem Behinderungszustand ausbreitenden »Befindlichkeitsstörungen«; es interessiert nicht die Behinderung an sich, sondern das Leid und das Leiden der davon betroffenen Personen. Verhalten hat keinen immanenten Sinn und muss daher im zwischenmenschlichen Kontext studiert werden... (KOBI 1993, 60)

Die Heilpädagogin kommt ihrem Gegenüber folglich *dialogisch* entgegen in dem Bemühen, *mit ihm gemeinsam* zu versuchen, Entwicklungen in allen menschlichen Bereichen zu eröffnen. Daraus folgt, dass

„...Heilpädagogik nicht nur eine Frage der Wissenschaftlichkeit, sondern auch eine Frage der 'Haltung' ist." (HAEBERLIN 1996, 35)

Vielleicht lässt sich diese Haltung des Anregens und Gewährenlassens im Rahmen heilpädagogischer Förderkonzepte am ehesten mit der sokratischen Methode der „Mäeutik" verdeutlichen, der Kunst, im Dialog die Wahrheit aus dem Gesprächspartner herauszuholen. Die wahre Erkenntnis liegt bereits im Gegenüber; sie ist ihm jedoch verborgen, nicht bewusst. Durch das geschickte Fragen des Sokrates kommt diese Wahrheit dem Gesprächspartner zum Bewusstsein. Sokrates vergleicht diese Fragekunst mit der Mäeutik (= Hebammenkunst, Geburtshilfe). Heute können wir diese Haltung vielleicht analog zu ressourcen-orientiertem Vorgehen verstehen: Verborgene Hilfsquellen des Menschen werden behutsam entdeckt, freigelegt, ans 'Licht der Welt' geholt. Dabei wird die Heilpädagogin bemerken,

„daß es vom Menschen aus gesehen grundsätzlich zwei Weltaspekte gibt: den *nützlich-zweckmäßigen* des sich unaufhörlich wandelnden Lebensvordergrundes und den *symbolisch-substantiellen* des unwandelbaren Lebensgrundes. Die Frage nach dem Wesen des Lebendig-Schöpferischen kann niemals auf der Ebene des Zweckmäßigen beantwortet werden. Sie findet einzig Antwort in der sinnlich-geistigen Ausdrucksweise des Symbols." (ROSENBERG 1983, 18)

Dies legt den Schluss nahe, *zwei Sprachen* zu differenzieren:

1. Eine Sprache, die eher einen Bezug zur inneren Wirklichkeit hat;
2. eine Sprache, die mehr in Relation zur äußeren Wirklichkeit steht.

Deshalb wird sich die Heilpädagogin - bei schwer geistig behinderten Menschen ebenso wie bei psychisch gestörten Kindern und Jugendlichen - nicht nur der funktionsauslösenden Signalsprache des Vordergründigen bedienen, sondern wo immer möglich der Symbolsprache, weil sie in *sinnbildlicher* Weise scheinbar Unvereinbares zusammenbringt, Gegensätze vereinigt, Unaussprechliches verdeutlicht. Mit der *metaphorischen Funktion* dieser Sprache wird so etwas wie eine innere Struktur aufgebaut, die Verständigung im Dialog ermöglicht, wie zwischen dem lallenden Säugling und seiner Mutter, die seine unartikulierten Bedürfnisse versteht. Dann kann es der Heilpädagogin gelingen, Sprachbarrieren zu überwinden, die auf sehr verschiedenen Ebenen liegen und sie wird vom beeinträchtigten Menschen lernen dürfen, was seine Signale *verkünden* und was seine Symbole *bedeuten*.

Die heilpädagogisch-dialogische Aufgabe besteht darin, in einer digitalisierten, durch Zahlen und Nummern beherrschten, technisierten Welt wieder eine Sprache zu sprechen, mit der außer Ziffern, Zeichen und Kürzeln *innere Erfahrungen unmittelbar ausgedrückt* werden können. Dies wäre eine dialogische Erziehungssprache, die auf einer tragfähigen Beziehung beruht, denn die Voraussetzung für diese Art von Dialog ist es immer, „daß man sich vertraut gemacht hat." (EXUPÉRY, Der kleine Prinz) Anderenfalls wird die Sprache zur „Quelle der Mißverständnisse". Das Geheimnis des „Lebensgrundes" zu entdecken und damit die angemessene Sprache zu sprechen ist 'im Grunde' ganz einfach: „Man sieht nur mit dem Herzen gut. Das Wesentliche ist für die Augen unsichtbar." (EXUPÉRY ebd.).

„Bedenkt man, daß dialogisches Leben im Sinne der 'Heilpädagogischen Haltung' als Partner nur Menschen ohne Abgrenzungshaltung kennen darf und daß jede Unterscheidung zwischen Kategorien von Menschen, z.B. zwischen Schwer- Leicht- und Nicht-Behinderten, schon die Zerstörung des Dialogischen Prinzips bedeutet, gelangt man zu der Einsicht, daß 'Heilpädagogische Haltung' eine Lebensweise ist, die im Gegensatz zu allen üblichen Bewertungen und Gepflogenheiten in unserer gesellschaftlichen Welt steht. Weil der Gegensatz zwischen Heilpädagogischer Haltung und den üblichen Haltungen in unserer Welt besteht, muß... ausdrücklich betont werden, daß "Schwerste Behinderung nicht als Minusvariante des Menschen, sondern als menschliche Daseinsform, die es anzuerkennen gilt", anzusehen sei (Bach 1991, 13)." (HAEBERLIN 1996, 40)

In dieser subjektorientierten und individuumzentrierten Haltung wird die Heilpädagogin ihr Angebot zur Förderung als ein *personales Angebot zur Beziehungsgestaltung* verstehen, gemäß der existentiellen, dialogischen, subjektiven und sinngebenden Fragestellung:

- Wer bist du? - Wer bin ich?
- Wer bist du für mich? - Wer bin ich für dich?
- Wer können wir füreinander sein?
- Was können wir wo, wann, wie miteinander und mit anderen für deine Entwicklung in deinem Leben tun?

Es kann daher niemals die heilpädagogische Fragestellung sein:
„Wie ändert man ein kindliches Störverhalten?, sondern:
wie stelle ich mich einem Kind dar, dass es mich in einer Art und Weise erlebt, die ihm ein angemesseneres Verhalten ermöglicht? Existentiell ausschlaggebend ist ... jene Wirklichkeit, die Kind und Erzieher *gemeinsam* und in *derselben Weise* zu erfahren imstande sind. Verstehen gründet im gemeinsamen Erleben." (KOBI 1993, 61)

Dabei kommt der Stärkung und Vervollständigung der Grundsinne (taktil, vestibulär, auditiv, visuell und propriozeptiv) eine besondere Bedeutung zu. Es geht jedoch nicht an, Wahrnehmungsprozesse unter neurophysiologischen Gesichtspunkten auf sensorische und körperliche Funktionstüchtigkeit und damit auf die Frage zu reduzieren, welche Reizqualitäten und -quantitäten ein Kind objektiv über sein perzeptives System aufzunehmen und zu unterscheiden in der Lage ist.

Dies würde bedeuten, den Aspekt der *subjektiven Sinnstiftung* zu verkennen und zu vernachlässigen. Der Bezug zur bisherigen Lebensgeschichte, eine *biografiegeleitete* und damit auf die individuelle *Lebensbedeutsamkeit* hin ausgerichtete *Verstehensweise* der Heilpädagogin würde heilpädagogisch gesehen ermöglichen zu unterscheiden, ob das Kind in der Lage ist, Reize *sinngebend* zu verarbeiten, ob und wie es diese in sein Handeln integrieren und für eine Orientierung in der gegenständlichen und sozialen Wirklichkeit verwerten kann. Daher kommen *Spiel* und *Übung* allein oder in der kleinen Gruppe eine wesentliche Bedeutung zu, weil dadurch dem betroffenen Menschen die Möglichkeit eröffnet wird, 'neu' zu sehen, zu hören, zu fühlen, zu denken, zu tasten, sich zu bewegen, zu schmecken, sich zu äußern usf., mit dem Ziel, diese Erfahrungen und Möglichkeiten in die alltägliche Lebenswelt zu transferieren. Zur Entwicklung und zum sinnvollen Gebrauch der Grundsinne beizutragen ist also *primäre Voraussetzung* für jede weitere Förderung, die wir als
„die unmittelbare pädagogische, d.h. zielorientierte Zusammenarbeit im Sinne einer Kooperation als humane Form menschlichen Handelns (Jetter 1986, 224) mit dem Kind" verstehen. (PFLÜGER 1991, 30)

Helen KELLER (1880 - 1968) verlor mit 20 Monaten Augenlicht und Gehör. Sie lernte mit ihrer Lehrerin Anne Sullivan[1] wieder 'sehen' und 'hören'. Ein kleiner Auszug aus der berühmt gewordenen Autobiografie der amerikanischen Schriftstellerin kann als Beispiel für eine solche ganzheitliche Förderung als 'kooperative, humane Form menschlichen Handelns' dienen:
"...Frl. Sullivan brachte mir meinen Hut, und ich wusste, dass es jetzt in den warmen Sonnenschein hinausging. Dieser Gedanke, wenn eine

---

[1]Anne Mansfield Sullivan, die lebenslange Begleiterin von Helen Keller, die in ihrer Kindheit selbst längere Zeit erblindet war, dürfen wir noch heute als eine Heilpädagogin par excellence ehren. Sie erfand in intensiver, personaler, dialogischer Auseinandersetzung mit ihrer kleinen Klientin und späteren lebenslangen Freundin die originäre und genial zu nennende heilpädagogische Methode des Fingeralphabets, die so ungezwungen wie möglich ganz von der Wissbegier des Kindes ausging, dafür aber den ganzen Einsatz von Frau Sullivan verlangte.

nicht in Worte gefasste Empfindung ein Gedanke genannt werden kann, ließ mich vor Freude springen und hüpfen. Wir schlugen den Weg zum Brunnen ein, geleitet durch den Duft des ihn umrankenden Geißblattstrauches. Es pumpte jemand Wasser, und meine Lehrerin hielt mir die Hand unter das Rohr. Während der kühle Strom über meine Hände sprudelte, buchstabierte sie mir in die andere das Wort „water" (= Wasser), zuerst langsam, dann schnell. Ich stand still, mit gespannter Aufmerksamkeit die Bewegung ihrer Finger verfolgend. Mit einem Male durchzuckte mich eine nebelhafte, verschwommene Erinnerung, ein Blitz des zurückkehrenden Denkens, und das Geheimnis der Sprache lag plötzlich offen vor mir. Ich wusste jetzt, dass „water" jenes wundervolle, kühle Etwas bedeutete, dass über meine Hand strömte. Dieses lebendige Wort erweckte meine Seele zum Leben, spendete ihr Licht, Hoffnung, Freude, befreite sie von ihren Fesseln! Zwar waren ihr immer noch Schranken gesetzt, aber Schranken, die mit der Zeit weggeräumt werden konnten. Ich verließ den Brunnen voller Lernbegier. Jedes Ding hatte eine Bezeichnung, und jede Bezeichnung erregte einen neuen Gedanken. Als wir ins Haus zurückkehrten, schien mir jeder Gegenstand von verhaltenem Leben zu zittern. Das kam daher, dass ich alles mit den seltsamen, neuen Augen, die ich erhalten hatte, betrachtete. Beim Betreten des Zimmers erinnerte ich mich der Puppe, die ich zerschlagen hatte. Ich tastete mich zum Kamin, hob die Stücke auf und suchte vergeblich, sie wieder zusammenzusetzen. Dann füllten sich meine Augen mit Tränen; ich verstand, was ich getan hatte und zum erstenmal in meinem Leben empfand ich Reue und Schmerz."

Dieser kleine autobiografische Ausschnitt der Selbstdarstellung von Helen Keller verdeutlicht die ganze Dimension des Leitkonzeptes sowohl der *Erziehungshilfe* als auch der *Entwicklungsförderung,* die untrennbar miteinander verbunden sind:
Nicht nur das 'Buchstabieren', das 'Lernen', das 'Erinnern', das 'Wiederholen', das 'Spielen', das 'Üben', das 'Bemerken' und 'Erfassen' sind wichtige Elemente, sondern zugleich in einer noch viel tieferen humanen Dimension 'Licht', 'Hoffnung', 'Freude',

'Reue' und 'Schmerz' als letztlich unbeschreibbare Erlebensdimensionen des Menschlichen.

Das Beispiel Helen Kellers zeigt überdies, dass die Annahme falsch ist, behinderte Kinder und Jugendliche seien überwiegend oder teilweise sinnes- bzw. wahrnehmungsgestört. Eine solche Annahme verführt allzu oft dazu, spezielle Lehrziele und Methoden zur Förderung von Wahrnehmung zu entwickeln und zahlreiche didaktische Materialien und Programme für diesen Bereich, z.b. aus der Frühförderung oder Vorschulpädagogik, zu übernehmen. Hierbei besteht zugleich die Gefahr der Übernahme eines defizitären Menschenbildes, weil dem Menschen mit Behinderung die Fähigkeit abgesprochen wird, Reize der Umwelt angemessen zu verarbeiten und darauf sinnvoll zu antworten. Dabei werden häufig die hinter solchen 'Störungen' stehenden *Bedeutungsmomente* übersehen, die nach sinnkonstitutiven Momenten besonderer Lebensumstände der individuellen Entwicklung und Biografie entstanden sind. Durch das Übersehen solcher Sinnzusammenhänge besteht die Gefahr, dass Förderung funktionalistisch ausgerichtet wird. Die Angebote sogenannter 'Förderprogramme', die fälschlicherweise bei Bedarf aus der Schublade gezogen werden, richten sich dabei auf vorab diagnostizierte oder angenommene allgemeine oder spezielle Defizite in einem speziellen Verhaltensbereich, ohne die *lebensweltbezogenen, situationsbezogenen* und *sinnausgerichteten* Vorerfahrungen des betreffenden Kindes oder Jugendlichen und seiner Bezugspersonen ausreichend zu berücksichtigen. Solches technologisches Vorgehen birgt die Gefahr, mit wenig interessanten und für das Kind, den Jugendlichen bedeutungs- und zusammenhanglosen Stimuli zu agieren, in der Hoffnung auf positive Effekte in der Verarbeitung, Koordination bzw. Integration der zugrundeliegenden zerebralen Felder. Dies führt zwangsläufig zu entnervenden 'Übungseffekten' (–>Übung), sowohl beim Kind und Jugendlichen, bei den Eltern und Erziehern wie auch bei der 'behandelnden' Heilpädagogin.

An die Stelle solcher zu einseitig auf neurophysiologische, sensorische und körperliche Funktionstüchtigkeit reduzierter Ansätze der Sinnes- und Wahrnehmungsförderung sollte eine *ganzheitliche, an-*

thropologische Sichtweise in den Vordergrund gerückt werden, die folgende Aspekte berücksichtigt:

„ - ein offenes Menschenbild, das sich an einem auf Sinnerschließung ausgerichteten Subjekt orientiert, dessen Handeln nicht durch äußere Stimuli der Umwelt, sondern intentional und subjektbezogen durch persönliche Interessen und Wertstrukturen bestimmt wird,

- eine phänomenologische Sichtweise, bei der die menschliche Subjektivität als ein 'sinnvolles zusammenhängendes Gebilde' begriffen wird und bei der als Folge alle Äußerungen, auch sonderbar und von der Norm abweichend erscheinende Verhaltensweisen in bezug zum Ganzen des Menschen als 'phänomenale Erscheinung' für sich sinnhaft und subjektiv berechtigt erscheinen (vgl. Mattner/Gerspach 1997, 50) sowie

- eine hermeneutisch-dialogische, sinnerschließende Analyse des einzelnen Subjekts, als Versuch des Verstehens der Lebenswirklichkeit eines wie auch immer beeinträchtigten Menschen bzw. dessen subjektiven Seinsentwurfs und eine Unterstellung von Sinnhaftigkeit und Bedeutungshaltigkeit auch von unverstandenen Äußerungen." (FISCHER 2000, 14)

Daraus ergeben sich für das *Leitkonzept* der Erziehungshilfe und Entwicklungsförderung (HpE) mehrere Dimensionen komplexer Teilaufgaben und darin sehr differenzierte Aufgabenschwerpunkte:

„- *Lebenslaufbezogene* Aufgaben: Frühförderung, Kindergarten- und Vorschulerziehung, schulische Förderung, berufliche Bildung, Erwachsenenbildung;

- *Lebensortbezogene* Aufgaben: organisations- und institutionsbezogene Aufgaben in Tages- oder Vollzeitheimen, klinischen Einrichtungen, Freizeiteinrichtungen, Schulen und Familien;

- *Methodenbezogene* Aufgaben: Erziehung (Persönlichkeitsbildung und Sozialerziehung), Beurteilung (Diagnostik, Bewertung, Zuordnung), Unterricht (in Schulen durch Lehrer), Therapie, Beratung, Pflege;

- *Sozialökologische* Aufgaben: Elternarbeit (Kooperation), Teamarbeit (interdisziplinäre Kooperation), Öffentlichkeitsarbeit, Reflexion von Berufsrolle und beruflichem Selbstverständnis." (GRÖSCHKE 1997, 277)

Das Handlungskonzept der HpE integriert die verschiedenen Aufgabenschwerpunkte, wenngleich diese im Einzelfall und je nach Situation nur relativ gewichtet sein und wohl eher selten von einer einzelnen Heilpädagogin bewältigt werden können.

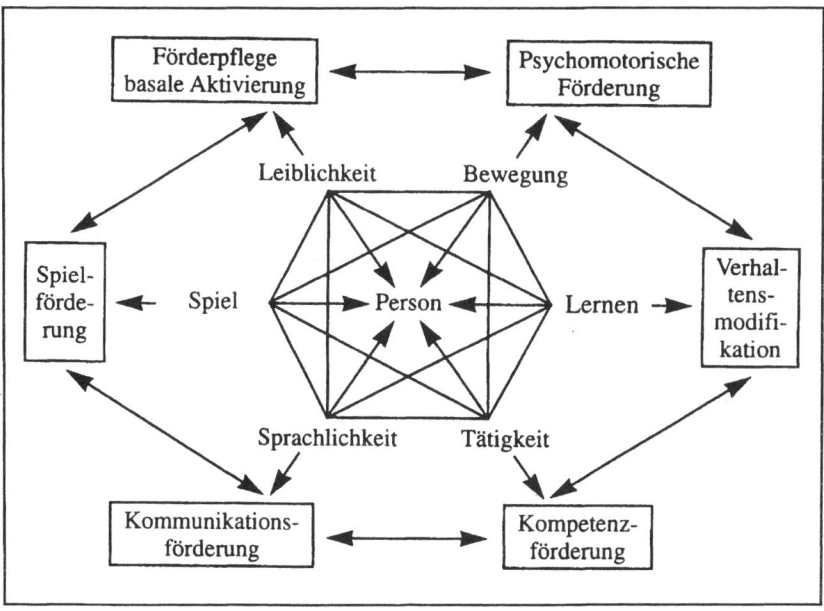

Abb. 4: Systematik heilpädagogischer Förderkonzepte
(In: Gröschke 1997, 278)

Es werden jedoch methodische Schwerpunkte und Ansätze komplexer Handlungskonzepte herauskristallisiert, die (–>Abb. 4) die Interdependenz heilpädagogischer Förderkonzepte im Hinblick auf die realen und konkreten Phänomene personaler Existenz entwicklungsauffälliger und behinderter Menschen, hier vor allem der Kinder und Jugendlichen, zeigen. Mit diesen Phänomenen bilden sie in ihren jeweiligen soziokulturellen Lebenszusammenhängen ihre je ureigene Befindlichkeit aus. Deshalb sind alle diese einzelnen Aufgabenkomplexe und die daraus abzuleitenden Förderkonzepte fokussiert unter

51

dem Aspekt der *Lebensbedeutsamkeit* (GROHNFELDT 1996, –>Abb. 10) bzw. der *Befindlichkeit* der Person vertieft zu reflektieren. Ganzheitliche Erziehungshilfe und Entwicklungsförderung bedeutet weiter, die *Beziehungen* des Kindes und Jugendlichen zu sich selbst und seinen primären Bezugspersonen und damit die *Erziehungsverhältnisse* in den Blick zu nehmen. Jedes Handeln im Rahmen der HpE - hier speziell der Förderung im engeren Sinne - bedarf eines Höchstmaßes an *interdisziplinärer Kooperation,* insbesondere auch zwischen den Mitarbeiterinnen der medizinischen Heil- und Hilfsberufe (z.B. Krankengymnastinnen, Beschäftigungs- bzw. Ergotherapeutinnen, Logopädinnen) und der Heilpädagogin. Es ist für das Gelingen einer ganzheitlichen Förderung unbedingte Voraussetzung, dass *eine verantwortliche Bezugsperson* für das Kind bestimmt wird. Sie sollte aus dem pädagogisch-therapeutischen Team nach dem Maß der „psycho-sozialen Passung" (BRANDTSTÄTTER u.a, 1982) und dem als am auffälligsten betrachteten Entwicklungsbereich des Kindes ausgewählt werden.

- **Handlungskonzept der HpE**

- Der Begriff der Handlung
Vom bloßen Verhalten hebt sich die *Handlung* dadurch ab, dass sie auf die Erreichung eines Zieles gerichtet ist. Heilpädagogisches Handeln ist absichtlich und zielgerichtet.
Zum Verständnis des Handlungsbegriffs kann die aristotelische Bestimmung des Handelns hilfreich sein. Aristoteles unterscheidet zwischen dem *theoretischen* Wissen, das sich auf die Gegenstände der Theorie bezieht und dem *praktischen* Wissen, das auf Werke und Handlungen gerichtet ist. Im Bereich des Theoretischen ist relativ gesichertes Wissen möglich. Im Bereich des Praktischen ist kein gesichertes Wissen möglich, weil die Praxis (Werke und Handlungen) veränderlich ist im Herstellen oder Hervorbringen von Gegenständen des Handelns.
Die Form des Wissens, die beim Herstellen von Werken vorausgesetzt wird, ist das *technisches Können* (griech. 'téchné').

Die Form des Wissens, die beim Handeln vorausgesetzt wird, heißt *praktische Einsicht* (griech. 'phrónesis').

Phrónesis meint die Fähigkeit des handelnden Menschen zur Einsicht in das Wissen von Prinzipien und Gründen des Handelns und die Anwendung dieses allgemeinen Wissens auf gegebene, konkrete Situationen der Menschen (bei Aristoteles bezogen auf die praktische Philosophie des guten Lebens in der Gemeinschaft, der Polis; heute im Sinne des sinnmotivierten und verständigungsorientierten „sozialen Handelns" bzw. der „Interaktion und Kommunikation"). Das praktische Handeln ist teleologisch (ziel- und zweckgerichtet) auf sich selbst gerichtet, ohne vorgegebenen Zwecken und Mitteln dienlich zu sein, d.h. ohne sich im Werk zu vergegenständlichen. Es richtet sich verständigungsorientiert auf Personen und trägt seinen Wert in sich selbst. Im Gegensatz dazu ist das technische Können auf partikulare Bereiche beschränkt; es bleibt auf das Einzelne (das Werk) gerichtet. Während sich das praktische Leben (= Praxis) im Medium der Menschenwelt ereignet (was immer heißt, dass es gesellschaftsbildend ist), bleibt das technische Können auf die Natur gerichtet. (ARISTOTELES, Nikomachische Ethik, Bd. VI)

Das Ziel des Handelns kann also in einer Veränderung der Umwelt oder in einer Veränderung der Situation des Individuums in der Umwelt bestehen. Das bedeutet für die heilpädagogische 'Praxis':

„Auch wenn der heilpädagogische Praktiker im engeren handwerklichen Sinne materialgestalterische Aktivitäten mit Behinderten durchführt (Werken und Gestalten, heilpädagogische Kunsttherapie), wendet er keine Technik der poiesis (des dinglichen 'Machens'; Anm. W.K.) an, denn nicht das fertige *Produkt* ist das Entscheidende, sondern der selbstaktive und kreative *Prozeß* der psychischen Auseinandersetzung der beteiligten Personen mit den Gegebenheiten des Materials und mit sich selbst und dem anderen." (GRÖSCHKE 1997, 134)

Genau hier greift auch das heilpädagogische Handlungskonzept der HpE. Zum (heilpädagogischen) Handeln gehören sowohl kognitive Prozesse des Wahrnehmens, Lernens und Denkens und zugleich die mit diesen Prozessen in Beziehung stehenden emotionalen Faktoren, wie Bedürfnisse, Gefühle, Affekte. Heilpädagogisches Handeln geht aus einem geordneten Zusammenwirken kognitiver und emotionaler Faktoren hervor, wobei immer verschiedene Motivationen und zu erwartende Handlungsfolgen gegeneinander abgewogen werden müssen (Wahlhandlung). Es sollte nicht unüberlegt aus momentanem, starkem inneren Antrieb heraus erfolgen (Affekthandlung).

Da heilpädagogisches Handeln immer auch ziel- und zweckorientiert ist und sein muss, soll es auch zum Erfolg führen. Darin besteht die Gefahr des an reinen (ökonomischen) Nützlichkeitskrterien ausgerichteten strategisch-instrumentellen Handelns. Dieses Spannungsverhältnis zwischen *Kommunikation* und *Nützlichkeit* nimmt auch für die Heilpädagogik in Zeiten zu, in denen digitalisierte Einheiten als Gradmesser für sogenanntes „kostengünstiges" und damit als „erfolgreich" bewertetes Handeln bestimmend werden.

„Der... aktivistisch-instrumentalistische Zug suspendiert allzu leicht das für angemessenes pädagogisches Handeln kennzeichnende und unaufhebbare Spannungsverhältnis von Tun *und* Lassen und verführt zu einer technologischen Machbarkeitspädagogik. In der Praxis der Frühförderung kann sie einem in Form einer überzogenen Förderungseuphorie bisweilen begegnen oder in der Arbeit mit geistig schwerstbehinderten Menschen im Sinne einer rigiden Entwicklungstherapie um jeden Preis.

...ein sozial-technologisches Verständnis von Praxis... begünstigt eine verdinglichende, objektivierende Einstellung zu anderen und ist mit einem Verständnis von Entwicklung, Erziehung und Förderung als *Interaktion* und *Kommunikation* schwerlich vereinbar. Sie gefährdet die *Selbstgestaltungstendenzen* des Individuums, die es gerade im Falle von Entwicklungshemmungen besonders zu unterstützen gilt. Der für heilpädagogisches Handeln konstituive *Beziehungsaspekt* fällt leicht der Intention von Einwirkung und Veränderung zum Opfer." (GRÖSCHKE 1997, 265)

Hier gilt es, sich auf die aristotelische „Phrónesis" zu besinnen.

- Der Begriff „Konzept"

Der Begriff 'Konzept' wird im Allgemeinen dort verwendet, wo ein umgrenztes Gebiet mehr oder weniger regelhaft strukturierter sozialer Handlungsmuster in gegebenen sozialstrukturellen und institutionellen Verhältnissen dargestellt werden soll. Es beinhaltet Ziele, Methoden und Verfahren, die in einen sinnhaften Zusammenhang gebracht sind, der begründet und gerechtfertigt erscheint.

„Ein Konzept ist also zunächst einmal die gedankliche Konstruktion oder Rekonstruktion eines *Handlungsentwurfs,* ein klar umrissener Handlungsplan inklusive seiner zugrundeliegenden Problemauffassung und Leitideen...(114) Konzepte... als Brücken zwischen... allgemeiner Theorie und wertgeleiteter konkreter Berufspraxis, bilden eine Einheit von an Personen gebundenen Kognitionen *(Fachwissen),* wertenden Stellungnahmen *('Gewissen'), Motiven* (Absichten und Zielen) und *Interaktionsbeziehungen* zwischen mindestens zwei Personen. Diese beiden Personen sind nicht beliebig austauschbar; vielmehr ist das Handlungsergebnis (Zielkomponente des Konzepts) wesentlich von der 'Stimmigkeit' des Passungsverhältnisses zwischen Person und Konzept ('Authentizität) abhängig. (115) Für die... gesuchten *Brücken* zwischen Wissenschaft/Theorie und Berufs-/Praxis sollen zwei Prämissen gelten:
a) Da es in der heilpädagogischen Praxis um personale Beziehungsverhältnisse geht, ist der Vermittlungsschritt an die Möglichkeiten und Voraussetzungen der handelnden Personen gebunden *(Personbezug).*
b) Da heilpädagogisches Praxishandeln ziel- und wertgeleitet sein muß, darf der gesuchte Zwischenschritt nicht wertabstinent erfolgen, sondern muß im hermeneutischen Sinne die konkrete Lebenssituation der beteiligten Handlungspartner erfassen *(Lebensbezug)."* (GRÖSCHKE 1997, 114)
Dieser Zusammenhang von Handlungskonzepten im Spannungsfeld zwischen Theorie und Praxis lässt sich durch das folgende Schaubild veranschaulichen (–>Abb. 5):

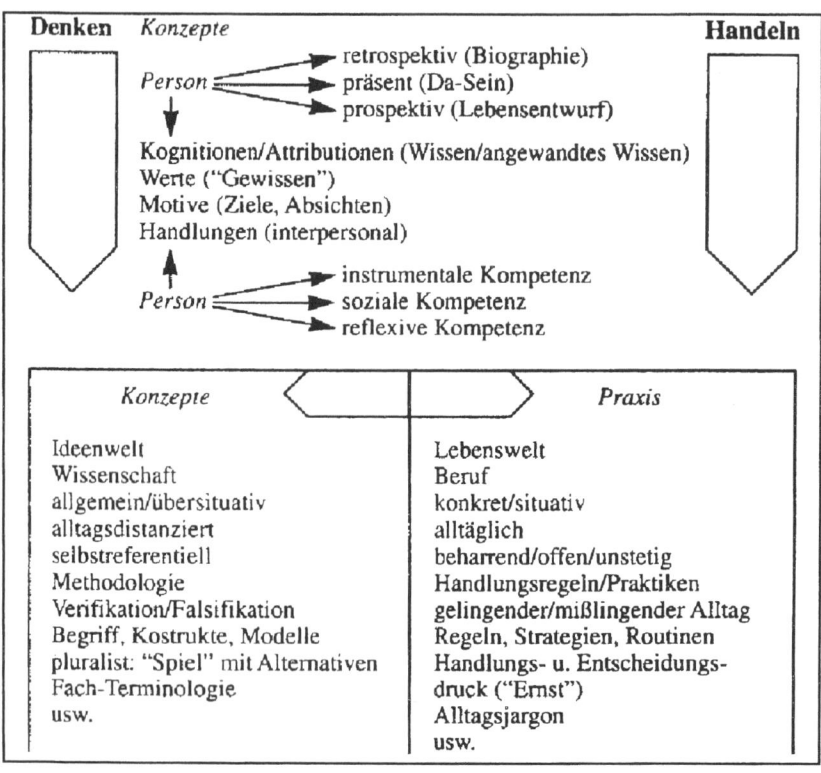

Abb. 5: Handlungskonzepte im Verhältnis von Theorie und Praxis
(In: Gröschke 1997, 120)

Heilpädagogische Praxis gab es schon lange, bevor sich daraus eine Wissenschaft entwickelte. Es gab und gibt schon immer entwicklungsauffällige und behinderte Kinder. Deshalb mussten schon immer Wege und Formen ihrer Erziehung gesucht werden, die von einem heilpädagogischen Menschenbild her legitimiert wurden und werden, ohne im Vorhinein zu wissen, ob sie im erwünschten Sinne erfolgversprechend sein würden. So entwickelten und entwickeln sich heilpädagogische Handlungskonzepte in der Praxis, d.h. in der tätigen Auseinandersetzung mit der heilpädagogischen Wirklichkeit. Diese Wirklichkeit ist nicht zu verstehen als eine von der Heilpädagogin wahrgenommene 'objektive' Realität, sondern als eine 'inzwischen' Kind, Jugendlichem, Bezugspersonen u n d Heilpädagogin sich entwickelnde *intersubjektive Realität* der heilpädagogischen Situation.

Auch die HpE ist als ein *integratives* heilpädagogisches Handlungskonzept zu verstehen. Dieses Handlungskonzept 'lebt' im wahrsten Sinne des Wortes von der Ermöglichung intersubjektiver, sozialer Erfahrung und deren Reflexion. Es wird also vom erlebten Lebenszusammenhang der persönlichen Lebenseinheit und der Außenwelt getragen. Dazu gehört der reflektierte Umgang mit Raum und Zeit; der Heilpädagogin mit sich selbst und dem Mitmenschen; mit der Real- und Übertragungsbeziehung; mit der Selbst- und Fremdwahrnehmung. Es gehört dazu der reflektierte Umgang mit behindernden sozialen Prozessen; mit Sachen; und mit Werten; dies jedoch verstanden als *Reflexion von Theorie und Praxis* der Erziehungshilfe und Entwicklungfsörderung, die sich in Anlehnung an den Pädagogen Erich WENIGER (1894 - 1961) auf unterschiedlichen Ebenen vollzieht:

- Die erste Reflexionsebene ist die unmittelbare Anschauung der Wirklichkeit des gelebten Lebens durch den handelnden Praktiker, seine 'Voreinstellungen', in deren Licht ihm die Wirklichkeit 'gegenständlich' wird.

- Die zweite Reflexionsebene enthält die praktischen Erfahrungen, Lebens- und Handlungsregeln des Praktikers, sein Menschenbild und seine Ideale, also das, was man (etwas abschätzig) „naive Alltagstheorien" nennt. Diese wirken eher hintergründig, oft unbewusst oder vorbewusst, können aber der Reflexion und Selbstbestimmung zugänglich gemacht werden.

- Die dritte Reflexionsebene ist die methodisch strenge systematische Besinnung. Sie dient der Läuterung, Klärung und Korrektur der 'Alltagstheorien' auf der zweiten Ebene. Für die Theorie gilt, dass sie der Praxis dient und nur insoweit Gültigkeit besitzt, als sie der Praxis hilft, d.h. soweit der Praktiker etwas mit ihren Ergebnissen anfangen kann. (vgl. Weniger, zit. in LÜDERS 1989, 48)

Sozialphänomenologisch muss davon ausgegangen werden, dass heilpädagogisches Handeln im Erziehungsalltag immer schon geschieht.

Die Reflexion über dieses Handeln kann daher erst im Nachhinein einsetzen, verläuft also rekonstruktiv.

„Wissenschaftliche Rationalität gilt somit zwar als inter-subjektiv hervorgebracht, bleibt jedoch fundiert in der alltäglichen Lebenswelt und bezogen auf kommunikative Handlungssituationen, die in einer bestimmten Dimensionalität als Erziehung definiert werden können. Einen erziehungswissenschaftlichen Rang gewinnen heilpädagogische Handlungskonzepte dann, wenn sie einen *systematischen Zusammenhang von Zielen, Inhalten, Methoden und Organisationsformen* beinhalten und dieser Begründungszusammenhang den Kriterien der Widerspruchsfreiheit und intersubjektiven Überprüfbarkeit standhält... Gleichwohl können heilpädagogische Handlungskonzepte nicht in jedem Fall bereits den Anspruch der wissenschaftstheoretischen Fundierung erfüllen, wie das von systematischen Gesamtentwürfen einer integrativen Heilpädagogik verlangt werden müsste. Heilpädagogische Handlungskonzepte umfassen zunächst solche grundlegenden pädagogischen Handlungsansätze wie Unterricht... und Förderung." (BUNDSCHUH u.a. 1999, 120) In diesen Handlungsansätzen

„ist neben der prinzipiellen Unverfügbarkeit (Opazität) und Unvorhersehbarkeit (Kontingenz) der heilpädagogischen Situation stets die Möglichkeit des Scheiterns von heilpädagogischen Handlungskonzepten mit einzuplanen." (BUNDSCHUH u.a. 1999, 119)

Um so entschiedener ist die heilpädagogische Situation deshalb zugleich als eine *ethisch* zu verantwortende Realität zu sehen, unabhängig davon, ob es für dieses konkret ablaufende *Handeln* ein theoretisches Konzept gibt, nach dem es modelliert und legitimiert werden könnte. (vgl. GRÖSCHKE 1997, 110)

Der Vorrang der beruflichen Alltagspraxis enthebt die Heilpädagogin jedoch nicht ihrer Verantwortung, ihr Handeln als wissenschaftlich angeleitete oder reflektierte Praxis auszuweisen:

„Mitmenschliche Verantwortung, Nächstenliebe und 'gesunder Menschenverstand' mögen unabdingbare motivationale und moralische Beweggründe und Bedingungen heilpädagogischer Tätigkeit sein; heilpädagogische *Professionalität* erfordert darüber hinaus auch den Ausweis fachlich-wissenschaftlicher Grundierung. Das Praxishandeln des Heilpädagogen kann sich nicht einfach auf traditionell akkumuliertes Erfahrungswissen und konventionelle Alltagsroutinen berufen, sondern muß sich grundsätzlich auch als *professionelles* Handeln legitimieren, das die Erkenntnisse über die Bedingungen einer optimierten Förderung und Erziehung unter erschwerten Bedingungen berücksichtigt (= anwendet), die von den Grundlagenwissenschaften der Heilpädagogik erarbeitet wurden und zukünftig weiter erarbeitet werden. (111) Theorie soll bewußter machen, *was, wann, warum* geschieht und *welches* Ergebnis es hat, wenn in der Praxis erzieherisch oder therapeutisch gehandelt wird. Sie stellt einen Appell an Einsicht, Gesinnung, Kritik- und Selbstkritikfähigkeit des Praktikers dar, trotz ständig gegebenen Zeit- und Entscheidungsdrucks sich von dem komplexen Handlungszusammenhang, in den er verwoben ist, nicht blindlings absorbieren zu lassen. Sie soll dem konkret handelnden Erzieher die lebendigen Zusammenhänge einer oft als naturwüchsig erlebten Erziehungspraxis als von Menschen gemachte und von Menschen zu verändernde Wirklichkeit aufschließen und ihn in seiner Verantwortlichkeit unterstützen. Sie öffnet z.B. den Blick für die Einsicht in die Relativität, soziohistorische Bedingtheit, ideologische Anfälligkeit unserer Vorstellungen von Behindertsein und für die Vorläufigkeit unserer Umgangspraktiken mit auffälligen und behinderten Personen. Insofern erweist sie die konkrete Erziehungswirklichkeit als in ihrer Faktizität gemacht und zu verantwortende bzw. als immer wieder positiv zu überwindende Praxis." (GRÖSCHKE 1997, 112)

In diese Praxis-Theorie-Reflexion gehört im Zusammenhang mit heilpädagogischen Handlungskonzepten u.a. auch die Auseinandersetzung über Förderkonzepte[1] und die (Un-)Vereinbarkeit von Therapie[2] und Pädagogik einschließlich der Gefahren einer zunehmenden Therapeutisierung des Alltags von Menschen mit Behinderungen. Einer solchen Tendenz wirken heilpädagogische Handlungskonzepte entgegen:

---

[1]vgl. die Stichworte ->Förderung (in diesem Grundlagenkapitel) und -> Übung
[2]Diese Diskussion wird im Übersichtsartikel ->Begleitung aufgegriffen.

„Heilpädagogische Handlungskonzepte sind zentriert um ein ausgewähltes *Grundphänomen* menschlich-personaler Existenz, dessen Bedeutung für das individuelle Erleben und Verhalten des zu fördernden Menschen sie 'gründlich' reflektieren, dessen Entwicklungspotential sie diagnostisch einschätzen und im gemeinsamen (interpersonalen) Handeln interaktiv und kommunikativ zu entfalten trachten. Solche Grundphänomene als 'Material' heilpädagogischen Handelns sind vor allem *Leiblichkeit, Wahrnehmung, Spielen, Lernen,* die so zum systematischen Ausgangs- und Bezugspunkt heilpädagogisch förderlichen Beziehungshandelns werden... Ein problem- und gegenstandsangemessenes pädagogisch-therapeutisches Handlungskonzept für die Heilpädagogik besteht aus drei Elementen, aus deren Zusammenspiel sich förderliche Wirkungen entfalten:

- *Person:* Der Heilpädagoge mit seinen Grundhaltungen von Authentizität, Ehrlichkeit und Selbstkongruenz gegenüber sich und dem anderen

- *Milieu:* Ein entwicklungsförderlich gestalteter Lebensraum, ein strukturiertes Lebens-, Erfahrungs- und Lernfeld („therapeutisches Milieu")

- *Methodik/Therapeutik:* Die spezifischen pädagogisch-therapeutischen Verfahren und Methoden zur Gestaltung und Strukturierung der Interaktion und Kommunikation. (GRÖSCHKE 1997, 268)

Wir können das Handlungskonzept der HpE nun definieren als eine konzeptionelle Einheit von *Verstehen* und *Handeln* auf ethisch-anthropologischer Grundlage, als Antwort auf spezielle Erziehungsbedürfnisse. Ihr methodisches Herzstück bildet die Trias der Kernelemente

- heilpädagogische *Befunderhebung*
  (diagnostische Phase);
- heilpädagogische *Begleitung*
  (Entwicklungsbegleitung und Entwicklungsförderung mittels Spiel und Übung);
- heilpädagogischen *Beratung*
  (vorrangig ist die Erziehungsberatung der Bezugspersonen).

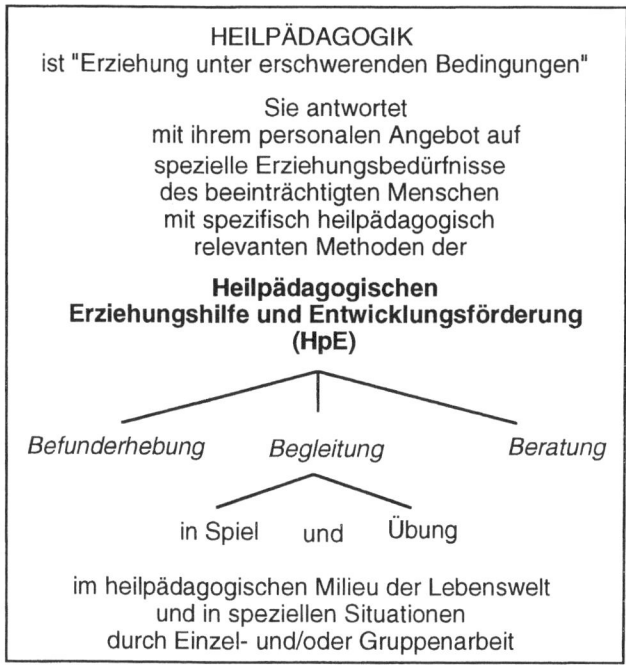

HEILPÄDAGOGIK
ist "Erziehung unter erschwerenden Bedingungen"

Sie antwortet
mit ihrem personalen Angebot auf
spezielle Erziehungsbedürfnisse
des beeinträchtigten Menschen
mit spezifisch heilpädagogisch
relevanten Methoden der

**Heilpädagogischen
Erziehungshilfe und Entwicklungsförderung
(HpE)**

Befunderhebung   *Begleitung*   *Beratung*

in Spiel   und   Übung

im heilpädagogischen Milieu der Lebenswelt
und in speziellen Situationen
durch Einzel- und/oder Gruppenarbeit

Abb. 6: Heilpädagogik als Antwort auf spezielle Erziehungsbedürfnisse

Das Handlungskonzept der HpE beinhaltet das *Ganze* aller heilpädagogischen Hilfen für Menschen, die aufgrund ihrer Beeinträchtigung nicht die Selbstentfaltung und Selbstverwirklichung erreichen, die ihnen optimal möglich wäre.

Wie alle Handlungskonzepte besteht auch die HpE in ihrer Ganzheit aus einer Struktur- und Prozesskomponente, die in den folgenden Abschnitten erläutert werden.

- *Struktur* der HpE

Allgemein gesehen ist der Begriff "Struktur [lat., von struere 'errichten', 'bauen'], der innere Aufbau, das Bezugs- und Regelsystem einer komplexen Einheit, in dem alle Elemente innerhalb dieses Ganzen eine je eigene Aufgabe erfüllen. Das so gebildete Formgefüge

61

gewinnt damit gestalthaften Charakter." (BROCKHAUS 1973, 246) Der Begriff Struktur ist sowohl in der Natur- wie in der Geisteswissenschaft wichtig:

- In der *Chemie*. wird er z.b. im Zusammenhang von Molekülen, Atomen und Kristallgittern verwendet. (MEKELBURGER 1992);
- in der *Biologie* stellen Strukturen z.b. Bauelemente der Zellen und Organe dar, wie Membranen, Fibrillen, Skelett.
- "In der *Sprachwissenschaft* ist Struktur ein Gefüge aufeinander bezogener Elemente, die in nicht umkehrbarer Ordnung zu einer höheren Einheit, einer Gestalt zusammentreten." (BROCKHAUS ebd.)
- In die *Pädagogik* wird der Begriff Struktur von DILTHEY (1894) zum Verständnis des Aufbaus des Seelenlebens eingeführt, das nach ihm als ein gegliedertes Gefüge (= Ganzheit) zu verstehen ist, und das SPRANGER (1930) beschreibt als geschlossenen Zusammenhang von Erlebnis- und Leistungsdispositionen, der nach Wertrichtungen gegliedert ist, aber in der Beziehung auf eine erlebbare Werteinheit, d.h. im geistigen Ich, seinen Mittelpunkt hat. Beide, Dilthey und Spranger, waren wichtige Vertreter einer *Erziehungslehre auf psychologischer Grundlage,* eine Sichtweise, die die Heilpädagogin im interdisziplinären erzieherischen Handeln mit dem beeinträchtigten und behinderten Kind oder Jugendlichen bedenken sollte.
- In der *Psychologie* wird der Begriff "Struktur" heute im Zusammenhang mit den Begriffen "Gestalt" und "Ganzheit" gesehen: "Die Gestalt, die von ihrer Umgebung abgehobene Einheit oder Ganzheit, die 'mehr ist als die Summe ihrer Teile', die Gestaltqualität ist nicht in den einzelnen Teilen (Elementen) zu finden und bleibt erhalten, wenn alle Teile ausgetauscht werden (z.B. Noten einer Melodie), wenn nur die Beziehung zwischen den einzelnen Teilen, die *Struktur,* erhalten bleibt." (MICHEL/NOVAK 1981, 132 f.).

Der Begriff des "Ganzen" wird in diesem Zusammenhang nach ARNOLD u.a. (1987, 662 f.) wie folgt definiert:

"Eine räumlich, zeitlich oder raumzeitlich überpunktuelle Gesamtheit (ein Komplex) heißt 'ein Ganzes', sofern die Art, der Ort und die Anordnung der 'Teiltatbestände' nicht - wie in einem Haufen oder Aggregat - zufällig oder beliebig sind (d.h., sofern die Gesamtheit eine Struktur besitzt) und sofern zwischen den Teiltatbeständen ein Realzusammenhang besteht. Eine solche Gesamtheit heißt 'das Ganze' in bezug auf ihre Teile, und sie ist 'ganz', sofern keiner ihrer Teile fehlt und, was in den geläufigen Darstellungen allg. unerwähnt bleibt, sofern der zu dem Ganzen gehörige Zusammenhang zwischen den Teilen (sowie seiner Abgrenzung gegenüber der Umgebung) nirgends unterbrochen ist. - Ein Ganzes heißt 'ganzheitlich' oder auch 'eine Ganzheit', wenn es eine zusätzliche Bedingung erfüllt, die am klarsten in folgendem Satz von WERTHEIMER (1925) ausgesprochen ist: „Es gibt Zusammenhänge, bei denen nicht, was im Ganzen geschieht, sich daraus herleitet, wie die einzelnen Stücke sind und sich zusammensetzen, sondern umgekehrt, wo - im prägnanten Fall - das, was an einem Teil dieses Ganzen geschieht, bestimmt ist von inneren Strukturgesetzen dieses Ganzen."

Diesen Bedeutungszusammenhang soll die nachfolgende Grafik veranschaulichen (Abb. 7).

Dieses Bild der HpE könnte als ein lebendiges, molekulares Ordnungsmuster interpretiert werden. Das durchtragende Struktur- wie Prozesselement im Mittelpunkt der heilpädagogischen Erziehungshilfe und Entwicklungsförderung (HpE) ist das *personale Angebot einer dauerhaften und tragfähigen B e z i e h u n g , des heilpädagogischen Bezuges.* Es durchdringt die drei wesentlichen Strukturelemente oder 'Kerne' der HpE: *Befunderhebung, Begleitung, Beratung* und von hierher alle weiteren Elemente.

Die drei 'Kernelemente' gleichen dynamischen Gebilden, die unterschiedliche Bausteine besitzen, welche sich gegenseitig beeinflussen. Praktisch bedeutet dies, dass die Heilpädagogin in ihrem Handeln nicht beliebig einzelne Teile aus der HpE herauslösen und sich willkürlich ihrer bedienen darf, wenn sie nicht riskieren will, das Ganze der HpE zu zerstören. Dies könnte geschehen, wenn sie z.B. unberücksichtigt ließe, dass in die heilpädagogische Situation mit dem Kind oder Jugendlichen zugleich das Element 'Erziehungsberatung' mit den Eltern hineinwirkt; dass das Element 'Testsituation' nicht nur isoliert zur Feststellung von Symptomen herangezogen wird,

sondern zugleich die heilpädagogische Beziehungsgestaltung beeinflusst usf.

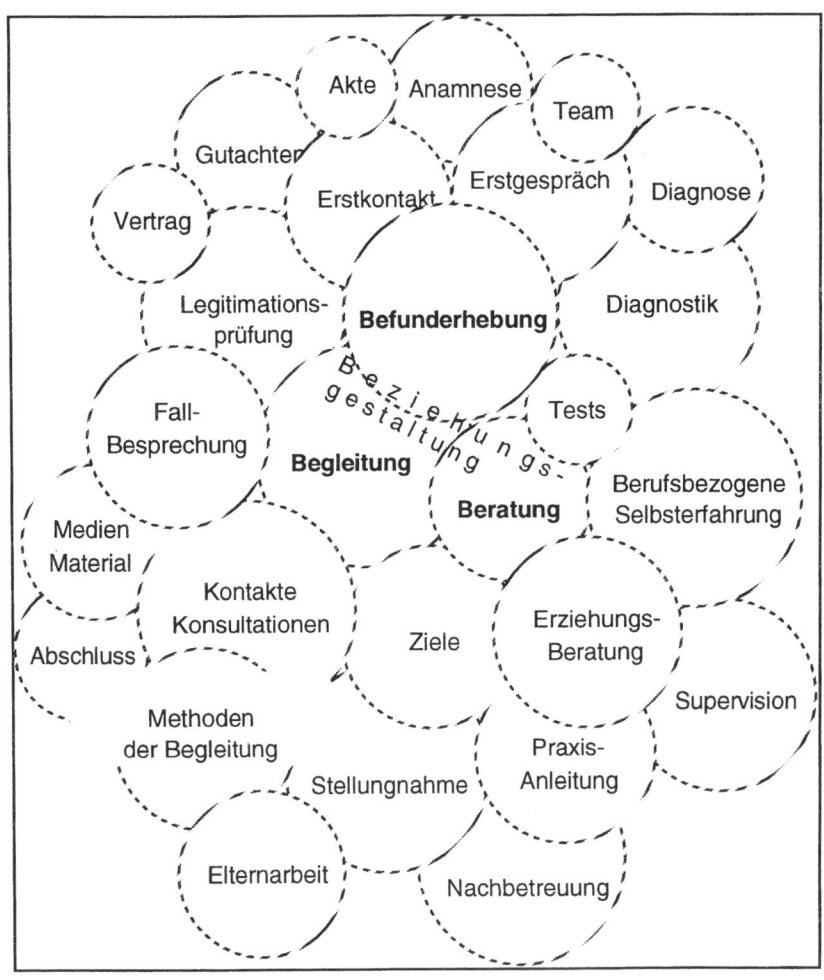

Abb. 7: Molekulares Ordnungsmuster Heilpädagogischer Erziehungshilfe und
Entwicklungsförderung (HpE)

Immer wird die Heilpädagogin beachten, dass die einzelnen Elemente
und Teilvorgänge der HpE an ihrem Ort im Ganzen unter Berücksichtigung ihrer Funktion im Ganzen zu reflektieren sind, damit

nicht durch isolierte Betrachtung von Erscheinungen und Vorgängen wichtige Erkenntnisse und Zusammenhänge verlorengehen, die für das Verstehen der Person des Kindes oder Jugendlichen und der wechselseitigen Beziehungen zwischen ihnen und ihren Bezugspersonen wesentlich sind.

Unter Beachtung des Bedeutungszusammenhangs der Begriffe "Struktur", "Ganzheit" und "Gestalt" kann die Heilpädagogische Erziehungshilfe und Entwicklungsförderung (HpE) nun definiert werden als das Ganze heilpädagogischen Verstehens und Handelns, ein komplexes, räumlich und zeitlich überpunktuelles Bezugs- und Regelsystem, in dem alle Elemente, von denen keines fehlen darf, je eigene Aufgaben erfüllen. Aus dem reflektierten Verständnis des Ganzen ergibt sich jene innere Zusammengehörigkeit der Strukturelemente, aus deren Zusammenwirken sich eine gewandelte Werteinheit im Sinne eines neuen *Beziehungs*systems entwickelt, wodurch zugleich ein verändertes *Erziehungs*system auf anderer Ebene entstehen kann.

- *Prozess* der HpE

Die HpE ist jedoch in ihrer oben beschriebenen strukturellen Ganzheit immer auch ein *Prozess,* d.h. sie lebt von der inneren Dynamik der Teile und des Ganzen, durch die zugleich ein Verlauf, ein Fortgang im Sinne einer gezielten Handlungsweise als 'Erziehung unter erschwerenden Bedingungen' in Gang gesetzt wird.

Der *Prozess* der HpE wird hier verstanden als *spezifische, kürzere oder (lebens-)lang andauernde Unterstützung und Hilfe für die menschliche Entwicklung im Beeinträchtigt- und Behindertsein.* Dazu gehören heilpädagogische Hilfen zur

- *Differenzierung,* d.h. zur Ausgliederung und Verfeinerung kognitiven und emotionalen Erlebens und Verstehens;
- *Integration,* d.h. zur Fähigkeit, isoliert Erlebtes immer mehr im Zusammenhang zu verstehen und miteinander in Beziehung setzen zu können;

- *Zentralisation,* d.h. zur Fähigkeit, sich weniger reaktiv zu verhalten als vielmehr überlegen, planen, Ziele setzen und dadurch handeln zu können;

- *Selektivität,* d.h. zur (selbst-)kritischen Auseinandersetzung mit dem Reizangebot, den Anmutungs- und Wirkweisen im Umgang mit sich selbst, den Mitmenschen und der Welt, damit wertgeleitete Interessen entwickelt, Wertordnungen akzeptiert und mitgestaltet werden können, selbstbestimmend und zugleich sozial verantwortlich gehandelt werden kann;

- *Ausformung von Strukturen* im Verlauf der individuellen Reifung;

- *Einübung und Verfestigung* von Verhaltensweisen und Werthaltungen als Basis für kulturspezifisches Lebens- und Rechtsbewusstsein; dies alles, soweit es jeweils im Einzelfall möglich erscheint.

So kann die HpE als Verlaufszusammenhang verstanden werden, der eine dauernde Veränderung in der Persönlichkeitsentwicklung des Kindes- und Jugendlichen wie in den gestörten Erziehungsverhältnissen herbeiführen soll. Dennoch ist die HpE als Ganzes immer eingebunden in die Begrenzung von Zeit und Raum, worin die Heilpädagogin mit Entwicklungsgesetzlichkeiten wie Differenzierung, Integration, Zentralisation, Selektivität, Ausformung von Strukturen mit dem Kind, dem Jugendlichen und seinen Bezugspersonen arbeitet. Ziel ist eine Verfestigung vermittelten Erlebens und Verhaltens sowie veränderter Werthaltungen und gewachsener Reflexionsfähigkeit im Sinne einer 'guten Gewohnheit'. Dabei wird die Heilpädagogin sowohl die genetischen Faktoren wie auch die soziokulturellen Faktoren berücksichtigen, die das Kind, den Jugendlichen geprägt haben.

- Durchführung der HpE

In diesem Kapitel wird die HpE als *individuumzentriertes* Handeln unter besonderer Berücksichtigung der Arbeit mit „psychosozial gestörten" bzw. „seelisch behinderten" Kindern, Jugendlichen und ihren Bezugspersonen vorgestellt.

Heilpädagogik ist *Individualpädagogik.* Sie sucht nach Möglichkeiten der Erziehung und Bildung dort, wo etwas Unheilbares vorliegt. (MOOR 1994, 44) Dadurch weist sich Heilpädagogik als wertgeleitete und parteinehmende Pädagogik aus (HAEBERLIN 1996, 28 ff.), weil es keine 'nicht bildbaren' bzw. 'nicht lernfähigen' (geistigbehinderten) oder 'nicht erziehungsfähigen' (verhaltensgestörten) Menschen geben soll, denn jeder Mensch, auch wenn er schwer behindert, körperlich, seelisch oder sozial beeinträchtigt ist, ist grundsätzlich als erziehungsfähig und bildbar anzusehen, auch - und dies ist entscheidend - wenn medizinische oder psychotherapeutische Heilung nicht mehr greifen.

In dieser Sichtweise wird deutlich, dass medizinische oder psychotherapeutische 'Heilung' kein Ziel heilpädagogischer Wissenschaft und Praxis sein kann. Zwar bedarf die Heilpädagogin medizinischer und psychologischer (therapeutischer) Kenntnisse zur interdisziplinären Zusammenarbeit; sie wendet diese Kenntnisse unter bestimmten Bedingungen partiell und situativ in ihrem heilpädagogischen Konzept auch an. Jedoch ist dem programmatischen Satz von Paul Moor zuzustimmen, dass Heilpädagogik *Pädagogik* und nichts anderes sei.

„Die Verwischung der Grenzen zwischen bestimmten Formen der Psychotherapie und der Erziehung bedeutet für das Selbstverständnis der Heilpädagogik als Pädagogik stets eine Gefahr. Wenn sich Therapie nicht ursachenorientiert versteht, sondern störende Symptome durch den Aufbau von neuem Verhalten zu beseitigen sucht, ist Therapie auch Erziehung und darf nicht den Zielen der Erziehung entgegenwirken. Als Heilpädagoge oder Heilpädagogin mit pädagogischer Verantwortung für das anvertraute Kind sollte man sich deshalb davor hüten, Kinder einfach an Therapeuten abzugeben, ohne zu wissen, ob diese Spezialisten ebenfalls in der Richtung der eigenen erzieherischen Bemühungen arbeiten... In Abgrenzung zum krankheitsbezogenen Therapiebegriff gilt es, die Dimensionen einer pädagogischen Betrachtungsweise ins Zentrum heilpädagogischer Tätigkeit zu stellen." (HAEBERLIN 1996, 18)

Heilpädagogik als Individualpädagogik geschieht nicht im 'luftleeren Raum'. Sie bezieht die Transaktionen, die Anpassungs- und Veränderungsprozesse zwischen Individuum und Umwelt, als Austauschprozesse in ihren Wirkungen und Rückwirkungen mit ein, weil Ungleichgewichte und Störungen in den Wechselbeziehungen das Gleichgewicht gegenseitiger Anpassung von Person und Umwelt und damit die Lebens- und Beziehungsqualität gefährden können:

- in *kritischen Lebensereignissen*, z.b. entwicklungsbedingten Problemen in der frühen Kindheit, in der Pubertät, im Alter, Rollen- und Statusprobleme, Arbeitslosigkeit, Krankheit;

- in *belastenden Umweltbedingungen*, z.b. in physischen Umweltbedingungen wie Klimawirkung, Lebensräume, Naturkatastrophen; in sozialen Umweltbedingungen wie Wohnverhältnissen, Beziehungssystemen zu Nachbarn, Verwandten, Arbeitskollegen, Randgruppenkontakte und Institutionen wie Schule, Hort, Heim, Jugendamt usw.;

- in *Kommunikations- und Beziehungsproblemen*, z.B. in Ehe, Familie, Freundesgruppen usw.

Daher besteht für die Heilpädagogik als Individualpädagogik die Aufgabe,

1. für den beeinträchtigten Menschen und seine Lebensaufgaben geeignete Hilfen zu entwickeln, die sein Anpassungspotential stärken. Dies darf jedoch nicht zu Lasten des Einzelnen gehen. Deshalb erweitert sich die Aufgabe der Heilpädagogik hin zu

2. der Beeinflussung und Gestaltung der Umwelt, nämlich Situationen und gesellschaftliche Bedingungen so zu verändern, dass sie menschlichen Bedürfnissen angepasst sind, die ohne Unterschied auch für beeinträchtigte und behinderte Menschen gelten.

Heilpädagogik als Individualpädagogik hat bei beeinträchtigten Menschen die besondere Aufgabe, bei jedem Einzelnen eine Vielfalt individueller und psychosozialer Bedingungsfelder in den Blick zu nehmen, kennenzulernen und auf das Leben und Erleben des Einzelnen und seiner Bezugspersonen hin zu reflektieren, um gezielte und wirksame Erziehungshilfe und Entwicklungsförderung unter Einbeziehung vorhandener Ressourcen je neu abstimmen zu können. Solche Bedingungsfelder können sein: Familie, Großeltern, Verwandtschaft; Kinderhort, Tagesmutter, Kindergarten; Schule; Medien; Mitschüler, Freunde; Kirche, Vereine usw., wie sie in der folgenden –> Abb. 8 dargestellt sind.

Kommt es in und durch diese Bedingungsfelder bei Kindern und Jugendlichen zu intensiven, langfristigen und umfänglichen Abweichungen vom 'normalen' Verhalten, werden diese oft als „Verhaltensstörungen" beschrieben, durch die es sowohl für das Individuum wie für seine Umgebung zu Einschränkungen im sinnvollen Lebensvollzug kommt.

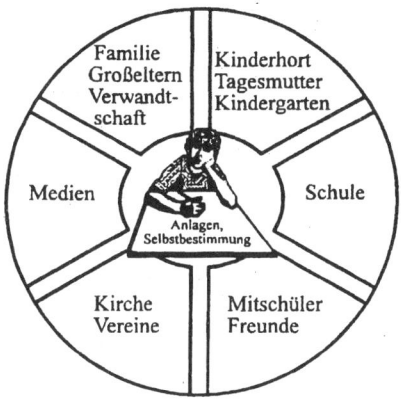

Abb. 8: Multifaktorielle Bedingtheit von Verhaltensstörungen
(nach Myschker 1996, 72)

„Bei der Entstehung von Verhaltensstörungen spielen meist mehrere Ursachen eine Rolle. Verschiedene pathogene Faktoren wirken in einem längeren Prozeß miteinander: Verhaltensstörungen sind multifaktoriell bedingt... Die Lehre von den Ursachen von Verhaltensstörungen ist pädagogisch von großer Bedeutsamkeit, weil baldmöglichst pathogene Bedingungen erkannt und möglichst schon in der Anfangsphase helfende Maßnahmen einsetzen, also Maßnahmen der Früherkennung und Frühbehandlung durchgeführt werden sollten." (MYSCHKER 1996, 72)

Die folgende Übersicht ist ein Versuch, Schwerpunkte solcher „Verhaltensstörungen", die im Grunde „seelische Behinderungen" bzw. „psychische Störungen" sind, einzelnen Bereichen zuzuordnen, wobei alle Bereiche im Einzelfall ineinander übergreifen können und deshalb insgesamt berücksichtigt werden müssen.

Psychische Störungen können ihre Schwerpunkte haben im

körperlichen Bereich	psychischen Bereich	Verhaltens-bereich	sozialen Bereich

Sie zeigen sich in den einzelnen Bereichen als

- Magenbeschwer-den(Bauchschmer-zen) - Essstörungen (Gier, Verweige-rung, Magersucht, Fettsucht) - Einnässen, Ein-koten - motorische Funk-tionsstörung (Tic, Zittern) - Sprachstörungen - Atemstörungen - Zähneknirschen - Jaktationen (Schaukelbewegun gen) - Lutschen (Daumenlutschen) - Nägelbeißen - Schlafstörungen - Haare ausreißen = Funktionsstörun-gen innerhalb der Körpersphäre so-wie abnorme Ge-wohnheiten	- Angsterscheinun-gen wie z.B. Schul-, Prüfungs- oder Sprachangst - Angst vor be-stimmten Tieren (Phobien) - Zwangsvorstel-lungen - Depressive Ver-stimmungen	eher *aggressiv* als - Streitsucht - häufiges Schla-gen - Trotz - Zerstören von Gegenständen - Wutanfälle, Jäh-zorn eher *gehemmt* als - Kontaktstörungen - Clownerien - Überangepasst-heit - Überempfindlich-keit, häufiges Wei-nen im *Leistungsbe-reich* als - mangelnde Aus-dauer und Konzen-tration - Hyper aktivität - erhöhte Ablenk-barkeit - Verträumtheit - fehlende Initiative - kurze Aufmerk-samkeitsspanne - Schulversagen trotz angemesse-ner Intelligenz	- Teilnahme an Diebstählen - Brutalität gegen-über Gleichaltrigen - Bandenzugehö-rigkeit - Schulschwän-zen/Streunen - Lügen

Abb. 9: Schwerpunkte psychischer Störungen
(nach Hobmair, Gotthardt u.a. (1995, 109)

Mit dieser Zuordnung ist allerdings noch nichts über die Ursachen psychischer Störungen ausgesagt. Diese können beispielsweise sowohl im körperlichen wie im psychischen und/oder im sozialen Bereich liegen. Eine psychische Störung kann auch das Folgesymptom einer Behinderung sein (sog. psychische Sekundärstörung): Wenn die organischen Ursachen bestimmter Verhaltensweisen nicht erkannt werden und die Umwelt unangemessen darauf reagiert, kann eine psychische Störung als Sekundäreffekt eines organischen Defekts auftreten. Wir müssen daher zugeben, dass

„im Hinblick auf Verhaltensstörungen eine Ätiologie immer in der Problematik (steht), dass sich eine äquifinale Gesetzmäßigkeit nicht aufzeigen läßt. Verschiedene Ursachen können zu gleichen Erscheinungsformen führen, gleiche Ursachen können sehr unterschiedliche Erscheinungsformen erbringen. Allgemeine Aussagen zur Ätiologie von Verhaltensstörungen können deshalb nur Hinweischarakter haben. Für den Einzelfall ist immer von ganz individuellen ätiologischen Konstellationen auszugehen." (MYSCHKER 1996, 72)

Psychische Störungen zeigen sich im *Erleben* und *Verhalten* der Betroffenen. Bezüglich des Verhaltens ergeben sich Konflikte in der Familie und der sozialen Umgebung, die mit negativen Gefühlen und Stimmungen (z.B. mit Ängstlichkeit, Depression oder Aggression) einhergehen. Psychische Störungen die sich im Verhalten äußern sind Abweichungen, die *nicht* auf organische Ursachen zurückgeführt werden können und daher besondere heilpädagogische und psychologische Maßnahmen erfordern.

„Die Lehre von den Ursachen von Verhaltensstörungen ist pädagogisch von großer Bedeutsamkeit, weil baldmöglichst pathogene Bedingungen erkannt und möglichst schon in der Anfangsphase helfende Maßnahmen einsetzen, also Maßnahmen der Früherkennung und Frühbehandlung durchgeführt werden sollten." (MYSCHKER 1996, 72)

Folgende Ursachen können eine psychische Störung bewirken bzw. an ihrer Entstehung beteiligt sein:

- *soziokulturelle Faktoren* wie Siedlungsform (Stadt - Land); soziale Bezugsgruppe; übermäßiger Fernsehkonsum; (schichtenspezifischer)

Leistungsdruck; Reizüberflutung durch Überangebot an Spielzeug und Konsumgütern;

- *ökonomische Faktoren* wie Vermögensverhältnisse der Eltern bzw. des Elternteils; mangelnder Wohnraum; fehlende Kontaktmöglichkeiten im Wohnbezirk;

- *familiäre Faktoren* wie unvollständige Familie, disharmonische Familienatmosphäre; Berufstätigkeit beider Elternteile; Geschwisterkonstellation;

- *Fehlformen in der Erziehung* wie Ablehnung, Vernachlässigung, Überbehütung und Verwöhnung; mangelnde emotionale Zuwendung oder zu starke emotionale Bindung in der Beziehung Eltern(teil) - Kind; inkonsequente bzw. widersprüchliche Erziehungseinstellungen und -maßnahmen eines oder beider Elternteile; Überforderung; Übertragung unbewusster Wünsche und Einstellungen der Eltern auf das Kind; 'schlechtes' Vorbild durch die Eltern bzw. andere Erzieher;

- *individuelle Erlebnisse* wie Misshandlungen und sexueller Missbrauch; Verlust eines Elternteils oder einer Bezugsperson; schicksalhafte Erlebnisse wie z.B. Unfälle; Erleben vermeintlicher Minderwertigkeit wie z.B. Aussehen, Körpergestalt, Geschlecht, Behinderung;

- die *persönliche Geschichte* des Betroffenen, in der Verknüpfungen, Wechselwirkungen und Überlagerungen dieser Einflussfaktoren subjektiv wahrgenommen und empfunden und dementsprechend ausgedrückt werden. (s. HOBMAIR/GOTTHARDT u.a. 1995, 110)

Aufgrund dieser multifaktoriellen und multikausalen Bedingtheit psychischer Störungen, die als 'Verhaltensauffälligkeiten' in Erscheinung treten können, wird die Heilpädagogin den didaktisch-methodischen Grundlagen eines *mehrdimensionalen Entwicklungsmodells* eine entscheidende Bedeutung beimessen. Um ein solches Entwicklungsmodell konzeptionell handhaben zu können, bedarf es - wie im Absatz über Entwicklung beschrieben - der Einbeziehung

- genetischer Faktoren aufgrund Vererbung;

- soziokultureller Faktoren im Sinne von Lernangeboten;

- Innerseelischer dynamischer Faktoren im Sinne von Selbststeuerung.

Die Heilpädagogin wird die dazu aussagekräftigen Theorien und Konzepte auf ihre Relevanz für ihr *heilpädagogisches* Handlungskonzept der HpE, in Zusammenarbeit mit anderen Fachleuten und dem ihr anvertrauten Kind oder Jugendlichen, überprüfen und im positiv gemeinten eklektischen Sinne diejenigen zum Einsatz bringen, die im Gesamtkonzept der HpE für dieses Kind, diesen Jugendlichen sinnvoll erscheinen. Dabei könnten akzentuiert z.B. folgende Teilkonzepte mit ihren entsprechenden methodischen Ansätzen zum Einsatz gelangen:

a) ökologisch-systemische Konzepte,
   die im Zusammenhang mit pädagogischer Förderung insbesondere die Art der Anpassungs- und Austauschprozesse zwischen Menschen und ihrer Umwelt sowie die beziehungsreichen Wechselwirkungen in Familien und zwischen Mikro-, Meso- und Exosystemen für die Lebensvollzüge beeinträchtigter und behinderter Menschen nutzbar machen;

b) psychoanalytische (tiefenpsychologische) Konzepte,
   die im Zusammenhang mit pädagogischer Förderung insbesondere die innerseelischen dynamischen Faktoren im Hinblick auf (frühkindliche) Beziehungen und die unbewussten Erlebens- und Verhaltensprozesse berücksichtigen, deren Durcharbeit Wiederholungszwänge auflösen und zu neuen Orientierungsmustern hinführen;

c) verhaltensorientierte Konzepte,
   die im Zusammenhang mit pädagogischer Förderung insbesondere Lernvorgänge und das problematische Verhalten selbst mit Hilfe von Konditionierungsprozessen und Verhaltensmodifikation sowie der sozial-kognitiven Lerntheorie (Modellernen) in den Blick nehmen.

Die Kenntnis von und die Auseinandersetzung mit diesen und anderen Theorien und Therapieverfahren und mit dem Therapieproblem überhaupt (–>Begleitung) hilft der Heilpädagogin, eigenes Handeln im Kontext von *Erziehung* bewusster zu hinterfragen, zu erleben und vielleicht auch zu gestalten.

In ihrer *individuumzentrierten* Heilpädagogik, die zugleich der transaktiven Beeinflussung von Individuum und Umwelt, im Sinne von Austauschprozessen der Wirkung und Rückwirkung, angemessene Beachtung beimisst, wird die Heilpädagogin zuerst den menschlichen *Lebensweg* mit seinen phasenspezifischen Krisen und (Dauer-) Belastungen und die *biografische Situation* in ihrer *Lebensbedeutsamkeit* für das Individuum in den Blick nehmen, wie die folgende Abbildung zeigt.

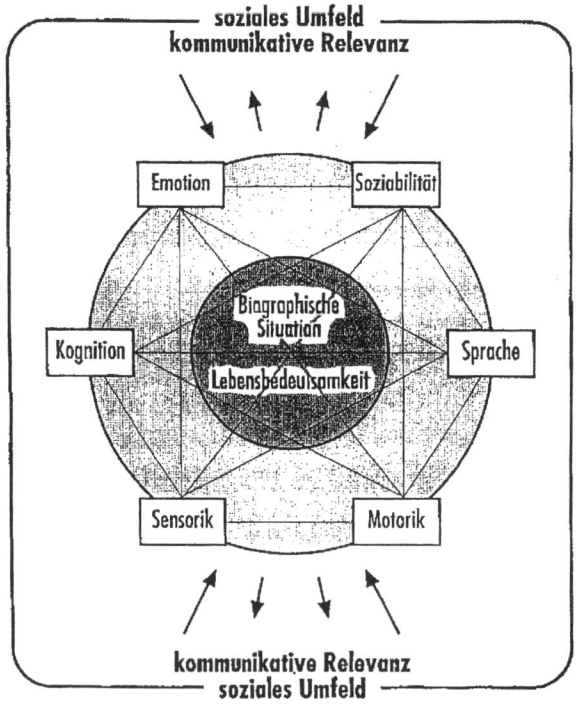

Abb. 10: Didaktisch-methodische Grundlagen des mehrdimensionalen Entwicklungsmodells (In: Grohnfeldt 1996, 211)

Bei dieser Herangehensweise mit Hilfe eines spezifisch *heilpädagogischen* Ansatzes, der auf die *Befindlichkeit = Lebensbedeutsamkeit* des

74

betroffenen Menschen und auf sein Bezugssystem ausgerichtet ist, wird die Heilpädagogin bemerken:
„In jedem Fall handelt es sich um eine interaktionale Störung - der einzelne und sein Umfeld sind betroffen. Und nahezu immer ist das subjektive Erleben bei allen Beteiligten wichtiger als die Störung an sich." (GROHNFELDT 1996, 204)

Wenn es richtig ist, dass „das subjektive Erleben bei allen Beteiligten wichtiger ist als die Störung an sich", gelten für dieses Handlungsmodell, wie es GROHNFELDT (1996) für die Sprachheilpädagogik vorgestellt hat, *Lebenslaufstudien als Grundlage einzelfallbezogenen Vorgehens,* so dass in der zeitlichen Dimension des Lebensweges und seiner Entwicklungskrisen die ungelösten Entwicklungsaufgaben in der (frühen) Kindheit als prägende und wegweisende Belastungen für die Betroffenen als *lebensbedeutsam* erkannt werden. Anders gesagt: Es bedarf einer intensiven, heilpädagogischen *Biografiearbeit.*

Der menschliche Lebensweg vollzieht sich vor dem Hintergrund gesellschaftlicher, kultureller und epochaler Rahmenbedingungen, wie wir bereits mehrfach dargestellt haben.

Dabei können kritische Lebensereignisse besondere Belastungen hervorrufen, die sowohl schleichend einsetzen als auch plötzlich eintreten können, so dass das Leben aller Betroffenen sich schlagartig verändert und Beruf, Freunde, soziale Einbettung gefährdet sind. In manchen Fällen werden solche lebensbedeutsame Situationen zu Dauerbelastungen für alle Beteiligten. Deshalb wird die Heilpädagogin den *menschlichen Lebensweg* mit seinen phasenspezifischen Krisen und (Dauer-) Belastungen und die *biografische Situation* in ihrer *Lebensbedeutsamkeit* für das Individuum in den Blick nehmen und sich durch das Studium des individuellen Lebensweges auf dem Hintergrund (tiefen-)psychologischer Theorien und Konzepte eine Vorstellung darüber erarbeiten, welche Vorerfahrungen das Denken, Erleben und Handeln ihres Klienten in Bezug auf seine übergreifenden Lebenseinstellungen zu sich selbst und zu anderen beeinflusst haben mögen. So wird ihre individualisierende Herangehensweise nicht nur beim Einzelnen, sondern *zugleich* beim einzigartigen Kontext ansetzen:

„Im Sinne einer *bezogenen Individualität* geht es um die Balance von Einordnung und Besonderung, wobei die Überbetonung personaler Eigenart wie sozialer Anforderungen dieses Gleichgewicht bedroht. Eine einzelfallorientierte ... heilpädagogische Arbeit findet dabei ihren Ausdruck in einem *Nachvollziehen, Begleiten* und *Unterstützen* der biographisch einzigartigen psychosozialen Situation des betreffenden Menschen. Vom Selbstverständnis und konkreten Vorgehen her handelt es sich dabei um ein fortlaufendes Geschehen, das im Hinblick auf bestimmte Aufgabenbereiche strukturiert wird." (GROHNFELDT 1996, 210)

Dabei werden
- diagnostische Schwerpunkte als *subjektiver Verstehensprozess* (GROHNFELDT 1995) verstanden, bei dem die im förderdiagnostischen Prozess erhobenen Daten im Hinblick auf ihre heilpädagogisch-therapeutische Relevanz und ihre Lebensbedeutsamkeit hin interpretiert werden.
- In Planung und Durchführung *heilpädagogischer Prozesse* geht es um die Verbindung bzw. Verschmelzung des Handelns mit der einfühlsamen Begleitung und Unterstützung des betreffenden Menschen in der Hoffnung auf Veränderung der Störung bzw. der Situation an sich, die ggf. auch einer (Neu-)Bewertung der Lebenssituation und Einstellungen aller Beteiligten bedarf.
- Im ökologisch-systemischen und interaktionalen Verständnis bezieht sich das heilpädagogische Vorgehen nicht nur auf den Einzelnen, sondern auch auf sein soziales Umfeld, insbesondere auf die Familie in verschiedenen Fokussierungen heilpädagogischer –> Beratung, auf die in weiteren Artikeln dieses Buches noch eingegangen werden wird.
Daraus ergibt sich nach GROHNFELDT (ebd.) folgendes Vorgehen, das wir in Übereinstimmung mit unserem Konzept der HpE gern vorstellen:

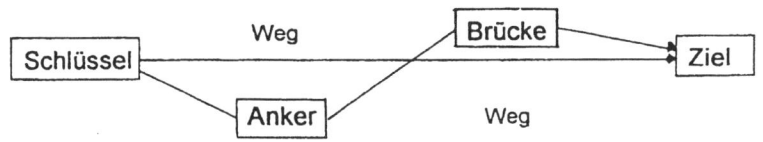

Abb. 11: Didaktisch-methodisches Vorgehen in der HpE
(In: Grohnfeldt 1996, 212)

„Als *Schlüssel* zum Verständnis des einzelnen erweist sich die biographische Anamnese und förderdiagnostische Rekonstruktion eines Fähigkeitsprofils. Sie ist der erste Schritt auf einem *Weg,* bei dem ein vorher definiertes, doch immer wieder neu überdachtes *Ziel* angestrebt wird. Ansatzpunkte im Sinne eines *Ankers* sind dabei die Fähigkeiten und Ressourcen des einzelnen sowie die Hilfestellungen durch die Umwelt. Sie sind der Ausgangspunkt, um über eine *Brücke* bestimmte Beeinträchtigungen und Störungen zu überwinden. Der Weg ist dabei nicht so geradlinig wie auf dem schematisierten Schaubild. Er ist durch Umwege und Irrwege gekennzeichnet, wobei sich die einzelnen Stationen und Elemente in ständiger Bewegung und Veränderung befinden. Das didaktisch-methodische Vorgehen ... erweist sich als Prozeß wie das Leben selbst." (GROHNFELDT 1996, 212)

Im Zusammenhang mit Lebenswegstudien und Biografiearbeit als Grundlage einzelfallorientierten Vorgehens wird die Heilpädagogin *den innerseelischen dynamischen Faktoren der Persönlichkeitsbildung* besondere Aufmerksamkeit widmen:

a) der *bewussten Selbststeuerung,* d.h. der Arbeitshaltung, den Motivationen, Lebenszielen, Lebensplänen, der Selbsterziehung und dem Streben nach Selbstverwirklichung sowie

b) den *unbewussten dynamischen Prozessen,* über die ihr die verschiedenen Schulen der Tiefenpsychologie Auskunft geben: Der Bedeutung des Antrieblebens, der Bedürfnisse und Motivationen (Es) in der Auseinandersetzung mit Ich und Über-Ich (nach S. FREUD), der Gehemmtheit bzw. der Entwicklungshemmung (nach SCHULTZ-HENCKE), der Entstehung von Leitbildern (nach ADLER) sowie der heilenden Kraft der Symbole (nach JUNG).

Heilpädagogische Erziehungshilfe und Entwicklungsförderung (HpE) wird mit der Zielgruppe der sogenannten psychisch gestörten und seelisch behinderten Kinder und Jugendlichen unter Einbeziehung *tiefenpsychologischer* Gesichtspunkte dann ermöglicht, wenn Heilpädagogen im Malen, Spielen und Imaginieren den Kindern und Jugendlichen helfen, sich aktiv mit ihren inneren Bildern und Phantasien auseinanderzusetzen, die wegen ihrer Schmerzhaftigkeit oftmals verdrängt sind und deshalb im Alltag in Symptomen wie Einnässen, Nägelbeißen, Zähneknirschen, Daumenlutschen, Ängstlichkeit, Depressionen, überbetonte Heiterkeit, in Selbstmordversuchen, übertriebener Eifersucht, Fortlaufen, Herumtreiben, D, Betrügereien oder psychosomatischen Reaktionen wie Essstörungen, in Erscheinung treten. Die Kinder und Jugendlichen werden ermutigt, ihren Affekten und anderen beängstigenden Gefühlen in Bildern, Spielen, Briefen oder Geschichten, mit unterschiedlichen Methoden und Medien *symbolischen Ausdruck* zu verleihen, sie auf diese Weise wahrzunehmen, sich mit ihnen auseinanderzusetzen und sie im Spielen, Malen und Imaginieren zu verändern. Der Ausdruck und die Durcharbeit der schmerzhaften, teils unbewussten und abgespaltenen seelischen Erlebnisse in symbolischen Ausdrucksformen ermöglichen durch die Unterstützung der Heilpädagogin die Entlastung von psychischem Druck, der sich in oben genannten 'Verhaltensstörungen' äußern kann. Dadurch werden die gesunden Entwicklungskräfte des Kindes und Jugendlichen frei für eine realistische Selbst- und Fremdwahrnehmung und -einschätzung, und die symbolschöpferische menschliche Energie kann sinnvoll in den Alltag integriert werden. Dort kann sie mit Hilfe eines durch –>Erziehungsberatung und –>Elternarbeit gewandelten Verständnisses und Umgangs der Eltern und Bezugspersonen mit ihrem eigenen Erleben und mit einer veränderten Einschätzung des Erlebens und Verhaltens ihrer Kinder und Jugendlichen in den mitmenschlichen Beziehungen wieder in veränderten oder neuen Erlebensweisen und Verhaltensformen ausprobiert werden.

Schon immer gilt der Umgang mit seelisch behinderten bzw. 'verhaltensgestörten' Kindern und Jugendlichen als besonders schwierig oder sogar als 'unmöglich'. Die scheinbare Bindungslosigkeit und Unfähigkeit zur Beziehungsaufnahme und Beziehungsgestaltung, die geringe Frustrationstoleranz und Aggressivität dieser Klientel lehren manchen Pädagogen das Fürchten und machen ihn hilflos in seinem erzieherischen Vermögen. Solche Kinder und Jugendlichen verschließen sich zumeist auch allen klassischen Therapiemethoden und werden daher zu „kranken" und schließlich zu „therapieresistenten" Objekten gemacht.

Jedoch: Jeder Mensch hat ein *Recht auf Erziehung*, auch unter erschwerten Bedingungen. Die Heilpädagogin ist durch diese Kinder und Jugendlichen - anders als beispielsweise in der Begleitung geistig behinderter Menschen, jedoch nicht minder existentiell - herausgefordert. „Halten" als korrigierende emotionale Erfahrung und „Zumuten" als Erkennen der eigenen Leidensgeschichte (vgl. LEBER 1988) sind in entwicklungsfördernder, heilpädagogischer Arbeit hier ebenso gefragt, wie in der Arbeit mit körperlich und/oder geistig behinderten Menschen. Jedoch setzt der Umgang mit psychisch geschädigten Kindern und Jugendlichen einen erweiterten Verstehenshorizont voraus, um in einen „fördernden Dialog" von Reflexion, Interpretation bzw. Deuten des Kontextes, Übernahme von Hilfs-Ich-Funktionen, Konfrontation mit der Realität, symbolische Konfliktbearbeitung und Gelegenheit zur 'Wiedergutmachung' eintreten zu können.

Dazu gehört die Alltagsgestaltung des „heilpädagogischen Milieus" ebenso wie ein vertieftes, auf beruflicher Selbsterfahrung und Supervision beruhendes *Reflexionsvermögen* zum Verstehen der durch die Kinder und Jugendlichen inszenierten erlebten oder ersehnten Situationen.

Besonders Konzepte tiefenpsychologisch orientierter Heilpädagogik, im engeren Sinne Konzepte „Psychoanalytischer (Heil-)Pädagogik" leisten hier, im Verbund mit verhaltensorientierten und ökologisch-systemisch orientierten Handlungskonzepten, gute Dienste.

In der Anwendung dieser Konzepte setzt Heilpädagogik die innere Zusammengehörigkeit des psychoanalytischen 'Heilens und Forschens' um in den pädagogischen Zusammenhang von *Fördern* bzw. *Erziehen* und Forschen. Mit tiefenpsychologischem Wissen wird der Zusammenhang von Verstehen und Begreifen subjektiver menschlicher Struktur im Hinblick auf die sozial gesetzten Beschränkungen bzw. traumatisierenden Erlebnisse der betroffenen Kinder und Jugendlichen sowie ihrer Eltern und Bezugspersonen verstehbar.

Die tiefenpsychologisch orientierte Heilpädagogin verfügt über ein pädagogisches Prozess- und Verstehensmodell, das es ihr ermöglicht, mit dem Kind bzw. Jugendlichen in einen reflektierend-dialogischen pädagogischen Bezug einzutreten, in dem beide - Klient und Heilpädagogin - Subjekt und Objekt gegenseitiger Beeinflussung werden. Durch Konzepte wie Abwehr, Neubeginn, mittels (symbolischer, spielerischer, übender) Durcharbeit der lebensgeschichtlichen Konflikte und unbewussten Motive, mittels Reflexion und Deuten, durch gezielten Umgang mit Geschehenlassen und Lenken, Regeln und Grenzen, Übertragung und Gegenübertragung und schließlich durch emotional verkraftbar gestaltete Ablösung hilft die Heilpädagogin über die unbewältigten Entwicklungskrisen (–> Abb. 3, S. 40) und traumatischen Erlebnisse hinweg zur Gestaltung neuer Lebensformen.

Diese entwicklungsfördernde Arbeit mit einzelnen oder kleinen Gruppen von Kindern zielt aber nicht auf blinde Anpassung der Klienten an die vorgegebenen gesellschaftlichen Verhältnisse, sondern versucht entlang der gesellschaftlich und institutionell vorgegebenen Erziehungsziele die sozial unterdrückten Lebensentwürfe der Kinder und Jugendlichen zum Thema zu machen. In der heilpädagogischen Erziehungshilfe und Entwicklungsförderung (HpE) im Rahmen von Spiel- und Übungsbegleitung, am intensivsten jedoch im Alltag des heilpädagogischen Milieus, wird die Heilpädagogin die Spannung zwischen den Normen, Umgangsformen und Verhaltenserwartungen und ihrer individuell möglichen Aneignung und Akzeptanz durch das Kind sensibel und kritisch ausloten. Alle Beteiligten dieses Prozesses, sowohl die Klienten als auch die Pädagogen, sind dadurch herausgefordert ihren Standort in dieser sozialkritischen Auseinandersetzung immer wieder neu zu bestimmen.[1]

So konzentriert sich die heilpädagogische Erziehungshilfe und Entwicklungsförderung (HpE) als „Leitkonzept"

„auf das *erzieherische* Moment und führt daher zur Frage nach den handlungsleitenden *Ziel-* und *Normvorstellungen,* die im Begriff der Förderung immer mit enthalten sind... Der pädagogische Praktiker muß die in jedem Menschen angelegten Möglichkeiten der Selbstrealisierung erkennen, aktiv fördern und bilden. Da beim psychophysisch geschädigten Menschen der Gang des normalen Entwicklungsaufbaus in gewisser Weise 'durcheinander geraten' ist, braucht der Heilpädagoge begründetes Erklärungs- und Veränderungswissen, um zu entscheiden, wo er fördernd in das Entwicklungsgeschehen eingreifen muß, damit sich die desynchronisierten Prozesse wieder *selbst regulieren* können und die betroffene Person zu dem ihr möglichen Maß an Selbstbestimmung und Selbstgestaltung finden kann. Trotz der mit einer 'Behinderung' gegebenen, vielleicht lebenslang irreversiblen Beeinträchtigungen, eine optimale *Daseinsgestaltung* zu ermöglichen, ist Aufgabe und Zielsetzung jeglicher Art von Förderung." (GRÖSCHKE 1997, 270)

Bei ihrer individuumzentrierten Reflexion der Erziehungs- und Förderverhältnisse wird die Heilpädagogin neben dem Studium des persönlichen Lebensweges des Kindes oder Jugendlichen vier grundsätzliche Lebensbereiche - *ökologische Systeme* - in ihrem Zusammenwirken berücksichtigen, die einerseits durch Erziehung beein-

---

[1]Weshalb 'muss' z.B. ein psychosozial gestörtes Kind unbedingt am gemeinsamen Essen um einen Tisch teilnehmen, wenn es durch den Reiz der Speisen so stark herausgefordert wird, dass es nicht warten kann (da es in seinem Erleben nie genug bekam) und dadurch die 'gewollte' Gemeinsamkeit erheblich stört? 'Muss' das Kind deshalb durch „time out" bestraft werden, weil es dahingehend 'gefördert' werden soll, die überfordernde Situation in Gemeinschaft zu ertragen? Oder wäre es möglich, durch vorherige Speisung den Reiz so zu reduzieren, dass das Kind mit einer gewissen Sättigung entspannter teilnehmen kann und ihm dadurch (mit Hilfe wohlwollender Anerkennung aller) die Erfahrung ermöglicht wird, dass es trotz oder gerade wegen seines Hungers 'dazu gehört' und ihm nichts vorenthalten oder gar weggenommen wird? Nicht nur hier gilt eine der 'goldenen' heilpädagogischen Regeln von Paul MOOR (1994, 22): „Nicht gegen den Fehler, sondern *für das Fehlende!"*

flusst werden und die ihrerseits auf die Erziehungsverhältnisse und die Förderbereiche zurückwirken. (vgl. BRONFENBRENNER 1981)

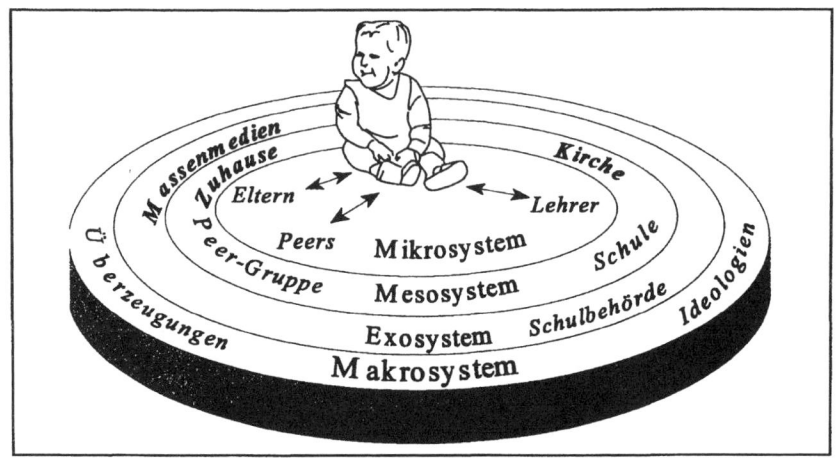

Abb. 12: Bronfenbrenners ökologisches Modell
(aus: Petermann/Kusch/Niebank 1998, 51)

Lebensbereich *Mikrosystem:*

Das Kind, der Jugendliche gehört ihm unmittelbar an, mit bestimmten Merkmalen, Kräften und Rollen. Es wird von jeder Gruppe, zu der auch das Kind gehört (z.B. Mutter-Kind-Dyade, Triade mit zwei Geschwistern, Familie, größere soziale Gebilde), gebildet.

Darin eingeschlossen sind auch die personalen *innerpsychischen dynamischen Kräfte* der Person (im Kontext des von S. FREUD entwickelten innerpsychischen Strukturmodells von Es, Ich und Überich), besonders die von Fritz REDL (1971) herausgearbeiteten zentralen Funktionen des Ich:

- die kognitive Funktion des Ich, die mittels Wahrnehmung hilft, die intra- und extrapsychischen Realitäten im Hinblick darauf abzuschätzen, welche Verhaltensmöglichkeiten gewählt werden;

- die Steuerungsfunktion des Ich, die die Abwehr, Unterdrückung, Aufschiebung oder Verschiebung von spontanen Impulsen und Triebtendenzen moderiert;

- die selektive Funktion des Ich, die es ermöglicht, Entscheidungen zu treffen;

- die synthetische Funktion des Ich, die die Ansprüche aus Es und Überich ausbalanciert und die gesamte Psyche im Zustand der Homöostase (des inneren Gleichgewichts) hält.

Diese grundlegenden, allgemeinen Funktionen des Ich werden im Beziehungssystem der Familie (Mutter, Vater, Geschwister, Klein- bzw. Kleinstfamilie) erworben, die das wichtigste Element des Mikrosystems bildet, das später durch Kindergarten, Schule, Kinderheim, Hort, Freunde, Diskothek, Sportverein, die Beziehung zum Freund bzw. zur Freundin, durch den Ausbildungsplatz usw. ergänzt wird.

Störungen der Ichfunktionen äußern sich z.B. durch:

Fehlende Frustrationstoleranz; Verlust der Ich-Kontrolle bei Anstekkung durch die Gruppe (Gruppenerregung); Ängste; fehlendes eigenes Beschränkungssystem in Versuchssituationen; fehlende Funktion des Ich, die den Situationen und Dingen eigenen Strukturen wahrzunehmen; Schuldgefühle (mit Wiederholungszwängen und Selbstbestrafungstendenzen); Probleme der Zeit (Unfähigkeit, Bedürfnisbefriedigung aufzuschieben); Unfähigkeit, Erfolg, Misserfolg und Versagen angemessen (ohne Wutausbrüche oder depressiven Rückzug) zu bewerten; Ausfall der Signalfunktion des Ich, das keine Konsequenzen für eine Handlung signalisiert; Unfähigkeit, die Realität richtig zu interpretieren (einhergehend mit Selbstüber- oder unterschätzung).

Lebensbereich *Mesosystem:*

Es bezeichnet die Beziehungen der gegenwärtigen unmittelbaren Umgebung des Kindes in einem bestimmten Entwicklungszeitpunkt. Es umfasst die Wechselwirkungen zwischen den o.g. verschiedenen Mikrosystemen, in denen der Einzelne steht. Wenn z.B. ein Kind einen Kindergarten oder eine Schule besucht, so entstehen daraus vielfältige Kontakte zwischen den unterschiedlichen Lebensbereichen 'Familie', und 'Kindergarten', 'Nachbarschaft' oder 'Schule'. Eine Heilpädagogin, die in einer Beratungsstelle arbeitet, wird klugerweise beide Systeme - Familie *und* Kindergarten bzw. Nachbarschaft *und* Schule - beachten oder sogar neu in Verbindung bringen, um herauszufinden, inwieweit Anpassungen und Veränderungen dann wieder auf das Mikrosystem Familie und das einzelne Kind zurückwirken.

Lebensbereich *Exosystem:*
Das Exosystem ist eine Erweiterung des Mesosystems und enthält alle Bereiche, denen das Kind nur *mittelbar* ausgesetzt ist, denen es zwar nicht unmittelbar angehört, die aber dennoch seine Person beeinflussen. Der Arbeitsplatz der Eltern hat z.b. Auswirkungen auf das Kind, obwohl es daran nicht unmittelbar beteiligt ist, durch den es jedoch via Arbeitsplatzprobleme und Stress seiner Eltern beeinflusst wird. Umgekehrt ist es genauso: Das Kind kann Ängste vor dem Zerfall seiner Familie entwickeln und 'verhaltensauffällig' reagieren, um (unbewusst) darauf aufmerksam zu machen. Dies wiederum kann die Eltern schwer belasten und sich auf ihr Leistungsvermögen am Arbeitsplatz niederschlagen.

Lebensbereich *Makrosystem:*
Es enthält die übergeordneten institutionalen Bereiche der Kultur, wie die Ökonomie, das soziale und politische System eines Landes, deren Einwirkungen sich in den einzelnen Systemen niederschlagen, ebenso Ideologien und Normensysteme sowie alle formalen und inhaltlichen Übereinstimmungen, die auf gesellschaftlicher und kultureller Ebene bestehen und in das sich alle bereits genannten Lebensbereiche einfügen lassen. Alle kulturellen Bräuche, soziale, ökonomische, juristische und politische Gepflogenheiten erfährt und beeinflusst der Einzelne in Form von gesetzlichen Regelungen, Traditionen, Religionen usw. Störfaktoren für eine gesunde Entwicklung durch das Makrosystem können z.B. der „Zeitgeist" mit seinen moralischen, pädagogischen oder antipädagogischen Tendenzen sein, der sich in Fragen nach Werten ausdrückt. SPECK (1991, 25) benennt gegenüber Tugenden auch Laster wie Geldvergeudung, Luxus, Hochmut, Fressgier, Unzufriedenheit, Zorn und Neid, Rücksichtslosigkeit, Vernachlässi-

gung, die sich in verschiedenen Schichten besonders extrem ausmachen lassen. Durch die Medien wird zum Teil gewalttätiges, menschenverachtendes Verhalten durch Selbstverstärkerprozesse im „Lernen am Modell" etabliert. Der Wahrnehmungsapparat von Kindern wird oft auf Bilder und sinnliche Reize reduziert, hingegen wird die Entwicklung von kognitiven Funktionen und Phantasie gehemmt. Kirchen und Religionen leisten nur noch in beschränktem Umfang eine Tradierung kultureller Werte durch Integration von Jugendlichen in die Gemeinden und Übernahme mitmenschlicher Verantwortung (z.B. „Liebe deinen Nächsten...")

Diese zuletzt genannten Komponenten wirken sich entscheidend für die Beurteilung und Schaffung lerntheoretisch relevanter Faktoren aus. Hierbei geht es um den Abbau unerwünschten Verhaltens - dem eine psychischen Störung zugrunde liegt - und den Aufbau erwünschten Verhaltens durch gezielte Lernhilfen.

Lernen wird hier nicht im engeren Sinne des schulischen Lernens verstanden, wenngleich z.B. die Schularbeitenhilfe durch die Heilpädagogin unter Berücksichtigung lern- bzw. verhaltensorientierter Konzepte eine echte Lernhilfe sein kann.

Lernen wird hier im weiteren Sinne als *Verhaltensänderung* begriffen. Dafür ist die vorhergehende *Verhaltensanalyse* unerlässlich:

1. die Analyse des Problemverhaltens in seiner Häufigkeit und Intensität;

2. die physiologische Ebene der speziellen Reaktionen des Klienten;

3. die Erlebensebene: Was empfindet und fühlt der Klient?;

4. die kognitive Ebene: Was denkt und äußert der Klient, welche Erwartungen und Befürchtungen sind aktuell?; und schließlich:

5. die Beziehungsebene: Wie reagieren die Bezugspersonen auf das (veränderte) Verhalten des Klienten?

Hier greift insbesondere das heilpädagogische Konzept der –>*Übung,* „eine Methode der systematischen Hilfe für entwicklungsgestörte und geistig behinderte Menschen, vor allem für Kinder und Jugendliche. Durch ein ausgewogenes Angebot von Übungseinheiten - unter Berücksichtigung der individuellen Möglichkeiten - werden im Spiel und durch Spiele neue Kenntnisse, Fähigkeiten und sinnvolle Verhaltensweisen in Einzel- und Gruppensituationen geweckt, entwickelt und gefestigt." Sie „ist grundsätzlich auf die Gesamtförderung, d.h. auf die Förderung der emotionalen, sensorischen, motorischen , sozialen und kognitiven Fähigkeiten ausgerichtet. Teilleistungsschwächen unterschiedlicher Ursachen sollen durch ein vielfältiges Angebot an Erfahrungs- und Handlungsmöglichkeiten in der optischen, akustischen sowie taktilen Erfassung und Differenzierung der Umwelt ausgeglichen werden. Die Zusammenarbeit mit den Eltern ist integrierter Bestandteil..." (OY/SAGI 1988, 67)

* **Zusammenfassung**

Heilpädagogische Arbeit verdichtet sich als "Heilpädagogische Erziehungshilfe und Entwicklungsförderung (HpE)" unter erschwerenden Bedingungen für Menschen, insbesondere für Kinder und Jugendliche, die in ihrem Leben beeinträchtigt, behindert oder gestört sind oder sich so fühlen. Sie will durch das personale, dialogische Angebot der Heilpädagogin zur größtmöglichen subjektiven Erfahrung von Heil und Heilung im Sinne existentieller Erfüllung menschlichen Lebens beitragen. Als das Ganze heilpädagogischen Verstehens und Handelns bildet die HpE auf anthropologischer und ethischer Grundlage sowie durch entwicklungs-, tiefen-, verhaltenspsychologische und ökologisch-systemische Orientierung ein komplexes, räumlich und zeitlich überpunktuelles Bezugs- und Regelsystem, das mittels gewandelter *Beziehungs*gestaltung eine veränderte *Erziehungs*gestaltung - auch im Beeinträchtigt- oder Behindertsein - ermöglichen will. Unter Einbeziehung der menschlichen Entwicklungskrisen und der kommunikativen Relevanz der biografischen Situationen für das krisenhafte Geschehen im sozialen Umfeld wird nicht nur der Symptomatik als solcher, sondern vor allem deren Lebensbedeutsamkeit mittels Biografiearbeit erhöhte Aufmerksamkeit gewidmet. Aus diesem erkennenden Verstehen in der Rück- und Gegenwartsschau während der Befunderhebung entwickelt die Heilpädagogin zusammen mit dem betroffenen Menschen und seinen Bezugssystemen im Sinne bezogener Individualität in heilpädagogischer Begleitung und Beratung prospektiv Wege in die Zukunft. Als Leitvorstellung gilt - ohne Unterschied auch für den beeinträchtigten Menschen - die pädagogische Mündigkeit, durch die die Freiheit und Würde aller Menschen, ihre Gleichheit vor dem Gesetz und hinsichtlich ihrer Bildungschancen sowie die rechtsstaatliche, demokratische Ordnung des Zusammenlebens geschaffen und erhalten werden will. Dabei erfordert Mündigsein lebenslanges Weiter- und Umlernen um mündig zu bleiben. Dies gilt zugleich für die Heilpädagogin wie für die ihr anvertrauten Menschen.

Handlungsprozess der HpE

- Regelkreis

Die Heilpädagogische Erziehungshilfe und Entwicklungsförderung (HpE) wird verstanden als das umfassende berufliche Handeln der Heilpädagogin, das von den *speziellen erzieherischen Bedürfnissen unter erschwerenden Lebensbedingungen* ausgeht, also nicht einfach von isolierbaren 'Symptomen', 'Behinderungen', 'Verhaltensauffälligkeiten' oder 'Lernbedingungen'. Der Prozess der HpE gleicht dabei einem Regelkreis mit sechs Schritten:

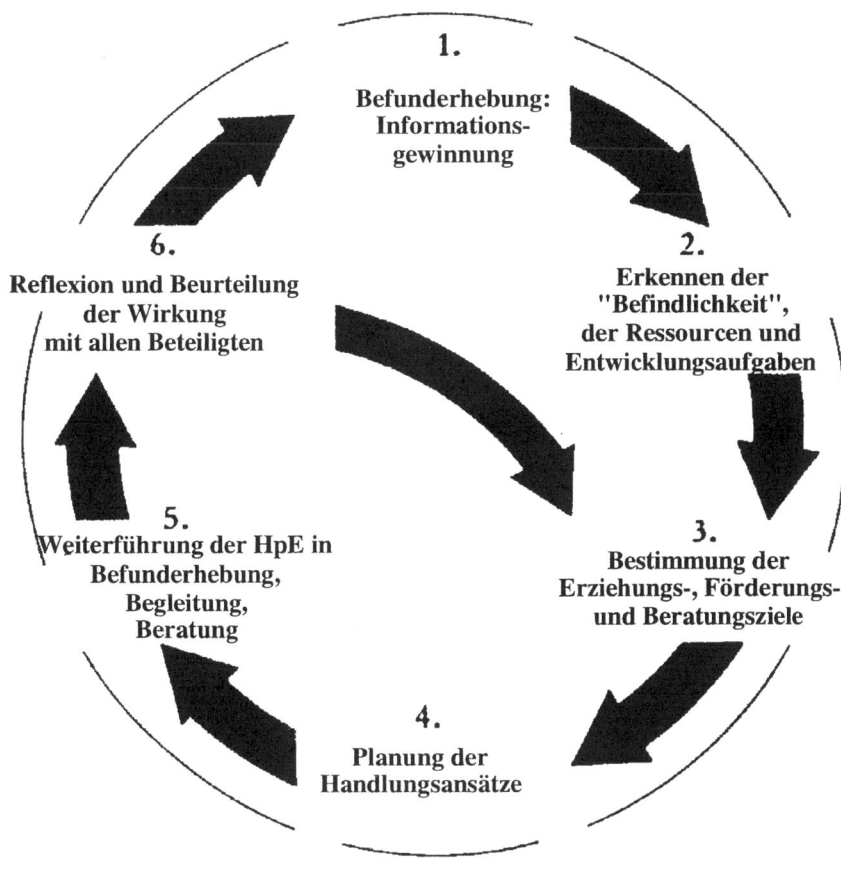

1.
Befunderhebung: Informations-gewinnung

6.
Reflexion und Beurteilung der Wirkung mit allen Beteiligten

2.
Erkennen der "Befindlichkeit", der Ressourcen und Entwicklungsaufgaben

5.
Weiterführung der HpE in Befunderhebung, Begleitung, Beratung

3.
Bestimmung der Erziehungs-, Förderungs- und Beratungsziele

4.
Planung der Handlungsansätze

Abb. 13: Regelkreis der Heilpädagogischen Erziehungshilfe und Entwicklungsförderung (HpE)

87

„Eine ständige individual-, alters- und umweltspezifische Anpassung des Förderkonzepts ist dabei eine wesentliche fachliche und ethische Maxime; d.h. für die sich durch Wachstum, Entwicklung oder krankhafte Einwirkungen ändernde Person muß kontinuierlich eine optimale *Passung* zwischen momentanem Entwicklungs- oder Befindlichkeitszustand, Umweltgegebenheiten und heilpädagogischen Förderangeboten gesucht werden. Was zu einer bestimmten Zeit förderlich gewesen war, kann durch zwischenzeitlich eingetretene personinterne oder umweltabhängige sowie interaktional bedingte Veränderung seine Wirksamkeit und Zuträglichkeit verloren haben. Der Dynamisierung personspezifischer Entwicklungs- und Veränderungsprozesse muß eine Flexibilisierung der Zielsetzungen, methodischen Ansätze und Medien des Förderkonzeptes entsprechen." (GRÖSCHKE 1997, 269)

- Strukturelemente

Die HpE besteht aus den drei Strukturkernen Befunderhebung, Begleitung, Beratung, die im Regelkreis dynamisch aufeinander bezogen sind:

1. Befunderhebung
wird in der HpE verstanden *als Suche nach Erkenntnissen und Verstehensmöglichkeiten über die Befindlichkeit* des Menschen, vorrangig des Kindes bzw. Jugendlichen, in seinem Dasein, seinem Gewordensein und seinem Sosein in seinen Lebensbezügen, um daraus gemeinsam bestmögliche Erziehungshilfe und Entwicklungsförderung entwickeln zu können.

2. Begleitung
wird in der HpE verstanden als *Begleitung auf dem Lebensweg* des Menschen, vorrangig des Kindes oder Jugendlichen, als mitvollzogene dialogische Situation einer personalen Begegnung. Aufgrund der erschwerenden erzieherischen Bedingungen orientiert sich die Heilpädagogin an therapeutischen Konzepten, die ihr für das Kind, den Jugendlichen hilfreich und insofern im Rahmen der HpE

als relevant erscheinen. Dabei bezieht sie das Erleben *und* Verhalten, das Bewusste *und* Unbewusste sowie körperliches, seelisches und geistiges Befinden in ihre Beziehungsgestaltung ein. Ziel ist die Erziehung zur Selbsterkenntnis und zur Selbstverwirklichung in allen Bereichen mitmenschlicher Bindung und dialogischer Bezogenheit, exemplarisch in Spiel, Arbeit, Lernen und Üben.

3. Beratung
wird in der HpE verstanden als interdisziplinäre Hilfe zur *Orientierung in Krisenzeiten, als Begleitung bei der Verarbeitung von schweren Wirklichkeiten sowie als Anleitung und Hinführung zur immer selbstbewussteren und eigenständigeren Lösung von Problemen bei Lebensaufgaben,* soweit es die erschwerenden Bedingungen zulassen. Sie dient vorrangig der Erziehungsberatung von Eltern und Bezugspersonen beeinträchtigter bzw. behinderter Kinder oder Jugendlicher und zur fachlichen Konsultation.

Die drei Strukturkerne: Befunderhebung, Begleitung, Beratung sind immanente Grundbestandteile der HpE, deren wichtigste Segmente auch in außerhalb der HpE liegende Bereiche hineinragen. Um diese drei Strukturkerne, die gleichzeitig auch die drei Hauptphasen des Handlungsprozesses sind, gruppieren sich organisch die vielfältigen methodischen Elemente heilpädagogischen Handelns, die in der Grafik (–> Abb. 14) in ihrer Zuordnung und Interdependenz dargestellt sind.

Die drei Strukturkerne werden durchdrungen von der *heilpädagogischen Beziehung* in einem *heilpädagogischen Milieu.* Sie werden konzipiert und realisiert mit dem Ziel, mit einem beeinträchtigten Kind bzw. Jugendlichen und deren Bezugspersonen Erziehungs- und Entwicklungshilfen zu erarbeiten, durch die sie ihr je individuelles Vermögen der Daseinsgestaltung optimal entfalten, bewahren oder wiederherstellen können.

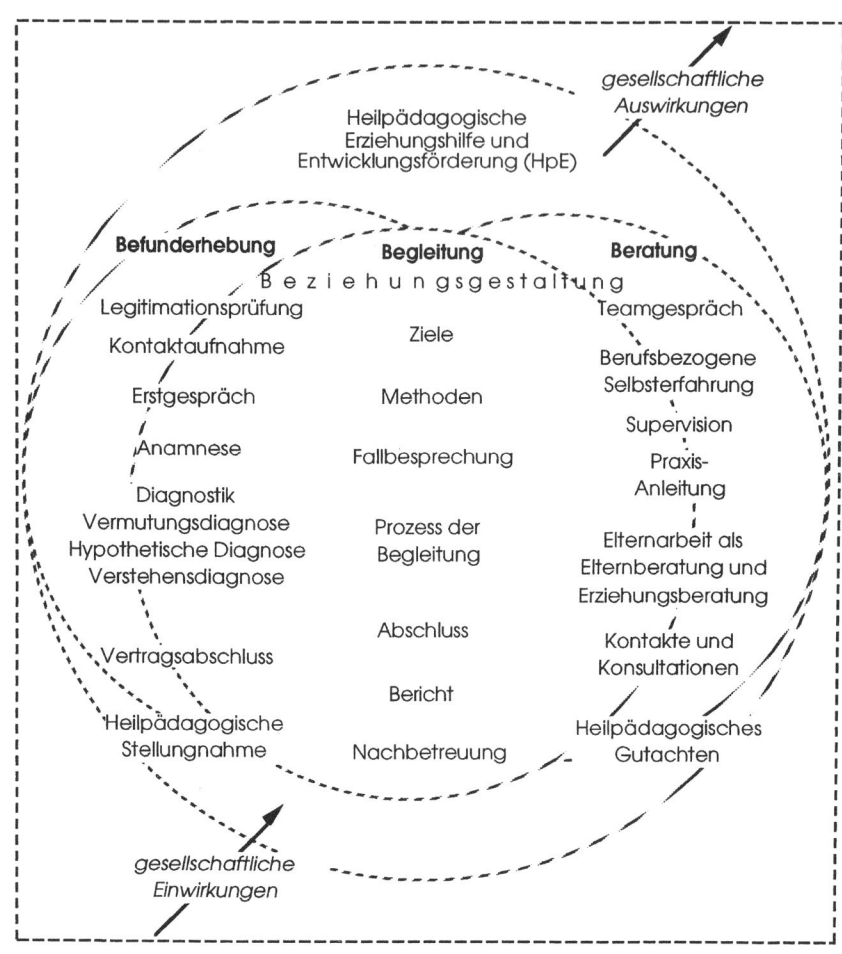

Abb. 14: Zuordnung der Strukturkerne und -elemente
im Handlungsprozess der HpE

Um dieses Ziel zu erreichen, entwickelt die Heilpädagogin, ausgehend von den Strukturkernen, den 'roten Faden' der HpE in einem Verlaufsplan zum *Handlungsprozess*. Dieser Verlaufsplan ist als Flussdiagramm im Sinne des Regelkreises der HpE zu verstehen. Er dient dem Studierenden wie dem Praktiker als Orientierungshilfe zum kontrollierten Vorgehen der ihm übertragenen Aufgabe und als Reflexionsrahmen für seine heilpädagogische Arbeit.

- Flussdiagramm

Im Verlaufsplan zum Handlungsprozess (Flussdiagramm) werden die Verbindungen der einzelnen Elemente untereinander wie folgt verdeutlicht:

- **Fettdruck** kennzeichnet die Hauptelemente der HpE;
- GROSSBUCHSTABEN kennzeichnen Elemente und Stichworte;
- (–>) Hinweiszeichen weisen auf Verknüpfungen der Elemente und Stichworte hin;
  Elemente und *Stichworte,* auf die in Dickdruck, Großbuchstaben und Hinweiszeichen aufmerksam gemacht wird, können in
- Übersichtsartikeln
  ausführlich nachgelesen und in ihrem inhaltlichen Zusammenhang erfasst werden.
- (O) Kreise kennzeichnen *Rückverweise* im Flussdiagramm des Verlaufsplans.
- (Ziff.) = Ziffern finden sich für jeden Schritt im Verlaufsplan und als Orientierung in einer
- Hinweiszeile zu Beginn eines jeden Übersichtsartikels

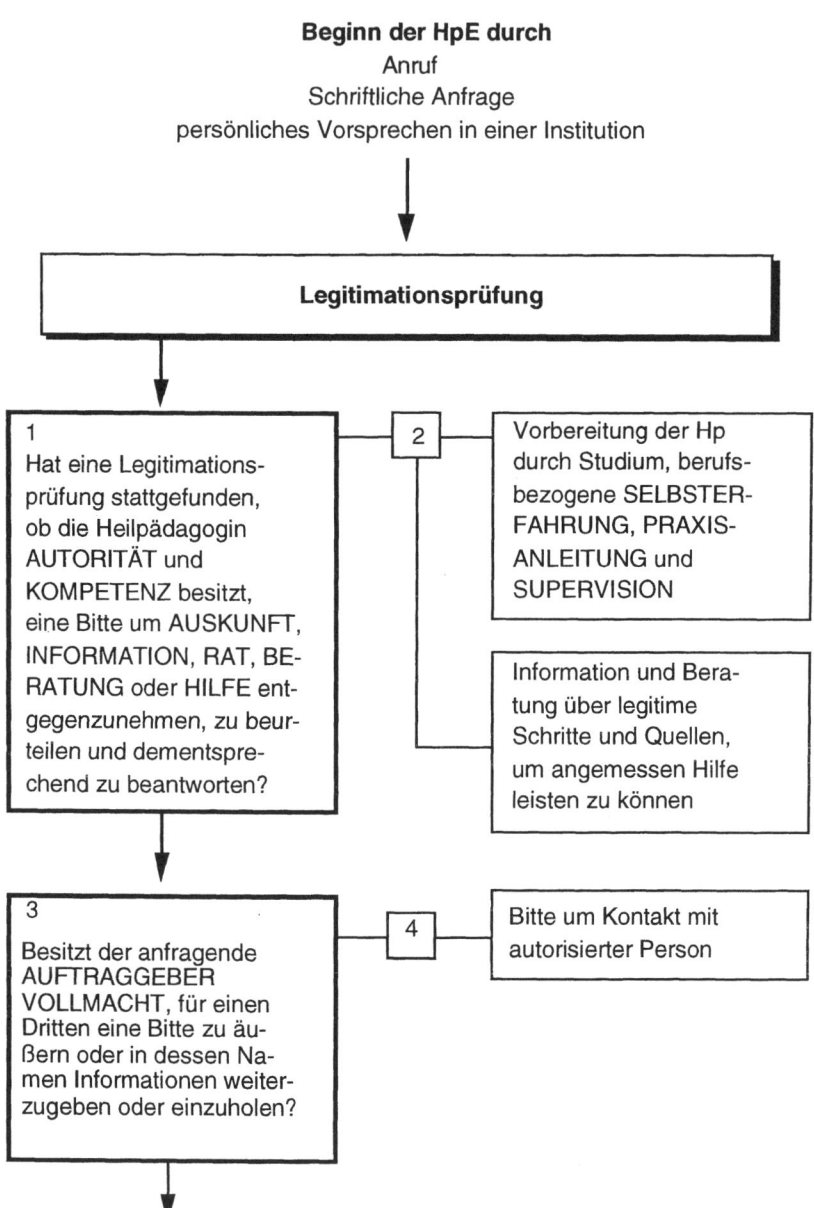

Beginn der HpE durch
Anruf
Schriftliche Anfrage
persönliches Vorsprechen in einer Institution

Legitimationsprüfung

1

Hat eine Legitimations-
prüfung stattgefunden,
ob die Heilpädagogin
AUTORITÄT und
KOMPETENZ besitzt,
eine Bitte um AUSKUNFT,
INFORMATION, RAT, BE-
RATUNG oder HILFE ent-
gegenzunehmen, zu beur-
teilen und dementspre-
chend zu beantworten?

2

Vorbereitung der Hp
durch Studium, berufs-
bezogene SELBSTER-
FAHRUNG, PRAXIS-
ANLEITUNG und
SUPERVISION

Information und Bera-
tung über legitime
Schritte und Quellen,
um angemessen Hilfe
leisten zu können

3

Besitzt der anfragende
AUFTRAGGEBER
VOLLMACHT, für einen
Dritten eine Bitte zu äu-
ßern oder in dessen Na-
men Informationen weiter-
zugeben oder einzuholen?

4

Bitte um Kontakt mit
autorisierter Person

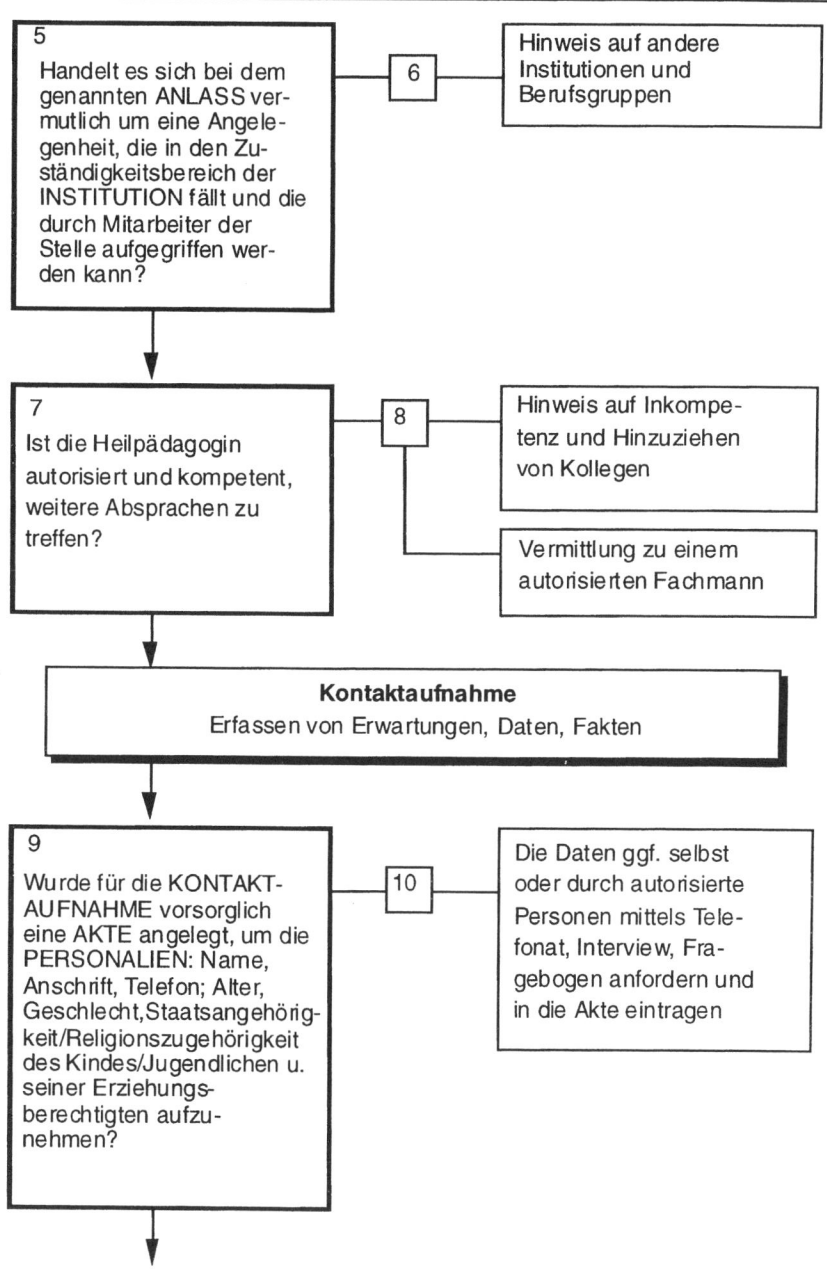

5
Handelt es sich bei dem genannten ANLASS vermutlich um eine Angelegenheit, die in den Zuständigkeitsbereich der INSTITUTION fällt und die durch Mitarbeiter der Stelle aufgegriffen werden kann?

6

Hinweis auf andere Institutionen und Berufsgruppen

7
Ist die Heilpädagogin autorisiert und kompetent, weitere Absprachen zu treffen?

8

Hinweis auf Inkompetenz und Hinzuziehen von Kollegen

Vermittlung zu einem autorisierten Fachmann

Kontaktaufnahme
Erfassen von Erwartungen, Daten, Fakten

9
Wurde für die KONTAKT-AUFNAHME vorsorglich eine AKTE angelegt, um die PERSONALIEN: Name, Anschrift, Telefon; Alter, Geschlecht,Staatsangehörigkeit/Religionszugehörigkeit des Kindes/Jugendlichen u. seiner Erziehungsberechtigten aufzunehmen?

10

Die Daten ggf. selbst oder durch autorisierte Personen mittels Telefonat, Interview, Fragebogen anfordern und in die Akte eintragen

93

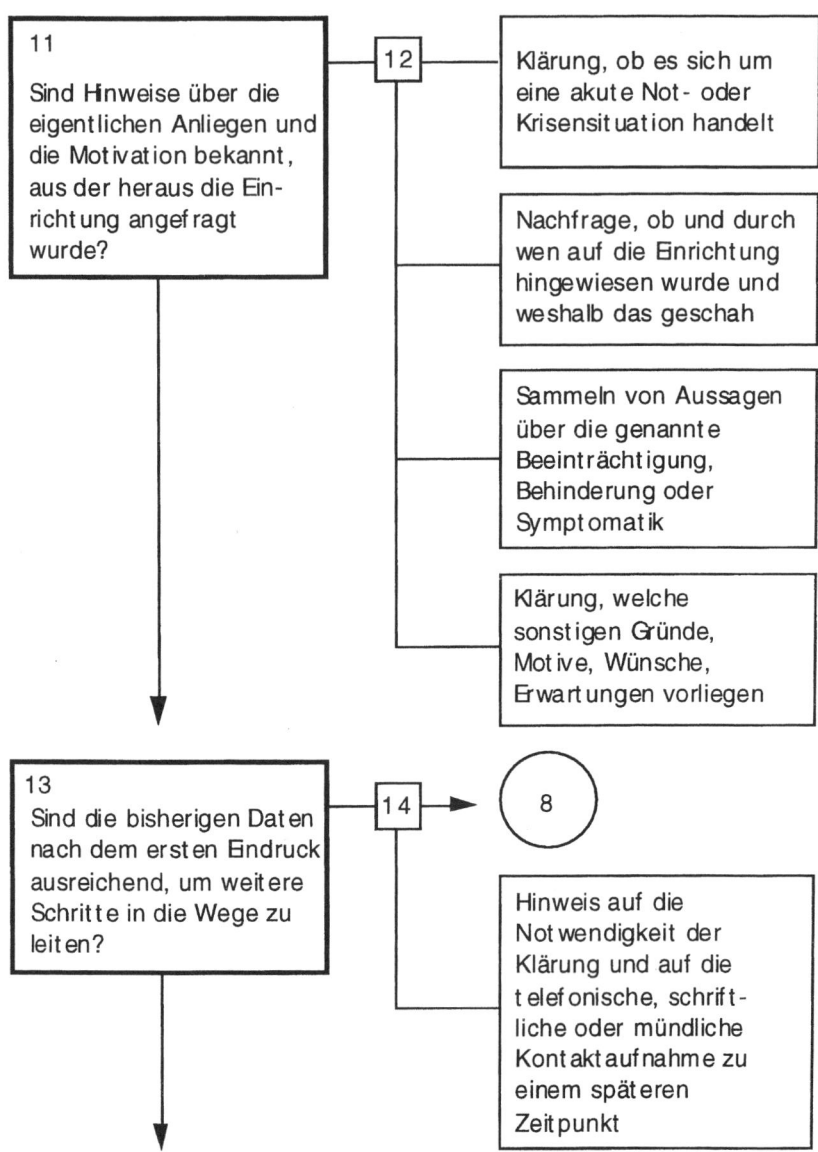

11

Sind Hinweise über die eigentlichen Anliegen und die Motivation bekannt, aus der heraus die Einrichtung angefragt wurde?

12

Klärung, ob es sich um eine akute Not- oder Krisensituation handelt

Nachfrage, ob und durch wen auf die Einrichtung hingewiesen wurde und weshalb das geschah

Sammeln von Aussagen über die genannte Beeinträchtigung, Behinderung oder Symptomatik

Klärung, welche sonstigen Gründe, Motive, Wünsche, Erwartungen vorliegen

13
Sind die bisherigen Daten nach dem ersten Eindruck ausreichend, um weitere Schritte in die Wege zu leiten?

14

8

Hinweis auf die Notwendigkeit der Klärung und auf die telefonische, schriftliche oder mündliche Kontaktaufnahme zu einem späteren Zeitpunkt

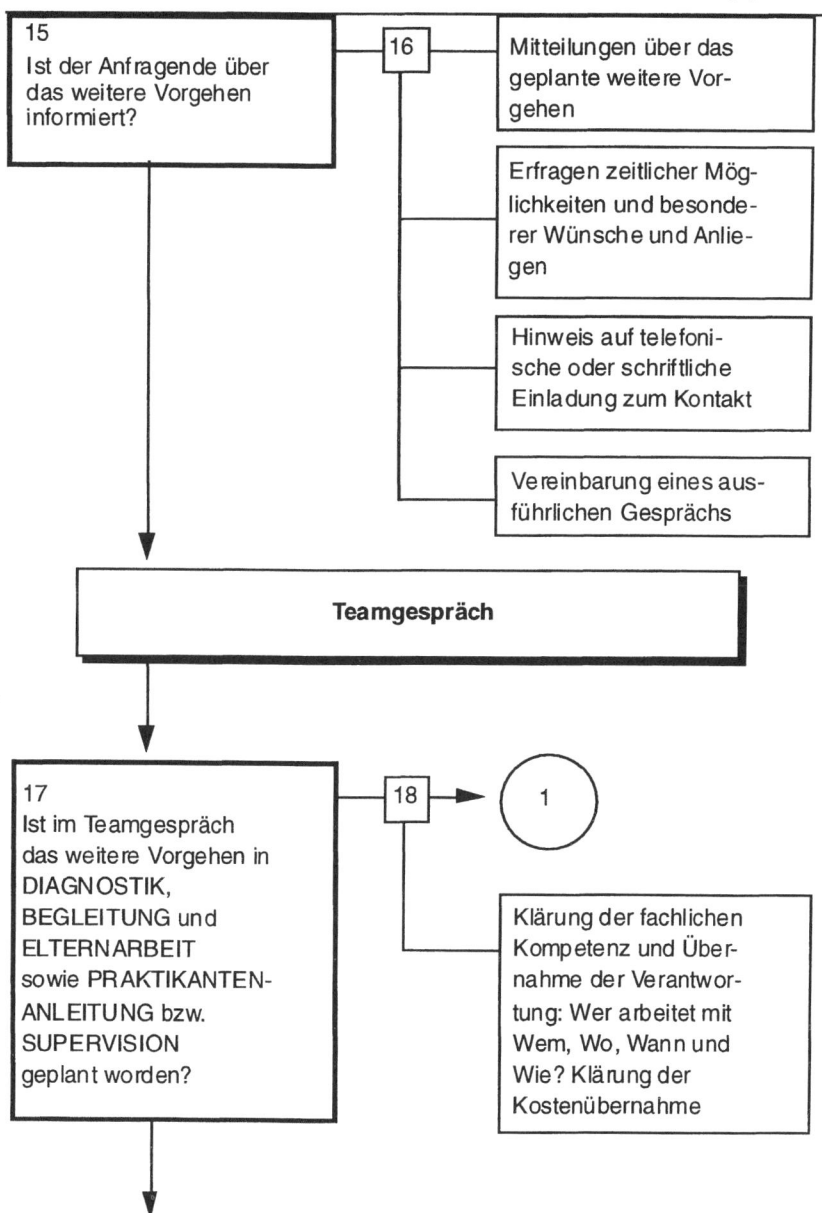

15 Ist der Anfragende über das weitere Vorgehen informiert?	16	Mitteilungen über das geplante weitere Vorgehen
		Erfragen zeitlicher Möglichkeiten und besonderer Wünsche und Anliegen
		Hinweis auf telefonische oder schriftliche Einladung zum Kontakt
		Vereinbarung eines ausführlichen Gesprächs

Teamgespräch

| 17
Ist im Teamgespräch das weitere Vorgehen in DIAGNOSTIK, BEGLEITUNG und ELTERNARBEIT sowie PRAKTIKANTEN-ANLEITUNG bzw. SUPERVISION geplant worden? | 18 | 1 |
| | | Klärung der fachlichen Kompetenz und Übernahme der Verantwortung: Wer arbeitet mit Wem, Wo, Wann und Wie? Klärung der Kostenübernahme |

95

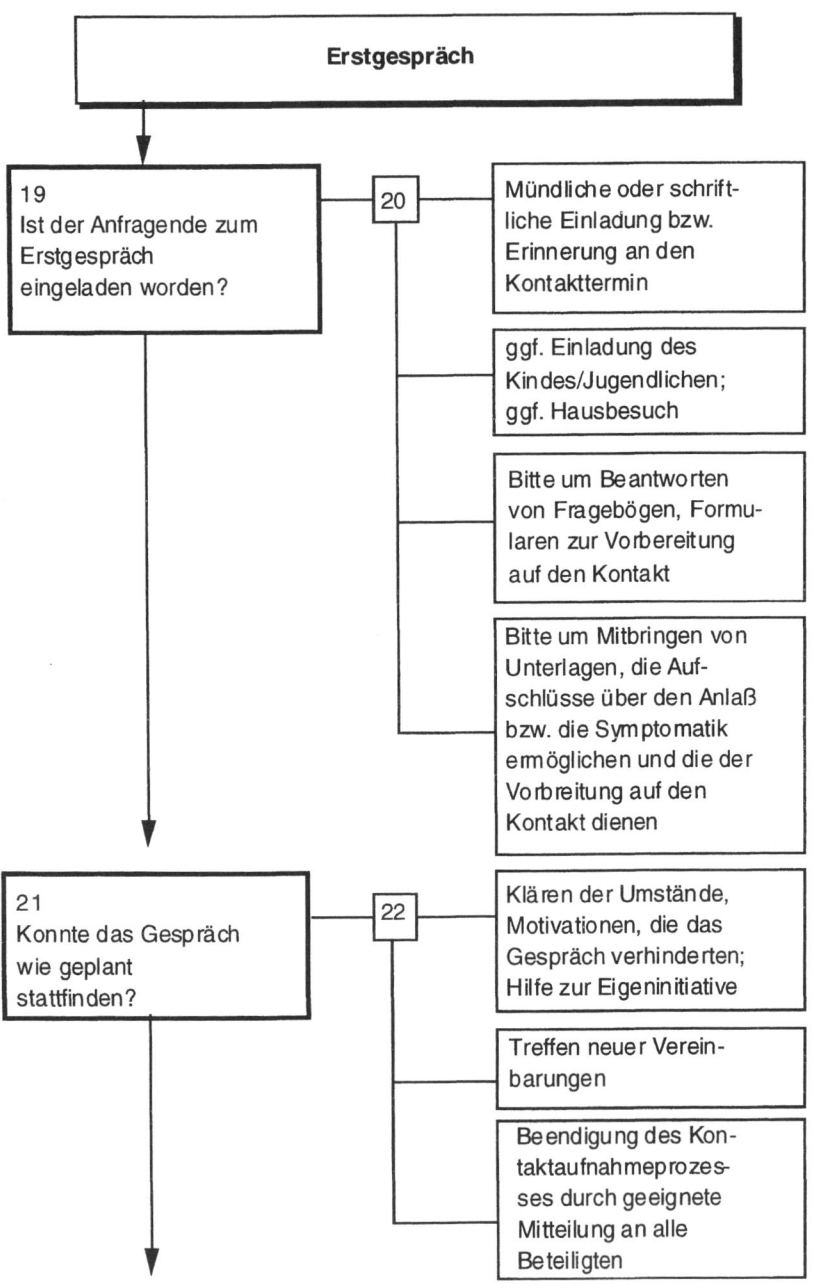

Erstgespräch

19
Ist der Anfragende zum
Erstgespräch
eingeladen worden?

20

Mündliche oder schrift-
liche Einladung bzw.
Erinnerung an den
Kontakttermin

ggf. Einladung des
Kindes/Jugendlichen;
ggf. Hausbesuch

Bitte um Beantworten
von Fragebögen, Formu-
laren zur Vorbereitung
auf den Kontakt

Bitte um Mitbringen von
Unterlagen, die Auf-
schlüsse über den Anlaß
bzw. die Symptomatik
ermöglichen und die der
Vorbreitung auf den
Kontakt dienen

21
Konnte das Gespräch
wie geplant
stattfinden?

22

Klären der Umstände,
Motivationen, die das
Gespräch verhinderten;
Hilfe zur Eigeninitiative

Treffen neuer Verein-
barungen

Beendigung des Kon-
taktaufnahmeprozes-
ses durch geeignete
Mitteilung an alle
Beteiligten

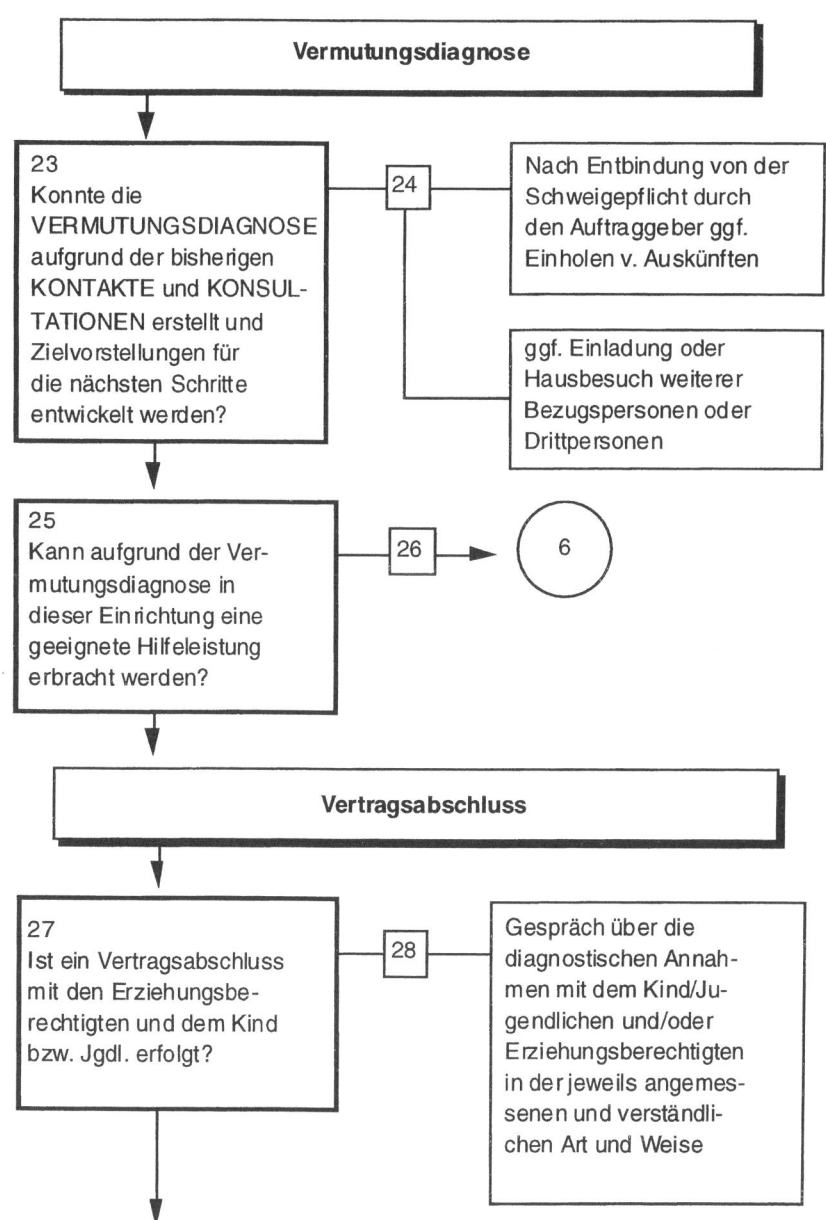

Vermutungsdiagnose

23
Konnte die
VERMUTUNGSDIAGNOSE
aufgrund der bisherigen
KONTAKTE und KONSUL-
TATIONEN erstellt und
Zielvorstellungen für
die nächsten Schritte
entwickelt werden?

24

Nach Entbindung von der
Schweigepflicht durch
den Auftraggeber ggf.
Einholen v. Auskünften

ggf. Einladung oder
Hausbesuch weiterer
Bezugspersonen oder
Drittpersonen

25
Kann aufgrund der Ver-
mutungsdiagnose in
dieser Einrichtung eine
geeignete Hilfeleistung
erbracht werden?

26

6

Vertragsabschluss

27
Ist ein Vertragsabschluss
mit den Erziehungsbe-
rechtigten und dem Kind
bzw. Jgdl. erfolgt?

28

Gespräch über die
diagnostischen Annah-
men mit dem Kind/Ju-
gendlichen und/oder
Erziehungsberechtigten
in der jeweils angemes-
senen und verständli-
chen Art und Weise

97

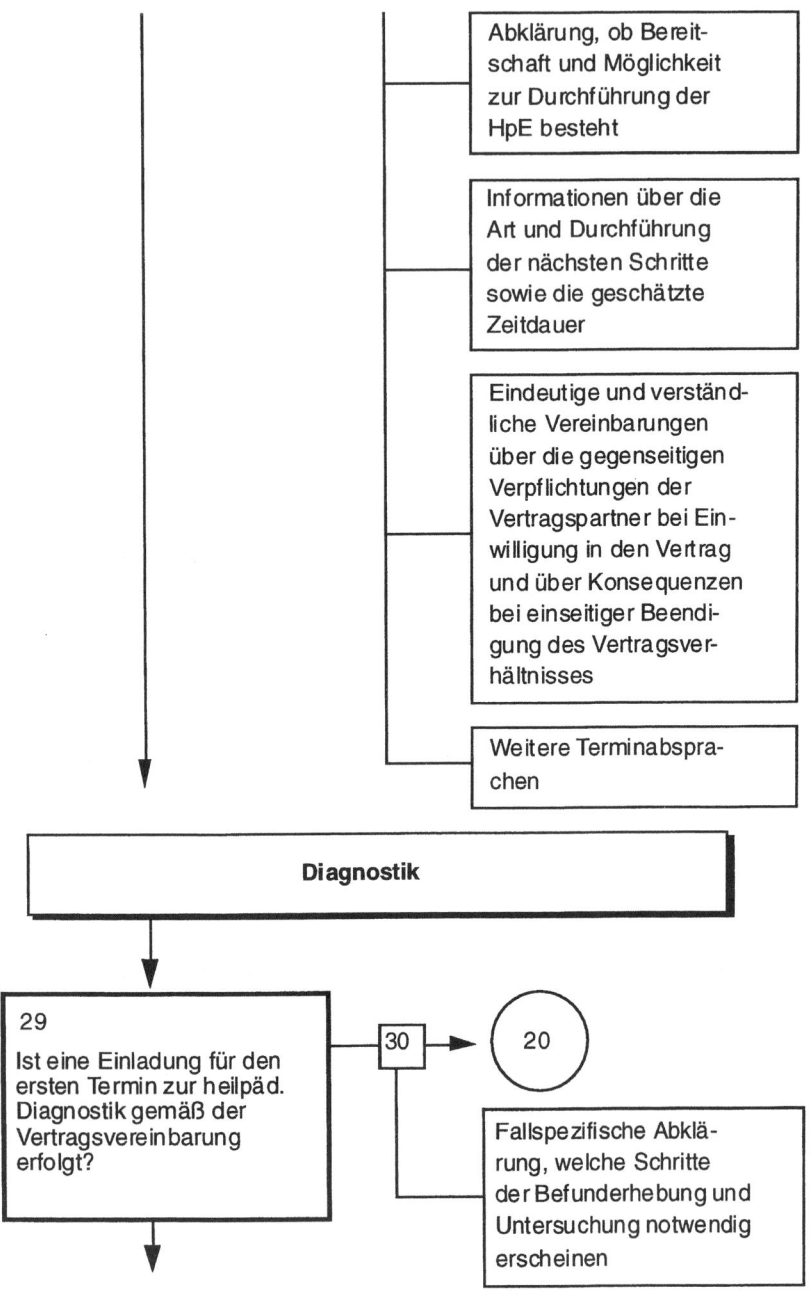

Abklärung, ob Bereit-
schaft und Möglichkeit
zur Durchführung der
HpE besteht

Informationen über die
Art und Durchführung
der nächsten Schritte
sowie die geschätzte
Zeitdauer

Eindeutige und verständ-
liche Vereinbarungen
über die gegenseitigen
Verpflichtungen der
Vertragspartner bei Ein-
willigung in den Vertrag
und über Konsequenzen
bei einseitiger Beendi-
gung des Vertragsver-
hältnisses

Weitere Terminabspra-
chen

Diagnostik

29

Ist eine Einladung für den
ersten Termin zur heilpäd.
Diagnostik gemäß der
Vertragsvereinbarung
erfolgt?

30 ▶ 20

Fallspezifische Abklä-
rung, welche Schritte
der Befunderhebung und
Untersuchung notwendig
erscheinen

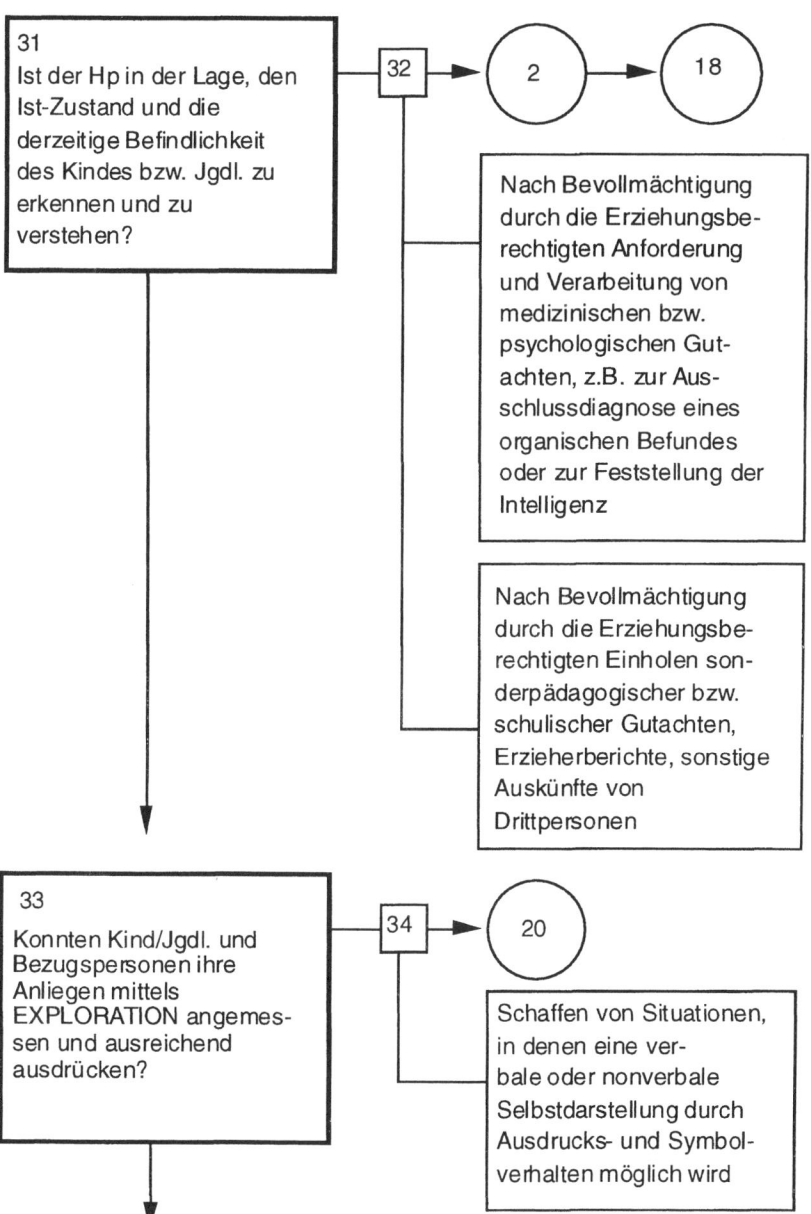

31
Ist der Hp in der Lage, den Ist-Zustand und die derzeitige Befindlichkeit des Kindes bzw. Jgdl. zu erkennen und zu verstehen?

32 → 2 → 18

Nach Bevollmächtigung durch die Erziehungsberechtigten Anforderung und Verarbeitung von medizinischen bzw. psychologischen Gutachten, z.b. zur Ausschlussdiagnose eines organischen Befundes oder zur Feststellung der Intelligenz

Nach Bevollmächtigung durch die Erziehungsberechtigten Einholen sonderpädagogischer bzw. schulischer Gutachten, Erzieherberichte, sonstige Auskünfte von Drittpersonen

33
Konnten Kind/Jgdl. und Bezugspersonen ihre Anliegen mittels EXPLORATION angemessen und ausreichend ausdrücken?

34 → 20

Schaffen von Situationen, in denen eine verbale oder nonverbale Selbstdarstellung durch Ausdrucks- und Symbolverhalten möglich wird

99

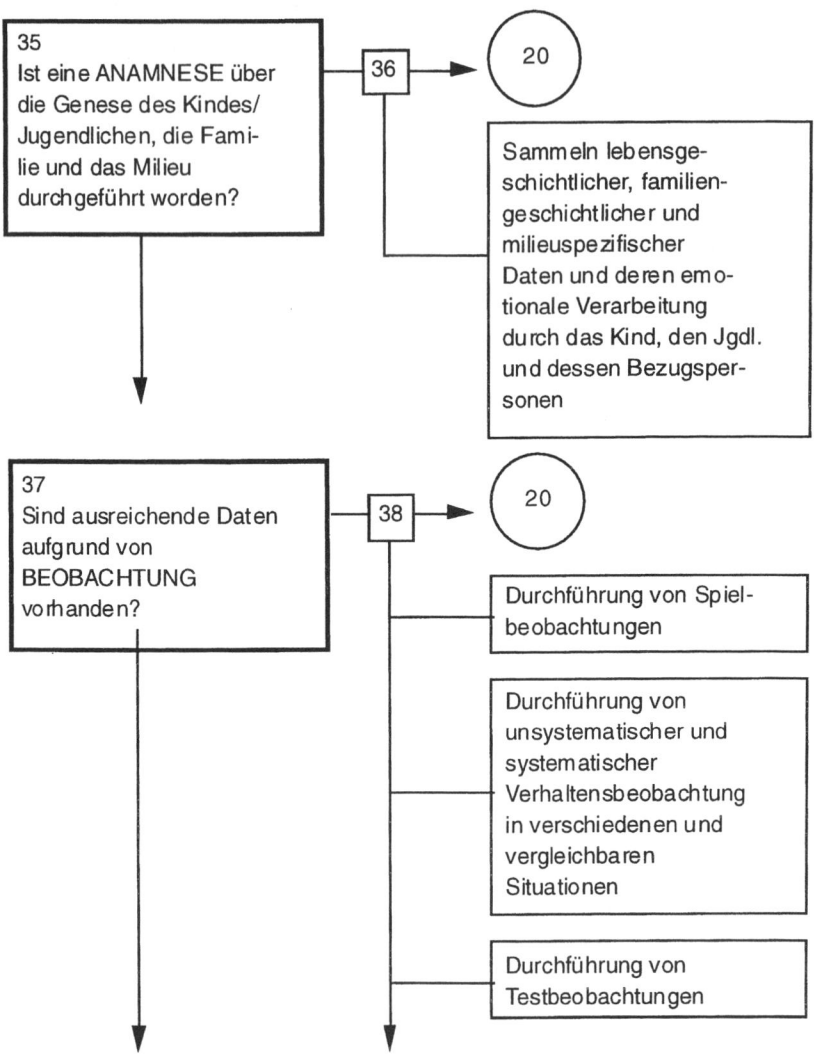

35
Ist eine ANAMNESE über
die Genese des Kindes/
Jugendlichen, die Fami-
lie und das Milieu
durchgeführt worden?

36 ➤ 20

Sammeln lebensge-
schichtlicher, familien-
geschichtlicher und
milieuspezifischer
Daten und deren emo-
tionale Verarbeitung
durch das Kind, den Jgdl.
und dessen Bezugsper-
sonen

37
Sind ausreichende Daten
aufgrund von
BEOBACHTUNG
vorhanden?

38 ➤ 20

Durchführung von Spiel-
beobachtungen

Durchführung von
unsystematischer und
systematischer
Verhaltensbeobachtung
in verschiedenen und
vergleichbaren
Situationen

Durchführung von
Testbeobachtungen

100

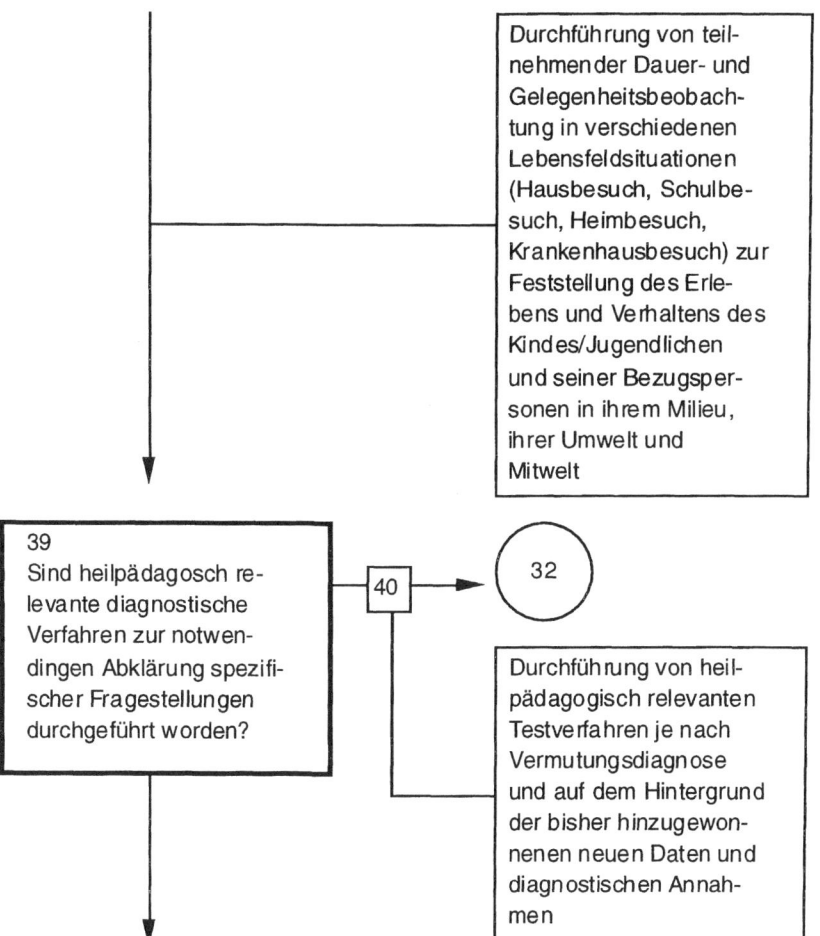

Durchführung von teil-
nehmender Dauer- und
Gelegenheitsbeobach-
tung in verschiedenen
Lebensfeldsituationen
(Hausbesuch, Schulbe-
such, Heimbesuch,
Krankenhausbesuch) zur
Feststellung des Erle-
bens und Verhaltens des
Kindes/Jugendlichen
und seiner Bezugsper-
sonen in ihrem Milieu,
ihrer Umwelt und
Mitwelt

39
Sind heilpädagosch re-
levante diagnostische
Verfahren zur notwen-
dingen Abklärung spezifi-
scher Fragestellungen
durchgeführt worden?

40

32

Durchführung von heil-
pädagogisch relevanten
Testverfahren je nach
Vermutungsdiagnose
und auf dem Hintergrund
der bisher hinzugewon-
nenen neuen Daten und
diagnostischen Annah-
men

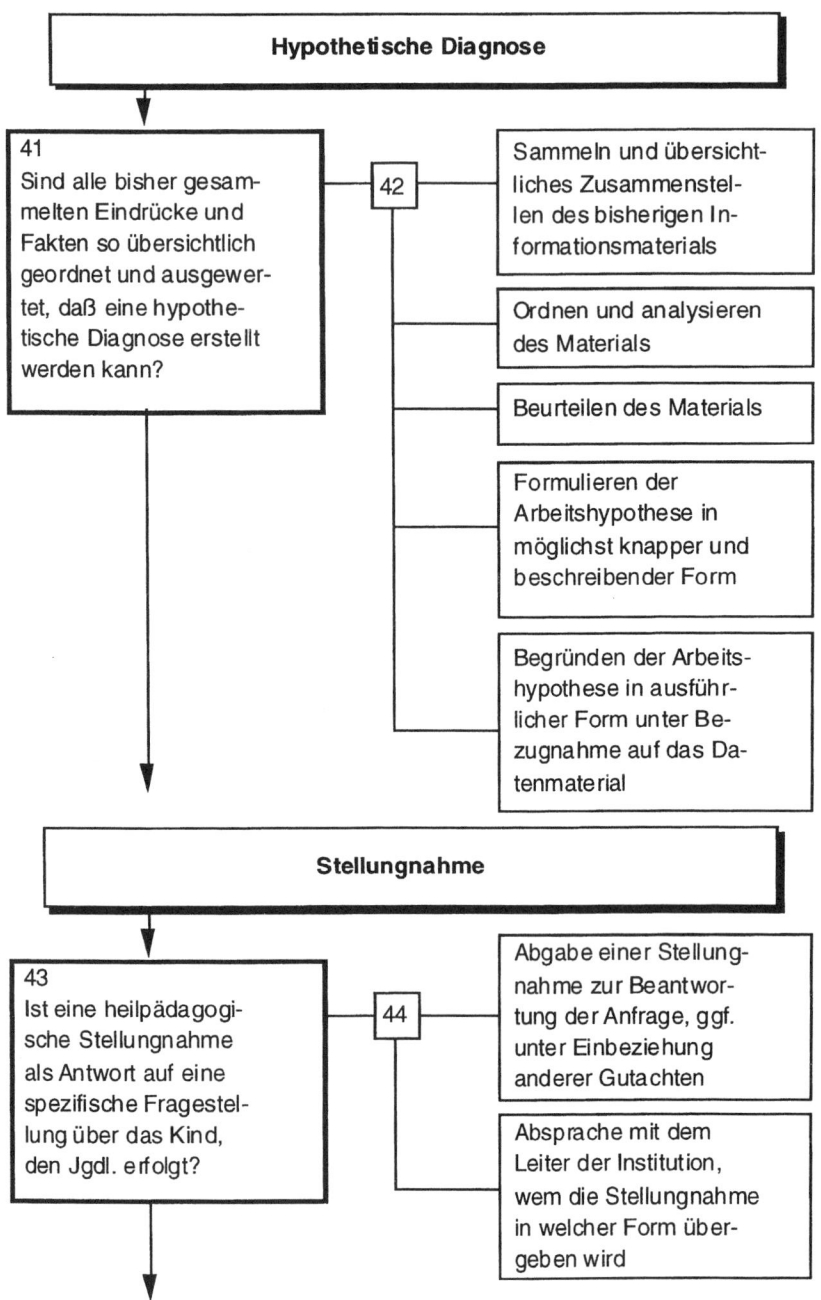

Hypothetische Diagnose

41
Sind alle bisher gesammelten Eindrücke und Fakten so übersichtlich geordnet und ausgewertet, daß eine hypothetische Diagnose erstellt werden kann?

42

Sammeln und übersichtliches Zusammenstellen des bisherigen Informationsmaterials

Ordnen und analysieren des Materials

Beurteilen des Materials

Formulieren der Arbeitshypothese in möglichst knapper und beschreibender Form

Begründen der Arbeitshypothese in ausführlicher Form unter Bezugnahme auf das Datenmaterial

Stellungnahme

43
Ist eine heilpädagogische Stellungnahme als Antwort auf eine spezifische Fragestellung über das Kind, den Jgdl. erfolgt?

44

Abgabe einer Stellungnahme zur Beantwortung der Anfrage, ggf. unter Einbeziehung anderer Gutachten

Absprache mit dem Leiter der Institution, wem die Stellungnahme in welcher Form übergeben wird

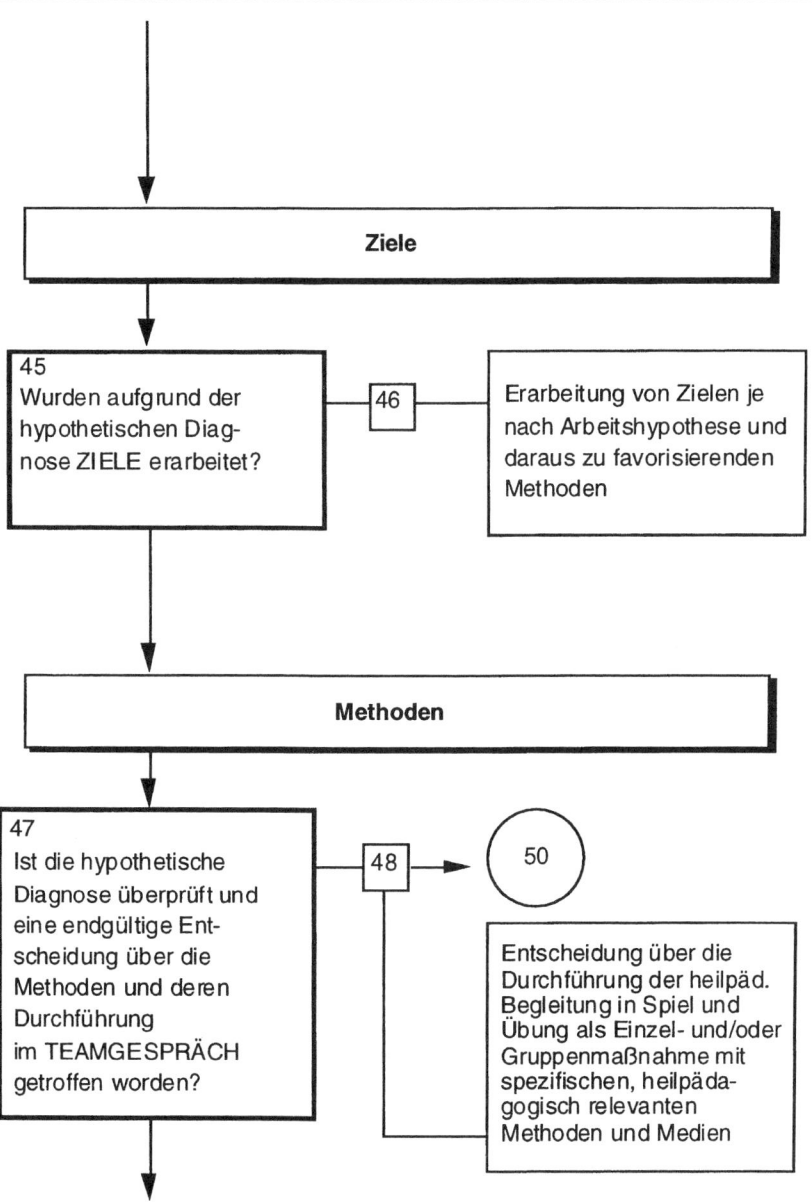

Ziele

45
Wurden aufgrund der
hypothetischen Diag-
nose ZIELE erarbeitet?

46

Erarbeitung von Zielen je
nach Arbeitshypothese und
daraus zu favorisierenden
Methoden

Methoden

47
Ist die hypothetische
Diagnose überprüft und
eine endgültige Ent-
scheidung über die
Methoden und deren
Durchführung
im TEAMGESPRÄCH
getroffen worden?

48

50

Entscheidung über die
Durchführung der heilpäd.
Begleitung in Spiel und
Übung als Einzel- und/oder
Gruppenmaßnahme mit
spezifischen, heilpäda-
gogisch relevanten
Methoden und Medien

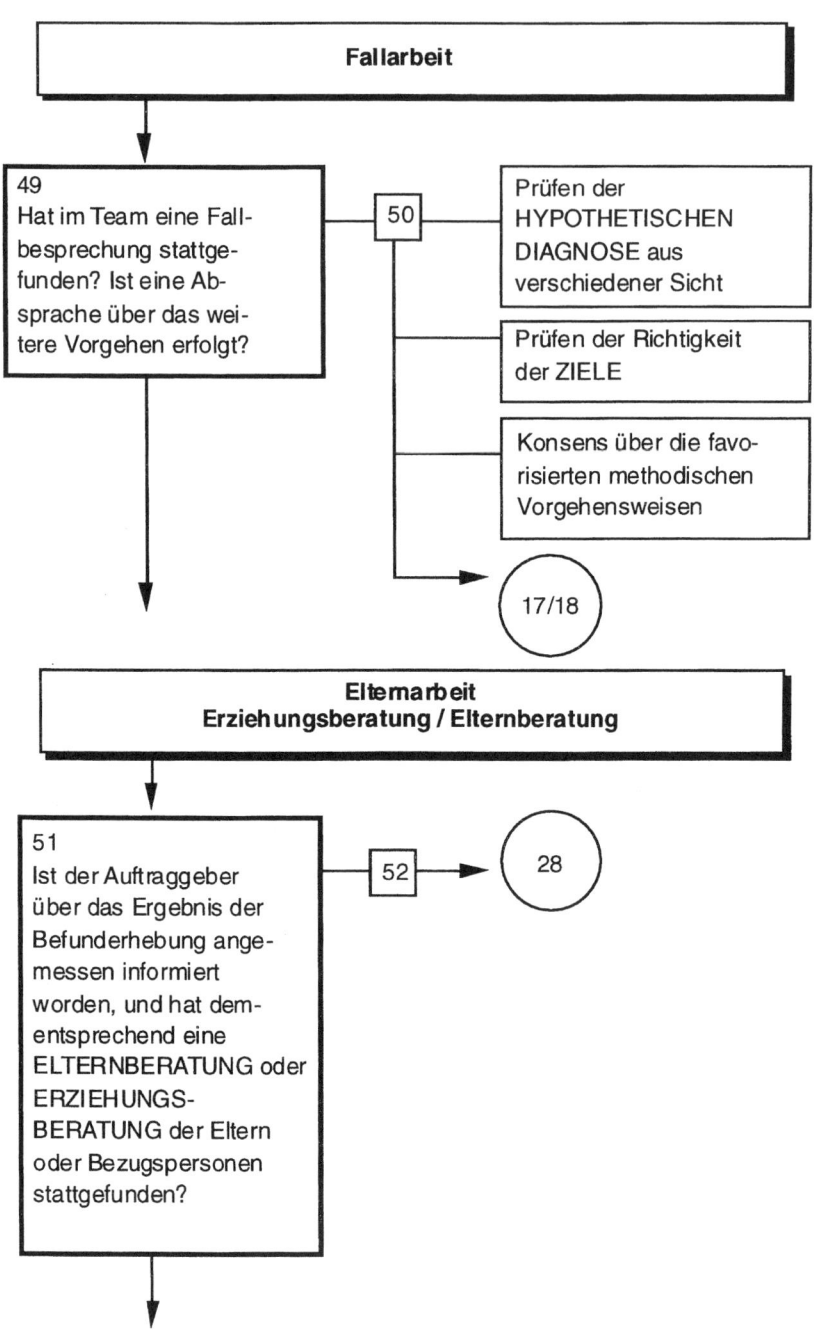

Fallarbeit

49
Hat im Team eine Fall-
besprechung stattge-
funden? Ist eine Ab-
sprache über das wei-
tere Vorgehen erfolgt?

50

Prüfen der
HYPOTHETISCHEN
DIAGNOSE aus
verschiedener Sicht

Prüfen der Richtigkeit
der ZIELE

Konsens über die favo-
risierten methodischen
Vorgehensweisen

17/18

**Elternarbeit
Erziehungsberatung / Elternberatung**

51
Ist der Auftraggeber
über das Ergebnis der
Befunderhebung ange-
messen informiert
worden, und hat dem-
entsprechend eine
ELTERNBERATUNG oder
ERZIEHUNGS-
BERATUNG der Eltern
oder Bezugspersonen
stattgefunden?

52

28

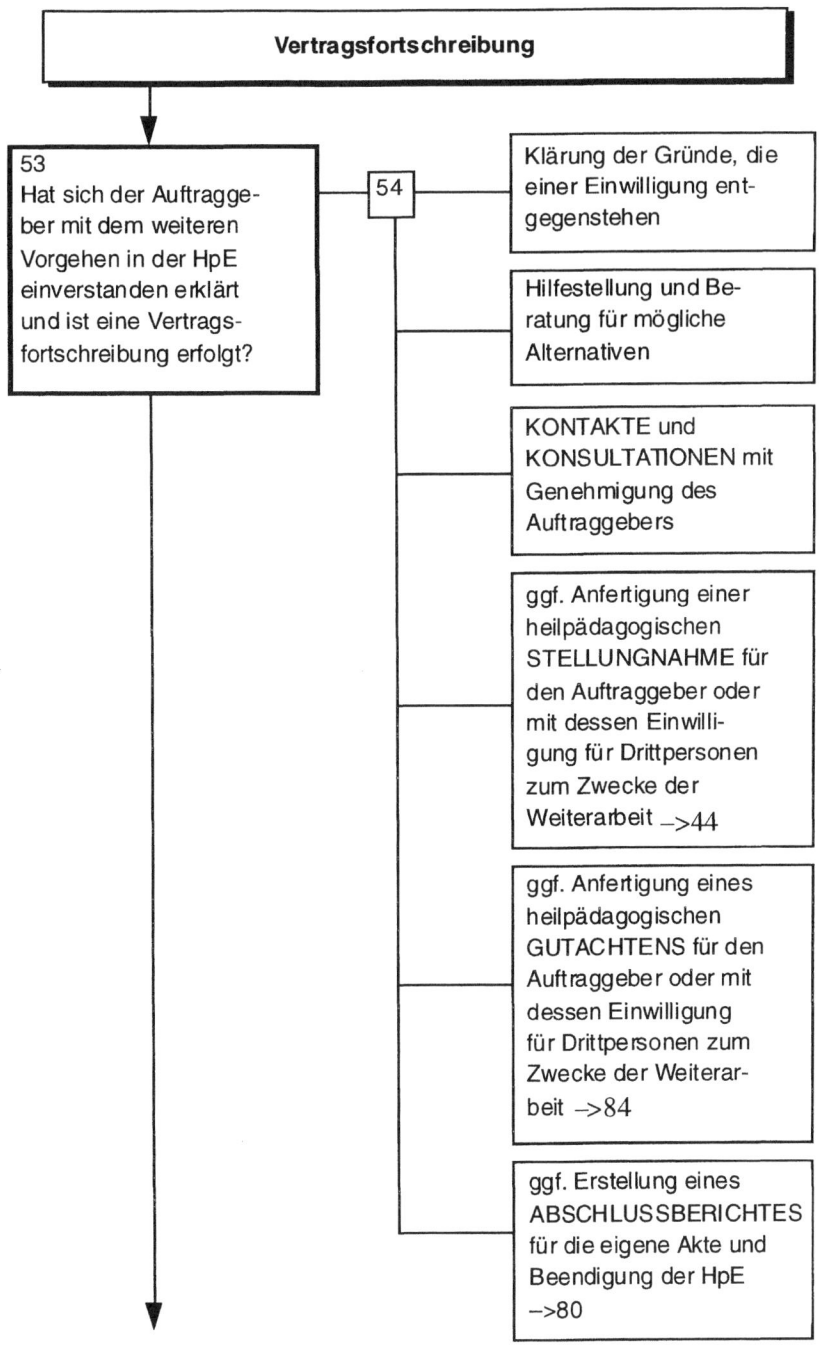

Vertragsfortschreibung

53
Hat sich der Auftragge-
ber mit dem weiteren
Vorgehen in der HpE
einverstanden erklärt
und ist eine Vertrags-
fortschreibung erfolgt?

54

Klärung der Gründe, die
einer Einwilligung ent-
gegenstehen

Hilfestellung und Be-
ratung für mögliche
Alternativen

KONTAKTE und
KONSULTATIONEN mit
Genehmigung des
Auftraggebers

ggf. Anfertigung einer
heilpädagogischen
STELLUNGNAHME für
den Auftraggeber oder
mit dessen Einwilli-
gung für Drittpersonen
zum Zwecke der
Weiterarbeit –>44

ggf. Anfertigung eines
heilpädagogischen
GUTACHTENS für den
Auftraggeber oder mit
dessen Einwilligung
für Drittpersonen zum
Zwecke der Weiterar-
beit –>84

ggf. Erstellung eines
ABSCHLUSSBERICHTES
für die eigene Akte und
Beendigung der HpE
–>80

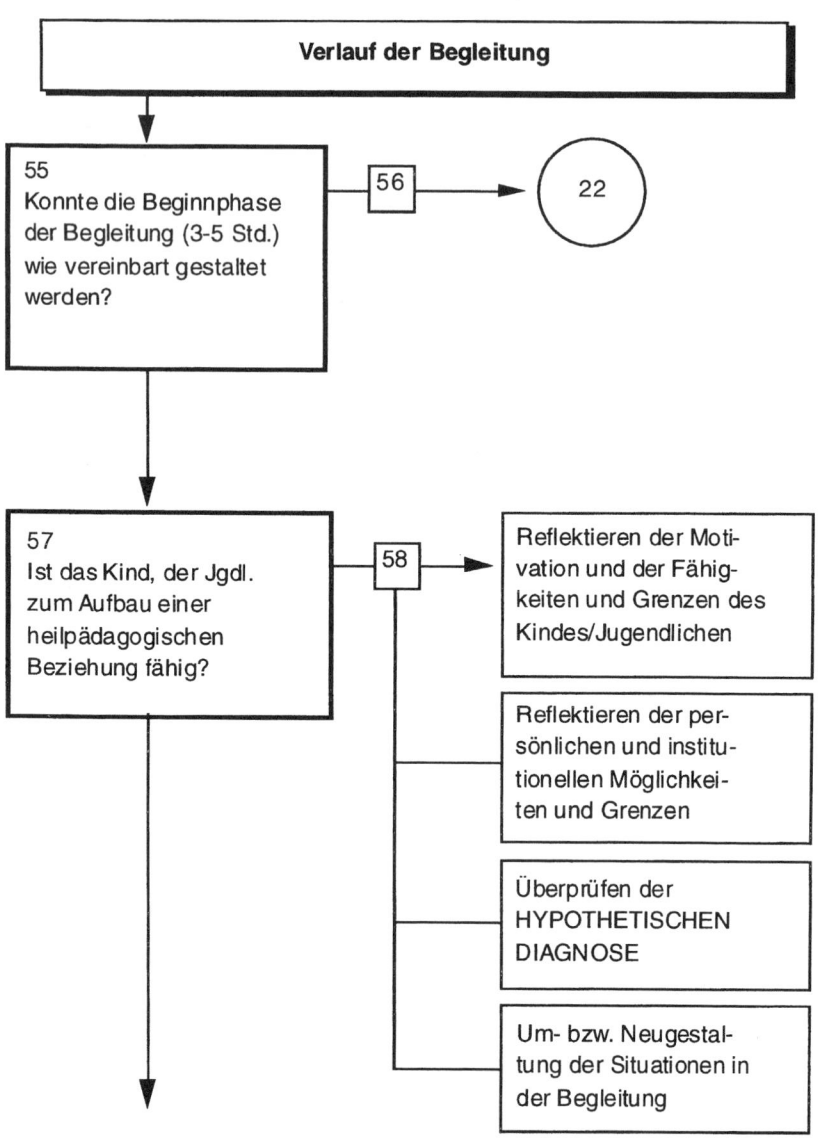

Verlauf der Begleitung

55
Konnte die Beginnphase
der Begleitung (3-5 Std.)
wie vereinbart gestaltet
werden?

56

22

57
Ist das Kind, der Jgdl.
zum Aufbau einer
heilpädagogischen
Beziehung fähig?

58

Reflektieren der Moti-
vation und der Fähig-
keiten und Grenzen des
Kindes/Jugendlichen

Reflektieren der per-
sönlichen und institu-
tionellen Möglichkei-
ten und Grenzen

Überprüfen der
HYPOTHETISCHEN
DIAGNOSE

Um- bzw. Neugestal-
tung der Situationen in
der Begleitung

106

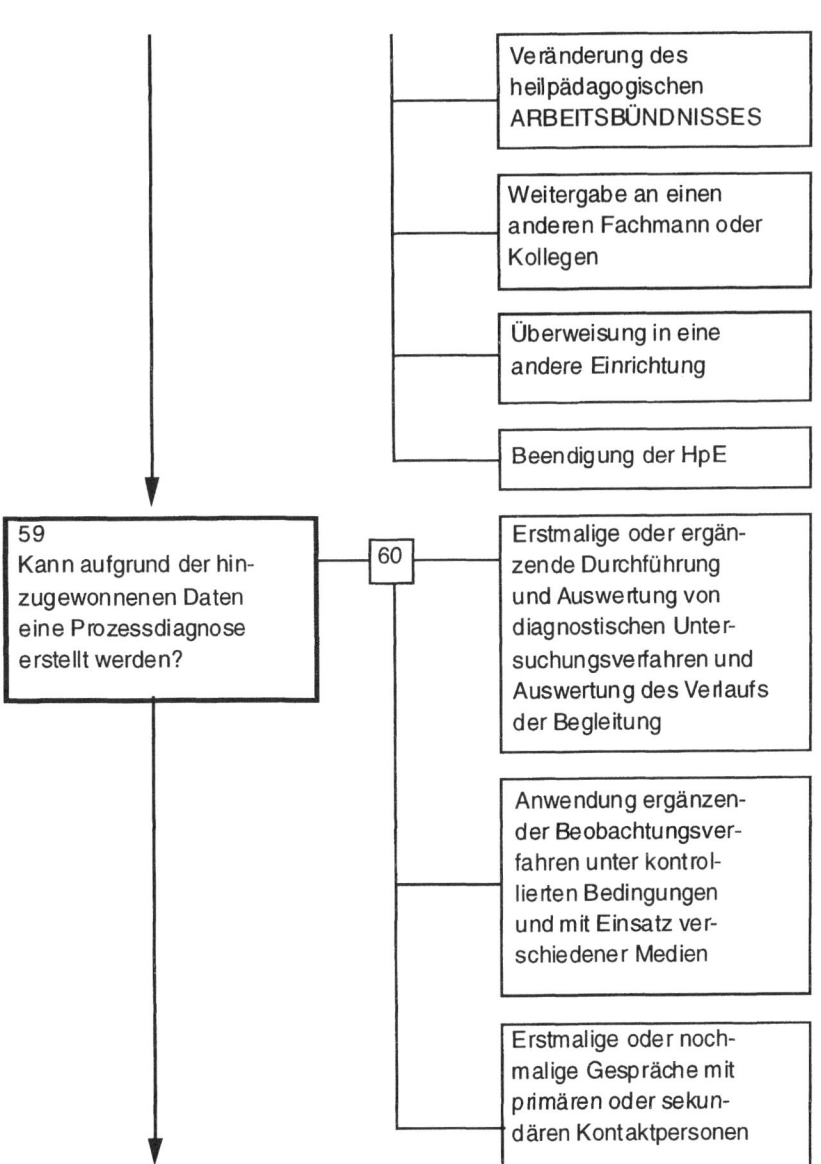

Veränderung des
heilpädagogischen
ARBEITSBÜNDNISSES

Weitergabe an einen
anderen Fachmann oder
Kollegen

Überweisung in eine
andere Einrichtung

Beendigung der HpE

59
Kann aufgrund der hin-
zugewonnenen Daten
eine Prozessdiagnose
erstellt werden?

60

Erstmalige oder ergän-
zende Durchführung
und Auswertung von
diagnostischen Unter-
suchungsverfahren und
Auswertung des Verlaufs
der Begleitung

Anwendung ergänzen-
der Beobachtungsver-
fahren unter kontrol-
lierten Bedingungen
und mit Einsatz ver-
schiedener Medien

Erstmalige oder noch-
malige Gespräche mit
primären oder sekun-
dären Kontaktpersonen

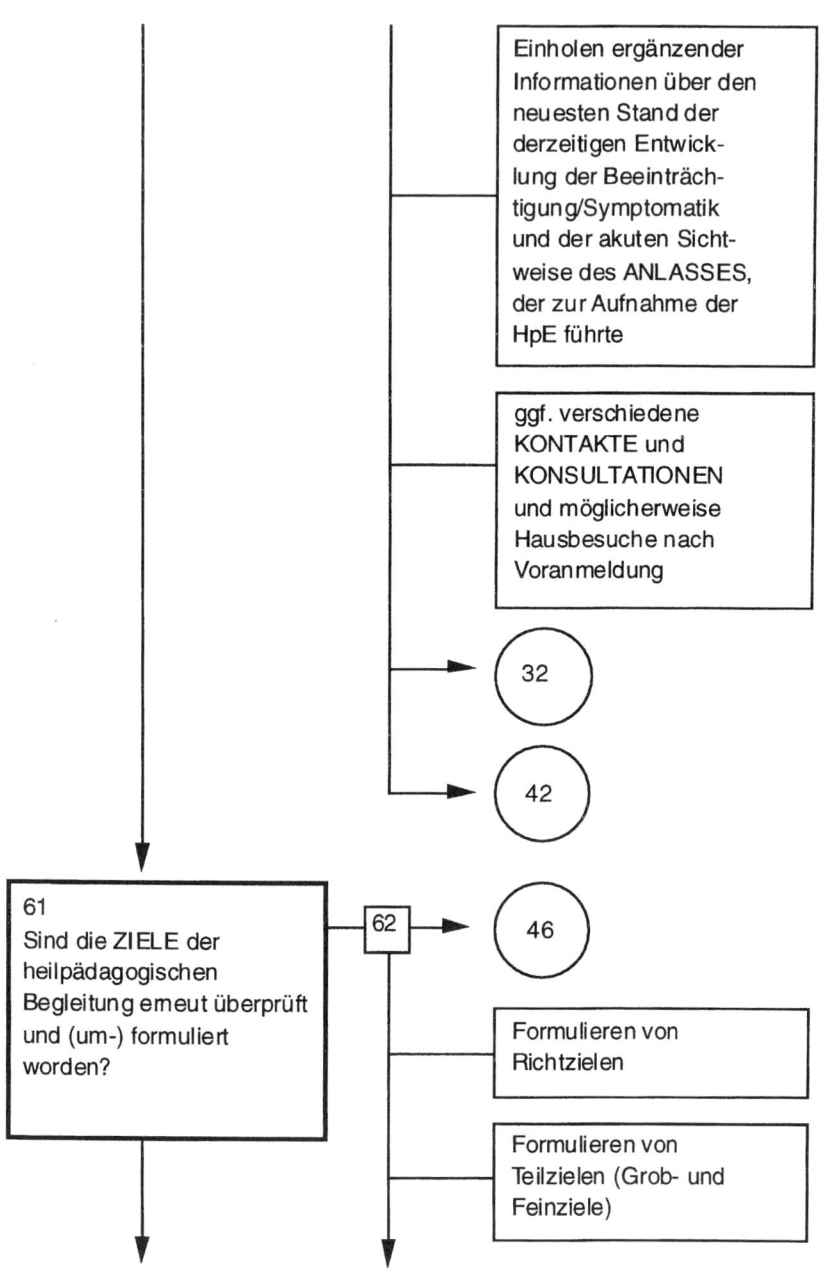

Einholen ergänzender
Informationen über den
neuesten Stand der
derzeitigen Entwick-
lung der Beeinträch-
tigung/Symptomatik
und der akuten Sicht-
weise des ANLASSES,
der zur Aufnahme der
HpE führte

ggf. verschiedene
KONTAKTE und
KONSULTATIONEN
und möglicherweise
Hausbesuche nach
Voranmeldung

32

42

61
Sind die ZIELE der
heilpädagogischen
Begleitung erneut überprüft
und (um-) formuliert
worden?

62

46

Formulieren von
Richtzielen

Formulieren von
Teilzielen (Grob- und
Feinziele)

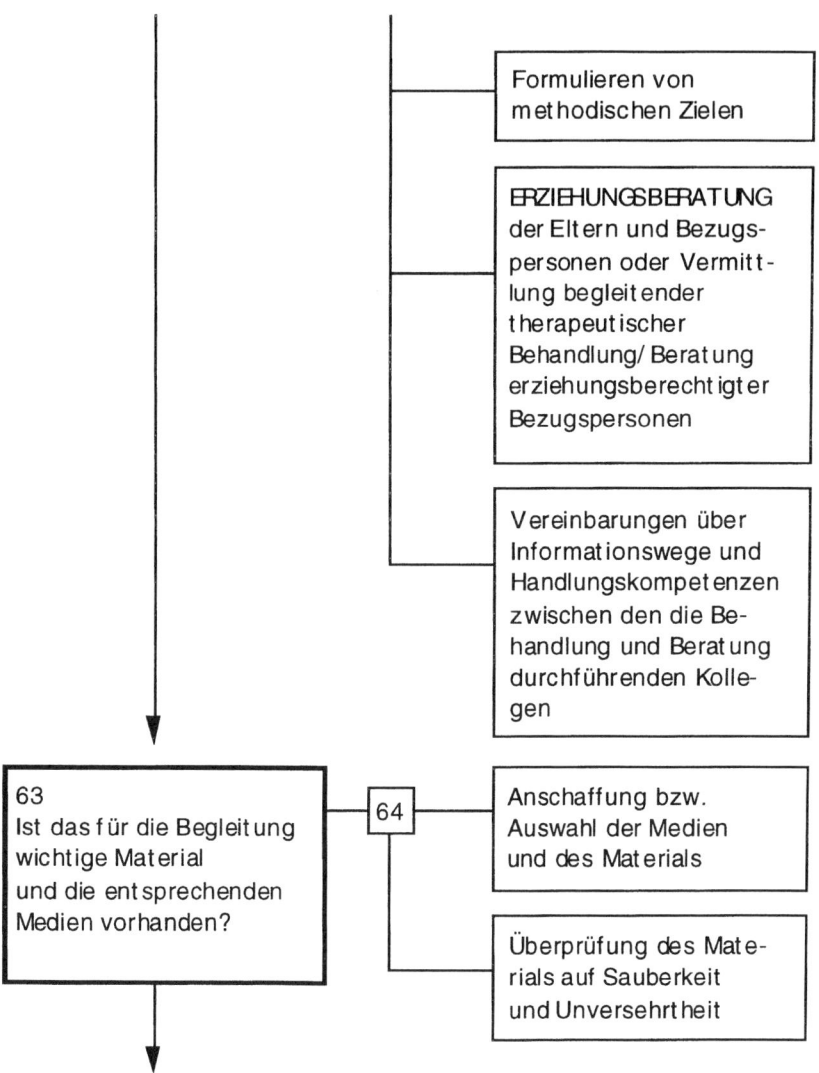

Formulieren von
methodischen Zielen

ERZIEHUNGSBERATUNG
der Eltern und Bezugs-
personen oder Vermitt-
lung begleitender
therapeutischer
Behandlung/Beratung
erziehungsberechtigter
Bezugspersonen

Vereinbarungen über
Informationswege und
Handlungskompetenzen
zwischen den die Be-
handlung und Beratung
durchführenden Kolle-
gen

63
Ist das für die Begleitung
wichtige Material
und die entsprechenden
Medien vorhanden?

64

Anschaffung bzw.
Auswahl der Medien
und des Materials

Überprüfung des Mate-
rials auf Sauberkeit
und Unversehrtheit

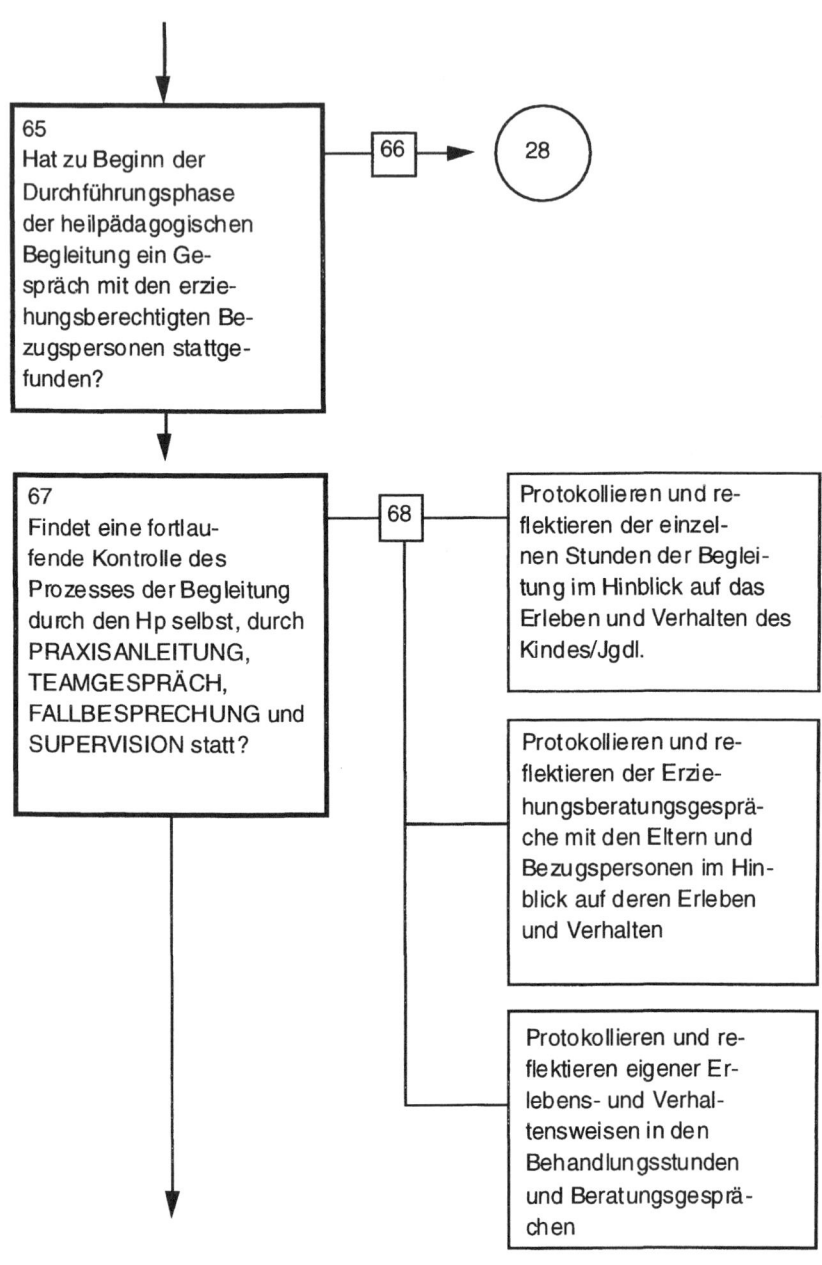

65

Hat zu Beginn der Durchführungsphase der heilpädagogischen Begleitung ein Gespräch mit den erziehungsberechtigten Bezugspersonen stattgefunden?

66 → 28

67

Findet eine fortlaufende Kontrolle des Prozesses der Begleitung durch den Hp selbst, durch PRAXISANLEITUNG, TEAMGESPRÄCH, FALLBESPRECHUNG und SUPERVISION statt?

68

Protokollieren und reflektieren der einzelnen Stunden der Begleitung im Hinblick auf das Erleben und Verhalten des Kindes/Jgdl.

Protokollieren und reflektieren der Erziehungsberatungsgespräche mit den Eltern und Bezugspersonen im Hinblick auf deren Erleben und Verhalten

Protokollieren und reflektieren eigener Erlebens- und Verhaltensweisen in den Behandlungsstunden und Beratungsgesprächen

110

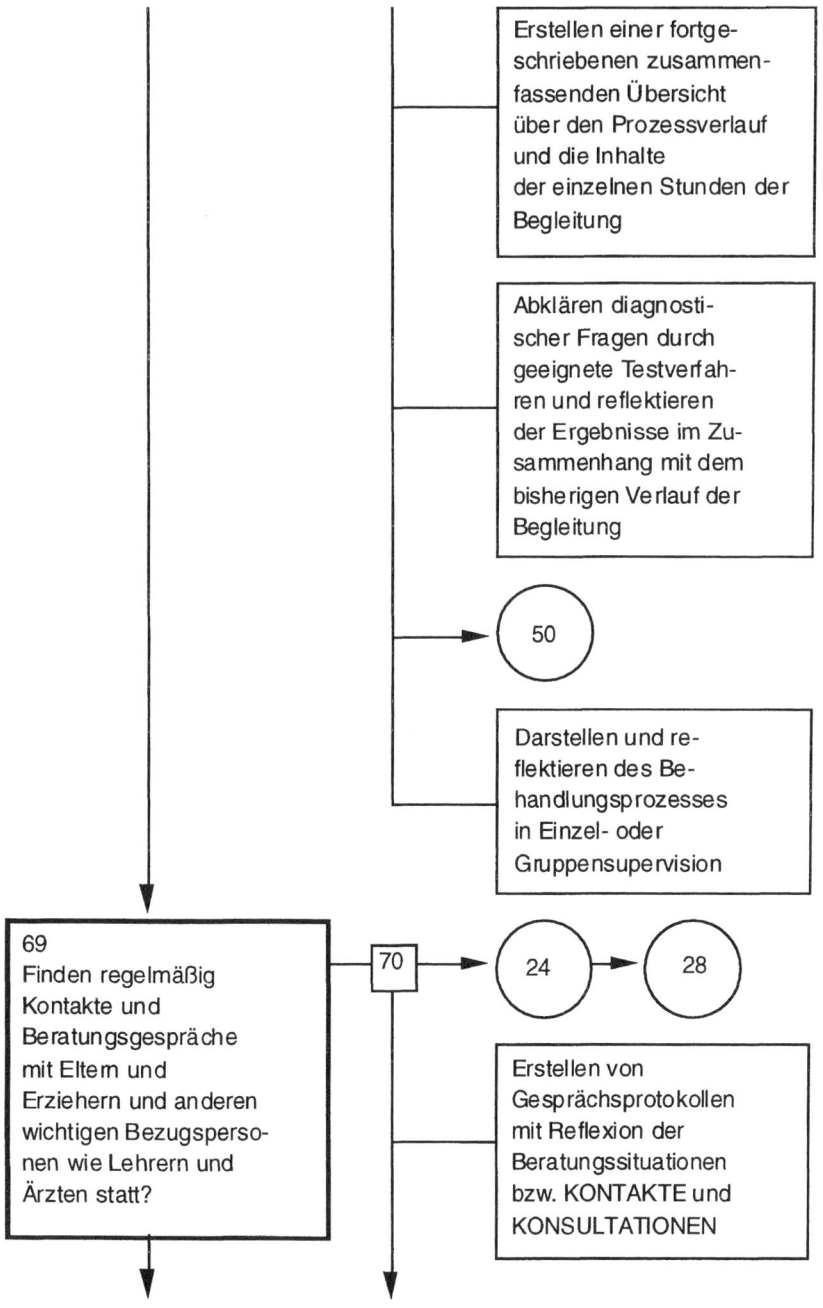

Erstellen einer fortge-
schriebenen zusammen-
fassenden Übersicht
über den Prozessverlauf
und die Inhalte
der einzelnen Stunden der
Begleitung

Abklären diagnosti-
scher Fragen durch
geeignete Testverfah-
ren und reflektieren
der Ergebnisse im Zu-
sammenhang mit dem
bisherigen Verlauf der
Begleitung

50

Darstellen und re-
flektieren des Be-
handlungsprozesses
in Einzel- oder
Gruppensupervision

69
Finden regelmäßig
Kontakte und
Beratungsgespräche
mit Eltern und
Erziehern und anderen
wichtigen Bezugsperso-
nen wie Lehrern und
Ärzten statt?

70

24

28

Erstellen von
Gesprächsprotokollen
mit Reflexion der
Beratungssituationen
bzw. KONTAKTE und
KONSULTATIONEN

111

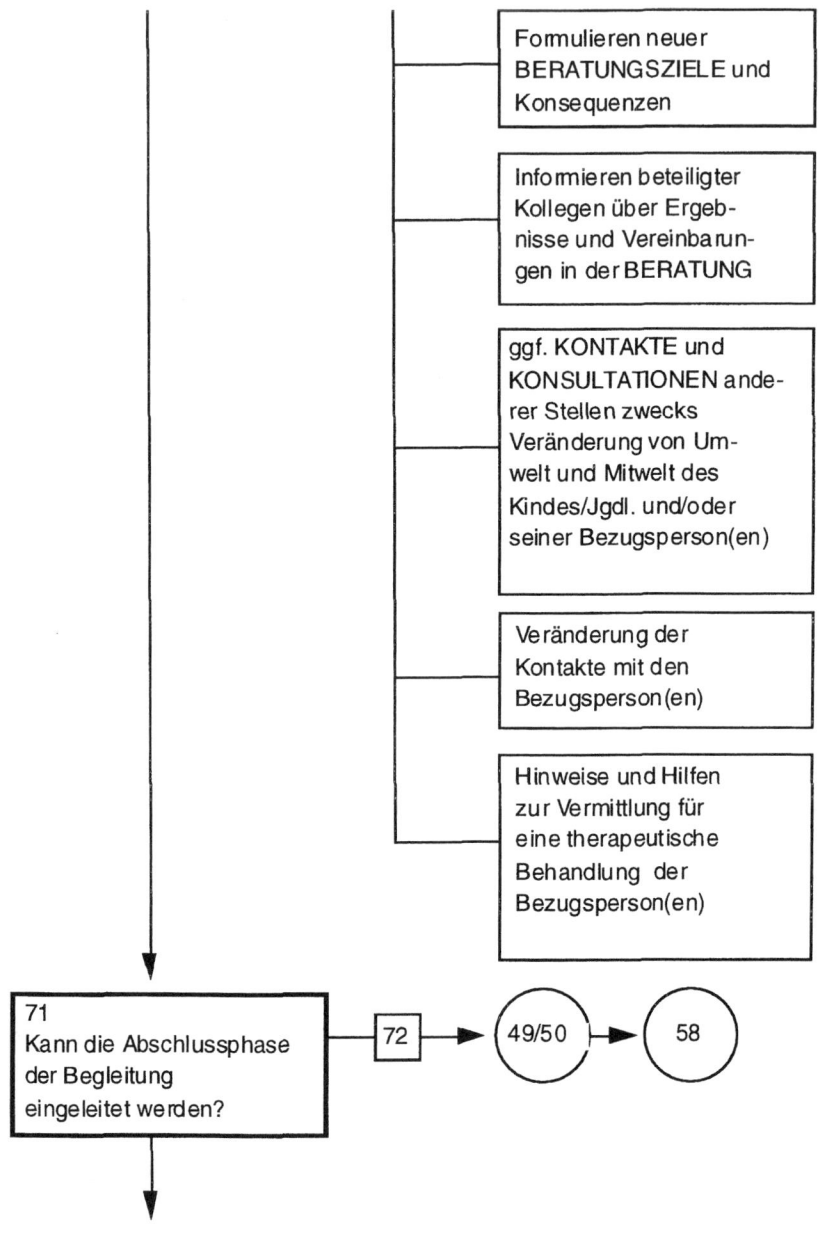

Formulieren neuer
BERATUNGSZIELE und
Konsequenzen

Informieren beteiligter
Kollegen über Ergeb-
nisse und Vereinbarun-
gen in der BERATUNG

ggf. KONTAKTE und
KONSULTATIONEN ande-
rer Stellen zwecks
Veränderung von Um-
welt und Mitwelt des
Kindes/Jgdl. und/oder
seiner Bezugsperson(en)

Veränderung der
Kontakte mit den
Bezugsperson(en)

Hinweise und Hilfen
zur Vermittlung für
eine therapeutische
Behandlung der
Bezugsperson(en)

71
Kann die Abschlussphase
der Begleitung
eingeleitet werden?

72 → 49/50 → 58

112

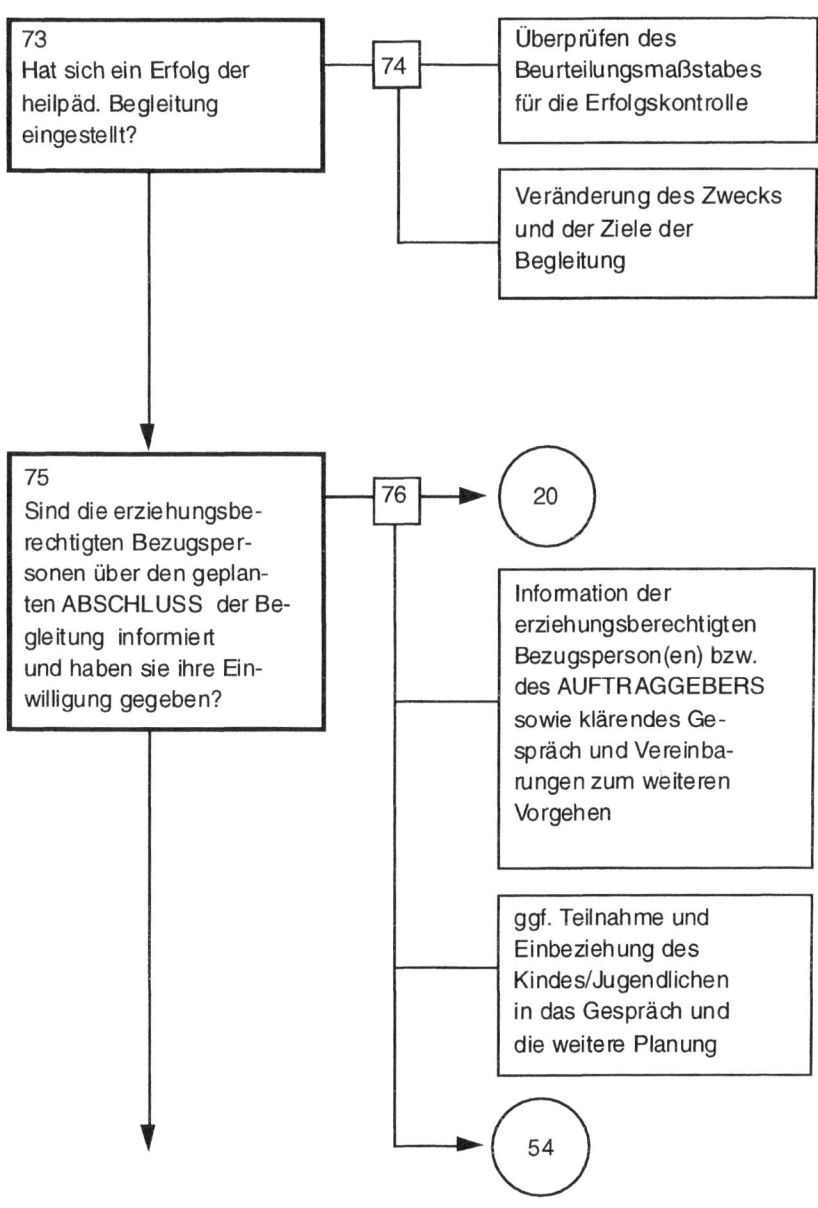

73
Hat sich ein Erfolg der
heilpäd. Begleitung
eingestellt?

74

Überprüfen des
Beurteilungsmaßstabes
für die Erfolgskontrolle

Veränderung des Zwecks
und der Ziele der
Begleitung

75
Sind die erziehungsbe-
rechtigten Bezugsper-
sonen über den geplan-
ten ABSCHLUSS der Be-
gleitung informiert
und haben sie ihre Ein-
willigung gegeben?

76

20

Information der
erziehungsberechtigten
Bezugsperson(en) bzw.
des AUFTRAGGEBERS
sowie klärendes Ge-
spräch und Vereinba-
rungen zum weiteren
Vorgehen

ggf. Teilnahme und
Einbeziehung des
Kindes/Jugendlichen
in das Gespräch und
die weitere Planung

54

113

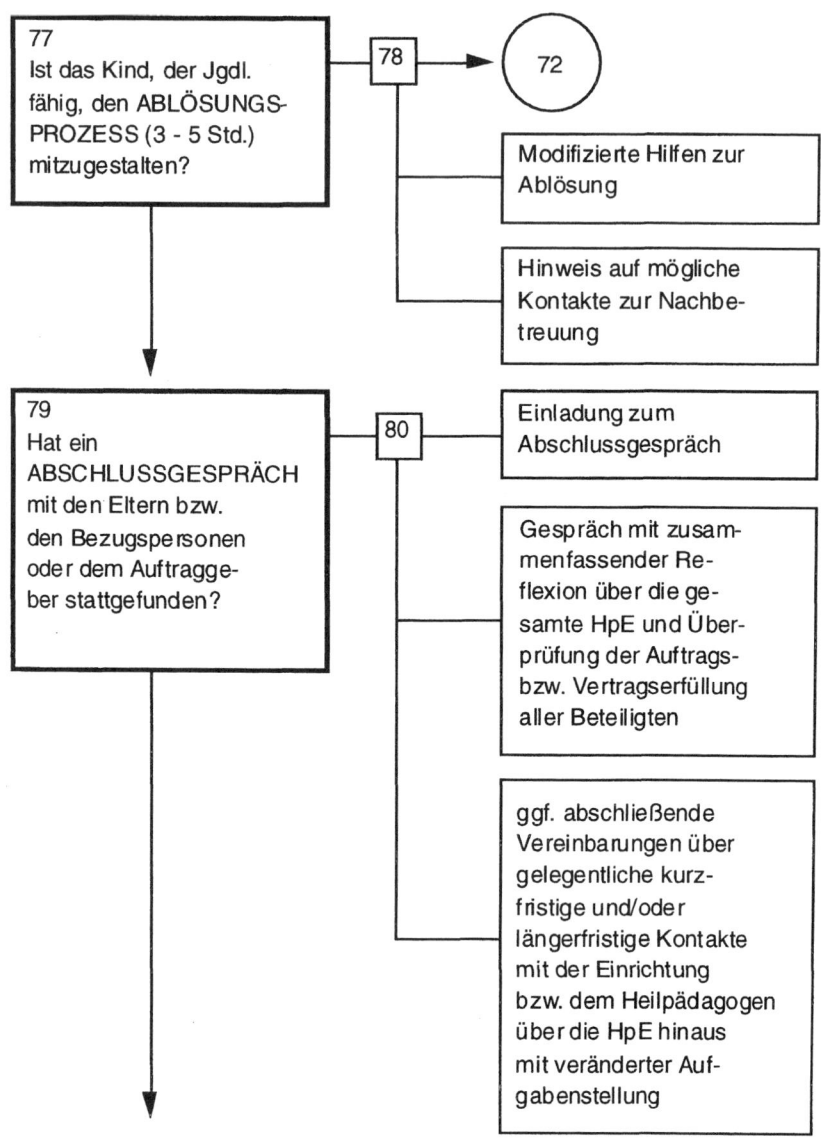

77
Ist das Kind, der Jgdl.
fähig, den ABLÖSUNGS-
PROZESS (3 - 5 Std.)
mitzugestalten?

78 → 72

Modifizierte Hilfen zur
Ablösung

Hinweis auf mögliche
Kontakte zur Nachbe-
treuung

79
Hat ein
ABSCHLUSSGESPRÄCH
mit den Eltern bzw.
den Bezugspersonen
oder dem Auftragge-
ber stattgefunden?

80

Einladung zum
Abschlussgespräch

Gespräch mit zusam-
menfassender Re-
flexion über die ge-
samte HpE und Über-
prüfung der Auftrags-
bzw. Vertragserfüllung
aller Beteiligten

ggf. abschließende
Vereinbarungen über
gelegentliche kurz-
fristige und/oder
längerfristige Kontakte
mit der Einrichtung
bzw. dem Heilpädagogen
über die HpE hinaus
mit veränderter Auf-
gabenstellung

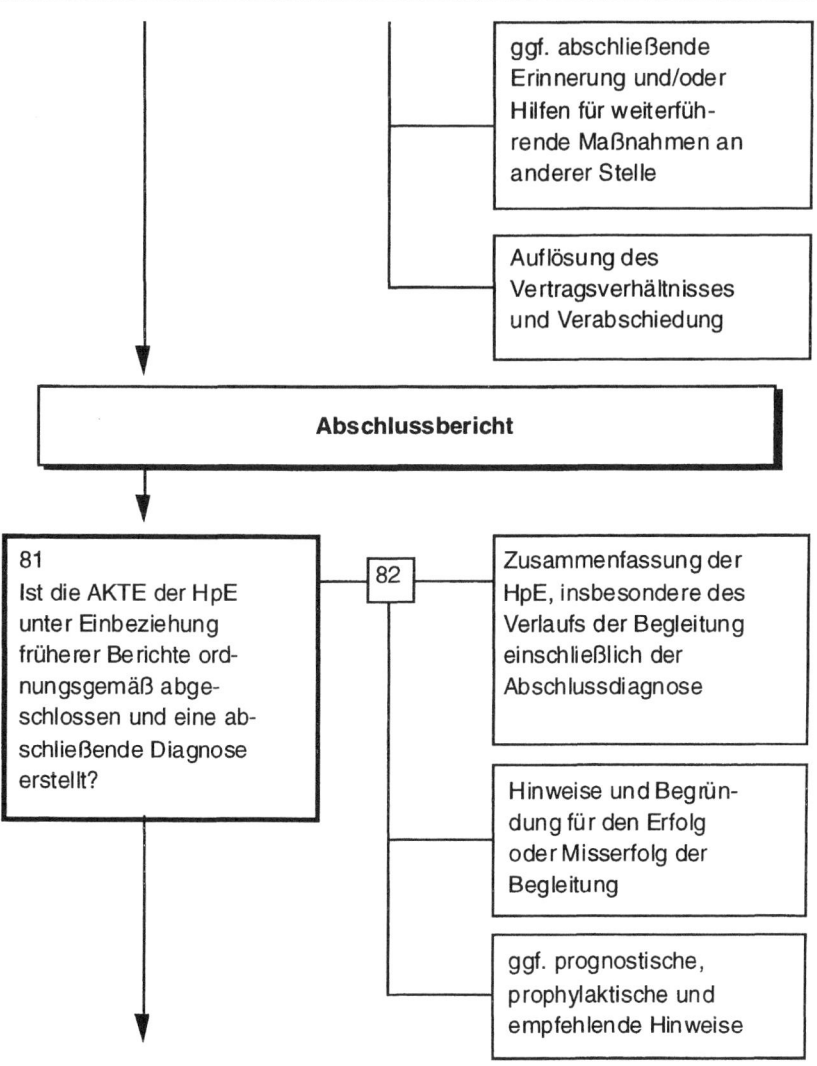

ggf. abschließende
Erinnerung und/oder
Hilfen für weiterfüh-
rende Maßnahmen an
anderer Stelle

Auflösung des
Vertragsverhältnisses
und Verabschiedung

Abschlussbericht

81
Ist die AKTE der HpE
unter Einbeziehung
früherer Berichte ord-
nungsgemäß abge-
schlossen und eine ab-
schließende Diagnose
erstellt?

82

Zusammenfassung der
HpE, insbesondere des
Verlaufs der Begleitung
einschließlich der
Abschlussdiagnose

Hinweise und Begrün-
dung für den Erfolg
oder Misserfolg der
Begleitung

ggf. prognostische,
prophylaktische und
empfehlende Hinweise

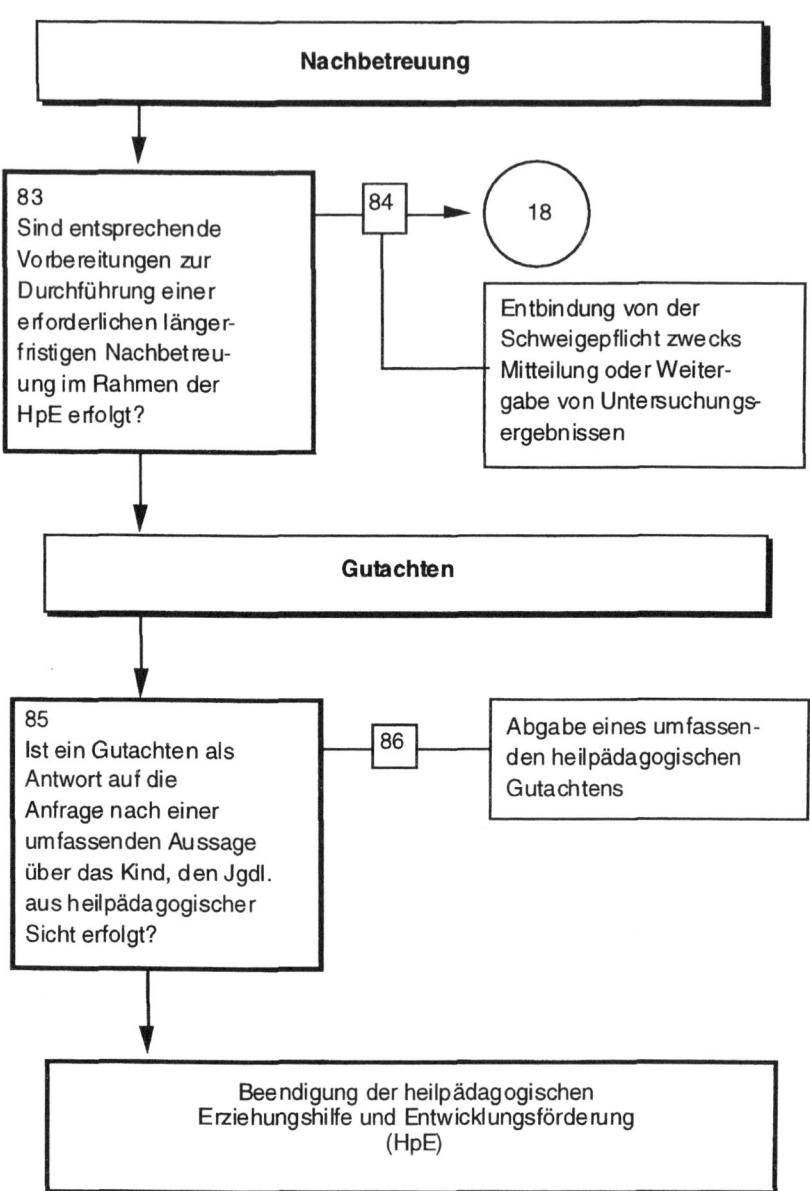

Nachbetreuung

83
Sind entsprechende
Vorbereitungen zur
Durchführung einer
erforderlichen länger-
fristigen Nachbetreu-
ung im Rahmen der
HpE erfolgt?

84 → 18

Entbindung von der
Schweigepflicht zwecks
Mitteilung oder Weiter-
gabe von Untersuchungs-
ergebnissen

Gutachten

85
Ist ein Gutachten als
Antwort auf die
Anfrage nach einer
umfassenden Aussage
über das Kind, den Jgdl.
aus heilpädagogischer
Sicht erfolgt?

86

Abgabe eines umfassen-
den heilpädagogischen
Gutachtens

Beendigung der heilpädagogischen
Erziehungshilfe und Entwicklungsförderung
(HpE)

Prozesskontrolle der HpE

Begriffsbestimmung

Die Prozesskontrolle, insbesondere die Kontrolle der heilpädagogischen Begleitung des Kindes oder Jugendlichen, dient der inhaltlichen Erfassung der wichtigsten Aspekte der HpE und ihrer Interdependenz mit dem Erziehungs-, Förderungs- und Entwicklungsgeschehen. Sie verringert das Übersehen wichtiger Details, Fehler unterschiedlichster Art und ermöglicht zielgerichtetes Vorgehen. Sie berücksichtigt außer den Rahmenbedingungen und äußeren Faktoren des Erziehungs- und Förderungsprozesses vor allem die innerseelischen, dynamischen und unbewussten Faktoren im interaktionalen und kommunikativen Geschehen zwischen den beteiligten Partnern.

In diesem Kapitel werden folgende Themen angesprochen:

Während der vorausgegangene Verlaufsplan zum Handlungsprozess der HpE eher eine formale Übersicht bietet, dient der folgende *Beobachtungsbogen* zur *inhaltlichen* Kontrolle der wichtigsten Aspekte der HpE. Die Fragen im Beobachtungsbogen werden wegen der besseren Übersicht und wegen der Möglichkeit des Rückverweises in dekadischer Gliederung angegeben.

• Rahmenbedingungen der HpE

1.1 Einstellungen der Klientel
Welche Einstellung haben die Beteiligten zur Durchführung der HpE?
1.1.1 Werden seitens des Kindes/Jugendlichen und/oder der beteiligten Bezugspersonen Fragen, Einwände, Unsicherheiten gegenüber der Durchführung der HpE, gegenüber der Heilpädagogin oder der

Einrichtung geäußert, die das normale Informationsbedürfnis übersteigen?

1.1.2 Kann angenommen werden, dass die erziehungsberechtigten Bezugspersonen und das Kind, der Jugendliche eine endgültige Entscheidung getroffen haben, die HpE in der vereinbarten Art und Weise durchzuführen? Welche Eindrücke bestätigen diese Annahme, welche lassen eine hinlänglich positive Einstellung vermissen? Ist Leidensdruck vorhanden und wie äußert sich dieser bei den beteiligten Parteien? Wie kann damit für den Fortgang und die Zusammenarbeit in der HpE sinnvoll umgegangen werden?

1.2 Vereinbarungen

Welche Vereinbarungen wurden über Festsetzung und Besuch der Begleitung (der heilpädagogischen Stunden) getroffen?

1.2.1 Wieviele Begleitungsstunden finden pro Woche statt? Ist der Zeitfaktor so kalkuliert, dass dem Kind/Jugendlichen und den Eltern eine günstige Zeit und der Heilpädagogin die Möglichkeit zur Vorbereitung, Durchführung und Auswertung der Stunden gegeben ist?

1.2.2 Kann bzw. soll das Kind, der Jugendliche allein zur Stunde kommen? Welche Gründe sprechen dafür bzw. dagegen? Wie kann erreicht werden, dass das Kind, der Jugendliche und deren Eltern für die Zeit der Begleitungsstunde angemessen in Anspruch genommen werden?

1.2.3 Sind die räumlichen Bedingungen und die äußeren Umstände so beschaffen, dass eine ungestörte Begleitungssituation für das Kind, den Jugendlichen und ggf. ein angemessener Aufenthaltsort für die Eltern oder Geschwister gegeben ist?

1.2.4 Welche Art von materiellem oder ideellem Kostenaufwand wurde vereinbart? Sind die anfallenden Kosten für die HpE so kalkuliert, dass sie von allen Beteiligten getragen und im Sinne der Begleitung eingesetzt werden können?

1.3 Kann die HpE wie vereinbart durchgeführt werden?

1.3.1 Kommt das Kind, der Jugendliche und/oder die Eltern regelmäßig oder unregelmäßig zur Begleitung/Beratung? Welche Gründe für dieses Verhalten sind bekannt oder werden vermutet bzw. von den Beteiligten genannt?

1.3.2 Werden die Vereinbarungen zur Mitarbeit (vgl. 1.2.4: Kosten) eingehalten oder nicht eingehalten? Welche Gründe werden genannt oder vermutet?

1.3.3 Inwieweit wird die Begleitung/Beratung durch die genannten nicht eingehaltenen Vereinbarungen beeinträchtigt? Handelt es sich beim Kind/Jugendlichen und/oder bei den erziehungsberechtigten Bezugspersonen um Widerstand oder Abwehr? Wie kann damit umgegangen werden?

1.3.4 Wie reagiert das Kind, der Jugendliche und die erziehungsberechtigten Bezugspersonen auf unvermeidliche Änderungen (z.B. Verlegung des Raumes; Änderung der Zeiten für die Begleitungsstunde; anderes Spielmaterial; die Erscheinung oder den Familienstand der Heilpädagogin, z.B. Verlobungs- oder Ehering, Schwangerschaft, Verletzung, Kleidung, Frisur)?

1.3.5 Wie reagiert das Kind, der Jugendliche vor, während und nach Unterbrechungen der Begleitung (z.B. durch Wochenende, Feiertage, Urlaub, Ferien, Versäumnisse usw.)? Handelt es sich um antizipatorische Reaktionen von Ärger, Widerstand, Ausdruck einer Phantasie oder eines Gefühls?

1.3.6 Wann und aus welchem Grund findet ein Wechsel der Heilpädagogin statt? Welchen Punkt hatte die Begleitung erreicht? Wie wurde der Wechsel organisiert und das Kind, der Jugendliche darauf vorbereitet? Wie reagieren das Kind, der Jugendliche und die Bezugspersonen auf den erwarteten oder vollzogenen Wechsel?

- **Reflexion der Beziehung**

2.1 Vertrag, Kontrakt
Ist ein Vertrag bzw. Kontrakt im Sinne eines heilpädagogischen Arbeitsbündnisses zustande gekommen?

2.1.1 Welche vermuteten oder bekannten Situationen und Ereignisse, ausgehend von den anfänglichen Einstellungen des Kindes/Jugendlichen und seiner Eltern zur Begleitung, haben dazu beigetragen, eine tragfähige heilpädagogische Beziehung zu entwickeln?

2.1.2 Welche vermuteten oder bekannten Situationen, Ereignisse und Handlungen des Kindes/Jugendlichen, der Eltern und der Heilpädagogin haben die Entwicklung des Arbeitsbündnisses beeinträchtigt oder verhindert?

2.2 Psychische Gehalte

Welche Phantasien, Erwartungen, Vorstellungen, Ängste und Theorien bringen das Kind, der Jugendliche anfänglich zur Begleitung und die Eltern zur Beratung mit? Wie werden sie dargestellt, bzw. was gibt Anlass zu Vermutungen in dieser Richtung? Werden die anfänglichen Phantasien beibehalten, verändert oder verschwinden sie bzw. tauchen sie später im Kontext von Übertragungsreaktionen wieder auf? Sind sie durch Außeneinflüsse (Eltern, Geschwister, Spielkameraden oder andere Personen) suggeriert?

2.3 Widerstand in der Begleitung

Zeigt das Kind, der Jugendliche Widerstand (im Unterschied zum Widerwillen!) gegen die bzw. in der Begleitung?

2.3.1 Um Welche Art Widerstand handelt es sich, bzw. in welcher Form, nach welchem Schema, in welchem Inhalt wird er angeboten und variiert? Wie häufig tritt er auf? Wie lange dauert er innerhalb einer Begleitungsstunde bzw. für die Dauer eines Abschnittes mehrerer Stunden im Begleitungsverlauf?

2.3.2 Welche inneren Erlebnisfaktoren (z.B. Angst vor dem aufkommenden Gefühl des ...) oder äußeren Situationsfaktoren (z.B. Einstellungen der Eltern; Meinungen des Lehrers; Reflexionen der Heilpädagogin) benutzt das Kind, der Jugendliche für den Einsatz bzw. das Aufrechterhalten des Widerstandes?

2.3.3 Welche Methoden, Mittel und Techniken setzt die Heilpädagogin ein, am Widerstand zu arbeiten? Welche Auswirkungen bzw. Änderungen zeigen sich im Verhalten des Klienten?

120

2.4 Ausdrucksfähigkeit

In welchem Maße verfügt das Kind, der Jugendliche altersgerecht über die Fähigkeit, eigene Empfindungen, Wahrnehmungen, Wünsche und Konflikte auszudrücken?

2.4.1 Kann das Kind, der Jugendliche emotionale Inhalte in Worte fassen (= direkter Ausdruck von Gefühlen) oder benutzen sie eher affektive Äußerungen wie toben, schreien, werfen, weglaufen, achselzucken, Mimik und Gestik, Drohung etc. (= indirekter Ausdruck von Gefühlen)? Gelingt es dem Kind, dem Jugendlichen über das Medium Spiel und entsprechendes Material (Wasser, Sand, Farbe, Schriftsprache, Märchen) den symbolischen Ausdruck seiner Gefühle in einen verbalen Ausdruck umzuwandeln bzw. verbal anzureichern?

2.4.2 Zu welchen Konfliktpotentialen (Symptomen) entwickelt das Kind, der Jugendliche Einsicht aufgrund von Selbstbeobachtung und Selbsterkenntnis? Tritt eine Verhaltensänderung (Symptomänderung) ein?

2.4.3 Treten Verhaltens- bzw. Symptomänderungen auf, ohne dass Einsicht vorhanden ist?

2.5 Reaktionen auf Reflexionen und Interventionen

Wie und in welchem Ausmaß reagiert das Kind, der Jugendliche auf die Reflexionsangebote der Heilpädagogin? Was sind übliche bzw. außergewöhnliche Reaktionen (z.B. Lieferung von mehr Konfliktmaterial; Änderung oder Abbruch des Spiels; Schweigen; Trotzen; Abwenden; Äußerungen von Angst, Aggression; Annahme, Übernahme bzw. Weiterführung der Reflexion)? Kommen im Verlauf der Begleitung Reaktionsänderungen vor und wenn ja, welche?

2.6 Übertragungsbeziehung

Welches Konfliktmaterial aus dem Angebot des Kindes/Jugendlichen gibt Anlass zu der Vermutung, dass es sich um eine Übertragung handelt?

2.6.1 Welche Art von Externalisierungen (Projektionen) benutzt der Klient?

2.6.2 Welche Übertragungsreaktionen von vorwiegend üblichen Beziehungsweisen und Einstellungen, die das Kind, der Jugendliche gewohnheitsmäßig zu anderen Menschen hat, tauchen in der heilpädagogischen Beziehung auf?

2.6.3 Welche Übertragungsreaktionen früherer Erlebnisse, Wünsche, Phantasien, Konflikte, welche Abwehrmechanismen werden während der Begleitung aktualisiert und wie werden diese Inhalte auf die Person der Heilpädagogin bezogen?

2.6.4 Welche besonders intensiven Konflikte finden (zunehmend) in der Beziehung zwischen Kind, Jugendlichem und Heilpädagogen statt, während sie realiter nicht (mehr) auftauchen (z.B. besondere und direkte Aufmerksamkeitsansprüche; Sorge vor...; Gedanken, Wünsche, Träume; Ablehnung der Heilpädagogin)?

2.6.5 Welche prozessuale Entwicklung (z.B. Änderung des Inhalts von Übertragungskonflikten; Änderung der "Rolle" der Heilpädagogin als Übertragungsobjekt) lässt sich im Verlauf der Übertragungsbeziehung feststellen? Oder kommt es zu Fixierungen? Wodurch sind diese dann begründet?

2.7 Realbeziehung

Welche *nicht* als Übertragung zu wertenden Aspekte in der Beziehung des Kindes/Jugendlichen zum Heilpädagogen werden verlangt oder erhofft? (z.B. reale Rolle als Freund oder Geliebte; Fürsprecherin bei Eltern, Lehrern; Hilfs-Ich; reale Absättigung primärer Bedürfnisse wie Durst, Hunger; Hilfe beim An- und Auskleiden (Alter und Behinderung beachten!); Bedeutung als Vorbild oder Modell etc.)

- **Ausdrucksweisen des Kindes, Jugendlichen**

3.1 Darstellung von psychischen Konflikten

Welche Ausdrucksarten bevorzugt das Kind, der Jugendliche zur Darstellung seines Konfliktmaterials?

3.1.1 Gibt es besondere Darstellungsformen für bestimmte Themen? Auf welche Art und Weise und als Träger für welche psychischen

122

Funktionen setzt das Kind, der Jugendliche seine verschiedenen Ausdrucksweisen ein? (z.B. für ubw. Inhalte; für affektive Entladung; für Formen der Abwehr; für Regression etc.)

3.1.2 Ist die Ausdrucksweise des Kindes/Jugendlichen primär *verbal?* Auf welche Art, in welchem Ausmaß und in Kombination mit welchen Hilfsmitteln setzt das Kind, der Jugendliche vorherrschend verbale Ausdrucksweisen ein? (z.B. als Kommentar beim Malen; als Text im Rollenspiel; bei Spielwechseln oder -abbrüchen)

3.1.3 Ist die Ausdrucksweise des Kindes/Jugendlichen primär *nonverbal?* Auf welche Art, in welchem Ausmaß und in Kombination mit welchen Handlungen und Tätigkeiten setzt das Kind, der Jugendliche vorwiegend nichtverbale Ausdrucksweisen ein? Wie beeinflusst die Beschaffenheit des Spielmaterials die Handlungen und Tätigkeiten des Kindes/Jugendlichen?

3.1.4 Verändert das Kind, der Jugendliche seine verschiedenen Ausdrucksformen im Laufe der Begleitung (nicht!?), und wie ist dies zu verstehen und zu erklären?

3.2 Agieren außerhalb der Begleitung
Gibt es Hinweise, dass das Kind, der Jugendliche außerhalb agiert, d.h. Regungen und Gefühle, die in der Begleitung entstanden sind, in anderen Situationen darstellt, so dass das Konfliktmaterial nicht mehr in der Begleitungsstunde zur Verfügung steht? (z.B. erzählen, spielen, malen von Stundenthemen zu Hause oder mit Spielkameraden; reale Auseinandersetzung mit Konfliktstoffen, die zunächst in der Stunde auf die Heilpädagogin übertragen worden waren etc.)

3.3 Verhalten vor und nach der Begleitungsstunde
Welche auffallenden Ausdrucksweisen zeigt das Kind, der Jugendliche in der Wartezeit vor und nach der Begleitungsstunde in der Einrichtung? (z.B. wünschen oder verhindern wollen des Elternkontakts; nicht gehen oder rasch fortlaufen wollen; Beginn neuer Gespräche oder Themen; vorbringen von 'Vergessenem' etc.) Wie wurde damit in der Situation umgegangen und wie in der weiteren Begleitung?

• **Reflexionen und Interventionen der Heilpädagogin**

4.1. Absprachen über das Setting
Wie wurden dem Kind/Jugendlichen die Gründe und Vorgehensweisen in der HpE nahegebracht, insbesondere die Regeln für und in der Begleitungsstunde, und wie reagierte der Klient? Wie wurde mit Erwartungen und Phantasien umgegangen?

4.2 Bedeutungsgehalt von Reflexionen und Interventionen
In welchen Situationen und Begleitungssequenzen sind bestimmte Reflexionen und Interventionen von besonderer Bedeutung und weshalb?

4.3 Techniken in der Begleitung
Welche Begleitungstechniken werden eingesetzt, um bewusstmachende Reflexionen vorzubereiten bwz. zu erleichtern? (z.B. Beispiele von anderen Kindern erzählen; Puppen sprechen lassen; Märchensequenzen reflektieren; als Teil eines Bildes sprechen etc.) In welchem Ausmaß, in welchen Zeitabläufen und bei welchem Konfliktmaterial werden solche Hilfen vorrangig benötigt und wie reagiert das Kind, der Jugendliche darauf?

4.4 Änderungsverhalten
Welche Reflexionen und Interventionen bewirkten eine Änderung im psychischen Material und im Verhalten des Kindes/Jugendlichen und sind daher von besonderer Wichtigkeit?
4.4.1 Aufgrund welcher Kriterien wählt die Heilpädagogin das Konkliktmaterial aus, das sie durch ihre Reflexion als besonders wichtig betonen will?
4.4.2 War die Zeitwahl für das Reflexionsangebot psychischen Materials richtig oder unangemessen? Welche Faktoren haben dazu beigetragen?
4.4.3 Welche Interventionstechniken werden im Zusammenhang mit Reflexion bzw. Interpretation und Deutung der begleitungsrelevanten Themen eingesetzt und warum? (z.B. die Notwendigkeit, sich zu-

nächst mit einer realen Notsituation und nicht mit den Phantasien des Kindes darüber zu befassen)

4.5 Welche bestimmten Themen psychischen Konfliktmaterials wurden durchgearbeitet?
4.5.1 Welche relevanten Reflexionen haben zur Durcharbeit beigetragen?
4.5.2 Wurde das Durcharbeiten vom Kind/Jugendlichen während oder außerhalb der Begleitung durch Verstärkung und Übung (z.b. zu Hause ein Bild zum Thema malen) vorgenommen?
4.5.3 Können Entwicklungsschritte benannt werden, die das Kind, der Jugendliche aufgrund der Durcharbeit geleistet hat; bzw. hat ein Fortschritt zur oder eine Konsolidierung in der nächsten Entwicklungsstufe stattgefunden? Wie, woran wird dies sichtbar?

4.6 Einschränkungen, Grenzen, Regeln
Welche Einschränkungen (z.b. Regeln, Grenzen, Verbote, Zwänge) wurden dem Kind/Jugendliche in der Begleitung ausdrücklich auferlegt? Unter welchen Umständen wurden Einschränkungen eingeführt, und welche Auswirkung und Bedeutung haben sie für das Kind, den Jugendlichen im weiteren Begleitungsverlauf?

4.7 Körperkontakt
Welche Umstände und Situationen machten es erforderlich, körperliche Kontaktaufnahme oder Befriedigung körperlicher Erlebnisse zu gestatten oder vorzunehmen? Aus welchem Grund wurde so gehandelt, und wie beeinflusste dies die weitere Begleitung? Wie hat sich die Heilpädagogin dabei gefühlt und verhalten?

4.8 Änderung der Interventionsmodalitäten
Welche außergewöhnlichen Modifikationen des Settings oder der Begleitungstechnik wurden durch die Heilpädagogin vorgenommen und aus welchem Grund? (z.B. Wechsel des Spielmaterials; Hinzunahme eines weiteren Kindes/Jugendlichen bzw. Umwandlung in eine Gruppenbegleitung; Raumwechsel; Spaziergangtherapie; Hinzunahme der

Mutter in die Stunde etc.) Wie war bzw. ist die Reaktion des Kindes/Jgdl.?

4.9 Kontakte außerhalb der Begleitung

Kamen Kontakte zwischen Kind/Jugendlichem und Heilpädagogin außerhalb der Begleitungsstunde zustande? Wie waren (sind) solche Kontakte geartet und wie reagiert das Kind, der Jugendliche darauf im Hinblick auf die folgende Arbeit? Wie geht die Heilpädagogin reflektierend auf das Verhalten des Klienten außerhalb der Begleitung ein? (Außergewöhnliche Kontakte können sein: Besuch im Krankenhaus; Hausbesuch und Spiel mit Kind und Geschwistern; Jugendlicher trifft Heilpädagogin mit Freund im Kino; Kind trifft Heilpädagogin im Schwimmbad etc.)

4.9.1 Aufgrund welcher Kontraktabsprachen und unter welchen Bedingungen finden Kontakte zwischen Eltern oder (erziehungsberechtigten) anderen Bezugspersonen des Kindes/Jugendlichen und dem Heilpädagogen statt? Wie häufig sind diese Kontakte und wie beeinflussen sie das Begleitungsgeschehen?

4.9.2 Aufgrund welcher Vereinbarungen und unter welchen Bedingungen finden Kontakte zwischen der Heilpädagogin und Personen statt, die nicht zur Familie gehören (z.B. Arzt, Erzieher, Lehrer, Meister usw.)? Wie ist das Kind, der Jugendliche diesen Kontakten gegenüber eingestellt, wie reagiert es/er und welche Auswirkungen haben die Kontakte auf die weitere Begleitung (z.B. Misstrauen, Abwehr, Dankbarkeit etc.)?

4.9.3 Welcher Art und welchen Inhalts sind die von Drittpersonen erhaltenen Informationen über das Kind, den Jugendlichen und wie geht die Heilpädagogin in der Begleitung mit diesem Wissen um? (z.B. wird dem Kind/Jugendlichen das spezielle Wissen mitgeteilt oder reflektiert oder nicht mitgeteilt (und reflektiert)? Aus welchem Grund? Ist geplant, zu einem späteren Zeitpunkt dieses Wissen in der Begleitung zu verarbeiten?)

4.9.4 Wie reagiert das Kind, der Jugendliche auf Änderungen seiner Umwelt (z.B. Entfernung aus dem Elternschlafzimmer; Heimeinweisung; Empfehlung an die Eltern zur Eheberatung etc.), die durch

Einflussnahme und Empfehlung der Heilpädagogin zustande kamen und wie ist die Auswirkung der Reaktion in der Begleitung?

4.10 Aus welchen Gründen wurde die Begleitung beendet?
4.10.1 Wie reagierte das Kind, der Jugendliche auf die Idee der Beendigung und wie wurden seine Reaktionen reflektiert?
4.10.2 Gibt es Unterschiede in den Reaktionen des Kindes/Jugendlichen auf das Faktum der Beendigung selbst oder auf eine Veränderung, die dann eintritt, wenn die Beendigung der Begleitung vom Kind/Jugendlichen oder der Heilpädagogin angesprochen wird (z.B. Reaktionen im Zusammenhang der Verringerung der Anzahl der Sitzungen pro Woche etc.; Ankündigung eines Wechsels der Heilpädagogin, des Heilpädagogen; Vorankündigung von Urlaub oder Ferien etc.)?

- **Ergebnis der HpE, insbesondere der Begleitung**

5.1 Was waren die anfänglichen Ziele der Begleitung?
5.1.1 Welche spezifischen Ziele ergaben sich im Verlauf der Begleitung, und welche Gründe führten zu einer fortschreitenden Modifikation?
5.1.2 Aufgrund welcher Einschränkungen körperlicher, geistiger und seelischer Art, bzw. aufgrund welcher Außeneinflüsse mussten die Ziele eingeschränkt oder verändert werden?

5.2 Persönlichkeitszüge des Klienten
Welche wesentlichen Persönlichkeitszüge des Kindes/Jugendlichen können beim Abschluss der Begleitung beschrieben werden?
5.2.1 Welche Entwicklungsphase hat das Kind, der Jugendliche erreicht und welche Änderungen der Ichfunktion, der Abwehrorganisation, der Objektbeziehungen, der Bereiche von Restkonflikten und der Symptome wurden erreicht?
5.2.2 Wieviel Veränderung wurde schätzungsweise durch die gesamte HpE, im engeren Sinne durch die Begleitung, erreicht? Wieviel Veränderung (oder Fehlen von Veränderung) kann anderen, z.B.

entwicklungs- und/oder umweltbedingten Einflüssen zugeschrieben werden?

5.2.3 Welche prognostischen Aussagen lassen sich über die zukünftige Entwicklung und Einpassung des Kindes/Jugendlichen in seine Lebensvollzüge machen? Wie werden wohl Entwicklungsaufgaben gemeistert?

5.3 Nachbetreuung

Welche Informationen über das Kind, den Jugendlichen, konnten aufgrund von Folgekontakten mit ihm, den Eltern oder anderen Drittpersonen (z.b. Schule, Heim, Arzt, Arbeitsstelle, Jugendamt) gewonnen werden?

5.3.1 Wurden diese katamnestischen Kontakte nach Beendigung der Begleitungsstunden beibehalten oder später wieder aufgenommen?

5.3.2 Zu welchem Zeitpunkt und aus welchen Gründen wurde der Kontakt hergestellt, und wie konstant oder veränderlich zeigen sich relevante Daten über das Verhalten des Kindes/Jugendlichen nach der Begleitung?

• **Zusammenfassung**

Die Durchführung der HpE, insbesondere die der heilpädagogischen Begleitung des Kindes oder Jugendlichen, erfordert die Prozesskontrolle der Rahmenbedingungen sowie der Reflexion und Gestaltung der heilpädagogischen Beziehung, die unter Zuhilfenahme tiefenpsychologischer Kenntnisse und therapeutischer Interventionsvariablen vor allem die unbewussten dynamischen Faktoren mit berücksichtigt, die oft dem Wunsch und Willen nach einer Begleitung oder Beratung entgegenstehen oder diese erschweren. Die Heilpädagogin wird daher sowohl die Realbeziehungen wie auch die Übertragungsbeziehungen reflektieren und entsprechend im Begleitungs- und Beratungsprozess berücksichtigen. Dieses Vorgehen steigert die Mitwirkungsbereitschaft des Kindes oder Jugendlichen und seiner Bezugspersonen, weil diese sich durch die (teils unausgesprochene) Berücksichtigung unbewusster Inhalte akzeptiert, verstanden und entlastet fühlen.

Übersichtsartikel zu den Elementen der HpE

Die Übersichtsartikel sind alphabetisch geordnet. Zu Beginn erscheint eine *Hinweiszeile,* in der die *Ziffer* und die *Seitenzahl* angegeben sind, unter denen sich das *Stichwort* im Flussdiagramm des –> *Handlungsprozesses* auffinden lässt.

Ziff. 75	**Abschluss**	**—> S. 113**

Begriffsbestimmung:

Der Abschluss der HpE ist die zum geeigneten Zeitpunkt eingeleitete, prozessbegleitende Auflösung des Vertrages zwischen der Heilpädagogin, ihren Auftraggebern und ihren Klientel auf fachlicher, persönlicher und rechtlicher Ebene.

In diesem Übersichtsartikel werden folgende Themen angesprochen:

- Trennung als Lebenssinn 129
- Abschlussprozess in der HpE 132
- Abschlussphase in der heilpädagogischen *Begleitung* 135
- Abschiedsstunde 141
- Abschlussphase in der heilpädagogischen *Beratung* 144
- Wechsel der Heilpädagogin während einer HpE 146
- Abbruch einer HpE 161
- Zusammenfassung 166

• Trennung als Lebenssinn

Das Leben beginnt und endet mit Trennungen. Die Geburt ermöglicht das Ende des intrauterinen Zustandes: Der Mensch muss sich aus der Geborgenheit des Mutterschoßes lösen, seine Nabelschnur wird durchtrennt. „Hänschen klein" wandert probeweise in die Welt des Kindergartens, lernt dann den „Ernst" der Schule kennen und trennt sich vorübergehend von der versorgenden Bezugsperson. Jugendliche trennen sich mehr und mehr vom Elternhaus, binden und lösen sich in Glückstaumel und Schmerz der ersten Liebe. Hochzeiten werden gefeiert und Scheidungen vollzogen. Der Jugendliche trennt sich vom Kindsein: „Wie schön, wie schön, ein Kind noch zu sein..." (A. Lortzing, Zar und Zimmermann). Der Erwachsene trennt sich vom Jugendlichsein: „Ich möchte noch mal 20 sein und so verliebt wie damals..." Der alte Mensch trennt sich von seinen besten Jahren und rechnet in Tagen und Stunden: „So ein Tag, so wunderschön wie heute, so ein Tag, der dürfte nie vergeh'n!" Letztendlich trennt sich der Mensch vom Leben selbst. Früher oder später muss er es tun, ob er will oder nicht. Der Schnitter Tod trennt mit scharfer Sense das Gewachsene und Reife vom Nährboden der Mutter Erde und holt die Ernte ein.

Trennung ist mit Schmerz und Verlust verbunden. Sie tut weh. Trauer über den Verlust des „Abtrünnigen" zehrt an der Lebenskraft des Menschen. Spaltung, Abschied, Auflösung sind Ausdrucksformen von Trennung.

Und doch: „Winter ade, scheiden tut weh... Aber dein Scheiden macht, dass mir das Herze lacht..." heißt es in einem alten Volkslied. Natürlich fällt der Abschied von grauen Tagen und Kälte leicht, sicher auch der Abschied von Menschen, die wir als Last empfanden. Aber wird nicht trotz des Trennungsschmerzes, den wir beim Abschied von lieben Menschen empfinden, zugleich auch Erleichterung spürbar? Ist nicht nach dem Winter der Alltäglichkeit auch ein Hauch von Frühlingserwachen fühlbar, wenn ein lieber Mensch uns verlässt und seinen Weg geht, wenn er auf diese Weise Platz macht, uns „in Ruhe lässt", uns loslässt und damit neuen Freiraum für unsere eigene Entwicklung ermöglicht oder bewusst schenkt, ohne 'Rück-Sicht'?

„Trennung lässt matte Leidenschaften verkümmern und starke wachsen." (La Rochefoucauld) „Durch längeres Zusammenleben können wir einen Freund verlieren, durch Trennung nie." (Johannes Müller) Aber: „Sehr oft ist das Wiedersehen erst die rechte Trennung." (F. Hebbel) Daraus folgt: „Nur in den Minuten des Wiedersehens und der Trennung wissen es die Menschen, welche Fülle der Liebe ihr Busen verbarg, und nur darin wagen sie es, der Liebe eine zitternde Zunge und ein überfließendes Auge zu geben." (Jean Paul)

Trennen muss sich der Mensch nicht nur von Mitmenschen und Dingen, sondern auch von eigenen Illusionen und Lebenslügen. Oft gibt es ein spätes Erwachen: Der Schock der Erkenntnis ist ein scharfer Trennungsschmerz. Von einem solchen „Lichtblick" heißt es: „Dann werdet ihr die Wahrheit erkennen, und die Wahrheit wird euch befreien." (Joh 8,32) Von den Fesseln der Gewohnheit, der Illusion und der Lüge frei zu sein, sich aufrichten zu können, wenn man lange gebückt ging und sich etwas vormachte, kann ein beglückendes Gefühl sein: eine Wiedergeburt, eine Auferstehung. Doch vordem gehen wir den Kreuzweg von Scham, Schuldgefühlen, Leid, Verlust und Trauer über die „verlorene Zeit", ehe wir uns endlich von dem zu trennen vermögen, was uns - wenn auch belastend und hinderlich - doch so vertraut war. Seltsamerweise tut es uns auch noch weh, wenn wir die Fessel abgeben, die uns so lange gefangen hielt. Wäre es anders, könnten Menschen dann die Freiheit je würdigen, die doch immer nur durch neue Bindung zustande kommt?
Bindung *und* Trennung gehören zusammen wie Sommer *und* Winter, wie Tag *und* Nacht, wie Freude *und* Leid, wie Leben *und* Sterben. Nichts wäre ohne das andere. Ein Kind, das nicht mit Schmerzen und durch Trennung ins Dasein gestoßen würde, bliebe ein ewig ungeborenes und todgeweihtes Leben noch vor seiner Geburt.

Die heilpädagogische Erziehungshilfe und Entwicklungsförderung (HpE) - vor allem das Kernelement der *Begleitung* auf dem Lebensweg - ist ein *Beziehungsangebot*. Das Angebot der ->Beziehung ist immer ein *personales Angebot*. Die Heilpädagogin darf sich nicht hinter der Fassade der Berufsrolle verstecken. Um eine heilpädagogische Begleitung zu meistern, bedarf es des pädagogischen Eros, d.h. einer tragenden, geistig-sinnlichen, humanen Liebe. Ohne *Empfindung* der Sinne, ohne *Einfühlung* in die Befindlichkeit und das Erleben des Gegenüber, ohne *Intuition* als erahnendes Verstehen der Beweggründe des Erlebens und Verhaltens von Menschen in schwierigen Lebenssituationen und in Beeinträchtigung und Behinderung, würde das *Denken* 'über den anderen' zu einem kaltherzigen, diagnostizierenden und sezierenden Akt rationaler Urteilsbildung über ein zu untersuchendes Objekt. In der Trennung vom Klienten spürt die Heilpädagogin, die sich auf ihn hin als personales Angebot eingelassen hat, neben der Freude über eine bereichernde Zeit, der Genugtuung über eine mit Mühe bewältigte gemeinsame Wegstrecke oder dem Bedauern über eine misslungene Begegnung die Erleichterung über den nahenden Abschluss, zugleich aber einen gewissen persönlichen Verlust. Ebenso mag es mehr oder weniger für die Klienten sein:

„Es gehört zu den traurigsten Bedingungen, unter denen wir leiden, uns nicht allein durch den Tod, sondern auch durch das Leben von denen getrennt zu sehen, die wir am meisten schätzen und lieben und deren Mitwirkung uns am besten fördern könnte." (GOETHE an Zelter, 1805)

Dennoch: Ohne Abschied keine Trennung; ohne Trennung kein Loslassen, keine Abgabe; ohne Abgabe keine Aufnahmebereitschaft, keine Annahme einer neuen Auf-Gabe. Auch vom Leidensgewinn, von der Zuwendung und vorübergehenden „Bemutterung" durch eine wichtige Bezugsperson aufgrund der vorhandenen Symptome und Komplexe muss sich der Mensch mit einem gewissen Verlust trennen, wenn er seine Freiheit und Ungezwungenheit neu gewinnen will: „Ich brauche nicht mehr zu dir zu kommen, ich gehe jetzt immer mit meinen Freunden Fußball spielen."

- **Abschlussprozess in der HpE**

Wenn wir im Rahmen der HpE vom Beispiel einer 20 - 25stündigen heilpädagogischen Einzelbegleitung ausgehen, benötigt die Heilpädagogin jeweils 2 - 5 Stunden für den anfänglichen diagnostischen und eingewöhnenden Prozess der –>Befunderhebung und ebenso viele Stunden für die Gestaltung der Trennung und der konkreten Abschiedssituation. Nach WINTGEN (1999) stellen sich folgende Fragen zur Gestaltung der Abschlussphase im Rahmen einer HpE:
- Welche Absprache wurde über die Dauer der HpE getroffen?
- Was ist zu klären, bevor ich Kinder und Eltern mit dem Abschluss der HpE konfrontiere?

- Wie stehe ich selbst zum Abschluss der HpE und wie könnte sich dies auswirken?
- Wann und wie informiere ich das Kind bzw. seine Eltern über das Ende der HpE?
- Mit welchen Reaktionen ist zu rechnen?
- Wie kann im Rahmen der Abschlussphase zielgerichtet mit Kind und Eltern weiter gearbeitet werden?
- Wie kann auf kindgerechte Weise der Zeitraum, der noch bleibt, aber auch das Ende veranschaulicht werden? Welche Symbole und Medien eignen sich dazu?

Um die Klienten nicht zu 'überrumpeln' und um nicht in Zeitnot zu geraten, ist die *rechtzeitige Bewusstmachung des Abschlusses* sowie eine *sorgfältige, gemeinsame Planung* notwendig. Da die Heilpädagogin im Rahmen der HpE ziel- und zukunftsorientiert arbeitet, können mit Kindern im Schulalter die Ferienzeiten als Eckpunkte für das Ende oder für neue Absprachen zur HpE genutzt werden, ebenso auch Feste wie Geburtstag, Weihnachten o.ä. Es muss also jeweils *individuell* geklärt werden, wie viele Begleitungs- und Beratungsstunden bis zum Abschluss definitiv stattfinden können. Auf diesem Hintergrund ist zu beachten:

- Wo steht das Kind, wo stehen die Eltern momentan (diagnostische Einschätzung)?
- Reichen die möglichen Stunden zur Begleitung des Kindes und zur Beratung der Eltern aus, um die Ziele der HpE zu erreichen?
- Falls die Zeit nicht ausreicht: Ist es notwendig und sinnvoll, die HpE fortzuführen oder sind andere Hilfen indiziert?
- Wer würde ggf. die HpE fortsetzen können? Ist evtl. eine Verlagerung der Schwerpunkte angezeigt, z.B. statt Einzelbegleitung ein Gruppenangebot, Intensivierung der Elternarbeit, stärkere Integration von Geschwistern, Hinzunahme eines familientherapeutischen Settings o.ä.?
- Falls andere als heilpädagogische Hilfen angezeigt sind: Welche, wo und durch wen könnten sie angeboten werden?

Erst dann, wenn die Heilpädagogin selbst in Absprache mit ihrem Kollegenteam einen fachlichen Standpunkt gefunden hat, erst dann sollte sie Kinder und Eltern mit dem definitiven Ende der HpE konfrontieren! Kinder und Erwachsene, die einen Halt haben und ohnehin die Begrenztheit der HpE gut im Blick hatten, werden den Abschluss der HpE entsprechend selbstverständlich aufnehmen und damit umgehen können. Andere Klientel, die möglicherweise krisenbesetzt oder eher hilflos sind, werden eher nervös reagieren. Deshalb gilt die o.g. sorgfältige Vorbereitung und Durchführung der Abschlussphase den Kindern und Eltern, die halt- und orientierungslos sind, die weniger in der Lage sind, erneute Trennungssituationen zu verkraften. Für sie ist es wichtig, dass die Heilpädagogin zwar nicht unbedingt weiter Wegbegleiterin, aber doch Wegweiserin sein kann.

Bei der Information bzw. Erinnerung an das Ende der HpE geht es um das *Bewusstmachen des Abschlusses,* um den Austausch darüber, wie das Kind seinen Standort in der HpE einschätzt, wie es zu seinen Zielen steht, welche Akzente es setzt, welche Perspektiven es für sich in Anbetracht des Endes der HpE sieht. Ähnliche Fragen gelten für die Abschlussphase in der –>Eltern- und –>Erziehungsberatung: Was hat sich für die Bezugspersonen verändert, sehen sie ihren Auftrag als erfüllt an, welche Hoffnungen und Befürchtungen bleiben offen, wie sieht die Zukunft aus, was können die Eltern selber leisten und wobei benötigen sie von wem weiterhin Hilfestellung?

Wichtig ist, dass die Heilpädagogin das Kind selbst vom Ende der heilpädagogischen Begleitung und damit zugleich vom Ende der heilpädagogischen Beziehung in Kenntnis setzt. Es wird als schwerer Vertrauensbruch erlebt, wenn die Eltern etwa sagen: „Das weiß ich schon längst, das haben wir schon längst abgesprochen!" Noch schlimmer wirkt es, wenn Eltern ihrem Kind das Ende der HpE als sein Versagen deuten. Wenn die Heilpädagogin hier Besorgnis bezüglich des Verhaltens der Eltern hegt, sollte sie Eltern und Kinder am selben Tag oder in einer gemeinsamen Runde über den Abschluss der HpE informieren, damit Offenheit und Klarheit herrscht.

• **Abschlussphase in der heilpädagogischen** *Begleitung*

Ziel der heilpädagogischen Entwicklungs- und Lebensbegleitung in Spiel und Übung ist die Umwandlung der Regression zur Progression. Wie auch immer die Beeinträchtigung, Behinderung oder Störung beschaffen sein mag, letztlich geht es um das Wahrnehmen, Wecken und Unterstützen altersentsprechender Lebensformen. Diese oft missglückten, unterdrückten und zaghaften Versuche sollen durch die *Begleitung* der Heilpädagogin so unterstützt und gefördert werden, dass auf Grund der (wieder-)entdeckten Ressourcen die Einübung in neue Verhaltensweisen und neue Überzeugungen für das eigene Leben sowie ein gefestigter Glaube an sich selbst gewonnen werden. Dazu gehören im Wesentlichen Hilfestellungen beim Liebenwollen und Geliebtwerden. Durch solche Art der Erziehung und Förderung im existenziellen Sinne werden die Versagensgefühle und die Selbstbeschuldigungen: „Ich raste immer aus!", „Ich traue mich nicht!", „Mich mag sowieso keiner leiden!", „Ich hasse sie alle!", „Mich hat das Schicksal hart geschlagen.", „Ich werde das niemals können!", langsam abgebaut und durch die verlässliche heilpädagogische Beziehung werden neue Erfahrungen und dadurch neue Selbsteinschätzungen gewonnen. Allmählich wird es möglich, Selbstbeschuldigung durch Selbstkontrolle zu ersetzen: „Ich bin jemand!", „Ich kann das..." Dadurch gewinnen das Kind, der Jugendliche - in der heilpädagogischen *Beratung* auch die Eltern und Bezugspersonen - eine neue Perspektive, eine neue Sicht der Dinge und einen „inneren Halt" (MOOR). Sie entdecken ihre Ressourcen, erlangen Selbstvertrauen und können auf diese Weise zunehmend auch (wieder) anderen vertrauen.
- Der geeignete Zeitpunkt
zur Einleitung der Abschlussphase in der heilpädagogischen Begleitung ist dann gekommen, wenn das Kind, der Jugendliche die tiefe Trauer über ihr Sosein bewältigt haben. Sichtbar wird dieses Geschehen durch eine neue Toleranz gegenüber der eigenen Biografie, gegenüber den eigenen Gebrechen und Symptomen, manchmal auch durch deren Nachlassen. Zwar ist das *Empfinden* dasselbe geblieben,

aber das Kind, der Jugendliche fühlen und handeln realistischer: sie erleben Höhe- und Tiefpunkte intensiver, sozusagen 'hautnah', ohne übergroße *Abwehr* (Rationalisierung, Verleugnung, Verkehrung ins Gegenteil, Projektion auf andere oder Verdrängung). Die Formen der emotionalen Verarbeitung von Trauer, Verlust, Trennung, Schmerz und Versagen, um nur einige anzudeuten, werden nicht mehr im depressiven, regressiven, (auto-)aggressiven Rückzug oder Angriff agiert, sondern der Klient entwickelt neue, altersgemäße Handlungsansätze und bewegt sich in neue Richtungen. Angst und Schuld sind nicht beseitigt oder ausgeblendet, sie werden sogar intensiver erlebt. Aber das Wissen darüber, woher sie kommen und wie „Ich" ihnen ohne Symptome begegnen kann, ist gewachsen. Dadurch gewinnen das Kind, der Jugendliche - mit der reflektierenden Unterstützung und durch die haltgebende Funktion der Heilpädagogin - neue Erfahrungen und neue Einsichten, Mut und Selbstvertrauen. Diese werden in Primärimpulse umgewandelt und auch willentlich auf neue Ziele ausgerichtet: Zugehörigkeit und daraus Verlässlichkeit; Angenommensein und daraus Verpflichtung; Vertrauen und daraus Verantwortung für... Kinder zeigen in ihrem Handeln einen erhöhten Anspruch, die Dinge „gut" und „heil" zu machen. Waren zu Beginn der heilpädagogischen Begleitung oftmals Missachtung von Menschen und Dingen an der Tagesordnung, ausgedrückt in Beliebigkeit, Nachlässigkeit, Geringschätzung, Beschimpfung und sogar Zerstörung, so bestehen die Kinder nun von sich aus darauf, den Dingen den ihnen eigenen Platz zu geben: Spielsachen werden mit Freude aufgeräumt, „damit ich die nächstes Mal wiederfinde"; die verschmutzte und verletzte Umwelt wird kreativ gestaltet: „Wenn wir jetzt Klebe hätten, dann könnten wir das reparieren!"; „Du bist nicht böse, weil ich wieder schlimme Wörter zu dir sage?" usw.
Aus all dem wird die Heilpädagogin erkennen, dass sich die *Beziehungen* des Kindes und Jugendlichen gewandelt haben, zu sich selbst, zu anderen, zu Dingen und Vorstellungen und zum Denken.
- In der Beziehung zum eigenen Selbst
sind die Klienten ruhiger, ausgeglichener, ja sogar liebevoller im Umgang mit sich geworden, haben eine gesteigerte Frustrationstole-

ranz entwickelt und leben „im Frieden mit sich selbst". Die Ich-Spaltung ist weitgehend aufgehoben oder doch sehr gemildert, da innerpsychisch beobachtende und regressive Anteile wieder eins sind und miteinander harmonisieren, d.h. man kann sich im Spiegel anschauen, wie man wirklich aussieht, ohne übermäßig exaltierend-entzückt, missmutig-kritisch oder abweisend-entsetzt zu reagieren: „Das bin ich, so bin ich, hier und da kann ich etwas ändern, aber im Grunde bin ich zufrieden mit mir. Es ist gut so, wie ich bin; ja, dies und das gefällt mir besonders, das mag ich an mir..." Die gesunde Selbstbeurteilung ist bewusst entwickelt und hat sich auch in der Beziehung zu anderen manifestiert. An Stelle eines rigiden Überich oder überwältigender Triebimpulse ist das persönliche Gewissen stärker ausgebildet, als ein vom Ich zu regulierendes, freiheitliches und dennoch gebundenes Steuerungselement. Dies bewirkt ein größeres Freiheitsgefühl, Empfänglichkeit und Gestaltungskraft für mehr Lebensfreude, die Beendigung verschiedener Zwangsaktivitäten und die Verringerung der Neigung zu depressiven Zuständen.

- In der Beziehung zu anderen

haben die Klienten eine größere Offenheit und Intensität entwickelt. Es geht nicht mehr nur um krankhaften Wettstreit, missbilligenden Vergleich, ständiges sich Messen. Die offene Feindseligkeit und (latente) Ablehnung gegenüber Eltern und Geschwistern hat einem selbstverständlichen Respekt für das Anderssein und die unterschiedlichen Ansprüche und Bedürfnisse der Familienmitglieder Platz gemacht. Durch die neu erworbene Sicherheit im Umgang mit sich selbst und den anderen ist die Toleranz füreinander gewachsen. Dadurch müssen die eigenen Bedürfnisse und Wünsche nicht mehr mittels Drohgebärden, Machtansprüchen oder Symptomen erkämpft und durchgesetzt werden. Es gelingt zunehmend, eine gesunde Distanz zu den Eltern, aber auch zur Heilpädagogin, zum Heilpädagogen zu entwickeln, die es ermöglicht, intime Beziehungen zu lösen und in gewachsener, objektiverer Distanz miteinander zu verkehren.

- Im Verhältnis zu Dingen und Vorstellungen
wird ein freierer Umgang erprobt. Es findet eine Sublimierung[1] des
Arbeitsverhaltens statt: Mit steigendem Interesse werden Aufgaben
um ihrer selbst willen, nicht als Mittel zum Zweck (der Belobigung,
des Aufmerksamkeitsgewinns, des Gewogenmachens usw.) erledigt.
Dabei entwickeln die Kinder und Jugendlichen größere Geschicklichkeit und Wirksamkeit in der Erfüllung ihrer Arbeitsaufträge. Dem
Spiel wird größeres Interesse entgegengebracht; man verhält sich
weniger gehemmt und entwickelt Lust zum Mitmachen. Exzessives
und überwiegend auf Wettbewerb und Selbstdarstellung ausgerichte-
tes „Spiel"-Verhalten wird eher abgelehnt: „Das will ich nicht"; „Das
ist blöd, da kann man sich verletzen."... Solche Aussagen bedeuten:
Ich habe es nicht mehr nötig, mich solcherart zu produzieren, ich
weiß, was ich mir wert bin und lehne es ab, mich und andere in Gefahr zu bringen; ich möchte nicht das Vertrauen und das Wohlwollen, das andere in mich setzen verscherzen; ich fühle mich für mich
und andere verantwortlich. Es entwickelt sich insgesamt ein ausge-
wogeneres Verhältnis von Be- und Entlastung, von Arbeit und Spiel.
Man könnte an die Erfüllung der benediktinischen Weisheitsregel
„ora et labora" (bete *und* arbeite) denken, an einen gesunden Ausgleich von Belastung *und* Lebensfreude, von Spannung *und* Entspannung, von Eutonie (Wohlspannung) gegenüber Dystonie, der durch
Störung bzw. Erkrankung des vegetativen Nervensystems bedingten
Symptomenkomplexe.

---

[1] *Sublimierung* ist nach S. FREUD ein Abwehrmechanismus des Ich, durch den eine
Umwandlung unbewusster psychosexueller Energien in sozial höher bewertete Impulse und Handlungen oder zumindest in tragbare Formen der Aktivität angestrebt
wird. Der Begriff der Sublimierung wurde in Analogie zum chemischen Prozess der
Sublimation (= direkter Übergang eines festen Körpers in einen gasförmigen Zustand) geprägt. FREUD (GW VII, 150) beschrieb, dass die „Libido" (sexuelle Lebens-
senergie) der Kulturarbeit außerordentliche Kraftmengen zur Verfügung stelle, da
sie quasi nicht abnehme, sondern stets vorhanden sei. Indem die Lebensenergie ihr
sexuelles Ziel auf andere Ziele (z.B. Kunst und Kultur) hin verschiebe, könne der
Mensch auch auf solche Weise Befriedigung seines Strebens erlangen. Die Sublimierung ist ein Abwehrmechanismus, bei dem das Ich dem Es zu äußerer Aktion
verhilft, besonders im Sinne kreativer künstlerischer, wissenschaftlicher oder sozialer Leistung. Nach C.G. JUNG wird die „Libido", d.h. die psychosexuelle Energie
des Menschen, im weiteren Sinne als 'Lebenskraft' schlechthin verstanden.

- Im Umgang mit dem Denken
hat eine Wandlung in der Beurteilung von Eigentum und Macht stattgefunden. Zählten vordem modernes „Outfit" oder Extravaganz um
jeden Preis zum notwendigen (die innerseelische Not zu wendenden)
Repertoire der Selbstdarstellung, besetzten Wunschträume von Geld,
Auto, Geschäft, Schlaraffenland (Flucht auf die Urlaubsinsel) und
Macht über andere, die man „kleiner machen" wollte das Denken, so
werden nun häufiger realistische Vorstellungen und Wünsche geäußert: „Ich könnte dies und das für... gebrauchen."... Das bedeutet,
dass Objekte nicht ersatzweise für fehlende Liebes- bzw. Freund-
schaftsbeziehungen libidinös (die psychosexuelle Lust und Lebensenergie betreffend) besetzt und 'verehrt' werden müssen. Vielmehr
können Objekte von ihrem Nutzen und ihrem Gebrauchswert her
sachgerechter beurteilt und eingesetzt werden. Geschenke von geringerem materiellen Wert werden mit der (symbolischen) Intension des
Schenkenden und als Ausdruck seiner Zuneigung bedacht. Insgesamt
hat sich die Denkrichtung von der Veräußerlichung hin zur Verin-
nerlichung gewandelt. Statt sich durch aufgemotzte, protzige Angabe
mit den durch Werbung eingehämmerten und mit Sammelleiden-
schaft erbettelten und erkämpfen Attributen zu präsentieren, benötigt
das Kind, der Jugendliche nun ein geringeres Festhalten am Besitz als
Ausdruck des Selbstwertes, kann den Dingen einen angemesseneren
Sinn verleihen und nützlicheren Umgang damit pflegen.

Insgesamt können wir eine reifere Unterscheidungsfähigkeit in der
Beziehung zu Menschen und Dingen wahrnehmen:
Der Mensch ist der Zweck, nicht ein Mittel zum...
Das Ding ist ein Mittel zum Erreichen von..., kein Zweck.
Zu dieser reiferen Objektbeziehung gehört auch eine gewachsene
Toleranz gegenüber persönlichem Unbehagen: Es wird möglich,
achtsamer mit eigenen Gefühlen umzugehen und dem eigenen Körper
die notwendige, aber nicht übermäßig narzisstisch geprägte Auf-
merksamkeit zu gewähren. Es wächst das Selbstbewusstsein darüber,
dass z.B. Kopfschmerz mit Sorgen um Familienmitglieder oder
Freunde, Bauchschmerz mit Angst vor einer Klassenarbeit einherge-

hen können (man hat ein ungutes Gefühl im Bauch). Es wird nicht mehr nötig sein, sofort zur Tablette zu greifen oder auf Suchtmittel auszuweichen. Kinder und Jugendliche äußern manchmal: „Früher habe ich... heute mache ich es so...!" Sie sind stolz darauf, „es geschafft" zu haben. Damit sind Angst- und Schuldgefühle nicht beseitigt, aber wie oben gesagt: es gibt ein vertieftes Wissen darüber, woher sie kommen und wie man ihnen ohne Symptome begegnet.

Dennoch ist die Abschlussphase in der heilpädagogischen Begleitung, wie alle Trennungsprozesse, eine schwerwiegende, emotional besetzte und konfliktreiche Zeit. Sie erfordert Respekt, Einfühlungsvermögen und gekonnte Hilfeleistungen seitens der Heilpädagogin. Mögliche (Abwehr-)Reaktionen des Kindes auf den Abschluss der heilpädagogischen Begleitung können sein:

- Das Kind reagiert einverstanden, erfreut, ist mit seinen Veränderungen zufrieden und braucht keinen Helfer mehr.
- Das Kind reagiert mit Erleichterung, da es ohnehin abwehrend ist.
- Das Kind reagiert gekränkt, verletzt, regressiv oder aggressiv.
- Das Kind erlebt die Trennung als Wiederholung unverarbeiteter Trennungen, ist deshalb enttäuscht und verweigert u.U. die Trennungsphase.
- Das Kind reagiert traurig und drückt den Wunsch nach weiterer Hilfestellung aus.

Aufgrund der (Abwehr-)Reaktionen des Kindes in der Abschlussphase sind - je nach individueller Befindlichkeit und persönlicher Lebenssituation - folgende therapeutische Interventionen hilfreich:

- Es sollten keine neuen Probleme des Kindes aufgedeckt werden, auch dann nicht, wenn neue Symptome auftreten. Was bis jetzt nicht reflektiert und durchgearbeitet werden konnte, kann nicht noch 'auf die Schnelle' erledigt werden.
- Was das Kind anbietet, sollte auf die Situation der Trennung und auf die (unausgesprochene) Frage des Kindes: „Was wird danach sein?" fokussiert werden.
- Die emotionale Reaktion des Kindes in Anbetracht der Trennung sollte ausgedrückt werden und das Kind sollte eine ihm altersangemessene Antwort erhalten, z.B.:

- Ermutigung: „Du kannst es allein, schau' zurück und sieh, was du alles geschafft hast!"
- Nachdenklichkeit, Ehrlichkeit, Wahrheit bei abwehrenden Kindern: „Wir haben nicht alles erreicht, was du dir vorgenommen hast; lauf' nicht vor dir und mir davon!" „Hör' nicht auf zu suchen, du weißt inzwischen, dass sich immer ein Weg finden lässt. Wir wollen einmal schauen, wie es weitergehen könnte."
- Hilfestellung, eine neue Bezugsperson oder Bezugsgruppe zu finden, bei der bzw. in der das Kind seine 'Selbsterfahrung' fortsetzen kann: z.B. einen Therapieplatz oder eine Freizeitgruppe vermitteln. Das Ausmaß der Hilfestellung sollte sich nach Alter und Ich-Stärke des Kindes/Jugendlichen ausrichten.
- Klare Vorstellungen darüber, wie das Kind, der Jugendliche ihr Leben ohne die heilpädagogische Begleitung fortsetzen können, z.B. Pläne schmieden; Zukunftsbilder malen; Wunschvorstellungen entwickeln, die real verwirklicht werden können.

• **Die Abschiedsstunde**

Wenn die heilpädagogische Begleitung nicht im heilpädagogischen Milieu des Lebensalltags stattfand, ist das Ziel der Abschiedsstunde die Rückkehr in die Realität. Während im vorausgehenden Prozess der heilpädagogischen Begleitung Spiel und Übung zur körperlichen, seelischen und geistigen Entwicklung außerhalb des alltäglichen Rahmens, in einer 'besonderen', vom Kind her gestalteten und auf das Kind hin abgestimmten Situation erfolgten, signalisiert der besondere Rahmen der Trennung in der 'letzten Stunde' einen Brückenschlag ins alltägliche Leben, einen realen Abschied. Dabei sind (nach WINTGEN, 1999) folgende Elemente besonders zu bedenken:
- Der Raum
als symbolischer Lebensraum, in dem 'alles' anders sein konnte und durfte, im Spiel, im Symbol, ist der Ort, in dem die heilpädagogische Begleitung begann und endet. Hier schließt sich der Kreis. „Alles, was gewesen ist, bleibt hier im Raum!" Dieses Gesetz, diese Vertrauensregel gilt unverbrüchlich über die heilpädagogische Begleitung

hinaus. Daher trennt man sich in dem Raum, in dem man sich in allen Dimensionen kennengelernt hat, in dem Schönes und Schwieriges durchlebt wurde. Es wäre möglich, das Kind, den Jugendlichen 'probeweise' auf den Weg zu bringen, indem die Heilpädagogin in einer der letzten Stunden nach gründlicher Vorbereitung mit dem Kind, dem Jugendlichen, diesen Schutzraum zu Gunsten eines erweiterten Aktionsradius verlässt, z.b. um den Spielplatz, die Schule, das Jugendheim zu besichtigen, wo das Kind demnächst spielen, lernen oder wohnen wird. Es kann auch angezeigt sein, z.b. das Grab einer wichtigen Bezugsperson zu besuchen und dort auf angemessene Weise Abschied zu nehmen, wenn die Trauerarbeit über diesen Verlust Gegenstand der heilpädagogischen Begleitung war. Wichtig ist, dass nach einem solchen Erlebnis ausreichend Zeit vorhanden ist, in den gemeinsamen symbolischen Lebensraum zurückzukehren, um in diesem Schutzraum alles nochmals in Ruhe anzuschauen und 'in Ordnung' zu bringen.

- Die Zeit

Die Zeit ist neben dem Raum die zweite große Dimension menschlichen Daseins. Lebenszeit sinnvoll zu gestalten bleibt eine wichtige Aufgabe in allen Lebensaltern. Wer zur Unzeit hereinbricht, zerstört Vertrauen und Sicherheit. Wer sich keine Zeit nimmt, dem bleibt sie ein gestohlenes Gut. „Die Zeit, die du für deine Rose verloren hast, sie macht deine Rose so wichtig." (EXUPÉRY) Deshalb muss es auch „feste Bräuche" geben, denn „Wenn du... irgendwann kommst, kann ich nie wissen, wann mein Herz da sein soll..." (EXUPÉRY) Die heilpädagogische Stunde findet deshalb immer zur selben Zeit statt. Sie fängt pünktlich an und hört pünktlich auf. In der Abschiedsstunde kann ggf. eine andere Uhr schlagen, kürzer oder länger, um z.B. besondere Aktivitäten zum Abschluss bringen zu können und damit der Realzeit ihren Platz einzuräumen. Größere Kinder können mit Hilfe eines Kalenders die verbleibenden Stunden nachvollziehen. Kleinere Kinder begreifen oft das Ende erst dann, wenn die Bezugsperson, die Heilpädagogin, nicht wiederkommt. Insofern benötigen sie *Symbole,* die den Countdown verdeutlichen. Evtl. bietet sich ein Symbol an, welches das Kind in den verbleibenden Stunden einem Puzzle gemäß vervollständigt, bis „es" fertig und zu Ende gebracht ist, z.B. einen Kalender für die verbleibenden Tage malen oder Wünsche für die verbleibenden Stunden aufschreiben und 'abhaken'.

- Die Gestaltung

Besonders jüngere Kinder brauchen anschauliche Hilfen, um die verbleibende Zeit und die Trennung symbolisch nachvollziehen zu können. Ein Puzzle, das am Ende ein vollständiges Bild zum Mitnehmen ergibt, ein Koffer oder ein Rücksack, der für die Lebensreise nach und nach mit kleinen Dingen gefüllt wird, das Bild einer Weggabelung oder eine Zielmarkierung können aufzeigen, dass die gemeinsame Arbeit zu Ende geht. Auch für die letzte Stunde haben die Wünsche der Kinder Vorrang. Sie sind wichtig, da es ihr Abschied ist, den sie aktiv mitgestalten wollen. Sie können verbunden werden mit der Erinnerung von Gewesenem, dem Anschauen der gemeinsam erstellen Bildermappe, der Wiederholung von 'Aufgaben', die das Kind zu meistern gelernt hat, um sich zu beweisen. Dabei kann es auch feierlich zugehen, wie bei einem Fest. In gewisser Weise ist die Abschiedsstunde wie ein Geburtstag, nämlich die Feier des Aufbruchs in eine neue Zeit und in einen neuen Raum. Deshalb sollte sich die letzte Stunde deutlich von den vorherigen Stunden unterscheiden, denn sie ist in besonderer Weise einmalig. Mit ihr endet ein besonderes 'Zeitalter' im Leben des Kindes. Sie hat den Charakter einer Initiation[1].

- Das Material

Alles Material, das in der heilpädagogischen Begleitung im Schutz von Raum und Zeit entstanden und entwickelt worden ist, bleibt gewöhnlich in der Stunde, d.h. an diesem Ort, in dieser Zeit zurück. Wer sich nicht trennen kann, wird überlastet von dem Gerümpel, das er mit sich herumschleppt und an dem er festhält. Die Last drückt den Menschen nieder. Das Kind, der Jugendliche sollen unbelastet,

---

[1] *Initiation* bedeutet „einweihen" und meint die Reifeweihen, durch die der junge Mensch in die Erwachsenenwelt eingeführt wird. Bei den Naturvölkern sind solche Riten mit Mutproben, Askese, Mannbarkeitszauber verbunden. Initiationsriten haben unmittelbaren Bezug zu erwünschten Lebenstechniken, die von den jungen Erwachsenen zum Schutz und Erhalt ihrer Lebensgemeinschaft erwartet werden. Im Ritual zeigen sie sich tüchtig, tauglich für diese Aufgaben. Insofern sind die Initien „konkrete Lehre durch Handlungen statt durch viele Worte". (THURNWALD)

frei wie „Hans im Glück", ins Leben gehen. Die Heilpädagogin, der Heilpädagoge bleiben die Garanten, dass alles 'gut aufgehoben' ist. Einige von den Dingen, die dem Kind besonders wertvoll geworden sind, sollte die Heilpädagogin mit ihm zusammen aussuchen, und als Geschenk des eigenen Lebens an das Kind aushändigen, verbunden mit der Reflexion, welchen Stellenwert dies für das Kind hat und haben wird. Solche Dinge müssen zwingend *positive Selbstbildnisse* des Kindes sein. Wenn es angemessen erscheint, kann die Heilpädagogin dem Kind oder Jugendlichen von sich aus ein symbolisches Geschenk (Kugel, Stein, Ring, Armband, Anhänger, selbstgemaltes Bild usw.) mit auf den Weg geben, das im Sinne des gemeinsam Erlebten wie ein Unterpfand für Vollbrachtes oder zu Erreichendes steht, wie ein Übergangsobjekt[1], das seinen Träger durch alle Gefahren des Lebens 'hindurchträgt', ihm Sicherheit spendet und Mut verleiht im Andenken an das feste Band einer tragfähigen, stützenden Beziehung, die das Selbstwertgefühl in schweren Zeiten schützt.

• **Abschlussphase in der heilpädagogischen *Beratung***

Ursprünglich kamen die Eltern von Kindern bzw. Jugendlichen zur Heilpädagogin, weil sie keinen Rat mehr wussten, weil sie schon alles ohne Erfolg versucht hatten, weil sie sich fragten, wie das Leben mit der Beeinträchtigung ihres Kindes in Behinderung oder Störung weitergehen könne.

---

[1] *Übergangsobjekt* ist ein von D.W. WINNICOTT eingeführter Begriff zur Bezeichnung eines Gegenstandes, der für den Säugling oder das Kleinkind einen elektiven Wert besitzt, besonders im Augenblick des Einschlafens (z.B. ein Zipfel der Decke, ein Handtuch an dem es lutscht, ein Teddybär), als Ersatz für die Mutter und als Brücke zu anderen materiellen oder personalen Wert-'Objekten'. Im oben gedachten Sinn bieten diese Objekte und Phänomene nicht nur dem Kind, sondern auch dem erwachsenen Menschen etwas (z.B. ein Liebespfand), an dem er sich ersatzweise festhalten kann, „einen neutralen Erfahrungsbereich, der nicht in Frage gestellt wird... Dieser Zwischenbereich der Erfahrung, der im Hinblick auf seine Zugehörigkeit zur inneren oder äußeren Realität nicht in Frage gestellt werden kann, bildet den entscheidenden Teil der Erfahrung des Kindes. Er tritt das ganze Leben hindurch in der intensiven Erfahrung auf, wie sie in den Künsten, der Religion, im imaginativen Leben und in der wissenschaftlichen Arbeit gemacht wird." (WINNICOTT 1969, 666 ff.)

Im Verlauf der –>Elternarbeit, der –>Erziehungsberatung oder –> Elternberatung konnten sich die Eltern von ihren Sorgen und Nöten entlasten, ein neues Verständnis für sich selbst, ihr Kind und seine Symptome erlangen und ihr Familiensystem mit kritischeren Augen betrachten. Dabei wurde ihnen vielleicht auch die eigene Beteiligung am Geschehen bewusster und sie konnten mit Hilfestellung der Heilpädagogin, mit Hilfe eines Erwachsenen- bzw. Paar- oder Familientherapeuten, für sich oder ihre Paarbeziehung neue Zugänge entwickeln.

Erst dann, wenn die Heilpädagogin sich selber über den möglichen Abschluss der heilpädagogischen *Begleitung des Kindes/Jugendlichen* sicher ist und sich ggf. mit den beteiligten Kollegen des interdisziplinären Teams über die Situation der Eltern bzw. der Familie klar geworden ist, sollte sie die Eltern mit dem definitiven Ende der HpE konfrontieren. Dabei wird sichtbar werden, ob die Eltern die Ankündigung mit Bedauern oder Erleichterung, jedoch mit einer gewissen Gelassenheit zur Kenntnis nehmen oder aufgeregt bzw. niedergeschlagen und hilflos reagieren. Längere Dauer dieser Stimmungen können jeweils ein Zeichen dafür sein, dass sich die Eltern selber in einer Krise befinden, sich halt- oder orientierungslos fühlen und deshalb nicht in der Lage sind, erneute Trennungssituationen und die damit verbundenen (wiederholten) Unsicherheiten zu verkraften. Für sie muss eine andere Lösung gefunden werden, z.B. weitere Erziehungsberatung durch die Heilpädagogin, auch wenn das Kind, der Jugendliche nicht mehr zur Begleitung kommen oder Hinweise, Vorbereitung und Unterstützung bei der Auswahl anderer Fachleute für die Elternarbeit.

Nach WINTGEN (1999) sollten folgende Fragen zur Abschlussphase in der Elternberatung geklärt werden:
- Welche bedeutsamen Themen stehen noch an oder blieben ungeklärt?
- Wie ist die Motivation aller Beteiligten?
- Welche Symptome oder Symptomverschiebungen zeigen sich?
- Wie steht es um die altersgemäße Autonomieentwicklung des Kindes bzw. Jugendlichen und wie gehen die Eltern damit um?

- Ist insgesamt der altersgemäße Entwicklungsstand in den verschiedenen Lebensbereichen erreicht bzw. konnte das individuell mögliche Ziel erreicht werden?
- Ist für das Kind, den Jugendlichen, die Eltern, die Familie eine Krise überwunden, ist die Entwicklung wieder im Fluss?
- Zeichnet sich für alle Beteiligten eine positive Zukunftsperspektive ab?
- Wie hat sich die Eltern- bzw. Erziehungsberatung im Lauf der Zeit entwickelt?
- Können die Eltern ihre Verantwortung wieder wahrnehmen und selbst „das Fehlende" ausgleichen oder anbieten?
- Wie stabil ist das familiäre Gruppengefüge, wieviel Halt und Verbindlichkeit erfahren das Kind, der Jugendliche in ihrer Rolle und Position?
- Wurde der Auftrag der Eltern, Erzieher erfüllt?
- Bietet die Lebenswelt des Kindes Schutz und Entwicklungsspielraum?
- Ist der Transfer aus der heilpädagogischen Begleitung und Beratung in den Alltag gelungen?
- Sind weitere Schritte der Begleitung, Beratung oder andere, z.B. sozialpädagogische Angebote bzw. mehr umfassende Hilfen angezeigt?

• **Wechsel der Heilpädagogin während einer HpE**

In der heilpädagogischen Begleitung von Kindern sollte ein Wechsel der Heilpädagogin *grundsätzlich vermieden* werden, es sei denn, es bestehen notwendige Gründe für eine solche Entscheidung.
- Die Nachteile des Wechsels
einer wichtigen Bezugsperson sind eindeutig: Es besteht die Gefahr, dass sich ein *Bruch in der Beziehung* zur Heilpädagogin ereignet, der Auswirkungen auf die weitere Beziehungsfähigkeit im Leben des Kindes hat. Dies gilt insbesondere immer dann, wenn es sich in der heilpädagogischen Begleitung um ein eindeutiges *Beziehungsangebot* handelte, nicht nur um vorübergehende, eher übende oder funktio-

nale Anwendungen unter anderen. Viele Kinder und Jugendliche haben Beziehungsabbrüche zu Bezugspersonen mehrfach kennengelernt und sind immer wieder ge- und enttäuscht worden, wenn sie glaubten, sich verlässlich einlassen zu dürfen. Jede Beziehung ist in sich *auf Dauer* angelegt. Hiervon zu unterscheiden sind *Kontakte* und *Begegnungen,* denen ein anderer Stellenwert im menschlichen Leben zukommt.

Es fällt einem Kind ebenso wenig leicht wie einem Erwachsenen, einen 'Ersatz' für eine bestehende Beziehung zu erlangen. Obwohl Kinder eine größere Bereitschaft haben, sehr unterschiedliche, neue Kontakte aufzunehmen und diese auch häufig zu wechseln, ist der Wechsel einer erwachsenen Vertrauensperson psychisch ungleich schwieriger zu verarbeiten, weil die *reale Bindung* des Kindes an die Heilpädagogin oft stärker ist als eine mögliche Übertragungsbeziehung[1]. Dadurch können existenzielle Ängste des Verlassenwerdens und Alleinseins entstehen, die sich auf die Fähigkeit des Kindes, Vertrauen zu schenken und zu empfangen, extrem negativ auswirken.

- Gründe für einen Wechsel

können schwerwiegende Ereignisse wie Unfall, Krankheit, Tod oder Veränderungen im Leben des Kindes, der Familie oder der Heilpädagogin sein. Schwangerschaft, Geburt, Umzug in weitere Entfernung können einen Wechsel notwendig werden lassen, auch wenn die Fortführung der heilpädagogischen Begleitung im Rahmen der HpE aus guten Gründen angezeigt ist.

- Ein erfolgreicher Wechsel

kann oft erst im Nachhinein beobachtet werden, wenn das Kind eine neue heilpädagogische oder therapeutische Beziehung zu einer anderen Person eingeht, dabei aber nach einer gewissen Zeit klar zu erkennen gibt, dass es nun mit einer *anderen Person* zu tun hat, als mit

---

[1] Als *Übertragungsbeziehung* können alle situations-'unangemessenen' Gedanken, Einstellungen, Fantasien und Gefühle gelten, die Wiederbelebungen der biografischen Vergangenheit sind und die das Kind - bewusst oder unbewusst - in seiner Beziehung zur Heilpädagogin erlebt. Dazu gehören auch Dinge wie 'irrationale' Ängste vor der heilpädagogischen Begleitung (wohl zu unterscheiden von situationsbezogenen *realen* Ängsten des Kindes vor der fremden Umgebung und Person) sowie spezifische Einstellungen des Kindes zu anderen Menschen, die Teil seiner Persönlichkeitsstruktur geworden sind und die sich auch gegenüber der Heilpädagogin bemerkbar machen.

147

der vorherigen Heilpädagogin und dass es das Erlebnis der Trennung mittels positiver Erinnerungen und neuer Erfahrungen gemeistert hat.

- Zum notwendigen Wechsel

im Rahmen einer HpE sollte sich die Heilpädagogin nach WINTGEN (1999) über die Vor- und Nachbereitung sowie über die eigene Psychohygiene folgende Gedanken machen:
- Vorbereitung
- Wie ist der geplante Wechsel zu begründen und zu verantworten?
- Wie ist die Übertragungsbeziehung einzuschätzen?
- Zu welchem Zeitpunkt kann ein Wechsel vollzogen werden?
- Kann rechtzeitig ein(e) Nachfolger(in) gefunden werden?
- Welche Vertragsabsprachen sind mit den Bezugspersonen zu treffen?
- Wie kann der Wechsel individuell vermittelt, vorbereitet und gestaltet werden?

Rechtzeitige Information und Anfrage an das Kind;

Prozesshaftes Ansprechen des Erlebens des Kindes auf den Wechsel: Reflexion von Widerständen und Perspektiven;

Fokus in der Ablösungsphase: Wechsel zur neuen Heilpädagogin;

Konkrete Kontaktaufnahme Kind <–> Nachfolger(in) herstellen: Gemeinsame Situation (zu dritt, d.h. mit dem Nachfolger, der Nachfolgerin) gestalten;

Ermutigung, ggf. Herausforderung zu einer Probephase: Bei massiver Abwehr dem Kind vorschlagen, drei bis fünf Stunden mit dem Nachfolger, der Nachfolgerin eine Zusammenarbeit zu probieren;

Genaue Absprache über die Weitergabe von Informationen und Material: Mit dem Kind absprechen, was es von sich aus der nachfolgenden Heilpädagogin mitteilen möchte und dies ggf. verantwortungsvoll ergänzen;

Ablösung immer unter Einbeziehung des künftigen Heilpädagogen reflektieren;

Ggf. 'Brückenfunktion' übernehmen; Nachfolger(in) den Eltern oder Bezugspersonen bekannt machen.

- Nachbereitung

durch den Nachfolger, die Nachfolgerin:

Verarbeitung der Trennung (vom vorherigen Heilpädagogen) einschätzen;

Vorherige heilpädagogische Beziehung und vorherige Situation ansprechen:

Vergleich des Kindes thematisieren;

Vermutete Gefühle des Kindes ausdrücken;

Vorherige heilpädagogische Beziehung deutlich wertschätzen;

Raum und Zeit geben zur Ablösung und zur Annäherung.

- Psychohygiene

Respekt für andere bedeutsame Menschen und Beziehungen des Kindes entwickeln;

Nicht 'Nachfolger(in)' werden wollen, nicht den Platz des vorherigen Heilpädagogen 'haben' wollen;

Eigene Kompetenzen und Angebote für dieses Kind 'selbst-bewusst' einschätzen;

Eigene Begrenztheit (in der Supervision) offen legen;

Die Beziehung, die Annahme durch das Kind nicht erzwingen wollen, ggf. loslassen können;

Nicht im Schatten des Vorgängers stehen bleiben, sondern 'ans Licht treten'.

- Die Reflexion der Beziehungsqualität

zwischen Kind und Heilpädagogin ist wohl das wichtigste diagnostisches Kriterium bei einem Wechsel. Die Reflexion sollte tiefenpsychologisch betrachtet auf der Basis der „Objektkonstanz" erfolgen. Um die Reaktionen des Kindes richtig einordnen und angemessen handeln zu können, sollte die Heilpädagogin das *Niveau der Objektbeziehungen* des Kindes unter folgender Fragestellung reflektieren:

a) handelt es sich um *aktuelle Gefühle* des gebrochenen Vertrauens, Zorns und Grolls über einen *realen Verlust?;* oder

b) handelt es sich um Gefühlsverbindungen bzw. Wiedererweckungen von *früheren Erlebnissen* eines *Objektverlustes?*

- In einer Übertragungs-Beziehung
ist ein Wechsel der Heilpädagogin um so eher möglich, je mehr diese
der Erfüllung von Bedürfnissen diente. Eine solche Beziehung liegt
unterhalb der Ebene der Objektkonstanz, so dass es im Erleben des
Kindes nicht auf die *Person* der Heilpädagogin sondern lediglich auf
ihre *Funktion* zur Erfüllung seiner Bedürfnisse ankommt. Es handelt
sich hier eher um den *Ersatz* einer primären Beziehung.

Ähnlich verhält es sich, wenn das Kind sich so äußert, dass es „zur
EB" (Erziehungsberatungsstelle) oder „zum Krankenhaus" bzw. ei-
ner anderen Institution gehe. Hier kann sich eine Übertragungs-
Beziehung zur Institution bzw. zu verschiedenen Mitarbeitern der
Institution entwickelt haben, die aufgrund ihrer Funktion, ihres Aus-
sehens (Dienstkleidung) oder ihrer Zugehörigkeit zur Institution als
Teil-Objekte erlebt werden, die auf der Ebene der Bedürfnisbefrie-
digung rangieren.

Es ist aber auch möglich, dass Übertragungen sowohl auf der Be-
dürfnis-Ebene wie auch auf der Objekt-Ebene stattfinden. Immer,
wenn eine übertriebene Hinwendung zur Institution bzw. zu mehreren Personen außerhalb der heilpädagogischen Begleitung erfolgt,
sollte die Heilpädagogin reflektieren, ob es sich hier um eine kindliche Abwehr, einen defensiven Rückzug aus Angst vor dem engen
Verhältnis zur Heilpädagogin oder um Distanzlosigkeit beim Kind
handelt. Dies ist auch mit Kollegen und Personal der Institution zu
reflektieren, die sich nicht durch außergewöhnliche oder betonte
Hinwendung oder gar durch Vergabe von Süßigkeiten u.ä. 'ins Spiel'
bringen sollten.

Den genannten Reaktionsweisen steht als letzte die Möglichkeit gegenüber, dass das Kind wirklich seine Übertragungs-Beziehung zu
einer ganz bestimmten *anderen Person* innerhalb der Einrichtung
verschiebt. Sollte dies der Fall sein, wäre die Heilpädagogin herausgefordert, diesen Umstand mit dem Kind zu reflektieren, falls sie die
Reflexionsfähigkeit (Alter, geistiges Vermögen) des Kindes entsprechend einschätzt: „Du hast Frau X (oder Herrn Y) ganz besonders
gern. Am schönsten wäre es, wenn du mit Frau X oder Herrn Y zusammenarbeiten könntest"; oder: „Es wäre ganz toll, wenn Frau X

150

deine Mama (oder Herr Y dein Papa) wäre..." Das Kind hat ein Recht darauf, seine Gefühlsbeziehungen kennen und damit umgehen zu lernen, wie dieses Vermögen ja überhaupt, insbesondere in Beziehungen, eine herausragende Wirkung für die Lebensbewältigung hat. Wann immer möglich sollte die Heilpädagogin nach kollegialen Absprachen versuchen, Kontakte mit den Kollegen und dem Kind herzustellen, damit es lernt, in der Realität mit seinen Wünschen und Fantasien umzugehen und sich so von libidinösen Fehlbesetzungen zu Gunsten eines realistischen sozialen Umgangs entlastet und Kontakte aktiv und positiv gestaltet.

- (Abwehr-)Reaktionen der Kinder auf einen Wechsel der Heilpädagogin können in Anlehnung an Anna FREUD (1982, 48) in drei Gruppen eingeteilt werden:

a) Situationen, in denen der Übergang ganz langsam vom Kind vollzogen wird, auf der Basis des Bedürfnisses des Kindes nach Hilfe und Erleichterung, die das Kind erlebt, vorausgesetzt, dass der neue Heilpädagoge gut arbeitet;

b) Situationen, in denen Kinder große Schwierigkeiten haben, den Wechsel der Heilpädagogin zu verkraften und in denen sie lange Perioden der Trauer und des Kummers erleben, die von dem neuen Heilpädagogen durchgearbeitet werden müssen;

c) Situationen, in denen sich ein Wechsel der Heilpädagogin verheerend auf die weitere Arbeit auswirkt, so dass die weitere Begleitung nicht von der Stelle kommt. Dies kann auch dann geschehen, wenn der neue Heilpädagoge bzw. Therapeut über große Fähigkeiten verfügt.

In allen drei Gruppierungen kommt es zu unterschiedlichen Reaktionen des Kindes auf die Mitteilung, dass ein Wechsel der begleitenden Heilpädagogin bevorsteht. Solche Reaktionen können sein:

- Protest

erfolgt vor allem, wenn eine tragfähige und gute Beziehung voraus gegangen ist. Die stärksten Einwände kommen von den Kindern, für die eine befriedigende und echte Beziehung zur Heilpädagogin das wichtigste Element der gemeinsamen Begleitungsstunden war.

- Forderungen stellen und Bedürfnisse äußern

die das Kind in einer solchen Intensität früher nie geäußert hat, kann ein Hinweis dafür sein, dass es die Heilpädagogin zwingen will, sich verstärkt um sein Wohlergehen zu kümmern und zu sorgen. Der Nachdruck, mit dem dies geschieht, kann im Einzelfall mit Erpressung bezeichnet werden, mit dem diese Art der kindlichen Abwehr von Verlustängsten die Heilpädagogin in die Rolle der unfähigen Versagerin hineindrängt, die nicht potent genug ist, den gewachsenen Ansprüchen zu genügen.

- Verzweifeltes Anklammern

ist meist ein Ausdruck dafür, dass die dünne Schicht gegenseitigen Vertrauens gebrochen ist, die 'Arglosigkeit' im Umgang miteinander zerfallen ist. Daher ist das Kind bemüht, als Schutz und Sicherheitsmaßnahme gegen weitere derartige Katastrophen sich 'seines Liebesobjektes zu versichern', es 'absolut ganz und immer besitzen zu wollen'.

- Rückfall in frühere regressive Tendenzen

kennzeichnet eine Abwehr gegen den Versuch, einen Neubeginn zu wagen und signalisiert die Furcht, allein gelassen, hilflos, ungeschützt, wehrlos und gänzlich ausgeliefert zu sein. Unbewusst provoziert das Kind die Heilpädagogin zum Verhalten mütterlicher Zuwendung, bis es sich sicher ist, stark genug zu sein, den nächsten Schritt anzugehen.

- Kindliche Abwehr und defensiver Rückzug

vor der Beendigung der intensiven heilpädagogischen Beziehung kann darin zum Ausdruck kommen, dass das Kind sich mehreren Mitarbeitern in der Einrichtung besonders zuwendet oder verlauten lässt, es gehe „zur EB" (Beratungsstelle), „zum Krankenhaus", also zur Institution als solcher. In der so dargestellten Unverbindlichkeit kann eine Flucht angedeutet sein, die verhindern soll, dass sich das Kind nur 'allein' fühlt. Vielmehr hat es ja 'noch viele andere' zur Verfügung.

- Erleichterung des Kindes beim Wechsel

kann auf eine missglückte Übertragungs-Beziehung hinweisen, wenn eine negative Übertragung auf die Heilpädagogin vorlag, die bisher nicht reflektiert wurde. Es kann vorkommen, dass das Kind aufgrund der Ablehnung oder des Hasses, den es auf die Heilpädagogin als Übertragungsobjekt empfindet, Schuldgefühle entwickelt und *aufgrund der Schuldgefühle* bei der Ankündigung des Wechsels einen bekümmerten oder enttäuschten Eindruck macht, sich aber in Wirklichkeit auf den Wechsel freut und mit dem Nachfolger gut zusammenarbeitet.

- Der Wunsch des Kindes nach einem Wechsel
der Heilpädagogin tritt häufig dann ein, wenn sich im Verlauf der Begleitung feindselige Gefühle einstellen, die der Übertragungs- Beziehung entspringen. Das Kind setzt dann die Heilpädagogin herab, bestreitet sie zu mögen oder gar mit ihr arbeiten zu können und führt Argumente ins Feld, weshalb es zu jemand anderem gehen möchte. Dieses Verhalten kann vermehrt nach vollzogenem Wechsel auftreten, wenn das Kind den aktuellen Konflikten dadurch auszuweichen versucht, dass es häufig darauf hinweist, die erste Heilpädagogin habe dies oder jenes aber ganz anders gemacht, sei viel netter gewesen, haben viel mehr gestattet usf. Es kann jedoch - und dies muss sorgfältig und ehrlich in der Supervision des Heilpädagogen reflektiert werden - *real* der Fall sein, dass das Kind seinen Widerstand deshalb aufrecht erhält, weil der neue Heilpädagoge nicht in der Lage ist, das vom Kind angebotene Material brauchbar für einen Fortschritt der Begleitung zu reflektieren.

- Geistige Gesundheit und entwicklungsgerechte Selbstsicherheit
sind dann anzunehmen, wenn Kinder den bevorstehenden Wechsel der Heilpädagogin angemessen leicht hinnehmen. Es ist jedoch zu fragen, ob sich eine echte Beziehung zwischen der Heilpädagogin und dem Kind entwickelt hatte, weil dieses sonst gern mit *dieser Heilpädagogin* weiterarbeiten würde und bekümmert wäre, zu jemand anderem gehen zu sollen.

- Verschiebung der Übertragungs-Beziehung
auf eine andere Person - günstigstenfalls den Nachfolger, die Nachfolgerin der Heilpädagogin - ist die erwünschte Reaktion bei einem Wechsel. Dies kann z.B. dadurch zum Ausdruck kommen, dass besondere Unsicherheiten und Befürchtungen, erneut verlassen zu wer-

den, in aggressiven oder depressiven Verhaltensweisen gegenüber dem neuen Heilpädagogen geäußert werden. Beschimpfungen oder Rückzugstendenzen, Ablehnung oder Trotz, Verweigerung oder Überanpassung können *Merkmale des Widerstandes* gegen eine erneute Beziehung sein, aus Furcht vor erneuter Enttäuschung.

- Eine relativ reife Reaktion
zeigen solche Kinder, die nach einem anfänglichen Einwand und nach einer Reflexion ihrer Gefühle in der Lage sind, zu unterscheiden, dass der Erwachsene einerseits *eine helfende Funktion als Heilpädagogin* ausübt und insofern in den Stunden der Begleitung bzw. in einer sonstigen Funktion im Rahmen seiner Berufsausübung zur Verfügung steht, andererseits aber *eine Privatperson* ist, die reale andere Interessen hat und ein eigenes Leben lebt, an dem das Kind keinen Anteil hat.

Fragestellungen bezüglich eines notwendigen Wechsels
müssen in der Vorbereitung und Durchführung mit größter Sorgfalt beantwortet werden:
1. Soll die Lebensbegleitung beendet werden oder ist es günstiger, sie mit einer anderen Person fortzusetzen?
Die Antwort auf diese grundsätzliche Frage hängt davon ab, ob das Kind in der Lage ist, ohne heilpädagogische Begleitung mit seinen Problemen selbst fertig zu werden. Um diese Beurteilung vornehmen zu können, sollte sich die Heilpädagogin fragen, ob das Ziel der heilpädagogischen Begleitung erreicht ist, das Kind auf den Weg seiner altersgerechten und dem Ausmaß seiner Beeinträchtigung/Behinderung entsprechenden normalen Entwicklung (zurück-) zu führen. Dies kann z.B. dann der Fall sein, wenn das Kind ein neues Entwicklungsstadium erreicht hat, was sich auch in dem Wunsch des Kindes äußern kann, aus gesunden Bestrebungen heraus die Begleitung zu beenden, weil es mit sich selbst gut zurechtkommt oder sich anderweitig die notwendige Hilfe holen kann.
2. Welche Vorstellungen, Wünsche und Möglichkeiten haben die Eltern bzw. die erziehungsberechtigten Bezugspersonen und wie soll

und kann der Vertrag zur Fortführung oder Beendigung der HpE gestaltet werden?
Die Beantwortung dieser Frage hängt von vielen Variablen ab, z.b. von der Fähigkeit und Möglichkeit der Eltern zur (weiteren) Mitarbeit, von der räumlichen Nähe, den finanziellen Möglichkeiten, den Einstellungen und der Motivation, das Kind (weiter) zur Begleitung zu bringen usf. Oftmals hat sich mit dem Ausbleiben einer bestimmten Symptomatik (z.B. das Ausbleiben eines Tics oder der Enuresis) für die Eltern 'der Fall erledigt'. Hier wird es darauf ankommen, ob es der Heilpädagogin gelingt, im Elterngespräch die psychodynamischen Zusammenhänge, die zum Auftreten der Symptomatik als Notsignal geführt haben, den Eltern so zu verdeutlichen, dass diese bereit sind, die Begleitung - trotz möglicher Belastungen - fortzusetzen. Andere Gründe können z.B. ein Umzug oder eine sonstige reale Veränderung der häuslichen Situation sein, die eine weitere Begleitung - zumindest bei dieser Heilpädagogin - unmöglich machen. Hier ist mit den Eltern zu überlegen und ihnen ggf. Hilfestellung zu geben, ihr Kind im zukünftigen Wohnort erneut zur Begleitung anzumelden. Es ist selbstverständlich, im Einverständnis mit den Eltern und soweit wie nötig und möglich durch einen entsprechenden –> Abschlussbericht, eine heilpädagogische –>Stellungnahme oder ein heilpädagogisches –>Gutachten den Wiederbeginn bzw. die Weiterführung der HpE für den nachfolgenden Heilpädagogen oder Therapeuten und zugunsten des Kindes zu erleichtern.

3. Wann soll das Kind auf das Ende der heilpädagogischen Begleitung vorbereitet werden?
a) Das Kind wird von der geplanten Änderung dann in Kenntnis gesetzt, wenn die Heilpädagogin davon weiß. Dies hat den Vorteil der Hineinnahme und Verarbeitung aktueller Problemstellungen im Rahmen der Begleitung. Es ist möglich, dass die Begleitung durch eine solche Mitteilung neu in Fluss gerät und viele bisher unbenannte Konflikte aufgrund der Mitteilung aktualisiert und bearbeitet werden können. Die sofortige Mitteilung entlastet auch die Heilpädagogin, die sich gehemmt fühlen und Schuldgefühle ent-

wickeln könnte, wenn sie dem Kind die geplante Beendigung verschweigt.

b) Die sofortige Mitteilung über das geplante Ende der HpE kann die Begleitung schlagartig zum Stillstand bringen. Dies ist vor allem dann der Fall, wenn das Kind gerade begonnen hat, sich an konfliktbesetzte Themen heranzuarbeiten und so viel Vertrauen zur Heilpädagogin gefasst hat, mit ihr seine Probleme durchzuarbeiten. Der dann eintretende Schock lähmt alle kreativen Kräfte im Kind und macht es verschlossen und unansprechbar. Dies ist um so häufiger der Fall, wenn die Benachrichtigung zu früh erfolgt, etwa wenn schon im ersten Drittel oder zur Hälfte der Begleitung auf deren Ende verwiesen wird.

c) Je nach Konfliktlage und Stand der Begleitung bietet es sich an, dem Kind die Information über das Ende durch den Fortgang der Heilpädagogin dann anzubieten, wenn

- die Arbeit an einem bestimmten Konfliktthema abgeschlossen ist;
- in der Arbeit die Themen Abschied, Trennung, Aufbruch, Ablösung u.ä. sich in einem Stadium befinden, in dem das Kind beginnt, sich der unausweichlichen Realität solcher Lebensvollzüge zu stellen um sich damit auseinanderzusetzen;
- das Kind von sich aus - nicht aus dem Widerstand heraus, sondern seinen gesunden Ansprüchen gemäß - das Thema des 'Nicht-mehr-kommen-Wollens' anspricht. Hierbei muss die Heilpädagogin beachten, dass das Thema oft auch aus dem Affekt heraus als Drohung, Erpressung, zum Zwecke der Verletzung der Heilpädagogin in der (Übertragungs-)Beziehung angeboten wird. In einem solchen Fall wird die Heilpädagogin dem Kind seine Ängste und Befürchtungen reflektieren und ihm versichern, wie sehr auch sie wünschte, dass es weitergehen könne, um das Kind nicht mit schweren Schuldgefühlen allein zurückzulassen.

4. Wann soll der Wechsel der begleitenden Heilpädagogin stattfinden?
In vielen Fällen wird die Frage nach der Beendigung der HpE bzw. dem Wechsel der Heilpädagogin (vgl. 1.) nicht eindeutig beantwortet werden können. Hier kann es vorteilhaft sein, dem Kind *eine Pause* nach der Beendigung der Begleitung bzw. zwischen

der Begleitung mit einer anderen Heilpädagogin bzw. einem Therapeuten zu gewähren. Nach Ablauf dieser Frist kann dann erneut entschieden werden, ob die Begleitung fortgeführt werden soll bzw. wie der Wechsel durchgeführt wird. Für eine Unterbrechung bieten sich die Schulferien an, die die Möglichkeit neuer Erfahrungen beinhalten, so dass bei Schulbeginn erneut abgeklärt werden kann, ob und mit wem die Begleitung fortgesetzt werden soll.

5. *Wie soll die Vorbereitung des Kindes auf den Wechsel der Heilpädagogin in der heilpädagogischen Stunde erfolgen?*

Einiges zu dieser Frage ist bereits unter dem Aspekt des Zeitpunktes der Benachrichtigung des Kindes gesagt worden. Des Weiteren sollte die Heilpädagogin einen günstigen Zeitpunkt für die Mitteilung *in der Begleitungsstunde* wählen. Sie muss wählen, ob sie die Mitteilung zu Beginn, im Verlauf oder gegen Ende der Stunde einbringt. Wenn sich das Kind in einer Tageseinrichtung befindet, wird man dort andere geeignete Zeitpunkte finden.

a) *Zum Beginn* der Begleitungsstunde muss die Heilpädagogin die momentane Gefühlslage, die Art und Weise, wie das Kind *heute* zur Stunde kommt, einschätzen. Es kann durch eine aktuelle Situation so betroffen sein, dass es unzumutbar erscheint, eine weitere Betroffenheit auszulösen. Es kann aber auch sein, dass die Art der Betroffenheit Anlass gibt, einfühlsam darauf hinzuweisen, dass „ein Unglück selten allein kommt" und gerade dann, wenn man meine, es sei schon schlimm genug, auch noch neue Hiobsbotschaften den Menschen überfallen. Diese Art des Umgangs mit Betroffenheit ermöglicht es, zu erlernen, den Schmerz zu teilen, auf verschiedene Vorgänge zu splitten, dadurch eine gewisse Distanz und in der Folge auch eine gewisse Übersicht über die schmerzlichen Ereignisse zu gewinnen. Damit kann eine Chance gegeben sein, im Kind seine versteckten Antriebskräfte, seinen Überlebenswillen und sein Durchhaltevermögen zu mobilisieren, die es im Leben immer braucht. Die Heilpädagogin erhält so die Möglichkeit, sich als Helfer des Kindes gerade dann zu verabschieden, wenn es meint, nicht allein weiterzukommen. Die begründete Gewissheit der Heilpädagogin, dass das Kind es selbst schaffen kann, wird es ihm erleichtern, auf die Hilfe der Heilpädagogin zu verzichten und sich auf eigene Füße zu stellen.

b) Eine andere Situation ist gegeben, wenn das Material, welches das Kind *während der Stunde* einbringt, für das Thema Abschied, Beendigung, Ablösung überhaupt nicht geeignet ist, weil es keine Reflexionsmöglichkeiten dazu beinhaltet. Hier muss sich die Heilpädagogin entscheiden, ob sie das Thema des Kindes für so wesentlich hält, um daran weiterzuarbeiten oder ob sie von sich aus mimisch, gestisch, im Spiel, beim Malen oder mit Worten ihrer Überlegung zur Beendigung bzw. zu einem Wechsel Ausdruck verleiht. Sie kann bestrebt sein, thematische Ähnlichkeiten in der Stunde zu der Reflexion zu nutzen, „wie es wohl wäre, wenn das Kind bei einer anderen Heilpädagogin oder einem anderen Heilpädagogen zur Stunde käme..." Dies könnte im Zusammenhang mit einem Entwicklungsmärchen geschehen, in dem der Held, die Heldin immer wieder verschiedenen hilfreichen Geistern und Tieren begegnet, die je andere Kräfte der Hilfe besitzen. Hier eine Brücke zu schlagen und dem Kind das Erlebnis zu vermitteln, in keinem Fall allein zu bleiben, wenn auch ein Abschied auf dem Wege in das ferne Land immer schwer fällt, wäre eine Möglichkeit, den Wechsel in der Begleitung vorzubereiten.

Eventuell hat das Kind auch Neid und Eifersucht geäußert, weil ein Geschwister zu einer anderen Heilpädagogin geht, die es „viel lieber habe" als die Heilpädagogin, zu der es selbst zur Stunde kommt. In einem solchen Fall müsste die Heilpädagogin erst die Gefühle des Kindes sorgfältig durcharbeiten, ehe sie ihm die Möglichkeit offeriert, zu einer anderen Heilpädagogin zu wechseln. Anderenfalls könnten beim Kind Verletzungen zurückbleiben, die darin begründet sind, dass es sich aufgrund seiner 'bösen' Äußerungen abgelehnt, verstoßen und allein gelassen fühlt, ähnlich, als wenn die Mutter sagen würde: „Du bist böse, geh weg, ich mag dich nicht mehr leiden; ich will dich nicht mehr sehen; geh doch eine andere Mutter suchen!"

c) *Gegen Ende* der heilpädagogischen Stunde sollte sich die Heilpädagogin so viel Zeit lassen, dass ihr Gelegenheit bleibt, in jedem

Fall die unberechenbaren Gefühle des Kindes aufzufangen und mit ihm zu reflektieren, damit es außerhalb der Stunde nicht zu einer Affekthandlung kommt. Ggf. muss die Heilpädagogin ausnahmsweise die Stunde verlängern. Dem Kind zu diesem Zeitpunkt die Überlegung für einen möglichen Wechsel als Aufgabe mitzugeben, setzt eine Ich-Stärke voraus, die es dem Kind ermöglicht, allein und mit seinen Eltern diesen Schritt zu überlegen. Hier kann die Heilpädagogin das Nahen der Ferien oder des Urlaubs thematisieren und von diesem Umstand her die Frage nach einem möglichen Wechsel aufwerfen, je nachdem, wie das Kind auf das einleitende Angebot reagiert. Möglicherweise bietet sich auch der Hinweis an, wie es wohl sei, wenn ein Heilpädagoge des Gegengeschlechts die Begleitung weiterführe. So oder ähnlich könnte das Thema zur Vorbereitung der nächsten Stunde dienen. Zu Beginn der darauffolgenden Stunde könnte die Heilpädagogin im Verhalten des Kindes erkennen, ob und wie es gelernt hat, mit dergleichen Lebenssituationen emotional umzugehen.

Die genannten Möglichkeiten stellen nur eine kleine Auswahl aus den unterschiedlichsten Vorgehensweisen dar, die die Heilpädagogin im Einzelfall reflektieren muss, um dem Kind gerecht zu werden. Hinzu kommt immer die Einschätzung des Kindes nach Lebens- und Entwicklungsalter. Dem entsprechend müssen Methoden und Medien gewählt werden, die dem Kind - je nach dem Stand der Begleitung - eine angemessene Erlebnisweise des bevorstehenden Ereignisses vermitteln.

6. Wie kann der Wechsel durchgeführt werden?

Sobald die Beendigung bzw. der Wechsel dem Kind mitgeteilt wurde, sollten die verschiedenen zukünftigen Möglichkeiten ausführlich mit ihm besprochen werden, so dass es nicht in einem Zustand unausgesprochener Unsicherheit gelassen wird. Dies anzugehen und durchzuführen ist Aufgabe der begleitenden Heilpädagogin. Diese muss auch mit ihren eigenen Gefühlen in Bezug auf den Wechsel ins Reine kommen. Sie wird sich ihren Gefühlen von Schuld, Trauer, Unzulänglichkeit oder Neid auf den Nachfolger, die Nachfolgerin stellen müssen; ebenso ihrer Sorge, wie der

Nachfolger ihre bisherige Arbeit wohl beurteilen mag, ob sie geschätzt oder negativ kritisiert wird usw. Weder für das Kind noch für die Heilpädagogin ist es leicht, Gefühle im Zusammenhang mit dem Wechsel durchzuarbeiten, der noch bevorsteht. Das Kind mag die Sorge haben, ob der neue Heilpädagoge es wohl auch so verstehe, ob er wohl wisse, was es meine, ob er wohl auch so mit ihm spiele und male wie die 'alte' Heilpädagogin und damit seine Furcht vor Liebesverlust zum Ausdruck bringen. Die Heilpädagogin kann besorgt sein, ob ihr Nachfolger, ihre Nachfolgerin wohl die Problematik des Kindes richtig zu erkennen vermag, diesem oder jenem Aspekt wohl genügend Aufmerksamkeit zu schenken vermag usw. und damit ihren eigenen, unbewältigten Ablösungsängsten Ausdruck verleihen. Stellen sich solche Besorgnisse oder Fragen bei der handelnden Heilpädagogin nicht ein, sollte sie sich prüfen, ob überhaupt eine emotional tragende Arbeitsbeziehung vorhanden war; ob ihre Gefühle gegenüber dem Kind eher abstoßend sind und sie damit ihre Betroffenheit verdrängt; oder ob sie überbesorgt reagiert, womit sie ihre mangelnde Fähigkeit zu Lösung und Bindung in Beziehungen kompensieren mag.

In den seltensten Fällen gelingt es der sich verabschiedende Heilpädagogin die auftretenden Konflikte gänzlich durcharbeiten. Sie muss wissen, dass sie ihrem Nachfolger, ihrer Nachfolgerin ein zwar bearbeitetes, aber zu beackerndes und zu bepflanzendes Feld überlässt. Sie muss sich eingestehen und sich damit zufrieden geben, dass ein anderer die Früchte ihrer Mühe ernten wird und sie selber keinen Lohn erhält, als den eingangs vereinbarten Lohn der Arbeit selbst.

Aber auch der nachfolgende Heilpädagoge sollte sich seiner Gefühle bewusst werden. Er muss sich fragen, ob er nicht lieber einen ganz neuen 'Fall' übernommen hätte, quasi ein 'unbeschriebenes Blatt', eine 'jungfräuliche Situation', die er nun mit seinem Griffel beschreibt, anstatt nur 'aus zweiter Hand' zu leben. Er muss damit fertig werden, dass er Konkurrenzgefühle entwickelt: „Ich will es genauso weitermachen"; „ich will es ebenso gut machen"; „ich will es besser machen"; „ich will es ganz anders machen". Er muss reflektieren, dass er vielleicht in der Furcht lebt, das Kind zu enttäuschen, ihm nicht sympathisch zu sein, abgelehnt zu werden und dass er aus dieser Furcht heraus falsch handelt. Dem nachfolgenden Heilpädagogen obliegt die Aufgabe, die durch den Vorgänger, die Vorgängerin angestoßene Situation des Beziehungswechsels zu Ende zu führen und abzuschließen. Er muss sich der Auseinandersetzung mit dem Kind und mit seinen eignen Gefühlen stellen, um so in einer gelungenen Durcharbeit diejenigen gefühlsmäßigen Übereinstimmungen herstellen zu helfen, die für eine effektive Fortführung der heilpädagogischen Lebensbegleitung im Sinne einer tragfähigen heilpädagogischen Beziehung wesentlich ist. Eine solche Beziehung ist hergestellt, wenn mit dem Kind - formal besiegelt oder verbal reflektiert - ein Vertrag, eine Übereinkunft, ein Arbeitsbündnis geschlossen ist. Aufgrund eines solchen Vertrages: „Ich stehe dir ab hier und heute zur Verfügung, damit du für dich die Hilfe bekommst, die du brauchst, um besser leben zu können...", kann das Kind motiviert sein, sich erneut einzulassen, den Wechsel der Heilpädagogin zu akzeptieren, Enttäuschung, Ärger, und (heimlichen) Vergleich zu überwinden und sich erneut auf den Weg seiner Entwicklung zu begeben, diesmal mit einem anderen Begleiter. Ist dies gelungen, ist es für das Kind möglich, eine erneute (Übertragungs-)Beziehung zu entwickeln, die es von sonstigen Beziehungen im Sinne der Anpassung an neue Personen und Situationen, wie Schulklasse, Lehrer, Mitschüler, Spielkameraden, zu unterscheiden lernt und die ihm Vertrauen, Anerkennung, Unterstützung und Stabilität garantiert.

• **Abbruch der HpE**

Ein Abbruch findet dann statt, „wenn die HpE vorzeitig, unabgesprochen, teilweise überraschend ohne Abschluss endet. Es kann sich um ein schleichendes oder abruptes Ende handeln. Der Abbruch birgt häufig unbewusste Motive." (WINTGEN, 1999)

Motive und Ursachen bei Kindern können sein:
- geringer oder kein Leidensdruck;
- Verschwinden der Symptome;
- Angst und Abwehr im Verlauf des Prozesses;
- mangelnde Bereitschaft zur Entwicklung;
- fehlendes Problembewusstsein;
- neurotische Beziehungsmuster;
- Loyalitätskonflikte;
- unpassende Form der Begleitung oder Beratung;
- ungeklärter Auftrag;
- Delegation durch die Eltern;
- negative Übertragungstendenzen.

Motive und Ursachen bei den Eltern können sein:
- ähnliche oder gleiche Motive und Ursachen wie bei den Kindern;
- Fremdbeauftragung;
- fehlerhafte Vertragsabsprache und fehlerhaftes Arbeitsbündnis
  z.B.: unklarer Auftrag;
         fehlende Entscheidung für eine HpE;
         (unbewusste) Ablehnung der Zielsetzung;
         (unbewusste) Ablehnung der Methode;
         (unbewusste) Ablehnung des Konzeptes;
- Harmoniebestrebungen;
- Flucht nach vorne;
- mangelhafte Absprache über die Wichtigkeit der Mitarbeit von
  Eltern und Bezugspersonen in der HpE;
- Konkurrenz;
- Verstärktes Auftreten der Symptome, Konflikte, Belastungen;
- Angst vor und Abwehr gegenüber Aufdeckung (von Familienge-
  heimnissen);
- Angst vor und Abwehr gegenüber Entwicklung und Autonomiebe-
  strebungen des Kindes bzw. Jugendlichen;
- Kränkungen;
- Uneinigkeit der Eltern.

Symptome für Abbruchtendenzen können sein:
- Vergessen oder Absagen von Terminen und Vereinbarungen;
- Verspätungen;
- Äußerungen von Zweifeln, Misstrauen, Ablehnung und Abwertung gegenüber der HpE;
- Druck machen, unrealistische Forderungen stellen;
- Innerer Rückzug;
- Gegenübertragungstendenzen der Heilpädagogin, die auf die Abwehr der Klientel schließen lassen.

Interventionen
Es ist verständlich, dass es besonders in verschärften Krisensituationen, beim Kind, beim Jugendlichen und bei den Eltern oder Bezugspersonen zu Gedanken an Abbruch und Flucht kommt. Es ist aber ungut und höchst problematisch, solche Gedanken in die Tat umzusetzen, weil damit niemandem wirklich gedient ist und sich die zu lösenden Aufgaben komplizieren. WINTGEN (1999) schlägt folgende Hilfen bzw. Konsequenzen vor:
- Umgang mit dem Widerstand[1] ist erforderlich, der Widerstand muss angesprochen und thematisiert werden;
- Es sollte eine Aussprache über die Inhalte des Widerstandes erfolgen, wozu durchaus auch schriftlich aufgefordert werden sollte, ohne jedoch im Brief inhaltlich Stellung zu nehmen;
- Mehr Raum und Zeit für die Vertrauensentwicklung geben;
- Den Abbruch in der Konsequenz durchfantasieren;

---

[1] Als *Widerstand* werden Äußerungen und Handlungen von Klienten verstanden, die sich der aufdeckenden Annäherung an unbewusste Motive, Vorstellungen und Wünsche während der HpE entgegenstellen. Es entwickeln sich offene oder versteckte Oppositionshaltungen, die sich dem Fortgang der Begleitung des Kindes oder der Beratung der Eltern entgegenstellen und ggf. zum Abbruch der HpE führen. Als Widerstandsmotive werden die Gefahren der Wiederbelebung schmerzlicher Vorstellungen und Affekte wie Scham, (Selbst-)Vorwürfe, Schuldgefühle, psychischer Schmerz, Empfindung der Beeinträchtigung, Behinderung oder Störung angesehen, vor denen die Klienten sich schützen wollen. In der psychoanalytischen Theorie werden nach FREUD Verdrängungswiderstand, Übertragungswiderstand, Widerstand aus dem (sekundären) Krankheitsgewinn, 'Es'-Widerstand und 'Über-Ich'-Widerstand unterschieden.

- Übertragungs- und Gegenübertragungsreaktionen reflektieren bzw. aussprechen: „Könnte es sein, dass...?"
- Ursachen, z.B. für die Stagnation des Prozesses, herausarbeiten: „Wodurch wird die Weiterentwicklung behindert?"
- Wie sieht es mit der Motivation aus, hat sich diese verändert?
- Neu motivieren und unterstützen: Perspektiven und Ziele deutlich machen, den Zeitraum und die Belastung verdeutlichen;
- Ggf. neuen Kontakt herstellen, der mehr die Ressourcen der Klienten berücksichtigt;
- Alternativen Aufzeigen;
- Konsequenzen des Abbruchs deklarieren;
- Verantwortung 'zurückgeben', ggf. auch schriftlich;
- Bei Abbruch und gleichzeitig *akuter Gefährdung* nach Absicherung in der Institution das Jugendamt bzw. den Hausarzt einschalten.

In möglichen Abbruchssituationen ist besonders auf die Art des Umgangs und der Kontaktaufnahme zu achten:

„Heilpädagogen haben *auch* erzieherische Funktionen. Es kann fallbezogen notwendig sein, unmittelbar Absprachen telefonisch vorzunehmen (z.B. erinnern oder einfordern, dass ein verwahrloster Jugendlicher regelmäßig und pünktlich erscheint). Es kann auch wichtig sein, telefonisch nachzufragen, ob ein jüngeres Kind den Weg zur Institution angetreten hat, wenn es dort nicht wohlbehalten 'landet'. Solche Hilfen sind entschieden von telefonischen Anfragen abzugrenzen, die aus Konflikten im Prozess der Begleitung und Beratung resultieren. Hier haben telefonische Klärungsversuche oft negative Wirkungen. Die Heilpädagogin wird als 'Über-Ich' erlebt. Außerdem müssen sich das Kind oder die Eltern nicht selbst einen Weg überlegen, wie sie die Beziehung wieder neu anknüpfen.

Die Heilpädagogin sollte also vorher reflektieren, *wozu* speziell das Telefonieren dienen soll. Kinder und Bezugspersonen sind teilweise durch Telefonate 'überrumpelt', entschuldigen sich für „Missverständnisse" reden sich heraus, lassen sich überreden, doch der Grundkonflikt ist nicht gelöst, scheint an anderer Stelle wieder durch... Bedenken sollte man auch, dass man per Telefon die Betroffenheit des Gegenüber nur verbal-akustisch miterleben kann." (WINTGEN, 1999)

Statt Telefonaten bieten sich schriftliche Kontakte an, wobei ggf. Eltern und Kinder bzw. Jugendliche gleichzeitig, jedoch jeweils getrennt und gezielt angesprochen werden sollten:

- Kinder erhalten z.b. eine Bildpostkarte die zum Ausdruck bringt, dass die Heilpädagogin vergeblich gewartet hat und sich um das Kind sorgt. Auch Jugendliche sollten altersentsprechend, z.b. mit einem Foto ihrer Lieblingsband o.ä. angesprochen werden.
- Eltern und Bezugspersonen erhalten z.B. eine briefliche Anfrage oder Erinnerung auf dem Kopfbogen der Institution, die so formuliert sein sollte, dass darin das Verständnis der Heilpädagogin für mögliche Schwierigkeiten zu Ausdruck kommt und der Wunsch zur weiteren Klärung und Zusammenarbeit durch weitere Terminvorschläge, mit der Bitte um Rückmeldung, erkennbar wird.

Beendigung der HpE von Seiten der Heilpädagogin
Das Ende der HpE sollte eingeleitet werden
- bei permanenter Unregelmäßigkeit und Unzuverlässigkeit, wodurch der Prozess und die Beziehung andauernd gestört werden;
- bei absoluter Verweigerung der Mitarbeit des Kindes bzw. Jugendlichen;
- bei absoluter Verweigerung der Mitarbeit seitens der Familie, der Bezugspersonen, wenn ohne sie keine Entwicklung vollzogen werden kann und sie ihre Verantwortung nicht (mehr) wahrnehmen;
- bei gravierenden *bewussten* Verleugnungen, die der HpE den Boden der Wirklichkeit entziehen;
- bei Zuspitzung der Problematik, die schließlich ambulant nicht mehr aufgefangen werden kann;
- bei der Einschätzung, dass die HpE lediglich eine Alibifunktion hat.

In allen genannten Fällen sollte seitens der Heilpädagogin ein klärendes Abschlussgespräch bzw. eine Abschlussstunde mit dem Kind, dem

Jugendlichen angestrebt werden. Wenn dies nicht ermöglicht werden kann, sollten - jeweils getrennte - schriftliche Abschlussformulierungen versendet werden, in denen die Gründe für die Beendigung der HpE und die Entlastung der Heilpädagogin durch Rückgabe des Auftrags an die Verantwortlichen deutlich werden.

• **Zusammenfassung**

Der Abschluss ist ein gravierendes Moment im Verlauf des Begleitungs- und Beratungsprozesses am Ende der HpE. Er wird sukzessive mit dem Klienten und seinen Bezugspersonen vorbereitet, eingeleitet, reflektiert und durchgeführt. Dabei kommt dem Erleben der Trennung eine existenzielle Bedeutung zu. Besonders die Abschiedsstunde hat einen hohen symbolischen, prospektiven und initiativen Wert. Große Schwierigkeiten entstehen bei einem notwendigen Wechsel der Heilpädagogin, der *grundsätzlich* vermieden werden sollte sowie beim ungewollten oder unvorhergesehenen Abbruch der HpE. In beiden Fällen kann die bisherige heilpädagogische Arbeit aufgrund eines (wiederholt) erlebten Beziehungsabbruchs durch eine wichtige Bezugsperson zunichte gemacht und das Vertrauen des Klienten schwer erschüttert werden, wenn eine entsprechende –>Nachbetreuung des Geschehens nicht möglich ist.

Ziff. 9   AKTE und AKTENFÜHRUNG   —> S. 93

Begriffsbestimmung:

Die heilpädagogische Akte beinhaltet die über eine Person und ihre Angelegenheiten gesammelten Schriftstücke bzw. alle schriftlichen Unterlagen, die die Heilpädagogin zur Durchführung der HpE benötigt. Der Begriff Akte ist entlehnt aus lat. "acta": Werke, Taten, Amtshandlungen; lat. "actum": Das Geschehene, das Vollbrachte.

In diesem Übersichtsartikel werden folgende Themen angesprochen:

- Sinn und Zweck heilpädagogischer Aktenführung 167
- Grafische Übersicht zur heilpädagogischen Aktenführung 168
- Inhaltlicher Aufbau der Akte 170
- Aktenformular 173

• Sinn und Zweck heilpädagogischer Aktenführung

Die Heilpädagogin führt über jede HpE eine eigene Akte (mit anonymisierten Klientendaten), unabhängig von dem in der jeweiligen Institution gebräuchlichen System der Aktenablage. Dadurch ist es ihr möglich, alle Aspekte und die notwendigen Informationen zur effektiven Durchführung der gesamten HpE in Befunderhebung, Begleitung und Beratung unter *heilpädagogischen* Gesichtspunkten verfügbar zu haben.

Verfügbarkeit der vorhandenen Daten bedeutet

1. dass die gewünschten Informationen rasch und zuverlässig zu finden den *("gewusst wo...")*,
Dies unterstützt auch die Fähigkeit der Heilpädagogin, die vorhandenen Daten miteinander so verknüpfen zu können,

2. dass die Person des Kindes oder Jugendlichen in ihrer Entwicklung, ihrem Bezugssystem und in ihrer derzeitigen Befindlichkeit verstanden werden kann *("gewusst wer...")*;

3. dass der aktuelle Stand der HpE in Befunderhebung, Begleitung und Beratung abgelesen und die derzeit gültige hypothetische Diagnose rasch eingesehen werden kann *("gewusst was...")*;

4. dass die Weiterführung der HpE in Befunderhebung, Begleitung und Beratung methodisch *("gewusst wie...")* und zielorientiert *("gewusst wozu/wohin...")* entwickelt werden kann.

So versteht die Heilpädagogin die Akte der HpE nicht unter dem Gesichtspunkt des Sammelns und Abheftens, sondern vorrangig als ein *Instrument,*
- mit dem sie etwas *begreifen* (d.h. berühren, betasten, in Worte fassen, zusammenfassen, etwas erreichen) kann;
- mit dem sie sich und anderen das Geschehen *begreiflich* (fassbar, verstehend) darlegen und
- mit dem sie sich und anderen seine Aufgabe *griffig* (handlich, handhabbar) machen kann.

Dementsprechend ist der Aufbau der Akte gegliedert:
- Sachbereich *0*   *Kurzübersicht*
- Sachbereich *1*   *Befunderhebung*
- Sachbereich *2*   *Begleitung*
- Sachbereich *3*   *Beratung*

• Grafische Übersicht zur heilpädagogischen Aktenführung

Die nachfolgende grafische Übersicht zeigt die einzelnen *Deckblätter,* auf denen jeweils in kurzem Auszug die dahinter ausführlich beigefügten Informationen ersichtlich sind. So kann sich die Heilpädagogin, aber auch jeder Kollege, dem sie ihre Unterlagen zur Verfügung stellt, sehr rasch über jeden Aspekt der HpE in Kurzform wie auch ausführlich informieren, weil die Akte sowohl in der Übersicht (= Kurzübersicht, Deckblätter) wie im Detail (= ausführliche Informationen hinter den jeweiligen Deckblättern) gelesen werden kann.

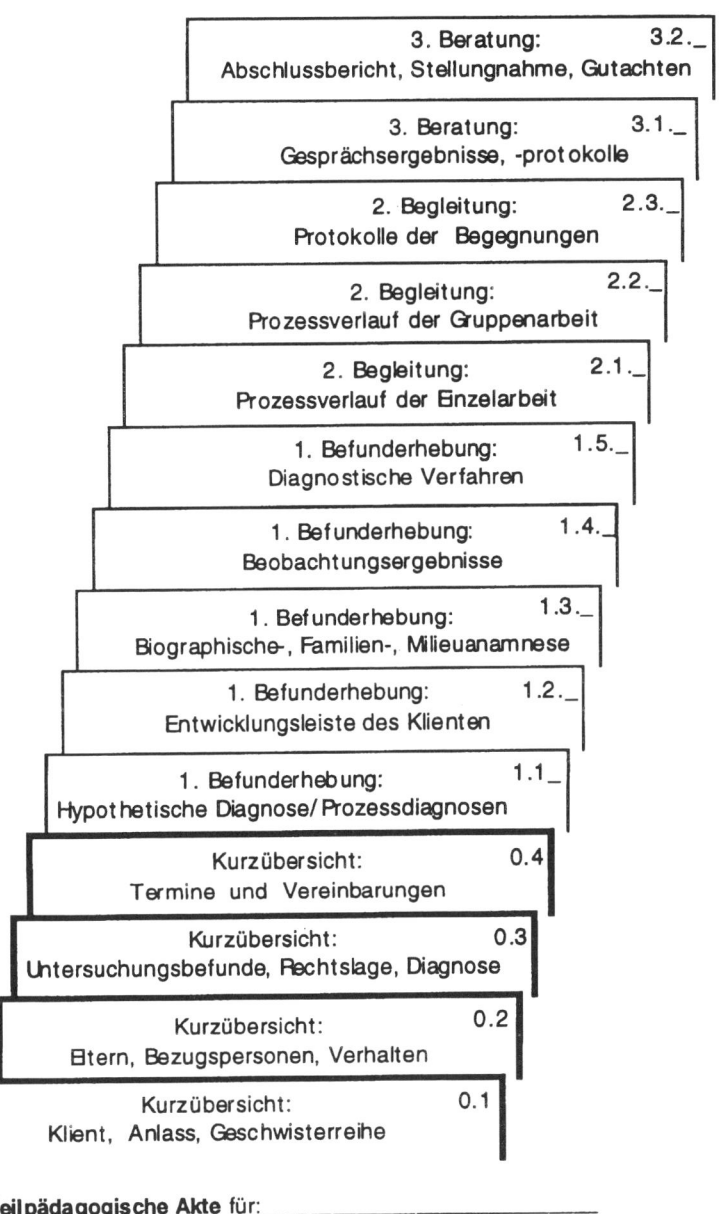

3. Beratung: 3.2._
Abschlussbericht, Stellungnahme, Gutachten

3. Beratung: 3.1._
Gesprächsergebnisse, -protokolle

2. Begleitung: 2.3._
Protokolle der Begegnungen

2. Begleitung: 2.2._
Prozessverlauf der Gruppenarbeit

2. Begleitung: 2.1._
Prozessverlauf der Einzelarbeit

1. Befunderhebung: 1.5._
Diagnostische Verfahren

1. Befunderhebung: 1.4._
Beobachtungsergebnisse

1. Befunderhebung: 1.3._
Biographische-, Familien-, Milieuanamnese

1. Befunderhebung: 1.2._
Entwicklungsleiste des Klienten

1. Befunderhebung: 1.1_
Hypothetische Diagnose/Prozessdiagnosen

Kurzübersicht: 0.4
Termine und Vereinbarungen

Kurzübersicht: 0.3
Untersuchungsbefunde, Rechtslage, Diagnose

Kurzübersicht: 0.2
Eltern, Bezugspersonen, Verhalten

Kurzübersicht: 0.1
Klient, Anlass, Geschwisterreihe

Heilpädagogische Akte für:_____

Abb. 15: Aktenübersicht zur HpE
(ggf. mit anonymisierten Klientendaten)

169

• **Inhaltlicher Aufbau der Akte**

Sachbereich 0: Zusammenfassende Übersicht Blatt 0.1 - 0.4
In der zusammenfassenden Übersicht werden die wichtigsten
Kurzdaten über Klient, Vorstellungsgrund/Anlass, Einblick in die
wichtigsten Beziehungssysteme des Milieus und der Umwelt des Kindes oder Jugendlichen, wie Familie (Eltern, Geschwister), wichtige
weitere Bezugspersonen und das Verhalten des Klienten in Elternhaus, Kindergarten, Schule, Heim usw. notiert. Ebenso werden die
wichtigsten Daten zur Rechtslage festgehalten, so dass es möglich ist,
die Legitimation der Kontakt- und Vertragspartner zu erkennen und
über den aktuellen Stand bzw. mögliche zu erwartende rechtliche
Konsequenzen informiert zu sein. Darüber hinaus werden die Art
der Begleitung, letzte medizinische und psychologische Untersuchungsbefunde und die Vermutungsdiagnose ersichtlich.
In der chronologischen Übersicht auf Blatt 0.4 (Termine und Vereinbarungen) kann man sich über den bisherigen Verlauf, die Dauer
der HpE in Begleitung und Beratung und über wichtige Kontakte
fortlaufend in Kenntnis setzen. In rascher Übersicht kann sich der
Leser über die eingeleiteten Schritte und wichtigen Ereignisse in der
Begleitung und Beratung sowie über Kontakte und Absprachen im
Team, Fallbesprechungen, Telefonate, Schriftwechsel, Berichte für
und Vereinbarungen mit anderen Dienststellen (z.B. Kindergarten,
Schule, Jugendamt usw.) sowie über bisher erstellte oder angeforderte heilpädagogische Stellungnahmen und Gutachten informieren.

Sachbereich 1: Befunderhebung
Blatt 1.1 ff.: Hypothetische Diagnosen/Prozessdiagnosen
Der diagnostische Prozess wird ständig fortgeschrieben, so dass die
Entwicklung und der aktuelle Stand sofort eingesehen werden kann.
Blatt 1.2 ff.: Entwicklungsleiste des Kindes/Jugendlichen
Die Entwicklungsleiste dient dazu, die *Lebenshedeutsamkeit* von
Entwicklungsdaten für den Klienten mit psychosexuellen, familiären,
schulischen und weiteren Gesichtspunkten der Beeinträchtigung, Behinderung oder Störung in Beziehung zu setzen. Mittels dieser Zu-

sammenschau können sowohl Erkenntnisse über altersgerechte Lernangebote wie Erkenntnisse über das Zusammenwirken der bewussten und unbewussten selbststeuernden, innerseelischen dynamischen Faktoren reflektiert werden. Vor dem Hintergrund der Lebensbedeutsamkeit einzelner Entwicklungsdaten (z.B. frühe Trennung von Mutter und Kind; Krankenhausaufenthalt; Unfalltrauma, Geschwisterverlust, Umzug usw.) erhalten auch die folgenden Aspekte der Biografie ihren für diesen Menschen einmaligen Aussagegehalt.

Blatt 1.3 ff.: Biografische-, Familien-, Milieuanamnese

In diesem Abschnitt geht es um die Lebensgeschichten von Vater, Mutter und Geschwistern des Klienten, besonders im Hinblick auf Familiengeschichte und Familiendynamik der Herkunftsfamilie. In den biografischen Aspekten wird insbesondere auch die *emotionale* Verarbeitung der lebensgeschichtlichen Ereignisse durch die einzelnen Personen in ihrer Auswirkung auf Entwicklung des Klienten im Hinblick auf die (gestörten) Beziehungsmuster und Erziehungsverhältnisse berücksichtigt.

Blatt 1.4 ff.: Beobachtungsergebnisse

Oftmals reichen Untersuchungsbefunde medizinischer und psychologischer Art nicht aus, weil der Klient z.B. geistig behindert ist oder psychologische Tests verweigert. Daher nehmen verschiedene Beobachtungsverfahren in der heilpädagogischen Arbeit einen wichtigen Stellenwert ein. Wo alle anderen Verfahren versagen, lassen sich durch geeignete (an-)teilnehmende oder systematische Verfahren der Beobachtung Daten sammeln, die wesentliche Aufschlüsse zum Verständnis des Kindes oder Jugendlichen beisteuern. Das Deckblatt zeigt wieder die inhaltliche Übersicht mit Datum, Alter des Klienten, Person des Beobachters, Art der Beobachtung sowie das Ergebnis. Auch Beobachtungen durch Drittpersonen, z.B. Aussagen von Eltern, Erzieherinnen oder Lehrpersonen werden hier erfasst.

Blatt 1.5 ff.: Diagnostische Verfahren

Hier kann sich der Leser einen Kurzüberblick wie auch ausführliche Informationen über die Durchführung und Auswertung derangewandten *heilpädagogisch relevanten* diagnostischen Verfahren verschaffen. Auch Testergebnisse aus Fremdgutachten werden hier beigefügt, um einen übersichtlichen Zusammenhang zu ermöglichen. Die Ergebnisse der Verfahren können - da der Leser die lebensgeschichtlichen Hintergründe des Klienten, seine Symptomatik und die Diagnose kennt - auf diesem Hintergrund neu mit anderen Fachleuten diskutiert und unter heilpädagogischen Gesichtspunkten reflektiert werden.

Sachbereich 2. Begleitung
Blatt 2.1 ff.: Prozessverlauf der Einzelbegleitung
Blatt 2.2 ff.: Prozessverlauf der Gruppenbegleitung
Die fortlaufenden zusammenfassenden Übersichten der Einzel- und Gruppenarbeit ermöglichen eine Kurzübersicht über den Prozessverlauf der Begleitung. Wenn einem Klienten zusätzlich zur Arbeit in der Gruppe auch Einzelbegleitung angeboten wird, ist dies entsprechend zu vermerken.

Blatt 2.3 ff.: Protokolle der Begleitungsstunden
Die Heilpädagogin gibt sich Rechenschaft über *jede* Stunde der Begleitung und schreibt danach ein möglichst lückenloses, chronologisches Stundenprotokoll über das Interaktionsgeschehen. In diesem Protokoll werden Kriterien wie *Stundeninhalte* (Themen, Szenen, Bilder, Umgang mit Materialen), *Besonderheiten* (außergewöhnliche Bemerkungen, Verhaltensweisen, Veränderungen und Situationen vor, während und nach der Stunde, auch im Zusammensein mit Bezugspersonen) sowie *Interventionen* der Heilpädagogin vermerkt. Es erfolgt eine Gesamtreflexion der Stunde auf dem Hintergrund der aktuellen Diagnose und des Prozessgeschehens. Dabei wird sowohl die *Realbeziehung* wie auch die *Übertragungsbeziehung* zwischen dem Kind oder Jugendlichen und der Heilpädagogin beachtet. Entsprechend werden Vorschläge zur Vorbereitung und Durchführung der nächsten Stunde entwickelt.

Sachbereich 3: Beratung
Blatt 3.1 ff.: Gesprächsergebnisse, -protokolle
Die Protokolle der Beratungsgespräche mit Eltern, Erziehern, Lehrern und anderen Bezugspersonen können auf dem Deckblatt in kurzer Zusammenfassung fortlaufend gelesen werden. Der Anlass sowie

das Ergebnis des Gespräches können entnommen werden. Danach folgt die ausführliche Schilderung des Gesprächsverlaufs, so dass sich der Leser daraus u.U. auch eine andere Meinung als die der Heilpädagogin bilden kann. In gleicher Weise wie die Beratungsgespräche werden auch Teamgespräche, Außenkontakte, Fallbesprechungen usw. notiert.

Blatt 3.2 ff.: Abschlussbericht, Stellungnahme, Gutachten

Schon bald nach Beginn, während des Verlaufs oder auch erst am Ende der HpE können der Heilpädagogin schriftliche Aussagen unterschiedlicher Art abverlangt werden. Je nach Anlass, Auftrag und Vorgehen kann diese Aussage als Stellungnahme, Gutachten oder Abschlussbericht abgefasst sein. Der Nachweis und die chronologische Abfolge der Schriftsätze ist bereits (-> Sachbereich 0.: Karteikarte, Blatt 0.3) vermerkt worden. So erübrigt sich an dieser Stelle ein Deckblatt, das jedoch bei Bedarf zusätzlich ausgefüllt werden kann.

Diese Aktenführung ist für die Heilpädagogin und ihre Kollegen eine rasche Informationsquelle über alle wichtigen Fragen der Heilpäd agogischen Erziehungshilfe und Entwicklungsförderung (HpE) zu Daten, Fakten, Prozessverlauf, Diagnoseentwicklung, aktuellem Stand der Befunderhebung, Begleitung und Beratung. Auf diese Weiset sichergestellt, dass

- der gesamte Vorgang so präsent wie möglich gehalten wird, um eine optimale heilpädagogische Begleitung zu gewährleisten;
- der gesamte Vorgang für jede Teambesprechung, Fallbesprechung und Supervision zum Schutz des Klienten und zur Unterstützung der Heilpädagogin in der Übersicht wie im Detail zur Verfügung steht;
- zu dem gesamten Vorgang in einer Stellungnahme oder einem heilpädagogischen Gutachten auf dem Hintergrund des aktuellen Standes der Geschehnisse eine fundierte Aussage erfolgen kann.

• **Aktenformular**

Auf den folgenden Seiten sind die Formblätter der Akte im einzelnen einzusehen.

173

Heilpädagogische Akte *Klient, Anlass, Geschwisterreihe*	**Blatt 0.1**

Anleiter/in:_____Hp:_____

Praxisstelle:_____Beginn der HpE:_____

Klient: ❑w ❑m Vorname:_____geb._____Alter_____J.
❑leibl.; ❑n.e.; ❑a.e.; ❑adopt.; ❑Pfl.; *lebt bei* ❑Eltern.; ❑Va.;
❑Mu.; ❑anderen Fam.-Ang.; ❑im Heim; *wird beschult in* ❑Grund-;
❑Haupt-; ❑Real-; ❑Gesamt-; ❑Gymn.; ❑Tagesschule; Sonderschule
für ❑SB; ❑KB; ❑LB; ❑GB; ❑E. *in Klasse* _____; eingeschult im
Alter von_____J.;
Größe_____Gewicht_____Staatsangeh._____Religion____

Vorstellungsgrund/Anlaß wegen:

auf Anraten/Hinweis durch_____

anläßlich aktueller Situation_____

_____

_____

vorgestellt von_____

Geschwisterreihe, Geburtenfolge, Zugangsfolge (bitte den Namen des
Klienten an entsprechender Stelle einfügen und unterstreichen)
1. ❑m ❑w_____Alter_____:_____

2. ❑m ❑w_____ "   _____:_____

3. ❑m ❑w_____ "   _____:_____

4. ❑m ❑w_____ "   _____:_____

5. ❑m ❑w_____ "   _____:_____

6. ❑m ❑w_____ "   _____:_____

Wichtige Hinweise auf besondere Verwandtschafts- und Beziehungsverhältnisse, Aufenthaltsort u.ä.:

Heilpädagogische Akte **Blatt 0.2**
Eltern, Bezugspersonen, Verhalten, Symptomatik

Eltern: erläuternde Kurzinfo. zu Mutter und Vater und ihr Verhältnis zueinander und zum Kind bzw. Jugendlichen: ❑verh.; ❑geschieden; ❑sonstige Lebensumstände:

Mutter: Alter_____J.; Beruf:_____
❑leibl.; ❑Adopt.; ❑PfleMu.; ❑StiefMu.; ❑Bekannte d. Va.;

Vater: Alter_____J.; Beruf:_____
❑leibl.; ❑Adopt.; ❑PfleVa.; ❑StiefVa.; ❑Bekannter d. Mu.;

Wichtige Bezugspersonen wie Großeltern, Vormund, Kindergärtnerin, Lehrer, Arzt, Seelsorger, Freunde, Nachbarn, Spielkameraden usw. und ihr Beziehung zum Klienten:

Verhalten des Klienten und Symptomatik
in ❑*Elternhaus;* ❑Pflegefam.; ❑Heimgruppe:

in ❑*Kindergarten;* ❑Hort; ❑Tagesstätte: Aufnahme mit ___J.; Ausschluss mit ___J.; Wechsel mit ___J.: Entwicklung, Verhalten, Symptomatik:

in der ❑*Schule;* Einschulung mit ____J., Umschulung mit ____J.; in die Sonderschule für ❑LB; ❑E; ❑KB; ❑SB; ❑GB; ❑Andere_____
Leistungen/Gefährdungen/Verhalten:

Heilpädagogische Akte	**Blatt 0.3**
Befunde, Rechtslage, Diagnose	

Letzte med. Untersuchung im Alter von_____J.
wegen_____*Befund:* ❑o.B. ❑pos.:

Sonstige med. Befunde/Behandlungen in den folgenden Lebensaltern
mit diagnostischem Hinweis:

Letzte psychol. Untersuchung im Alter von_____J.
wegen_____*Befund:* ❑o.B. ❑pos.:

Sonstige psychol. Befunde/Behandlungen in den folgenden Lebensaltern mit diagnostischem Hinweis:

Rechtslage mit besonderem Hinweis auf die Zukunft des Klienten

❑Elterliche sorge durch:_____

❑Erziehungsberechtigt sind:_____

❑Aufenthaltsbest.-Recht:_____

❑Offene Fragen:_____

Vermutungsdiagnose/Begründung:

Art der hp. Erziehungshilfe und Entwicklungsförderung:

❑Einzelarbeit; ❑Gruppenarbeit mit

1. ❑w ❑m_____Alter____J.; Anlass:_____

2. ❑w ❑m_____Alter____J.; Anlass:_____

3. ❑w ❑m_____Alter____J.; Anlass:_____

---

1. Befunderhebung   **Blatt 1.1.___**
Hypothetische Diagnosen / Prozessdiagnosen

Diagnose Nr.____Datum_____aus folgendem Anlass:
❑Ersterstellung; ❑Fortschreibung der HpE; ❑Überprüfung der
Ziele; ❑Einarbeitung neuer Befunde (Informationen, Diagnostik-
Ergebnisse); ❑heilpädagogische ❑Stellungnahme oder ❑Gutachten
für_____ wegen:

| 1. Befunderhebung   Blatt 1.2.___ |||
| *Entwicklungsleiste des Klienten* |||
Familie / Milieu	**Jahr / Alter**	**Verhalten des Klienten**

1. Befunderhebung   **Blatt 1.3.**___
Familien- und Milieuanamnese

Familien- und Milieuanamnese
Sammlung familiengeschichtlicher und milieuspezifischer Daten und deren emotionale Verarbeitung durch die betroffenen Personen unter besonderer Berücksichtigung der psychodynamischen Entwicklung des Klienten mit Hinweisen zur –>Entwicklungsleiste des Klienten (Blatt 1.2 ff.)

<u>Personalien:</u> Kurzinformation zum Inhalt: Quelle (z.B. Beratungsgespräch Nr..; Besuch bei; Info durch Schule) –> Blatt___

Familiengeschichte (Mutterpersonen, Vaterpersonen, Geschwister)

Milieugeschichte (Beschreibung des Milieus, der Umwelt und Mitwelt in Wohn-, Lebens- und Arbeitsbedingungen sowie ihren kulturellen und gesellschaftlichen Einflüssen und Gegebenheiten)

---

1. Befunderhebung   **Blatt 1.4.___**
Beobachtungsergebnisse

Beobachtung vom_____für_____(___:___Jahre)

Anlass_____

---

durchgeführt von_____ als:

❑Nichtteilnehmende bzw. ❑aktiv oder ❑passiv teilnehmende ❑Dauer- oder ❑Gelegenheitsbeobachtung im Sinne ❑unsystematischer oder ❑systematischer Verhaltensbeobachtung in verschiedenen Lebensfeldsituationen durch ❑Besuch ❑Zuhause; in ❑Kiga., ❑Hort, ❑Schule, ❑Heim(gruppe), ❑Krhs; sowie ❑bei Spiel und Freizeit; im Verhalten zu ❑Gleichaltrigen und Kameraden; gegenüber ❑Eltern, ❑Lehrern, ❑Erziehern; zu ❑Sachen und sachlichen Aufgaben; ❑zu Werten; ❑gegenüber sich selbst; ❑Andere Beobachtungsverfahren:

---

mit dem Ziel:_____

Zusammenfassendes Ergebnis:

ausführliche Darstellung auf den folgenden Seiten–>

1. Befunderhebung Blatt 1.5.___
Diagnostische Verfahren
Ergebnisse heilpädagogisch relevanter Diagnoseverfahren:

Datum Alter	Test-leiter	Verfahren	Kurzdarstellung des Ergebnisses, Interpretation Quelle –>Blatt___

181

---

2. Begleitung   **Blatt 2.1.___**

Prozessverlauf der Einzelbegleitung

Hypothetische Diagnose Nr.___

Begegnung Nr.____ am: _____um:_____Uhr; fehlt ❏e. ❏ue.
auf Grund

Kurzzusammenfassung und Reflexion der Begegnung:

Begegnung Nr.____ am: _____um:_____Uhr; fehlt ❏e. ❏ue.
auf Grund

Kurzzusammenfassung und Reflexion der Begegnung:

Begegnung Nr.____ am: _____um:_____Uhr; fehlt ❏e. ❏ue.
auf Grund

Kurzzusammenfassung und Reflexion der Begegnung:

Begegnung Nr.____ am: _____um:_____Uhr; fehlt ❏e. ❏ue.
auf Grund

Kurzzusammenfassung und Reflexion der Begegnung:

Gesamtreflexion der letzten vier Begegnungen:

2. Begleitung **Blatt 2.2.**___		
Prozessverlauf der Gruppenbegleitung		
❑w ❑m *Name*	❑w ❑m *Name*	❑w ❑m *Name*
Anlass:_____ Diag. Nr.:___	Anlass:_____ Diag. Nr.:___	Anlass:_____ Diag. Nr.:___
Begegnung Nr.:____ fehlt ❑e. ❑u.e. weil_____ Reflexion:	Begegnung Nr.:____ fehlt ❑e. ❑u.e. weil_____ Reflexion:	Begegnung Nr.:____ fehlt ❑e. ❑u.e. weil_____ Reflexion:
Thema des Gruppenprozesses:		
Begegnung Nr.:____ fehlt ❑e. ❑u.e. weil_____ Reflexion:	Begegnung Nr.:____ fehlt ❑e. ❑u.e. weil_____ Reflexion:	Begegnung Nr.:____ fehlt ❑e. ❑u.e. weil_____ Reflexion:
Thema des Gruppenprozesses:		
Begegnung Nr.:____ fehlt ❑e. ❑u.e. weil_____ Reflexion:	Begegnung Nr.:____ fehlt ❑e. ❑u.e. weil_____ Reflexion:	Begegnung Nr.:____ fehlt ❑e. ❑u.e. weil_____ Reflexion:
Thema des Gruppenprozesses:		
Gesamt-Refl./Ziele:	Gesamt-Refl./Ziele:	Gesamt-Refl./Ziele:
Reflexion des Gruppenprozesses/Ziele:		

2. Begleitung　　　　**Blatt 2.3.**___ *Protokolle der Begegnungen*	
Klient/Name_____❑w.❑m. Alter:__;__J.; Hp/Name_____	
Std. Nr.___ Datum_____ Uhrzeit_____bis_____ Interpretation des Stundenverlaufs und der (Übertragungs-)Beziehung: Vorbereitung auf die nächste Begegnung:	
Chronologische Darstellung	**Reflexion des Prozesses**
• Die Protokolle der Begegnungen werden zwecks Rückverweisen ab S. 1 fortlaufend nummeriert. Das Fehlen des Klienten und die Interventionen der Hp werden vermerkt, ebenso die ausgefallenen Termine. • Bei Gruppenbegleitungen ist anzugeben, welche reguläre Begegnung für die Gruppe stattfindet und welche der einzelne Klient besucht. Die Namen der einzelnen Teilnehmer(innen) sind im Text mit verschiedenen Farben durchgehend zu kennzeichnen. • Auf der rechten Seite des Blattes ist entsprechender Raum für Anmerkungen vorgesehen. • Zwischenreflexionen oder Bemerkungen des Heilpädagogen werden durch Einrücken oder (in Klammern) gekennzeichnet. • Testdurchführungen werden im Protokoll vermerkt, jedoch gesondert (–> Blatt 1.5 ff.) ausgewertet. Am Ende jedes Verlaufsprotokolls erfolgen Spiel-, Bild- und Symbolreflexionen sowie eine *Gesamtauswertung* der Begegnung unter Einbeziehung des persönlichen Eindrucks und Erlebens der Heilpädagogin, ihrer Fragen und Schwierigkeiten.	fortlaufende Seite ___

3. Beratung *Gesprächsergebnisse*	**Blatt 3.1.___**

Klient/Name_____❑w. ❑m. Alter:__;__J.; Hp/Name_____

Gespräch Nr.____ Datum_____ Uhrzeit_____bis_____

Art des Gespraches: ❑Elternberatung; ❑Erzieherberatung; ❑Konsultation; ❑Teamgespräch; ❑Fallbesprechung; ❑Information, Auskunft durch... ❑ESv; ❑GSv.

Teilnehmer/Ort:

Anlass:

Reflexion/Ergebnis/Vereinbarungen bis...:

Gesprächsverlauf:

185

<table>
<tr><td colspan="2" align="center">3. Beratung   **Blatt 3.2.**___</td></tr>
<tr><td colspan="2" align="center">*Berichte, Stellungnahmen, Gutachten*</td></tr>
</table>

❑Zwischenbericht Nr.___ ;   ❑Abschlussbericht Nr.___

❑Stellungnahme   Nr.___ ;   ❑Gutachten   Nr.___

für Klient/Name_____❑w. ❑m. Alter:____J.; Hp/Name_____

erstellt am:_____von_____

Anlass:_____

_____

_____

gerichtet an:_____

_____

Kopien an/mit Bitte um:

_____

_____

_____

_____

Ziff. 35   ANAMNESE   —> S. 100

Begriffsbestimmung:

Anamnese: (gr.) hé anámnesis: Erinnerung; (lat.) recordari, recordor: sich erinnern, eingedenk sein, bedenken, erwägen; allgemein: Die Vorgeschichte eines Tatbestandes, insbesondere einer Erkrankung oder Störung. Heilpädagogisch wird unter Anamnese die Gesamtheit aller Mitteilungen verstanden, die über den Lebensweg einer Person gesammelt werden. Daraus ergibt sich ein Bild über die Persönlichkeit des Kindes oder Jugendlichen in seinem Werde-Gang mit seinen wichtigsten Bezugspersonen sowie seine subjektive Verarbeitung der sozialen Bezüge, Ereignisse und Erlebnisse.

In diesem Übersichtsartikel werden folgende Themen angesprochen:

* **Heilpädagogische Anamnese als integraler Bestandteil der HpE und als dialogischer Prozess**

Die Anamnese soll der Heilpädagogin, ausgehend vom –>Anlass der HpE, detaillierte Informationen über den Lebensweg, den Entwicklungsverlauf und den Verlauf der Symptomatik, die Beziehungs- und Erziehungsverhältnisse des Kindes oder Jugendlichen geben, bis hin zu den frühesten, erinnerbaren Lebensanfängen. Aus dieser Lebenswegbeschreibung wird die aktuelle Situation des Kindes oder Jugendlichen in seinen Beziehungen erkennbar. Zugleich vermag die Heilpädagogin aus der Lebenswegbeschreibung die Entwicklungslinien und Entwicklungsschritte in ihrer *Lebensbedeutsamkeit* für dieses Kind oder Jugendlichen zu erkennen und zu verstehen, d.h. wie das Kind, der Jugendliche seine Entwicklungsaufgaben in der Beziehung zu seinen nächsten Bezugspersonen meistern konnte bzw. welche Entwicklungsaufgaben 'auf der Strecke' geblieben sind. So können geeignete heilpädagogische Ansatzpunkte zur Begleitung des Kindes oder Jugendlichen und zur –>Erziehungsberatung der Eltern gefunden werden. Eine heilpädagogische Anamnese kann daher aufgenommen werden

a) mit den Eltern oder Erziehern
- im anamnestischen Gespräch über eine oder mehrere Sitzungen;
- durch Ausfüllen eines Fragebogens als anamnestischer Schemabogen;
- beide Formen können auch gezielt kombiniert werden.

b) mit dem Kind oder Jugendlichen je nach Fähigkeit und Mitwirkungsbereitschaft
- durch Schreiben eines Lebenslaufes;
- durch Zeichnen eines Lebenslaufes: Für jedes Jahr oder halbe Jahre eine Zeichnung; als Lebensweg auf einem großen Blatt;
- durch Schreiben und Malen von etwa 5 besonders prägenden positiven bzw. fördernden, schönen wie auch negativen, störenden, unschönen, angsterregenden oder belastenden Ereignissen, Erlebnissen;
- durch Auswahl von 10 Bildern aus dem Familienalbum, zu denen eine Geschichte "erfunden" wird.

Bei der Datenaufnahme wird die Heilpädagogin die Gefühlslage der Gesprächspartner berücksichtigen und das Gespräch anteilnehmend und verstehend führen, um die zunächst rein informativ scheinenden Mitteilungen so aufzunehmen, dass sie immer mehr zum *Thema einer gemeinsamen Fragestellung* werden, in der nach der tieferen Bedeutung für die derzeitige Problematik gesucht wird. In einer HpE steht die Anamnese daher nicht als ein gesonderter Abschnitt am Anfang der Maßnahme, sie ist vielmehr ein integraler Bestandteil der –> Befunderhebung und in ständiger Fortschreibung ein wichtiges Element der –>Begleitung und –>Beratung. Die Heilpädagogin ordnet alle Informationen, seien es Erinnerungen oder eine andere Sicht bzw. Gewichtung schon bekannter Ereignisse bzw. Situationen *immer wieder neu* der heilpädagogischen Anamnese zu und schreibt sie so in der heilpädagogischen –>Akte, vor allem durch Ergänzung der Entwicklungsleiste (Blatt 1.2), weiter fort. Die neue, mit anderen Augen gesehene und mit anderen Gefühlsempfindungen verbundene psychische Realität, d.h. die Art und Weise des subjektiven Erlebens, und nicht nur die "historische Aktualität" (ERIKSON 1966) wird dabei soweit wie möglich mit den Eltern bzw. Erziehern, vor allem aber mit dem Kind und Jugendlichen reflektiert. Spielszenen, Bilder, Träume, Einfälle u.ä. werden den anamnestischen Informationen zugeordnet wie umgekehrt, so dass sich das äußere *Leben* wie das innere *Erleben* des Kindes oder Jugendlichen im Verlauf der heilpädagogischen Begleitung immer differenzierter darstellt und in Spiel und Übung, allein und mit anderen, durchgearbeitet werden kann. Dabei werden Situationen erneut 'durchgespielt', neu 'gemalt', 'gebaut', 'geformt' und 'gestaltet'. So kommt es zu einer *dialogischen Situation,* in der die Heilpädagogin auf der Suche nach der tieferen Bedeutung der Beeinträchtigung *ergänzend* zum Erleben und Verhalten des Kindes oder Jugendlichen diejenigen Aspekte aufgreift, anreichert und spiegelt, die jene nicht zu sehen und zu gestalten in der Lage sind. Aus dieser Assoziation und Amplifikation heraus erwächst eine Perspektiveveränderung, d.h. aus der veränderten Interpretation des konkreten Erlebens und Verhaltens tun sich veränderte Zusammenhänge, andere 'Durchblicke', neue Erkenntnisse und neue Wege auf. Durch solche Aufarbeitung der anamnestischen Daten wird bereits eine kathartische[1] Wirkung möglich:

"Der ganze Prozess der Anamnese, die gemeinsame Durchleuchtung der bisherigen Gewordenheit aber lässt die Vergangenheit in einen Raum gemeinsamen Erlebens treten, in dem aus dem toten Kapital lebendiges Kapital, aus dem vergangenen Leben die Geschichte eines Menschen werden kann. Zukunft, bisher bloß die Projektion aus der Vergangenheit, öffnet sich als Raum von Möglichkeit. Das fürchtet der Patient ebenso, wie er sich danach sehnt." (HERZOG-DÜRCK 1984, 255)

---

[1]*Katharsis:* (gr.) Reinigung. Der Begriff ist der Poetik des ARISTOTELES entlehnt und beschreibt ursprünglich die Wirkung der Tragödie auf den Zuschauer, der darin den tieferen Sinn seines Lebens erkennen, sich damit auseinandersetzen und sich dadurch von hindernden Einflüssen in seinem Leben befreien kann. Die Psychoanalyse (BREUER, FREUD) übernahm den Begriff für das Durchleben von (verdrängten) Gefühlen, wodurch sich der Mensch gleichsam von den krankmachenden Affekten und den neurotischen Symptomen reinigt und so zur seelischen Heilung gelangt.

• Heilpädagogische Anamnese als Beziehungsgestaltung und Übertragungssituation

Das Erfassen der Anamnese übt eine weit über die reine Information hinausgehende Wirkung auf die Eltern, das Kind oder Jugendlichen und die Heilpädagogin aus, so dass diese in jeder neuen Begegnung mit einem Klienten in anderer Weise angefordert wird und neue und einmalige Weisen des 'Antwortens' in ihr konstelliert werden. Dies ist eine der wichtigen Erfahrungen, die die Heilpädagogin selber in einer gründlichen berufsbezogenen –>Selbsterfahrung und –> Supervision gemacht hat. So wird die Beantwortung folgender oder ähnlicher Fragen immer mitbestimmt von dem Erleben und Verhalten der Heilpädagogin, das aus ihrer eigenen, immer wieder neu zu reflektierenden Erfahrung herrührt:

- Wird vom Kind oder Jugendlichen, von den Eltern das anamnestische Gespräch bewusst erwartet?
- Wird das anamnestische Gespräch als lästige Verpflichtung oder sogar als Schuldzuweisung empfunden?
- Bestimmen positive oder negative Vorerfahrungen in früheren anamnestischen Gesprächen die Einstellung (spontane Äußerungsbereitschaft; abwartende Skepsis)?
- Stört bzw. fördert die Übertragung auf die Heilpädagogin bzw. deren Gegenübertragung das anamnestische Gespräch?

Die wichtigste Aufgabe der Heilpädagogin im anamnestischen Erstgespräch ist

„die Aktivierung der Eltern und ihre Gewißheit, als Mitarbeiter ernst genommen zu werden..." (BIENE 1988, 32) Dazu gehören folgende Schritte:

Die Heilpädagogin informiert gleich beim ersten Gespräch die Eltern, ob der Kontakt sich nur auf dieses Gespräch bezieht oder - zumindest in der Absicht - tragender Grund weiterer Zusammenarbeit werden soll. Sie begründet die Notwendigkeit, dass die angegebenen Daten schriftlich festgehalten werden müssen. Die Heilpädagogin muss sich auf eine anfängliche Abwehrhaltung, Unsicherheit und Nervosität der Eltern einstellen und versuchen, durch die Form der

Gesprächsführung eine gute Atmosphäre herzustellen. Die Angaben der Eltern werden nicht wertend kommentiert. Das Gesprächsverhalten der Heilpädagogin ist dann richtig, wenn die Eltern bereits bei der ersten Begegnung fähig sind, spontan ihre Situation darzustellen. Den Eltern sollte deutlich vermittelt werden, dass ihnen nicht zugemutet, aber durchaus zugetraut wird, ihr Kind verbal so zu zeichnen, dass sich die Heilpädagogin ein erstes Bild vom Entwicklungsstand des Kindes und den besonderen Schwierigkeiten, die es seinen Eltern bereitet, machen kann. Die Heilpädagogin versteht sich in der ersten Phase des Informationsgespräches primär als Empfänger und bestätigt die Eltern in ihrer Rolle als Sender. Bei diesem anamnestischen Erstgespräch werden den Eltern wesentliche Züge des Konzeptes der HpE (äußere Bedingungen, Inhalte und Zielsetzungen) dargestellt. Die nächsten Schritte der Zusammenarbeit (diagnostische Phase) werden erläutert und begründet, ebenso sollte schon jetzt die spätere planmäßige Einbeziehung der Eltern in die heilpädagogische Begleitung angesprochen werden. Dadurch wird den Eltern die Möglichkeit gegeben, sich mit der HpE auseinanderzusetzen und sich auf die baldige intensive Mitarbeit einzustellen. Dabei ist es wichtig, dass bei den Eltern - soweit nötig - der erste Ansatz zu der Überzeugung geweckt wird, dass es für ihr Kind - auch wenn es schwerstbehindert oder verhaltensgestört ist - lohnende Zielsetzungen gibt, dass jedoch eine veränderte Erziehungs- und Anspruchshaltung und das Wartenkönnen bei gezieltem Erzieherverhalten erste Lernziele sind, sowohl für die Heilpädagogin als auch für die Eltern. Die Freiwilligkeit der Mitarbeit, die es zu gewinnen gilt, ist grundsätzliche Voraussetzung der erfolgreichen Zusammenarbeit. (s. BIENE 1988, 33)

Auch für das anamnestische (Erst-)Gespräch gilt:
"Auf jeden Fall soll der Untersucher sich in jeder Form des klinischen Gespräches - Anamnese, Exploration, Interview - bewusst sein, dass eigene, unbewusste psychische Gegebenheiten in seine Beziehung und damit seine Einstellung zum Patienten interferieren können. Objektivität ist daher im klinischen Gespräch immer nur in einem sehr beschränkten Annäherungsgrad möglich." (SCHRAML 1969, 52)

Zur Beachtung o.g. Erfahrungswerte wird sich die Heilpädagogin - je nach theoretischer Orientierung - eine Gesprächsform erarbeiten, die sich nach Intention und Aktivitätsgrad unterscheiden lässt. Hier einige klinische Gesprächsformen zum Vergleich:

Formen des Gespräches	Gesprächs- intention	Aktivität des Untersuchers	Erwünschte Aktivität des Untersuchten	Freiheits- grad
Somatische Anamnese	somatische Daten	stark	befragungs- entsprechend	standardisiert oder semi- standardisiert
Soziologi- sche Anam- nese	soziologische Daten	stark	befragungs- entsprechend	standardisiert oder semi- standardisiert
Biografische oder entwick- lungsge- schichtliche Anamnese	biografische Daten	mittel	antwortend und eigeni- nitiativ	semi- standardisiert bis frei
Exploration zur Sache	bewusste Angaben über Erleben und Verhal- ten	wechselnd	wechselnd	reagierend bis frei
Psychiatri- sche oder psychologi- sche Explo- ration zur Person	normalpsy- chische oder psychopatho- logische Er- lebens- u. Verhaltens- weisen	wechselnd provozierend	wechselnd	reagierend bis frei
Klinisches Interview	Erlebnisin- halte, Motiva- tionen, so- ziale Bezie- hungen	schwach	stark	frei
Analytisches Interview	Analysentä- tigkeit (Übertra- gungs-, Intro- spektionsfä- higkeit	schwach aber flexibel	stark interak- tionsbetont	frei bis asso- ziativ

Abb. 16: Klinische Gesprächsformen im Vergleich (nach Schraml 1969, 51)

Um die Real- und Beziehungsebene zwischen den Gesprächspartnern zu reflektieren, sollte sich die Heilpädagogin folgende Fragen stellen:

„-Habe ich die mir gesetzten Inhalte deutlich genug dargestellt?
- Auf welche Hindernisse bin ich gestoßen?
- Wo liegen meine eigenen Anteile, die möglicherweise Hindernisse provoziert haben?
- Wie konnten sich die Eltern im Gespräch mit mir selbst erleben?
- Fühle ich mich von den dargestellten Problemen selbst betroffen?

Ein ständig aufmerkendes Zuhören, kontrolliert gestellte Fragen, eine nicht wertende vorurteilsfreie Haltung, Verzicht auf Ratschläge und die feste Absicht, ja keine Schuldgefühle zu vermehren oder gar zu wecken, sind der Anfang eines Idealkatalogs von Zielvariablen für das Verhalten des Heilpädagogen im Gespräch. Der Anspruch, der hier an den Heilpädagogen gestellt wird, kann nur durch ein kontrolliertes Einüben und durch reflektierte Erfahrung eingelöst werden."
(BIENE 1988, 33 f.)

• Vorschlag zur anamnestischen Datenerhebung

Es gibt eine Vielzahl gängiger Erhebungsbögen für die Erfassung anamnestischer Daten, die als Fragebögen an die Bezugspersonen versandt werden oder auch als Grundlage für ein Gespräch zur Erfassung wichtiger Lebensdaten dienen. Jede Heilpädagogin wird zusammen mit Kollegen überlegen, welches Vorgehen sich am ehesten in welcher Form zur effektiven Datenerhebung eignet. Ein Vorschlag für die Berücksichtigung wichtiger anamnestischer Daten ist die folgende Fragensammlung. Als überarbeiteter Fragebogen kann die Sammlung an Eltern oder Bezugspersonen verschickt werden.

"Damit wir uns im Gespräch mit Ihnen und Ihrem Kind gut und sinnvoll auf die gemeinsame Arbeit vorbereiten können, bitten wir Sie um die Beantwortung einer Reihe von Fragen aus Ihrem Leben und aus der Entwicklungsgeschichte Ihres Kindes/Jugendlichen."

1. Wie heißt Ihr Kind und wie wird es (von wem) am liebsten gerufen? Wann ist es geboren? Wo wohnt Ihr Kind? (Seit wann) geht es in den Kindergarten, Kinderhort, in die Schule? Welche Schule/Klasse besucht es? Was tut es in seiner Freizeit? Ist es Mitglied in Vereinen oder Gruppen? Gehören Sie einer Kirche oder Glau-

bensgemeinschaft an? Praktizieren Sie ihre religiöse Überzeugung?

2. Welche Auffälligkeiten, Verhaltensweisen, Störungen Ihres Kindes geben Anlass, sich um eine heilpädagogische Hilfe zu bemühen?

3. Wer hat Ihnen geraten, sich um eine heilpädagogische Hilfe zu bemühen?

4. Wo und wie lebt Ihr Kind: Mit Geschwistern, Mutter und Vater? Schildern Sie doch einmal die näheren Umstände von: Eheschließung, -trennung, -scheidung; Umzug; lebte Ihr Kind immer bei Ihnen? Wo oder wann bei wem sonst? Von wann bis wann?

5. Geht Ihr Kind in den (Vorschul-)Kindergarten, Kinderhort, in eine Tagesstätte? Geht es gern dorthin? Was wissen Sie darüber, wie es sich dort verhält, was es gern oder weniger gern tut? Welche Schulart und welche Klasse besucht ihr Kind? Wie sind die schulischen Leistungen?

6. Wer hat einen erzieherischen Einfluss auf das Kind, den Jugendlichen (gehabt)? Wohnt diese Person im Hause?

7. Hat das Kind ein eigenes Zimmer? Mit wem schläft es zusammen im Zimmer?

8. Hat sich in Ihrer Familie oder in Ihrer Umgebung zum Zeitpunkt, als Sie die Auffälligkeit/Verhaltensweise/Störung bemerkt haben, etwas verändert? Welches Geschehen/Ereignis bringen Sie in Zusammenhang mit dem Auftreten der auffälligen Verhaltensweisen oder Störungen?
   "Ich möchte Sie und Ihr Kind gern gut kennenlernen, damit ich Ihnen entsprechend helfen kann. Deshalb interessiert mich sehr, wie sich Ihr Leben in Ihrer Familie zusammen mit Ihrem Kind entwickelt hat."

9. Säuglingszeit (etwa bis zum 6. Lebensmonat)
   - Wie verlief die Schwangerschaft?
   - Wie verlief die Geburt?
   - Wurde Ihr Kind gestillt? Wie lange?
   - Wie hat es getrunken? Hat es kräftig genuckelt und gezogen, gebissen? War es zaghaft, trinkschwach?

- Ist Ihnen in den ersten Lebenswochen irgend etwas aufgefallen, was Sie für wichtig hielten? War Ihr Kind eher ruhig oder eher lebhaft, hat es viel geschrien? Hat es sich überhaupt nicht gemeldet und immer nur geschlafen?

10. Kleinkindzeit (1. - 3./4. Lebensjahr)
    - Mit wieviel Monaten konnte es sitzen, stehen, laufen?
    - Mit wieviel Monaten lächelte es?
    - Mit wieviel Monaten sprach es "Mama", "Papa"?
    - Mit wieviel Monaten zeigte es Angst vor fremden Personen?
    - Mit wieviel Monaten sprach es Zweiwort-, Dreiwortsätze?
    - In welchem Alter war es sauber?
    - In welchem Alter war es trocken?
    - War es später, tags oder nachts wieder unsauber?

11. Trotzalter
    - Hat es mit 3 bis 4 Jahren oder früher besonders heftig gebockt oder gar nicht? Hat es sich aus Trotz auf die Erde fallen lassen, gestrampelt, geschrien, auf die Erde gestampft?
    - Hat es später solche Verhaltensweisen noch gezeigt?

12. Kindergarten- und Vorschulalter
    - War Ihr Kind im Kindergarten? Von wann bis wann?
    - Wie hat es gespielt: Ausdauernd, wechselhaft; lieber allein; mit anderen Kindern?
    - Was sagte die Erzieherin über das Spielen und Verhalten Ihres Kindes?
    - Hatte Ihr Kind ein Lieblingsspielzeug?

13. Schulalter
    - Wann wurde Ihr Kind eingeschult?
    - In welcher Klasse ist es jetzt?
    - Müssen Sie Ihrem Kind bei den Schularbeiten helfen?
    - Haben Sie etwas Besonderes im Hinblick auf Schule, Schulleistungen zu berichten?
    - Welches ist das Lieblingsfach Ihres Kindes?
    - Hat es eine Lieblingslehrerin, einen Lieblingslehrer?

14. Hauptschulalter
    - Veränderte sich Ihr Kind, als es zur weiterführenden Schule kam?

- Fand es schnell Anschluss an Mitschülerinnen und Mitschüler?
- Wie verhielt sich Ihr Kind mit zunehmender körperlicher und seelischer Veränderung? Was sagte es zu Menarche und Pollution?
- Hat Ihr Kind schon Berufswünsche?
- Ist Ihr Kind in einer Jugendgruppe, in einem Sportverein?

Ab diesem Zeitpunkt wird die Heilpädagogin mit dem Jugendlichen selber eine –>Exploration durchführen, weil der Jugendliche für sich selber sprechen kann und gelernt hat oder lernen sollte, sich im Jugendalter zunehmend selbst zu reflektieren, sich seiner inneren und äußeren Realitäten bewusster zu werden, angemessene Entscheidungen für sich selber treffen zu können, sich Rat und Hilfe eigenständig zu holen und so zu immer größerer Mündigkeit zu gelangen.

"Es gibt sicher noch weitere Fragen. Manches wird Ihnen später noch einfallen, wenn Sie darüber nachdenken.
Wir werden immer wieder in gewissen Abständen zusammentreffen, um unsere Erfahrungen im Umgang mit Ihrem Kind/Jugendlichen auszutauschen.
Vieles werde ich auch Ihr Kind, Ihre Tochter, Ihren Sohn, selber fragen. Manches wird Ihr Kind anders beantworten als Sie. Das ist immer so, weil jeder Mensch die Ereignisse in seinem Leben anders erlebt. Manches, was den einen freut, macht den anderen traurig. So werden beide über dieses Ereignis anders berichten.
Ein Teil unserer Zusammenarbeit mit Ihnen und Ihrem Kind wird darin bestehen, gerade diese unterschiedlichen Erlebnisweisen kennenzulernen, damit Sie sich gegenseitig immer besser verstehen lernen.
Sich gut zu verstehen ist die Voraussetzung zum Liebhaben. Sie machen sich Sorgen über Ihre Tochter, Ihren Sohn, weil Sie manches nicht verstehen, was Ihr Kind sagt oder tut. Deshalb sind Sie zu uns gekommen.
Ich möchte mit Ihnen zusammen Ihr Kind besser verstehen lernen, damit ich Ihnen und Ihrem Kind entsprechend helfen kann. Das geht

nur mit Ihrer Hilfe, denn Sie haben schon vieles überlegt und kennen sich und Ihr Kind am besten.
Gemeinsam werden wir immer mehr verstehen lernen, welche Schwierigkeiten Ihr Kind in seinem Leben hat. Das wird Sie erleichtern und Ihnen helfen, den richtigen gemeinsamen Weg zu finden..."

* **Bezugsrahmen zur Auswertung anamnestischer Daten**

Um die Vielzahl der unterschiedlichen anamnestischen Daten auswerten zu können, bedarf es eines Bezugsrahmens, d.h. eines Ordnungs- und Gewichtungsprinzips.

- Vom medizinischen Ansatz her gesehen wird die Heilpädagogin organische oder funktionelle Schädigungen, Beeinträchtigungen und Störungen sowie Anlagebedingungen in den Blick nehmen.
- Vom psychodynamischen Ansatz her gesehen wird die Heilpädagogin auf frühkindliche Primärbeziehungen, familiäre Strukturbedingungen, traumatisierende Erfahrungen und auf Probleme in der psychosexuellen Entwicklung achten.
- Vom lerntheoretischen Ansatz her gesehen wird die Lerngeschichte des Kindes bzw. Jugendlichen besonders bedeutsam. Die Heilpädagogin wird bestrebt sein, Problemverhaltensweisen genau zu definieren, zu differenzieren und zu operationalisieren um festzustellen, ob und wie diese durch spezifische situative Bedingungen aufrecht erhalten werden und ob sie sich durch andere Bedingungen verändern lassen.
- System- und kommunikationstheoretisch gesehen wird die Heilpädagogin das Zusammenspiel der unterschiedlichen Kommunikationsebenen und -muster in den Systemen im Hinblick auf die soziale Wahrnehmung, Selbst- und Fremdbeobachtung und -beurteilung sowie die Interpunktionen in den Verhaltensabläufen beachten, die als Kreisprozesse Auslöser oder Stabilisatoren von (Fehl-)Verhaltensweisen sein können.

Heilpädagogisch gesehen geht es sodann um das Bemühen, die Erkenntnisse der verschiedenen Wissenschaftsansätze (eines interdisziplinären Teams) in einen integrativen Zusammenhang zu bringen und auf ihre heilpädagogisch-diagnostische, -begleitende und -beratende Relevanz hin zu gewichten.

Die Erziehungs- und Entwicklungsprozesse sind beschreibbar als Bewältigung einer Abfolge von individuellen, sozialen und kulturspezifischen *Entwicklungsaufgaben*, die je nach Lebensalter mit pädagogischer, unter erschwerenden Bedingungen mit heilpädagogischer, Hilfe gemeistert werden sollen, wie es die folgende Entwicklungsleiter (–>Abb. 17) zeigt.

Die einzelnen Entwicklungsaufgaben und Entwicklungsetappen lassen sich im Bild einer *Entwicklungsleiter* darstellen, die auf dem Hintergrund psychosexueller und psychosozialer Entwicklungsphasen (FREUD, ERIKSON) 'erklettert' werden soll.

Die Heilpädagogin wird die anamnestischen Daten zu den Lebensmodi und Entwicklungsaufgaben des Kindes bzw. Jugendlichen auf der Entwicklungsleiter in Beziehung setzen und auf dem Hintergrund der beschriebenen wissenschaftlichen Ansätze reflektierend auswerten.

Dabei hat die Heilpädagogin die Aufgabe, die Lebens- und Erziehungsgemeinschaft mit dem Kind, dem Jugendlichen und deren Bezugspersonen mit Hilfe ihres personalen Angebotes subjektiv-anteilnehmend, objektiv-merkmalsbezogen, normativ-wertbezogen und existenziell-sinnverstehend zu gestalten.

Dazu bedarf es
- in der heilpädagogischen Einzelbegleitung,
- in der heilpädagogischen Kleingruppenbegleitung wie
- in der heilpädagogischen Alltagsgestaltung der Lebensgruppe

der Schaffung eines *heilpädagogischen Milieus,* etwa in Anlehnung an WINNICOTTs Begriff der „haltenden, fördernden Umwelt"; im Sinne BRONFENBRENNERs Konzept der „ökologischen Systeme"; oder im Sinne des tiefenpsychologischen Konzepts von „förderndem Dialog" und „szenischem Verstehen" „in einem dialektischen Wechselspiel begründet, das ich als Halten und Zumuten bezeichne." (LEBER 1988, 53)

10 — Ich lebe und gestalte die Beziehungen zum Leben
Ich kann meine Identität leben
Ich sage Ja zum Leben und lebe dienend-gestaltend
in der Welt von heute
Ich lebe mein Menschsein in der Gemeinsamkeit zwischen
Mann und Frau
Zeugende Fähigkeit gegen Stagnation
Erwachsenenalter

24-40

9 — Ich kenne meinen Lebensentwurf; es lohnt sich zu leben
Ich bin fähig, sexuelle, sozial-emotionale Bindungen zu gestalten

8 — Ich will lernen und arbeiten, um etwas zu wissen und zu können
Ich will lernen, eine feste Bindung einzugehen
Intimität gegen Isolierung
frühes Erwachsenenalter

18-24

7 — Ich will "jemand" sein und werden
Ich bin, der ich sein will
Identität gegen Rollendiffusion
Pubertät und Adoleszenz

11-18

6 — Ich zeige, wie ich mir die Welt gestalten will
Ich bin, was ich gestaltend leiste

5 — Ich zeige, wie ich mit anderen das Leben gestalten will
Ich bin, was ich mit anderen lerne
Leistung gegen Minderwertigkeitsgefühl
Latenz

5-11

4 — Ich wage mein Leben in der Welt und für die Welt
Ich bin, wer ich mir zu werden vorstelle
Initiative gegen Schuldgefühl
lokomotorisch-genital

3-5

3 — Ich greife zu und erfülle mir Wünsche
Ich bin, was ich will
Autonomie gegen Scham und Zweifel
muskulär-anal

1-2

2 — Ich öffne mich und lasse mich in Fülle beschenken
Ich bin, was man mir gibt

0-1

1 — Ich soll und will vertrauend den Schritt ins Leben wagen
Urvertrauen gegen Misstrauen
oral-sensorisch

Jahre

Abb. 17: Entwicklungsleiter der Lebensmodi und Lebensaufgaben

199

In einem heilpädagogischen Milieu werden Kinder und Jugendliche darin unterstützt, ihre bereits vorhandenen Kompetenzen auszuüben, um sie in ihrem Ich und ihrer Identität zu stärken, damit sie Mut und Selbstvertrauen entwickeln, zugleich neue (soziale) Fertigkeiten zu erlernen. Dabei muss die Heilpädagogin nicht nur auf die Bedingungen innerhalb des Milieus achten sondern auch darauf, wie die unterschiedlichen Milieus bzw. Systeme (z.b. Elternhaus, Kindergarten, Schule, Heim) zusammenarbeiten und inwiefern sie von anderen sozialen Systemen (z.b. Kindergarten, Schule, Jugendfreizeit- und Bildungsarbeit, klinische Versorgung, Jugendamt, Rechtsprechung) unterstützt werden, um den Lebensweg des Kindes bzw. Jugendlichen und seiner Bezugspersonen auf dem Hintergrund der anamnestischen Defizite und mit den vorhandenen Fähigkeiten wirksam zu begleiten.

* **Zusammenfassung**

Die heilpädagogische Anamneseerhebung (–>Erstgespräch) ist eine Methode zur dialogischen heilpädagogischen Beziehungsgestaltung. Sie wird auf unterschiedliche Weise und unter Zuhilfenahme verschiedener Medien (Spiel, Sprache, Symbol, Bild) durch Malen, Zeichnen, Kritzeln, Bauen, Gestalten und Werken während des Prozesses der HpE in –>Befunderhebung, –>Begleitung und –>Beratung beim Kind und Jugendlichen und deren Bezugspersonen fortgeführt. Die anamnestische Faktensammlung dient nicht allein der objektiven Bestandsaufnahme über die Entstehung der Beeinträchtigungen und der Erziehungsschwierigkeiten, sondern zugleich dem *subjektiven Erkennen und Verstehen* von Lebensdaten in ihrer *Lebensbedeutsamkeit* für das Kind, den Jugendlichen auf ihrem Lebensweg.Die Heilpädagogin wird sich deshalb darum bemühen, die Anamnesesituation zur Herstellung tragfähiger Beziehungen zu den Eltern und Kindern zu nutzen, indem sie durch verstehende Anteilnahme Vertrauen schafft, Sicherheit gibt und so die Bereitwilligkeit zu weiterer Mitarbeit stärkt. Dabei wird sie die Eltern nicht 'therapieren', d.h. in eine Patientenrolle drängen, sondern sie als Partner und Erzieher ihrer Kinder akzeptieren, die (aus welchen Gründen auch immer) unter den Beeinträchtigungen, Behinderungen oder Störungen ihrer Kinder leiden. Die Heilpädagogin wird sich mittels Teil-Identifikation in die Ängste und Schuldgefühle, die Befürchtungen und Abwehrhaltungen einfühlen und sie auf dem Hintergrund tiefenpsychologischer Kenntnisse reflektieren. Dabei wird sie das szenische Geschehen als Hilfe zur Entschlüsselung der individuellen und der Familiendynamik beobachten. Die so gewonnenen anamnestischen Daten werden in einem Bezugsrahmen verschiedener wissenschaftlicher Ansätze ausgewertet und gewichtet und mit Hilfe einer Entwicklungsleiter zu altersentsprechenden Entwicklungsaufgaben (–>Abb. 77, 78) in Beziehung gesetzt. In einem fördernden Dialog, mittels Halten und Zumuten im heilpädagogischen Milieu, werden die Entwicklungsaufgaben individuell angemessen erarbeitet.

| Ziff. 5 | ANLASS | —> S. 93 |

Begriffsbestimmung:

Anlass bedeutet
1. *Anstoß, Ausgangspunkt,* z.B. "Sein Zuspätkommen war nur der Anlass (nicht die Ursache!) für den Streit"; "seine Bemerkung gab Anlass zu einem langen Gespräch"; "etwas zum Anlass nehmen, um... zu tun";
2. *Grund, Ursache,* z.B.: "Aus welchem Anlass geschieht...
Im Begriff Anlass ist ein *Beweggrund* enthalten, etwas zu tun oder zu lassen, z.B.: "Ich habe (k)eine Veranlassung, das zu tun"; "es besteht eine begründete Veranlassung, darauf hinzuweisen, dass...".
Zugleich ist das Verb 'veranlassen' enthalten, d.h. "dafür sorgen, dass etwas geschieht"; "jemanden dazu bringen, dass er etwas tut"; "jemanden zu einer Maßnahme veranlassen"; "sich veranlasst fühlen, etwas zu tun"; "sich veranlasst fühlen einzugreifen".

In diesem Übersichtsartikel werden folgende Themen angesprochen:

- Der Anlass als Anstoß, Ausgangspunkt, Grund und Ursache einer HpE 201
- Der Anlass als vom Heilpädagogen formulierte Rückfrage und Entscheidungshilfe 202
- Der Anlass in seiner Bedeutung als Symptom und Symbol 203
- Beispiele für versteckte symptomatische und symbolische Anlässe 204
- Fragestellungen zu Anlass, Symptom, Symbol 206
- Zusammenfassung 207

- **Der Anlass als Anstoß und Ausgangspunkt, als Grund und Ursache einer HpE**

Wenn sich jemand in der Institution meldet oder durch seine Erziehungsberechtigten dort angemeldet wird, so bedeutet *Anmeldung,* dass 'etwas gemeldet' wird, dass etwas vorhanden ist, mit dem man künftig rechnen muss. Sich anmelden, ein Kind, einen Jugendlichen anmelden heißt, einen *Anspruch,* eine *Forderung* stellen, weil man Zweifel oder Bedenken hat mit dem Geschehen in der Zukunft. Diese Unsicherheit löst den Wunsch zur Anmeldung aus. Der Hilfe- oder Ratsuchende erbittet, fordert, verlangt etwas von der Heilpädagogin. Der aktuelle *Anlass* der Anmeldung wird verstanden als Anstoß und Ausgangspunkt, als Grund und Ursache für ein Geschehen.

Damit die Heilpädagogin in der richtigen Art und Weise angemessen helfend antworten kann, wird sie prüfen, ob sie den Anlass in diesen Aspekten richtig wahrgenommen hat. Deshalb wird die Heilpädagogin den Anspruch, der im Anlass enthalten ist, gemeinsam mit dem Auftraggeber reflektieren, bevor die nächsten Schritte 'veranlasst' werden.

- **Der Anlass als vom Heilpädagogen formulierte Rückfrage und Entscheidungshilfe**

Da es sich in der HpE immer um ein *dialogisches Geschehen* handelt, um ein Zwiegespräch, sollte die Heilpädagogin die an sie herangetragene Bitte, den Anlass, in einer *Rückfrage* formulieren, um auf diese Weise ihr Verständnis zu überprüfen und ihrem Gegenüber ebenfalls eine solche Gelegenheit zu geben:
"Wenn ich Sie richtig verstanden habe, (dann meinen Sie...; dann erwarten Sie...)
möchten Sie Hilfe bekommen, weil... (Sie sich... fühlen; verhalten; sorgen um...
Ihr Kind sich so und so fühlt, so und so verhält."
Wenn die Heilpädagogin den Anlass im Gespräch auf diese Weise als Rückfrage zum besseren Verständnis des Anliegens formuliert, wird erst richtig klar, worum es wirklich geht, was eigentlich von ihr erwartet wird. Der Anfragende wird den Anlass möglicherweise modifizieren, weil auch ihm erst durch die Rückfrage der Heilpädagogin sein eigentliches Anliegen deutlicher wird. Aus der Art und Weise der Um- bzw. Neuformulierung des Anlasses wird der *eigentliche Anspruch* deutlich. Auch wenn der Anfragende seinen Anspruch zurücknimmt, kann die Heilpädagogin einen wichtigen Hinweis erhalten, um welche Art von 'Anlass' es sich hier handelt und wie dieser Anlass vom Anfragenden gewichtet oder gewertet wird.
Wenn die Heilpädagogin den Eltern, den Jugendlichen und Kindern hilft, auf eine ihnen mögliche und angemessene Weise ihren *Anspruch zu verdeutlichen*, hilft sie ihnen zugleich, sich zu *entscheiden* bzw. einem anderen bei dessen Entscheidung zu helfen, ob und wie

er auf ihren Anspruch eingehen kann oder will. Im Hinblick auf den –>Vertragsabschluss mit den Erziehungsberechtigten und mit dem Kind oder Jugendlichen sollte die Heilpädagogin weder sich noch andere über den Anlass im Unklaren lassen. Bei großer Unsicherheit, Entscheidungsunfähigkeit oder Vortäuschung falscher Tatsachen wird die Möglichkeit der Durchführung einer HpE nicht gegeben sein und bei allen auftretenden Schwierigkeiten ist die Abbruchgefahr der Begleitung erhöht. Mit dem Argument des 'Missverständnisses' wird oft ein Rückzug eingeleitet, der für das Kind, den Jugendlichen oftmals zum ungünstigsten Zeitpunkt geschieht.

• **Der Anlass in seiner Bedeutung als Symptom und Symbol**

Um diese Fehlentwicklung auszuschließen, wird die Heilpädagogin versuchen, sich bei der Um- bzw. Neuformulierung des Anlasses das Bedingungsverhältnis dreier Größen durchsichtig und nachvollziehbar zu machen:

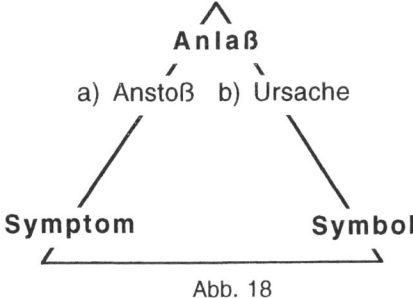

Abb. 18

Anlass = Anstoß, Ausgangspunkt; Grund, Ursache; Anlass bedeutet, dass etwas von einem anderen veranlasst, in Bewegung gesetzt werden soll. Wie das Symptom, so hat auch der Anlass seine eigene, symbolische Sprache. Die Heilpädagogin fragt, in welchem Verhältnis der Anlass zum Symptom steht, in welchem Maße beide miteinander zusammenhängen oder sich gegenseitig bedingen, ob sie unterschiedlich oder identisch sind. Die Heilpädagogin achtet darauf, ob sich hinter dem genannten Anlass etwas anderes versteckt, weil die Eltern bzw. das Kind, der Jugendliche oder der behinderte

Mensch sich oft schämen, den wirklichen Anlass als Grund zu nennen.

Symptom = Auf etwas hinweisendes Zeichen bzw. Kennzeichen. Jedes Symptom hat seine eigene Sprache. Es drückt auf indirekte Art einen veränderten Funktions- und Erlebenszustand aus. Ein Symptom bezieht sich auf etwas und weist auf etwas hin, es ist ein Signal, ein Alarm-Zeichen. Das Symptom erfüllt einen Zweck bzw. soll einen Zweck erfüllen: Einen Konflikt (durch Verdrängung) lösen oder das Verdrängte am Bewusstwerden hindern.

Symbol = Sinn-Bild, das einen Bedeutungsgehalt indirekt und unbewusst in einer Bilder- (= Symbol) Sprache zum Ausdruck bringt. Ein Symbol wird immer subjektiv neu geschaffen und vom Menschen in einmaliger Weise gestaltet und genutzt, um komplexe seelische Vorgänge zu bündeln und auszudrücken. Durch Bearbeitung, d.h. durch Nachsinnen und Bezugnahme (z.B. im Malen und Gestalten), lassen sich Symbole als Aspekte jener (Innen-) Bilder erkennen, die menschliches Leben kontrollieren, ordnen und ihm Sinn verleihen.

* **Beispiele für versteckte symptomatische und symbolische Anlässe**

(1) Eine Mutter stellt ihre vierjährige Tochter wegen ständiger, nicht organisch bedingter Bauchschmerzen vor. *Anlass* der Anmeldung in der Erziehungsberatungsstelle ist die Sorge der Mutter, "es könne sich (wie der Kinderarzt sagte) bei ihrem Kind um 'irgend etwas Psychisches' handeln". *Symptom* im Sinne des Kennzeichnens einer Krankheit bzw. abnormer Organfunktionen sind die Bauchschmerzen. Die Heilpädagogin fragte sich: Was *bedeuten* Bauchschmerzen für *dieses* Kind? Das Mädchen kritzelte in ihrer Menschenzeichnung dunkle Punkte in ihren Bauchbereich und nannte sie "Steine". Unbewusst hatte das Kind sein Symptom symbolisch *ins Bild gesetzt* und so für die Heilpädagogin den *Sinn* des Symptoms entschlüsselt: Etwas Fremdes, Schwerwiegendes, Drückendes, Unverdauliches im Zentrum, der 'Mitte ihres Lebens' zu fühlen, das Angst macht. Die Suche nach dem Bedeutungsgehalt führte die Heilpädagogin zu der Erkenntnis, dass die Bauchschmerzen ein *Symbol,*

also ein Sinn-Bild für die unbewusste Angst des vierjährigen Mädchens waren, die Fürsorge der Mutter zu verlieren, da diese wieder arbeiten gehen und das Kind während dieser Zeit im Kindergarten und bei einer Nachbarin unterbringen wollte.

(2) Ein Junge wird wegen Tagnässens (Enuresis diurna) vorgestellt. *Anlass* ist der Ärger der Mutter, immer wieder die schmutzige Kleidung waschen zu müssen; ihre Furcht, die Nachbarn und andere Leute möchten "etwas über sie denken", weil ihr Junge nach Urin riecht und mit 5;2 Jahren noch nicht trocken ist; der Streit mit ihrem Ehemann, der gern "mit Strenge" durchgreifen möchte. *Symptom* ist die Enuresis. Als *Symbol* diente die Enuresis dem Jungen in diesem Falle als unbewusstes Imponiergehabe gegenüber der Mutter, um ihr zu zeigen, wie stark und männlich er wirklich sei (in Konkurrenz zum Vater) und als unbewusste Abwehr gegen die Verwöhnung und Verzärtelung der Mutter, die den Jungen in seinem phallischen Anspruch, d.h. in seinem altersgerechten Expansionsdrang, als "Hänschen" in die Welt gehen zu wollen, allzusehr einschränkte. Bildhaft - in Symbolsprache ausgedrückt - wollte der Junge vielleicht mitteilen: "Guck mal, ich habe den Bogen raus!, ich bin kein Baby mehr!, ich will nicht mehr am Rockzipfel hängen!, ich will in die Welt ziehen und Abenteuer erleben!" Er nutzte sein Tagnässen als aggressive symbolische Mitteilung zur Durchsetzung seiner altersgemäßen Ansprüche, nicht zuletzt in Konkurrenz gegenüber dem eher strengen Vater.

(3) Eine Jugendliche wird wegen Schulschwierigkeiten vorgestellt. Als *Anlass* äußert die Mutter Sorge, das zwölfjährige Mädchen "könne sitzenbleiben". Die Heilpädagogin formuliert den Anlass als Frage, ob sie wünsche, dass das Mädchen Nachhilfeunterricht erhalten solle? Die Antwort: "Nein, weil sie eigentlich mehr unkonzentriert ist". Außerdem müsse rasch etwas geschehen (obwohl noch 3/4 Jahr bis zur Versetzung Zeit ist!). Auf die Frage der Heilpädagogin, bis wann... erfolgt die Antwort: "Bis zur Klassenfahrt (in Kürze)". Das weitere Gespräch ergibt einen anderen, den versteckten Anlass: Die Mutter befürchtet, dass ihre Tochter nicht an der Klassenfahrt teilnehmen dürfe und dadurch „auffalle". *Symptom* sind 'Schulschwie-

rigkeiten' nicht im Sinne von Lernschwierigkeiten, sondern im Sinne von sog. 'Verhaltensauffälligkeiten'. Den weiteren Schilderungen nach hatte es den Anschein, als sei das Mädchen in Gefahr, sexuell zu verwahrlosen. Ihre Bereitschaft zu sexueller Betätigung mit Jungen an der Schule oder auf dem Nachhauseweg war den Lehrern bekannt und diese befürchteten ähnliche Vorkommnisse auf der Klassenfahrt. Die Mutter ihrerseits befürchtete ebenfalls einen Skandal. Als *Symbol* der Verhaltensauffälligkeiten zeigte sich der unbewusste Wunsch des pubertierenden Mädchens, in ihrer 'reifen' Fraulichkeit ernstgenommen zu werden. Sie wollte vor allem dem von der Mutter getrennt lebenden Vater imponieren und ihn veranlassen, seine Drohung wahrzumachen, er "würde das Kind holen, wenn die Mutter nicht erziehungsfähig sei". Dies wiederum erhellt den *Symbolgehalt des Anlasses:* Die Befürchtung der Mutter, die Tochter könne nicht mit zur Klassenfahrt, ist nur *Anstoß* und *Ausgangspunkt* im Anlass; *Grund* und *Ursache* im Anlass ist die Angst der Mutter vor der Wegnahme ihrer Tochter durch den getrennt lebenden Vater. Als *Symbolgehalt* des Symptoms stellt sich in der Arbeit mit der Jugendlichen ihr Wunsch heraus, vom Vater nicht verlassen sondern als 'Geliebte' angesehen zu werden und in Konkurrenz zu dessen jetziger Freundin zu treten.

• Fragestellungen zu Anlass, Symptom, Symbol

Wie die Beispiele zeigen, ist die Heilpädagogin herausgefordert, sorgfältig zu prüfen, wie die drei Aspekte: Anlass, Symptom, Symbol ineinander verwoben sind, wie sie sich gegenseitig bedingen. Hierbei können folgende Fragen hilfreich sein:

1. Anlass:
- Welcher Anstoß und Ausgangspunkt wird im Anlass benannt?
- Welcher Grund, welche Ursache liegen im Anlass?
- Ist der Anlass identisch mit dem Symptom?
- Ist der Anlass Ausdruck eines Symbols?

2. Symptom:
- Für was steht das Symptom? Was will der Mensch damit erreichen? Welche verschlüsselte Selbstaussage ist darin versteckt?
- Warum tut der Mensch das? Was sind seine Beweggründe? Was hat er früher in ähnlicher Weise erlebt und nicht bewältigt?
- Ist das Symptom identisch mit dem Anlass?
- Ist das Symptom Ausdruck eines tieferliegenden Symbolgehalts?

3. Symbol:
- Welchen Symbolgehalt hat der Anlass a) als Anstoß und Ausgangspunkt; b) als Grund und Ursache für die Anmeldung?
- Welchen Symbolgehalt hat das Symptom?
- In welcher Sprache wird das Symbol ausgedrückt: In Körpersprache, psychosomatischer Sprache?, Bildersprache usw., damit die Heilpädagogin im Spiel oder Gespräch auf derselben Symbolebene antworten kann, um in einen Dialog einzutreten.

• **Zusammenfassung**

Die Reflexion von Anlass, Symptom, Symbol erfolgt zu verschiedenen Zeitpunkten im Verlauf der HpE. Schon *wie* der Anlass bei der Anmeldung vorgetragen wird sowie das Benennen, Nichtbenennen bzw. falsch oder anders Benennen einer Symptomatik wird die Heilpädagogin zur Reflexion veranlassen. Dies kann in der –> Kontaktaufnahme oder im –>Erstgespräch der Fall sein oder schon bei der Auswertung eines Fragebogens, der vor Beginn einer Kontaktaufnahme verschickt wurde. Immer wieder wird die Heilpädagogin im Verlauf der Begleitung des Kindes oder Jugendlichen ebenso wie in der –>Beratung der Erzieherpersonen die gewandelten Einstellungen zu Anlass und Symptom reflektieren um dadurch einen gewandelten Symbolgehalt zu erkennen. Schließlich ist die Reflexion der drei Aspekte Anlass, Symptom, Symbol beim –>Vertragsabschluss von großer Wichtigkeit, um das Anliegen (stellvertretend) für den Auftraggeber deutlich formulieren und den Auftrag präzisieren zu können.

Ziff. 3   AUFTRAGGEBER, VOLLMACHT   —> S. 92

Begriffsbestimmung:

Auftraggeber sind der- oder diejenigen, die der Heilpädagogin die Anweisung zur Durchführung einer Heilpädagogischen Erziehungshilfe und Entwicklungsförderung (HpE) geben. *Auftragnehmer* ist die Heilpädagogin, die sich bereit erklärt, den Auftrag anzunehmen und auszuführen.
Vollmacht ist die Erlaubnis, anstelle des Auftraggebers als *Bevollmächtigter* zu handeln.

In diesem Übersichtsartikel werden folgende Themen angesprochen:

• Auftrag und Vollmacht für die Heilpädagogin 208
• Die Heilpädagogin als Auftragnehmerin und Bevollmächtigte 209
• Allgemeine rechtliche Grundlagen der Vollmacht 210
• Zusammenfassung 211

• **Auftrag und Vollmacht für die Heilpädagogin**

Vom Wort her beinhaltet der Begriff Vollmacht das Adjektiv 'voll', d.h. dass jemand viel hat, gefüllt, angefüllt, erfüllt ist von der ihm übertragenen Aufgabe. Zur Erfüllung einer Aufgabe bedarf es der 'Vollkommenheit'. Vollkommen ist derjenige, der vollständig ausgebildet ist, und der deshalb eine ihm übertragene Aufgabe, ein Werk, zu Ende führen, es 'vollenden' kann. So kann es sein, dass eine unvollständige Sache, ein unvollkommenes Werk vervollkommnet werden muss. Dies bedeutet, dass die Heilpädagogin als Bevollmächtigte 'bis zum Ende stehen, ausharren und vollen Stand' besitzen muss, bis die übertragene Aufgabe 'vollständig' und in allen Teilen erfüllt ist.
Auftraggeber für eine HpE sind gewöhnlich die erziehungsberechtigten Bezugspersonen, normalerweise die Eltern. Wenn die Heilpädagogin in einer Beratungsstelle arbeitet, wird sie diese meist zu Gesicht bekommen, alle wichtigen Belange mit ihnen besprechen und in der folgenden –>Erziehungsberatung mit ihnen in Kontakt bleiben.

Arbeitet die Heilpädagogin in einem Heim, sind die Auftraggeber oft die Erzieher der Gruppe, in der das Kind, der Jugendliche leben. Sie erhoffen sich durch die Arbeit der Heilpädagogin Entlastung von sogenannten 'Verhaltensauffälligkeiten' und 'Erziehungsschwierigkeiten'. Bevor die Heilpädagogin tätig wird, sollte sie mit der Heim- oder Erziehungsleitung abklären, inwieweit sie dem Anliegen der Erzieher entgegenkommen kann und darf. Gegebenenfalls ist mit dem Vormund beim Jugendamt oder dem erziehungsberechtigten Elternteil Rücksprache zu nehmen.

In anderen Einrichtungen kann der Auftraggeber ein Vorgesetzter sein, bei Studenten und Praktikanten der Heilpädagogik z.B. der Praxisanleiter.

- **Die Heilpädagogin als Auftragnehmerin und Bevollmächtigte**

Um die durch Vollmacht übertragene Weisung und Aufgabe zu Ende führen zu können, wird die Heilpädagogin als Bevollmächtigte jemand sein, die mit der ihr gegebenen *Macht* verantwortungsvoll umgehen kann. Macht ist gleichbedeutend mit Herrschaft, Gewalt, Einfluss, Kraft und Stärke. Es gibt die Macht der Liebe ebenso wie den Machtmissbrauch; die Möglichkeit, offen Einfluss zu nehmen ebenso wie die Macht der undurchsichtigen, unbekannten Gewaltausübung. Vom Wort her beinhaltet Macht von alters her soviel wie *mögen, vermögen, können*. Deshalb wird sich die Heilpädagogin damit auseinandersetzen, ob sie den Auftrag, die Vollmacht, die ihr gegeben ist oder gegeben wird, überhaupt 'mag', d.h. ob sie bereit und willens ist, sich nicht nur mit dem Verstand, sondern auch mit ihrem Gefühl, ihrem ganzen 'Vermögen', ihrem ganzen Können einzusetzen. Wenn sie Zweifel daran hat, sollte sie nicht als Bevollmächtigte auftreten und keine Vollmacht übernehmen, selbst dann nicht, wenn sie ihr generell durch ihren beruflichen Auftrag gegeben wäre. Sie darf sich also nicht einfach einer Sache, eines Auftrags im Alleingang 'bemächtigen', sich nicht 'eigenmächtig' über seine Vollmacht hinwegsetzen oder sich gar eine Vollmacht aneignen, die ihr nicht zusteht.

Vor der Übernahme eines Auftrags zur Durchführung einer HpE wird sich die Heilpädagogin also ihrer eigenen Vollmacht versichern, sowohl der Vollmacht, die ihr durch ihre Position in der Institution überantwortet ist, wie auch jener persönlichen Vollmacht, die sie nur ganz allein beurteilen und vor ihrem Gewissen verantworten kann. Formal geschieht dies, indem sich die Heilpädagogin vom jeweiligen Auftraggeber, meist den Erziehungsberechtigten, diejenige Vollmacht (mündlich oder schriftlich) erteilen lässt, die sie gegenüber Dritten berechtigt, im Namen des Auftraggebers aufzutreten, z.B. gegenüber Lehrern, Hausarzt, Verwandten usw. Auch in der Einrichtung wird sich die Heilpädagogin im –>Teamgespräch rückversichern, ob sie wirklich diejenige Vollmacht besitzt, die sie im Rahmen ihrer Tätigkeit in dieser Einrichtung und im Sinne der Sache zu haben glaubt und die sie ermächtigt, bestimmte Informationen einzuholen oder Handlungen eigenverantwortlich bzw. nur in Zusammenarbeit mit anderen Kollegen ausführen zu dürfen.

• **Allgemeine rechtliche Grundlagen der Vollmacht**

Vor der Übernahme des Auftrages zur Durchführung einer HpE wird die Heilpädagogin auch die *Vollmacht des Auftraggebers prüfen.* Sie wird sich rückversichern, dass der Auftraggeber Vollmacht hat, den Auftrag zu erteilen, zu kontrollieren und ggf. zurückzuziehen, denn *Vollmacht ist die Erlaubnis, anstelle eines anderen zu handeln.* Die Vollmacht kann generell oder nur für spezielle Aufträge erteilt werden. Die Heilpädagogin wird sich über das rechtliche Verhältnis informieren, in dem der Auftraggeber zum Kind/Jugendlichen steht. Es kommt nicht selten vor, dass - z.B. im Rahmen eines Scheidungsprozesses - falsche Angaben gemacht und die Arbeit der Stelle und der Heilpädagogin zum Erlangen des Sorgerechts missbraucht werden. Leidtragende sind immer wieder das Kind, der Jugendliche, die evtl. in schweren Loyalitätskonflikten leben und sich nicht trauen, die Wahrheit zu sagen. Versucht die Heilpädagogin ein vertrauensvolles Verhältnis aufzubauen, kann es geschehen, dass sie selbst 'zwischen die Mühlsteine' gerät und nicht mehr als Helfer des Kindes tätig sein darf, weil man ihr die Vollmacht entzieht, was für das Kind, den Jugendlichen einen erneuten Vertrauensbruch bedeuten kann.

Die gesetzliche Grundlage ist das *Elternrecht,* Art. 6 GG. Auf der verfassungsrechtlichen Grundlage wird das Elternrecht geregelt, das nicht missverstanden werden darf als Freibrief für elterliche Willkür. Anstelle der elterlichen Sorge kann die *Vormundschaft* stehen. Die *Pflegschaft* kann in beiden Fällen hinzutreten.

Neben dem elterlichen Recht und der Pflicht zur Personen- und Vermögenssorge wird die Heilpädagogin auch die Frage klären, wer die *Erziehungsberechtigung* innehat. Jeder junge Mensch hat einen Anspruch auf *Erziehung und Bildung.* Dieser Anspruch kann

a) gesetzlich begründet sein, durch Ausübung von Eltern, Vormund oder Pfleger (familienhafte Erziehung) oder durch den Staat, wobei man von 'öffentlicher Erziehung' spricht;

b) durch Vertrag begründet sein, z.B. bei Berufserziehung des Kleinkindes im Kindergarten, des Jugendlichen in der Jugendgruppe sowie bei bestimmten Maßnahmen der öffentlichen Erziehung.

* **Zusammenfassung**

Im Rahmen des ihr übertragenen Auftrags und ihrer Vollmacht wird sich die Heilpädagogin vergewissern, dass sie bei ihrer Dienstleistung ihre Kompetenzen nicht überschreitet und deshalb mit den Erziehungsberechtigten bzw. dem Auftraggeber einen entsprechenden –>Vertrag abschließen. Im Rahmen der vertraglichen Vereinbarungen wird sie sowohl ihre eigene Bevollmächtigung wie auch die ihrer Auftraggeber prüfen, um sich nicht in einen heilpädagogischen Prozess einzulassen, den sie je nach gegebenen Umständen zu Ungunsten des ihr anvertrauten Kindes oder Jugendlichen vorzeitig abbrechen muss.

Ziff. 1   AUSKUNFT/INFORMATION   —> S. 92

Begriffsbestimmung:

Auskunft bedeutet "belehrende, aufklärende Mitteilung"; das Adverb *aus* hat im Germanischen die Bedeutung von "auf etwas hinaus, aus etwas heraus, empor, hinauf zu..."
Information heißt soviel wie "Nachricht, Auskunft, Belehrung". Aus dem lat. 'informare' entlehnt bedeutet dies im übertragenen Sinne "durch Unterweisung bilden, unterrichten", in der Grundbedeutung des Wortes "eine Gestalt geben, formen, bilden". (nach DUDEN)

In diesem Übersichtsartikel werden folgende Themen angesprochen:

- Auskunft/Information im Rahmen der HpE 212
- Die Heilpädagogin als Auskunftgeber und Informant 213
- Zusammenfassung 215

- ### Auskunft/Information im Rahmen der HpE

Die Definitionen und die Herkunft der Begriffe Auskunft/Information machen deutlich, dass es sich nicht um etwas 'Dahingesagtes', etwas 'Nebensächliches', etwas 'zwischen Tür und Angel Abzumachendes' handelt, sondern dass die Heilpädagogin den Auskunft- und Informationssuchenden als jemanden sehen sollte, der "aus etwas heraus, zu etwas hin" unterwegs ist. Weil er es selber nicht finden kann, sucht er sich kundig zu machen. Deshalb wird die Heilpädagogin sich selbst fragen, ob sie erfahren und sachkundig ist, im Rahmen ihrer –>Legitimation –>Autorität und –>Kompetenz den Anfragenden, Informationssuchenden zu 'unterweisen' und zu 'belehren', ihm also sinnvolle und erschöpfende Auskunft oder Information zu erteilen.

Eine Auskunft/Information, um die die Heilpädagogin angefragt wird, hat meist nicht nur den Charakter eines personenunabhängigen Sachwissens, wie etwa die Auskunft über die Rufnummer eines Fernsprechteilnehmers. Bereits die Anfrage, etwa beim Sekretariat einer

212

Beratungsstelle: "Meine Tochter hat immer Bauchschmerzen, und der Kinderarzt hat gesagt, ich soll mich an Sie wenden, was ich machen soll..." leitet einen Vorgang ein, der nicht allein durch Auskunft/Information abzuklären ist. Schon um der Mutter, dem Vater eine Antwort geben zu können, ist es notwendig, dass die Heilpädagogin das Kind kennenlernt. Sie wird selbst, meist im Verbund mit anderen Fachleuten, eine Diagnose erstellen, eine hilfreiche Begleitung empfehlen oder ein Förderprogramm entwickeln. Auch die Aufklärung über die HpE, über eine angemessene Art der Begleitung oder über eine andere soziale Dienststelle, die –>Hilfe leisten kann, ist nicht allein sachbezogen. Sie hat indirekt - jedoch notwendigerweise - die Mitbedeutung, dass diese Information in das Leben des Kindes oder Jugendlichen und seiner Eltern mehr als üblich hineinwirkt, weil sie den Charakter einer Empfehlung hat.

- **Die Heilpädagogin als Auskunftgeber und Informant**

Die Heilpädagogin wird sich bemühen, die dem Informationssuchenden *angemessene Antwort* zu geben, *in einer Sprache, die verständlich ist;* in einer Dosierung, die verkraftbar erscheint und auf eine Art und Weise, die dem Inhalt und der Bedeutung der Auskunft/Information angemessen ist. Dabei wird sie sich der Besonderheit der jeweiligen Situation bewusst sein und sich der Kommunikationsträger bedienen, die am ehesten geeignet sind, die entsprechende Nachricht zu übermitteln. Telefonat, Brief oder Gespräch sind jeweils andere und in ihrem Informationswert wie in ihrer Wirkung abzuschätzende Möglichkeiten. Darauf ist besonders bei der angemessenen Übermittlung von Nachrichten an Kinder und Jugendliche zu achten, die sich persönlich angesprochen fühlen, wenn die Heilpädagogin ihnen z.B. eine bunte Tier-, Spruch- oder Bildkarte im Briefumschlag zusendet. Sicher werden sie einer solchen Auskunft/Information eher ihr Interesse widmen, als einem formalen Schreiben. Die Heilpädagogin kann auf diese Weise einen besonderen Anreiz zur Weiterarbeit und Reflexion setzen. Dabei wird sie das Milieu und die Situation der Adressaten sorgfältig bedenken.

So kann die Information/Auskunft, die die Heilpädagogin geben kann, bereits ein –>Rat sein oder zur –>Beratung weiterführen. Nach BACH (1972) ist die Auskunft bereits die einfachste Form der Beratung, und KAMPHUIS (1963) sieht im Erteilen von Auskünften bereits einen wichtigen Beitrag zur Verbesserung der Lage des Klienten, da in der heutigen Zeit das Leben so kompliziert und der gesellschaftliche Mechanismus so undurchsichtig ist, dass schon die Tatsache, dass jemand den Weg nicht weiß, ein Problem schaffen kann, und dadurch andere Probleme des Klienten noch schwieriger werden können. SKIBA (1969) sieht die Informationsvermittlung - neben aktiver Auseinandersetzung und der Forderung nach Übernahme einer als subjektiv für richtig angenommenen Ansicht - als wichtigstes Kennzeichen einer Beratung an. In diesem Sinne findet auch TAUSCH (1970) Auskunft/Information immer dann angemessen, wenn Schwierigkeiten und Probleme auftauchen, die auf mangelnde Information und Kenntnisse zurückzuführen sind.

Beide Begriffe, Auskunft und Information, sollten deshalb zusammengesehen werden, wie es in der definitorischen Verwandtschaft zum Ausdruck kommt. Nach LATTKE (1969) können beide Begriffe unter dem Aspekt der Ausführlichkeit und der Entscheidungsfreiheit geordnet werden, die dem Auskunftsuchenden bleibt. So könnte man folgende Rangfolge aufstellen:

a) *Information:* Einfache Auskunft durch Mitteilung von Tatsachen;

b) *Erläuterung und Aufklärung:* Darstellung von Zusammenhängen;

c) *Beratung:* Vertiefte Auseinandersetzung und Sinnerfassung.

Diese Bandbreite ist von der Heilpädagogin vor allem im Hinblick auf die –>Erziehungsberatung der Eltern und Bezugspersonen zu berücksichtigen. Oftmals herrscht eine erschreckende Unkenntnis und Unwissenheit der Eltern über die notwendigen und wichtigen Hilfen zur Entwicklung und für das Erleben ihrer Kinder und Jugendlichen vor, so dass es sinnvoll erscheint, sich gemeinsam mehr Zeit zu nehmen. (–>Anamnese; –>Erstgespräch; –>Exploration)

"Die *Unterredung mit den Eltern* dient vor allem der Feststellung der Tatsachen. Was liegt überhaupt vor? Den Eltern muß Gelegenheit gegeben werden, sich wirklich auszusprechen; der Berater muß zuhören können. Durch Fragen wird er die Eltern veranlassen, zu präzisieren und zu ergänzen. Er wird außer über den eigentlichen Beratungsanlaß auch über das Gesamtverhalten, über die Entwicklung des Kindes und seine bisherigen Schicksale Bescheid wissen und insbesondere auch darüber etwas hören wollen, was es gut kann und gerne tut, was an ihm anerkennenswert und lobenswert ist. Bei alldem bekommt er auch ein Bild vom Ratsuchenden selber; und auch dies ist wichtig schon um des Verständnisses des Kindes selber willen." (MOOR 1965, 442)

• **Zusammenfassung**

Auskunft und Information sind zusammengehörige Begriffe, die im Rahmen heilpädagogischer Arbeit nicht nur der reinen Sachinformation dienen, sondern darüber hinaus immer schon einen empfehlenden Charakter haben, der mehr als üblich in das Leben der Auskunft- und Informationssuchenden hineinwirkt. Deshalb wird sich die Heilpädagogin der Besonderheit der jeweiligen Situation bewusst sein und sich der Kommunikationsträger bedienen, die am ehesten geeignet sind, die entsprechende Nachricht zu übermitteln. Sie wird außerdem vermeiden, in sog. 'Tür- und Angel-Gesprächen' Auskünfte oder Informationen zu geben, die über den formalen Charakter von Telefonnummern, Öffnungszeiten und Terminabsprachen hinausgehen. Selbst diese können, ebenso wie beispielsweise Zuspätkommen oder Zufrühkommen, einen symbolischen Mitteilungscharakter haben, den die Heilpädagogin aufmerksam wahrnehmen und angemessen berücksichtigen sollte.

Ziff. 1   AUTORITÄT   —>S. 92

Begriffsbestimmung:

Der Begriff 'Autorität' bedeutet u.a. Würde, Ansehen und Geltung von Personen oder unpersönlichen Wertträgern, wie Symbolen, Bräuchen und Einrichtungen, in den Augen anderer. Autorität ist die *erfahrbare und beweisbare Vertrauenswürdigkeit* oder der Rechtsanspruch einer Person oder Sache (z.B. eines Buches), die eine andere Person von der Wahrheit eines Sachverhaltes oder von der Gültigkeit einer Anordnung überzeugen bzw. auf sie zu verpflichten vermag, auch wenn diese nicht unmittelbar einsichtig sind. Im einzelnen beinhaltet der Begriff Autorität folgende Aspekte:

Autorität (lat.) auctoritas 'die zwingende Macht des Überlegenen; Ansehen; angesehene, maßgebende Persönlichkeit';

auctor: Urheber, Beförderer, Gewährsmann, Bürge;

augere: Vermehren, bereichern, wachsen lassen;

autoritativ: In legitimer Vollmacht maßgebend und entscheidend handeln;

autoritär: In illegitimer Machtanmaßung handelnd bzw. regierend.

In diesem Übersichtsartikel werden folgende Themen angesprochen:

- Autorität in der HpE 216
- Herkunft des Begriffs und Arten von Autorität 217
- Die Autorität der Heilpädagogin 219
- Zusammenfassung 221

• Autorität in der HpE

Eine Heilpädagogische Erziehungshilfe und Entwicklungsförderung (HpE) ist ohne die Autorität der Heilpädagogin nicht möglich, weil oftmals keine unmittelbare Einsicht in die gestörten Beziehungen und Erziehungsverhältnisse vorhanden ist. Diese Einsicht über Ursachen und Wirkmechanismen muss erst Schritt für Schritt erarbeitet werden, muss erkannt, angenommen und ins Handeln umgesetzt werden. Deswegen ist es unmöglich, in einer HpE ohne Vertrauen und Bereitwilligkeit zusammenzuarbeiten. *Vertrauen* heißt in diesem Zusammenhang die Annahme einer Wahrheit auf die Autorität der Heilpädagogin hin. *Bereitwilligkeit* heißt in diesem Zusammenhang die Annahme einer Anordnung auf die Autorität der Heilpädagogin hin.

Dabei sollte bedacht werden, dass wirkliche Autorität im Widerspruch steht zu 'autoritär', was ja 'in illegitimer Machtanmaßung handeln' bedeuten würde. Insofern ist auch die Heilpädagogin an eine größere Autorität gebunden, sei diese *subjektiv* (Vertrauen auf eine höhere Autorität, Hören auf das Gewissen, Gebundenheit an Regeln), *personal* (Vorgesetzter) oder *fachlich* (Wissen, Team) verstanden. Beispielsweise ist der Vertrag über die HpE, die mit den Eltern oder Erziehungsberechtigten erarbeiteten und die mit dem Kind, dem Jugendlichen für die heilpädagogische Begleitung geltenden Regeln auf Autorität gegründete Setzungen, denen sich auch die Heilpädagogin, in Anerkennung einer personalen und sachlichen Autorität, unterwirft.

Die Autorität der Heilpädagogin gründet in einem heilpädagogischen Menschenbild, das persönlich erarbeitet ist und tragfähig wird durch Auseinandersetzung in Heilpädagogischer Anthropologie und Berufsethik, auf theologischer und philosophischer Grundlage und in berufsbezogener –>Selbsterfahrung. Die Heilpädagogin ist bemüht, ihr Menschenbild schon im Studium bewusst zu gestalten und zu leben. Dazu gehört der Versuch, die Gleichwertigkeit aller Menschen, die Ehrfurcht vor dem Leben eines jeden Menschen und die Nächstenliebe zu jedem Menschen zu praktizieren, unabhängig von dessen augenblicklicher körperlicher, seelischer oder geistiger Verfasstheit und unabhängig von dessen persönlicher Schuld oder den jeweiligen sozialen Bedingungen.

• Herkunft und Arten des Begriffs Autorität

Die Entstehungsgeschichte des Begriffs Autorität in der römischen Welt ist verknüpft mit dem Begriff der *Verantwortung,* z.B. im Sinne einer Bürgschaft: Ich hafte und leiste Sicherheit für etwas oder jemanden, mit Leib und Leben oder mit meinem Vermögen. Wer Autorität besitzt,
- ist fähig, Gewesenes und Zukünftiges in weisem Rat und gerechtem Urteil miteinander zu verbinden, damit es in der Gegenwart sinnvoll und nutzbringend, d.h. verantwortlich gestaltet werden kann;

- ist zu fruchtbarer und tatkräftiger Leistung fähig;
- ist in der Lage, kreativ zu sein: Neues zu schaffen und zu gestalten;
- besitzt die Kraft, Dinge zur umfassenden Einheit in Richtung der jeweils möglichen Entwicklung und Reife voranzutreiben;
- ist Vorbild, Modell, indem er andere 'ergreift' und 'fesselt', d.h. zur Nachahmung und zur Auseinandersetzung anregt und herausfordert.

Im wesentlichen lassen sich drei Arten von Autorität unterscheiden:

1. Die *Amtsautorität* tritt in vielen Institutionen mit hierarchischen Strukturen auf: Schule, Behörde, Polizei, Industriebetriebe, Kirchen, Krankenhäuser usw. sind in der Regel so aufgebaut, dass verschiedene Personen in unterschiedlich hohem Maße über die Zusammenhänge in der Organisation informiert bzw. zum Erteilen von Anweisungen berechtigt sind. Je höher die Position innerhalb der Organisation, desto mehr Informationen sind dem Positionsträger zugänglich und desto bedeutsamere Entscheidungen kann er treffen. Der Positionsinhaber hat aufgrund seines Amtes eine bestimmte Art von Autorität inne, eben die Amtsautorität.

2. Die *Fachautorität* basiert auf der Grundlage 'Wissen ist Macht'. Aufgrund eines Berufes ist z.B. ein bestimmtes fachliches Wissen vorhanden, das dem Inhaber dieses Berufes von vornherein eine gewisse fachliche Autorität verleiht. Je nachdem, welche Werte in einer Gesellschaft hoch geschätzt werden, wird auch die entsprechende Fachautorität hoch oder niedrig eingestuft, was sich bis hin zu Ausbildungsdauer, Bezahlung, Privilegien und Pflichten dokumentiert. Wichtigste Kriterien der Fachautorität sind Wissen und Können.

3. Von *Persönlichkeitsautorität* sprechen wir, wenn eine 'starke Persönlichkeit' ihre Mitmenschen beeindruckt. Ein Mensch, der allein durch seine Person Autorität besitzt, wird als 'Persönlichkeit' bezeichnet. Der Mensch als Persönlichkeit hat keine direkten Machtmittel zur Verfügung. Er wirkt allein aufgrund seiner Überzeugungskraft und Ausstrahlung. Diese Form der Autorität wirkt (theoretisch) losgelöst von gesellschaftlicher Stellung, Rang, beruflichem oder sonstigem Wissen. Jede Person kann unabhängig davon Autorität sein oder werden: Ein Mensch, der mehr darstellt, als man

ihm aufgrund von Ausbildung oder Beruf zutrauen würde. Allerdings wächst Persönlichkeit heran: Durch innere und zwischenmenschliche Auseinandersetzung, durch den Prozess der Individuation (Selbstwerdung, Selbstverwirklichung) entsteht auch eine größere Selbstsicherheit, wodurch persönliche Eigenschaften deutlicher und dauerhafter gezeigt werden, so dass ein 'Bild' über die Persönlichkeit eines Menschen in seinem Frausein oder Mannsein entsteht.

• **Die Autorität der Heilpädagogin**

Die Autorität der Heilpädagogin vereinigt Person- und Sachautorität. Im Einzelfall kann aufgrund einer bestimmten Position, wie z.B. Erziehungsleitung, Heimleitung, Teamleitung, eine Amtsautorität gegeben sein. Person- und Sachautorität der Heilpädagogin kommen in der heilpädagogischen Haltung und im heilpädagogischen Tun zum Tragen. Beides vereinigt sowohl erzieherisches wie therapeutisches Handeln. Solche Haltung und solches Handeln sind für eine Erziehung unter erschwerenden Bedingungen notwendig und werden zu einer Hilfe für das Kind, den Jugendlichen und seine Bezugspersonen, so dass sich die Heilpädagogin in ihrer Autorität als *Helferin* verstehen darf. Sie wird ihre Autorität so einsetzen, dass sie sich in schöpferischer und konstruktiver Weise auf den Erziehungsprozess des Kindes bzw. Jugendlichen und auf den Beratungsprozess der Eltern und Bezugspersonen auswirken kann,
- durch das eigene Handeln, das Autorität repräsentiert, indem sie mit Achtung, Rücksichtnahme, Verlässlichkeit, Vertrauen, Bestimmtheit ihre Handlungen ausführt;
- durch die Art ihrer äußeren und inneren Haltung im Reden und Tun, durch die in den beteiligten Personen die Voraussetzung geschaffen wird, sich mit ihrem Leben vertrauensvoll auseinanderzusetzen: Fragen zu stellen, Antworten zu suchen und sich bestehende Schwierigkeiten immer ehrlicher bewusst zu machen;
- durch ihre Person, die alle fach- und sachgerechten Hilfsangebote, wie z.B. entsprechendes Material und Reize, so einsetzt, dass ein positiver Entwicklungsprozess in Gang gebracht wird.

Um ihre Autorität so einsetzen zu können, sollte die Heilpädagogin...

- sich bewusst werden, dass sie selbst in ihrem Menschsein stets herausgefordert ist, eine gewisse Unsicherheit zu ertragen, wenn sie nicht unrealistische Sehnsüchte in sich und anderen wecken will. Allmählich entwickelt sich so die Fähigkeit, *Vorläufiges auszuhalten und zu relativen Antworten und Sicherheiten zu kommen,* so dass Kurzschlüsse und scheinbar absolute Sicherheit, d.h. Scheinsicherheit und Selbsttäuschung, vermieden werden. Dabei hilft die Bereitschaft, *sich selbst* und das *Kind, den Jugendlichen,* immer wieder neu *mit Hilfe Dritter in Frage zu stellen.*

- sich an der Seite des Kindes/Jugendlichen in den *ganz persönlichen, sach- und fachgerechten Dienst an der gemeinsamen Aufgabe stellen,* z.B. durch das gemeinsame Suchen nach der Lösung eines Problems; nach der bestmöglichen Entscheidung zwischen einander widersprechenden Wünschen und Bedürfnissen usw. Die gemeinsame Aufgabe verträgt und verlangt den überlegenen Partner, der fähig und bereit ist, Entscheidungen stellvertretend zu treffen und Verantwortung vorübergehend in letzter Instanz zu übernehmen, je nach Person und Situation des Kindes/Jugendlichen und der Eltern bzw. Bezugspersonen.

- *diagnostisch und pädagogisch-fördernd (= heilpädagogisch)* denken und sich entsprechend einfühlen können, um das Kind, den Jugendlichen und die Bezugspersonen nicht zu über- oder zu unterfordern. Dementsprechend wird die Heilpädagogin trotz aller Nähe die angemessene Distanz wahren und *Regeln* als Stützen und Hilfen einsetzen, jedoch nicht der Gefahr der falschen Alternative von 'gemeinsamer Sache' contra 'autoritäres Bestimmen' erliegen.

Letztendlich wird die Heilpädagogin nur dann als Autorität verantwortlich handeln können, wenn sie in sich ein immer wieder neu bewusst gestaltetes und gelebtes Menschenbild entwickelt, in welchem sich der

"Glauben an die Gleichheit der Menschenwürde und an die dadurch entstehende Nächstenliebe verbunden hat," ... so dass sie zu "einer Überwindung der gebrochenen gesellschaftlichen Identität durch den Aufbau einer *sittlich-religiösen Identität* gelangen" kann. (HAEBERLIN 1985, 73)

Das bedeutet, dass die Heilpädagogin in ihrem Leben einen Sinn gefunden hat und ihre berufliche Identität ebenso wie ihr privates Leben diesem Sinn zu- und unterordnet.

"Die Sinnfrage löst sich meines Erachtens erst dann, wenn ich eine Möglichkeit menschlichen Seins annehme, welche allen Erklärungen entzogen ist. Diese aus den bisherigen Theoremen nicht ableitbare Möglichkeit menschlichen Seins nenne ich die *religiöse Haltung* des Menschen. ... Mit Religiosität meine ich die menschliche Möglichkeit der wertgeleiteten Emotionalität. Erst wenn ich in einer über das Biologische und Gesellschaftliche hinausgehenden Haltung Sinnfindung erlebe, kann ich mich, trotz meiner unaufhebbaren Abhängigkeit vom gesellschaftlichen Egoismus, als freies Subjekt erleben. Ich kann mich in dieser Haltung frei fühlen von den gesellschaftlichen Zwängen und von meiner Verurteilung zum egoistischen Handeln in der gesellschaftlichen Umwelt, weil sich in meiner Emotionalität aus unerklärlichen Gründen ein Glaube an die Würde aller Menschen und eine Achtung vor menschlichem Sein regt, den ich schlicht als Glaube an die Nächstenliebe bezeichnen möchte." (HAEBERLIN 1985, 71)

• **Zusammenfassung**

Autorität ist die erfahrbare und beweisbare Vertrauenswürdigkeit, die eine andere Person von der Wahrheit eines Sachverhaltes oder von der Gültigkeit einer Anordnung zu überzeugen bzw. auf sie zu verpflichten vermag, auch wenn diese nicht unmittelbar einsichtig sind. Ohne Autorität der Heilpädagogin ist eine HpE nicht durchführbar. Ihre Autorität ist primär als Person- und Sachautorität zu verstehen. Sie gründet in einem persönlich erarbeiteten heilpädagogischen Menschenbild, in dem es kein 'unwertes Leben' gibt.
Autorität zu beanspruchen bedeutet Verantwortung zu übernehmen, indem das Risiko für Entscheidungen übernommen und Vorläufiges ausgehalten wird und die Offenheit für relative Antworten und Sicherheiten vorhanden ist, so dass Kurzschlüsse und scheinbar absolute Sicherheit, d.h. Scheinsicherheit und Selbsttäuschung, vermieden werden. Dabei hilft die Bereitschaft, sich selbst und das Kind, den Jugendlichen und dessen Bezugspersonen immer wieder neu mit Hilfe Dritter in Frage zu stellen. (berufsbezogene –>Selbsterfahrung, –>Fallbesprechung, –> Supervision)

221

BEFUNDERHEBUNG

Begriffsbestimmung:

Die heilpädagogische Befunderhebung ist Sammlung, Zuordnung, Beschreibung und Gewichtung aller Erkenntnisse, die die Heilpädagogin benötigt, um einen Menschen in seiner Befindlichkeit zu verstehen. Ziel der heilpädagogischen Befunderhebung ist es, mittels heilpädagogischer –>Diagnostik eine erste und später fortlaufende –>Diagnose zu erstellen, so dass die angemessene heilpädagogische –> Hilfeleistung (–>Begleitung und –>Beratung) auf dem Lebensweg für *diesen* heilpädagogisch bedürftigen Menschen und seine Bezugspersonen gefunden werden kann.

In diesem Übersichtsartikel werden folgende Themen angesprochen:

*   Heilpädagogisches Menschenbild, Weltverständnis und pädagogischer Bezug 222
*   Heilpädagogische Beziehung als Erziehungsverhältnis 226
*   Grundlegende heilpädagogisch relevante Methoden als Zugangswege zum Verstehen der Befindlichkeit des beeinträchtigten und behinderten Menschen 227
*   Ergebnisse der heilpädagogischen Befunderhebung 236
*   Zusammenfassung 237

*   **Heilpädagogisches Menschenbild, Weltverständnis und pädagogischer Bezug**

Im Begriff 'Befund' steckt etymologisch das Verb *'finden'* in der Bedeutung von 'treten', 'gehen', d.h. sich aufmachen, um den richtigen 'Tritt' auf dem Weg, dem Pfad, der eingeschlagenen Bahn zu finden. Wer etwas finden will, muss sich auf die Suche begeben, sich in Bewegung setzen, losgehen, um etwas Neues anzutreffen, d.h. auf etwas zu stoßen, auf etwas zu kommen. Zugleich steckt darin das Verb *'erfinden'* im Sinne von „herausfinden, gewahr werden". (DUDEN) Diesen ursprünglichen Bedeutungsinhalten schließt sich der heutige Begriff 'Befund' im Sinne „nach einer Untersuchung dafür halten" bzw. „etwas für gut befinden" an. (DUDEN) In diesem Sinne wird Befund verstanden als ein auf wissenschaftliche Verfahren gestütztes fachliches Urteil sowie die daraus resultierende Diagnose von Sachverhalten. Einen Befund zu erstellen, eine Befunderhebung einzuleiten beinhaltet aber auch das Präfixverb *'befinden'* im Sinne von „erfahren, kennenlernen, [be-]merken, wahrnehmen" sowie 'befindlich' im Sinne von „anwesend" sein (DUDEN), mit allen Sinnen zugegen sein, wahrnehmbar und 'für-wahr-zu-nehmen' sein in seinem Tun und Lassen. So führt uns der etymologische Bedeutungsgehalt des Begriffs 'Befund' schließlich zu dem, was philosophisch bedeutet, den Menschen in seiner Ganzheitlichkeit, nämlich in seiner *„Befindlichkeit"* zu erfassen und zu verstehen. Befindlichkeit ist das grundlegende Sich-befinden des Menschen, die zentrale, nicht in Gefühle oder Stimmungen differenzierte Gestimmtheit, durch die sich der Mensch in seinem Verhalten getragen und bestimmt erlebt, die aber von ihm nicht beherrschbar ist, d.h. sein 'Geworfensein' und 'Angewiesensein' auf diese Welt in allen Wechselbezügen, sein "In-der-Welt-Sein". Dieses In-der-Welt-Sein wird verstanden als "fundamentales Existential", als existentielles Gegebensein, nicht im Nebeneinander der Objekte Mensch und Welt, auch nicht im räumlichen Sinne des 'Darin-Seins' des Menschen in der Welt, ebensowenig als Verhältnis von 'Subjekt Mensch' zu 'Objekt Welt'. Vielmehr ist Befindlichkeit zu verstehen als unverwechselbar menschliches "geworfen in sein Da", das den Menschen aufgrund seiner Erfahrung von Not, Leid und Tod mit Angst und Sorge um sein Dasein und Menschsein erfüllt. (vgl. HEIDEGGER 1927)

Um die Befindlichkeit eines Menschen verstehen zu können, ist die Heilpädagogin herausgefordert, auf die Angst, die Sorge und das Leid solcher Menschen zu antworten, die in ihrem Menschsein und Menschwerden beeinträchtigt oder behindert sind oder sich so erleben. Auf diese Angst und Sorge, die sich bei beeinträchtigten und behinderten Menschen und ihren Berzugspersonen besonders stark äußern kann und die sich oft hinter sogenannten „Verhaltensauffälligkeiten" und psychosomatischen Erkrankungen verbirgt, sollte die Heilpädagogin zunächst selber als Mensch Antwort geben können. Sie kann sich mit Martin HEIDEGGER fragen, wie sie selbst in ihrem Leben mit der auch ihr eigenen Grundbefindlichkeit der Angst umgeht und ob sie die Bereitschaft und die Entschlossenheit besitzt, ihr Menschsein als "geworfen" in die Welt zu ertragen und nach dem Lebenssinn im Dasein und der Lebensaufgabe im Sosein zu suchen, um reif zu werden zur Übernahme persönlicher Verantwortung für sich und andere.

Wenn die Heilpädagogin einem geistig-, sinnes-, körperlich-, seelisch- und sozial beeinträchtigten, behinderten oder geschädigten Menschen in seinen gestörten Erziehungsverhältnissen helfen will, genügt es nicht, die vorliegenden medizinischen, psychologischen und soziologischen Bedingungen und Befunde genau zu studieren und auszuwerten, bevor sie wirksame heilpädagogische Hilfe leisten kann. Vorab muss die Heilpädagogin über ihr eigenes Menschenbild[1] und ihr Weltverständnis[2] Klarheit gewinnen, damit sie für sich und gegenüber dem Du des Mitmenschen einen inneren Standort findet. Von diesem inneren Standort her, dem *'Ort' ihrer persönlichen und beruflichen Identität,* wird sie in ihrem Denken und Handeln ausgehen und - durch (Selbst-)Reflexion geläutert - wieder zurückfinden. Anderenfalls wird die Heilpädagogin in ihrem eigenen Dasein und Sosein von den Zeitgeschehnissen und ihrer Aufgabe überrollt, weil

---

[1]*Menschenbild:* Ein Bild ist immer eine "aus Vielheiten aufgebaute Einheit, die in sinnvoller Weise nicht mehr aufgelöst werden kann". Es zeigt "das Ganze in den Einzelheiten", aber auch "die einzelnen Momente im Ganzen". Für den Menschen, das Individuum (das Un-Teilbare) ist das "Bild" - das Menschenbild - der "Inbegriff seiner Wesensbestimmung". Als solches ist es immer ein "Seinsbild", sofern es die Struktur seiner konkreten Existenz darstellt". Es ist zugleich aber auch ein "Wertbild", indem es "ausdrückt, *wie* dieses Seiende *sein soll*, um voll es selber und damit auch wertgerecht zu sein". (GUARDINI 1953)

[2]*Weltverständnis* setzt sich zusammen aus:
a) dem *Weltbild.* Das Weltbild wird verstanden als die Summe aller vorhandenen Erkenntnisse, kulturellen Gegebenheiten und technischen Errungenschaften, die für eine bestimmte Zeit charakteristisch sind und die das Leben in der Welt formen, abgrenzen und bestimmen;
b) der *Weltanschauung,* d.h. der *Sinndeutung* des Geschehens in der Welt, unabhängig von den jeweils geringeren oder größeren Gestaltungsmöglichkeiten. Es geht um die Frage nach der verborgenen und unverfügbaren Hintergründigkeit, nach dem Ursprung und dem Ziel der Welt, des Lebens und des Menschen.

ihr der "innere Halt"[1] (MOOR 1974) fehlt. Ist die Heilpädagogin haltlos, so wird sie ihre erzieherische Aufgabe, die sie unter erschwerenden Bedingungen zu erfüllen sucht, in wesentlichen Fragen der Menschwerdung und des Menschseins wie ein Funktionär oder Technokrat verdinglichen und methodisieren oder aber durch Flucht- und Abwehrverhalten ausweichen. Dadurch wird sie selber für die ihr Anvertrauten zu einer 'unhaltbaren' und damit unzumutbaren, zusätzlichen Last. Scheitert sie auf diesem Wege, wird sie selbst zum 'hilflosen Helfer' oder 'brennt aus'.

Im Bewusstsein dieser grundsätzlichen Auseinandersetzung mit menschlicher Existenz (mit der eigenen und der des beeinträchtigten, behinderten Menschen), wird sich die Heilpädagogin auch ihrem eigenen wie dem derzeitigen Befinden[2] ihres Gegenüber annähern können. Dann erst ist die Heilpädagogin gerüstet, mit ihrem fachlichen Können die Befindlichkeit und das Befinden des Du immer weiter zu entdecken. In diesem fortschreitenden Erkenntnisprozess, der nicht im Erklären endet, sondern in immer tieferes *Verstehen* mündet, wird sie eine angemessene heilpädagogische Hilfeleistung erbringen können, die sie jedoch allein nicht leisten kann. Deshalb wird die Heilpädagogin im Zusammengehen mit den Eltern bzw. Bezugspersonen und einem Team anderer Fachleute, vor allem aber mit dem Kind, dem Jugendlichen selbst, 'befinden' was zu tun ist, also *im Miteinander eine Entscheidung treffen* für oder gegen ein bestimmtes Vorgehen, je nachdem, in welchem Zustand, in welcher Verfassung sich ihr Gegenüber 'befindet'.

---

[1]*Innerer Halt* (–>Ziele) ist das Gegenteil von Haltlosigkeit und Orientierungslosigkeit. Er vereinigt unterschiedliche Aspekte wie Willensstärke, Aufgabenfreudigkeit, Selbstüberwindung, Gemütstiefe, Begeisterungsfähigkeit, Tatkraft und Leidenschaft, inneren Frieden, Intelligenz und Phantasie, Zielorientiertheit in Denken und Handeln, Wertbewusstsein sowie Kreativität.

[2]*Befinden* meint im Unterschied zur existentiellen 'Befindlichkeit' die subjektive Seite des körperlich-geistig-seelischen Allgemeinzustandes, in dem ein Mensch sich befindet oder in dem er 'gefunden' wird. Dabei kommt der Beachtung von Lust- und Unlustgefühlen und affektiv-emotionaler Getöntheit eine besondere Bedeutung zu.

• Heilpädagogische Beziehung als Erziehungsverhältnis

In der heilpädagogischen Befunderhebung richtet die Heilpädagogin ihre Aufmerksamkeit aber nicht nur auf die Beeinträchtigung, Behinderung oder Symptomatik als solche, sondern sie sieht *den Menschen* in seinen beeinträchtigten *Beziehungs*verhältnissen, die bei einem Kind bzw. Jugendlichen vorrangig beeinträchtigte *Erziehungs*verhältnisse sind. Indem sich die Heilpädagogin in Erziehungsverhältnisse einlässt, kann sie selbst zu einer gewollten Beeinträchtigung und Störung der bestehenden Verhältnisse werden, die verändert werden müssen, weil sie ein krankmachendes System stabilisieren, in dem das Kind, der Jugendliche zu einem "Substitut" (RICHTER 1969) der affektiven Bedürfnisse der Eltern geworden ist. Alle Systeme und ihre Strukturen sind aber relativ festgefügt und eingefahren. Es ist schwierig und schmerzhaft, eine Veränderung herbeizuführen. Deshalb wird das Intervenieren der Heilpädagogin oft nicht als Hilfe wahrgenommen, sondern eher als Bedrohung erlebt, gegen die man sich wehren muss, obwohl man ihre Hilfe suchte. Die Heilpädagogin wird sich darum bemühen, den pädagogischen Bezug[1] mit dem Kind, dem Jugendlichen und die Beratung der Bezugspersonen als freiwillige und von Konflikten entlastende Inanspruchnahme erfahrbar zu machen, obwohl die Eltern oder Erzieher sich notgedrungen um Hilfe bemühten. So kann sie dazu beitragen,

---

[1]*Pädagogischer Bezug:* Wilhelm FLITNER (1963) geht davon aus, dass beide (der Erzieher und der zu Erziehende) "in einem Wechselverhältnis stehen, daß ein gesittetes Verhältnis und ein geistiger Verkehr sie beide umfaßt", so dass daraus "als erste Kategorie die *Erziehungsgemeinschaft"...* gewonnen wird. (69) "Als Erziehungsgemeinschaft sei bezeichnet *jede Begegnung und Beziehung von Personen, bei der eine erzieherische Situation entsteht und als verpflichtend durchlebt wird."* ... "So haben sehr viele Lebensbezüge, langandauernde wie schnell vergehende, die Möglichkeit, eine Erziehungsgemeinschaft zu begründen. Bestimmend dafür ist, ob in ihren Lebensverhältnissen die erziehende Intention auftritt, und ob die persönlichen Beziehungen durch diese Absicht und innere Richtung jene besondere Tönung erhalten." (70) "Erzieherische Intention bedeutet die im Handeln und in der Begegnung sich einstellende Richtung des Verhaltens darauf, daß dem anderen, als einem Werdenden, verholfen werde zu einer größeren Kraft der Lebensmeisterung, zu höherem geistigen Verständnis und höherer Wertgestaltung, zur tieferen sittlichen und existentiellen Erweckung." ... "Findet sie Erwiderung, so entsteht *der erzieherische Bezug:* eine Beziehung, die wie jede andere verantwortlich ist, aber ihre eigene Form der Verantwortlichkeit in sich trägt." (71)

dass ein gewandeltes Erziehungs*verständnis* immer mehr bewusst wird, aus dem heraus sich eine für die beteiligten Parteien spürbare Neuorientierung im Sinne eines gewandelten Erziehungs*verhältnisses*[1] entwickelt. Dabei kann die heilpädagogische Befunderhebung ergeben, dass die Beeinträchtigung oder Behinderung primär beim Kind oder Jugendlichen in seinem physischen oder psychischen Habitus liegt, so dass seine Erziehungsfähigkeit oder -willigkeit eingeschränkt ist. Sie kann aber auch ergeben, dass die Schwierigkeiten primär bei der Erzieherschaft liegen, so dass deren Erziehungsfähigkeit und Erziehungsverhalten nicht ausreichen oder destruktiv wirksam sind. Meist wirken verschiedene Faktoren zusammen.

- **Grundlegende heilpädagogisch relevante Methoden als Zugangswege zum Verstehen der Befindlichkeit des beeinträchtigten und behinderten Menschen**

Um die genannten Einblicke und Einschätzungen zum Verstehen des beeinträchtigten und behinderten Menschen und seiner Bezugspersonen zu ermöglichen, wird sich die Heilpädagogin um unterschiedliche, heilpädagogisch relevante Zugangswege bemühen. Der hierzu notwendige *Methodenpluralismus* wird von KOBI (1983, 300 ff.) im Zusammenspiel von phänomenologischen, hermeneutischen, deduzierenden, dialektischen, empirischen und personal-anteilnehmenden Methoden verknüpft, die hier kurz beschrieben werden:

1. *Phänomenologische* Methoden

haben zum Ziel, möglichst vollständig und sachgetreu die wesenhaften Merkmale des beeinträchtigten oder behinderten Menschen in seinen Erziehungsverhältnissen zu erfassen. Die Heilpädagogin versucht objektiv, offen, genau, nicht wertend und vollständig

---

[1]*Pädagogisches Verhältnis:* "Bei dem pädagogischen Verhältnis handelt es sich (nach KLAFKI und NOHL) um die 'Beziehung' zwischen dem Erzieher und dem Zu-Erziehenden". Dazu gehören folgende Aspekte: 1."Alles, was innerhalb des pädagogischen Verhältnisses geschieht, sollte um des Kindes willen geschehen"; 2."Das pädagogische Verhältnis ist ein Verhältnis der Wechselwirkung"; 3."Das pädagogische Verhältnis kann nicht erzwungen werden"; 4."Das pädagogische Verhältnis ist seinem Intensitätsgrad nach altersgemäß zu gestalten". (HUPPERTZ u. SCHINZLER 1983, 18 ff.)

a) "das Unscheinbare, das Randständige, das Abtrünnige und Ausge-
schlossene, ja sogar das Absurde und Unverständliche..." (304) in den
Blick zu nehmen, ins Bewusstsein zu heben und als real existent
wahrzunehmen und zu reflektieren;
b) die hervordrängenden, ins Auge fallenden Phänomene wie akute
Verhaltensauffälligkeiten oder auffallende Symptome in übergreifenden Zusammenhängen zu sehen, so die herausscheinende 'Drama-
tik' zu erfassen und sie zugleich auf dem Hintergrund des Alltäglichen und Banalen wahrzunehmen und zu reflektieren, um die
Gefahr des funktionalen Re-Agierens einzuschränken;
c) diejenigen Phänomene zu erfassen, die individuell vorhanden jedoch nicht reproduzierbar und unwiederholbar sind und die sich
sonst im Rahmen der 'Allgemeingültigkeit' und 'Normativität' empirisch nicht erfassen lassen und somit als 'unwissenschaftlich' und
'untauglich' verworfen würden.
Das praktische Anwendungsfeld phänomenologischer Methoden liegt
vor allem in der *Beobachtung* und *Beschreibung* erzieherischer Da-
seins- und Gestaltungsformen.

2. *Hermeneutische* Methoden
haben zum Ziel, Sinnzusammenhänge zu erfassen, zu verstehen und
zu interpretieren. Es geht also um die *Be-Deutung* dessen, was phä-
nomenologisch in Erscheinung tritt. Die Heilpädagogin fragt:
a) Welchen Sinn, welche Bedeutung haben die gesammelten Fakten in
Bezug auf bestehende Werte und Normen?
b) Welchen Sinn, welche Bedeutung haben bestimmte pädagogische
aber auch gesellschaftliche Interessen und Forderungen für die Erziehungspraxis und den beeinträchtigten oder behinderten Menschen
und seine Bezugspersonen?
Damit die Heilpädagogin diese beiden Fragen beantworten kann,
muss sie sich auf drei Ebenen des Verstehens einstellen können, um
das vorhandene Datenmaterial zu reflektieren:
- sie versteht ein Phänomen so, wie sie es in ihrem subjektiven Deu-
tungshorizont zu sehen vermag: Als 'Sein für sich', also *subjektiv;*

- sie versteht ein Phänomen unter dessen Rahmenbedingungen als 'Sein als solches', also *objektiv;*
- sie versteht ein Phänomen in einem gemeinsamen Bezugssystem als 'Sein für uns', also *intersubjektiv.*

So kann sie phänomenologische, durch Empfindung, Wahrnehmung, Beobachtung, Beschreibung und experimentell zustande gekommene Befunde ordnen und in einen sinnvollen Zusammenhang bringen; sie kann das Bedingungsgefüge der Daten und Fakten aufzeigen und kritisch durchleuchten; sie kann die so geordneten und kritisch durchleuchteten Fakten auf ihre heilpädagogische Relevanz hin überprüfen und mögliche heilpädagogische Konsequenzen aus dem vorliegenden Material ableiten.

Nach NEUHAUS (1987, 1989) kann eine dieser Konsequenzen heilpädagogischer Reflexion sein, dem Menschen in einer Situation *begegnen* zu müssen und zu wollen, die über den hermeneutisch fassbaren, d.h. über den verstehbaren Sinnbereich hinausreicht. Die Begegnung mit dem schwerstbehinderten oder todgeweihten Menschen, der eine lange Phase des Leidens und Sterbens vor sich hat, ist eine solche Situation. Hier ist die Heilpädagogin herausgefordert, den Menschen in ihr eigenes Menschsein miteinzuschließen, ihn mitzutragen und ihm zu begegnen, indem sie über die fachlich-heilpädagogische Sichtweise hinaus mit dem zu betreuenden Menschen einen persönlichen Glauben an die Sinnhaftigkeit auch eines für den 'normalen' Menschen nicht mehr zu entziffernden, zu verstehenden Lebens entwickelt.

3. *Deduzierende* Methoden
haben zum Ziel, aufgrund von Vorannahmen Folgerungen abzuleiten, um so zu brauchbaren Ergebnissen zu kommen. Dies geschieht im Rahmen heilpädagogischer Befunderhebung stets durch das Entwickeln von diagnostischen Vermutungen und Arbeitshypothesen. Dabei ergänzen sich zwei Arten schlussfolgernden Denkens:
a) In der *Deduktion* geht man von einem allgemeinen, übergeordneten, feststehenden und als unzweifelhaft angesehen Axiom aus, um

aus der Ableitung zum Besonderen, zum Einzelnen zu gelangen. Dies ist ein *spezialisierendes* Verfahren.

b) In der *Induktion* geht man vom Besonderen dieses Einzelfalles aus, um von dort her allgemeine Schlussfolgerungen abzuleiten. Hierbei handelt es sich um ein *generalisierendes* Verfahren.

Beide Verfahren ergänzen einander in einem fortschreitenden Prozess: Erste, noch ungeordnete Einschätzungen werden durch Verarbeitung zu einer relativ gesicherten Vorannahme, die ihrerseits erneut überprüft werden muss. Dabei muss die Ausgangsposition für die Annahme verdeutlicht und durchsichtig gemacht werden und die abgeleiteten Schlussfolgerungen müssen in sich und untereinander stimmig bleiben. Sie dürfen nicht den Bezug zur Ausgangsposition verlieren.

So kann die Heilpädagogin mittels deduzierender Methoden ihre Aussagen und Handlungsweisen einer inneren wie äußeren Kritik unterziehen; sie kann ihre Erkenntnisse anderen Fachleuten zur Verfügung stellen; sie kann sich mit der von ihr vertretenen Wirklichkeit des Menschen identifizieren, aber sich auch kritisch distanzieren; sie kann aus der Sicht des beeinträchtigten Menschen dessen erschwerende Lebensbedingungen sowohl vom *Seinkönnen* wie auch vom *Seinsollen* her reflektieren; sie kann neue Prämissen und Zielvorstellungen nachvollziehbar und überprüfbar machen und so zu veränderten Ausgangslagen und neuen Zielvorstellungen verhelfen.

4. *Dialektische* Methoden

haben zum Ziel, einseitiges Denken und Verabsolutierungen zu vermeiden, indem der Zweischritt These - Antithese über immer neue *Synthese* weiterführt, da die Erziehungsverhältnisse als eine stets neu zu überprüfende Situation angesehen werden. So kann sich die Heil-pädagogin in 'Rede und Gegenrede', d.h. durch einen von der Sache her begründeten Widerspruch folgende Ergebnisse erarbeiten:
- Sie kann durch unablässiges Fragen nach dem 'Anderen', durch die Herausforderung des Widerspruchs, vorhandene Einseitigkeiten (z. B. deduzierender Methoden) sprengen und ermöglichen, dass Fremdes, Unpassendes, nicht Systemkonformes, ja sogar 'Abnormes'

überhaupt wieder in das Blickfeld gerät und als Wahrheit ausgewiesen wird.

- Sie kann verschiedene Standpunkte der beteiligten Parteien nicht nur im Hinblick auf das 'Resultat', sondern auch im Hinblick auf die Dynamik des Prozesses reflektieren und so zu neuen Erkenntnissen über das Zustandekommen von Phänomenen gelangen.

- Sie kann die Freiheit gewinnen, sich nicht für oder gegen ein einzelnes Moment (z.B. ein Symptom, eine Verhaltensauffälligkeit) im Rahmen der Befunderhebung entscheiden zu müssen, sondern scheinbar widersprüchliche Momente in neuen Situationen jeweils neu zu durchdenken und ihr Handeln neu zu entscheiden, ohne 'faule Kompromisse' einzugehen.

- So kann aus dem Handeln in diesem Spannungsfeld situativ die *Erfahrung der Gegenseite* (BUBER 1979) erwachsen, in der die polare dialogische Beziehung zwischen Heilpädagogin und Klient als lebensnah, lebensbejahend und lebenserzeugend begreifbar und dadurch ein tieferes Verständnis der Wirklichkeit durchlebt werden kann.

- Die Heilpädagogin kann mittels dialektischen Denkens der Gefährlichkeit einseitig-logischer Entweder-Oder-Entscheidungen zugunsten von *Sowohl-als-auch-Entscheidungen* entgehen.

5. *Empirische* Methoden
haben zum Ziel, streng naturwissenschaftlich messende und quantifizierbare Verfahren zur Anwendung zu bringen, um objektive Resultate zu erhalten, die ihre Gültigkeit auch in Form sich bewahrheitender Voraussagen und unter vergleichbaren Bedingungen beweisen. Beim empirischen Vorgehen müssen folgende Aspekte beachtet werden:

a) der Aspekt des Empirismus (= Erkenntnisgewinnung aus dem sinnlich unmittelbar Erfahrbaren, d.h. aus dem, was als personenunabhängige, [an sich seiende] Realität betrachtet wird;)

b) der Aspekt des Positivismus (= Beschränkung auf das Gegebene, Tatsächliche, mit Händen zu greifende und Be-'hand'elnde unter Ausschluss metaphysischer Einflüsse;)

c) der Aspekt des Rationalismus (= Strenges Bezogenbleiben auf die Ratio, d.h. die [herkunftsmäßig abendländische] Logik und Denkform;)

d) der Aspekt des Objektivismus (= Möglichst weitgehender Ausschluss subjektiver Bedürfnisse und Interessen [vor allem des Erkenntnisobjekts];)

Wenn die Heilpädagogin sich unter diesen Gesichtspunkten empirischer Methoden bedient, kann sie zu folgenden Ergebnissen gelangen:

- Sie kann sich mittels objektiver Beobachtungsmethoden ein Bild über den Menschen machen, indem sie streng nach Daten, Symptomen bzw. Syndromen, Eigenschaften, Zuständen, Bezeichnungen (= sprachlich-sachlichen Chiffren) unterscheidet.

- Sie kann sich mittels Kasuistik (Fallbeschreibung) in exemplarischer Weise mit Krankheits-, Genesungs-, Untersuchungs- und Begleitungsverläufen beschäftigen, um zu einem umfassenden Verständnis verschiedener Beeinträchtigungen und Behinderungen auf objektiver Ebene zu gelangen.

- Sie kann mittels Experimenten/Tests bestimmte Erscheinungen und Verhaltensweisen provozieren, überschaubare Abläufe herstellen, gesetzmäßig auftauchende Regelmäßigkeiten herausfinden und dadurch ganze Abläufe determinieren, (voraus-)berechnen und steuern.

- Sie kann mittels Befragungsmethoden Informationen über das 'durchschnittliche' Verhalten, über die 'subjektiven' Bestimmungsgründe sowie über 'objektive' Gegebenheiten im Leben des Menschen gewinnen.

- Die Heilpädagogin kann mittels statistischer, d.h. mathematischer Verfahrensweisen einen quantitativen Aussagewert über Geltungsbereiche und Verallgemeinerungen ihrer Untersuchungsergebnisse erlangen.

Empirische Methoden betrachten die Realität jeweils unter einem eng begrenzten Ausschnitt und beinhalten die Gefahr, durch einseitige Fragestellungen auch einseitige Antworten zu provozieren. So werden weite Bereiche der Erziehungsproblematik von vornherein ausgeklammert. Jedoch können in reduziertem Rahmen sehr wichtige, aufschlussreiche und exakte Befunde erreicht werden. Die Heil-pädagogin wird sich in ihrem Handeln, das immer vom *dialogischen Prinzip* bestimmt wird, nur selten und unter ganz bestimmten, be-wusst eingeengten Bedingungen mit empirischen Methoden zufrieden geben können. Meistens dienen diese dann - z.b. bei Verhaltensanaly-se und Verhaltensmodifikation - als flankierende Interventionen, ein-gebettet in eine erweiterte Dimension des gesamten Prozesses heilpä-dagogischer Befunderhebung, Begleitung und Beratung.

6. *Personal anteilnehmende* Methoden
haben zum Ziel, als aktives oder passives Mitglied in einer beobach-teten Situation, diese unter Ausschaltung subjektiver Voreingenom-menheiten *von innen heraus objektiv* zu beschreiben. Arbeitsweisen der personalen Anteilnahme, wie z.B. die 'Teilnehmende Beobach-tung' oder Handlungsforschung, unterliegen nicht mehr im strengen Sinne einer 'Empirie der Allgemeingültigkeit', wohl aber werden objektive Daten zutage gefördert. Objektivität wird hier verstanden als *auf das Wesen einer Sache,* d.h. eines Gegenstandes, einer Situa-tion oder eines Menschen *hin bezogenes, angemessenes, sachge-rechtes Vorgehen der unmittelbaren Anteilnahme.* Dies bedeutet, dass die Heilpädagogin ihre Anwesenheit als Subjekt in einer 'Über-subjektivität', d.h. in Richtung Offenheit und Wahrheitserfassung des anderen Menschen als solchen akzeptiert, sich also auch der Grenzen ihrer Objektivität - als teilnehmende Beobachterin - bewusst ist. Hier gilt, was GENOVES nach einem bedeutenden, internationalen Grup-penexperiment der modernen Verhaltensforschung als Ergebnis fest-hielt:
„Die nützliche und gültige Methode der Naturwissenschaften, alles zu quantifizieren, sollte beim Studium der grundlegenden qualitativen Phänomene der zwischenmenschlichen Beziehungen nicht an-gewendet werden, da sie sich im allgemeinen nicht messen lassen. Das zeigt sich klar, wenn man sich im Innern des Phänomens be-findet und das Experiment selbst erlebt. Was dabei an Objektivität - die ohnehin fraglich ist - verlorengeht, das gewinnt man an authen-tischer Kenntnis, mag sie auch nicht sofort in den Rahmen der wis-

senschaftlichen Methode passen. Anders gesagt: So objektiv wir auch zu sein versuchen, Wissenschaft ist notgedrungen nur die Ausdeutung, die der Mensch verschiedenen Beobachtungen gibt. Bei gleichen Gegebenheiten kommen wir oft zu diametral entgegengesetzten Ausdeutungen. Bei der Erforschung der menschlichen Verhaltensweise, der Entstehung von Reibungen, Konflikten und Gewalttätigkeiten ist es unerlässlich, die Aspekte und Phänomene der Angst, des Altruismus, der Unfähigkeit, der Duplizität, des Heldentums, der Verlogenheit, der Labilität, der Freundschaft, Feindschaft usw., die das Verhalten bestimmen, in ihrem ganzen Gewicht zu *fühlen.*" GENOVES (1976, 355)

Unter der Bedingung, dass die Heilpädagogin ihre Subjektivität nicht als hinderlich im empirischen Sinne bewertet, sondern als «Intersubjektivität» bei der Beobachtung und Beurteilung eines anderen Menschen als angemessen, weil wesenhaft menschlich akzeptiert, sie also als 'objektiv' zu definieren bereit ist und kontrolliert einsetzt, kann sie mit der Methode der Personalen Anteilnahme folgende Ergebnisse erzielen:

- Die Heilpädagogin kann selbst handelnd in das Geschehen eingreifen, wodurch ihr eine größere Nähe zum 'Forschungsgegenstand' gelingt als aus rein objektivistischer Distanz.

- Die Heilpädagogin kann unter Einbeziehung ihrer eigenen (durch berufsbezogene –>Selbsterfahrung und –>Supervision) reflektierten Subjektivität weitgehend vorurteilsfrei (im Bemerken von Projektionen und Übertragungsreaktionen) nach der Subjektivität ihrer Handlungspartner fragen.

- Die Heilpädagogin kann als 'Mitbetroffene' über das Geschehen selbst berichten, die äußeren Beobachtungsdaten von *innen* her beleben und verständlich machen.

- Die Heilpädagogin kann das Einmalige und Einzigartige eines Vorgangs in seinem Wahrheits- und Bedeutungsgehalt ermessen und beschreiben.

Wie die einzelnen Zugangswege heilpädagogischer Methodik zeigen, gibt es keine Methode, die als 'spezifisch heilpädagogisch' ausgewiesen werden kann. So stellt sich die Frage, wie die Heilpädagogin mit der beschriebenen Methodenvielfalt verantwortlich umgehen kann. Hierzu ist zu sagen, dass die Heilpädagogin, deren Denken in der Befunderhebung ja vorrangig auf den *beeinträchtigten Menschen in seinen Erziehungsverhältnissen* ausgerichtet ist, die beiden grundlegenden Methodenansätze in der ganzen Spannbreite des *Spekulativen* u n d *Empirischen* miteinander verbinden muss, um die Realität - und hier ist ja immer die menschliche Realität in ihrer Beeinträchtigung oder Behinderung gemeint - wirklich erfassen zu können. Es bedarf sowohl der empirischen, d.h. möglichst genauen, wenn auch spezifisch eingegrenzten, äußeren, wie auch der sinnerfassenden, inneren Betrachtungsweise.

Die 'Feststellung' eines Symptoms als solches, seine empirische Nachweisbarkeit und objektive Beschreibung sagen noch nichts darüber aus, wie *dieser Mensch,* der der Heilpädagogin begegnet, *damit lebt,* ja mehr noch, *wozu* er sich gerade dieses Symptoms bedient, *wohin* er sich damit bewegt.

Insofern sind spekulativ-sinnerfassende *und* empirische Methoden in der heilpädagogischen Befunderhebung dialektisch aufeinander bezogen. In diesem Sinne ist von der Heilpädagogin gefordert, nicht bei einseitigen Methoden der empirischen Sozialforschung stehenzubleiben, sondern die 'objektive' Fragestellung gerade vom Subjekt des betroffenen Menschen in seinen intersubjektiven Beziehungen her neu(-gierig) zu hinterfragen, in die die Heilpädagogin auch selbst eingebettet ist. So ist zu erreichen, dass die Heilpädagogin nicht nur die äußere Erscheinungsweise und die messbaren Bedingungen einer Beeinträchtigung oder Behinderung sieht und möglicherweise sogar erklären kann, sondern auch die Situation des beeinträchtigten oder behinderten Menschen *versteht* und emphatisch nachvollziehen kann. Das wissenschaftliche Erkenntnisstreben der Heilpädagogin richtet sich letztlich auf die *Realität des Subjekts Mensch in seinen Erziehungsverhältnissen,* die nur im dialektischen Verhältnis von Objektivität und Subjektivität zu erfassen ist. Heilpädagogische Befunderhebung verlangt also den mehrfachen Positionswechsel bzw. Perspektivewechsel der Heilpädagogin: Von den eigenen Theorien und Hypothesen sowie der eigenen Erfahrung hin zum *Erleben und den*

Erkenntnisweisen, zur Befindlichkeit des anderen Menschen und umgekehrt. Dies gilt nicht nur für die heilpädagogische Befunderhebung, sondern ebenso für die heilpädagogische –>Begleitung und –> Beratung, überhaupt für heilpädagogisches Verstehen und Handeln in jeder Beziehung.

• **Ergebnisse der heilpädagogischen Befunderhebung**

In der heilpädagogischen Befunderhebung werden aufgrund dessen diejenigen *diagnostischen Methoden* verwendet, *die geeignet sind, Erziehungsverhältnisse durchschaubar zu machen,* um neue Beziehungsverhältnisse zu ermöglichen. So kann es bereits während der heilpädagogischen Befunderhebung - noch bevor eine heilpädagogische Begleitung begonnen wurde - zu einem gewandelten Verständnis der Befindlichkeit der betroffenen Personen kommen. Im Idealfall kommt die Heilpädagogin in ihrer Befunderhebung zu folgenden Ergebnissen:
1. Erfassung und reflektierte Darstellung von Anlass und Symptom in ihrer Interdependenz und ihrem Symbolgehalt;
2. Nachvollzug des Lebensweges des Kindes/Jugendlichen unter Berücksichtigung seiner Erziehungsgeschichte und der Milieu-, Umwelt- und Mitwelteinflüsse durch Elternhaus, Schule, Freizeit u.a. im Hinblick auf die *Lebensbedeutsamkeit* für diesen Menschen.
3. Einblick in die äußeren Bedingungen und das psychodynamische Geschehen beim Kind/Jugendlichen und den Bezugspersonen, zum Zeitpunkt des Auftretens der Symptomatik;
4. Einblick in die persönliche und charakterliche Prägung des Kindes oder Jugendlichen und seiner Bezugspersonen unter Berücksichtigung des jeweiligen Entwicklungs- und Lebensalters;
5. Einblick in die derzeitigen Beziehungsstrukturen und das intersubjektive Beziehungsgeflecht in der Auswirkung auf das Erleben und Verhalten der beteiligten Personen und die daraus für sie resultierenden Sinnbezüge;

6. Einschätzung der Bereitschaft und Fähigkeit zur Mitarbeit des Kindes bzw. Jugendlichen und der Eltern oder anderer Bezugspersonen im Begleitungs- und Beratungsprozess der HpE;

7. Einschätzung der Indikation, d.h. der durch die bisherigen Erkenntnisse gegebenen Richtung

a) *innerhalb der HpE* für die geeignete heilpädagogische –> Begleitung des Kindes oder Jugendlichen, und der –>Erziehungsberatung ihrer Eltern und die aufgrund der Ursache, der Symptomatik und der vorhandenen Entwicklungsmöglichkeiten geeigneten Methoden und Medien;

b) *ergänzend zur HpE* die spezielle –>Beratung bzw. –>Elternberatung in der angemessenen und hilfreichen Form durch Psychotherapeuten oder andere Fachleute.

* **Zusammenfassung**

Die heilpädagogische Befunderhebung ist der Versuch, alle *objektiven Erkenntnisse* zu gewinnen, die es der Heilpädagogin ermöglichen, die *subjektive Befindlichkeit* des Klienten und seiner Bezugspersonen zu verstehen. Sie bedient sich dazu heilpädagogisch relevanter Methoden als Zugangswege. Auf dem Hintergrund eines heilpädagogischen Menschenbildes und Weltverständnisses lässt sich die Heilpädagogin als personales Angebot in einen heilpädagogischen Bezug, ein heilpädagogisches Verhältnis zum Klienten ein, mit dem Ziel, erzieherisch-fördernd mit diesem gemeinsam den inneren Halt zu entwickeln, der zur sinnvollen Gestaltung menschlichen Lebens notwendig ist.

BEGLEITUNG

Begriffsbestimmung:

Die heilpädagogische *Begleitung* ist Entwicklungs- und Lebensbegleitung. Neben der –>Befunderhebung und der –>Beratung ist sie ein Kernelement der Heilpädagogischen Erziehungshilfe und Entwicklungsförderung (HpE). Heilpädagogische Begleitung wird als *erzieherisches Handeln unter erschwerenden Bedingungen* verstanden, d.h. als *erzieherische und fördernde Handlungspraxis*. Die Heilpädagogin versteht sich als *Anwalt* und *Begleiter auf dem Lebensweg[1]* vor allem für Kinder und Jugendliche, die beeinträchtigt oder behindert *sind* und sich so *fühlen*, weil sie eigene oder fremde Erwartungen nicht erfüllen bzw. beeinträchtigt oder behindert *bleiben* und sich so *fühlen*, weil mit ihnen keine als sinnvoll und befriedigend empfundene Daseinsformen gefunden und realisiert werden können. Für solche Menschen ist eine heilpädagogische Begleitung als *erzieherische Hilfe* mit besonderen, heilpädagogisch relevanten Methoden notwendig. Ziele der heilpädagogischen Begleitung sind
- möglichst weitgehende Besserung und Leistungssteigerung der beeinträchtigten und behinderten körperlich, geistigen und seelischen Kräfte;
- Eingliederung bzw. Wiedereingliederung in die Gesellschaft;
- Selbstentfaltung und Lebensentfaltung, wenn diese wegen des Beeinträchtigt-, Behindertseins oder im Beeinträchtigt-, Behindertsein gestört ist;
- Annahme von Fremderziehung;
- gesteigerte Fähigkeit zur Selbsterziehung.
In der heilpädagogischen Begleitung versteht die Heilpädagogin sich selbst als *personales Angebot zum heilpädagogischen Dialog* für den beeinträchtigten Menschen, um mit ihm Antwort zu suchen auf die existentiellen Herausforderungen, die durch ihn in seinem Dasein und Sosein an seine Mitmenschen gestellt werden.

---

[1]Die biblische Erzählung des alttestamentarischen Buches Tobit beschreibt, wie einer ins Unglück geratenen Familie dadurch Hilfe zuteil wird, dass der Engel Rafael (= „Gott heilt") viele Monate lang mit deren Sohn Tobias im Reich der Meder unterwegs ist und ihn vor Gefahren bewahrt, bis er ans Ziel seiner Reise gelangt. Um die Beziehung zu seiner Neuvermählten nicht zu zerstören, macht sich Rafael u.a. auch stellvertretend auf und unterzieht sich selber Mühe und Gefahr, um den Silberschatz zu holen, der die Zukunft der jungen Menschen sichern soll. Der junge Tobias ist hilflos, seinen Lebensweg zu gehen und seinen Auftrag zu erfüllen. Der Wegbegleiter sagt zu ihm: „Ich will mit dir reisen; ich kenne den Weg..." Als sich der Junge bei seinem Vater rückversichern will, sagt der Wegbegleiter zu ihm: „Geh, aber halte dich nicht auf!" Unterwegs weist sich der Begleiter als Wissender in allen Gefahren und als Heilkundiger aus und offenbart sich nach der glücklichen Heimkehr als jemand, der „im Auftrag" handelte und der seinen Lohn von jemand anderem erhalten wird. Diese Erzählung, um 500 - 200 v. Ch. bereits bekannt, beschreibt in eindrucksvollen Bildern und Ereignissen, wie Begleitung auf dem Lebensweg verstanden werden kann.

In diesem Übersichtsartikel werden folgende Themen angesprochen:

• Heilpädagogische Begleitung als pädagogisch autonomer Ansatz von spezieller Erziehung

Heilpädagogische Begleitung gründet in einem pädagogisch autonomen Ansatz von spezieller Erziehung, mit dem Ziel der Verwirklichung des Menschlichen durch ausgleichende Erziehung. Darin wird der Mensch als ein erziehungs*fähiges* und erziehungs*bedürftiges* Wesen angesehen, weil er - auch in und mit seiner Beeinträchtigung oder Behinderung - weltoffen[1] und nicht festgelegt ist, sondern potenziell fähig, das Leben und die Welt gemäß seinen ihm innewohnenden Möglichkeiten in selbstverantworteter Freiheit zu gestalten.
Ursprünglich beinhaltete das althochdeutsche Wort „bileiten" zugleich „leiten und führen". Später wurde die alte Bedeutung umgewandelt zu „mitgehen, ergänzend mitspielen". Begleitung heißt: Sich auf Gedeih und Verderb auf den anderen einlassen, sich in Freude und Leid treu an ihn binden:
„Der Helfer begleitet mit Rat und Tat unter Berücksichtigung des Subsidiaritätsprinzips den Menschen, der zur Unterstützung in der

---

[1]Ein eindrucksvolles historisches Beispiel sind die Erziehungsversuche des Pariser Taubstummenlehrers und Arztes Jean ITARD mit Victor, dem sogenannten Wildkind von Aveyron, der 1798 im Alter von ca. elf Jahren in einem Wald gefunden worden war und von ITARD bei einer mütterlichen Pflegeperson untergebracht wurde, die ihn pflegte und versorgte, während er selbst versuchte, Victor sprechen zu lehren. Wo medizinische Heilung aufgrund symptom-orientierter Fehldiagnose aufgegeben werden musste, erwies sich Erziehung als erfolgreicher. ITARD fand, dass es sich nicht um einen Mangel an Verstand, sondern um einen Mangel an Erziehung handele, und stellte so die Bedeutung von Gesellschaft und Zivilisation für den Menschen heraus. (ITARD 1965)

Selbsterziehung der Hilfe durch den Begleiter bedarf. Hier steht die Herausforderung des Menschen, die Lebensaufgabe optimal zu erfüllen und das Lebensziel zu erreichen, im Mittelpunkt des Geschehens." (NEUHAUS 1991, 62)

Daraus folgt, dass Erziehung notwendig und wichtig ist, um die vorhandenen Fähigkeiten und Fertigkeiten des Menschen in einer ihm angemessenen natürlichen und gesellschaftlichen Umgebung zu entwickeln. Der Pädagoge kann durch den Aufbau einer vielseitigen Anregungsumwelt auch und gerade das behinderte Kind mit seiner erbmäßigen Ausstattung fördern. Ebenso können Erzieher durch *Vertrauen* und *vermehrte Zuwendung* unerwünschte Verhaltensdispositionen und Umwelteinflüsse abbauen und damit positive Wirkungen anbahnen. Auf dieser Grundlage einer Allgemeinen Pädagogik können wir auch für die Heilpädagogik sagen:

„Weil der Mensch ein weltoffenes und nicht festgelegtes Lebewesen ist, *darum* ist er erziehungsbedürftig und zum Erzogenwerden fähig. *Weil* der Mensch für sein Leben und Handeln verantwortlich ist, *darum* muss er sich erziehen lassen und sich selbst erziehen, damit er in dieser Verantwortlichkeit lebt und aus dieser Verantwortlichkeit seine Zeit mitgestaltet...

Wenn wir 'Erziehung' als das wesensimmanente Spezifikum des Menschen ansehen, dann müssen wir auch der Aussage zustimmen:

- Der Mensch ist in irgendeiner Weise für die gesamte Lebensspanne ein 'ens educandum', der Erziehung bedürftig und für erzieherisches Handeln empfänglich.

- Der Mensch bedarf leiblich, seelisch-geistig und sozial der dauernden erzieherischen Hilfe, um immer mehr «Mensch» zu werden.

Mit dieser Aussage hoffe ich erkennbar gemacht zu haben, dass sich die Heilpädagogik nicht nur dem Kind oder dem Jugendlichen zuwendet, sondern dass sie den Menschen von der Empfängnis, im Leben und Sterben bis hin zum Tod, als erziehungsbedürftig kennt und anerkennt.

Mit dieser Aussage hoffe ich aber auch erkennbar gemacht zu haben, dass die Heilpädagogik als Ziel der Erziehung die *Erzogenheit* und

nicht die körperliche oder psychische Gesundheit, die Normentspre-
chung, die Brauchbarkeit kennt." (NEUHAUS 1991, 14)
Heilpädagogische Begleitung als spezielle erzieherische Handlungspraxis ereignet sich
- im *erzieherischen Alltag* im Gestaltungsrahmen eines heilpädagogischen Milieus;
- in *spezifischen heilpädagogischen Situationen* außerhalb des Erzie-
  hungsalltags.
In beiden Situationen wird der pädagogische Bezug durch *spezifische
therapeutische Beziehungsvariablen* angereichert. Pädagogischer Bezug und therapeutische Beziehung
... *treffen sich* im „Dialogischen" (BUBER 1979), in menschlicher Begegnung verbunden mit „heilpädagogischer Kompetenz" (GRÖSCHKE
  1985) und Professionalität;
... *unterscheiden sich* durch Bedingungen des praktischen Handelns,
  der Ziele und Qualifikationen und im Angebot spezifischer Ent-
  wicklungsanreize und -herausforderungen für körperlich, seelisch,
  geistig und sozial beeinträchtigte und behinderte Menschen.
Mittels *Spiel* und *Übung* werden, je nach heilpädagogischer Bedürftigkeit der Klientel, spezifische Akzente in der heilpädagogischen
Arbeit gesetzt. Beide Elemente, Spiel wie Übung, können in der heilpädagogischen Einzel- und/oder Kleingruppenarbeit ebenso eingesetzt werden wie im alltäglichen heilpädagogischen Milieu. Sie sind
immer *personzentriert* und *identitätsbezogen.* Deshalb fallen ihnen
auch im Lebensalltag besondere Bedeutung für den erzieherischen
Umgang mit beeinträchtigten Kindern und Jugendlichen zu.
Ziel der heilpädagogischen Begleitung und Förderung in Spiel und
Übung ist immer das Erreichen altersgemäßer *Entwicklungs- und
Lebensziele* durch Bewältigung entsprechender *Entwicklungs- und
Lebensaufgaben,* die aufgrund von Beeinträchtigung und Behinde-
rung *spezielle erzieherische Hilfe notwendig* machen.

- **Grundlagen heilpädagogischer Begleitung**

Grundlagen für die heilpädagogische Begleitung sind - wie für jede
Erziehung - *Pflege* und *Schutz* des anvertrauten Lebens - hier insbe-

sondere des beeinträchtigten oder behinderten Menschen - sowie die Stiftung eines *"pädagogischen Bezuges"* bzw. eines *"erzieherischen Verhältnisses"* zwischen Erzieher und zu Erziehendem.

1. Pflege und Schutz

sind besonders dort notwendig, wo der dauerhaft beeinträchtigte oder behinderte Mensch lebenslang besonderer Unterstützung bedarf. Pflege wird verstanden als Gewährung der materiellen und emotionalen Voraussetzungen für das Gedeihen und die Entwicklung in körperlicher, seelischer und geistiger Hinsicht; Schutz als die Bewahrung vor Schädigung in körperlicher, seelischer, geistiger und moralischer Hinsicht. Dies hatte bereits KANT in seinen Schriften "Über Pädagogik" betont:

"Der Mensch ist das einzige Geschöpf, das erzogen werden muss. Unter der Erziehung nämlich verstehen wir die Wartung (Verpflegung, Unterhaltung), Disziplin (Zucht) und Unterweisung nebst der Bildung. Demzufolge ist der Mensch Säugling - Zögling - und Lehrling". (1803, 7) Die "Wartung", d.h. Pflege und Schutz, erfordert eine gegenwarts- und zukunftsbezogene Erziehung, im Sinne von Betreuung und Begleitung für das Erlernen der Enkulturation.[1] Hinzu kommen die Teilaspekte der Enkulturation: Sozialisation[2] und Personalisation[3].

---

[1]*Enkulturation* beinhaltet das Erlernen der kulturellen Lebensweise im umfassenden Sinn, d.h. aller kulturellen Erfahrungen, Inhalte, Symbole, Fertigkeiten, Maßstäbe und Einstellungen und zugleich die Aktivierung kultureller Produktivität über Nachschaffen und Neuschaffen durch schöpferische Leistungen.

[2]*Sozialisation* ist jener Teilbereich der Enkulturation, in dem die Werte und Normen der betreffenden Gesellschaft bzw. Gruppe gelernt werden, also Vorstellungen und Vereinbarungen über das Wünschenswerte und verbindliche Verhaltensmuster, die eine regulative soziale Bedeutung und zugleich verpflichtenden Charakter haben, wie Gepflogenheiten, Bräuche, Sitten, Gebote und Verbote oder Gesetze. Sozialwissenschaftlich gehört dazu das Erlernen von Rollen und Positionen in sozialen Systemen, wie Familie, Schule, Betrieb, Partei, Religionsgemeinschaft aber auch in nachbarschaftlichen Spielgruppen und Freundesgruppen der Gleichaltrigen.

[3]*Personalisation* ist jener Aspekt der Enkulturation, der besonders den Einzelnen in seiner Fähigkeit zu urteilen, zu unterscheiden, abzulehnen oder zuzustimmen, zu integrieren sowie zu verändern hervorheben will. Der erzogene Mensch, der zur Selbsterziehung fähig, d.h. mündig ist, hat die Möglichkeit, die Umweltverhältnisse, die Werte und Normen absichtlich, zielstrebig und in von ihm zu verantwortender Weise mit- und umzugestalten.

Dies machen auch heilpädagogische Begrifflichkeiten deutlich, z.B. Berufsbezeichnungen in heilpädagogischen Tätigkeitsfeldern wie "Heilerziehungspfleger" oder "Heilerziehungshelfer" (THESING 1992); oder die Bezeichnung der "seelenpflege-bedürftigen" Kinder in der Anthroposophie[1].

Menschen, bei denen motorische, affektive oder kognitive Komponenten beeinträchtigt bzw. behindert sind, werden auch in ihrer Haltung oder Einstellung[2] und in ihrer "Seelenfähigkeit" (KÖNIG 1959) langfristig oder dauernd der erzieherischen *Betreuung*[3] oder sogar des *Beistands*[4] bedürfen, der über die "Erziehungsgemeinschaft" (FLITNER 1963, 69) hinausgeht in die existentielle, zwischen-

---

[1]*Anthroposophie* (vom griech. *anthropos*, 'Mensch' und *sophia*, 'Weisheit'): Weisheit vom Menschen; eine von Rudolf STEINER entwickelte religiöse Erziehungslehre des 19. Jh., (heute bekannt durch die sog. Waldorf- oder Rudolf-Steiner-Schulen), die sich an Elemente der indischen Philosophie (bes. Buddhismus und Brahmanismus) anschließt und diese mit christlichen Vorstellungen zu verbinden sucht. Im Sommer 1924 hielt STEINER den heilpädagogischen Kurs für Studenten in der Arbeit mit seelenpflege-bedürftigen Kindern. Seine These: Der Mensch ist nicht ein stehenbleibendes Wesen, er ist ein Wesen im Werden. Je mehr er sich selbst in die Möglichkeit versetzt, zu werden, desto mehr erfüllt er seine wirkliche Aufgabe. Nach STEINERs Auffassung tragen alle heilpädagogischen Maßnahmen heilenden Chrakter, auch wenn sie zunächst eher dem Erwerb von bestimmten Wissensinhalten oder Fertigkeiten zu dienen scheinen. (–>Übung). Dabei ist ein Zentralgedanke, dass der eigentliche Kern des kindlichen Wesens, seine 'Geistgestalt', auch bei schweren Formen der Behinderung unangetastet bleibt, da der Geist nicht erkranken kann. In dieser Auffassung verbindet sich der Erzieher mit der Individualität des Kindes zum gemeinsamen Bemühen, die behindert-behindernde Leibesorganisation zu durchdringen.

[2]*Einstellung, Haltung* (engl. "attitude" oder "habit") wird psychologisch als ein "seelisch-geistiger und neurologischer Zustand der Bereitschaft" verstanden, der aus der Erfahrung erwachsen ist und einen steuernden oder dynamischen Einfluss auf die individuellen Reaktionen gegenüber allen Objekten und Situationen ausübt, mit denen er in Zusammenhang steht." (ALLPORT in HARTLEY 1955, 438)

[3]*Betreuung:* "Der betreuende Helfer übernimmt 'treu', gewissenhaft die Verantwortung für die physischen oder psychischen alltäglichen Bedürfnisse, sorgt sich um die Befriedigung der Grundbedürfnisse in dem Maße, wie der zu betreuende Mensch nicht die Verantwortung für sich gewissenhaft ausüben kann (= Handeln nach dem Subsidiaritätsprinzip [der Hilfe zur Selbsthilfe, d.h. soviel wie nötig, so wenig wie möglich. Anm. d. V.]) Hier steht der Mensch in und mit seinen physischen und psychischen Bedürfnissen im Mittelpunkt des Geschehens." (NEUHAUS 1991, 62)

[4]*Beistand:* "Der Helfer, der Beistand 'leisten' will, muss bei einem Menschen 'stehen' und aushalten, damit dieser sich nicht verlassen, alleingelassen, isoliert erleben muss. Hier steht der Mensch, der auf 'etwas' Existentielles, auf eine existentielle Begegnung mit einem menschlichen 'Du' oder dem transzendenten 'DU' wartet, in seiner Befindlichkeit im Mittelpunkt des Geschehens." (NEUHAUS ebd. 63)

menschliche Begegnung. Wo immer der Mensch auf viele verschiedene Weisen durch Haltlosigkeit an der Erfüllung seiner Lebensaufgabe 'ge-hindert' oder 'behindert' wird oder sich so fühlt, kann heilpädagogische Begleitung den "Inneren Halt" (MOOR) zu fördern suchen:

"Können, Wollen und Empfänglichkeit als Komponenten des Haltes im tätigen Leben; Angesprochensein, Erfülltsein und Verwirklichung als Komponenten des Haltes im empfangenen Leben. Soweit die Aufgabe der Erziehung als Pflege des "Inneren Haltes" aufgefasst werden kann, soweit können die charakteristischen Eigenschaften der einzelnen Komponenten des Haltes als Teilziele der Erziehung betrachtet werden." (MOOR 1974, 298)

Wir können davon ausgehen, dass jeder Mensch, auch der schwerst geistig und mehrfach behinderte Mensch in der Lage ist, Gewohnheiten oder Einstellungen, z.B. der Rücksichtnahme, der Hilfsbereitschaft und Ausdauer, des Fleißes, der Sorgfalt, der Vorsicht und des "Benehmens" zu erwerben, wenn er durch liebevolle, *personale Beziehung* (nicht funktionales Training bzw. Dressur) in einem "dialogischen Verhältnis" (BUBER 1956) kontinuierlich und konsequent in seinem Leben betreut und begleitet wird. Dann wird es möglich sein, die individuelle Lernfähigkeit so optimal wie möglich zu fördern.

Dass dies gelingen kann, zeigen viele Beispiele, neben dem o.g. historischen Beispiel unter anderem neuere Arbeiten von THEUNISSEN (1985, 1986) über heilpädagogische Erwachsenenarbeit durch "ästhetische Erziehung". Es zeigten sich Entwicklungsfortschritte bei Menschen, die in psychiatrischen Anstalten jahre- und sogar jahrzehntelang psychische und pädagogische Deprivation[1] erlitten hatten.

---

[1]*Deprivation* (lat: "Beraubung") beschreibt den Mangel, Verlust, Entzug von etwas Erwünschtem; hier: fehlende Zuwendung, Pflege, und Liebesentzug seitens des pflegerischen und medizinischen Personals, was bei den behinderten Menschen zu schweren sensorischen und sozialen Deprivationsschäden und in der Folge zu Entwicklungs- und Verhaltensstörungen führt, die weit über die eigentliche Behinderung hinausgehen. In diesem Zusammenhang ist auch der sog. *Hospitalismus* zu erwähnen, der die durch längeren Krankenhaus-, Anstalts- oder Heimaufenthalte bedingten psychischen und physischen Schädigungen beschreibt, wenn vor allem Kleinkinder und Kinder einen Mangel an befriedigendem Gefühlsaustausch, zwischen-menschlicher Beziehung, Zärtlichkeit, emotionaler Wärme (Nestwärme) und

Durch Ansprechen und Anregen der verschiedenen Wahrnehmungsmöglichkeiten (visuell, auditiv, taktil, geschmacklich, geruchlich) und der damit verknüpfbaren Darstellungs- und Kognitionsprozesse in Spiel und Übung sowie durch Aktivierung des Körpers und der Sinne, wurden die erwachsenen geistig behinderten Menschen emotional angesprochen und durch eine Vielfalt von Medien angeregt.

2. *Der "pädagogische Bezug", das "pädagogische Verhältnis"*
ist die 'Beziehung' zwischen dem Erzieher - hier dem Heilpädagogen - und dem Zu-Erziehenden, die besonders in der frühkindlichen und vorschulischen Situation von entscheidender Bedeutung ist. In Anlehnung an NOHL und KLAFKI ist im pädagogischen Denken und in der pädagogischen Praxis das pädagogische Verhältnis (nach HUPPERTZ und SCHINZLER 1983, 18 ff.) durch folgende Aspekte geprägt, die für *alle* Menschen gleichermaßen gelten, seien sie gesund, beeinträchtigt, behindert, verhaltensauffällig, physisch oder psychisch krank, jung oder alt:

a) Alles, was innerhalb des pädagogischen Verhältnisses geschieht, sollte um des Kindes willen, um des Menschen willen geschehen.
Diese Richtlinie fordert die Heilpädagogin heraus, sich gemäß ihres ihm bewussten und überprüfbaren Menschenbildes, ihres Wissens und ihres Vermögens um die Befindlichkeit und Bedürftigkeit des ihm anvertrauten Menschen, als Anwalt für dessen Leben herausgefordert zu sehen, soweit dieser sich nicht selbst vertreten kann. Dies gilt auch und insbesondere bei institutionellen und gesellschaftlichen Zwängen und Druck gegenüber einer möglicherweise erwarteten Erziehungshilfe im Sinne normativer Anpassung. Dabei wird die Heilpädagogin aufgrund intensiver Selbstreflexion und –>Supervision zwischen unterschiedlichen eigenen und fremden Bedürfnissen (z.B. der Kinder gegenüber den Eltern, der Schüler gegenüber Lehrern als Vertreter der Institution Schule, der behinderten Menschen gegenüber gesellschaftlichen Einschränkungen) zu unterscheiden und zu vermitteln versuchen. Insofern beinhaltet heilpädagogisches Pra-

---

affektiv-emotionaler Zuwendung erleiden. Dies führt nach R. SPITZ (1957) zum sog. Affektentzugsyndrom oder zur Gefühlsmangelkrankheit, zur "anaklitischen Depression".

xishandeln nicht nur von der vorgefundenen (Erziehungs-)Praxis auszugehen, sondern auch, diese mittels kritischer Reflexion durch heilpädagogische Theoriebildung zu verändern, um einen Konsens zwischen individuellen (am Einzelnen orientierten) und sozialen (an der Gemeinschaft orientierten) personalen und gesellschaftlichen Notwendigkeiten herbeizuführen.

b) Das pädagogische Verhältnis ist ein Verhältnis der Wechselwirkung, wie es bereits in frühester Kindheit aus den Interaktionen zwischen Mutter und Kind bekannt und für die Entwicklung und Menschwerdung von entscheidender Bedeutung ist. (vgl. PFAUNDLER 1925; BOWLBY 1951; SPITZ 1957; SCHMALOHR 1968; MAHLER u.a. 1975; AINSWORTH 1977; STERN 1991; u.a.) Dabei unterliegt der interpersonale pädagogische Bezug einem ständigen Wandel im Gefälle zwischen den Partnern, z.B. im Verhältnis von Nähe und Distanz, Angewiesensein und Eigenständigkeit und bezieht sich auf alle Dimensionen des Menschseins, sowohl auf Emotion und Kognition, Erleben und Verhalten, Bewusstes und Unbewusstes, dies zugleich beim Kind bzw. Jugendlichen wie auch bei der Heilpädagogin.

c) Das pädagogische Verhältnis kann nicht erzwungen werden, dennoch ist es für das Leben und die Entwicklung des Menschen unerlässlich. Daraus folgt, dass trotz aller gegebenen Notwendigkeit von Erziehung und allem normativen Anpassungsdruck letztendlich der Respekt, die Wertschätzung und die Achtung vor der Würde des Menschen als Person, seiner Freiheit und Selbstbestimmung auch im Behindertsein leitend sind. Dies erfordert von der Heilpädagogin ein hohes Maß an Selbstreflexion, die sie sich als andauernde berufsethische Forderung in berufsbezogener –>Selbsterfahrung und –>Supervison auferlegt, um eigene Kränkungen und Belastungen angemessen verarbeiten zu können und nicht unbewusst eigene ungelöste Probleme auf die ihr anvertrauten Menschen zu projizieren. Die Heilpädagogin wird sich immer wieder die Frage stellen, ob und inwieweit und aus welchen Gründen es ihr (nicht) gelungen ist, unter den erschwerenden erzieherischen Bedingungen einen der Bedürftigkeit des Menschen, insbesondere des Kindes oder Jugendlichen, angemessenen pädagogischen Bezug herzustellen.

d) Das pädagogische Verhältnis ist seinem Intensitätsgrad nach altersgemäß zu gestalten.

Abgesehen von dem unter Punkt 2. genannten Wandel ist hier vor allem das Ziel aller pädagogischen Bemühung angesprochen, sich als Erzieher überflüssig zu machen und mit zunehmender Individuation der eigenverantwortlichen Selbsterziehung Raum zu geben. Dabei sind unter anderem entwicklungspsychologische Gesichtspunkte bzw. die Psychologie der Lebensspanne und solche Entwicklungsaufgaben (–>Ziele; weiterhin –>Abb. 4; 15; 65; 66) zu bedenken, durch deren Übernahme und Erfüllung alle Menschen, auch der behinderte Mensch, nach Alter und Fähigkeit je angemessen ihren Lebensweg gestalten können. Solche *Entwicklungsaufgaben* (vgl. DREHER 1985) können sein:

- Körper: Akzeptieren des eigenen Körpers, seiner Veränderungen und seines Aussehens;
- Selbst: Wissen, wer man ist und was man will (Identitätsgefühl);
- Rolle: Sich Verhalten aneignen, das man in unserer Gesellschaft von Frau und Mann erwartet;
- Ablösung: Von Elternhaus, Pflege und Fürsorge sowie Fremderziehung, weitgehend unabhängig werden und sich loslösen;
- Peergroup: Aufbau eines Freundeskreises zu Altersgenossen beiderlei Geschlechts;
- Intimität: Aufnahme und Ausprobieren intimer Beziehungen zum Geschlechtspartner (Freundin/Freund);
- Beruf: Wissen, was man werden will und was man dafür lernen und können muss;
- Partner, Familie: Vorstellungen entwickeln, wie der Ehepartner und die zukünftige Familie sein sollen;
- Werte: Sich darüber klar werden, welches Menschenbild und welche Weltanschauung man hochhält und als Richtschnur für eigenes Handeln akzeptiert;
- Zukunft: Entwicklung einer Zukunftsperspektive, in deren Richtung man sein Leben plant und Ziele ansteuert, von denen man glaubt, dass man sie erreichen kann.

247

Die Heilpädagogin als Wegbegleiterin wird dabei ihr personales Erziehungsangebot unter erschwerenden Bedingungen von der Kontaktaufnahme über die Beziehungsstiftung und Beziehungsgestaltung bis hin zur Ablösung und Trennung vertieft reflektieren und flexibel gestalten, um unangemessene Ambivalenzen, z.b. Overprotection, Doppelbotschaften (Komm! aber: Geh!) oder unbewusste Delegationen (vgl. STIERLIN 1975) zu unterlassen. Gerade hier erweist sich in besonderer Weise die menschliche Reife und fachliche Kompetenz der Heilpädagogin, wenn sie im Bewusstsein der Notwendigkeit des pädagogischen Bezuges dieses erzieherische Verhältnis in seinem Intensitätsgrad angemessen aufbauen, gestalten und abbauen kann, unter Berücksichtigung auch dauerhafter Behinderungszustände und einer womöglich lebenslangen heilpädagogischen Bedürftigkeit. Dabei sollte die Heilpädagogin mit aller ihr zur Verfügung stehenden Wachsamkeit das Verhältnis von notwendiger Fremdbestimmung immer (wenn auch in noch so geringfügigen und kurzzeitigen Formen) zugunsten der möglichen Selbstbestimmung des ihr anvertrauten Menschen verändern.

* **Heilpädagogische Begleitung im Spannungsfeld zwischen Erziehung und Therapie**

Bisher wurden die Grundlagen pädagogischen Handelns: Pflege, Fürsorge und das pädagogische Verhältnis beschrieben, die jedoch als *heilpädagogisches Handeln unter erschwerenden Bedingungen* weitergeführt werden mit der Maßgabe,
"nach den Möglichkeiten von Erziehung zu suchen, wo etwas Unheilbares vorliegt". (MOOR 1965, 259)
Zur Verdeutlichung dieser originär *heilpädagogischen Aufgabe* eignet sich besonders der Blick auf Menschen, die keiner herkömmlichen Therapie zugänglich sind. Mit Hinweis auf die lange Tradition und Verquickung von medizinischem Therapieverständnis und Heilpädagogik beschreibt THEUNISSEN (1991, 139):
"Spätestens seit dem Ende des 19. Jahrhunderts wurde die heilpädagogische Betreuung geistigbehinderter Menschen theoretisch und praktisch zunehmend von der Psychiatrie vereinnahmt, was dazu

führte, dass die Heilpädagogik ganz unter ihre Obhut geriet. Selbst heute gibt es noch Tendenzen, sie im Schlepptau der Psychiatrie oder Medizin zu belassen, und möglicherweise werden derartige Tendenzen angesichts der Diskussion um Gentechnologie, pränatale Diagnostik und Sterbehilfe sogar wieder zunehmen - eine Gefahr, der von pädagogischer Seite frühzeitig begegnet werden sollte...

Aus medizinischer Sicht (gemeint ist hier die Position der orthodoxen Psychiatrie in Abgrenzung zur Sozialpsychiatrie oder modernen systemischen Psychiatrie) bezeichnet Therapie die Gesamtheit aller Begleitungsmaßnahmen zur Heilung oder Beeinflussung einer Krankheit. Therapie bedeutet somit Heil-Behandlung und intendiert die Wiederherstellung eines 'gesunden' Zustandes durch Beseitigung von Störvariablen... Das Fatale daran ist, dass der orthodoxen Psychiatrie ein defektorientiertes oder schädigungsfixiertes, nihilistisches Bild des geistig behinderten Menschen eignet, wobei geistige Behinderung als individuelles Phänomen bezeichnet wird, das einer medizinisch mehr oder weniger nachweisbaren Schädigung zugeordnet wird und - so Bleidick/Hagemeister (1977, 66) - 'als ein absolut feststehender Defekt, als persönliches, weitgehend unabänderliches und hinzunehmendes Schicksal erscheint'. Die Ursachen der Behinderung werden 'als individuelle Angelegenheit' (ebd.) und sozial unerwünschte Verhaltensweisen bzw. spezifische Symptome werden als unmittelbarer Ausdruck des Defektes oder der Schädigung ausgelegt." (140) Dies führt nach THEUNISSEN (ebd.) zur "Segregation, Besonderung und Aufgabenverengung" (141), zur "Verobjektivierung und Ignoranz der Subjektivität", zur "Zerstückelung des Individuums und Vernachlässigung des biographischen Aspekts"; es folgen "Zwang zur Anpassung und überzogenes Effizienzdenken" (142) sowie "Ausklammerung des kommunikativen, zwischenmenschlichen Bezugs im Interesse von Herrschaft"(143).

Was aber ist demgegenüber Erziehung? Um die spezifisch *pädagogische* Verstehens- und Zugehensweise auf den beeinträchtigten und behinderten Menschen in Theorie und Praxis zu verdeutlichen, müssen nach THEUNISSEN (ebd. 144 - 146) zunächst *allgemeine pädagogi-*

sche Gesichtspunkte herausgestellt werden, die in spezifischer Aktzentuierung in einer *heilpädagogischen Begleitung* bestimmend sind:

1. Pädagogik geht nicht von Schäden aus, sondern versucht, positive Entwicklungsmöglichkeiten aufzugreifen, zu unterstützen und zur Entfaltung zu bringen, um auf diese Weise Schäden zu verhüten oder zu vermeiden *(Prophylaktischer Charakter der Pädagogik)*;
2. Erziehung kann nicht von der Veränderung gegebener Lebensverhältnisse losgelöst werden und muss die Verbesserung von Lebensbedingungen mitbedenken *(Ökologische Orientierung)*;
3. Partnerschaftlich-kommunikative Momente und Aspekte zwischenmenschlicher Begegnung stehen anstelle einer klar definierten Rollenhierarchie der medizinisch orientierten Therapie *(Ich-Du-Bezug)*;
4. Im Unterschied zur Betonung der naturwissenschaftlichen 'Objektivität' des medizinischen Therapiebegriffs betont die Pädagogik den Subjektstatus des zu Erziehenden, seine subjektive Befindlichkeit *(Respektierung von Subjektivität)*;
5. Pädagogische Ziele stehen sich oft antithetisch gegenüber, so dass es auf der handlungspraktischen Ebene zu einer dialektischen Verschmelzung von Gegenwart und Zukunft, Wachsenlassen und Führen, 'freiem' und 'systematischem' Lernen sowie Behüten und Freigeben kommen muss *(Pädagogisches Handeln und dialektisches Prinzip)*;
6. Pädagogisches Handeln ist auf die gesamte menschliche Situation bezogen, auf die leib-seelisch-geistige Einheit des Menschen in zwischenmenschlicher, gesellschaftlicher und ökologischer Relation *(Ganzheitliches Menschenbild)*;
7. Im Unterschied zur medizinisch orientierten Therapie und zu Teilen der klinischen Psychologie, die für behinderte Menschen Lernresistenz oder Bildungsunfähigkeit suggeriert, gilt in der Pädagogik die Bildsamkeit des Menschen, seine Fähigkeit, etwas zu lernen, seine Ermutigung und Unterstützung als erzieherische Herausforderung *(Bildsamkeit als Disposition)*;
8. Im Unterschied zur krankheitsbezogenen Therapie, die restaurativ oder reparativ Normalität, Unauffälligkeit oder Anpassung zu er-

zielen sucht, geht es der Pädagogik um die Befähigung des Menschen zu einem Ich-starken, autonomen Rollenhandeln, um Mündigkeit und Emanzipation, d.h. um die Selbstkompetenz in eigenen Lebensumständen, die es eigenständig zu kontrollieren, zu bewältigen und sozial verantwortungsbewusst zu gestalten gilt *(Emanzipation als Leitidee)*.

Auf der Basis dieser allgemeinen pädagogischen Grundsätze lassen sich nach KOBI (1979; 1983, 294 f.) zu dem Gegensatz von Erziehung und klassischer Therapie, durch Gegenüberstellung und differenzierte Erläuterung folgender Begriffspaare, weitere wichtige Unterscheidungsmerkmale erkennen:
Erziehung ist *imperativ,* d.h. aus der Seinssituation des Menschen heraus gefordert (aus biologischen, psychologischen, gesellschaftlichen Gründen) Erziehung kennt keine Frage der speziellen Indikation; Nichterziehung wäre gleichbedeutend mit Verwahrlosung. Therapie im klassisch-medizinischen Sinne ist "*indikativ*", d.h. sie beruht auf einer jeweils speziellen Indikation. Therapiebedürftigkeit hat Krankheit/Leiden zur Voraussetzung.
Erziehung "*immanent*", d.h. in der conditio humana enthalten. Der Mensch ist grundsätzlich erziehungsbedürftig und erziehbar.Therapie ist "*additiv*", d.h. sie hat den Charakter von etwas Zusätzlichem, Aufgesetztem, Außer-Gewöhnlichem. Der Mensch ist nicht grundsätzlich therapiebedürftig. ist
Erziehung ist "*edukativ*", d.h. in ihrer Zielsetzung auf Erzogenheit/Gebildetheit ausgerichtet, (was immer in der personalen, sozialen und kulturellen Perspektive darunter verstanden werden mag.) Therapie ist "*sanitär*", d.h. in ihrer Zielsetzung auf Gesundheit ausgerichtet (was immer als solche definiert werden mag.)
Erziehung ist "*innovativ*", d.h. es geht um die Verwirklichung einer über den naturhaften Seins-Status hinausführenden Perspektive. Therapie ist "*restaurativ*", d.h. es geht um die Herstellung/Wieder-herstellung eines im naturhaften Sinne normalen (individualen bzw. gattungsmäßigen) Status.

Erziehung ist "*final/prospektiv*", d.h. sie ist hinsichtlich der für sie wegleitenden Diagnostik an der Aufdeckung von Förderungs-, Erziehungs-, Bildungsmöglichkeiten interessiert.Therapie ist "*kausal*", d.h. sie ist hinsichtlich der für sie wegleitenden Diagnostik an der Aufdeckung von (Störungs)Ursachen interessiert.

Erziehung ist "*emanzipatorisch*", d.h. sie bemüht sich in erster Linie um die Herausführung des Kindes aus dem Bannbezirk der Behinderungsfaktoren.Therapie ist "*reparativ*", d.h. sie bemüht sich in erster Linie um die Ausschaltung der zur objektivierbaren Krankheit und zum subjektiv empfundenen Leiden führenden Ursachen.

Erziehung ist "*subjektiv*", d.h. sie beschäftigt sich mit dem Menschen in dessen Subjektstatus. Ihr Betätigungsfeld sind Interaktionssysteme, die weitgehend außerhalb der direkten Einfluss- und Steuerungsmöglichkeiten der Personen stehen. Therapie ist "*objektiv*", d.h. sie macht sich am Objektstatus des Patienten - zum Teil unter gezielter Ausschaltung des Subjektes - zu schaffen. Ihr Anwendungsfeld sind (Organ-)Systeme, die weitgehend außerhalb der direkten Einfluss- und Steuerungsmöglichkeiten der Personen stehen.

Erziehung ist "*personal*", d.h. die 'Mittel' treten hinter dem 'Medium der Person' (BUBER) und der personalen Vermittlung bedeutungsmäßig in den Hintergrund. Therapie im somatischen Sinne ist "*medial*", d.h. sie wird appliziert über Mittel (apparatlicher, instrumenteller, chemischer, mechanischer... Art).

Erziehung ist "*kontinuierlich*", d.h. immerwährend, zeitlich nicht auszusetzen. Sie findet vor, während, nach jeder Therapie statt. Fremderziehung geht dabei zunehmend und nach Maßgabe der Eigensteuerungsfähigkeit in Selbsterziehung über. Therapie ist "*sporadisch*", d.h. sie tritt vorübergehend, zeitlich beschränkt, allenfalls auch intermittierend in die Lebensbezüge... Eine Therapie, welche die sie definierende Zielsetzung der Heilung aufgeben muss, hebt sich selbst auf. Erhaltungsbemühungen, Pflege und Betreuung, sollten aus dem Therapiebegriff ausgeklammert bleiben.

Erziehung ist immer "*ganzheitlich*", d.h. sie hat den Menschen umfassend auf sämtlichen Fähigkeitsbereichen anzusprechen. Therapie ist "*partikulär*", d.h. auf bestimmte Störungsherde gerichtet, auch

dann, wenn diese durch eine multidimensionale Therapie angegangen werden..
Erziehung ist*"interaktional"*, d.h. Kind und Erzieher agieren notwendigerweise in dichter, wechselseitiger Subjektivität auf einer gemeinsam herzustellenden Kommunikationsebene.Therapie ist *"funktional"*, d.h. der Therapeut hat gegenüber dem Patienten bestimmte Funktionen wahrzunehmen, die keine personale Kommunikation unabdingbar zur Voraussetzung haben oder auf eine solche abzielen. Das Therapie-Objekt wird nicht selten sogar bewusst "exkommuniziert" (sei dies physisch über eine Narkose oder psychisch über das Arztgeheimnis).

Nach allem bisher Gesagten ist deutlich geworden, dass Erziehung weder verbal noch faktisch mit Therapie gleichzusetzen ist, da letztere immer ein medizinisches und - im erweiterten Sinne - ein (psycho-)therapeutisch begründetes Handeln beinhaltet. Im Gegensatz zur Erziehungsbedürftigkeit als Lebensbedingung für alle Menschen ist aber nicht jeder Mensch therapiebedürftig, sondern wird es erst, wie die Begriffe 'Indikation'[1] oder 'Diagnose' veranschaulichen. Die Heilpädagogin hat die Aufgabe, sich der 'Therapeutisierung' des Menschen zu widersetzen, die helfen soll, mit Kindern, Jugendlichen und 'abnormen' Menschen 'fertig' zu werden.
"Es läßt sich feststellen, daß in unserer Gesellschaft in zunehmendem Maße pädagogische, moralische und politische Probleme in therapeutische verwandelt werden, und daß man immer mehr dazu neigt, Menschen - bei welchen Problemen auch immer - zu 'behandeln'... In kaum mehr übersehbarem Ausmaß werden 'therapeutische' Maßnahmen und Institutionen als Notwendigkeiten für unsere Kinder angemeldet. Es wächst u.a. die allgemeine Versuchung, Verhaltensprobleme bei Kindern immer häufiger durch Psychopharmaka lösen zu wollen. Für die Überwindung der Probleme sozialer Randgruppen

---

[1]*Indikation* (lat.: Heilanzeige) ist ein in der Medizin gebräuchlicher Begriff, der die Richtung für die einzuschlagende Behandlung anzeigt. Dabei wird zwischen kausaler (auf die Ursache einer Krankheit gerichteten), symptomatischer (auf die Symptome konzentrierten) oder vitaler (auf Lebensgefahr hinweisende) Indikation unterschieden.

wird 'Sozialtherapie' gefordert... Kritik an der Überstrapazierung des Therapiebegriffs ist auch insofern angezeigt, als er bei gleichzeitiger Abwertung des Erziehungsbegriffs ... vom Reparaturmodell bestimmt ist. Er suggeriert einerseits, daß es gegen alles Unerwünschte ein Mittel gibt, und andererseits trägt er zur Verstärkung der Abhängigkeit von therapeutisch-professionellen Dienstleistungen bei, was letztlich die Aushöhlung der eigentlichen Erziehungspotenz nach sich ziehen muß... Ein Vakuum müßte in der Arbeit für den hilfsbedürftigen Menschen entstehen, wenn sie sich darin erschöpfte, Störendes, Krankes, Probleme, Mühen nur beseitigen und allgemeines Wohlbefinden einrichten zu wollen. Erziehung ist mehr als bloße Anweisung, spezielle Erziehung ist mehr als bloße Reparatur. Sie will Welt erschließen, sinnerfüllte Selbstwerdung ermöglichen und Deutungen auch für Probleme anbieten, die nicht zu 'lösen' sind, Erschwernisse und Leiden, die getragen werden müssen wie ein Kreuz, und die offensichtlich die Frage nach dem Sinn herausfordern, die immer nur jeder auf seine Weise wird beantworten können. In Anbetracht dieser Sinn-Dimension wird das deutlich, was in der Erziehung gegenüber bloßer, einseitig behandelnder Therapie zu verteidigen wäre: Während letztere erfahrungsgemäß methodisch auf Veränderung gerichtet ist, orientiert sich Erziehung - auch Spezialerziehung - an Veränderung *und* Erhaltung, an Tätigwerden *und* Seinlassen. Bei allem Versuch, Unzulängliches verbessernd zu verändern, geht es der Erziehung immer auch darum, Erreichtes, Beglückendes zu bewahren, also nicht verfallen zu lassen, und Sinn für Nicht-Veränderbares zu suchen und finden zu lassen - im Mit-Sein des Erziehers." (SPECK 1987, 225 ff.)

Eine solche, im wahrsten Sinne «erzieherische» Haltung wird die Heilpädagogin, wenn sie sich selber und ihrer beruflichen Profession treu bleiben will, nicht ohne persönliche Krisen und Erschütterungen durchstehen können, denn es ist doch sehr viel einfacher und verführerischer, "Mittel, Wege und Techniken zu ändern, als sich selbst zum 'Erziehungsmittel' zu formen (Buber 1960) und die Selbsterziehung in die Hand zu nehmen (Moor 1971)". (zit. nach KOBI 1983, 299)

* **Heilpädagogische Begleitung als integrierendes Konzept von Erziehung und Förderung mit therapeutischen Mitteln**

Aufgrund der Divergenzen zwischen Erziehung und Therapie steht nun die Frage an, ob es überhaupt sinnvoll ist, einen Zusammenhang herzustellen. Im ursprünglichen Sinn hat das griechische *therapeuein* allerdings wenig mit dem o.g. Therapiebegriff zu tun, sondern wird eher als dienen, sorgen, pflegen, verehren, heilen verstanden. Auch in der Rückführung des Begriffs 'Therapie' auf *therapeia* (Diener, Gefährte, Kamerad, Freund) könnte sich die Heilpädagogin als Mensch und in ihrer beruflichen Profession als Erzieher durchaus in diesem ursprünglich gemeinten *personalen Sinnverständnis* von Therapie wiederfinden.

Hier drängt sich aus heilpädagogischer Sicht eine Unterscheidung zwischen *mittelbaren* und *unmittelbaren* Therapien sowie dem Aspekt der *Förderung* auf, die es näher zu beschreiben gilt:

"Sämtliche mittelbaren Therapien (chirurgische, chemische, diätetische usf.) gehören in den Arbeits- und Zuständigkeitsbereich des Arztes. Therapien dieser Art ist gemeinsam, daß sie sich instrumentell an der objektivierten Krankheit (Störung, Defekt...) zu schaffen machen;" (KOBI 1982, 31)

"Unmittelbare Therapien sind dadurch gekennzeichnet, daß die Person des Therapeuten (und nicht ein Medium/Remedium) auf die Person des Patienten (und nicht auf die Störung als solche) Einfluß nimmt. Therapie vollzieht sich hier im Dialog zwischen Subjekten. Hier sind die verschiedenen Formen der Psychotherapie und Verhaltensmodifikation einzuordnen, die auf (psycho-sozialen) Lern- und Erkenntnisprozessen des Subjekts aufbauen und auf Einstellungsänderungen personaler Art abzielen..." (KOBI ebd. 31)

So verstandene heilpädagogische Begleitung und solche unmittelbare Therapie

„ist als planvolles Einwirken auf einen Menschen auf der Grundlage psychologischer Prinzipien zu verstehen, wobei das Individuum in seiner personalen, dialogischen und transzendenten Ausgerichtetheit auf seinem sozio-kulturellen Hintergrund begriffen wird. Psychotherapie gründet in spezifischer intersubjektiver Beziehung, ist nicht wertneutral, ist individuell zielgerichtet. Psychotherapeutisches Arbeiten ist in Theoriekonzepten und schlüssigen Handlungskonzepten begründet und bedarf kontinuierlicher kritischer Reflexion". (JUST 1992, 110)

Hier entsteht eine hohe Affinität zwischen Erziehung, vor allem *Erziehung unter erschwerenden Bedingungen* = *Heilpädagogik* und personzentrierten, interaktionalen Therapien. Wenngleich die Theoriekonzepte und die methodischen Zugangswege zum Menschen sich in den spezifisch psycho-therapeutischen von den ganzheitlich-erzieherischen Konzepten unterscheiden mögen, findet sich darin doch die entscheidende und *wesentliche Übereinstimmung der intersubjektiven Beziehungsgestaltung* als die therapeutische tragende und zum erzieherischen Verhältnis analoge Dimension. Solche therapeutischen Konzepte sind in der Lage, die Beziehungsgestaltung im erzieherischen Verhältnis, vor allem unter erschwerten Bedingungen, komplementär zu ergänzen und zu tragen.

Funktionelle Therapien

Von den unmittelbaren sind solche Therapien zu unterscheiden, die als *funktionelle Therapien* (Physiotherapie, Ergo- oder Beschäftigungstherapie, Psychomotorische Therapie, Sprachheilbehandlungen und andere) eine Mittelstellung einnehmen:

"Einerseits zielen sie auf die Ertüchtigung bestimmter Organe oder die Verbesserung von Funktionsabläufen, andererseits können diese Ziele jedoch nur in enger Zusammenarbeit mit dem Patienten erreicht werden." (KOBI 1982, 31)

Bei diesen Therapiekonzepten, die unreflektiert unter dem Gesichtspunkt des 'operational-machbaren' auch zu einer heilpädagogischen Fördermechanik entarten können, besteht die Gefahr, sich ähnlich wie bei der medizinisch orientierten Therapie mehr auf die 'Reparatur der Defekte' auszurichten als auf den beeinträchtigten oder behinderten Menschen in seinen personalen und psycho-sozialen Bezügen.

Heilpädagogisches Handeln beruht auf einer *Haltung* und besteht nic
aus der Summierung funktionaler Tätigkeiten. Deshalb ist in diese
Zusammenhang die Begrifflichkeit und das Verständnis von
'Förderung' im heilpädagogischen Sinne zu reflektieren.

„*Förderung* (kann) als angemessene Bezeichnung für das handlungs-
bezogene *Leitkonzept[1]* heilpädagogischer Maßnahmen und Aktivitäten gelten" ... So gesehen umfasst der Begriff Förderung
"sämtliche Bestrebungen, welche, von den verschiedenen Fähigkeitsbereichen ... ausgehend, Basis-Funktionen zu entwickeln versuchen. ... Förderung ist - in Ergänzung zu einer gegen den Fehler gerichteten Therapie - um das Fehlende bemüht. Sie ist ferner fähig-
keitsbezogen ... Ziel sämtlicher Fördermaßnahmen ist die Befähigung
eines Kindes; dieses lernt dabei (noch) nicht etwas Bestimmtes (im
Sinne eines Fächerkanons), sondern vor allem sich selbst und seine
Möglichkeiten im Umgang mit der Person- und Sachwelt in Raum
und Zeit, allein und in der Gruppe, kennen. Förderung erbringt
nicht, sondern ermöglicht Leistung. Förderung intendiert nicht Heilung (wie Therapie), sondern Normalisierung. Das Kind soll dazu
gebracht werden, seine (ihm verbliebenen) Fähigkeiten optimal auszunutzen." (KOBI ebd. 32)

Damit Förderung im Rahmen heilpädagogischer Begleitung nicht als
defektorientierte, apersonale und funktionale Fördermechanik missverstanden wird, sollte der Begriff der Förderung präziser als *Entwicklungsförderung* gefasst werden. Das Verständnis des Grundphä-
nomens 'Entwicklung' zeigt,

"daß in der Entwicklungspsychologie heute ein kontextualer, inter-
aktionaler und handlungstheoretisch fundierter Begriff von Entwicklung bestimmend ist. Menschliche Entwicklung wird im Rahmen
dieser Modellvorstellung als ein von Menschen beeinflußbarer, durch
Menschen modifizierbarer und daher auch von Menschen zu verantwortender Prozeß verstanden... So ist auch im System heilpädagogi-

---

[1] „Wir möchten vorab daran erinnern, was wir unter *Konzepten* verstanden wissen
wollen. Sie bilden Brücken zwischen (wertabstinenter) grundlagenwissenschaftli-
cher Theorie (und wertgeleiteter) konkreter Berufspraxis und sind persongebunden,
d.h. sie bewirken nur dann etwas, wenn es Personen gibt, die das in Frage stehende Konzept authentisch in ihr berufliches Alltagshandeln umsetzen können."
(GRÖSCHKE 1989, 169)

scher Grundbegriffe von SPECK (1988, 238 ff.) «psycho-physische Entwicklungsbeeinträchtigung» der 'heilpädagogische Ausgangsbegriff', aus dem sich pädagogisch 'spezielle Erziehungsbedürfnisse' ableiten lassen. Diesen 'heilpädagogischen Legitimationsbegriff' hält SPECK mit Recht für wissenschaftlich und praktisch tauglicher als den Problembegriff 'Behinderung'... Ein heilpädagogisch reflektiertes Praxiskonzept von Entwicklungsförderung konzentriert sich auf das *erzieherische* Moment und führt von daher zur Frage nach den handlungsleitenden *Ziel-* und *Normvorstellungen,* die im Begriff von Förderung immer mitenthalten sind ... Da beim psychophysisch geschädigten Menschen der Gang des normalen Entwicklungsaufbaues in gewisser Weise 'durcheinander geraten' ist, braucht der Heilpädagoge begründetes Erklärungs- und Veränderungswissen, um zu entscheiden, wo er fördernd in das Entwicklungsgeschehen eingreifen muß, damit sich die desynchronisierten Prozesse wieder selbst regulieren können und die betroffene Person zu dem ihr möglichen Höchstmaß an Selbstbestimmung finden kann." (GRÖSCHKE 1989, 170 f.)

Diese Orientierung in Richtung *unmittelbare Therapie* und *Entwicklungsförderung* kann die Heilpädagogin als kritisch reflektierte Ausgangsposition für ihr gesamtes erzieherisches Handeln unter erschwerenden Bedingungen verstehen: Nur diejenigen 'Therapien' und im weiteren Sinn 'Fördermethoden' sind *heilpädagogisch relevant,* die im pädagogischen Sinne

- durch etwas 'Aufgegebenes' (MOOR 1965, 26), wie "Sinngebung, Wertorientierung, Beziehungsstiftung und Handlungsbereitschaft" (KOBI 1983, 84) gekennzeichnet sind;
- die eine "quantitative und qualitative Zustandsveränderung im Sinn einer Verbesserung, Vervollkommnung und Werterhöhung des Menschen" (KOBI 1983) beinhalten, als "entschiedene, wertbestimmte und wertvermittelnde (mediale) Haltung innerhalb und bezüglich menschlicher Lebensverhältnisse"... als sinngemäße Daseinsdeutung und -gestaltung... in interpersonal gestalteten Beziehungs-, Lebens- und Daseinsformen." (66);

- die neben dem Prinzip der Permissivität zugleich das erzieherische Prinzip des Hinausführens (lat. *educere*) im Sinne von führen und folgen, leiten und begleiten kennen.

So wird auch eine 'spezielle Heilpädagogik' als Aufzählung unterschiedlicher Zielgruppen für heilpädagogisches Handeln letztlich überflüssig. Wie bei jedem Menschen, geht es auch bei Menschen mit körperlicher, auditiver, sprachlicher-, seh-, geistiger, lern-, verhaltens- oder mehrfacher Behinderung zunächst und immer um *Erziehung und Förderung nach dem Normalitätsprinzip*. Sowohl der heilpädagogisch bedürftige Mensch wie auch die Heilpädagogin selbst sind je auf besondere Weise erziehungsbedürftig - jeweils stärker akzentuiert nach Fremd- bzw. Selbsterziehung. Dabei ist Erziehung, auch die "Erziehung der Erzieher" im "pädagogischen Bezug" bzw. in der "Erziehungsgemeinschaft" immer ein zweiseitiger Vorgang, ein zwischenmenschlicher Prozess, der unter den gegebenen erschwerenden Bedingungen zusätzlicher, vertiefter psychologischer Erkenntnis bedarf. Gerade Paul MOORs (1974, 7) oftmals missverstandener und programmatischer Satz: "Heilpädagogik ist Pädagogik und nichts anderes" öffnet weitsichtig den pädagogischen Raum, wenn er weiter ausführt:

"Als die Lehre von der Erziehung mindersinniger, geistesschwacher, schwererziehbarer Kinder steht sie (die Heilpädagogik; Anm. W.K.) aber vor einer erschwerten Erziehungsaufgabe und ist gezwungen, die ihr vorliegenden psychologischen Tatsachen schärfer ins Auge zu fassen... Erst die Verfügbarkeit aller wesentlichen der heute vorliegenden Bilder von der menschlichen Seele kann bei der Verschiedenartigkeit der tatsächlich vorhandenen Entwicklungshemmungen dazu verhelfen, in jede von ihnen soweit einzudringen, daß Möglichkeiten und Grenzen erzieherischer Einwirkungen sichtbar werden..." (MOOR ebd. 7)

Aus dieser *Notwendigkeit, unter erschwerenden Bedingungen erzieherisch handeln zu müssen,* entwickelt MOOR in der Folge zwei Zielbestimmungen für eine "heilpädagogische Psychologie" und damit zugleich die Begründung für die Hinneinnahme psychologischer und psychotherapeutischer Konzepte in die Heilpädagogik:

"Dies aber ist das eine Ziel, um das es einer heilpädagogischen Psychologie geht: Sie will die psychologischen Tatsachen nicht von einem von vornherein eingenommenen Standpunkt aus deuten; sondern sie benützt die Vielfalt der gegenseitig sich beschränkenden Deutungsweisen dazu, sich dem wirklichen Sein eines Menschen zu nähern. Damit dient sie der Gewinnung derjenigen Haltung, welche am Anfang jedes einzelnen erziehenden Eingriffes und der Erziehung im Ganzen steht: der Bereitschaft, den Menschen erst einmal so anzunehmen, wie er ist. Heilpädagogische Psychologie hat aber ihre Aufgabe erst zur Hälfte gelöst, wenn sie die Gegebenheiten des Ausgangspunktes der Erziehung zu erfassen und anzunehmen ermöglicht. Sie muß überdies dazu befähigen, den Weg auf das Erziehungsziel hin zu finden und in seinen Einzelheiten als klaren Erziehungsplan zu artikulieren. Zwar will sie keinesfalls das Ziel konstruieren oder gar begründen in psychologistischer Spekulation. Ebensowenig will sie sich auf ein bestimmtes pädagogisches Ziel, auf einen pädagogischen Einzelstandpunkt ausrichten. Sie versucht einfach, die Möglichkeiten zu erkennen, wie ein Mensch eine Erfüllung seines Lebens zu *suchen* vermag, wie er leben muß, um die ihm mögliche Lebensaufgabe zu finden, indem er gleichzeitig in sie hineinwächst, und um an dem ihm möglichen Lebensinhalt nicht vorbei zu gehen. Nennen wir diejenige innere Verfassung eines Menschen, welche solches inneres Suchen und Reifen jederzeit ermöglicht, seinen inneren Halt, so können wir sagen:... Wo die Prozesse dieses niemals statisch, sondern immer als Prozeß zu verstehenden inneren Haltes in ihrer Gesamtheit und in ihrem Zusammenwirken überblickt und gleichzeitig die gegebenen Tatsachen verstanden werden, da ist auch der Weg der Erziehung, der Erziehungsplan erkennbar geworden." (MOOR ebd. 8)

Paul MOORs Konstrukt des *Inneren Haltes* (–>Ziele) (im Unterschied zur Verwahrlosung, verstanden als Haltlosigkeit und Sinnlosigkeit des Lebens) gilt sowohl für die Heilpädagogin wie auch für den ihm anvertrauten Menschen, insbesondere im Angesicht menschlichen Leidens. Er versucht, unter dem Primat des "heilpädagogischen Verstehens" auch die psychologisch geschulte Haltung der Heilpädagogin zu verdeutlichen: "Erst verstehen, dann erziehen" (MOOR 1965, 277)

In diesem Zusammenhang korrespondiert die heilpädagogische Intention mit psychologischen Begriffen wie 'Empathie', 'Offenheit und Spontaneität', wie sie als sogenannte 'Therapeutenvariablen' erlernt werden; und zugleich mit Begriffen wie 'Selbstverwirklichung' und 'Identitätsfindung', wie wir sie heute in immer ganzheitlicheren Konzepten, beispielsweise einer "Pädagogischen Therapie" (vgl. BÜRGERMANN, REINERT 1984) vorfinden.

Gleiches gilt auch für ein gewandeltes Psychotherapie-Verständnis der verschiedensten, auch tiefenpsychologischen Schulen, die sich heute mehr als bisher auch der Menschen mit geistiger Behinderung annehmen. Mit der tiefenhermeneutischen Methode "Szenisches Verstehen als diagnostischer Ansatz zum Erfassen des Konflikterlebens..." (SCHNOOR 1992, 132) kann es z.B. auch bei einem Kind mit Down-Syndrom gelingen, sein inneres, konflikthaftes *Erleben* zu fokussieren, ohne nur auf äußere Ereignisse oder bestimmte Fertigkeiten bzw. Defizite des Kindes zu schauen. Eine solche Perspektive erlaubt es, auffälliges und störendes Verhalten als Ausdruck ungelöster psychischer Konflikte zu begreifen:

„Daß es dadurch gelang, verdrängte, verbotene, oft zum erstenmal aus dem Unbewußten ins helle Licht des Bewußtseins vordringende Gefühle, Wünsche, Phantasien, wahrzunehmen, sich mit ihnen auseinanderzusetzen, zeigen... Jeder Mensch, auch der geistig Behinderte, hat die Neigung, Schmerz abzuwehren, beschämende, demütigende, verletzende Erfahrungen zu vermeiden. So kommt es schon sehr früh in der Entwicklung zu Verdrängung und zu Verleugnung unerwünschter und unerlaubter Gefühle bzw. werden sie bereits in ihrer Entstehung unterdrückt. (10) Für den geistig Behinderten ist die Beziehung zum Therapeuten, das sogenannte 'Arbeitsbündnis' mit ihm, der wichtigste Heilungsfaktor. Er braucht den Begleiter durch die vielen Unverstehbarkeiten und Unerträglichkeiten seines Daseins, mit denen er sich oftmals hilflos alleingelassen fühlt. Daß ein anderer Mensch es der Mühe wert findet, geduldig zuzuhören, auf ihn einzugehen, seine manchmal auch hilflosen, stammelnden, aggressiven Äußerungen zu ertragen, daß jemand zuverlässig Zeit für ihn hat, beweist ihm auf eine neue, für ihn bisher unbekannte Weise, daß sein

Leben Wert hat. Es ermöglicht ihm, die eigene Person für wichtig und liebenswert zu halten, eine Erfahrung, die viele geistig Behinderte in ihrem bisherigen Leben nie machen konnten." (GÖRRES, HANSEN 1992, 11 f.)

Zusammenfassend können wir feststellen, dass der *heilpädagogische Bezug* analog zum normalen *erzieherischen Verhältnis* besteht, jedoch aufgrund der besonderen, *erschwerenden Bedingungen,* in denen der behinderte Mensch lebt, unter anderem auch ein "Heilen der psychischen Deformation" LÖWISCH (1969, 177) anstrebt. Dies geschieht mittels Hilfe zur

"Aktivitätsentwicklung... Vertrauen und Liebe, Ansprache und Zuwendung - dies alles bewirkt im Kind das Gefühl, trotz seines Defektes als selbstverständlich genommen, mit seinem Defekt akzeptiert zu werden. Das behinderte Kind fühlt dabei, dass es verstanden wird und für 'voll genommen' wird. Die in Liebe, Vertrauen, Verstehen und Ansprechen sich dokumentierende Zuwendung ist geistige Zuwendung; sie bewegt sich mit dem Medium des Geistigen und ermöglicht damit zugleich geistige Erwiderungen des Behinderten. Dabei soll darauf hingewirkt werden, vorhandene Blockierungen der Aktivität wie beispielsweise Regression, Angst, soziale Isolierung, Frustration und Resignation oder Fehlentwicklungen der Aktivität wie Aggression, Autismus o.ä. zu beheben oder in richtige Bahnen zu lenken, kurz: die psychische Aktivität von Schädigungen und Verbildungen zu befreien, sie zu heilen." (LÖWISCH ebd. 177)

Dabei nutzt die Heilpädagogin psychologisches Wissen, psychotherapeutische und fördernde Maßnahmen der unmittelbaren Therapien nach dem Leitkonzept der Entwicklungsförderung.

Auf diesem Hintergrund können Divergenzen und Affinitäten von Pädagogik und Therapie wie folgt skizziert und in *heilpädagogisches,* d.h. erzieherisch-förderndes Handeln unter erschwerenden Bedingungen integriert werden:

1. Erziehung und Therapie
  sind verschiedene Phänomene und Sachgebiete.

"Erziehung ist weder verbal noch faktisch gleich Therapie. An diesem Tatbestand ändert sich auch nichts, wenn wir - wegen des sprachlichen Gleichheitsgrundsatzes - den antik-griechischen Fachausdruck 'Therapie' durch das deutsche Wort 'Behandlung' ersetzen. Gleiches gilt selbstverständlich auch für alle wörtlichen Ableitungen, wie z.b. 'erziehen' oder 'erzieherisch' und 'therapieren' oder 'therapeutisch'. Anders ausgedrückt heißt das: Erziehung und Therapie sind verschiedene Phänomene und Sachgebiete". (HAGEL 1990, 22)

2. Jeder Mensch ist erziehungsbedürftig,
   nicht jeder therapiebedürftig.

Jeder Mensch, auch der behinderte Mensch, ist erziehungsbedürftig. Heilpädagogisch bedürftig ist der Mensch, dem spezielle *Erziehungsbedürfnisse* eigen sind:

„Es ist dies ein allgemeiner Begriff, der zugleich die individuell unterschiedliche Bedürftigkeit an Erziehung impliziert. Es gelten nicht für alle Kinder die gleichen Maßgaben an erforderlicher Erziehung, z.b. hinsichtlich der Lernziele, des Ausmaßes und der Intensität an erzieherischer Hilfe. Liegt eine spezifische Störung oder Erschwerung vor, so ergeben sich *spezielle Erziehungsbedürfnisse* oder ein *spezieller Erziehungsbedarf* (vgl. auch Sander 1985). Wir wollen diesen Begriff als heilpädagogischen *Legitimationsbegriff* verstehen." (SPECK 1987, 235)

Um den speziellen Erziehungsbedarf zu ermitteln, bedarf es der –> Befunderhebung bzw. einer heilpädagogisch-diagnostischen Phase, um durch gegebene Indikation die heilpädagogische Begleitung zu legitimieren. Hier berühren und ergänzen sich Heilpädagogik und unmittelbare Therapien.

3. Pädagogik und Therapie können sich in ihrer globalen Zielsetzung
   einander annähern und ergänzen, sind jedoch in ihrer spezifischen
   Zielsetzung und im methodischen Vorgehen prinzipiell verschieden.

Ganz allgemein gesagt versuchen Erziehung und Therapie auf je unterschiedliche Weise den Menschen in einem einzigen Ziel zu unterstützen: seinen Lebenskampf zu meistern. Dabei ist das Bedingungsverhältnis von Erziehung/Therapie gegenüber Gesellschaft/Politik mitzusehen, auch in seiner Bedeutung für die erzieherische bzw. therapeutische Praxis mit dem einzelnen Menschen als Person. Erziehungs- bzw. Therapieziele sind deshalb auf verschiedenen Ebenen in ihrer Interdependenz zu reflektieren:

- auf der makro-sozialen Ebene sind sehr allgemein gehaltene Ziele zu finden, die dadurch einen hohen Grad allgemeiner Geltung erlangt haben, wie beispielsweise die "Allgemeine Erklärung der Menschenrechte" oder die "Erklärung der Rechte des Kindes" der UNO;

- auf der mikro-sozialen Ebene kommen Erzieher/Zu-Erziehender und Therapeut/Klient ins Spiel, nämlich alle konkreten Beziehungen, Verhältnisse und Bezüge der miteinander lebenden und handelnden Menschen, z.B. verstanden als "intentionale Erziehung" oder "therapeutische Verhaltensänderung". Auf dieser Ebene werden z.B. für die *Erziehung* geistig behinderter Menschen nach BACH (1979, 20) Ziele formuliert, die zugleich für alle Menschen gelten können, denn unter dem Aspekt der Selbstverwirklichung in sozialer Eingliederung sind Mündigkeit, Erfülltheit, Tüchtigkeit, Lernfähigkeit, Integrationsfähigkeit für jeden relevant. (Im Unterschied dazu wären "Fehlziele": Bloßes Wohlbefinden, bloße Unauffälligkeit, bloße Brauchbarkeit, Vorführbarkeit.) In der *Therapie,* z.B. in der Spieltherapie,

„steht die *komplexe Fähigkeit* des Kindes zum *eigenständigen Handeln* im Vordergrund. Hierzu zählt die Auswahl realistischer Ziele, der flexible Einsatz von Handlungsstrategien, die adäquate Nutzung von Rückmeldungen, Stabilität im Verhalten, emotionale Toleranz bei Mißerfolgen." (SCHMIDTCHEN/BAUMGÄRTEL 1980, 31);

- auf der intraindividuellen Ebene geht es darum, innere Auseinandersetzung zu erlernen: Wen wir lieben oder hassen; ob wir tun wollen, was wir möchten oder was wir sollen; ob wir egoistisch oder selbstlos, unreif oder vernünftig handeln wollen; und es geht um die Auseinandersetzung mit unserer Umwelt: Versuchen wir, ihren Forderungen gerecht zu werden und zu tun, was von uns erwartet wird oder versuchen wir, nach unserem eigenen Willen zu handeln, oft sogar gegen erhebliche Widerstände?

Kein Mensch lebt in einem Vakuum, alles geschieht immer in Beziehungen oder doch zumindest in Kontakten zu anderen Menschen. Alles menschliche Erleben und Verhalten beeinflusst die Umwelt und umgekehrt, gleich ob es sich um erzieherische Auseinandersetzung, um emotionale Konflikte, um körperliche oder sensorische Beeinträchtigung bzw. Behinderung oder um seelisch-geistige Erkrankungen und dafür notwendige therapeutische Interventionen handelt. Dennoch muss nochmals betont werden, dass Erziehung - im Unterschied zur Therapie - keine besondere Art des Tätigseins ist, die auf methodisch-instrumentelle Formen der Belehrung, des Therapierens oder der Verhaltensmodifikation reduziert werden kann, sondern eine *Haltung:*

"*Was* ich mit, vor einem oder für ein Kind 'mache', ist von untergeordneter Bedeutung gegenüber der Art, *wie* ich dem Kind begegne. Damit finden wir zurück zur alten, aber durch methodische Raffinessen oft überdeckten Wahrheit, daß der Erzieher weniger wirkt durch das, was er tut, als durch das, was er ist... Diese erzieherische Haltung kann in den verschiedensten Tätigkeiten ihren Ausdruck finden, und ebenso im Nicht-Tun (was nicht verwechselt werden darf mit dem Nichts-Tun!)..." (KOBI 1983, 67)

Paul MOOR (1974) hatte von der Bedeutung der "pädagogischen Zurückhaltung" gesprochen und damit die Notwendigkeit herausgestellt, dass alle Aktivität von außen zurücktreten müsse und zwar in Situationen, in denen es nichts zu erziehen (und zu therapieren! Anm. W. Köhn) gebe, in denen aber Wichtigstes für die Erziehung geschehe. Für das Sein und das Werden eines Kindes gebe es Dinge und Gelegenheiten, bei denen der pädagogische Zugriff nur beeinträchtige, unterdrücke oder Erziehung unmöglich mache.

„Dahin gehören beispielsweise das ästhetische und das religiöse Erleben... das Innewerden dieser andersartigen Inhalte, ist immer das Erleben eines Beschenktwerdens und darum überhaupt nur möglich, wenn der eigene Zugriff unterbleibt, die Spannung der aktiven Haltung sich löst, an Stelle der Aktion die Hingabe tritt, wenn die aktive Haltung ersetzt wird durch das, was KLAGES die 'pathische Haltung' genannt hat..." (129)

Versucht man dann aber diese aktive und empathische erzieherische Tätigkeit zu spezifizieren, d.h. abzugrenzen, wie es ja in der Heilpädagogik vom Auftrag her geschehen muss, "gerät man alsbald in Verlegenheit: Während Aussagen wie 'Ich habe den ganzen Nachmittag unterrichtet' oder 'Das Kind wird zweimal wöchentlich therapiert' akzeptabel sind, wirkt der Satz 'Ich habe über Mittag meine drei Kinder erzogen' stoßend..." (KOBI 1983, 66 f.)

Nun kennen auch Therapien bestimmte Haltungen, die vom Therapeuten in Studium und therapeutischer Ausbildung mehr und mehr als integraler Bestandteil der eigenen Persönlichkeit zu entwickeln sind, z.b. Authentizität, Empathie, positive Wertschätzung und Vertrauen, Offenheit und Spontaneität, Permissivität und Interdependenz. Diese sogenannten 'Therapeutenvariablen' lassen sich jedoch in der überschaubaren und klar begrenzten therapeutischen Situation auch als erlernte Techniken gezielt anwenden; hingegen muss der Erzieher, so auch die Heilpädagogin, wenn sie ihren Beruf außerhalb einer begrenzten Begleitungssituation ausübt, in alltäglichen Belangen und unter alltäglicher Belastung ohne Begrenzung mit dem beeinträchtigten oder behinderten Menschen zusammenleben und zusammenhandeln.

„Die Erziehung ist insofern von therapeutischen Interventionen zu unterscheiden, als sie längerfristig und kontinuierlich mit einem Kind realisiert wird: im Zusammenleben besteht ihr originärer Wirkungsraum. In der Therapie geht es meist um kurzfristige Begegnungen (z.B. einmal wöchentlich). Im Zusammenleben kommt dem Erzieher naturgemäß eine wesentlich größere Vorbild-Funktion zu als dies bei Therapeuten der Fall ist." (LOTZ 1993, 146)

4. Therapie hat eine ergänzende und korrigierende Funktion
   zur Pädagogik.

Heilpädagogische Arbeit versteht sich auf dem anthropologischen Hintergrund eines ganzheitlichen Menschenbildes, unter der Leitidee der personalen und sozialen Integration als spezielle Erziehung. „Spezielle Erziehung ist - allgemein gesagt - Erziehung, d.h. sie folgt den Erkenntnissen, Prinzipien und Methoden, die für jegliche Erziehung gelten. Das Spezielle an ihr ist lediglich ein besonderer Aspekt, unter den Erziehung tritt, wenn auf Grund einer Funktionseinschränkung oder einer Entwicklungsstörung, d.h. wegen bestimmter Erziehungs- und Lernprobleme, spezielle Erziehungsbedürfnisse gegeben oder angezeigt sind". (SPECK 1987, 230) Um den Menschen in seinem Dasein und Sosein, in seiner Befindlichkeit im Behindertsein, zu verstehen und zu erziehen, benötigt die Heilpädagogin u.a. besondere psychotherapeutische Zugangswege, sofern sie heilpädagogisch relevant sind, d.h. vom medizinischen Therapiemodell abgegrenzt werden können. Solche Zugangswege sind primär personenbezogen, aber auch punktuell sach- und funktionsbezogen. Dabei muß jeweils geprüft werden, ob es sich um eine "heilpädagogisch-bedürftige" Person oder um einen "therapie-bedürftigen" Klienten handelt. Die anzuwendenden Erkenntnisse und erzieherischen oder therapeutischen Methoden wenden sich mit unterschiedlichen Mitteln und aufgrund verschiedener spezifischer Zielvorstellungen dem einzelnen Menschen zu, d.h. an die Stelle der Normalisierung tritt die Individualisierung. Therapie ist zudem vorübergehend, zeitlich begrenzt, während Erziehung (Fremd- und Selbsterziehung) kontinuierlich erfolgt, vor, während und nach jeder Therapie. Erziehung ist auf Alltagshandeln hin orientiert, um Lebensmöglichkeiten freizusetzen. Demgegenüber ist Therapie alltagsdistanziert und ermöglicht "von außen her die Klärung der im Binnenraum eines festgefahrenen Alltags nicht mehr aufzuklärenden Probleme". (THIERSCH 1978, 98)

5. *Verbindungsstiftende Bezüge zwischen Pädagogik und Therapie sind besonders dort zu finden,*
- wo "Therapie und Pädagogik auf einer interpersonalen dialogischen Beziehung gründen mit jeweils spezifischen Qualitätsmerkmalen im Hinblick auf den pädagogischen Bezug sowie auf den therapeutischen Dialog;"
- wo "Therapie und Erziehung ganzheitlich sind (Leib-Geist-Seele-Einheit, ökologische Rahmenbedingungen, transpersonale Dimension)". (JUST 1992, 111)

Dies gilt allerdings nur für *unmittelbare Therapien,* in denen - ebenso wie in Pädagogik und Heilpädagogik - das *dialogische Verhältnis* eine wesentliche und nicht zuletzt *heilende* Dimension erlangt.

Deswegen kann die "heilpädagogische Begleitung" zusammenfassend als *erzieherische und fördernde Handlungspraxis unter Zuhilfenahme unmittelbarer und personal-anteilnehmender (psycho-) therapeuti-*

scher Zugangswege, Methoden und Mittel definiert werden. Um darüber Klarheit zu gewinnen, kann auch hier eine Rückfrage bei einem der Väter der Heilpädagogik hilfreich sein:

„Gehört Psychotherapie mit in den Rahmen der Heilpädagogik? - Diese Frage ist verschieden zu beantworten, je nachdem, wie man sie versteht. Wenn wir... von «Heilpädagogik» reden, so meinen wir damit die Lehre von der *Erziehung* des entwicklungsgehemmten Kindes. Diese Erziehung des entwicklungsgehemmten Kindes ist als Erziehung etwas anderes als Therapie ... Es ist uns ... klar geworden, wie sehr diese verschiedenen Arten der Hilfe ineinandergreifen und trotzdem Verschiedenartiges bleiben, ja wie gerade ihre Verschiedenartigkeit es möglich macht, daß sie sich gegenseitig ergänzen ... (MOOR 1965, 346 f.)

Um der unreflektierten Tendenz technisch-therapeutischen Denkens und Handelns entgegenzuwirken, ein Kind, einen Jugendlichen, einen beeinträchtigten oder behinderten Menschen wie Material nur objektiv zu begutachten und zu behandeln, anstatt ganzheitlich und intersubjektiv pädagogisch-therapeutisch in zwischenmenschliche Beziehungen einzutreten, können die einfachen und beschreibenden *heilpädagogischen Grundregeln* Paul MOORs für jeden Heilpädagogen eine Leitlinie sein:

„1. *Wir müssen das Kind verstehen, bevor wir es erziehen.* - Daraus ergibt sich in jeder heilpädagogischen Situation immer von neuem wieder die Frage: Wie kommen wir dazu, wie lernen wir es, das entwicklungsgehemmte Kind zu verstehen? Wir sagen kurz: Der Behandlung (= begleitenden Entwicklungsförderung; Anm. W.K.) des Kindes hat seine Erfassung (= Befunderhebung; Anm. W.K.) voranzugehen.

2. *Wo immer ein Kind versagt, haben wir nicht nur zu fragen: Was tut man dagegen?- Pädagogisch wichtiger ist die Frage: Was tut man dafür?- nämlich für das, was werden sollte und werden könnte.* - Damit ist zum Ausdruck gebracht, daß die Behandlung, welche der Erfassung folgt, nicht einfach ein Heilen des vorliegenden Fehlers ist, sonder ein Aufbauen des Fehlenden, daß die Behandlung des entwicklungsgehemmten Kindes nicht eine Therapie ist, sondern Erziehung.

3. *Wir haben nie nur das entwicklungsgehemmte Kind als solches zu erziehen, sondern immer auch seine Umgebung.* Sie leidet am Leiden des Kindes und kommt damit meistens nicht zurecht; wodurch das Leiden des Kindes vergrößert wird. Anders ausgedrückt: Es ist nie nur das Kind, sondern es sind immer auch seine Erzieher zu erziehen. Niemand aber kann den Erzieher erziehen als er selbst. Darum muß alles Reden von der Erziehung des entwicklungsgehemmten Kindes immer und in allem zugleich ein Appell an die Selbsterziehung des Erziehers sein. (15 f.)

Die Selbsterziehungsaufgabe des Erziehers, die sich aus all dem ergibt, erkennt man besonders deutlich, wenn man sich daran erinnert, wie leicht man immer wieder in den Fehler verfällt, dort mit der Erziehung zu beginnen, wo etwas nicht so ist, wie es sein sollte, und dies mit der Frage auszusprechen:

Was tut man *dagegen?* Wo immer wir so fragen, da bezeugen wir damit, daß wir uns gänzlich verloren haben an die veräußerlichende Gefahr, die in den Erziehungsmitteln (und in den technisch-funktionalen-therapeutischen Methoden; Anm. W.K.) liegt, und da müssen wir Schritt für Schritt zurückzugehen versuchen bis dahin, wo sich unserem Blick wieder die ganze Erziehungsaufgabe enthüllt:

Nicht: was tut man *dagegen,*

sondern: was tut man *dafür!*

Der Kampf gegen das Unrechte ist notwendig; wichtiger aber ist die Förderung des Rechten. Wer möchte noch Erzieher sein, wenn man dabei lediglich bloß gegen und nicht für etwas da sein könnte!

Nicht: *was* tut man dafür,

sondern: *wie* tut man etwas dafür!

Wichtiger als das Mittel, das man anwendet, ist die Art und Weise, wie man es anwendet.

Nicht: wie tut *man* etwas dafür,

sondern: wie tue *ich* etwas dafür!

Erziehungsmittel (und therapeutische Interventionstechniken; Anm. W.K.) sind nicht dazu da, um mir Erziehungsschwierigkeiten vom Halse zu schaffen; sondern ich bin dazu da, um die Erziehungsaufgabe auf mich zu nehmen und sie zu tragen. Erst wenn ich nicht mehr

Dank erwarte von meinen Kindern, sondern dankbar bin dafür, daß ich mich für sie sorgen darf, habe ich die rechte Haltung.

Nicht:　　wie tue *ich* etwas dafür,

sondern: wie tun *wir* etwas dafür!

Vater und Mutter, der Erzieher und seine Mitarbeiter, der Lehrer und seine Kollegen (ebenso der Arzt und der Therapeut; Anm. W.K.), sie müssen erst für sich selber den Weg zu einer Gemeinschaft suchen; dann erst können sie dem Kinde diesen Weg zeigen.

Nicht:　　wie *tun* wir etwas dafür,

sondern: wie müssen wir *sein!*

Die Selbsterziehung des Erziehers bleibt das Wichtigste. Daß er in der Arbeit an sich selber (–>Selbsterfahrung; Anm. W.K.) und im Reifen seiner Liebe auf dem Wege bleibe, das ist die Voraussetzung dafür, daß er das Kind auf diesen Weg mitnehmen könne. Dann besteht alle Erziehung einfach darin, daß wir, das Kind und ich, beieinander bleiben auf dem Wege solchen Suchens und Reifens." (MOOR 1965, 364 f.)

- **Zusammenfassung**

Heilpädagogische Begleitung wird verstanden als pädagogisch autonomer Ansatz von spezieller Erziehung. Grundlagen sind - wie bei jeder Erziehung, hier aber unter erschwerenden Bedingungen - Pflege, Schutz und das pädagogische Verhältnis. Heilpädagogische Begleitung liegt im Spannungsfeld zwischen Pädagogik und Therapie. Erziehung ist aber weder verbal noch faktisch mit Therapie gleichzusetzen. Dennoch ist die Heilpädagogin darauf angewiesen, sich in ihrem erzieherisch-fördernden Handeln unter erschwerenden Bedingungen (psycho-)therapeutischer Hilfen zu bedienen. Dabei wird sie sich vor allem an unmittelbaren und personal-anteilnehmenden Therapien orientieren, die den Aspekt der Förderung besonders betonen. Auf diese Weise nutzt die Heilpädagogin psychologisches Wissen, psychotherapeutische und fördernde Maßnahmen der unmittelbaren Therapien nach dem Leitkonzept der Entwicklungsförderung. So gelangt sie zu einem ergänzenden und integrierenden Konzept von Erziehung/Förderung *und* Therapie, das dazu dient, den "Inneren Halt" (MOOR) als lebensnotwendige Gestaltungsmöglichkeit für sinnerfülltes Leben auch im Behindertsein zu entwickeln.

Ziff. 1, 69   BERATUNG   —> S. 92, 111

Begriffsbestimmung:

Beratung meint einen multidisziplinären Problemlösungsprozess im Sinne eines methodisch gestalteten Kommunikations- und Interaktionsvorgangs zwischen einem Ratsuchenden und einem Berater. Der Beratungsprozess wird durch den Ratsuchenden ausgelöst, der eine ungelöste Aufgabe (= Problem) vor sich sieht, die er selber für sich als nicht lösbar empfindet. Deshalb wendet er sich an eine fachkundige und für diese Tätigkeit ausgebildete Person, die ihm im Sinne der "Hilfe zur Selbsthilfe" notwendige Unterstützung anbietet und mit ihm schrittweise entsprechende Reflexionshilfen zur Lösung seiner Aufgabe entwickelt. Der Beratungsbegriff ist enger oder weiter gefasst und reicht von der Übermittlung von Informationen und Auskünften bis hin zur Behandlung.

In diesem Übersichtsartikel werden folgende Themen angesprochen:

* **Gesellschaftlicher und geschichtlicher Rahmen von Beratung**

Jeder Mensch, der Beratung in Anspruch nimmt, wird von dem jeweiligen Gesellschaftsgefüge beeinflusst, in dem er lebt. Deshalb muss eine Theorie der Beratung immer auch den jeweiligen gesellschaftlichen und historischen Hintergrund berücksichtigen.

In der vorindustriellen Welt entsprach der –>Rat einer inhaltlich bestimmten Handlungsanweisung. Die Lebensbahnen des Menschen waren durch Tradition und bestimmte Ansprüche, die an ihn gestellt wurden, relativ festgelegt. Der Mensch wurde als ein Wesen gesehen, das unselbständig und untergeordnet war oder zu sein hatte und das zu eigenen Gedanken und zur Selbstbestimmung nicht oder nur beschränkt fähig war. Als unmittelbare Hilfe oder als eine Anweisung zum rechten Handeln musste also "guter Rat" erteilt werden, der meist "teuer" war.

Während der Mensch in der vorindustriellen Welt in seiner Lebensbahn festgelegt und an lokale, gleichbleibende Gruppen gebunden war, besteht in der modernen Welt die Möglichkeit zur raschen Veränderung der Situationen, auch des Wohn- und Lebensraumes. Im Erlebnishorizont einer Konsumgesellschaft verliert der Mensch seine Einbettung in eine

"sinnenhaft-konkret erfahrene Sachwelt, die ihn in ihrer Vertrautheit und Selbstverständlichkeit umhüllt. Es fehlt der Widerhall einer als objektiven Ordnung verstandenen Sachwelt, das Verhältnis zur Welt der Sachen ist funktional eingeschrumpft, sie erscheinen als beliebig verfügbar und veränderlich nach Bedürfnissen". (HORNSTEIN 1969, 11)

Es verwundert daher nicht, wenn auch der Mensch, vor allem Frauen, Kinder, behinderte, kranke, alte Menschen nach wie vor als 'Gebrauchsgegenstand' gesehen und für verschiedene Zwecke 'benutzt' werden, bis sie 'abgenutzt' sind, trotz aller Emanzipation, angeblicher Aufgeklärtheit und sogenannter Humanisierung.

So kann die *Notwendigkeit von Beratung* in einer 'offenen' statt einer 'geschlossenen' Gesellschaft des vorindustriellen Zeitalters begründet werden durch:

- *Sozialen Wandel.* Der Mensch findet keine dauerhaften Strukturen und Ordnungen vor, in die er hineinwächst, keine stationären, gleichbleibenden Bedingungen, sondern solche, die mit ständigen Veränderungen für seine Lebenssituation verbunden sind.

- *Mobilität.* Es gehört zur Situation des heutigen Menschen, dass er in der Regel nicht mehr zeitlebens in dem durch Geburt bestimmten sozialen Zusammenhang verbleibt, sondern sich durch Wechsel von Bezugsgruppen, des Wohnortes, durch Anstreben sozialen Aufstiegs u.a. in einem ständigen Wechsel der Verhältnisse befindet.

- *Zusammenspiel sozialer Rollen.* Der Mensch muss lernen, sich in verschiedenen sozialen Systemen wie Familie, Arbeitswelt, in Subsystemen wie Recht, Wirtschaft, Militär, Bürokratie und Verwaltung, Kirchen, Parteien, Gewerkschaften, als Produzent und Verbraucher zurechtzufinden. Er muss sich unterschiedlich verhalten, je nach Rolle bzw. sozialem System, in dem er sich befindet; er darf sich mit keiner Rolle ganz identifizieren, wenn er nicht völlig in den Anforderungen nur eines einzigen gesellschaftlichen Teilbereichs aufgehen und untergehen will (Gefahr der Rollenfixierung statt Rollenflexibilität); er steht vor der Aufgabe, sich mit den jeweiligen Rollenanforderungen auseinanderzusetzen und sie kritisch zu betrachten, d.h. die Rollen so zu 'spielen', dass der in ihr enthaltene Spielraum genutzt wird zur eigenen Selbstverwirklichung. Daraus folgernd kann man sagen, dass Beratung dem Ratsuchenden helfen soll,

1. sich auf neue Situationen und Anforderungen hin besser orientieren zu können;

2. kognitive, emotionale und soziale Probleme und Konflikte selbständig lösen zu können;

3. das Hineinwachsen und das sich Umstellen in die sich verändernde Gesellschaft zu erleichtern, also bei jugendlichen Ratsuchenden eine stärker (selbst-)*erzieherische* Komponente zu berücksichtigen.

• Legitimation für Beratung

Wenn wir auf diesem Hintergrund Beratung als eine sinnvolle Form mitmenschlicher Beziehungen betrachten und ihr auch eine hilfreiche Funktion im Rahmen von Erziehungsprozessen zubilligen, können wir die beratende Tätigkeit der Heilpädagogin auf dem Hintergrund von wenigstens zwei Prämissen legitimieren:

a) Die *anthropologische Voraussetzung* lautet: Der Mensch wird als ein Wesen angesehen, das sich - trotz vieler Einschränkungen - selbständig und frei im Rahmen seiner Möglichkeiten entscheiden kann. Wer der Meinung ist, der Mensch sei in seinem Verhalten völlig vorbestimmt oder fremdbestimmt und abhängig, d.h. unfähig, zwischen verschiedenen Möglichkeiten frei zu *wählen,* für den kann Beratung keine sinnvolle Form menschlicher Beziehung darstellen.

b) Die *gesellschaftsstrukturelle Voraussetzung* lautet: Wo beraten wird, muss es in den sozialen Feldern, in denen sich das Handeln des Menschen abspielt, verschiedene Handlungsmöglichkeiten und -alternativen geben; der Mensch muss die Möglichkeit haben, dieses oder jenes zu tun. Trifft dies nicht zu, wäre Beratung sinnlos.

• **Gefahren von Beratung**

Die bisherigen Überlegungen dürfen nicht dazu verführen, Beratung als ein Allheilmittel zur Lösung sämtlicher Probleme des Menschen in der modernen Gesellschaft und im Bereich der Erziehung anzusehen. Schon erleben wir das ständige Anwachsen von Beratungsinstitutionen unterschiedlichster Art; entsprechende Ausbildungen und Dienste schießen wie Pilze aus dem Boden. In manchen Heimen gibt es beinahe mehr beratende und therapeutische Dienste als Erzieher der Kinder und Jugendlichen. Beratung ist 'in'. Im Sozialwesen gilt oft: Wer berät, ist etwas Besseres, wer hingegen im Erziehungsalltag arbeitet, muss beraten werden. Damit wäre eine Diskussion über die Gefahren von Beratung eingeleitet, die eine kritische Auseinandersetzung herausfordert:

1. Die Gefahr der Alibifunktion

Obwohl es illusorisch ist, zu glauben, dass es eine Gesellschaftsform geben kann, die keine Randphänomene und Minderheiten erzeugt, die also konfliktfrei existiert, muss man doch jene Kritik ernstnehmen, die die gegenwärtige soziale Gestaltung der Gesellschaft in Frage stellt. Am weitestgehenden ist diese Kritik formuliert, wenn sie die Auflösung jedweder Beratung fordert und anstelle von Beratung grundlegende soziale Neugestaltung anstrebt, weil derzeit den Beratungstätigkeiten immer noch Hindernisse im Wege stehen, die Beratung nicht nur im Einzelfall als sinnlos erscheinen lassen, sondern sie auch der Systemkritik unterwerfen. Man kann beispielsweise einem geistig Behinderten oder psychisch kranken Menschen nicht gleichzeitig alle Entscheidungen abnehmen, indem man erklärt, er solle ruhig sein, sich anpassen, seine Medikamente nehmen und ihn andererseits allen möglichen Trainingsprogrammen und sog. Rehabilitationsmaßnahmen unterwerfen, damit er selbständiger wird.

2. Die Gefahr der Bürokratisierung

Mit zunehmendem Beratungsbedarf wird dieser auch immer mehr institutionalisiert und damit bürokratisiert. Sehr oft stehen die internen institutionellen Prozesse der Flexibilität und Offenheit von Beratung entgegen. Beratungsinstitutionen blähen sich zu administrativen Wasserköpfen auf und bedeuten eine Gefahr, das Eigentliche der Beratung, die Klientel, aus dem Auge zu verlieren. Überdies ist Beratung und ihre Institutionalisierung allein schon finanziell von den jeweiligen gesellschaftlichen Trägergruppen abhängig und von daher in Gefahr, eine entsprechende Richtung vorzugeben, also Beratung in einem determinierten Sinne zu vollziehen. Daraus erwächst...

3. Die Gefahr der Manipulation

Die mögliche Gefahr einer negativen Manipulation durch Beratung kann im Extrem dazu führen, dass ein anderer für den Menschen entscheidet, ihn also zur Marionette, zum unmündigen Menschen degradiert.

Die größte und leider oft unbemerkte Gefahr liegt in der Art der unmittelbaren Kommunikation und Interaktion der Heilpädagogin mit ihrem Gegenüber, sei es das Kind, der Jugendliche oder deren Eltern und Bezugspersonen.

Die folgenden grafischen Beispiele zeigen eindrucksvoll die folgenschweren Konsequenzen, die sich aus einer suggestiven und direktiven Beeinflussung des Kindes bzw. seiner Bezugsperson(en) durch die Heilpädagogin ergeben.

In der Figur 1 (Abb. 19) hindert die stets gleiche ungünstige Grundhaltung des Beraters die freie ->Exploration des Klienten. Unbemerkt und ohne Hemmungen oder Widerspruch folgt der Klient der impliziten beraterischen Suggestion.

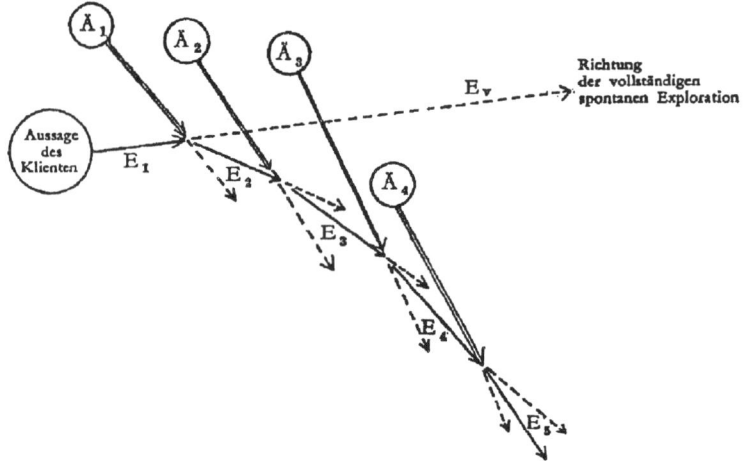

Figur 1: E_1 = Beginn der Exploration des Klienten. A_1, A_2, A_3 usw. = Verbale
Äußerungen des Interviewers, die *stets der gleichen ungünstigen Grundhaltung entspringen.*
E_2, E_3, E_4, E_5 = Fortschreitende, durch die Haltung des Interviewers induzierte Exploration des Klienten, die zunehmend in Richtung der Äußerungen des Interviewers abge-
lenkt wird. Der Klient folgt der impliziten Suggestion, ohne daß Hemmungen oder
negative Reaktionen auftreten.

Abb. 19: Ungünstige Beeinflussung des Klienten durch verbale Äußerungen
des Beraters, die stets dessen gleicher, ungünstiger Grundhaltung entspringen.
(nach Mucchielli 1972, 34)

In diesem wie dem folgenden Beispiel wird der Partner daran gehindert, ausdrücken zu dürfen, was ihn bewegt. Damit wird zugleich das
Verständnis des Partners für die (wohlmeinenden) Mitteilungen der
Heilpädagogin herabgesetzt. Durch unterschiedliche Formen negativer Lenkung gibt die Heilpädagogin die Richtung des Gespräches
oder Spielgeschehens vor. Dies bewirkt, dass sie die Gefühle des
Kindes bzw. der Bezugspersonen nicht wahrnehmen und verstehen
kann, weil sie als Resultat ihrer falschen Bemühungen das Ergebnis
ihrer eigenen (unbewussten) Beeinflussungen vorfindet und sich
dementsprechend um sich selbst im Kreise dreht. Der Prozess der
Beratung wird in eine falsche Richtung gelenkt und stagniert
schließlich.

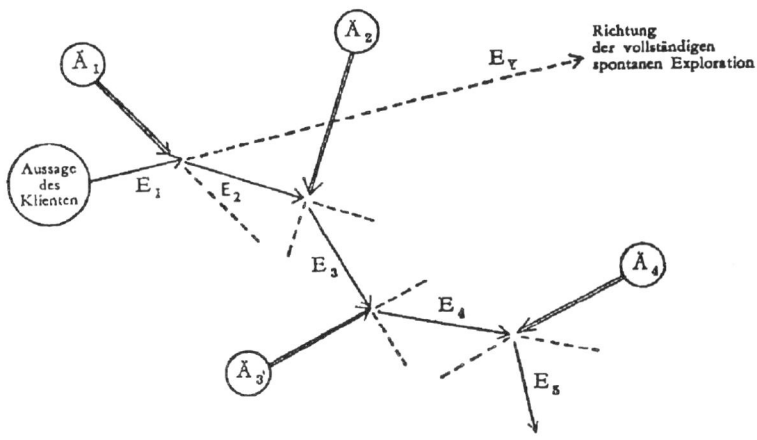

Figur 2: E_1 = Beginn der Exploration des Klienten. $\ddot{A}_1$, $\ddot{A}_2$, $\ddot{A}_3$ usw. = Verbale Äußerungen des Interviewers, die *verschiedenen aufeinanderfolgenden, ungünstigen Haltungen* entspringen.
E_2, E_3, E_4, E_5 = Beim Klienten induzierte Exploration. Wie bei Figur 1 vergrößert sich der Abstand zwischen der potentiellen vollständigen Exploration (E_v) und der tatsächlichen Exploration (E_2–E_5). Der Klient folgt den verschiedenen impliziten Suggestionen, ohne daß Hemmungen oder negative Reaktionen auftreten.

Abb. 20: Ungünstige Beeinflussung des Klienten durch (verbale) Äußerungen und Interventionen des Beraters, die dessen verschiedenen aufeinanderfolgenden, ungünstigen Grundhaltungen entspringen. (nach Mucchielli 1972, 34)

In der vorausgehenden Figur 2 (Abb. 20) entspringen die (verbalen) Äußerungen und Interventionen der Heilpädagogin verschiedenen aufeinanderfolgenden, ungünstigen Haltungen.

Ob in Beratungsprozessen Manipulation im unzulässigen Sinne vor sich geht, sollte sich aus der *Überprüfung der Praxisvorgänge,* d.h. der Ziele, Inhalte und der Art und Weise von Beratung ergeben. Dazu dient als eine Methode die –>Supervision. Sofern diese nicht in der Linienfunktion der gleichen Einrichtung angesiedelt und mit Kontrollfunktionen ausgestattet ist, also implizit die Zielvorstellungen der Institution verfolgt, kann dieses Verfahren reflektorisch verändernd wirken. Anderenfalls wird höchstens die subjektive Variable zwischen Berater und Ratsuchendem, nicht jedoch die objektive Variable der Verflochtenheit und Auswirkung der Beratungs-

277

situation auf den Ratsuchenden anerkannt und ggf. verändert. Weitere manipulative Gefahren entspringen dem inzwischen unüberschaubar gewordene Markt von Beratungsangeboten, die teilweise vermischt sind mit mehr oder weniger seriösen, quasitherapeutischen oder esoterischen Angeboten, die für gutes Geld Erfolg in allen Lebenslagen versprechen, bis hin zu beinahe magischen Heilserwartungen.

- **Inhalte von Beratung**

Beratung beinhaltet sowohl –>Auskunft und Information wie auch gelegentlich einen –>Rat. Als wesentlicher Faktor für das Gelingen eines guten Beratungsprozesses ist die *Beziehung* zwischen Ratsuchendem und Berater zu nennen. Beziehung bedeutet u.a. *intensive Interaktion*. Die intensive Interaktion ist nicht bloßes Erteilen von Auskunft und Information zum Zweck der Erhöhung des Informationsstandes, sondern ihr Ziel ist die *Einsichtgewinnung* (LATTKE 1969, MAUßHARDT 1970), durch die der Ratsuchende lernt, *eigenständig Entscheidungen zu treffen* (BÄUERLE 1969) und *selbständig seine Probleme zu lösen* (ROGERS 1972).

LATTKE betont in diesem Zusammenhang die *rationale Ansprechbarkeit* des Ratsuchenden. Unter Berücksichtigung dieses Aspektes ist der Berater aktiv, indem er Auskünfte erteilt, auf Voraussetzungen und Folgen hinweist, Lösungsvorschläge unterbreitet. Das Ziel, den Ratsuchenden zur Einsicht in seine Problemlage zu führen, wird wesentlich durch die gezielte, beratende Führung erreicht.

MAUßHARDT betont demgegenüber das Einbeziehen gesellschaftlicher und situativer Aspekte in die Beratung, die ja nicht im luftleeren Raum, sondern immer in einem konkreten gesellschaftlichen Kontext stattfindet. So soll der Berater dem Ratsuchenden helfen, seine *persönliche Anpassung* an eine Situation zu überprüfen, in der er sich nicht optimal verhalten konnte. Auf diese Weise sollen die gestörten zwischenmenschlichen Beziehungen des Ratsuchenden entstört und er selber wieder liebes-, leistungs- und arbeitsfähig werden, um in einer Gemeinschaft/Gesellschaft leben zu können.

ROGERS geht davon aus, dass eine wirksame Beratung in einer zwar eindeutig strukturierten, jedoch gewährenden Beziehung raumgreifen muss, so dass der Ratsuchende lernt, seinen geistigen und emotionalen Habitus anzunehmen, der ihn befähigt, seine Probleme selbst zu lösen. Dabei wird das *Erkennen und Reflektieren emotionaler Erlebnisinhalte* betont. Der Berater hat eine echte, akzeptierende, zugewandte Haltung; durch seine Funktion als Modell, durch verschiedene Verstärkertechniken u.a. kann er dem Ratsuchenden helfen, sein Selbstkonzept zu verändern.

BÄUERLE beschreibt den Beratungsprozess als ein Kontinuum von Orientierungshilfe über Planungshilfe zur Entscheidungshilfe. Mittels *Orientierungshilfe* werden die notwendigen Informationen übermittelt und zugleich die Problemeinsicht beim Ratsuchenden gefördert. Dies geschieht durch Erhellung der Genese des Problems und ermöglicht dem Ratsuchenden, Abstand zu seinem Problem zu finden. Mittels *Planungshilfe* soll der Ratsuchende lernen, die Zusammenhänge neu zu erfassen, seine Erfahrung und sein Wissen produktiv einzusetzen und so fähig zu werden, selbstverantwortlich zu handeln. Orientierungs- und Planungshilfe sind notwendige und wichtige Vorstufen für die *Entscheidungshilfe.* Der Ratsuchende soll in dieser Phase des Beratungsprozesses aufgrund seiner Erkenntnisse eine eigenständige Entscheidung treffen, die seine Selbständigkeit und Initiative ausdrückt.

Um einen Beratungsprozess unter Einbeziehung der verschiedenen Aspekte gestalten zu können, berücksichtigt die Heilpädagogin als Beraterin folgende Gesichtspunkte:

1. Der *interpersonale Prozess der Beratung* ist kein Verhör, in dem der Verhörende allein sein Ziel verfolgt; keine Beichte, wo der Beichtiger die richtigen Maßstäbe besitzt und das weitere Vorgehen bestimmt; keine Computertätigkeit, die aufgrund von Symptomen 'Rat' auswirft. Beratung bedeutet einen *Prozess des Aufeinanderbezogen-Seins.*

2. Menschen haben in ihren Beziehungen einen Spielraum. Sie können Beziehungen eingehen, verhindern, umgestalten, neugestalten, intensivieren, abschwächen usw. Für die Erfassung dieser Bezie-

hungen bedarf es einer besonderen Methodik, die man umgangssprachlich als *Einfühlung* in den anderen Menschen, fremdsprach-
lich als *Empathie* und fachsprachlich als *Identifikation* bezeichnet.
Die Formel dafür lautet: „Ich nehme von mir Abstand und stelle mir
vor, ich wäre Du. Wie würde ich dann in einer von Dir beschriebenen Situation fühlen, reagieren oder (nicht) handeln?" Hier wird beschrieben, was einmal in Anlehnung an ein altes, indianisches
Sprichwort mit "walking in the other shoes" (in den Schu-
hen/Mokassins des anderen gehen) bezeichnet wurde: Die Heilpädagogin kann die Druckstellen und Löcher, die Unbiegsamkeit
oder das Ausgeleiertsein, den schiefen Absatz oder die hohe Ferse
und die eingezwängte Spitze oder das "auf großem Fuß leben" nach-
empfinden. Durch dieses unmittelbare Nach-Empfinden und Mit-
Fühlen des Beraters kann sich der Ratsuchende wie in einem Spiegel
am echten Miterleben des Beraters orientieren. Der Berater spiegelt
dem Ratsuchenden durch seine Reflexion dessen eigene Empfindungen und Gefühle so wider, wie dieser sie selbst nicht (mehr) sehen
konnte. Die dabei gewonnenen Einsichten und Erkenntnisse ermöglichen Neuorientierung.

3. Die intensive Beziehung im Sinne der *Identifikation ist nicht unbe-
grenzt und andauernd möglich.* Wollte man fordern, die Heilpädagogin solle den Ratsuchenden 'total' annehmen, so würde dies - falls es
überhaupt gelänge - zu einem Verfließen des Ich-Bewusstseins führen, bis hin zur Ununterscheidbarkeit, zur Selbstaufgabe. Dieses
Phänomen tritt ansatzweise immer dann auf, wenn der Berater durch
den Ratsuchenden mit eigenen, affektbesetzten, unverarbeiteten oder
verdrängten Themen in Berührung kommt. Gelingt es ihm nicht, die
eigene Beteiligung (mittels Reflexion und Supervision) zu beherrschen, würde der Beratungsprozess scheitern, denn der Berater würde zum blinden Blindenführer. "Und wenn ein Blinder einen Blinden
führt, werden beide in eine Grube fallen." (Lk 7, 22) Um aber größtmögliche Nähe, Echtheit, Ganzheit im Sinne einer intensiven Interaktion zu erreichen, dabei aber dennoch die nötige innere und äußere
Distanz zu wahren, haben tiefenpsychologische Schulen einige

Schutzvorkehrungen für den Berater und den Ratsuchenden entwikkelt:
Was für die empirische Psychologie die standardisierten Testverfahren sind, ist für die tiefenpsychologisch orientierte Heilpädagogin der *Beziehungs-Test,* die *Identifikation.* Sie steht am Anfang jedes Beratungsprozesses und ist Voraussetzung für dessen Zustandekommen. Sie muss immer wieder zur Überprüfung eigener Wahrnehmung eingesetzt werden, damit der Berater den Ratsuchenden nicht mit seinen eigenen Empfindungen und Gefühlen überlagert und bedrängt. (–> Abb. 19, 20)
Die Identifikation dient dazu, persönliche und damit tragende Nähe zu erzeugen und ist gleichzeitig ein *Instrument zum Erfassen der Befindlichkeit* des Gegenüber sowie ein *Instrument der Diagnose.* Sie ist ein Maßstab, durch den sich zunächst der Ratsuchende am Berater, dann aber auch der Berater am Ratsuchenden *erlebnismäßig-reflektierend* orientieren kann. Diese vorübergehende und gefühlsmäßig begrenzte Art der Identifizierung kann man deshalb als *Probe*-Identifikation bzw. *Teil*-Identifikation bezeichnen.
Die Heilpädagogin als Beraterin steuert so in den Phasen des Durcharbeitens von Problemen und Konflikten nicht vorrangig ihr eigenes Wissen bei, sondern versucht, dem Ratsuchenden dessen eigene Ressourcen widerzuspiegeln und damit (wieder) zugänglich und handhabbar zu machen. Die Probe- bzw. Teilidentifikation schützt die Heilpädagogin in ihrem Berufsalltag, sich in einen Ratsuchenden hinein zu verlieren, indem sie dessen Problematik und Situation unbewusst als ihre eigene erlebt und dadurch selbst hilflos wird bzw. unbewusst die Äußerungen ihres Gegenüber abwehrt. Indem sich die Heilpädagogin ihrer Teilidentifikation (Gegenübertragungsreaktion) bewusst wird, erhält sie sich ihre Flexibilität im Umgang mit den Sorgen, Ängsten, Befürchtungen sowie den Wünschen und Hoffnungen verschiedener Ratsuchender und wird nicht zu einer gesichtslosen, anonymen Attrappe, die den jeweiligen Beratungsvorgang entpersonalisiert und mechanisiert, sondern mittels Identifikation *personal* gestaltet.

4. Berater und Ratsuchender dürfen sich auf dem Hintergrund mitmenschlicher Beziehung als Partner, als Teil-Habende und Anteil-Nehmende an demselben Geschehen, verstehen. Die Heilpädagogin sollte partnerzentriert, auf die Person ihres Gegenüber hin orientiert, vorgehen. In der Beratungssituation sind die Rollen jedoch trotz der menschlichen Grundbeziehung ungleich: Der Ratsuchende kommt ja zum Berater, weil er glaubt, dieser "wisse" etwas für ihn, was er selber nicht weiß und darum auch nicht finden kann. Wegen dieser Komplementarität sind drei wichtige Kriterien für den Beratungsprozess zu berücksichtigen:

a) Der Ratsuchende soll zu Beginn im Sinne des *freien Einfalls* (Assoziation) alles unsortiert berichten dürfen, was ihm zu seinem Problem in den Sinn kommt. Theorie und Praxis lehren, dass sich "das Thema", d.h. die *innere Verflochtenheit* des Ratsuchenden mit seinem Konflikt aufgrund der Eigendynamik (individuelle Psychodynamik), aufgrund seiner Interessen und seiner zugrunde liegenden Bedürfnisse durchsetzt, auch wenn es zunächst so scheint, als produziere der Ratsuchende nur unzusammenhängende Einfälle. Ein zu früher Strukturierungsversuch des Beraters kann bewirken, dass sich der Ratsuchende in seiner Suche zu früh auf die (indirekt) angebotenen Interpretationen des Beraters einlässt und von seinem eigenen Weg abweicht. Dies kann zu Umwegen führen und den Beratungsprozess verlängern.

b) Der Berater erlebt und registriert zwar seine eigenen und unmittelbaren Einfälle und Gefühle genauso, doch *unterscheidet* er sie von den Einfällen und Gefühlen des Gegenüber und *reflektiert* dem Ratsuchenden *dessen Befindlichkeit* auf dem Hintergrund der Probe-Identifikation wie in einem Spiegel. Dabei wird er nicht jede und alle Wahrnehmungen reflektieren, sondern sorgfältig unterscheiden, welche Reflexionen der Ratsuchende wohl eher annehmen kann und welche er vermutlich abwehren muss, weil er dergleichen Einstellungen, Haltungen, Gefühle für sich (noch) nicht zu akzeptieren gelernt hat.

c) In einem fortgeschrittenen Stadium der Beratung, wenn der Berater aufgrund seiner Teil-Identifikation sicher sein darf, dass der

Ratsuchende sich bereits in der Nähe zur Erkenntnis oder Lösung, d. h. zu einer neuen Sichtweise seines Problems oder Konfliktes befindet, kann er ihm auch einen bisher *unerschlossenen Zusammenhang* von Einfällen und Gefühlen aufzeigen, ihm gleichsam einen Schlüssel zu einer bisher verschlossenen inneren Tür liefern, den der Ratsuchende bisher nicht zu bedienen wusste, weil er ihn nicht als eigenen Schlüssel erkannte. Dieser Vorgang wird als *Interpretationsangebot* bezeichnet, das der Ratsuchende aber ablehnen kann. Der Berater wird darauf achten, dass er keine eigenen Einstellungen und Annahmen in sein Interpretationsangebot mit einfließen lässt, sondern sich gegenüber dem, was er vom Ratsuchenden zu erkennen meint, möglichst wertneutral verhält.

Diese ungleiche und fachlich gestaltete Rollenposition unterscheidet ein Gespräch zwischen Bekannten oder Freunden von einer Beratungssituation. Die charakteristische Anordnung soll sowohl Nähe wie Distanz, Schutz wie Freiraum ermöglichen, damit der Ratsuchende in dieser Sicherheit die Hilfe zu wachsender Entscheidungsfähigkeit erhält. Voraussetzung ist, dass der Berater seine Machtposition, die er durch die relative Schutzlosigkeit des Ratsuchenden erhält, nicht (unwissentlich) ausnutzt. Eine ebenso wichtige Voraussetzung ist, dass der Ratsuchende den großen Freiheitsraum, "alles unbewertet sagen zu dürfen" nicht durch vorsätzliche Unaufrichtigkeit vergeudet. Insofern müssen Berater *und* Ratsuchender in ihren unterschiedlichen Rollen doch *gleichermaßen* aufrichtig und einander zugewandt sein, soweit es ihrer Bewusstheit zugänglich und ihrem Willen möglich ist.

• Abgrenzung von Beratung und Behandlung (Therapie)

Eine scharfe Grenze lässt sich zwischen beiden Prozessen nicht ziehen: ROGERS (1972) sieht Beratung als Synonym für Behandlung. ZIMMERMANN (1964) nennt Beratung den "ersten Schritt" zur Behandlung. TAUSCH (1970) beschreibt Beratung als *Information* und Behandlung als *Hilfe zur Bewältigung emotionaler Schwierigkeiten*.

283

ROSS (1967) hingegen sieht als Ziel der Beratung eine *Ich-Stärkung* des Ratsuchenden, so dass er die Wirklichkeit unentstellt sehen und Entscheidungen treffen kann, die dieser Realität gerecht werden; das Ziel einer Behandlung definiert er als *Umwandlung der Persönlichkeit* und setzt mit dieser Definition Beratung und Behandlung gleich. BÄUERLE (1969) sieht Beratung als einen *Bildungsprozess, der auf höhere Selbständigkeit und Reife abzielt;* Behandlung hingegen habe das Ziel, *seelische Erkrankungen zu heilen oder seelische Störungen zu beseitigen.*

Gerade, weil die Grenzen zwischen Beratung und Behandlung fließend sind, sollte die Heilpädagogin die Eltern oder Bezugspersonen ggf. auf ein die HpE begleitendes, evtl. darüber hinausgehendes Beratungs- oder Behandlungsangebot bei dafür ausgebildeten Fachleuten hinweisen bzw. ein solches ergänzendes Angebot vermitteln helfen, nicht zuletzt um auch auf diesem Weg eine Entlastung und Unterstützung für das ihr anvertraute beeinträchtigte Kind, den Jugendlichen zu erreichen.

• **Der Fokus heilpädagogischer Beratung**

Für die Heilpädagogin, die primär "Erziehung unter erschwerenden Bedingungen" (MOOR 1965, 15) leistet, hat auch eine gute heilpädagogische Beratung, die vor allem als –>*Erziehungsberatung der Eltern und Bezugspersonen* gesehen wird, gewisse Behandlungsanteile, die sich schon allein durch das Prozessgeschehen der Beratung ergeben. Sie unterscheidet sich jedoch von therapeutischer Beratung durch ihre *Akzentsetzung* und ihre *Zielsetzung.* Heilpädagogische Erziehungsberatung reguliert den Prozess durch die *Intensität* des Einsatzes bestimmter heilpädagogischer Methoden und Medien.

Da es nicht auszuschließen ist, dass in der heilpädagogischen Erziehungsberatung sequentiell Phasen mit eher therapeutischem Charakter durchlaufen werden (–>Elternberatung), wenn sich die Eltern oder Bezugspersonen mit ihren eigenen, unverarbeiteten affektiven Anteilen in ihrer Beziehung zum Kind oder Jugendlichen entdecken, sollte sich die Heilpädagogin darüber im Klaren sein, *keine* Erwachsenentherapie, Paartherapie, Eheberatung oder Familientherapie durchführen zu dürfen, solange sie keine hierzu erforderliche Zusatzausbildung absolviert und damit eine entsprechende Qualifikation erworben hat.

Auch an dieser Stelle ist die –>Legitimation und die –>Vollmacht der Heilpädagogin und ihrer –>Auftraggeber für die Durchführung der Beratung im Rahmen einer HpE zu prüfen. Es darf nicht bedenkenlos zugelassen werden, dass der Auftrag für die Begleitung des Kindes aufgrund persönlicher oder ehelicher Problematik der Eltern oder methodischer Vorlieben der Heilpädagogin ohne weiteres in eine Erwachsenenbehandlung (Paartherapie, Familientherapie o.ä.) umgemünzt wird. Dies wäre aus heilpädagogischer Sicht für das Kind, den Jugendlichen um so gefährlicher, wenn sich später herausstellt, dass die Eltern nicht zur persönlichen Mitarbeit im therapeutischen Sinne bereit sind und sich lediglich zu Kompromissen bereit erklärten, um eine augenblickliche Belastungssituation für sich zu entschärfen. Häufig wird aufgrund fehlender oder falscher Vertragsabsprachen eine scheinbare Eltern-, Paar- oder Familientherapie dann abgebrochen, zum Schaden des betroffenen Kindes oder Jugendlichen, denen die Heilpädagogin auch ohne Mitarbeit der Eltern eine altersgerechte Entwicklungshilfe hätte ermöglichen können. Das heißt nicht, dass die Mitarbeit der Eltern nicht unter allen Umständen in einem für sie möglichen Rahmen mit allen Mitteln anzustreben wäre. Es heißt aber auch nicht, dass Hilfe für ein Kind, einen Jugendlichen mit der Begründung untersagt werden darf, die Eltern seien nicht zur Mitarbeit bereit oder man arbeite eben mit anderen Methoden. Aus *heilpädagogischer* Sicht ist niemals die Methode entscheidend, sondern der Mensch, der der Erziehungshilfe und Entwicklungsförderung bedarf und darauf ein unbedingtes Recht hat, auch wenn Erzieherpersonen versagen. Zwischen beiden Extrempunkten gibt es durchaus sehr bedenkenswerte fachliche Beweggründe, mit einem Kind oder Jugendlichen auch dann heilpädagogisch zu arbeiten, wenn die Bezugspersonen den Prozess der HpE zumindest nicht bewusst und aktiv hintertreiben.

Dennoch weiß die Heilpädagogin durch ihre wissenschaftliche Ausbildung, durch berufsbezogene –>Selbsterfahrung und –>Supervision
um die 'heilenden Kräfte' der Beratungssituation. Sie kann auch dem
Erwachsenen helfen, eigene Empfindungen und Verhaltensweisen,
die sich oftmals in der Beziehung zum Kind oder Jugendlichen als
Auslöser für deren 'Fehlverhalten' erweisen, zu erkennen und zu
verändern, bzw. die Bereitschaft zu weiterführender eigener Therapie zu entwickeln.

Um so wichtiger ist die klare Einordnung und Zielsetzung heilpädagogischer –>Elternarbeit im Rahmen der HpE. Heilpädagogische –>
Elternberatung und –>Erziehungsberatung im Rahmen der HpE kann
als *fokussierte Beratung* definiert werden, mit dem Ziel, durch neue
Herangehensweisen an das 'störende' Kind, den Jugendlichen, auch
neue Umgehensweisen und Verstehensweisen miteinander zu entwikkeln, die das erzieherische Reizklima entschärfen, wodurch die positiven Beziehungskräfte (wieder) verstärkt spürbar werden. In diesem
Sinne beinhaltet heilpädagogische Beratung ein *fokussiertes* Vorgehen, analog zum Prozess der Fokaltherapie[1].

Geeignete Methoden hierzu sind z.B. die Reflexion kindlicher und
elterlicher Gefühle im getrennten oder gemeinsamen Spiel mit an-
schließender Reflexion der Spielsequenzen in der –>Erziehungsbera-
tung der Eltern und Bezugspersonen und/oder der heilpädagogischen
Begleitung des Kindes; mit dem Kind oder Jugendlichen getrenntes
oder auch mit den Eltern/Erziehern gemeinsames Malen in besonderen Situationen; übersetzende Tätigkeit der Heilpädagogin in getrennten oder gemeinsamen Gesprächssituationen usf. Dabei wird die
Heilpädagogin darauf bedacht sein, *Reflexionen im Hier-und-Jetzt*

---

[1]Der Begriff *Fokaltherapie* (lat. focus = Herd, Brennpunkt, den Kern betreffend)
wurde von BALINT, MALAN u.a. für die von ihnen entwickelte Methode der analytischen Kurztherapie eingeführt. Es handelt sich dabei um eine Therapie, die sich ein
eng umgrenztes Ziel (das sog. Fokalziel) setzt, welches auf bestimmte notwendige
und wichtige Themenbereiche im Rahmen der Begleitung beschränkt bleibt. Ausgangspunkt bildet die sog. "psychodynamische Hypothese", wobei dem Ich des
Patienten ein hoher Grad an Autonomie zugebilligt und an die gesunden Gestal-
tungs- und Integrationskräfte im Ich appelliert wird. Dabei wird eine starke Motivation auf seiten des Patienten vorausgesetzt, die durch aktivierende und kreative Anstöße des Therapeuten unterstützt wird.

der zeitlich begrenzten Situation und aus dem fortschreitenden Prozess anzubieten, nicht aber Deutungen der Vergangenheit, wie es analytischer Therapie vorbehalten ist. Die tiefenpsychologisch ausgebildete und orientierte Heilpädagogin wird dabei zu entscheiden wissen, inwieweit sie auf *symbolischer Ebene* des Spielens, Malens, Imaginierens gelegentlich auch solche Aspekte *bildhaft* verdeutlicht, die im Hier-und-Jetzt aus dem Dort-und-Damals schwieriger Situationen für das Dann-und-Demnächst zur Weiterarbeit wichtig sind. Den Fokus bilden dabei entwicklungsdynamische Akzente, die den Einzelnen in die Lage versetzen, aufgrund veränderter Sichtweisen und veränderter Bedingungen im *Beziehungs*-Geflecht neue Versuche des Miteinanders einzugehen und einzuüben, so dass daraus ein *Erziehungs*-System auf anderer Ebene möglich wird.

* **Zusammenfassung**

Jeder Beratungsprozess wird von gesellschaftlichen und geschichtlichen Ereignissen beeinflusst. So kann Beratung in einer modernen Gesellschaft durch Faktoren wie sozialen Wandel, Mobilität und die Notwendigkeit zur sozialen Rollenflexibilität begründet werden. Beratung soll dem Menschen helfen, seinen ihm möglichen Spielraum in der Gesellschaft zu nutzen. Gefahren entstehen, wenn Beratung als Alibifunktion, falsche Manipulation oder als bürokratisches Vehikel missbraucht wird. Inhalte von Beratung sind Orientierungs-, Planungs- und Entscheidungshilfe durch gemeinsame Reflexion des Erlebens und Verhaltens im Rahmen einer tragfähigen und vertrauensvollen Beziehung zwischen Ratsuchendem und Berater. Die Heilpädagogin stellt eine solche Beziehung mittels teilnehmender Probe- bzw. Teilidentifikation her, indem sie sich ihrer eigenen Gegenübertragungsreaktionen bewusst wird. Die Grenzen zwischen Beratung und Behandlung (Therapie) sind fließend. Die Heilpädagogin als 'Erziehungsberaterin' sollte deshalb darauf achten, frühzeitig die Grenzen ihrer Beratungskompetenz zu erkennen und den Ratsuchenden auf psychotherapeutisch geschulte Fachleute hinweisen. Sollte sie selber eine Beraterausbildung für Erwachsene absolviert haben und entsprechend legitimiert sein, wird sie sorgfältig darauf achten, dass es in der Begleitung des Kindes/Jugendlichen und der Elternberatung nicht zu realen oder phantasierten Vermischungen und Abhängigkeiten kommt, die in jedem Fall kontraindiziert sind. Hilfreicher wäre ggf. eine Aufgabenteilung durch Konsultation von Kollegen. Ziel heilpädagogischer Beratung ist es, neben Auskunft und Information sowie der Reflexionshilfe bei der Bewältigung aktueller emotionaler Schwierigkeiten, einen Bildungsprozess in Gang zu setzen, der auf höhere Selbständigkeit und Reife (heilpädagogisch gesehen vor allem im erzieherischen Umgang mit psychosozial gestörten oder behinderten Kindern und Jugendlichen) abzielt.

Begriffsbestimmung:

Der Bericht der Heilpädagogin ist die chronologisch gegliederte Gesamtübersicht über die bisherige Durchführung und den gegenwärtigen Stand der Heilpädagogischen Erziehungshilfe und Entwicklungsförderung (HpE) in ihren wesentlichen Elementen. Je nach Aufgabenstellung wird in Zwischen- bzw. Abschlussbericht unterschieden.

Im diesem Übersichtsartikel werden folgende Themen angesprochen:

- Wann wird ein Bericht geschrieben? 288
- Warum/Wozu wird ein Bericht geschrieben 289
- Wie wird ein Bericht geschrieben? 290
- Checkliste zur Erstellung von Berichten 291
- Zusammenfassung 294

- *Wann* wird ein Zwischen- bzw. Abschlussbericht geschrieben

Der *Zwischenbericht* wird *während* der HpE geschrieben. Zwischenberichte können erforderlich werden, wenn besondere Probleme im Prozess der –>Befunderhebung, –>Begleitung oder –>Beratung auftauchen; wenn Veränderungen im Vorgehen in der HpE angezeigt erscheinen; wenn von dritter Seite eine Anfrage über den derzeitigen Stand der HpE erbeten wird; wenn die Heilpädagogin ihre Arbeit im Rahmen einer –>Fallbesprechung, –>Teambesprechung oder –>Supervision reflektieren möchte.

Der *Abschlussbericht* wird *immer am Ende der HpE* geschrieben. Eine HpE kann beendet werden,

a) durch geregelten Abschluss des dynamischen Prozessgeschehens in Übereinkunft mit allen Beteiligten, wobei die HpE (z.B. durch Übergabe) weitergeführt oder abgeschlossen werden kann);

b) durch Abbruch seitens des Auftraggebers (Eltern, Erziehungsberechtigte); seitens des Klienten (Kind, Jugendlicher, Erwachsener); seitens der Heilpädagogin (in Übereinkunft mit der Stelle, dem Team).

* **Warum/Wozu wird ein Zwischen- bzw. Abschlussbericht geschrieben?**

1. Die Heilpädagogin gibt *sich selbst Rechenschaft über ihr Handeln.* Sie bemüht sich, ihre Arbeit als Ganzes zu überschauen und aus selbstkritischer Distanz auszuwerten, indem sie sich ihre Erfahrungen zu verschiedenen Abschnitten des diagnostischen, begleitenden und beratenden Prozesses der HpE nochmals bewusst macht. Aus der Reflexion ihres Denkens, Fühlens und Handelns gewinnt sie für ihre weitere persönliche und berufliche Entwicklung Erkenntnisse, die sie verantwortungsbewusst in ihre weitere Arbeit einbringen kann.

2. Die Heilpädagogin gibt *der Institution bzw. dem Auftraggeber gegenüber Information und Rechenschaft über ihr Handeln.* Sie bemüht sich, den Mitarbeitern im Team ihre Arbeit durchsichtig zu machen; Verständnis zu gewinnen für ihre Vorgehensweisen und Entscheidungen; zu gemeinsamer Überlegung und Kritik in der Rückschau anzuregen und durch übersichtliche Darstellung einen zusammenfassenden Überblick über das diagnostische, begleitende und beratende Geschehen in der HpE zu ermöglichen, um den Ist-Zustand festzustellen und eine Prognose zu formulieren. So kann bei erneuter Kontaktaufnahme rasche und gezielte Hilfeleistung im Anschluss an die bereits erfolgten Bemühungen gewährleistet werden.

Der Bericht verbleibt in der Akte der Einrichtung. Der Auftraggeber kann sich seiner bedienen, wenn eine Bitte um –>Auskunft oder Information vorliegt. Dabei sind *Schweigepflicht* und *Datenschutz* zu beachten. So leistet die Heilpädagogin dem beeinträchtigten bzw. behinderten Menschen einen Dienst, der ihm einen erneuten und häufig unsinnigen Gang durch eine bereits vollzogene Befunderhebung (Anamnese, überflüssige Testverfahren usw.) sowie dadurch entstehenden zeitliche und finanzielle Kosten für sich und andere erspart.

- *Wie* **wird ein Zwischen- bzw. Abschlussbericht geschrieben?**

Inhaltlich wird der Bericht so abgefasst, dass der Leser sich folgende Fragestellung beantworten kann:

„Welche wichtigen Daten helfen mir, mich in die Person meines Klienten, seine augenblickliche Situation und sein Umfeld kurzfristig so hineinversetzten zu können, dass mir durch dieses Verständnis, im Anschluss an die bereits erfolgte Heilpädagogische Erziehungshilfe und Entwicklungsförderung (HpE), eine möglichst nahtlose und angemessene weitere Hilfestellung gelingt?"

Um diese Aufgabe zu erfüllen, wird die Heilpädagogin beim *Empfänger* des Berichtes nachfragen,

a) zu welchem Zweck der Bericht benötigt wird;

b) welche Inhalte besonders berücksichtigt werden sollen;

c) ob die Schweigepflicht bzw. der Datenschutz gesichert sind.

Je nachdem, wer der *Empfänger* des Berichtes ist, wird die Heilpädagogin versuchen, ihren Bericht sowohl *fachsprachlich* wie auch *erklärend* zu formulieren. Sie wird u.U. auf klinisches Vokabular zurückgreifen müssen, um sich mit Fachleuten anderer Disziplinen zu verständigen, so z.B. durch Hinweise auf medizinische oder psychologische Befunde.

Aus heilpädagogischer Sicht reicht die Benennung eines bestimmten Krankheitsbildes aber nicht zum *Verstehen* des Menschen in seiner Beeinträchtigung oder Behinderung aus, ebensowenig zum Verstehen seiner subjektiven Befindlichkeit in seinen Erziehungsverhältnissen oder als Grundlage für die Notwendigkeit gezielter Fördermaßnahmen, die u.U. nur aufgrund eines *personalen Bezugs* und nicht rein funktional zum Erfolg führen. Auch Fachtermini des pädagogischen oder psychologischen Sprachgebrauchs müssen erläutert werden, um Missverständnisse zu vermeiden und vorschnelle Klischeebildung zu reduzieren. So wird die Heilpädagogin erklärende

Umschreibungen nutzen, um auf die *Befindlichkeit dieses Kindes oder Jugendlichen* und seiner Bezugspersonen aufmerksam zu machen. Dadurch bleiben Fachbegriffe keine allgemeinen Worthülsen, sondern dienen dem vertieften Verstehen der betroffenen Menschen. In ihren Formulierungen muss sich die Heilpädagogin vor allem jeder *wertenden* Aussage enthalten. Aus diesem Grund sollte sie Wörter und Begriffe, die sie im Bericht verwendet, sorgfältig auf ihren möglicherweise doppeldeutigen Inhalt hin überprüfen und ggf. erläuternde Zusatzbeschreibungen (in Klammern) beifügen. Wenn in der Beschreibung bildhafte Aussagen oder Symbolaussagen zum Verständnis eines Sachverhalts oder eines Verhaltens verwendet werden, sollten Sinn- und Bedeutungsgehalte einer solchen illustrierenden Aussage entschlüsselt werden.

- **Checklisten zur Erstellung von Berichten**

Die Heilpädagogin achtet auf die *Instruktivität* des Berichtes und stellt kurz, klar und übersichtlich nur diejenigen *Aspekte* dar, *die für die Beantwortung der Ausgangsfrage wichtig* sind. Hierzu gehören unverzichtbare Bestandteile. In der nachfolgenden *Checkliste* zur Berichtserstellung (–>Abb 21) sind die unverzichtbaren Bestandteile *kursiv gedruckt*.
Darüber hinaus sollten *nur* diejenigen Punkte erläutert werden, die zum Verständnis des Prozessverlaufs unabdingbar sind.
Es kann aber auch sein, dass der Stand der heilpädagogischen Erziehungshilfe und Entwicklungsförderung (HpE) einsichtiger nachvollzogen werden kann, wenn erläuternde Gesichtspunkte einbezogen werden, die die *Entwicklung des Prozessverlaufs* vermitteln. Dies ist bei der Berichterstellung *gegenüber dem jeweiligen Empfänger und dem Zweck des Berichtes* immer wieder neu zu bedenken.
Wesentliches Ziel bei der Abfassung des Berichtes ist es, im Bedarfsfall eine rasche und geeignete weitere Indikation für nachfolgende Maßnahmen zu ermöglichen. Dementsprechend sollte alles Überflüssige weglassen und das Wesentliche klar herausgestellt werden.

Checkliste zur Berichtserstellung für eine HpE
1. (1.) *Anlass und Zweck des Berichtes, Empfänger* *Name, Vorname; Geburtsdatum, Alter des Klienten* *Adresse: Wohnort, Straße, Telefon des Klienten* *(bzw. seiner Berzugspersonen)* 2. (2.) *Aufnahme- bzw. Beginndatum der HpE* *Zwischen- bzw. Abschlussdatum der HpE* *Anzahl der Begleitungsstunden;* *Anzahl der Beratungsgespräche für Eltern und sonstige* *Bezugspersonen* (Im Zusammenhang mit Regelmäßig-keit usw.) 3. (3.) *Anlass der Vorstellung des Klienten; Symptomatik* (4.) Daten und Fakten aus Erstgespräch und sonstigen Quellen (5.) Vermutungsdiagnose (6.) Vertragsabschluss 4. (7.) *Befunderhebung* (Kurzbeschreibung der angewandten diagnostischen Verfahren und deren Ergebnisse) 5. (8.) *(Erste) hypothetische Diagnose* 6. (9.) *Ziele der heilpädagogischen Begleitung, Beratung* *Art der heilpädagogischen Begleitung, Beratung (z.B.* *Einzel- und/oder Kleingruppenarbeit oder Unterbringung* *in einer heilpädagogischen Intensivgruppe)* (10.) Fallbesprechung (11.) Vertragsfortschreibung 7. (12.) *Begleitungs- und Beratungsprozess, Ergebnisse* 8. (13.) *Abschließende Beurteilung; Prognose* (14.) Nachbetreuung bzw. Katamnese

Abb. 21: Checkliste zur Berichtserstellung für eine HpE

Häufig sind Heilpädagoginnen im Gruppendienst von Einrichtungen, d.h. in der Lebenswelt beeinträchtigter und behinderter Menschen, tätig. Hier werden (u.a. von Kostenträgern) sogenannte Entwicklungsberichte angefordert. Die Problematik der Abhängigkeit, die in solchen Anforderungen latent verborgen ist und die damit verbundene 'Beschönigung' bzw. 'Verschlimmerung' von Entwicklungsbeschreibungen sind leicht nachzuvollziehen. Um zusätzliche Stigmatisierung, Etikettierung, Zuschreibung von Andersartigkeit oder Weglassen bestimmter Informationen zu vermeiden, ist ein hohes Maß an Verantwortung und Ausgewogenheit seitens der Heilpädagogin erforderlich.

Folgendes Schema eines *Entwicklungsberichtes* kann ein Gestaltungsvorschlag sein.

(1) Einleitung
    (a) Bezugnahme auf den letzten (Entwicklungs-)Bericht
    (b) Seit wann ist die Person in der Einrichtung?
    (c) Hinweis auf die Zusammenfassung im letzten Bericht (z.B. was ergaben die im letzten Bericht beschlossenen Maßnahmen und Ziele?).
(2) Körperlicher und gesundheitlicher Entwicklungsstand
    (a) Alter, Größe, Gewicht, körperlicher Entwicklungsstand;
    (b) gesundheitliche Verfassung;
    (c) evtl. im Berichtszeitraum durchstandene Erkrankungen;
    (d) ambulante Dienste oder spezielle Behandlungen, z.B. Krankengymnastik.
(3) Kognitive Fähigkeiten
    Wahrnehmungen, Situationsverständnis, Kommunikationskompetenzen, Merkfähigkeit, Leistungsvermögen (Schule und Wohnen), Sprache, Kulturtechniken.
(4) Emotionale Fähigkeiten
    Grundstimmungen, Stimmungsschwankungen, Fähigkeit, verschiedene Gefühle ausdrücken zu können.
(5) Soziale Fähigkeiten
    (a) Interaktionsverhalten in der Gruppe;
    (b) Anerkennung der Gruppennormen, Umgang mit gesellschaftlichen Normen;
    (c) Verantwortungsbereitschaft, Konfliktfähigkeit;

(d) Verhalten gegenüber Erwachsenen (bei Kindern), gegenüber Außenstehenden, gegenüber den Gruppenmitgliedern, gegenüber Fremden;

(e) Toleranzvermögen;

(f) Verhalten und Umgang in neuen und unbekannten Situationen.

(6) Selbständigkeit

(a) innerhalb des Lebens- bzw. des Gruppenalltags;

(b) außerhalb der Gruppe (z.b. Stadtbesuch, Botengänge, Straßenverkehr).

(7) Motorik (evtl. Verbindung zur Selbständigkeit)

(a) Grobmotorik;

(b) Feinmotorik;

(c) Ursachen der begrenzten motorischen Fähigkeit, z.b. Körperbehinderung, Nervosität usw.

(8) Familiäre Beziehung / Elternarbeit

(a) Art und Intensität der Beziehungen des Kindes zu den Eltern, den Geschwistern und sonstigen Familienangehörigen;

(b) Form und Verlauf der Elternarbeit.

(9) Schule / Bildung / Förderung / Arbeit

(10) Freizeit / Hobbys

(11) Veränderungen auf der Gruppe, welche die Entwicklung prägten, z.B. neue Mitbewohner oder neue Mitarbeiter etc.

(12) Zusammenfassung / prognostische Aussagen

(a) Kurze Zusammenfassung der bedeutendsten Aspekte des Berichts;

(b) Aussagen zum weiteren Entwicklungsverlauf des Kindes: Wird das ursprüngliche Maßnahmeziel weiterverfolgt? Welche Korrekturen der Zielperspektive sind erforderlich?

Abb. 22: Schema eines Entwicklungsberichtees (In: Bentele/Metzger 1996, 130 f.)

• **Zusammenfassung**

Heilpädagogische Berichte werden (auf Anfrage) im Verlauf, zum Ende der HpE oder (u.a.) als Entwicklungsberichte geschrieben. Die Heilpädagogin versichert sich des Empfängers, des Zwecks, der erforderlichen Inhalte sowie der Schweigepflicht und des Datenschutzes. Je nach Empfänger und Fragestellung wird sie ihren Bericht fachsprachlich bzw. erläuternd abfassen und dabei die zweckdienlichste und kürzeste Form wählen.

DIAGNOSE		
Ziff. 23	**Vermutungsdiagnose**	**-> S.97**
Ziff. 41	**Hypothetische Diagnose**	**-> S.102**
	Verstehensdiagnose	

Begriffsbestimmung:

Die heilpädagogische Diagnose ist eine vorläufige Annahme über Zusammenhänge, die über das von außen beobachtbare Geschehen hinausgehen und deren endgültige Klärung noch aussteht. Sie wird von der *Vermutungsdiagnose* über die *Hypothetische Diagnose* hin zur *Verstehensdiagnose* entwickelt, mit dem Ziel der Erfassung der *Befindlichkeit* des Klienten. Sie ermöglicht der Heilpädagogin in Übereinstimmung mit Erfahrungstatsachen wohl erwogene, theoretisch begründete und (wo möglich) empirisch naheliegende, aber (noch) nicht allseitig gesicherte Erklärungen zur Befindlichkeit, insbesondere über das Erleben und Verhalten beeinträchtigter und behinderter Menschen in ihren Beziehungen und Erziehungsverhältnissen zu erkennen, zu unterscheiden, zu begründen, zu erklären und zu verstehen. Sie stützt sich auf Erkenntnisse aus den Prozessen der –>Befunderhebung, –>Begleitung und –>Beratung und wird erstellt aus der Zusammenfassung und Analyse des Ist-Standes aller jeweils erhaltenen und verfügbaren Daten. Sie wird als Prozessdiagnose zur Kontrolle (Evaluation) der HpE fortgeschrieben, um die Anwendung geeigneter heilpädagogischer –>Methoden der Begleitung und die effektive –> Beratung der Eltern und Bezugspersonen zu gewährleisten, damit der Soll-Stand der an einem heilpädagogischen Menschenbild orientierten –>Ziele erreicht wird.

In diesem Übersichtsartikel werden folgende Themen angesprochen:

- Heilpädagogische Diagnosefindung als Prozess 296
- Vermutungsdiagnose als *subjektiv-reflektierte* Standortbestimmung für die Weiterarbeit 298
- Hypothetische Diagnose als Versuch *objektiv-relativierender* Zustandsbeschreibung und Prozesskontrolle 301
- Verstehensdiagnose als *subjektiv-objektivierende* und *intersubjektiv-dialogisierende* Beziehungsgestaltung 310
- Erfassen der *Befindlichkeit* als Ziel heilpädagogischer Diagnosefindung 314
- Strukturelemente der heilpädagogischen Diagnose 324
- Umgang mit Diagnosen im heilpädagogischen Handeln 326
- Zusammenfassung 329

• Heilpädagogische Diagnosefindung als Prozess

Heilpädagogische Diagnosefindung dient der Erziehungshilfe und Entwicklungsförderung des Menschen, insbesondere dem beeinträchtigten, körperlich, seelisch, geistig behinderten Kind und Jugendlichen sowie der Beratung ihrer Bezugspersonen.

Die Heilpädagogin hat in ihrer –>Befunderhebung den Anspruch, den Klienten in seiner „Befindlichkeit" (HEIDEGGER, 1927) zu *verstehen,* um angemessene Hilfeleistung erbringen zu können. Um dieses Ziel zu erreichen, wird sie verschiedene, sich ergänzende Methoden einsetzen und diese im Sinne heilpädagogischer Diagnostik anwenden.

In der Verknüpfung von phänomenologischen, hermeneutischen, deduzierenden, dialektischen, empirischen und personal-anteilnehmenden Methoden bedarf es verschiedener diagnostischer Schritte auf verschiedene Ebenen:

Von der Ebene der Vermutung *(Vermutungsdiagnose)*
über die Ebene der Hypothese *(Hypothetische Diagnose)*
zur Ebene des Verstehens *(Verstehensdiagnose).*

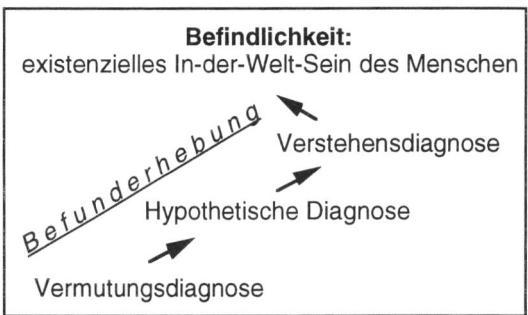

Abb. 23 : Ebenen der heilpädagogischen Diagnosefindung

Die Abbildung veranschaulicht die verschiedenen Ebenen der Befunderhebung: der Vermutung, der Hypothese und des Verstehens, wobei auf der letzten Ebene ein deutlicher Perspektivewechsel diagnostischer Urteilsbildung in der Annäherung zur Befindlichkeit des Menschen zu erkennen ist. Dieser Zusammenhang kann am Beispiel von Beobachtungsprozessen, die einen wesentlichen Anteil heilpädagogischer Diagnosefindung ausmachen, verdeutlicht werden.

Abb. 24: Dialektische Bezogenheit heilpädagogischer Diagnosefindung
am Beispiel unterschiedlicher Beobachtungskonzepte
(Grafik leicht verändert nach: Thesing/Vogt 1996, 277)

Die Heilpädagogin ist herausgefordert, in einem dialektischen Prozess von der Ebene der Vermutung, die zur Auswahl der diagnostischen Methoden führt, über die Ebene der Hypothese, die relativ objektive Ergebnisse beinhaltet zur Ebene des Verstehens zu gelangen. Von dieser Ebene kann ein *personbezogenes* Konzept von Erziehungshilfe und Entwicklungsförderung (HpE) im Sinne der *Befindlichkeitsdiagnostik* abgeleitet werden, nach der heilpädagogischen Maxime „Erst verstehen, dann erziehen!" (MOOR 1965), um über eine objektivierenden Tatsachendiagnostik hinausgehend „Wege der verstehenden Erfassung" (MOOR, ebd. 227) zu finden.

„Sicherlich muß der Heilpädagoge *auch* 'Tatsachenmaterial' sammeln; aber nach dem Sammeln komme als eigentlich entscheidender Schritt das 'Deuten' dieses Materials. In diesem (hermeneutischen) Akt von Deutung oder Interpretation muß der innere Sinnzusammenhang der 'Daten' erschlossen werden. Sie müssen als *intentionale* und *sinnvolle* Äußerungen der konkreten Personalität des erfaßten Menschen erkannt werden, auch wenn einzelne Äußerungsformen nach der üblichen 'Grammatik' der 'normalen' Lebensformen unlogisch, unsinnig, pathologisch erscheinen mögen." (GRÖSCHKE 1997, 273 f.) Dieser Zusammenhang wird in den folgenden Abschnitten differenziert.

- **Vermutungsdiagnose als** *subjektiv-reflektierte* **Standortbestimmung für die Weiterarbeit**

Was immer dem Menschen begegnet, löst in ihm eine Reaktion aus. Er wird versuchen, das Geschehen mit seinen bisherigen Erfahrungen, seinem Wissen und den damit einhergehenden Wertungen bzw. Beurteilungen zu verknüpften. Daraus wird er für die gegenwärtige Situation Schlüsse ziehen, die ihm ein angemessenes Verhalten ermöglichen. Ist er unschlüssig, was ein Ereignis zu bedeuten hat oder wie er eine Person einschätzen soll, wird er nach Merkmalen suchen, die ihm eine angemessene Einordnung ermöglichen. Nach diesem Ergebnis wird er beginnen zu handeln. Im Nachhinein stellt sich heraus, ob seine Einschätzung und dementsprechend sein Handeln richtig oder falsch waren. „Nach der Tat ist jeder klug", sagt ein Sprichwort; oder: „Hinterher ist man immer klüger!"

Das Gleiche gilt für die heilpädagogische Diagnosefindung: Zwar kann der 'erste Eindruck', die Art, wie man von einem Menschen bei der ersten Begegnung visuell, akustisch, taktil, emotional usw. angemutet wird, ein Gesamtbild entstehen lassen, das oft Wesentliches zur Erkenntnis der Person beitragen kann, jedoch ist sein Wert als diagnostisches Mittel begrenzt, zumal auch Vorurteile hierbei entstehen können. So gesehen gewinnt die Heilpädagogin zwar einen Eindruck, ein persönliches Bild von der Person, bleibt jedoch von der Erkenntnisgewinnung her auf der Ebene der Vermutung verhaftet.

Die Vermutungsdiagnose ist eine erste diagnostische Annahme und Beschreibung im Rahmen einer HpE. Sie dient als Einschätzungsgrundlage für die Entscheidung, ob und wie weitere Schritte vereinbart werden sollen oder nicht. Sie bedarf einer vorläufigen Begründung.

Der Begriff 'Vermutungsdiagnose' mag ungewöhnlich erscheinen und einen Widerspruch in sich beinhalten. Während es sich bei einer Vermutung um eine Annahme, einen Verdacht oder auch nur um eine Ahnung handelt, denkt man beim Begriff Diagnose[1] eher an einen relativ abgesicherten Tatbestand.

Eine Diagnose *zu Beginn* einer HpE kann und darf aber keine endgültige Festschreibung sein. Vielmehr ist sich die Heilpädagogin bewusst, dass sie nur erste Anzeichen für eine mögliche Diagnose besitzt, sofern sich diese auf das Erkennen der *Befindlichkeit* des Kindes oder Jugendlichen und seiner (gestörten?) Erziehungsverhältnisse richtet. Bildlich gesprochen: Sie braucht den Mut[2], anderen und sich selbst etwas zuzumuten[3], indem sie bereit ist, eine, wenn auch noch nicht abgesicherte, so doch notwendige Plattform, eine Ausgangsbasis zu errichten, von der aus sie mit den Beteiligten die weiteren Schritte vorausschauend ins Auge fassen und probeweise gehen kann; zu der sie mit den Beteiligten zurückkehren kann, um die Erfahrungen auszuwerten und die Bedingungen neu zu prüfen; und von der aus sie auf ihrer Suche nach Verstehen auch in andere Richtungen weiter vordringen kann, sofern es ihr erlaubt wird. So werden nicht beliebig, willkürlich und planlos 'Abstecher' in die Lebenswelt der betroffenen Personen unternommen, sondern neue Umstände und Informationen von der bisher geltenden Ausgangsbasis her neu in Frage gestellt und die erforderlichen Beurteilungen vorgenommen. Diese können auch dazu führen, den bisherigen Standort aufzugeben und sich eine neue Ausgangsbasis zu suchen.

Fachsprachlich würde man dieses Vorgehen als verifizieren (= durch Überprüfen die Richtigkeit bestätigen) oder falsifizieren (= eine Hypothese durch empirische Beobachtung widerlegen) bezeichnen.

Da sich jeder Mensch stets ein Bild von seinem Gegenüber macht, ist es Aufgabe der Heilpädagogin, sich *ihr* *Bild* vom anderen Menschen *bewusst* zu machen. Dazu gehört es,

---

[1]*Diagnose:* Unterscheidende Beurteilung, Erkenntnis. Im medizinischen Sinn beinhaltet der Begriff das Erkennen einer Krankheit. Allgemeiner geht es um die Erkenntnis der Gegebenheiten des physischen oder psychischen Zustandes eines Menschen aufgrund bestimmter Symptome oder Verhaltensweisen. Insofern ist die Diagnose eine Voraussetzung vieler erzieherischer, heilpädagogischer oder therapeutischer Maßnahmen.

[2]*Mut:* Nach etwas trachten, heftig verlangen, erregt sein, streben, begehren.

[3]*muten* (bergmännisch): Um die "Erlaubnis zur Ausbeute" bitten.

- dass eigene Empfindungen und Gefühle ernstgenommen werden, indem ihr Zustandekommen reflexiv nachvollzogen und ihre symbolische Bedeutung hinterfragt wird und
- dass Gedankengänge und verstandesmäßige Überlegungen kritisch auf ihre Richtigkeit (in Übereinstimmung mit einer zugrunde liegenden Theorie) hin überprüft werden.

Dabei wird sich die Heilpädagogin über mögliche Selbsttäuschungen aufgrund des ersten Eindrucks, aufgrund ihrer Wahrnehmungsmängel und Beobachtungsfehler, die jedem Menschen aufgrund seiner existentiellen Beschaffenheit trotz beruflicher Ausbildung unterlaufen, bewusst werden und so der Gefahr einer vorschnellen Fixierung entgehen.

In der dialektischen Bezogenheit von diagnostischer Objektivität und Subjektivität wird die Heilpädagogin im Hinblick auf die Vermutungsdiagnose fragen:

Subjektiv-reflektierend: Was bedeutet dieser Mensch in seinem Gewordensein, in dieser Beeinträchtigung, dieser Behinderung, diesem Symptom *für mich* in meinem Erleben und wie kann ich mich dazu stellen und verhalten?

Deswegen erscheint es sinnvoll, sich auch begrifflich zu verdeutlichen, dass es sich bei der *'Vermutungs-Diagnose'* zwar um eine notwendige Standortbestimmung zur Weiterarbeit handelt, dass sich aber gleichermaßen viele Eindrücke, die sich zunächst aufgrund bestimmter Erfahrungen oder Theorien nahtlos ineinanderzufügen scheinen, später als unhaltbar, falsch oder einseitig erweisen können.

Dabei geht es zunächst primär um eine gelungene –>Kontaktaufnahme mit dem Ziel einer möglichen Beziehungsstiftung. Heilpädagogisches Handeln ist nicht in erster Linie diagnostisches Handeln, sondern ein «In-Beziehung-treten». Für die Heilpädagogin ist es hilfreich und wichtig zu wissen, *wie* sie ihre Kontaktaufnahme gestalten kann, *wo* sie ihr Gegenüber abholen kann, um mit ihm gemeinsam ein Stück des Lebensweges zu gehen, um diese Wegstrecke in ihrer *Lebensbedeutsamkeit* für das Kind, den Jugendlichen und deren Bezugspersonen nachvollziehen zu können. Ohne dabei ihre Eindrücke zu sammeln, zu ordnen und zu gewichten, ohne eine Vermutungsdiagnose zu erstellen, würde die Heilpädagogin orientierungslos, oberflächlich, willkürlich oder rein schematisch das ihr anvertraute Kind, den Jugendlichen und deren Eltern durch die ihr zur Verfügung stehende 'Untersuchungsmaschinerie' hindurchschleusen und auf Zufallsergebnisse angewiesen sein, die einen klassifizierenden und dadurch scheinbar 'objektiven' Bedeutungsgehalt suggerierten.

Die sorgfältig erstellte Vermutungsdiagnose hingegen versetzt sie in die Lage, bestimmte Sachverhalte gezielt zu überprüfen und Annahmen zu bestätigen, zu verwerfen oder zu modifizieren. Die dabei vorhandene Offenheit, die bereits im Begriff der *Vermutung* ganz unverschleiert zutage tritt, verhindert einseitige Fixierungen im Vorfeld der heilpädagogischen Begleitung und der weiteren Prozessdiagnostik.

Die Reflexion und Auswertung von –>Anlass, –>Kontaktaufnahme und –>Erstgespräch lassen begründete erste Annahmen zu, die als Vermutungsdiagnose bezeichnet werden dürfen. Die Heilpädagogin begründet die Vermutungsdiagnose wie folgt:

„*Weil* ich aufgrund folgender Fakten... vermute, dass
- das Kind, der Jugendliche sich... fühlt und deshalb... verhält;
- die Eltern/Bezugspersonen sich... fühlen und deshalb...verhalten;
darum nehme ich eine heilpädagogische Bedürftigkeit im Sinne von... an und schlage folgende weitere Schritte für die Befunderhebung... Begleitung... und Beratung... vor...“

• **Hypothetische Diagnose als Versuch** *objektiv-relativierender* **Zustandsbeschreibung und Prozesskontrolle**

Vermuten allein reicht nicht aus. Weil aber eine *Diagnose* im gültigen Sinne des Wortes noch nicht erstellt werden kann, wird die Heilpädagogin im Bewusstsein der Verantwortung für ihre Aufgabe die ihr bekannten Informationen im Gesamtzusammenhang so reflektieren, dass sich daraus eine vorläufige Arbeitshypothese, eine „Hypothetische Diagnose“ entwickeln lässt, die das weitere Vorgehen bestimmt.

In der dialektischen Bezogenheit von diagnostischer Objektivität und Subjektivität wird die Heilpädagogin im Hinblick auf die Hypothetische Diagnose fragen:

Objektiv-relativierend: Was sagt diese Beeinträchtigung, diese Behinderung, dieses Symptom nach verschiedenen theoretischen Gesichtspunkten (z.B. nach medizinischem oder psychologischem Wissen) und wissenschaftlichen Modellen 'objektiv' aus? Was weiß ich darüber, welche relativ fundierte, allgemeingültige und -verständliche Aussage kann ich dazu machen?

Dabei greift die Heilpädagogin auf ihre –>Vermutungsdiagnose und auf weitere Elemente der –>Befunderhebung zurück:

–>Anlass: Reflexion von Anlass, Symptom, Symbol;

–>Kontaktaufnahme: Reflexion der Personen, der Motivationen, der Beeinträchtigung oder Behinderung nach dem ersten Eindruck;

–>Erstgespräch: Reflexion über das geäußerte subjektive Erleben und Verhalten der beteiligten Personen; über Gefühlsbeziehungen, psychodynamische Aspekte und Entwicklungsalter; über die heilpädagogische Bedürftigkeit für eine HpE; über die Notwendigkeit weiterer Schritte zur Abklärung offener Fragen;

–>Anamnese: Vorgeschichte und Umfeld des Klienten sowie Informationen zur Beeinträchtigung oder Behinderung; ggf.

–>Exploration des Klienten mit altersentsprechenden Medien;

–>Auskunft, Information von Dritten, ggf.

–>Berichte, Stellungnahmen, Gutachten anderer Fachleute;

sowie auf Beobachtungsdaten, Testergebnisse usw.

Aufgrund der Komplexität von Diagnoseprozessen sollte die Heilpädagogin ihre Hypothetische Diagnose grundsätzlich im Team erstellen. Dabei wird sie bemüht sein, eine *interdisziplinäre Diagnosefindung* dadurch zu unterstützen, dass sie medizinische, psychologische und soziologische Befunde berücksichtigt und durch ihre heilpädagogische Sichtweise ergänzt.

1. Die *medizinisch* orientierte Diagnose
versetzt die Heilpädagogin in die Lage, Kausalzusammenhänge zwischen somatischen bzw. psycho-somatischen Störungen und der zur Diskussion stehenden Erziehungsproblematik zu erkennen. Sie ge-

winnt wichtige Aufschlüsse über die Möglichkeiten des Kindes oder Jugendlichen und seiner Erzieherpersonen aufgrund der Aussagen unterschiedlicher medizinischer Richtungen.

Die Kenntnisse und Beachtung medizinischer Diagnosen ermöglichen der Heilpädagogin die vom Krankheitsbild her gegebenen objektiven Befunde der Beeinträchtigung, Behinderung, Störung oder Krankheit sowohl mit dem Kind/Jugendlichen als auch mit seinen Bezugspersonen und den beteiligten Fachleuten in ihren den ganzen Menschen in seinen Erziehungsverhältnissen betreffenden Auswirkungen auf der Subjektebene zu reflektieren und dementsprechende erzieherische, unterstützende und fördernde Hilfen unter diesen erschwerten Bedingungen mit den Bezugspersonen zu erarbeiten.

2. Die *psychologisch* orientierte Diagnose
versetzt die Heilpädagogin in die Lage, Auffälligkeiten eines beeinträchtigten oder behinderten Menschen sowohl in einzelnen Fähigkeitsbereichen wie auch in deren Umweltbezügen zu erfassen und auf der subjektiven Ebene in das heilpädagogische Verhältnis zu den betroffenen Menschen umzusetzen. Wichtige Teilbereiche, die mit Hilfe psychologischer Diagnostik erschlossen werden können, sind
Psychomotorik:
Alle Bewegungsformen, die für das Kind, den Jugendlichen verfügbar und steuerbar bzw. durch Übung und/oder Verhaltensmodifikation zu erlernen sind, wie z.B. Grob- und Feinmotorik, Bewegungskoordination. Die Heilpädagogin wird die unmittelbaren oder mittelbaren sozialpsychologischen Auswirkungen und kommunikativen Vorgänge in ihrer Bedeutung für die Erziehungsverhältnisse reflektieren.
Perzeption:
Die Sinnestätigkeit des Kindes/Jugendlichen in ihrem Vorhandensein wie auch in der Reizverarbeitung, das Bemerken, die Auffassungsgabe, das Wahrnehmen, das Eintreten einer Vorstellung ins Bewusstsein (Dekodierung, Einordnung, Speicherung, Deutung). Die Heilpädagogin wird fragen, wie das Kind, der Jugendliche Objekte wahrnimmt und wie er sich selbst wahrnimmt, auch in der Beziehung zu Objekten (z. B. Körperempfindung, Erfahrung der Leibhaftigkeit in

303

Raum und Zeit). Welche Auswirkung hat die perzeptuale Fähigkeit dieses Kindes/Jugendlichen für seine psychomotorische, sprachliche, kognitive und affektive Kommunikation und Kooperation?

Kognition:
Die Fähigkeit des Kindes/Jugendlichen, Beziehungen, Bedeutungen, Ordnungen und Sinnzusammenhänge zu erfassen und herzustellen (Vergleichen, Abstrahieren, Kombinieren - auch von Bewusstseinsinhalten - sachgemäße Urteile fällen, Schlüsse ziehen, jeweils unter Berücksichtigung des Lebens- und Entwicklungsalters). Die Heilpädagogin wird beobachten, inwieweit das Kind, der Jugendliche auch Verhältnisse und Beziehungen zu empfinden und wahrzunehmen vermag, die nicht unmittelbar sinnenhaft gegeben und handlungsmäßig präsent sind.

Sprache:
Die Fähigkeit des Kindes oder Jugendlichen, Zeichen und Symbole (Mimik, Gestik, Figuren, Bilder, Laute in gesprochener, gemalter und geschriebener Form) zu erkennen, zu verstehen, zu interpretieren, auf das Gemeinte zu reflektieren und darauf zu antworten. Die Heilpädagogin wird fragen, inwieweit Sprach- bzw. Sprechstörungen im Zusammenhang stehen mit den (gestörten) Erziehungsverhältnissen (z.B. bei elektivem Mutismus oder Stottern) und inwieweit das übergeordnete (familiale) Kommunikationssystem heilpädagogisch zu verändern ist.

Affektivität:
Aufschluss über das emotionale Geschehen, über das Gefühls- und Gemütserleben, die Gefühlsansprechbarkeit. Die Heilpädagogin wird fragen, inwieweit das Kind, der Jugendliche in der Lage ist, sich gefühls- und stimmungsmäßig ansprechen zu lassen und was sie heilpädagogisch tun muss, um eine solche Ansprechbarkeit herzustellen, die dem Kind/Jugendlichen ermöglicht, sich seiner und fremder Gefühle bewusster zu werden, mitzuschwingen, und sich nach Vermögen angemessen gefühlsmäßig mitzuteilen.

Soziabilität:
Fähigkeit zur Entfaltung menschlichen Kontaktbedürfnisses (Geselligkeit), wie auch die Fähigkeit, sich gesellschaftlich an- und einzupassen. Die Heilpädagogin wird fragen, inwieweit das Kind, der Ju-

gendliche das Bestreben entwickelt (hat), eigene und fremde Bedürfnisse wahrzunehmen und sich widerfahren zu lassen, indem er sich einem Du erschließt, sich dem Du einsichtig macht und dabei gleichzeitig sensibel ist für die Bedürfnisse des Du. Kann das Kind, der Jugendliche sich in Akten der Hingabe selbst bewahren und auch akzeptieren, dass ein Du sich ihm verweigert?

Durch Reflexion und Ergänzung der psychologischen Diagnose kann die Heilpädagogin über ein eindimensionales Warum?-Darum!-Schema hinauskommen und sich über die Wirkungszusammenhänge (Wie?...) klarer werden. Die Hinzunahme tiefenpsychologischer Reflexions- und Interpretationsrahmen ermöglicht der Heilpädagogin das Erkennen der individuellen psychodynamischen und interpersonellen sozialen Abhängigkeiten. So kann die Heilpädagogin immer mehr den Sinn, die 'Be-deutung' der gestörten Erziehungsverhältnisse für das Kind, den Jugendlichen und seine Bezugspersonen verstehen. Über dieses Verstehen kann sie geeignete Methoden der Hilfeleistung, Begleitung bzw. Förderung entwickeln.

3. Die *sozialpsychologisch* und *soziologisch* orientierte Diagnose versetzt die Heilpädagogin in die Lage, gesellschaftliche und soziale Bedingungen in ihrer Auswirkung auf das beeinträchtigte, behinderte, gestörte, kranke Kind, den Jugendlichen und ihre Bezugspersonen zu reflektieren. Hier wird sich die Heilpädagogin um die Zusammenarbeit mit anderen Sozialberufen bemühen, vor allem mit Erziehern, Sozialarbeitern, Sozialpädagogen, Lehrern.

Die Familie

weist über individuelle Eigenarten hinweg gesellschaftlich bedingte Merkmale auf (z.B. Ein-Kind-Familie; Ein-Eltern-Familie; Isolation; Kinderfeindlichkeit; Erziehungsstil; Lebensrhythmus durch Medien bedingt; Schichtzugehörigkeit; Sozialgesetzgebung; Arbeitslosigkeit; Berufstätigkeit sowie häuslicher Bereich und in diesem Zusammenhang ein gewandeltes Rollenverständnis von Frau und Mann), die die Heilpädagogin in ihren Auswirkungen auf den Status des beeinträchtigten, behinderten, gestörten, kranken Kindes oder Jugendlichen hin reflektieren muss, um realistische Möglichkeiten der Begleitung bzw. Hilfe in Kooperation mit sozialen Diensten entwickeln zu können.

Kindergarten und *Schule*
müssen von der Heilpädagogin aufgrund ihrer Organisationsform und den dort vermittelten Bildungs- und Erziehungszielen reflektiert werden. Diese stehen nicht selten im Widerspruch zu den Werten, die das Kind, der Jugendliche im Elternhaus oder in der Gleichaltrigengruppe erfährt. Bestimmte Schichtzugehörigkeit, Ausländer- oder Flüchtlingsstatus und andere wichtige Faktoren sind von der Heilpädagogin in ihrer Auswirkung auf das Kind, den Jugendlichen und im Hinblick auf die (Leistungs-)Ansprüche von Institutionen und Eltern zu reflektieren.

Die *Gruppe der Gleichaltrigen*
ist je nach Lebens- und Entwicklungsalter für die Ich-Entwicklung des Kindes/Jugendlichen von immenser Bedeutung. Die Heilpädagogin wird die kollektiven Erfahrungen des Kindes/Jugendlichen in ihrer zentralen Bedeutung für das subjektive Selbstbild und Selbstwertgefühl reflektieren. Auch als Übungsfeld für Sozialverhalten gegenüber gleichberechtigten aber sehr unterschiedlichen Sozialpartnern (Heterogenität, Heterosexualität, Homosexualität), der Gestaltung von Freiräumen, Interessensentwicklung und das Erleben echter, unmittelbarer Affekte und Emotionen, ist die Gleichaltrigengruppe von großer Bedeutung. Die Heilpädagogin wird fragen, inwieweit das beeinträchtigte, behinderte, gestörte, kranke Kind, der Jugendliche, sich in diesem Rahmen (wieder) entwickeln kann, welche Hilfen ihnen zur (Wieder-)Eingliederung heilpädagogisch gegeben werden müssen.

Staat, Gesellschaft
sind die Großräume (sozial-)politischer Ein- und Auswirkungen für das beeinträchtigte Kind, den Jugendlichen und seine Bezugspersonen. Gesetzgebung wie Straf-, Schutz-, Versicherungs-, Gesundheits-, Pflege-, Verwaltungsgesetze usw. beeinflussen die Haltungen und Strebungen des Kindes/Jugendlichen und seiner Bezugspersonen bis hin zur direkten Erziehbarkeit. Die in der Öffentlichkeit gelebten Einstellungen und ihre Diskrepanz zu gesetzlichen Regelungen und deren Umsetzung (gleiche Rechte für behinderte wie nichtbehinderte = für *alle Menschen)* wird die Heilpädagogin in ihren Auswirkungen für das Kind, den Jugendlichen und geeignete Hilfs- und Begleitungs-

bzw. Fördermöglichkeiten reflektieren. Ebenso sind Modeerscheinungen, politische Trends, Selbsthilfeorganisationen sowie formelle und informelle Propaganda im Hinblick auf Leit- und Vorbilder für das beeinträchtigte Kind, den Jugendlichen ernstzunehmen und in ihrer Bedeutung für den Menschen und das heilpädagogische Menschenbild zu hinterfragen (z.b. olympisches Leistungsprofil für Behinderte usw.).

Die Heilpädagogin wird sich im Kontext soziologisch diagnostizierter Bedingungen für das Kind, den Jugendlichen durchsichtig, annehmbar und so zumutbar vorstellen, dass das Kind sie als 'a-sozial' erfährt, d.h. dass die Heilpädagogin sich nicht in Übereinstimmung mit dem Vorurteilsraster des Kindes oder Jugendlichen in deren gewöhnlichen, allgemein üblichen Erfahrungs- und Bewertungsmaßstäben verhält. Insofern muss sich die Heilpädagogin selbst nüchtern über ihren und des Kindes Ist-Zustand im klaren sein, um von hier aus, mit dem Kind oder Jugendlichen gemeinsam, einen für beide, je nach Verstehenshorizont, deutlich und ausdrücklich definierten Soll-Zustand zu erreichen (–>Vertragsabsprache).

Diagnosen, gleich welcher Art, sind immer auch Produkte unterschiedlicher Fragestellungen. Diese bestimmen die Vorgehensweisen und Kriterien, so dass es unmöglich ist, eine allgemeingültige Diagnose zu formulieren. Kein diagnostischer Versuch, selbst in empirisch 'objektiven' Vorgehensweisen, ist voraussetzungsfrei, d.h. ohne Vorwissen und Vorurteile, z.B. durch die zugrundeliegende Persönlichkeitstheorie einer Psychodiagnostik oder sonstige Prämissen. Je nach Art der Fragestellung wird auch die Antwort lauten, z.B.
- Diagnose als Antwort auf Fragen nach der *Ätiologie* (= Ursache) einer Beeinträchtigung oder Behinderung, z.B. Oligophrenie (= Schwachsinn) aufgrund von Enzephalomalazie (= Folge einer traumatischen oder toxischen Hirnstörung);
- Diagnose als Antwort auf die Frage nach dem *Zustandsbild* eines beeinträchtigten oder behinderten Menschen, z.B. Autismus; Hyperaktivität;
- Diagnose als Antwort auf die Frage nach dem *Entwicklungsverlauf*, z.B. Retardierung oder Akzeleration;

- Diagnose aufgrund von Fragestellungen nach dem *soziokulturellen Milieu*, z.B. Verwahrlosung.

Noch schwieriger wird es, wenn ein Kind oder Jugendlicher Beeinträchtigungen, Behinderungen oder Störungen aufweist, die durch die Kombination verschiedener Faktoren hervorgerufen werden, wobei Ursachen in gleicher Richtung wirken und/oder sich im Effekt beeinflussen können. Deshalb bemüht sich die Heilpädagogin, den beeinträchtigten oder behinderten Menschen in seinen Lebensvollzügen anhand verschiedener Fragestellungen möglichst umfassend zu sehen und kennenzulernen. Ausgangspunkt sind dabei *grundlegende heilpädagogische Fragestellungen* (vgl. KOBI 1983) die nun in ihrer Bedeutung für die Entwicklung der Hypothetischen Diagnose spezifiziert werden:

-WAS für ein Problem liegt vor?

1. Phänomenologische Diagnose: am Erscheinungs-, Zustands-, Symptombild orientiert

Die Heilpädagogin beschreibt möglichst objektiv, genau und umfassend die Problematik, ohne voreilige Wertung und Beurteilung. Beobachtete Fakten müssen von bloßen Vermutungen (oder Aussagen von Drittpersonen) streng getrennt werden, gemäß dem Grundsatz: Deskription geht vor Interpretation. Dies führt zur Antwort auf die Frage: *Was muss ich als Heilpädagogin tun?*

-WO liegt das Problem?

2. Topologische Diagnose: an Fähigkeitsbereichen und Funktionen orientiert

Die Heilpädagogin versucht darzustellen, welche intra- und interindividuellen, personalen Fähigkeitsbereiche durch das Problem betroffen sind. Dies führt zur Antwort auf die Frage: *Wo muss ich fördern?*

3. Situative, soziale Diagnose: soziologisch, ökologisch, am Umfeld der situativen Bedingungen orientiert

Die Heilpädagogin stellt fest, in welchen situativen, vor allem sozialen Bedingungen des Milieus, der Umwelt und Mitwelt das Problem eingebettet ist.

Dies führt zur Antwort auf die Frage: *Unter welchen situativen Bedingungen muss ich als Heilpädagogin handeln?*

- *WANN zeigt sich das Problem?*
4. Chronologische Diagnose: am Lebens- und Entwicklungsalter orientiert
Die Heilpädagogin beschreibt den Menschen unter dem Aspekt seines Entwicklungsstandes, d.h. auf dem Hintergrund des Norm-Abweichenden im Entwicklungsgeschehen. Dies führt zur Antwort auf die Frage: *Wann muss ich ansetzen?*
5. Historische Diagnose:
an epochalen, zeitgeschichtlichen Gegebenheiten orientiert:
Die Heilpädagogin bezieht als Interpretationshintergrund für das Problem die zeitgeschichtlichen Umstände mit ein, wie z.B. Krieg, Wirtschaftskrise, Arbeitslosigkeit, atomare Furcht, Umweltzerstörung usw. Dies führt zur Antwort auf die Frage:
Zu welchem Zeitpunkt werde ich als Heilpädagogin etwas tun?
- *WARUM, WOZU kommt es zum Problem, wie wirkt es sich aus?*
6. Ätiologische Diagnose: auf Kausalbeziehungen,. Sinnzusammenhänge und Ablaufgesetzlichkeiten ausgerichtet
Die Heilpädagogin fragt nach der Ursache des Problems; nach der individuellen Sinngebung für die am Problem Beteiligten ("Wer gewinnt bzw. verliert was durch wen zu welchem Zweck?"); nach der Art und Weise, wie die Problemsituation aus der Sicht des einzelnen Probleminvolvierten abläuft.
Dies führt zur Antwort auf die Frage:
Aufgrund welcher Ursache, Motivation, in Konvergenz mit welchen Meinungen und Zielen handle ich als Heilpädagogin?

Heilpädagogische Diagnostik ist auf die erzieherischen Möglichkeiten des Kindes/Jugendlichen und seiner Erzieherpersonen ausgerichtet und enthält deshalb immer konkrete erzieherische Handlungsanweisungen. Deshalb werden folgende diagnostische Fragen gestellt:

- *WOZU, WOHIN soll die heilpädagogische Erziehungshilfe und Entwicklungsförderung unternommen werden und führen?*
7. Teleologische Diagnose: auf den Erziehungs- und Begleitungsplan ausgerichtet

Die Heilpädagogin beschreibt auf dem Hintergrund von Sinn- und Wertprämissen, Normen und Geltungsansprüchen die Perspektiven, die Zielsetzungen und die Auswirkungen sowie die Zielordnung nach Prioritäten von Nah-, Fern- und Teilzielen. Dies führt zur Beantwortung der Frage:

Aufgrund welcher Sinn- und Wertannahmen, welcher Normen und Geltungsansprüche, welcher Perspektiven und Zielsetzungen arbeite ich als Heilpädagogin?

- *WIE, WOMIT können diese Ziele erreicht werden?*

8. Methodische Diagnose: an der Zielsetzung und den verfügbaren Mitteln orientierte Handlungsanweisung

Die Heilpädagogin fragt, welche spezifischen Methoden und Mittel die am Problem Beteiligten zur Erreichung der genannten Ziele wann, wie einsetzen. Dies führt zur Beantwortung der Frage:

Welche ziel- und zweckgerichteten Methoden, Techniken, individuellen Möglichkeiten setze ich ein, um eine konkrete, heilpädagogisch relevante Erziehungsaufgabe mitzutragen und mitzuverantworten?

Alle diagnostischen Fragestellungen sind in ihrer Interdependenz zu reflektieren, sowohl auf den Prozess der HpE als Gesamt bezogen wie auch im Hinblick auf unterschiedliche Prozessstadien im Verlauf der –>Befunderhebung, –>Begleitung und –>Beratung.

• **Verstehensdiagnose als** *subjektiv-objektivierende* **und** *intersubjektiv-dialogisierende* **Beziehungsgestaltung**

Für die Heilpädagogin ergibt sich bei der Erstellung der Hypothetischen Diagnosen im Prozessgeschehen das Problem, wie sie die Fülle des Datenmaterials, das sie aufgrund der Befunderhebung erhält und das jeweils unterschiedlich zu gewichten ist, in ihrem anamnestischen, situativen, psychischen, somatischen und sozialen Aussagegehalt so miteinander in Beziehung setzen kann, dass sie ihr Detailwissen mit Blick auf das beeinträchtigte Kind, den Jugendlichen und dessen Erzieherpersonen sowie auf die gestörten Erziehungsverhältnisse als 'Ganzes' und nicht nur in isolierten Teilbereichen sieht und versteht, nach dem Satz: „Das Ganze ist mehr als die Summe seiner Teile" (ARISTOTELES). Dazu ist es notwendig, dass so unterschiedliche Größen wie Bewusstes und Unbewusstes; Erleben und Verhalten; Subjektivität und Objektivität; Individualität und Sozialität; Körper und Geist auf einen gemeinsamen Nenner gebracht werden, der es ermöglicht, das beeinträchtigte Kind, den Jugendlichen in ihren Erziehungsverhältnissen auf einer anderen Ebene bzw. auf einem allen Aspekten gerecht werdenden, neuen Niveau erfassen zu können. Entsprechend dem Prozess der –>Befunderhebung als Weg der heilpädagogischen Diagnosefindung bietet sich dafür die hermeneutische Methode des *Verstehens* an. Über das Verstehen kann die Heilpädagogin die *Befindlichkeit*, das „In-der-Welt-Sein" des Klienten im wahrsten Sinn des Wortes 'begreifen' und gelangt auf diese Weise zu einem *gemeinsamen Nenner* des Erlebens und Verhaltens sowie der 'Be-Deutungen' des Geschehens *auf einem neuem Niveau.*

In der dialektischen Bezogenheit von diagnostischer Objektivität und Subjektivität wird die Heilpädagogin im Hinblick auf die *Verstehensdiagnose* fragen:

- *subjektiv-objektivierend:* Welche *Lebensbedeutsamkeit* hat diese Beeinträchtigung, diese Behinderung, dieses Symptom für *diesen* Menschen im Kontext seines Lebensweges und seiner mitmenschlichen Beziehungen und wie erlebt er sich aufgrund dessen in seiner *Befindlichkeit,* in seinem „In-der-Welt-Sein" heute?

- *intersubjektiv-dialogisierend:* Was bedeutet dieser Mensch in seinem Gewordensein, diese Beeinträchtigung, diese Behinderung, dieses Symptom *für uns* und unsere *heilpädagogische Beziehungsgestaltung?* Was kann einer für den anderen werden und tun, auf welche Weise können *wir* im wahrsten Sinn des Wortes kommunizieren (= einander 'mit-teilen' und 'ver-binden'), um den Lebensweg gemeinsam ein Stück weit - oder auch länger - in die oftmals ungewisse Zukunft hinein zu gehen?

Das heilpädagogisch-diagnostische *Verstehen* geht in diesem Sinne weit über das allgemeine Erfassen bzw. Begreifen von Sachverhalten und Zusammenhängen jeglicher Art hinaus und steht im Gegensatz zum rein naturwissenschaftlich-diagnostischen Erklären.

Nach Martin HEIDEGGER (1927) hat das Verstehen eine grundsätzliche Bedeutung als ein *Existenzial,* ein Wesensmerkmal bzw. eine ursprüngliche Vollzugsweise des menschlichen Daseins. Der Mensch verhält sich immer schon verstehend zu sich selbst, zu anderen und zur Welt. Jedem Verstehen liegt immer schon ein *Vorverständnis* zugrunde, das geschichtlich (biografisch) vermittelt ist. Im Verstehen entwirft sich das Dasein als Sein-können nach seinen zukünftigen Möglichkeiten. In diesem Sinne hat das Verstehen also einen *Entwurfcharakter.*

Aufgrund dieser existenziellen Gegebenheit des Verstehens vermag die Heilpädagogin aus der Annäherung im *gemeinsamen Erleben* heraus gezielt Vergangenheits-, Gegenwarts- und Zukunftsbilder zu entwerfen, zu 'malen', zu 'beschreiben', zu imaginieren und mit dem beeinträchtigten Kind, Jugendlichen und ihren Bezugspersonen Methoden zu entwickeln, d.h. gemeinsam Wege zu beschreiten, die nur im Kontext dieses einmaligen Geschehens ihre besondere Bedeutung für das Leben der Beteiligten gewinnen. In diesem grundlegenden Sinne des Verstehens kann die Heilpädagogin vertrauensvoll darauf bauen, sowohl diagnostische wie auch begleitenden und beratende Hilfestellungen zu entwickeln, die für heilpädagogische Erziehungshilfe und Entwicklungsförderung tragend sind.

Nach Wilhem DILTHEY (1973/74) durchdringt die allem psychischen Verstehen zugrunde liegende *Struktur* die psychischen Tatsachen und gestaltet ihren Aufbau. Wie jemand im gegenwärtigen Augenblick seine Vorstellungsinhalte erlebt, hängt ab von dem individuellen „Bewusstseinsstand", mit dem er sie aufnimmt (Struktur im Querschnitt); und wie jemand seine Zukunft in sich aufnimmt und erlebt, hängt ebenfalls von seinem Bewusstseinsstand als der gesamten Unterlage ab, von der aus der Mensch handelt (Struktur im Längsschnitt). Beim Verstehen geht es nicht um das gegenständliche Erfassen, das in den Naturwissenschaften vorherrscht, sondern um das Erfassen von Manifestationen des menschlichen Lebens. Dieses Verstehen bezieht sich auf den *symbolischen, bedeutungsvollen Ausdruck* (wie Zeichen, Sprache, Handlung, Text) und seine Bedeutung. Das Verstehen wird als das *Erfassen von Bedeutungen* menschlicher Ausdrucksformen bzw. Äußerungen bestimmt; dieses Erfassen ist aber nur aufgrund eines geschichtlich (d.h. insbesondere auch eines biografischen) und gesellschaftlichen Zusammenhangs möglich, den die verstehenden Subjekte bzw. Personen *miteinander teilen,* sich *mitteilen.* Nur weil Personen Werte, Normen, Überzeugungen, Meinungen, Erlebnisse in einer geschichtlichen Welt miteinander teilen, ist Verstehen möglich. Nach DILTHEY (ebd.) geschieht die Erfassung des Zusammenhangs von *Erleben, Ausdruck* und *Verstehen,* also der Zusammenhang des Lebens, durch das Sich-Hineinversetzen, Nachvollziehen und Nacherleben. Er meint dabei nicht den psychologischen Vorgang der Einfühlung (Empathie), sondern das Erfassen von *Sinn-Bedeutungen* der symbolischen Äußerungen vor dem Hintergrunde eines gesamten geschichtlichen (biografischen) Zusammenhangs.

Im Zuge der Entwicklung einer *Verstehensdiagnose* versucht die Heilpädagogin, folgende diagnostischen Fragestellungen zu beantworten:

- *WER ist der beeinträchtigte, behinderte, kranke Mensch?*
1. Existentielle Diagnose: am Dasein und Sosein orientiert.

Die Heilpädagogin beschreibt (1) als 'Wer' sie den beeinträchtigten/behinderten Menschen definiert; (2) als 'Wer' der beeinträchtigte/behinderte Mensch sich selbst definiert; (3) als 'Wer' die Heilpädagogin sich gegenüber dem beeinträchtigten/behinderten Menschen definiert. Dies führt zur Antwort auf die Frage: *Von welchem Menschenbild gehe ich als Heilpädagogin aus?*

- *WER wird durch die Aufgabenstellung unmittelbar wie betroffen?*
2. Dialogische Diagnose: mit der jeweiligen Person und ihren Bezugspersonen auf ihre objektive wie subjektive Befindlichkeit ausgerichtet.

Die Heilpädagogin reflektiert die zwischenmenschlich-partnerschaftlichen Beziehungsformen und gegenseitigen Spiegelungen auf dem Hintergrund der (Übertragungs-)Beziehung, wie Nähe, Distanz, Isolation, Entfremdung, Liebe und Hass, Freude und Angst usw. Dies führt zur Beantwortung der Frage: *Wie gestalte ich als Heilpädagogin die in uns und zwischen uns sich wandelnden Beziehungen?*

Die *existenzielle* und *dialogische* Frage nach dem „Wer" führt über den Weg der Verstehensdiagnose zum Erfassen der Befindlichkeit des Klienten, unter Einbeziehung und strukturellen Einordnung aller weiteren diagnostischen Erhebungen.

- **Erfassen der Befindlichkeit als Ziel heilpädagogischer Diagnosefindung**

Ziel heilpädagogischer Diagnosefindung ist es, mit Hilfe der Vermutungsdiagnose, der Hypothetischen Diagnose und der Verstehensdiagnose die 'Befindlichkeit', das „In-der-Welt-Sein" des Menschen verstehend zu erfassen, um dadurch auf neuem Niveau zu einem gemeinsame Nenner des Verstehens, des Handelns und Erlebens im Prozess der Erziehungshilfe und Entwicklungsförderung zu gelangen. Die Erfassung der Befindlichkeit als Zielperspektive wird in diesem Zusammenhang wie folgt verstanden:

1. Nach HEIDEGGER (ebd.) ist Befindlichkeit das grundlegende Sichbefinden des Menschen: Sein Geworfensein in und Angewiesensein auf diese Welt in allen Wechselbezügen, sein "In-der-Welt-Sein". Dieses In-der-Welt-Sein wird verstanden als "fundamentales Existenzial". Es geht dabei nicht um ein Nebeneinander der Objekte Mensch und Welt, auch nicht im räumlichen Sinne des 'Darin-Seins' des Menschen in der Welt, ebensowenig als Verhältnis von 'Subjekt Mensch' zu 'Objekt Welt'. Vielmehr ist Befindlichkeit zu verstehen als unverwechselbar menschliches "geworfen in sein Da". Weil der Mensch als einziges Lebewesen *sich* mit seinem Dasein auseinandersetzen und es teilweise verstehen kann, erwächst ihm daraus auch die Sorge, das 'Besorgt-Sein' um sein Dasein, die sich z.B. in der Sorge um die Dinge des alltäglichen Lebens äußern kann. Im wesentlichen sorgt sich der Mensch jedoch um die ihm aufgetragene Seinsweise, d.h. um sein Menschsein, das er als Aufgabe erhalten hat. Als Sein, das sich erst zu verwirklichen hat, ist menschliches Dasein ein "Entwurf". Daraus erwächst dem Menschen die Grunderfahrung der Angst, sein In-der-Welt-Sein nicht leben zu können, bzw. die Angst des eigenen

Nicht-Seins im Erleben von Leid, Not und Tod, von Beeinträchtigung und Behinderung als Anteile menschlichen Daseins.

2. Versucht man den Begriff der 'Befindlichkeit' für heilpädagogisch-diagnostisches Handeln zu konkretisieren, ohne ihn zu nivellieren, kann er als Voraussetzung zur angemessenen heilpädagogischen Führung des Menschen beschrieben werden, weil im Sinne eines „Befindlichkeits-Modells" verschiedene diagnostische Aspekte miteinander verbunden werden können, nämlich eine

„längsschnittliche, genetische, eine Zeitverlaufsanalyse verbunden mit einer querschnittlichen, situationalen, mit einer Zustandsanalyse. Die 'Befindlichkeit' kann dabei aufgefasst werden als Funktion anamnestischer, somatogener, psychosozialer und situationaler Einflussfaktoren und der Interdependenz dieser in sich wiederum höchst komplexen Bereiche. Es ist nicht genug, nur einen Sektor, z.B. den somatischen - und sei er noch so wesentlich - herauszugreifen und ihn isoliert zu 'behandeln'... Erst wenn die Gesamtvarianz der 'Befindlichkeits'-Dimensionen hinreichend bekannt ist, wird man den tatsächlichen Bedürfnissen des Patienten gerecht. Wir haben damit auch eine operationale Definition richtigen ärztlichen bzw. therapeutischen Verhaltens..." (EINSIEDEL 1976, 7)

3. Die Anwendung des beschriebenen diagnostischen Befindlichkeitsmodells setzt voraus, dass die Heilpädagogin in –>Befunderhebung, –>Begleitung und –>Beratung bei der Erstellung ihrer Diagnosen ihre heilpädagogische –>*Kompetenz zu existentieller und dialogischer Fragestellung,* wie bereits ausgeführt, einsetzt:
- Wer ist dieser Mensch in seinem Dasein und Sosein?
- Als wer wird er angesehen?
- Als wer sieht er sich selbst?
Diese Fragen stellen sich sowohl für den beeinträchtigten bzw. behinderten Menschen als auch für die Heilpädagogin als *existentielle* Frage.
- Wer sind die am Erziehungsprozess beteiligten Personen in ihren zwischenmenschlichen Beziehungen?

- Als wer erleben sie sich und als wer verhalten sie sich in ihren Beziehungen zum beeinträchtigten Kind/Jugendlichen?
- Als wer erlebt und verhält sich das Kind, der Jugendliche in seinen Beziehungen zu ihnen?
- Als wer erlebt sich die Heilpädagogin als Diagnostikerin in ihrer Beziehung zum Kind/Jugendlichen und dessen Bezugspersonen und
- als wer verhält sie sich ihnen gegenüber; ebenso:
- Als wer wird die Heilpädagogin erlebt und
- als wer begegnet man ihr?

Diese Fragen stellen sich für alle Beteiligten - vor allem für die Heilpädagogin als Diagnostikerin - als *dialogische* Frage.

4. Die Erfassung der Befindlichkeit als "In-der-Welt-Sein" zur Gewinnung diagnostischer Daten, beinhaltet auch die bereits erwähnten diagnostischen Fragen der Heilpädagogin:
- *Was* für ein Problem liegt vor = Frage nach der Befindlichkeit unter dem Aspekt der Symptomatik;
- *Wo* liegt das Problem = Frage nach der Befindlichkeit in ihren bewussten/unbewussten Erlebens- und Verhaltensanteilen innerhalb der Person und zwischen Personen und Umfeld;
- *Wann* zeigt sich das Problem = Frage nach gewesener und derzeitiger Befindlichkeit;
- *Warum/Wozu* kommt es zum Problem = Frage nach ursächlicher und sinnhafter Befindlichkeit.

5. Befindlichkeit als In-der-Welt-Sein stellt sich existentiell und dialogisch sowie aus der spezifischen diagnostischen Erkenntnis heraus weiter als Frage nach dem 'Sich-selbst-aufgegeben-Sein' und dem 'Du-aufgegeben-Sein' in der Sorge für die Entwicklung und Vervollkommnung menschlicher Existenz, hier: im Rahmen heilpädagogischer Erziehung und Begleitung. Dies geschieht mittels der Fragestellung:
- *Wozu/Wohin* = Frage nach der Befindlichkeit unter dem Aspekt von Werten, Normen, Zielsetzungen, Perspektiven; letztlich als Frage nach dem 'Unterwegs-Sein-wohin'?, als Frage nach dem Sinn menschlicher Existenz;

- *Wie/Womit* = Frage nach der Befindlichkeit unter dem Aspekt mitmenschlichen Umgangs und mitmenschlicher Verantwortung füreinander, z.B. in der Auswahl und Anwendung bestimmter Test- bzw. Methoden der –>Begleitung und –>Beratung und dem Einsatz bestimmter heilpädagogischer Medien. Schon im Prozess der Befunderhebung und der hypothetischen Diagnosefindung wird so die Zielperspektive der HpE mit in den Blick genommen.

6. Der Begriff der 'Befindlichkeit', *verstanden als Synthese unterschiedlicher diagnostischer und pädagogisch-therapeutischer Gesichtspunkte,* wie sie aus der heilpädagogischen –>Befunderhebung, –> Begleitung und –>Beratung hervorgehen, kann der Heilpädagogin helfen, das gleichzeitige Bestehen entgegengesetzter Tendenzen und Zielstrebungen menschlichen Daseins in der heilpädagogischen Diagnostik zu überwinden und den beeinträchtigten oder behinderten Menschen in der unteilbaren Ganzheit seines Daseins und Soseins mehr und mehr zu verstehen. Antinomien und Polaritäten, wie sie sich durch einseitige Sicht von Leib gegenüber Seele, Anlage gegenüber Umwelt, Bewusstem gegenüber Unbewusstem, Erleben gegenüber Verhalten ergeben, können auf diese Weise miteinander verbunden werden.

Dadurch wird es der Heilpädagogin möglich, Gegenpositionen, wie etwa 'einen Ist-Zustand abklären' gegenüber 'einen Soll-Zustand anstreben'; und/oder 'metrische Testergebnisse' gegenüber 'projektiven Testergebnissen'; und/oder: aus 'Erfahrungswerten gewonnene' gegenüber 'theorieabhängig interpretierte'; und/oder 'subjektiv gedeutete' gegenüber 'objektiv messbare' Ergebnisse miteinander in Beziehung zu setzen und auszuwerten. Bei diesem diagnostischen Vorgehen nimmt die Heilpädagogin keine 'durchschnittliche Position' ein oder schließt einen Kompromiss zwischen sich ausschließenden Aspekten, sondern sie gelangt nach dialektischer Methode zur Synthese der Gegensätze, indem sie die sich widersprechenden oder polaren Standpunkte in ihrer *Relevanz für die Befindlichkeit* des beeinträchtigten Menschen in seinem Dasein und Sosein, vorrangig in seinen gestörten Erziehungsverhältnissen, hinterfragt und benennt.

7. Eine Analyse der Befindlichkeit des beeinträchtigten oder behinderten Menschen wird schließlich und letztlich nicht gelingen können, wenn sich die Heilpädagogin lediglich an Erkenntnissen der Erfahrungswissenschaften nach dem Modell der naturwissenschaftlichen Beobachtungs- und Erklärungswissenschaften orientiert. Sie bedarf vielmehr der Kenntnis und der Erfahrung im Umgang mit tiefenpsychologisch-hermeneutischem Vorgehen.

"Während bei den naturwissenschaftlichen Protokollen ein paar Daten genügen, die, zu einer Linie verbunden, eine sichere Aussage ermöglichen, werden im Falle der psychoanalytischen Krankendarstellungen alle einzelnen Phänomene in einen ganz umfänglich ausgebreiteten Kontext gestellt. Die einzelnen Phänomene gewinnen erst in solchen Zusammenhängen einen Wert, ja sie werden überhaupt erst brauchbar, wenn sie als Momente eines umfassenden Gesamtzusammenhanges zum Sprechen gebracht werden, bzw. präziser gesagt: Wenn ihre individuell-konkrete Bedeutung in einem Gesamtzusammenhang, den wir «diese Lebensgeschichte dieses Patienten» nennen, bestimmt wird." (LORENZER 1977, 111)

Was hier für die Psychoanalyse gesagt ist, kann vom Verstehenshorizont her für die tiefenpsychologisch orientierte Heilpädagogin gelten: Sie versteht das einzelne Phänomen als Moment eines individuell-wirklichen lebensgeschichtlichen Sinnzusammenhanges, als *Lebensbedeutsamkeit* für dieses Individuum in seinen Beziehungsverhältnissen. Dadurch erst wird es *nachvollziehbar* und - weil 'durchsichtig' und 'einsichtig' - auch *verstehbar*. Und nur in dem Maße, in dem die einzelnen Szenen in den individuell konkreten Sinnzusammenhang der Gesamtsituation des Lebens gestellt werden, wird die jeweilige Szene in ihrem 'sinn-*vollen*' Bedeutungszusammenhang nachvollziehbar und verstehbar. So kann sie innerhalb des hermeneutischen Zirkels von Einzelszene *und* lebensgeschichtlichem Gesamtzusammenhang verstehbar und erklärbar werden, denn die Einzelszenen verdeutlichen zugleich den Gesamtzusammenhang des Sinnganzen, eben die Befindlichkeit, das "In-der-Welt-Sein" *dieses* Menschen in seiner historischen, gesellschaftlichen, persönlichen Situation.

Indem die Heilpädagogin den Lebensweg des beeinträchtigten oder behinderten Kindes bzw. Jugendlichen mit Blick auf seine Auseinandersetzung mit der Umwelt, insbesondere mit seinen Bezugspersonen, seinen Erzieherpersönlichkeiten betrachtet und diese Auseinandersetzungen zusammen mit dem Kind, dem Jugendlichen in je angemessener Weise *symbolisch* (z.B. als Biografiearbeit) (re-) produziert, können die Brüche zwischen innerpsychischem Erleben im Verhältnis zur konkret vermittelten gesellschaftlichen Erziehungspraxis offenbar werden. Im Spiegel der zwischen der Heilpädagogin und dem Kind bzw. Jugendlichen sich ereignenden Szenen zwischenmenschlicher Beziehungsmuster werden diejenigen zwischenmenschlichen Interaktionen erkannt, die sich in den gestörten Erziehungs-, d.h. immer *Beziehungs*verhältnissen manifestiert haben und nun die (Selbst-)Verwirklichung menschlichen Daseins im Sosein verhindern. Auf diesem tiefenhermeneutischen Verstehenshintergrund gewinnen die Phänomene, z.B. die sogenannten Verhaltensauffälligkeiten, die von außen als 'Störungen', 'Absonderlichkeiten', 'Verrücktheiten' oder als 'Spinnereien' bezeichneten Verhaltensweisen durchaus ihren Sinn, als internalisierte symbolische Interaktionsformen, als Überlebensstrategien, die ihren praktischen Wert bis in die Gegenwart hinein nicht verloren haben, die jedoch nicht angemessen eingesetzt oder durch andere, hilfreichere Verhaltensformen ersetzt werden können. So gesehen können objektive wie subjektive Vorgänge innerhalb sozialer Strukturen nicht auf faktisch-messbare Daten reduziert werden, sondern ergeben nur in einem je spezifischen Kontext und nur über die Entdeckung der damit einhergehenden Wechselbeziehung einen Sinn. Indem sich die Heilpädagogin auf diese Weise sinnverstehend-reflektierend in die Beziehung mit dem beeinträchtigten, behinderten Menschen einlässt, kann ihr die Zusammenschau der Teile mit dem Ganzen, nicht als eine sozusagen 'naturgesetzliche' Kausalität, sondern als *Reflexionsbeziehung* gelingen:

"Diese Art Sinn können wir nicht mit den Zwecken gleichsetzen, die durch Mittel verwirklicht werden. Es handelt sich nicht um eine Kategorie von Sinn, die dem Funktionskreis instrumentalen Handelns zugehört, wie z.B. die Aufrechterhaltung eines Systemzustandes unter wechselnden externen Bedingungen. Es handelt sich um einen Sinn, wie er sich durch kommunikatives Handeln bildet und als lebensgeschichtliche Erfahrung artikuliert: er konstituiert sich im Rahmen von Bildungsprozessen. ... In einem Bildungsprozess lernen wir über die Welt nur soviel, als wir zugleich an uns als dem lernenden Subjekt selber erfahren. Diese Dialektik von Welterkenntnis und Selbsterkenntnis ist die Erfahrung der Reflexion". (HABERMAS 1971, 301)

Die tiefenpsychologisch orientierte Heilpädagogin gibt sich für ihre Hypothetische Diagnose nicht zufrieden mit deduktiver Ableitung von 'Zuständen' des beeinträchtigten oder behinderten Kindes oder Jugendlichen, z.B. gemessen am 'Normalzustand'. Vielmehr versucht sie, mit Hilfe tiefenhermeneutischer Reflexion das unmittelbare, praktische Beziehungsgeschehen, *in Unterscheidung von Realbeziehung zu Übertragungsbeziehung*, zwischen sich und dem Kind oder Jugendlichen zu erkennen, aus dieser Erkenntnis zum Verstehen zu gelangen und aus beidem heraus in *diesem Beziehungsgeschehen* die Situation mit dem Kind, dem Jugendlichen, stellvertretend zu verändern. Sie fragt: „Was teilt mir das Kind, der Jugendliche, verschleiert mit und was geschieht in der Beziehung zwischen ihm und mir?"

Auf diese Weise kann die Heilpädagogin im tiefenhermeneutischen Prozess ein gesichertes Wissen über die Zusammenhänge von Sozialisation und Subjektstruktur des Kindes oder Jugendlichen gewinnen. In dieses Wissen kann sie dann auch die zuvor auf herkömmlichem Wege gesammelten Daten der –>Befunderhebung sinnvoll einfügen, um deduktiv gewonnenes Wissen mit ihrer heilpädagogischen Intention zu verbinden und in die weitere –>Begleitung und –>Beratung einfließen zu lassen.

Die Schritte im diagnostischen Prozess zeigen, dass es für die Heilpädagogin nicht damit getan ist, lediglich eine psychologische Diagnostik zu erlernen. Es geht vielmehr um die *pädagogische Diagnostik* des Kindes und Jugendlichen *unter Berücksichtigung* psychologischer und anderer (z.B. medizinischer) diagnostischer Ergebnisse. Dabei hat die Heilpädagogin zu bedenken, dass es um das *Erkennen und Verstehen der Befindlichkeit* des beeinträchtigten oder behinderten Kindes oder Jugendlichen geht. Paul MOOR hat diesem unaufhebbaren heilpädagogischen Anspruch und dieser primären Verpflichtung im heilpädagogischen Handeln sehr deutlich und in klaren Worten Ausdruck verliehen:

„Man kann der pädagogisch bedeutsamen Tatsachen nicht habhaft werden durch naturwissenschaftliche Exaktheit der Untersuchungsmethoden. Nur wo ich dem anderen als der, der ich bin, wirklich begegne, verspüre ich etwas von derjenigen Wirklichkeit, um welche es in der Erziehung geht. Ist es in den Naturwissenschaften die Objektivität der Methode, welche die Treue zur dort gemeinten Wirklichkeit verbürgt, so kann es hier nur die Objektivität des persönlich angesprochenen Beobachters sein, welche das Kind so zu sehen vermag, wie es ist. Erfahrungsgemäß ist es *die schwierigste und langwierigste Aufgabe heilpädagogischer Ausbildung, den Lernenden aus einem ausschließlich naturwissenschaftlich orientierten Denken heraus zu dem Wagnis der persönlichen Begegnung mit dem anderen Menschen hinzuführen.* Ist er dazu auch bereit in seinem Handeln, so wagt er es doch nicht im denkenden Erkennen. In der persönlichen Begegnung erfasst er aber nur so weit auch richtig, als er selber ein objektiver Mensch ist. Das aber ist er in Wirklichkeit nie; er ist immer nur auf dem Wege dazu. Darum gibt es für die Erfassung (= Diagnose; Diagnostik; Anm. w.K.) der pädagogisch bedeutsamen seelischen Tatsachen nur den einen Weg: In jeder Erfassung des Kindes sich selber mitzuerfassen - nicht Ausschaltung des Einflusses des Beobachters auf das Beobachtungsresultat, wie in den Naturwissenschaften, sondern gerade einschalten, erkennen und berücksichtigen.

Die Ausbildung (von Heilpädagogen; Anm. w.K.) *hat damit die Aufgabe, den Lernenden bei jeder Anwendung eines Tests, eines klinischen Untersuchungsverfahrens, eines Frage- und Beobachtungsschemas darauf hinzulenken, dass er das zu erfassende Kind immer nur so weit wird erkennen können, als er sich zugleich um Selbsterkenntnis bemüht.* Mit der Anwendung diagnostischer Hilfsmittel ist aber noch kein Verständnis des Kindes gewonnen. Was diagnostische Methoden abwerfen, das ist zunächst nur ein Tatsachenmaterial. Erst dessen Deutung führt zum Verstehen. Diese Deutung geschieht mit Hilfe eines psychologischen Wissens, welchem wissentlich oder unwissentlich eine allgemeine Deutung des Menschseins zugrunde liegt... *Die Fülle der Verstehensmöglichkeiten, wie sie durch die heute bestehenden psychologischen Richtungen und Schulen angeboten werden, muss auf ihre pädagogische Brauchbarkeit hin durchschaut werden,* und es muss ein Bild gefunden werden von demjenigen inneren Aufbau des Menschen, der es ihm möglich macht, einer Lebensaufgabe entgegenzureifen und an den wesenhaften Lebensinhalten nicht achtlos vorüberzugehen. Ist in diesem Bilde in konkreter Weise gefasst, womit es Erziehung jederzeit zu tun hat, dann kann an ihm auch abgelesen werden, was im konkreten Einzelfall beeinträchtigend wirkt. Und von da aus kann verstanden werden, wie das individuell mögliche Erziehungsziel aussieht, was momentan dringlich ist und welcher Weg von diesem zu jenem führt, das heißt: es können die wesentlichen Momente des Erziehungsplanes gewonnen werden." (MOOR 1994, 277 f.; Kursive Hervorhebungen W.K.)

Die nachfolgende Skizze (–>Abb. 25) verdeutlicht nochmals den Zusammenhang und die *Verbindungslinien* heilpädagogischer *Befindlichkeitsdiagnostik* (nach KOBI 1990, 25):

Definition: *Wovon ist die Rede?*
Sicherung eines gemeinsamen Merkmalsbestandes

Anpassung: *Was soll angestrebt werden?*
Sicherung einer gemeinsamen Perspektive

Verständnis: *Worin stimmen wir (nicht) überein*
Sicherung einer gemeinsamen Erlebnisgrundlage

Verständigung: *Wie machen wir uns einander verständlich?*
Sicherung der Kommunikation

Die Beachtung dieser Verbindungslinien ermöglicht es der Heilpädagogin
- mit dem beeinträchtigten und behinderten Menschen in einen intersubjektiven Dialog einzutreten;
- daraus einen eigenen heilpädagogisch-diagnostischen Standpunkt zu entwickeln und darzulegen;

- und zugleich Bezüge zwischen fremddiagnostischen Standpunkten und eigenen Erkenntnissen und Sichtweisen herzustellen, wie es in jeder verantwortungsvollen Teamarbeit zum Wohle des beeinträchtigten und behinderten Menschen notwendig ist.

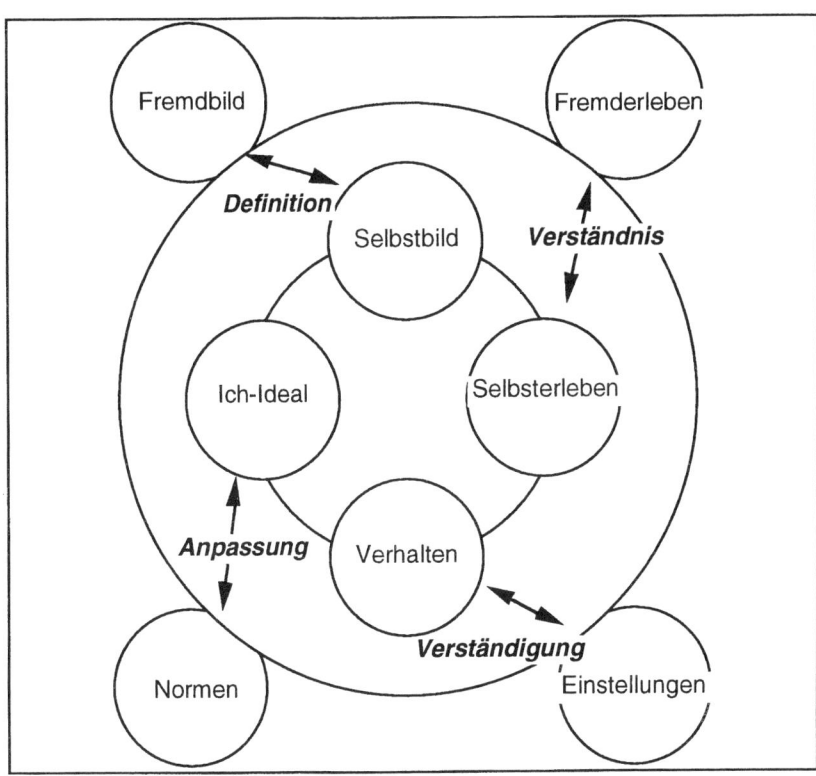

Abb. 25: Die Verbindungslinien heilpädagogischer Befindlichkeitsdiagnostik
(nach Kobi 1990, 25)

Als Ergebnis der Überlegungen zur heilpädagogischen Diagnostik kann zusammenfassend verdeutlicht werden, dass

„- eine Diagnose stets ein Werturteil enthält und von Normvorstellungen abhängig ist;

- wir im heilpädagogischen Feld stets unterschiedliche personale Perspektiven und Spiegelungen eines Behindertenzustandes zu berücksichtigen haben und vor allem die Perspektive der als behindert definierten Person nicht unterschlagen dürfen;

323

- der Diagnostiker (und wer immer sich mit einem behinderten Kind einläßt) stets mitenthalten ist in der Diagnose. Diagnosen sind letztlich persönlich mitzuverantwortende Existenz-Definitionen;
- einem Diagnoseprozeß unterschiedliche Zielsetzungen zugrundeliegen können und daß daher die diagnostischen Ziele, Mittel und Methoden miteinander korrespondieren müssen, wenn uns keine Diagnosefehler unterlaufen sollen." (KOBI 1990, 24)

- **Strukturelemente und Aufbau der heilpädagogischen Diagnose**

"Die formalen Bestandteile bzw. Einflussgrößen einer Diagnose (als Produkt) bzw. einer Diagnostik (als Prozess) bleiben sich - unabhängig von deren Inhalten und Zielsetzungen - weitgehend gleich." (KOBI 1990, 22) Dazu gehören:

Befunderhebung:
- Kontaktaufnahme;
- Erstgespräch;
- Befragung der Person (Exploration);
- Befragung von Drittpersonen (Exploration);
- Vorgeschichte (Anamnese);
- Beobachtung;
- Prüfung (Tests);
- Vermutungsdiagnose, Hypothetische Diagnose, Verstehensdiagnose unter Einbeziehung medizinischer, psychologischer und sozialpsychologisch-soziologischer Daten

Begleitung:
- Beobachtung des Begleitungsprozesses
- Klärung der Real- und Übertragungsbeziehungen
- Hypothetische Diagnosen (Prozessdiagnosen) als Kontrollinstrument
- Kontrollen durch Fallbesprechung, Fallbeschreibung, Supervision
- Kontrolle durch Nachgeschichte (Katamnese) bzw. Nachbetreuung

Beratung:
- Elternarbeit als Erziehungsberatung/Elternberatung bzw. Erzieherberatung in Interdependenz mit dem Begleitungsprozess des Kindes bzw. Jugendlichen
- Kontakte und Konsultationen mit anderen Fachleuten

Abb. 26 : Formale Bestandteile bzw. Einflussgrößen heilpädagogischer Diagnosefindung

In der HpE stellen sich Diagnosen in der Befunderhebung (= Situationsabklärung und -beurteilung) sowie in der Begleitung und Beratung (Hilfen zur Behebung der als störend empfundenen Konfliktpotenziale) als Kreisprozesse dar, in denen die bewirkten Zustandsänderungen die Prozessdiagnosen beeinflussen und diese ihrerseits wieder rückwirkend die Befunderhebung, Begleitung und Beratung.

Die Strukturelemente und die heilpädagogischen Diagnosen als Kreisprozesse im Rahmen der HpE können daher wie folgt skizziert werden:

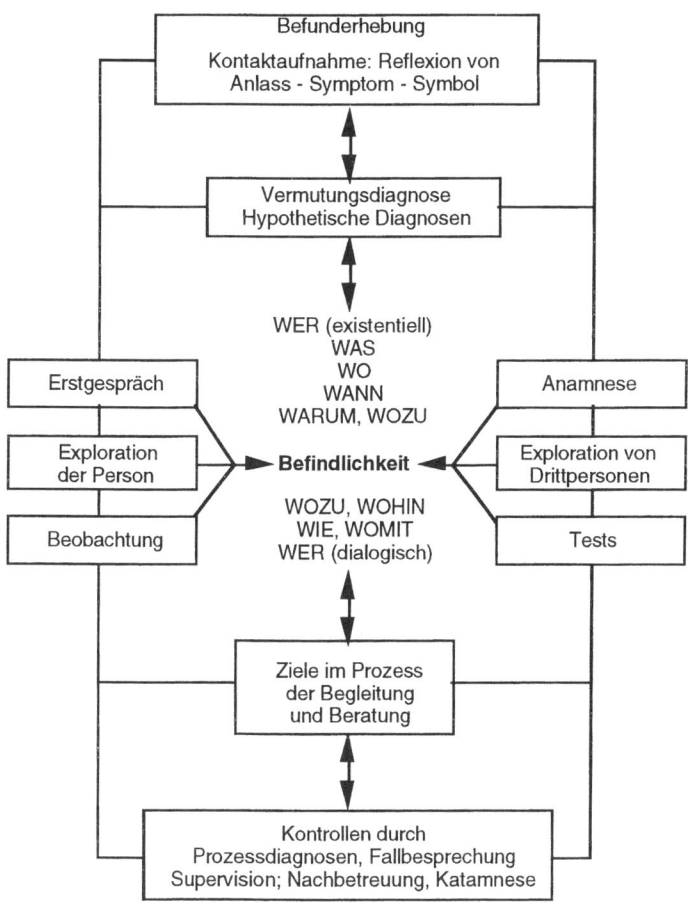

Abb. 27: Kreisprozess heilpädagogischer Diagnostik im Rahmen der HpE

• Umgang mit Diagnosen im heilpädagogischen Handeln

1. Diagnosen in der Erziehungs- und Förderplanung

Die reine diagnostische Erfassung des Ist-Standes der Befindlichkeit eines Kindes oder Jugendlichen und ihrer Bezugspersonen, also die *psychologische* Frage "Wie ist ein Kind, ein Jugendlicher zu verstehen?" erlangt nur dadurch Bedeutung für *heilpädagogisches* Handeln, wenn darüber hinaus gefragt wird: "Welche heilpädagogischen Erziehungs- und Entwicklungshilfen können und müssen gefunden werden?", um den an einem heilpädagogischen Menschenbild ausgerichteten Soll-Stand mit dem Kind, dem Jugendlichen und den Bezugspersonen zu erreichen. Da es im menschlichen Leben unmöglich ist, 'alles' erreichen zu wollen und dies ebenso für heilpädagogische Bemühungen gilt, können für die Planung von Erziehungshilfe und Entwicklungsförderung die von Paul MOOR (1994, 99) genannten Überlegungen hilfreich sein.

„Beim Aufstellen eines *Erziehungsplanes* hat man zu unterscheiden:

das generell notwendige Erziehungsziel,

das individuell mögliche Erziehungsziel,

das momentan dringliche Erziehungsziel.

An den allgemeingültigen pädagogischen Notwendigkeiten orientiert sich der Erziehungsplan. Sie sind etwas, das man so wenig voll erfüllen kann, als der Seemann je die Sterne erreicht, mit deren Hilfe er seinen Weg findet zu einem möglichen Ziel.

Das individuell Mögliche wird erkannt, wenn man die durch die Erfassung (gemeint ist die Diagnosestellung; Anm. w.k.) geklärten gegebenen Bedingungen der inneren und äußeren Situation des Kindes auf die pädagogischen Notwendigkeiten hin ausrichtet.

Das momentan Dringliche ist das, was sofort getan werden muss und von dem aus der Weg zum individuell Möglichen anzutreten ist."

So wird die Heilpädagogin von diesen drei Zielbereichen ausgehend z.B. fragen:

"Was braucht ein Kind, um sich zu entwickeln, um *seine* Möglichkeiten zu verwirklichen und mit *seinen* Schwierigkeiten fertig zu werden?

Was kann eine Familie im günstigen Fall ihrem Kind geben?

Was kann *die vorliegende* Familie und was kann sie nicht?
Wie weit vermag sie das zu bieten, was gerade *dieses* Kind braucht?
Was kann ein Heim im günstigen Falle bieten angesichts der Aufgabe
der Menschwerdung..." usw. (MOOR ebd. 244)

2. *Schritte im heilpädagogischen Diagnoseprozess*

Um diese und andere heilpädagogische Fragestellungen zu klären und
entsprechende erzieherische und fördernde Hilfen entwickeln zu
können, müssen fünf Schritte zur diagnostischen Abklärung erfolgen:
1. Sammeln und Ordnen des vorhandenen Informationsmaterials;
2. Überprüfen der deskriptiven Aussagen und Diagnosen
3. Versuch einer prozessorientierten Interpretation und Zusammenfassung;
4. Erarbeitung von Handlungshypothesen und Hilfestellungen;
5. Kontrolle der Maßnahmen und ihrer Auswirkungen.

Im einzelnen werden die Schritte von KOBI (1990, 163 ff.) wie folgt
beschrieben und können in der –>.` kte übersichtlich gesammelt und
geordnet werden.
1. Sammeln und Ordnen des vorhandenen ʌ. ʻformationsmaterials
1.1 Die Ausgangsinformationen sammeln: Vʋ.ʻhandene Beobachtun-
    gen, deskriptive und interpretative Hinweise ʋ.ʼd Informationen,
    Fragestellungen, Gutachten, Berichte, Untersuc.ʼ.ʼngsergebnisse
    und Diagnosen sammeln.
1.2 Ordnen und Zusammenfassen der Ausgangsinformationen.
1.2.1 Zusammenfassung der *deskriptiven Aussagen* und Ermittluı.ˑen
    von entsprechenden Schwerpunkten (Akzentuierung)
1.2.2 Ermittlung der Diagnose(n) und *interpretativen Hypothesen*
    mit ihren Akzenten
*2. Überprüfen der deskriptiven Aussagen und der Diagnosen durch
Vergleich und Ergänzungen des kasuistischen Materials - Erkundung der positiven Entwicklungsansätze und Entwicklungsmöglichkeiten*
2.1 Differenzierte Erfassung der aktuellen Situation durch zusätzli-
    che freie oder (und) systematische Verhaltensbeobachtung in
    verschieden Lebens- und Arbeitsumständen (Sammeln von viel-
    fältigen und ergänzenden Fakten) z.B. anlässlich vorläufiger und
    gezielter Erziehungsversuche. Ermittlung zusätzlicher, genauer

und erzieherisch relevanter Daten der Entwicklungs- und Lebensgeschichte.

2.2 Wenn möglich pädagogisch akzentuierte *Explorationsgespräche* mit dem Behinderten selbst (Einstellungen, Interessen, Wünsche, Leidensdruck etc.).

2.3 Befragung wichtiger (ehemaliger) Bezugspersonen (Eltern, Pflegeeltern, Lehrer, Sozialarbeiter usw.) über Ungeklärtes in der früheren und gegenwärtigen Lebens- und Erziehungswirklichkeit.

2.4 *Untersuchungen:* Zusätzliche oder nochmalige psychodiagnostische, ärztliche, spezialärztliche Abklärungen

2.5 Gegenüberstellung von Ausgangsinformationen und neu gesammeltem, deskriptivem und diagnostischem Vergleichsmaterial Hervorhebung positiver Fakten und Ansätze.

3. *Versuch einer prozessorientierten Interpretation und Zusammenfassung*

3.1. Darstellung und Interpretation der aktuellen Situation durch Einschätzung und Akzentuierung von verhaltensbestimmenden Faktoren, Dispositionen und Zusammenhängen (insbesondere der positiven).

3.2. Darstellung und Interpretation ätiologischer Faktoren und Zusammenhänge: Einschätzung der lebensgeschichtlichen "Determinanten", welche für die Behinderung oder Störung auslösenden, verursachenden und stabilisierenden Charakter hatten oder noch haben bzw. die Bildbarkeit ermöglichen und begünstigen.

3.3. Zusammenfassende Beschreibung und Interpretation: Einschätzung des Ist-Zustandes und der Ist-Situation. Hervorhebung der positiven Persönlichkeits-, Entwicklungs- und Situationsmerkmale sowie der sich abzeichnenden Ansätze und Entwicklungsmöglichkeiten.

4. *Erarbeitung pädagogischer und (oder) psychologischer Handlungshypothesen und Hilfestellungen*
Einschätzung des für Erziehung und Förderung
-"generell Notwendigen"
- des "individuell (und situativ) Möglichen"
- und des "momentan Dringlichen" (P. Moor).
Planung und Durchführung der dringlichen Erziehungs- und (oder) Therapieversuche.

5. *Kontrolle der realisierten Maßnahmen und ihrer Auswirkungen, prozessorientierte Ergänzung und Anpassung der deskriptiven und interpretativen Hypothesen sowie der Hilfsmaßnahmen und Zielsetzungen*

Dieser Punkt bedeutet, dass in der Praxis die kasuistische und diagnostische Bearbeitung ein ständig fortschreitendes oder gleichsam oszillierendes Vorgehen "zwischen" den Punkten 1 - 5 sein muss; ein Prozess, welcher sich über die gesamte Dauer der heilpädagogischen Bestrebungen erstreckt.

• **Zusammenfassung**

Die Heilpädagogische Diagnose umfaßt *objektivierende* (erklärende) und *subjektivierende* (verstehende) Anteile. Durch Diagnosefindung soll die Heilpädagogin mit stichhaltigen und objektiven Daten und Argumenten gegenüber externen Instanzen (Eltern, Lehrern, Ärzten, Behörden) begründen können, weshalb eine Person besondere heilpädagogische Erziehungshilfen und Fördermaßnahmen benötigt (handlungslegitimierende Funktion der Diagnostik). Darüber hinaus muss sie sich durch ihre Diagnose Wege öffnen, durch die sie zur subjektiven Erlebniswelt der zu fördernden Person Zugang finden kann (verständigungssichernde Funktion der Diagnostik). Dabei wird sie bemüht sein, ihre Diagnose im Kontext interdisziplinärer Sichtweisen zu ergänzen und zu begründen. Ziel der heilpädagogischen Diagnose ist das Verstehen der Befindlichkeit des Klienten als Synthese unterschiedlicher diagnostischer und pädagogisch-therapeutischer Gesichtspunkte, wie anamnestischer, somatogener, psychosozialer und situationaler Einflussfaktoren und der Interdependenz dieser in sich wiederum höchst komplexen Bereiche. Dies ist Voraussetzung zur angemessenen heilpädagogischen Begleitung und Beratung. Die Fortführung der heilpädagogischen Diagnose als Prozessdiagnose dient der Effektivitätskontrolle des heilpädagogischen Handelns.

Begriffsbestimmung:

Diagnostik ist die Lehre von der sachgemäßen Erstellung und Umsetzung der Diagnose. Der Begriff Diagnose (gr. *diágnosis*, das Unterscheiden, Erkennen, Feststellen) stammt aus der Medizin und meint im ärztlichen Sinn das Erkennen einer Krankheit und die Aussage nach einer erfolgten Untersuchung, mit der die Krankheit und deren Ursachen festgestellt werden.

Im weiteren Sinn gilt Diagnostik als Bezeichnung für eine psychologische Teildisziplin, nämlich die Lehre von der wissenschaftlichen Ermittlung spezifischer Persönlichkeitsmerkmale und Verhaltenssequenzen, die mittels –>Anamnese, –> Exploration, –>Beobachtung und sonstiger Verfahren gewonnen werden *(Psychodiagnostik)*. Sie dient als Voraussetzung psychologischer Beratung und Therapieverfahren.

Die *pädagogische Diagnose* richtet sich auf das Erkennen des physischen und psychischen Zustandes, der wirtschaftlichen, sozialen und milieumäßigen Gesamtlage des zu Erziehenden und auf seine Bildbarkeit bzw. Lernfähigkeit.

Die *heilpädagogische Diagnose* bezieht die medizinische und psychologische Diagnose mit ein. Sie spezifiziert und ergänzt diese in erzieherischer Richtung, allerdings im Hinblick auf erschwerte Erziehung und Bildung, wie sie unter den strukturellen Bedingungen des Lebensraumes beeinträchtigter und behinderter Menschen, vor allem Kinder und Jugendlicher, wahrgenommen und realisiert werden können.

In diesem Übersichtsartikel werden folgende Themen angesprochen:

Grundlagen heilpädagogischer Diagnostik

Wie jeder Diagnostik liegt auch der heilpädagogischen ein implizites Wertesystem zugrunde, das im praktischen Handeln jeweils mehr oder weniger bewusst ist. Ausgangs- und Zielpunkt heilpädagogischer Diagnostik wurzeln
- in Fragestellungen der heilpädagogischen Anthropologie;
- in der Grundlage und Legitimation von Erziehung;
- in der Aufgabe von Erziehung;
- im Erreichen von Erziehungszielen.

1. Fragestellungen der heilpädagogischen Anthropologie
Heilpädagogische Anthropologie, die sich als umfassende Wesensbestimmung des Menschen unter besonderer Berücksichtigung menschlicher Not, des Leidens, des Lebens und Sterbens und des Todes beeinträchtigter und behinderter Menschen versteht, ist immer wieder neu auf der Suche nach Sinndeutung folgender Fragen:
a) Was *ist* der Mensch im Vergleich mit anderen Lebewesen?
b) Was *soll* der Mensch werden, was ist das *Ziel,* zu dem sich jeder einzelne Mensch entwickeln soll?
c) Welchen *Sinn* hat es, das menschliche Leben nicht im gegebenen Istzustand zu belassen, sondern den Menschen auf einen Sollzustand hin zu erziehen?
d) Welche Bedeutung hat das *Behindertsein* für uns Menschen, insbesondere für eine Erziehung unter erschwerenden Bedingungen?
(vgl. HAEBERLIN 1985, 17 f.)
Diese anthropologischen Fragestellungen betreffen nicht nur den beeinträchtigten oder behinderten Menschen, sondern zugleich die diagnostizierende Heilpädagogin selbst in ihrem Dasein und Sosein. Ohne sich grundlegend mit Fragen des Menschseins auseinandergesetzt zu haben, die letztlich über alle wissenschaftliche Theorie und alltägliche Praxis hinausführen, bliebe auch heilpädagogische Diagnostik nur ein vordergründiger, auf mechanisches Funktionieren hin ausgerichteter Versuch der Erkennung und Erfassung von Symptomen am Objekt, in steriler, messender Distanz. Im Reflektieren und Einbeziehen auch *des eigenen Menschseins* in die diagnostische Betrachtungsweise kann die Heilpädagogin jedoch ein *Menschenbild* ent-

wickeln, in dem sie selber vorkommt, das sich aber zugleich auf allgemeine menschliche Erfahrungswerte und daraus entwickelte Menschenbilder stützt, aus denen sie heilpädagogisches Handeln ableitet, nämlich aus der Grundlage und Legitimation von Erziehung.

2. Grundlage und Legitimation von Erziehung
lassen sich in Kürze wie folgt begründen:
- Weil der Mensch *nicht* in Instinkt-Umwelt-Bezügen festgelegt sondern *weltoffen* ist und aufgrund seiner Vernunft 'Welt' *entwerfen* und *schaffen* kann, darum *kann* der Mensch erzogen werden;
- Weil der Mensch in seiner *Existenz gefährdet* ist, aber zugleich die *Chance* hat, seine Existenzformen selbst zu gestalten, darum *muss* der Mensch erzogen werden, um eine ihm gemäße Existenzform erlangen zu können.

Daraus erwächst, anthropologisch gesehen, die Aufgabe von Erziehung.

3. Aufgabe von Erziehung
Der Mensch setzt sich handelnd mit der Welt auseinander. Im Handeln gleicht er seine Gefährdung aus, sofern er nämlich in der Lage ist, Welt in *Symbolsystemen* (Sprache) sinnvoll zu begreifen, zu ordnen und zu bearbeiten. Die Erziehungsaufgabe richtet sich also auf die *Handlungsfähigkeit* des Menschen mittels *Sinn* und *Sprache*. Diese Aufgabe von Erziehung gilt auch für die Heilpädagogik, denn "Heilpädagogik ist Pädagogik und nichts anderes". (MOOR 1965, 336) Allerdings hat die Heilpädagogin ihre erzieherische Aufgabe unter erschwerenden Bedingungen mit beeinträchtigten oder behinderten Menschen zu erfüllen. Deshalb ist sie genötigt, nach Wegen und Mitteln zu suchen, mit denen sie ihrer Aufgabe gerecht werden kann, das heißt, wie sie individuell angemessene Erziehungs-, Entwicklungs- und Förderziele erreichen kann.

4. Erziehungsziele
Bei der Suche nach angemessenen Erziehungs-, Entwicklungs- und Förderzielen wird die Heilpädagogin von Wertprämissen und Handlungsnormen *allgemeiner* Erziehungsziele ausgehen, welche sich in spezifischen *Teilzielen* für bestimmte Situationen schrittweise konkretisieren und umgekehrt: Die Teilziele bauen in ihrer mosaikartigen Zusammensetzung die im allgemeinen Erziehungsziel formu-

lierte Haltung beim zu erziehenden Kind bzw. Jugendlichen und auch im schwerbehinderten erwachsenen Menschen allmählich auf. Die Heilpädagogin wird sich in ihrem erzieherischen Handeln unter erschwerenden Bedingungen bewusst bleiben, dass Erziehungsziele immer Ziele sind, die aus tiefen historischen Quellen gespeist werden, zugleich aber aus derzeit geltenden und anzustrebenden Grundwerten der jeweiligen Gesellschaft, den Soll-Werten, hervorgehen und die Richtung des Erziehungshandelns festlegen, für das sie Orientierungspunkt und Leitlinie sind, bis hinein in das heilpädagogische Verhältnis und die erzieherische Situation.

Dieses an einigen Merkmalen dargestellte pädagogisch/heilpädagogische Wertesystem ist zugleich das implizite Wertesystem heilpädagogischer Diagnostik.

- **Überlegungen zum Prozess der heilpädagogischen Diagnostik**

Durch den Prozess des Diagnostizierens versucht die Heilpädagogin zu einem systematischen und fundierten Verständnis der Person und der Lebensvollzüge des beeinträchtigten oder behinderten Menschen und seiner Bezugspersonen zu gelangen. Sie versucht die *Erziehungswirklichkeit, das "Sein und Sollen"* im Falle einer vorliegenden Beeinträchtigung, Behinderung oder Sozialauffälligkeit zu erklären und zu verstehen. Dabei lässt sich die (heil-)pädagogische Fragestellung heuristisch nach drei Aspekten hin aufschließen:

1. Anthropologisch: "Was ist der Mensch?"
2. Teleologisch: "Was soll der Mensch werden?"
3. Methodologisch: "Wie kann Erziehung unter erschwerenden Bedingungen (= Heilpädagogik) dem Menschen dabei helfen?"

(vgl. BÖHM 1982, 402 f.)

Diese grundlegenden Fragen können nach dem handlungsorientierten erziehungswissenschaftlichen Ansatz (vgl. BLEIDICK 1987, 83), der auch dem heilpädagogisch-diagnostischen Vorgehen zugrunde liegt, in drei Aspekten reflektiert werden:

1. Der normative oder präskriptive Aspekt

Hier geht es um die Basisentscheidungen, die mehr oder weniger latenten oder bewussten Vorentscheidungen, die aufgrund von implizit oder explizit zugrundeliegenden Werten und Normen getroffen werden (Anthropologie). Es geht ferner um die Frage des Sollens, des Wollens, des Zieles (Teleologie), z.B.: „Nach welchem Menschenbild soll erzogen werden?" Die Heilpädagogin wird überlegen, was ihre Motivationen sind: „Weshalb habe ich dieses Studium, diesen Beruf gewählt, warum will ich mich überhaupt um die Erziehung beeinträchtigter, behinderter, psychosozial gestörter Kinder, Jugendlicher und ihrer Familien bemühen? Welchen Werten und Normen folge ich dabei, welche Ziele strebe ich an?"

Diese Vorentscheidungen beeinflussen den Diagnoseprozess, denn in jeder heilpädagogischen Diagnose geht es - wie in der Erziehung schlechthin - um die Diskrepanz zwischen Soll-Wert und Ist-Wert. *Weil* der Mensch, das Kind, der Jugendliche nicht so ist, wie er sein soll, *darum* soll mittels Diagnose herausgefunden werden, wie er ist, damit er dazu hingeführt werden kann, wie er sein soll.

Anders gesagt: Der *Soll*-Stand ist die Grundlage heilpädagogischen Handelns, auch in der heilpädagogischen Diagnostik. Wir haben als Pädagogen *im Voraus* eine Vorstellung davon, wie der Mensch sein *soll.* Anderenfalls wäre jede Erziehung überflüssig. Allerdings muss diese Vorstellung in der Entwicklung eines *persönlichen wie heilpädagogischen Menschenbildes* durch ernsthafte Auseinandersetzung (z.B. in heilpädagogischer Anthropologie und Berufsethik, in Theologie und Philosophie, in berufsbezogener –>Selbsterfahrung und –> Supervision) entwickelt und legitimiert werden. Erst dann kann die Heilpädagogin *eine persönliche Entscheidung für ein heilpädagogisch vertretbares Menschenbild treffen, in dem sie auch selbst als Mensch in ihrem Dasein und Sosein vorkommt.* Anderenfalls kann sie kein Ziel nennen, wohin sie mit dem beeinträchtigten und behinderten Menschen unterwegs ist und deshalb weder für sich noch mit dem ihm anvertrauten Menschen einen gangbaren Weg dorthin finden, sondern beide werden in die Irre gehen. Das heißt: Ohne eine zugrundeliegende Wertentscheidung wäre Erziehung, auch die Erziehung unter erschwerenden Bedingungen (= Heilpädagogik) völlig überflüssig. Ebenso wäre dann jede Diagnosefindung im heilpädagogischen Kontext völlig beliebig, zufällig und von daher belanglos und unsinnig. Da sich aber jedes Diagnostizieren immer auf dem Hintergrund vorbestimmter Annahmen über den Menschen, also durch wertgeleitete Theorien vollzieht, ist es notwendig, diese zu kennen und sich dafür oder dagegen zu entscheiden.

Noch einmal anders formuliert: *Nicht* aus der Diagnose, d.h. aus dem Erfassen des Ist-Standes eines beeinträchtigten, behinderten oder psychosozial gestörten Menschen können die Ziele der Heilpädagogischen Erziehungshilfe und Entwicklungsförderung (HpE) abgeleitet werden, *sondern* aus dem zugrundeliegenden Menschenbild, das im voraus existiert. Das heilpädagogische Menschenbild ist Grundlage, Maßstab und Ziel jeder heilpädagogischen Erziehungshilfe und Entwicklungsförderung (HpE) und daher auch jeder heilpädagogischen Diagnostik. Es wird 'unterwegs' aufgrund reflektierter Erfahrungen von dem beeinträchtigten und behinderten Menschen wie von der Heilpädagogin als Wegbegleiterin immer wieder verändert, ergänzt, neu gesehen und gestaltet werden. Dabei wird auch die Diagnose, hier verstanden als *Prozessdiagnose,* immer wieder neu geschrieben und neu als *Prüfinstrument des jeweils erreichten Ist-Standes* herangezogen um zu erkennen, wie weit dieser vom *vorherbestimmten Soll-Stand* entfernt ist. Wie sich mittels eines Kompasses der gegenwärtige Standort und die Richtung zum Erreichen des im voraus als erstrebenswert ausgesuchten Zieles ablesen lässt, so lässt sich mittels der Diagnose die Diskrepanz vom Ist-Stand zum Soll-Stand herausfinden und das Zwischenziel (= Teilziel) anpeilen, das diese Diskrepanz verringert.

2. Der empirisch-deskriptive Aspekt
In der heilpädagogischen Diagnostik geht es um die Feststellung, Beschreibung und Evaluation dessen, was in der Erziehungsrealität vorliegt, also des jeweiligen Ist-Standes. Es geht *nicht* um die Bestimmung von Erziehungszielen, sondern um die 'Veränderungsmessung' des Abstandes von Ist- zu Sollstand. Es geht um eine möglichst umfassende Beschreibung des So-Seins (des Zustandes der Beeinträchtigung, der Behinderung, der Sozialrückständigkeit oder psychosozialen Auffälligkeit usw.) im Dasein des Kindes bzw. Jugendli-

chen in seinen Erziehungsverhältnissen, d.h. in den Beziehungen seiner Familie, seinem Milieu, seiner Mitwelt und Umwelt. Es geht um die Tatsachen, die Fakten, die für bestimmte Erziehungsvorgänge maßgebend und beobachtbar sind, z.b. soziale Faktoren, neurale Lernbedingungen, Erziehungsstile usw. Die möglichst genaue Kenntnis z.b. der emotionalen Bedingungen oder der Lernbedingungen, in denen ein Kind oder Jugendlicher zusammen mit seinen Bezugspersonen lebt, ist Voraussetzung für die Entwicklung neuer heilpädagogischer Vorgehensweisen und für deren erneute diagnostische Kontrolle und Bewertung. Die heilpädagogische Diagnostik ermöglicht also die *nachträgliche* Kontrolle und Beurteilung des bisherigen Vorgehens im Begleitungs- und Beratungsprozess, *nicht* die Bestimmung des Soll-Standes.

3. Der praktische oder methodisch-technologische Aspekt
Heilpädagogische Diagnostik wird mit Hilfe verschiedener Methoden und praktischer Mittel betrieben. Hierunter fallen z.B. –>Anamnese, –>Exploration, alle Beobachtungsmethoden und die Anwendung bestimmter Beobachtungstechniken, der sachgerechte Umgang und der Einsatz von Testmaterial sowie die Kontrolle (Evaluation) des Diagnose-, Begleitungs- und Beratungsprozesses durch –>Teamgespräch, –>Fallarbeit und –>Supervision.

Es ist leicht zu erkennen, dass keiner dieser Aspekte vom anderen real trennbar ist. Sie stellen notwendige Erklärungsprinzipien heilpädagogisch-diagnostischen Vorgehens dar, die letztlich in ihren Zusammenhängen miteinander zu sehen sind. So sind z.B. die praktischen diagnostischen Methoden davon abhängig, von welchem heilpädagogischen Menschenbild und von welchen Theorien (= wertgeleiteten Vorannahmen) die Heilpädagogin beim Prozess des Diagnostizierens ausgeht und welche Kenntnis sie vom Ist-Stand der gestörten Erziehungsbedingungen hat.

Eine weitere Interdependenz ist dadurch gegeben, dass die Heilpädagogin *bereits von Anfang an während der Befunderhebung (Diagnosefindung) die Realität einer möglichen heilpädagogischen –> Begleitung reflektieren muss.* Die beste Diagnostik nutzt nichts, wenn die Heilpädagogin nicht zugleich vorhandene Quellen erschließt und tatsächliche Grenzen berücksichtigt, die von den persönlichen, historischen, gesellschaftlichen und fachlichen Gegebenheiten her in heilpädagogischer –>Befunderhebung, –>Begleitung und –>Beratung gesehen werden müssen. Hier setzt bereits eine erneute Überprüfung heilpädagogischer –>Kompetenz ein.

• **Problematik heilpädagogischer Diagnostik auf dem Hintergrund verschiedener diagnostischer Vorannahmen und Modelle**

Im Prozess des Diagnostizierens wird sich die Heilpädagogin um die Kenntnis der Zusammenhänge bemühen, die im engeren Sinne in der Problematik der Diagnosefindung als solcher liegen. Sie ergeben sich aus den Konsequenzen der Diagnosestellung für die heilpädagogische –>Begleitung und –>Beratung und darüber hinaus für heilpädagogisches Handeln in der Gesellschaft. Jedes diagnostische Bemühen ist, wie schon gesagt, beeinflusst von Menschenbild, Weltanschauung, Kultur und Zeitgeschehen, in denen der Diagnostiker lebt; es ist beeinflusst von der Subjektivität des Untersuchers und dessen persönlichen Schlussfolgerungen bei der Beurteilung des beeinträchtigten und behinderten Menschen in seinen Lebensbezügen; jede Diagnostik ist beeinflusst durch die wissenschaftlichen Strömungen und Anschauungen, denen die Heilpädagogin in ihrem diagnostizierenden Handeln unterliegt. Die Orientierung an bestimmten Vorannahmen und an verschiedenen Denk- und Handlungsmodellen wird den Diagnoseprozess und das Ergebnis dieses Prozesses daher nachhaltig beeinflussen.

1. Aspekte individualtheoretischer Modelle
Orientiert sich die Heilpädagogin als Diagnostikerin eher an individualtheoretischen Modellen, wird sie die Beeinträchtigung oder Behinderung eher als eine individuelle Merkmalsbeschreibung oder Merkmalszuschreibung verstehen, die keinen oder geringen Bezug auf ihre gesellschaftlichen Implikationen nimmt. So wird sie sich bei Orientierung an einem eher 'Medizinischen Modell' in der heilpädagogischen Diagnostik und Begleitung eher auf die Änderungen des Zustandes innerhalb des Klienten ausrichten, weil Symptome wie z.B. auffälliges Verhalten auf 'krankhafte' Zustände innerhalb der Person

337

zurückgeführt und als 'psychisch krank' beschrieben werden. Hier besteht die Gefahr, dass sich die Heilpädagogin im Gefolge einer 'Reparaturdiagnostik' zum Erfüllungsgehilfen der Gesellschaft macht, die ein möglichst reibungsloses Funktionieren des Menschen in Institutionen wie Familie, Schule und Arbeitsplatz erwartet und ein 'besser angepasstes Verhalten' an die vorhandenen Bedingungen anstrebt, ohne diese äußeren Bedingungen in ihrer womöglich für die Beeinträchtigung oder Behinderung ursächlichen Wirkung auf das Kind, den Jugendlichen zu berücksichtigen.

2. Aspekte gesellschaftswissenschaftlicher Modelle
Orientiert sich die Heilpädagogin als Diagnostikerin eher an gesellschaftswissenschaftlichen Modellen, in denen Symptome, wie z.B. das auffällige Verhalten als von äußeren Bedingungen und von den Wechselwirkungen zwischen Kind/Jugendlichem und den 'Vertretern der Gesellschaft' angesehen wird, so wird sich die heilpädagogische Diagnosefindung und Begleitung aufgrund der Untersuchungen der Wechselwirkungen zwischen Kind/Jugendlichem und Familie, Kindergarten, Schule, Altersgruppe, soziale Schicht usw. auf die Änderungen des Zustandes außerhalb der Person richten, die als Ursachen der Beeinträchtigung angenommen werden. Hier besteht die Gefahr, dass sich die Heilpädagogin zu sehr an den äußeren Bedingungen orientiert und zu wenig die erlebnismäßigen, innerpsychischen Vorgänge des Kindes/Jugendlichen berücksichtigt, in ihrer Lebensbedeutsamkeit entsprechend der individuellen Genese und des Entwicklungsstandes.

3. Aspekte interaktionistischer Modelle
Unter besonderer Berücksichtigung interaktionistischer Modelle könnte die Heilpädagogin Beeinträchtigung oder Behinderung eher als soziale Erwartungen interpretieren, die eine solche Zustandsbeschreibung und -aufrechterhaltung für einen Menschen maßgeblich herstellen, z.B. um die Homöostase eines in sich gefährdeten (Familien-) Systems aufrecht zu erhalten. Hier bestünde die Gefahr, das Individuum (z.B. das dringend hilfsbedürftige Kind) als Person aus dem Auge zu verlieren und es lediglich als einen Faktor im Gesamt der verschiedenartigen, wechselseitigen Beziehungen zwischen Individuen zu interpretieren.

4. Aspekte systemtheoretischer Modelle

Bei stärker systemtheoretischen Vorannahmen könnte die Heil-pädagogin die personungebundene Zweckstruktur sozialer Systeme, in denen sie arbeitet, in den Vordergrund stellen. Dadurch würde sie selbst zur Aufrechterhaltung eigener Positionen im Sozial- oder Schulwesen tätig werden und behinderungsspezifische Zuschreibun-gen unterstützen (z.B. eine Sonderschule ist großzügig in der Aus-wahl der sonderschulbedürftigen Kinder, weil sonst die Schule [als System] selber überflüssig werden könnte; oder eine Beratungsstelle erstellt lange Wartelisten von therapeutisch zu betreuenden Personen, um ihre Auslastung statistisch zu demonstrieren und Abbau von Ka-pazitäten zu verhindern). So gesehen blieben das Schicksal des ein-zelnen Kindes oder Jugendlichen wie auch die gesellschaftlichen Be-dingungen von Beeinträchtigung oder Behinderung völlig unberück-sichtigt.

Demgegenüber würde die Heilpädagogin mit gesellschaftskritisch-emanzipatorischem Blickwinkel betonen, dass das Existentwerden der Behinderung von sozio-ökonomischen Bedingungen einer Gesell-schaft abhängig ist, die politisch überwunden werden müssten. Sie könnte aber in Gefahr geraten, zu übersehen, dass diese gesellschaft-lich produzierte Behinderung für die betroffenen Menschen bereits zu einer Subjekt-Struktur geworden ist, die sich - auch durch gesell-schaftlichen Wandel - nicht einfach eliminieren lässt, ohne dabei zu-gleich den Menschen in seiner Gewordenheit zu vergessen, zu über-fordern oder auszugrenzen.

5. Aspekte entwicklungstheoretischer Modelle

Die oben genannten Modelle beeinflussen von ihren Grundannahmen her die Heilpädagogische Erziehungshilfe und Entwicklungsförde-rung (HpE) auch in entwicklungsdiagnostischen Sichtweisen des Zu-sammenwirkens von Person und Umwelt. Die folgende Abbildung (Abb. 28) zeigt die Zuordnung entwicklungstheoretischer Ansätze.

		Umwelt	
		passiv	aktiv
Person	passiv	*endogenistische Theorien* (Entwicklung als Reifung → Phasenlehren; biogenetische Theorien) Die für einen Lebensabschnitt spezifischen Merkmale (z. B. in bestimmten Fähigkeitsdimensionen der Motorik, Perzeption, Kognition ...) entwickeln sich durch anlagemäßig bedingte Reifung.	*exogenistische Theorien* (Konditionierungs- und assoziative Lerntheorien) Entwicklungsfortschritte in „personalen Fähigkeitsbereichen" (Kobi 1985, 241) werden direkt auf Umwelteinflüsse zurückgeführt.
	aktiv	*konstruktivistische Theorien* (organismische Theorien, kognitive Theorien) Der Mensch baut sich in aktivem Austausch mit seiner Umwelt, „auf die er handelnd einwirkt, die er erkennt und interpretiert", also in „Selbstkonstruktion" (Montada 1982, 27), Handlungs- und Erkenntnisstrukturen auf und entwickelt dadurch zunehmend komplexere Kompetenzen in spezifischen Fähigkeitsdimensionen (→ Piaget)	*interaktionistische Theorien* Individuum (Kind) und Umwelt werden als Teilsysteme betrachtet, die innerhalb eines Gesamtsystems wechselseitig aufeinander (ein-)wirken, d.h.: „der sich entwickelnde Mensch ist nicht nur Einflüssen seiner Umwelt ausgesetzt, er selbst beeinflußt diese" (Montada 1982, 29). In dieser wechselseitigen „Einwirkung" ergeben sich Entwicklungsfortschritte in spezifischen Fähigkeitsdimensionen.

Abb. 28: Zuordnung von Entwicklungstheorien
(nach Weiß 1989, 22; erweitertes Modell nach Montada;
in: Bentele/Metzger, 1996)

Die unterschiedlichen Entwicklungstheorien ermöglichen aktivere oder passivere Herangehensweisen in der Beeinflussung des beeinträchtigten Menschen und seiner Umwelt, was maßgeblich zum Gelingen oder Misslingen der HpE beitragen kann. Eine einseitig aktiv orientierte Entwicklungstheorie könnte - unter Anwendung verhaltensmodifikatorischer Ansätze - zu einem defizitorientierten, technokratischen und funktionalistischen Förderansatz führen, in dem das Machbare oberste Priorität erhält. Eine einseitig passiv orientierte Entwicklungstheorie könnte dazu verleiten untätig abzuwarten, bis sich Beeinträchtigungen in der Wahrnehmung, Motorik, Sprache oder psychische Störungen 'auswachsen'. Hier würde die Lebenswelt mit ihrem sozialen und interaktionalen Gefüge und die Pädagogik der günstigen Gelegenheit nicht ausreichend berücksichtigt.

- **Heilpädagogische Diagnostik unter Forschungsaspekten**

Die Heilpädagogin sieht sich als Mandatsträgerin, als Anwältin beeinträchtigter und behinderter Menschen und bemüht sich, in Randgruppen gedrängte Menschen zu integrieren und zu (re-)habilitieren, um menschenwürdiges Leben auch im Beeinträchtigt- oder Behindertsein unter 'normalen' Bedingungen zu erreichen und zu gewährleisten. Dementsprechend kann heilpädagogische Arbeit auf verschiedenen Ebenen angelegt sein und die heilpädagogische Diagnostik in der Forschung unter zwei Aspekten ausgewertet werden (s. KLEBER 1976, 19 f.):

a) Zum einen könnten im Rahmen der *nomothetischen* (= gesetzfindenden, gesetzgebenden) Forschung durch Gruppenuntersuchungen alle Daten gesammelt werden, die es ermöglichen, durch Stichproben quantitativ eine deskriptive und schlussfolgernde Statistik, z.B. über 'Behinderungszustände', über 'Lebensbedingungen für behinderte Menschen' oder auch ein Berufsprofil für Heilpädagogen zu erstellen. Hierzu könnten z.B. auch testpsychologische Aussagen über die Intelligenz von sogenannten 'lernbehinderten' Kindern und Jugendlichen im Rahmen sonderpädagogischer Diagnostik zählen, wie auch Daten zur Epidemiologie, d.h. Daten über die Entstehung und Verbreitung heilpädagogisch relevanter Beeinträchtigungen, Behinderungen, Störungen und Krankheiten sowie deren Klassifizierung und Begleitung. Dabei würde sich die Heilpädagogin bewusst bleiben, dass eine Übergewichtung dieses Aspektes (auch für das Bild von Beeinträchtigung und Behinderung in der Gesellschaft) nur über den Vergleich mit einer bestimmten Population zu Aussagen führt und dadurch die Gefahr unfruchtbarer Selektion und Klassifikation mit sich bringt.

b) Zum anderen könnte die heilpädagogische Forschung unter individual-pädagogischem Aspekt *ideographisch* (= das Eigentümliche, Einmalige, Singuläre beschreibend) alle Daten sammeln, die die qualitative Einmaligkeit des Erlebens und Verhaltens gerade dieses Kindes/Jugendlichen ausmachen. Eine so ausgerichtete Diagnostik würde versuchen, den beeinträchtigten Jugendlichen, das beeinträchtigte Kind, in seiner individuellen Einzigartigkeit zu erfassen, ohne sich vorrangig um einen quantitativen Vergleich zu kümmern. Insofern wäre auch eine statistische Absicherung der diagnostischen Befunde selten oder gar nicht möglich, sondern die auffallenden Merkmale wären nur einzelfallbezogen interpretierbar. Auf diese Weise würde der individualpädagogische Aspekt diagnostisch weiterentwickelt, d.h. die heilpädagogische Diagnostik diente der Erfolgskontrolle des heilpädagogischen Vorgehens. Dabei würde sich heilpädagogische Diagnostik an der Bestätigung oder Nichtbestätigung der jeweiligen Wahrscheinlichkeitsaussage (= Hypothese) orientieren. Als Mittel zur Überprüfung würden neue Diagnose- und heilpädagogisch relevante Untersuchungsverfahren entwickelt sowie ->Fallarbeit, ->Teamgespräch und ->Supervision für Heilpädagogen konzeptionell verbessert werden können.

Über die beiden genannten Aspekte hinaus werden nach PAWLIK (1976, 36 f.) folgende fünf Zielebenen beschrieben:

1. Messtheorie	->	mathematisch-statistische Modelle für diagnostische Daten
2. Erhebungstechnologie	->	Bedingungen, Inhalte und Instrumente der diagnostischen Untersuchung
3. Prozesstheorie der Diagnostik	->	normative und entscheidungstheoretische Modelle des Rückkoppelungskreises von Diagnostik und heilpädagogischer Begleitung/Beratung
4. Begleitungstheorie und -technologie	->	Theorie, Strategie und Methode angewandter Intervention
5. Persönlichkeitstheorie	->	Theorien der Ursachen und Wirkungen individueller Unterschiede im Erleben und Verhalten von heilpädagogischer Begleitung/Beratung

Abb. 29: Zielebenen diagnostischer Forschung (Tabelle nach Pawlik 1976, 36)

Auf diesen Ziellinien werden - allein oder in Kombination - theoretische oder methodische Weiterentwicklungen für die *psycho-*

diagnostische Forschung gesucht. Die als zusammengehörig zu diskutierenden Zielebenen erscheinen übergreifend auch für eine *heilpädagogisch*-diagnostische Forschung bedeutsam, zumal der Pluralismus in Fragestellung und Methode den spezifischen und komplexen Anforderungen und Belangen in der Heilpädagogik entgegenkommen würde.

Allerdings kann keinem der fünf Zielansätze einzig Priorität eingeräumt werden und die Forschung in Theorie und Praxis einer heilpädagogischen Diagnostik wäre mehr oder weniger an Voraussetzungen und Eingrenzungen aller fünf Ebenen beteiligt.

Das Schema könnte in der heilpädagogisch-diagnostischen Praxis aber auch als Prüfliste für die Beurteilung einer einzelnen diagnostischen Methode oder einer einzelnen diagnostischen Intervention eingesetzt werden, indem diese nach den verschiedenen Zielebenen beurteilt würden:

1. Welche (mess)theoretischen Voraussetzungen sind für diese Methode/Intervention vorhanden?
2. Unter welchen Bedingungen werden Methode/Intervention eingesetzt?
3. Welche diagnostische Prozesstheorie rechtfertigt den Einsatz dieser Methode/Intervention?
4. Welche Begleitungs-/Beratungskonzeption liegt dem Vorgehen zugrunde?
5. Welche Persönlichkeitstheorie (z.B. tiefenpsychologisch, lernpsychologisch, systemisch), d.h. welche Theorien der Ursachen und Wirkungen individueller Unterschiede im Erleben und Verhalten und welche Theorien der Wirkweise von heilpädagogischen Maßnahmen liegen zugrunde?

Die genannten Fragen würden die Heilpädagogin herausfordern, ihr Handeln differenziert darzustellen und zu begründen.

• Die Auswirkung von Zielsetzungen für die Diagnostik

Aus der Reflexion der verschiedenen diagnostischen Zielebenen wird erkennbar, dass Diagnosen durch instrumentelle und wertgeleitete Vorannahmen und Theorien beeinflusst sind. Diese wirken sich auch auf die spezifischen diagnostischen Zielsetzungen aus. So lassen sich vier in Gegensatzpaaren formulierte Zielsetzungen von Diagnostik beschreiben, denen unterschiedliche theoretische Vorannahmen zugrunde liegen. Die folgende Tabelle (Abb. 30) stellt vier Alternativdimensionen psychodiagnostischer Zielsetzung (PAWLIK 1976, 23) dar, die die Heilpädagogin in ihrem eigenen diagnostischen Vorgehen differenzieren und ggf. miteinander verbinden sollte:

- *Statusdiagnostik* hat das Ziel, einen Ist-Zustand festzustellen, wobei diesem ein hohe Stabilität beigemessen wird; sie bewegt sich in Richtung auf Selektionsstrategien. Die Heilpädagogin hätte beim 'Feststellen' des Ist-Standes darauf zu achten, dass dieser keinen unverrückbaren Zustand charakterisiert, sondern die derzeitige Momentaufnahme eines relativ veränderlichen bzw. veränderbaren Zustandsbildes. Dazu würde sie die Prozessdiagnostik heranziehen.

- *Prozessdiagnostik* möchte Veränderungen in verschiedenen Variablen feststellen, die z.B. im psychischen Entwicklungs- oder heilpädagogischen Begleitungsverlauf eine Rolle spielen. Prozessdiagnostik kann sowohl *diag*nostisch im engeren Sinn auf die Feststellung der Art und Größe einer zeitgleichen Erlebnis- oder Verhaltensänderung gerichtet oder *prog*nostisch auf die Vorhersage einer mit Wahrscheinlichkeit zu erwartenden Erlebnis- oder Verhaltensänderung, z.B. des voraussichtlichen Lernerfolges, angelegt sein. Voraussetzung für Veränderungsstrategien sind allerdings sowohl statusdiagnostische Methoden, wie z.B. eine heilpädagogisch/therapeutische Indikationsstellung, als auch Verfahren der Prozessdiagnostik, z.B. in der Kontrolle differenzieller Begleitungseffekte in Abhängigkeit vom prätherapeutischen Persönlichkeitsbefund.

- *Normorientierte* Diagnostik hat das Ziel, einzelne Untersuchungsergebnisse im Hinblick auf statistische Bezugswerte (z.B. Testnormen) relativ zur Verteilung der Testergebnisse in einer Bezugsgruppe auszudrücken und zu interpretieren, um individuelle Unterschiede herauszufinden. Die Heilpädagogin würde darauf zu achten haben, bei der Einordnung und Normierung eines beeinträchtigten oder behinderten Kindes in eine Bezugsgruppe nicht dessen individuelle und spezifische Einzigartigkeit als Person aus dem Auge zu verlieren, die es von allen anderen (z.B. im *Erleben* seiner Symptomatik oder Behinderung) unterscheidet. Im Zentrum heilpädagogischer Diagnostik steht das Kind als Subjekt mit seinen Möglichkeiten, nicht die Leistungsnormen gesellschaftlicher Institutionen, an die es ständig 'optimal' und 'funktional' angepasst werden soll.

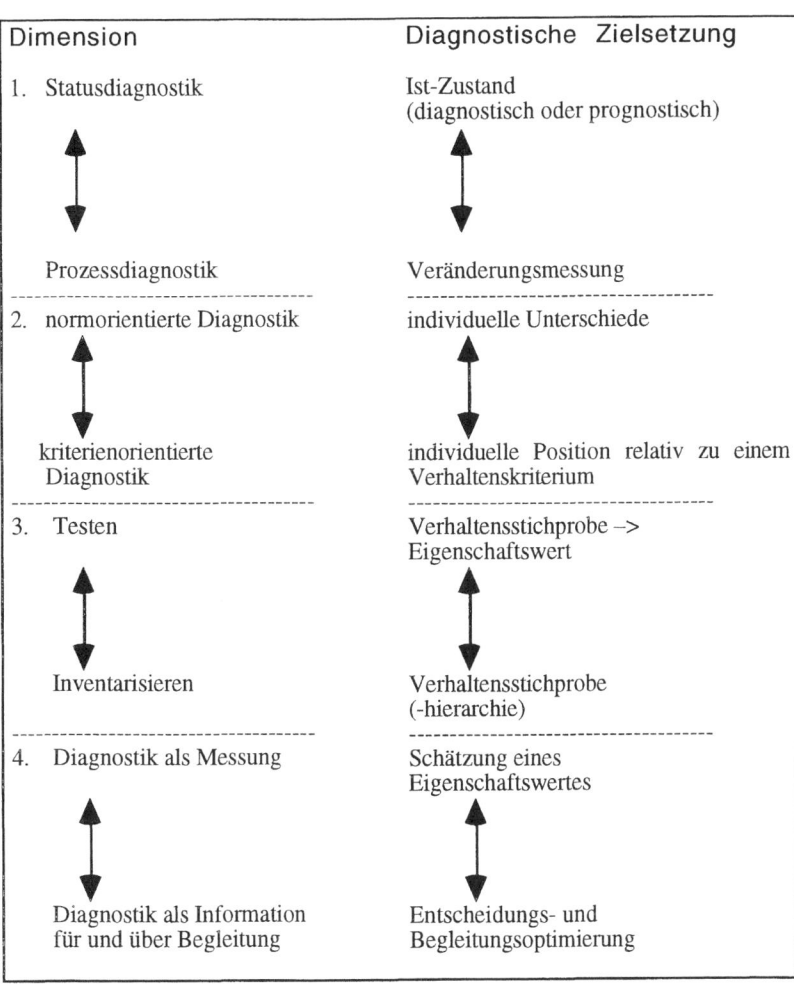

Dimension	Diagnostische Zielsetzung
1. Statusdiagnostik	Ist-Zustand (diagnostisch oder prognostisch)
Prozessdiagnostik	Veränderungsmessung
2. normorientierte Diagnostik	individuelle Unterschiede
kriterienorientierte Diagnostik	individuelle Position relativ zu einem Verhaltenskriterium
3. Testen	Verhaltensstichprobe –> Eigenschaftswert
Inventarisieren	Verhaltensstichprobe (-hierarchie)
4. Diagnostik als Messung	Schätzung eines Eigenschaftswertes
Diagnostik als Information für und über Begleitung	Entscheidungs- und Begleitungsoptimierung

Abb. 30: Vier Alternativdimensionen diagnostischer Zielsetzung
(nach Pawlik 1976, 23)

- *Kriterienorientierte* Diagnostik zielt darauf ab, die einzelne Person im Hinblick auf ein vorgegebenes Erlebnis- oder Verhaltensziel, z.B.

ein pädagogisches oder Therapieziel, das sog. 'Kriterium', zu untersuchen und das Untersuchungsergebnis entsprechend auszudrücken und zu interpretieren. Jede heilpädagogische Maßnahme, jede Änderung von Bedingungen in der Begleitung und jede therapeutische Intervention ist auf ein bestimmtes Erlebnis- oder Verhaltensziel gerichtet, und die Effektivität des Vorgehens kann dadurch gefunden werden, indem man feststellt, wie nahe eine Person an dieses Kriterium herangeführt werden konnte.

- *Testen* im engeren Sinn des Wortes zielt darauf ab, bei gleichen Testbedingungen eine Verhaltensstichprobe aus dem Verhaltensrepertoire einer Person herauszufiltern, z.B. ob ein Kind ängstlich ist. Dabei wird die Heilpädagogin die Auswirkungen ihrer Person und der Testsituation berücksichtigen, die ein Testergebnis nachhaltig zum Besten oder zum Schlechten beeinflussen und so zu Fehleinschätzungen führen können. Sehr häufig versagen Tests bei heilpädagogischen Klientel, je nach Schweregrad ihrer Beeinträchtigung oder Behinderung.

- *Inventarisieren* hat das Ziel, möglichst sämtliche Elemente in dem durch die Fragestellung gekennzeichneten Ausschnitt des Verhaltensrepertoires einer Person zu erfassen, z.B. vor welchen Dingen oder Situationen sich ein ängstliches Kind häufig fürchtet. Hierzu wird die Heilpädagogin je nach Absicht und Kontext verschiedene Beobachtungs- oder Erfassungsverfahren unter verschiedenen Bedingungen und in unterschiedlichen Situationen einsetzen. Dabei wird sie bedenken, dass z.B. die Sammlung von Stichproben zwar die Quantität, jedoch nicht die Qualität von Ereignissen zu erfassen vermag und ihre diagnostischen Bemühungen dementsprechend ergänzen.

- Diagnostik *als Messung* hat das Ziel, Personen in gewählten Merkmalen zu erkennen, z.B. ein 'hyperkinetisches' Kind. Die Heilpädagogin wird sich bei solchen diagnostischen Merkmalsbeschreibungen der Gefahr der Etikettierung bewusst sein. Sie wird zwar die diagnostische Beschreibung für das Studium eines bestimmten 'Krankheitsbildes' nutzen können, jedoch im Einzelfall die subjektiven Möglichkeiten des Kindes jenseits der zu erwartenden Merkmale herauszufinden und wo möglich zu fördern suchen.

- Diagnostik als *Information für und über heilpädagogische Erziehungshilfe und Entwicklungsförderung (HpE)* ist nie Selbstzweck, sondern Bestandteil eines *Handlungsablaufes,* der mehrfach rückgekoppelt informationssuchende Handlungen (= *Diagnostik* im engeren Sinne) und zustandsverändernde Handlungen *(= Methoden der Begleitung* als Gesamt) umfasst. Diese diagnostische Zielsetzung wird in jedem heilpädagogischen Begleitungs- und Beratungsprozess unverzichtbar sein und durch Ergänzung mit anderen diagnostischen Zielsetzungen den Verlauf der HpE kontrollieren.

Anhand der Alternativdimensionen diagnostischer Zielsetzung kann die Heilpädagogin unterscheiden,

1. welche Vorgehensweise in der Begleitung *dieses* Kindes bzw. Jugendlichen und in der Beratung *dieser* Eltern und Bezugspersonen angemessen erscheint (Frage nach der Indikation);

2. wie die HpE (im engeren Sinne die –>Befunderhebung –> Begleitung und –>Beratung) mittels heilpädagogischer Diagnostik auf ihre Effektivität hin zu überprüfen ist (Begleitkontrolle).

- • **Das Verhältnis von Didaktik/Begleitung und heilpädagogischer Diagnostik**

Es könnte irrtümlich angenommen werden, heilpädagogische Diagnostik würde bestimmte Schädigungen, Defekte, Verhaltensauffälligkeiten usw. 'feststellen' und dadurch diagnostische Ergebnisse liefern, anhand derer die Heilpädagogin ihr erzieherisches Handeln unter erschwerenden Bedingungen plant. Aus einem diagnostischen Ist-Zustand lassen sich aber keine Hinweise ableiten, *was und wie getan werden soll.* (vgl. SCHLEE 1985, 270) Daher sind die folgenden Überlegungen von Bedeutung:

Heilpädagogik ist Erziehung unter erschwerten Bedingungen. Dabei geht es um Wertungs-, Planungs- und Handlungsvorgänge für das Erreichen bestimmter Zielvorstellungen, die überprüfbar sind. Dazu bedarf es der Konzeptionen von Didaktik und –>Begleitung.

Didaktik ist

"die nach bestimmten Prinzipien durchgeführte und auf allgemeine Intentionen bezogene Transformation von Inhalten zu Unterrichtsgegenständen." (KAISER 1987, 222)

Der im Zusammenhang mit Didaktik häufig genannte Begriff der *Methodik* ist

"die auf die bestimmte Lerngruppe ausgerichtete Aufarbeitung der transformierten Inhalte." (KAISER ebd.)

Dieser engere (schul-)pädagogische und unterrichtliche Aspekt der Didaktik wird hier (in Anlehnung an SCHLEE 1985, 272) für die Heilpädagogik dahingehend erweitert, dass es sich eher um eine Lehre und Theorie von *lebensproblemzentrierter Didaktik* für *alle Aspekte menschlichen Lernens und Entwickelns im Beeinträchtigt- und Behindertsein handeln soll,* weniger um eine Fachdidaktik.

So gesehen umfasst Didaktik in Forschung und Theorie der Heilpädagogik

- den Gesamtkomplex der Entscheidungen

  (z.B. über Ziele, Organisations- und Vollzugsformen heilpädagogischen Handelns sowie die Anwendung heilpädagogisch relevanter Medien);

- der Entscheidungsvoraussetzungen

  (z.B. unter welchen Bedingungen wird ein Mensch heilpädagogisch bedürftig);

- der Entscheidungsbegründungen

  (z.B. aus welchen Gründen, zu welchem Zweck wird die Heilpädagogin in einer bestimmten Art und Weise tätig);

- der Entscheidungsprozesse

  (z.B. wer soll was warum/wozu diagnostizieren).

Methodik beinhaltet in diesem Kontext das Wissen und die Lehre von den anzuwendenden Methoden der Vermittlung heilpädagogisch relevanter Inhalte und Verfahren und kann als Teildisziplin der Didaktik angesehen werden.

Verkürzt gesagt kann die Didaktik als die Lehre vom WAS und die Methodik als die Lehre vom WIE der Heilpädagogik verstanden werden, in die alle heilpädagogisch relevanten Fragestellungen, Sichtweisen und Sachbezüge, hier speziell heilpädagogisch relevante diagnostische Überlegungen, mit einfließen. Dabei wird jeweils ein

Perspektivewechsel zwischen dem Inhaltsaspekt (Didaktik) und dem Vermittlungsaspekt (Methodik) nützlich sein.

Ausgehend von dem impliziten Wertesystem und dem jeweiligen theoretischen Standort der Heilpädagogin könnten unterschiedliche Didaktiken und damit einhergehend Methodiken heilpädagogisch relevanter Diagnostik unterschieden werden, z.B. "Bildbarkeitsdiagnostik", "Lerndiagnostik", "Förderdiagnostik", "Projektive Diagnostik", "Informationstheoretisch-kybernetische Diagnostik", "Kommunikative Diagnostik" u.a. Dementsprechend würden auch diagnostische Methoden und Verfahren ausgerichtet sein und angewendet werden. Insofern ist die *Didaktik/Methodik* bzw. das heilpädagogische Handlungskonzept der Diagnostik *vor- und übergeordnet,* nicht nebengeordnet:

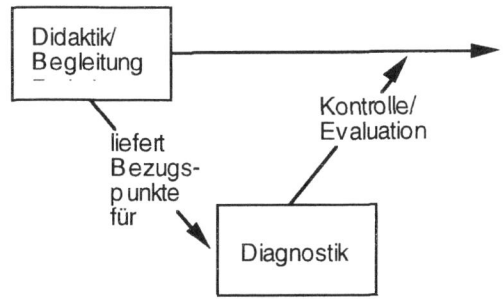

Abb 31: Das Verhältnis von person- und lebensweltorientierter heilpädagogischer Didaktik und Begleitung zur Diagnostik (in Anlehnung an Schlee 1985, 273)

"Möchte man also in der Heilpädagogik 'fördern', dann braucht man hierfür Handlungskonzepte, fruchtbare Theorien zur Didaktik und/oder Therapie. Diese sind es, die zum Handeln befähigen und dabei *vorher* klug machen. Die Diagnostik hingegen führt nicht zum Handeln. Mit ihrer Hilfe wird man nicht vorher, sondern erst *hinterher,* also *nach* einer jeweiligen Handlung, klüger...

Nimmt das Denken und Handeln in der Heilpädagogik seinen Ausgangspunkt bei der Didaktik/Therapie und ordnet die Diagnostik nach, dann kann sich daraus etwas Fruchtbares entwickeln. Nimmt es hingegen seinen Anfang bei der Diagnostik und versucht, von dort über einen naturalistischen Fehlschluß zu einer nachgeordneten Didaktik/Therapie[1] zu kommen, dann gerät es mit Sicherheit in eine Sackgasse." (SCHLEE ebd. 273)

Wie die Grafik zeigt, ist die *Didaktik/Begleitung, also der Sollwert,* der Diagnostik zeitlich und *logisch vor- und übergeordnet.* Diagnostik kontrolliert/evaluiert die Didaktik/Begleitung, sie führt zum 'Wissen hinterher': „Ist das, was ich wie getan habe, im Hinblick auf das Erreichen des Sollwertes richtig oder falsch?" Es geht in der heilpädagogischen Diagnostik immer darum, *im Nachhinein* zu prüfen, ob Ausgangspunkt und Ziel des heilpädagogischen Handelns richtig gewählt waren. Heilpädagogische Diagnostik dient also nicht der Steuerung einer folgenden Handlung, sondern *zur Kontrolle einer bereits erfolgten Handlung* oder Situation. Dies entspricht dem *wertgeleiteten* heilpädagogischen Handeln, das vom *Sollwert* ausgeht und von dorther den Ist-Zustand zu bestimmen sucht.

„Ein Soll-Wert läßt sich niemals aus einem Ist-Wert folgen. Diagnosen beschreiben nur, 'was Sache ist'. Sie können aber nicht festlegen oder empfehlen, 'was Sache sein soll'. Dies gilt generell... Somit kann man auch in der Heilpädagogik durch Diagnosen (genauer: durch die in den diagnostischen Tätigkeiten enthaltenen Theorien und Vorannahmen) zwar Gegebenheiten, Sachverhalte oder Konstellationen erfassen (konstruieren). Man kann mit ihrer Hilfe aber nicht das Wünschenswerte/Veränderungsbedürftige von Zuständen erfassen, pädagogische Ziele erkennen oder empfehlende Hinweise für pädagogische Maßnahmen und Methoden erhalten. Entsprechend gibt es auch nicht die Begründung von Zielen aus diagnostizierten Ist-Zuständen." (SCHLEE ebd. 270)

Wie der Mensch sein *soll,* also *das Menschenbild* ist entscheidend dafür, welchen Plan die Heilpädagogin zur Erreichung dieses Zieles entwickelt. Aus der Sollensvorstellung und dem Handlungsplan (= Didaktik/Begleitung) ergibt sich der Sinn der konkreten heilpädagogischen Zielsetzung und Handlung. So darf der tiefere Sinn des Satzes verstanden werden:

---

[1]Der Begriff "Therapie", wie ihn SCHLEE hier verwendet, wird im folgenden (auch in der Skizze) durch den pädagogischen Begriff der –>Begleitung ersetzt.

„Wer nicht weiß, wohin er will, braucht sich (trotz aller Diagnostik!
Anm. W.K.) nicht zu wundern, wenn er ganz woanders ankommt."
(MAGER 1972)

Die Heilpädagogin weiß aufgrund ihrer "Bilder" und "Pläne" mehr,
als sie sieht und mittels noch so ausgeklügelter Diagnostik wissen
kann. Mit anderen Worten: Sie *'erkennt'* im beeinträchtigten und behinderten Du *'den Menschen'*, d.h. *sich selbst im Gegenüber* mit allen ihren Möglichkeiten und Grenzen, in ihrem Vermögen und in
ihrer Armut, in ihrem Glück und in ihrem Leid, in ihrem Gelingen
und in ihrem Scheitern. Keine Testbatterie und keine Untersuchungs-
reihe kann das je zutage fördern.
Daher ist die Heilpädagogin primär nicht als Diagnostikerin tätig,
sondern bittet z.B. den Arzt, den Psychologen oder den Therapeuten
um Hilfe in der Suche nach dem Ist-Zustand eines beeinträchtigten
oder behinderten Menschen, um diesen in seiner derzeitigen *Befindlichkeit* abholen und begleiten zu können. Auskünfte über ein Krankheitsbild oder eine Leistungsbegrenzung sind für die Heilpädagogin
notwendig und nützlich um zu prüfen, ob ihr Handlungsplan sinnvoll
abgestimmt ist, im Ringen um größere Erkenntnis des Menschen
(also immer auch ihrer selbst) und um fundierteres Wissen und
fruchtbarere Handlungstheorien. In diesem Sinne setzt sich die Heilpädagogin in Theorie und Praxis auch kritisch mit Diagnostiken unterschiedlicher Art auseinander, weil sie dadurch in ihrem Bemühen
mit dem und für den beeinträchtigten und behinderten Menschen nur
gewinnen kann.

• **Das Verhältnis von Objektivität und Subjektivität in der
heilpädagogischen Diagnostik**

Aus der impliziten Wertegrundlage der Heilpädagogik folgt, dass
heilpädagogische Diagnostik, wie die Heilpädagogik selbst, unter der
Perspektive einer exklusiv objektivierenden Fragestellung ihr Thema
nicht finden, d.h. letztlich keine absolut-objektiven diagnostischen
Daten ermitteln kann. Würde die Heilpädagogin dies anstreben, würde sie die Subjektbeziehung aus dem Auge verlieren und den Menschen zum Objekt, zu einer 'zu diagnostizierenden Sache' degradie-

ren. Sie würde ihr Gegenüber in die Entfremdung drängen, in der keine personale Existenzmöglichkeit mehr gefunden, kein mitmenschlicher Dialog geführt und somit kein heilpädagogisches Verhältnis gestiftet werden, keine heilpädagogische Beziehung zwischen der Heilpädagogin und dem ihr anvertrauten Menschen und seinen Bezugspersonen entwickelt und gestaltet werden kann. (vgl. KOBI 1983, 281 ff.)

Das bedeutet nicht, demgegenüber eine rein subjektivistische Haltung zu befürworten, durch die sich die Heilpädagogin zusammen mit dem ihr anvertrauten Menschen wie auf eine Insel zurückzöge, in einen „vorgesellschaftlichen, herrschaftsfreien, unpolitischen Raum" (MOLLENHAUER 1973, 24), so dass heilpädagogisch-diagnostische Erkenntnisse nicht für jemand Drittes (z.B. die Eltern, Lehrer, Erzieher, den Arzt, den Psychologen usw.) wichtig und zu berücksichtigen wären im Hinblick auf die heilpädagogisch vorgegebenen Sollensvorstellungen und Ziele. Es ist ja gerade die Aufgabe heilpädagogischer Diagnostik,

„handlungsrelevante Information fachmännisch zu erheben, diese zu interpretieren, und entsprechende pädagogische Handlungskonsequenzen aufzuzeigen". (SPECK 1987, 284),

im Sinne nächster Schritte auf dem Weg zum Erreichen eines vorgegebenen Soll-Zustandes menschenwürdiger Existenzformen. Deshalb wird sich die Heilpädagogin darum bemühen, ihre diagnostischen Erkenntnisse durch medizinische, psychologische und soziologische Aussagen zu ergänzen und anderen Verantwortlichen die eigenen diagnostischen Fragestellungen und Ergebnisse so zu vermitteln und zu begründen, dass diese sich in der Lage sehen, die Heilpädagogin in ihrem Erziehungsauftrag unter erschwerten Bedingungen zu unterstützen, wohl wissend, dass jede Diagnose immer nur Teile des Ganzen, hier des beeinträchtigten oder behinderten Menschen, in seinem personalen und sozialen Dasein und Sosein beschreiben kann.[1]

---

[1]Ein chinesischer Weiser führte einmal vor den Augen seiner Schüler vier Blinde zu einem Elefanten. Den ersten führte er zum Rüssel, den zweiten zu den Beinen, den dritten zum Bauch und den vierten zum Schwanz des Tieres. Sie sollten das Tier betasten und daraufhin beschreiben. "Ein Elefant", sagte der erste, nachdem er den Rüssel sorgsam betastet hatte, "ein Elefant ist ein langes, weiches, bewegliches Rohr so dick wie mein Oberarm." "Unsinn", sagte der zweite, "ein Elefant ist viel

Bei der Auswahl solcher diagnostischer Methoden, die für heilpädagogische Fragestellungen *relevant* sind, wird sich die Heilpädagogin davon leiten lassen, ob Verfahren eher die Behinderung (den Defekt) ins Zentrum ihrer Erfassung stellen oder eher die *Auswirkungen* von Beeinträchtigung und Behinderung *auf die Entwicklung und Förderung* des davon betroffenen Menschen und auf die erschwerten Bedingungen *seiner Beziehungs- und Erziehungsverhältnisse.* Aus dieser spezifisch heilpädagogisch-diagnostischen Betrachtungsweise ergeben sich für die Heilpädagogin jene Fragen, die zu heilerzieherisch relevanten Problemstellungen führen, für die konkrete heilpädagogische Hilfen zu erarbeiten sind; denn aus heilpädagogischer Sicht sind 'Behinderungen' dadurch gekennzeichnet, dass sie die Fähigkeiten (Potenzen) eines Menschen (insbesondere eines Kindes oder Jugendlichen) schmälern und dadurch den Erwerb von Fertigkeiten (Kompetenzen) zur altersgerechten Lebensbewältigung und Lebensgestaltung, auch mit und im Behindertsein, erschweren oder in Teilbereichen verunmöglichen. Die Heilpädagogin hat zu sehen gelernt, dass sich Beeinträchtigungen und Behinderungen immer direkt oder indirekt auf den *ganzen Menschen* und seine *gesamten Lebensvollzüge* auswirken, d.h. auf sämtliche zwischenmenschlichen Beziehungen sowie auf das Bedingungsgefüge des erweiterten gesellschaftlichen Rahmens, in dessen Grenzen beeinträchtigte und behinderte Menschen leben und in dem sie - wie jeder Mensch - mitgesehen und mitberücksichtigt werden müssen. Damit ist zugleich ausgesagt, dass diagnostische Methoden des Messens (z.B. metrische Testverfahren zur Intelligenzmessung), des Einordnens und Vergleichens (z.B. tauglich/nicht tauglich für...), des Normierens und Statistisierens (Bewertung durch Vergleich mit einer repräsentativen Bezugsgruppe), des Klassifizierens und Selektierens (z.B. sprachbehindert, lernbehindert, geistigbehindert, erziehungsschwierig) usf. *keine* inhärenten heilpädagogisch relevanten diagnostischen Methoden sein können.

---

dicker; etwa wie ein Baum, den ich mit beiden Armen gerade noch umfassen kann." "Ein Baum?", sagte der dritte, der am Bauch des Elefanten stand, "eine Tonne, so groß, dass ich mit ausgestreckten Armen noch nicht einmal ihren halben Umfang ermessen kann." "Ihr irrt alle", sagte der vierte, "ein Elefant ist vielmehr wie ein kurzer, biegsamer Stock, an dessen Ende ein Büschel Reisstroh befestigt ist." - Der Weise lächelte, die Schüler schwiegen. (Text in Anlehnung an: Reden des BUDDHA)

Allerdings wird die Heilpädagogin nicht verleugnen können, dass sie sich mit den Ergebnissen und Auswirkungen solcher Diagnostiken konfrontiert sieht und aufgrund dessen gezwungen ist, sich damit kritisch auseinanderzusetzen und dazu Stellung zu beziehen, um möglicherweise diejenigen Erkenntnisse für ihr Handlungskonzept herauszufiltern, die ihr im gemeinsamen Bemühen mit dem beeinträchtigten oder behinderten Menschen dienlich sein können, ohne gleichfalls zu messen, einzuordnen und zu vergleichen, zu normieren und statistisieren, zu klassifizieren und zu selektieren.

Heilpädagogische Diagnostik ringt um Aufschluss und Erfassung der *Befindlichkeit des Du in seinem Dasein, Sosein, Anderssein und Mitsein.* Sie betrachtet den beeinträchtigten und behinderten Menschen nicht als zu diagnostizierendes Objekt, sondern versucht, alle Belange des Subjekts durch *Annäherung im Verstehen zu erklären.*

Nicht: Weil du dich so und so verhältst, bist du so und so;

nicht: Indem du dieses oder jenes Symptom produzierst, kann ich erklären, warum du dich so und so verhältst.

Sondern: Weil ich mich als Mensch dir als Mensch mittels Teil-Identifikation annähere, kann ich zu annäherndem, einfühlendem Verstehen gelangen und so mit deiner Hilfe eine Ahnung, eine Vermutung (–>Vermutungsdiagnose) eine Vorstellung, eine Erklärung (–>Hypothetische Diagnose) entwickeln, die für uns beide nachvollziehbar ist und für Dritte verstehbar (–> Verstehensdiagnose) übermittelt werden kann.

Auf diese Weise gewinnt die Heilpädagogin in ihrem diagnostisch-dialogischen Bemühen - im Unterschied zum reinen Objektivismus oder Subjektivismus - eine *intersubjektive Objektivität,* d.h. sie versucht im gemeinsamen Bemühen mit dem beeinträchtigten und behinderten Menschen und seinen Bezugspersonen die Befindlichkeitsstörungen, die sich in einem und durch einen Behinderungszustand ausbreiten, fachlich objektiv zu *erkennen* und in ihren personalen Auswirkungen menschlich subjektiv zu *verstehen.*

Dabei wird sie die 'objektiv' als Symptome erkannten Merkmale des beeinträchtigten bzw. behinderten Menschen nicht aus dem Beziehungsnetz herauslösen, sondern im Gegenteil 'objektive Befunde' als 'subjektive, interaktionale Befindlichkeiten' ausweisen. Das *Interesse* (inter-esse = wörtlich soviel wie: 'Dazwischenstehen') der Heilpäd-agogin als Diagnostikerin richtet sich daher nicht primär auf die Behinderung bzw. das Symptom an sich, sondern auf das damit verbundene Leid und das Leiden der davon betroffenen Personen. Insofern schließen sich objektbezogene und subjektbezogene Erkundung gegenseitig nicht aus und sind einander nicht unter- oder übergeordnet.

„Die objektgerichtete (und in diesem Sinne objektivierende) Frage und die subjektgerichtete (und in diesem Sinne subjektivierende) Frage sind jedoch von unterschiedlichen Interessen geleitet: Die objektivierende Gegenstandszuwendung erforscht das Sein; die subjektivierende Personenzuwendung erkundigt sich nach dem Befinden." (KOBI 1983, 56)

Beides aber geschieht in heilpädagogischer Diagnostik bezogen auf einen humanen, pädagogischen Sollensanspruch in *zwischenmenschlichen Beziehungen,* in denen sich die Heilpädagogin selber in ihrem Bemühen um diagnostische Objektivität als Subjekt reflektiert, das sich bewusst ist, das eigene Ich und damit sich selber als Person letztlich auch in ihrer diagnostizierenden Wirkweise nicht aufheben zu wollen und zu können. Da die Heilpädagogin von ihrem impliziten Wertesystem her den Beziehungsaspekt (den pädagogischen Bezug, das pädagogische Verhältnis) auch in ihrem diagnostischen Anspruch nicht leugnen oder aufheben kann, ohne sich 'unheilpädagogisch' zu geben und damit außerhalb von Heilpädagogik zu begeben, wird sie sich bemühen, diagnostische Objektivität und Subjektivität dialektisch aufeinander zu beziehen und intersubjektiv zu entwickeln. Sie wird fragen:

a) *Objektiv-relativierend:* Was sagt diese Beeinträchtigung, diese Behinderung, dieses Symptom nach verschiedenen theoretischen Gesichtspunkten (z.B. nach medizinischem und psychologischem Wissen) 'objektiv' aus? Was weiß ich darüber, welche relativ allgemeingültige und -verständliche Aussage kann ich dazu machen?

b) *Subjektiv-objektivierend:* Welche *Lebensbedeutsamkeit* hat diese Beeinträchtigung, diese Behinderung, dieses Symptom für *diesen* Menschen im Kontext seines Lebensweges und seiner mitmenschlichen Beziehungen, und wie erlebt er sich aufgrund dessen in seinem "In-der-Welt-Sein", in seiner subjektiven Befindlichkeit heute?

c) *Subjektiv-reflektierend:* Was bedeutet dieser Mensch in seinem Gewordensein, in dieser Beeinträchtigung, dieser Behinderung, mit diesem Symptom *für mich* in meinem Erleben, und wie kann ich mich zu ihm stellen und verhalten?

d) *Intersubjektiv-dialogisierend:* Was bedeutet dieser Mensch in seinem Gewordensein, diese Beeinträchtigung, diese Behinderung, dieses Symptom *für uns* und unsere heilpädagogische Beziehungsgestaltung? Was kann einer für den anderen werden und tun, auf welche Weise können wir im wahrsten Sinn des Wortes kommunizieren (= einander 'mit-teilen' und 'ver-binden'), um den Lebensweg gemeinsam ein Stück weit (oder auch länger) in die oftmals ungewisse Zukunft hinein zu gehen?

Durch diese dialektische Haltung der Heilpädagogin, die sich um intersubjektive diagnostische Objektivität bemüht, kann sich die Art der Begegnung nach zwei Richtungen hin verändern,

„entweder in der Richtung auf eine *größere erlebnismäßige Nähe* zum Kinde oder in der Richtung auf eine *größere Distanzierung* vom Kinde. Die größere erlebnismäßige Nähe mag dabei einen größeren Reichtum der erfahrenen Gehalte ermöglichen, die größere Distanzierung aber eine größere Sachlichkeit der Feststellungen. Denken wir daran, daß wir einerseits beides brauchen, den Wirklichkeitsgehalt *und* die Sachlichkeit, daß aber andererseits die größere erlebnismäßige Nähe zwar in die Intimität führt, aber auch ins Persönliche und nur Persönliche im Sinne der Unsachlichkeit, und die größere Distanzierung wohl die Sachlichkeit wahrt, aber die Inhalte verarmen läßt, so müssen wir daraus schließen, daß wir nach beiden Richtungen gehen und daß die dabei zu erzielenden Ergebnisse sich ergänzen und gegenseitig durch einander korrigiert werden müssen." (MOOR 1965, 293)

Heilpädagogische Diagnostik ist unter solchen Gesichtspunkten nur dann effektiv und hilfreich, wenn sie als ein *"dauerhafter, begleitender und integrierter Bestandteil"* (KOBI 1990, 160) der Heilpädagogik selbst angesehen wird. Dies bedeutet nicht, dass Fachleute und Einrichtungen der konventionellen Diagnostik völlig auszuschalten wären. Im Gegenteil, eine viel engere, offenere und permanente Zusammenarbeit zwischen ihnen und den praktisch tätigen Heilpädagogen ist erforderlich. Verantwortlich gestaltete Heilpädagogik und heilpädagogische Diagnostik können immer nur in einem Team erfolgen, dem idealerweise ein Arzt, ein Psychologe und weitere Fachkräfte angehören sollten. Wo dies nicht der Fall ist, sollte die Heilpädagogin erst nach Vorliegen einer medizinischen und psychologischen (Ausschluss-)Diagnose ihre Arbeit aufnehmen. Dies erfordert die Einsicht und das Bestreben nach interdisziplinärer Zusammenarbeit. (HELLMANN 1992, 41 ff.) Dementsprechend seien folgende Merkmale heilpädagogischer Diagnostik hervorgehoben (vgl. KOBI 1990, 160 f.):

- *Grundsätzliche Offenheit und Umsicht* in bezug auf vorhandene oder sich abzeichnende Entwicklungsmöglichkeiten eines Kindes bzw. Jugendlichen;

- *Realistischer Situationsbezug,* der nicht nur auf das Kind, den Jugendlichen und seine Lebensgeschichte, sondern zugleich auf die aktuelle Lebens-, Erziehungs- und Schulsituation sowie auf Beziehungspersonen, Erzieher und Lehrer des beeinträchtigten oder behinderten Kindes oder Jugendlichen ausgerichtet ist, weil in dieser Umgebung und diesen Bezügen auch Determinanten der Beeinträchtigung und Behinderung wirksam sind;

- *Kommunikativer und kooperativer Charakter* erziehungsrelevanter und lernorientierter heilpädagogischer Diagnostik durch die Einbeziehung des betroffenen Kindes bzw. Jugendlichen, wenn es dringliche Teilziele zu finden und erfolgversprechende Wege in der heilpädagogischen Maßnahme zu beschreiten gilt. Dies sollte geschehen in Zusammenarbeit mit den Eltern bzw. verantwortlichen Erziehern, Lehrern oder Therapeuten und wichtigen Bezugspersonen des Kindes oder Jugendlichen, von deren Motivation, Einsicht und fachlicher Kompetenz die Konsequenzen für diagnostische und heilpädagogische Planungsbestrebungen abhängen;

- *Pädagogische Integration* heilpädagogischer Diagnostik, die beschreibende, feststellende und verständnissuchende Einschätzungen mit erzieherisch begründeten und zielgerichteten Hilfestellungen verbindet;

- *Prozesscharakter* der diagnostischen Einschätzung, die sich als integrierter Bestandteil des heilpädagogischen Handlungsprozesses in der HpE Schritt für Schritt einer gegenseitigen und fortschreitenden Überprüfung unterziehen lässt und konsequent auf realistische Entwicklungshilfen und Lernvorhaben ausgerichtet ist.

• Die Methodik heilpädagogischer Diagnostik

Eine Methodik heilpädagogischer Diagnostik wird die Heilpädagogin weitgehend in Anlehnung an das Vorgehen der psychologischen Diagnostik entwickeln, die Regeln einer "Anwendungsmethodologie" enthält. Heilpädagogisch diagnostisches Handeln wird sich dabei von alltagspsychologischen Vorgängen der durch Wahrnehmungsverzerrung fehlerhaften Personwahrnehmung oder der sozialen (Vor-) Urteilsbildung durch ihre *methodische* Kontrolle unterscheiden.
„Unter diagnostischer Tätigkeit wird ein Vorgehen verstanden, in dem (mit oder ohne diagnostische Instrumente) unter Beachtung wissenschaftlicher Gütekriterien beobachtet und befragt wird, die Beobachtungs- und Befragungsergebnisse interpretiert und mitgeteilt werden, um ein Verhalten zu erläutern und/oder künftiges Verhalten vorherzusagen". (Ingenkamp 1985, 11; zit. in: GRÖSCHKE 1992, 219 f.)
Unter Berücksichtigung vorheriger Bewertung des Diagnostizierens wird die Heilpädagogin (selbst-)kritisch folgende Teilaspekte dieses diagnostischen Handelns beachten:
„- *Vergleich:* diagnostische Daten müssen in Beziehung gesetzt werden mit Standards, Orientierungswerten oder *Normen* (individuelle, soziale oder sachimmanente Bezugsnormen).
- *Analyse:* unter Aktualisierung verfügbaren Bedingungswissens werden die verursachenden, aufrechterhaltenden und verändernden Faktoren des untersuchten (Problem-)Verhaltens aufgeklärt.
- *Prognose:* der Diagnostiker kann sich selten damit begnügen, lediglich die momentane Situation des Untersuchten zu erfassen, sondern er ist gehalten, diese in die Zukunft oder auf andere Situationen zu extrapolieren, d.h. er muss prognostische Aussagen riskieren.

- *Interpretation:* die erhobenen diagnostischen Daten verstehen sich
  nicht von selbst, sondern müssen beurteilt, *bewertet,* gewichtet
  und gewürdigt werden. Hier fließen auch sinnerschließende und -
  verstehende hermeneutische Akte in den diagnostischen Prozess
  ein; eigentlich immer dann, wenn eindeutige empirische Regeln
  für die Datenauswertung fehlen, also ziemlich oft! Das gilt ganz
  ausgesprochen für die Klasse der sogenannten projektiven und der
  biographischen Methoden. Diese Interpretationsnotwendigkeit ergibt sich ebenso, wenn der Diagnostiker einem Dritten gegenüber
  seine Befunde (mündlich oder schriftlich) übermitteln muss
  (Eltern, Lehrern, überweisenden Instanzen). Die Interpretation ist
  ein kritischer Punkt im Rahmen der Gutachtenerstellung (vgl.
  Bundschuh, 1984, 1985).

- *Wirkungskontrolle:* da Diagnostik - wie schon erwähnt - nicht
  selbstzweckhaft sein sollte, gehört zu ihren Aufgaben auch die
  (Begleitungs-)prozessbegleitende Überprüfung der eingeleiteten
  Maßnahmen, in ihren einzelnen Teilschritten (z.B. Lernziel- oder
  sequentielle Diagnostik) sowie in ihrem Gesamtergebnis (Evaluation). Diese Evaluation von pädagogisch-therapeutischen Maßnahmen (einzelfall- oder gruppenbezogen) ist in der heilpädagogischen Praxis bislang wenig verbreitet, unter Optimierungs-
  gesichtspunkten ebenso wie aber auch in ethischer Hinsicht ist sie
  sehr zu wünschen!" (GRÖSCHKE 1992, 220)

Um für ein Kind, einen Jugendlichen, einen fortlaufenden *Hilfeplan*
für seine Erziehung und Entwicklungsförderung erarbeiten zu können, ist zuvor eine umfangreiche *Einzeldiagnostik* unter Mithilfe
verschiedener Fachleute, wie Erzieher, Lehrer, Sozialarbeiter, Psychologe, (Fach-)Arzt erforderlich. Dabei gelten folgende Grundvor-
aussetzungen für den *diagnostischen Prozess:*

1. Diagnose und Erziehungshilfe/Entwicklungsförderung sind wechselseitig unabdingbar; sie bilden eine Einheit. Eine Erziehungshil-
   fe/Entwicklungsförderung ohne Diagnostik ist nicht denkbar und
   unverantwortlich.

2. Im Vordergrund jedes diagnostischen Vorgehens steht die Frage nach den ->*Zielen* und die Klärung der *Problemstellung* (-> Anlass, Symptom, Symbol).

3. Die Problemstellung muss im Hinblick auf die Persönlichkeit des Kindes/Jugendlichen, ihrer Beziehungsverhältnisse und auf ihre *Lebensbedeutsamkeit* hin ernstgenommen werden, unter Berücksichtigung ihres Lebens- und *Entwicklungsalters* sowie der besonders erschwerenden *Erziehungsverhältnisse*.

4. Eine günstige Voraussetzung zu wirksamer und dauerhafter Erziehungshilfe/Entwicklungsförderung ist die *weitgehende Selbstregulierung eigenen Verhaltens*. Dies bedeutet eine Förderung eigenständiger Handlungen und Möglichkeiten der Selbstbestimmung des beeinträchtigten Kindes bzw. Jugendlichen.

5. Alle Aussagen, Feststellungen, Beurteilungen, Entscheidungen müssen den Charakter der *Vorläufigkeit* behalten. Die Aufstellung und fortlaufende *Überprüfung von Hypothesen* (d.h. der überprüfbaren Annahmen über einen vermuteten Sachverhalt) sind grundlegende Elemente von Einzeldiagnose und Einzelförderung.

6. Aussagen über Störungen wie über deren Ursachen sollten ebenfalls den Charakter von *Annahmen* bzw. *Arbeitshypothesen* haben. Dabei müssen verschiedene Ebenen der Hypothesenbildung unterschieden werden:

   a) Die Ebene der Situationen, Sachverhalte, Fakten, Gegebenheiten, Auffälligkeiten, Symptome in der Gegenwart sowie deren Entwicklung in der Vergangenheit;

   b) Die Ebene der aufrechterhaltenden Bedingungen und deren Vorgeschichte. - Außerdem sind Annahmen über Wechselwirkungen und Verkettungen von Sachverhalten, Bedingungen und Ergänzungen notwendig.

7. Diagnostische und pädagogisch-fördernde Maßnahmen sind nicht punktuell vorzunehmen, sondern *als integrierter Bestandteil des Erziehungsprozesses anzusehen*. Die Ausführungen und die Überprüfungen der Ausführungen folgen einander in raschem Wechsel innerhalb eines Handlungsablaufs.

In einem vereinfachten Schema (Abb. 32) kann der gemeinsame Prozess von Zielen und Grundsätzen zur Erstellung der *Einzeldiagnose + Einzelförderung* wie folgt dargestellt werden:

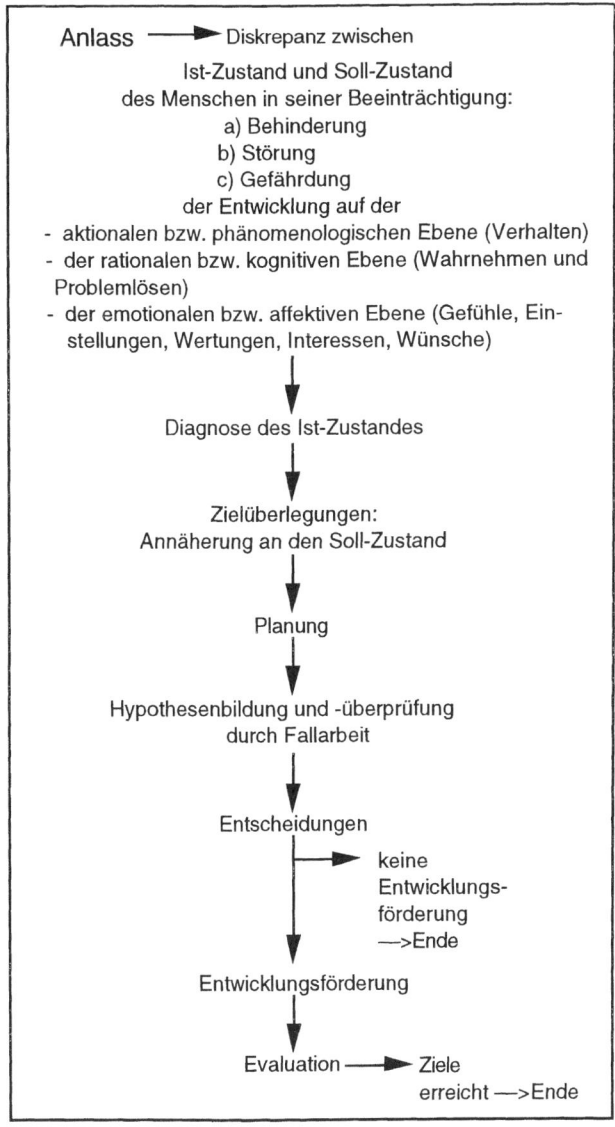

Abb. 32: Gemeinsamer Prozess von Zielen und Grundsätzen zur Erstellung der *Einzeldiagnose + Einzelförderung*

361

• Heilpädagogische Schwerpunkte
in unterschiedlichen diagnostischen Zielsetzungen

In ihrem diagnostischen Vorgehen wird die Heilpädagogin unterschiedliche diagnostische Vorgehensweisen vor ihrer Verwendung daraufhin überprüfen, ob sie einer heilpädagogisch relevanten *Befindlichkeitsdiagnostik* dienlich sind. Im Wissen darum, dass beim Blick auf das Ganze der Lebensvollzüge des beeinträchtigten und behinderten Menschen die Teilbereiche in ihrem Ineinanderwirken nicht übersehen werden dürfen (vgl. die Fabel vom Elefanten S. 262), wird die Heilpädagogin z.b. die unterschiedlichen Fähigkeitsbereiche des beeinträchtigten oder behinderten Menschen: Psychomotorik; Perzeption; Kognition; Sprache; Affektivität und Soziabilität so umfassend und genau wie möglich im Hinblick auf vorhandene Fähigkeiten und Entwicklungsmöglichkeiten hin relativ-objektiv zu erfassen und zu beschreiben suchen. Dabei werden ihr medizinische, psychologische und soziologische Befunde hilfreich sein.

Sie wird sich aber zugleich davor hüten, der Faszination des greifbaren, scheinbar 'objektiven' Tatbestandes zu erliegen, ihren Blick auf die Sehbehinderung, Schwerhörigkeit, geistige Behinderung, Verhaltensauffälligkeit usw. einzuschränken und sich in dieser Einschränkung nochmals auf die speziell vorliegende Symptomatik (bei psychosozial gestörten Kindern z.B. das Bettnässen, Nägelkauen, den Tic, die Schulleistungsstörung, die Hemmung, die Retardierung, das psychosomatische Syndrom usw.) zu fixieren. Die einschränkende Etikettierung und Symptomatisierung verlagert den Hauptakzent der heilpädagogisch-diagnostischen Sichtweise *unzulässig* auf das so diagnostizierte Kürzel der Symptombeschreibung (z.B. "das Kind ist MCD-geschädigt"; "das Kind ist autistisch"; "das Kind ist hyperaktiv"; "der Jugendliche ist dissozial" usw.) und ordnet damit verfälschend dem Defekt den Hauptakzent zu.

Jede 'Auffälligkeit' ist aber in der Sichtweise heilpädagogischer Diagnostik immer nur der –>Anlass, der Ausgangspunkt bzw. der Ausdruck für das Beeinträchtigt- oder Behindertsein als einer *anthropologischen Situation* und nicht deren psychosozialer Fokus und Perspektive.

„Für ein personbezogenes Konzept von Förderung gilt in ausgesprochener Weise die heilpädagogische Maxime von Paul MOOR: 'Erst verstehen, dann erziehen!'. Weiter fragt Paul MOOR (1965): 'Wie kommen wir dazu, wie lernen wir es, das entwicklungsgehemmte Kind zu verstehen?' (15)"... Zuerst „komme die 'Erfassung des Kindes', allerdings nicht im Sinne einer objektivierenden Tatbestandsdiagnostik, sondern gesucht sind 'Wege der verstehenden Erfassung' (227).

Sicherlich muß der Heilpädagoge *auch* 'Tatsachenmaterial' sammeln; aber nach dem Sammeln komme als eigentlich entscheidender Schritt das 'Deuten' dieses Materials. In diesem (hermeneutischen) Akt von Deutung oder Interpretation muß der innere Sinnzusammenhang der 'Daten' erschlossen werden. Sie müssen als *intentionale* und *sinnvolle* Äußerungen der konkreten Personalität des erfaßten Menschen erkannt werden, auch wenn einzelne Äußerungsformen nach der üblichen 'Grammatik' der 'normalen' Lebensformen unlogisch, unsinnig, bizarr oder pathologisch erscheinen mögen." (zit. nach GRÖSCHKE 1997, 273)

Dementsprechend sind heilpädagogisch relevante diagnostische Verfahren, die meist aus der psychologischen Diagnostik entlehnt sind, auszuwählen, einzusetzen und zu interpretieren. Dabei beachtet die Heilpädagogin, dass

„Sinn und Zweck diagnostischer Erhebungen in der heilpädagogischen Fallarbeit nicht in der objektivierenden Messung isolierter Persönlichkeitsmerkmale noch in der Erstellung einer umfassenden Persönlichkeitsdiagnose liegen, sondern in der Sicherung konkreter *Entwicklungsausgangsbedingungen* orthodidaktischer oder anderer heilpädagogischer *Fördermaßnahmen,* sowie in ihrer prozeßbegleitenden und evaluierenden Funktion (Status- *und* Prozeßdiagnostik). Insofern hatte bereits Paul Moor das Desiderat einer *heilpädagogischen* Förderdiagnostik gegenüber der Dominanz psychodiagnostischer Methoden formuliert, als er sagte: „Zum *pädagogischen* Verstehen kommen wir, indem wir das psychologische Verstehen ordnen auf die pädagogischen Notwendigkeiten hin" (Moor 1965, 299). Diese Ordnungsleistung im Umgang mit den psychodiagnostischen Daten mit Blick auf die (heil-)pädagogischen Notwendigkeiten ist die ei-

gentliche Aufgabe der heilpädagogischen Förderdiagnostik."
(GRÖSCHKE 1997, 275)

Heilpädagogisch relevante diagnostische Verfahren, schwerpunktmäßig je nach Aufgabengebiet der Heilpädagogin, können sein:
- *Gesprächsführung;* die Erhebung der Vorgeschichte (–>Anamnese); –>Exploration und Interview; Biografiearbeit;
- *Verhaltensbeobachtung;* die (an-)teilnehmende Beobachtung ebenso wie unsystematische und systematische Beobachtungsverfahren; Einsatz von Checklisten und Verhaltens- oder Kompetenz- und Entwicklungsinventaren für bereichsgeordnete Zusammenstellungen von operationalisierten Verhaltens-Items;
- *Tests;*
  a) Leistungstests (Entwicklungstests, Intelligenztests, Allgemeine Leistungstests, spezielle Funktions- und Eignungstests);
  b) Psychometrische Persönlichkeitstests (Persönlichkeitsstruktur-Tests, Klinische Tests);
  c) Persönlichkeits-Entfaltungsverfahren (Bild- und Formdeute-Verfahren; verbalthematische Verfahren (Worttests); zeichnerische und Gestaltungsverfahren (Zeichen- und Gestaltungstests) als sog. qualitative oder „projektive Verfahren" zur Einsichtgewinnung in die individuellen Erlebniswelten des Klienten.

Nach der Maxime „Wahrnehmen, Verstehen, Handeln" (STRASSER 1997) begreift die Heilpädagogin *Förderdiagnostik* als
„Einheit von *Status-* und *Prozeßdiagnostik, Erklären und Verstehen, biografische Orientierung (Lebenslauf- und Entwicklungsorientierung), Subjekt-, Umwelt-, Norm-* und *Kriterienbezug, ökosystemische* Diagnostik...
Ihre systematischen Querverbindungen mit den wichtigsten psychologischen Teilgebieten zeigt das Schema von Bundschuh (1995), der heilpädagogische Diagnostik als integralen Teil einer *Heilpädagogischen Psychologie* thematisiert." (GRÖSCHKE 1999, 274)

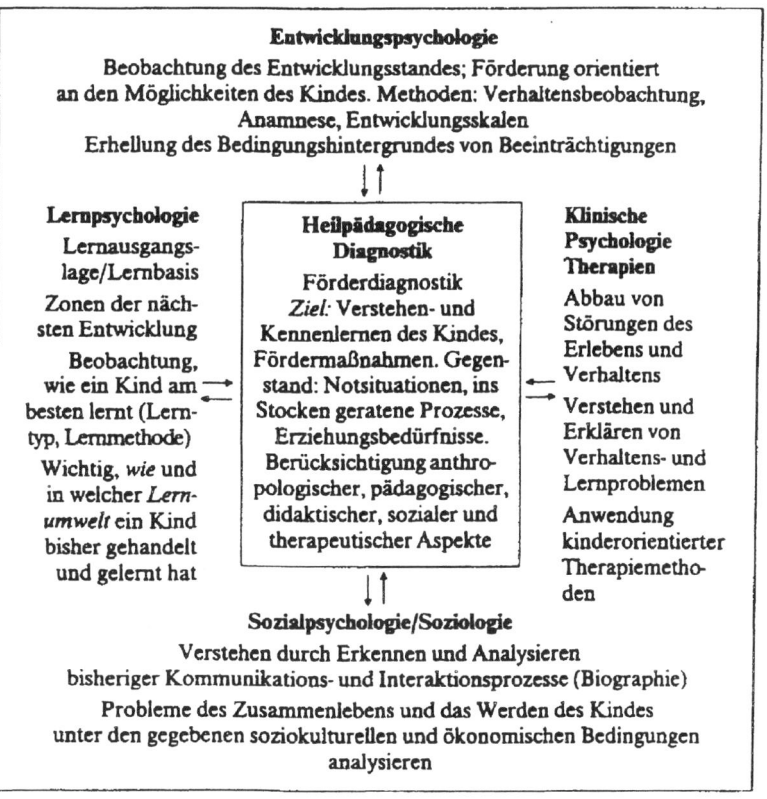

Entwicklungspsychologie
Beobachtung des Entwicklungsstandes; Förderung orientiert an den Möglichkeiten des Kindes. Methoden: Verhaltensbeobachtung, Anamnese, Entwicklungsskalen
Erhellung des Bedingungshintergrundes von Beeinträchtigungen

Lernpsychologie
Lernausgangs-lage/Lernbasis
Zonen der nächsten Entwicklung
Beobachtung, wie ein Kind am besten lernt (Lerntyp, Lernmethode)
Wichtig, *wie* und in welcher *Lernumwelt* ein Kind bisher gehandelt und gelernt hat

Heilpädagogische Diagnostik
Förderdiagnostik
Ziel: Verstehen- und Kennenlernen des Kindes, Fördermaßnahmen. Gegenstand: Notsituationen, ins Stocken geratene Prozesse, Erziehungsbedürfnisse. Berücksichtigung anthropologischer, pädagogischer, didaktischer, sozialer und therapeutischer Aspekte

Klinische Psychologie Therapien
Abbau von Störungen des Erlebens und Verhaltens
Verstehen und Erklären von Verhaltens- und Lernproblemen
Anwendung kinderorientierter Therapiemethoden

Sozialpsychologie/Soziologie
Verstehen durch Erkennen und Analysieren bisheriger Kommunikations- und Interaktionsprozesse (Biographie)
Probleme des Zusammenlebens und das Werden des Kindes unter den gegebenen soziokulturellen und ökonomischen Bedingungen analysieren

Abb. 33: Querverbindungen heilpädagogischer Diagnostik
In: Bundschuh, 1992

Die Heilpädagogin ist aber auch dazu herausgefordert, aus sehr unterschiedlichen Diagnostiken mit ihren jeweils differierenden und vielleicht sogar der heilpädagogischen Sichtweise widersprechenden Zielsetzungen solche Aspekte auszuwählen, die ihr möglicherweise in ihrer Arbeit nützlich sein können. So ergeben sich aus heilpädagogischer Sicht in folgenden diagnostischen Zugangswegen einige für die Heilpädagogik relevante Schwerpunkte (vgl. KOBI 1990, 44 ff.), die zu berücksichtigen sind:

- *Deskriptive Diagnostik*
beinhaltet eine möglichst genaue und umfassende Darstellung eines Problemkreises. Dadurch kann die Heilpädagogin zu einer Definition

gelangen, die als Grundlage für die gegenseitige Verständigung angesehen werden kann.

- Differentialdiagnostik
kann die Fülle verschiedener Erscheinungsbilder in bestimmten Bereichen ordnen, systematisieren und differenzieren. Dadurch kann die Heilpädagogin den augenblicklichen Zustand in Teilbereichen klarer erkennen und unterscheiden sowie innerhalb einzelner Teilbereiche oder für ihr Zusammenwirken angemessene Teilziele in ihrem Handlungsplan entwickeln.

- Funktionale Diagnostik
ist in der Lage, Bezüge zwischen verschiedenen Erscheinungsformen aufzudecken und darüber Auskunft zu geben, unter welchen Bedingungen bestimmte Erscheinungen oder Verhaltensweisen (gehäuft) auftreten oder nicht. Dadurch kann die Heilpädagogin Zusammenhänge (Korrelationen) und Beziehungen (Affinitäten) beim Kind oder Jugendlichen wie in dessen sozialem Umfeld beobachten und versuchen, mit allen Beteiligten ein möglichst optimales Arrangement zwischen unbekannten bzw. unaufhebbaren Ursachen und existenzbelastenden Symptomen herzustellen.

- Bildbarkeits- bzw. Förderdiagnostik
kann im Anschluss und in Ergänzung zu anderen Diagnoseverfahren Methoden zur (Wieder-) Herstellung der Erziehungsfähigkeit und -willigkeit sowie zu Bildungsmöglichkeiten aufzeigen, um die veränderungsnotwendigen und veränderbaren Entwicklungs- und Lerndefizite in den verschiedenen Fähigkeitsbereichen eines beeinträchtigten oder behinderten Menschen aufarbeiten zu können.

- Normalisierung- und Integrationsdiagnostik
bemüht sich um die Gestaltung dessen, was jenseits der Entwicklungs-, Bildungs- und Fördermöglichkeiten liegt und als Beeinträchtigungs- oder Behinderungszustand unveränderbar erhalten bleibt. Es geht nicht mehr um die Lösung eines Problems, sondern darum, das abnorm Bleibende in die aus unserer Sicht normalen Lebensverhältnisse zu integrieren, den behinderten Menschen jenseits aller Veränderung weitmöglichst Anteil nehmen zu lassen und ein gemeinsames Schicksal zu gestalten.

- Kausal-Diagnostik
versucht, Ursachenkomplexe und Kausalketten ausfindig zu machen, die für bestimmte Erscheinungsformen verantwortlich sind (ohne kausal-lineare [wenn - dann] Erklärungsmodelle zu erstellen). Die ätiologische Frage hat in der heilpädagogischen Diagnostik, im Unterschied zur herkömmlichen medizinischen Diagnostik, nicht die Aufgabe, linear-kausale Beziehungen im Sinne von Primärursachen nachzuweisen. Sie dient dem Heilpädagogen vielmehr dazu, mögliche Erziehungs-, Begleitungs- bzw. Lernstrategien zu erstellen. Nicht *warum* sich ein Kind, ein Jugendlicher so oder so verhält, sondern *wie* er sich verhält ist von besonderem Interesse.

- Selektions- bzw. Platzierungsdiagnostik
konfrontiert die Heilpädagogin z.B. durch die Einweisung einer Person in eine für sie als passend erachtete Schul- oder Heimsituation. Möglicherweise ist sie zu einem –>Bericht, einer –> Stellungnahme oder einem –>Gutachten herausgefordert. Unter heilpädagogischen Gesichtspunkten wären unter Bezugnahme auf die Rahmenbedingungen, wann immer möglich, solche Plazierungen anzustreben oder zu unterstützen, wo eine heilpädagogische Hilfeleistung konkrete Gestalt annehmen kann.

- Typisierungs-Diagnostik
kann im heilpädagogischen Bereich dazu dienen, hinsichtlich der erzieherischen, therapeutischen, unterrichtlichen oder organisatorischen Zielsetzungen eine Entscheidung zu treffen. So könnte sie dem Heilpädagogen dazu verhelfen, z.B. eine homogene Begleitungsgruppe zusammenzustellen; Fähigkeitsbereiche vor allem bestimmend für therapeutische und rehabilitative Maßnahmen zu benennen; Lernprozessphasen vor allem in der Förderungs- und Unterrichtsarbeit unter bestimmten Gesichtspunkten (z.B. der Motivation, der Ansprechbarkeit) zu planen; durch das Unterscheiden von Stufen der Handlungsfähigkeit angemessene Daseinsgestaltungsformen mit dem Ziel der relativen Autonomie im sozialen Umfeld zu ermöglichen.

• **Zielfragen heilpädagogischer Diagnostik**

Durch die Reflexion möglicher heilpädagogischer Schwerpunkte in verschiedenen diagnostischen Zielsetzungen kann festgehalten werden: Eine radikale Missachtung aller Diagnostik führt genauso in die Sackgasse wie eine naive Gläubigkeit gegenüber Diagnosen. Beides ist für die heilpädagogische Arbeit nicht hilfreich. Die Heilpädagogin ist herausgefordert, jede Diagnostik kritisch auf ihre *Relevanz für Erziehung unter erschwerten Bedingungen* hin zu überprüfen. Dabei ist zu beachten, dass heilpädagogische und damit erziehungsrelevante Diagnostik kein einmaliges oder fixierendes Definitions- oder Etikettierungsverfahren ist, sondern *prozesshafte, fortdauernde, vorläufige Einschätzung,* die auf *notwendige, mögliche und wirksame Hilfestellungen für diesen behinderten Menschen in seinen Beziehungs- und Erziehungsverhältnissen ausgerichtet ist.* Deshalb gehören zu dem impliziten Wertesystem heilpädagogischer Diagnostik folgende Zielfragen, die in ihren Verknüpfungen zugleich auch grundlegende Fragestellungen der Heilpädagogik sind (vgl. KOBI 1982, 15):
- Ausgangspunkt ist die *existentielle Frage (wer?)* , die sich auf den Fragesteller selbst (hier die Heilpädagogin als Diagnostikerin), ihren Standpunkt, ihre Perspektive, ihre (Selbst-)Legitimation bezieht; zugleich aber auf die Existenzbedingungen des Erzieherischen überhaupt, auf deren Ausgangs- und Zielpunkt für den beeinträchtigten und in seinen Lebensvollzügen behinderten Menschen, mit dem gemeinsam es herauszufinden gilt, als "Wer" er sich selbst versteht und begreift in seiner existentiellen Befindlichkeit.
- Die *phänomenologische Frage (was?),* die sich auf alles richtet, was als diagnostischer Sachverhalt in Erscheinung tritt und als derzeitiger Tatbestand herausgehoben wird. Wichtig ist eine möglichst objektive, genaue, umfassende und konkrete Beschreibung der Problemlage, ohne voreilige Wertung und Beurteilung. Dabei müssen beobachtete Fakten strikt von bloßen Vermutungen getrennt werden, nach dem Grundsatz: Deskription geht vor Interpretation.
Auf diese Weise gewinnt die Heilpädagogin eine phänomenologische Diagnose, die am Erscheinungs-, Zustands- und Symptombild orientiert ist.

- Die *topologische Frage (wo?),* die sich auf die situativen diagnostischen Bedingungen, das Umfeld, den Kontext, den Ort des Geschehens bezieht, in dem sich die Heilpädagogin und der beeinträchtigte, behinderte Mensch begegnen. Bei der Frage "Wo liegt das Problem" geht es um die intra- und inter-individuelle Ortung des Problems: Welche Fähigkeitsbereiche und Funktionen sind betroffen und in welche situativen Umstände ist das Problem eingebettet?

Auf diese Weise gewinnt die Heilpädagogin eine situative, soziale Diagnose, die soziologisch und ökologisch orientiert ist.

- Die *chronologische Frage (wann?),* die den Zeitpunkt des diagnostischen Erfassens im Kontext der lebensgeschichtlichen Entwicklungen und der Prozessfaktoren im Rahmen der heilpädagogischen Maßnahme (–>Befunderhebung, –>Begleitung, –>Beratung) umfasst. Durch die Frage: "Wann zeigen sich Probleme?" wird der Zeitfaktor angemessen berücksichtigt, was vor allem bei Kindern und Jugendlichen in ihrem Entwicklungsprozess (z.B. bei der Einschulung oder beim Berufseintritt) eine wichtige Rolle spielt. Dabei werden zugleich zeitgeschichtliche Umstände (z.B. Angst vor Atomkrieg; Gefahren der Umweltvergiftung; das Gespenst der Arbeitslosigkeit; Furcht vor scheinbarer Überfremdung; wirtschaftliche Rezessionen; raumgreifende Protestbewegungen; politischer Umbruch usw.) mit berücksichtigt.

Auf diese Weise gewinnt die Heilpädagogin eine historische Diagnose, die am Lebens- und Entwicklungsalter sowie an epochalen Gegebenheiten orientiert ist.

- Die *ätiologische Frage (warum? wozu?),* die sich diagnostisch retrospektiv (warum?) auf Ursachen und mögliche Kausalzusammenhänge (darum!) richtet, aber zugleich prospektiv (wozu?) nach dem Sinn und dem Zweck (um zu...) Ausschau hält. Die ätiologische Frage hat drei Blickrichtungen: Die erste richtet sich auf die Wirkungszusammenhänge, die zweite auf die Ursachen und die Dritte auf Sinn und Zweck.

Auf diese Weise gewinnt die Heilpädagogin eine ätiologische Diagnose, die auf Ablaufgesetzlichkeiten, Kausalbeziehungen und Sinnzusammenhänge gerichtet ist.

- Die *teleologische Frage (wozu? wohin?)*, die sich mit den Zielen heilpädagogisch-diagnostischen Handelns und in der Folge mit Perspektiven der heilpädagogischen Begleitung befasst, aber zugleich auch mit Normen und Werten, Erwartungen und Geltungsansprüchen der beteiligten Personen und Institutionen. "Wohin sollen und können heilerzieherische Bemühungen führen?", diese Zielfrage versucht das Ausmaß und die Art von Normabweichungen, die Zielbestimmung und Zielkorrelation unter verschiedenen Kontrahenten sowie die Zielordnung nach Prioritäten (z.B. Richtziele; Teilziele, unterteilt in Nah- und Fern-, Grob- und Feinziele; und methodische Ziele) zu differenzieren.

Auf diese Weise gewinnt die Heilpädagogin eine teleologische Diagnose, die auf Erziehungs- und Bildungsplanung ausgerichtet ist.

- Die *methodische Frage (wie?, womit?)* geht ziel- und zweckgerichteten Maßnahmen, Medien und Institutionen nach. Durch die Frage: "Wie, womit können Ziele erreicht werden?"

gewinnt die Heilpädagogin eine methodische Diagnose, eine an Zielsetzungen und verfügbaren bzw. zu findenden Mitteln orientierte Handlungsanweisung.

- Die *dialogische Frage (wer? - wessen? wem? wen?)*, die zum existentiellen Ausgangspunkt der Frage "wer?" zurückführt, indem sie den Möglichkeiten der Subjektivierung diagnostisch 'objektiv' vorgefundener Tatbestände nachgeht und herauszufinden sucht, für "wen" die augenblicklichen diagnostischen Erkenntnisse wie, wann, wo, auf welche Weise im Rahmen der HpE bedeutsam sind: Wen betrifft was? - Wessen Problem soll von wem mitgetragen werden? - Welche Aufgaben sollen durch wen erfüllt werden?

So gewinnt die Heilpädagogin eine dialogische Diagnose, die sich mit persönlichkeitsgebundenen erzieherischen Möglichkeiten konkret an bestimmte Personen richtet.

- **Zusammenfassung**

Ausgangs- und Zielpunkt heilpädagogischer Diagnostik wurzeln in Fragestellungen der heilpädagogischen Anthropologie: in der Grundlage und Legitimation von Erziehung; in der Aufgabe von Erziehung; im Erreichen von Erziehungszielen. Dabei geht die Heilpädagogin von ihrem reflektierten persönlichen und heilpädagogischen Menschenbild aus und versucht, durch den Prozess des Diagnostizierens zu einem systematischen und fundierten Verständnis der Person und der Lebensvollzüge des beeinträchtigten oder behinderten Menschen und seiner Bezugspersonen zu gelangen. Dabei fragt sie: Anthropologisch: "Was ist der Mensch?" Teleologisch: "Was soll der Mensch werden?" Methodologisch: "Wie kann Erziehung unter erschwerenden Bedingungen (= Heilpädagogik) dem Menschen dabei helfen?" Heilpädagogische Diagnostik verbindet mit diesen Fragestellungen vorläufige Annahmen von Zusammenhängen, die über das von außen beobachtbare Geschehen hinausgehen und deren endgültige Klärung noch aussteht. Das Ziel heilpädagogischer Diagnostik ist das Erfassen und Verstehen der Befindlichkeit des beeinträchtigten oder behinderten Menschen mit unterschiedlichen, heilpädagogisch relevanten diagnostischen Methoden. Dieses Ziel wird letztlich immer nur im Wagnis der Begegnung mit dem Gegenüber erfasst werden können, unter Zuhilfenahme verschiedener Vorannahmen und wissenschaftlicher Modelle vom Menschen. Weil schon die Zielsetzung den diagnostischen Prozess auf verschiedenen Ebenen maßgeblich beeinflusst, ist es notwendig, die heilpädagogische Diagnostik im Kontext interdisziplinärer Sichtweisen durch komplexe existentielle und dialogische Fragestellungen zu erweitern und zu vertiefen. Heilpädagogische Diagnostik ist in ihren Strukturelementen so gestaltet, dass ein prozesshaftes diagnostisches Vorgehen den effektiven Gebrauch diagnostischer Ergebnisse für die heilpädagogische Erziehungs- und Förderplanung gewährleistet. Darüber hinaus ist die Heilpädagogin bemüht, Erkenntnisse heilpädagogischer Diagnostik zu Forschungszwecken, zugunsten behindertengerechter Entwicklungen in der Gesellschaft, zur Verfügung zu stellen. Darüber hinaus kann die heilpädagogische Diagnose für verschiedene Forschungszwecke herangezogen und so allgemein für die Arbeit mit beeinträchtigten und behinderten Kindern, Jugendlichen und ihren Bezugspersonen nutzbar gemacht werden.

Begriffsbestimmung:

Elternarbeit ist die im Rahmen der HpE stattfindende Zusammenarbeit der Heilpädagogin mit den Eltern bzw. erziehungsberechtigten Bezugspersonen, vorrangig
unter den Gesichtspunkten
a) *–>Befunderhebung* (–>Erstgespräch; –>Anamnese; –>Exploration; –>Vertrag)
b) *–>Erziehungsberatung* (Hilfen zur erzieherischen Alltagsgestaltung).
c) *–>Elternberatung* (Hilfen zur Reflexion der eigenen Rolle als Eltern);
Elternarbeit kann als Einzelarbeit oder Gruppenarbeit mit einem oder mehreren Elternteilen vorgesehen sein und eher beraterische oder übende Funktionen beinhalten, zusammen mit dem vorgestellten Kind und seinen Geschwistern oder auch
getrennt.

In diesem Übersichtsartikel werden folgende Themen angesprochen:

* **Vorüberlegungen zur Elternarbeit**

Bei der Heilpädagogin setzt Elternarbeit Einfühlungsvermögen, Fertigkeiten in der helfenden Gesprächsführung, Lebens- und Berufserfahrung sowie *eine reflektierte und reife Beziehung zu den eigenen
Eltern* voraus. Nach Möglichkeit sollte die Heilpädagogin eine (tie-

fenpsychologisch orientierte) beraterische Zusatzausbildung absolviert haben oder anstreben.

Darüber hinaus ist es notwendig, dass sich die Heilpädagogin aufgrund soziologischer und sozialpsychologischer Aussagen über die Situation der sogenannten 'modernen Familie' eine Vorstellung von der *Elternrolle* machen kann, wie sie derzeit in den jeweiligen gesellschaftlichen Bedingungsverhältnissen und kulturellen Gegebenheiten mehr oder weniger bewusst eingefordert und gelebt wird. Sie wird sich aufgrund tiefenpsychologischer Erkenntnisse außerdem fragen, wie Elternschaft bewusst und unbewusst *erlebt* wird und welche Auswirkungen sich daraus für die *Beziehung* der Eltern untereinander und auf die *Erziehungsverhältnisse* zwischen Eltern und Kindern ergeben. Solche Überlegungen können sein:

- Wie ist das eigentlich, wenn man als Frau oder Mann, gewollt oder ungewollt, plötzlich oder geplant *Mutter* oder *Vater* wird?
- Was geschieht innerlich und äußerlich im Leben und Erleben der Eltern, wenn das Ereignis einer Schwangerschaft oder Geburt eintritt?
- Was geht in der Frau und im Mann vor, wenn ihr langjähriger Adoptionswunsch überraschend - in der Regel in maßloser Hektik - in Erfüllung geht?
- Was *fühlen und erleben* Frau und Mann in werdender Mutter- und Vaterschaft auf dem Hintergrund ihrer (verborgenen) Hoffnungen und Wünsche während ihres bisherigen eigenen und gemeinsamen Lebensweges?

Diese und ähnliche Vorüberlegungen führen zu folgenden Fragestellungen:

- **Welche Erfahrungen haben Eltern in ihrer Kindheit und Jugend gemacht?**

Die Heilpädagogin wird aus reflektierter beruflicher ->Selbsterfahrung, Eigentherapie oder -analyse und berufsbegleitender ->Supervision die Erkenntnis gewonnen haben, dass die Beziehungen zu den Eltern von jenen tiefen und vehementen Gefühlen besetzt sind und geleitet werden, die wir *Liebe* und *Hass* nennen. Liebe und Hass sind *keine Gegensätze,* sondern Hass ist ins Gegenteil verkehrte Liebe, solche Liebe, die verschmäht wurde oder keine Erfüllung gefunden hat. Das Gegenteil von Liebe ist die Gleichgültigkeit: Menschen interessieren sich nicht füreinander und empfinden deshalb auch nichts füreinander. Hass dagegen setzt ein hohes Maß an Interesse voraus. Der hassenswerte wie der liebenswerte Mensch ist im Leben eines anderen ungeheuer bedeutsam. Deshalb ist Hass immer auch im Zusammenhang mit Angst bzw. Furcht zu sehen: Kinder fürchten, die Liebe ihrer Eltern zu verlieren und hassen sie deshalb; sie hassen auch ihre Geschwister, weil sie fürchten, diese würden ihnen die Liebe der Eltern stehlen, und manchmal lieben sie sie, weil sie annehmen, dafür von ihren Eltern wiedergeliebt zu werden. Für Versagungen und Verbote der Eltern möchten Kinder sich rächen, den versagenden, verbietenden Autoritäten Zwang und Gewalt antun. Dann aber würden sie gleichzeitig ihre Sicherheit und die Quelle ihrer "Lust und Liebe" verlieren, und so wachsen Furcht und Schuldgefühle wegen der 'bösen' Gedanken...

Jedoch: Alle Eltern waren einmal Kinder! Sie kennen solche Gefühle! Sie haben vielleicht für affektive kindliche und jugendliche Ausbrüche als Folge solcher Gefühle in verschiedenen Altersstufen statt Verständnis, Zuwendung und Annahme ihrer seelischen Not physische und psychische Strafen erleiden müssen. Wie sind sie damit umgegangen? Eltern, die nicht gelernt haben, ihre Kindheitsgeschichte im Nachhinein als gegeben oder sogar als positiv zu akzeptieren, und die sich noch immer danach sehnen, von Mutter und Vater einzig und vor allen geliebt zu werden, *übertragen* diesen ungestillten Liebeswunsch sowohl in ihre Partnerschaft wie auch auf ihre eigenen Kinder. Elterliche Wutanfälle, Prügel, Moralpredigten, Nörgeln und Zwangsausübung sind nicht nur auf äußere Stressfaktoren und situative Bedingungen zurückzuführen, sondern sind oftmals unbewusste Hassreaktionen ungeliebter und deshalb unerfüllter Eltern gegen das Kind. Denn in dem Maße, wie das Kind seinen eigenen Willen entwickelt und durchzusetzen versucht, in dem Maße erleiden Eltern oftmals eine Wiederbelebung kränkender und verletzender Versagungserlebnisse. Nur sind sie heute nicht mehr das unterlegene Kind, sondern der überlegene Vater, die überlegene Mutter, d.h. nicht mehr Opfer, sondern Täter. Mit elterlicher Machtbefugnis ausgestattet, können sie sich nun in der Elternrolle gleichsam ersatzweise (unbewusst) dafür rächen, was ihnen in der Kindrolle selbst angetan wurde, dies immer unter dem Deckmantel sogenannter 'Versorgung' und 'Erziehung': "Mein Kind soll es einmal besser haben..." ("...und sei es mit Gewalt.") Wenn das Kind, der Jugendliche "nicht so geraten ist", wie Eltern es sich wünschten, fühlen sie sich selbst erneut ungeliebt und verstoßen deshalb ihre "undankbaren" Kinder auf verschiedene Weise, so wie sie selber sich verstoßen fühlten und fühlen. Es ist wahr, dass wir andere um das beneiden und an ihnen das am meisten hassen, was wir für uns selber am meisten vermissen und was wir ihnen deshalb am heftigsten missgönnen: Die ganze Fülle dessen, was wir Liebe nennen.

1. Positive Voraussetzungen für ein gesundes Familienleben
Zunächst ist davon auszugehen dass angehende Eltern gesunde, lebensfrohe Menschen sind, die Freude am Leben haben und ihrer erfüllten Liebe Ausdruck verleihen möchten. Sie sind 'erwachsen':
- sie haben sich aus den Abhängigkeiten ihrer Herkunftsfamilien weitgehend gelöst, "stehen auf eigenen Füßen", vertreten auch gegenüber ihren Eltern eigene Ansichten und lassen deren Ansichten gelten; kurz: Sie haben ein gutes Maß an Autonomie erlangt;
- sie sind mit sich selbst als Frau oder Mann persönlich und beruflich zufrieden, kennen ihre schätzenswerten Seiten ebenso wie ihre Schwächen und Mängel, stehen dazu und probieren sich immer wieder neu aus (Selbstverwirklichung);
- sie haben als Frau oder Mann persönlich und beruflich ihren Platz gefunden, sind in ihren Freundes- und Kollegenkreis integriert und sind erfüllt von den Chancen und Aufgaben des Lebens;
- sie sind in der Lage, eine partnerschaftliche Beziehung kontinuierlich und verantwortlich zu gestalten;
- sie sind bereit, eine gemeinsame Zukunftsperspektive zu entwickeln und sich neuen, gemeinsamen Lebensaufgaben zu stellen;
- sie sind verlässlich und treu und teilen miteinander Wohnung und Freizeit;

- sie lassen einander genügend Freiraum für die Erfüllung individueller Wünsche, für unterschiedliche Interessen und für persönliche Freundschaften;

- sie interessieren sich füreinander, freuen sich darüber, wenn es ihrem Partner gut geht und er sie an seinen individuellen Erlebnissen in Freude und Leid Anteil nehmen lässt.

- Sie leben nach dem Motto: "Was gut ist für dich, ist nicht nur gut für mich, sondern *besser für uns beide.*"

Auf diese Weise setzen sie sich, bildlich gesprochen, "zusammen *und* auseinander", erfahren in dieser Wechselwirkung eine Wertsteigerung ihres eigenen Lebens und gelangen so zu Zufriedenheit und Glück, d.h. letztendlich zur *Transzendenz:* Die Grenzen der eigenen Erfahrung werden auf vielen Gebieten und gerade auch in intimen körperlichen und seelischen Bereichen überschritten, z.B. in Situationen wie Vorfreude, Genuss; Bestätigung des Selbst durch den Partner oder jemand anderes; in gemeinsamen Erlebnissen oder in der Bewältigung von neuen Situation oder Krisen.

'Erwachsene' Männer und Frauen haben sich von Eifersuchts- und Rivalitätsgefühlen weitgehend befreit bzw. erkennen diese bei sich selbst als Mangelerfahrung. Sie suchen nach legitimer und für den Partner mitzuvollziehender und mitverantwortlicher Befriedigung ihrer Bedürfnisse. Auf diese Weise erringen sie tiefere Identität für sich und ein höheres Maß an Gleichberechtigung für das Du, und zwischen ihnen herrschen offene Gesprächsbereitschaft, Liebe und Vertrauen. So werden die individuellen Erfahrungen von Frau und Mann zur Bereicherung des einen oder des anderen und stärken auf diese Weise ihre Lebensgemeinschaft.

Wenn sich ein junges Paar entschließt, "auf Dauer" zusammenzuleben und eine Familie zu gründen, haben sie sich diesen Schritt in der Regel gut überlegt. Sie sind beide gesunde, lebensfrohe Menschen, die Freude am Leben haben, sich vertrauen, füreinander einstehen, Verzicht leisten und Rücksicht nehmen können und die ihrer erfüllten Liebe sichtbaren Ausdruck verleihen möchten: "Wir wollen ein Kind!" Damit beginnt ein neuer Abschnitt im Leben von Frau und Mann und zugleich im gemeinsamen Leben und Erleben.

Die Frau als werdende Mutter erlebt - anders als der Mann und anders als Adoptiv- oder Pflegeeltern - Mutterschaft unmittelbar körperlich am eigenen Leib. Eine positive Erfahrung der Mutterschaft erfordert

a) die eigene Erfahrung, als Kind selber nicht nur die strafenden sondern auch die „guten Anteile" der Mutter erlebt zu haben;

b) Verständnis und Rücksicht seitens der Umwelt, des Milieus;

c) ein "Weltbild, das Vergangenheit, Gegenwart und Zukunft in einer überzeugenden Grundform der Vorsorge zusammenhält".
(ERIKSON 1966, 241 ff.)

Dies wird der Mutter nur gelingen können, wenn die Gesellschaft die Funktion der Mutter ebenso hoch schätzt, wie diese selbst. Schwangerschaft, Geburt und Heranwachsen eines Kindes sind nicht nur Entwicklungsphasen im Leben und Erleben des Kindes, sondern neben Autonomieentwicklung und abgeschlossener Berufsausbildung zugleich entscheidende Stadien der Persönlichkeitsentwicklung im Leben einer Frau, in anders gearteter Weise auch des Mannes.

Der Vater ist im Idealfall Stütze und Schutz von Frau und Kindern. Die Mutter kann sich auf ihn verlassen. Um als Mann nicht auf die Kinder in infantiler Weise eifersüchtig und neidisch zu sein (vgl. ANGERMAIER/KRÜGER 1990), sich durch sie nicht eingeschränkt oder gar überfordert zu fühlen, nicht um die Zuneigung der Kinder für sich in Konkurrenz zur Mutter zu buhlen oder sie gar als Rivalen abzulehnen, muss der Vater eine gesunde, männliche Identität entwickelt haben. Der (werdende) Vater sollte gelernt haben, für sich selber zu sorgen und seinen Wohn- und Lebensraum selbstständig gestalten zu können. Er sollte einen guten Teil der femininen Anteile seiner Persönlichkeit integriert haben. Zur Vaterschaft gehört als äußerer Faktor u.a. eine relativ gefestigte Position im gesellschaftlichen Leben, die leider (bei immer längeren Ausbildungs- bzw. Studienzeiten, bei drohender oder vorhandener Arbeitslosigkeit) oft mehr als erträglich in Frage gestellt ist.

Sind Mutter und Vater so für die Elternschaft gerüstet, wie es hier nur sehr verkürzt angedeutet werden konnte, ist die Erfüllung der wichtigsten Aufgaben *verantworteter Elternschaft* gewährleistet:

376

a) die Befriedigung der körperlichen Bedürfnisse des Kindes, wie Nahrung, Kleidung, Hygiene usw.;

b) die Befriedigung der seelischen Bedürfnisse des Kindes, wie emotionale Wärme, Zärtlichkeit und seelische Zuwendung, die dem Kind jenes Vertrauen und jene Sicherheit vermitteln, die es als Basis für sein ganzes weiteres Leben so dringend benötigt.

Die Eltern werden die gelungenen Erfahrungen ihrer ehelichen Beziehung mit ihrem Kind (später vielleicht auch mit weiteren Kindern) teilen, um es ganz hineinzunehmen in ihre Freude am Leben. Sie werden tiefen Anteil nehmen an den ungeschminkten, vitalen, oftmals egoistischen und unerbittlichen Forderungen ihres Kindes, weil sie sich innerlich zufrieden und reich fühlen. Es macht ihnen - wie in ihrer Ehe - Freude, gern abzugeben und Zärtlichkeit und Liebe mitzuteilen. Sie nehmen an den Wachstums- und Entwicklungskrisen ihrer Kinder regen und mitverantwortlichen Anteil, sind zugewandt und aufgeschlossen, lassen sich jedoch nicht in ihrem eigenen Leben und ihren Ansichten verunsichern. Sie leben nach dem Motto: "Was unserem Kind guttut, fördert seine Möglichkeiten und Begabungen. Wir erfreuen uns an jeder seiner Handlungen, aber wir leben auch unser eigenes Leben!"

Durch diese Einstellung, die zunächst dem Kind große Wachstums- und Entwicklungsvorteile einbringt, wächst gleichzeitig das Wohl der Eltern und der ganzen Familie:

"...wenn es mir mehr Freude bereitet, meine geliebte kleine Tochter, die für ihr Leben gern Erdbeeren ißt und begeistert dabei schmatzt, mit meinen Erdbeeren zu füttern, und ich eine tiefe Befriedigung verspüre und mit Vergnügen zuschaue, wie sie die Erdbeeren verspeist, die auch für mich selbst ein Genuß gewesen wären, was soll ich dann über die selbstsüchtigen oder selbstlosen Aspekte dieser Handlung sagen... Mein Verhalten ist weder vollkommen selbstsüchtig noch vollkommen selbstlos, aber man kann es auch gleichzeitig selbstsüchtig und selbstlos nennen... Das heißt, was gut ist für mein Kind, ist gut für mich, was gut ist für mich, ist gut für mein Kind, was dem Kind Vergnügen bereitet, verschafft auch mir Vergnügen, und was mir Vergnügen bereitet, verschafft auch dem Kind Vergnügen." (Abraham Maslow)

Wenn das Kind im Vertrauen auf die unerschütterliche Liebe der Mutter - später auch zunehmend des Vaters oder vorhandener Geschwister - Gelegenheit erhält, seine aggressiven Kräfte in angemessenen und legitimen Grenzen zu äußern und zu erproben, ohne Liebesverlust befürchten zu müssen, kann es sich Orientierungen in der Umwelt verschaffen und mit wachsender psychischer Reife seine Impulse zunehmend selbst steuern und meistern und in seine Persönlichkeit integrieren.

Fehlt allerdings der äußere Halt, der auch die Notwendigkeit beinhaltet, Grenzen zu setzen, so besteht die Gefahr, dass das Kind auch keinen "inneren Halt" (MOOR 1974, 224 ff.) entwickeln kann. Dann wird es zwar nicht in seinen aggressiven Bedürfnissen, wohl aber in seinem elementaren Sicherheitsbedürfnis und in seiner Ich-Entwicklung frustriert. (BETTELHEIM 1970, 182) Ohne jede –>Autorität würden besonders die (lebensnotwendigen!) aggressiven Impulse des Kindes ins Leere wuchern. Diese bedürfen ebenso wie die Bedürfnisse nach Liebe und Zuwendung in ihrer Entwicklung und Einübung einer stabilen und haltgebenden Umgebung. Zuviel an sogenannter Freiheit und Unabhängigkeit würden dem Kind Angst bereiten. Das Resultat wäre dann die beziehungsunfähige und als Freiheit missverstandene Ungebundenheit Ich-schwacher Menschen, die von ihren Bedürfnissen leicht überwältigt werden. Falsche Autorität (autoritäres Verhalten) würde aus Angst vor Strafe die Unterwerfung des Kindes provozieren. So würde das Kind in eine übergroße Abhängigkeit von der Autorität gelangen, was schließlich innerpsychisch zum gleichen Ergebnis führen würde: Zu einer Ich-schwachen, leicht ihren Bedürfnissen ausgelieferten Persönlichkeit, sobald die kontrollierenden Instanzen umgangen werden können.

2. Schwierigkeiten für das familiäre Zusammenleben

Bedenkt man die Schwierigkeiten, die Paare im Zusammenleben auf sich nehmen, stellt sich die Frage, warum und wozu sie das tun. Wir sagten bereits: Bestenfalls sind beide, gesunde, lebensfrohe Menschen, die Freude am Leben haben und ihrer erfüllten Liebe Ausdruck verleihen möchten. Sie sind sich der persönlichen und gesellschaftlichen Belastungen und Risiken ehelicher und familiärer Gemeinschaft sehr wohl bewusst. Je nachdem, welche Erfahrungen sie in ihrem Leben gemacht und wie sie diese Erfahrungen verarbeitet haben, ziehen sie daraus sehr verschiedene Schlüsse, die sich in ihre Entscheidungen für oder gegen eine bestimmte Art von Partnerschaft, für oder gegen ein Zusammen- oder Getrenntleben auswirken. (Immerhin sind z.B. 40% der Wohnungen Kölns zur Zeit von Singles bewohnt. Es wäre interessant und aufschlussreich, die äußeren und latenten Beweggründe für diese Lebensform durch Tiefeninterviews zugänglich zu machen.)

Wenn die Eltern jedoch Menschen sind, die mangels Liebe ein niedriges Selbstwertgefühl entwickelt haben und stark von Zweifel, Sorge und Unsicherheit über sich selber und über ihre Zukunft bewegt sind, so wird dies ebenso gravierende Folgen für eheliche Partnerschaft und Familienleben haben, wie die vorher beschriebene Situation.

SATIR (1973, 19 ff.) beschreibt, dass niedriges Selbstwertgefühl einen wichtigen Einfluss auf die Wahl des Ehepartners habe. Daraus wachsen falsche Hoffnungen auf all das, was man vom Partner erwartet um so höher und unrealistischer, je niedriger das eigene Selbstwertgefühl ist. Aufgrund des niedrigen Selbstwertgefühls ist man sich selber und des anderen nie sicher, eher erwartet man insgeheim doch wieder jene Enttäuschungen, die das eigene Leben als Kind nicht lebenswert und liebenswert machten. Auf diese Weise lebt das kleine, verängstigte, ungeliebte Kind in den Partnern, die möglicherweise später Eltern werden, weiter. Sie bleiben in ihrer Beziehung misstrauisch gegeneinander und später auch gegenüber den Fähigkeiten und Möglichkeiten ihres Kindes.

So reproduzieren sie in der eigenen Familie erneut jenes Misstrauensverhältnis, das sie bereits aus der ähnlich gestalteten Beziehung ihrer Eltern kennen. Aufgrund des niedrigen Selbstwertgefühls wissen die Eltern nicht, dass sie sich auf Nehmen *und* Geben einlassen. SATIR (1973, 23 ff.) beschreibt, dass solche Eltern voneinander enttäuscht sind, sobald sie sich in ihrer Verschiedenheit erkennen. Unterschiedliche Vorlieben und Verhaltensweisen scheinen deshalb "schlecht", weil sie zur Uneinigkeit führen und das falsche Harmoniebestreben in Frage stellen. Ohne nötige Selbstachtung, Selbstsicherheit und ohne Selbstwertgefühl wird die Unterschiedlichkeit des Partners, die zu Konflikten und damit zur Uneinigkeit führt, als Beleidigung und als Beweis dafür erfahren, nicht geliebt zu sein. Sich zeitweise unabhängig voneinander Kontakte, Erlebnisse und eigene Wunschbefriedigungen zu gönnen, wird als Verrat erlebt: "Wenn du mich lieben würdest, würdest du das tun, was ich mir wünsche!"

Auf diese Weise sind Paare "dysfunktional" uneins, weil sie das Prinzip unterstellen, dass Liebe und absolute Übereinstimmung zusammengehören. Wenn die Eltern eines stark gestörten Kindes in diesem Sinne dysfunktional sind, werden sie sich einander und dem Kind gegenüber wechselhaft verhalten: Einerseits sind sie die äußerlich erwachsene Mutter oder der Vater; ein andermal sind sie selber ein kleines, schmollendes, trotzendes und ungeliebtes Kind, das z.B. zur 'Flasche' (gefüllt mit Alkohol) greift, um seine Enttäuschungen 'herunterzuspülen' bzw. zu 'ertränken'; das vor Wut tobt und schreit; das die Tür hinter sich zuknallt und außer sich davonläuft; das wutentbrannt auf andere losgeht; das demonstrativ drohend und rachsüchtig jeden (Liebes-)Kontakt verweigert und erpresserisch kundtut: "Ich rede nicht mehr mit dir, wenn du nicht...!" Aus solchen Reaktionen spricht das kleine, verletzte Kind im Inneren der großen, 'erwachsenen' Eltern.

* **Vorgehensweisen der Heilpädagogin in der Elternarbeit**

Hilfreiche Elternarbeit setzt sowohl bei den Eltern als auch bei der Heilpädagogin Bereitwilligkeit und Fähigkeiten voraus, bei den Eltern vor allem die Fähigkeit und Bereitwilligkeit zur Mitarbeit. In der –>Legitimationsprüfung, bei der –>Kontaktaufnahme und beim —>Vertragsabschluss wird die Heilpädagogin diese Voraussetzungen mit den Eltern gemeinsam sorgfältig prüfen. In Anlehnung an DÜHRSSEN (1977) sind folgende Gesichtspunkte zu berücksichtigen:
1. Die Heilpädagogin orientiert sich als erstes - noch vor der näheren Kontaktaufnahme mit dem Kind - über das vorhandene *Kräftereservoir der Eltern*. Dazu gehören auch alle Belastungen, die über die

konkrete Sorge für das Kind hinausgehen, wie z.B. Alltagssorgen, berufliche Sorgen, Vermögenssorgen, Belastungen aller Art, Schicksalsschläge, gesundheitliche Gebrechen, Verkehrsbedingungen u.a. Es gilt herauszufinden, zu welcher Leistung im Sinne *kontinuierlicher Mitarbeit* sich die Eltern *realistisch* in der Lage sehen. Oftmals verstellt die momentane oder situative Not den Eltern den Blick für die Zusammenhänge, und sie willigen unwissend oder leichtfertig in Absprachen ein, die später einen verfrühten Abbruch der HpE zu Lasten des Kindes nach sich ziehen. Die Heilpädagogin hat die Aufgabe, mit den Eltern ihre tatsächlichen Möglichkeiten herauszufinden, abzuwägen und so zu überschaubaren, nachvollziehbaren und tragfähigen Entscheidungen zu gelangen.

2. Die Heilpädagogin versucht, die Situation der Eltern mittels Teil- oder Probe-Identifikation zu *verstehen*. Dies verhindert den schweren Kunstfehler, sich möglicherweise mit dem Kind gegen die Eltern zu identifizieren. DÜHRSSEN (1977, 1) erwähnt in diesem Zusammenhang, unter Hinweis auf MÜLLER-KÜPPERS, als besonders gefährdet "jene Kollegen, die... ihren Beruf gewählt haben, weil in ihnen eine Tendenz aktiv war, selbst 'lebenslänglich in der Kinderstube zu verharren'".

Die Teil-Identifikation mit den Eltern wird der Heilpädagogin um so eher gelingen, je intensiver sie ihre Beziehung zu den eigenen Eltern in berufsbezogener –>Selbsterfahrung und –>Supervision zu reflektieren gelernt hat, um ihre Projektionen und Gegenübertragungen wahrnehmen und für die Elternarbeit nutzbringend einsetzen zu können.

3. Die Heilpädagogin erstellt eine *Familien-* und *Milieuanamnese* (–>Akte, Blatt 1.3) Um die Situation eines beeinträchtigten, behinderten oder psychosozial gestörten Kindes oder Jugendlichen nachvollziehen und angemessene, effektive heilpädagogische Hilfe leisten zu können ist es notwendig, die besondere Geschichte und die Lebensbedingungen der Familie des beeinträchtigten, behinderten und/oder psychosozial gestörten Kindes oder Jugendlichen in ihrem jeweiligen Milieu in einer Familienanamnese zu erfassen. Durch eine solche Analyse kann es gelingen, die gesellschaftlichen, überindivi-

duellen und verborgenen Beweggründe, den –>Anlass für eine HpE nachzuvollziehen und zu verstehen und eine 'Sprache' zu entwickeln, die von den Eltern nicht nur verbal, sondern auch und vor allem *auf ihrem individuellen* und *milieuspezifischen* Erfahrungshintergrund annähernd verstanden werden kann. In diesem Zusammenhang gilt die Aussage:

"Wenn wir nicht über die verborgenen - vielleicht neurotischen - Ängste, Befürchtungen oder Sehnsüchte der beteiligten Familienmitglieder mit ihrer wechselseitigen Verflochtenheit ausreichend Bescheid wissen, dann werden wir auch nicht verstehen, wie das Kind in diese Familiendynamik hinein verwoben ist. Der Grundsatz, daß die Familiendiagnose wichtiger ist, als das Krankheitsbild des Kindes selbst, ist in gewissen Grenzen auch dann zu berücksichtigen, wenn es sich bei dem Kind um eine leichte frühkindliche Hirnschädigung handelt, oder um eine deutliche Entwicklungsverzögerung." (DÜHRSSEN 1977, 1)

Über die Familienanamnese hinaus ist zu berücksichtigen, dass beeinträchtigte und behinderte Kinder und Jugendliche sowie ihre Eltern und Bezugspersonen, mit denen die Heilpädagogin zusammenarbeitet, häufig im sogenannten "Unterschichtmilieu" zu Hause sind: Sie leben in sogenannten sozialen Brennpunkten in einer Gettosituation, gehören zu Gruppen von ausländischen Arbeitnehmern, zu Gruppen von obdachlosen oder verarmten Familien und sind Kinder alkoholabhängiger oder solcher Eltern, die zum Teil selber beeinträchtigt, behindert oder psychosozial gestört sind. Sie stehen "auf der Schattenseite des Lebens" und haben oft nur geringe Aussichten, sich aus eigener Kraft aus ihrer Situation zu befreien. Heilpädagogen kommen hingegen meist aus der sogenannten "Mittelschicht", d.h. sie sind anders aufgewachsen, haben eine andere Schulbildung, sprechen eine andere Sprache, denken, fühlen, leben und erleben anders als ihre Klienten. Sie müssen erst durch Studium und in ihrer Berufsausbildung lernen, sich in den Gegebenheiten des ihnen zunächst fremden Milieus, der Menschen, ihrer Herkunft, ihrer Denk- und Lebensweise zurechtzufinden und sie verstehen zu lernen, bevor sie effektive Hilfe leisten können. Sie dürfen weder die Eltern, die Kinder und Jugendlichen noch sich selbst in ihren Ansprüchen überfordern, wenn sie *angemessene* Hilfsangebote im Rahmen der HpE entwickeln wollen. Hierzu ist die enge Zusammenarbeit mit anderen Sozialberufen erforderlich.

4. Bevor eine mögliche –>Erziehungsberatung im engeren Sinn überhaupt hilfreich sein kann, so dass –>Auskünfte, –>Informationen, Empfehlungen und das Entwickeln von erzieherischen Handlungsalternativen auf fruchtbaren Boden fallen und umgesetzt werden können, wird sich die Heilpädagogin um die *Entlastung* der Eltern und die *Umstimmung ihrer Gefühlslage* bemühen. Die Aussicht auf Veränderung der als belastend oder ausweglos empfundenen Situationen ermöglicht den Durchbruch zu (latent) vorhandenen psychischen und physischen Kräftereservoiren und Ressourcen.

• **Heilpädagogische Elternarbeit in Institutionen**

Heilpädagogen können mit Eltern über verschiedene Institutionen in Kontakt kommen, in denen sie entweder selbst beruflich tätig sind oder in denen sich die Kinder der Eltern befinden.

- Kindergarten und Schule
An erster Stelle sind hier *Kindergarten* und *Schule* zu nennen, in denen es zu sogenannten Verhaltensauffälligkeiten oder Schulschwierigkeiten kommen kann, was immer im einzelnen auch darunter verstanden werden mag. (–>Anlass) In Kindergarten wie Schule ist die Einwilligung der Eltern für eine HpE erforderlich (–>Legitimationsprüfung; –>Vertrag). Immer erweist es sich für die Heilpädagogin als günstig, Kontakt mit Erzieherinnen oder Lehrerinnen aufzunehmen, mit dem Ziel, ein besseres Verständnis für das Kind bei allen Beteiligten zu gewinnen. (–>Kontakte und Konsultationen) Es kann sein, dass ein Kind aufgrund unterschiedlicher Erziehungspraktiken, die in Elternhaus, Kindergarten oder Schule zu divergierender bzw. Kontrasterziehung führen können, Auffälligkeiten zeigt. Dies würde gezielte Beratungsangebote (–>Erziehungsberatung) erforderlich machen, um zu einem Konsens in der gemeinsamen Vorgehensweise und zu sinnvollem erzieherischen Handeln zu gelangen. Die Heilpädagogin könnte bei verschiedenen Formen sozialpäd-

agogischer Elternarbeit (HUPPERTZ 1976, 1977) unterstützend wirken. Sie könnte bei didaktischen Formen der Elternarbeit mithelfen, z.B. bei der Gestaltung von Elternabenden mit vertiefter Reflexion erzieherischer Themen in Kindergarten oder Schule; in der Begleitung von Eltern während der Hospitation in Kindergarten oder Schule; bei der Unterstützung der Erzieherin oder Lehrerin in Aufnahme- oder Konfliktgesprächen mit Eltern. Auch spontane Arbeitsformen, wie Gespräche mit Eltern zwischen Tür und Angel könnten hilfreich wirken. - In der Schule mag ein Kind deshalb Lernstörungen zeigen, weil es unter schwierigen häuslichen Verhältnissen zu leiden hat, die seine Entwicklungskräfte emotional binden, so dass kein Freiraum für andere Wahrnehmungen gegeben ist. Hier wäre das Verständnis der Lehrpersonen herzustellen, das Kind nicht unnötig herauszufordern und dadurch vielleicht als Versager bloßzustellen, was vor allem bei Lernhemmungen (SINGER 1970) schwerwiegende Folgen hätte. Auch das Thema Belohnung und Strafe als Erziehungsmittel wäre vertieft zu reflektieren, besonders auch auf dem Hintergrund starker Schulängste.

- Heim

Als weitere Institutionen wären *Heime* zu nennen, in denen Heilpädagogen entweder im Gruppendienst oder in beratendem Dienst tätig sind oder aus denen sie Kinder betreuen, die ihnen in einer Beratungsstelle vorgestellt werden. Je nach Ausgangslage und Art des Heimes (z.B. Regelheime, Tagesheime oder -kliniken, Heime für behinderte Menschen) lassen sich (nach BÖNNEKEN 1979, 57) verschiedene Kategorien für die Elternarbeit erstellen, die von den Kontakten der Kinder zu ihren Eltern oder Verwandten ausgehen:

1. Kategorie: Der Kontakt besteht, es existiert brieflicher oder persönlicher Kontakt und eine persönliche Bindung;
2. Kategorie: Der Kontakt besteht, jedoch brieflich wie persönlich sehr unregelmäßig. Zwar ist eine persönliche Bindung vorhanden, jedoch erscheint die Beziehung nicht belastbar;
3. Kategorie: Der Kontakt besteht nicht, entweder mangels Interesse am Kind bzw. Jugendlichen oder aufgrund von Unfähigkeit zur Kontaktpflege bzw. Unmöglichkeit (wenn keine Angehörigen vorhanden sind).

Auf diesem Hintergrund wird die Heilpädagogin je nach Auftrag und Stellung innerhalb oder außerhalb der Institution die Zusammenarbeit mit den Eltern reflektieren und Fragen stellen: Nach einer Einbeziehung der Eltern in einen Reintegrationsprozess; zur Verantwortbarkeit des Entfremdungsprozesses innerhalb der Heimerziehung; zu den Grenzen der Elternarbeit aufgrund rechtlicher, soziologischer, pädagogischer und psychologischer Aspekte; zu einer jeweils differenzierten und zielgerichteten Elternarbeit zusammen mit anderen verantwortlichen Erziehungsberechtigten und Institutionen, z.B. Vormund, Jugendamt und andere. Allgemeine Themen für die Elternarbeit im Heim können sein:

- Wie erlebt und verarbeitet unser Kind die Trennung?
- Gibt es eine Zukunftsperspektive für erneutes familiäres Zusammenleben; woran können wir als Eltern dies erkennen?
- Wie reagieren wir als Eltern individuell auf spezifische Verhaltensweisen unseres Kindes?
- Wie gestaltet sich das Einleben meines Kindes in einen bestehenden Gruppenverband?
- Welche Möglichkeiten der Kontaktpflege hat mein Kind, welche habe ich?
- Wie wirken sich Elternbesuche auf die Befindlichkeit und das Sozialverhalten aus?
- Wie sehen Kinder ihre Eltern aus einer gewissen räumlichen und zeitlichen Distanz?
- Welche Möglichkeiten für die Ausgestaltung befristeter Urlaubstage gibt es für das Kind im elterlichen Milieu?
- Wie können wir als Eltern uns konsequenter im Erziehungsgeschehen verhalten, in der Spannung zwischen Wollen und Sollen?
- Welche Möglichkeiten haben wir als Eltern, auf das Verhalten der Kinder und Erzieher im Heim Einfluss zu nehmen?
- Mit welchen rechtlichen und sonstigen Forderungen sind wir als Eltern - bin ich als Elternteil - konfrontiert, wenn mein Kind im Heim lebt? (vgl. BÖNNEKEN 1979, 66)

- Beratungsstelle

Häufig sind Heilpädagogen in *Beratungsstellen* tätig. Sie übernehmen in den dortigen Teams von Fachleuten (Psychologen, Sozialarbeiter und -pädagogen, Therapeuten, ggf. auch Ärzte) gleich anderen Mitarbeitern bestimmte Aufgaben, die die Teammitglieder in der Institution ausführen: Erstgespräche, Durchführung bestimmter Untersuchungsmethoden, Fallbesprechungen, Elternarbeit u.a. Ihre spezifische Aufgabe besteht hier - ebenso wie in allen anderen Arbeitsbereichen und Institutionen - in der Begleitung jener Kinder und Jugendlichen, die in besonderer Weise "heilpädagogisch bedürftig" (HAGEL 1990) sind. Der Schwerpunkt heilpädagogischer Arbeit ist auch in der Beratungsstelle die individuumzentrierte Arbeit mit Kindern und Jugendlichen:

a) das heilpädagogische Spiel (JUST 1992) und

b) die heilpädagogische Begleitung in der Übung (OY/SAGI 1988; KLENNER 1972, 1979).

Beide Methoden - wie immer sie auch im einzelnen, je nach Beeinträchtigung oder Behinderung des Kindes oder Jugendlichen, modifiziert, ergänzt und differenziert werden mögen - beinhalten die konkrete Arbeit mit dem Kind bzw. Jugendlichen in Einzel- oder Gruppenarbeit als intensive, dialogische, intersubjektive Beziehungsgestaltung. Hinzu kommt die Zusammenarbeit mit dessen Eltern bzw. Bezugspersonen unter Einbeziehung der gegebenen Einflüsse des Milieus, der Mitwelt und Umwelt.

- Einrichtungen der Frühförderung

Ähnlich gestaltet sich heilpädagogische Elternarbeit im Rahmen der *Frühförderung*. Die konkrete heilpädagogische Arbeit mit dem behinderten kleinen Kind kann nur gelingen, wenn die Heilpädagogin die Eltern motivieren kann, aktiv mitzuarbeiten, um Behinderungszustände zu kompensieren, abzuschwächen oder möglicherweise aufzuheben. Eltern können ihrem behinderten Kind nur dann helfen, wenn sie in der Lage sind, ihre eigene (Problem-) Situation, die als Folge der Behinderung des Kindes eingetreten ist, zu lösen. Sie brauchen konkrete Hilfen im Alltag, Anweisungen für Umgangs- und Verstehensformen mit ihrem Kind, um auf diese Weise ihren Schock und ihre Ablehnung des behinderten Kindes verarbeiten zu lernen, ihre Schuldgefühle zu überwinden und ihre Enttäuschungen zu ertragen, wenn sie keinen oder nur geringen sichtbaren Fortschritt in der Entwicklung ihres Kindes wahrnehmen können. Ziel ist es, eine positive Einstellung der Eltern zu ihrem Kind zu entwickeln, so dass eine intensive Frühförderung des Kindes sich im Lebensraum der Familie entwickeln kann, ohne dass Geschwisterkinder und Ehepartner durch falsche Konzentration auf das behinderte Kind im zwischenmenschlichen Bereich Schaden leiden. Auch hier ist heilpädagogische Arbeit immer nur im Team möglich, zusammen mit Krankengymnasten, Ergotherapeuten, Logopäden, Psychologen, Fachärzten und anderen Berufsgruppen, um divergierende und die Eltern verunsichernde und belastende Aussagen und Vorgehensweisen zu vermeiden und mit den Eltern diejenigen Erziehungshilfen zu entwickeln, die in diesem Fall nötig und möglich sind.

- Krankenhaus und Klinik

Eine besondere Situation ergibt sich auch in der Zusammenarbeit der Heilpädagogin mit Eltern und Kindern in *Krankenhaus* oder *Klinik*. (BIERMANN 1975, 1978; NEUHAUS 1978, 1988) Die Heilpädagogin wird vor allem Kinder und Jugendliche angemessen auf eine Operation vorbereiten, ihnen beim Erwachen nach der Operation zur Seite stehen, mit ihnen ihre Schmerzen, Leiden und Kümmernisse reflektieren und ihnen so dabei helfen, Schmerzen ertragen und angemessen mit Angst, Hass und Wut bezüglich der Erkrankung, medizinischen Therapie, der eventuellen Verursachung (z.B. Unfall, eigene Unachtsamkeit oder Versagen) oder auch gegen die möglicherweise als Aggressor erlebten Ärzte und Schwestern umgehen zu können. Sie wird in der Elternarbeit berücksichtigen, dass sich viele Eltern Selbstvorwürfe bezüglich der Krankheit oder des Unfalls ihres kleinen Kindes oder beispielsweise wegen des Selbstmordversuches ihres jugendlichen Kindes machen, was dazu führen kann, dass sie Krankheit als Strafe missverstehen sowie Verleugnungen, Regressionen und andere Abwehrmechanismen unangemessen einsetzen, um sich seelisch zu schützen. Hier wird die tiefenpsychologisch orientierte Heilpädagogin Zugehensweisen und Umgangsformen zu finden wissen, die Eltern und Kinder je angemessen einen womöglich schweren

Schicksalsschlag ertragen helfen. Sie wird mit ihnen gemeinsam konstruktive Hilfsmittel erarbeiten, die in der Gegenwart erleichternd wirken und für die Zukunft Selbstheilungskräfte in Gang setzen. Dies geschieht immer in Zusammenarbeit mit dem therapeutischen Team im Krankenhaus (LAUER 1976), in dem die Heilpädagogin ihren eigenen Beitrag leistet, wenn sie vorrangig mit dem Kind bzw. Jugendlichen arbeitet, aber zugleich den Eltern zur Seite steht, damit Schwestern und Ärzte ihre schwierigen und notwendigen Aufgaben erfüllen können. Sie wird Übersetzungs- und Vermittlungsarbeit leisten, indem sie das Verstehen für die Verhaltensweisen aller Beteiligten in extremen Belastungssituationen fördert. Wo immer möglich wird die Heilpädagogin auch katamnestische Arbeit leisten, d.h. für eine nachgehende Betreuung von Eltern und Geschwistern bei Entlassung oder auch im Todesfall eines Kindes Sorge tragen. Ziel ist es, bei den Eltern die Fähigkeit und den Willen zur Selbsterziehung zu wecken und beim betroffenen Kind und seinen Geschwistern die Bereitschaft zur Annahme erzieherischer Hilfen vorzubereiten, damit normale Erziehung zu angemessener Entwicklung (wieder) beitragen kann.

- **Formen der Elternarbeit begleitend zur HpE**

Um den Eltern in ihren Anliegen gerecht zu werden und die unterschiedlichen Akzente der –>Beratung in –>Elternberatung und –> Erziehungsberatung sinnvoll aufeinander und auf die heilpädagogische Begleitung des Kindes oder Jugendlichen abstimmen zu können, sind folgende Voraussetzungen für die unterschiedlichen Formen der Elternarbeit zu bedenken (vgl. BAUMGÄRTEL 1976, 235):

1. Wie schwer und welcher Art sind die anstehenden Probleme im individuellen Fall?
2. Welche beraterische Kompetenz und welche zeitliche Potenz hat der jeweilige Berater?

Je nach Antwort auf die Fragestellungen wird im –>Teamgespräch entschieden, ob innerhalb oder begleitend zur HpE Formen der Elternarbeit durchgeführt werden,

- die eher stützenden Charakter haben; oder Formen,
- die eher aufdeckenden Charakter haben.

"Stützende Maßnahmen
setzen voraus, daß die Persönlichkeit der Eltern weitgehend intakt ist, daß sie genügend Motivation haben, Situationen zur Verhaltensänderung auch gegen eigene Widerstände durchzustehen. Die unterstützenden Maßnahmen sind auch angezeigt in Situationen, in denen es um strukturelle Veränderungen (wie Veränderungen in der Wohnung, Veränderungen im Tagesablauf, Umzüge, Hilfe bei Behörden etc.) geht. Sie werden ebenfalls angewendet, wenn Eltern vorrangig von Schuldgefühlen entlastet werden sollen, wenn es zu einer Entlastung und Beruhigung kommt, dadurch daß Eltern aus ihrer Isolierung heraustreten und über ähnliche Erfahrungen mit anderen Eltern sprechen.

Die *aufdeckenden Maßnahmen*
sind immer dann angezeigt, wenn es sich um komplizierte Symptomgefüge innerhalb der Familie handelt und Aggressionen bzw. Widerstände bei den einzelnen Familienmitgliedern so stark sind, daß sie sich selbst daraus nur unter Anleitung befreien können. In der Regel geht es darum, unbewußte Erlebnisweisen und Wertungen den Eltern bewußtzumachen, um eine Grundlage für Verhaltensänderungen zu schaffen." (BAUMGÄRTEL ebd. 235 f.)

An dieser Stelle soll nochmals betont werden, dass Elterntherapie, Paartherapie, Familientherapie oder andere Formen psychotherapeutischer Beratung für Erwachsene *keine heilpädagogischen Beratungsformen* sind, denn die Heilpädagogin ist in der Regel kein ausgebildeter Erwachsenen-, Paar- oder Familientherapeut und müsste, selbst wenn sie es wäre, zusammen mit ihren unterschiedlichen Fachkollegen sehr sorgfältig reflektieren, ob die heilpädagogische Begleitung und die Eltern*beratung* in einer Hand liegen sollten, ob es angezeigt ist, beides zu trennen oder *wie* im Einzelfall eine Elternberatung im Zusammenhang mit der heilpädagogischen Begleitung des Kindes bzw. Jugendlichen zu vereinbaren wäre.

Anders verhält es sich mit der *Erziehungs*beratung der Eltern, die viel eher und manchmal sinnvollerweise (möglicherweise sogar neben einer therapeutischen Elternberatung durch eine Fachkraft) auch und gerade vom behandelnden Heilpädagogen durchgeführt werden könnte und sollte.

Ergänzend zur Heilpädagogischen Erziehungshilfe und Entwicklungsförderung (HpE) haben sich nach eigener Erfahrung neben Einzelgesprächen mit Eltern vor allem *pädagogisch* orientierte Elterngruppen bewährt, die unterstützenden Charakter haben. Hier kann unterschieden werden zwischen
- Elterngesprächskreis und
- Elterntraining.

1. Der Elterngesprächskreis

Der Elterngesprächskreis hat das Ziel, den alltäglichen Umgang der Eltern mit ihren Kindern zu verbessern. Die Eltern sollen lernen, ein feineres Gespür für die Gefühle ihrer Kinder zu entwickeln und die verborgene Bedeutung des kindlichen bzw. Jugendlichen Verhaltens richtig zu entschlüsseln bzw. zu verstehen. Die Eltern sollen Einsicht in das Kräftespiel der Eltern-Kind-Beziehung und in die Grundtatsachen der Entwicklung und der Bedürfnisse ihrer Kinder und Jugendlichen nehmen. Sie sollen lernen, was es mit "Spiel" und "Arbeit" in unterschiedlicher Bewertung auf sich hat und welchen Belastungen ihre Kinder auch durch "gut gemeinte" Förderung in Schule, Elternhaus und Freizeit ausgesetzt sind. Dabei soll es zu einem intensiven und durch die Heilpädagogin aktiv gelenkten Erfahrungsaustausch zwischen den Eltern kommen, durch den sie erkennen, dass sie nicht alleine ganz einmalige Probleme haben, sondern dass auch andere Eltern ähnliche Fragen haben und im Erziehungsalltag unter ähnlichen Problemen leiden. Diese Erkenntnis soll bewirken, dass die Eltern von Schuldgefühlen entlastet werden, die sie in ihrer Isolierung häufig aufbauen (verstärkt durch unverarbeitete, plakative Kenntnisse über Erziehungsmaßnahmen aus Fernsehen, Elternzeitschriften und populärwissenschaftlicher Elternratgeber-Literatur). Die anderen Elternteilnehmer fungieren in einer so geleiteten Gruppe als Modelle für unterschiedliche Lösungen der Konfliktsituationen, mit denen sich die einzelnen Eltern auseinandersetzen können.

Die Heilpädagogin wird die Eltern für die Gesprächskreise sorgfältig auswählen. Wichtig ist, dass sie sich untereinander verständlich machen können, d.h. die Gruppe sollte nicht allzu heterogen nach sozialem Milieu und Alter der Kinder zusammengesetzt sein, um rasch eine gemeinsame Gesprächsbasis herstellen zu können. Darüber hinaus ist es wichtig, dass die Eltern nicht beträchtlich psychisch gestört sind, sondern dass ihre Schwierigkeiten im Umgang mit den Kindern und Jugendlichen vor allem auf fehlerhaften Vorstellungen von der Entwicklung und der Erziehung ihrer Kinder und auf unklaren kulturellen und gesellschaftlichen Wert- und Normvorstellungen beruhen. Dazu gehören u.a. auch mangelnde Kenntnisse über Ernährung und Gesundheitspflege, über Entwicklungsphasen und -krisen des Kindes und Jugendlichen, über geschwisterliche Auseinandersetzungen, altersgerechte Geschlechtserziehung, usw. (–> Erziehungsberatung)

Die Heilpädagogin wird streng darauf achten, dass der Elterngesprächskreis nicht in intellektuelle Diskussionen abgleitet, und dass die einzelnen Teilnehmer nicht sozial erwünschte Verhaltensweisen propagieren und idealisieren, weil durch solche Ansprüche pathogene Einstellungen und Wertungen eher verstärkt als abgebaut werden. Sie wird die Treffen im wesentlichen wie folgt strukturieren:

1. Nach Begrüßung, Kennenlernen, Feststellen der anwesenden und fehlenden Teilnehmer ermuntert die Heilpädagogin die Eltern,
2. von ihren Erfahrungen in der letzten Woche bzw. den letzten vierzehn Tagen zu berichten. *Jeder* sollte die Möglichkeit haben, kathartische Berichte loszuwerden, um sich zu entlasten.
3. Sodann wird das Thema festgelegt, d.h. die Heilpädagogin entscheidet gemeinsam mit den Teilnehmern, welches Beispiel sie zunächst zum Gespräch auswählen möchten.
4. Es kommt zu Schilderungen fehlgeschlagener Erziehungsmaßnahmen.
5. Die Eltern suchen aufgrund ihrer (sich oft widersprechenden) Erfahrungen Gründe für das Fehlschlagen der Erziehungsmaßnahmen.
6. Die Heilpädagogin verdeutlicht, dass es primär nicht darum geht, was getan werden soll (also Suche nach Rezepten), sondern zunächst darum, zu *verstehen, welche Gefühle* sich bei diesem Kind

und bei diesen Eltern hinter ihrem Tun verbergen. Sie gibt eine erste heilpädagogische Grundregel als Ziel vor:

„Erst *verstehen,* dann *erziehen!"* (vgl. MOOR 1994, 18)

und stellt die Frage in den Mittelpunkt: "Was könnte es *bedeuten,* wenn sich Kind und Eltern so und so verhalten...?

7. Auf diese Weise lernen die Eltern, dass *Gefühle als Ursachen für Handlungen* wichtig sind und dass verletzte Gefühle oftmals zu unkontrollierten und überzogenen Handlungen führen. So wird bewusst, dass es legitim ist, *auf sich zu achten,* in sich hineinzuhören und nicht nur "alles zu erledigen" und "abgehetzt" zu nichts mehr fähig zu sein. Die Eltern, vor allem die Mütter lernen, dass sie nicht nur Pflichten haben, sondern auch das Recht, auf sich selbst achtzugeben und sich nicht zu überfordern bzw. überfordern zu lassen.

8. Die Heilpädagogin regt an, die unterschiedlichen Gefühle kundzutun, die bei den einzelnen Teilnehmern aufgrund einer Situationsschilderung wahrgenommen werden.

   Dabei wird sie wieder auf das kindliche und jugendliche Erleben verweisen und die Eltern anregen, sich vorzustellen, wie sie sich als Kind oder Jugendlicher in einer solchen Situationen fühlen würden. Da den Eltern nun öfter Situationen aus der eigenen Kindheit einfallen und sie sich von der 'Elternebene' entfernen und rückerinnernd auf die 'Kindebene' einzustellen vermögen, kann die Heilpädagogin resümierend eine zweite Grundregel als Ziel eingeben:

   "Nicht nur das Kind, auch seine Umgebung, wir selber sind erziehungsbedürftig!" (vgl. MOOR ebd. 35)

9. Dabei wird die Heilpädagogin das "Recht auf eigene Gefühle" herausstellen, über die nicht zu diskutieren ist, sondern die bei sich und anderen wahrzunehmen und zu respektieren sind, sei es bei Eltern oder Kindern. Sie wird die Eltern darauf aufmerksam machen, *dass viele Gefühle ambivalent (= doppelwertig) sind,* also widersprüchlich erlebt und aufgrund dessen als teilweise 'gut' *und* teilweise 'schlecht' bewertet werden, weil unbewusst das Wollen dem Sollen entgegensteht und keine Entscheidung getroffen wird.

10. Aufgrund dieser immer wiederkehrenden Erfahrungen werden die Eltern allmählich aufmerksamer für sich selber und für ihre Kinder. Sie erarbeiten sich einen anderen Wahrnehmungshorizont, der sie für sich, für den Ehepartner und für ihre Kinder sensibler macht. Sie entdecken, dass meist nicht "böser Wille" sondern oftmals "gut Gemeintes" (aber Falsches aufgrund der unbeachteten Gefühlslage) Auslöser für familiäre und erzieherische Schwierigkeiten sind. So kann die Heilpädagogin eine dritte heilpädagogische Grundregel als Ziel eingeben:
„Nicht gegen den Fehler, sondern für das Fehlende!" (vgl. MOOR ebd. 22)

Die Eltern werden entdecken, was sie für sich selber *wirklich* vermissen (Achtung, Verständnis, Anerkennung, Nähe, Zärtlichkeit usw.) und sie werden feststellen, dass dies auch die Bedürfnisse ihrer Kinder sind, die diese auf "unangemessene Weise" für sich einklagen. Sie werden den Zusammenhang zwischen ihrer emotionalen Erschöpfung und dem emotionalen Mangel ihrer Kinder erkennen und auch, dass beide - Eltern wie Kinder - darunter leiden. Sie werden feststellen, dass sie viel Kraft und Zeit für unnötige und unsinnige 'pädagogische' Reglementierungen verbrauchen, die niemandem nutzen sondern allen nur schaden.

Die Vorteile eines Elterngesprächskreises liegen auf der Hand:
- Eltern nehmen sich Zeit, Probleme in nicht-moralisierender Atmosphäre darzustellen und zu reflektieren.
- Sie können durch das Vorbild- bzw. Modellverhalten der Heilpädagogin deren Art und Weise, die Dinge zu sehen und anzugehen, nachahmen.
- Sie erkennen mehr und mehr die Bedeutung eines nicht-kritischen Akzeptierens und des ehrlichen Respekts im Ausdrücken, nicht im Verdrängen auch solcher Gefühle, die 'negativ' bewertet werden.
- Sie entlasten sich von Schuldgefühlen, gelangen zu einer optimistischeren Lebenshaltung, fühlen sich wertgeschätzt und entwickeln so ein positiveres Selbst- und Fremdbild.

- Sie gewinnen einen besseren Zugang zu ihrer eigenen Kindheit und damit zugleich zum Verstehen der Gefühlswelt ihrer Kinder und Jugendlichen.

- Sie öffnen sich einander und ihren Kindern stärker, sind dadurch weniger verschlossen und Ich-bezogen und gewinnen mehr (Selbst-) Vertrauen in ihre Kräfte und Fähigkeiten.

Wenn die Eltern bis hierhin gelangt sind, möchten sie lernen, wie sie es anstellen können, ihren Kindern zu helfen, Gefühle ihnen gegenüber auszudrücken, sich verständlich zu machen, damit es nicht immer wieder zu Erziehungskrisen kommt und sie möchten lernen, wie sie selber verständnisvoller auf ihre Kinder und Jugendlichen eingehen können. Sie wünschen sich, dass eine vertrauensvolle Atmosphäre zwischen Eltern und Kindern wächst. Sie verlangen ein Handlungsrepertoire für neues Erziehungsverhalten. Die Heilpädagogin wird diesem berechtigten Wunsch entgegenkommen, indem sie die gewonnenen Erkenntnisse zu festigen sucht. Eine geeignete Möglichkeit ist das Angebot eines Elterntrainings.

2. Das Elterntraining

Das Elterntraining nimmt eine Zwischenstellung zwischen stützenden und aufdeckenden Maßnahmen ein. Das hier vorgestellte eigene Konzept ist zeitlich limitiert und stark strukturiert. In acht bis zehn Sitzungen von je drei Zeitstunden im Wochenrhythmus wird Schritt für Schritt erarbeitet, was Eltern mit ihren Gefühlen eigener Unzulänglichkeit, Hoffnungslosigkeit, der Erschöpfung oder oft genug der Resignation gegenüber dem 'unwilligen' und 'undankbaren' Jugendlichen und dem 'erziehungsschwierigen' und 'verhaltensauffälligen' Kind tun können. Ziel ist es, die Qualität der Eltern-Kind-*Beziehung* zu verbessern.

Das Elterntraining soll den Eltern vermitteln,

- so zuzuhören, dass Kinder und Jugendliche überhaupt zu ihren Eltern kommen, um über ernsthafte Schwierigkeiten mit ihnen zu sprechen;

- so zu sprechen, dass Kinder und Jugendliche wirklich zuhören und nicht gelangweilt oder trotzig den Rücken kehren, wenn Eltern mit ihnen reden;

- so Konflikte zu regeln, dass es keinen Gewinner und keinen Verlierer gibt, dass keine faulen Kompromisse geschlossen sondern eine echte Übereinkunft (Konsensus) gefunden wird, durch die alle Beteiligten einen Gewinn haben.

Die Eltern sollen lernen,
- wie sie ihren Kindern und Jugendlichen helfen können, mit den Problemen umzugehen, denen sie begegnen und wie sie ihre eigenen, altersgemäßen Lösungen dafür finden;
- wie sie ihre Bedürfnisse als Mensch und als Eltern so ausdrücken können, dass die Kinder und Jugendlichen darauf Rücksicht nehmen.

Im Verlauf des Elterntrainings werden die Eltern über den Austausch von (latenten) Erziehungszielen ('geheimen' Verträgen) sowie Übungen zur Selbst- und Fremdbeobachtung angeleitet, kritische Verhaltensweisen und Einstellungen zu schildern und miteinander zu besprechen. Es folgt eine Reflexion und Analyse der Verhaltensweisen, Alternativen werden genannt und Situationen exemplarisch in gelenkten Rollenspielen durchgearbeitet. Schließlich werden den Eltern solche Verhaltensweisen vermittelt, die für sie im alltäglichen Umgang miteinander und mit ihren Kindern unbekannt, d.h. "neu" sind. Die Eltern erhalten ganz konkrete Aufgabenstellungen, die sie bis zur nächsten Seminareinheit im Lauf der Woche üben sollen. Die daraus erwachsenden Erfahrungen werden wiederum in o.g. Weise dargestellt, reflektiert und durch "neue" Alternativen ergänzt. Auf diese Weise erweitern die Eltern ihr erzieherisches Repertoire und werden in die Lage versetzt, alternative Handlungsweisen im Alltag zu entwickeln. Sie erleben sich zunehmend selbst als 'Co-Trainer' der Heilpädagogin und der anderen Gruppenteilnehmer und sind stolz über ihre Fortschritte. Reflexionen über allzu persönliche Erkenntnisse und Erfahrungen werden bewusst ausgespart und individuell (im Rahmen der –>Erziehungsberatung bzw. –>Elternberatung) angesprochen. Die intensive Kontrolle durch die Gruppe und die Heilpädagogin motiviert die Eltern, die ihnen gestellten Aufgaben während der Woche zu erledigen. Oft teilen sie in der Gruppe mit, ihre Kinder hätten sie gefragt, warum sie sich so merkwürdig verhielten, so anders reagierten. Diese gegenseitige Beachtung von Eltern und Kindern, das Durchbrechen von eingefahrenen Alltagsritualen und die wachsende Aufmerksamkeit füreinander bewirken bereits mehr und mehr kleine Erfolge und dadurch einen gelungenen Transfer von neuem Wissen und geübter Lernpraxis in den Erziehungsalltag.

Es hat sich bewährt, die Eltern etwa nach einem Jahr zu zwei oder drei weiteren Sitzungen einzuladen, um aus der Distanz ihre jetzige Situation zu besprechen. Sehr häufig kommen gute Rückmeldungen oder auch der Wunsch, nach erneuter und vertiefter Zusammenarbeit.

Grundlagen des hier beschriebenen Elterntrainings sind die Empfehlungen von GORDON (1972, 1981) unter Einbeziehung von Theorie und Praxis der "Themenzentrierten Interaktion" nach COHN (1970, 1990). Entsprechende Fortbildungen sind für Heilpädagogen, die mit Elterngruppen arbeiten möchten, zu empfehlen.

3. Weitere Modelle der Elternarbeit

In weiteren Übersichtsartikeln werden zwei Aufgabenschwerpunkte der heilpädagogischen Elternarbeit gesondert dargestellt,

–>Erziehungsberatung

(verstanden als Elterninformation und Elternanleitung für die gezielte Erziehungs- und Förderungshilfe des Kindes bzw. Jugendlichen);

–>Elternberatung

(verstanden als reflektierende Unterstützung der eigenen Rolle als Mutter oder Vater und auf die Lebens- bzw. Familiensituationen der Eltern selbst).

Die Elternberatung in diesem Sinne muss als eine Gratwanderung zwischen bzw. Überleitung zu therapeutischen Intentionen angesehen werden, die je nach Intensität und Fokussierung nicht mehr zwingend im Verantwortungsbereich der Heilpädagogin liegt. Hier wird die Heilpädagogin den Psychotherapeuten oder Familientherapeuten konsultieren und mit diesen Fachkräften beraten, wie den Eltern oder einem Elternteil am effektivsten (aus der HpE ausgelagerte) Hilfe geleistet werden kann oder inwieweit Familienarbeit unter Mitwirkung der Heilpädagogin sinnvoll erscheint.

- **Zusammenfassung**

In der heilpädagogischen Elternarbeit reflektiert die Heilpädagogin die *intra*psychischen wie die *inter*psychischen gestörten Beziehungs- und damit Erziehungsverhältnisse auf dem Hintergrund ihrer eigenen Real- und Übertragungsbeziehungen zu Kind und Eltern. Sie versucht zu erfassen, wie Mutter und Vater ihre Elternschaft auf dem Hintergrund ihrer lebensgeschichtlichen und gesellschaftlichen Erfahrungen und Anforderungen verstehen und aus welchen Motivationen heraus sie ihr Erziehungshandeln ausüben. Die Heilpädagogin prüft die Fähigkeit und Bereitschaft der Eltern zur Mitarbeit, bemüht sich um die Mobilisierung des vorhandenen Kräftereservoirs und erstellt zum Verständnis der vorhandenen Gegebenheiten und möglichen Vorgehensweisen eine Familien- und Milieuanamnese. Je nach institutionellem Auftrag wird die Heilpädagogin die Zusammenarbeit mit den Eltern in –> Befunderhebung, –>Erziehungsberatung und –>Elternberatung entsprechend gestalten und darüber hinaus auf weiterführende Möglichkeiten und Zuständigkeiten anderer Institutionen und Fachleute hinweisen, bzw. diese vermitteln helfen.
Im Mittelpunkt heilpädagogischer Elternarbeit steht der *Erziehungsauftrag unter erschwerenden Bedingungen für das Kind* bzw. *den Jugendlichen,* für deren heilpädagogische Begleitung die Eltern einen Auftrag erteilen und eine vertragliche Vereinbarung eingehen. *Heilpädagogik ist primär immer Individualpädagogik.* Daher werden solche Begleitungskonzepte als heilpädagogisch relevant angesehen, die dazu geeignet sind, das Recht des jungen Menschen auf Erziehung, auch im Beeinträchtigt- und Behindertsein und unter erschwerenden Bedingungen zu gewährleisten, selbst dann, wenn die Eltern nur zu einer minimalen Mitarbeit bereit oder in der Lage sind. Als Formen der Elternarbeit haben sich neben individuellen Situationen der –>Elternberatung und –>Erziehungsberatung Gesprächs- und Trainingsgruppen für Eltern bewährt. Diese Angebote gehen über den engeren Rahmen der HpE hinaus. Von daher bietet es sich an, solche Angebote zusammen mit dafür ausgebildeten Fachkollegen gemeinsam durchzuführen, wegen der Identifikations-, Projektions- und Übertragungsprozesse möglichst in der Zusammenarbeit von Frau und Mann.

Begriffsbestimmung:

Elternberatung im Rahmen der HpE beinhaltet die Reflexion über die Rolle als Mutter oder Vater, über die individuelle oder gemeinsame Lebenssituation, über eigene Vorstellungen und Fragen bezüglich des Zusammenlebens in der Familie und die Kindererziehung und über alle damit im Zusammenhang auftauchenden Probleme und Schwierigkeiten.

In diesem Übersichtsartikel werden folgende Themen angesprochen:

• Die Ausgangssituation heilpädagogischer Elternberatung

Die Eingangsfragen, die sich die Heilpädagogin stellt, wenn sie sich in der Lage und fähig weiß, Elternberatung zu leisten, lauten:
- *Wer* sind diese Eltern?
- *Was* weiß ich über sie?
- *Wie* stelle ich mich zu ihnen?

Mittels Probe- bzw. Teil-Identifikation versucht die Heilpädagogin, die Befindlichkeit der Eltern, ihre Anliegen, ihre Sorgen, ihre Ängste zu verstehen. Erst wenn es gelungen ist, annähernd herauszufinden, *wie* es den Eltern wirklich geht, ist es auch möglich, zu erahnen, *worum* es ihnen wirklich geht und eine angemessene Elternberatung leisten zu können.

Oftmals sind Kinder und Jugendliche die 'Seismographen' der Familie, d.h. sie zeigen durch ihr Verhalten die Erschütterungen im Innersten des Familiensystems an und geben durch ihre Reaktionen von der Schwere und dem Richtungsverlauf solcher Erschütterungen Auskunft in Form von Symptomen.

Die Eltern können jedoch meistens solche Phänomene aufgrund ihrer affektiven Betroffenheit nicht erkennen. Ihnen fehlt in Krisenzeiten die nötige Klarheit in der Selbsteinschätzung, die Übersicht über das Ganze ihrer Familiensituation und die erforderliche Distanz, um sogenannte Verhaltensauffälligkeiten oder psychosomatische Reaktionen als symbolisch verschlüsselte Signale, Botschaften, Hinweise und Hilferufe des Kindes oder Jugendlichen zu verstehen. Vielmehr fühlen sie sich durch die Symptomatik oder Behinderung des Kindes oder Jugendlichen narzisstisch gekränkt, bedroht, verraten, für all ihre Mühen undankbar behandelt und reagieren mit Flucht- und Vermeidungstendenzen oder mit Druck und Aggression auf die Symptome der Kinder und Jugendlichen. Deshalb wird die Heilpädagogin zu Beginn der HpE –>Anlass, Symptom und Symbol der Elternanfrage sorgfältig auf ihren verborgenen und unbewussten Bedeutungsgehalt hin überprüfen und im Verlauf der HpE bemüht sein, Stück für Stück aufdeckend das eigentliche familiäre Beziehungsverhältnis so zu verdeutlichen, bis es auch von den Eltern zunehmend erkannt und akzeptiert wird.

Erst wenn dieses Stadium im Elternberatungsprozess durch eine tragfähige Beziehung zwischen Eltern und Heilpädagogin erreicht ist, kann –>Erziehungsberatung im engeren Sinne fruchtbar sein: Konkrete Hilfe und Unterstützung bei der Entwicklung von Handlungsalternativen in der Eltern-Kind-Beziehung, um ein gewandeltes Erziehungsverhältnis auf neuem Niveau zu erreichen.

- **Elternberatung in Zusammenarbeit zwischen Eltern, Heilpädagogin und Kind/Jugendlichem**

In der –>Elternarbeit wird die Heilpädagogin die Bereitschaft und das Vermögen der Eltern zur effektiven Mitarbeit gründlich prüfen. Wenn alle äußeren Bedingungen erfüllt zu sein scheinen und ein Vertrauensverhältnis angenommen werden kann, das sich durch –> Erstgespräch, –>Anamnese und –>Exploration entwickelt haben sollte, kann die Heilpädagogin nach dem –>Vertragsabschluss die eigentliche Beratungsarbeit mit den Eltern beginnen.

Es hat sich als günstig erwiesen, wenn möglichst beide Eltern, Mutter und Vater, nach jeweils etwa 3 - 5 Diagnosestunden mit dem Kind bzw. Jugendlichen zu einem Elterngespräch eingeladen werden. Auf diese Weise besteht die Möglichkeit, die Begleitung des Kindes oder Jugendlichen kontinuierlich gemeinsam zu reflektieren, sowie die Eltern angemessen an die Verantwortung für ihre Erziehungsaufgabe heranzuführen, aus der sie aufgrund der HpE ja nicht entlassen sind, sondern für die sie in der HpE (durch Erziehungs- und Elternberatung) soweit wie möglich unterstützt und befähigt werden sollen.

Bei Kindern wird die Heilpädagogin auf den Kontakt mit den Eltern hinweisen und mit dem Kind besprechen, wie es sich mit der Vereinbarung verhält, nichts aus der heilpädagogischen Begleitung zu erzählen. Bei Jugendlichen wird die Heilpädagogin altersgemäß Rücksprache nehmen und die eigene Mitverantwortlichkeit und das Mitspracherecht besonders betonen.

Immer wird die Heilpädagogin auch die Möglichkeit reflektieren, *gemeinsam* mit dem Kind, dem Jugendlichen und den Eltern zu sprechen oder auch gemeinsam zu arbeiten, wenn dies aus diagnostischen oder pädagogisch-therapeutischen Gründen sinnvoll erscheint. Dabei wird die Heilpädagogin darauf achten, ob diese Zusammenarbeit vom Kind oder Jugendlichen verkraftet und von den Eltern so geleistet werden kann, dass keine Neuauflage affektiver, verletzender Situationen entsteht.

In solchen Gesprächen, Spielen oder Aktivitäten beteiligt sich die Heilpädagogin an der Seite des Kindes oder Jugendlichen als Übersetzer mit katalytischen und transformierenden Funktionen. Sie wird die Spannungen, die in der Situation entstehen, in ein erträgliches Maß umwandeln und die darin enthaltene Energie für die Beziehung zwischen Kind und Eltern positiv nutzbar machen; und sie wird durch ihre aktiv-reflektierende Anteilnahme die Inhalte des Gespräches, der gemeinsamen Arbeitsaufgabe (z.B. Aufbau von Sceno-Tests oder Skulpturen) oder des (psychodramatischen) Spieles so moderieren und den Gesprächsverlauf so lenken und leiten, dass sowohl für das Kind, den Jugendlichen, als auch für die Eltern *andere* als die befürchteten Situationen und Reaktionen auftreten. Durch einen solchen 'Überraschungseffekt', der manchmal Staunen und Verwunderung hervorruft und eine leise Ahnung von bisher unbewussten psychischen Vorgängen in den einzelnen Familienmitgliedern wie in den unbewussten Kommunikationsmustern im zwischenmenschlichen Zusammenleben durchschimmern lässt, können Kind und Eltern zu neuer Aufgeschlossenheit und zu veränderten Sichtweisen über sich selbst und füreinander gelangen. Das sicherste Zeichen für eine gelungene, erleichternde Beratungssituation ist ein befreiendes Lachen, das meist als Entlastung von (latenten) Spannungen erlebt wird und alle Beteiligten motiviert, sich weiter miteinander zu mühen. Die darin enthaltene Wertschätzung und das gegenseitige Vertrauen ermöglicht es der Heilpädagogin, als respektierte Partnerin sowohl des Kindes oder Jugendlichen wie auch der Eltern zu arbeiten und trotz ihrer fachlichen Kompetenz und beruflichen Distanz als interner Mitwisser der individuellen Sorgen und Nöte akzeptiert zu werden. Außerhalb der Beratungssituation zeigt sich dieses Vertrauen auf seiten der Eltern in einer versuchten Verhaltensänderung, die eine veränderte Erlebensweise in ihrer Beziehung und dadurch in ihrem Erziehungsverhältnis zum Kind oder Jugendlichen bewirken kann.

- **Elternberatung als gesonderte Hilfeleistung**

Bei Trennungs- oder Scheidungssituationen, in zerrütteten Familienverhältnissen oder bei schwerer (psychischer) Krankheit, Sucht oder Inhaftierung eines Elternteils wird eine (gemeinsame) Elternberatung kaum möglich sein. Im Einzelfall kann es sich deshalb als sinnvoll erweisen, Elternberatung und –>Erziehungsberatung zu trennen.

So wird die Heilpädagogin bei hoher persönlicher Bedürftigkeit der Eltern bzw. von Mutter oder Vater oder bei anstehender Eheproblematik Einzeltherapie, Paartherapie oder Eheberatung bei dafür ausgebildeten Therapeuten (des Teams oder außerhalb) erbitten, um die persönliche oder Paarproblematik der Eltern gesondert zu behandeln.

Die Heilpädagogin selber bleibt aufgrund ihrer beruflichen Profession immer *Pädagogin,* d.h. Anwältin, Helferin und *Wegbegleiterin der Kinder und Jugendlichen,* die deren Recht auf Erziehung - auch unter erschwerenden Bedingungen - zu garantieren sucht. Dies gilt auch und erst recht dann, wenn die Eltern vorübergehend oder dauernd nicht in der Lage sind, ihren erzieherischen Aufgaben nachzukommen.

Deshalb wird die Heilpädagogin versuchen, während der –>Kontaktaufnahme und durch weitere –>Konsultationen (z.B. auch durch Hausbesuche) die Eltern zur Mitarbeit zu aktivieren. Oft wird die Zusammenarbeit nur mit einem Elternteil, meistens der Mutter, möglich sein.

Sind die Eltern jedoch vorübergehend oder dauernd zu einer konstruktiven Mitarbeit nicht in der Lage, aber dennoch bereit und willens, ihr Kind zur HpE zu schicken und dadurch ihre grundsätzliche Bereitschaft zu signalisieren, ist die Heilpädagogin aufgrund ihrer *pädagogischen* Profession dem Recht auf Erziehung des Kindes oder Jugendlichen verpflichtet. Sie wird nicht aufgrund so oder anders gearteter psychotherapeutischer Schulen oder Settings die HpE und Begleitung des Kindes oder Jugendlichen ablehnen, weil die Eltern nicht zu weitergehender Mitarbeit bereit oder in der Lage sind.

Dies unterscheidet die Heilpädagogin vom Psychotherapeuten: Nicht die Indikation und die therapeutische Methode sind ausschlaggebend für eine HpE, sondern die Heilpädagogische Bedürftigkeit:

„Alles vermeidbare bzw. abwendbare Leid(en) ist deckungsgleich mit dem technologisch Machbaren und gehört demnach in den Bereich der Therapie. Liegt jedoch z.B. Therapieresistenz vor, bleibt das unvermeidbare, unabwendbare Leid(en) bestehen: es bleibt somit auch die individuelle Heilpädagogische Bedürftigkeit bestehen." (HAGEL 1990, 13 f.)

Unter welchen Bedingungen, durch welche Maßnahmen und Hilfen dieser "Heilpädagogischen Bedürftigkeit" Rechnung getragen werden kann, ist in jedem Einzelfall sorgfältig und gewissenhaft in Zusammenarbeit mit anderen Fachleuten zu prüfen. Notfalls kann es geschehen, dass ein Kind zum eigenen Schutz aus der Familie herausgenommen werden muss, so dass die Heilpädagogin (zeitweise) ohne die Eltern zum Wohle des Kindes arbeiten wird.

Deshalb wird die Heilpädagogin sich auch in der Elternberatung, wenn sie günstigenfalls zustande kommt, immer wieder neu nach den *pädagogisch* begründeten Sachzielen ausrichten und fragen:
- Was ist erzieherisch generell notwendig?
- Was ist erzieherisch individuell möglich?
- Was ist erzieherisch momentan dringlich? (MOOR 1965, 315)
Dem entsprechend wird sie im –>Teamgespräch mitentscheiden, wer, mit wem, wie zusammenarbeitet.

- **Zum Verhältnis von Elternberatung und Erziehungsberatung**

Kinder oder Jugendliche wären nicht auffällig geworden, würden sie nicht unter der Bedrohlichkeit der familiären Situation, so wie sie sie empfinden und einzuordnen vermögen, leiden. Insofern ist das Kind oder der Jugendliche *als ganzer Mensch* "heilpädagogisch bedürftig" und nicht nur im psychologischen oder medizinischen Sinne einer wie auch immer gearteten Symptomatik.

Diese heilpädagogische Bedürftigkeit den Eltern in der –>Erziehungsberatung zu verdeutlichen, auch wenn zugleich Elternberatung bzw. Therapie für die eigene Thematik der Erwachsenen anderweitig stattfindet, kann einen positiven oder sogar heilenden Effekt haben. In dem Maße, wie in der gesonderten beraterischen oder therapeutischen Situation bei den Eltern das Verständnis für sich selbst bzw. für den Partner wächst, in dem Maße wächst oft auch das Verständnis für das *emotionale Befinden* und das *Erleben* des Kindes oder Jugendlichen.

Rückwirkend kann die begleitende –>Erziehungsberatung der Heilpädagogin auf dem Hintergrund eines so gewandelten Wahrnehmungs- und Reflexionsvermögens den Blick der Eltern wieder auf das Kind bzw. ihre reale Verantwortung lenken. Dadurch wird den Eltern aus ihrer zeitweilig eintretenden und über Strecken auch notwendigen therapeutisch-zentripetalen Eigendrehung herausgeholfen, indem sich ihr Blick und ihre Aktivität wieder zentrifugal auf die Außenwelt, die Welt des Kindes oder Jugendlichen und die unterschiedliche familiäre Rollenausübung und Verantwortung richtet.

Beispiele für ein solches Beratungskonzept sind die von FRIEDEMANN (1969) sogenannte "Bifokale Gruppentherapie bei verhaltensgestörten Kindern" und die von BIERMANN (1969) beschriebene "Analytische Müttergruppentherapie bei verhaltensgestörten Kindern und Jugendlichen". In beiden Konzepten wird fokussiert[1] jeweils mit den Kindern und deren Müttern in getrennten Gruppen die je eigene Problematik durchgearbeitet.

(Um die Bereitschaft und Mitarbeit der Väter wurde sich dort in jeweils gesonderten Sitzungen bemüht. Es wäre wünschenswert, wenn immer möglich auch die Väter in diesen Prozess miteinzubeziehen. Ob und unter welchen Bedingungen die Gruppenarbeit mit beiden Eltern oder eine [zeitweilig] getrennte Arbeit mit Mütter- bzw. Vätergruppe erfolgversprechender erscheint, hängt von den [psychischen] Bedingungen ab, die im einzelnen zu klären sind).

Mit FRIEDEMANN (1969, 757) kann der Begriff der "bipolaren Behandlung" auf jede Polarisierung der HpE mit zwei aufeinander bezogenen Elterngruppen angewendet werden. Sicher kann auch dann von bipolarer Elternberatung gesprochen werden, wenn die Heilpädagogin das Kind betreut, ein Therapeut aber die Elternberatung übernimmt. Hierbei muss der intensive gegenseitige Austausch mittels Durcharbeit der Beratungs- bzw. Begleitungsprotokolle gewährleistet sein, was eine dichte kollegiale Zusammenarbeit erforderlich macht. Je nach Bedürftigkeit der Eltern, aufgrund ihrer eige-

---

[1]Die von BALINT so genannte *Fokaltherapie* oder Kurzpsychotherapie wird durch das Zusammentreffen folgender Kriterien ermöglicht: Abgegrenztheit des Konfliktes; Bewusstseinsnähe (des Konfliktes); Leidensdruck; mindestens durchschnittliche Intelligenz; gutes Ansprechen in der –>Kontaktaufnahme bzw. im –> Erstgespräch. Nach MALAN (1965) ist in der Fokaltherapie nicht die erzielte Einsicht selbst der wichtigste Heilungsfaktor, sondern "die Jetzt-und-hier-Erfahrung einer neuen Art von Beziehung zum Psychotherapeuten, durch welche diese neurotischen Verhaltensstereotype korrigiert werden können..."(22) Dabei wird der Berater/Therapeut weniger zurückhaltend als vielmehr zugunsten eines begrenzten Zieles mit "selektiver Aufmerksamkeit" sehr aktiv bzw. direktiv sein: "Der Analytiker (wir können ihn hier stellvertretend den heilpädagogischen Berater nennen; Anm. W.K.) verfolgt ein bestimmtes Ziel oder einen 'Fokus', der im Idealfalle im Sinne einer Deutung (wir können hier 'zusammenfassende Interpretation der geäußerten Problemlage' sagen; Anm. W.K.) formuliert sein sollte, auf welche die HpE (hier entsprechend zunächst die Beratung; Anm. W.K.) sich stützt. Er verfolgt diesen Fokus ganz eingleisig, lenkt den Patienten (hier die Eltern bzw. Bezugspersonen; Anm. W.K.) durch Partialdeutungen darauf hin, achtet besonders darauf und läßt nicht darauf Bezügliches absichtlich weg..." (271)

nen Problematik, kann die Elternberatung, wie gesagt, unterschiedlich akzentuiert sein: Als Einzelberatung, Paar- oder Eheberatung. Sie kann mit einem Elternteil allein oder auch in einer Gruppe mit anderen Eltern erfolgen, ebenfalls allein oder zusammen mit dem Ehepartner. (vgl. auch Formen der –>Elternarbeit)

- **Ziele in der Elternberatung**

Ziele der Elternberatung sind:

1. Entlastung in der aktuellen Konfliktsituation durch Annahme und Verständnis; in einer Gruppe zusätzlich der Austausch mit anderen Eltern, was an sich schon erleichternd wirken kann: "Wir sind nicht die einzigen, die Probleme haben".

2. Zulassen und Ausdrücken der eigenen (latenten) Gefühle, die sich hinter Wut, Ärger, Aggression und Resignation verbergen, z.B. Hilflosigkeit, Überforderung, Ablehnung, Hass, Rache, Rivalität, Minderwertigkeit, Unzulänglichkeit und Schuldgefühle.

3. Aktives Vorgehen des Beraters mittels "selektiver Aufmerksamkeit" (MALAN 1965) an dem im Vordergrund stehenden aktuellen Konflikt der Eltern, im Sinne einer beraterischen bzw. therapeutischen Soforthilfe, durch positiv gestaltete emotionale Wechselbeziehungen zwischen Heilpädagogin (bzw. Berater/Therapeut), ohne Reflexion von Übertragungsbeziehungen.

4. Ich-Stärkung, Befreiung von Symptomen, gelungenere Realtitätseinpassung und -bewältigung, vor allem auch im erzieherisch alters-gerechten Umgang mit dem Kind bzw. Jugendlichen.
   Erweist es sich als nötig, für die Eltern oder ein Elternteil eine Psychotherapie anzustreben, wird die Heilpädagogin den Eltern in jedem Fall die weitergehende Arbeit mit einem Erwachsenentherapeuten empfehlen, der...

5. das Bewusstwerden und Ausdrücken der unbewusst-symbolhaften Aggressionen und Kränkungen, die in den Beziehungen entstanden und unverarbeitet geblieben sind, ermöglichen wird und der...

6. ein allmähliches Erkennen des tieferen Sinns im Ablauf unbewusster Prozesse anstreben wird mit dem Ziel, eine reifere Le-

benseinstellung der Eltern zu erreichen, die sich ggf. auf die Partnerbeziehung, aber vor allem auf die Beziehung zum Kind auswirkt.

Aus den genannten Zielvorstellungen und dem oben beschriebenen mehrgleisigen, kooperativen Arbeiten mit Kind und Eltern könnte gefolgert werden, dass es günstiger sei, sogleich mit einer Familientherapie oder systemischen Therapie der Familie zu beginnen, da Kinder als "Substitut" (RICHTER 1963) die unbewussten elterlichen Erwartungsphantasien übernehmen, die von den Konflikten der Eltern her bestimmt werden oder Jugendliche den durch die Eltern unbewusst gestalteten "Beziehungsmodi" (STIERLIN 1975) der Bindung, der Delegation und der Ausstoßung zu entsprechen suchen. Der Vorteil besteht darin, dass Eltern und Kinder nicht getrennt voneinander behandelt werden, sondern möglichst alle Familienmitglieder zusammen. Gemeinsam mit einem Psychotherapeuten(team) können familiäre Konflikte ausgespielt und Wege der Konfliktlösung unter Anleitung (und damit verminderter Verantwortung) angstfrei ausprobiert und erlernt werden. Allerdings ist

"der Therapeut einer besonderen Belastung ausgesetzt, da er nicht nur eine, sondern mehrere gestörte Personen gleichzeitig zu beachten, die widersprüchlichsten Kommunikationen zu vergleichen und zu analysieren hat. Er steht vor dem Problem, Wertschätzung und Akzeptierung allen Familienmitgliedern kommunizieren zu müssen, ohne dass er in Rollendiskrepanzen gerät. Aus diesem Grunde setzt eine solche Arbeit einen sehr erfahrenen und speziell geschulten Psychotherapeuten voraus. Keineswegs kann der Psychotherapeut erwarten, daß ihm die Arbeit erleichtert wird dadurch, daß das im Einzelfalle beschuldigte Familienmitglied mit anwesend ist und selbst Stellung nehmen kann (eine häufige Erwartung bei Psychotherapeuten, die in der Arbeit mit einzelnen Elternteilen in Bedrängnis geraten." (BAUMGÄRTEL 1976, 240)

Dies sollte die nicht entsprechend ausgebildete Heilpädagogin vorwarnen, sich nicht vorschnell und bereitwillig in unklare therapeutische Settings zu begeben, um zu lernen, 'therapeutisch' tätig zu sein und sich womöglich dadurch die Vertrauensbasis zwischen Kind, Jugendlichem und Eltern zu zerstören, die für ihre originäre *heilpäda-*

gogische Aufgabe unbedingt erforderlich ist. Familientherapie ist immer dann erstrebenswert, wenn es möglich erscheint, mit der ganzen Familie zu arbeiten und wenn ausgebildete therapeutische Fachkräfte zur Verfügung stehen. Oft ist eine solche Zusammenarbeit mit heilpädagogischen Klientel jedoch nicht möglich oder es erscheint notwendig, einem Kind oder Jugendlichen - wie auch den Eltern - gesonderte Hilfen anzubieten.

Die Heilpädagogin wird ihre eigene berufliche Profession dort zur Verfügung stellen, wo es *primär darum geht, dem Kind oder Jugendlichen zu helfen, die persönlich erlittenen körperlichen, geistigen oder psychischen Schäden auszugleichen,* so dass ein neues Zusammenspiel der Kräfte im Familiensystem ermöglicht wird. So lange Kinder oder Jugendliche nicht ihre physischen oder psychischen Traumata und Fixierungen in einer personalen heilpädagogischen Beziehung zu überwinden gelernt haben, so lange können sie selten frei werden für neue Angebote des Zusammenlebens. Sie werden vielmehr die internalisierten Empfindungs- und Verhaltensmuster immer wieder neu reproduzieren, um mehr oder weniger bewusst zu testen, ob sich wirklich etwas verändert hat oder nicht. Je nach Durchhaltekraft der Eltern oder Bezugspersonen wird dieser Test positiv oder negativ ausfallen. Die primäre Aufgabe der (tiefenpsychologisch orientierten) Heilpädagogin ist es, sich mit dem Kind bzw. Jugendlichen gemeinsam auf den Weg zu machen und konkrete pädagogisch-therapeutische Hilfe zu leisten, um die unbewussten und einseitigen psychischen Besetzungen (der Elternbilder) zu modifizieren. Im gemeinsamen Spielen und Malen, Kritzeln und Gestalten sowie in der Arbeit mit Märchen und Geschichten sollen mittels Reflexion der Heilpädagogin Hilfen für ein neues Problemverständnis und für Problemlösungen erarbeitet und erreicht werden, so dass sich die Problemlösungsstrategien des Kindes und Jugendlichen mitverändern können. Auf diese Weise soll neben der notwendigen Ich-Stärkung der kindlichen Persönlichkeit ein wichtiger interaktioneller Aspekt berücksichtigt werden, nämlich die Erfahrung, dass oft *nur eine positive Veränderung des kindlichen oder jugendlichen Verhaltens zu einer positiven Reaktion der Umwelt führen kann.* Dies kann auch dort geschehen, wo die Eltern nicht aktiv mitzuarbeiten in der Lage oder bereit sind. Allerdings wird das Kind oder der Jugendliche die Heilpädagogin als Begleiterin dann längere Zeit beanspruchen und in jedem Fall wird die Heilpädagogin die Mitarbeit der Eltern z.B. durch Hausbesuch, Einladung, Gespräch immer wieder neu zu aktivieren suchen.

Da das Kind sein Identitätsverständnis über die Konstitution von Objektbeziehungen entwickelt, kann es in der heilpädagogisch-dialogischen Beziehung auch lernen, sich und sein Verhalten gegenüber diesen Objekten (den Eltern und Geschwistern) anders zu sehen, wenn es mittels Symbolhandeln im Spielen und Malen seine Wahrnehmungs- und Ich-Funktionen differenziert und mittels (teilweise reflektierter) Übertragung auf die Heilpädagogin lernt, seine Beziehungsobjekte in anderem Licht zu sehen. *Insofern ist Heilpädagogik Individualpädagogik. Die Heilpädagogin arbeitet vorrangig mit der Stiftung eines erzieherischen Verhältnisses.* Zur Gestaltung dieses erzieherischen Verhältnisses fügt sie wegen der erschwerenden Bedingungen zeitweise eine therapeutische Haltung und therapeutische Hilfsmittel unterschiedlicher Art in ihr erzieherisches Konzept ein.

* **Der Umgang mit Widerstand in der Elternberatung**

Eine therapeutische Haltung und der Einsatz ebensolcher Mittel gilt auch in der Elternberatung. Sie sind notwendig, um *die (latent) vorhandenen Widerstände der Eltern gegen die Begleitung des Kindes bzw. Jugendlichen durchzuarbeiten.* Diese entstehen meist dann, wenn die Eltern zu ahnen beginnen, dass die Symptome des Kindes oder Jugendlichen irgendwie auch mit ihnen selbst, mit ihren verborgenen Erwartungen, Enttäuschungen, Wünschen und Hoffnungen zu tun haben. Insofern ist der Widerstand *jene Kraft, die sich unbewusst der Erkenntnis solcher Zusammenhänge entgegenstellt,* obwohl Eltern die HpE des Kindes oder Jugendlichen bewusst wünschen.

Dieser Widerstand muss 'durchgearbeitet'[1] werden.

Solche Widerstände haben unterschiedliche Bedeutung für die Begleitung des Kindes oder Jugendlichen, je nach deren Entwicklungsalter, d.h. je nach der inneren (und auch der realen) Abhängigkeit des Kindes oder Jugendlichen von seinen Eltern. Da die psychischen Störungen der Kinder oder Jugendlichen auf psychische Probleme der Eltern zurückweisen, wird die Heilpädagogin versuchen, bei den Eltern Verständnis für diese Zusammenhänge zu wecken und die eigene Mitbeteiligung am Geschehen vorsichtig mit den Eltern erarbeiten. Je eher die Eltern bereit und in der Lage sind, jenseits des aktuellen –>Anlasses *die Symptome des Kindes oder Jugendlichen auch als symbolischen Ausdruck für seelische Nöte zu verstehen,* um so eher sind sie auch imstande, die rückwirkenden Erkenntnisse über die eigene Beteiligung an diesem Geschehen zuzulassen und sich ihrer elterlichen Verantwortung neu zu stellen.

Geschieht das nicht, wird die Abwehr der Eltern zum Widerstand gegen die Begleitung des Kindes oder Jugendlichen. Es kommt dann häufig zu fadenscheinig begründeten Abbrüchen der HpE, zu aggressiven Äußerungen, "dass sich nichts ändere" oder zu anderen Reaktionen (die wohl zu unterscheiden sind von berechtigter Kritik an mangelhafter Betreuung durch die Heilpädagogin oder die Mitarbeiter der Institution!).

Nach DANNENBERG/EPPEL (1980) kann die Heilpädagogin folgende Kriterien zur Bestimmung elterlichen Widerstandes heranziehen und damit eine *Prognose* über den Verlauf der HpE und die Gestaltung der erforderlichen Methode der Elternberatung erstellen:

1. Gibt es einen *Unterschied* zwischen der im –>Anlass genannten Symptomatik und der von den Eltern in –>Erstgespräch, –>Anamnese und –>Exploration beschriebenen *weiteren Symptomatik* des Kindes/Jugendlichen?

---

[1]Der Begriff des *Durcharbeitens* kommt aus der Psychoanalyse und wird verstanden als "ein komplexes Gefüge von Verfahren und Prozessen, die eintreten, nachdem eine Einsicht vermittelt worden ist. Die analytische Arbeit, die es ermöglicht, daß eine Einsicht zu Veränderung führt, ist das Durcharbeiten... Durch das Durcharbeiten werden verschiedene zirkuläre Prozesse in Gang gesetzt, in denen Einsicht, Erinnerung und Verhaltensänderung einander beeinflussen." (GREENSON 1981, 55)

(Der Unterschied wird um so geringer ausfallen, je besser es gelingt, die Eltern zu entlasten und sie so zu ermutigen, über den vorgegebenen Anlass hinaus die Symptomatik ausführlicher zu beschreiben.)

2. Besteht relative Übereinstimmung zwischen der Elternaussage über die Symptomatik und dem Ergebnis der medizinischen, psychologischen Untersuchung und der heilpädagogischen Befunderhebung?

(Die Wahrnehmung der Symptomatik durch die Eltern wird um so präziser ausfallen, je weniger Abwehrmaßnahmen von den Eltern eingesetzt werden müssen. Insofern kann das Ausmaß der Übereinstimmung von Elternwahrnehmung und Untersuchungsresultat hinsichtlich der Symptomatik des Kindes als ein Gradmesser für die Stärke der elterlichen Abwehr und ein zukünftig wahrscheinliches Auftreten von Widerstand verstanden werden.)

3. Gibt es bestimmte Symptome oder Symptomgruppen, die von den Eltern häufiger als andere nicht wahrgenommen oder nicht mitgeteilt werden?

(Am häufigsten handelt es sich dabei um sogenannte 'leise Symptome' wie Anzeichen zur Entwicklung von Zwängen; depressive Tendenzen und Probleme im Bereich der Identifikation mit den Eltern, vor allem mit der Mutter. Wenngleich man vordergründig sagen könnte, dass solche Symptome real weniger häufig auffallen, kann doch angenommen werden, dass sie in den Eltern so viel Angst oder Schuldgefühle auslösen, dass die Wahrnehmung unterbleiben muss, es sich also um eine Funktion elterlicher Abwehr handelt, die zukünftig Widerstand erwecken kann. Sehr häufig stellen Eltern Kinder mit leisen Symptomen als frech und faul oder versteckt bösartig, bockig und 'hinterhältig' dar. Sie nennen Verhaltensweisen wie stehlen, lügen, Schule schwänzen, Wutausbrüche und bezeichnen die Kinder als "unerziehbar". [Bei dieser Beschreibung der Elternaussagen sind keine eindeutig zuzuordnenden Milieuverhaltensweisen, sondern *psychische Störungen* gemeint, die auch im sog. 'intakten Milieu' auftreten.] Die Eltern nehmen hier nur *die Abwehr der Kinder* wahr, also Trotz, Wut, Aggression, nicht aber die zugrunde liegende Angst oder Traurigkeit. Hier wird die Heilpädagogin es schwer haben, den Eltern zu verdeutlichen, dass Angst mit Aggression abgewehrt werden

410

kann und umgekehrt, weil durch das Zusammenwirken von elterlicher mit kindlicher Abwehr der Widerstand der Eltern gegen tiefergehende Einsicht geweckt werden kann.)

4. Stimmen die Aussagen von Jugendlichen (um 12 Jahre und darüber) über die Symptomatik mit den Beschreibungen der Eltern und dem Untersuchungsergebnis überein?

(Die Selbstaussagen der Jugendlichen stimmen häufig nicht mit Elternaussage und Untersuchungsergebnis überein. Die Abweichungen gehen sowohl in Richtung von Verleugnung aller Schwierigkeiten als auch in Richtung größerer Offenheit und Einsicht. Dabei kommt es bei den Jugendlichen

a) zur massiven Verleugnung der bedrohlichen Realität (d.h. zugleich zur Verleugnung starker eigener Ängste);

b) zu der Behauptung, die Symptomatik sei ausschließlich ein Problem der Eltern (d.h. die Jugendlichen haben ihren inneren Konflikt in die Umwelt projiziert und versuchen, ihn dort auszukämpfen);

c) zu einer diffenzierteren Aussage als die der Eltern. Indem die Jugendlichen sich selber in starker Abhängigkeitsbeziehung zu Mutter oder Vater beschreiben, versuchen sie, massive Schuldgefühle gegenüber den Eltern zu unterdrücken.)

Die hier beschriebenen diagnostischen Fragestellungen geben Auskunft über das Auftauchen möglicher psychischer Widerstände bei den Eltern. Dadurch werden prognostische Einschätzungen über den Verlauf der HpE möglich und es kann überlegt werden, welche Methoden der Beratung und Begleitung am ehesten Erfolg versprechen. Im wesentlichen weisen die gewonnenen Erkenntnisse auf zwei der wichtigsten Störfaktoren psychischer Entwicklung hin, die zu spezifischer Symptomatik führen oder selbst Symptomcharakter haben können:

a) Störungen in der frühen Mutter-Kind-Beziehung;

b) Identifikations- bzw. Identitätsproblematik.

Daher bleibt es nicht aus, dass die Arbeit an den Ursachen solcher Konflikte die Eltern stärker berührt als die Wahrnehmung der offensichtlichen Symptome. Dies hat zur Folge, dass die Abwehr der Eltern stärker auf Konfliktverleugnung als auf Symptomverleugnung ausgerichtet ist.

Deshalb wird die Heilpädagogin zusammen mit ihren Teamkollegen sehr gut bedenken müssen, *wie* und *von wem* die Elternberatung geleistet werden kann und soll, um die HpE als Ganzes bzw. die Begleitung des Kindes oder Jugendlichen als Teil des Ganzen nicht zu gefährden.

Sie wird - gemäß ihrer *heilpädagogischen Profession (d.h. ihrer vom Kind oder Jugendlichen ausgehenden individualpädagogischen Aufgabe)* - betont darauf hinweisen, dass es bei Kindern in der Vorpubertät und erst recht bei Jugendlichen möglich und oft sogar wünschenswert ist, die Eltern (bis auf ihre grundsätzliche Einwilligung zur HpE und das Vertrauen in die Heilpädagogin) *nicht* verstärkt in die direkte Zusammenarbeit mit dem Kind oder Jugendlichen einzubeziehen. Dies wiederum kann bedeuten, dass die *HpE zunächst mit einer längeren Phase der Elternberatung einzuleiten ist* (möglichst von der Heilpädagogin als derjenigen, der die Eltern ihr Kind später vertrauensvoll übergeben sollen), *bevor* die eigentliche Begleitung und Förderung des Kindes oder Jugendlichen beginnen kann. Ziel wäre es, die vermuteten Ängste und das Abwehrpotential der Eltern eher zu beruhigen, da sonst aufgrund der Mobilisierung des Widerstandes der Eltern mit unnötigen Abbrüchen der Begleitung des Kindes oder Jugendlichen zu rechnen ist.

Auch in diesem Zusammenhang ist nochmals zu betonen, dass jede Arbeit mit psychosozial gestörten oder behinderten Kindern bzw. Jugendlichen im Grunde Arbeit mit einer *Gruppe* ist: Mit der Familie, in der das Kind aufwächst. Die daraus erwachsende Komplexität der Aufgaben, wie Diagnose, angemessene Beratungsangebote und Vorschläge zur fördernden Begleitung, können besser von einem Team als von einem einzelnen bewältigt werden. Daher ist Die Heilpädagogin immer zur Teamarbeit (–>Teamgespräch) aufgerufen. Sie wird ihren eigenen Beitrag vorrangig

a) in der pädagogisch-therapeutischen Arbeit mit dem Kind oder Jugendlichen (–>Spiel; –>Übung) und

b) in der –>*Erziehungs*beratung der Eltern und Bezugspersonen leisten.

Die folgende Grafik veranschaulicht noch einmal die vorgenannten Aspekte in der Übersicht:

412

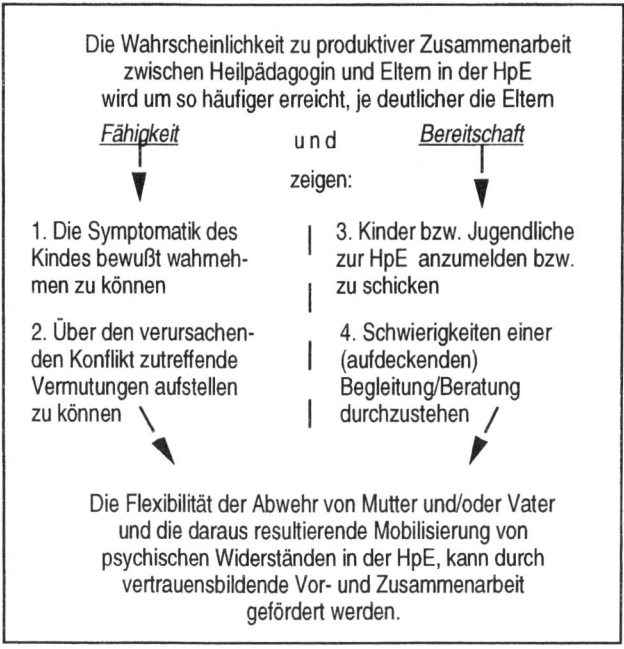

Abb. 34: Prognose zur produktiven elterlichen Mitarbeit

• Aspekte der Elternberatung für Eltern behinderter Kinder

Die vorgenannten Aspekte der Elternberatung erhalten eine besondere Brisanz in Familien mit langzeitig oder dauerhaft behinderten
Kindern oder Jugendlichen. Die Heilpädagogin ist herausgefordert,
"diese Dauerformung der Gesamtsituation eines Individuums - einer
Gruppe - mitzutragen und so mitzugestalten, daß für alle Beteiligten
eine erweiterte Lebensqualität aufgebaut und stabilisiert werden
kann..." (BIENE 1988, 22)
Die Heilpädagogin wird zunächst die Selbsteinschätzung der Eltern
nachzuvollziehen suchen, die meist so ist, wie die Umgebung sie zulässt: Zweitklassig, minderwertig, höchstens geduldet, fehl am Platz.
Daraus ergibt sich vorrangig ein Problem für die Eltern, denn behinderte Kinder leiden zunächst nicht unter ihrer Behinderung.

Nach dem Schock und der Ablehnung des Kindes kurz nach der Geburt beginnt deshalb für die Eltern, vor allem für die Mutter, ein langer Leidensweg, auf dem die Eltern mehr als andere lernen müssen, Abstand zu nehmen von jenen Träumen und Wünschen, die sie mehr oder weniger bewusst in ihren Kindern verwirklicht sehen wollten. Dass dies letztlich zu überdurchschnittlicher menschlicher Reife und Freiheit führen kann, wird oft von außen kaum gesehen und selten als hervorragende persönliche und gesellschaftliche Leistung anerkennend gewürdigt.

Oft treten bei Menschen der Umgebung falsches Mitleid oder Bewunderung auf, beides unbewusste Selbstschutz- und Abwehrhaltungen nach dem Motto: "Hoffentlich passiert mir so etwas nicht"; und "besser nicht hinschauen". An die Stelle aufrichtiger Anteilnahme und Unterstützung tritt der Abbruch der Kontakte auf beiden Seiten; und das Verstecken der behinderten Kinder kommt auch heute noch vor. Solche Selbstschutz- und Abwehrhaltungen müssen Eltern behinderter Kinder in einem schmerzlichen Prozess überwinden lernen. Ihnen dabei zur Seite zu stehen und Wegbegleiter zu sein ist originäre heilpädagogische Aufgabe und Verantwortung.

Wie oben gesagt, löst die Behinderung eines Kindes bei den Eltern anfänglich Schockerleben und Schreckstarre aus. Die Zukunft erscheint sinnlos. Eltern lehnen sich gegen ihr Schicksal auf und manche leiden unter geheimen Todeswünschen dem behinderten Kind gegenüber. Die Frage: "Warum gerade ich, warum gerade wir", weist auf das zutiefst verletzte Selbstwertgefühl der Eltern hin. Diese schweren Schmerz- und Trauerreaktionen führen schließlich zu Entscheidungsstrategien, die bei der Auseinandersetzung mit der belastenden Realität lindernd wirken sollen.

Im Prozess der Elternberatung treten deshalb in den Phasen der Krisenbewältigung von solchen "schweren Wirklichkeiten" (HÜLSHOFF 1992, 84 ff.) Abwehrvorgänge auf. Solche Abwehrreaktionen können u.a. sein: Verleugnen der Behinderung; aggressive Problemverarbeitung; Problemverarbeitung durch Überkompensation; Ritualisierungen; Anbahnung von Abhängigkeiten; depressiv-resignierende Reaktionen.

Aufgabe der Heilpädagogin ist es, den Eltern zu helfen, zu einer für die Behinderung realistischen und angemessenen Haltung gegenüber sich selbst und gegenüber ihrem Kind, dessen Geschwistern und der Umwelt zu gelangen. Um ihre Aufgabe als Berater der Eltern in angemessener Weise erfüllen zu können, ist seitens der Heilpädagogin eine erhöhte Selbstkontrolle erforderlich, die sie in berufsbezogener –>Selbsterfahrung erlernt und in praxisbegleitender –>Supervision vertiefen sollte. Zur eigenen Persönlichkeitsentwicklung wird sich die Heilpädagogin fragen:

"- Was sind für mich 'schwere Wirklichkeiten', was waren schwere Wirklichkeiten in meinem (familiären) Leben und Erleben?

- Was hat dieser 'konkrete Fall' mit mir zu tun? Woran erinnert er mich, was löst er bei mir aus?

- Um wen kämpfe ich, für wen kämpfe ich?

- Um wen, um was trauere ich?

- Welche Ängste befallen mich, wenn mich Klienten kritisieren und meine Kompetenz in Zweifel ziehen?

- Was tue ich, wenn ich keinen Rat mehr weiß und selber hilflos geworden bin?" (HÜLSHOFF ebd. 95)

In der Elternberatung wird die Heilpädagogin für sich reflektieren,

- dass die Verleugnung der Behinderung durch die Eltern sie selber und ihre persönliche und berufliche Qualifikation in Frage stellt und sie möglicherweise daran hindern könnte, die notwendige HpE einzuleiten;

- dass die aggressive Problemverarbeitung der Eltern sie herausfordern könnte, die Eltern "in ihrem berechtigten Kampf" unangemessen zu unterstützen und ihre Kompetenzen zu überschreiten;

- dass die Eltern ihre Bemühungen um angemessene Lernformen für das behinderte Kind aufgrund ihrer überkompensatorischen Haltung ignorieren oder ablehnen könnten, so dass die in der heilpädagogischen Arbeit mühevoll erreichten kleinen Fortschritte des Kindes nicht wahrgenommen werden;

- dass die mit Ritualisierungen befassten Eltern versuchen, die Heilpädagogin in ihre illusionäre Verkennung der kindlichen Gesamtproblematik einzubeziehen und sie z.B. dafür gewinnen möchten, durch

'Gefälligkeitsgutachten' eine höhere Begabung zwecks 'angemessener' Beschulung usw. zu bescheinigen;

- dass die elterliche Hilflosigkeit und die daraus erwachsenden Abhängigkeitswünsche sie in Allmachtsphantasien verstricken könnten und sie in die Gefahr gerät, ihrer Beratertätigkeit übermäßige Wirksamkeit zuzuschreiben;

- dass depressiv-resignierende Eltern ihre Bemühungen mit dem Hinweis auf die vordringlicheren Versorgungswünsche des behinderten Kindes und die so oder so gegebene Sinnlosigkeit weiterer Bemühungen ablehnen. (vgl. MERKENS 1978, 252)

Neben der Selbst- und supervisorischen Kontrolle der Beratungssituation sollte die Heilpädagogin den Beratungsverlauf (nach MERKENS ebd. 252 f.) nach Zeit, Zieldefinition, Methode, Hilfsmittel und Ergebnis sinnvoll strukturieren:

1. Die *Zeitlimitierung* sollte in der Regel bei Beratungs*gesprächen* eine Stunde Dauer nicht überschreiten. Die Begrenzung dient der konzentrierten Arbeit aller Beteiligten und zwingt zu gezieltem Vorgehen. Zum Ende der Zeiteinheit werden 'in letzter Minute' oft noch (beiläufig) wichtige Aussagen gemacht oder Fragen gestellt, die sonst nicht erwähnt würden. Zeit ist überdies ein realistischer Faktor der Begrenztheit menschlichen Lebens überhaupt und somit der Umgang mit Zeit ein wichtiges heilpädagogisches Medium.

2. Die *Zielbestimmung* ist eine der wichtigsten Beratungshilfen. Sie anzusprechen hat bereits entlastende Funktion, da psychische Energien auf einen Fixpunkt gelenkt werden, auf den hin Lösungswege gesucht und gefunden werden sollen. Bei der Präzisierung der Zielbestimmung (–>Vertragsabschluss) wird bereits offensichtlich, ob es sich um realistische oder inadäquate Zielsetzungen der Eltern handelt oder ob (–>Anlass, Symptom, Symbol) Abwehrhaltungen mit im Spiel sind.

3. Die *Methode* des Vorgehens wird die Heilpädagogin je nach eigenem Konzept entsprechend moderieren. Wichtig erscheint in heil*pädagogischer* Beratung, zu Beginn dem Informationsbedürfnis (–> Auskunft) der Eltern entgegenzukommen, um so die Bereitschaft zu signalisieren, durch die angemessene –>Legitimationsprüfung, die Prüfung der persönlichen und fachlichen –>Autorität und –>Kompe-

tenz den berechtigten Sicherheitsbestrebungen der Eltern entgegenzukommen. Daraus erwächst seitens der Eltern die Bereitschaft,
Selbstmitteilungen von hohem emotionalem Stellenwert in die Situation einzubringen, aus der die Heilpädagogin wichtige Eindrücke von
der elterlichen Selbsteinschätzung im Hinblick auf die Symptomatik
oder Behinderung des Kindes oder Jugendlichen entnehmen kann.

4. Darauf folgen Informationen über *Hilfsangebote* und weitere
Vorgehensweisen. Wie in der –>Elternarbeit angesprochen, werden
die Ressourcen, die Belastbarkeit und die realen Bedingungen der
weiteren Zusammenarbeit geprüft und präzisiert.

5. Das *Ergebnis* der ersten Beratungssituation(en) sollte mündlich
und/oder schriftlich zusammengefasst und den Eltern so zur Verfügung gestellt werden, dass sie sich in der Lage sehen, nach einiger
Überlegungszeit sachlich erneut zustimmen oder ablehnen zu können,
auch was den Ausblick auf weitere Hilfsmaßnahmen bzw. Vorgehensweisen betrifft.

Eine besonders belastende Situation tritt dann ein, wenn Eltern von
schwer behinderten Kindern oder Jugendlichen in der alltäglichen
Pflege und Fürsorge erschöpft sind, keinen Ausweg aus ihrer Situati-
on mehr sehen und verzweifelt feststellen "Ich kann nicht mehr!"
HEIMLICH/ROTHER (1991) zeigen folgende Stationen auf dem Weg zur
Ablösung der Eltern von ihrem behinderten Kind auf:

1. Erschöpfung und Ausweg
Die Heilpädagogin kann versuchen, in der ausweglosen Situation den
Eltern anstelle ambulanter Hilfe eine Kurzzeitunterbringung, einen
Ferienaufenthalt oder eine Rehabilitationsmaßnahme des behinderten
Kindes vorzuschlagen und sie bei diesem Vorhaben zu unterstützen.
Dabei kann eine 'sachliche' Begründung den ersten Schritt erleich-
tern, z.B. die medikamentöse Einstellung von Anfallsleiden, Ernäh-
rungsprobleme, der Versuch einer stationären Verhaltensanbahnung
usw. Die vertrauensvolle Beziehung zwischen Heilpädagogin und El-
tern wird wesentlich dazu beitragen, Unverständnis und aggressive
Gefühle (Abwehr und Widerstand) der Eltern zu mildern.

2. Probeunterbringung

Da Eltern den Abschied von ihrem schwerstbehinderten Kind auch dann, wenn sie es "auf Probe weggeben", mit einem schmerzhaften Gefühl der Kapitulation verbunden erleben, mit Gefühlen von Versagen, Schuld, Schmerz und Konfusion, Phantasien von endgültiger Trennung und auch (unrealistischer) Hoffnung auf Heilung, sollte die Heilpädagogin zusammen mit den Eltern vielfältige Hilfen leisten und dabei die emotionalen ("Heim-Weh und Kind-Weh") und praktischen Vorgänge (Hilfen zur Vorbereitung der Aufnahme und Hilfen zur Aufnahme) mit den Eltern gemeinsam und entsprechend ihrem Vermögen reflektieren und begleiten. Dabei können die Eltern erfahren: "Meinem Kind geht es gut, es kann ohne mich leben." Und: "Mir geht es schlecht, ich muss ohne mein Kind leben." Dies kann bei den Eltern, vor allem bei den Müttern, erneute Krisen auslösen, die mit ambivalenten Gefühlen des "Nicht-gebraucht-werdens" wie der Erleichterung und der Unfähigkeit, die freie Zeit für sich, die Partnerschaft und die Familie neu zu nutzen, einhergehen. Deshalb kann es in jahrelanger Betreuung und Beratung nötig werden, eine solche "erste Station" immer wieder erneut, z.B. bei Ferien- oder Urlaubszeiten, zu ermöglichen und anzugehen, so dass die notwendigen Ablösungsprozesse stabilisiert werden können. Dann kann auf Dauer bei den Eltern die Einsicht reifen: "Ich muss lernen, ohne mein Kind zu leben!" und "Ich muss mein Leben neu gestalten!"

3. Entscheidung

Die Heilpädagogin wird die Eltern auf ihrem langen und schwierigen Entscheidungsweg darin bestärken und unterstützen, endgültig von alten, nicht erfüllbaren Wünschen und Zukunftsvorstellungen Abschied zu nehmen und damit die vielen Hintertüren der 'wenn' und 'aber' endgültig zu schließen.

"Dieses Abschiednehmen und die damit verbundene Trauer kann zu einer noch tiefgreifenderen Krise führen, der Leidensdruck und der

Wille zur eigenen Entwicklung ist aber auch der Ariadnefaden[1], der den Weg aus dieser Krise weist." (HEIMLICH/ROTHER ebd. 127)

Dabei wird die Heilpädagogin prospektiv bedenken müssen, dass die Eltern sich als Frau und Mann neu begegnen werden und eine Familienkrise dadurch ausgelöst werden kann, dass die bisher für das behinderte Kind aufgebrachte Energie plötzlich in die "Leere" geht. Diese Situation kann auch bei den Geschwistern behinderter Kinder große Verunsicherungen auslösen, so dass sie gegenüber den Eltern (mit lange zurückgehaltenen) Vorwürfen, Rückzug oder Verhaltensauffälligkeiten reagieren:

"Die Dauer und der Verlauf solcher möglichen Krisen ist in hohem Maße von den Perspektiven abhängig, die sich die Eltern für ihr behindertes Kind und für sich selbst gemacht haben. Vorrangig ist der Schritt, die Zukunftsperspektive für das Kind zu verwirklichen, dann ist es Mutter und Vater leichter möglich, etwas für die Verwirklichung der eigenen Zukunftsvorstellungen zu tun." (HEIMLICH-/ROTHER ebd. 129)

4. Das zweite Zuhause

„Im allgemeinen deutschen Sprachgebrauch weckt "Heim" eher Assoziationen mit 'fort', 'Zwang' und 'Kälte' als mit 'daheim', 'Geborgenheit' und 'Wärme'. (In anderen europäischen Ländern wird der entsprechende Begriff meist mit positiveren Assoziationen verknüpft)." (HEIMLICH/ROTHER ebd. 130 f.)

Die Heilpädagogin wird sich zusammen mit den Eltern um alle wichtigen Informationen bemühen, damit die vorhandenen Unsicherheiten Zug um Zug überbrückt werden und auf die vielen Fragen sinnvolle und befriedigende Antworten gefunden werden können, z.B.

---

[1]*Ariadne* ist im griechischen Mythos die Tochter des Königs Minos v. Kreta. Sie half dem griechischen Helden Theseus, den sie liebte, mit einem Wollkneuel (= Ariadne-Faden) den Rückweg aus einem ausweglosen Labyrinth zu finden. Symbolisch steht der Mythos u.a. für den Beweis, dass liebende Klugheit im Leben der Menschen in ausweglos erscheinenden Situationen mit einfachen Mitteln Wege ersinnen kann, selbst in höchster Gefahr des Verlustes von Leib und Leben nicht verloren zu sein, wenn der Weg zur Befreiung und Rettung aus den unberechenbaren und finsteren Gewölben des Lebensschicksals (= Labyrinthes) mit Hilfe des Ariadne-Fadens (= Lebensfaden; "roter Faden") gemeinsam mit einem Helfer und gepaart mit Vertrauen, Hoffnung und Liebe mutig beschritten wird.

" - Wie werden die Kinder behandelt versorgt, betreut?
- Welche medizinischen, therapeutischen Möglichkeiten bestehen?
- Was sind die Unterschiede zwischen 'Heim' und 'Internat'?
- Wo sind Heime, Internate?
- Welche Besuchs- und Kontaktmöglichkeiten gibt es?"
(HEIMLICH/ROTHER ebd. 130)

Das wichtigste Ziel heilpädagogischer Elternberatung wird es in solchen Fällen sein, den Eltern zu helfen, die innere Gewissheit und den inneren Frieden zu finden, 'guten Gewissens' sagen zu können:
"Auch wenn ich mein Kind in ein Heim gebe, ich bin kein Rabenvater, ich bin keine Rabenmutter. Wir suchen ein anderes, ein zweites Zuhause, wir bereiten einen 'Nest'-Tausch vor und werfen unser Kind nicht hinaus. Wir sind bereit, weiterhin für unser Kind da zu sein, es immer wieder an- und aufzunehmen, so, wie es ihm gut tut."
Die Eltern müssen tief innerlich verstanden und akzeptiert haben, dass die ihnen zugefallene Lebensaufgabe keine Strafe und kein Versagen bedeutet, sondern eine - wenn auch sehr schwere - *Herausforderung zum Menschwerden und Menschsein*. Dieser Gedanke und diese Gewissheit werden die Eltern um so eher beseelen, je zuverlässiger sie auf die *Hilfe ihrer Mitmenschen* vertrauen können.
"Erst die Besichtigungen der Heime/Internate, das Erspüren der Atmosphäre, das Kennenlernen der Gruppen, der möglichen Betreuer des Kindes und das sich dann daraus ergebende Sich-vorstellen-Können, dass es dem Kind in diesem zweiten Zuhause wohlergehen wird, machen die Eltern sicherer in ihrem Entschluss, erleichtern ihnen ihre Entscheidung und stärken sie, die Vorurteile, die negativen Reaktionen und die Widerstände ihrer Umgebung, die sich bis zu heftigen Anklagen steigern können, auszuhalten und gegebenenfalls angemessen reagieren zu können." (HEIMLICH/ROTHER ebd. 132 f.)

5. Neubeginn

Während Trennungsschmerz und Trauer bei den Eltern immer wieder durchbrechen und alle rationalen Überlegungen und Rechtfertigungen, dass die Entscheidung gut und richtig war und man einen langen Weg verantwortlich gegangen sei überlagern, lebt sich das behinderte Kind oft rascher in seine neue, interessante, abwechslungsreiche und anregende Umgebung ein. Es lernt, sich auf Häufigkeit, Dauer und Zeitabstände der Besuche der Eltern im Heim bzw. seiner Besuche im alten Zuhause einzustellen. Vieles hängt davon ab, wie sich die Eltern zu diesem neuen Schritt stellen und in welchem Maße sie ihrem Entschluss immer wieder neu innerlich zustimmen. Die Heilpädagogin wird die Eltern ermutigen, sich immer offener und aktiver den Veränderungen in der Lebenssituation ihres Kindes wie auch ihrer eigenen zu stellen. Die Rolle als Mutter oder Vater, als Familienmitglied, als Mensch im sozialen Umfeld kann nicht mehr im alten Muster gelebt werden, sondern muss und kann neu definiert und umgestaltet werden. Die Heilpädagogin wird in der Elternberatung im Sinne der –>Nachbetreuung darauf hinwirken, die innere wie äußere Leere mit angemessenen Aktivitäten neu zu füllen, sich "endlich etwas zu gönnen", ohne Skrupel zu haben, sich den Geschwisterkindern neu zuzuwenden, evtl. eine (Teilzeit-) Arbeitsstelle für die Mutter zu finden usw. Dabei wird sie die Eigeninitiative der Eltern anregen und unterstützen und auf andere Fachleute im Sozialwesen verweisen, die den Eltern in der Einübung ihrer neuen Rollen und Aktivitäten zur Seite stehen. Auf diese Weise kann sie die auf Zeit geleistete Beratertätigkeit langsam zurücknehmen, ohne die personale Beziehung zu den Eltern zu verletzen.

• **Zusammenfassung**

Mittels Probe- bzw. Teil-Identifikation versucht die Heilpädagogin, die Befindlichkeit der Eltern, ihre Anliegen, ihre Sorgen, ihre Ängste zu verstehen. Erst wenn es gelungen ist, annähernd herauszufinden, *wie* es den Eltern wirklich geht, ist es auch möglich, zu erahnen, *worum* es ihnen wirklich geht und eine angemessene Elternberatung leisten zu können.
Ziel der Elternberatung ist es, durch eine tragfähige Beziehung zwischen Eltern und Heilpädagogin die –>Erziehungsberatung im engeren Sinne fruchtbar zu gestalten, damit konkrete Hilfe und Unterstützung bei der Entwicklung von Handlungsalternativen in der Eltern-Kind-Beziehung und ein gewandeltes Erziehungsverhältnis auf neuem Niveau erreicht werden können.
Dabei wird die Heilpädagogin die vorhandenen Möglichkeiten reflektieren, *gemeinsam* mit dem Kind, dem Jugendlichen und den Eltern zu sprechen oder auch gemeinsam zu arbeiten. Dabei wird die Heilpädagogin darauf achten, ob diese Zusammenarbeit vom Kind oder Jugendlichen verkraftet und von den Eltern so geleistet werden kann, dass keine Neuauflage affektiver, verletzender Situationen entsteht.

Bei Trennungs- oder Scheidungssituationen, in zerrütteten Familienverhältnissen oder bei schwerer (psychischer) Krankheit, Sucht oder Inhaftierung eines Elternteils wird eine (gemeinsame) Elternberatung oft nicht möglich sein. Im Einzelfall kann es sich deshalb als sinnvoll erweisen, Elternberatung und –>Erziehungsberatung zu trennen.

In der heilpädagogischen Elternberatung gelten eine therapeutische Haltung und der Einsatz ebensolcher Mittel. Sie sind notwendig, um die (latent) vorhandenen Widerstände der Eltern gegen ihre Einbeziehung und gegen die Begleitung des Kindes bzw. Jugendlichen durchzuarbeiten. Die Heilpädagogin sollte daher eine zusätzliche Beraterausbildung absolviert haben.

Elternberatung erhält eine besondere Brisanz in Familien mit langzeitig oder dauerhaft behinderten Kindern oder Jugendlichen. Hier ist die Heilpädagogin besonders herausgefordert,

"diese Dauerformung der Gesamtsituation eines Individuums - einer Gruppe - mitzutragen und so mitzugestalten, dass für alle Beteiligten eine erweiterte Lebensqualität aufgebaut und stabilisiert werden kann..." (BIENE 1988, 22)

Zusammenfassend kann für heilpädagogische Elternberatung formuliert werden:

"Je nach Problemlage, Prozessentwicklung und Personenkreis wählt der Heilpädagoge im Gespräch unterschiedliche methodische Ansätze, die zum Teil innerhalb eines Gespräches sich gegenseitig ergänzend eingesetzt werden. Gesprächssequenzen können der jeweiligen Zielsetzung entsprechend mehr inhalts-, problemoder klientbezogen gestaltet werden... Immer mehr wird es dem Heilpädagogen darum gehen, für die Eltern wie für sich selbst die kognitive wie die emotionale Seite eines Problems zu erhellen; ... Er wird sich um eine Haltung bemühen, die eine *kooperative Beratung* ermöglicht, in der sich methodische Elemente verschiedener Konzepte integrativ ergänzen. Unverzichtbare Voraussetzung ist fundierte einschlägige Sachkenntnis des Heilpädagogen." (BIENE ebd. 81)

Ziff.19   ERSTGESPRÄCH   –> S. 96

Begriffsbestimmung:

Das Erstgespräch (synonym auch Erstinterview, Erstbegegnung genannt) ist diejenige Situation, in der ein Rat- bzw. Hilfesuchender die Heilpädagogin erstmalig konsultiert, um ihr eigenes oder anderer Erleben und Verhalten mitzuteilen, das im engeren oder weiteren Sinn mit einer Beeinträchtigung oder Behinderung einhergeht und damit verbunden Erziehungshilfe unter erschwerenden Bedingungen notwendig macht. Das Erstgespräch enthält Mitteilungen über lebensgeschichtliche Ereignisse, die Symptomatik betreffende Fakten, Meinungen, Erlebnisinhalte und Verhaltensweisen der betroffenen Personen. Es kann identisch sein mit der –>Kontaktaufnahme die von der Heilpädagogin oder auch von anderen Fachkollegen durchgeführt wird. Oftmals entwickelt sich im Team einer Institution erst aufgrund des Eindrucks aus einem Erstgespräch die Meinung, dass eine HpE die geeignete Hilfe für ein Kind oder einen Jugendlichen und seine Bezugspersonen sein kann.

In diesem Übersichtsartikel werden folgende Themen angesprochen:

• Ziel des Erstgespräches

Die Heilpädagogin wird sich im Erstgespräch vorrangig darum bemühen,
- eine Atmosphäre zu schaffen, die *einen ersten Einblick in das Erleben und Verhalten des Klienten und seiner wichtigsten Bezugspersonen ermöglicht.* Dazu gehören Aussagen über die Beziehungen zu Familienmitgliedern, wichtigen Ereignissen im Verlauf der Lebensgeschichte, die möglicherweise im Zusammenhang mit den derzeiti-

423

gen Erziehungsschwierigkeiten und Symptomen stehen wie auch Erzählungen zum eigenen Leben und Erleben, so dass Grundzüge lebensgeschichtlicher Vorkommnisse und subjektiver Erlebnisweisen erkennbar werden;

- eine Atmosphäre zu schaffen, die *wirklichkeitsnahe Information ermöglicht.* Dazu gehören Mitteilungen über das subjektive Erleben der Erziehungsschwierigkeiten, deren Dauer, Fortschreiten und Erscheinungsweisen sowie möglicherweise damit zusammenhängende psychosomatische Reaktionen. Diese sind unter Berücksichtigung des –>Anlasses, der symbolischen Mitteilungen in der Situation des Erstgespräches und auf dem Hintergrund der sich entwickelnden Beziehung zwischen den Gesprächspartnern zu reflektieren.

- eine Atmosphäre zu schaffen, in der die *Bedürftigkeit und Notwendigkeit* für eine Heilpädagogische Erziehungshilfe und Entwicklungsförderung (HpE) vorgeklärt werden kann. Dazu gehören alle Aspekte, die eine Indikation[1] für eine heilpädagogische Begleitung im engeren Sinne erkennen lassen, z.B. mögliche Behinderungen, Entwicklungsdefizite oder -störungen, soziale oder psychische Beeinträchtigungen oder psychosomatische Beschwerden. Ebenso sollte ein Eindruck darüber gewonnen werden, ob die betreffenden Personen Fähigkeiten besitzen, psychische Vorgänge bei sich und anderen wahrzunehmen und darauf einzugehen, ob sie Konflikteinsicht zeigen, Veränderungswünsche deutlich machen können und bereit sind, Erziehung unter erschwerenden Bedingungen mit Hilfe der Heilpädagogin leisten zu wollen. Auf der Grundlage dieser Beurteilung wird vorentschieden werden, ob ein –>Vertrag für eine HpE zustande kommen kann.

Da es sich beim Erstgespräch vorrangig um ein *verbales Verständigungsangebot* handelt, ist damit vor allem eine Situation gemeint, in der die Heilpädagogin mit den *erwachsenen Bezugspersonen,* meist den Eltern oder einem Elternteil des Kindes oder Jugendlichen spricht. Das Gespräch ist ein Mittel der Verständigung unter Er-

---

[1]*Indikation* (lat.): Kennzeichen, Merkmal. Es geht um Anzeichen oder Umstände (vgl. –>Anlass, Symptom, Symbol), aus denen die Anwendung bestimmter –> Methoden der Begleitung oder Hilfen indiziert (= angezeigt, ratsam) erscheinen. Das Gegenteil ist die Kontraindikation.

wachsenen. Das Kind kann sich demgegenüber verbal nur sehr begrenzt ausdrücken und bevorzugt ihm eigene, anders verschlüsselte Ausdrucksweisen, wie das Spielen und Malen. Mit einem Kind oder Jugendlichen wird die Heilpädagogin deshalb andere Mittel und Wege finden, eine –>Exploration zu veranlassen, in der sich das Kind bzw. der Jugendliche in ihrer Symbolsprache angemessen ausdrücken können.

• **Dauer des Erstgespräches**

Das Erstgespräch sollte nicht länger als eine Stunde dauern. Länger anhaltende Gespräche verlieren an Dynamik, versanden oder eskalieren in Nebensächlichkeiten. Konzentration und Aufnahmefähigkeit der Gesprächspartner nehmen ab. Das derzeit Wesentliche ist in diesem Zeitraum ausgesprochen und erkannt oder wird nach Ablauf einer Stunde auch bei Verlängerung nicht mehr deutlich. Der Versuch der Heilpädagogin, noch 'unbedingt' bestimmte Informationen erhalten zu wollen oder des Ratsuchenden, 'unbedingt' dies oder jenes auch noch sagen zu müssen, zeugt von gewissem Unverständnis bzw. Unsicherheit in der Situation. Es scheint bis dahin nicht gelungen zu sein, eine tragfähige Atmosphäre zu entwickeln, die es möglich erscheinen lässt, sich getrost auf weitere Kontakte einlassen zu können. Anscheinend fehlt ein Gefühl der Annahme und des Verständnisses, das auch schon die Bereitschaft für einen gewissen Vertrauensvorsprung hat wach werden lassen.

Die Gründe für den Anspruch seitens der Eltern oder der Heilpädagogin, das Erstgespräch verlängern zu wollen, sind sorgfältig zu reflektieren, weil sie (unter Vorbehalt) wertvolle Aufschlüsse über das Gelingen oder Misslingen weiterer Schritte in der HpE erkennen lassen.

• **Durchführung des Erstgespräches**

Zur Durchführung des Erstgesprächs sollte die Heilpädagogin folgende Fragen überlegen:

1. *Wo* wird das Erstgespräch durchgeführt?
2. *Wie* wird das Erstgespräch durchgeführt?
   a) mit Blick auf den Gesprächspartner;
   b) mit Blick auf den Heilpädagogin;
3. *Mit wem* wird das Erstgespräch durchgeführt?

1. Wo wird das Erstgespräch durchgeführt?

Zur Durchführung eignet sich jeder Raum, der nicht ausschließlich Bürocharakter hat, sondern zusätzlich freundlich gestaltet ist, durch Blumen, Bilder und alle Dinge, die zu einer Auflockerung beitragen und eine Atmosphäre der Vertrautheit unterstützen können. Bilder oder Gegenstände sollten so ausgewählt sein, dass sie nicht allzusehr reizen oder fixieren, sondern eine gewisse Offenheit und Neutralität in Darstellung, Farbe und Form haben, ohne dass durch sie das Gespräch in eine bestimmte Richtung gelenkt wird. Für Ruhe, Licht und ausreichende Belüftung sollte gesorgt sein. Sehr persönliche Dinge, wie Bilder von Familienangehörigen oder intime Utensilien sollten nicht öffentlich sichtbar sein.

2. Wie wird das Erstgespräch durchgeführt?

a) mit Blick auf den Gesprächspartner...

Die Sitzordnung sollte so beschaffen sein, dass ein Kontakt leicht zustande kommt. Ein Tisch (Schreibtisch) sollte nicht als Kontaktbarriere im Raum stehen, vor der sich der Besucher von dem dahinter 'Thronenden' examiniert oder ausgefragt fühlt. Es ist günstiger, im Raum eine Art Sitzecke zu einzurichten, in der es möglich ist, mehr nebeneinander bzw. seitlich zugewandt als gegenüber zu sitzen. Dabei sollte auf eine gewisse Distanz geachtet werden, die durch ein kleines Tischchen, eine Stehlampe o.ä. erreicht werden kann. Der Besucher möchte zwar persönlich empfangen werden, jedoch sollte er selbst den Spielraum haben, sich nicht eingeengt oder vereinnahmt zu fühlen und seine ihm gemäße Nähe und Distanz auch räumlich so ausdrücken zu können, wie es seinem psychischen Empfinden entspricht. Wichtig ist, dass kein stilisiertes Ritual ablaufen darf, in dem sich der Ankommende fremd, unbeholfen und hilflos vorkommt, sondern dass Raumgestaltung und Sitzordnung den äußeren Eindruck einer inneren Haltung der Offenheit und Zuwendung widerspiegeln. Dies wird um so eher gelingen, je mehr die Heilpädagogin von dem Raum Besitz ergriffen, d.h. ihn nach ihrem persönlichen Stil gestaltet hat, so dass sie sich selber darin wohlfühlt.

Während des Gespräches sollte sich die Heilpädagogin bemühen, alle Mitteilungen möglichst *neutral,* d.h. nicht wertend und nicht beurteilend wahrzunehmen. Sie sollte allen Mitteilungen über das Erleben und Verhalten, das seitens des beeinträchtigten bzw. behinderten Kindes oder Jugendlichen selbst oder seiner Eltern bzw. Bezugspersonen direkt oder indirekt mittels Mimik, Gestik und Körperhaltung als störend, außergewöhnlich, ungewöhnlich, erstaunlich, nervend, stressig, angstmachend oder krankhaft beschrieben wird, möglichst *gleichmütig* gegenüberstehen. Dies bedeutet nicht teilnahmslos, gelangweilt oder desinteressiert in Gestik und Mimik, sondern innerlich möglichst *affektfrei.* Die Heilpädagogin sollte sich um die von Sigmund FREUD so beschriebene *"gleichschwebende Aufmerksamkeit"* bemühen, in der sie sich ihrer

„eigenen unbewußten Geistestätigkeit überlassen, Nachdenken und Bildung bewußter Erwartungen möglichst vermeiden, nichts von dem Gehörten sich im Gedächtnis besonders fixieren und solcherart das Unbewußte des Patienten mit seinem eigenen Unbewußten auffangen" soll. (Ges. Werke XIII, 215)

Da es sich bei einem heilpädagogischen Erstgespräch aber nicht gleichermaßen um ein psychoanalytisches Erstgespräch handelt, in dem die freie Assoziation des Patienten das Gegenstück zur gleichschwebenden Aufmerksamkeit des Analytikers darstellt, wird die Heilpädagogin ihre Gesprächsführung zusätzlich mit anderen Mitteln gestalten. Dennoch sollte die Annäherung an die gleichschwebende Aufmerksamkeit gewahrt bleiben: Als ehrgeizloses Interesse, skeptisches Wohlwollen, lockeres Drängen, kompensatorische Hellhörigkeit, als ein Warten und Aufnehmen, ohne sich mit seinen Gedanken aus der Situation zu entfernen, in den Gesprächspartner und seine Problematik rational einzudringen, sich kühl abzugrenzen oder übereifrig empathisch aufzudrängen.

Dazu gehört, dass die Heilpädagogin im Erstgespräch keiner straffen Gliederung folgt. Das Ritual einer formalen Datenerhebung oder einer klinischen Vorgehensweise (nach dem Schema: Anamnese - Untersuchung - Diagnose - Vorschlag zur Begleitung) sollte möglichst unterbleiben. Es geht in der heilpädagogischen Arbeit ja *nicht* vorrangig um die Symptomatik als solche, wie bei einem naturwissenschaftlich-empirisch begründeten Vorgehen in Medizin oder Psychologie, sondern um *den beeinträchtigten und behinderten Menschen in seiner Befindlichkeit und in seinen Beziehungen und Erziehungsverhältnissen,* die ja oft Auslöser oder Verstärker seiner psychischen bzw. psychosomatischen Beschwerden und seiner sog. 'Verhaltensauffälligkeit', 'Beeinträchtigung' oder 'Behinderung' sind. Insofern ist eine *personorientierte Kontaktaufnahme* notwendig, die eher *motivations-* als informationsorientiert angelegt sein sollte, wie u.a. im Artikel über –>Exploration beschrieben. Auf diese Weise dient das Erstgespräch der Feststellung der *Bedürftigkeit* für und der *Fähigkeit* zur Mitarbeit in der HpE.

Bei einem so angelegten Erstgespräch *spricht die Heilpädagogin so wenig wie möglich und so viel wie nötig.* Sie bemüht sich, das Gespräch im Fluss zu halten und ihr Gegenüber mittels einer "Sprache der Annahme" und "aktivem Zuhören" (GORDON 1974, 37 ff., 67 ff.) wissen zu lassen, dass sie nach wie vor aufmerksam folgt und am Geschehen teilnimmt. Biographische Daten interessieren zunächst weniger als die *psychodynamische Struktur* des Gespräches, die z.B. durch die Diskrepanz zwischen verbal bewusst Vorgebrachtem und dazu unbewusst dargestellter Mimik oder Gestik zum Ausdruck kommen kann; ebenso durch Fehlleistungen oder Ängste, die auf Verdrängung oder Abwehrmechanismen hinweisen können. Darüber hinaus wird die Heilpädagogin besonders auf die *zwischen* ihr und ihrem Gegenüber mehr oder weniger unbewusst geäußerten Signale achten, in denen deutlich wird, welche Art von Leidensdruck der Gesprächspartner andeutet und wie er bestimmte *Projektionen* bzw. *Übertragungsmomente* äußert, die unbewusste Einstellungen, Wünsche, Gefühle oder Vorstellungen gegenüber der Heilpädagogin beinhalten. In einer solchen Gesprächsführung ist die Heilpädagogin bemüht, die *inneren* Spannungen, die aufgrund der ungewohnten Situation entstehen können, wahrzunehmen und für den Gesprächspartner fühlbar anzunehmen, um dadurch den Boden für wirklichkeitsnahe und wirklichkeitsgetreue Information zu ermöglichen und psychische Widerstände möglichst gering zu halten. Wenn Angst und Unsicherheit überwiegen, werden vom Ratsuchenden oft falsche Akzente gesetzt und bestimmte Sachverhalte bagatellisiert oder dramatisiert. Gefühle von Schuld, mangelndem Selbstwert, mangelnder Selbstachtung und mangelndem Selbstvertrauen erhöhen Ängste und Unsicherheit und mobilisieren Widerstände.

Da ein so geführtes Erstgespräch bereits Sequenzen einer therapeutischen Situation beinhalten kann, wird die Heilpädagogin nicht auf bestimmte (unbewusste) emotionale Äußerungen vertiefend eingehen, sondern sich eher an der Gefühlslage und der *inhaltlich vorgebrachten Darstellung in der augenblicklichen Situation* orientieren. Dies sollte aus Achtung und Rücksichtnahme vor der Person des Gesprächspartners um so mehr geschehen, je weniger feststeht, ob die Heilpädagogin selber mit den beteiligten Personen weiterarbeitet.

b) mit Blick auf die Heilpädagogin...

Auch bei der Heilpädagogin kann es zu Ängsten kommen, z.B. zu der Furcht, nicht die für eine Diagnose wichtigen Daten zu erhalten, den Gesprächsfaden zu verlieren, bei direkten Anfragen keine 'richtige' Antwort zu wissen, vom Gesprächspartner nicht als kompetent angesehen zu werden usw. Solche Gefühle könnten sie innerlich in einen gedanklichen Zwiespalt bringen, statt empathischer Zuhörer zu sein lieber dringend nachfragen zu wollen, um sich dadurch von ihrer Selbtbeobachtung zu entlasten. Spürt die Heilpädagogin solchen inneren Druck, sollte sie sich zugestehen dies nicht sogleich im Augenblick der Wahrnehmung bereits reflektieren zu wollen, weil dadurch Selbst- und Fremdwahrnehmung vermischt werden und sie dem Gesprächsfluss nicht intuitiv, d.h. durch ahnendes Erfassen folgen kann, sondern in die Gefahr gerät, wie Sisyphos[1] durch unermüdliche An-

---

[1]*Sisyphos* ist in der griechischen Mythologie Erbauer und erster König von Korinth. Er zeichnete sich als Meister von List und Tücke aus und ging als einer der großen Frevler gegen die Götter in die Überlieferung ein, da es ihm sogar gelang, Thanatos (den Tod) in seine Gewalt zu bringen, so dass niemand auf der Erde mehr

strengung die "freischwebende" Aufmerksamkeit (CAMUS 1964) und Einfühlungskraft einzubüßen und die Übersicht über das Geschehen zu verlieren. Hier sei der Heilpädagogin, besonders der Berufsanfängerin geraten, auf die alte Lebensweisheit zu vertrauen: "Wes' das Herz voll ist, läuft der Mund über", d.h. dass jeder Mensch zu dem ihm eigenen Anliegen kommt, wenn man ihm Raum und Zeit in angemessener Weise zur Verfügung stellt. Vielleicht spricht der Ratsuchende die ihm selbst oft unbewussten und hinter allerlei Alltagssorgen versteckten Anliegen nicht verbal aus; jedoch kann sie die Heilpädagogin oft in scheinbar belanglosen Nebenbemerkungen deutlicher erkennen als in noch so geschliffener verbaler Umschreibung. Dazu benötigt sie allerdings die durch eine tiefenpsychologisch orientierte Ausbildung erworbene Fähigkeit, *symbolisches und szenisches Geschehen* wahrnehmen und später reflektieren zu können.

Wenn sich die Heilpädagogin so auf das Erstgespräch einstellt, gewinnt sie die Zeit, die sie benötigt, sich selbst in ihren Gedanken und Gefühlen wahrzunehmen, die durch das Anliegen des Ratsuchenden bei ihr ausgelöst werden. Sie wird fähig, *erlebnismäßig nachzuvollziehen,* wie es dem Gegenüber geht, wie dieser sich fühlt. Indem die Heilpädagogin die Betroffenheit des Du in ihrem eigenen Ich zulässt, ohne sich selber in ihrer teilnehmenden aber gleichmütigen Distanz erschüttern zu lassen, entdeckt sie 'wie von selbst' die angemessenen Eingehensweisen, weil sie ihre eigenen Impulse, ihre Projektionen und Gegenübertragungstendenzen spürt und so in der Lage ist, von sich abzusehen und *das Du anzusehen.*

---

sterben konnte. Alle seine Listen und Überlebenskünste, seine Strategien und sein unermüdliches Vorsorgen konnten ihn aber nicht davor bewahren, von der Realität eingeholt zu werden: Als Strafe musste er nach seinem Tode im Hades (Unterwelt) in alle Ewigkeit einen gewaltigen Felsblock auf einen Berg wälzen, der wegen seines enormen Gewichtes kurz vor dem Ziel jeweils an den Ausgangspunkt zurückrollte. Symbolisch verdeutlicht der Mythos im Begriff der "Sisyphosarbeit" die vergebliche Mühe des Menschen, perfekt, 'übermenschlich', 'allmächtig', 'göttlich' sein und alles in den Griff bekommen zu wollen, statt sich seiner realen Möglichkeiten und Grenzen *als Mensch* bewusst zu werden und dadurch *menschlich* (d.h. ohne Unter- oder Überforderung) zu leben, im *Lieben* und *Arbeiten.*

3. Mit wem wird das Erstgespräch durchgeführt?

Je nach dem Verlauf des –>Erstkontaktes (sofern dieser nicht zugleich als Erstgespräch stattfindet), ergeben sich unterschiedliche Entscheidungsalternativen.

Die wichtigste Überlegung der Heilpädagogin gipfelt in der Frage: "Was kann ich mir selbst zumuten und zutrauen?" Realistische Selbsteinschätzung gepaart mit dem Mut zum kalkulierbaren Risiko, auf dem Hintergrund der bisherigen Berufserfahrung in Ausbildung und Praxis ist der geeignete Maßstab, die Situation angemessen gestalten zu können.

Im Studium wird die heilpädagogische Praktikantin vielleicht ihren Praxisanleiter bitten, bei einem Elterngespräch anwesend zu sein, um ggf. unterstützt zu werden. Entsprechend ist die gegenseitige Vorstellung, die Sitzordnung, die Gesprächseröffnung und die Gesprächsführung zu bedenken.

Mit dem Kind, dem Jugendlichen sollte die Heilpädagogin stets alleine arbeiten, vor allem, wenn die Übernahme des Falles durch sie geplant ist. Dies ermöglicht eine bessere Einschätzung der Situation auf dem Hintergrund des beschriebenen psychodynamischen Prozesses, der unter Beteiligung mehrerer Personen nicht gleichermaßen entwickelt werden kann und dessen Ziel eine *personale Beziehung* ist.

Wenn die Heilpädagogin das Erstgespräch alleine führt, wird sie gegen Ende des Gespräches vielleicht schon entscheiden können oder ankündigen, ob und wie das weitere Vorgehen geplant ist. Hierbei wird sie aufgrund ihres jeweiligen Ausbildungsstandes und ihrer Legitimation durch das Team der Stelle einzuschätzen wissen, ob sie - je nach –>Anlass, Symptom und symbolischer Deutung - weitere Familienmitglieder einzeln oder gemeinsam einlädt, um mit ihnen ein weiteres Vorgehen zu gestalten.

Da die Heilpädagogin keine ausgebildeter Familientherapeutin ist, sollte sie ohne eine entsprechende Zusatzqualifikation bzw. ohne Mitarbeit einer Therapeutin nicht die ganze Familie gemeinsam einladen. Es kann aus heilpädagogischer Sicht auch nicht verantwortet werden, Hilfen für ein Kind oder einen Jugendlichen abzulehnen, weil die Eltern oder ein Elternteil nicht zur Mitarbeit bereit sind. Jeder

Mensch hat ein *unbedingtes Recht auf Erziehung,* gerade auch dann, wenn erschwerende Bedingungen eingetreten sind, in denen normale pädagogische Maßnahmen wirkungslos bleiben. Da Erziehungsfehler oftmals als Auslöser für psychische Störungen bei Kindern und Jugendlichen anzusehen sind, ist die Mitarbeit der Eltern und Bezugspersonen zwar unbedingt anzustreben, damit eine effektive heilpädagogische –>Erziehungsberatung stattfinden kann; jedoch müssen auch dann alle möglichen heilpädagogischen Mittel ausgeschöpft werden, wenn die Eltern zwar das Kind bzw. den Jugendlichen anmelden, selbst jedoch die engere Mitarbeit verweigern. Sehr oft erlebt die Heilpädagogin in ihrer praktischen Tätigkeit milieuspezifische Vorbehalte, die nicht überwunden werden können. Dennoch muss in vielen Fällen eine heilpädagogische Begleitung aufgenommen und über weite Strecken mit einer minimalen Elternarbeit weitergeführt werden, um Not-Hilfe im Sinne einer psychischen Entlastung und erzieherisch-unterstützenden und fördernden Hilfe für das Kind, den Jugendlichen zu leisten. Es handelt sich in der heilpädagogischen Arbeit ja primär um ein *dialogisches Geschehen,* in dem therapeutische *und* pädagogische Hilfen eingesetzt werden. Deshalb kann heilpädagogische Arbeit nicht zugunsten eines favorisierten therapeutischen Konzeptes vernachlässigt oder abgelehnt werden. Ein ausschließlich psychotherapeutischer Blickwinkel und die damit verbundenen Erfolgschancen und -grenzen bestimmter therapeutischer Methoden oder Settings sind kein legitimer Grund, *heilpädagogisch* untätig zu bleiben. In solch schwierigen Situationen wird sich die Heilpädagogin im Team um vielseitige Unterstützung (auch bei anderen Dienststellen und Fachleuten) bemühen. Nach den gegebenen Möglichkeiten wird die Heilpädagogin primär als *Anwalt des Kindes oder Jugendlichen* aufgrund ihrer fachlichen Kompetenz selber entscheiden müssen, unter welchen Bedingungen sie eine HpE (mit intensiver oder nur geringer Elternarbeit) verantworten und zugunsten des Kindes oder Jugendlichen durchführen kann.

• Protokollierung und Auswertung des Erstgespräches

Nach Möglichkeit sollte die Heilpädagogin ihr *Protokoll erst nach Beendigung des Gesprächs anfertigen,* was nicht heißt, dass sie sich mit entsprechendem Hinweis gelegentlich einige Daten kurz notieren kann, wenn es die Situation erlaubt. Nach dem Erstgespräch sollte sie aus der Erinnerung heraus in chronologischer Reihenfolge den Gesprächsablauf flüssig (ohne Nachgrübeln) protokollieren. Dabei sollte sie ihre eigenen Assoziationen, Gefühle, Beobachtungen und Meinungen, die das situative Prozessgeschehen oder die inhaltlichen Äußerungen des Gegenüber in ihr ausgelöst haben, durch Einrücken oder durch Klammern im Text kennzeichnen. Am Ende des Verlaufsprotokolls schließt sich die *Gesamtreflexion* sowie die *Interpretation des Gespräches an, in der Wertungen, Gewichtungen, Zuordnungen und Vergleiche* im Hinblick auf eine –>Hypothetische Diagnose erfolgen. Auf dem Hintergrund der Zielvorgabe für das Erstgespräch kann sich die Heilpädagogin folgende Fragen als Hilfe für die Auswertung des Gesprächsprotokolls wie für die Erstellung ihrer –>Vermutungsdiagnose beantworten:

1. Warum kommen das beeinträchtigte, behinderte Kind, der Jugendliche und seine Bezugspersonen zur Stelle? Wer oder was hat ihre Anfrage ausgelöst? Weshalb kommen die Beteiligten zu diesem Zeitpunkt?

2. Welche –>Auskunft, –>Information, welchen –>Rat und welche Art von –>Beratung oder –>Hilfe erwarten sie? Welche ausgesprochenen oder unausgesprochenen Erwartungen kommen zum Tragen?

3. Wie sind die Reaktionen der Bezugspersonen auf das Erleben und Verhalten des beeinträchtigten Kindes oder Jugendlichen? Wie stellt sich das Kind, der Jugendliche in ihren Augen dar?

4. Wie sieht die Symptomatik für die Heilpädagogin als Außenstehende in ihrem symbolischen Gehalt aus? Wie wirkt das Geschehen?

5. Wie können Erleben und Verhalten des beeinträchtigten oder behinderten Menschen und seiner Bezugspersonen aus einer Ich-

Identifikation der Heilpädagogin mit dem Kind oder Jugendlichen beschrieben werden, um deren Befindlichkeit in einem Motto zu charakterisieren? („Ich als Kind fühle mich...“; „ich als Mutter fühle mich...“; „ich als Vater fühle mich...“)

Ist dies geschehen, werden die Daten und Fakten aus dem Erstgespräch (wie auch aus allen folgenden Gesprächssituationen) in die Entwicklungsleiste und in andere Blätter der –>Akte eingetragen.

Im Anschluss an die inhaltliche und prozessorientierte Auswertung des Erstgespräches erfolgt die *Selbstreflexion der Heilpädagogin,* die Darstellung wichtiger eigener Erlebnisinhalte und Verhaltensweisen in der Situation, ihre Beziehung zum Geschehen und zur Person des Gegenüber mit Hinweisen auf eigene Unsicherheiten oder mögliche Fehler in der Beziehungsgestaltung.

In der Selbstreflexion eines Erstgespräches können der Heilpädagogin zur Überprüfung ihrer Arbeitsweise folgende Fragen eine Hilfe sein:

a) Wie glaube ich auf das Kind, den Jugendlichen, die Eltern zu wirken: Wirken zu 'wollen' oder zu 'müssen'?

b) Wie glaube ich, auf Menschen *dieses* Alters, *dieses* Geschlechts zu wirken? Möchte ich in irgendeiner Weise Eindruck machen? Als 'Wer' will ich mich vorstellen?

c) Welche Lebensbereiche und Themen klammere ich bei mir sehr schnell aus, wenn sie (wo?) zur Sprache kommen; und welche interessieren mich bei mir und anderen besonders, übermäßig häufig?

d) Zu welchen Äußerungen verbaler oder nonverbaler Art meines Gegenübers habe ich besonders schnell und häufig Stellung bezogen, nachgefragt, zugestimmt, Skepsis oder Misstrauen gefühlt, mich geäußert? Was habe ich eher bestätigt, was fiel mir schwer, 'unbemerkt' stehen zu lassen, weshalb?

e) Was stört mich häufiger an Äußerungen und am Verhalten anderer? Weshalb kann ich bestimmte Dinge nicht leiden, regen sie mich auf, gehe ich ihnen aus dem Weg? Kenne ich bei mir ähnliche Reaktionen aus meiner eigenen Lebensgeschichte und in meinem eigenen

Verhalten? In welchen Situationen? Weshalb mag ich dies an mir selber besonders leiden bzw. nicht leiden?

Anschließend wird die Planung für weiteres Vorgehen entwickelt.

- **Zusammenfassung**

Die Heilpädagogin wird sich im Erstgespräch vorrangig darum bemühen, eine *Atmosphäre* zu schaffen, die einen ersten Einblick in das Erleben und Verhalten des Klienten und seiner wichtigsten Bezugspersonen ermöglicht. Sie wird vorüberlegen, wo wer mit wem zusammen das Erstgespräch durchführt und die Zeitdauer von einer Stunde im Regelfall nicht überschreiten. Während des Gespräches wird sich die Heilpädagogin bemühen, alle Mitteilungen möglichst *neutral,* d.h. nicht wertend und nicht beurteilend wahrzunehmen und möglichst offen, unvoreingenommen, alles aufzunehmen, was gesagt wird. Auf diese Weise dient das Erstgespräch dazu, die heilpädagogische *Bedürftigkeit* und die *Fähigkeit* zur Mitarbeit in einer HpE zu prüfen. Die Heilpädagogin wird das Erstgespräch sorgfältig in chronologischer Reihenfolge und unter Heraushebung wichtiger Schwerpunkte protokollieren. Am Ende des Verlaufsprotokolls schließt sich die Gesamtreflexion sowie die Interpretation des Gespräches an, in der Wertungen, Gewichtungen, Zuordnungen und Vergleiche im Hinblick auf eine –>Hypothetische Diagnose erfolgen. Die Selbstreflexion der Heilpädagogen hilft ihr, ihre Beziehung zum Geschehen und zur Person des Gegenüber auf eigene Unsicherheiten oder mögliche Fehler in der Beziehungsgestaltung hin zu überprüfen.

Ziff. 51   ERZIEHUNGSBERATUNG   —> S. 104

Begriffsbestimmung:

Erziehungsberatung im Rahmen der HpE beinhaltet den Aufgabenschwerpunkt der Elterninformation und -anleitung. In Kooperation zwischen Heilpädagogin und Eltern bzw. Bezugspersonen werden konkrete Hilfen zur Entwicklung von Handlungsalternativen der Eltern im erzieherischen Alltag sowie bei der gezielten Förderung ihres Kindes durch die Eltern erarbeitet. Dadurch soll eine veränderte Eltern-Kind-Beziehung und ein gewandeltes Erziehungsverhältnis auf neuem Niveau erreicht werden. Erziehungsberatung im Rahmen der HpE ist immer im Verbund mit –>Elternarbeit und –>Elternberatung in ihren je besonderen Aspekten zu leisten. Sie beinhaltet akzentuiert

1. die Information und Aufklärung der Eltern über Fragen der Erziehungshilfe und Entwicklungsförderung;
2. die Erarbeitung von Erkenntnissen und Verständnis über den Entwicklungsstand, die Symptomatik bzw. Behinderung und das daraus resultierende *Erleben* und *Verhalten* des Kindes bzw. Jugendlichen;
3. die Erarbeitung konkreter Hilfe- und Förderpläne zur Veränderung der Situation und des erzieherischen Verhältnisses.

In diesem Übersichtsartikel werden folgende Themen angesprochen:

- Modelle der Erziehungsberatung 436
- Vorüberlegungen zur Erziehungsberatung 440
- Aufklärung der Eltern über allgemeine und spezielle Erziehungsfragen 442
- Verstehen des Entwicklungsstandes, der Symptomatik bzw. Behinderung und des daraus resultierenden Erlebens und Verhaltens 452
- Erziehungsberatung mit pädagogisch oder pflegerisch geschulten Fachkräften 458
  1. Szenisches Verstehen 460
  2. Fördernder Dialog 462
  3. Beispiele für Szenisches Verstehen und Fördernden Dialog 463
- Die Erarbeitung konkreter Hilfepläne zur Veränderung der Situation und des erzieherischen Verhältnisses 471
- Zusammenfassung 474

- ## Modelle der Erziehungsberatung

In der heilpädagogischen Erziehungsberatung kommen verschiedene Modelle der –>Beratung und verwandte Tätigkeiten zum Tragen, wie Vermittlung von –>Auskunft und Information, direkte Anweisung, Hilfe zur Verhaltensänderung, Hilfe zur Problemlösung, Übung und

Training, Vormachen Zeigen und Unterweisen. (vgl. BREM-GRÄSER 1993, 9)

Für die Arbeit mit sprachentwicklungsauffälligen Kindern stellen DEHNHARDT/RITTERFELD (1998, 128 ff.) fünf idealtypische Modelle der Elternberatung im Sinne der Erziehungsberatung vor, wie sie auch für andere Bereiche der Heilpädagogik in dieser oder leicht abgewandelter Form gängig oder möglich sind. (–>Abb. 35)

Die ersten beiden Modelle, das *„Laienmodell"* und das *„Ko-Therapeuten-Modell"* sind durch eine starke Autoritätsposition des Therapeuten geprägt; die Eltern sind in einer abhängigen Rolle. Beide Modelle lassen sich aus einem medizinisch-behavioristischen Denken ableiten, das davon ausgeht, dass Sprachstörungen i.d.R. durch organische Defekte hervorgerufen werden, so dass versucht wird, die Lernvorgänge direktiv und präzise zu strukturieren.

Neuere theoretische Konzeptionen gehen eher von Individualisierungstendenzen und systemischen Sichtweisen aus, die den Blick auf die individuelle Lebenswirklichkeit des Kindes und somit auch auf seine Familie richten, wodurch der partizipativen Elternarbeit eine gesteigerte Bedeutung zukommt.

Im *„Kooperationsmodell"* wird der Blick auf die gesamte Familie als System gerichtet und den Eltern die Rolle der Experten für ihr Kind zugeschrieben, welche die Therapie nicht nur quantitativ sondern auch qualitativ durch ihr individualisiertes Wissen ergänzen. Dadurch soll die Familie befähigt werden, ihre Kompetenz zu einem bestimmten, fördernden Handeln zu nutzen.

Das *„Interaktionstraining"* berücksichtigt ebenfalls die individuellen Eigenarten der jeweiligen Eltern und Kinder und beachtet besonders die spezielle Interaktion zwischen den Familienmitgliedern. Es geht aber nicht darum, die Eltern zu „Hilfstherapeuten" zu machen, sondern sie anzuleiten, aktiv, selbständig und kindgerecht zu kommunizieren, die Entwicklung des kindlichen Selbstbewusstseins zu unterstützen und sich bei all dem an den individuellen Bedürfnissen und Fähigkeiten ihres Kindes zu orientieren. Dabei kann das zitierte „Freiburger Konzept der Zusammenarbeit mit Eltern" (MOTSCH 1991) sowohl parallel zu der Therapie mit dem Kind als auch an deren Stelle durchgeführt werden. Es betont die aktive Beteiligung der

Eltern in partnerschaftlicher Zusammenarbeit. Neben den Problemen und Bedürfnissen des Kindes sind dabei auch die Bedürfnisse, Fähigkeiten und Fertigkeiten der Eltern eine wichtige Leitlinie.

Ähnlich wird im gleichen Modell mit dem „Hanen Early Language Parent Program" gearbeitet, jedoch nicht mit einem einzelnen Elternpaar, sondern mit einer aus fünf bis acht Elternpaaren oder Einzelpersonen bestehenden Gruppe, in der Video-Feedback, verbale Instruktion, Lernen am Modell des Trainers und Rollenspiel zur Anwendung kommen.

Einen anderen Schwerpunkt setzt die *„Geführte Beobachtung"*, in der die Eltern durch die Beobachtung von positiven Effekten des kooperativen Handelns zwischen Therapeut und Kind nicht nur lernen, selbst kindgerechte Handlungssituationen zu initiieren, sondern durch die Möglichkeit, ihr Kind einmal 'anders', d.h. gelöster, fröhlicher und ausgeglichener zu erleben, eine Einstellungsänderung gegenüber ihrem Kind entwickeln sollen.

Bei „Theraplay" handelt es sich um eine Spieltherapie, deren Schwerpunkt in der unmittelbaren Beziehung zwischen Kind und Therapeut liegt. Aus diesem Grund finden keine sprachlichen Übungen statt. Ziel ist es vielmehr, Aufmerksamkeit, Interesse und Motiviation des Kindes zu wecken und es für personale Interaktionen zu öffnen. Es findet eine systematische Interaktionsdiagnostik von Vater/Mutter und Kind statt. In den nächsten Sitzungen beobachten die Eltern durch die Einwegscheibe Therapeut und Kind in ihrem kooperativen Handeln und erleben dessen positiven Effekt auf ihr Kind mit. Parallel zur Kindertherapie finden nicht nur Zwischengespräche mit den Eltern statt, in denen die Beobachtungen besprochen werden, sondern die Eltern erhalten in nondirektiver Vorgehensweise stützende und ermutigende Interventionen für den fördernden Umgang mit ihrem Kind.

	Laienmodell	Ko-Therapeuten Modell	Kooperations-modell	Interaktions-training	Geführte Beobachtung
Ziele der Einbeziehung	Datenerhebung	Nutzung der familären Ressourcen, größere Kontinuität u. Intensität der Therapie, Transfererleichterung	Kompetenz der Familie nutzen und ausweiten, pädagogische Verhaltensänderung der Eltern	Kompetenz der Familie nutzen und ausweiten, Veränderung des Erziehungs- u. Inteaktionsverhaltens	Veränderung der Einstellung zum Kind sowie des Erziehungs- u. Interaktionsverhaltens
Form der Einbeziehung	Eltern liefern Details zur Anamnese	Eltern erlernen Übungen u. führen sie zu Hause mit dem Kind durch	Interaktionaler Annäherungsprozess auf der gemeinsamen Suche nach Konzept u. Ziel, Erfahrungsaustausch	Eltern lernen aktiv, selbständig kindgerecht zu kommunizieren	Eltern erlernen 'sinnvolle' Interaktionstechniken durch Beobachtung am Modell
Rolle der Therapeutin	primäre Fachautorität	primäre Fachautorität, Anleiterin	fachliche Impulsgeberin, orientiert sich an Wünschen und Bedürfnissen der Eltern	primäre Fachautorität, Anleiterin	primäre Fachautorität, Modell
Rolle der Eltern	Therapeutische u. erzieherische Laien, Informations-quellen zur Datenerhebung	'Handlanger', aktiv Mitwirkende, quantitative Unterstützung	Partner in der Therapie, 'Fachmenschen' für ihr Kind, qualitative Unterstützung	Partner in der Therapie, aktiv Mitwirkende	Sekundäres Objekt der Intervention, Lernende
Voraussetzungen d. Eltern	keine	Bereitschaft zur Mitarbeit, Zeit, Geduld, gewisses Bildungsniveau	Bereitschaft zur Kooperation, Offenheit, Selbstbewusstsein	Bereitschaft zur Veränderung	Bereitschaft zur Veränderung
Vorteile	Exakte Planung u. Durchführung der Therapie obliegen d. ausgebildeten Fachkraft	Effizientere Therapie, Erleichterung von Transfer u. Generalisierung, kostendämpfend	Eltern fühlen sich ernstgenommen, Erhöhung der Kooperationsbereitschaft, Kindertherapie individuell zugeschnitten, Transfererleichterung	einfach in Alltagsroutine zu integrieren, Förderung wird nach Beendigung des Programms fortgeführt	durch Modelllernen ist keine spezielle Anleitung nötig, Förderung wird nach Beendigung des Programms fortgeführt
Nachteile	Therapie eindimensional an Lebenswirklichkeit d. Kindes vorbei, beschränkte Zeit, erschwerter Transfer	Zeitliche/fachliche Überlastung der Eltern, Diskrepantes Rollenverständnis, 'Systemblindheit'	Modell wurde nicht konkretisiert, möglicherweise Überforderung der Eltern		
Programm	„traditional service model"	„Münchner-Trainings-Modell"		„Freiburger Konzept d. Zusammenarbeit mit Eltern"	„Familien-Theraplay"

Abb. 35: Modelle der Elternarbeit in der Erziehungsberatung
(In: Dehnhardt/Ritterfeld 1998, 123

Die kurze Darstellung der Konzepte zeigt einige durchaus unterschiedliche Möglichkeiten konkreter Erziehungsberatung für sprachentwicklungsgestörte Kinder auf, wie sie in ähnlicher Weise z.B. in der Frühförderung geistig- und körperbehinderter Kinder und deren Eltern praktiziert werden und wie sie modifiziert auch auf andere Zielgruppen und Bereiche heilpädagogischer Arbeit transferierbar sind. Tenor bei allen Modellen ist der Versuch, die Eltern in eine heilpädagogische Atmosphäre wohlwollender Akzeptanz und Unterstützung einzubinden, um dadurch mit ihnen die Voraussetzungen zu schaffen, in vertrauensvoller Zusammenarbeit mit der Heilpädagogin ihre gewohnten Verhaltensweisen zu modifizieren und ein gewandeltes Erziehungsverhalten und damit Beziehungsverständnis für ihr beeinträchtigtes oder behindertes Kind zu entwickeln.

Erziehungsberatung im Rahmen der HpE ist immer dann besonders erfolgreich, wenn die Heilpädagogin sehr konkrete Hilfestellungen und Handlungsanweisungen für die Eltern nachvollziehbar und umsetzbar bereithält, die ggf. auch im häuslichen Milieu anschaulich vermittelt werden. Welche Modelle und Modifizierungen im Einzelnen gewählt werden und zur Anwendung kommen, richtet sich nach den persönlichen und fachlichen Voraussetzungen und Möglichkeiten der Heilpädagogin und der Institution, in der sie tätig ist sowie nach den motivationalen Voraussetzungen der Eltern, ihrem Bildungsniveau, ihren belastenden Lebensumständen sowie dem aktuellen Konfliktpotenzial der Familie.

- **Vorüberlegungen zur Erziehungsberatung**

Zu Beginn der HpE sind viele Eltern zunächst darum bemüht, ihren aktuellen Leidensdruck[1] zu reduzieren. Immer wieder geschieht es,

---

[1]*Leidensdruck* bezeichnet die Stärke des Leidens einer Person an ihren Problemen. Das Ausmaß des Leidens und die Art und Weise, wie sich Menschen (hier: die Eltern) dazu stellen, gibt wichtige prognostische Hinweise über ihre Motivation, für eine gewisse Zeit dauerhafte Verpflichtungen im Rahmen der HpE einzugehen und aktiv mitzuarbeiten. Insofern ist der Leidensdruck ein Indikator zur Beurteilung der Beratungsfähigkeit der Eltern und für ihre Bereitschaft, das Kind, den Jugendlichen im Verlauf der heilpädagogischen –>Begleitung zu unterstützen. Im allgemeinen kann davon ausgegangen werden, dass geringer Leidensdruck und hoher (primärer und sekundärer) Krankheitsgewinn (hier: Nutzen und Vorteile, die aus Symptoma-

dass Eltern nach einer gewissen positiven Verhaltensänderung des Kindes bzw. Jugendlichen ihre Mitarbeit zurücknehmen oder sogar die Begleitung abbrechen. Dies geschieht oft zu einem ungünstigen Zeitpunkt, wenn die psychische Stabilität des Kindes oder Jugendlichen sowie die familiären Beziehungen noch nicht tragfähig genug sind, um eine dauerhafte Änderung sinnvoll zu gestalten. Für das Kind, den Jugendlichen bedeutet dies, vor allem wenn sie schwere Enttäuschungen in ihren primären Objektbeziehungen erlebt haben, einen erneuten Beziehungsabbruch und eine dann unbearbeitete Reaktivierung vorhandener psychischer Traumata.

Im Wissen um diese Zusammenhänge wird sich die Heilpädagogin nicht dazu verleiten lassen, Rezepte zu verteilen und sie wird nur unter gewissen Bedingungen –>Rat geben. Dies ungeprüft zu tun, wäre durchaus verführerisch, um das eigene Wissen und die eigene 'Kompetenz in Sachfragen' hervorzuheben. Die Heilpädagogin wird solche Tendenzen, die auf innerer Unsicherheit oder auf Gegenübertragungsreaktionen beruhen ("jetzt zeige ich einmal diesen Eltern [anstelle der eigenen, die mich immer noch als Kind behandeln und geringschätzen!] was ich alles weiß, kann und erreicht habe"), durch berufsbezogene –>Selbsterfahrung und –>Supervision zu reflektieren gelernt haben. Sie werden ihr in der Situation bewusst, und sie kann ihre Erziehungsberatung entsprechend den Erfordernissen *dieser* Eltern zugunsten *dieses* Kindes bzw. Jugendlichen gestalten. Sie wird vermeiden, sich den Eltern gegenüber besserwisserisch darzustellen, um die (latent vorhandenen) Ängste und Kränkungen und damit den Widerstand der Eltern gegenüber der HpE nicht unnötig zu forcieren. In der –>Elternberatung wird sie sich zunächst ein Bild über die Persönlichkeiten und die Beziehungen der Eltern, ihre augenblickliche (Not-)Lage und ihre Lebensumstände verschaffen. Sie wird versuchen, ein Vertrauensverhältnis aufzubauen und schon in der –> Kontaktaufnahme *beziehungsstiftend* zu arbeiten. Erst wenn durch –> Legitimationsprüfung, –>Erstgespräch, –>Anamnese in der –> Befunderhebung eine –>Hypothetische Diagnose erstellt und ein –>

---

tik oder Behinderung zu ziehen sind, wie z.B. verstärkte Zuwendung und Fürsorge, finanzielle Unterstützung u.a.) die Aussichten für eine erfolgreiche HpE eher verschlechtern.

Vertrag geschlossen ist, kann sukzessive mit der konkreten Erziehungsberatung begonnen werden. Dabei wird die Heilpädagogin von der derzeitigen Befindlichkeit der Eltern ausgehen und mit ihnen diejenigen Erkenntnisse und daraus folgenden Schritte erarbeiten, die augenblicklich verkraftbar und durchführbar erscheinen. Sie wird ihren - häufig langwierigen - Entschluss, sich professionelle Hilfe und Unterstützung für ihre elterlichen Aufgaben zu suchen, positiv bestärken und ihnen ihren Vertrauensvorschuss darin verdeutlichen, dass sie wie ihr Kind das ihnen Mögliche getan haben, um ein zufriedenstellendes Familienleben zu entwickeln.

- **Aufklärung der Eltern über allgemeine und spezielle Erziehungsfragen**

Die Aufklärung der Eltern über allgemeine Erziehungsfragen ist eher eine sozialpädagogische als eine heilpädagogische Aufgabe. Daher wird die Heilpädagogin zunächst alle diesbezüglichen Angebote nutzen, die von entsprechenden –>Institutionen wie Kindergärten, Schulen, Volkshochschulen, Pfarrgemeinden, Beratungsstellen, Behindertenverbänden, Selbsthilfegruppen u.a. in der näheren Umgebung der Eltern angeboten werden und sie darauf aufmerksam machen. Durch solche Informationen weist die Heilpädagogin die Eltern auf ihre erzieherische Eigenverantwortlichkeit hin und ermuntert sie, sich selbständig kundig zu machen.

Erst im weiteren Verlauf der Erziehungsberatung werden im einzelnen spezielle Fragen zu beantworten sein, die für *dieses Kind, diesen Jugendlichen* und *diese Eltern* wichtig sind, z.B.:

- Welches Spielzeug braucht mein Kind, gibt es auch gutes Elektronikspielzeug?
- Wie steht es mit Körper und Bewegung?
- Wieviel Schlaf ist genug?
- Wie gehe ich mit Ernährungs- und Essgewohnheiten um?
- Was ist zu tun mit dem Problem der Süßigkeiten und der Zähne?
- Ich traue mich nicht, die Kinder allein zu lassen;
- Wie ist die Stellung des Kindes in der Geschwisterreihe zu beachten?

- Wie gehe ich mit meinem Kind um, wo wir jetzt das neue Baby haben?; Kann man nichts gegen die ewige Streiterei machen?;
- Muss man nicht alle Kinder gleich stark lieben?
- Die Großeltern reden uns dauernd dazwischen!;
- Wir wollen in Urlaub fahren, aber die Reise mit den Kindern wird wieder eine Tortur!;
- Wenn wir nur nicht solche kleinlichen Nachbarn hätten, immer gibt es Krach wegen der Kinder!;
- Wie kommt es nur, dass die Kinder so völlig verschieden sind?;
- Ich weiß nicht, woher er solche Manieren hat!;
- Meinen Sie, ich sollte den Arzt aufsuchen?;
- Wenn sie sich jetzt schon so verhält, was wird dann später aus ihr werden?;
- Ich weiß nicht mehr, wie ich ihm noch bei den Hausaufgaben helfen soll!;
- Soll ein Kind an den Nikolaus glauben?;
- Ich kann es nicht aushalten, wenn mein Kind böse auf mich ist.;
- Sollten wir nicht noch ein Kind in Pflege nehmen oder adoptieren, damit er nicht so alleine bleibt?;
- Das hat er bestimmt geerbt, mein Bruder war genauso!;
- Was soll ich denn machen, wenn sie nicht essen will?; usw.

Tausend Fragen, tausend Antworten!

Die Heilpädagogin sollte sich nicht verleiten lassen, als 'wandelndes Lexikon' oder 'Handbuch für Erziehungsfragen' zu agieren: Sie wäre zum Scheitern verurteilt und mit ihr das Kind und seine Eltern, wenn sie nicht anderweitig Hilfe erhielten.

Mittels personzentrierter Haltung wird die Heilpädagogin die berechtigten Sorgen, Fragen und Klagen der Eltern ernstnehmen und sie zur weiteren –>Exploration anregen. Sie kann mitempfinden, dass die Eltern sich oft als Versager fühlen, wenn sie notgedrungen zugeben müssen: "Wir haben schon alles versucht, und es hat nichts genutzt!" Hier ist die Heilpädagogin aufgerufen, mittels Probe- bzw.

Teil-Identifikation die Situation der Eltern zu *verstehen[1]*, um ihre derzeitige Befindlichkeit teilnehmend reflektieren zu können. Dadurch werden sich bestimmte Schwerpunkte in der Fragestellung und im emotionalen Befinden der Eltern herauskristallisieren, die auf zugrunde liegende Konflikte hinweisen, die den Eltern meist nicht bewusst sind. Die Heilpädagogin wird darauf achten, keine vorschnellen Interpretationen zu geben, um nicht die Abwehr und im weiteren Verlauf den Widerstand der Eltern unnötig zu verstärken. Sie wird ihnen zu verdeutlichen suchen, dass sie gut nachvollziehen kann, wie sehr sich die Eltern angestrengt und bemüht haben und dass sie dies sehr wohl anerkennt. Sie wird ihnen auch zurückmelden, dass sie gut mitfühlen kann, dass die Eltern sich ausgelaugt, erschöpft und hilflos fühlen und dass sie an ihrer Stelle wohl auch manchmal sehr enttäuscht, unzufrieden, ärgerlich, und wütend wäre.

Zu einem späteren Zeitpunkt wird die Heilpädagogin darauf zu sprechen kommen, dass es doch eigenartig sei, bei so viel Einsatzbereit-

---

[1]*Verstehen* ist in diesem Zusammenhang vorrangig als Apperzeption gemeint, d.h. als eine bewusste und in den Bedeutungszusammenhang der Erfahrung einordnende Aufnahme von Erlebens- und Wahrnehmungsinhalten, wie Ausdruck, Verhalten, Sprache, Leistungen, Denken und Fühlen, Wollen und Tun. Für das heilpädagogische Handeln sind vor allem zwei Aspekte des Verstehens von Bedeutung:
a) das einfühlende Erfassen von Motiven und Begründungen menschlicher Handlungsweisen (unter Einbeziehung des Unbewussten), d.h. die Fähigkeit, sich in den anderen mittels Probe- bzw. Teil-Identifikation hineinversetzen zu können, ohne dass die Ich-Grenzen verschwimmen. Intuitive Wesensschau und einfühlendes Nacherleben müssen in jedem Akt des Verstehens durch den kritischen Verstand kontrolliert werden, durch konzentriertes Bemerken; durch eingehendes und ausgiebiges Beobachten und Herausfinden des Wesentlichen mittels Analyse, Synthese und Eingliederung in einen Sinnzusammenhang; durch präzise Bezeichnung mittels Begriffen oder bildhafte Darstellung in Symbolen und eindeutige sprachliche Formulierung. Heilpädagogisch geht es dabei nicht nur um das Einfühlen in die äußere und innere Situation, sondern auch um das Nachvollziehen der jeweiligen Erlebnisse, Wertungen und Nöte sowie um das Eingehen auf die Gesamthaltung, auch wo diese in die Zukunft hinein offen ist und vom Heilpädagogen aus gesehen als Wagnis erscheint;
b) die wissenschaftliche Erkenntnismethode der Hermeneutik, die als Deutung von Sachverhalten aus der Einmaligkeit ihres Entstehungszusammenhangs und aus dem Typischen ihrer Erscheinungsformen her Aufschlüsse erlangt. *Heilpädagogisch* gesehen sind Erziehung und Beratung in der Erziehung keine objektiv-naturhafte Gegebenheiten oder festliegende Größen, "sondern eine erst noch aufgegebene, in die Zukunft hin offene, verantwortbare" Seinsform. So bleibt methodisch "nur das Verfahren der existentiellen Besinnung in einer historisch vorhandenen und interpretierenden Struktur, in der erst die Tatsachen erscheinen, die zu untersuchen sind." (FLITNER 1958)

schaft und Mühe, bei so vielen Versuchen und beim Befolgen so vieler guter Ratschläge durch Freunde und Bekannte doch keine Veränderung im Verhalten ihres Kindes bzw. Jugendlichen zu bemerken. Sie wird die Eltern einladen, sich mit ihr gemeinsam auf die Suche zu begeben, wie dies zu erklären sei. Dabei wird sie die Eltern ermuntern, ihre eigenen Vorstellungen, Erklärungen und Phantasien kundzutun und diese mit ihnen gemeinsam (ohne Wertung!) reflektieren. Auf diese Weise wird sich das diffuse Bild, das die Eltern von sich, ihrem Kind und ihrer Familiensituation haben, allmählich klären und in verschiedenen Punkten verdichten.

In der weiteren Arbeit wird die Heilpädagogin die Eltern ihren Tagesablauf mit dem Kind schildern lassen und sie so durch ihren Alltag mit allen Höhen und Tiefen begleiten, indem sie den Eltern immer wieder deren Gefühle reflektiert. Auf diese Weise werden die Eltern durch die Anerkennung ihrer Person in allen Facetten allmählich dafür sensibilisiert, nicht nur das *Verhalten,* also das Äußere ihres Kindes oder Jugendlichen zu sehen, sondern auch zu versuchen, *sein Inneres anzuschauen und sein Erleben nachzuvollziehen.* Dies wird ihnen um so eher gelingen, je mehr sie erkennen, dass sie manchmal selber nach außen hin Wut zeigen, nörgeln und schimpfen, wenn sie sich im Inneren, z.B. über das lange Ausbleiben ihres Kindes, in Wirklichkeit Sorgen machten, die sie nicht auszudrücken vermochten. Sie werden entdecken, dass *das geäußerte Verhalten* noch lange nicht bedeuten muss, was es zu bedeuten scheint. Sie werden lernen, nicht nur zu sehen und zu hören, was das Kind, der Jugendliche sagen, sondern auch zu *verstehen, was sie meinen.* So werden sie sukzessive nachvollziehen können, dass Trotzreaktionen oder andere Verhaltensweisen bzw. Symptome ihres (behinderten) Kindes oder Jugendlichen nicht so sehr als "nicht Wollen" des Kindes und damit als Ablehnung gegen sie selbst und ihre Mühe verstanden werden müssen, sondern vielmehr ein hilfloser Ausdruck tatsächlichen Unvermögens sein können, unbewältigte innere Konflikte und Gefühle angemessen auszudrücken.

Die Eltern werden lernen, dass sie selbst und ihre Kinder eine *Symbolsprache* benutzen, die es zu entschlüsseln gilt. Die Heilpädagogin wird den Eltern verdeutlichen, dass dies ein durchaus reizvolles und spannendes Abenteuer werden kann, weil die Reise ins Innere des Menschen aufregender ist als eine Abenteuerreise bis an den Rand der Welt. Sie wird die Eltern - je nach Situation - vorsichtig an eigene Kindheitserinnerungen und Erlebnisse heranführen und versuchen, bei ihnen *Sympathie für sich selbst als kleines Kind* zu entwickeln. (Dieses Vorgehen ist eine Gratwanderung und Überforderung für die Heilpädagogin, die nicht für Beratungsprozesse mit Erwachsenen *zusätzlich ausgebildet* ist; denn es berührt womöglich die eigenen unverarbeiteten Kindheitserfahrungen, die zu Widerständen in der beraterischen Situation führen und den heilpädagogischen Prozess mit dem Ziel, die elterliche Kompetenz zu stärken, gefährdet.)

Gelingt der Heilpädagogin dieses einfühlende Verstehen als Hilfe zur Annahme der eigenen kindlichen Anteile der Eltern, kann sie von diesem *Verstehen* her zur Befindlichkeit des Kindes bzw. Jugendlichen überleiten und die Eltern z.B. auffordern, sich einmal vorzustellen, sie selber wären das Kind, der Jugendliche, wie sie sich dann fühlen und verhalten würden, wenn die eigenen Eltern dies oder das sagten oder täten... Das in solchen Situationen oftmals eintretende "Aha-Erlebnis" sollte die Heilpädagogin als etwas sehr Gelungenes, Kostbares, etwas, was verloren gegangen war und wiedergefunden wurde oder als etwas ganz neu Entdecktes reflektieren. Dies wird den Eltern helfen, trotz mancher Betroffenheit ihr Erleben gutzuheißen, zu ihren und den Gefühlen des Kindes oder Jugendlichen mehr und mehr ohne Selbsttäuschung zu stehen und sich selber - durch die Heilpädagogin - als ernstgenommen und wertgeschätzt zu erleben.

In einer solchen Atmosphäre wachsender Intimität und wachsenden Vertrauens wird es zunehmend möglich werden, dass *die Eltern intuitiv selber Lösungen finden,* die für sie und ihre Kinder derzeit die möglichen und deshalb die geeigneten Lösungen sind. Die Heilpädagogin wird die Leistung der Eltern anerkennend zu würdigen wissen und ihnen den Gewinn ihrer Arbeit neidlos zugestehen. Dies wird die Eltern motivieren, in Zukunft Neues auszuprobieren, es selber zu reflektieren, davon zu berichten und so vorbereitet zur Erziehungsberatung zu erscheinen, um sich auf ihrem Entwicklungsweg als Eltern nun diejenige Hilfe und Orientierung zu holen, die sie wirklich brauchen: Unterstützung in der eigenen, ungeschminkten Selbst- und Fremdwahrnehmung. Damit ist die anfängliche Suche nach 'Rezepten' beendet.

Wenn die Heilpädagogin nun aufgrund der fundierten Beziehung zu den Eltern sachkundig Informationen gibt, Rat erteilt, Vorschläge macht, Anweisungen trifft, werden alle diese Interventionen auf fruchtbaren Boden fallen, weil sie von den Eltern in rechter Weise wahrgenommen, angenommen und zusammen mit der Heilpädagogin reflektiert werden können. Die gewachsene Mitverantwortung und psychische Stabilisierung der Eltern wird es ermöglichen, Fehl- oder Rückschläge zu ertragen und auch langwierige Prozesse guten Mutes durchzustehen. Dabei helfen den Eltern pädagogische Grundkenntnisse und Antworten auf einige wichtige pädagogische Fragen, die ihnen die Heilpädagogin in der Erziehungsberatung zu finden hilft.

1. Angst und Furcht

Die Heilpädagogin wird den Eltern helfen, zu verstehen, dass Kinder und Jugendliche in ihren je verschiedenen Lebensaltern unter *Angst und Furcht*[1] leiden und diese bedrohlichen Empfindungen und Gefühle zu meistern suchen, indem sie z.B. mit der Angst spielen und sie als Indianerhäuptling oder Raumschiffkapitän zu meistern suchen oder sich in teilweise gefährliche Situationen begeben (Wonne-bzw. Lust-Angst oder Angst-Lust = ein nervenkitzelndes Mischgefühl, wie es sich auch noch der Erwachsene auf Jahrmärkten in der Achterbahn, im Gruselkabinett oder in Horrorfilmen, beim Sportklettern oder beim Sprung am Gummiseil erlaubt); dass Eltern ihren Kindern durch Erzählen oder Vorlesen altersgerechter Märchen oder Grusel-

---

[1]*Furcht* ist ein objekt- bzw. situationsbezogener Affekt der Angst, der sich auf eine für den Menschen deutlich erkennbare Gefahr bezieht, die von ihm als Bedrohung aufgefaßt wird.

Angst ist ein existentielles Grundgefühl des Menschen, der sich in seinem Leben nicht nur angenommen und geliebt, sondern zugleich immer auch gefährdet, verstoßen und bedroht erlebt. Die Wurzeln der Angst reichen phylogenetisch weit in die Entwicklungsgeschichte der Menschheit und ontogenetisch bis in die Schwangerschaft und die Geburt zurück. Nach ERIKSON (1977, 62) bestehen die Urerfahrungen des Menschen aus dem Gegensatzpaar von "Ur-Vertrauen", d.h. einem "Gefühl des Sich-Verlassen-Dürfens... und zwar in Bezug auf die Glaubwürdigkeit anderer wie die Zuverlässigkeit seiner selbst" gegenüber dem "Ur-Mißtrauen", welches sich in Rückzugstendenzen, psychotischen Zuständen oder Suizid ausdrücken kann.

geschichten dabei helfen können, in einer Atmosphäre personaler Geborgenheit Ängste in der Phantasie ausleben und dadurch den Umgang mit ihnen erlernen können (sehr im Unterschied zu Ton- oder Videocassetten, Fernseh- und Kinofilmen, in denen die Kinder mit zum Teil brutalen, realistischen Bildern in ihrem Angsterleben alleine gelassen sind); dass Kinder durch magische Praktiken versuchen, Herr über das Unheimlich-Ungewisse, Angsteinflößende zu werden, indem sie Formeln und Zaubersprüche, Reime und Verse entdecken sowie Rituale und Zwangshandlungen dazu nutzen, die Willkür des Unberechenbaren zu überwinden (z.B. dürfen die Zwischenräume des Pflasters nicht betreten werden, wenn die Klassenarbeit gelingen soll); dass sich Kinder und Jugendliche (aufgrund technischer Mittel heute zusätzlich gefährlicher) Mutproben unterziehen, indem sie in Sport und Spiel bewusst Schwierigkeiten einbauen und auf diese Weise ihre innere Angst nach außen projizieren, um sie dort (mit Hilfe Gleichaltriger) heldenhaft zu bekämpfen. Ist dies altersgemäß freiwillig, und wird es von einem gesunden Selbstvertrauen getragen, verringert sich die Angst des Kindes und sein Selbstbewusstsein steigt. Hat das Kind ein schwaches Selbstbewusstsein, wird es sich um so mehr als 'Versager' erleben, je öfter sein Mut sinkt und es sich nicht traut, die Mutprobe anzugehen. Auch das Verspotten durch Gleichaltrige kann ein Kind, einen Jugendlichen in die Isolation treiben oder zu unüberlegten Taten hinreißen, die schwere Verletzungen und sogar den Tod herbeiführen.; dass Kinder und Jugendliche ihre Angst tarnen, indem sie besonders großspurig oder tollkühn tun, in Wirklichkeit aber die letzten Kräfte aufbieten, sich und andere über Schwäche und Angst hinwegzutäuschen; dass viele Erziehungsschwierigkeiten und Schulnöte durch Angst verursacht werden; dass Eltern die Angst der Kinder und Jugendlichen erkennen und ernstnehmen lernen können, wenn sie ihre eigenen Ängste als dem Leben zugehörig akzeptieren und sich fragen, woher sie selbst in ihrem Leben Mut und Kraft schöpfen. Dann werden sie in der Lage sein, (Selbst-) Vertrauen zu entwickeln, zu wecken und zu schenken.

2. Strafe als Erziehungsmittel

Die Heilpädagogin wird den Eltern verdeutlichen, dass *Strafe* kein erfolgreiches Erziehungsmittel ist, bestenfalls zur Abstumpfung gegenüber Erziehungseinflüssen führt und schlechtestenfalls zu psychischen Schäden, die bis ins Erwachsenenalter reichen. Sie werden entdecken, dass Strafhandlungen oft aus Affekten entstehen, die auf eigener Hilflosigkeit oder Überforderung beruhen; dass Strafe aus unbewussten Rachegedanken entspringen kann, wenn Eltern sich in blinder Wut Genugtuung oder Entspannung verschaffen; dass es wertvoller und menschlicher ist, trotz offensichtlicher Vergehen Verständnis zu zeigen und Milde walten zu lassen, statt unbarmherzig Vergeltung und Sühne zu fordern; dass Kinder noch keiner - wie auch immer gearteten - sittlichen Ordnung verpflichtet sein können, sondern aus egozentrischen Motiven heraus handeln müssen, so dass abschreckende Bestrafung oft weniger mit Erziehung als mit Dressur zu tun hat, was zu Unterdrückung, Feindseligkeit, Duckmäusertum und falscher Anpassung führt; dass schließlich Strafe als Erziehungsmittel nur dann sinnvoll sein kann, wenn sie der psychischen Entlastung im Sinne der Hilfe zur sogenannten 'Wiedergutmachung' eines Schadens oder in der Hilfe zur Übernahme neuer Verantwortung, d.h. in der Hilfe zur Entwicklung, Reifung und Stärkung des sittlichen Willens und der Entlastung von Schuldgefühlen dient.

3. Geschlechtliche Entwicklung

Die Heilpädagogin wird die Eltern darüber aufklären, dass die *geschlechtliche Entwicklung* ihrer Kinder als Mädchen oder Jungen in verschiedenen Lebensaltern unterschiedlich verläuft und weder mit erwachsenen Moralvorstellungen noch mit Gleichgültigkeit anzusehen ist; dass genitale Erregungen von Anfang an zum Menschen gehören, jedoch nicht falschen Reizen ausgesetzt werden dürfen, z.B. durch Erleben des Koitus im Elternschlafzimmer, pornografische Sendungen in Fernsehen und Internet oder durch 'liberales Betonen' bzw. 'prüdes Vermeiden' von Nacktheit zwischen Eltern und Kindern; dass sexuelle Spielereien unter Kindern der altersgerechten Neugierde entspringen, jedoch durch mediale oder milieubedingte Einflüsse zu Fehlhandlungen und Verletzungen führen können; dass die Warnung vor dem 'bösen Onkel' in solcher Form zu geschehen hat, dass sie keine unnötigen Ängste und Misstrauen im Kind auslöst; dass die Eltern sich mit Hilfe des Kinderarztes, später des Facharztes, vergewissern sollten, ob die Geschlechtsorgane ihrer Kinder in Ordnung sind; dass Gespräche über Schmerzen bei Menstruation, Geschlechtsverkehr, Geburt nicht unbedacht in Gegenwart von Kindern oder werdenden Jugendlichen zu führen sind, weil sie angstbesetzte Phantasien oder negative Erwartungsängste schüren; dass Liebe anderes und mehr bedeutet als lediglich genitale Reizung mit sexuellem Lustgewinn; dass Masturbation eine legitime Form der Selbstbefriedigung ist, aber als reine Spannungsreduktion dennoch eine Lücke im Erleben zurücklässt, die nur in der gestalteten Beziehung mit einem Du geschlossen werden kann; dass bisexuelle oder homosexuelle Neigungen im Jugendalter aufgrund der phasenspezifischen Suche nach Verständnis, Nähe, Freundschaft, Liebe zustande kommen, ohne dass daraus für die Zukunft beunruhigende seelische Belastungen entstehen müssen; dass es wichtig ist, Kinder und Jugendliche körperlich (Hygiene, Pflege, Aussehen, Kleidung) und seelisch durch Hilfe zu Selbsteinschätzung, Selbstachtung, Selbstwertgefühl auf ihrem Weg zum Frausein und Mannsein zu begleiten, indem die Eltern vorbildhaft das Liebens- und Erstrebenswerte ihrer eigenen Geschlechterrolle vorleben; dass Mädchen und Jungen in der Pubertät gerade deshalb so schwierig sind, weil sie Orientierung und "inneren Halt" (MOOR 1974, 224 ff.) suchen und aufbauen möchten, den sie hoffentlich durch das Vorbild ihrer Eltern und das Standhalten verantwortlicher Erwachsener finden.

4. Gewissensbildung

Die Heilpädagogin wird die Eltern ermutigen, ihren Kindern statt Härte und Unnachgiebigkeit mehr Anregung und Orientierung zu vermitteln, so dass *Gewissensbildung* und die damit verbundene Unterscheidung von "gut" und "böse", richtig und falsch wesentlich zur Orientierung des (jungen) Menschen und zur Vermittlung allgemein anerkannter, aber kulturell unterschiedlich gestalteter, humaner Werte beiträgt; dass sich "Das moralische Urteil beim Kinde" (PIAGET 1954) phasenweise entwickelt: Vom einfachen moralischen

Realismus, über die heteronome Moral (die Übernahme fremdgesetzter Handlungen) hin zur autonomen Moral (die Beurteilung des Verhaltens auf Grund personaler und sozialer Verantwortung) und dass das Kind deshalb nicht durch Werte und Normen der Erwachsenen moralisch überfordert werden darf; dass das *kindliche Über-Ich* nicht mit dem *erwachsenen Gewissen* verwechselt werden sollte, das aus dem Ich als psychisch reifer Entscheidungsinstanz entspringt; dass Gewissensbildung sich über *Harmonie* im Säuglingsalter (Wohlbefinden und Sicherheitserleben durch Verlässlichkeit, Ordnung, Sauberkeit, gute Gewöhnung, liebhaben) über *Verbote* im Kleinkindalter (gutes Beispiel geben, innere Anteilnahme wecken und nicht nur äußere Anstandsformen einüben) zu *Geboten* im Schulalter (nicht nur verbieten und strafen, sondern fördern durch fordern, anleiten, begleiten, pflegen, verantworten) und zur *Selbstbestimmung* im Jugendalter (nicht nur: "Was habe ich getan", sondern: "Was bin ich für ein Mensch, aus welcher Gesinnung, Intention, als welchen Motiven handle ich?") entwickelt und dies nur mit Hilfe der Eltern gelingen kann; dass positive Gewissensbildung ermöglicht, durch ein Überwinden des frühkindlichen Verbote-Über-Ich zu einem mündigen Erwachsenen und demokratisch verantwortlichen Staatsbürger mit Entscheidungs- und "Gewissensfreiheit" heranzuwachsen; dass Gewissensbildung die Voraussetzung dafür ist, dass Menschen in Notlagen und Krisenzeiten Orientierung und Halt nicht verlieren und Übersicht und Entscheidungsfreiheit selbst in großer Bedrängnis bewahren, so dass sie als 'gewissenhafte' Menschen unter Zurücknahme ihrer eigenen Ansprüche anderen helfen können; dass Gewissensbildung vermeiden hilft, dass Kinder und Jugendliche (aber auch auf das kindliche Über-Ich fixierte Erwachsene) unbewusste Selbstbestrafungstendenzen entwickeln, um sich von uneingestandener Schuld und peinigenden Schuldgefühlen zu entlasten; dass altersgerechte Gewissensbildung dazu beiträgt, keine psychisch schädigenden Schuldgefühle zu entwickeln, sondern selbstbewusst eigenes Versagen und eigenes Verschulden einzugestehen, zu ertragen und daraus für die Zukunft zu lernen.

5. Religiöse Erziehung

Je nach Glaubensrichtung wird die Heilpädagogin die Eltern darin bestärken, dass die *religiöse Erziehung* im Kindes- und Jugendalter eine wichtige Voraussetzung dafür ist, schwere Belastungen und Krisen mittels Gottvertrauen meistern zu können, wenn die innere und die äußere Welt des Menschen aus den Fugen geraten ist und zu zerbrechen droht; dass das Gottesbild - auch des Erwachsenen - letztlich durch das Mutterbild und das Vaterbild des Kindes entsteht und durch das "Ur-Vertrauen" geprägt ist; dass die Ehrfurcht vor und die Liebe zum (notleidenden) Menschen letztlich immer die Frage nach dem Sinn (des eigenen Lebens) beinhaltet und diese Antwort im letzten aus einer über den Menschen hinausgehenden (religiösen) Haltung erwächst;

"Wer behauptet, religiös zu sein, muss aus seiner Religion einen Glauben ableiten können, den er dem Kleinkind in Gestalt des Urvertrauens weitergeben kann. Wer behauptet, keine Religion zu besitzen, muss dieses Urgefühl aus anderen Quellen schöpfen." (ERIKSON 1977, 75).

- **Verstehen des *Entwicklungsstandes*, der *Symptomatik* bzw. *Behinderung* und des *Erlebens* und *Verhaltens***

Die weitere Arbeit kann auf diesem Hintergrund nun fortschreiten. Die Eltern werden mit Hilfe der Heilpädagogin lernen, dass Zusammenhänge zwischen ihren (versteckten) Wünschen, Hoffnungen und Bedürfnissen einerseits und dem Verhalten des Kindes bzw. Jugendlichen andererseits bestehen und dass beides in engem Zusammenhang zu sehen ist. Sie werden entdecken, dass Kinder und Jugendliche sehr wohl eine Antenne für solche versteckten Ansprüche haben und auf diese reagieren, sehr oft aus Furcht, andernfalls die Liebe der Eltern zu verlieren. Die Eltern werden bemerken, dass sie selbst ihren Kindern gegenüber zu ähnlichen Techniken greifen, ohne sich dessen immer bewusst zu sein und dass sie solche Techniken als Kinder aus ähnlichen Ängsten heraus gegenüber ihren Eltern selber benutzt haben. Sie werden erstaunt feststellen, dass die Kinder dann häufig auf die *versteckten* und nicht auf die *geäußerten* Ansprüche

452

reagieren. Sie werden erkennen, dass Unterschiede darin bestehen, *ob*, *wann*, *wie* und *zu wem* sie etwas sagen oder *für wen* sie etwas tun oder nicht. Es wird ihnen weiterhin deutlich werden, dass es möglich ist, *verschlüsselte* und *unverschlüsselte* Mitteilungen zu machen und dass Mut dazu gehört, authentisch zu sein. Sie werden erfreut feststellen, dass die Heilpädagogin von ihnen als Eltern nicht nur alles mögliche verlangt, sondern sie in ihren berechtigten Wünschen und Bedürfnissen unterstützt, *ohne* das Kind, den Jugendlichen oder die Eltern zu beschuldigen. Alle diese Erfahrungen werden gute Voraussetzungen dafür bilden, für weitere Erkenntnisse aufgeschlossener zu werden und tieferliegende seelische Konflikte bei Kindern und Jugendlichen im Zusammenhang mit der eigenen Konfliktsituation zu erkennen.

6. Schwache Begabung

So können die Eltern allmählich begreifen, dass *schwache Begabung* (auch in einer leistungsorientierten Gesellschaft) kein moralischer Makel von schuldhaftem Versagen der Eltern oder des Kindes ist, wenn die eigene Angst, der unbefriedigte Ehrgeiz und die antreibende Ungeduld aufgegeben werden und bewertendes Vergleichen unterbleiben kann.

7. Konzentration

Die Eltern werden dafür aufmerksam werden, dass *Konzentration* sich beim Kind erst phasengerecht und mit erzieherischer Unterstützung (z.B. Freude über ein gelungenes Werk, Abwechslung gepaart mit Ausdauer) bis ins 10. Lebensjahr hinein *entwickeln* muss; dass Konzentrationsschwächen organisch mitbedingte Ursachen haben können (wie z.B. ständiges 'notorisches Stören und Ausflippen' bei sogenannter Hyperkinetik bzw. Minimaler Cerebraler Dysfunktion [MCD]; Rückzugstendenzen von der Welt und Auf-sich-selbst-Bezogensein bei sogenanntem Autismus; oder durch Überforderung bei sogenannten Teilleistungsschwächen, Lernbehinderung oder geistiger Behinderung); dass Konzentrationsmangel sogar durch Hochbegabung besonders intelligenter Kinder verursacht sein kann, die nicht die für sie notwendigen Entwicklungs- und Lernanreize erhalten, sich daher langweilen, sich auffällig oder störend verhalten, dafür verkannt und bestraft werden und die deshalb für ihr Leben bleibenden Schaden davontragen, ganz zu schweigen von dem großen Verlust für die mitmenschliche Gemeinschaft und Gesellschaft; dass das Konzentrationsverhalten nicht nur durch das Temperament des Kindes, sondern auch durch das Verhalten der Eltern wesentlich mitbestimmt wird; dass Konzentrationsschwäche nicht nur auf schulische Leistungen bezogen werden darf, sondern den ganzen Menschen in allen Lebensbereichen betrifft: Im Spiel, in der Arbeit, in jeder Umgebung und zu Hause, worunter Kinder und Jugendliche oft extrem zu leiden haben, weil "alles misslingt" und sie immer Ärger verursachen ("schwarzer Peter", "Pechmarie", "Pechvogel").

8. Trotz, Auflehnung und Gegenwehr

Die Eltern werden erkennen lernen, dass *Trotz, Auflehnung und Gegenwehr* in bestimmten Entwicklungsphasen wie der Phase der ersten Ich-Findung (sog. 'Trotzphase') oder in der 'Pubertät' (früher "Flegelalter oder "Backfischalter" genannt), *für die Entwicklung eines gesunden Selbstbewusstseins notwendig* sind; dass solche Verhaltensweisen in Elternhaus und Schule nicht etwa einen "bösen Charakter" kennzeichnen, sondern Kinder und Jugendliche oft durch bestimmte Umstände in der Lebenswelt und durch Erziehungsfehler dazu genötigt werden; dass durch unangemessene Einschränkung (z.B. auch durch Faktoren wie begrenzter Wohnraum, mangelnde Spielmöglichkeit, mangelnde Gelegenheit für Jugendliche, untereinander angemessen intim zu sein usw.) von gesundem Lebensdrang, Bewegungsdrang, Spieldrang, Liebesdrang, Geltungsdrang falsche Grenzen gezogen wurden, gegen die gesunde Kinder und Jugendliche opponieren *müssen;* dass es nur selten und für lebensbedrohliche Situationen unumstößliche Grenzen gibt; dass aber dennoch Rücksicht genommen und nicht nur nach dem eigenen Willen und Bedürfnis gehandelt werden darf, wobei sich solche 'offenen' Grenzen verhandeln und verschieben lassen, auf diese Weise 'Bestand' haben und (Selbst-)Sicherheit vermitteln helfen; dass Einzelkinder oder Nachkömmlinge in die Gefahr geraten, oft in besonderer Weise eingeengt

und mit hohen Erwartungen und (Verlust-)Ängsten der Eltern über-
schüttet zu werden, wogegen sie sich berechtigt zur Wehr setzen.

9. Lügen, Tagträume, Angeben, List

Die Eltern werden aus eigener Erfahrung zugeben lernen, dass *Lügen* ein Zeichen der Not (Notlüge) sein kann, insbesondere bei Kindern und Jugendlichen, die wenig Vertrauen entwickeln durften und
die statt dessen von Furcht und Angst vor Vergeltung geplagt sind;
dass zwischen Lüge und Irrtum unterschieden werden muss, wenn
ein Kind "felsenfest" von etwas überzeugt ist, was es "wirklich" mit
der ihm eigenen, entwicklungsspezifischen Auffassungsgabe und
Wahrnehmungsfähigkeit "gesehen" oder "gehört" hat; dass (Tag-)
Träume, Fabeleien und Phantasiegeschichten dabei helfen können,
innere oder äußere Armut zu lindern, indem Sehnsüchte und Bedürfnisse in der Phantasie ausgemalt werden, wodurch Eltern herausgefordert sind, sich nach dem vorhandenen Mangel zu fragen (vgl.
MOOR 1965, 259: Nicht gegen den Fehler kämpfen, sondern sich um
das Fehlende bemühen); dass das sog. 'Angeben' oft eine altersgerechte Vorwegnahme des Großseins ist, durch die das Kind bzw. der
Jugendliche seinen Weg in die Erwachsenenwelt erprobt (angefangen
von "Hänschen klein" dem Stock und Hut gut stehen, bis zum jugendlichen Hans mit Bürstenschnitt, gefärbtem Haar und Zigarette im
Mundwinkel); dass List keine Lüge und keine Heimtücke ist, sondern
das geschickte Ausnutzen bestimmter Möglichkeiten unter Umgehung
vorhandener Schwierigkeiten. Dabei ist zu reflektieren, weshalb ein
Kind oder Jugendlicher zur List greifen muss und weshalb keine offene Verhandlungsbasis zwischen ihm und den Eltern besteht.; dass
Eltern sich fragen müssen, ob sie selber (nicht) lügen oder öfter
Halb- oder Unwahrheiten bzw. "faule Ausreden" gegenüber ihren
Kindern und Jugendlichen benutzen und Versprechen nicht einlösen,
so dass diese misstrauisch werden und ähnliches versuchen.

10. Stehlen

Die Eltern werden einsehen lernen, dass *Diebstahl* im Kindes- und
Jugendalter - wenn er nicht als milieubedingt gewünschtes und prak-
tiziertes Handeln gewertet werden kann - häufig ein Hinweis auf

mangelnde Zuwendung und Liebe ist und als "Symbolischer Diebstahl" (ZULLIGER 1950) verstanden werden kann, den man weder bagatellisierend übersehen noch rigide ahnden sollte; dass Diebstahl von Süßem oftmals dazu dient, sich die triste Kinderwelt oder das jugendliche Einsamsein zu "versüßen"; dass Kinder und Jugendliche sich auf diese (objektiv unangemessene) Weise subjektiv notwendig ihr Recht "nehmen", sozusagen als seelisch bedingten "Mundraub"; dass bei Kindern und Jugendlichen das "Klauen" als Sport bzw. als Mutprobe (aufgrund von Ehrgeiz, überschüssiger Energie, mangels sinnvollem Ausgefülltsein in der Freizeit), betrieben werden kann; dass sich Stehlen als Protest gegen einen oder beide Elternteile herausstellen kann, z.B. bei häufigem Streit oder heftigen Auseinandersetzungen zwischen den Eltern, so dass das Kind Angst bekommt, seine grundlegende Sicherheit zu verlieren; dass Stehlen oft bei solchen Kindern und Jugendlichen vorkommt, die sich äußerlich relativ angepasst verhalten, dafür aber innerlich um so mehr unter ihrer Situation leiden; dass es keine "Anlage" und keine "Vererbung" zum Stehlen gibt, sondern dass Kinder oft deshalb stehlen, weil sie sich um die Liebe der Eltern bestohlen und betrogen glauben; dass falscher Umgang mit Werten, auch mit Taschengeld, Stehlen mitverursachen kann;

11. Aggressionen

Die Eltern werden entdecken lernen, dass *Aggressionen* und *Autoaggressionen* von Kindern und Jugendlichen nicht einfach 'triebhaft' und als lustvoll aggressive Impulse ausgelebt werden, sondern vielmehr als komplizierte Störungen der gesamten Persönlichkeit anzusehen sind, die ihren Ursprung in frühkindlichen Entwicklungsbedingungen haben können und die sich aufgrund von Milieu- und Umweltfaktoren u.a. in vehementer Aggressivität, Gier und Neid gegenüber allen, die es vermeintlich besser haben, manifestieren können; dass das Beißen, Benagen und Kauen der Fingernägel ein autoaggressiver Akt ist, der häufig in Druck- und Spannungssituationen vorkommt, mit Straf- und Versagensängsten zu tun hat und mit starken affektiven Enttäuschungen in emotional wichtigen Beziehungen im Zusammenhang steht; dass das Drehen, Ziehen, Zupfen und Ausreißen der Haare als schwere seelische Verhaltensstörung anzusehen ist, die mit depressiver Grundstimmung einhergeht und ein aggressiver Akt der Gewalt gegen die eigene Person ist, mit verdrängten Wutimpulsen bei gleichzeitig intensivem Zärtlichkeits- und Anlehnungsbedürfnis.

12. Körperliche Reaktionen und Krankheiten

Eltern werden zu sehen lernen, dass *körperliche Reaktionen oder Krankheiten* der Kinder und Jugendlichen Signale für das allgemeine Befinden sind, die oftmals eine psychische Ursache haben und deshalb als *psychosomatische Reaktionen bzw. Störungen* anzusehen sind; dass Trauer 'krank' und Freude 'gesund' macht; dass ein Kind wenige Stunden nach einer kränkenden Auseinandersetzung Halsweh bekommen kann (was kränkt, macht krank; hier: "es drückt es einem die Kehle zu"); dass ein ganz normaler Umzug, verbunden mit Wohnortwechsel, für Kinder oder Jugendliche eine schwere seelische Verletzung bedeuten kann, die als Folge Leistungsabfall in der Schule, begleitet von Bauchschmerzen, Nichts-mehr-essen-Können bis hin zu Magenkrämpfen verursachen kann. In solchen Fällen versagt die medikamentöse Behandlung, und eher noch treten schädliche Nebenwirkungen auf; dass frühkindliche psychogene Essstörungen (= fehlender Appetit bzw. Hunger) die Folge eines mangelnden, liebevollen Dialoges zwischen Mutter und Kind sein können; dass Schlafstörungen auf mangelndes Sicherheitsgefühl, auf traumatische Erinnerungen und Ereignisse, auf das Streben des Kindes nach Selbständigkeit und Harmonie hinweisen können; dass Wachstums- und Entwicklungsstörungen Folgen gestörter Beziehungsverhältnisse mit der Mutter bzw. der mütterlichen Bezugsperson sein können; dass bei Tagnässen und Bettnässen sowie Einkoten an psychische Probleme des Kindes, hervorgerufen durch soziale Bedingungen, Trennungserlebnisse von der Mutter oder (emotionale) Retardierung gedacht werden muss; dass Ekzeme und andere (allergische) Hautkrankheiten nicht nur mit Umweltverschmutzung zusammenhängen, sondern auch mit unbewussten Abwehrversuchen, die gewünschte Vermeidung oder Nähe von intimen Kontakten signalisieren und insofern ein Beziehungsproblem darstellen; dass Störungen wie Asthma bronchiale,

Ulcus-Erkrankungen (Geschwüre am Magen und Zwölffingerdarm bei Kindern und Jugendlichen), Adipositas (Übergewichtigkeit bis hin zur Fettleibigkeit), Anorexia nervosa (meist bei Mädchen auftretende Pubertätsmagersucht) oder Bulimie (Heißhunger, verbunden mit Zwangserbrechen) schwere, oft nur klinisch zu behandelnde psychische und körperliche Erkrankungszustände sind, die das Leben gefährden können und deshalb unter ärztlicher Aufsicht behandelt werden müssen.

- **Erziehungsberatung mit pädagogisch oder pflegerisch geschulten Fachkräften**

Erziehungsberatung findet nicht nur mit den Eltern statt, sondern auch mit Sozialpädagoginnen, Lehrern und anderen pädagogisch vorgebildeten oder geschulten Fachkollegen. Die Heilpädagogin wird immer dann um Hilfe gebeten werden, "wenn es nicht mehr geht", d.h. wenn ein Kind oder Jugendlicher Verhaltensweisen zeigt, die das Maß des Erträglichen übersteigen und das Erzieherpersonal vor unlösbare Aufgaben stellen. Dabei stellen Pädagogen fest, dass das pädagogische Wissen nicht ausreicht, rational erklärbare Gründe für das oft unverständliche und als Angriff auf die eigene Person erlebte Verhalten von Kindern und Jugendlichen zu finden. Erzieherinnen, Lehrer, Ausbilder erfahren täglich, dass die unspezifische Annahme, es müsse sich "um etwas Emotionales" handeln nicht ausreicht, dem Kind oder Jugendlichen angemessen, d.h. mit Verständnis zu begegnen, sich selbst zu schützen und dennoch ihre pädagogische Aufgabe zu erfüllen.

Bei dem Versuch, die sogenannten psychosozial gestörten, verhaltensauffälligen oder aggressiven Kinder und Jugendlichen zu *verstehen,* gemäß dem heilpädagogischen Grundsatz: "Erst *verstehen,* dann *erziehen!"* (MOOR 1994, 18) kann die tiefenpsychologisch geschulte Heilpädagogin zum Verstehen beitragen und Hilfen anbieten. Dabei wird sie auf reichhaltiges Wissen und auf eingeübte Vorgehensweisen zurückgreifen können, welche sie während ihres Studiums in berufsbegleitenden Praktika erlernt hat.

Bereits Pioniere der psychoanalytischen Pädagogik, wie August Aichhorn, Anna Freud, Melanie Klein, Heinz Hartmann, Fritz Redl, Hans Zulliger, Edith Jacobson, Margaret Mahler, D.W. Winnicott und viele andere haben sich darum verdient gemacht, das *Erleben* schwer gestörter Kinder und Jugendlicher zu analysieren und aus diesem Zugang heraus Wege zu finden, ihnen zu helfen. Auf ihre Erkenntnisse kann hier nur hingewiesen werden. Die Heilpädagogin wird sich ihrer bedienen und vielleicht ebenso feststellen,

"daß wir es in den Aggressiven mit Verwahrlosten zu tun hatten, denen die für die Entwicklung so notwendige Liebe der Erwachsenen nicht zuteil geworden war. Damit ist aber auch schon der Fürsorgeerziehung der einzuschlagende Weg vorgezeichnet. Zunächst muß das große Defizit an Liebe ausgeglichen werden und erst dann ist nach und nach und sehr vorsichtig mit stärkerer Belastung vorzugehen. Schärfere Zucht anzuwenden, wäre vollständig verfehlt." (AICHHORN 1971, 148)

Die Heilpädagogin wird sich darum bemühen, dem Erzieherpersonal in den Institutionen, in denen sie tätig ist, die schwere Arbeit zu erleichtern. Die Art und Weise der Zusammenarbeit wird sich je nach Institution und Aufgabenfeld im Gruppendienst, in der Erziehungsleitung, im sogenannten "therapeutischen Dienst" oder auch von außen kommend als Honorarkraft unterscheiden. Die Zusammenarbeit kann je nach Arbeitsplatzbeschreibung und Aufgabenstellung der Heilpädagogin in der

–>Institution durch

–>Auskunft und Information,

–>Befunderhebung und

–>Begleitung (einzeln oder in kleinen Gruppen); durch

–>Beratung,

–>Diagnostik bzw. Erstellung einer

–>Hypothetischen Diagnose und Begründung in der

–>Fallbesprechung; durch schriftliches

–>Gutachten oder

–>Stellungnahme; in der

–>Praxisanleitung oder im

–>Teamgespräch geschehen.

Neben dem Angebot gezielter Einzel- und Gruppenbegleitung von Kindern und Jugendlichen, verbunden mit Elternarbeit oder Erzieherberatung im Rahmen der HpE *außerhalb* der Lebenssituation von Kindern und Jugendlichen, kann die Heilpädagogin in Institutionen wie Kindergarten, Hort, Schulklasse, Heimgruppe oder Krankenhaus- bzw. Klinikstation aus ihrer Sichtweise pädagogische Probleme *im Lebensfeld* direkt angehen. Dadurch besteht die Möglichkeit, das eigene Handeln für die Fachkollegen durchsichtig zu machen, Modell zu sein und Angebote zum Erlernen bestimmter Sicht- und Handlungsweisen zu machen, die das Kind bzw. den Jugendlichen entlasten *und* dem pädagogischen bzw. pflegenden Personal seine schwierige Arbeit erleichtert. Die Heilpädagogin kann die in der heilpädagogischen Einzel- oder Gruppenbegleitung geltenden Regeln der Beobachtung und Beantwortung kindlicher Schwierigkeiten, wie sie sich durch das *Inszenieren unbewusster Konfliktsituationen* durch das Kind bzw. den Jugendlichen im Malen, Spielen oder Berichten von Alltagssituationen ergeben, *direkt im Gruppenalltag der Lebensfeldsituation nutzen.* Dadurch kann die Heilpädagogin helfen, schwierige Situationen im erzieherischen Alltag mit *heilpädagogischen* Mitteln zu meistern, indem sie ihre *tiefenpsychologischen Kenntnisse und Handlungsweisen aus der Begleitungssituation angemessen in den Alltag des Kindes- und Jugendlichen transferiert.* Dadurch entsteht im Lebensraum (der Kindergarten-, Hort-, Heimgruppe oder Klinikstation) für kranke oder psychosozial gestörte Kinder und Jugendliche ein *heilpädagogisches Milieu,* d.h. *pädagogisches* Handeln der Pfleger und Erzieher wird um *therapeutische* Sicht- und Handlungsweisen ergänzt.

Zwei grundlegende Sicht- und Handlungsweisen tiefenpsychologisch orientierter Heilpädagogik sollen kurz beschrieben werden: das szenische Verstehen und der fördernde Dialog.

1. Szenisches Verstehen

Die alltäglichen Belastungssituationen zwischen Erziehern, Kindern und Jugendlichen entstehen nicht nur aufgrund situativer Ereignisse. Es ist einzusehen, dass ein Kind, wenn es z.B. in der Schule Ärger hatte, mürrisch und gereizt nach Hause kommt. Wenn Mutter, Vater oder Erzieherin bzw. Erzieher fragen, "was denn los sei", werden sie oft die Antwort erhalten, "lass mich in Ruh"; "ich weiß nicht"; je nach Milieueinfluss fällt die Antwort auch deftiger aus: "Halt die Fresse, sonst hau ich dir eine rein!"; "Das geht dich einen Scheißdreck an!" usw. Begleitet werden solche Antworten oft damit, dass der Schulranzen in die Ecke geschleudert, gegen die Tür getreten wird usw. Abgesehen davon, dass diese Verhaltensweisen sozial unangemessen sind, kann doch noch oft nachempfunden werden, dass sie durch *situative Einflüsse* bedingt zu sein scheinen. Eltern und Erzieher sehen für den Moment darüber hinweg, "bis sich das Kind beruhigt hat", um später - weniger affektgeladen - darauf zurückkommen zu können.

Nicht erklärbar erscheinen Eltern und Erziehern solche Situationen, in denen ein Kind oder Jugendlicher aus unerfindlichen Gründen "einfach so ausrastet, obwohl gar nichts gewesen ist..." Wenn medizinische Ursachen als Auslöser für Aggression und Destruktion in solchen Situationen ausgeschlossen werden können, liegen oft sogenannte *Übertragungsreaktionen* vor, d.h. das Kind, der Jugendliche drängen Eltern und Erzieher unbewusst dazu, sich so zu fühlen, wie sie sich in früheren Szenen fühlten. Sie lösen in Eltern und Erziehern Reaktionen aus, die - wenn Eltern und Erzieher affektiv 're-agieren' statt (heil-)pädagogisch zu *handeln* - eine Wiederbelebung und Verstärkung unangenehmer Gefühle (Angst, Wut, Hass) bewirken, die die Kinder und Jugendlichen sozusagen 'besetzt' halten und dazu zwingen, sie nach außen hin unangemessen auszuagieren. Wir können auch sagen,

"daß das Kind in diesen Szenen Selbstrepräsentanzen oder Objektrepräsentanzen auf den Pädagogen projiziert und diesen drängt, sich mit ihren Projektionen zu identifizieren... Der Pädagoge reagiert dann wie ein früherer Elternteil beispielsweise (zumindest so, wie das Kind ihn empfand), oder er fühlt sich, wie das Kind sich in früheren Interaktionen fühlte (ängstlich, ohnmächtig, hilflos etc.)... Reflektieren nun die Pädagogen diese Gefühle, statt so zu reagieren, wie das Kind es provoziert, kann das Kind neue Erfahrungen machen, können sich ihre inneren Bilder verändern. Szenisches Verstehen beruht auf der Selbstreflexion des Pädagogen und dem Verständnis von Szenen als Reproduktion (aufgrund des Wiederholungszwanges) früherer Erfahrungen und der Erdichtung ersehnter Szenen...

Die Antwort des Pädagogen besteht nach Leber aus dem dialektischen Verhältnis von Halten und Zumuten.

Die haltende Funktion ist dabei die Unterstützung, die Liebe, das Vertrauen, das die Pädagogen in ihrer Reaktion vermitteln können.

Zumuten ist nach Leber das vorsichtige Abschätzen, was der andere an Problemlösung verwenden kann..." (HEINEMANN u.a. 1993, 43)

2. Fördernder Dialog

Damit ist bereits angedeutet, was unter einem fördernden Dialog verstanden wird: Die für das Kind bzw. den Jugendlichen verkraftbar erscheinende *Reflexion seiner Gefühle in der augenblicklichen Situation* und je nach (stabilem) Beziehungsverhältnis sukzessive auch die *Interpretation oder Deutung des emotionalen Zusammenhanges mit früher erlebten Situationen.* Einen solchen Dialog kann die Heilpädagogin nur aufgrund einer genauen Kenntnis des Lebensweges und der augenblicklichen Lebenssituation des Kindes oder Jugendlichen führen, *wenn zugleich eine tragfähige Beziehung, d.h. ein personales heilpädagogisches Angebot zum Kind bzw. Jugendlichen besteht.*

Eine solche Beziehung zeichnet sich durch die Sicherheit aus, in der das Kind, der Jugendliche darauf vertrauen kann, dass die Heilpädagogin bzw. der Erzieher nicht ihrerseits "ausrasten", sondern Liebe und Geborgenheit schenken, wenn das Kind oder der Jugendliche Liebesentzug erwartet oder Strafe befürchtet. Denn die *Anpassung* des Kindes oder Jugendlichen, verstanden als Anlehnung; Nachahmung; Zuverlässigkeit; Bereitschaft, aufeinander zu hören und aufeinander zuzugehen; sich anzuvertrauen usw. geschieht über das Vorbild der Bezugsperson, nicht durch Gebote oder Verbote. Der Heilpädagogin "zuliebe" arbeitet das Kind, der Jugendliche daran, sie nicht zu enttäuschen. Dabei fordert das Kind, der Jugendliche, je nach Schwere der seelischen Störung häufiger und massiver, immer wieder die Zuwendung und Treue der Bezugsperson ein, gerade auch dann, wenn sie sich "daneben benehmen". Je inniger und auch je einseitiger das Verhältnis zu einem bestimmten, einzelnen Menschen ist, desto stärker ist die Prägung. Hier liegt die Begründung für die *personale heilpädagogische Beziehung, den pädagogischen Bezug, das pädagogische und dialogische Verhältnis:*

"Der fördernde Dialog beruht nach Leber... auf der Produktion von Szenen durch das Kind, der Teilhabe (Einfühlung), dem Verstehen, und der Antwort des Pädagogen. Der Pädagoge versteht und gibt dem Kind eine Antwort. Das Kind erwartet eine Lösung seines Problems, die Erfüllung seiner Bedürfnisse und Entlastung von bedrängenden überwältigenden Erlebnissen..." (HEINEMANN u.a. 1993, 42)

3. Beispiele für szenisches Verstehen und fördernden Dialog

a) Symbolische Handlung und hilfreicher Dialog

Ein Beispiel mag das Geschehen verdeutlichen: In einem Kinderheim kommt ein siebzehnjähriger Jugendlicher verspätet nach Hause. Die Heilpädagogin im Gruppendienst öffnet ihm die Haustür. Er will sie beiseite drängen und an ihr vorbei ins Haus stürzen. Die Heilpädagogin gibt den Weg nicht frei und sagt freundlich "Guten Abend X, du bist spät zurückgekommen..." Der Junge benutzt einen unflätigen Ausdruck, kramt in seiner Hosentasche und bringt ein Taschenmesser zum Vorschein, das er zu öffnen versucht. Dabei schreit er wütend und außer sich: "Ich bring' dich um, du Hure! Du bist auch so eine Hure!, das sind sie ja alle!" Die Heilpädagogin war sehr erschrocken und spürte die massive Aggressivität des Jungen. Da sie wusste, mit welcher ungelösten Aufgabe sich der Junge z.Z. beschäftigte, überwand sie ihre momentane innere Panik und entgegnete ruhig: "Du brauchst mich nicht umzubringen, ich bin ja nicht deine Mutter und du weißt, dass ich dich sehr lieb habe." Aufgrund der unerwarteten Ansprache durch die Heilpädagogin fiel der Junge ihr schluchzend um den Hals, wobei er sein Messer verlor und beide in sein Zimmer gehen konnten, um miteinander zu sprechen.

Was war geschehen? Der Junge hatte seine leibliche Mutter, deren Adresse er erfahren hatte und die er schon lange einmal besuchen wollte, inflagranti mit einem Liebhaber ertappt und war von der Realität überwältigt worden, seine Mutter tatsächlich als Prostituierte zu sehen, was er bis dahin (trotz früherer häuslicher Erlebnisse) im Heim immer verleugnet hatte. Er wollte sich mit seinem "Messer" symbolisch an der nächstbesten Frau (vielleicht in diesem Augenblick an allen Frauen) stellvertretend für die schwere seelische Kränkung durch seine Mutter rächen, die in der Vorstellung bestand, ein "Hurensohn" zu sein. Dazu wählte er bezeichnenderweise ein phallisches Symbol, das Taschenmesser, wodurch seine hohe emotionale Affinität zum Geschehen verdeutlicht wird.

Das Beispiel erläutert sinnfällig szenisches Verstehen und fördernden Dialog, der nur in einer *tragfähigen Beziehung,* in der die Heilpädagogin die "gute Mutter" repräsentierte, gelingen konnte. Anderenfalls wäre die Situation womöglich sehr gefährlich gewesen. Der Junge hätte ihr oder anderen in seiner Erregung schwere Verletzungen zufügen und dadurch sich selber noch unglücklicher machen können. So aber war es möglich, über längere Zeit mit ihm sein Verhältnis zur Mutter und zu Frauen positiv aufzuarbeiten.

Man kann den Jungen sehr gut in seiner 'behinderten' und 'behindernden' *Erlebens*qualität verstehen: Er versucht, seine übergroße innere Spannung und seelische Störung in Handlung umzusetzen und zu 'agieren', um sich spontan zu entlasten. Mit Hilfe des "szenischen Verstehens" ist ein Weg aufgezeigt, die zunächst als unverständlich oder wertend als 'verbrecherisch' zu bezeichnende Handlung zu entschlüsseln.

Die Heilpädagogin erkennt den dramatischen Entwurf der Szene: Sie soll stellvertretend als 'Opfer' dienen und symbolisch (allerdings mit bedrohlich realem Hintergrund) von dem jungen Mann in der Weise 'vergewaltigt' werden, wie er seine Mutter 'vergewaltigt' sah und zugleich sein Dasein als 'Vergewaltigung' erlebte. Da sie ihm nicht ausweicht, tritt sie in "unmittelbarer Teilhabe" selbst als Akteur in das Drama ein, d.h. sie lässt sich auf die Re-Inszenierung des Erlebten im unmittelbaren Zusammenspiel ein. (vgl. LORENZER 1977, 96) Dabei unterscheidet sie, dass der versuchte Angriff nicht ihrer Person, sondern in der Übertragung des Jungen auf sie stellvertretend der verletzenden "bösen Mutter" gilt. Sie weicht nun nicht (aus Furcht) in pädagogische Reglementierungen und Abwehr aus, sondern spielt die Szene mit, indem sie als "gute Mutter" die Bühne betritt. In ihre Arme kann sich der verstörte 'große' Junge flüchten, der sehnlichst in seiner Not und Hilflosigkeit als 'kleiner' Junge geliebt und angenommen sein und nicht als "Hurensohn" verstoßen werden möchte.

Später wird sich die tiefenpsychologisch orientierte Heilpädagogin in ihrer Reflexion des Geschehens nochmals über den Unterschied zwischen *Real*-Beziehung und *Übertragungs*-Beziehung klar werden und sich vielleicht an AICHHORNs Hinweis auf die Wichtigkeit der Herstellung einer positiven Übertragung als ein Angebot alternativer Interaktionsformen erinnern:

"Der Fürsorgeerzieher wird sich dabei ... bewußt so benehmen, daß in seinem Zögling Gefühle der Zuneigung zu ihm entstehen, und vorbereitet sein, daß wirksame Erziehungsarbeit so lange unmöglich ist, als diese fehlen." (ebd. 1974, 107)

Dies können die Heilpädagogin und die von ihr beratenen Erzieher nur leisten, wenn sie einem wichtigen Rat von Sigmund FREUD selbst folgen:

"Überlegt man nun die schwierigen Aufgaben, die dem Erzieher gestellt sind, die konstitutionelle Eigenart des Kindes zu erkennen, aus kleinen Anzeichen zu erraten, was sich in seinem unfertigen Seelenleben abspielt, ihm das richtige Maß von Liebe zuzuteilen und doch ein wirksames Stück Autorität aufrechtzuerhalten, so sagt man sich, die einzig zweckmäßige Vorbereitung für den Beruf des Erziehers ist eine gründliche psychoanalytische Schulung. Am besten ist es, wenn er selbst analysiert worden ist, denn ohne Erfahrung an der eigenen Person kann man sich die Analyse doch nicht zu eigen machen." (FREUD, S. 1969, GW Bd. I, 578)

Tiefenpsychologisch orientierte berufsbezogene –>Selbsterfahrung und –>Supervision sind in diesem Sinne unbedingte Voraussetzung für das verantwortliche erzieherische und heilpädagogische Handeln in der Praxis und für die eigene Psychohygiene.

b) Babyspieltest und Babyspiel

Ein anderes, methodisches Beispiel für szenisches Verstehen und förderen Dialog in der Erziehungsberatung schildert Nelly STAHEL (1973) im Babyspieltest und im Babyspiel.

Sie rät Müttern und Erzieherinnen bei früh gestörten Kindern, aber auch nach Eifersuchtsszenen, im abendlichen Ritual des Zubettbringens auch größeren Kindern eine Milchflasche anzubieten (wie dies die Heilpädagogin in der Spielbegleitung - allerdings nur symbolisch "im Spiel" - ggf. auch tut). Das Kind wird nicht gezwungen, man fragt es nur, ob es wieder ein Baby sein möchte. STAHEL schlägt vor: „Die Mutter (bzw. die Bezugserzieherin; Anm. w.K.) kann den Babytest etwa so beginnen:

'Denk dir, heute sah ich eine Mutter, die ein kleines Baby auf ihren Armen trug und dieses Kindlein sah genau so aus wie du, als du klein warst und da dachte ich (dies sagt sie mit einer Stimme, mit der man gewöhnlich zu Säuglingen spricht): «Ach, wenn du doch wieder mein kleines Baby wärst, ich möchte dich wieder auf den Arm nehmen wie damals, als du so klein warst. Möchtest du ein Fläschchen trinken mit warmer, süßer Milch?»' Die Reaktion erfolgt augenblicklich. Entweder sagen die Kinder: 'Was fällt dir auch ein, ich bin doch schon so groß!' In diesem Falle kann die Mutter (bzw. die Erzieherin; Anm. d. Verf.) lachend sagen: 'Was habe ich auch gedacht, ich freue mich doch, dass du schon so groß und selbständig bist.'...

Ein schwerst gestörter 7jähriger Knabe, der eigentlich in eine psychiatrische Kinderklinik gehört hätte, sagte nach dem Babyspiel: «Mami, ich hatte ein so großes Loch in meinem Herzchen (er zeigte mit seinen Armen den größten Kreis, den er machen konnte) und jetzt ist es nur noch wie mein kleiner Finger.»...

Alle Kinder, die einen seelischen Schaden haben, reagieren praktisch gleich: Schlaffwerden des Körpers, Lallen und in der Babysprache eine Flasche verlangen mit süßer warmer Milch... Hat das Kind positiv auf den Testsatz reagiert, erweitert es ganz natürlich das Babyspiel..." (STAHEL ebd. 17)

Auf diese Weise kann die Heilpädagogin den Eltern oder Pädagogen durch gezielte Erziehungsberatung helfen, selbst *heilsame Situationen zu inszenieren,* und die heilpädagogische Einzel- oder Kleingruppen-Begleitung durch ein heilpädagogisches, d.h. pädagogisches *und* therapeutisches Milieu zu unterstützen.

c) Das Lebensfeldgespräch

Als ein weiteres Beispiel für einen fördernden Dialog sei das "Life Space Interview" nach REDL (1974) erwähnt, das mit "Lebensfeldgespräch" übersetzt werden könnte.

Das Lebensfeldgespräch soll von der Person durchgeführt werden, die z.B. im Heim die Funktion der Erzieherin oder des Gruppenleiters ausübt und in unmittelbarer Beziehung zu dem Vorkommnis steht. Dies kann die tiefenpsychologisch orientierte Heilpädagogin sein. Damit bewegt sich das Lebensfeldgespräch in zweierlei Hinsicht in einem Grenzbereich:

- Einmal in Bezug auf die übrigen Lebensvorgänge, in deren Zusammenhang es durchgeführt wird;
- zum anderen in Bezug auf die vielfältigen und umfassenden Aufgaben der Heilpädagogin, die therapeutische Techniken *im Alltag* benutzt, *ohne ihre Funktion als Erzieherin oder Gruppenleiterin zu verlassen.*

Dabei soll das Lebensfeldgespräch eine *vermittelnde Funktion* einnehmen zwischen dem Kind, dem Jugendlichen und dem, was das Leben für sie bereithält. Daher kommt ihm im Leben des Kindes eine ebenso wichtige Funktion zu wie der heilpädagogischen Einzel- oder Kleingruppenbegleitung außerhalb seines direkten Lebensbereiches.

Die wichtigste Funktion des Lebensfeldgespräches besteht darin, dass es Ereignisse aus dem alltäglichen Leben therapeutisch auswerten und sofortige emotionale 'Erste Hilfe' leisten kann. Dazu gehört

- das Schaffen von Situationen, in denen das Kind, der Jugendliche legitim Frustrationen ausdrücken kann;
- Unterstützung bei der Bewältigung von panischer Angst, Wut und Schuldgefühlen;
- Aufrechterhaltung der Beziehung auch dann, wenn das Kind, der Jugendliche droht, sie abzubrechen;
- Hilfe und Anweisung bei der Regulierung von Verhaltensabläufen und sozialen Beziehungen;
- schiedsrichterliche Hilfe bei schwierigen Entscheidungen, risikoreichen Abmachungen und spannungsgeladenen Wechselbeziehungen;

- Reflexion und Durcharbeit des Geschehenen, um Einsicht zu ermöglichen, da diese oftmals aufgrund affektiver Besetzung nicht gewonnen werden kann. (ebd. 59 ff.)

Dabei sollen im Gespräch verschiedene Strategien und Techniken berücksichtigt werden, für die die Heilpädagogin die entsprechende Kompetenz erworben haben sollte:

1. Beschränkung auf *ein* zentrales Thema;
2. Klarheit in der Sache und Ich-Nähe für das Kind;
3. Durchsichtigkeit der eigenen Autorität für die Vereinbarkeit verschiedener Rollen (hier z.B. Erziehungsleiter mit übergeordneter Funktion oder Gruppenleiter mit Entscheidungskompetenz und zugleich Heilpädagoge mit reflektorischer Gesprächskompetenz);
4. Fähigkeit mit Launen und Stimmungen so umzugehen, dass sie zur Entlastung und nicht zu neuerlichen Belastungen im Alltag führen;
5. Den richtigen Zeitpunkt wählen, also nicht zu einer Zeit, zu der das Kind oder der Jugendliche etwas für sie wichtiges vorhaben sowie die Abfolge, Häufigkeit und Dichte von Lebensfeldgesprächen entsprechend individuell einschätzen;
6. Berücksichtigung des Schauplatzes und der unterstützenden Hilfen, so dass die größtmögliche Bereitschaft durch entsprechendes Wohlbefinden (Entlastung, Hoffnung auf Verständnis) immer wieder positiv verstärkend gewährleistet ist.

Zur therapeutischen Auswertung von Ereignissen aus dem alltäglichen Leben gehört nach REDL (ebd. 53 ff.):

- *Die Realitätsprüfung und Erlebnisbedeutung*

Da aggressive Kinder oft fast wahnhafte Fehleinschätzungen der Umwelt haben, kann Realität an Ort und Stelle «einmassiert», d.h. deutlich erfahrbar gemacht werden.

- *Das Entfremden von Symptomen.*

Aggressive Kinder ziehen oft sekundären Gewinn aus ihren Symptomen. Im Lebensfeldgespräch kann ihnen gezeigt werden, dass sich ihr Verhalten nicht bezahlt macht. Dies geschieht sowohl verbal als auch durch die Handlungsweisen der Heilpädagogin.

- Die 'Übungs-Begleitung' bei Wahrnehmungsstörungen im Wertbereich

Ein geregelter Tagesablauf, klare Strukturen, Feste und Feiern, Sport und Spiel, Unterscheidung von Sonntag und Woche, Kleidung für verschiedene Gelegenheiten, Anstandsformen, die Heranbildung von Taktgefühl und Rücksichtnahme, die Gestaltung von Wohnräumen usw. sind wertvolle erzieherische Mittel, Kindern und Jugendlichen ein Gefühl der Beheimatung, der Wichtigkeit und Wertigkeit für sich selbst, gegenüber anderen und für Sachen und Dinge zu vermitteln.

- Das Anbieten neuer Anpassungstechniken

Es reicht nicht aus, das Kind bzw. den Jugendlichen nur darin zu kritisieren, was sie falsch machen. Viel wichtiger ist es, ihnen zu zeigen, wie man etwas richtig macht, dies in steter Geduld und Ausdauer und auch immer wieder dann, wenn es anscheinend keinen Nutzen bringt. Oftmals zeigen die Kinder bzw. Jugendlichen solches Verhalten anderenorts und sind stolz darauf, "wie gut sie sich benehmen können", manchmal sehr zur Überraschung von Eltern und Erziehern.

- Die Handhabung der Grenzen des Selbst

Da die Kinder und Jugendlichen eine gestörte Einstellung zum Selbst haben, die oft zwischen Resignation, Mutlosigkeit und größenwahnsinnigen Vorstellungen schwankt, bedürfen sie der anhaltenden Ermutigung, damit sich allmählich eine gewisse Sicherheit, gepaart mit einem Gefühl von Würde und Stolz einprägt.

Zusammenfassend kann gesagt werden:

"Jede Anwendung einer umfassenden Milieutherapie, als Unterstützung der Individualtherapie oder für sich allein durchgeführt, wird mit den Kenntnissen und dem Geschick stehen oder fallen, mit dem die Erzieher, Lehrer oder Therapeuten im Leben der Kinder die Aufgaben des «Life Space Interview» erfüllen." (ebd. 53 ff.)

Die genannten Beispiele zeigen, wie die Heilpädagogin *szenisches Verstehen und fördernden Dialog* zum Verständnis des Erlebens und der Befindlichkeit des Kindes und Jugendlichen nutzen kann und wie sie selber im Alltag Szenen ermöglichen und aufbauen kann, die für das Kind, den Jugendlichen eine Entlastungsfunktion ausüben. Darüber hinaus kann sie sich in der Erziehungsberatung mit Eltern, die dazu fähig und in der Lage sind, gemeinsam bemühen, die Erlebens- und Verhaltensweisen ihrer Kinder durch einfühlendes Verstehen und alternatives Erziehungshandeln zu beeinflussen sowie pädagogisch geschultes Personal als Kotherapeuten zu gewinnen.

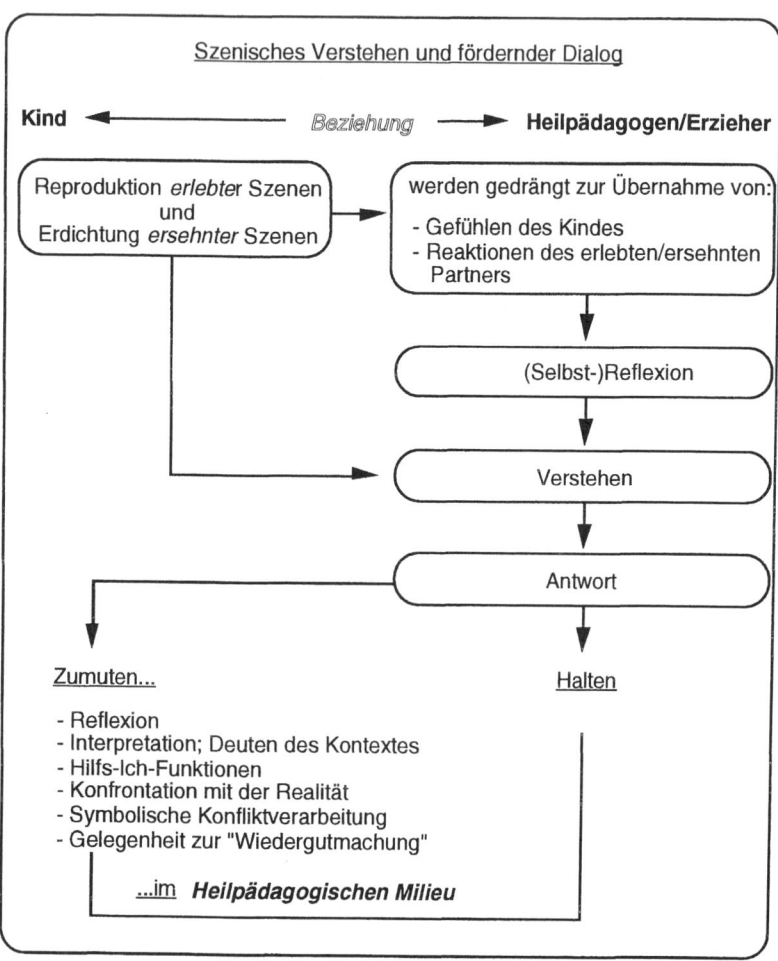

Abb. 36: Szenisches Verstehen und fördernder Dialog
(leicht verändert nach Heinemann u.a. 1992, 42)

Szenisches Verstehen und fördernder Dialog werden in Abb. 36 nochmals in der Übersicht veranschaulicht. Dabei wird erkennbar, dass eine effektive Nutzung von Übertragungsbeziehungen in der (heil-)pädagogischen Arbeit nur möglich ist, wenn die Heilpädagogin bzw. eine Bezugserzieherin eine *tragfähige Real-Beziehung* gestiftet haben und in der Lage sind, beide Beziehungsebenen voneinander zu unterscheiden und mit dem Kind, dem Jugendlichen angemessen zu reflektieren.

Durch fortschreitende Erziehungsberatung, berufsbezogene –> Selbsterfahrung und –> Supervision können die Erzieherpersonen ein hohes Maß an *Selbstreflexion* zum Verstehen der kindlichen bzw. jugendlichen Erlebenswelt erlangen. Dadurch können sie *eine Antwort geben auf die herausfordernden Fragen,* die das beeinträchtigte oder behinderte Kind, der Jugendliche direkt oder indirekt über die „richtige" Art und Weise, das Leben zu leben, an die Erzieher stellt. *Halten* und *Zumuten* sind die Säulen für ein hilfreiches pädagogisch-therapeutisches und entwicklungsförderndes (= heilpädagogisches) Milieu.

- **Die Erarbeitung konkreter Hilfepläne zur Veränderung der Situation und des erzieherischen Verhältnisses**

Über die bisherigen genannten Möglichkeiten der Erziehungsberatung hinaus ist es notwendig, mit den verantwortlichen Eltern oder Erziehern auch langfristig die Zukunft für die Kinder und Jugendlichen zu planen.

Die wichtigsten Voraussetzungen für die erfolgreiche Anwendung von Hilfeplänen ist

1. die Bereitschaft und Fähigkeit aller Beteiligten zur verlässlichen und kontinuierlichen Mitarbeit;
2. die realistische Prüfung der Bedingungen, unter denen sie durchgeführt werden sollen;
3. die genaue Absprache und Kontrolle des Verlaufes;
4. die Unterstützung der beteiligten Personen bei der Durchführung und
5. die Reflexion der Ergebnisse.

Für die Entwicklung konkreter Hilfepläne wird die Heilpädagogin ihre fachlichen Kenntnisse aus verschiedenen psychologischen Theorien und ihre pädagogisch-therapeutischen Kenntnisse nutzen, um daraus zusammen mit den Eltern, den Erziehern *und* dem Kind bzw. Jugendlichen pädagogische Vorgehensweisen je *individuell* zu erarbeiten. Schematische Hilfe- oder Trainingsprogramme, die sich bei einer Studie oder einem bestimmten Fall bewährt haben, bieten keine Gewähr dafür, dass sie zum Erfolg führen, wenn sie unbesehen und unkritisch übernommen werden.

Zu Beginn wird die Heilpädagogin sich versichern, dass die Selbstwahrnehmungen und *Beobachtungen* der Eltern, Erzieher, Kinder und Jugendlichen zutreffen. Gezielte Anleitungen zur genauen Darstellung der *Situation,* wie sie im Lebensfeldgespräch beschrieben wurden, verändern oft schon die fixierten Eindrücke und Verhaltensweisen, weil die Kinder und Jugendlichen aufgrund ihres veränderten Blickwinkels bereit sind, ihr Verhalten 'einzusehen'. Dadurch wirkt die Situation für das Kind, den Jugendlichen erleichternd. Auch Eltern und Erzieher gelangen auf diese Weise zu veränderter 'Ein-Sicht'. Neue Verständigungen, Übereinkünfte, Absprachen in angemessenen Kommunikationsweisen können stattfinden, so dass in vielen Fällen weniger oder gar nicht mit dem Kind bzw. Jugendlichen außerhalb seines Lebensfeldes gearbeitet werden muss.

Aus heilpädagogischer Sicht sind zunächst die vorhandenen *sozialen Möglichkeiten* und *individuellen Fähigkeiten* zu entdecken, bevor es zur Einübung bestimmter *Fertigkeiten* bzw. zur Änderung komplexerer Verhaltensweisen kommen kann. Dabei sind in Zusammenarbeit mit den Eltern und unter Einbeziehung des Kindes bzw. Jugendlichen das äußere Erscheinungsbild, die Motorik, die Sprache, das Sozialverhalten, das emotionale Verhalten, das Spielverhalten, der Umgang mit Sachen und Material, das Aufgabenbewusstsein, altersentsprechende lebenspraktische Fähigkeiten, Vorlieben und Interessen, Wertvorstellungen und besondere Symptome zu beachten. (vgl. OY/SAGI 1988, 224 ff.) Bevor gezielte Begleitungs-, Erziehungs- oder Hilfepläne erstellt werden, sollte die Heilpädagogin die Eltern fragen, wo und mit wem sie sonst noch mit ihrem Kind oder Jugendlichen in Begleitung sind. Häufig suchen Eltern (oft aus Unsicherheit und Besorgnis) an verschiedenen Stellen Rat, und unterschiedliche Berufsgruppen arbeiten mit dem Kind bzw. Jugendlichen. Hier wird die Heilpädagogin versuchen, mit Genehmigung der Eltern –>Kontakte und Konsultationen einzugehen, um eine Überforderung des Kindes/Jugendlichen zu verhindern, eine möglichst weitreichende Übereinkunft in den unterschiedlichen Ansatzpunkten herzustellen oder, wenn dies nicht möglich ist, ihr eigenes Vorgehen in der HpE auf dem Hintergrund der sonstigen Maßnahmen entsprechend abzustimmen.

Dementsprechend wird die Heilpädagogin, wie MOOR (1965) es empfiehlt, den Eltern einen Vorschlag unterbreiten:

„Der *Vorschlag*... ist eine kurze Meinungsäußerung darüber, was im Augenblick erzieherisch zu geschehen habe. Je ausführlicher der Vorschlag ist, je mehr im Auftrag nicht nur psychologische Fragen gestellt wurden (wie ist dies oder jenes am Kind zu verstehen?), sondern auch pädagogische Fragen (was kann oder soll oder muß getan werden), um so mehr nähert sich der Vorschlag einem eigentlichen *Erziehungsplan*. Beim Aufstellen eines Erziehungsplanes hat man zu unterscheiden:

- das generell notwendige Erziehungsziel...

An den allgemeingültigen pädagogischen Notwendigkeiten orientiert sich der Erziehungsplan. Sie sind etwas, das man so wenig voll erfüllen kann, als der Seemann je die Sterne erreicht, mit deren Hilfe er seinen Weg findet zu einem möglichen Ziel ...

- das individuell mögliche Erziehungsziel ...

Das individuell Mögliche wird erkannt, wenn man die durch die Erfassung (–>Befunderhebung; Anm. W.K.) geklärten gegebenen Bedingungen der inneren und äußeren Situation des Kindes auf die pädagogischen Notwendigkeiten hin ausrichtet ...

- das momentan dringliche Erziehungsziel ...

Das momentan Dringliche ist das, was sofort getan werden muß und von dem aus der Weg zum individuell Möglichen hin anzutreten ist. Dieser Weg der Erziehung, die gerade in der heilpädagogischen Situation jederzeit erst zu findende "Methode", besteht darin, daß der Erzieher (die Heilpädagogin ist primär immer Erzieherin; Anm. W.K.) selber seinen Weg geht... und das Kind mitnimmt auf diesem seinem

Weg. Auch sein eigenes auf dem Weg Sein orientiert sich an den pädagogischen Notwendigkeiten (Selbsterziehung; Anm. W.K.). Die Art und Weise aber, wie er das Kind auf seinem Wege mitnimmt, richtet sich nach den individuellen Möglichkeiten des Kindes... Die vielleicht wichtigste Frage (die sich die Heilpädagogin zusammen mit den Eltern und Erziehungsberechtigten stellen muß; Anm. W.K.) ist bei all dem, wie weit das Kind in eine Bewährung hineingeführt werden kann, an der es zu wachsen und zu reifen vermag, und wie weit und wie lange es noch bewahrt werden muß vor Bewährungsproben, denen es nicht oder noch nicht gewachsen ist. ... Kein Erziehungsplan kann auf lange Sicht unverändert gelten. Jede Erfassung ist eine permanente Aufgabe. Nicht nur die Wandlungen durch die Entwicklungsphasen hindurch, sondern gerade auch der erzieherische Einfluß wirkt verändernd auf das Kind, so daß jederzeit das Verstehen neu gesucht werden muß und damit auch das erzieherische Vorhaben sich neu einzustellen hat auf die gewandelte Situation." (MOOR ebd. 315 f.)

- **Zusammenfassung**

Erziehungsberatung in der HpE geschieht im Zusammenhang mit –>Elternarbeit und –>Elternberatung. Hinzu kommt die Erziehungsberatung pädagogisch oder pflegerisch geschulten Fachpersonals. In der Zusammenarbeit zwischen Heilpädagogin und Eltern bzw. Bezugspersonen werden konkrete Hilfeleistungen bei der Entwicklung von Handlungsalternativen im erzieherischen Alltag erarbeitet. Dadurch soll eine veränderte Eltern-Kind-Beziehung und ein gewandeltes Erziehungsverhältnis auf neuem Niveau erreicht werden. Erziehungsberatung beinhaltet daher Aufklärung der Eltern über allgemeine und spezielle Erziehungsfragen sowie Erarbeitung von Erkenntnissen und Entwicklung des Verständnisses über den Entwicklungsstand, die Symptomatik bzw. Behinderung und das daraus resultierende Erleben und Verhalten des Kindes oder Jugendlichen.
Durch Konzepte wie „Szenisches Verstehen" und „Fördernder Dialog" kann der erzieherische Alltag therapeutisch angereichert und auf diese Weise zur Entlastung des psychosozial gestörten Kindes oder Jugendlichen beigetragen werden. Dazu gehören Reflexion, Interpretation und Durcharbeit von Alltagsgeschehnissen unter Einbeziehung ihres symbolischen Gehaltes, sowie szenisch-dialogische Anregungen, z.B. durch „Babyspiel" und „Lebensfeldgespräch".
Die gemeinsame Erarbeitung konkreter Hilfepläne dient der Zukunftsplanung mit dem Kind bzw. dem Jugendlichen.

Begriffsbestimmung:

Exploration (lat.) heißt "Erkundung", "Untersuchung", "Ausforschung", "Aussprache". Heilpädagogisch verstanden ist Exploration eine *Hilfe zur Äußerung von Gefühlen zu Erfahrungen, Erlebnissen, Ereignissen aus dem bisherigen Leben, zu dem augenblicklichen Zustand und zu den Zukunftsplänen.* Der ursprünglich aus der Medizin stammende Begriff wurde in die Psychologie übernommen, um psychische Vorgänge des Exploranden mittels Befragung bzw. diagnostischem Gespräch zu erforschen. Der Exploration verwandt sind die psychotherapeutischen Gespräche nach Art der Psychoanalyse. Der Explorand wird angeregt, mit allen ihm zur Verfügung stehenden Mitteln (auch Gestik, Mimik) *auszudrücken, was ihn bewegt und bedrückt.* Während die Exploration bei Erwachsenen zunächst meist im Gespräch erfolgt, wie in –>Kontaktaufnahme, –> Erstgespräch, –>Anamnese, wird die Heilpädagogin Kinder und Jugendliche mit solchen Methoden und Medien zu Äußerungen anregen, die ihnen eher entsprechen, z.B. mittels Kontaktzeichnen, Kritzeln, freiem Malen, Spielen, Geschichten erfinden, Träumen, Imaginieren, Wünsche äußern usw. Dabei wird die Heilpädagogin in der begleitenden Beobachtung ebenfalls den äußeren Eindruck, den Ausdruckshabitus, das Verhalten des Exploranden wahrnehmen, damit sie auch unbewusste oder nicht voll bewusste seelische Zusammenhänge zu erkennen und zu verstehen lernt, um damit ihr diagnostisches Gesamtbild zu ergänzen.

In diesem Übersichtsartikel werden folgende Themen angesprochen:

• Sinndeutung des Begriffs

Exploration bedeutet soviel wie Erkundung. Im Sprachgebrauch steckt darin das Wort *Kunde* in einem doppelten Sinn:
Einmal handelt es sich um jemanden, der zur Heilpädagogin kommt, eine Person, die als 'Kunde' bezeichnet werden kann. Ursprünglich

war der Kunde jemand, den man kannte, ein 'Bekannter', ein 'Einheimischer'. Heute ist der Kunde jemand, der in einem Geschäft einkaufen geht, mal als 'Stammkunde', mal als 'Laufkunde'. Für die Heilpädagogin ist es wichtig, zu reflektieren, um welche Art von 'Kunden' es sich handelt, denn es gibt solche und solche 'Kunden': Freunde, Kerle oder Schelme, letztere im gutartigen oder bösartigen Sinne.

Zum Zweiten ist der Kunde immer jemand, der etwas *'mit-teilt'* und etwas *'mit-nimmt'*. Insofern gibt er über sich und seine Wünsche 'Kunde', d.h. er übermittelt eine Nachricht, er sendet eine Botschaft. Die Heilpädagogin muss unterscheiden, *um welche Kunde es sich handelt,* sie muss die Mitteilung, die Botschaft richtig einschätzen, so dass sie 'kundig' wird, d.h. bewandert, gut unterrichtet, kenntnisreich. Sie muss sich also 'erkundigen', sowohl beim Kunden selbst wie auch bei Drittpersonen und anderen Fachleuten, damit sie schließlich auch 'bekunden', d.h. *Zeugnis ablegen,* zum Ausdruck bringen und aussagen kann, um welche Kunde es sich wirklich handelt (–>Anlass, Symptom, Symbol). Erst dann ist sie in der Lage, das, was notwendig und wichtig zu tun ist, 'anzukündigen'.

Oftmals ist es nicht leicht, etwas 'auszukundschaften'. Es kann durchaus sein, dass der Kunde nicht bereit ist, nochmals zu kommen, dass er seinen Vertrag 'kündigt'. Daher muss die Heilpädagogin Fingerspitzengefühl entwickeln, um dem Kunden nicht vorschnell - und damit falsch - entgegenzukommen, ohne recht zu wissen, was der Kunde eigentlich möchte, nach welcher Art von 'Ware' er sucht. Sowohl der Kunde wie auch die Heilpädagogin müssen sich also in angemessener und wohlverständlicher Sprache miteinander 'offenkundig' unterhalten, damit beide 'ortskundig' und 'sachkundig' werden. Erst dann entwickelt sich die 'Kundschaft' zu einer 'Bekanntschaft' und die Heilpädagogin im Erleben des Kunden zu einem Mitmenschen, dem man gern kundtut, was man wirklich nötig hat.

• **Zugangswege und Akzente im Explorationsgeschehen**

Wenn die Heilpädagogin sich über die beeinträchtigten oder gestörten Erziehungsverhältnisse des Kindes oder Jugendlichen und seiner Bezugspersonen kundig machen will, wird sie ihre Aufmerksamkeit in der Exploration *zielgerichtet* einsetzen. Dabei kann sie in der *Art der Gerichtetheit* zwei unterschiedliche Zugangswege beschreiten, wie die folgende Skizze verdeutlicht:

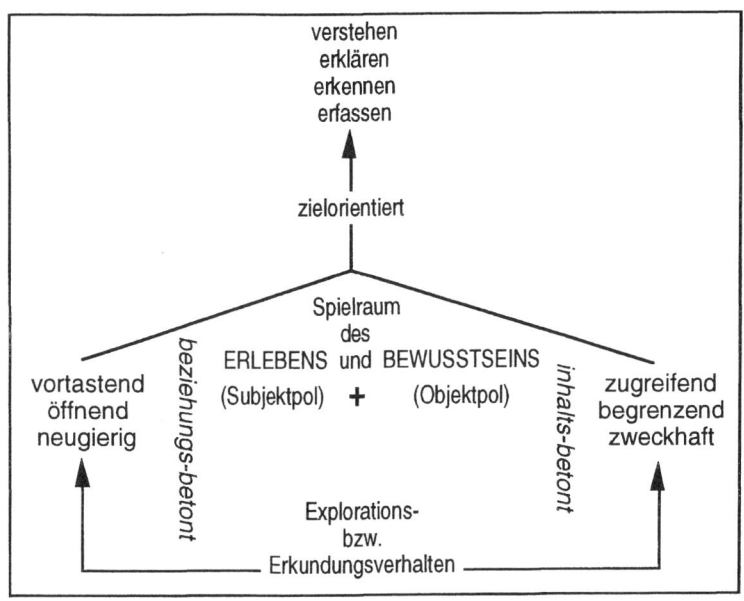

Abb. 37: Explorations- bzw. Erkundungsverhalten der Heilpädagogin

Auf der einen Seite kann die Heilpädagogin versuchen, stärker die *Erlebensweise* des Exploranden nachzuvollziehen, auf der anderen Seite können sie eher die *Fakten* in ihrer für die Diagnostik relevanten Komplexität interessieren. Einmal ist die Heilpädagogin mehr *emotiv* (= vom *Gemüt*[1] her) bestimmt, dem gegenüber eher *kogni-*

---

[1]*Gemüt* kann als die Spannung zwischen Gewissen und Gefühl bezeichnet werden. Gewissen ist nicht gleichzusetzen mit dem Über-Ich nach Sigmund Freud, sondern wird verstanden als die relativ freie und bewusste Ich-Leistung des Menschen in Konflikt- und Entscheidungssituationen, in denen er *"guten Gewissens*

tiv (vom *Denken* her). Methodisch gesehen stehen auf der einen Seite eher die tiefenpsychologisch orientierten Gesprächsformen in der von S. FREUD so genannten "gleichschwebenden Aufmerksamkeit" (GW XIII, 215); auf der anderen Seite eher die lern- oder kognitions-psychologisch orientierten Interviewverfahren.

In verkürzt schematischer Gegenüberstellung (–>Abb. 38) lassen sich die wichtigsten Akzente explorativer Gesprächsführung wie folgt skizzieren:

tiefenpsychologisch orientiert	heilpädagogisch	verhaltenspsychologisch orientiert
Die Subjektivität des Klienten steht im Vordergrund	Das Erleben und Verhalten in den Erziehungsverhältnissen steht im Vordergrund	Objektivierbare Fakten stehen im Vordergrund
Die *"psychische Realität"* des subjektiven Erlebens wird angesprochen	Die Realität des *"pädagogischen Bezuges unter erschwerenden Bedingungen"* wird angesprochen	Die *"historische und faktische Realität"* der objektivierbaren Bedingungen wird angesprochen
Offene Eingangsformel, möglichst wenig strukturierend formuliert; Verhalten: eher zurückhaltend	Offene Eingangsformel, möglichst wenig strukturierend formuliert; Verhalten: eher personzentriert, zugewandt	Offene Eingangsformel mit der Tendenz zu strukturieren; Verhalten: eher sach- bzw. problemzentriert, zugewandt
Erlebnisse und Emotionen werden aufgenommen und gedeutet bzw. interpretiert	Erlebnisse und Emotionen werden aufgenommen und reflektiert	Daten, Fakten und Ereignisse, die die Problematik betreffen, werden aufgenommen und selektiert

verantwortlich handelt". Gewissensentscheidungen können objektiv genau und faktisch richtig sein. Dem gegenüber steht das Gefühl, die Ahnung, die Intuition, dass nicht alles, was nach dem Buchstaben des Gesetzes 'recht' scheint, auch 'richtig' ist. Das berühmte "salomonische Urteil" (1 Kön 3,16) und das Beispiel vom "barmherzigen Samariter" (Lk 10,25) sowie die Aussage Jesu: "Der Sabbat ist für den Menschen da, nicht der Mensch für den Sabbat." (Mk 2,27), sind Zeugnisse für eine Haltung, die aus dem Gemüt entspringt: Sie vereinigt Gesetzestreue und Recht mit Einfühlung, Verständnis und Barmherzigkeit (= Liebe zum und Mitleid mit dem Menschen und die Bereitwilligkeit, dem Notleidenden zu helfen, d.h. "mütterlich" zu sein), eine Haltung, die ausser in der jüdischen und christlichen Religion vor allem im Mahāyāna-Buddhismus und im Islam hervortritt.

tiefenpsychologisch orientiert	heilpädagogisch	verhaltenspsychologisch orientiert
Prüfung der Fähigkeit, früher erlebte Beziehungen in die Analyse zu übertragen und sich den unbewussten Motivationen auf dem Weg der freien Assoziation zu nähern	Prüfung der Fähigkeit und Bereitschaft zur Mitarbeit, die Beeinträchtigung und Behinderung in ihrer subjektiven und objektiven Wechselwirkung der Erziehungsverhältnisse zu reflektieren sowie Einstellungen und Verhaltensweisen zu revidieren	Prüfung des Verhaltensrepertoires und Feststellung der Fähigkeit zur Mitarbeit bei der Behebung unangepassten und beim Aufbau alternativen Verhaltens
(Introspektionsfähigkeit)	(Reflexionsfähigkeit)	(Selbst- und Fremdbeobachtung und -verstärkung)
Erfassen der unbewussten Psychodynamik durch die Art und Weise, wie sich der Klient in der Untersuchungssituation verhält	Erfassen bewussten und unbewussten Erlebens und Verhaltens in ihrer Relevanz für die Beziehung und den Transfer in die (gestörten) Erziehungsverhältnisse	Erfassen sichtbarer und (re)produzierbarer Verhaltensvariablen innerhalb und ausserhalb der Explorationssituation
Tendenz: Personzentrierte *subjektive* Exploration mit dem Ziel, durch gewachsenes Selbstvertrauen eine Reorganisation und Stärkung der Persönlichkeit zu erreichen, die durch Eigenständigkeit und altersgerechte Selbstregulierung des Verhaltens zum Ausdruck kommt	Tendenz: Beziehungszentrierte *intersubjektive* Exploration mit dem Ziel, die Befindlichkeitsstörungen im zwischenmenschlichen Kontext der gestörten Erziehungsverhältnisse zu verstehen, damit durch Um- bzw. Neustrukturierung des personalen Bezuges ein angemessenes Verhalten ermöglicht wird	Tendenz: Problemzentrierte *objektive* Exploration mit dem Ziel, Bedingungen zu suchen, die problematisches Verhalten aufrechterhalten, damit dieses einer Kontrolle durch Verhaltensmodifikation unterworfen werden kann, so dass erwünschtes Verhalten auftritt

Abb. 38: Akzente explorativer Gesprächsführung

Je nach fachlicher Orientierung der Heilpädagogin zu tiefenpsychologischen oder verhaltenspsychologischen Theorien wird die eine oder andere Tendenz den explorativen Gesprächsstil beeinflussen. Auch die jeweils angewandten Gesprächsmethoden werden eher die eine oder andere Tendenz aufweisen: Das Erstgespräch wird eher offener, personzentrierter und intersubjektiver geführt werden als die Anamnese, in der mehr die Fakten (biographisch, milieuspezifisch, lerngeschichtlich usw.) gefragt sind. Überdies wird die Heilpädagogin prüfen, welche methodischen Vorgehensweisen *in Beziehung mit diesen Klientel* angebracht, d.h. *heilpädagogisch relevant* erscheint. Menschen, die über ein geringeres Reflexionsvermögen verfügen, wie z.B. lernbehinderte Kinder und Jugendliche, benötigen eher direktere Vorgehensweisen. Diese und ähnliche Überlegungen und Kriterien werden vonnöten sein, um *angemessene* heilpädagogische Hilfe leisten zu können.

Bei jeder Exploration sollte die Heilpädagogin bedenken, dass neben den Erzieherpersonen und anderen unmittelbar am Geschehen beteiligten Personen wie Arzt, Lehrer usw. *immer dem Kind, dem Jugendlichen selbst* die Exploration in der ihnen angemessenen Art und Weise ausreichend zu ermöglichen ist. Die Heilpädagogin spricht immer *mit* dem Menschen, und nicht *über* ihn. Auch die Aussagen nächster Angehöriger, wie die der leiblichen Mutter, sind nichts anderes als Ausdruck eigenen Empfindens und eigener Gefühle und damit immer nur Annäherungswerte des Empfindens und Einfühlens in die Befindlichkeit des betroffenen Kindes oder Jugendlichen. *Das Kind, der Jugendliche ist als ein Subjekt anzunehmen, mit dem in der ihm gemäßen Erziehungssprache 'gesprochen' wird.* Deshalb wird die Heilpädagogin gewährleisten, dass bei allen notwendigen Objektivierungen die Personhaftigkeit des Kindes oder Jugendlichen, auch die des Schwerstbehinderten und Todkranken, nicht aufgehoben und ein *personaler Bezug , ein erzieherisches Verhältnis* gestaltet wird.

Die Exploration kann, wie gesagt, ebenso Bestandteil eines –>Erstgespräches wie einer –>Anamnese oder eines –>Abschlussgespräches sein.

Obwohl das Erstgespräch tendenziell eher dem Kennenlernen und der Eruierung der Problemstellung, die Anamnese eher der Sammlung von objektivierbaren Fakten und das Abschlussgespräch eher der Überprüfung des Begleitungserfolges dient, werden in jedem Gespräch
- Gefühle zu Erfahrungen, Erlebnissen, Ereignissen aus dem bisherigen Leben,
- zu dem augenblicklichen Zustand wie
- zu Vorstellungen und Zukunftsplänen geäußert.

Dabei kann die Heilpädagogin wichtige Hinweise und Informationen gewinnen, die nicht durch noch so ausgeklügelte Tests oder Fragebögen oder durch systematische Verhaltensbeobachtungen zu erhalten sind. Deshalb sollte sich die Heilpädagogin auf jede Exploration gut vorbereiten, um durch positive Wertschätzung und Annahme eine Atmosphäre der Gelöstheit, eine 'natürliche' Gesprächssituation zu ermöglichen. So kann das Vertrauen des Klienten in die Heilpädagogin wachsen und über die Kontaktaufnahme eine tragfähige Beziehung aufgebaut werden. Widersprüche können geklärt, Ängste überwunden, Zusatzinformationen gefunden, ergänzende Hinweise über Erleben und Verhalten dargestellt werden. Dabei ist es wichtig, dass die Heilpädagogin die *Standardbereiche der Exploration*

- Vorstellung, Anlass, Problem;
- bisherige Auffälligkeiten und Maßnahmen;
- biographische Daten;
- berufliche und familiäre Situation;
- Lebensgewohnheiten;
- Umweltbeziehungen;
- Aktuelle Situation

nicht der Reihe nach abfragt, um anschließend die Antworten in brauchbar oder unbrauchbar zu sortieren, je nach eigenen Vorannahmen weltanschaulicher oder wissenschaftlicher Natur.

Vielmehr sollten *alle* gewonnenen Aussagen und Erkenntnisse als Grundlage für einen *Explorationsleitfaden* genutzt werden, der für diese einmalige Frage- und Problemstellung in der zwischenmenschlichen Situation dieser Beteiligten zum Ziel des *Verstehens* führt und an dem die einzelnen Punkte und Zwischenziele genau markiert werden können. Dieser Leitfaden kann nicht künstlich Punkt für Punkt hergestellt werden wie Markierungen auf einem Reißbrett; vielmehr wird die Heilpädagogin sich den Leitfaden aus vielen Informationen wie ein Webmuster zusammensetzen, so dass ein *Spiegel-Bild* der geschilderten Lebenssituation entsteht, das sie sich *zusammen mit den Betroffenen anschauen* kann. Mangelnde Vorbereitung und damit mangelnde Bereitschaft und Offenheit können dazu führen, dass wesentliche Teilaspekte einer Aussage und Fragestellung übersehen werden. Deshalb sollte sich die Heilpädagogin möglicher Fehlerquellen bei der Auswertung explorativer Daten bewusst sein:

- Die Situation kann 'gezwungenes' Verhalten verursachen;
- Vorinformationen können die Einschätzung der Person beeinflussen (HALO-Effekt: Beispielsweise könnte der Beruf der Eltern zu Fehlschlüssen über die Intelligenz des Kindes verleiten);
- Tendenzeinflüsse können 'gute' Beurteilungen (Mildeeffekt) oder schlechte Wertungen bewirken. Eigene Scheu vor eindeutigen Stellungnahmen kann mittlere Einschätzungen (= Fehler der Mittentendenz) zur Folge haben. Neigung zu vorschnellen Beurteilungen kann die Bevorzugung extremer Urteile begünstigen;
- Unterschiedliche Interpretation von affektiven Verhaltensweisen, z.B. von ängstlichem oder aggressivem Verhalten, können Fehlannahmen bewirken, wenn nicht genauer exploriert wird;
- Unreflektierte Übernahme bereits interpretierter medizinischer, psychologischer, schulischer Berichte und Stellungnahmen engt die eigene, unvoreingenommene Sicht und Urteilsfähigkeit ein;
- Angaben über Ereignisse, die bereits längere Zeit zurückliegen, beziehen sich meist auf das, was das Gedächtnis nicht ausgefiltert hat bzw. was nicht verdrängt wurde. Die Heilpädagogin wird das Phänomen der Lücke bemerken müssen. Auch besondere Betonungen, wie z.B. Erinnerungsoptimismus sollten ihr auffallen, weil dadurch Hinweise gegeben werden, dass *Erlebnisse* nicht gleichzusetzen sind mit 'objektiven' Tatbeständen.

• **Exploration als helfendes Gespräch**

Aus heilpädagogischer Sicht ist jede explorative Befragung zugleich ein *helfendes Gespräch*. Die Heilpädagogin soll dem Kind, dem Jugendlichen und den Erzieherpersonen helfen, alle wichtigen Dinge darzustellen, auch wenn sie unangenehm scheinen und bei den Betroffenen Scham, Zweifel und heftige Emotionen hervorrufen. Die Unfähigkeit der Betroffenen, solche Gefühle im vollgültigen Sinne des Wortes als *menschlich* anzusehen, d.h. als zu sich gehörig und deshalb des Interesses, der Auseinandersetzung, des Gespräches und der Reflexion wert, ist ein wesentlicher Anteil der gesamten Problematik der zwischenmenschlichen, erzieherischen Bedingungen, der menschlichen Beeinträchtigung und Behinderung jedweder Art. Um das explorative Gespräch gut durchführen zu können, sollte die in Methoden der Gesprächsführung geschulte Heilpädagogin folgende Gesichtspunkte besonders beachten:

1. die Art der Fragestellung;
2. den Wechsel von spontanem Sprechen und gezieltem Fragen;
3. die Fehlerquellen im Explorationsgespräch.

1. Die Art der Fragestellung

Nach INGLIN (1957, 74 ff.) können mehrere Arten der Fragestellung unterschieden werden:

a) Suggestionsfreie Fragen;
b) Alternativ-Fragen;
c) Passive Suggestiv-Fragen;
d) Aktive Suggestiv-Fragen.

a) Suggestionsfreie Fragen
- "Wann sind Sie angekommen?"
Vorteile: Es wird ein unvoreingenommener Zustand erzeugt; man kann sich offen und unverfänglich über einen scheinbar nebensächlichen Gesichtspunkt unterhalten. In diese Kategorie von Fragen fallen alle Fragen wie z.B. "Haben Sie den Weg gut finden können?", also die Eröffnung des Gespräches mit sogenannten Konventionen in der Art von Verlegenheitslösungen, mit denen sich Menschen gewöhnlich auf allseits bekanntem und unverfänglichem Terrain begegnen (wie beispielsweise beim small-talk über das Wetter).
Nachteile: Die relativ oberflächliche und breit angelegte Einleitung kann beim Antwortenden unterschiedlich aufgenommen werden. Meist lässt sich der Gesprächspartner darauf ein, aktuelle Gestimmtheiten und Gedanken loszuwerden. Dies kann zeitraubend sein, wenn der Gesprächspartner zur Weitschweifigkeit neigt und nicht in der Lage ist, Wesentliches und Unwesentliches zu trennen und zum Wichtigen hinzulenken. Letzteres wäre dann Aufgabe der Heilpädagogin, allerdings ohne den Gesprächspartner so in seinem Redefluss

zu unterbrechen, dass dieser sich gestoppt bzw. reglementiert fühlt, nachdem er zunächst das Gefühl hatte, sich alles "von der Leber wegreden" zu können.

- "Warum sind Sie hierhergekommen"?

Häufig lassen sich suggestionsfreie Fragen nicht ohne ein "Warum" in der Fragestellung formulieren.

Vorteile: Das Motiv, die Begründung ist angesprochen. Nicht nur der objektive Tatbestand wird nachgefragt, sondern der Explorand kann sich auch bereits aufgefordert fühlen, Aufschluss über seine Motivation, seine Haltung zu geben. Aus der Beantwortung der Frage kann die Heilpädagogin anhand der Art und Weise der Rückantwort, des Tonfalls, der Akzentuierung, Gestik, Mimik erste Informationen über den seelischen Zustand des Exploranden gewinnen.

Nachteile: Das "Warum" kann von den objektiven Tatbeständen ablenken. Ist das Explorationsgespräch bereits fortgeschritten, sind "Warum"-Fragen meist nicht mehr aufschlussreich, da der Explorand die Gründe erst suchen muss, die er vielleicht selber nicht kennt. Auf diese Weise kann er zu rationalen Antworten verleitet und zum psychischen Widerstand herausgefordert werden. Es besteht die Gefahr, unbewusste Beweggründe in der Antwort zu überspielen und zu unterdrücken, anstatt einfach Erinnerungen und Assoziationen spielen zu lassen. Warum-Fragen wecken oft den Wunsch nach Rechtfertigung. Sie provozieren beim Exploranden ein Bild der Heilpädagogin als 'moralische Autorität'. Durch dieses Bild können hemmende Einstellungen wachsen, Widerstand und Abwehr können ausgelöst werden. Die Folge wäre, dass das Gespräch im Empfinden des Exploranden Verhörcharakter erhält, womit jegliche Exploration beendet ist.

- "Was hat Sie hierhergeführt"?

Vorteile: Der –>Anlass, der Beweggrund des Erscheinens wird angesprochen. Die Frage ermöglicht dem Exploranden in der ihm eigenen Art und Weise, mehr oder weniger direkt oder umschreibend darzustellen, was der Grund seines Vorsprechens ist. Einerseits bleibt die Fragestellung offen genug, andererseits führt sie zum Kern des

Gespräches hin. Große Umschweife und grüblerische Überlegungen werden meist vermieden.

Nachteile: Es kann sein, dass der Explorand die Frage als zu direkt empfindet, als ein "mit der Tür ins Haus fallen". Es kann sein, dass er ins Stocken gerät, weil er seine Gedanken erst ordnen, sein Anliegen erst in eine ihm mögliche Form kleiden und in Worte fassen muss. Meist wird sich die anfängliche Unsicherheit jedoch rasch legen, wenn der Explorator ihm Raum und Zeit lässt, sein Anliegen ausführlich darzustellen.

b) Alternativ-Fragen

- "Bist du gern hier oder nicht"?

Vorteile: Die Alternativ-Frage begrenzt das Thema und geht auf ein diagnostisch wichtiges Ziel zu. Sie bedeutet Zeitersparnis und zugleich gezielte Fragestellung. Sie stellt den Befragten intensiver und zwingender vor eine Denkaufgabe und die Verpflichtung zum Entscheid.

Nachteile: Die Frageart enthält eine gewisse Suggestivkraft, weil sie auf gewisse Teilaspekte einer Sache hinlenkt (gern/ungern), die bisher nicht unbedingt bewusst oder aber unbeachtet waren. Es besteht daher die Gefahr einer Konträrsuggestion durch eine ausweichende oder oppositionelle Antwort ("Ich weiß nicht"; oder: "Das sage ich nicht" o.ä.). Auf viele Alternativfragen kann einfach mit "Ja" oder "Nein" geantwortet werden, was eigentlich nicht intendiert ist. Eine solche Antwort ist inhaltlich wenig aufschlussreich und nur dann relevant, wenn sie in einer ganz bestimmten Absicht als relevante Frage gestellt wurde (z.B. um die Offenheit, Ehrlichkeit oder Entscheidungsfreiheit zu prüfen).

c) Passive Suggestiv-Fragen:

- "Hast du Heimweh?"; "Möchtest du lieber draußen spielen?"

Nachteile: Diese Fragestellung enthält im Rahmen der Exploration ein starkes Suggestivmoment, weil sie dem Exploranden ein Angebot unterbreitet bzw. eine Antwort nahelegt, die bereits in der Frage selbst enthalten ist. Bei Kindern und Jugendlichen oder auch bei Erwachsenen, die aus Desinteresse oder Bequemlichkeit dazu neigen, sich anzupassen oder die vielleicht gehemmt bzw. einem starken Überich-Druck ausgesetzt sind, besteht die Gefahr, dass sie die Frage bejahen, d.h. der Suggestivkraft unterliegen. Misstrauische, trotzige oder aggressive Gesprächspartner verfallen aus Vorsicht (unbewusstem Argwohn) oder Opposition in die Konträrsuggestion "Nein" (Jetzt erst gerade nicht). Die passive Suggestivfrage sollte tunlichst vermieden werden!

d) Aktive Suggestiv-Fragen:

- "Nicht wahr, du hast Heimweh"; "Ich glaube, du möchtest lieber draußen spielen..."

Vorteile: Die aktive Suggestiv-Frage kann bei trotzigen oder verstockten Kindern und Jugendlichen wie auch bei Erwachsenen, die sich schwer tun, ihre Gefühle und Wünsche anzunehmen, zu äußern und auf diese Weise damit umzugehen, weiteres Leugnen, Sträuben oder Blockieren verhindern oder die Angst vor dem Offenbarwerden versteckter Gefühle nehmen, da der Tatbestand offen ausgesprochen wird. Wenn z.B. die Frage "Wann hast du denn zum letzten Mal gestohlen?" so gestellt wird, als sei die (verleugnete) Tatsache bereits erwiesen und offen verhandelbar, so sollte dies ohne Vorbereitung, unvermittelt und plötzlich geschehen, wenn sie die gewünschte Wirkung haben soll. Die Überraschung bewirkt die spontan richtige und inhaltlich wahre Antwort. Sie erleichtert ein offenes Eingeständnis, sollte jedoch die Ausnahme bleiben.

Nachteile: Bei schüchternen, verängstigten und sensiblen Menschen birgt die aktive Suggestivfrage die Gefahr der direkten Suggestion. Diese eindringliche Befragungsart setzt eine gewisse Ich-Stärke voraus, innere Selbständigkeit und Selbstbehauptungswillen, um nicht einfach mit "Ja" zu antworten.

2. Der Wechsel von spontanem Sprechen und gezieltem Fragen

a) Spontanes Sprechen

Vorteile:

- Loswerden von Belastendem, um später gezielter antworten zu können;
- eher therapeutische als diagnostische Haltung, die im Sinne des "nondirective counseling" (ROGERS 1942) dem Beziehungsaufbau dient;

486

- Viele Aufschlüsse über Werthaltungen, bedeutsame Ereignisse und deren emotionale Verknüpfung usw.

Nachteile:

- Zu zeitraubend aufwendig;
- Nur anwendbar in Situationen, in denen die Schwierigkeiten des Kindes/Jugendlichen auf Erziehungsfehler zurückzuführen sind, deren Hintergründe erfasst werden müssen;
- Muss evtl. stärker in nachfolgenden –>(Erziehungs-)Beratungssituationen mit den Eltern bzw. erziehungsberechtigten Bezugspersonen vertieft werden, um eine Verhaltensänderung zu erreichen.

b) Gezieltes Fragen

Vorteile ergeben sich,

- wenn konkrete Bitten um –>Auskunft, Information oder –>Rat geäußert worden sind, z.B. bezüglich Schul- und Laufbahnfragen, müssen Einzelheiten gezielt erfragt werden, um Auskunft oder Rat geben zu können;
- wenn Fehlverhalten auf mehrere Menschen in der näheren Umgebung des Kindes/Jgdl. zurückzuführen ist, können rascher Konsequenzen eingeleitet werden, z.B. Überlegungen für ein eigenes Zimmer, die Behandlung mehrerer Beteiligter durch einen Paar- oder Familientherapeuten, Überlegungen für kurz- oder längerfristige Trennungen (wie Kur-, Klinik-, bzw. Heim- oder Internatsaufenthalte);
- wenn eine HpE nicht eingeleitet werden kann, so dass Fakten weitergegeben werden müssen, die anderen Fachkräften zur Vorinformation dienen und die unnötiges Wiederbefragen vermeiden helfen;
- wenn spontane Aussagen zu spärlich sind, so dass gezielte Fragen unterstützend wirken können;
- wenn Weitschweifigkeit und Redefluss gegeben ist, so dass durch gezieltes Fragen auf den Kern zurückgeführt, die Thematik begrenzt und zielangebend strukturiert wird.

Nachteile können sein:

- die Gefahr der Bürokratisierung und des Abfragens;

- die Gefahr der Fixierung auf ein Schema und das Nichtbeachten wichtiger Nebenaspekte und Randaussagen, die oftmals einen Schlüssel zum Verstehen beinhalten.

3. Fehlerquellen im Explorationsgespräch

Zu den Fehlerquellen zählen folgende:
- Wissentliche Falschangaben (Simulation);
- Verschweigen wichtiger Tatsachen (Dissimulation);
- Unwissentliche, nicht bewusste und unbeabsichtigte Erinnerungstäuschungen bzw. Erinnerungsausfälle;
- Falsche Fragetechnik des Explorators gegenüber dem Exploranden.

Simulation und Dissimulation sind aus verschiedenen Gründen möglich: Falsche Scham; mangelnde Einsicht; mangelnde Intelligenz; berechnende Absicht, Oberflächlichkeit oder Undiszipliniertheit und Unzuverlässigkeit; Boshaftigkeit (bewusste Irreführung); Furcht und Angst vor Strafe oder dem Urteil der Öffentlichkeit; Menschenscheu und Misstrauen. Erinnerungsfälschungen und Erinnerungslücken sind aus verschiedenen altersspezifischen, organischen (mangelndes Gedächtnis) wie auch aus psychischen Gründen (z.B. Erinnerungsoptimismus, Abwehrhaltungen) immer möglich.

Die Kunst der Exploration besteht darin, solche Fehlerquellen rechtzeitig zu erspüren und - wenn möglich - auszuschalten. Dies kann bei Simulation und Dissimulation durch Kontrollfragen, Leerfragen, Blindfragen) ebenso geschehen wie durch Rekonstruktionshilfen (Konzentrations- und Wiederholungsfragen im Falle von Erinnerungsausfällen und -täuschung). Dementsprechend ist die Fragetechnik zu modifizieren.

Das qualitative und quantitative Ergebnis der Exploration hängt stark von Alters- und Geschlechtsunterschieden ab. Dies gilt vor allem bei Kindern und Jugendlichen.

Die Heilpädagogin muss beachten, dass Kinder bis zum 8. Lebensjahr kaum brauchbare Aussagen machen können, was die Fakten betrifft. Immer besteht auch die Gefahr, trotz Behutsamkeit in der Gesprächsführung, Dinge in Kinder hineinzufragen. Das gleiche gilt bei einer Befragung von Klassenkameraden, Gruppenmitgliedern, Spielkameraden oder Geschwistern. Realität und Phantasie werden oft vermischt, Sympathie und Antipathie spielen eine Rolle, ebenso Furcht und Angst oder die Lust, sich wichtig zu machen und in Szene zu setzen. Zudem neigen Kinder zu symbolisch verkleideten Antworten, deren Bedeutung nicht ohne weiteres offensichtlich ist.

Ab dem 9./10. Lebensjahr wird allmählich bewusster zwischen Erlebtem und bloß Erdachtem (Vorgestelltem) unterschieden. Hier muss die Heilpädagogin den Realitätsgehalt der eidetischen Anschauungsbilder[1] selektieren, d.h. unterscheiden, ob in der Lust zum bewussten Fabulieren bereits die Lust zum 'Aufschneiden' und 'Angeben' Verzerrungen vermuten lässt. Diese Unterscheidung wird heute durch die Bilderflut erschwert, die auf manche Kinder und Jugendliche eindringt. Die Verarbeitung von Horrorvideos oder Sexfilmen und die dadurch entstehende Verzerrung und Durchdringung von Film-, Erlebnis-, Milieurealität und deren Verarbeitung erschwert die Diagnose tieferliegender psychischer Störungen gegenüber dem Versuch, mittels Exploration unverarbeitete Erlebnisse auszudrükken, die möglicherweise einen traumatisierenden Inhalt hatten. Real- und Vorstellungsebene sind oft über einen gewissen Zeitraum hinweg schwer zu differenzieren, so dass die Grenze von Konfabulation und Realitätsnähe schwer zu erkennen ist.

Bei der Exploration von Jugendlichen wird die Heilpädagogin sehr auf die Verletzlichkeit und das seelische Gleichgewicht achten müssen. Die Angst vor dem seelischen Entblößtwerden ist in einer Entwicklungsphase wechselnden Selbstwertgefühls und starker Gefühlsspannungen und -stimmungen sehr hoch. Gleichzeitig besteht eine große Sehnsucht nach Verstanden- und Ernstgenommenwerden, gepaart mit Misstrauen aufgrund erlebter oder zu vermutender Enttäu-

---

[1]*Eidetik* (griech. eidos): Bild, Gestalt, Wesen, Idee. In der Lehre von den "eidetischen Anschauungsbildern", die von URBANTSCHITSCH (Wien 1907), KROH und JAENSCH begründet wurde, gilt die Annahme, dass eine Anzahl Kinder und Jugendliche, vereinzelt auch Erwachsene, neben Vorstellungen und Wahrnehmungen besondere *Anschauungserlebnisse* haben, d.h. die Fähigkeit besitzen, subjektive optische Anschauungsbilder zu erzeugen. Die eidetischen Erscheinungen - als psychische Phänomene von eigener Art - sind (aus heutiger Kenntnis) noch nicht abgeklärt.

schung. Hier ergeben sich heikle Situationen, wenn es um Themen des Selbstwertgefühls im Zusammenhang mit körperlichen bzw. sexuellen Fragestellungen wie Menstrualstörungen, Pollutionen, Erektion in unangenehmen Situationen (z.B. beim Sportunterricht), um Masturbation oder um Minderwertigkeitsgefühle (z.B. aufgrund des Vergleiches eigener Geschlechtsorgane mit denen anderer) geht. Viele Fragen aus dem scheinbar 'enttabuisierten' sexuellen Bereich, wie z.B. Homosexualität bei Jungen oder lesbische Neigung bei Mädchen, Verführung, Inzest, Koitus, Orgasmus, Vergewaltigung, wechselnde Liebesverhältnisse und Liebeskummer dürfen nur mit äußerster Feinfühligkeit behandelt werden. Gleiches gilt für alle Fragen zum familiären Bereich, die z.B. Ehestreit, Ehescheidung, heimliches außereheliches Verhältnis eines Elternteils, bestimmte Familienkrankheiten; abnormes Verhalten einzelner Familienangehöriger wie sexueller Missbrauch oder sadistische Kindesmisshandlung betreffen oder als "ehrenrührige" Tatbestände (z.B. Alkoholismus, Arbeitslosigkeit, schulisches oder berufliches Versagen u.a.) angenommen werden.

Die Heilpädagogin ist herausgefordert, Einfühlung und Anteilnahme deutlich zu machen, sich aber nicht affizieren[1], d.h. nicht emotional so aufwühlen zu lassen, dass sie sich unnötig verausgabt, übermäßig verbraucht und ihre Kräfte vorzeitig erschöpft. Sie benötigt *affektive Distanz,* jene einfühlende Sachlichkeit und Objektivität der *Teil-Identifikation,* die es ihr ermöglicht, Zurückhaltung in der Einfühlung und in der Teilnahme gegenüber fremdem Leid und fremder Betroffenheit zu leisten und einen klaren Kopf und ein warmes Herz zugleich zu behalten. Deshalb sind moralische Wertungen, das Üben von Kritik und trostspendende Worte ebenso fehl am Platz wie das

---

[1] *affizieren* (lat. afficere) bedeutet "mit etwas ausgestattet, durch etwas erregt oder beeinflusst werden". Durch die Schilderung des Exploranden kann es im Heilpädagogen zu einer Affektion, d.h. zu einer psychischen Erregung kommen, die die Grenzen zwischen beiden Gesprächspartnern verwischt, das Maß innerer Anteilnahme übersteigt und so zu einer Art Seelenverwandtschaft im Sinne beidseitiger Betroffenheit führt, die die helfende Rolle der Heilpädagogin und die dazu notwendige Distanz auflöst. Ist dies der Fall, sollte die Heilpädagogin mittels –> Supervision überprüfen, ob hier unverarbeitetes, eigenes Gefühlserleben angerührt wird.

Austauschen persönlicher Erfahrungen zwischen Heilpädagoge und Jugendlichem oder Eltern, um 'persönliche Nähe' herzustellen.

Beim Explorationsgespräch wird die Heilpädagogin aufgrund des *szenischen Verstehens,* d.h. *wie* die Berichterstattung, Schilderung und die Darstellung mittels Mimik und Gestik, durch Wortwahl, Zögern, Pausen und versteckte oder heftige emotionale Äußerungen geschieht, die Entdeckung machen, dass *unbewusste Beweggründe* großen Einfluss auf das Leben des Kindes, Jugendlichen und seiner Erzieherpersonen haben. Dies darf die Heilpädagogin nicht dazu verleiten, dem Exploranden gegenüber kundzutun, sie habe ihn durchschaut. Gerade dem Anfänger kann es geschehen, dass er aus der Freude heraus, theoretisches Wissen bestätigt und damit seine eigenen Lernanstrengungen, d.h. sich selber bestätigt zu sehen, sein Wissen zum falschen Zeitpunkt und in unangemessener Weise kundtut. Unbewusst als Amateur-Detektiv auf der Suche nach Indizien, d.h. greifbaren und damit Sicherheit gebenden Fakten beschäftigt, könnte er sagen: "Sehen Sie, das habe ich mir doch gleich gedacht, als Sie sagten..." Dies entfremdet ihn seinem Gegenüber, macht den Gesprächspartner kritisch-wachsam und misstrauisch. Die Heilpädagogin sollte sich vielmehr in berufsbezogener –>Selbsterfahrung und –>Supervision ihre Wahrnehmung prüfend eingestehen und sich dessen bewusst sein, dass Menschen so in Bedrängnis geraten können oder sich so unter Druck erleben, dass sie 'gezwungen' sind, wichtige Dinge im Unbewussten sogar vor sich selbst zu verbergen. Hier sollte sich die Heilpädagogin davor hüten, aus Neugierde oder Wissensdrang, aus Eigennutz oder Selbstbefriedigung ihr Gegenüber unnötig auszuforschen, sondern in die Intimsphäre anderer Menschen nicht mehr als zur Klärung bestimmter Phänomene nötig, einzudringen. Geistig-seelische Sondierung kann für den Betroffenen sehr schmerzhaft sein, und die Heilpädagogin sollte aus eigener Erfahrung wissen, dass es hilfreich ist, nur soweit zu forschen, wie es zu einer wirksamen Hilfestellung zum gegenwärtigen Zeitpunkt notwendig ist. Hier ist Ermutigung ebenso wichtig wie eine einfühlende Bitte um Verdeutlichung.

Bei diesem Vorgehen wird die Heilpädagogin sich selbstkritisch prüfen müssen, ob sie zu viel oder zu wenig redet und wieviele eigene Beiträge in die Exploration einfließen, so dass Aussagen des Exploranden unzulässig beeinflusst werden.

Zu viele Fragen können verwirren und stören; zu wenig Fragen und damit geringe Information könnten die Heilpädagogin selber unter Druck setzen, indem sie ständig Lücken zu füllen versucht, sich einen neuen 'Anlauf' ausdenkt usw. Wie bei einer ->Anamnese helfen hier *Leitfragen* eher als zugespitzte Fragen, weil sie nicht mit einem kurzen "Ja" oder "Nein" beantwortet werden können. Sie regen an, frei zu sprechen und vermeiden die Gefahr, dass die Heilpädagogin dem Exploranden Antworten in den Mund legt. Auch im Tempo sollte sich die Heilpädagogin weitgehend ihrem Gegenüber anpassen. Langsames Vorgehen kann Langatmigkeit, Ungeduld, Bedrückung oder auch Desinteresse provozieren; zu schnelles Vorgehen und Drängen kann verwirren und dazu führen, wichtige Anhaltspunkte zu übersehen oder aus Zeitgründen als 'unwichtig' wegzulassen.

Zusammenfassend kann zur Gesprächsführung im Explorationsgespräch gesagt werden: Nur das erfragen, was dem ersten Ziel dient, nämlich das Kind, den Jugendlichen und seine Erzieherpersonen so kennenzulernen, dass die Heilpädagogin die betroffenen Personen versteht und entscheiden kann, ob und welche angemessene Hilfe vonnöten ist.

• **Bedeutung der Exploration im Rahmen der HpE**

Die Exploration hat - je nach Stellenwert, Zeitpunkt und Intention - eine unterschiedliche Bedeutung im Rahmen der gesamten heilpädagogischen ->Befunderhebung, ->Begleitung und ->Beratung. Dementsprechend wird auch das "setting", d.h. die Anordnung bzw. das Arrangement der Gesprächssituation variieren. Die spezifische Eigenart jedes Menschen und seiner erzieherischen Bezüge sowie die Freiheit in der Gesprächsführung, die vorrangig von der Intention des Exploranden getragen werden sollte, lassen eine allgemein verbindliche Anordnung nicht zu.

Bei der Klärung der relevanten Inhalte,

- der Gründe, warum der Klient gekommen ist;
- der Verhältnisse, in denen er lebt bzw. gelebt hat: Lebenslauf, genetische Anamnese;
- der familiären und sonstigen sozialen Beziehungen (Geschwister, Freunde, Umgang mit Arbeitskollegen, Verwandten): Familien- und Milieuanamnese;
- der besonderen Probleme und Erziehungsschwierigkeiten auf dem Hintergrund psychischer Störungen

werden in *Durchführung* und *Auswertung* unterschiedliche Akzente gesetzt.

Diese reichen von der Meinung, eine Exploration sei immer schon eine erste therapeutische Situation bis hin zu der Meinung, es handele sich vorrangig um die Sammlung von relevanten Auskünften bezüglich einer bestimmten Symptomatik, wobei die Beziehungsgestaltung zwischen Explorator und Explorand von untergeordneter Bedeutung sei. Demgegenüber war schon STEKEL (1938) der Ansicht, der wirkliche Konflikt zeige sich in verschlüsselter Form bereits während der ersten Begegnung.

Sicher ist, dass der Konflikt - im heilpädagogischen Verständnis der Konflikt, der zu den Beeinträchtigungen, Behinderungen und Störungen der Erziehungsverhältnisse führt - im Feld dessen liegt, was oft beim Darstellen der häuslichen Sorgen, der beruflichen und ehelichen Spannungen, der wirtschaftlichen Probleme und der kindlichen bzw. jugendlichen (Re-)Aktionen, von den Betroffenen übersehen oder falsch eingeschätzt wird.

So hat die Heilpädagogin die Aufgabe, in einer *dialogischen Beziehung* die Zusammenhänge zwischen Biographie, Soziographie und Symptomatologie mit dem Klienten und seinen Erzieherpersonen *in deren je eigener Sprache* (beim Kind Spielen, Malen; beim Jugendlichen Kritzeln, Gestalten; beim Erwachsenen eher Sprechen) über *Bilder und Symbole* zu entwickeln und so zu einer Form der Verständigung zu gelangen, die die rationalen Sperren umgeht und die getragen ist von Takt, Toleranz und Unvoreingenommenheit. Hierbei sollte die Heilpädagogin sich bemühen, *immer mehr die Sprache ihres Gegenüber zu sprechen.*

Von WEIZSÄCKER (1956) wies in diesem Zusammenhang auch auf die Unterschiede des Einfühlens gegenüber unterschiedlichen Menschengruppen hin, gegenüber Damen und Frauen, Bauern und Soldaten, Gelegenheitsarbeitern und Facharbeitern, Adligen und Bürgerlichen usw. Wenn sich auch die schichten- und berufsspezifischen Klassen verändert haben, so muss sich die Heilpädagogin doch ihrer eigenen gesellschaftlichen Schicht, der Strebungen, Werte, Ziele und Tabus ihrer eigenen Herkunftsfamilie sowie ihrer eigenen Übertragungsreaktionen in der Explorationssituation bewusst werden. Hierbei geht das Verhältnis *Heilpädagoge <—> Kind/Jgdl.* in die beeinträchtigten Erziehungsverhältnisse ein und beeinflusst diese.

So schrieb z.B. ein elfjähriges, lernbehindertes Mädchen, das sich mit Schreiben und Hausaufgaben sehr schwer tat, einen ganzen Nachmittag lang einen Brief an eine Heilpädagogin. Sie führte darin aus, sie habe die Heilpädagogin jetzt schon mehrmals zu Hause "gesehen" und mit ihr "gesprochen". Sie habe auch ihren Eltern davon erzählt, dass die Heilpädagogin sie bald abholen komme, weil in der elterlichen Wohnung kein Platz für sie sei.

Verständlicherweise waren die Eltern des Mädchens erschrocken und konnten sich diese Aussage nicht erklären. Die Aussage des Mädchens entsprach aber dem *erlebten* Zustand des in dieser Familie abgelehnten und ausgestoßenen Kindes, den die Eltern abwehren mussten. Das Mädchen wünschte sich, von der guten Ersatzmutter, der Heilpädagogin, in eine andere Wohnung mitgenommen zu werden und schrieb dazu: "Ich weiß ja, dass dies nicht geht. Aber wir treffen uns nächste Woche in der anderen Wohnung wieder." (Gemeint war das Zimmer, in das sie zur heilpädagogischen Begleitung kam.)

• Notierung und Beschreibung explorierter Daten

Auch im Rahmen der Exploration werden manchmal Aufzeichnungen nötig sein.

Auf die Notierung von Daten wurde bereits in den Artikeln –> Erstgespräch und –>Anamnese hingewiesen. INGLIN (1957, 86 ff.) führt aus, dass es "heilpädagogisch auch hier immer um das menschliche Einmalige und Besondere des uns zur Betreuung anvertrauten Schicksals (geht). Nicht der Fall interessiert, sondern der Mensch, der unsere Hilfe sucht. Es ist darum auch nicht wichtig, ob diese Niederschrift nach einem Schema, nach Punkten und Ziffern geordnet, oder aber nach Art einer freien Schilderung erfolge. Wesentlich ist lediglich, dass sie einfach, klar, würdig und sachgerecht sei, so dass derjenige, der darin etwas suchen muss, findet, was er braucht, und versteht, was gemeint ist. Dazu können sogar ... Punkte und Ziffern etwas beitragen, vor allem in der täglichen Praxis. Sie bewahren zudem in vielen Fällen und viele Naturen vor Weitschweifigkeit und Unklarheit, vor unnötigen novellistischen Stilkünsten in Psychologie und Heilpädagogik".

INGLIN (ebd.) unterscheidet *simultane* und *retrospektive* Niederschrift.

Bei der simultanen Niederschrift überwiegen die Nachteile. Das Schreiben stört oder unterbricht das menschliche Zwiegespräch, verhindert auf beiden Seiten eine fortgesetzte Konzentration und lenkt vom Thema ab. Wichtiger als die äußeren Faktoren ist die möglicherweise innerlich bewirkte Hemmung, die oft beim Exploranden erzeugt wird, indem ihm seine Situation schlaglichtartig bewusst wird: Er sieht, dass seine Äußerungen protokolliert werden, spürt, wie gewichtig sie sind und befürchtet möglicherweise, sie seien 'folgenschwer'. Die Scheu vor Aktenstücken und dem Geschriebenen, der Glaube an das, was man "schwarz auf weiß besitzt" bis hin zum magischen Zwang des Datenschutzes an der falschen Stelle, sind typische Kennzeichen solcher Betroffenheit: "Jetzt schreibt sie wieder; warum gerade jetzt... was wohl... warum ausgerechnet dies...; aufgepasst, was ich jetzt sage... was geht die das eigentlich an... so weit wollte ich gar nicht gehen... wer kriegt das noch zu lesen..." usw. Dazu INGLIN (1957, 85): So wirkt die simultane Niederschrift "fast wie ein Filter, dessen Maschenweite durch Vorsicht und Diplomatie, vielleicht sogar durch kluge Berechnung bestimmt ist".

Bei der retrospektiven Niederschrift nimmt man die schriftliche Fixierung, mit Ausnahme der administrativen Daten, die bereits zu Beginn oder *vor* dem Explorationsgespräch (durch eine dritte Person) aufgenommen werden können, ausserhalb des eigentlichen Gespräches vor. Dies kann z.B. in einer Art Zusammenfassung von wichtigen Punkten *am Ende* des Explorationsgespräches *in Gegenwart des Exploranden* geschehen, wobei sich die Gelegenheit zu Rück- und Kontrollfragen, Berichtigungen und Präzisierungen ergibt.

Die Notierung der Daten kann auch *in Abwesenheit des Exploranden* erfolgen, der vielleicht in einem anderen Raum noch zur Verfügung steht oder bereits zu einem weiteren Gespräch eingeladen ist.

Als Gedächtnisstütze für die nachträgliche Niederschrift kann sich die Heilpädagogin während des Gespräches bestimmte Begriffe oder *Reizworte merken,* die für sie ein Stichwort zu einem bestimmten thematischen Komplex beinhalten, an den sie sich aufgrund dieser Gedächtnisstütze rückerinnert. Auch eine *chronologische Niederschrift* des Geschehens ist möglich. Wichtig ist dabei, dass die Niederschrift möglichst *sofort nach dem Gespräch* erfolgt, um Überlagerungen und Vergessen entgegenzuwirken.

Schließlich ist es möglich, Gespräche tontechnisch mitzuschneiden. Geschieht dies, so sollten Mikrofon und Aufnahmegerät nicht sichtbar sein, damit sie nicht stören. Es handelt sich bei dem akustischen Aufzeichnungsverfahren nicht um einen Verstoß gegen die Diskretion, da der Explorand in seinem Willen, sein Anliegen dem Heilpädagogen vorzutragen, in keiner Weise beeinträchtigt wird. Er sollte außerdem immer von der Tonbandaufzeichnung informiert und um seine Einwilligung gebeten worden sein, wie dies auch bei schriftlichen Aufzeichnungen üblich ist. Will die Heilpädagogin die Bandaufzeichnungen allerdings abschreiben und auswerten, ist dafür ein sehr hoher Zeitaufwand erforderlich. Deshalb muss die Aufzeichnungsmethode gut gewählt und überlegt eingesetzt werden.

- **Zusammenfassung**

Die Exploration ist eine Hilfe zur Äußerung von Gefühlen zu Erfahrungen, Erlebnissen, Ereignissen aus dem bisherigen Leben, zu dem augenblicklichen Zustand und zu den Zukunftsplänen seitens Eltern, Kindern und Jugendlichen.
Die Heilpädagogin wird ihre Aufmerksamkeit in der Exploration zielgerichtet einsetzen. Dabei kann sie in der Art der Gerichtetheit zwei unterschiedliche Zugangswege beschreiten, nämlich versuchen, stärker die Erlebensweise des Exploranden nachzuvollziehen oder eher die Fakten in ihrer für die Diagnostik relevanten Komplexität

zu erfassen. Beide Zugangswege sollten keinen Gegensatz bilden, sondern je angemessen auf die Klientel nach tiefenpsychologisch orientierten oder lern- bzw. kognitionspsychologisch orientierten Gesprächsformen ergänzend genutzt werden. Exploration wird im heilpädagogischen Verständnis zugleich als ein helfendes Gespräch aufgefasst.

Das qualitative und quantitative Ergebnis der Exploration hängt stark von Alters- und Geschlechtsunterschieden ab, wobei in der Exploration von Kindern, Jugendlichen und Erwachsenen jeweils Unterschiede gemacht und besondere Hilfsmittel eingesetzt werden. Dabei finden die Art der Fragestellung und die möglichen Beurteilungsfehler im Gespräch eine besondere Beachtung in der Beschreibung und Auswertung der Explorationssituation.

In der HpE hat die Exploration - je nach Stellenwert, Zeitpunkt und Intention - eine unterschiedliche Bedeutung im Rahmen der gesamten heilpädagogischen –> Befunderhebung, –>Begleitung und –>Beratung. Dementsprechend wird auch das "setting", d.h. die Anordnung bzw. das Arrangement der Gesprächssituation variieren. Dabei wird die Heilpädagogin die spezifische Eigenart jedes Kindes, Jugendlichen und seiner Bezugspersonen in ihren erzieherischen Bezügen beachten.

Begriffsbestimmung:

Die Fallarbeit ist eine Methode zum Erkennen der individuellen Eigenart und Befindlichkeit eines beeinträchtigten oder behinderten Menschen, insbesondere eines Kindes bzw. Jugendlichen, in seiner sozialen Umwelt, unter besonderer Berücksichtigung seiner Erziehungsverhältnisse und zur Entwicklung geeigneter erzieherischer und entwicklungsfördernder Hilfen. Besondere Aufmerksamkeit gilt der *Reflexion der Beziehung zwischen Klient und Heilpädagogin* in ihren fachbezogenen und personbezogenen Anteilen des Erlebens und Verhaltens, um diese in der Real- und Übertragungsbeziehung angemessen als personales Hilfsangebot gestalten zu können. Dazu gehört die Reflexion der Beziehungsgestaltung zu Eltern und Bezugspersonen des beeinträchtigten oder behinderten Kindes bzw. Jugendlichen und die Entwicklung konkreter Förderhilfen. Schwerpunkte der Fallbesprechung sind Information, Reflexion, Entwicklung von Handlungsansätzen und Kontrolle der HpE in allen wichtigen Aspekten der Befunderhebung, Begleitung und Beratung sowie die Fortschreibung der Hypothetischen Diagnosen.

Im diesem Übersichtsartikel werden folgende Themen angesprochen:

- Schwerpunkte der heilpädagogischen Fallarbeit 498
- Kontrolle der personalen und fachlichen Begleitung und Beratung 500
- Vorbereitung der Fallbesprechung 501
- Handlungsmodell zur systemischen Fallarbeit 502
- Zusammenfassung 505

- **Schwerpunkte der heilpädagogischen Fallarbeit**

In der Fallarbeit stellt die begleitende Heilpädagogin das Kind, den Jugendlichen den Mitarbeitern des –>Teams vor, um die HpE *personbezogen* und *sachbezogen* durchführen zu können. Die Fallbesprechung gliedert sich in die Schwerpunkte Information, Reflexion, Handlungsansätze und Kontrolle, die in der nachfolgenden Abbildung in ihren Bezügen dargestellt sind.

1.1 Fragestellung bzw. Thema der Fallarbeit
1.2 Folie oder Wandzeitung anhand der Akte
1.3 Folie der Entwicklungsleiste / Genogramm
1.4 Bilder oder Gegenstände, die in der hp. Begleitung
    entstanden sind und einen (symbolischen) Eindruck
    über die Befindlichkeit des Kindes oder Jugendlichen
    vermitteln können
1.5 Darstellung eines authentischen Stundenprotokolls bzw.
    einer Alltagsituation als exemplarisches Beispiel für
    die Beziehungsgestaltung im Prozess der Begleitung
	I
	N
	F
	O
	R
	M
	A
	T
	I
	O
	N

2. Reflexion der verschiedenen Informationsinhalte
    in ihrer Interdependenz und Bedeutung für die
    - Befindlichkeit des Kindes bzw. Jugendlichen;
    - Erziehungsberatung der Bezugspersonen
    - Fortschreibung der Hypothetischen Diagnosen
3. Entwicklung eines Lebensmottos für das Kind
4. (Neu-)Formulierung der Hypothetischen Diagnose
	R
	E
	F
	L
	E
	X
	I
	O
	N

5. Ziele und Vorgehen im
    heilpädagogischen Handeln
5.1 Weitere Befunderhebung
5.2 Interventionen
    a) im Prozess der Begleitung
    b) im Prozess der Beratung
5.3 Klärung organisatorischer
    Fragen, Kompetenzabstim-
    mung
5.4 Persönliche Fragen der Hp
    zu richten an Anleiter, Fall-
    betreuer oder Supervisor
	Wer
	
	Was
	
	Wann
	
	Wie
	
	Mit wem
	
	Wo
		H
		A
		N
		D
		L
		U
		N
		G
		S
		A
		N
		S
		Ä
		T
		Z
		E

6. Prozesskontrolle
    a) Ergebnis der Fallarbeit
    b) Erreichen der Ziele
    c) Vorbereitung auf die nächste
        Fallbesprechung und Supervision
7. Neufassung bzw. Fortschreibung
    der Hypothetischen Diagnosen und der Ziele
8. Bericht, Stellungnahme, Gutachten
	K
	O
	N
	T
	R
	O
	L
	L
	E

Abb. 39: Schwerpunkte der heilpädagogischen Fallarbeit

- **Kontrolle der personalen und fachlichen Begleitung und Beratung**

Zur Überprüfung der *sachbezogenen* Begleitung stellt die Heilpädagogin den Fall so vor, dass das Team ihre Zuständigkeit, ihre Urteils- und Handlungsfähigkeit zu angemessener heilpädagogischer Hilfeleistung für dieses Kind, diesen Jugendlichen und seine Bezugspersonen in der *Objektbeziehung* erkennen und beratend tätig werden kann. Dazu gehört die Beantwortung folgender Fragen:

1. Welcher –>Anlass liegt vor?
2. Welche Symptomatik ist feststellbar?
3. Welche Fakten sind vorhanden?
4. Welche heilpädagogische Bedürftigkeit ist erkennbar?
   (Welche Bedürfnisse hat der Klient? Was bedeuten diese Bedürfnisse für ihn in seinem Leben? Wie setzt der Klient seine Suche nach Bedürfnisbefriedigung ein? Welche Möglichkeiten stehen dem Heilpädagogen zur Verfügung, zu angemessener Bedürfnisbefriedigung und Mangelbeseitigung beizutragen?)
5. Welche Diagnose ist (von wem) erstellt?
6. Welche Begleitungsziele werden angestrebt?
7. Welche Begleitungs- und Beratungsmethoden werden eingesetzt?

Zur Überprüfung der *personbezogenen* Begleitung stellt die Heilpädagogin sich selbst in ihrem personalen Beziehungsverhältnis zum beeinträchtigten oder behinderten Kind oder Jugendlichen so vor, dass das Team die heilpädagogische *Subjektbeziehung* reflektieren und beratend tätig werden kann. Dazu gehört die Beantwortung folgender Fragen:

8. Als «wer» erscheint das Kind, der Jugendliche im Erleben der Heilpädagogin und im Erleben des Teams? ("Wer bist du für mich?")
9. Als «wer» erscheint die Heilpädagogin im Erleben des Kindes bzw. Jugendlichen und seiner Bezugspersonen sowie im Erleben des Teams? ("Wer bin ich für dich?")
10. Welche Struktur und Dynamik hat die personale Beziehung zwischen der Heilpädagogin, dem Klienten (Reflexion der Real- und

der [Gegen–]Übertragungsbeziehungen = "Was geschieht zwischen uns?")

11. Welche Struktur und Dynamik hat die Beziehung zwischen Heilpädagogin und Kind in Bezug auf die Beratung der Bezugspersonen und umgekehrt? ("Wer sind wir für andere?")

Die Beziehung ist so zu reflektieren, dass der Heilpädagogin eine Hilfe gegeben wird, ihre Subjekt-Objekt-Beziehung zum beeinträchtigten oder behinderten Kind oder Jugendlichen in eine Subjekt-Subjekt-Beziehung zu integrieren. Dadurch soll ermöglicht werden, dass die Heilpädagogin sich mit ihrer beruflichen Rolle auch als Person immer weiter in den heilpädagogischen Dialog mit dem Kind oder Jugendlichen einlassen kann, um aus dem einfühlenden Verstehen heraus Antworten zu entwickeln, die die Beziehung des Klienten zu sich, zu seinen Bezugspersonen und zur Welt positiv verändern.

• Vorbereitung der Fallbesprechung

Um das Ziel der Fallbesprechung inhaltlich und zeitlich effektiv erreichen zu können, wird die Heilpädagogin folgende Vorbereitungen treffen:

a) Vor Beginn der Fallbesprechung sind die Materialien, die in der Begleitung entstanden sind (Bilder, Zeichnungen, Gegenstände) und die in der Fallbesprechung zum Verständnis veranschaulichend wirken können, mitzubringen und griffbereit zu halten.

b) Vor Beginn der Fallbesprechung bittet die Heilpädagogin eine Kollegin oder einen Kollegen, für sie das Protokoll für die Weiterarbeit zu führen, damit sie nicht durch die Notierung wichtiger Details in ihrem Vortrag behindert wird.

c) Anhand der nachfolgenden Gliederung stellt die Heilpädagogin den Fall in Kurzform für alle Teilnehmer des Teams anschaulich (auf Overhead, Wandtafel oder einem vorbereiteten Handzettel) dar:

1. Fragestellung bzw. Thema der Fallbesprechung
2. Klient in der Geschwisterreihe, Anlass;
3. Mutter (Alter, Beruf, Eindruck, Kurzdaten);
4. Vater (Alter, Beruf, Eindruck, Kurzdaten);
5. Familien- bzw. Milieuanamnese; Genogramm
6. Sonstige Bezugspersonen, Besonderheiten;
7. Daten zum Kindergarten;
8. Daten zur Schullaufbahn;
9. Medizinische Untersuchungsbefunde;
10. Psychologische Untersuchungsbefunde;
11. Daten aus der heilpädagogischen Diagnostik;
12. Entwicklungsleiste des Klienten unter Berücksichtigung der psychosexuellen Entwicklung;
13. Inhalte, besondere Themen und Verlauf der Begleitung in kurzer Zusammenfassung;
13. Aktuelle Hypothetische Diagnose;
14. Ziele und mögliche Vorgehensweisen

Die hier genannten Punkte korrespondieren mit der heilpädagogischen ->Akte und sind aus dieser leicht zusammenzustellen.

- **Handlungsmodell zur systemischen Fallarbeit**

Dieses Handlungsmodell will die Heilpädagogin in die Lage versetzen, die Fallarbeit nicht nur sachlich-fachlich, sondern darüber hinaus *personzentriert* leisten zu können. Dazu ist der Perspektivewechsel von der Vermutungsdiagnose über die Hypothetische Diagnose zur *Verstehensdiagnose* notwendig, um dadurch zur *Befindlichkeitsdiagnostik* zu gelangen, d.h. zu einem Verständnis über das „In-der-Welt-Sein" (HEIDEGGER) des beeinträchtigten oder behinderten Menschen und seiner Bezugspersonen in ihren Systemen des Lebens und Erlebens. Die Heilpädagogin begreift sich selbst als Teil dieser (Kommunikations-) Systeme. Sie versucht auf einer Metaebene eine erhöhte *Bewusstheit* zu erreichen, um die 'Über-Sicht' über das Geschehen und ihr persönlich-berufliches Handeln zu gewinnen. Bewusstheit in diesem Sinne meint nicht nur 'Bewusstsein' als geordnetes Denken und willentliches Handeln, sondern auch das *Bewusstwerden* von Sinneswahrnehmungen (auch Körperempfindungen) jeglicher Art; von unterschwelligen Eindrücken und Annahmen (auch Vorurteilen); von Gefühlen (Affekten) und Absichten (Antriebe, Bedürfnisse, Wünsche, Willensstrebungen). Durch diesen Bewusstwerdungsprozess erreicht die Heilpädagogin eine erhöhte Selbst- und Fremdwahrnehmung, um so zu einer im wahrsten Sinne des Wortes 'selbstbewussten', d.h. sowohl fachlich angemessenen wie auch personal verstehenden Haltung und daraus zum Handeln zu gelangen, unter Einbeziehung der oben genannten oft nur vor- oder unbewussten Faktoren des Erlebens und Verhaltens.

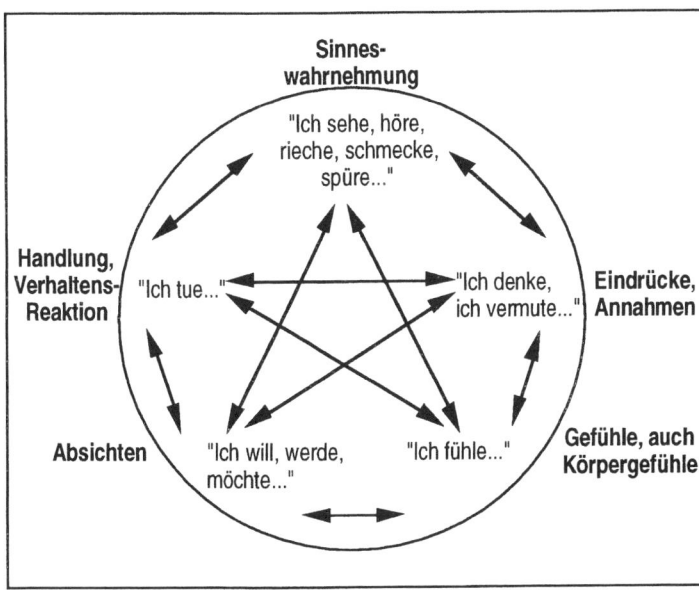

Abb. 40: „Bewusstheitsrad"
(nach: MCCP [Minnesota Couples Communications-Program])

Ziel der Übungen mit dem Bewusstheitsrad ist es,

- Selbstbewusstheit zu verbessern;
- Selbstinformation kompetent auszudrücken;
- Selbstverantwortung zu übernehmen, an Stelle von Überverantwortlichkeit oder Unterverantwortlichkeit.

Das folgende Handlungsmodell zur systemischen Fallarbeit (TROST 1999) basiert auf einer erhöhten Selbstbewusstheit und ist ressourcenorientiert.

Vorbereitung:

1. Wer 'hat' das Problem (= die Aufgabe)?
(In der Regel der, der vorstellt)
2. Wie kann man das Problem (= die Aufgabe) benennen?
(In handlungsbezogenen Begriffen)
3. Was soll durch die Fallbesprechung erreicht werden?
(Wie werde ich bei günstigem Verlauf der Besprechung hier hinausgehen?)

Durchführung:

4. Verhaltensbeschreibung
- Was tut das Kind, der Elternteil, der... die...?
- Wie (re-)agiere ich?
- Was tun andere beteiligte Menschen, Institutionen?
5. Analyse der Erklärungsansätze
- Was denke, fühle ich, die anderen Beteiligten bei diesem Verhalten?
- Was vermute ich, wie erkläre ich es?
- Was liegt ihm möglicherweise zugrunde?
- Was bezweckt es, welchen Sinn hat es, was soll erreicht werden?
6. Bisherige Lösungsversuche
- Was habe ich, was haben die Eltern, Kollegen, andere beteiligte Personen bzw. Institutionen bisher getan, um das Verhalten zu ändern oder besser damit umzugehen?
- Mit welchem Ergebnis?
7. Ausnahmen
- Gibt es Ausnahmen vom Problemverhalten, beim Kind, bei wem sonst?
- Welche sind das und wie ist diese Situation dann anders?

8. Ressourcen
- Welche Ressourcen, Kraftquellen, 'andere Seiten' nehme ich wahr: Beim Kind, bei seiner Familie, bei mir, bei anderen beteiligten Personen und Institutionen?
- Was erlebe ich als stärkste Ressource?

9. Ziele
- Was will, kann ich erreichen? (positiv formuliert, in eigener Kontrolle)
- Wie weiß ich es, wenn ich dies erreicht habe? (sinnenhaft)
- Für welchen Kontext soll das Ziel gelten, für welchen nicht?
- Was ändert sich noch, wenn ich dieses Ziel erreicht habe?

Übung zum Zielrahmen

a) Was möchte ich erreichen?
   Dies positiv formuliert und in Kontrolle der Person
b) Evidenz: Wie weiß ich, dass ich –>a) erreicht habe? (sehen, hören, riechen, schmecken, spüren, fühlen)
c) Kontext: Wann, wo und mit wem will ich mein Ziel erreichen? Hierbei ist die Abgrenzung wichtig; der Versuch einer globalen Verwirklichung macht eher unglücklich, weil nicht erreichbar.
d) Ökologie: Wie wird sich das Leben, meine Beziehungen usw. verändert haben, wenn ich –>a) erreicht habe? In welcher Situation wäre es günstiger, noch beim 'Alten' zu bleiben?

10. Intervention
Welchen Schritt mache ich als Nächstes?

Abb. 41: Handlungsmodell zur systemischen Fallarbeit
(nach Trost, 1999)

• **Zusammenfassung**

Heilpädagogische Fallarbeit ist ein Beitrag zur person- und sachbezogenen Information, Reflexion und Kontrolle der Handlungsansätze in einem Team unterschiedlicher Fachleute. Sie wird sachbezogen mittels bestimmter Fragestellungen und Anschauungsmaterial zum bisherigen Verlauf der HpE vorbereitet. Sie führt personbezogen mittels Anwendung eines Bewusstheitsrades und eines systemischen Handlungsmodells zu einem erhöhten Bewusstseinsstand der Heilpädagogin und der anwesenden Teilnehmer(innen). Ziel heilpädagogischer Fallarbeit ist die weitere Hypothesenbildung und ein kooperativer Handlungsplan, um dadurch zu angemessenen Zielvorgaben und nächsten Handlungsschritten zu gelangen.

Begriffsbestimmung:

Das Gutachten ist ein auf wissenschaftliche Verfahren gestütztes fachliches Urteil und die zusammenfassende Darstellung der aus den angewendeten Verfahren resultierenden Diagnose. Es werden verschiedene Klassifikationsversuche von Gutachten vorgenommen:

1. Beim *darstellenden Gutachten* werden die ermittelten diagnostischen Ergebnisse berichtet und gegeneinander abgehoben (–> Stellungnahme zu Testverfahren bzw. Testauswertung).
2. Beim *Prüfungs- oder Urteilsgutachten* kommt es zu einer Antwort auf eine spezifische Fragestellung (–>Stellungnahme).
3. Beim *beratenden Gutachten* sollen Klienten (z.B. in der –>Eltern- oder –> Erziehungsberatung) bei gegenwärtigen Problemen oder Konflikten und im Hinblick auf zukünftige Entscheidungen bezüglich ihres beeinträchtigten oder behinderten Kindes oder Jugendlichen beraten werden.

Das *heilpädagogische* Gutachten enthält vor allem Empfehlungen und Hinweise für den weiteren Verlauf der HpE über erzieherische und entwicklungsfördernde Hilfen für das beeinträchtigte oder behinderte Kind bzw. den Jugendlichen. Wichtig sind der gegenwärtige Entwicklungsstand sowie die Stufe der nächsten Erreichbarkeit in den verschiedenen Fähigkeits-, Erlebens- und Verhaltensbereichen. Es ist insofern meist ein beratendes Gutachten.

In diesem Übersichtsartikel werden folgende Themen angesprochen:

• Zur Problematik von Gutachten

Bis heute gibt es keine Übereinkunft über die Abfassung von Gutachten. Es liegen zwar verschiedene Klassifikationsversuche und Vorschläge über Inhalt, Aufbau und Stil von Gutachten vor, aber die mit der Erstellung eines Gutachtens verbundenen Schwierigkeiten, Fehlerquellen und die gesamte Problematik des Gutachtens werden in Fachkreisen immer wieder neu diskutiert: Einerseits soll ein Gutachten 'objektiv' sein, z.B. aufgrund von Testverfahren. Andererseits kommt jedes sogenannte 'objektive' Testergebnis 'subjektiv' zustande, beeinflusst durch die jeweilige Situation und die Beziehung zwischen Testperson und Testleiter. Diese und viele andere Unsicherheiten bedingen die in Gutachten häufig vorkommenden Vorläufigkeiten und Vagheiten in der Formulierung: Der Gutachter möchte sich nur selten festlegen und (zurecht) einen Toleranzspielraum offenhalten. Dies widerspricht jedoch häufig den Erwartungen oder auch Hoffnungen des Auftraggebers nach eindeutigen und schlüssigen Antworten, nach denen er seine Entscheidungen treffen will.

In DORSCH (1994, 305) wird dazu ausgeführt: "Da jedoch ein Gutachten immer einen Kommunikationsprozess zwischen Gutachten-Ersteller und Gutachten-Empfänger notwendig macht und dieser nicht einheitlich sein kann, gibt es keine für alle Gutachten verbindliche Vorschriften."

Dieser Kommunikationsprozess vollzieht sich zwischen

1. dem Auftraggeber und Empfänger des Gutachtens;
2. der Heilpädagogin als Erstellerin des Gutachtens.

1. Der Auftraggeber und Empfänger des Gutachtens

a) Der Auftraggeber

kann selbst jemand sein, der über fachliche Kenntnisse verfügt: Sozialarbeiter, Sozialpädagoge, Lehrer, Psychologe, Arzt. Er kann in verschiedener Funktion stehen in Jugendamt, Kindergarten/-hort, Sonderschule, Heim, Klinik etc. und in dieser Funktion mit Aufgaben und Entscheidungen befasst sein, für die ein Gutachten aus heilpädagogischer Sicht notwendig oder hilfreich wäre. Die Heilpädagogin wird prüfen:

- Ist der Auftraggeber berechtigt, ein Gutachten zu verlangen?

Die rechtliche Situation, Fragen zur Schweigepflicht, zum Datenschutz sind zu prüfen und die Heilpädagogin wird versuchen sicherzustellen, dass das Gutachten nicht in falsche Hände gerät und sich zu Ungunsten des Kindes oder Jugendlichen auswirkt.

- Weshalb verlangt der Auftraggeber ein Gutachten?

Es ist möglich, dass der Auftraggeber ein Problem hat, dass er selbst nicht lösen kann. Aufgrund dessen erhofft er sich Auskunft, Information, Rat oder Hilfe. Der Auftraggeber kann auch 'von Amts wegen' befugt sein, ein Gutachten einzuholen, um aufgrund dessen eine (richterliche) Entscheidung zu treffen. Dabei kann er eine mehr oder weniger deutliche Vorstellung darüber haben, welche Aussage er von einer Heilpädagogin zu erwarten hat. Es kann aber auch sein, dass der Auftraggeber andere Motive hat, die nicht ohne weiteres offensichtlich sind. Die Heilpädagogin wird prüfen:

Will der Auftraggeber seine eigene Auffassung bestätigt wissen?

Versucht der Auftraggeber, sich von eigener Verantwortung zu entlasten?

Ist der Auftraggeber in der Lage, entscheidende Aussagen des Gutachtens sinnentnehmend aufzunehmen, einzuordnen und dementsprechend weiter in diesem Sinne zu verwenden?

Ist möglicherweise ein sog. 'Gefälligkeitsgutachten' für undurchsichtige Zwecke gefragt?

b) Der Empfänger

kann sowohl der Auftraggeber als auch eine dritte Person sein. Beispielsweise können Eltern für ihr Kind in einer Kinder- und Jugendpsychiatrischen Klinik ein Gutachten anfordern, das an das Heim geschickt wird, in dem das Kind, der Jugendliche untergebracht werden soll. Gemäß § 203 StGB darf das Gutachten nur dem Empfänger und ohne Zustimmung des Unterzeichnenden weder dem Kind oder Jugendlichen noch den Angehörigen, anderen Personen, Dienststellen oder sonstigen Institutionen weitergegeben werden. In einem solchen Fall würden die eigentlichen Auftraggeber, die Eltern, keine Kenntnis vom Inhalt des Gutachtens erhalten.

In einigen seltenen Fällen sollte die Erstellung oder Herausgabe eines Gutachtens verweigert werden, z.B. wenn aus gutem Grund angenommen werden kann, dass der Auftraggeber bzw. Empfänger eine Aussage über sich selbst nicht verkraften könnte oder vor allem, wenn der Inhalt des Gutachtens nicht darauf angelegt ist, in eine begleitende Maßnahme zu münden.

2. Die Heilpädagogin als Verfasserin des Gutachtens

a) Die Heilpädagogin als Fachkraft unter anderen

Die Heilpädagogin steht als Gutachterin neben anderen Fachleuten: dem Arzt, dem Psychologen, dem Sozialarbeiter/-pädagogen usw. Je nach Position in der Institution wird sie mehr oder weniger Zugang zu bestimmten Informationen haben. Sie wird bestrebt sein, alle wichtigen zur Verfügung stehenden Daten in ihre Sicht des beeinträchtigten Kindes oder Jugendlichen in seinen erzieherischen Bezügen und für ihre weiter mögliche Förderung einzubeziehen. Sie wird versuchen darzustellen, *was getan werden muss,* um eine optimale Hilfeleistung für den beeinträchtigten und behinderten Menschen zu erreichen. Zugleich wird sie sich darum bemühen, im heilpädagogischen Gutachten über ihre Aussagen zu konkreten Fördermöglichkeiten hinaus eine Orientierungshilfe mitzuteilen, die Hinweise für die Beachtung des Kindeswohls bei größtmöglicher Wahrung der Rechte der Eltern enthält.

b) Die Heilpädagogin als Mensch im Spannungsfeld berufsethischer Anforderungen und subjektiver Gegebenheiten

Im weiteren Sinne bedeutet Ethik die Art und Weise des Menschen, sich zu geben: zu reden, vor allem aber zu handeln. *Die Tat ist unwiderrufbar.* Mit ihr ist etwas Wirklichkeit geworden, was seine Folgen hat. Unsere Tat löst sich von uns ab und wirkt ohne uns weiter (wie ein Stein, der ins Wasser geworfen wird und seine Wellen schlägt). Unter einer Tat ist aber nicht nur zu verstehen, was ein Mensch getan hat, sondern - und das viel häufiger - was er *nicht getan, d.h. unterlassen* hat. In diesem Sinne wird von 'Untat' auch dann gesprochen, wenn Hilfeleistung unterbleibt, wenn jemand 'untätig' und Zuschauer geblieben ist. Bei der Erstellung eines heilpädagogischen Gutachtens sollte die Heilpädagogin aus berufsethischer Sicht bedenken, ob die Erstellung dieses Gutachtens für den Werdegang des beeinträchtigten oder behinderten Menschen notwendig, wichtig und förderlich ist oder aus Gründen des Schutzes vor Benachteiligung für den beeinträchtigten oder behinderten Menschen besser unterbleiben sollte. Wird ein heilpädagogisches Gutachten erstellt, sollte die Heilpädagogin folgende Gesichtspunkte beachten:

- sachliche Klarheit und Eindeutigkeit des Gutachtens auf dem Hintergrund gefühlsmäßiger Neutralität; (dies bedeutet nicht die Ausschließung von Kriterien zur Beurteilung des Befindens des Klienten, die über den Weg des reflektierten 'Mitfühlens', allerdings unter Berücksichtigung sachlicher Beweggründe, gewonnen werden);
- die Verpflichtung, das Gutachten ausschließlich mit Hilfe sachlicher Mittel und ohne persongebundene Wertungen (Sympathie/Antipathie) zu erstellen;
- die Verpflichtung, die Vielzahl der unterschiedlichen Beurteilungskriterien im Hinblick auf konkrete heilpädagogische Hilfe und Förderung hin zu verdeutlichen, zugleich aber aus heilpädagogisch-ganzheitlicher Sicht eine Aussage über die Befindlichkeit des Kindes oder Jugendlichen in seinen Lebensvollzügen zu machen; und schließlich
- bei der Erstellung des heilpädagogischen Gutachtens uneigennützig zu handeln, sowohl dem Einzelnen wie auch der Gemeinschaft bzw. Gesellschaft gegenüber.

Gegenüber solchen berechtigten und notwendigen berufsethischen Anforderungen erlebt sich die Heilpädagogin - nicht zuletzt aufgrund ihrer nüchternen Reflexionsfähigkeit (erworben in berufsbezogener –>Selbsterfahrung und –>Supervision sowie in der berufsethisch notwendigen Zusammenarbeit in einem –>Team von Fachleuten) - oftmals überfordert: Die von ihr in ein Gutachten einzubringenden Daten sind letztlich nicht 'objektiv' im naturwissenschaftlichen Sinne außerhalb des subjektiven Bewusstseins bestehend messbar, transferierbar, allgemeingültig usw. Die Aussagen der Heilpädagogin beziehen sich häufig auf Menschen und menschliche Gegebenheiten, die gerade *nicht* mehr mit den üblichen Messinstrumenten beurteilt werden können. Die Heilpädagogin hat es mit Kindern und Jugendlichen zu tun, die herkömmliche Untersuchungsmethoden "verweigern", die oftmals als "therapieresistent" und "schwerstmehrfachbehindert" benannt werden. Die 'Messfühler' der Heilpädagogin setzen häufig erst da an, wo sogenannte 'objektive metrische Verfahren' längst versagt haben, weil sie zu Ergebnissen führten, die "nicht mehr auswertbar und mit den üblichen Mitteln nicht zu erfassen sind", wie es dann in

Gutachten häufiger zu lesen ist. Dennoch wird sich die Heilpädagogin gemäß ihrer berufsethischen Verpflichtung herausgefordert sehen, gerade mit und für diejenigen Menschen Stellung zu beziehen, die schwer oder gar nicht in der Lage sind, sich selbst zu vertreten.

Dabei weiß die Heilpädagogin um die *Beziehungs- und Situationsproblematik* bei der Erstellung eines heilpädagogischen Gutachtens:

- Eltern als Auftraggeber tragen oft ihre eigene Problematik in die Untersuchungssituation hinein; oftmals liegt das Problem ganz bei ihnen, was sich manchmal im spontanen Ausdruck des Kindes in Abwesenheit der Eltern äußert;

- Die Heilpädagogin wird als Ergänzungs- und Gegengutachter angefragt: Es entsteht womöglich eine Konkurrenzsituation gegenüber einem Psychologen oder Arzt, also Fachkräften, die im Sozialprestige als die 'höhere' Autorität angesehen werden. Eigenes Prestigedenken der Heilpädagogin und gleichzeitig Sicherheits- und Absicherungsbedürfnisse können in ihr geweckt und dadurch die Erstellung des Gutachtens beeinflusst werden.

- Dienstvorgesetzte (Heimleitung, Leiter einer Beratungsstelle, der Chefarzt usw.) verlangen die Erstellung eines Gutachtens ohne genaue Angabe von Gründen und Verwendungszweck "für die Akte". Die Heilpädagogin sieht sich möglicherweise in einem (vorerst ungeklärten) Loyalitätskonflikt zwischen Kind und Jugendlichem und den Vorgesetzten.

- Bei forensischen (eine Gerichtsverhandlung betreffenden) Gutachten kann die Heilpädagogin an der Seite oder gegenüber einem emotional sehr belasteten Kind oder Jugendlichen stehen, die sich möglicherweise gegen den Untersuchungszwang wehren und nicht kooperativ sind. Dies kann bei der Heilpädagogin Versagensängste oder die Furcht auslösen, in einen für sie selbst nicht mehr durchschaubaren, formalistisch ritualisierten und autoritativen juristischen Apparat hineingezogen zu werden.

Alle diese Überlegungen leiten über zum folgenden Gesichtspunkt:

c) Die Heilpädagogin als Berufspersönlichkeit und 'Störfaktor'

Mit dem im Sozialwesen gebräuchlichen Begriff der 'Berufspersönlichkeit' verbindet sich die Auffassung, dass der Träger einer Berufsrolle, hier die Heilpädagogin, ihre menschliche Reife auch mit beruflichen Fähigkeiten und Fertigkeiten so nahtlos zu verbinden vermag, dass sie persönlich *und* beruflich eine Identität errungen hat, aus der heraus sie sich als 'Berufener', einer 'Berufung folgend' versteht.

Das bedeutet, dass sie in der Lage ist, Beziehungen mitmenschlich nah und zugleich in der nötigen beurteilenden Distanz zu gestalten, so dass sie nicht in die Abhängigkeit von Übertragungsbeziehungen gerät und sich mit ihren Klienten überidentifiziert.

Bei der Erstellung eines Gutachtens kann die Heilpädagogin gegenüber dem Kind oder Jugendlichen und seinen Eltern bzw. Erzieherpersonen über die berufliche Rolle als jemand in Erscheinung, treten, der beurteilt, Behauptungen aufstellt, begründet, beweist, rechtet. Dies kann ggf. zu schweren Beziehungsstörungen und Vertrauensentzug zwischen den Partnern in der HpE führen, und die Heilpädagogin sollte sich dessen sehr wohl bewusst sein, wenn sie sich genötigt sieht, ein Gutachten zu erstellen. Sie wird sich dabei gut überlegen müssen, wie sie möglicherweise negative Auseinandersetzungen mit den Beteiligten Parteien verhindern oder zumindest mildern kann.

Beurteilungen, wie sie im heilpädagogischen Gutachten angefordert werden, sind bis in die verbalen Formulierungen hinein Ausdruck der Persönlichkeit der Heilpädagogin und geprägt von ihrer Personwahrnehmung und -beurteilung. Zu den Einflussgrößen gutachterlicher Stellungnahmen gehört deshalb maßgeblich die Persönlichkeit der Heilpädagogin mit ihren Beurteilungsfähigkeiten und Wahrnehmungsfehlern:

- Einstellung, Wissen, Fertigkeiten;
- Rollenverständnis;
- der Umgang mit allgemeinen Gesetzmäßigkeiten von Wahrnehmungsprozessen (Selektion, Akzentuierung, Integration;
- spezielle Wahrnehmungsphänomene wie die Bedeutung der Reihenfolge der Wahrnehmungen [primacy-Effekt]; Sympathie/Antipathie; erlebte Nähe und/oder Distanz zum Klienten [leniency-Effekt]; die mittlere Beurteilungstendenz [central tendency]; die Beurteilung der Gesamtpersönlichkeit aufgrund eines (unbemerkt) selektierten Ein-

zelmerkmals [halo-Effekt, Hof-Effekt]; die Enttäuschung und daraus resultierende Beurteilungsverfälschung, die aufgrund einer zu hohen Identifikation oder Erwartungshaltung an den Klienten entstehen kann [Enttäuschungseffekt];

- Fehlbeurteilungen, die durch die Annahme zustande kommen, dass bestimmte Einzelmerkmale der Persönlichkeit ganz allgemein und immer untereinander gekoppelt seien [logical error];

- Rollenkollisionen bzw. Loyalitätskonflikte, die bei der Heilpädagogin entstehen können, wenn sie sich als Anwalt des Kindes versteht, im Gutachten aber auch die gerechtfertigten Ansprüche der Eltern geltend machen soll;

- Phänomene wie Übertragungen, Projektionen, Vorurteile, Ambiguitätsintoleranz (= stereotype, wenig differenzierte Urteilsbildung als Ausweichverhalten gegenüber mehrdeutigen Phänomenen); subjektive Überzeugungen u.a. (vgl. ARNDT/OBERLOSKAMP 1983, 20 ff.)

Deshalb ist die Heilpädagogin berufsethisch herausgefordert, sich als Mensch in ihrem Vermögen zu relativieren und als Fachkraft kritisch über ihre Einstellungen, ihr Wissen, ihre Fertigkeiten, ihr Rollenverständnis und die Mängel ihrer Wahrnehmungs- und Beobachtungsfähigkeit nachzudenken. So ist z.B. der Berufsanfänger nicht immer nur als unsicher und mit mangelnder Erfahrung ausgestattet zu sehen; vielleicht ist er (noch) ehrlicher und sensibler für kritische Schwachstellen seines Handelns; und nicht immer ist der Erfahrene nur sicher: Vielleicht ist er oftmals routinierter, abgestumpfter und eingefahrener und gesteht sich hilfreiche und fruchtbare Verunsicherungen nicht (mehr) zu. Das gilt auch für die Erstellung und den Umgang mit heilpädagogischen Gutachten.

• Fragestellungen zum heilpädagogischen Gutachten

1. *Wann* wird ein heilpädagogisches Gutachten erstellt?

Ein heilpädagogisches Gutachten wird dann erstellt, wenn ein autorisierter Auftraggeber (–>Legitimationsprüfung) aus berechtigten Gründen um eine möglichst umfassende Auskunft über ein beeinträchtigtes oder behindertes Kind oder einen Jugendlichen bittet und die Heilpädagogin in der Lage und willens ist, diesem Wunsch zu entsprechen.

Eine 'umfassende Auskunft' gibt es bis heute nicht über einen Menschen. Umfassend sollte hier verstanden werden als eine möglichst vollständige Darstellung aller unter heilpädagogischen Gesichtspunkten für dieses Kind, diesen Jugendlichen relevanten Aspekte einer *bestmöglichen Hilfe zur Selbst- und Fremderziehung unter den (noch) vorherrschenden erschwerten Bedingungen und Fördermöglichkeiten.* Die Heilpädagogin wird prüfen, ob sie eine solche Darstellung geben kann. Wenn sie sich dazu in der Lage fühlt, sollte sie sich auch fähig wissen, ihre Kenntnisse in schriftlicher Form so weiterzugeben, dass sie möglichst unmissverständlich zum Wohle des Kindes oder Jugendlichen wirken können. Dies jeweils kontrollieren oder absolut sicherstellen zu wollen ist meistens unmöglich. Kein Gutachten ist davor gefeit, wissentlich oder unwissentlich missbraucht zu werden. Dies führt zu der Frage:

2. *Warum/Wozu* wird ein heilpädagogisches Gutachten erstellt?
Ein heilpädagogisches Gutachten ist immer ein *beratendes Gutachten* im oben definierten Sinne. Die Heilpädagogin erstellt ein Gutachten, wenn sie davon überzeugt ist, damit für einen körperlich, geistig, seelisch oder sozial beeinträchtigten Menschen eine Hilfeleistung bewirken zu können, die es dem Klienten ermöglicht, sein Leben in mehr Selbstentfaltung und Selbstverwirklichung, entsprechend seinen individuellen Möglichkeiten und im Rahmen sozialer Anforderungen sinnerfüllt gestalten zu können.

Um dies zu prüfen, sollte sich die Heilpädagogin vor Erstellung eines Gutachtens folgende Fragen beantworten:

1. Ist der –>*Anlass für die Erstellung des Gutachtens* mit dem –> Auftraggeber, dem Empfänger und dem Klienten so eingehend und angemessen besprochen und abgeklärt, dass aus diesem Gespräch die Notwendigkeit für die Erstellung eines Gutachtens ersichtlich wird?

2. Sind die *Fragestellungen des Auftraggebers* so klar formuliert worden, dass Sinn und Zweck des Gutachtens wie o.g. als Hilfestellung bejaht werden kann?

3. Liegen bereits *Fremdgutachten* über ähnliche Fragestellungen vor und können diese vom Heilpädagogen eingesehen und verwendet werden? Erübrigt sich dadurch vielleicht das heilpädagogische Gutachten und reicht für die angestrebte Hilfeleistung bereits ein Hinweis auf diese Aussagen oder eine –>Stellungnahme zur Beantwortung spezifischer Fragen aus?

4. Ist ein heilpädagogisches Gutachten geeignet, vorhandene oder *neue Erkenntnisse* über den Klienten so darzustellen, dass daraus ersichtlich wird, was *getan* werden muss, um eine optimale Hilfestellung zu ermöglichen?

5. Ist der *Zeitpunkt* zur Erstellung des Gutachtens richtig gewählt, so dass die Heilpädagogin bereits Aussagen über *mögliche Ziele* im Rahmen einer bestimmten Hilfeleistung machen kann?

6. Sind die *rechtlichen Gesichtspunkte* und die daraus erwachsenden Verpflichtungen und vertraglichen Vereinbarungen ausreichend geprüft und mit den beteiligten Vertragspartnern erörtert worden?

Die Heilpädagogin ist verpflichtet, Verschwiegenheit über alle Informationen zu wahren, die sie aufgrund ihrer gutachterlichen Tätigkeit erlangt. Dies gilt auch und insbesondere, weil die Heilpädagogin (bis heute) nicht zum Personenkreis derer zählt, die vor Gericht ein Zeugnisverweigerungsrecht besitzen, es sei denn, sie arbeitet im Auftrag eines Arztes. Nur unter besonderen Umständen (z.B. bei der Bitte um sachdienliche Information oder Auskunft an autorisierte Personen) kann die Schweigepflicht eingeschränkt werden, und dies nur im geringstmöglichen und sachlich gebotenen Ausmaß.

Die Heilpädagogin ist ebenso verpflichtet, dem Auftraggeber, ggf. dem Kind, dem Jugendlichen und deren gesetzlichen Vertretern in je angemessenem Rahmen über die Inhalte des Gutachtens zu unterrichten. Sie wird mit allen Beteiligten auch die Schwierigkeiten besprechen, die sich möglicherweise durch die Verquickung der heilpädagogischen Beziehung mit der gutachterlichen Tätigkeit ergeben können. Die Heilpädagogin wird daher alle Aufträge ablehnen, die die heilpädagogische Beziehungsgestaltung als tragendes Element heilpädagogischen Handelns stark gefährden können, die ihr nicht fachgerecht oder berufsethisch nicht vertretbar erscheinen (z.B. die

Abfassung von 'Gefälligkeitsgutachten') und die nicht der Zielvorgabe eines heilpädagogischen Gutachtens entsprechen. Wenn die Heilpädagogin einen solchen Auftrag ablehnt, sollte sie die beteiligten Personen oder Institutionen über die genannten Gründe informieren. Darüber hinaus sollte sie, ebenfalls vor Erstellung eines Gutachtens, die beteiligten Partner über die *Möglichkeiten und Grenzen ihrer diagnostischen Methoden* und ihre Zuständigkeit bzw. Kompetenz unterrichten.

Wenn die Heilpädagogin ein beratendes Gutachten erstellen will, wird sie aus der Fülle der unterschiedlichen Daten, die ihr aus verschiedenen Informationsquellen zur Verfügung stehen, ein *Gesamtbild der Persönlichkeit eines beeinträchtigten oder behinderten Menschen in seinen gestörten Erziehungsverhältnissen* und seine Beurteilung unter dem Gesichtspunkt der *verbliebenen Förderungs-* und *Leistungsmöglichkeiten* und der *erforderlichen Hilfen* entwickeln.

3. *Wie* wird ein heilpädagogisches Gutachten erstellt?

Bei der Erstellung eines Gutachtens ergeben sich (nach HARTMANN 1970, 72) für die Heilpädagogin folgende Hauptprobleme:

- Welche *Informationen* soll das Gutachten enthalten?
- Wie sind diese Informationen zu *präsentieren?*
- Wie kommt man von den Informationseinheiten zu einer *zusammenhängenden Darstellung?"*

In einem heilpädagogischen Gutachten werden vorrangig diejenigen Daten und Fakten zusammengetragen und reflektiert, die dazu dienlich sind, eine Entscheidung über die (weitere) Durchführung einer HpE zu ermöglichen.

Der *engere Bezugsrahmen* für die Erstellung eines heilpädagogischen Gutachtens besteht aus einem komplexen Netz zwischen

a) unterschiedlichen Kommunikationsträgern, wie Kind/Jugendlicher und Heilpädagogin; Auftraggeber und Empfänger; Eltern und Bezugspersonen; anderen Fachleuten; juristischen Personen; Institutionen und sehr unterschiedlichen Situationen;

b) den durch unterschiedliche Kanäle und auf verschiedenen Ebenen ablaufenden Kommunikations-, Interaktions- und Metakommunikationsprozessen, zum Zweck der Datensammlung und -übermittlung, wie z.B. Befunderhebung; Diagnostik; Gespräche mit verschiedenen Beteiligten; telefonische und briefliche Kontakte.

Der *weitere Bezugsrahmen* besteht aus dem gesellschaftlichen System mit seinen jeweiligen historisch, kulturell, politisch und sozial vorhandenen Werte- und Normensystemen und deren Auswirkungen auf inter- und intrapersonelle Verflechtungen, die als Wirkfeld berücksichtigt werden müssen. (Man denke hier an heilpädagogische Gutachten der NS-Zeit, die der Selektion von "unwertem Leben" und damit der Vernichtung tausender Menschen im Rahmen des nazistischen Euthanasiekonzeptes dienten).

Eine der größten Schwierigkeiten bei der Abfassung von Gutachten besteht darin, zu erreichen, dass der Empfänger das Gutachten so versteht, wie es die Heilpädagogin als Gutachter gemeint hat. In der Realität besteht zwischen der Intention des Gutachtenerstellers und dem sinnentnehmendem Verstehen des Gutachtenempfängers eine *Sprachdiskrepanz:*

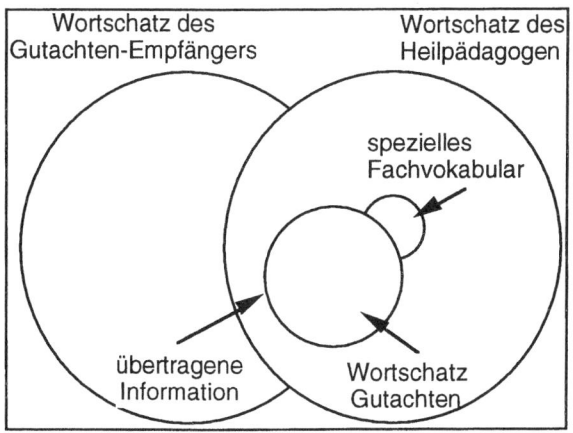

Abb. 42: Schema einer unvollständigen Informationsübertragung
(nach Hartmann 1970, 77)

Soll der Empfänger des Gutachtens die intendierte Aussage so verstehen, wie die Heilpädagogin sie gemeint hat, so muss er in die Lage versetzt werden, alle im Gutachten enthaltenen Begriffe zu kennen, um sich sachgerecht und im Verstehenszusammenhang entschlüsseln zu können. Dies kann nur gelingen, wenn sich der im Gutachten verwendete Wortschatz völlig mit dem Wortschatz des Empfängers überschneidet.

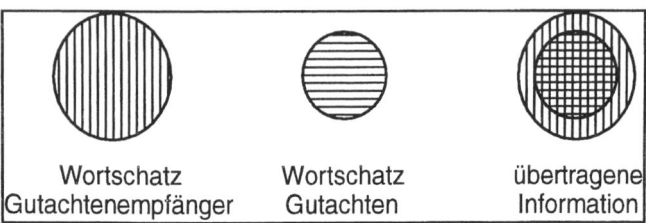

Wortschatz   Wortschatz   übertragene
Gutachtenempfänger   Gutachten   Information

Abb. 43: Schema einer vollständigen Informationsübertragung
(nach Hartmann 1973, 77)

Um dieses Ziel annähernd zu erreichen, müssen zwischen
a) der Anfrage des Auftraggebers und
b) der Antwort der Heilpädagogin im fertigen Gutachten
mindestens 5 Übersetzungsvorgänge geleistet werden:
1. Die Heilpädagogin muss die in der Umgangssprache formulierte und häufig unklare Aufgaben- bzw. Fragestellung in eine Fachsprache übersetzen, die heilpädagogisch, psychologisch, medizinisch usw. verständlich ist.
(Wenn eine Mutter ihr Kind wegen "Nervosität" vorstellt und meint, auch der Kinderarzt habe gesagt, ihr Kind sei "nervös", so muss die Heilpädagogin herausfinden, was hier eigentlich gemeint ist. Die Mutter wird vielleicht ausführen, der Arzt habe gemeint, das Kind sei nicht eigentlich krank, vielmehr müsse das wohl "irgendwas Psychisches" sein. Durch die Exploration der Mutter und Situationsbeschreibungen, in denen das für die Mutter auffällige Verhalten des Kindes nachvollziehbarer wird, kann die Heilpädagogin vielleicht differenzieren zwischen Konzentrationsmangel, motorischer Unruhe, neurotisch-vegetativen Symptomen oder psychischer Abwehr gegen überstarke Erziehungseinflüsse.)
2. Wenn die Heilpädagogin die Aufgaben bzw. Fragestellungen fachlich einordnen, abgrenzen und beschreiben kann, muss sie die gewonnenen Informationen in eine –>Vermutungsdiagnose als Arbeitshypothese übersetzen und diese formulieren: *„Aus den genannten Gründen gehe ich davon aus, dass..."*

3. Die –>Hypothetische Diagnose muss nun so operationalisiert werden, dass die Heilpädagogin die vermuteten Phänomene fachsprachlich genau erfassen kann. Erst dann ist sie in der Lage, *geeignete* diagnostische Methoden zu finden, mit deren Hilfe sie ihre Arbeitshypothese belegen, modifizieren oder verwerfen kann. Sie muss sich fragen:

a) Können *diese* diagnostischen Methoden die vermuteten Phänomen nachweislich erfassen?

b) Können *diese* diagnostischen Methoden etwas über die Ursachen und Hintergründe der Phänomene aufdecken?

4. Die aufgrund der diagnostischen Methoden in der jeweiligen Sprache des Untersuchungsverfahrens formulierten Untersuchungsergebnisse (z.B. Entwicklungsquotient (EQ), 'Prozentrang') müssen nun in eine allgemein verständliche Fachsprache rückübersetzt werden (z.B. beim EQ: *"im Verhältnis zum derzeitigen Lebensalter ergibt sich ein Entwicklungsrückstand von 6 Monaten"*).

5. Diese Aussagen müssen aus der Fachsprache rückübersetzt werden in die Alltagssprache des Auftraggebers, damit dieser die Antwort auf seine Fragestellung so versteht, dass er die Tragweite der Aussage ermessen und geeignete Schritte unternehmen kann, falls diese erforderlich sind. (vgl. HARTMANN ebd. 25)

Diese Vorgänge sind aber nicht nur ein Übersetzungs- und Verständigungsproblem, sondern auch ein Formulierungsproblem. Abgesehen von den Kommunikationsprozessen und ihren Abläufen auf verschlüsselten Wegen der Sach- und Beziehungsebene, den doppeldeutigen Äußerungen und Verzerrungen durch die Kommunikationsträger (Projektion, Übertragung) und die Datenübermittlung (Telefon, Brief, Nachricht durch Dritte), besteht auch das Problem der Sprache an sich. Das, was die Heilpädagogin im Gutachten sprachlich formulieren will, sollte sie bereits vorher 'in Gedanken' vorformuliert haben. Hierbei können nach HARTMANN (ebd. 75) zwei Gründe für das Missverstehen von Gutachten ausschlaggebend sein:

a) Der Gutachter weiß entweder selbst nicht genau, was er schreibt;

b) der Gutachter kann das, was er weiß, nicht ausdrücken.

Für die inhaltliche und stilistische Richtigkeit und die daraus resultierende Verständlichkeit eines Gutachtens kann nach WITTGENSTEIN (1990) folgender Grundsatz gelten:

"Der Gedanke ist der sinnvolle Satz. (4) Alles, was überhaupt gedacht werden kann, kann klar gedacht werden. Alles, was sich aussprechen läßt, läßt sich klar aussprechen. (4.116) Wovon man nicht sprechen kann, darüber muß man schweigen. (7)"

Ausgehend von dieser Grundregel sollte die Heilpädagogin folgende Gesichtspunkte bei der Erstellung ihres Gutachtens beachten:

1. Ziel des Gutachtens ist es, ein möglichst geschlossenes Gesamtbild des Klienten in seiner Befindlichkeit, besonders in seinen Erziehungsverhältnissen zu erhalten. Dabei muss die Heilpädagogin sich ihrer Verantwortung gegenüber dem Auftraggeber und dem Leben des Klienten bewusst sein.

2. Das Gutachten darf nur eindeutig nachweisbare und kritisch überprüfte Fakten beinhalten. Alle Aussagen von Drittpersonen oder vom Hörensagen sind als solche gesondert zu kennzeichnen. Die Methoden und Medien, die die Heilpädagogin zu ihrer heilpädagogischen Diagnosefindung eingesetzt hat, sind zu benennen und von ihrer Wirkweise her zu beschreiben.

3. Andeutungen, Vermutungen, Sowohl-als-auch-Formulierungen, mehrdeutige Redewendungen und Schachtelsätze; Aussagen, die sich nicht auf den Klienten, sondern auf andere Personen beziehen; Aussagen, die besondere Charakteristika wie Alter, Art der Beeinträchtigung nicht berücksichtigen; Begriffe, die im allgemeinen Sprachgebrauch vom fachlichen Sprachgebrauch unterschiedlich aufgefasst werden (z.B. primitiv, Anpassung, Aggressivität) dürfen nicht benutzt oder müssen in ihrem Bedeutungszusammenhang (in Klammern) eigens erklärt werden.

4. Moralische Wertungen und vom Auftrag her nicht zu berücksichtigende Fakten dürfen nicht verwendet werden.

5. Zufällige Verhaltensbeobachtungen, vereinzelt vorkommende Aspekte dürfen nicht genannt oder gar in Zusammenhang mit Untersuchungsergebnissen genannt werden, um eine Übergewichtung zu vermeiden.

Demgegenüber sollte die Heilpädagogin insbesondere berücksichtigen:

6. Ein Gutachten sollte inhaltlich und stilistisch in *Sachprosa* formuliert sein und in dieser Schriftsprache gezielt informieren, um das Informationsgefälle zwischen Auftraggeber und Heilpädagogin bzw. Empfänger des Gutachtens auszugleichen.

7. Das Gutachten sollte in möglichst *knapper Form* alles enthalten, was zur Erfüllung des Auftrags zu erwähnen *wichtig* ist.

8. Das Gutachten sollte *ausgewogen* sein. Es sollten nicht nur die Schattenseiten oder Mängel benannt werden, sondern demgegenüber sollte die Heilpädagogin die Fähigkeiten und Fertigkeiten und die *positiven Seiten* und *Entwicklungsmöglichkeiten* besonders klar herausstellen, gemäß der MOORschen Maxime: "Nicht gegen den Fehler, sondern für das Fehlende". (1965, 317)

9. Das Gutachten sollte *stringent* (= bündig, zwingend, beweiskräftig) auf den speziellen Auftrag und den Zweck hin ausgerichtet sein.

10. Das Gutachten sollte *inhaltlich* einer Leitlinie, einem 'roten Faden' folgen, der wichtige Gesichtspunkte enthält, um für den Gutachtenempfänger den Blick für dieses beeinträchtigte oder behinderte Kind, den Jugendlichen zu erweitern. Dabei ist der Anspruch auf Vollständigkeit oder gar Endgültigkeit weder sinnvoll noch heilpädagogisch wünschenswert.

11. Das Gutachten sollte eine *klare* und *aufbauende Gliederung* haben und dementsprechend die inhaltlichen Aspekte ordnen und gewichten.

- **Gliederungspunkte und Inhaltsbereiche für heilpädagogische Gutachten**

Im Folgenden werden verschiedene Gliederungsvorschläge und Inhaltsbereiche vorgestellt, die für heilpädagogische Gutachten relevant sein können. Dabei wird die Auswahl der Gliederungsvorschläge und der inhaltlichen Kriterien für die Begutachtung vom jeweiligen Auftrag der Heilpädagogin sowie von der Art und Weise der Beeinträchtigung, der Behinderung und/oder der psychosozialen Störung des Kindes bzw. Jugendlichen abhängen, für die das heilpädagogische Gutachten erstellt wird. Ziel der Heilpädagogin wird es in jedem Fall sein, ein möglichst geschlossenes Gesamtbild des Klienten in seiner Befindlichkeit und besonders in seinen Erziehungsverhältnissen und Fördermöglichkeiten darzustellen. Spezifische Aussagen wird die Heilpädagogin nicht mittels eines Gutachtens, sondern durch eine heilpädagogische –>Stellungnahme abgeben.

Zur Gliederung eines heilpädagogischen Gutachtens werden folgende Punkte vorgeschlagen:

Gliederungspunkte zum Heilpädagogisches Gutachten

Absender, Anschrift, Datum, Betreff, Bezug
1. Anlass und Fragestellung
2. Heilpädagogische Befunderhebung
2.1 Anamnestische Daten: Bezugspersonen; Entwicklungsverlauf und derzeitige Lebenssituation (Lebensweg, Erziehung, Krankheiten, Schullaufbahn und Schulsituation)
2.2 Stellungnahme aus der Sicht des Klienten zur Fragestellung, zu seiner Lebenssituation und zu seinem bisherigen Erleben und Verhalten (Lebensmotto)
2.3 Diagnostische Verfahren (Darstellung, Erläuterung, Durchführung)
2.4 Ergebnisse der heilpädagogischen Befunderhebung (ggf. auch der Begleitung und Beratung)

3. Interpretation und auswertende Stellungnahme
4. Vorschläge zur Durchführung geeigneter Hilfsmaßnahmen (z.B. Erziehungsplanung; heilpädagogische Begleitung im Spiel oder in der Übung (als Einzel- und/oder Gruppen-Begleitung); besondere Fördermöglichkeiten im Alltag; Hinweise auf ergänzende Hilfen (z.B. Krankengymnastik, ambulante Sprachheiltherapie o.ä.)
Im Zusammenhang mit dem Gutachten sollte(n) erfolgen (und ggf. als gesonderter Punkt im Gutachten enthalten sein):
5. (Aussagen über) ein Gespräch mit dem Klienten oder den Erziehungsberechtigten bzw. dem Auftraggeber oder Empfänger des Gutachtens zum Zwecke der Erläuterung und weiterführender Absprachen.

Abb. 44: Gliederungspunkte zum Heilpädagogisches Gutachten

Beachtenswerte Kriterien zur Erstellung des Gutachtens können sein:
- Äußerer Eindruck
- Verhältnis von Lebensalter zum Entwicklungsalter
- Aspekte der psychosexuellen Entwicklung und psychische Entwicklungslinien
- Ich-Entwicklung: Selbstwertgefühle, Wertgefühle, Werteinsicht, Wollen

- Entwicklungsstörungen (Akzeleration, Retardierung, Regression, Fixierung)
- Körperschema, Körperbild und Leibessinne
- Aufmerksamkeit, Konzentrationsfähigkeit,
- Gedächtnis (akustisch, visuell)
- Wahrnehmungs- und Beobachtungsfähigkeit
- Kombinationsfähigkeit
- Denkfähigkeit und -bereitschaft (anschaulich, lebenspraktisch, abstrakt)
- Sprache, Begriffsbildung, Wortschatz, Sprachgewandtheit
- Belastungsfähigkeit
- Interessenrichtungen und Ansprechbarkeit
- Spielverhalten
- Arbeitsverhalten: Arbeitsweise und Arbeitstempo
- Schlafverhalten
- Lernverhalten
- Verhalten gegenüber sich selbst, anderen, Tieren, Sachen
- Ausdrucksfähigkeit
- Vorstellungskraft, Phantasie, Kreativität
- Gemüt, Affektivität
- Entwicklungsanomalien, Fehlprägungen, dispositionelle Defekte, Mängel und Mangelerleben
- Fähigkeiten und Fertigkeiten

Zur *förderdiagnostischen Begutachtung* schlägt BUNDSCHUH (1994, 150 ff.) folgende Gliederung vor:

Förderdiagnostische Begutachtung
1. Vorbemerkungen
2. Situation, Beobachtungsanlass, Bedingungen
3. Bisherige Entwicklung
4. Beschreibung der Planungsphase
5. Beobachtungen und Förderungsansätze
- Wahrnehmung; - Motorik; - Gedächtnis; - Sprache;
- Kommunikationsfähigkeit und soziales Verhalten;
- Kreativität und Spontaneität;
6. Zusammenfassung

Abb. 45: Förderdiagnostische Begutachtung

Folgende *Beobachtungskriterien* (–> Abb. 46) können für die förder-diagnostische Begutachtung herangezogen werden:

---

1. Äußeres Erscheinungsbild

Körperliche Auffälligkeiten: Körperbehinderung, Haltung, Gang, Mimik, Gestik. Entwicklungsstand. Kleidung und Pflege.

2. Motorik

a) Grobmotorik: Seitendominanz, Raumorientierung, Ausdrucksgehalt; langsam, überschießend, differenziert/undifferenziert, koordiniert/ unkoordiniert.

b) Feinmotorik: Drehbewegung, schneiden, halten, Linie nachfahren. Stift und Pinsel handhaben, kleine Teile zusammenstecken. Greifen: einseitig/beidseitig; bauen: einhändig/zweihändig.

3. Sprache

Tonfallverständnis, Nachahmung. Passive Sprache (Sprachverständnis). Aktive Sprache: Lautstärke, Artikulation, Ausdruck, Dialekt. Sprach- (Sprech)störungen. Die Fähigkeit, eigene/fremde Bedürfnisse und eigene/fremde Empfindungen zu formulieren; eindrucksvolle Erlebnisse zu berichten, Sachverhalte darzustellen, Informationen zu verlangen und zu geben.

4. Sozialverhalten

Art der Kontaktaufnahmen: Blickkontakt, taktiler, gestischer oder verbaler Kontakt. Kontaktwunsch, Kontaktbereitschaft, Kontaktfähigkeit, Kontaktstörung. Kontakt mehr zu erwachsenen oder (auch) zu Gleichaltrigen. Kontakt zu neuen Situationen: distanziert/distanzlos, rücksichtsvoll/rücksichtslos, umstellungsfähig. Anpassung: zuviel/zuwenig; Durchsetzung: zuviel/zuwenig; Anpassung und Durchsetzung sozial ausgeglichen. Gruppenfähigkeit. Leistung und Anerkennung sind adäquat/inadäquat.

5. Emotionales Verhalten

Ansprechbarkeit, Äußerungsfähigkeit. Passivität, Aktivität; Angst, Aggressivität. Kann Affekte zeigen (Freude, Glück, Zorn, Verzweiflung, Liebe, Hass, Angst, Eifersucht, Neid). Die emotionale Zuwendung ist differenziert/infantil/nicht erkennbar. Sensibilität, Stimmungsschwankungen.

6. Spielverhalten

Spielt allein oder mit anderen, Fähigkeit zur Nachahmung. Spielfähigkeit alters-/entwicklungsentsprechend. Bevorzugte Spielzeuge, Spielhandlungen, Spielart. Spieldauer, Initiative, Kreativität.

---

7. Umgang mit dem Material

Wie wird das Material angenommen: greifen/loslassen/hantieren. Welches Material wird bevorzugt: Form, Farbe, Größe, Funktion, Oberflächenbeschaffenheit (glatt/rau). Gegenstände werden erkannt/zugeordnet/benannt/gebraucht; sie werden nach Farben, Formen, Farben und Formen, nach Größe geordnet. Gegenstände werden nach zwei/drei/vier Merkmalen geordnet, sie können in sinnvolle Zusammenhänge gebracht werden. Planung: Planloses Handeln, Handeln kausal (ursächlich) planvoll; kann spätere Planung formulieren und aufschieben; kann über mehr als zwei Schritte trotz eingeschobener Tätigkeit, planen.

8. Aufgabenbewusstsein

Gedächtnis, Ausdauer, Konzentration, Belastbarkeit. Aufgabenerfassung und Aufgabenerledigung. Reaktion bei Schwierigkeiten der Durchführung. Begreifen der Kulturtechniken.

9. Lebenspraktische Fähigkeiten

Selbständigkeit beim Aus- und Anziehen, Waschen, Essen und Trinken. Kennen und Benennen der Sinnesorgane. Selbständigkeit beim Toilettengang. Verhalten bei alltäglichen Verrichtungen; ausgezogene Kleider versorgen, im Haushalt und im Garten helfen, Haustiere versorgen. Spontane Tätigkeiten: Tisch decken, aufräumen, Geschirr waschen, abtrocknen. Umwelt kennen. Gegenstände des täglichen Bedarfs im häuslichen Bereich erkennen und sinnvoll benutzen. Sicherheit im Straßenverkehr.

10. Vorlieben und Interessen

Spiele, Musik, werken, malen; Pflanzen, Tiere. Bilderbücher, Geschichten. Besondere Eigenarten, die andere stören könnten. Abneigungen.

11. Wertvorstellungen

Eigene Eltern erkennen/anerkennen. Unterscheidung zwischen bekannt/unbekannt, befugt/unbefugt. Einem Menschen zuliebe handeln in Anwesenheit/in Abwesenheit. Einer Anweisung folgen: kurzfristig/langfristig. Für mehrere Menschen (ihnen zuliebe) handeln in Anwesenheit/in Abwesenheit.

12. Besondere Symptome

Daumenlutschen, Nägelkauen, Einnässen/Einkoten: nachts/tagsüber. Autoaggressives Verhalten: sich schlagen, Haare ausreißen, sich kratzen. Stereotype Verhaltensweisen. Aggressivität (gegen Gleichaltrige/Erwachsene), Gehemmtheit, Tics.

Abb. 46: Beobachtungskriterien für die Beschreibung des behinderten und des entwicklungsgestörten Kindes (nach Oy/Sagi 1988, 224 ff.)

- **Zusammenfassung**

Das heilpädagogische Gutachten ist ein beratendes Gutachten. Es enthält vor allem Aussagen über die Erziehungsfähigkeit und -willigkeit sowie Empfehlungen und Hinweise für den weiteren Begleitungsverlauf bzw. den förderungsorientierten Umgang mit dem beeinträchtigten oder behinderten Kind bzw. Jugendlichen. Inhaltlich wichtig sind der gegenwärtige körperliche, geistige und seelische Entwicklungsstand sowie die Stufe der nächsten Erreichbarkeit in den verschiedenen Fähigkeits-, Erlebens- und Verhaltensbereichen. Schwierigkeiten bei der Erstellung des Gutachtens ergeben sich aus der Notwendigkeit, die Inhalte so zu beschreiben, dass der Empfänger daraus die intendierten Schlüsse und Empfehlungen sinnentsprechend entnehmen kann. Das heilpädagogische Gutachten erhebt keinen Anspruch auf Vollständigkeit oder gar Endgültigkeit, weil dies heilpädagogisch - im Hinblick auf Entwicklungs- und Fördermöglichkeiten - weder sinnvoll noch wünschenswert ist. Da die Erstellung eines Gutachtens immer einen Kommunikationsprozess zwischen Gutachten-Ersteller und Gutachten-Empfänger notwendig macht und dieser nicht einheitlich sein kann, gibt es keine für alle Gutachten verbindliche Vorschriften. Für die Erstellung eines heilpädagogischen Gutachtens ist es wichtig, eine übersichtliche Gliederung zu beachten und für den Empfänger die Inhalte differenziert und wenn nötig erläuternd bzw. erklärend/operational darzustellen, um Fehlinterpretationen zu vermeiden.

Ziff. 1   HILFE   —> S. 92

Begriffsbestimmung:

Hilfe wird nicht nur abstrakt als "Beistand, Unterstützung, Hilfsmittel oder Förderung" verstanden, sondern auch im Sinne von "helfender Person", wie 'Helfer' und 'Gehilfe', aber auch 'Aushilfe', 'Schreibhilfe', 'Sprechstundenhilfe' u.ä. Hilfe kann als finanzielle, materielle oder geistige Hilfe verstanden werden sowie als sogenannte 'Erste Hilfe' bei Unglücksfällen, in Gefahr und Not. Das Gesetz verpflichtet jeden Menschen zur Hilfeleistung in Unglücksfällen, soweit es erforderlich, ihm zuzumuten und ohne eigene Gefährdung möglich ist. Unterlassene Hilfeleistung kann bestraft werden (§ 330c StGB). Da der Beruf der Heilpädagogin zu den sogenannten "helfenden Berufen" zählt, ist der Hilfebegriff zu reflektieren.

In diesem Übersichtsartikel werden folgende Themen angesprochen:

• Herkunft und Umfeld des Hilfebegriffs

Herkunft und Umfeld des Hilfebegriffs wandeln sich durch historische und gesellschaftliche Unterschiede in ihrer Bedeutung.

1. Hilfe als *unmittelbare, persönliche Hilfeleistung*

Es scheint, als sei die Bereitschaft zur Hilfeleistung ein 'grundlegender Zug' in jedem Menschen, der nur durch äußere Einflüsse behindert oder eingeschränkt ist, wie z.B. der Angst vor dem Verlust eigener persönlicher oder sachlicher Werte. Die natürliche Einsicht zu gegenseitiger Hilfe und ihre grundlegende Motivation wird vertieft durch religiöse und humanitäre Werte, die den Menschen sogar die Angst (z.B. vor Ansteckung durch Krankheit) überwinden und große Mühe auf sich nehmen lassen, um Hilfe, d.h. einen 'Liebesdienst' zu erweisen. Dies kann auch unter Einsatz des eigenen Lebens geschehen. Persönliche Hilfe kann rein intuitiv, aus eigener Verantwortung heraus und 'privat' erfolgen; sie kann aber auch spontane, planmäßige und fachliche Hilfe sein. Als solche versteht die Heilpädagogin ihr Handeln gegenüber dem hilfsbedürftigen beeinträchtigten oder behinderten Menschen.

2. Hilfe als *organisierte Hilfeleistung*

Zur organisierten Hilfeleistung zählen die 'Träger fachlicher Intervention', die zwar soziale, bildende, medizinische, technische, erzieherische Hilfeleistung für den einzelnen Menschen und bestimmte Gruppen erbringen, jedoch im Rahmen von Gesellschafts- und Sozialpolitik aufgrund generalisierender (z.b. gesetzlicher) und schematisierender (z.B. im Gesundheitswesen gebräuchlicher) Mittel und Möglichkeiten der Hilfeleistung tätig werden. Im Lauf der Geschichte hat sich Hilfe mit den wandelnden gesellschaftlichen Bedingungen verändert. LUHMANN (1973) unterscheidet:

a) *Archaische* Gesellschaften, in denen die Bedürfnisse und Gefährdungen des Menschen vertraut und absehbar waren, wenngleich die Bedürfnislage aufgrund der Abhängigkeit des Menschen von Naturkatastrophen und Seuchen nicht abgeschätzt werden konnte. Hilfe erfolgte wechselseitig und unmittelbar, ohne Regelung von Dankespflichten für den, der Hilfe erhielt.

b) *Hochkultivierte* Gesellschaften, in denen es durch Arbeitsteilung und Produktionsverteilung aufgrund generalisierter Wert- und Normvorstellungen auch zu einer Unterscheidung zwischen Helfer und Hilfsbedürftigem kommt. Diese Zuordnung ergab sich aus der Zugehörigkeit zu einem bestimmten Stand. Aus den Standespflichten leitete sich Hilfe als Standespflicht ab. Dadurch erhielt z.B. der Arme einen moralischen Anspruch auf Hilfe.

c) Schließlich sind die *modernen* Gesellschaften zu nennen, mit ihrer hohen funktionalen Differenzierung und Leistungsspezialisierung, in denen sich organisierte Sozialsysteme mit Fachkräften herausbilden, die sich auf *Helfen als berufliche Funktion* spezialisieren. Hilfe wird präzise durch bestimmte Bedürfnislagen, Rechtsansprüche, Programme und professionelle Methoden umschrieben. Hilfe wird nicht mehr nur unmittelbar durch den Anblick von Not ausgelöst, sondern durch einen Vergleich zwischen verschiedenen Tatbeständen, die jeweils Hilfsbedürftigkeit oder Nicht-Hilfsbedürftigkeit charakterisieren.

• **Heilpädagogik als Hilfeleistung**

Die Heilpädagogin versteht den beeinträchtigten/behinderten Menschen in seiner personalen und sozialen Einmaligkeit als jemanden, der sich aufgrund dieser Beeinträchtigung/Behinderung/Sozialauffälligkeit nicht zu seiner vollen personalen und sozialen Einmaligkeit entwickeln kann. Deshalb ist heilpädagogische Hilfe legitimiert als

- Hilfe zu möglichst weitgehender Besserung und Leistungssteigerung der beeinträchtigten körperlichen, geistigen und seelischen Kräfte sowie bei der Eingliederung bzw. Wiedereingliederung in die Gesellschaft;
- Hilfe zur Selbstentfaltung und Lebensentfaltung im Beeinträchtigt- bzw. Behindertsein;
- Hilfe zur Annahme von Erziehung;
- Hilfe zur Selbsterziehung.

Die Bereitschaft zur Hilfeleistung kann aber nur dann wirklich 'hilfreich' werden, wenn die Heilpädagogin sich zur Hilfe fähig gemacht hat. Die Anfrage an die Heilpädagogin: "Können Sie mir helfen?" weist den Menschen als hilfsbedürftig aus, als einen, der auf der Suche ist und den 'rechten Weg', die Orientierung für sein Leben unter den erschwerenden Bedingungen wie in einem Labyrinth verloren hat.

Die Heilpädagogin wird deshalb aus dieser Anfrage die *Bitte um Hilfe für den Lebensweg* heraushören können, die nicht gleichzusetzen ist mit der Frage: "Wie werde ich mein Symptom, meine Behinderung los?"

Die echte Bitte um Hilfe weist den Menschen als einen Wanderer auf seinem Lebensweg aus, der auf der Suche nach Halt, nach Richtung ist und der sich auf ein Ziel hin unterwegs weiß, das er vielleicht verloren glaubt. Insofern kann die Heilpädagogin die Antwort geben: *"Ja, ich kann dir (oder Ihnen) helfen, wenn Sie mich ein Stück Ihres Weges mitgehen lassen, wenn ich Sie begleiten darf; und dabei müssen Sie mir ebenso helfen, wie ich Ihnen, denn wir sind als Weggefährten aufeinander angewiesen!"*

Diese Antwort der Heilpädagogin beinhaltet das Wissen und Eingeständnis, dass sie selbst unterwegs ist auf ihrem Lebensweg, auf dem
auch sie - wie der beeinträchtigte, der behinderte, der psychosozial
gestörte Mensch - der Hilfe bedürftig ist.

Diese Erkenntnis kann die Heilpädagogin nur aus der *reflektierten
Erfahrung* ihres eigenen Lebens gewinnen, auf der Suche nach
Selbsterkenntnis mit Hilfe anderer. Echte und heilsame Selbsterkenntnis schließt immer auch das Erkennen und die Auseinandersetzung mit der Endlichkeit menschlichen Daseins, mit der eigenen
Hilfsbedürftigkeit und mit der eigenen Abhängigkeit, ein. Nur wenn
sich die Heilpädagogin so in ihrem Menschsein verstehen lernt, wird
sie bereit sein, sich ohne Überheblichkeit ihrem Gegenüber als *fachliche u n d persönliche Helferin* auf dem Lebensweg anzubieten.
Sie wird auch nicht Gefahr laufen, ein "hilfloser Helfer" zu werden.
(vgl. SCHMIDBAUER 1985)

Das Unterwegssein bedingt aber immer auch das persönliche Schuldigwerden und Schuldigbleiben. Indem die Heilpädagogin dies erkennt, sich ihrem Schatten[1] stellt, selbst um Hilfe und Vergebung von

---

[1]Der *Schatten* ist ein Begriff der analytischen Psychologie von c. g. jung, der ihn
1945 direkt und klar als das definierte, was ein Mensch "nicht sein möchte". (GW 16,
§ 470) Der Mensch verbannt gern seine dunklen Charakterzüge, nicht nur die kleinen
Schwächen und Schönheitsfehler, sondern auch jene als wertlos und primitiv angesehene eigene "zweite Persönlichkeit", deren unterste Schichten sich kaum von
der Triebhaftigkeit des Tieres unterscheiden, in seinen dunklen Schatten, damit sie
nicht sichtbar wird. Dort sammeln sich alle verdrängten, minderwertigen und
schuldhaften Anteile der Person, die von dorther unbewusst das Leben des Menschen beeinflussen, bis sie ins Bewusstsein integriert werden. "Jedermann ist ge-
folgt von seinem Schatten, und je weniger dieser im bewußten Leben des Individuums verkörpert ist, um so schwärzer und dichter ist er. Wenn eine Minderwertigkeit
bewußt ist, hat man immer die Chance, sie zu korrigieren. Auch steht sie ständig in
Berührung mit andern Interessen, so daß sie stetig Modifikationen unterworfen ist.
Aber wenn sie verdrängt und aus dem Bewußtsein isoliert ist, wird sie niemals korrigiert. Es besteht dann überdies die Gefahr, daß in einem Augenblick der Unachtsamkeit das Verdrängte plötzlich ausbricht. Auf alle Fälle bildet es ein unbewußtes
Hindernis, das die bestgemeinten Versuche zum Scheitern bringt". (GW 11, § 131)
Deshalb sollte sich jede Heilpädagogin bewusst werden, dass sie - wie alles Stoff-
liche - einen Schatten wirft, und dass gerade der Schatten uns menschlich macht.
Erste Aufgabe in der Auseinandersetzung mit dem eigenen Schatten ist die Rücknahme derjenigen Schattenanteile, die auf andere Menschen projiziert und an diesen
irrtümlich bekämpft werden: Abgelehnte sowie kritisierte Eigenschaften und Verhaltensweisen, die uns bei anderen Menschen in besonderer Weise stören und die sie
uns unbeliebt machen. - Der Schatten beinhaltet aber nicht nur die abgelehnten Anteile im Menschen, sondern ist zugleich ein ungeheures Reservoir von kreativen,

Schuld bittet und dadurch zerstörerische, unbewusste Schuldgefühle vermeidet, kann sie auch das Schuldigwerden ihres Mitmenschen nachvollziehen, ihm verzeihen und ihn durch ihre Anteilnahme entlasten. Indem sich die Heilpädagogin ihrer Fehler nicht schämt, die ihr in ihrem Bemühen als Mensch und Fachfrau unterlaufen und sich diese nicht nur als fachliches Versagen, sondern auch als menschliches Begrenztsein eingesteht und gegenüber einem korrigierenden Du zugibt, zeigt sie, dass sie sich trotz ihres Versagens selber angenommen und verstanden weiß. Diese Gewissheit schützt sie vor unnötigen Skrupeln, erhöhtem Leidensdruck, Stress, übersteigertem Leistungsanspruch, Perfektionsdrang, depressiven Verstimmungen, unerfüllbaren Überansprüchen und unverhältnismäßigen Versagensängsten und Suchtgefahren. Sie gewinnt Vertrauen in sich *und* in den hilfsbedürftigen Mitmenschen, so dass auch er dem anderen trauen und sich und ihr etwas *zutrauen* kann:

"Ich traue dir zu, dass du mir in deiner Hilflosigkeit zeigen kannst, welchen Weg du wirklich gehen willst, welches Ziel du wirklich anstrebst. Ich kann mit dir gehen und gemeinsam schaffen wir es besser."

Auf diese Weise wird die Heilpädagogische Erziehungshilfe und Entwicklungsförderung (HpE) zu einem *dialogischen Geschehen des Anteil-Gebens und Anteil-Nehmens.* In diesem Prozess tut jeder das - und nur das - was 'not'-wendig und *wichtig* ist. Alles darüber Hinausgehende wäre nicht nur überflüssig, sondern auch schädlich. Weil die Heilpädagogin dies weiß, hat sie zuerst die größere Verantwortung dafür, bis auch der Hilfesuchende selbst zu dieser Erkenntnis vorgedrungen und damit zur eigenen Entscheidungs- und Leistungsfähigkeit gelangt ist.

Eine solche Grundhaltung und sorgfältige Reflexion des Beziehungsverhältnisses bewahrt die Heilpädagogin vor falschem Altruismus, falschem Opfersinn und vor der falschen Ideologie der "guten Tat". Sie hat die Erkenntnis, dass echte *Hilfe ein Prozess des Teilens*

---

nicht gelebten und unterentwickelten Ressourcen, aus denen man wie aus einer unversiegbaren Rohstoffquelle schöpfen kann, wenn erst tief genug gegraben wurde, um die verschütteten Anteile der Person zu beseitigen und die tieferliegenden, ungenutzten Qualitäten freizuschaufeln.

und Wachsens, des Werdens und Vergehens ist. So kann sich die Heilpädagogin davor schützen, dass der Hilfsprozess zu einem Akt der persönlichen Rechtfertigung für... und Anerkennung von... ausartet. Dadurch wird sie weniger kränkbar und verletzlich.

Um ihre Arbeit sinnvoll und effektiv durchführen zu können, wird die Heilpädagogin weiterführende Fragen zur Legitimation für Hilfe stellen, sich und ihre Möglichkeiten realistisch einschätzen und ihrerseits kompetente Fachkollegen um Hilfe bitten, indem sie fragt:

- *Wem* wird geholfen?

(Auswahl derjenigen, die Hilfe bekommen sollen)

- *Wann* wird geholfen?

(Anerkennung bestimmter Bedürfnisse und Notwendigkeiten)

- *Warum* wird geholfen?

(Motive der Hilfeleistung)

- *Wie* wird geholfen?

(Art und Weise des jeweiligen Vorgehens)

(vgl. LOWY 1983, 31)

Als Orientierung für ihr wertgeleitetes Handeln wird die Heilpädagogin beim Prozess der Hilfeleistung vor allem drei Prinzipien berücksichtigen:

1. Das Prinzip der *Subsidiarität:*

Alles, was der einzelne bzw. die Familie oder andere fachliche Helfer leisten können, sollte die Heilpädagogin *nicht* leisten; sie sollte nur dort und insoweit Hilfe anbieten, wo "Erziehung unter erschwerenden Bedingungen" sonst unmöglich wäre.

2. Das Prinzip der *Solidarität:*

Die Heilpädagogin ist bereit zu wechselseitiger Hilfe, soweit die Eigenleistung der Person (und anderer Helfer) trotz Anstrengungen nicht ausreicht; sie bietet diese Hilfe allerdings auch in einem lang andauernden Prozess durch Übernahme der Verantwortung für weite Teilbereiche im Leben des hilfsbedürftigen Menschen an.

3. Das Prinzip der *Partizipation:*

Die Mitverantwortung dessen, der Hilfe empfängt, ist für das Gelingen des Hilfsprozesses von entscheidender Bedeutung. Partizipation soll - wenn immer möglich - in Formen der Mitsprache, Mitbestim-

mung, Mitplanung usw. stattfinden, um die Eigenkräfte des hilfsbedürftigen Menschen zu mobilisieren und einzuüben.

Heilpädagogische Hilfe ist also vorrangig als eine über längere Zeit
hinweg dauerhafte, verlässliche, begleitende, stützende, *helfende Beziehung* zu verstehen. Nicht ein einmaliges oder gelegentliches 'Eingreifen', nicht symptomorientiertes Handeln machen Hilfe im heilpädagogischen Sinne aus, sondern die grundlegend aufzubauende und
zu einer intimen Verbindung wachsende *konstante, personale Hinwendung zu einem Du.* Die daraus erwachsende helfende und heilende Kraft der Beziehung ist letztlich ein unerforschliches Geheimnis
menschlicher Liebe; dennoch sind einige Gesetzmäßigkeiten dieses
Beziehungsvorgangs bekannt, die eine helfende Beziehung mitbe-
stimmen. Daraus erwächst zugleich die Gefahr, solche Gesetzmäßigkeiten apersonal zu 'erlernen', indem sie aus einem umfassenden,
wertorientierten und reflektierten Menschenbild herausgefiltert, isoliert, trainiert und funktionalisiert werden, wie es in einer ganzen
Reihe sogenannter "Sozialtrainings" zu verschiedensten Zwecken
(leider auch schon im Kindergarten zur Unterdrückung kindlicher
Aggressionen und zur Modifikation von Sozialverhalten) geschieht,
so dass sie später ebenso apersonal gegenüber anderen Menschen als
distanzierte, mechanistische und rein funktionale Techniken und
Praktiken eingesetzt werden.

- **Reflexion heilpädagogischer Hilfeleistung in der Beziehungsgestaltung**

In Gegenüberstellung von Heilpädagogin und Klient sollen einige
Beziehungsaspekte benannt werden. Dies sollte nicht dazu verleiten,
anzunehmen, die intrapsychische und interpersonale psychische Dynamik werde so klar formuliert auch empfunden und ausgedrückt.
Allerdings ist die Heilpädagogin dazu verpflichtet, sich selbst in berufsbezogener –>Selbsterfahrung und –>Supervision immer wieder
der Kontrolle ihrer teils unbewussten, affektiven Prozesse zu unterziehen, damit sie diese, einmal bewusst geworden, *hilfreich* in die
Beziehungsgestaltung einfließen lassen kann.

Wichtige Gefühlsmomente und Impulse, die die Helferpersönlichkeit beziehungsgestaltend aufgreifen und reflektieren sollte, sind:
- Angst und Unsicherheit,
- Macht und Überlegenheit;
- Abhängigkeit und Angewiesensein;
- Unterlegenheit, Minderwertigkeit, Unzulänglichkeit, Versagen, Schuld;
- Anbiederei, Gefügigkeit, Unterwürfigkeit.

Letztlich handelt es sich um solche emotionalen Inhalte, die
- als 'negative Gefühle' wahrgenommen werden: Unzulänglichkeiten beim Gegenüber korrespondieren mit dem eigenen 'blinden Fleck' (–>Selbsterfahrung), so dass sie beim Klienten bekämpft bzw. abgewehrt werden müssen;
- als 'positive Gefühle' wahrgenommen werden: Gefühle wie Wertschätzung, Vertrauen, Dankbarkeit, die hilfreich in die heilpädagogische Beziehungsgestaltung eingebracht werden oder aber zu blinder Zuversicht bzw. unangemessener Nachsicht beim Gegenüber verführen können, weil die Heilpädagogin mit sich selber unangemessen nachlässig und von blindem Zweckoptimismus für ihre Aufgabe beseelt ist.

Bei genauer Betrachtung solcher Gefühlsmomente und Impulse wird nachvollziehbar, dass der *helfende Dialog* in der *intersubjektiven heilpädagogischen Beziehung* aufgrund der Macht- und Autoritätsstruktur nicht nur partnerschaftlich-horizontal sondern auch hierarchisch-vertikal gestaltet werden kann. Die Heilpädagogin als Helferin, Befähigerin und Wegbegleiterin des beeinträchtigten, behinderten oder psychosozial gestörten Kindes und Jugendlichen und als Beraterin deren Eltern und Erzieherpersonen ist dies bewusst. Ihr kommt dabei die Aufgabe zu, der "abgespaltenen Pseudoidentität" (BROCHER u.a. 1972, 402) ihrer Klienten mit ihrer persönlich-beruflichen Identität zu begegnen, um Anstoß zum Suchen und Hilfe beim Finden der altersentsprechenden Identität im Mädchen- und Junge-, Frau- und Mann-, Mutter- und Vatersein zu geben.

Auf diese Weise soll sich die helfende Beziehung, die die Heilpädagogin mit dem Kind, dem Jugendlichen und dessen Bezugspersonen eingeht, unter ihrer fachlichen Leitung in einem zwischenmenschlichen Prozess so verändern, dass die vorgenannten und viele andere als negativ oder positiv gewerteten Gefühle wie Hingabe, Verzeihen, Trauer, Glück, Erleichterung, Freude, Hilflosigkeit, Überforderung, Angst und Furcht, Neid und Eifersucht, Rache und Vergeltung, Hass und Liebe als zum Menschen zugehörig empfunden, erlebt und durchlitten werden können und nicht abgespalten und bedrohend durchlebt werden müssen. Dieser heilpädagogische Prozess findet unter erschwerten Bedingungen statt. Ursachen, Zusammenhänge, Perspektiven werden von der Heilpädagogin in einem dialogischen Geschehen

- *subjektiv-anteilnehmender,*
- *normativ-wertbezogener,*
- *objektiv-merkmalsbezogener* und
- *existentiell-sinnverstehender*

Bezugspunkte mit dem beeinträchtigten, behinderten Menschen und seinen Bezugspersonen mehr und mehr einsichtig erarbeitet. Hierzu bedient sich die Heilpädagogin der *Reflexion des Prozessgeschehens,* vornehmlich auf der besonders die *emotionalen Kräfte mobilisierenden Symbolebene,* die in zunehmend möglichem Maße auch den beteiligten Personen bewusst wird, so dass diese die reflektierte Fremderziehung durch die Heilpädagogin annehmen, ihre positiven Erfahrungen in ihre gestörten Erziehungsverhältnisse transferieren und dadurch zunehmend zur Selbststeuerung und Selbsterziehung fähig werden können.

Die dazu erforderlichen heilpädagogischen Gestaltungselemente können dialogisch reflektiert werden:

Die Heilpädagogin als Mensch, als Fachfrau	*Die Klientel* als Kind, Jgdl., als Eltern oder Erzieher
- Einsichtgewinnung durch berufsbezogene –> Selbsterfahrung und –>Supervision im Lernen unter neuen Bedingungen;	- Einsichtgewinnung durch heilpädagogische –>Begleitung und –>Beratung im Lernen unter neuen Bedingungen;

- Reflektierter Umgang mit eigenen Gefühlen in Gegenübertragungsphänomenen und Abwehrmechanismen

- Wahrnehmen und Tolerieren der als 'schlecht' empfundenen Gefühle und Einsetzen derselben zur Reflexion und Gestaltung des Begleitungs- und Beratungsprozesses

- Reflexion von Erlebens- und Verhaltensänderungen aufgrund von Teil-Identifizierungsprozessen und Vorbild- bzw. Modellverhalten auf symbolischer oder realer Ebene

- Herausfinden der realen Belastungsmöglichkeit zwischen Über- und Unterforderung, unter Berücksichtigung der vorhandenen körperlichen, geistigen und seelischen Kräfte zur Gestaltung der beruflichen Situation

- Transfer der durch Lebenserfahrung, Studium und Berufsausbildung, berufliche –> Selbsterfahrung und –> Supervision gewonnenen Handlungsansätze in die heilpädagogische Begleitung und Beratung

- Förderung der Fähigkeit zu verantwortlichem beruflichen Handeln als Heilpädagogin in der Spannung zwischen persönlich-fachlich verantwortetem Handlungskonzept und der Entwicklung angemessener, dem Entwicklungsalter sowie der körperlichen, geistigen, seelischen, sozialen Beeinträchtigung oder Behinderung entsprechenden Hilfen

- Reflektierter Umgang mit eigenen Gefühlen in Abwehr, Widerstand und Übertragungsphänomenen

- Wahrnehmen, Ausdrücken, Tolerieren und (symbolisches) Reflektieren der als 'schlecht' empfundenen Gefühle und Hilfen zur Änderung von Erlebens- und Verhaltensweisen

- Verhaltensänderungen aufgrund von zeitweisen Identifizierungsprozessen bzw. durch Imitation und Modelllernen auf symbolischer oder realer Ebene

- Herausfinden der realen Belastungsmöglichkeit zwischen Über- und Unterforderung, unter Berücksichtigung der vorhandenen körperlichen, geistigen und seelischen Kräfte zur Selbstgestaltung

- Transfer der in der helfenden Beziehung erfahrenen Möglichkeiten und Grenzen ins praktische Übungsfeld des konkreten, sozialen Lebensraumes

- Förderung der Fähigkeit zur verantwortlichen Selbstbestimmung in der Spannung zwischen individueller Freiheit und sozialer Verantwortung, angemessen dem Entwicklungsalter sowie der körperlichen, geistigen, seelischen, sozialen Beeinträchtigung oder Behinderung

Dies alles geschieht im heilpädagogischen Dialog mit dem Kind bzw. Jugendlichen im Malen, Spielen, Bauen, Konstruieren, Kritzeln, Geschichten Erfinden in Einzel- und/oder Gruppenarbeit oder im Alltag des heilpädagogisch-therapeutischen Milieus mit unterschiedlichen Medien und Materialien. Auch Eltern und Erzieher können neben dem Gespräch in –>Erziehungs- oder –>Elternberatung zum szenischen Bauen und kreativen Gestalten gebeten werden, durch das sie *mit* ihren Kindern und Jugendlichen verschüttete Erfahrungen aktualisieren und dadurch neu zu strukturieren lernen. Letzteres sollte die Heilpädagogin ohne Zusatzausbildung mit den Eltern jedoch *nur im Rahmen der Erziehungsberatung* sporadisch gestalten, entsprechend der Zielrichtung, größeres Verständnis für die kindlichen und jugendlichen Erlebens- und Verhaltensweisen bei den Erzieherpersonen zu wecken. Sie muss beurteilen können, ob und wann eine weiterführende Psychotherapie für ein Elternteil, Paartherapie für beide Eltern oder eine Therapie der ganzen Familie sinnvoll ist und dieses Anliegen im –>Teamgespräch vermitteln.

• **Zusammenfassung**

Heilpädagogische Hilfe ist zwar eine im Rahmen der postmodernen Gesellschaft institutionalisierte, organisierte, professionelle fachliche Hilfe, aktualisiert sich aber je neu in der *personalen helfenden Beziehung zwischen Heilpädagoge und Klientel.* Sie berücksichtigt die Prinzipien der Subsidiarität, Solidarität und Partizipation in einem über längere Zeit hinweg dauerhaften, verlässlichen, begleitenden, stützenden *erzieherisch-fördernden Prozess.* Nicht ein einmaliges oder gelegentliches 'Eingreifen', nicht symptomorientierte, technisch-funktionale 'Manipulation' machen Hilfe im heilpädagogischen Sinne aus, sondern die grundlegend aufzubauende und zu einer intimen Verbindung wachsende *konstante, personale Hinwendung zu einem Du.* Heilpädagogische Hilfe versteht sich als *personales Angebot und Antwort auf die Herausforderung,* die der beeinträchtigte Mensch an seine Mitmenschen in Staat und Gesellschaft wie auch ganz konkret in der jeweiligen Lebens- und Erziehungsgemeinschaft aufgrund seines Daseins und Soseins stellt. Die Heilpädagogin antwortet im *subjektiv-anteilnehmenden, normativ-wertbezogenen, objektiv-merkmalsbezogenen und existentiell-sinnverstehenden* Dialog. Um diese Hilfe leisten und real wie auf symbolischer Ebene angemessen Antwort geben zu können, reflektiert die Heilpädagogin das *intersubjektive Geschehen* mit dem ihr anvertrauten Menschen auf *partnerschaftlich-horizontaler* Ebene, indem sie sich selbst als Mensch und als Fachvertreterin in berufsbezogener Selbsterfahrung, Supervision und im eigenverantwortlichen heilpädagogischen Handeln ihrem 'Schatten' stellt und sich diejenigen Fragen vorlegt und reflektiert, die sie auch mit dem ihr anvertrauten Kind, Jugendlichen oder deren Eltern durcharbeitet.

Begriffsbestimmung:

Im althergebrachten Sinne bedeutet der Begriff Institution (lat. instituere) die Einsetzung oder Einweisung in ein Amt. Heute versteht man unter Institution die einem bestimmten Bereich zugeordnete Einrichtung, Anstalt, Genossenschaft, Behörde oder Stiftung (z.B. auch Ehe, Familie) die dem Wohl oder Nutzen des einzelnen oder der Allgemeinheit dient. Verwandt ist das Substantiv *Institut:* Eine Anstalt zur Ausbildung, Erziehung, Forschung, o.ä. Das Verb *institutionalisieren* drückt aus, dass etwas zu einer bestimmten Institution gemacht und deshalb in eine gesellschaftlich anerkannte, feste (auch: starre) Form gebracht wird. Im Zusammenhang mit dem Begriff Institution steht der Begriff *Organisation* als komplexe und formale Bürokratie einer Institution, die meist hierarchisch ausgeprägt, geplant, rationalisiert und juristisch definiert und abgesichert ist. (Dienststellenbeschreibung, Tätigkeitsmerkmale) Organisationsabläufe lassen Zweck und Ziel der Institution erkennen, nach denen sich die Angehörigen der Institution in erster Linie als Funktionsträger im formellen Organisationsgefüge begegnen (z.B. Dienstweg). Zugleich kommt es aber immer auch zu informellen, nicht organisierten Untergruppen (Cliquen) in Institutionen.

Im diesem Übersichtsartikel werden folgende Themen angesprochen:

- Die Heilpädagogin und die Institution 538
- Die Bedeutung (sozialer) Institutionen und Organisationen in unserer Gesellschaft 541
- Aufbau der formalen Organisationsstruktur 542
- Kommunikationsprobleme in Institutionen 543
- Konflikte in Institutionen 545
- Führungsprobleme in Institutionen 547
- Probleme bei der Anpassung an die Anforderungen der Organisation 550
- Funktionskontrolle der Organisation 552
- Konsequenzen institutioneller und organisatorischer Handlungsmuster 554
- Zusammenfassung 555

• Die Heilpädagogin und die Institution

Der Begriff Institution beinhaltet einerseits die Möglichkeit, etwas nicht ohne weiteres Greifbares in eine 'feste Form' zu bringen, damit es 'handgreiflich', d.h. mit Händen zu greifen und 'handfest' im Sinne einer widerstandsfähigen und stabilen Sache wird. Gleichermaßen beinhaltet der Begriff Institution aber auch die Schwierigkeit, rasch und im Detail angemessen und spontan handeln zu können. Institutionen sind aufgrund ihrer Instanzenwege, d.h. der Linien- und Stabsfunktionen, die die einzelnen Schaltstellen miteinander verbinden, oft unbeweglich, langsam und rigide.

Für denjenigen, der eine Institution aufsucht, in der eine Heilpädagogin tätig ist, kann dieser Schritt bereits sehr angstbesetzt und schwer zu gehen sein. Unter Berücksichtigung rollenspezifischer Klischees, eigener Erfahrung und schichtenspezifischen Denkens kann es einen erheblichen Kraftaufwand kosten, sich in einem solchen 'Gebäude' einem - oder auch leider meistens mehreren - darin tätigen Menschen anzuvertrauen, von denen unter Umständen jeder etwas anderes wissen will; dies um so mehr, als es sich meist um intime Angelegenheiten handelt, die man nicht gern "in der Öffentlichkeit" besprechen möchte, aus Furcht vor falscher Beurteilung, vor Unverständnis und der Ungewissheit, ob man ernstgenommen und richtig behandelt wird.

Für die Heilpädagogin, als Mitglied und Vertreterin der jeweiligen Institution, kann es schwer sein, dem Außenstehenden die oft notwendigen, jedoch überflüssig erscheinenden Wege und Zuständigkeiten zu erklären, die mit dem Anliegen, der eigenen Rolle (–> Legitimation, –> Kompetenz) und der eigenen Position im Gefüge der Einrichtung zu tun haben. Dies wird um so schwieriger, je weniger sich die Heilpädagogin mit ihrer Institution identifizieren kann. Vielleicht weiß sie aus eigener Erfahrung, dass vieles erstarrt, umständlich und nutzlos ist; dass sie sich selbst als 'Rädchen im Getriebe' fühlt und sich - eingebunden in Zuständigkeiten - selbst als 'Opfer der Institutionalisierung des Sozialwesens' vorkommt. In einem solchen Fall wird die Heilpädagogin kaum oder gar nicht die richtige Ansprechpartnerin für –>Auskunft, –>Information, –>Rat, –> Beratung oder –>Hilfe sein können. Die mangelnde Identifizierung mit der institutionellen Hilfeleistung und die ausgesprochene oder unausgesprochene Übereinkunft mit dem Ratsuchenden im Sinne einer mehr oder weniger bewussten Solidarität, kann zur Total-Identifikation mit dem Klienten führen, zu einem Verschwimmen der Realität und einem Ich-Verlust der Heilpädagogin gegenüber dem Klienten.

Andererseits muss sich die Heilpädagogin davor hüten, lediglich als Vertreterin der Institution angesehen und erlebt zu werden. Dies würde bedeuten, dass sie ihre individuelle –>Autorität und –>Kompetenz zu einer hörigen, unterwürfigen, schablonisierten und mechanisierten Ausübung ihrer beruflichen Tätigkeit hat verkümmern lassen, immer zwanghaft darauf bedacht, nur nicht anzuecken, stets in totaler Übereinstimmung mit den Statuten und Richtlinien ihrer Institution und ihrer Vorgesetzten und Mitarbeiter zu handeln. Sie wäre zu einer Marionette, zu einem Roboter geworden, der unfähig ist, eigene Entscheidungen zu treffen, selbständig Sachverhalte zu beurteilen, individuelle Verantwortung so weit wie nur irgend möglich und sachlich gerechtfertigt zu übernehmen.

Zwischen den geschilderten Extremen steht die Heilpädagogin, die sich von ihrer –>Legitimation her in ihrer Institution aufgenommen, angenommen und abgesichert weiß, ohne ihren Mut zum Risiko, ihre Entscheidungsfreudigkeit und ihr Verantwortungsbewusstsein, vor allem *dem einzelnen Menschen gegenüber,* verloren zu haben. Sie erkennt und erlebt sich selbst als Mensch in der Eingebundenheit ihrer Aufgabe und den Zwängen ihrer Institution, jedoch in der individuellen Freiheit, ihren Ermessensspielraum bis an die Grenzen des Möglichen und Verantwortbaren immer wieder neu auszuschöpfen, ohne den bequemeren Weg zu gehen. Sie hat den Mut, der Sache wegen gelegentlich auch als unbequeme Mitarbeiterin zu gelten, die unterscheidet, wann und was sie erfolgversprechend verändern kann und die sich dementsprechend innerhalb ihrer Institution stark engagiert, die aber auch schweigt und in den Hintergrund tritt, um gelassen die hemmenden und begrenzenden Regelungen und Rituale zu ertragen, weil sie durch sie, auch in Zusammenarbeit mit wenigen anderen, nicht zu ändern sind. Sie hat die Erkenntnis, dass alle Dinge ihren Preis kosten, wobei sie bemüht ist, durch Selbstreflexion und institutionelle wie kollegiale Auseinandersetzung stets zwischen dem Mut zum Risiko und der Gelassenheit im Ertragen von Grenzen immer wieder neu zu unterscheiden und zu entscheiden. Sie ist jemand, die unerschrocken und kompetent ihre fachliche Meinung vertritt, durchzusetzen versucht und in diesem Sinne Zivilcourage beweist, ohne aufdringlich oder unterwürfig zu sein. Dies entspricht der recht verstandenen menschlichen und heilpädagogischen –>Autorität.

Um sich im genannten Sinne in einer Institution bewegen und sein Wissen und Können menschlich, kollegial und sachgerecht gemäß heilpädagogischer Kompetenz einbringen zu können, benötigt die Heilpädagogin Grundwissen über organisationssoziologische Abläufe in Institutionen. Sie sollte in Studium und Praxis Überlegungen anstellen, die ihr helfen können, im späteren Berufsleben orientiert zu sein und bestimmte Abläufe und Vorkommnisse in Institutionen besser einordnen, beurteilen und ggf. beeinflussen zu können. Hier werden einige Aspekte kurz angesprochen.

• **Die Bedeutung (sozialer) Institutionen und Organisationen in unserer Gesellschaft**

Die menschlichen Bedürfnisse sind unersättlich und die zur Verfügung stehenden Güter materieller und ideeller Art sind knapp. Es entsteht das Bedürfnis, mehr Güter und Hilfeleistungen zur Verfügung zu haben. Dies kann in gewissen Grenzen durch Arbeitsteilung und Spezialisierung erreicht werden. Beides ist nur möglich, wenn die zerlegten Tätigkeiten wieder zu einem Ganzen zusammengefügt werden. Dies geschieht mittels einer sozialen Institution und Organisation. In Institutionen, in denen Heilpädagogen arbeiten, können verschiedene Organisationsmodelle unterschieden werden, von denen zwei hier kurz genannt sein sollen.

1. Das *bürokratische* Organisationsmodell
Hier besitzt die Verwaltung möglichst deutlich abgegrenzte Kompetenzen und möglichst übersichtlich strukturierte Informations-, Weisungs- und Kontrollkanäle. Hier werden vor allem Regeln, Erlasse, Direktiven für das Funktionieren der Institution im Vordergrund gesehen. Gefahr: Regeln werden zum Selbstzweck, zum Legalismus (= strikte Befolgung von Gesetzen, starres Festhalten an Vorschriften und Paragraphen).

Da jede Verwaltung Einhaltung der Regeln betont und Zuwiderhandlungen bestraft, besteht die Gefahr, dass die Regeln zum obersten Prinzip des Handelns gemacht werden. Dabei wird oft vergessen, dass Regeln kein Selbstzweck sondern ursprünglich dazu gedacht sind, lediglich die Erfüllung der Hauptaufgaben und Ziele zu ermöglichen.

2. Das *adressaten-* bzw. *klientbezogene* Organisationsmodell
Hier wird die persönliche Beziehung zum und die Dienstleistung für den Adressaten (= Kunden) im Vordergrund gesehen, hingegen die Verwaltung in untergeordneter Dienstleistungsfunktion zur Erreichung dieses Zieles. Hier stehen die Ideale einer demokratischen Gesellschaftsidee im Vordergrund, nach denen möglichst viele Menschen die Möglichkeit haben sollten, ihre subjektiven Anliegen und Bedürfnisse zu äußern und zu vertreten.

Gefahr: Individualisierung, mangelndes Gemeininteresse, Schwierigkeiten mit verändertem Autoritätsverständnis, Schwierigkeiten mit kompetenter Übernahme von Verantwortung und deren Folgen.

• **Aufbau der formalen Organisationsstruktur**

In jeder Institution werden mittels Organisation Leitung und Kontrolle ausgeübt. Ziel der Leitung ist es, Tätigkeiten innerhalb der Institution mittels organisierter Instanzenwege zu koordinieren und untergeordnete Instanzen kontrollieren zu können. Die in jeder Organisation vorhandene Instanzenleiter wird auch Dienstweg genannt. Beim kurzen Dienstweg wird die Instanzenleiter nicht ganz durchlaufen, sondern zwischen zwei Stufen ist Austausch, Information, Anweisung, Entscheidung und Kontrolle möglich.

In der Regel überlässt die Organisationsleitung routinemäßige Angelegenheiten und Entscheidungen untergeordneten Mitarbeitern auf der jeweiligen Stufe; in rigide (= starr) geleiteten Institutionen wird die Leitung jede Einzelheit regeln wollen. Herkömmliche Kontrolle im rigiden Sinn zahlt sich letztlich nicht aus. Sie unterminiert das Arbeitsklima und hemmt die innovativen Kräfte (die Entwicklung neuer Ideen, Techniken, Produkte, Verbesserungsvorschläge). Die effektive Gruppenleistung kommt aufgrund mangelnden Gruppen-zusammenhaltes (vgl. LERSCH 1965, 198 ff.) nicht zustande. Statt Modifikationen des *Miteinander* im Zueinander und Füreinander entwickeln sich Gegenrichtungen im Nebeneinander, Gegeneinander und Auseinander (LERSCH 1965, 77 ff.).

Demgegenüber wird in demokratisch geführten Organisationen zentral entschieden und bis zur Endphase delegiert. Kontrolle wird hier verstanden als Zwischenkontrolle und Selbstkontrolle der Delegationen, der Teams, d.h. der selbständigen Arbeitsgruppen, wie dies z.B. bei Arbeiten nach der Netzwerktechnik erforderlich ist. Der Chef muss nicht alle Kompetenzen und Qualitäten des allein Entscheidenden (scheinbar) besitzen, da er de facto sowieso auf Informationen anderer angewiesen ist, sondern er muss sich durch Kompetenz und Entscheidungsfähigkeit auszeichnen die darin besteht, entsprechend der *größtmöglichen Effektivität des Arbeitsauftrages und der zu erbringenden Leistung zu delegieren und Macht zu teilen*. Dazu gehört, dass er Vertrauen bis hin zum letzten Mitarbeiter entwickeln muss. Er muss beurteilen können, was er dem einzelnen zumuten kann, mit dem Ziel, größtmögliche Effektivität durch höchste Motivation zu erreichen. Dies beinhaltet zwar ein größeres Risiko bis zur Endkontrolle, erhöht aber auch die Motivation, ein "gutes Ergebnis" gemeinsam erreichen zu wollen. Wenn kompetente Mitarbeiter an der Aufgabe arbeiten, entwickelt sich ein erhöhtes "Wir-Gefühl" und damit wachsende Verantwortung aller für das gemeinsame Tun und das Erreichen des Zieles.

• Kommunikationsprobleme in Institutionen

Häufig werden mit bestimmten Entscheidungen, Entscheidungsinstanzen und Entscheidungswegen, die durch Organisationspläne und Satzungen festgelegt sind, die *sozialen Konsequenzen* dieser Maßnahmen zu wenig berücksichtigt. Das geschieht besonders bei solchen Entscheidungen, die Einfluss auf die Kommunikation zwischen Gruppen (Abteilungen) in der Institution haben. Ein guter Organisationsplan ist dann vorhanden, wenn die Kohäsion (= Zusammenhalt) der jeweiligen Untergruppen und Teams hoch ist. Letzteres ergibt sich dann, wenn sich die Leistung und Zufriedenheit der Mitglieder mit den Anforderungen und Zielen der Institution weitgehend decken. Dazu müssen die Notwendigkeiten der Organisation mit möglichst vielen individuellen Bedürfnissen der Teammitglieder abgestimmt werden. Die zwischenmenschliche Sympathie steigt proportional zur Anzahl der Kontakte; von daher ist für eine möglichst hohe Interaktionsdichte zu sorgen: Die Anzahl der Teammitglieder sollte gering gehalten werden; statt strenger Abgrenzung und starrer Definition von Kompetenzen und Zuständigkeiten sollte sich jeder unmittelbar mit jedem in Verbindung setzen und austauschen können. Dabei ist zu bedenken, dass gute Beziehungen innerhalb eines Teams nicht zwangsläufig einen positiven Effekt auf die Arbeitsleistung haben. Gruppen mit großer innerer Aktivität zeigen häufig eine geringere Tendenz zur Leistung, da interne Aktivitäten Zeit und Energie vom Arbeitsverhalten absorbieren. (z.B. zeitlich ausgedehnte und häufig stattfindende Mitarbeiterbesprechungen, bei denen man sich "entgegenkommt", inhaltlich jedoch nichts erarbeitet, entschieden, beauftragt und kontrolliert wird).

Deshalb sollte das Interaktionsverhalten kanalisiert und im Organisationsablauf effektiv eingebaut werden, um zugleich den Zielen der Institution zu dienen, z.B. durch institutionalisierte Mitarbeitergespräche, Problemlösungskonferenzen, kurzfristige Bildung von Ausschüssen und Teams zur Erledigung von Sonderaufgaben usw. Geschieht dies nicht, geraten Gruppen mit starken inneren Beziehungen in die Gefahr, solche Beziehungen zu ritualisieren und Stereotypen auszubilden. Sie schaffen ihre eigene Kommunikationsdichte auf Kosten anderer Teams und Untergruppen in der Organisation und entwickeln Vorurteile gegenüber Fremdgruppen, wie z.B. anderen Abteilungen. Dies führt zu starken Konflikten in der Institution und Gesamtorganisation. Deshalb sollte die Entwicklung informeller Beziehungen nicht dem Zufall überlassen bleiben, sondern konkurrierenden oder sich isolierenden Untergruppen und Teams sollte mittels entsprechender –>Beratung geholfen werden, Eigen- und Fremdbilder realistischer zu sehen und miteinander zu metakommunizieren, um Inhalts- und Beziehungsaspekte unterscheiden zu können und sich gegenseitig verstehen und akzeptieren zu lernen. (vgl. WATZLAWICK et al. 1972)

• Konflikte in Institutionen

Institutionen und Organisation sind auf die Erreichung rationaler Ziele gerichtet, sie sind aufgaben- und sachorientiert. Objektive Leistung wird hoch bewertet, Gefühle werden weniger beachtet, nach dem Motto: "Privates hat hier nichts zu suchen". Dass diese Ansicht vor allem in sozialen Institutionen und Organisationen zu erheblichen Kontraindikationen im Arbeitsverhalten führen muss ist erklärlich, weil diese ja im wesentlichen gerade dadurch geleistet wird, sich einfühlsam auf das Gegenüber, die Klienten einlassen zu können. Tatsächlich bestehen zwischen Organisationsmitgliedern vielfältige gefühlsmäßige Beziehungen: Zuneigung, Freundschaft, Feindschaft, Vertrauen, Misstrauen, Angst, Neid, Rivalität usw. Darüber wird kaum gesprochen. Statt dessen versucht man, unter dem Deckmantel einer Scheinintimität, ausgestattet mit dem alle umfassen "Du", bestehende Spannungen, Nähe und Distanz, unterschiedliche Beziehungsaspekte zu nivellieren, um Gefühle des 'am Rande Stehens', des 'nicht dazu Gehörens' zu verdrängen. Spannungen werden auf diese Weise selten gelöst. Sie gehen deshalb häufig in die *scheinbar* 'sachlichen' und 'objektiven' Auseinandersetzungen ein und verursachen auf der Inhaltsebene sachfremde Schwierigkeiten, die häufig nicht als solche erkannt werden. Wenn Antipathie oder Rachegefühle auf der Ebene sachlich-fachlicher Konflikte am falschen Platz und am falschen Objekt verschleiert und unterschwellig ausgehandelt werden, kommt es zu erhöhten Belastungen einzelner Arbeitnehmer, ganzer Teams und zu mangelnder Arbeitsleistung.

Die Gründe für solche emotionalen Spannungen sind vielfältig. Sie können real aufgrund fehlender oder falscher Führungsinterventionen, Missplanungen, rigider Organisationsabläufe u.a. gegeben sein. Sie können aber auch durch Übertragung der Eltern-Kind-Beziehungen in Autoritätskonflikte zwischen Vorgesetzten und Untergebenen oder unbewusste Geschwisterrivalitäten zwischen Kollegen mitbedingt oder verschärft werden. Projektionen und Verschiebungen eigener aggressiver Gefühle auf Untergebene, Mitarbeiter, Vorgesetzte und Kollegen schaffen Sündenböcke. Manche Mitarbeiter reizen andere leicht zu Widerspruch und Aggressionen, indem sie sich durch ihre persönlichen oder sozialen Eigenarten dazu anbieten, unterdrückte Affekte auf sie zu projizieren, weil sie ein ungefährlicheres Ziel für unbewusste Feindseligkeiten abgeben als einem stärkeren Dritten gegenüber (Täter-Opfer-Verhältnis). So kann die Hartnäckigkeit und Heftigkeit vieler Konflikte teilweise auf Konfliktverschiebungen beruhen. Diese liegen auch dann vor, wenn sich eine Gruppe von inneren Schwierigkeiten entlastet, indem sie gegen eine fremde (Außen-)Gruppe Stellung bezieht. Auch das Unvermögen, sich mit einem herrischen oder verletzenden Vorgesetzten auseinandersetzen zu können, führt zu Aggressionen und Intrigen unter gleichgestellten Mitarbeitern, die unterschwellig um die Gunst des Mächtigen buhlen, wodurch die Macht des Vorgesetzten vergrößert und der Konflikt verlängert bzw. institutionalisiert wird.

In Wettbewerbs- und Konfliktsituationen kann dann folgendes beobachtet werden:

- Einzelinteressen nehmen zu, es entsteht eine Tendenz zum Privatisieren, das Interesse für gemeinsame Ziele nimmt ab;
- bei anderen wird vorrangig jenes Verhalten gesehen, das die eigenen Vorurteile bestätigt. Gemeinsamkeiten werden übersehen (Wahrnehmungsverzerrungen);
- die andere Partei wird unterschätzt, die eigene überschätzt. Man fühlt sich stark und macht den anderen klein (Beurteilungsfehler);
- es entwickeln sich zunehmend emotionale Spannungen und feindselige Haltungen in allen Bereichen und bei verschiedensten Anlässen.

Konflikte werden eher gelöst als vermieden,

- wenn die These negiert wird: "Je stärker der Wettbewerb, desto höher die Leistung". Statt dessen sollte kooperatives Verhalten von einzelnen und Teams belohnt und damit die Motivation zur produktiven und nicht-rivalisierenden Zusammenarbeit verstärkt werden.

- wenn durch gut abgestimmte Rotation von verschiedenen Mitgliedern in den Gruppen und Abteilungen das gegenseitige Verständnis durch die Kenntnis innerer Organisationsabläufe erhöht und auf diese Weise Abgeschlossenheits- und Einigelungstendenzen aufgebrochen werden;
- wenn durch regelmäßige gegenseitige formelle und informelle Information und Kommunikation Wahrnehmungsverzerrungen verhindert oder wenigstens eingeschränkt werden;
- wenn jeder Mitarbeiter, jedes Team eigene Wünsche in gemeinsame Entscheidungen einbringen und sich auf diese Weise mitverantwortlich engagieren, beteiligt fühlen und mit den getroffenen Entscheidungen identifizieren kann;
- wenn sich Mitarbeiter und Führungskräfte gemeinsam im Entscheiden und Problemlösen üben und ihre gemeinsamen kognitiven und emotionalen Probleme kennen- und lösen lernen. Konfliktlösung wird so zur unabdingbaren, notwendigen und selbstverständlichen gemeinsamen Aufgabe aller gemacht. In sozialen Institutionen sollte dies durch Institutionsberatung oder Teamsupervision nicht nur aus institutionsinternen Gründen der Arbeitshygiene und Leistungssteigerung sondern auch zum Schutz der Klienten zur unabdingbaren, regelmäßigen Verpflichtung für alle Mitarbeiter gehören.

• Führungsprobleme in Institutionen

Neben der klassischen Unterteilung in autoritäre, partnerschaftlich-demokratische und Laisser-faire Führungsstile kann in Institutionen zwischen mitarbeiterorientiertem und sach- und aufgabenorientiertem Führungsstil unterschieden werden.

Mitarbeiterorientiert nennt man Leitungs- und Führungsverhalten, bei dem der Vorgesetzte auf die Bedürfnisse seiner Mitarbeiter eingeht. Dieses Führungsverhalten zeigt sich in Freundlichkeit, Anerkennung, emotional warmen zwischenmenschlichen Beziehungen, offenem und authentischem (= echtem) und kongruentem (= mit der ganzen Persönlichkeit in Einklang stehendem) Verhalten, gepaart mit Spontaneität, Empathie und positiver Wertschätzung und Vertrauen. Sach- und aufgabenorientiertes Leitungs- und Führungsverhalten kann man daran erkennen, wie der Vorgesetzte Aufgaben, Vorschriften, Kommunikationswege im Sinne der Aufgabenerfüllung bestimmt.

Ein Vorgesetzter kann das eine oder das andere Führungsverhalten, oftmals auch beide Orientierungen zeigen. Dabei wird das Leitungs- und Führungsverhalten einzelner Vorgesetzter nicht nur durch ihre individuellen Eigenschaften und Verhaltensweisen bestimmt, sondern auch dadurch, was ihnen selber - von eigenen Vorgesetzten - an Spielraum für Freiheit und Selbstverantwortlichkeit zugestanden wird. Mangelndes, unwirksames oder autoritäres Führungsverhalten entspringt oft der Furcht, "zwischen die Mühlsteine" zu geraten. Leitungspersonen versuchen sich dann abzusichern zwischen 'oben' und 'unten'. Leider herrschen auch heute noch - wenn auch in subtilerer und zum Teil psychologisierender Verkleidung - die Gesetze des Hühnerhofes mit seiner berühmten Hackordnung. Sprichworte wie "Nach oben buckeln und nach unten treten" oder der Appell "Fly with the eagle or scratch with the chickens" geben über die daraus entstehenden Spannungen beredte Auskunft.

Um eine sinnvolle Synthese unterschiedlicher Führungsstile zu erreichen und sie zum richtigen Zeitpunkt gegenüber einer konkreten Arbeitsgruppe sinnvoll einsetzen zu können, sind folgende Gesichtspunkte zu beachten, wenn sich die Heilpädagogin in Leitungs- und Führungspositionen angemessen verhalten will:

1. Die derzeit noch vorherrschende Wertvorstellung in unserer Gesellschaft, der zufolge Vernunft das oberste Regulativ des zwischenmenschlichen Zusammenlebens sei, so dass irrationale Verhaltensweisen gering eingeschätzt und deshalb negiert werden könnten, ist falsch. Jeder Vorgesetzte tut gut daran, Stimmungsschwankungen sorgfältig zu registrieren, Probleme stellvertretend zu benennen und Konflikte offen zu besprechen, ansonsten werden alle vom sogenannten „menschlichen Versagen" überrascht.

2. Leitungspersonen und Vorgesetze dürfen nicht pro forma die Teilnahme und Mitbestimmung von Mitarbeitern an der Führung begrüßen, insgeheim jedoch die Auffassung vertreten, dass durch diese die Verantwortung letztlich doch nicht richtig getragen würde, da die Mitarbeiter ihrerseits verantwortungsscheu seien und es im Grunde doch vorziehen würden, geführt zu werden. Solche latenten Vorurteile dringen in Konfliktsituationen immer nach außen und werden dem Vorgesetzen als Lüge, Betrug und Unaufrichtigkeit angelastet. Die Mitarbeiter streiken, d.h. sie verlangsamen ihr Engagement und weigern sich, in Zukunft Verantwortung mitzutragen. Es beginnt der "Dienst nach Vorschrift".

3. Führungskräfte sollten durch eigene Schulung, –>Berufsbezogene Selbsterfahrung –>Supervision und Managementtrainings daran arbeiten, Ängste zu reduzieren, die sie befürchten lassen, gegenüber mündigen Mitarbeitern an Macht, Prestige und Ansehen zu verlieren. Untersuchungen zeigen, dass Vorgesetzte durch verantwortliche Beteiligung von Mitarbeitern weder real noch erlebnismäßig an Einfluss einbüßen, sondern im Gegenteil Sympathie und Entgegenkommen für die "gemeinsamen Sache" (z.B. durch unbezahlten Mehreinsatz) gewinnen.

4. Führungskräfte sollten lernen, Entscheidungen zu delegieren. Dies bedeutet, dass das Delegationsprinzip durchgängig und konsequent gehandhabt wird. Wenn einem Vorgesetzten kein eigener Verantwortungsbereich zugeteilt wird, wird er kaltgestellt und entmündigt. Er hat auch keine Gelegenheit, zu lernen, wie er Verantwortung delegieren und Macht teilen kann, indem er Untergebene ernsthaft und mit kalkuliertem Risiko an Entscheidungen beteiligt. Dies kann nur geschehen und der Vorgesetzte wird sich nur dazu bereit finden, wenn er diesen Auftrag auch ausdrücklich erhält, d.h. wenn in den Aufgabengebieten und Kompetenzen Klarheit und Durchsichtigkeit herrschen, so dass er nicht befürchten muss, bei Schwierigkeiten allein unter Druck gesetzt zu werden und für alles "den Kopf hinhalten" zu müssen.

5. Um Enttäuschungen in der Anwendung des mitarbeiterorientierten Führungsstils zu vermeiden, sollten Vorgesetzte lernen, sich in ihren

Erwartungen nicht nur auf die Erfüllung von Sachaufgaben zu konzentrieren, sondern auch und vor allem die sozialen Probleme als gleichrangig neben Sachaufgaben zu sehen und zu bewerten. Wer als Einzelner stark belastet ist oder sich in einem Team nicht entsprechend seiner Begabungen und Fähigkeiten entfalten kann, kann auch keine gute Leistung erbringen und schadet so durch seine hemmende Anwesenheit dem Ganzen.

- **Probleme bei der Anpassung an die Anforderungen der Organisation**

Leistung wird in jeder Institution belohnt, meist in Form von höheren Positionen, höherem Gehalt, Privilegien und formalen Rechten. Dabei wird übersehen, das diese Form von Belohnung der falschen Vorstellung entspringt, gute Leistung sei einzig ein hervorragendes "Persönlichkeitsmerkmal". Oft werden auf diese Weise Mitarbeiter, die an ihrem Platz sehr gute Leistungen erbrachten in eine Funktion gehoben oder in eine Position befördert, die sie nicht ausfüllen können, weil sie ihren Qualitäten nicht entspricht (vgl. das sog. "Peter-Prinzip": Beförderung bis hin zum Unvermögen) bzw. das sog. „Wegloben" von Mitarbeitern.

Es ist wichtig zu beachten, dass Leistung innerhalb von Institutionen meist eine sehr komplexe *Gesamtleistung* mehrerer Personen darstellt, bei der einzelne (vorgesetzte) Mitarbeiter spezielle (Führungs)-Funktionen geschickt zur Erreichung des Zieles zu nutzen wusste. Oft werden nur diese, nicht aber die dazu notwendigen Anstrengungen der übrigen Mitarbeiter gewürdigt, was leicht zu Missstimmungen, Eifersucht, Neid, persönlichen Kränkungen und somit zu einer negativen Beeinträchtigung des gesamten Arbeitsklimas führen kann.

Oftmals fehlen auch objektive Kriterien zur Messung von Leistung und Erfolg, wie folgende Fragestellungen aufzeigen können.

Wer hat mehr geleistet: Die Heilpädagogin,

- die eine Gruppenbegleitung mit drei Kindern bzw. Jugendlichen durchführt; oder

- diejenige, die eine Einzelbegleitung leistet;
- diejenige, die einen Begleitungsprozess rascher zu Ende führt; oder
- diejenige, die in einem ähnlich gelagerten Fall länger benötigt?;
- diejenige, die neben der Begleitung des Kindes/Jugendlichen die Erziehungsberatung mit den Eltern und Bezugspersonen übernimmt; oder
- diejenige, die dies einem Kollegen überlässt;
- diejenige, die ausführliche Begleitungsprotokolle schreibt und dafür Zeit beansprucht; oder diejenige, die sich jede Notierung spart?

Oftmals kommen aufgrund *fehlender Beurteilungskriterien* irrationale Komponenten ins Spiel: Je mehr jemand sich und seine Leistungskraft mit den Zielen der Institution identifiziert und durch Konformität mit seinen Vorgesetzen zum Ausdruck bringt, je eher scheint er als "erfolgreich" beurteilt zu werden (oftmals ohne tatsächliche Qualifikation - mit Ausnahme seiner Fähigkeit zu geschickten Anpassungstendenzen).

Erfolgsbewertung hängt sehr eng zusammen mit Anpassungsfähigkeit und Loyalität, die beide als moralisch befrachtete 'Persönlichkeits'-Merkmale übergewichtet werden und in manchen Institutionen aufgrund hierarchischer Organisationsprinzipien zusätzlich einen Konformitätsdruck erzwingen können, der vergleichbar mit inquisitorisch durchgesetzten 'Glaubenswahrheiten' gesehen werden kann. So kann es geschehen, dass unabhängig von der tatsächlichen Leistung, dem tatsächlich erbrachten Erfolg keine Anerkennung ausgesprochen wird, weil das Ergebnis der Gleichung: "Je konformer - desto besser, je loyaler - desto glaubwürdiger" höher gewertet wird als kritische Auseinandersetzung und innovative Kräfte. Mangelnde objektive Leistungskriterien und vorrangige Belohnung von Anpassungsverhalten hat für die Organisation und für das Verhalten der Mitglieder einer Institution - oftmals unbemerkt - weitreichende Konsequenzen:

- Bestehende Organisationsstrukturen ändern sich kaum, die oft ineffektive Schwerfälligkeit des Apparates wird tradiert, kreatives und innovatives Verhalten gilt als nicht-konform und wird verurteilt;
- Ein Interessenausgleich im Kollegenkreis und damit kooperative Zusammenarbeit werden weitgehend unmöglich gemacht, da der

individuelle Berufserfolg von der Anpassung an die Forderungen der Organisationsführung und nicht von sachgerechtem und kooperativem Verhalten abhängig gemacht wird;
- Mitarbeiter orientieren sich an ihren Vorgesetzten und imitieren zum Teil deren Verhalten, weil dadurch ein persönlicher und betrieblicher Erfolg und ein reibungsloseres Funktionieren eher erreichbar scheint, als wenn sie sich an den im Zusammenhang mit der Arbeitsleistung und Aufgabe entstehenden Problemen der Mitarbeiter und Kollegen orientieren;
- Die Anpassung an die Unternehmensspitze garantiert Berufserfolg und Beförderung, so dass es nicht zu einer gleichmäßigen Berücksichtigung der Interessen der Institution *und* der Mitarbeiter kommt, sondern zur weitgehenden Unterwerfung unter die Forderungen der Institutionsvertreter.

- **Funktionskontrolle der Organisation**

Ein Mittel zur Funktionskontrolle in Institutionen kann eine *Institutionsanalyse* sein. Sie dient der Effektivitätskontrolle von Organisationsabläufen. Mit dem Instrument der Institutionsanalyse kann untersucht werden, ob und wie die Dienstleistung erbracht wird. Eine solche Untersuchung kann von außen, z.B. durch einen Institutionsberater oder auch von innen, z.B. durch subjektive und objektivierte Betrachtung der Organisationsabläufe, Entscheidungsbefugnisse, der Art und Weise der Zusammenarbeit usw. erfolgen. Der Heilpädagogin kann eine institutionsanalytische Betrachtungsweise dienlich sein, damit sie sich - unter Einbeziehung ihrer Position im Gefüge der Organisation - einen Überblick über die organisatorischen und institutionellen Bedingungen verschaffen kann, bis hin zu ihrer Tätigkeit z.B. in einer aktuellen Praxissituation.

Das folgende Beispiel eines Fragebogens zur Analyse der Institution kann durch die Beantwortung der Fragen dazu beitragen, festzustellen, ob die Heilpädagogin ihren Beruf im o.g. Sinne verantwortlich ausüben kann. Die Beantwortung solcher Fragen versetzt die Heilpädagogin in die Lage, (selbst-)kritisch eigene Rollen und

Positionen im Organisationsgefüge der Institution zu überprüfen, einzunehmen, zu verändern oder zu wechseln, sich gegenüber Zielen der Institution sinnvoll anzupassen oder neue Ziele zu setzen.

Fragebogen zur Institutionsanalyse

1. Ziele, Mittel, Erfolgskontrolle
1.1. Welche Ziele/Aufgaben verfolgt Ihre Institution laut Satzung und Auftrag?
1.2 Sind diese Ziele eindeutig beschrieben? Welchen Bewegungsspielraum lässt die Zielbeschreibung im Hinblick auf Veränderbarkeit im Interesse der Adressaten/Klienten?
1.3 Haben sich die Ziele der Institution im Lauf der Zeit verändert?
1.4 Wie beurteilen Sie das Verhältnis von Primärzielen (z.B. Durchführung von HpE) zu den Sekundärzielen Ihrer Institution (z.B. Verwaltung, Arbeit am inneren Aufbau der Institution, Statistik)? Welches Aufwandsverhältnis besteht?
1.5 Wie verteilen sich die Mittel auf Primär- und Sekundärziele?
1.6 Inwieweit können Sie sich mit den Zielen Ihrer Institution identifizieren?
1.7 Wer setzt die Ziele und wer kontrolliert sie, wie oft?
1.8 Welche Kriterien gibt es für die Erfolgskontrolle?
1.9 Wieviel Wert wird auf Erfolgskontrolle gelegt, woran messen Sie dies?
1.10 Welche Beziehungen hat Ihre Institution zu den Adressaten, Klienten, wie wird sie in deren Augen beurteilt?
2. Organisation
2.1 Nach welchen Kriterien erfolgt die Arbeitsteilung? Ist sie (nicht) sinnvoll im Sinne ganzheitlicher Hilfeleistung organisiert (z.B. bei Trennung der Begleitung der Kinder gegenüber der Erziehungsberatung der Eltern)?
2.2 Wie ist Ihre Aufgabe umschrieben? Sind sie effektiv, d.h. entsprechend Ihren Fähigkeiten eingesetzt?
2.3 Arbeiten Sie in einer weisungsgebundenen und/oder weisunggebenden Position?
2.4 Wie stehen in Ihrer Institution Fachautorität zu Verwaltungsautorität?
2.5 Wo liegt in Ihrer Institution das Entscheidungszentrum?
2.6 Wie ist der Informationsfluss organisiert?
2.7 Wie werden bei Entscheidungen betroffene oder fachlich kompetente Mitarbeiter beteiligt?
2.8 Welche Konflikte tauchen zwischen gleichrangigen Kollegen oder zwischen den Ebenen der Hierarchie auf?
2.9 Welche institutionalisierten Formen der Konfliktbehandlung gibt es (z.B. Mitarbeitervertretung, Beratung, Konferenzen)? Wie effektiv sind sie?
3. Externe Einflüsse
3.1 Welche Bezugsgruppen/-personen und Auftraggeber üben Einfluss auf Ihre Institution aus?
3.2 In welcher (finanziellen oder ideellen) Abhängigkeit steht Ihre Institution?
3.3 Wie beeinflussen Bedingungen der Finanzierung institutionsinterne Entscheidungen?
3.4 Können Einflüsse von außen Entscheidungen der Institution überfremden und in ihren Zielen beschneiden?

- **Konsequenzen institutioneller und organisatorischer Handlungsmuster**

Die genannten Themenbereiche wirken sich nicht zuletzt, leider aber häufig unbemerkt, auf den 'Endverbraucher', die Klientel in Gestalt des körperlich, geistig oder seelisch beeinträchtigten oder behinderten (und als behindernd erlebten!) Menschen und seine Bezugspersonen aus, oftmals zu deren Ungunsten. Der Primat organisatorischer und bürokratischer Abläufe gegenüber hilfreichem Entgegenkommen, die Hektik, Nervosität und Gereiztheit überforderter Mitarbeiterinnen im Umgang mit den Klientel legen beredtes Zeugnis über die Art der „Organisationsmuster" und „Interaktionsphänomene" (GREVING) ab, unter denen die Beteiligten mehr oder weniger bewusst leben und leiden:

„... Heil- und sonderpädagogische Organisationen entstanden und entstehen aus gesellschaftlichen Motivationen Unbekanntes und Kontingenzen-Auslösendes zu isolieren. Die in diesen Organisationen tätigen Mitarbeiter bilden nun in und mit ihren Interaktionen eben die Muster ab, welche auch gesamtgesellschaftlich in Bezug auf den Umgang mit sog. Randgruppen weithin akzeptiert sind und realisiert werden (wie Nichtbeachtung, Therapie, Versorgung, modifizierte Teilnahme und Belehrung).

... Alle heil- und sonderpädagogischen Einrichtungen weisen eine oder mehrere handlungsleitende Ausrichtungen auf, welche in der von den Mitarbeitern realisierten Form zu einer Manifestation von latenter, offener oder struktureller Gewalt führen können.

... Die Umstrukturierung heil- und sonderpädagogischer Organisationen nach den Kriterien integrativer und normalisierender Prämissen führt nicht unbedingt zu einer Aufhebung inhumaner Prozessbildungen, da diese sich weniger auf konzeptioneller Ebene, als vielmehr in den direkten verbalen Kommunikationsmustern und Interaktionen verwirklichen." (GREVING 2000, 130)

Zur Verbesserung dieser und weiterreichender Problemfelder in Institutionen können nach GREVING unter heilpädagogischem Blickwinkel folgende Fragen handlungsleitend sein:

- In und durch welche methodischen Ansätze werden die Verknüpfungen oder (Un-)Abhängigkeiten zwischen Interaktionsphänomenen und Organisationsmustern besonders deutlich?
- Welche Auswirkungen zeitigen diese z.B. bei den Methoden der „Basalen Kommunikation" und der „Basalen Stimulation"?
- Wie werden sie in die Arbeitsbereiche des „Snoezelens" eingebracht oder berücksichtigt?
- In welches Bedingungsgefüge stellen sie die neueren Formen der Psychotherapie in heilpädagogischen Organisationen?

„Abschließend werden auch noch *berufsbildbezogene Bezüge* notwendig sein. Hierbei können die Fragen nach dem Bewusstseinsgrad der eigenen beziehungsweise fremden Professionalisierung in den Institutionen der Heil- und Sonderpädagogik ebenso gestellt und beantwortet werden, wie diejenigen nach der basalen reflexiven oder beraterischen Kompetenz aller hierin Agierenden. Hierdurch entstehen dann gegebenenfalls neue Instrumente zum Qualitätsmanagement in diesen Institutionen, die schon vorhandenen können hinsichtlich einer heilpädagogischen Orientierung und Verortung überprüft werden." (GREVING ebd. 239)

• **Zusammenfassung**

Heilpädagoginnen können freiberuflich oder institutionell gebunden tätig sein. Gegenüber den Adressaten wird die Heilpädagogin sich bemühen, eher persönlich und weniger als Institutionsvertreterin in Erscheinung zu treten. Dabei wird sie einen Ausgleich zwischen ihren Identifizierungen mit der Institution und mit dem Adressaten anstreben, um sich die eigene Einflussnahme und Wirksamkeit im Sinne ihrer berufsethischen Verpflichtung variabel zu halten und sich für ein adressatenbezogenes Institutionsmodell einsetzen zu können. Sie wird sich bemühen, hilfreiche kommunikative und konfliktlösende Verhaltensweisen zur Schaffung eines vertrauensvollen Arbeitsklimas zu entwickeln, in dem kooperative und effektive Leistungen erbracht werden können. In Führungspositionen wird sie sich bemühen, eine sinnvolle Synthese zwischen mitarbeiterorientiertem sowie sach- und aufgabenorientiertem Führungsstil zu erreichen. Um Verselbstständigungs- und falsche Automatisierungsabläufe im Sinne unreflektierter Routine, unkontrollierter Beliebigkeit der Arbeitsvollzüge, Überbürokratisierung und Fehlgewichtung zu vermeiden und innovatives Potential bei den Mitarbeitern zu fördern, sind von Zeit zu Zeit institutionsanalytische Untersuchungen unter Beteiligung der Betroffenen und mit Hilfe außenstehender Fachleute notwendig. Die Heilpädagogin kann sich durch eigene institutionsanalytische Fragestellungen ihre Position in der Institution verdeutlichen, Übersicht und Distanz gewinnen und so den ihr möglichen Freiraum im Sinne ihres Auftrages und ihrer berufsethischen Verpflichtung nutzen und institutionell fördern.

Begriffsbestimmung:

Verschiedene Wörterbücher beschreiben den Begriff Kompetenz (lat.: competentia), aus der juristischen Sprache kommend, in der Bedeutung von 'Zusammentreffen', 'Zuständigkeit', 'Befugnis', im Ggs. zu 'Inkompetenz' (= nicht zuständig, unbefugt). Das Adverb 'kompetent' (lat.: competere) bedeutet darüber hinaus 'stimmen', 'zutreffen', 'entsprechen', 'maßgebend' sowie etwas 'zu erreichen suchen, streben nach...'

Heilpädagogische Kompetenz für die *Praxis der Erziehungshilfe und Entwicklungsförderung unter erschwerenden Bedingungen* bedarf in besonderem Maße einer Fachlichkeit, die die Heilpädagogin als instrumentelle, soziale und reflexive Kompetenz *in ihrer Person integriert*. Nach GEIßLER/HEGE (1985, 242 ff.) bedeutet in diesem Sinne

a) *instrumentelle Kompetenz:* Das Beherrschen von beruflichen Fähigkeiten, Verhaltensroutinen, Techniken und Fachwissen.

b) *Soziale Kompetenz:* Das empathische Sich-Einlassen auf die Situation des Partners und seine Bedürfnisse, aber auch die Einhaltung von Rollendistanz, um sich von der Situation und ihrer Dynamik nicht absorbieren zu lassen.

c) *Reflexive Kompetenz:* Bewusstsein von Intersubjektivität in der Beziehung zum anderen, konstruktiver Umgang mit eigenen biographisch bedingten Personanteilen sind die wichtigsten Aspekte dieses Kompetenzbereiches: "Die eigene Entwicklung in ihren prägnanten Spuren nicht zu verlieren oder zu verleugnen, sondern in das berufliche Handeln zu integrieren" (243). (zit. nach GRÖSCHKE 1989, 57)

In diesem Übersichtsartikel werden folgende Themen angesprochen:

- Drei Aspekte und Dimensionen heilpädagogischer Kompetenz 571
- Die existentielle und dialogische Frage 'Wer' als Ausgangs- und Zielpunkt heilpädagogischer Kompetenz 571
- Intersubjektive dialogische Beziehungsgestaltung als heilpädagogische Kompetenz 573
- Zusammenfassung 577

• Drei Aspekte und Dimensionen heilpädagogischer Kompetenz

Der ursprüngliche Begriff 'Kompetenz' beinhaltet drei Aspekte, die in der Kompetenz der Heilpädagogin zur Geltung kommen sollten:

a) In ihrer Person (wahrnehmen, denken, fühlen, wollen, handeln) sollte die Heilpädagogin zu Beginn der HpE alles das kongruent verarbeiten, was an eigenen und fremden Erwartungen zusammentrifft;

b) sie sollte ihre Zuständigkeit überprüfen und sich als legitimiert 'ausweisen', damit sie die erwünschte innere und zwischenmenschliche Übereinstimmung in Kontaktaufnahme und Beziehungsgestaltung angemessen herstellen kann;

c) sie sollte das Bestreben entwickeln, durch die Übernahme ihrer Aufgabe *mit dem Klienten* etwas erreichen zu wollen, nach etwas anderem als dem Vorhandenen zu streben und ihre Kräfte so einzusetzen, dass diese Dienst-Leistung zum Erfolg führt.

Um diesen grundlegenden Anforderungen gerecht werden zu können, sollen die Studierenden der Heilpädagogik in Studium und Ausbildung wissenschaftliche Grundlagen und fachbezogene Fertigkeiten erwerben. Der Erwerb einer professionellen heilpädagogischen Handlungskompetenz umfasst hierbei drei Dimensionen:

1. Die sachlich-zielorientierte Dimension

umfasst den Erwerb und die verantwortliche Realisation folgender Elemente:

- die Befähigung fachwissenschaftliche Grundlagen und Fertigkeiten berufsfeldspezifisch einsetzen zu können;
- das Erkennen und Interpretieren einer heilpädagogisch relevanten Situation auf der Basis der fachwissenschaftlichen Begründungen;
- das Erarbeiten der Mittel und Wege zur Formulierung und Erreichung eines Zieles;
- die Evaluation des heilpädagogischen Handlungsprozesses;
- die Befähigung zur Darstellung des beruflichen Handelns gegenüber Adressaten, Mitarbeitern, Institutionen und Öffentlichkeit.

2. Die relational-gemeinschaftliche Dimension

umfasst folgende Kompetenzen:

- das Erkennen und Gestalten kommunikativer Haltungen und Handlungen;
- die Befähigung zur Selbstreflexion;
- die Befähigung zur realistischen Einschätzung von Situationen, zum Erkennen der Möglichkeiten und Notwendigkeiten von Veränderun-

gen und Innovationen sowie zur Einordnung beruflicher Erfahrungen in gesellschaftliche Zusammenhänge;
- die Anerkennung und Verwirklichung berufsethischer Normen wie Solidarität mit und Vertretung von Schwächeren und benachteiligten Gliedern der Gesellschaft oder Bereitschaft, für die Verbesserung menschlicher Lebensbedingungen einzutreten;
- die Befähigung, aktiv die als notwendig erkannten Veränderungen und Innovationen zu realisieren.

3. Die authentisch-expressive Dimension
umfasst folgende Kompetenzen:
- das Erkennen, Gestalten und Reflektieren der persönlichen und berufsfeldspezifischen Motive;
- das Erkennen und Gestalten des professionellen Selbstbildes;
- das bewusste Entscheiden, welche Elemente des Selbstbildes in der heilpädagogischen Tätigkeit konkretisiert werden sollen;
- die Befähigung zur Aufnahme und Gestaltung kreativ-konstruktiver Kräfte von einzelnen, Gruppen und Gemeinwesen. (vgl. DERUYTER/ STOLK, 1996)

- **Die existenzielle und dialogische Frage 'Wer' als Ausgangs- und Zielpunkt heilpädagogischer Kompetenz**

'WER' - diese Fragestellung beinhaltet im heilpädagogischen Verständnis aber eine zweifache (KOBI 1983):
1. Die *existentielle* Frage (wer?), die "sich auf die Existenzbedingungen des Erzieherischen bezieht, auf dessen Ausgangs- und Zielpunkt der menschlichen Subjekthaftigkeit". (16)
Zu klären ist: Wer definiert den Menschen als einen 'Beeinträchtigten', 'Behinderten', 'Verhaltensauffälligen', 'Blinden' usw.? Ist der Mensch (nur) ein so oder so zu definierendes Objekt, das auf ein hervorstechendes Symptom reduziert wird? Oder muss vielmehr gefragt werden, als 'wer' sich der Mensch selbst in seiner Beeinträchtigung, Behinderung *erlebt?* Kann er, will er, soll er oder muss er dazu in der ihm möglichen Weise Stellung nehmen, als Subjekt einbezogen sein in die existentielle menschliche Grundfrage „Wer

bin ich - wer bist Du als Mensch?" Und betrifft diese existentielle Grundfrage (nur) den beeinträchtigten Menschen oder (auch) die Heilpädagogin in ihrem Menschsein, im engeren Sinn ihre subjektive Grundposition über das Wesen und den Auftrag heilpädagogischen Handelns?

2. Die *dialogische* Frage (wer?), "die sich stellt in bezug auf die personalen Vermittler und deren individuelle Möglichkeiten, eine konkrete Erziehungsaufgabe mitzutragen und mitzuverantworten". (17)

Es gilt zu bedenken: Nicht nur die Heilpädagogin, sondern die Eltern: Vater und Mutter; vielleicht zusätzlich Pflegeeltern, Erzieher; der Arzt: Hausarzt und Spezialist; der Psychologe als Diagnostiker; der Sozialarbeiter als Helfer in einer bedrohten sozialen Lebenssituation; der Sozialpädagoge, der sich (z.B. im Rahmen von Förderung im Kindergarten) um das beeinträchtigte Kind bemüht, Lehrpersonen, Nachbarn, die zustimmend oder ablehnend der Familie und dem beeinträchtigten Kind/Jugendlichen gegenüberstehen: alle fühlen sich in bestimmter Art und Weise kompetent, verantwortlich und sind es auch. Eben deshalb ist Beeinträchtigung/Behinderung nicht gleichzusetzen mit einer Naturtatsache im Sinne einer objektiven, rein symptomatologischen Diagnose, sondern muss gesehen werden

„als (lebens-)geschichtliches und (gesellschafts-, familien-, bildungs-) politisches *Beziehungs*phänomen. Heilpädagogisch bedeutsam sind nicht die 'fest'-stehenden Fakten, sondern die sich 'in-zwischen' wandelnden Beziehungen." (KOBI 1983, 22; Hervorhebung W.K.)

Die Beantwortung der Frage *'wer?'* im existentiellen und dialogischen Sinne ist Ausgangs- und Zielpunkt heilpädagogischen Handelns und damit Grundlage heilpädagogischer Kompetenz. In diesem existentiellen und dialogischen Rahmen werden die weiteren Fragen beantwortet, die sich die Heilpädagogin im Verlauf der HpE immer neu stellt:

was... muss ich tun, welches Handeln steht zu Gebot?

wo... welche Situationen und Rahmenbedingungen sind notwendig zu beachten und zu schaffen?

wann...	zu welchem Zeitpunkt werde ich günstigerweise handeln?
warum/wozu...	aufgrund welcher Ursache, Motivation, in Konvergenz mit welchen Meinungen und Zielen handle ich?
wozu/wohin...	aufgrund welcher Sinn- und Wertannahmen, welcher Normen und Geltungsansprüche, welcher Perspektiven und Zielsetzungen handle ich?
wie...	welche ziel- und zweckgerichteten Methoden, welches Material, welche Reize, welche Interventionsvariablen setze ich ein, um eine konkrete, heilpädagogisch relevante Erziehungshilfe und Entwicklungsförderung mitzutragen und mitzuverantworten?

- **Intersubjektive dialogische Beziehungsgestaltung als heilpädagogische Kompetenz**

Der Ausgangspunkt einer HpE ist nicht einfach das Faktum der Beeinträchtigung/Behinderung als solches, sondern
„das menschliche Subjekt, das aufgrund seiner Existenzbewusstheit sich als ein Ich-Selbst in Beziehung setzt zu einem als Nicht-Ich erlebten Du (und zu einem als verwandtschaftlich erlebten Wir) und im Existenz-Vergleich ein So-Sein von einem Anders-Sein abhebt und wertet. Behinderungen sind aufgrund eines Existenzvergleichs gewertete Person- und Verhaltensmerkmale. - Nicht der Defekt allein und als solcher schafft die Behinderung, sondern die soziale (als behindert gelten) und individuale (sich als behindert fühlen) Definition." (KOBI 1983, 30) So gesehen kann sich nach KOBI der behinderte Mensch emanzipieren von einem "Symptombündel mit Krankengeschichte" hin zu einem "Subjekt mit Lebensgeschichte". Dazu schreibt GRÖSCHKE (1989, 56):
„Vor der voreilig-verständnislosen Pathologisierung personaler Ausdruckformen als 'irres', 'abnormes' oder 'sinnloses' Verhalten eröffnet diese produktive Handlungszumutung *Verstehensmöglichkeiten,* über die ich den anderen als personales Subjekt erkennen kann. ... Erzieherisch fördernde Interaktionen eines Heilpädagogen mit einer

behinderten Person lassen sich so als ineinander verschränkte und aufeinander bezogene Handlungsweisen zweier Aktoren verstehen, in die jeder der beiden Teile seine Lebensgeschichte, seine Wahrnehmungen, seine Situationsdeutungen, Gefühle, Motive und Werte einfließen lässt. Im Falle einer 'Passung' kooperieren beide im gemeinsamen Prozess von Pflege, Spiel, Lernen oder Arbeit. Bei Kommunikationsstörungen oder Widerstand und Verweigerung ist es die Aufgabe der Heilpädagogin, zu identifizieren, welches Element des jeweiligen Handlungskonzeptes 'unpassend' war und wie beide Handlungsperspektiven neu aufeinander abzustimmen wären..."

Durch ein solches Verständnis ihres Handlungskonzeptes gewinnt die Heilpädagogin (nach GRÖSCHKE ebd.) für ihre praktische Arbeit drei Vorteile:

1. Der behinderte Mensch (auch der Schwerstbehinderte) wird aus seiner passiv abhängigen Rolle des Empfängers und Objektes heilpädagogischer Maßnahmen in eine weitestgehend aktiv-selbständige Rolle entlassen.

2. Der persönlich-intentionale Charakter sonst 'sinnlos' erscheinender Ausdrucksweisen wird betont.

3. Auf seiten der Heilpädagogin wird garantiert, dass Gehalt und Ziel ihres Arbeitskonzeptes (Wissen, Gewissen und Motiv) von ihrer *Person* gebündelt und getragen wird.

„Den letztgenannten Aspekt halten wir für besonders bedeutsam: Gerade in der heilpädagogischen Praxis der Erziehung und Förderung unter erschwerten Bedingungen kommt es in erster Linie auf die *Person* des Heilpädagogen an. Heilpädagogik als personale Beziehung fordert die Person in einem umfassenden und ganzheitlichen Sinne, nicht nur ihr Fach- oder Regelwissen oder ihre Verfügung über effiziente Techniken der Verhaltensbeeinflussung..."(GRÖSCHKE 1989, 57)

Um dieses Verständnis ihres Handelns entwickeln, richtig einordnen, unterscheiden zu können und damit kompetent zu werden, ist die *Mündigkeit* der Heilpädagogin Voraussetzung: Nicht nur im rechtlichen Sinn (der Volljährigkeit und damit der vollen Geschäfts- und Deliktfähigkeit sowie strafrechtlichen Verantwortung), sondern vielmehr im heilpädagogischen Verständnis der Fähigkeit zur *Bezie-*

hungsgestaltung als *Erziehung unter erschwerenden Bedingungen.*
Die Heilpädagogin *verfügt* als mündiger Mensch
„über die eigenen Kräfte und Fähigkeiten für jeweils neue Initiativen
und Aufgaben." (ROTH 1976, 180)
Sie hat selbst in ihrer Entwicklung und Lebensgestaltung Beeinträchtigungen und Behinderungen durchlebt und in berufsbezogener –>
Selbsterfahrung und –>Supervision zu reflektieren gelernt. Dadurch
weiß sie sich in ihrer personalen Einmaligkeit und sozialen Zugehörigkeit, in ihren Fähigkeiten und Grenzen respektiert und sich zugleich angewiesen auf ein Du und ein gemeinschaftliches Wir. So
entwickelt sie ein immer größeres Interesse (im Sinne von "Inter-
Esse" = Dazwischen-Sein), das als Erziehung bezeichnete
„Verhältnis zwischen wenigstens zwei Personen (einem Edukator und
einem Edukanden) sowie das Verhältnis zwischen einer präsenten
Situation, auf die ihr Verwirklichungsstreben zielt" (KOBI 1983, 72),
selbst unter schwierigen Bedingungen zu gestalten. Sie weiß:
„Erziehung ist a priori gerichtet: auf personale Verhältnisse, sowie
auf konstitutive Ziele. Der Erzieher ist ein Interventionist; Erziehung, die nichts mehr vor sich hat und vorhat mit dem Menschen,
ihrer Prospektion und Perspektive verlustig geht, verliert ihren We-
sensgehalt. Wo der Mensch keine Zukunft mehr hat, kann keine Erziehung mehr stattfinden. Pädagogisch wird eine Frage nicht dadurch, daß sie sich auf Kindhaftes richtet und kindliches Verhalten
zum Inhalt hat, sondern dadurch, daß in ihr die Dialektik zwischen
einer humanen (nicht nur kindhaften) Situation und einer diese Situation wertbetont transzendierenden Perspektive sichtbar wird. Aus
der Problematik des 'Dazwischen-Stehens' (Grossmann 1967) werden
daher auch sämtliche Handlungs- und Denkweisen mehrdeutig, d.h.
aus verschiedenen Perspektiven zu deuten und fragwürdig (d.h. würdig, in Frage gestellt zu werden)..." (KOBI 1983, 72)
Deshalb erschöpft sich die Kompetenz der Heilpädagogin nicht in
diagnostischen Fähigkeiten des Erfassens auffälliger Merkmale
(Symptome) und therapeutischen Fertigkeiten zur Verhaltensänderung, sondern richtet sich vor allem auf das *existentielle, subjektive
Menschsein* in seiner Problematik gerade *dieses* beeinträchtigten

Kindes oder Jugendlichen und seiner Mitmenschen aus, um sie in ihrer Befindlichkeit zu begreifen und zu verstehen. Diese grundlegende Kompetenz der Heilpädagogin ist um so mehr gefordert, je mehr die Beeinträchtigung, Behinderung 'objektiv irreparabel' erscheint, wie beim schwerst geistig behinderten oder todkranken Menschen. Hier ist die personale Entfaltung des Subjekts in erheblichem Maß reduziert. Dennoch ist und bleibt gerade dieser unheilbar kranke Mensch auf der Subjektebene ein Mensch, der die Heilpädagogin gerade wegen seines Soseins und in seinem Sosein herausfordert, auf ihn als ein Subjekt zu *hören,* von ihm zu *lernen,* sich in menschlicher Not, *im (totalen) Angewiesensein auf ein Du zurechtzufinden* und so zur Tiefe menschlicher Existenz vorzudringen, zu transzendieren. Dies geschieht in einer *dialogischen Situation,* in der Dyade Heilpädagogin <—> Kind/Jugendlicher, denn:

„Eine Dyade enthält zwei Epizentren der Erfahrung, zwei Standpunkte, zwei Perspektiven..." stellen LAIING et al. (1976/3) fest. Das zweite 'Epizentrum' bildet in einem Erziehungsverhältnis somit das Kind. Seine konkreten, zunächst vorwiegend naturhaften Bedürfnisse ("Basic needs"), später in zunehmendem Maße jedoch auch sein Eigen-Sinn und sein persönlicher Gestaltungswille erfordern einen "reziproken Vergleich" (a.a.O): die Spiegelung und interpersonelle Wahrnehmung des Ich im Du (Wie sehe ich mich? Was glaube ich für Dich zu sein? Wie, glaube ich, daß Du Dich siehst? und: Wie siehst Du Dich? Was bin ich für Dich? Wie glaubst Du, daß ich mich sehe?). Die Frage aus dieser Perspektive lautet nicht: Was tue ich alles *für* dieses Kind, (selbstredend zu seinem Wohle), sondern *mit* ihm?; - auf welcher 'interessanten' (d.h. *zwischen* unseren Ansprüchen und Aufgaben liegenden) Vertragsbasis bewegen wir uns am günstigsten in Richtung einer Ausweitung und Differenzierung unserer Dyade? ... Das tragende Fundament speziell der Heilerziehung sieht HENGSTENBERG (1966) daher in der unveräußerlichen Personhaftigkeit des Menschen: "Wir wenden uns dem Geschädigten um der Einmaligkeit und Würde seiner *Person* willen *zu."* (zit. nach KOBI 1983, 73)

So verstanden, lässt sich die Kompetenz der Heilpädagogin vorrangig definieren als das Vermögen, *den Subjekt-Objekt-Kontakt in die verantwortete, zwischenmenschliche Subjekt-Subjekt-Beziehung zu integrieren und dadurch dialogisch umzugestalten.* Die Heilpädagogin fragt aus dem Erleben der eigenen Befindlichkeit heraus, im Über-Sich-Hinausgehen mittels Probe- bzw. Teil-Identifikation, nach der *Befindlichkeit des Du in seinem Dasein und Sosein* und danach, was sich aus dieser Ich-Du-Beziehung zwischen beiden mit welchem Ziel entwickeln kann. Die entscheidende Frage heilpädagogischer Kompetenz lautet also nicht: Wie ändere ich ein Störverhalten?, sondern in Anlehnung an KOBI (1983, 50 f.): *Wie stelle ich mich meinem Gegenüber, dem Kind, dem Jugendlichen so dar, dass sie mich in einer Art und Weise erleben, die ihnen ein angemessenes mitmenschliches Verhalten ermöglicht?*
Existentiell ausschlaggebend ist nur jene heilpädagogische Wirklichkeit, die der beeinträchtigte/behinderte Mensch *und* die Heilpädagogin gemeinsam als *dialogisches Geschehen zu erfahren imstande sind.* So ist heilpädagogische Kompetenz primär zu verstehen als das *Ermöglichen eines Beziehungsverhältnisses,* welches *Verstehen durch gemeinsames Erleben* gestattet.

• **Zusammenfassung**

Heilpädagogisch instrumentelle, soziale und reflexive Kompetenzen werden in der sachlich-zielorientierten, der relational-gemeinschaftlichen und der authentisch-expressiven Dimension heilpädagogischen Denkens und Handelns erworben und konkretisieren sich in der intersubjektiven dialogischen Beziehungsgestaltung zwischen der Heilpädagogin und dem Kind, Jugendlichen und deren Bezugspersonen, um von hierher Veränderungsprozesse anzuregen und zu begleiten. Dies geschieht mittels der existentiellen und dialogischen Frage 'Wer', die sich gleichermaßen und spiegelbildlich an den Adressaten der Heilpädagogin wie auch an sie selbst als Mensch richtet: Wer bin ich - wer bist du? Wer bist du für mich - wer bin ich für dich? Wer können wir füreinander sein? Dabei setzt die Heilpädagogin in dieser personalen dyadischen Beziehung ihre Kraft und ihre Kreativität ein, mit dem beeinträchtigten oder behinderten Menschen seine ihm möglichen Entfaltungs- und Entwicklungsfähigkeiten in seiner Lebenswelt zu aktivieren und zu gestalten. Mittels Probe- oder Teil-Identifikation versucht die Heilpädagogin der Befindlichkeit, dem "In-der-Welt-Sein" des Du nachzuspüren, um mit ihm gemeinsam seinen Lebensweg zu gehen. Heilpädagogische Kompetenzen verdichten sich im *fachlichen* und *personalen Angebot* der Heilpädagogin an einen unter schwierigen Bedingungen lebenden beeinträchtigten bzw. behinderten Menschen.

Begriffsbestimmung:

Konsultationen sind Beratungen mit und für Fachleute. Die Heilpädagogin ist vor allem aufgrund der individuellen Erfahrungen und komplexen Situationen, in denen sich Beeinträchtigungen und Behinderungen ereignen sowie aufgrund der jeweiligen institutionellen Organisationsstrukturen und Rahmenbedingungen, in denen sie tätig ist, zu interdisziplinärer Zusammenarbeit herausgefordert und zum Wohle der ihr anvertrauten Menschen berufsethisch verpflichtet. Um in konsultativen Gesprächen und kooperativem Handeln den eigenen heilpädagogischen Beitrag effektiv leisten und vertreten zu können, benötigt die Heilpädagogin eine professionelle Identität, d.h. ein ausgeprägtes Verständnis der eigenen Berufsrolle auf dem Hintergrund einer deutlichen Standortbestimmung im Rahmen der wissenschaftlichen Verortung wie der praxisbezogenen Handlungskompetenz.

In diesem Übersichtsartikel werden folgende Themen angesprochen:

- Über die Notwendigkeit interdisziplinärer Zusammenarbeit 565
- Als «Wer» versteht sich die Heilpädagogin? 572
- Mit *wem* arbeitet die Heilpädagogin *wie* zusammen? 578
- Zusammenfassung 581

• Über die Notwendigkeit interdisziplinärer Zusammenarbeit

Über die Notwendigkeit interdisziplinärer und kooperativer Zusammenarbeit braucht angesichts der Bedürftigkeit beeinträchtigter, behinderter, gestörter oder auffälliger Menschen nicht gestritten werden. (vgl. HELLMANN 1992, 41) Sie lässt sich nach BACH (1979) begründen durch

- die Mehrdimensionalität von Beeinträchtigungen
- durch die Komplexität der Entstehungs- und Verstärkungsbedingungen und
- durch die Pluralität der erforderlichen Maßnahmen.

Diese Vielschichtigkeit und Komplexität von Phänomenen der Beeinträchtigung oder Behinderung von Menschen fordert zu interdisziplinärer Zusammenarbeit heraus, wenn ihnen angemessen begegnet

565

werden soll. Heilpädagogik als integrative Handlungswissenschaft ist infolgedessen auf Erkenntnisse anderer Wissenschaften angewiesen (vgl. Abb. 2: Heilpädagogik im wissenschaftlichen System (nach SPECK 1987, 223)

Die Heilpädagogin benötigt Kenntnisse und Hilfestellung aus der
- Psychologie (z.b. Entwicklungs-, Tiefen-, Lern- Kognitionspsychologie)
- Medizin (z.b. Kinderheilkunde, Sozialmedizin, Psychiatrie, Neuropädiatrie, Neurophysiologie)
- Soziologie (z.b. Erziehung als gesellschaftliches Grundverhältnis; Schichtungs- und Ausleseprobleme; gesellschaftliche Prägungen und Ordnungen durch Familie, Beruf; Bürokratisierung und Technisierung in Anliegen behinderter Menschen usw.)
- Rechtswissenschaft (z.b. Behindertenrecht; Familienrecht; KJHG)
- Pädagogik als Leitwissenschaft, auf der Basis von
- Philosophie und Theologie, Anthropologie und Ethik als Seins- und Umgangsmodi bestimmende und leitende Grundwissenschaften.

Heilpädagogik wird hier als durch die entsprechenden Nachbardisziplinen ergänzungsbedürftig angesehen. Dies entspricht einem heilpädagogisch-komplementären Ansatz, in den

„auch *nichtpädagogische Disziplinen* mit einbezogen werden müssen. Ohne interdisziplinäre Kontaktaufnahme, Verständigung und Kooperation lassen sich künftig heilpädagogische Fragen nicht hinreichend beantworten, wenn allseits proklamiert wird, jeweils die Gesamtsituation eines behinderten Menschen beachten zu wollen. - Die fortgeschrittene und verfestigte Spezialisierung erschwert diese Zusammenarbeit nicht unerheblich, aber es gibt zahlreiche verheißungsvolle Ansätze, sowohl an der Basis als auch im wissenschaftlichen Austausch. Teamarbeit ist ebenso gefragt, wie interdisziplinäre Tagungen immer mehr Anklang finden. Es gilt, das Trennende und das aufgestaute Mißtrauen zu beseitigen. Damit wird man sich darauf einzurichten haben, daß gegensätzliche Standpunkte nicht schlechthin sich ausschließende Widersprüche sondern Komplementaritäten darstellen." (SPECK 1987, 222)

Versteht man die Hilfe für das beeinträchtigte oder behinderte Kind bzw. den Jugendlichen als 'normale' Entwicklungshilfe zu immer mehr Menschwerdung auf seinem Lebensweg, so sind alle jene Fähigkeiten (an-) zu erkennen und zu unterstützen, die jedem Menschen, auch einem sogenannten "schwerstmehrfachbehinderten" Menschen helfen, mit ihm gemeinsam seinen Lebensweg zu gehen. Diese Sichtweise ist bereits als *heilpädagogisch* ausgewiesen, denn die Hauptaufgabe der Heilpädagogik (z.B. im Gegensatz zur Medizin) besteht darin, nach *Erziehungsmöglichkeiten zu suchen,* auch dann, *wenn etwas medizinisch Unheilbares vorliegt.* Gegenstand der Heilpädagogik ist also die angemessene Erziehung und Förderung für Menschen, insbesondere für Kinder und Jugendliche, bei denen nicht die üblichen Bedingungen vorzufinden sind. Somit ist Heilpädagogik nichts anderes als Pädagogik unter erschwerenden Bedingungen. (vgl. MOOR 1965) Diese Herangehensweise an den beeinträchtigten, behinderten oder auffälligen Menschen aus heilpädagogischer Sicht erfordert es zu fragen, wer, was, wo, wann, warum, wozu, wohin, wie dazu beiträgt, dass Erziehung unter erschwerenden Bedingungen geleistet werden und gelingen kann.

Will man sich Aspekte von Kooperation und interdisziplinärer Zusammenarbeit genauer veranschaulichen, kann man KOBI (1983, 17 ff.) folgen, der mit der Schilderung der Verflochtenheit heilpädagogischer Grundfragen am Beispiel einer «geistigen Behinderung» Berührungspunkte zwischen unterschiedlich betroffenen Menschen und Disziplinen aufzeigt:

Außer der Person des behinderten Kindes (Y) treten eine Vielzahl anderer Akteure in Erscheinung,

„die sich je befähigt und berechtigt, kompetent und verantwortlich fühlen, innerhalb des sie miteinschließenden Behinderungszustandes zu wirken (wobei allerdings unterschiedliche Akzentsetzungen vorgenommen und Bedürfnishierarchien installiert werden):

Die Mutter: Sie fühlt sich unmittelbar verantwortlich für das Wohl des Kindes; durch ihre Nähe glaubt sie den kindlichen Bedürfnissen zu entsprechen.

Der Vater: Er glaubt sich vor allem für das psychodynamische Gleichgewicht der Familie einsetzen zu müssen, da er der Meinung ist, daß sich seine Gattin zu sehr aufreibt für Y, was den anderen Familienmitgliedern auf Dauer abträglich zu sein scheint.

Der Psychologe Dr. X: Er teilt die Meinung des Kindsvaters, sieht die Lösung jedoch nicht in einer Heimeinweisung von Y sondern in einer Umstrukturierung der Familiensituation, die herbeizuführen er sich via Familientherapie anheischig macht.

Die Nachbarin: sie ist der Überzeugung, daß die Heilungsmöglichkeiten für Y noch nicht voll ausgeschöpft wurden. Sie kann diese zwar nicht selbst realisieren, fühlt sich aber verantwortlich dafür, die Eltern auf therapeutische Hilfen aufmerksam zu machen.

Der Hausarzt: Er ist der Auffassung, daß man sich im Umfeld von Y Illusionen macht über dessen Entwicklungschancen. Er kann sich im Grunde genommen mit keiner der Perspektiven identifizieren und schert daher aus dem Behinderungszustand aus. Er glaubt sich seiner Pflicht und Schuldigkeit entledigt zu haben damit, daß er den Leuten "klaren Wein einschenkte". Die Sache mit Y (in dessen Existenzform einer Geistigen Behinderung) ist für ihn erledigt - was selbstverständlich nicht heißt, daß er sich mit Y als Fall von Masernerkrankung, Bronchitis oder ähnlichen, für ihn sinnvolle medizinische Perspektiven eröffnenden Zuständen, weiter zu beschäftigen bereit ist.

Die Vorschulheilpädagogin: Sie erkennt in verschiedenen Fähigkeitsbereichen von Y Entwicklungsmöglichkeiten, die im Rahmen einer systematischen Früherziehung realisiert werden müßten. Sie insistiert daher auf der mit den Eltern gemeinsam zu lösenden und zu verantwortenden Erziehungsarbeit und drängt die Eltern dazu, nicht länger zuzuwarten und keine wertvolle Zeit zu verlieren." KOBI (ebd. 22) resümiert:

„Das Beispiel zeigt, daß das, was wir verkürzt als «Behinderung» (in unserm Falle: Geistige Behinderung) bezeichnen, in keiner Weise gleichzusetzen ist mit einer Naturtatsache (in unserm Falle mit der objektivierbaren, vielleicht sogar lokalisierbaren und sichtbar zu machenden Hirnschädigung). Behinderung (ebenso wie sog. Verhaltensauffälligkeit; Anm. W.K) präsentiert sich stets als (lebens-) geschichtliches und (gesellschafts-, familien-, bildungs-)politisches Beziehungsphänomen. Heilpädagogisch bedeutsam sind nicht die «fest»-

stehenden Fakten, sondern die sich «in-zwischen» wandelnden Beziehungen."

Um in den Kontakten und Beziehungen für den als beeinträchtigt, behindert oder verhaltensauffällig erlebten und sich erlebenden Menschen sinnvolle und heilsame Konsultationen zwischen unterschiedlichen Fachdisziplinen zu erwirken, ist es wichtig zu beachten:

„Jede der beteiligten Berufsgruppen ist primär für das eigene Arbeitsgebiet zuständig und leistet von daher ihren spezifischen Beitrag... Ein Zusammenwirken im Sinne einer ganzheitlichen Förderung kommt aber erst dann zustande, wenn die einzelnen Beiträge aufeinander abgestimmt sind, wenn also beispielsweise die Krankengymnastin auch die erzieherischen Bedürfnisse desselben Kindes kennt und respektiert, wenn der Psychologe oder die Heilpädagogin auch die ärztlichen Maßgaben berücksichtigt, wenn der Arzt auch die psychologische Diagnostik und die soziale Problematik einer Familie beachtet. Keine Einzeldisziplin ist daher von vornherein aus der Gesamtverantwortung entlassen. Keine kann aber auch apriorisch alleinbestimmend für die anderen Fachkompetenzen sein." (SPECK 1987, 416)

Als ein Beispiel geglückter institutionalisierter, kooperativer, interdisziplinärer Zusammenarbeit kann nach SPECK (ebd. 349) die Frühförderung angesehen werden.

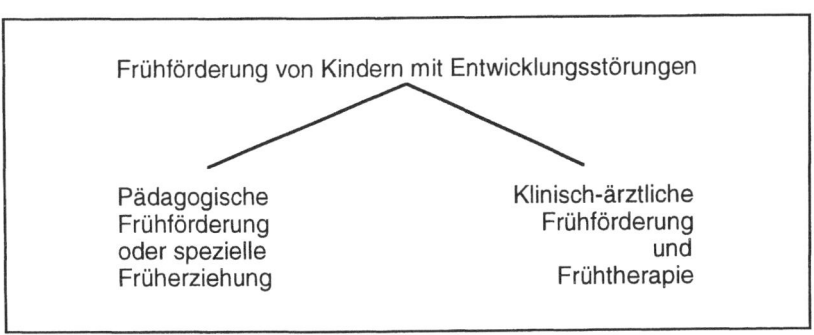

Abb. 47: System der frühen Entwicklungs- und Erziehungshilfen
(entnommen Speck 1987, 349; vgl. Deutscher Bildungsrat 1973)

Sie gilt als „das System der frühen Entwicklungs- und Erziehungshilfen...“, das unter dem ganzheitlichen Aspekt der individuellen und sozialen, der physischen und psychischen Förderung von verschiedenen pädagogischen Disziplinen angeboten wird. Dabei lassen sich das pädagogische und das ärztliche Handlungs- und Normensystem als die beiden wichtigsten Teilbereiche unterscheiden.“ (SPECK 1987, 349)

Die Teilbereiche der daraus erwachsenden komplexen Aufgabenstellung lassen sich in vier Aufgabenstellungen unterscheiden:

- Früherkennung und Früherfassung, z.b. durch allgemeine Vorsorge-Untersuchungen oder Aufklärungsmaßnahmen und ärztlich/ psychologisch/pädagogisch/sozial näher abzuklärende Frühdiagnostik;

- Frühförderung des einzelnen Kindes: Interventionen, Aktivitäten, im therapeutischen Bereich (z.B. Physiotherapie, Beschäftigungstherapie, medikamentöse Therapie) und spezielle Erziehung (z.B. Pädagogische Frühförderung im Sinne von Anregungen zur Eigenentwicklung des kindlichen Systems auf der Basis spezieller Erziehungsbedürfnisse);

- Zusammenarbeit mit den Eltern im Sinne der *Erziehungsberatung* als fachliche Information, Anleitung und Unterstützung für Alltagshandeln mit ihrem Kind, für ein angemessenes Erziehungsverhalten, für die angemessene Umsetzung therapeutischer Übungen und ggf. auch *Elternberatung* zur Bewältigung eigener psychischer Probleme;

- Begleitende soziale Hilfen die dazu beitragen sollen, dass die vielfach überforderten Familien entlastet werden, daß besondere soziale Härten erleichtert oder überwunden werden, die Familie versorgt wird und sozialrechtliche Unterstützungsmöglichkeiten erschlossen werden. (vgl. SPECK ebd. 350 f.)

Bei der leider heute oft noch mangelnden interdisziplinären Zusammenarbeit ergeben sich (nach SPECK ebd. 417 ff.) Hindernisse, die wie folgt differenziert werden können:

1. Vordergründige Verständigungshindernisse, wie
- Arbeitszeitprobleme
- Statusprobleme
- Persönlichkeitspsychologische Barrieren

570

- Aktuelle Arbeitsmarktprobleme
- Fortgeschrittene und verfestigte Spezialisierung
- Abgrenzungsbedürfnisse
- Falsche gegenseitige Erwartungen
- Fortschreitende Verrechtlichung
- Explosion des Fachwissens
- Barrieren der Fachsprache
- Verfestigungen der institutionellen und technologischen Organisation pro Fach

2. Hintergründige Hindernisse, wie

- Zerteilende und zerstückelnde Denkansätze die zur Zerstrittenheit in der Frage führen: "Was - oder Wer - ist der Mensch?"
- Dominanzansprüche der naturwissenschaftlich-kausalen Methode gegenüber einem mehr intuitiven, menschlich-verstehenden Denkansatz in Sinn-Kategorien;
- Der fehlende übergeordnete und zugleich ordnende Bezugsrahmen, wenn es darum geht, von dem relativ isolierten Nebeneinander der Fachdisziplinen zu einem gemeinsamen Weg zu finden, Verwirrung aufzuheben oder zu vermeiden, wie sie durch die getrennten Teilordnungen entstanden ist;
- Der fehlende Kompass, d.h. die Richtungslosigkeit in der grundlegenden und einigenden Frage nach den Beziehungen der Menschen zur zentralen Ordnung der Welt, aus deren (vorläufiger) Beantwortung die ausschnittweise Wahrnehmung des einzelnen und die auf ihr beruhenden Sprache ermöglichen würde, das Ganze des Seins des behinderten Menschen zu verstehen und mit ihm entsprechend 'mit-menschlich' unterwegs zu sein;
- Ein fehlendes gemeinsames oder angenähertes Bild vom Menschen und von seiner Bestimmung sowie eine fehlende (in Ansätzen aber schon formulierte) zukunftsweisende Weltethik verhindern Zusammenarbeit als umfassende Hilfe für die existentielle Not des behinderten Menschen.

Man könnte sagen: Der «Turmbau zu Babel» ist komplettiert. Wie aber kann man sich in dieser Situation behelfen?

„Einen kooperativen Konsens zwischen diesen unterschiedlichen Denkweisen und Wertungssystemen wird es sicherlich nicht in der

Weise geben können, daß man im Team abstimmt, sondern auf der
geistigen Basis einer akzeptierten Wertordnung, die höhere und nie-
dere Werte und Daten zu unterscheiden versucht. Die äußerlichen
oder materiellen Daten ergeben noch keinen Sinn. Den erhalten sie
erst auf dem Beziehungshintergrund von Orientierungen, die über
den einzelnen Organismus hier und jetzt hinausreichen. In diesen
müssen Quantitäten eingeordnet werden können und zwar über einen
verstehenden Denkansatz, der auch Glauben an Sinn und Erfüllung
beinhaltet. Der wissenschaftliche Fortschritt hat uns einen Reichtum
an Mitteln und Wegen beschert, aber eine Armut an Zielen ... Wir
sind uns der zwiespältigen Resonanz dieses Anspruches an eine auch
geistig begründete interdisziplinäre Zusammenarbeit voll bewußt,
vor allem deshalb, weil dieses Problem sich nicht auf Disziplinen
sondern auf Menschenbilder bezieht. - Es ist aber ebenso klar, daß
man sich dieser geistigen Herausforderung nicht entziehen kann,
wenn es um den ganzen Menschen gehen soll. Worauf es dabei vor
allem ankommt, das dürfte die geistige Offenheit füreinander sein,
also das Gegenteil des Sich-verschanzens und Abgrenzens." (SPECK
ebd. 423)

- **Als "Wer" versteht sich die Heilpädagogin?**

Die begrifflichen Grundlagen der Pädagogik sind nach wie vor strit-
tig. Insbesondere wird dies am Begriff «Heilpädagogik»[1] deutlich,
der zugleich als Berufsbezeichnung (GRÖSCHKE 1992/2, 32) gilt und damit
die Frage nach der angemessenen Bezeichnung einer erziehungswissenschaftlichen Spezialdisziplin und deren Abgrenzung von
anderen Disziplinen aufwirft. Im universitären Bereich wurde und
wird weitgehend auf den Begriff «Heilpädagogik» verzichtet und

---

[1] Zum Begriff «Heilpädagogik» gibt es eine umfangreiche und kontroverse Diskussion, angefangen von den Schöpfern des Begriffs, GEORGENS und DEINHARDT, die
ihn 1861 erstmals verwendeten; über HANSELMANN (1970/8, 12), dem ersten Lehr-
stuhlinhaber für Heilpädagogik, dessen Werk "Einführung in die Heilpädagogik"
zuerst 1930 in Zürich erschien; bis hin zu neueren Beiträgen (vgl. BACH 1985; HAE-
BERLIN 1985 a),b); SPECK 1987; MEINERTZ u.a. 1987) und viele andere. Dem interes-
sierten Leser dieser Schrift seien die in der Reihe «Studientexte Heilpädagogik» (zu
beziehen KFH NW, Piusallee 89, 48147 Münster) zum Thema erschienenen Beiträge
von GRÖSCHKE (1989, 15 und 1992/2, 32) und NEUHAUS (1991, 9) empfohlen.

statt dessen von «Sonderpädagogik» oder «Behindertenpädagogik» gesprochen und mit dem in der ehemaligen DDR gebräuchlichen Begriff der «Rehabilitationspädagogik» operiert. Demgegenüber haben sich der Begriff «Heilpädagogik» und die Berufsbezeichnung «(Dipl.-) Heilpädagogin/Heilpädagoge» an Studien- und Ausbildungsgängen an Fachhochschulen, Fachakademien und Fachschulen durchgesetzt und erhalten, möglicherweise sogar als kontrastierendes Konkurrenzprogramm gegenüber der weitgehend auf die Schule konzentrierten «Sonderpädagogik».

„Was ist ein Heilpädagoge?" - Diese einfach tönende Frage ist schwierig zu beantworten. Wenn man als Heilpädagoge gefragt wird, was dies für ein Beruf sei, den man ausübe, dann ist es für den Gefragten nicht einfach, seinen Beruf zu erklären. Meistens gelingt es fast nicht, die Umwelt von bestimmten Klischeevorstellungen abzubringen. In der Öffentlichkeit scheint die Meinung verbreitet zu sein, daß Heilpädagogen zu jenen eigenartigen Menschen gehören, welche am Helfen ihre Freude haben. Einerseits ist der Heilpädagoge als Person geachtet, welche armen, hilflosen Kindern hilft. Andererseits erscheint er in der Öffentlichkeit als weltfremder Mensch, der zwar von der Gesellschaft gebraucht wird, über den man aber gelegentlich den Kopf schütteln darf." (HAEBERLIN 1985, 9)

Emil E. KOBI, Autor eines der Standardwerke über Heilpädagogik schreibt über sein Buch «Grundfragen der Heilpädagogik»:

„Diese Studie wurde 1971 als Habilitationsschrift der philosophisch-historischen Fakultät der Universität Basel eingereicht. Sie hat mir aus diesen Kreisen viel Häme eingetragen und ist nur dank der Fürsprache außenstehender Fachleute... nach einem langwierigen Verfahren schließlich doch akzeptiert worden. Heilpädagogik ist freilich bis auf den heutigen Tag[1] nicht als eigenständiges Prüfungsfach anerkannt: nur 80 km entfernt vom ersten, vor mehr als einem halben Jahrhundert gegründeten, europäischen Lehrstuhl für Heilpädagogik in Zürich. - Die Grundtendenz und die Fragestellungen sind dieselben geblieben; befreit von universitären Begutachtungs- und Bestätigungsritualen konnte ich mir hingegen eine etwas offenere Mei-

---

[1] Kobi machte diese Aussage im Jahre 1983

nungsäußerung gestatten. Neu ist das erste Kapitel (Die existentielle Frage), in welchem ich versuche, die oft unausgesprochenen, um so mehr jedoch tabuisierten Rahmengesetzlichkeiten, innerhalb derer sich sogenannte Wissenschaftlichkeit zu bewegen hat, aufzuzeigen und in bezug auf die heilpädagogische Thematik durchsichtig zu machen. Ein offensichtlich unwissenschaftliches Unterfangen also, das meines Erachtens jedoch für die heilerzieherische Praxis zu wagen ist, zumal diese manchmal, verstrickt in ihren Alltagsnöten, zu rasch und unbedacht bereit ist, ihr Wissen und Können von aufgemotzter Wissenschaftlichkeit verniedlichen und vermiesen zu lassen. Die Wissenschaft ist aber oft viel zu schön, um wahr zu sein!" (KOBI 1983, 5 f.)

Es ist hier nicht der Ort, die Thematik vertieft zu diskutieren, jedoch machen bereits diese wenigen Hinweise deutlich, wie schwer es die Heilpädagogin hat, ihre Berufsrolle zu erwerben, ihre berufliche Identität zu erlangen und sie gegenüber anderen Disziplinen zu verdeutlichen und zu vertreten.

Um der Frage nach dem Selbstverständnis und dem Standort der Heilpädagogin näherzukommen, sollten wir den Blick darauf lenken, um was, besser um «wen» es in der Heilpädagogik geht:

Im Mittelpunkt aller heilpädagogischen Bemühungen steht der in seinem Leben 'beeinträchtigte', 'behinderte', 'entwicklungsgestörte' 'verhaltensauffällige' Mensch. Dieser wird häufig als Objekt von (manchmal gewinnbringenden) Tätigkeiten angesehen, die er selbst oftmals eher als 'Tätlichkeiten' zu erleben und zu durchleiden gezwungen ist. Den Menschen auf diese Weise vor sich hinzustellen bedeutet, ihn zum Objekt einer so oder so gearteten Betrachtungsweise zu machen: Die betroffenen Eltern, Erzieher, der Lehrer, Psychologe, Arzt, Krankengymnast, die Heilpädagogin und andere nähern sich diesem Objekt von je unterschiedlichen Standorten und Sichtweisen her an und betrachten «es» durch jeweils andere 'Brillen' bzw. 'Mikroskope'. Dies wirft - artikuliert oder unausgesprochen - von seiten des betroffenen Menschen die bange Frage auf, 'Wer' er sei; zu 'Wem' er gehöre; auf 'Wen' er sich verlassen könne; was 'man' mit ihm anstelle (mit welchem Recht?, in wessen Auftrag?, wie legitimiert?, im Namen welcher Autorität?) und 'wem' er schließlich zu welchem Zweck ausgeliefert oder von 'wem' er notgedrungen abhängig sei. Dabei wird er selten genug selber befragt und allzu rasch für "unmündig" erklärt, häufig weil diejenigen, die ihn als Objekt ihrer Tätigkeit ansehen, selber nicht der 'richtigen' Erziehungssprache und -verständigung mächtig sind. Dieselben Fragen richtet der beeinträchtigte oder behinderte Mensch - ebenfalls artikuliert oder unausgesprochen - auch an die Heilpädagogin: "Wer bist du?" und schließlich: "Wer kannst du, wer willst du *für mich* sein?"

Wenn Heilpädagogik nichts anderes ist als Erziehung unter erschwerenden Bedingungen und wenn

„Erziehung heißt: auf den Weg bringen. Allerdings auch nicht mehr!" (BALLAUFF 1970, 66), dann kann die Antwort der Heilpädagogin nur lauten:

„Ich will deine Wegbegleiterin, deine Weggefährtin sein, solange du mich auf deinem schwierigen Lebensweg, den ich als Mitmensch mit dir gehe, nötig hast."

Mit dieser Antwort wendet sich die Selbstdefinition und der Blickwinkel der Heilpädagogin von einer 'objektiven Betrachtungsweise' zu einer 'subjektiven Mitgehensweise'. In diesem Sinne gelangt die Heilpädagogin weniger zur 'Beurteilung des Behindertenzustandes' als vielmehr zum *Mit(er)leben und teilweise Mit(er)leiden des Behinderungsgeschehens.* Durch solches miteinander Unterwegssein wird es ihr möglich, *spezielle Erziehungsbedürfnisse* aufzuspüren und deren Erfüllung für den beeinträchtigten und behinderten Menschen auf dessen Lebensweg zu reklamieren. Sie bedient sich dabei eines phänomenologischen und zugleich handlungsorientierten Ansatzes des Erklärens *und* Verstehens von Erziehungswirklichkeit, indem sie objektivierende (erklärende) Analysen durch subjektive (verstehende), auf unmittelbare Erfahrung und auf Erleben begründete, Versuche des 'Mitgehens' und 'Mithandelns' stützt. Sie bezieht beides dialektisch aufeinander und gelangt so mittels hermeneutischen Verstehens zu einer kritisch reflektierten, dialogischen und kommunikativen Auseinandersetzung mit Wirklichkeitshandlungen und Wirklichkeitseinstellungen im lebensgeschichtlichen Kontext des beeinträchtigten und behinderten Kindes und Jugendlichen sowie deren

Eltern und ihrer selbst. Aus dieser reflektierten Erfahrung weiß die Heilpädagogin, dass sie das Du des beeinträchtigten und behinderten Menschen in seinen schwierigen Erziehungsverhältnissen als zunächst 'Fremder' nur verstehen kann, wenn

1. die Lebenswelt zum Ort der Erfahrung wird;
2. das Miterleben das Verstehen stützt;
3. eine Deutung der lebensgeschichtlichen Sinnstruktur versucht und begründet wird. (vgl. WÖHLER 1986)

In diesem Sinne handelt die Heilpädagogin als Vertreterin einer Handlungswissenschaft, deren eigentlicher Bewährungsfall die Praxis ist, in der sich entscheiden muss, was sie zur Sicherung und Verbesserung der Lebensqualität behinderter oder entwicklungsauffälliger Menschen auf ihrem Lebensweg beizutragen hat. Das "pädagogisch Bedeutsame" einer Behinderung oder Entwicklungsstörung wird dabei erst unter dem Aspekt der *Behinderung der Erziehung* bzw. der *Erziehung unter erschwerenden (behindernden) Bedingungen* heilpädagogisch relevant. Behinderung an sich ist (noch) kein heilpädagogisch bedeutsames Geschehen.

So findet sich die Heilpädagogin konsultativ in folgenden Zuständigkeitsbereichen (–>Abb. 48) wieder, in denen die anfallenden Aufgaben und Verantwortlichkeiten jeweils von unterschiedlichen Fachvertretern wahrgenommen werden (vgl. hierzu auch –> Abb. 1).

Dabei ist sich die Heilpädagogin bewusst und darum bemüht, dass zwischen diesen Zuständigkeitsbereichen keine Grenzen verlaufen sollten (was durch die gestrichelte Linienführung in der Tabelle angedeutet ist) sondern Bereiche der Zusammenarbeit durchlässig zu sehen und gemeinsam zu vertiefen sind. Deshalb wird die Heilpädagogin ein beeinträchtigtes, behindertes, entwicklungsgestörtes Kind, einen Jugendlichen nicht ausschließlich unter (heil-)pädagogischem Blickwinkel sehen, denn auch die Erziehungswirklichkeit würde verstellt und 'ver-rückt', wenn sie *nur* pädagogisch gesehen wird. Pädagogische Verengungen können überwunden werden, indem die Heilpädagogin wahrzunehmen lernt, dass die verschiedenen Schädigungen physio-pathologisch begründet sein können und sich dadurch die (heil-)pädagogischen Fragestellung der Erziehung unter erschweren-

den Bedingungen im Wissen und Begreifen solcher Behinderungsge-
schehnisse verschärft stellt.

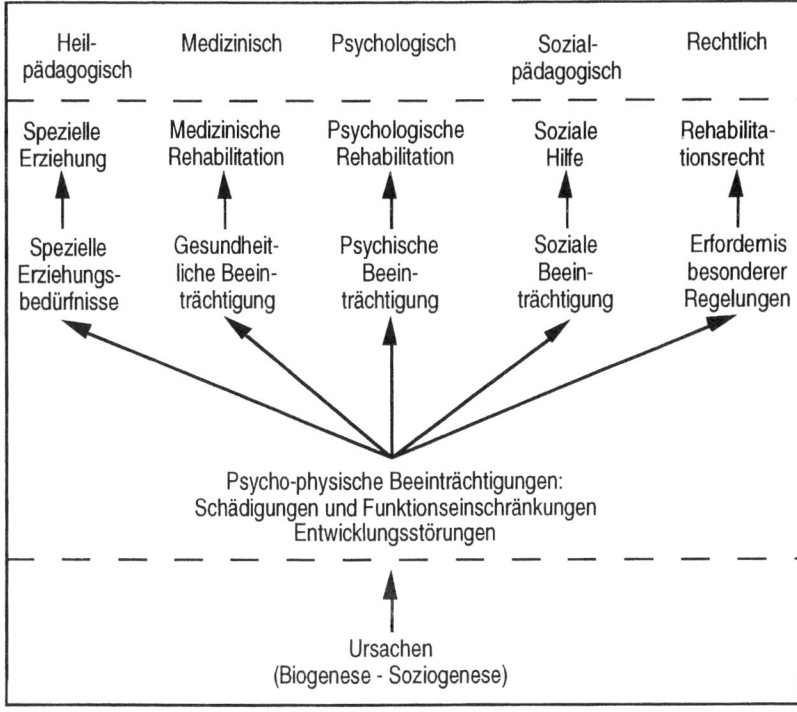

Abb. 48: Konsultative Zuständigkeitsbereiche
(Tabelle leicht verändert nach Bleidick 1987, 244)

Hier ist die Heilpädagogin herausgefordert, im Konzert der Meinungen bis hin zur Frage nach lebenswertem und sogenanntem lebens-
unwertem Leben des beeinträchtigten oder behinderten Menschen
- einen *Standort* zu finden;
Heilpädagogik ist nicht einfach eine "Aufpäppelung des Schundes"
und des "Abfalls der Menschheit", sondern eine "Aufbauarbeit in der
Richtung auf die individuelle und kollektive Menschenwürde"
(HANSELMANN 1958, 550); "Ehrfurcht vor dem Wort «Heilpädagogik»
ist für uns symbolisch Ehrfurcht vor einer Haltung, welche kein unwertes Leben kennt." (HAEBERLIN 1985, 13);

- eine *begründete Hilfeleistung* zu erbringen;

z.B. im Rahmen einer Heilpädagogischen Erziehungshilfe und Entwicklungsförderung (HpE) (und darüber hinaus im Zusammenleben mit dem beeinträchtigten oder behinderten Menschen) diejenigen erzieherisch-fördernden Angebote in Einzel- und/oder Gruppenbegleitung und Beratung der Eltern bzw. Bezugspersonen zu machen, die für *dieses* Kind, für *diesen* Jugendlichen unter den erschwerenden Bedingungen in Zusammenarbeit mit anderen Fachleuten erfolgversprechend erscheinen;

- praktisch *lebbare Alternativen* zu ermöglichen;

z.B. durch Engagement zur Schaffung differenzierter Wohnformen in Gemeinden mit dem Ziel der Integration geistig behinderter Menschen;

- durch ihr *personales Angebot* tragfähige Beziehungen zu stiften und zu gestalten, indem sie sich so 'mit-teilt', wie beeinträchtigte, behinderte Kinder und Jugendliche sie vor allem brauchen: Als

„Menschen, die sie so wie sie jetzt sind, als ganze Kinder wahrnehmen, die sie annehmen und mögen - und einen Lebensraum eben mit dieser Luft, mit dieser Atmosphäre des Akzeptiertwerdens" (MEHRINGER 1982, 17) zu füllen vermögen.

• **Mit *wem* arbeitet die Heilpädagogin *wie* zusammen?**

In der Konsultation mit den übrigen Fachkräften wird die Heilpädagogin die aus ihrer Sicht relevanten Fragestellungen einbringen, Antworten geben und auf fachlich begründete und ergänzende Sichtweisen eingehen:

1. Dieses Kind, dieser Jugendliche verhalten sich äußerlich so und so... Was aber mögen sie innerlich *erleben?* Was bedeutet das Verhalten für jeden von uns; und was 'sehen' wir neu, wenn wir uns ihr Erleben vergegenwärtigen? Was motiviert beispielsweise zur Aggression, zur Depression, zur Regression, was führt zur Fixierung und wie gehen wir im Alltag damit um, was uns als Trotz, Frechheit, Aggressivität, Ungehorsam, Unzuverlässigkeit, Gegenwehr, Unberechenbarkeit, Rückzug usw. entgegenschlägt? Welche *symbolische Aussage* macht das Kind, der Jugendliche aus seiner Befindlichkeit

heraus über sich und was entdecken wir dabei über unsere berufliche Profession hinaus an Aussage über unser eigenes Menschsein?

2. Bevor etwas gegen dieses Kind, diesen Jugendlichen bzw. gegen sein 'auffälliges' oder 'störendes' Verhalten unternommen wird, lassen Sie uns überlegen, was diesem Kind, diesem Jugendlichen *fehlt.* Was müssen wir ihnen geben, welche Situationen sollten wir schaffen, damit sie sich anders verhalten können? Wie müssen *wir* ihnen entgegenkommen, was müssen *wir* sie lehren, damit sie eine gegenläufige Erfahrung machen; und was wird *uns* dabei an Anpassungsfähigkeit, Offenheit, Toleranz, zusätzlicher Mühe abverlangt? Wer kann in welchen Situationen und mit welchen Mitteln dazu beitragen, dass solche *neuen Erfahrungen in Beziehungen* für das Kind, den Jugendlichen wahrnehmbar, realisierbar, nachvollziehbar, überprüfbar, sicher und verlässlich werden, damit Misstrauen verringert wird und Vertrauen, Mut und Zuversicht wachsen können?

3. Inwiefern wirkt die Umgebung beeinträchtigend, behindernd, entwicklungshemmend, störend, schädigend auf das Kind, den Jugendlichen ein? Wer kann was tun, um diese Wirkfaktoren auszuschließen oder wenigstens zu mildern? Mit wem kann ich als Heilpädagogin diesbezüglich wie zusammenarbeiten?

Konsultative Aufgabe der Heilpädagogin ist es, das „heilpädagogisch Bedeutsame" vorübergehend in den Mittelpunkt der Aufmerksamkeit zu stellen, z.B. so, dass der Psychologe oder Therapeut nicht nur die seelische Störung sieht, sondern das Kind, den Jugendlichen mit seinen altersgerechten Ansprüchen außerhalb der Begleitungsstunden; dass z.B. der Arzt oder Krankengymnast nicht nur an der Behebung des physischen Defektes arbeiten, sondern das Kind, den Jugendlichen in seiner Krankheit als leidenden Menschen respektieren und altersgerecht ansprechen und ernstnehmen; dass z.B. der Richter im Strafmaß die Ansprechbarkeit und das individuelle Vermögen des Kindes oder Jugendlichen mitberücksichtigt und so Situationen verfügt, unter denen Erziehung unter erschwerenden Bedingungen überhaupt geleistet werden kann.

Als eigenen Beitrag hat die Heilpädagogin dafür Sorge zu tragen, dass die Durchführung und Auswertung psychologischer und medizinischer Untersuchungen, die Durchführung ärztlicher und therapeu-

tischer Begleitungen und die Durchführung richterlicher oder sozial-
pädagogischer Maßnahmen unter (heil-)pädagogischen Gesichtspunkten erfolgt. Dazu Paul MOOR (1965):

Die Heilpädagogin sollte "ausschließlich das Eine zeigen, wie der *Erzieher* des entwicklungsgehemmten Kindes die Aufgabe zu lösen versucht, einerseits das Kind zu *erziehen,* andererseits sich den zugleich
bestehenden Notwendigkeiten der ärztlichen, therapeutischen, für-
sorgerischen Hilfe zu fügen. Um das Entscheidende vorwegzuneh-
men: Es kann weder darum gehen, Kompetenzbereiche abzugrenzen
noch die Einzelziele einander anzugleichen, sondern darum, daß jeder der an der Hilfe Beteiligten sich klar ist darüber, was sein zentrales Anliegen ist und welches die ebenso berechtigten Anliegen der
anderen sind. Zwischen diesen Zentren der Hilfe sollen keine Grenzen verlaufen; sondern zwischen ihnen liegen die Bereiche der Zusammenarbeit, einer Zusammenarbeit, die in erster Linie ein
menschliches Problem ist und erst in zweiter Linie ein wissenschaft-
liches. Jeder hat sich offen zu halten, in der praktischen Arbeit in jeder einzelnen konkreten Situation das hier und jetzt Notwendige mit
den anderen zusammen zu suchen. Dabei ergeben sich wohl Regeln
der Zusammenarbeit für häufig wiederkehrende ähnliche Situationen. Solche Regeln dürfen aber nie unnachgiebig werden, sondern
müssen jederzeit auch wieder in Frage gestellt werden können durch
die Besonderheit einer konkreten Situation... (13) Halten wir aber aus
dem bisher Gesagten ... fest, daß zu den besonderen und erschwerenden Bedingungen, nach welchen die Erziehung sich zu
richten hat, gerade auch die Zusammenarbeit mit den anderen Hel-
fern gehört." (15)

Diese komplexe Sicht der strukturellen Zusammenhänge kindlicher
bzw. jugendlicher Entwicklung und Behinderung bildet die Basis für
den Ansatz einer Heilpädagogischen Erziehungshilfe und Entwicklungsförderung (HpE) im Sinne einer *Hilfe zur Menschwerdung.* Dabei wird die Heilpädagogin sich ihrer Verantwortung bewusst sein,
das interaktionale Geschehen möglichst *ganzheitlich* zu sehen, d.h.

1. die aus naturwissenschaftlicher Sicht definierten Tatbestände (wie z.B. medizinische und/oder psychologische Diagnosen) ernst zu nehmen, sie jedoch nicht als Summation oder Addition (scheinbar) objektiver (= feststehender) Fakten zu verwerten, sondern

2. das durch Teil-Identifikation erlangte tiefenhermeneutische Verständnis über die vermutete subjektive Befindlichkeit des behinderten Menschen in die entwicklungsfördernden Maßnahmen mit einzubeziehen und

3. daraus einen reflektierten Zusammenhang mit der *heil*-pädagogisch notwendig zu vermittelnden normativen Dimension herzustellen, unter der "Krankheit und Leiden, Gebrechen und Behinderung ihre Definition und Wertung, Haltungen und Handlungsweisen ihre Sinndeutung und Zielorientierung erfahren." (KOBI 1983, 29)

* **Zusammenfassung**

Konsultationen, d.h. gegenseitige Fachberatung im Sinne interdisziplinärer Zusammenarbeit, sind aufgrund der Komplexität und Mehrdimensionalität von Beeinträchtigungen und Behinderungen sowie der notwendigen Vielfalt entsprechender Hilfemaßnahmen dringend erforderlich. Zudem ist Heilpädagogik als integrative Handlungswissenschaft auf die Erkenntnisse anderer Wissenschaften angewiesen. In der Zusammenarbeit und gegenseitigen Konsultation ist jede der beteiligten Berufsgruppen primär für das eigene Arbeitsgebiet zuständig und leistet von daher ihren spezifischen Beitrag. Ein Zusammenwirken im Sinne einer ganzheitlichen Förderung kommt aber erst dann zustande, wenn die einzelnen Beiträge aufeinander abgestimmt sind. Diese Abstimmung wird häufig durch vordergründige und hintergründige (Verständigungs-)Hindernisse eingeschränkt oder verhindert. Um dem zu begegnen bedarf es vor allem der geistigen Offenheit füreinander, also des Gegenteils des Sichverschanzens und Abgrenzens. Die Heilpädagogin wird darauf bedacht sein, heilpädagogisch bedeutsame Anfragen so zu stellen und Antworten so zu geben, dass die beteiligten Partner ihrerseits die erzieherische Verantwortung ein Stück weit mittragen helfen. Sie selber wird bereit sein, für die notwendige Umsetzung deren Anliegen gewissenhaft mitzusorgen. Aus dieser sich gegenseitig ergänzenden gemeinsamen Sorge und Verantwortlichkeit werden sich Spielregeln für den erzieherischen Alltag entwickeln, die jedoch nicht zu starren Ritualen und bürokratisierten Abläufen verkommen dürfen, sondern aufgrund einer sachlich und persönlich angemessenen, sowohl symmetrisch wie komplementär verlaufenden dialogischen Kommunikationsstruktur zwischen den Konsultanten durch die Besonderheit eines entwicklungsgestörten, beeinträchtigten oder behinderten Menschen bzw. seiner konkreten Lebenssituation jederzeit wieder in Frage gestellt werden können. Die Heilpädagogin wird dabei ihr erzieherisch-förderndes Hilfsangebot im Schnittpunkt objektiver, subjektiver, normativer und sinnverstehender Dimensionen mit dem und für den Adressaten reflektieren.

Begriffsbestimmung:

Die Kontaktaufnahme ist die von der Heilpädagogin im Rahmen einer Heilpädagogischen Erziehungshilfe und Entwicklungsförderung (HpE) (erstmals) zielgerichtet genutzte Gelegenheit gegenseitigen Kennenlernens mit der intendierten Möglichkeit zu weiterer Zusammenarbeit. Sie dient unter Berücksichtigung des Geschlechtes, des (geschätzten) Lebens- und Entwicklungsalters, des ersten Eindrucks, des –> Anlasses mit der Reflexion der Erziehungsschwierigkeiten, der Symptomatik und deren symbolischer Bedeutung sowie der Motivation der beteiligten Personen zu einer ersten Klärung darüber, ob weitere Kontakte stattfinden sollen, in denen es zu tragfähiger Beziehungsstiftung und Beziehungsgestaltung kommen kann.

In diesem Übersichtsartikel werden folgende Themen angesprochen:

- **Heilpädagogische Kontaktaufnahme als Beziehungsstiftung und Beziehungsgestaltung**

In der Kontaktaufnahme stellt sich die Frage: *Wer* sind die Kontaktpartner? *Warum/wozu* wird der Kontakt aufgenommen? *Was* haben die Kontaktpartner miteinander im Sinn?

Bei jedem Kontakt wirkt der Kontaktsuchende auf die Situation der Kontaktaufnahme ein, wie auch umgekehrt die Situation und alle Beteiligten auf ihn Einfluss gewinnen. So kann Kontaktaufnahme ein 'auf den Wecker fallen' sein, wie bei unbeliebten Menschen; ein 'Überfallen' wie bei ungebetenen Gästen; eine gewaltsame Inbesitznahme wie bei einer Vergewaltigung; ein 'Überrollen' oder 'Anmachen' wie bei taktlosem zu nahe Treten im Intimbereich. Kontaktaufnahme kann darauf abzielen, einen anderen Menschen geschickt zu taxieren und auf seinen Benutzerwert hin abzuschätzen, so dass die Kontaktpartner mehr oder weniger voneinander 'tangiert' werden oder es vor lauter 'taktvoller Zurückhaltung' (getarnt als professionelle Distanz) nicht zu einem gegenseitigen Mitschwingen, zu einem Angerührtsein kommt.

Demgegenüber hat die Kontaktaufnahme im Rahmen einer HpE grundsätzlich eine andere Qualität. Sie ist vorrangig ein erster Schritt zu einer möglichen *Beziehungsaufnahme,* mit dem Ziel *dauerhafter Beziehungsgestaltung.* Bevor eine Beziehung aufgenommen und gestaltet werden kann, muss die Bereitschaft vorhanden sein, dass sie in der Kontaktaufnahme *gestiftet,* d.h. *als Geschenk zur regelmäßigen Verfügung gegeben* wird. Beziehung ist immer auf Dauer hin angelegt und mit konstanter Sicherheit verbunden, ohne die es nicht zu einer menschlichen Berührung, sondern nur zu einem Kontakt (lat.: taxare, taxitare) im Wortsinn von 'Betasten', 'Abschätzen', 'Taxieren' kommen kann. Deshalb fragt sich die Heilpädagogin vor dem Erstkontakt:

- Wie kann ich die Situation so gestalten, dass der andere Mensch sich eingeladen und aufgenommen fühlt, so dass es ihm möglich wird, sich auf mich hin einzurichten?

- Wie kann ich die Situation aber gleichzeitig auch so gestalten, dass es nicht zur übereilten Intimität kommt, so dass DU und ICH die Zeit finden, ein jeder sich selbst für den anderen zu gestalten, ins "rechte Licht zu rücken", in angemessener Nähe und Distanz?

• **Die Anfrage und das personale Angebot**

Die Heilpädagogin wird im Erstkontakt ihre Bereitschaft und Fähigkeit reflektieren, sich vom Du des anderen Menschen "zähmen" zu lassen, und ihr Gegenüber "zähmen" zu wollen, damit daraus eine so tragende Beziehung werden kann, wie sie der Fuchs in der Kontaktaufnahme den Kleinen Prinzen lehrt.[1]

---

[1] "In diesem Augenblick erschien der Fuchs: "Guten Tag", sagte der Fuchs. "Guten Tag", antwortete höflich der kleine Prinz, der sich umdrehte aber nichts sah. "Ich bin da", sagte die Stimme, "unter dem Apfelbaum..." "Wer bist du?" sagte der kleine Prinz. "Du bist sehr hübsch..." "Ich bin ein Fuchs", sagte der Fuchs. "Komm und spiel mit mir", schlug ihm der kleine Prinz vor. "Ich bin so traurig..." "Ich kann nicht mit dir spielen", sagte der Fuchs. "Ich bin noch nicht gezähmt!" "Ah, Verzeihung!" sagte der kleine Prinz. Aber nach einiger Überlegung fügte er hinzu:

Kontaktaufnahme bedeutet für die Heilpädagogin, sich vorzubereiten, sich Mühe zu geben, den anderen zu empfangen, weil dieser als Mensch die Anstrengung wert ist, mit der die Heilpädagogin ihm 'entgegen-kommt'. Deshalb geht es nicht um eine wie auch immer geartete 'Taktik', sondern jede Handlung ist ein Akt der Beziehungs-Stiftung, nach dem Prinzip der *aktiven Gestaltung u n d ein-fühlenden Erwartung auf das Du hin.* Dabei ist der erste Kontakt als Beginn möglicher Beziehungsstiftung immer bestimmt von Anfrage und Angebot.

Die Heilpädagogin stellt dem Du des anfragenden Menschen ihr *personales Angebot* gegenüber, das aus einer gesunden, reflektierten Selbsteinschätzung stammt und nicht von falschem Stolz und Überlegenheitsgefühlen oder depressivem Selbstmitleid (im Sinne falschen Mitgefühls) und Unterlegenheitsgefühlen getönt ist. Sie kann sich ohne Selbst-Bespiegelung 'dar-stellen', 'vor-stellen', in allem was sie ist und was sie hat, als Frau oder als Mann.

"Was bedeutet das: 'zähmen'?" ... "Das ist eine in Vergessenheit geratene Sache", sagte der Fuchs. "Es bedeutet: sich 'vertraut machen'." "Vertraut machen?" "Gewiß", sagte der Fuchs. "Du bist für mich noch nichts als ein kleiner Knabe, der hunderttausend kleinen Knaben völlig gleicht. Ich brauche dich nicht, und du brauchst mich ebensowenig. Ich bin für dich nur ein Fuchs, der hunderttausend Füchsen gleicht. Aber wenn du mich zähmst, werden wir einander brauchen. Du wirst für mich einzig sein in der Welt..." ... Der Fuchs verstummte und schaute den Prinzen lange an: "Bitte... zähme mich!" sagte er. "Ich möchte wohl", antwortete der kleine Prinz, "aber ich habe nicht viel Zeit. Ich muß Freunde finden und viele Dinge kennenlernen." "Man lernt nur die Dinge kennen, die man zähmt", sagte der Fuchs. "Die Menschen haben keine Zeit mehr, irgend etwas kennenzulernen. Sie kaufen sich alles fertig in den Geschäften. Aber da es keine Kaufläden für Freunde gibt, haben die Leute keine Freunde mehr. Wenn du einen Freund willst, so zähme mich!" "Was muß ich da tun?" sagte der kleine Prinz. "Du mußt sehr geduldig sein", antwortete der Fuchs. "Du setzt dich zuerst ein wenig abseits von mir ins Gras. Ich werde dich so verstohlen, so aus dem Augenwinkel anschauen, und du wirst nichts sagen. Die Sprache ist die Quelle der Mißverständnisse. Aber jeden Tag wirst du dich ein bißchen näher setzen können..." Am nächsten Morgen kam der kleine Prinz zurück. "Es wäre besser gewesen, du wärst zur selben Stunde wiedergekommen", sagte der Fuchs. "Wenn du zum Beispiel um vier Uhr nachmittags kommst, kann ich um drei Uhr anfangen, glücklich zu sein. Je mehr die Zeit vergeht, um so glücklicher werde ich mich fühlen. Um vier Uhr werde ich mich schon aufregen und beunruhigen; ich werde erfahren, wie teuer das Glück ist. Wenn du aber irgendwann kommst, kann ich nie wissen, wann mein Herz da sein soll... Es muß feste Bräuche geben". "Was heißt 'fester Brauch'?" sagte der kleine Prinz. "Auch etwas in Vergessenheit Geratenes", sagte der Fuchs. "Es ist das, was einen Tag vom anderen unterscheidet, eine Stunde von anderen Stunden."... (Saint-Exupéry: Der kleine Prinz, 1946)

Die Anfrage...	Das Angebot...
ist bestimmt durch das Verlangen nach Aufnahme, Verständnis und Hilfe wie durch die drängende und zwingende Bitte, die Heilpädagogin durch das entgegengebrachte Vertrauen zu einem Bündnis, einer Föderation zu bewegen und sich vertraglich aneinander zu binden.	ist bestimmt durch die Vorbereitung und Anstrengung der Selbstgestaltung, weil das Du des Mitmenschen der Heilpädagogin wertvoll ist und sie sich auch in ihrer Person dem anderen vorstellen, zumuten will, um ihn einzuladen, sich mitzuteilen und so Anteil zu nehmen im Dialog.

So ist sie nicht diejenige, die ihr Angebot wie auf dem 'Markt der Möglichkeiten' feilbietet, nach dem Motto: "Wer vieles bringt, wird jedem etwas bringen" (GOETHE, Faust), sondern sie stellt sich in ihrer *personalen Autorität* als jemand vor, der auch seinerseits an den Menschen, der mit ihm Kontakt aufnimmt, eine Anfrage hat. Auch die Heilpädagogin lebt in der Erwartung, in der Hoffnung, dass der *zwischen*-menschliche Kontakt zu einer *mit*-menschlichen Beziehung wachsen möge, auf deren Grundlage ein weiteres Bemühen überhaupt erst sinnvoll erscheint.

Auf diese Weise wird im Erstkontakt, mit dem Ziel der Beziehungsstiftung, bereits der Grundstein für eine tiefe Berührung gelegt. Ganz gleich, ob diese später noch gewollt ist oder nicht: Die Grundlage muss geschaffen werden. Deshalb wird die Heilpädagogin die *Kontakt*aufnahme *takt*voll, d.h. im "abgemessenen Zeitmaß einer rhythmischen Bewegung" des Kommen und Gehens, des Suchens und Findens, des Zusammen-Wachsens und des Sich-auseinander-Setzens gestalten. Auf diese Weise wird schon in der ersten Kontaktaufnahme die Fähigkeit und Bereitschaft zu *kreativer Fantasie* (Vorstellungsvermögen, Erfindungsgabe, Einfallsreichtum) und zugleich zu *fantasievoller Kreativität* (schöpferisches Vermögen; die Gabe, etwas Neues, nie zuvor Gewesenes zu schaffen) wachsen. Diese beiden Wirkkräfte sind unerlässliche Voraussetzung für eine mögliche, später stattfindende heilpädagogische Begleitung und Beratung.

Dabei darf es im Erstkontakt als Beziehungsstiftung keinen Zwang, keine Nötigung geben. Die Heilpädagogin wird sich vielmehr selbst in ihrer Person so 'ein-deutig' und 'nach-drücklich' vorstellen, dass das Du, das Kind, der Jugendliche und seine Erziehungsberechtigten beeindruckt sind und sie (an)erkennen kann als diejenige, *die sie als Persönlichkeit ist.* Das Gegenüber gewinnt dadurch die Sicherheit, dass es die Heilpädagogin einschätzen kann, etwas von ihr weiß. Dem Gegenüber ein solches Kennzeichen von sich zu geben, heißt, *ihm die ganze Freiheit zu lassen,* die Heilpädagogin in ihrem personalen Angebot 'an-zu-erkennen' oder auch nicht. So bedarf es in der ersten Kontaktaufnahme keiner Erklärungen, Begründungen, Ausreden, Verlegenheiten und Unsicherheiten: Niemand braucht sich zu entschuldigen! Wenn diese Offenheit (nicht Unverbindlichkeit!) vorhanden ist, ist die Gefahr einer späteren Demütigung gebannt, die etwa in dem Gefühl und Gedanken liegen könnte:

"Ich habe so viel erzählt, und nun weiß ich gar nicht, was der andere von mir denkt, was er mit dem, was ich ihm mitgeteilt habe, macht..."

In verbindender Offenheit besteht durch die deutliche 'Vorstellung' der Heilpädagogin in ihrer *personalen und fachlichen Autorität* für den Adressaten die Gewissheit:

"Auch wenn ich mich nicht zur Zusammenarbeit entschließe: Alles ist gut aufgehoben."

Die so gewonnene Unbefangenheit und das gewachsene Vertrauen erleichtern in Zukunft echte Kontakte, die Beziehungsfähigkeit schaffen.

- **Wege und Mittel zur Kontaktaufnahme**

Die Kontaktaufnahme kann telefonisch, schriftlich, persönlich erfolgen. Je nachdem ist nicht die Heilpädagogin der Ansprechpartner, sondern die Sekretärin oder ein anderer Kollege in der Institution. In jedem Fall sollte die Heilpädagogin die Mitarbeiter um ihren *ersten Eindruck* bitten, so subjektiv dieser jeweils auch sein mag. Jeder, der einen Kontakt aufnimmt, hat einen solchen Eindruck. Deshalb sollte sich auch die Heilpädagogin ihres Vor-Urteils durch Reflexion des ersten Eindrucks bewusst werden. In dem Maße, wie sie sich ihren persönlichen Eindruck selbst verdeutlicht, ihn reflektiert und damit zugleich in Frage stellt, verhindert sie eine stereotype, zähe und unflexible Einstellung dem Anfragenden gegenüber. Sie ist eher in der Lage, ihre Meinung aufgrund neu hinzukommender Informationen, Sachkenntnis und Erfahrung zu revidieren, um so vom Vorurteil wegzukommen, hin zu einer begründeten Vermutung.

Die Kontaktaufnahme kann

a) *ohne* das beeinträchtigte, behinderte Kind, den Jugendlichen, *nur* mit dessen Eltern/Bezugspersonen erfolgen;

b) *mit* dem beeinträchtigten, behinderten Kind/Jugendlichen *und* seinen Eltern/Bezugspersonen erfolgen;

c) *nur* mit dem beeinträchtigten, behinderten Kind, dem Jugendlichen *ohne* seine Eltern/Bezugspersonen stattfinden.

In vielen Fällen ergibt sich die Frage, *mit wem* die Kontaktaufnahme durchgeführt wird, aus der üblichen Regelung der Institution. Manchmal sind auch situative Faktoren für diese Regelung ausschlaggebend, wenn z.B. eine Mutter morgens in die Einrichtung kommen möchte, wenn das ältere Kind in der Schule und das jüngere im Kindergarten ist.

Die Mitteilungen über Erleben und Verhalten des beeinträchtigten oder behinderten Kindes oder Jugendlichen sowie seiner Bezugspersonen können auf verschiedene Weise und in verschiedenen Situationen erfolgen: Durch Übermittlung seitens der Bezugspersonen in verbaler Sprache, Körpersprache; mittels Selbstdarstellung des Kindes oder Jugendlichen durch die symbolische Sprache des Spieles; in Mischformen jeweils andersgearteter Gesprächs- oder Spielsituationen im Kindergarten, in der Schule, bei einem Hausbesuch, auf einem Spaziergang, beim Malen, Basteln, Modellieren, Gestalten und in der 'Erziehungs'-Sprache zwischen Kind und Erwachsenen.

Wenn die Heilpädagogin die Legitimation dazu hat, sollte sie, wenn immer möglich, selbst eine Entscheidung treffen, mit wem und wie sie den Erstkontakt gestalten möchte. Dies kann durch vorherige Absprache bzw. Einladung geschehen oder aber die Entscheidung muss in dem Augenblick getroffen werden, in dem die Situation dies erfordert. Ein Beispiel: Eine Mutter erscheint - wie verabredet - zum Erstkontakt wegen ihres ältesten, neunjährigen Sohnes. Sie bringt jedoch nicht nur ihn, sondern auch noch seinen fünfjährigen Bruder und die acht Monate alte Schwester mit. Wie könnte die Heilpädagogin entscheiden?

Wenn die Heilpädagogin die Wahl hat, sollte sie gut überlegen, ob sie z.B. einen Jugendlichen ohne Eltern zur Kontaktaufnahme bittet. Wenn der Jugendliche vom Alter her dazu in der Lage ist, selbstständig zu kommen, könnte dies ein deutliches Signal für die direkte Beziehungsaufnahme sein:

"Ich will mich mit Dir treffen, weil Deine Eltern es wünschen. Aber auf Dich kommt es an, ob Du willst!"

Die Heilpädagogin sollte aber auch reflektieren, welche Auswirkungen dies im Erleben der Eltern haben wird. Immer ist die Vor-Entscheidung für den Erstkontakt bereits eine wichtige Weichenstellung für den weiteren Verlauf der HpE und eine mögliche –> Begleitung und –>Beratung.

Wenn bei einer Kontaktaufnahme Eltern *und* Kind(er) eingeladen werden, liegt der Schwerpunkt der Dynamik im gegenseitigen Umgang miteinander.

Wenn *nur* das Kind, der Jugendliche oder *nur* ein Elternteil zur Kontaktaufnahme kommt, liegt der Schwerpunkt eher darin, die individuelle Einstellung des Kindes, Jugendlichen oder der Bezugsperson zu erfahren.

Weil es häufig vorkommt, dass Eltern, vor allem die Mutter, allein zum Erstkontakt kommen und beim zweiten Treffen (= Erstkontakt bzw. Erstbegegnung mit dem Kind/Jugendlichen) auch ihr Kind mitbringen, sollen an dieser Stelle einige Vorüberlegungen für den Erstkontakt mit den Eltern, mit Mutter und Kind, genannt werden. Im Blickpunkt steht die Frage:

Wie verhalten sich die Eltern, Mutter und Kind, zueinander und zur Heilpädagogin, und welche Rückschlüsse lassen sich daraus für die Vermutungsdiagnose und die Entscheidung für oder gegen eine mögliche Begleitung gewinnen?

588

1. Stimmen die Eltern, die Mutter ohne weiteres auch einem Einzelkontakt des Kindes oder Jugendlichen mit der Heilpädagogin zu?
- Machen die Eltern, die Mutter selbst Vorschläge? Wie stimmen sie zu: Ängstlich, zögernd, selbstverständlich, mit Ermahnungen an das Kind, den Jugendlichen; mit Vorbehalten, unruhig, erleichtert?
- Halten sie getroffene Absprachen ein, z.B. wenn die Heilpädagogin vorschlägt, sie könnten gern in die Stadt gehen und in einer dreiviertel Stunde, um ... Uhr ihr Kind wieder abholen?
- Können sie ihr Zugeständnis "Ich gebe mein Kind an jemand relativ Fremden ab" tolerieren, ohne Gefühle, die nachteilige Folgen haben, z.B. Eifersuchtsszenen beim Abholen: "Ach du Armes, jetzt musstest du die ganze Zeit mit der fremden Tante allein sein!" (Mutter umarmt ihre sechsjährige Tochter, die sich sträubt).
- Verschanzen die Eltern, die Mutter ihre eigene Bedürftigkeit, Verletzlichkeit und ihren Leidensdruck hinter der Symptomatik des Kindes?
- Erleben die Eltern, die Mutter die Reihenfolge des Erstkontaktes, wenn das Kind, der Jugendliche *zuerst* hereingebeten wird, als Zurücksetzung oder Benachteiligung?
Die Heilpädagogin wird in diesem Zusammenhang klären:
a) Wie ist die psychische Verfassung, die Belastbarkeit der Eltern, der Mutter? Resultiert daraus eine mögliche Bedürftigkeit der Eltern, so dass die Heilpädagogin an einen Erwachsenentherapeuten vermitteln muss?
b) Sind die Eltern, ist die Mutter kooperationsfähig und -willig, wenn für das Kind, den Jugendlichen eine heilpädagogische Begleitung angezeigt ist?
2. Stimmt das Kind, der Jugendliche ohne weiteres einem Einzelkontakt der Eltern, der Mutter mit der Heilpädagogin zu? *Wie* erfolgt die Zustimmung?
- Kann sich das Kind, der Jugendliche mit (bereitgestelltem) Material beschäftigen bzw. einer von Heilpädagogin gestellten Aufgabe zustimmen und sie erfüllen?
- Klammert sich das Kind an die Mutter oder besteht das Kind, der Jugendliche darauf, nicht von den Eltern getrennt zu werden?

- Tut das Kind, der Jugendliche eher interessiert, gelangweilt, genervt?
- Zeigt sich das Kind, der Jugendliche nervös, ängstlich, still, zurückhaltend oder eher optimistisch, trotzig, laut, aggressiv, ungehemmt?
- Erlebt das Kind, der Jugendliche die Reihenfolge des Erstkontaktes (z.B. erst die Mutter, dann der Jugendliche) als Benachteiligung oder Bevorzugung, als Sieg oder Niederlage?

Die Heilpädagogin wird in diesem Zusammenhang klären:

a) Ist die Zustimmung des Kindes, Jugendlichen übereinstimmend mit seiner augenscheinlichen Befindlichkeit; oder ist sie eher der gewollten Anstrengung entsprungen, einen "guten Eindruck" machen zu müssen?

b) Zieht sich das Kind, der Jugendliche mit seinen Gefühlen hinter den 'Vorwurf', die 'Anklage' der Eltern, seiner Mutter zurück, nach dem Motto: "Die haben mich ja hierher geschleppt und erzählen alles über mich, sollen sie auch sehen, wie sie damit zurechtkommen, ich habe damit nichts zu tun!"

Die Heilpädagogin wird in ihrer Reflexion der Kontaktaufnahme auch den situativen Variablen Rechnung tragen: Der Situation der Anmeldung (z.B. in einem leeren oder vollen Wartezimmer, auf Bestellung oder in der Sprechstunde, in einer Beratungsstelle oder in einem Heim usw.); der Tagessituation und -zeit; der Vorbedingungen (z.B. Anfahrtsweg, Verkehrsbedingungen usw.); den Vorerfahrungen in anderen Institutionen (z.B. Kliniken, Erziehungsberatungsstellen, Arztpraxen, Heimen, Jugendämtern usw.). Alle diese Einflüsse bestimmen die Situation der Kontaktaufnahme und die Erwartungen, die die Eltern und ihre Kinder mit in die Situation hineinnehmen. Auch die Vorinformationen, die Eltern und Kinder bekommen haben, beeinflussen die Phantasien darüber, was sie erwartet.

Unter Berücksichtigung solcher Gesichtspunkte ist es oft aufschlussreich, wie die Eltern, bzw. die Familienangehörigen, eine ihnen unbewusste „Schlüsselsituation des augenblicklichen Daseins" (HARNACK und WALLIS 1954) konstellieren, die über ihre Beziehungen und Erziehungsverhältnisse wertvolle Hinweise anbietet, obgleich diese

Eindrücke situativ und von daher nicht zu verallgemeinern sind. Aber gerade die Einmaligkeit der Situation, die ganz neu sein kann, so dass kein Rückgriff auf Vorerfahrungen möglich ist, oder die aufgrund ähnlicher Erfahrungen vertrautere Situation, in der man sich entsprechend der Vorerfahrungen angepasster zu verhalten sucht, ist in sich bedeutungsvoll, weil darin oftmals eine *"Initialszene"* (STAABS 1964) der gestörten Erziehungsverhältnisse, wie unter einer Lupe, deutlich hervortritt. "Schlüsselsituation" und "Initialszene" sind Elemente des *"szenischen Verstehens"*, dessen sich die Heilpädagogin bedient, um unbewusste Motive und Konstellationen von Verhaltensweisen zu ergründen und zu späterem Zeitpunkt angemessen darauf einzugehen.

* **Zusammenfassung**

Die Kontaktaufnahme ist die von der Heilpädagogin im Rahmen einer Heilpädagogischen Erziehungshilfe und Entwicklungsförderung (HpE) (erstmals) zielgerichtet genutzte Gelegenheit gegenseitigen Kennenlernens mit der intendierten Möglichkeit zu weiterer Zusammenarbeit. Die Kontaktaufnahme im Rahmen einer HpE ist vorrangig ein erster Schritt zu einer möglichen *Beziehungsaufnahme,* mit dem Ziel *dauerhafter Beziehungsgestaltung.* Sie wird bestimmt von der Anfrage des Klienten und dem *personalen Angebot* der Heilpädagogin. Die Heilpädagogin wird die geeigneten Wege und Mittel zur Kontaktaufnahme suchen und entscheiden, *wer* mit *wem* und *wann* zusammen oder allein eingeladen wird. Im Erstkontakt wird sie mittels szenischem Verstehen auf "Schlüsselsituationen" oder "Initialszenen" achten, die ihr Aufschluss über unbewusste Motivationen und Konstellationen von Verhaltensweisen im Beziehungsgeflecht der beteiligten Personen geben. Im Verlauf und gegen Ende der Kontaktaufnahme wird die Heilpädagogin den –>Anlass als Aussage formulieren, um allen Beteiligten eine mögliche Aufgabenstellung bewusst zu machen, entsprechende Konsequenzen aufzuzeigen und eventuell weitere Absprachen treffen zu können.

Ziff. 1   LEGITIMATIONSPRÜFUNG   —> S. 92

Begriffsbestimmung:

Legitimation (lat.) bedeutet Beglaubigung, Nachweis einer Berechtigung, Ausweis über die Persönlichkeit. Wer sich legitimiert, weist sich aus und erklärt (mittels einer Urkunde) seine Berechtigung, etwas im legitimen Sinne, d.h. rechtmäßig, gesetzlich anerkannt (im Ggs. zu 'illegitim'), berechtigt, begründet, allgemein anerkannt und vertretbar tun oder lassen zu dürfen.

In der Legitimationsprüfung zu Beginn der HpE wird geklärt, ob diejenigen Personen, die innerhalb und außerhalb der –>Institution im Rahmen einer HpE mitarbeiten, die –>Autorität und –>Kompetenz besitzen, –>Auskunft, –>Information, –> Rat, –>Beratung und –>Hilfe zu gewährleisten. Es wird geprüft, ob es sich bei dem genannten –>Anlass um eine Angelegenheit handelt, die in den Zuständigkeitsbereich der Institution fällt, in der die Heilpädagogin arbeitet und die durch die Mitarbeiter der Stelle, insbesondere durch die Heilpädagogin, aufgegriffen werden kann.

Zu Beginn der HpE prüft die Heilpädagogin die Legitimität. Sie vergewissert sich, dass sie selbst und die beteiligten Personen *rechtmäßig* handeln, ehe sie tätig wird. Folgende Fragen dienen der Überprüfung des Sachverhalts:

1. Bin ich aufgrund meines Dienstauftrags befugt und berechtigt, Anfragen entgegenzunehmen, Auskünfte zu erteilen, Absprachen zu treffen, Informationen einzuholen und Hilfe zu leisten?

2. In wessen Auftrag handele ich und wem gegenüber zeichne ich verantwortlich?

3. Haben sich die anfragenden Personen mir gegenüber so glaubhaft ausgewiesen, dass ich sicher sein kann, in ihnen die richtigen Vertragspartner zu haben? Wer zeichnet mir gegenüber verantwortlich?

4. Bewege ich mich in meinem Handeln im Rahmen der gesetzlichen Grundlagen, und ist die Institution, in deren Auftrag ich arbeite, zuständig für die angefragte Leistung?

5. Was will der Auftraggeber von mir; steht dieses Wollen im Einklang mit meinem beruflichen Auftrag?

6. Ist die geforderte Hilfeleistung sinnvoll und fachlich notwendig? Nutzt sie dem Auftraggeber bzw. dem Menschen, für den ich tätig werden soll wirklich zu einem menschenwürdigeren Dasein in seinem Sosein?

7. Kann ich es vor meinem Gewissen verantworten und aus berufsethischer Überzeugung vertreten, in der angefragten Art und Weise meine Hilfeleistung anzubieten und tätig zu werden?

8. Können andere Fachkollegen in der Stelle rascher und besser die angefragte Hilfeleistung erbringen als ich?

9. Bin ich bereit, meine Kräfte und Fähigkeiten so einzusetzen, dass ich mit dem Kind/Jugendlichen und seinen Bezugspersonen den Spielraum in ihrem Leben ermöglichen helfe, den sie benötigen, um die ihnen erreichbare Selbsterkenntnis[1] und Selbstverwirklichung[2] zu erlangen, damit sie entsprechend ihren individuellen Möglichkeiten und im Rahmen sozialer Anforderungen sinnerfüllt leben können?

---

[1] *Selbsterkenntnis* ist eine Vorstufe zur Selbstverwirklichung. Echte Selbsterkenntnis ist heilsam, weil sie von Ängsten und Hemmungen, von Unsicherheit und Minderwertigkeitsgefühlen befreit. Sie ist aufbauend und bewirkt, dass der Mensch zu sich selbst steht in seinen Schwächen und Stärken. Sie ist zugleich die Voraussetzung für *Selbstbeherrschung* und *Selbsterziehung,* die weiterführen zur Selbstverwirklichung.

[2] *Selbstverwirklichung* hat der Tiefenpsychologe C.G. JUNG als Weg der "Individuation" bezeichnet: "Selbsterforschung und Selbstverwirklichung ist daher - oder vielmehr sollte es sein! - die unerläßliche Voraussetzung für die Übernahme höherer Verpflichtung, und wäre es auch nur die, den Sinn des individuellen Lebens in bestmöglicher Form und in größtmöglichem Umfang zu verwirklichen, was die Natur ja immer tut, allerdings ohne die Verantwortung, welche die schicksalsmäßige und göttliche Bestimmung des Menschen ist. «Individuation» bedeutet: «Zum Einzelwesen werden, und insofern wir unter Individualität unsere innerste, letzte, unvergleichliche Einzigartigkeit verstehen, zum *eigenen Selbst werden.*» Individuation bedeutet jedoch keineswegs Individualismus im engen, egozentrischen Sinn dieses Wortes, denn die Individuation macht den Menschen nur zu dem Einzelwesen, das er nun einmal ist. Er wird aber dadurch nicht «selbstisch», sondern erfüllt nur seine Eigenart, was von Egoismus und Individualismus himmelhoch entfernt ist. Seine errungene Ganzheit ist durch Bewußtes und Unbewußtes als Einzel- wie als Kollektivwesen auf das Ganze der Welt bezogen. Das bedeutet aber nicht ein individualistisches Betonen der vermeintlichen Eigenart im Gegensatz zu kollektiven Verpflichtungen, sondern die Erfüllung dieser Eigenart innerhalb ihrer Einordnung in ein Ganzes. «Denn ein wirklicher Konflikt mit der Kollektivnorm entsteht nur dann, wenn ein individueller Weg zur Norm erhoben wird, was die eigentliche Absicht des extremen Individualismus ist». Darum soll auch dieser Weg [der Individuation] nur «zu zweit» beschritten werden. Der Versuch, ihn allein zu gehen...wäre... verhängnisvoll, wenn er überhaupt gelänge. Das Nur-auf-sich-gestellt-sein-Wollen führt leicht zu geistigem Hochmut, zu steriler Grübelei und zu Vereinsamung im eigenen Ich. Der Mensch braucht ein Gegenüber, sonst ist seine Erlebnisgrundlage zu wenig real..." (JACOBI 1978, 108 f.)

10. Bin ich bereit, meine eigenen Vorurteile wie auch persönliche und fachliche Mängel einzugestehen und durch Kontrolle (-> Teamgespräch, ->Fallarbeit, ->Supervision) zu reflektieren und auszugleichen?

Die Beantwortung dieser Fragen zur Überprüfung der Rechtmäßigkeit heilpädagogischen Handelns ist eine *unerlässliche Voraussetzung* für den Beginn der Heilpädagogischen Erziehungshilfe und Entwicklungsförderung (HpE).

Aus diesem Grund wird die Heilpädagogin sich und ihre Entscheidung immer wieder in einem Team von Fachleuten zur Disposition stellen. Hierbei werden ihr ihre Sachkenntnis über institutionelle Gegebenheiten und gruppendynamische Prozessabläufe sowie ihre Fähigkeit und Bereitschaft zur Reflexion helfen, sich in ihrem Sachanliegen verständlich zu machen. Dabei wird sie darauf achten, dass es sich bei 'der Sache', 'dem Fall' um einen *Menschen* handelt und damit immer auch um die Wahrung der Würde seiner menschlichen Person. Kein Mensch darf lediglich als ein 'Objekt' betrachtet oder benutzt werden, sondern die Heilpädagogin wird gemäß ihrer heilpädagogischen ->Kompetenz gewährleisten, dass dieser Mensch als 'Subjekt' gesehen, verstanden und geschützt wird. Dies bedeutet, dass die Heilpädagogin letztlich trotz aller kollegialen Hilfe eine ganz *persönliche Entscheidung* treffen und zur Übernahme ungeteilter *persönlicher Verantwortung* bereit und fähig sein will und muss. Nur dann ist sie letztlich legitimiert, eine HpE zu beginnen.

Begriffsbestimmung:

Etymologisch stammt der Begriff 'Methode' aus dem Griechischen und ist zusammengesetzt aus den beiden Worten *Methodos = hodos* = Weg; und *meta* = nach. Der Begriff Methode heißt also soviel wie nach dem Weg fragen bzw. den Weg beschreiben, den man geht. Wer einen Weg erfragt oder sich als Wegbegleiter anbietet, legt sich zugleich auch fest, in eine bestimmte Richtung zu gehen. So bedeutet 'Methode' auf pädagogisches Denken und Handeln bezogen ein planvolles, zielgerichtetes, verfahrensmäßig geregeltes Vorgehen in der Erziehung. *Heilpädagogisch* erfolgt dieses Vorgehen *unter erschwerenden Bedingungen,* d.h. mit Menschen, vorrangig Kindern und Jugendlichen, die in ihrer Enkulturation, Sozialisation und Personalisation beeinträchtigt oder behindert sind und/oder sich so fühlen und erleben. Die Heilpädagogin bietet sich als Wegbegleiterin an und geht mit dem Kind, dem Jugendlichen und seinen Bezugspersonen gemeinsam ein Stück des Lebensweges. Bis der Weg zu immer mehr Menschwerdung wieder gangbar erscheint, versteht sich die Heilpädagogin als verlässliche Gefährtin, Kameradin und Freundin des Kindes oder Jugendlichen, die ihnen in ihrer Beeinträchtigung oder Behinderung dient, sie pflegt und sich unterwegs um ihr körperliches, seelisches und geistiges Wohlergehen sorgt. In der gemeinsamen Bewältigung der schwierigen Wegstrecke entwickelt sich das je einmalige *personale Angebot des heilpädagogischen Bezuges* im Sinne spezifischer Erziehungshilfe und Entwicklungsförderung.

In diesem Übersichtsartikel werden folgende Themen angesprochen:

- Grundlagen für heilpädagogisch relevante Methodenfindung und Methodenbildung 595
- Aus therapeutischen Konzepten hergeleitete Methoden in ihrer heilpädagogischen Relevanz 601
- Spiel und Übung als heilpädagogisch relevante Methoden für Einzel- und/oder Gruppenarbeit 609
- Methoden der Begleitung im heilpädagogischen Kontext 613
- Zusammenfassung 615

• Grundlagen für heilpädagogisch relevante Methodenfindung und Methodenbildung

Heilpädagogisch relevante Methoden sind als didaktisch-methodische Elemente in heilpädagogische Handlungskonzepte eingebaut und als solche zentrale Kristallisationspunkte theorieorientierter Erkenntnissuche und praktischen Tuns. Sie stehen nachgeordnet im Dienst vorher zu treffender anthropologisch-ethischer Grundsatzentscheidungen. Als konzeptionelle Elemente bilden sie eine Einheit von an Personen gebundene Kognitionen (Fachwissen), wertenden Stellungnahmen ('Gewissen'), Motiven (Absichten, Zielen) und Interaktionsbeziehungen zwischen mindestens zwei Personen. Diese beiden Personen sind nicht beliebig austauschbar, vielmehr ist das Handlungsergebnis wesentlich von der Übereinstimmung ('Authentizität') zwischen Person und Konzept sowie von Person und Methode ('Indikation') abhängig: Welches Konzept ist für mich als Heilpädagogin persönlich bindend und handlungsleitend und welche daraus ableitbare Methode ist für den je konkreten behinderten Menschen förderlich?

In diesem Sinne sind Methoden eingrenzbare, wiederholbare spezifische Handlungsmuster, in denen *Wissen* (Worauf beruht die Wirkung der Methode?); *Können* (Wie wende ich sie erfolgreich an?); und *Sollen* (Was soll sie bezwecken, bewirken?) eingeschlossen sind. Dabei ist das Ziel, der Zweck absolut vorgängig: Ich habe nicht Methoden und suche mir dann Probleme (= Aufgaben), auf die ich sie anwenden kann; sondern in der praktischen Situation stellen sich mir heilpädagogische Aufgaben, für deren angemessene Bewältigung der Einsatz passender Methoden, die ich u.U. erst neu erfinden muss, in Frage kommt. Weder sind Methoden Mittel für jeden beliebigen Zweck, noch heiligt der Zweck jedes methodische Mittel. (vgl. GRÖSCHKE 1995, 41)

Die Heilpädagogin hat die Aufgabe, mit dem beeinträchtigten oder behinderten Menschen nach Wegen zu suchen, die gemeinsam und später womöglich allein begangen werden können. Gemäß pädagogischer Erkenntnislehre wird sie versuchen zu ergründen, warum und weshalb diese oder jene Methode für die heilpädagogische Arbeit mit *diesem* Menschen zulässig, notwendig und sinnvoll ist. Dabei wird sie sich in ihrem erzieherischen Anspruch und ihrer erzieherischen Aufgabe von den *speziellen Erziehungsbedürfnissen* des beeinträchtigten und behinderten Menschen leiten lassen.

Sie wird das Kind, den Jugendlichen in seinen gestörten Erziehungsverhältnissen, in seinem Erleben und Verhalten, zunächst objektiv, d.h. aus beobachtender Distanz ansehen und prüfen, zu welcher erzieherischen Hilfeleistung sie für diesen Menschen pragmatisch in der Lage ist. Es ergibt sich dabei das Problem, dass die Heilpädagogin *als Mensch* einen Mitmenschen zum 'Gegenstand', zum 'Objekt' ihrer methodisch geleiteten diagnostischen Betrachtung macht. Dabei wird sich die Heilpädagogin bewusst sein und je neu reflektieren, dass heilpädagogische –>Diagnostik immer intensiv durch denjenigen geprägt ist, der sie erarbeitet hat und anwendet: den Menschen, die Heilpädagogin selbst. Jede Aussage des Menschen über den Menschen ist zugleich immer auch eine Selbstaussage. Aus dieser Tatsache kann die Begründung für notwendige Reflexionen der Heilpädagogin in heilpädagogischer Anthropologie, Berufsethik und berufsbezogener –> Selbsterfahrung abgeleitet werden: Je mehr sie sich selbst als Mensch unter Menschen versteht, um so eher kann sie auch den beeinträchtigten und behinderten Menschen ebenso verstehen.

„Heilpädagogik kann es sich daher nicht leisten, bloß eine Wissenschaft zu sein. Sie hat nicht nur einen Forschungs-'Gegenstand', sondern auch ein Mandat. Dieses Mandat ist - in Praxis und Theorie - die Frage nach dem *Sein* eines Menschen, den wir als behindert und in der Folge oft als hinderlich empfinden. Es ist ferner die Frage nach unserm gemeinsamen *Dasein* und endlich die Frage nach dem, was wir *füreinander sein* können." (KOBI 1983, 31)

Deshalb wird sich die Heilpädagogin darum bemühen, im Rahmen ihrer wissenschaftlichen Aufgabe der 'allgemeinen', 'objektiven', 'generell zutreffenden' und 'verbindlichen' Aussage über einen beeinträchtigten oder behinderten Menschen ihre eigene Betroffenheit, ihre existentielle Verbundenheit, ihre jeweilige eigene Position, ihre spezifische Prägung durch ihre eigene Geschichte vorläufig zurückzustellen, allerdings *ohne sie auszuschalten.*

Würde sie die eigene Subjektivität ausschalten können (was ohnehin nie vollends möglich ist), so würde sie mit dem scheinbaren Vorteil ihrer wissenschaftlichen Objektivität aus heilpädagogischer Sicht zugleich einen entscheidenden Nachteil einhandeln: nämlich aus der messenden und damit menschlich 'vermessenen' Distanz zwischen

Heilpädagoge und Kind/Jugendlichem lediglich Wissen über ein Forschungsobjekt zu gewinnen.

Dabei führt die Anhäufung von Wissen über den Menschen nicht zwangsläufig auch zum Verstehen[1] des Menschen, weder seiner selbst noch des Gegenüber. Heilpädagogisches Denken und Handeln geht aber über reine Erkenntnisgewinnung hinaus und ist immer konstitutiv auf den Handlungsbezug verwiesen. Die eigene Subjektivität darf also letztlich nicht durch die angewandte Methode so abgebaut werden, dass das fordernde Interesse am Einzelnen und das Engagement für ihn erlahmt. Gerade *die existentielle Beteiligung* - nicht die theoretische, diagnostische, methodische oder therapeutische Distanzierung - *ermöglicht es der Heilpädagogin,* bei der Klärung von Normen und Zielen ihres Handelns den einzelnen Educandus, *den konkret zu erziehenden Menschen mit einzubeziehen.* Ein nur an einem 'abstrakten' Menschen, dem 'Behinderten', dem 'Verhaltensgestörten', dem 'Erziehungsschwierigen' erarbeitetes Normengefüge kann letztlich nur distanzierte und objektivistische Anwendung auf einen 'abstrakten' Menschen finden, der als Modell oder System fiktiv zu existieren vermag, den es aber konkret gar nicht gibt und der *personal* bedeutungslos bleibt.

„Der Mensch erlebt und präsentiert sich als Einheit von Subjekt (Person) und Objekt (Gegenstand). Dementsprechend kann er sich sowohl als Objekt, d.h. in seinen Dingeigenschaften (als Erscheinungsform und Organismus) und Objektivationen (seinen Produkten und Hinterlassenschaften) wahrnehmen, beobachten und erforschen -, wie auch als Subjekt, d.h. auf sein Erleben, seine Befindlichkeit und seine Handlungsweisen hin befragen und erkunden." (KOBI ebd. 31)

---

[1]*Verstehen* meint hier nicht nur Wahrnehmen, sondern bewusste, in den Bedeutungszusammenhang der Erfahrung einordnende Aufnahme von Erlebnis- und Wahrnehmungsinhalten als einfühlendes Erfassen von Motiven und Begründungen menschlicher Handlungsweisen auf dem Hintergrund praktischer Menschenkenntnis, reflektierter Selbsterfahrung und der Fähigkeit, sich in den anderen hineinzuversetzen (= Identifikationsfähigkeit); dies sowohl als verstandesmäßiges Begreifen von Sachzusammenhängen; als Einsicht in die symbolische Bedeutung von (Sprach-)Zeichen; als wissenschaftliche Erkenntnismethode der Tiefenhermeneutik, d.h. der Lehre von der Interpretation und Deutung szenischen Verstehens aus der Einmaligkeit des Entstehungszusammenhanges und der Erscheinungsformen *dieses* menschlichen Lebens.

Deshalb ist die Frage nach dem Gegenstands- und Aufgabenbereich der Heilpädagogik, eingeschlossen die Suche nach geeigneten, heilpädagogisch relevanten Methoden zum Aufbau einer heilpädagogischen Methodik (= Methodenlehre), auf vier Ebenen anzusetzen: Der *objektiven,* der *subjektiven,* der *normativen* und der *sinnstiftenden* Ebene:

„Die spezifisch heilpädagogische Aufgabe erfährt somit ihre Gestaltbildung im *Schnittpunkt*

- *der subjektiven Dimension,* unter welcher die behinderte Person, deren Befindlichkeit und Leiden zu respektieren sind ...

Die subjektive Dimension kann zwar zu einer verstehenden Haltung führen und Mitleid wecken. - In Verbindung mit der objektiven Dimension kann sie zu einer Therapeutik verschiedenster Herkunft und Methode führen, die jedoch in ihrem naiven Funktionalismus oder einer bewusst zur Schau getragenen Wertfreiheit unterschiedliche Normansprüche übersieht, als spekulativ und 'unwissenschaftlich' ausklammert oder als repressiv empfindet und daher zu überwinden trachtet - : ohne zu bemerken, dass damit lediglich ein normativer Anspruch vollzogen wird ...

- *der normativen Dimension,* unter welcher Krankheit und Leiden, Gebrechen und Behinderung ihre Definition und Wertung, Haltungen und Handlungsweisen ihre Sinndeutung und Zielorientierung erfahren ...

Die normative Dimension weist zwar Sollensansprüche und Zielsetzungen auf und kann Ideen und Utopien produzieren. - In Verbindung mit der subjektiven Dimension kann sich eine personalistische Pädagogik appellativen Charakters und karitatives Engagement entwickeln, die jedoch häufig der verlässlichen empirischen Fakten entbehren ...

- *der objektiven Dimension,* unter welcher die eine Behinderung, ein Gebrechen, eine Krankheit charakterisierenden Merkmale und Zustandsgrößen zu erfassen sind ...

Die objektive Dimension verspricht zwar eine Fülle nach naturwissenschaftlicher Manier gesammelter und zerrechneter Daten. Eine Wissenschaft auf dem Niveau unverbindlicher Rechnerei bleibt in ihrer Wertfreiheit jedoch wertlos. - In Verbindung mit der normativen Dimension kann sie zu eindrücklichen Klassifikationssystemen und Typologien führen, womit sich allerdings immer wieder die Gefahr verbindet, daß die Krankheit, die Behinderung als solche mehr interessieren, als das Individuum, welches in einem statistischen Brei oder einer Ideologie unterzugehen droht." (KOBI ebd. 28 f.)

- *der sinnstiftenden Dimension,* die durch keine Struktur gekennzeichnet ist sondern durch eine *Intention*, durch die der beeinträchtigte Mensch in seinen Beziehungen über beschreibbare Systeme hinaus gesehen wird und die von daher transzendent bzw. spekulativ ist. Damit ist heilpädagogisches Denken und Handeln ausgerichtet auf etwas, was außerhalb unserer gesamten subjektiven, normativen und objektiven Erkenntnismöglichkeiten und unserer Endlichkeit ist. Sinn ist unabhängig von Effekten, Ergebnissen und Erfolgsmessungen, auch wenn alle Normvorstellungen oder Zielperspektiven unerfüllt bleiben. Er steht entgegen der Erkenntnis der Sinnlosigkeit, die sowohl subjektiv wie objektiv im „Irreparablen", im „Nutzlosen" oder im „Aussichtslosen" einer dauerhaften Behinderung liegen kann und produziert Einstellungswerte bzw. Überzeugungen des Vorläufigen, Vorletzten und Provisorischen, das nur in einem 'Gesamtsinn' bzw. 'Übersinn' seine hoffnungsvolle Erfüllung finden kann.

„Bleibt Sinnstiftung *jenseits* menschlicher Machenschaften («Was machen wir, wenn nichts mehr zu machen ist?») leer, wird sie verleugnet oder gar nicht versucht, so droht die Existenz eines zumal schwerstbehinderten Menschen denn auch am verengten und verhärteten Sinnhorizont seiner Mitwelt zu zerschellen. Zurück bleibt ein Wrack, das nichts mehr (in sich) trägt, zu dem kein Bezug mehr hergestellt wird, das keinen Verwendungszweck mehr besitzt, keine Formationsmöglichkeiten mehr aufweist und letzthin spurenlos verzichtbar bleibt." (KOBI 1993, 305)

Auf dem Reflexionshintergrund des Schnittpunktes dieser vier Dimensionen ist die Heilpädagogin herausgefordert, sowohl ihre diagnostischen wie auch ihre aus therapeutischen Konzepten hergeleiteten pädagogisch-*ergänzenden* Methoden im Hinblick auf ihre heilpädagogische Relevanz zu prüfen.

- **Aus therapeutischen Konzepten hergeleitete Methoden in ihrer heilpädagogischen Relevanz**

Die vorgenannten Überlegungen versetzen die Heilpädagogin in die Lage, gemäß ihrem Auftrag der *erzieherischen Hilfe* zur Lösung der erschwerten Lebensaufgabe des beeinträchtigten oder behinderten Kindes und Jugendlichen (MOOR 1965, 268) eklektisch und zugleich kritisch zu prüfen, welche Methoden sich in ihre heilerzieherische Arbeit einbeziehen lassen, wie diese im Umgang mit den ihr anvertrauten Menschen angemessen zu gestalten und zu modifizieren sind und wie sie mit Hilfe heilpädagogischer Diagnostik im Sinne einer "präskriptiven Evaluation" (LAMBERT 1981) als –>Hypothetische Prozessdiagnose anstelle traditioneller (medizinischer und psychologischer) Defizitdiagnose überprüft werden können.

Dabei lassen sich aus heilpädagogischer Sicht nach KOBI im wesentlichen folgende Therapien unterscheiden:

"- Kausaltherapien, welche durch Beseitigung der Störungsursachen eine Wiederherstellung intendieren;

- Symptomtherapien, welche... eine Beseitigung oder Abschwächung der äußeren Störsymptomatik bewirken...;

- Sämtliche mittelbaren Therapien (chirurgische, chemische, diätetische usf.) gehören in den Arbeits- und Zuständigkeitsbereich des Arztes. Therapien dieser Art ist gemeinsam, dass sie sich instrumentell an der objektivierten Krankheit (Störung, Defekt...) zu schaffen machen;

- Unmittelbare Therapien sind dadurch gekennzeichnet, dass die Person des Therapeuten (und nicht ein Medium/Remedium) auf die Person des Patienten (und nicht auf die Störung als solche) Einfluss nimmt. Therapie vollzieht sich hier im Dialog zwischen Subjekten. Hier sind die verschiedenen Formen der Psychotherapie und Verhaltensmodifikation einzuordnen, die auf (psycho-sozialen) Lern- und Erkenntnisprozessen des Subjekts aufbauen und auf Einstellungsänderungen personaler Art abzielen...

- Eine Reihe von funktionellen Therapien (Physiotherapie, Ergo- oder Beschäftigungstherapie, Psychomotorische Therapie, Sprachheilbehandlungen und andere) nehmen eine Mittelstellung ein: Einerseits zielen sie auf die Ertüchtigung bestimmter Organe oder die Verbesserung von Funktionsabläufen, andererseits können diese Ziele jedoch nur in enger Zusammenarbeit mit dem Patienten erreicht werden." (KOBI 1982, 31)

Es ist leicht zu entdecken, welche Methoden sich als relevante Methoden für die heilpädagogische Begleitung eignen:

Dies sind an erster Stelle die *unmittelbaren therapeutischen Methoden,* weil sie Voraussetzungen dafür bieten, den heilpädagogischen Bezug, den heilpädagogischen Dialog, in den Mittelpunkt zu stellen und von hier aus den Prozess der heilpädagogischen Begleitung zu gestalten.

"Ein behinderter Mensch ist aus dieser subjektiv-erlebnismäßigen Sicht zu definieren als eine Person, die mein Verhalten nicht so zu erleben vermag, wie dies meinem Erleben entsprechen würde ... Es geht uns also auf der Subjektebene ... nicht darum, bestimmte Merkmale als Symptome aus dem Beziehungsnetz herauszulösen, sondern im Gegenteil, 'objektive Befunde' als subjektive, interaktionale Befindlichkeiten auszuweisen. Was uns heilpädagogisch interessiert, sind die sich in einem Behinderungszustand ... ausbreitenden 'Befindlichkeitsstörungen' ...; es interessiert nicht die Behinderung an sich, sondern das Leid und das Leiden der davon betroffenen Personen... Die heilpädagogisch entscheidende Frage lautet daher nicht: Wie ändert man ein kindliches Störverhalten?, sondern: wie stelle ich mich einem Kind dar, daß es mich in einer Art und Weise erlebt, die ihm ein angemesseneres Verhalten ermöglicht? ... Existentiell ausschlaggebend ist ... jene Wirklichkeit, die Kind und Erzieher gemeinsam und in derselben Weise zu erfahren imstande sind. Verstehen gründet im gemeinsamen Erleben. In einem dyadischen System, wie dem eines Erziehungsverhältnisses ... gibt es keine isolierte Person" ... (KOBI 1983, 50 f.)

An zweiter Stelle sind die *funktionellen therapeutischen Methoden* als heilpädagogisch relevant auszuweisen.

Hier besteht die Gefahr, dass sich die Heilpädagogin der 'größeren Objektivität' wegen zu einer aktionistischen Fördermechanik verleiten lässt und dabei den personalen Bezug, das erzieherische Verhältnis hinten anstellt, verleugnet oder vergisst. Dies geschieht - leider auch noch heute - verstärkt, wenn die Heilpädagogin qua Anstellung oder Beauftragung durch Mediziner tätig und von diesen abhängig ist. Besonders schwer haben es in diesem Zusammenhang Heilpädagoginnen und Heilpädagogen, die aus dem Vorberuf als Krankenschwester- oder pfleger, Krankengymnastin und ähnlichen Professionen Berufserfahrung mitbringen. Aufgrund personeller Ranghierarchien, institutioneller Gegebenheiten und finanzieller Engpässe im Gesundheitswesen kann es in Drucksituationen leicht geschehen, dass der eigene Standort aufgegeben wird. Ähnliches gilt für Heilpädagoginnen und Heilpädagogen, die aus erzieherischen Vorberufen kommen und stark in psychologische Leitung eingebunden sind. Die personell ranghöher eingestuften und stärker dem naturwissenschaftlichen Denken nahestehenden metrischen Verfahren klassischer Psychologie können im Rahmen nivellierender Kollegialität in wenig strukturierten Teams mit fehlender Leitungskompetenz leicht zu begehrten, sogenannten 'handfesten' Instrumenten apersonaler (diagnostischer) Methoden werden, mit denen statistische Nachweise für nachprüfbare Leistung erbracht werden können.

Vor solchen Fehlformen funktioneller Methoden schützt die heilpädagogische Begleitung mittels –>Übung. Diese originär heilpädagogisch entwickelte Methode bezieht neben dem Aspekt der Förderung immer auch das Medium Spiel als Grundlage heilpädagogischen Handelns mit ein. Heilpädagogische Übung wird überdies als "Suche nach Sinn" (LOTZ 1993) beschrieben:

"Pädagogik ist keine Psychotherapie, denn der ganze Mensch besteht nicht nur aus Psyche ... Der Mensch - gleich welchen Alters - sucht aber in je eigener Art und Weise eine existentiell verbindliche Lebensorientierung. Nach KANT stellen sich dem Menschen folgende drei Grundfragen:

Was kann ich wissen?

Was soll ich tun?

Was darf ich hoffen?...(70)

Aus pädagogisch-anthropologischer Sicht geht es um die Hinführung zur Verantwortlichkeit"... Deshalb sollte die Heilpädagogin "den Wert der 'Verbindlichkeit' akzeptieren, als Hilfe zum Leben, zur individuellen und daraus erwachsenden kollektiven Orientierung..." (72) Pädagogik bedeutet die unbedingte Forderung an den Menschen, Verantwortung zu übernehmen, Stellung zu beziehen zu seinem eigenen Leben. In dieser Forderung steckt die Orientierung ... Jede (heilpädagogische) Förderung ist im Grund Forderung. Wir fordern das diesem Individuum Mögliche heraus - hin zu seiner Existenz. Wir belassen den anderen Menschen nicht wie er ist, so ungestaltet, hilflos und vereinsamt, sondern wir gehen auf ihn zu als Person ... Mit unserem ganzen Fühlen, Sprechen und Handeln sind wir ein wesentlicher Maßstab, an uns orientiert sich der Heranwachsende, und von dieser Position aus nimmt er Stellung zu sich, zur Welt und schließlich zu den 'Vorgaben' selbst. Die pädagogische Aufgabe, 'Modell' zu sein, Orientierung und Halt zu bieten, ist unumgänglich. Das sogenannte Recht auf Selbstbestimmung wird von dieser Aufgabe nicht beeinträchtigt. Eine Selbstbestimmung jedoch ist erst dann konkret (also nicht diffus) möglich, wenn sich die Bestimmung des Selbst an klaren Vorgaben orientieren kann ...(74)

Auf dieser Grundlage ist auch die heilpädagogische Begleitung durch –>Übung zu verstehen, die in ihrer methodischen Offenheit und in ihrer

„Vielfalt aller denkbaren Variationen ... nichts über das einzigartige konkrete Ereignis (besagt). Diese Unbestimmtheit müssen wir ertragen. Jeder Plan ermöglicht seine Nichterfüllung und erhöht so die Gefahr seines Mißlingens. Die heilpädagogische Übungsbehandlung ist in den Alltag zu integrieren und erfordert neben einem breiten Verfügungswissen eigentlich nur ein waches Auge bzw. die latente Bereitschaft des Helfers, Situationen für bestimmte Erfahrungen des Anderen zu nutzen. Schließlich soll die heilpädagogische Übungsbehandlung als Konzept für eine sinnzentrierte Heilpädagogik verstanden werden. Damit ist die finale Frage angesprochen: Wozu soll ein Kind z.B. Farben unterscheiden können, wozu soll ein Mensch denn mit anderen Menschen kooperieren usw.? ... (154)

Generelles Ziel ist ein jeweiliges Höchstmaß an Differenzierungsfähigkeit (Diakrisis) - als Voraussetzung zum Entscheiden. Existenzanalytisch geht es um den Weg von der Vorstellung bzw. Wahrnehmung zur Stellungnahme. Sind einmal basale Fähigkeiten in Analogie zur Heilpädagogischen Übungsbehandlung erreicht, so kann sich der Mensch Aufgaben stellen (z.B. in einer 'Kooperation'). Menschen erfahren Sinn, wenn sie gefordert und gebraucht werden. In dieser Hinsicht fordert der Heilpädagoge in dem gemeinsamen Lebensalltag z.B. einen Jugendlichen heraus und erfindet Aufgaben mit Sinnbezug. Heilpädagogik wird zu einer Lebensschule für Menschen, die mit ihrem Schicksal nicht so ohne weiteres zu Wege kommen." (LOTZ 1993, 219)

Besonders in der Arbeit mit sogenannten 'verhaltensauffälligen' Kindern und Jugendlichen findet die Heilpädagogin häufig scheinbar paradoxe Situationen vor. Hier besteht die Gefahr der Verfälschung der Bedeutungszusammenhänge, die sowohl bei einseitig subjektivierender, normativierender, objektivierender oder transzendierender (die Grenzen des sinnlich Wahrnehmbaren überschreitender) Sichtweise gegeben ist. Heilpädagoginnen werden also danach suchen, die paradox erscheinenden realen Szenen auf einem konkreten Erfahrungshintergrund *(tiefen-)hermeneutisch-sinndeutend* verstehen zu lernen. Zu diesem Verstehen helfen Konzepte *tiefenpsychologischer* Deutungsmethoden wie das des „szenischen Verstehens" (LORENZER 1973). 'Szene' meint dabei ein „konkret inszeniertes Geschehen" einschließlich des dieser Inszenierung zugrunde liegenden „Interaktionsmusters" (LORENZER 1973, 71), das meist als frühe Kindheitserfahrung grundgelegt wurde. Daher kann sich der Verstehenshorizont erst über den Zusammenhang mit Bedeutungen im lebensgeschichtlichen Kontext erschließen, die in der aktuellen Szene symbolisch ausgedrückt werden:

„Die erfaßte Wirklichkeit ist die Wirklichkeit der in der aktuellen Mitteilung präsentierten Symbole." (LORENZER 1973, 89)

In diesem tiefenpsychologisch gedeuteten Sinnzusammenhang kann die Heilpädagogin die seltsam 'auffälligen' bzw. 'gestörten' Verhaltensweisen von Kindern und Jugendlichen (aber auch erwachsener

Bezugspersonen im Kontext der Erziehungsverhältnisse) im wahrsten Sinn des Wortes 'begreifen' lernen:

Die aktuelle Situation korrespondiert mit dem unbewussten Erleben früher Kindheitssituationen, deren Bedeutungsmuster in der Übertragungsbeziehung zur Heilpädagogin zwanghaft reinszeniert werden, analog den Beziehungen des kindlichen Ich zu seinen Bezugspersonen.

Dabei wird die Heilpädagogin durch berufsbezogene –> Selbsterfahrung und tiefenpsychologisch orientierte Supervision erfahren, dass sich diese Art des Verstehens nicht vorrangig durch Kenntnisse über theoretische Zuordnungen aneignen lässt im Sinne des Vergleiches von Daten und Hypothesen, sondern durch Vorstellung bestimmter typisierter Interaktionsmuster im Sinne der „Stimmigkeit der Gestalt" (LORENZER 1974, 163)

Ein Beispiel: Die Mutter eines behinderten Jungen beklagt sich darüber, nichts für sich selber tun und keinesfalls einige Tage zu einer Freundin fahren zu können. Sie zeigt dadurch indirekt, dass sie sich (aus welchen Gründen?) in der Familie für unentbehrlich hält und mit sich selbst (= unbewussten Ängsten oder Schuldgefühlen?) konfrontiert wäre, wenn sie ihrem Wunsch nachgegeben hätte. So war der behinderte Junge daran schuld, dass die Mutter sich "nichts gönnen" durfte. Sie konstellierte eine 'ver-rückte' Situation, indem sie ein Bügelbrett als Leiter benutzte, wobei sie stürzte und sich so schwer verletzte, dass sie sechs Wochen im Krankenhaus liegen musste. Derweil erging es der Familie (Vater und Kindern: Schwester und auch dem behinderten Jungen) recht gut. Der behinderte Junge benahm sich erstaunlicherweise nicht auffällig und stellte auch nichts an. Die Mutter hingegen bekam im Krankenhaus zunehmend schwere Kopfschmerzen, als sie vom unbekümmerten, selbstverständlichen Auskommen ihrer Familie erfuhr und erst nach mehrmaligen Besuchen der Heilpädagogin am Krankenbett war sie in der Lage, unter Tränen ihre Angst vor Versagen, ihre Hilflosigkeit und ihre Schuldgefühle gegenüber ihrem in der Nachbarschaft durch zerstörerische 'Streiche' auffällig gewordenen, behinderten Jungen zuzugeben und auszusprechen. Sie wollte sich unbewusst von ihrem unerwünschten behinderten Kind befreien, konnte sich als "gute Mutter" ihre ablehnenden Gefühle nicht zugestehen und musste diese durch Überfürsorge (Overprotection) 'wiedergutmachen'. Auf diese Weise wurde ihr Sohn zum delegierten Träger ihrer unbewussten Doppelbotschaft. "Der Begriff «Delegierter» zeigt, daß die Eltern ihre Kinder diesen konfligierenden Tendenzen und damit zentripetalen und zentrifugalen Einflüssen zugleich aussetzen. Indem sie ihr Kind zum Delegierten machen, *schicken sie es fort,* d.h. ermutigen es, den Kreis der Familie zu verlassen. Das lateinische Verb «delegare» hat diese Bedeutung. Indem sie es fortschicken, *halten sie es* aber auch *fest.* Sie vertrauen ihm einen Auftrag an, machen es zu ihrem Stellvertreter, zur Verlängerung ihres Selbst. Auch diese zweite Bedeutung hat das lateinische Wort ursprünglich." (STIERLIN 1975, 66)

Tiefenhermeneutisch und in diesem Verständnis sinndeutend gesehen reicht jedoch die Rollenbeschreibung allein nicht aus. Es müssen zu diesem 'szenischen Geschehen' die Momente der (Wieder-) Inszenierung des darin enthaltenen frühen Kindheitsdramas reflektiert werden. Im Rahmen der gestörten Mutter-Kind-Beziehung ist die Auffälligkeit oder Behinderung 'sinnvoll', nicht schlecht und abartig, sondern geradezu notwendig. Die Inszenierung wird von Mutter und Kind immer neu wiederholt (= Wiederholungszwang). Die Heilpädagogin wird in einer tiefenpsychologisch orientierten Spielbegleitung die (Re-)Inszenierungen mit dem Kind, dem Jugendlichen durcharbeiten, wobei ihr der lebensgeschichtliche Zusammenhang handlungsweisend für ihre ergänzenden und konfrontierenden Reflexionen ist. Dies gilt auch und vor allem dann, wenn Kinder sich nicht verbal ausdrücken können, sondern ihre unbewussten Phantasien unmittelbar agieren.

Hier liegt nach GERSPACH (1981) ein *wichtiger Unterschied* verschiedener therapeutischer Verfahren *gegenüber der psychoanalytischen Technik:*

"Heilpädagogik arbeitet nicht nur über Sprache, weil in ihrem Setting, ob nun in Schule oder heilerzieherischer Institution, die Tatsachenfrage nicht völlig suspendiert werden kann ... So dreht es sich bei der Analytiker-Patient-Beziehung auch mehr um eine *phantasierte* als eine reale Beziehung. Nicht so in der Heilpädagogik. Hier wird der Lehrer oder Erzieher viel wirklicher erlebt. Die prinzipiell andere Wertigkeit von Symbolbildung und die damit zusammenhängende oft fehlende Fähigkeit des Kindes, die gesetzten Regeln zu akzeptieren, legen den pädagogischen Schwerpunkt mehr auf nichtsprachliches Interagieren und lassen sprachliche Deutungen oft in den Hintergrund treten ... (239) Agierende Kinder müssen dabei in größerem Maße eingegrenzt und auf vorgegebene Regeln verpflichtet werden als andere, da sonst in einem Teufelskreis die Phantasien mit Zunahme des Agierens an angsterregender Qualität gewinnen und damit die agierte Qualität zunimmt. Wenn es andererseits gelingt, eine derartige Eskalation zu verhindern, kann ich damit ein hohes Maß an Sicherheit vermitteln: die Kinder erleben, daß ich mich nicht in die von ihnen agierte Szene hineinziehen lasse. Darüber hinaus teile ich ihnen dadurch mit, daß ich ihre Unruhe verstehe, ohne aber mitagieren zu müssen. Auf diese Weise kann sich ein Klima entwikkeln, das sich von den festgefahrenen Interaktionsformen unterscheidet und einen alternativen Weg zur Beherrschung innerer wie äußerer Schwierigkeiten weist. Dabei ist von großer Bedeutung, daß ich mich selbst klar und unmißverständlich verhalte, was der Kongruenz von Sprache und Verhalten gleichkommt. (240) Damit trage ich zur Symbolbildung bei, die einen veränderten Umgang mit inneren Spannungszuständen ermöglicht. So spricht Freud davon, daß die psychischen Primärvorgänge keinen Unterschied zwischen einer Vorstellung und einer Wahrnehmung machen, wogegen Sekundärprozesse Hemmungs- und Aufschiebefunktionen besitzen, wenn das Ich genügend Energie zur Verfügung stellen kann. ... Allerdings kann nur eine positive Beziehung mit dem Angebot zur Identifikation dem 'Behinderten' eine solche Entwicklung für wert erscheinen lassen. (241) Freilich muß sich das heilpädagogische Vorgehen an den innerpsychisch wie auch äußerlich vorgegebenen sozialen Strukturen orientieren. Einem neurotisch-gehemmten Kind, wie es gewöhnlich in der Mittelschicht anzutreffen ist, werden wir anders begegnen als einem agierenden aus der Unterschicht. Da der subkulturelle Daseinsrahmen, als Basis der je persönlichen Lebensgeschichte, "sich nach seiner fundamentalen Bedeutung für das kindliche Werden vor allem in der Unterschicht als negativ einschränkend" (Begemann 1970, 175) erweist, bedeuten die damit verbundenen affektiven Mangelerscheinungen eine Erschwernis für unsere Arbeit, nicht zuletzt deshalb, weil wir meist selber mit diesen Empfindungen nicht umgehen können." (GERSPACH ebd. 241)

Letzteres muss sich die Heilpädagogin vor allem in ihren Praktika während des Studiums sowie in berufsbezogener –>Selbsterfahrung und praxisbegleitender –>Supervision mühevoll erarbeiten.

- **Spiel und Übung als heilpädagogisch relevante Methoden für Einzel und/oder Gruppenarbeit**

Die Heilpädagogin lässt sich auf der Suche nach heilpädagogisch relevanten Methoden von den *Erziehungsbedürfnissen* des beeinträchtigten oder behinderten Kindes oder Jugendlichen und dessen Bezugspersonen leiten.

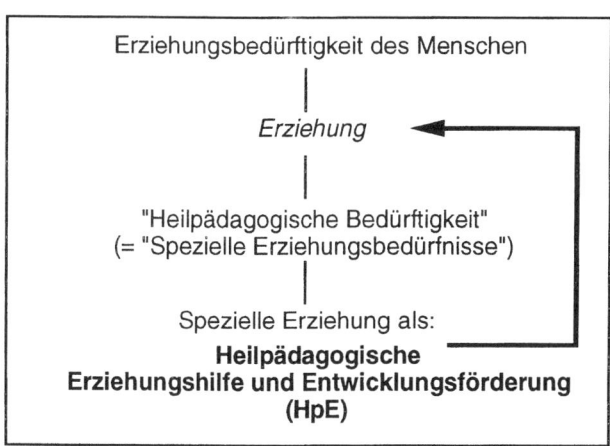

Abb. 49: „Spezielle Erziehungsbedürfnisse"
als heilpädagogischer Legitimationsbegriff
(in Anlehnung an Speck 1987, 233)

Das obige Schaubild „will verdeutlichen, daß sich alle Akzentuierungen auf Erziehung an sich beziehen müssen, sich also nicht als Sonderaufgaben verselbstständigen. Sie werden allein aus dem besonderen, d.h. unabweisbaren Erziehungsbedarf pro Kind legitimiert. Mit *speziellen Erziehungsmaßnahmen* sind Hilfen angesprochen, wie sie beispielsweise für den Bereich der Frühförderung, der Freizeiterziehung, der Sozialerziehung oder der Hilfe bei Verhaltensstörungen gelten. In diesem letzteren Sinn können sich Erziehung und Therapie auch partiell überschneiden ... In den letzten Jahren hat sich auch der Terminus der speziellen pädagogischen *Förderung* eingebürgert." (SPECK ebd. 233)

"Spezielle Erziehung" wird hier als "Heilpädagogische Erziehungshilfe und Entwicklungsförderung (HpE)" definiert, die sich aus den Kernelementen –>Befunderhebung, –>Begleitung und –>Beratung aufbaut. Das Element der heilpädagogischen Begleitung gliedert sich auf in die Methoden der –>Spielbegleitung und der –>Übungsbegleitung. Beide können als Einzel- und/oder Gruppenarbeit organisiert sein.

Einzelarbeit
ist bei Kindern mit unbefriedigten Bedürfnissen indiziert, die im Säuglings- und frühen Kindesalter die enge Mutter-Kind-Beziehung entbehrt haben. Kinder, die solche elementaren Beziehungen nicht erlebten, entwickeln "Ur-Mißtrauen" (ERIKSON 1974, 62 ff.) und sind allen Beziehungen gegenüber misstrauisch. Die schwersten solcher Störungen werden als "Hospitalismus" oder "Anaklitische Depression" (SPITZ 1946) beschrieben, die durch länger andauernde Trennung von der Mutter und mangelnde emotionale Beziehung (z.B. bei Klinik- oder Krankenhausaufenthalten aber auch aufgrund von fehlender häuslicher 'Nestwärme' und Verwahrlosung) aufkommen können. Diese Mangelerfahrungen werden besonders in Kontaktstörungen deutlich, können aber auch in Entwicklungsverzögerungen oder -störungen und allgemeinen Anpassungsschwierigkeiten zum Ausdruck kommen. Solche Kinder sind in einer Gruppenbegleitung überfordert. Dazu Anna FREUD:

„Falls Kinder auf Grund einer ungenügenden Beziehung zur Mutter unsicher und ausdrucksarm sind, werden sie dadurch, dass sie in einen Kindergarten geschickt werden, auch kein Zutrauen gewinnen. Solche Mängel erfordern die Zuwendung eines einzelnen Erwachsenen; durch die Anforderung des Gruppenlebens werden sie verschlimmert anstatt gebessert." (zit. in GINOTT 1973, 33)

Für behinderte Kinder und Jugendliche gilt das gleiche, jedoch ist bei einer Übungsbegleitung zusätzlich die Differentialdiagnostik verschiedener Funktionsbereiche von besonderer Bedeutung.

Gruppenarbeit

Als Hauptkriterium für die Auswahl von Kindern für die Gruppen-Begleitung nennt GINOTT (ebd. 32) das "soziale Bedürfnis", das aufgrund ausreichender mütterlicher Zuwendung in der Kindheit als "Urvertrauen" (ERIKSON ebd.) entwickelt werden konnte:

"Soziale Bedürfnisse - das ist das Verlangen, von seinesgleichen anerkannt zu werden, sich zu benehmen, zu kleiden, zu sprechen wie sie und einen Rang in der Gruppe zu erlangen und zu wahren. Die Anerkennung durch seinesgleichen kann für ein Kind zum Beweggrund werden, sein Verhalten zu ändern. (vgl. auch soziale Verstärkung oder Modellernen; Anm.: W.K.) Der Wunsch nach Anerkennung beruht auf einer guten frühen Beziehung zur Mutter oder zu einer die Mutterstelle vertretenden Person, die nicht nur die Bedürfnisse des Kindes befriedigte, sondern in ihm auch das Bedürfnis weckte, von anderen Menschen anerkannt zu werden. Für solche Kinder können die korrektiven Beziehungen und die heilende Umgebung der Gruppenspieltherapie eine Wohltat sein." (ebd. 33) GINOTT hält gehemmte Kinder, unreife Kinder, Kinder mit phobischen Reaktionen, verweichlichte Jungen, Kinder mit Pseudoidealen, Kinder mit Verhaltensstörungen und Kinder mit Kontaktstörungen für geeignet, in einer Gruppenspielbegleitung Hilfe zu erfahren. Als Kontraindikationen für Gruppenbegleitung nennt er starke Geschwisterrivalität; soziopathische Kinder; Kinder mit akzelerierten sexuellen Bedürfnissen; Kinder, die perversen Sexualerlebnissen ausgesetzt waren; Kinder, die stehlen; außergewöhnlich aggressive Kinder; Kinder mit ungewöhnlichen Reaktionen auf Spannungssituationen. Wesentlich für die Aufnahme in eine Gruppe sind also die Fähigkeiten eines Kindes, auf andere Kinder einzugehen und durch korrigierende Erfahrungen Einstellungen und Verhalten verändern zu können.

In eine heilpädagogischen Gruppenbegleitung sollten 3 bis maximal 6 Kinder aufgenommen werden. Vom Lebensalter her kann eine Gruppenspielbegleitung etwa bis zum 10. Lebensjahr hilfreich sein. Wichtig ist der relativ gleiche psychosoziale Entwicklungsstand, damit das Spielniveau und die phantasierten Szenen symbolisch ähnlich besetzt werden können. Sorgfältig ist auf ein ausgeglichenes Verhältnis zwischen aggressiven und gehemmten Kindern zu achten, die jedoch eine unterschiedliche Symptomatik haben können und aufgrund dessen voneinander Korrekturen erfahren.

Eine kleine Gruppe von 3 Kindern wird eine Heilpädagogin oder ein Heilpädagoge allein leiten können. Bei 4 - 6 Kindern, vor allem im Vorschulalter, sollte die Gruppe von einem weiblichen und einem männlichen Begleiter geleitet werden, wie es sich in der heilpädagogisch-psychodramatischen Arbeit mit Kindergruppen bewährt hat: "Die Co-Therapie erleichtert den Therapeuten, den Gesamtprozeß der Gruppe im Auge zu behalten sowie Funktionen aufteilen zu können. So werden die Kinder immer mit einem Therapeutenpaar unterschiedlichen Geschlechts konfrontiert, was besondere Übertragungsmodalitäten zur Folge hat. Die Konstellation «Therapeutenpaar und mehrere Kinder» stellt eine familienähnliche Situation dar, die das Auftauchen und Ausspielen von Familienszenen begünstigt. Die Dreieckskonstellation lädt zu ödipalen Projektionen und zur Mobilisierung der damit verbundenen Abwehr ein. Auch die Abwesenheit eines der beiden Therapeuten hat großen Einfluß auf die vorgeschlagenen Spielthemen. Spiele, die vom ödipalen Sieg, von Schuld und Wiedergutmachung, aber auch von Verlassenheit handeln, werden inszeniert und machen die unbewußten Wünsche und Ängste der Kinder deutlich. Außerdem wird durch die Abwesenheit eines Therapeuten die Spaltung der Übertragung erleichtert. Jeder der Therapeuten kann zum 'guten' oder 'bösen' Objekt werden." (AICHINGER 1993, 222)

Für Gruppen-Übungsbegleitungen mit behinderten Kindern (z.B. Rhythmisch-musikalische-Erziehung; Eutonie; Eurhythmie; Autogenes Training; Psychomotorische Übungsbegleitung usw.) gelten grundsätzlich die gleichen Voraussetzungen, jedoch unter Berücksichtigung differentialdiagnostischer Aussagen über die besondere Bedürftigkeit des einzelnen Kindes, z.B. inwieweit es besonderer Beaufsichtigung oder eines Erwachsenen als ständigem Begleiter bedarf.

- ## Methoden der Begleitung im heilpädagogischen Kontext

In der heilpädagogischen Methodenbildung und Methodenfindung stellt sich die Frage: „Wie, auf welchen Wegen, mit welchen Mitteln, Organisationsformen (Einzel- und/oder Gruppe) Institutionen und konkreten Handlungsweisen lassen sich heilpädagogische Ziele zur Verbesserung der Lebensbewältigung und Daseinsgestaltung erreichen?"

KOBI (1993, 341 f.) unterscheidet zwei Gruppen von Methoden, die wesensmäßig auf verschiedenen Ebenen liegen:

„Erstens Methoden des Umgangs (mit Etwas/Jemand).

Es geht dabei um *Handlungs*weisen (im weitesten Sinne). Sie sind in unserem Fall vor allem auf die gemeinsame Daseinsgestaltung von und mit Behinderten bezogen.

Zweitens: Methoden des Erkundens (von Etwas/Jemand).

Es geht dabei um *Betrachtungs*weisen (im weitesten Sinne). Sie sind in unserem Fall vor allem auf die Erfassungsweisen von Behinderungszuständen bezogen.

Beide hängen explizit/implizit miteinander zusammen und voneinander ab."

Die über die konkreten Begleitungssituationen hinausgehenden *"methodenbezogenen Aufgaben* beziehen sich auf die verschiedenen pädagogischen Arbeitsweisen. So stellen sich einer speziellen Erziehung

- Aufgaben der Erziehung im engeren Sinn
  (Persönlichkeitserziehung und Sozialerziehung);

- des Unterrichts;
- der Beurteilung;
- der Therapie;
- der Beratung und
- der Pflege.

Wer als Heil- oder Sonderpädagoge arbeitet, hat sich diesen Aufgaben zu stellen. Dabei kann es unterschiedliche Gewichtungen und Überschneidungen mit Aufgabenfeldern anderer Berufsgruppen geben, insbesondere in den Bereichen der Beurteilung von Kindern in der Therapie, der Beratung und der Pflege"... (SPECK ebd. 268)

Dabei gilt es, "der Bedeutung der Lebensbereiche für die Erziehung eines Kindes in stärkerem Maße als bisher gerecht zu werden (BRONFENBRENNER 1981).

Die hier zu nennenden methodenbezogenen Aufgaben sind adressatenbezogen. Sie richten sich im besonderen

„- auf die Kooperation mit den Eltern
- auf die interdisziplinäre Kooperation
- auf Einflussnahme auf Exosysteme (z.B. das Rechtssystem oder die Verwaltung)
- auf die Reflexion bezüglich der eigenen Professionalität."

SPECK (ebd. 269)

Bei allen methodischen Überlegungen steht für die Heilpädagogin letztendlich die *Erziehung,* die *erzieherische Aufgabenstellung* im Mittelpunkt ihres Denkens und Handelns. Dazu Paul MOOR (1965):

"Für den Erzieher aber leiden alle Kinder mit einer irgendwie verursachten Charakterveränderung, ob sie ererbt oder erworben, heilbar oder nicht heilbar sei, daran, daß für sie die Lösung der Lebensaufgabe erschwert ist, solange die Abwegigkeit andauert. Die für den Erzieher wichtigste Frage ist in solchen Fällen, ob für die Lösung der erschwerten Lebensaufgabe auch die nötigen Kräfte und Fähigkeiten vorhanden seien. Sind sie vorhanden, so kann die Lebensaufgabe bewältigt werden trotz ihrer Erschwerung, und die Aufgabe des Erziehers ist, das Kind seinen besonderen Weg gehen zu lehren. Sind sie nicht vorhanden, so kann die Lebensaufgabe nicht bewältigt werden, und das Kind bedarf dauernd eines stützenden äußeren Haltes. Wenn aber eine Diskrepanz besteht zwischen einer durch die innere Verfassung erschwerten Lebensaufgabe und den zu ihrer Lösung gegebenen Kräften und Fähigkeiten, so ist durch sie eine Besonderheit der pädagogischen Aufgabenstellung umschrieben, und diese ist das Wesen des *pädagogischen* und *heilpädagogischen* Begriffes,... (268) Fassen wir zusammen. - Es gibt im Grunde genommen nur eine einzige Grundfrage der Heilpädagogik: *Was heißt Erziehung angesichts der eingeschränkten Lebensmöglichkeiten eines entwicklungsgehemmten Kindes?* - Und unsere Antwort auf diese Frage lautet: Es geht nicht bloß um die Ausbildung von «Kräfteresten» (= Ressourcen; Anm.: W. Köhn) und nicht nur um die Gewinnung der «sozialen Brauchbarkeit»; sondern es geht in jedem Falle wieder um die ewige Berufung des Menschen." (MOOR ebd. 269)

Wir möchten hinzufügen: Der Berufung des Menschen zu immer mehr Menschwerdung, zum mitmenschlichen Dialog. Dies ist das wichtigste Gütekriterium zur Auswahl und Entwicklung heilpädagogisch relevanter Methoden.

- **Zusammenfassung**

Grundlage aller heilpädagogisch relevanten Methoden in der Begleitung, die zugleich *erzieherische Maßnahmen* sind, ist die heilpädagogischen Beziehung: Wer können der beeinträchtigte oder behinderte Mensch und die Heilpädagogin *füreinander* sein? Heilpädagogische Aufgabenstellung erfährt ihre Gestaltbildung im Schnittpunkt von vier Größen: Der subjektiven, normativen, objektiven und sinnstiftenden Dimension. Bei der Suche und Auswahl heilpädagogisch relevanter Methoden im angrenzenden psychologisch-therapeutischen Bereich wird die Heilpädagogin sorgfältig *unmittelbare* therapeutische Methoden auswählen, weil diese Voraussetzungen dafür bieten, den heilpädagogischen Bezug, den heilpädagogischen Dialog, in den Mittelpunkt zu stellen und von hier aus den Begleitungsprozess in Spiel- und/oder Übung als Einzel- und/oder Gruppenarbeit zu gestalten. Dabei lässt sich die Heilpädagogin von der heilpädagogischen Bedürftigkeit des beeinträchtigten oder behinderten Kindes oder Jugendlichen und seiner Bezugspersonen leiten. Aus der Erziehungswirklichkeit ergeben sich aufgrund der erschwerenden Bedingungen verschiedene methodenbezogene Aufgaben, die sich auf die unterschiedlichen heilpädagogischen Arbeitsweisen beziehen. So stellen sich der Heilpädagogin z.B. Aufgaben der speziellen Erziehung im engeren Sinn (Persönlichkeitserziehung und Sozialerziehung), der Diagnostik, der Begleitung, der Beratung, der Pflege, des Schutzes, der Betreuung, der Begleitung, des Beistands, die über rein therapeutische Aufgaben hinausgehen und teilweise lebenslang zu leisten sind. Erst unter diesem Blickwinkel sind therapeutische Methoden für die heilpädagogische Begleitung verantwortungsbewusst auszuwählen und ergänzend in heilpädagogisches Handeln zu integrieren.

Begriffsbestimmung:

Die Nachbetreuung zur Heilpädagogischen Erziehungshilfe und Entwicklungsförderung (HpE) entwickelt sich meist aus der –>Abschlussphase der Begleitung bzw. der Beratung. Sie ist deshalb ein integrales Element der HpE. Es kann sein, dass die Aussicht auf die Beendigung der HpE oder der formale Vollzug der Beendigung beim Kind oder Jugendlichen und deren Bezugspersonen vorübergehend erneute Unsicherheiten auslöst oder Befürchtungen hervorruft, es könne in den Lebensvollzügen alles wieder schlechter werden, wenn kein Rückgriff auf die Unterstützung der Heilpädagogin mehr möglich ist. In jeder Abschlussphase einer intensiven Beziehung können regressive Tendenzen bis hin zu echter Trauer auftreten. Gelegentlich scheint es angebracht, am Ende einer HpE Kontakte unter anderem Vorzeichen und mit neuer vertraglicher Vereinbarung noch eine Zeitlang aufrecht zu erhalten, um Sicherheit zu geben und Stabilität im Umgang mit den eigenen, neu gewonnenen Kräften zu unterstützen. Es kann auch von Nutzen sein, katamnestische Daten zu Forschungszwecken gewinnen.

In diesem Übersichtsartikel werden folgende Themen angesprochen:

• Die Bedeutung der Nachbetreuung

Eine Nachbetreuung ist dann angezeigt, wenn seitens des Klienten der berechtigte Wunsch besteht, die HpE in veränderter Form fortzuführen.

Bei der Erwägung, ob eine Nachbetreuung zur HpE erfolgen soll, ist zunächst der gesamte Verlauf der HpE in ihren Elementen und in den verschiedenen Phasen des Prozessverlaufes sorgfältig auszuwerten. Hat die Heilpädagogin bisher dem Begleitungs- und Beratungsprozess vermehrte Aufmerksamkeit gewidmet, wird sie nun stärker die Erreichung der Ziele und die Ergebnisse der HpE reflektieren:
- Auflösung von Ängsten und Verdrängungsreaktionen;

- bessere Verarbeitung der Antriebs- und Impulswelt;
- Klärung der Position zu den Eltern;
- tragfähigere Gefühlslage;
- Überprüfung der erreichten Förderziele.

Da die Ergebnisse der heilpädagogischen Begleitung für das Kind, den Jugendlichen zu allererst in der gemeinsamen *Erfahrung* liegen, d.h. *in der Beziehung zwischen Klient und Heilpädagoge*, nicht aber in irgendwelchen diagnostischen oder manipulativen Techniken, kommt der Reflexion der Beziehung gegen Ende der HpE und in der Abschlussphase der Begleitung besondere Bedeutung zu, wenn eine angemessene Entscheidung im Hinblick auf die Nachbetreuung getroffen werden soll.

- **Entscheidungskriterien für die Nachbetreuung**

1. Unterscheidung zwischen *Übertragungs-* und *Real*-Beziehung
Die Heilpädagogin wird zunächst zwischen *Übertragungs*-Beziehung und *Real*-Beziehung differenzieren. Anhand der affektiven Äußerungen während des Prozessverlaufes und der Symbolhandlungen im Umgang mit offenem Material im Spielen, Malen, Gestalten, sowie in den Rollenzuweisungen an die Heilpädagogin wird deutlich werden können, ob und inwieweit Übertragungsreaktionen eher noch situativ bedingt und nicht mehr so vehement und konstant erfolgen und das Kind, der Jugendliche dies auch realisieren können, z.B. in Aussagen wie: "Wir spielen jetzt noch mal wie damals, du wärst wieder meine Mutter und ich wäre dein Baby."; oder: "Jetzt hatte ich gerade wieder so einen Hass auf Sie, ich könnte Sie umbringen! Aber ich weiß ja, dass Sie gar nichts dafür können. Es ist wieder dieses blöde Gefühl, wie am Anfang, als ich mir gar nicht zu helfen wusste..."
Solche Äußerungen oder Spielhandlungen ähnlichen symbolischen Inhalts (Angriff, Gefangenschaft, Vernichtung der Heilpädagogin oder der Bezugspersonen in Form von repräsentierenden Puppen, Figuren, Gegenständen, die dann später 'begnadigt' oder wieder 'heil gemacht' werden) verdeutlichen den Fortschritt in der kindlichen oder jugendlichen Entwicklung und charakterisieren die Beziehung

zwischen Heilpädagogin und Klient als 'reife' und 'reale' Beziehung, weil die Übertragungsreaktionen nicht mehr übermächtig sind und entsprechend gehandhabt werden können.

2. Ansprüche der an der HpE beteiligten Partner

Als nächstes wird die Heilpädagogin darauf achten, *von wem der Wunsch ausgeht,* die Beziehung aufrecht zu erhalten, *was als Begründung für die Aufrechterhaltung der Beziehung vorgebracht* und *wie dieser Wunsch geäußert wird.* Dabei gilt es sorgfältig zu unterscheiden zwischen

den (unbewussten) Ansprüchen der Heilpädagogin,

den (unbewussten) Ansprüchen des Klienten und

den (unbewussten) Ansprüchen der Eltern und Bezugspersonen.

- Die (unbewussten) Ansprüche der Heilpädagogin

Die Heilpädagogin ist zu allererst *Mensch,* und dann erst Fachfrau oder Fachmann. Als Mensch wird sie ihre Gefühle und Strebungen unter fachlichen Gesichtspunkten reflektieren und sinnvoll in die Beziehungsgestaltung mit beeinträchtigten, behinderten, entwicklungsgestörten oder sozialauffälligen Menschen einbringen. Wenn sie professionelle und effektive Beziehungsarbeit betreiben will - und es ist ja ihr Beruf, Erziehung unter "erschwerenden Bedingungen" zu leisten - wird sie sorgfältig darauf achten, mit zunehmender Erfahrung nicht einer oberflächlichen Routine anheimzufallen, so dass ihr ihre eigenen Reaktionen im Zusammenhang mit dem Abschluss der HpE zunehmend bewusster werden.

Ein Phänomen bei erschwerter Ablösung kann als narzisstische 'Verliebtheit' in das Kind, den Jugendlichen bezeichnet werden: Sie sind der Heilpädagogin oder dem Heilpädagogen "besonders ans Herz gewachsen" und provozieren oder aktualisieren elterliche Gefühle oder infantile Abhängigkeiten, wie besondere Versorgungswünsche; Zukunftsängste für das Kind, den Jugendlichen; den Wunsch, die Klienten mögen einen in "guter Erinnerung behalten" etc.

Solche Emotionen werden auf das Kind, den Jugendlichen projiziert, lösen in ihnen unbewusste Ablösungsschwierigkeiten aus und erschweren ihnen Abschied und Trennung. Häufig sind solche Tendenzen beim Abschluss erster Begleitungsprozesse oder situativer eigener Trennungsproblematik im privaten Bereich zu beobachten und müssen dementsprechend supervisorisch reflektiert werden. „Der ehemalige Therapeut des Kindes sollte... sehr sorgfältig seine eigenen Motive im Hinblick auf die Beibehaltung des Kontaktes prüfen. Manche Therapeuten erhalten ihn aufrecht, indem sie... noch Geburtstags- und Weihnachtsglückwünsche schicken. Das kann zu einer ständigen Verpflichtung werden, denn das Aufhören könnte das Kind als Zurückweisung empfinden. Andere... schicken vielleicht zwei oder drei solche Karten und hören auf, wenn das Kind nicht antwortet. Aber manche Eltern oder Kinder könnten sich verpflichtet fühlen zu antworten. Die Erfahrung zeigt, daß die Therapeuten eine gewisse Auswahl hinsichtlich der Kinder treffen, denen sie Karten schicken, denn keiner scheint es sich zur Gewohnheit gemacht zu haben, allen ehemaligen... zu schreiben." (SANDLER u.a. 1982, 322 f.)

Dies fordert die Heilpädagogin heraus, ihre Motivation bei der Frage nach weiteren Kontakten sorgfältig zu reflektieren und fachliche Gründe in den Vordergrund zu stellen, die sie zusammen mit Kollegen überprüft.

Dies wird ihre Aufmerksamkeit auf die ihre Berufsrolle, ihre persönlicher Authentiziät[1] und Empathie[2] sowie ihre eigenen Abwehrfunktionen wie Gegenübertragungsreaktionen, Überforderung oder persönliche Mangelsituationen signalisieren lenken.

- Die (unbewussten) Ansprüche der Eltern- und Bezugspersonen
Ähnlich wie oben geschildert mag es auch den Eltern, jeweils unterschiedlich voneinander oder auch in emotionaler Übereinstimmung ergehen. Sie mögen sich der Heilpädagogin, die "so viel für unser

---

[1]*Authentizität* (= Echtheit) bedeutet "Ich-Selbst" sein, ohne eine Fassade zu präsentieren, hinter der sich andere als die gezeigten Eigenschaften und Haltungen verbergen. Dadurch, dass die Heilpädagogin seine eigenen Stimmungen, Gefühle und Motivationen wahrnehmen, erkennen und mit dieser Erkenntnis leben kann, akzeptiert er sich selbst und ist in der Lage, andere zu akzeptieren und ihnen Vertrauen entgegenzubringen.

[2]*Empathie* (= Einfühlung) ist die Fähigkeit, Reaktionen, Handlungsweisen, Auffassungen etc. anderer von *deren Voraussetzungen* her zu verstehen. Die Vorbedingung für eine solche Haltung ist persönliche Reife (u.a. im Sinne der Authentizität). Eine unreife Persönlichkeit entwickelt Abwehr dagegen, die persönliche Welt eines anderen zu verstehen, da sie von der eigenen abweicht und deshalb als bedrohlich empfunden wird.

Kind getan hat" aus sehr unterschiedlichen Gründen verpflichtet fühlen: Um sich die Trennung zu erleichtern und sich von (scheinbaren) konventionellen Verpflichtungen zu entlasten; um (uneingestandene) Schuldgefühle zu beschwichtigen, die ihnen als 'schlechte Eltern' eine HpE aufnötigten; aus neu aktualisierten Gefühlen eigener Hilflosigkeit oder Überforderung und daraus resultierenden regressiven Wünschen nach länger andauernder Unterstützung usw.

Die Heilpädagogin - wenn sie mit der Elternarbeit betraut war - wird zwischen den Bedürfnissen der Eltern und denen des Kindes oder Jugendlichen sehr genau differenzieren, denn häufig sind es sehr divergente Bedürfnisse, auch wenn es äußerlich anders scheint. Vor allem Kinder oder noch relativ an zu Hause gebundene und behütete Jugendliche übernehmen die latenten oder laut geäußerten Wünsche ihrer Eltern, aus Sorge, mit dem Verlust der Heilpädagogin nun wiederum in besonderer Weise von ihnen abhängig zu sein. Dies kann real durchaus stimmen, etwas anderes ist es jedoch, wie mit dem realen Abhängigkeitsverhältnis zwischen Kindern und Eltern emotional umgegangen wird. Die Heilpädagogin kann die Eltern darin unterstützen, das gewachsene Zutrauen in ihr Kind dadurch zu verdeutlichen, dass sie ihm signalisieren, jetzt besser zurechtzukommen und einen eigenen Anspruch auf die Gestaltung seiner Freizeit mit Freundinnen und Kameraden zu haben, was viel schöner und sinnvoller sei, als noch länger zur Heilpädagogin zu gehen. Sie können auch mitteilen, dass sie selber noch eine Weile zu ihr oder anderen Beratern gingen, weil sie noch einiges darüber lernen wollten, mit sich selber und mit ihrer Aufgabe als Eltern besser zurechtzukommen.

- Die (unbewussten) Ansprüche des Klienten

Es erweist sich gewöhnlich als günstig, wenn das Kind, der Jugendliche selbst den Wunsch äußern, in *Kontakt* zu bleiben. Kontakt ist etwas anderes als Beziehung, er gilt als eine Variante, eine Vorform oder lockere Form von Beziehung. Kontakte werden sozusagen "im Vorübergehen" praktiziert, Beziehungen werden gestiftet und sind auf Dauer angelegt. Aus anfangs gelegentlichen aber immer wiederkehrenden Kontakten können sich aufgrund von Vertrautheit Beziehungen entwickeln, ebenso wie mangelnder Kontakt zu Beziehungsabbrüchen führen kann. Der Wunsch, "ob man sich mal wieder treffen könnte, wenn es nötig ist" signalisiert bereits eine gewisse Distanz aufgrund einer gestalteten Ablösungsphase und damit eine 'gesunde' Trennungsbereitschaft. Die Heilpädagogin sollte - wenn dies real möglich ist - zusichern, dass sie selbstverständlich zur Verfügung stehe, wenn ein solches Ereignis eintreten würde, und dass es gut sei, zu wissen, an wen man sich wenden könne. Allerdings könne es sein, dass sie selber vielleicht einmal nicht verfügbar sei. Jedoch bestünde dann die Möglichkeit, in der Stelle auch eine Kollegin oder einen Kollegen um Rat zu fragen. Diese offene, jedoch nicht unverbindliche Form der Antwort, die einerseits persönliche Bereitschaft, zugleich aber den Hinweis auf neue und andere Kontaktaufnahmen enthält, wird eine entsprechende Reaktion hervorrufen, die der Heilpädagogin bei der Einschätzung genauerer Absprachen bezüglich einer Nachbetreuung nützlich ist.

Im Regelfall ist davon auszugehen, dass keine HpE abgeschlossen wird, wenn nicht aufgrund der fortgeschriebenen –>Hypothetischen Diagnosen (Prozessdiagnosen) begründete fachliche Argumente für die Beendigung anstehen. Auf diesem Hintergrund sind jeweils individuelle Absprachen zu reflektieren, die einerseits die Trennungsschwelle senken, andererseits keine pseudoreale Bindung suggerieren. Jedenfalls sollte sich die Heilpädagogin, vor allem wenn sie 'am Ort' bleibt, zu weiteren angemessenen Kontakten zur Verfügung halten, die z.B. in erneut auftretenden Krisensituationen gewünscht werden können. Grundsätzlich sollte aber kein Zweifel an der tatsächlichen Beendigung der HpE bestehen und jede 'halbe Lösung' im Sinne einer indifferenten "wenn... dann vielleicht oder unter Umständen... wir werden mal sehen... je nachdem... eventuell..." Aussage vermieden werden.

Vor allem Jugendlichen, die in einem besonders schwierigen Wandlungsprozess begriffen sind, macht es oft Angst, ihr Leben ins Unbekannte, Neue hinein allein zu gehen, vor allem, wenn sie sich keiner tragfähigen Unterstützung durch Eltern, Lehrer, Erzieher oder Freundeskreis gewiss sind. Sie neigen dazu, festzuhalten, zu bewahren, sich zu schützen und leben längere Zeit zwischen Festhalten und Loslassen der Beziehung zur Heilpädagogin. Dieser Situation ist sorgfältig und verantwortungsbewusst Rechnung zu tragen, indem für gelegentlich vom Jugendlichen gewünschte weitere Kontakte unterschiedlicher Art (telefonisch, brieflich, persönlich) klare Absprachen bezüglich Raum, Zeit, Inhalt der Gespräche getroffen werden und alle Maßnahmen ergriffen werden, die Verantwortung für das Zustandekommen der Situation weitestgehend beim Jugendlichen zu belassen. Oftmals prüfen Jugendliche in instabilen Phasen und bei Enttäuschungen in Beziehungen unbewusst die Treue der Heilpädagogin als verlässlichem Wegbegleiter, indem sie zum abgemachten Termin einfach unabgemeldet und unentschuldigt nicht erscheinen. Sie tauchen dann gelegentlich wieder unangemeldet auf und tun so, als sei nichts gewesen. Die Heilpädagogin wird solche Situationen mit einfühlsamem Geschick meistern müssen, um einerseits nicht in die reglementierende Position von Eltern, Lehrer oder Erzieher zu geraten, andererseits nicht Beliebigkeit und damit Gleichgültigkeit oder gar Desinteresse zu signalisieren. Sie wird nichts unreflektiert durchgehen lassen, aber daraus keine Schuldvorwürfe machen oder Gekränktsein signalisieren. (Letzteres würde aus eigenen juvenilen Haltungen heraus auf eine unreife Form des Umgangs mit Beziehungen hindeuten und von der Heilpädagogen für sich als narzisstische Kränkung zu reflektieren sein.) Jugendliche symbolisieren in solchen Aktionen häufig ihre *Befindlichkeit:* "Ich fühle mich ausgesetzt und bindungslos; ich kann selbst auf Vertrautes nicht einfach mehr zurückgreifen; ich fühle mich allein und ausgesetzt." Doch genau dieses Erleben von Ausgesetztsein ist notwendig, um die neue Gestalt zu formen und eine neue Identität zu gewinnen. Dabei eine verstehende, mittragende Stütze und ein Begleiter 'im Hintergrund' zu sein, der "an der langen Leine" mitgeht, wäre hier die Rolle der Heilpädagogin.

3. Weitere Kriterien

Da es keine generellen Vorgehensweisen für die Nachbetreuung geben kann, sondern diese jeweils von der Art und dem Ausmaß der Beziehungsgestaltung in der heilpädagogischen Begleitung bzw. in der Beratung der Bezugspersonen abhängig gemacht werden muss, sollen hier nur noch einige zu bedenkende Kriterien benannt werden:

- Die Heilpädagogin sollte bereit sein, die HpE zu verlängern, wenn sie die Ankündigung des Endes bewusst als Intervention zur Belebung eines stagnierenden Prozesses eingesetzt hat;

- Die Heilpädagogin sollte zu unterscheiden versuchen, aus welchem Grund *wer* eine erneute Kontaktaufnahme wünscht. Sie wird anders zu handeln haben, wenn Eltern ihr Kind wegen (vermuteter oder eigener) Schwierigkeiten erneut 'vorschicken' oder wenn das Kind bzw. der Jugendliche aus eigenem Entschluss erneut Hilfe suchen.

- Die Heilpädagogin sollte weitergehende Angebote ihrerseits davon abhängig machen, ob es sich bei der Anfrage durch den Klienten lediglich um eine Vergewisserung über die 'Gegenwart' der Heilpädagogin, also eine Art 'Rückversicherung' handelt oder möglicherweise um das Anzeigen einer (beginnenden) Krisis;

- Die Heilpädagogin sollte bei Prozessen, die durch die Eltern vorzeitig (nach einer Besserung der Symptome) abgebrochen wurden, darauf achten, keine Versprechungen zu machen, die das Kind in einen Loyalitätskonflikt mit den Eltern bringt;

- Die Heilpädagogin sollte sich aufgrund ihrer Prognose fachlich relativ sicher sein, ob es zu späteren Kontakten kommen könnte oder nicht und sich über seine diesbezügliche Reaktion eine Meinung bilden.

- **Katamnestische Fragen**

Ein ganz anderer Beweggrund für die erneute Kontaktaufnahme zum Klienten oder seinen Bezugspersonen nach Beendigung der HpE kann im fachlichen Interesse der Dienststelle oder der Heilpädagogin liegen. Es wäre für die Forschung sicher wünschenswert, durch eine Katamnese[1] umfangreicheres Datenmaterial über den Erfolg der HpE und den weiteren Lebensweg der Klienten zu erhalten.

---

[1]*Katamnese* (griech. Nachgeschichte) ist das Studium und die Beschreibung eines (Krankheits-)Falles nach der Begleitung, durch Beobachtung des weiteren Verlaufs. Die Katamnese ist das Gegenstück zur *Anamnese* (griech. Erinnerung; Vorgeschichte) die sich 1. auf die Beeinträchtigung, Behinderung oder Störung und deren Entstehungsgeschichte, 2. auf die Person des Kindes oder Jugendlichen und deren bisherige Entwicklung und 3. auf Veränderungen in den Lebensumständen bezieht.

Systematische katamnestische Untersuchungen sind in heilerzieheri-
schen Bereichen selten anzutreffen. Das mag an den Systemen liegen,
in denen Kinder immer wieder in andere Untersysteme und Abteilungen und damit nicht vergleichbare Rahmenbedingungen wechseln.
Hinzu kommt, dass heilpädagogische Interventionen in ihren Auswirkungen nur kurzfristig erkennbar bleiben und sich rasch mit an-
derweitigen Einflüssen vermischen. Zu wissen, wie es einem ehemaligen Klienten später erging, ist menschlich und persönlich zwar
interessant, lässt aber von außen besehen kaum kausale Rückschlüsse
im Zusammenhang mit der HpE zu. Es gehört ja zum Wesen des re-
flexionsfähigen Menschen, über die Gegenwart hinauszudenken und
sich seine Lebensgeschichte und seinen Lebensentwurf immer wieder
neu zu gestalten und ganz andere Abschnitte seines Lebensweges zu
begehen, so dass alles zusammengenommen wieder ganz anders und
je neu auf die Gegenwart einwirkt. (vgl. KOBI 1990, 43)
Sollte es dennoch möglich und erstrebenswert sein, eine Katamnese
zu erheben, steht nicht das Bedürfnis des Klienten, sondern vielmehr
ein Sachinteresse im Vordergrund, das es - wenn verantwortbar -
sinnvoll erscheinen lässt, entsprechende Daten einzuholen. Solche
Daten müssen nicht durch die Heilpädagogin, sondern können auch
durch Fremduntersucher erhoben werden. Wie dabei im einzelnen
vorzugehen ist, kann hier nicht beschrieben werden. Einige mögliche
Fragenkomplexe, deren Beantwortung für die Heilpädagogin oder im
Rahmen entsprechender Forschungsprojekte hilfreich sein könnten,
sollen in Anlehnung an BECK (1974, 107 ff.) erwähnt werden:
1. Fragen nach der Symptomatik, deren Wiederauftreten und ander-
weitige Begleitung (mit welchen Verfahren?)
2. Fragen nach der eigenen oder Fremdbeurteilung der vorangegan-
genen HpE in Bezug auf Veränderungen im eigenen Leben; gegenüber den Bezugspersonen (Eltern); in Freundeskreis und Beruf;
3. Fragen nach einschneidenden Veränderungen im eigenen Leben,
die darüber Aufschluss geben können, ob Krisensituationen besser
gemeistert werden konnten als zuvor;
4. Fragen nach dem Selbstbild und der Zufriedenheit mit sich und
der eigenen Situation;

5. Fragen zum Kontaktbereich in Familie, Freizeit, Schule oder Beruf und dem Umgang mit Eltern, Geschwistern, Kindern, Lebensgefährten bzw. Ehepartnern, Freunden, Kameraden, Arbeitskollegen, Untergebenen und Vorgesetzten (Autoritäten);

6. Fragen nach der Belastbarkeit in den verschiedenen Lebensbereichen, nach der Art und Übernahme von Verpflichtungen, Neigungen, Interessen, Hobbys, sozialer Verantwortung in Gruppen, Vereinen usw.

7. Fragen nach empfehlenden oder ablehnenden Hinweisen für die HpE gegenüber anderen und nach der Beziehung zur Heilpädagogin.

Bei katamnestischen Erhebungen ist es wichtig, nicht unvermutet in die Intimssphäre ehemaliger Klienten einzudringen und diese nicht zu ungutem Zeitpunkt zu einer Stellungnahme herauszufordern. Es hat sich als günstig erwiesen, ein solches Vorhaben bei Beendigung der HpE anzukündigen und eine vorläufige Erlaubnis bei den Beteiligten einzuholen, die man sich im Verlauf eines Jahres durch Vorankündigung nochmals auf eine Art und Weise bestätigen lassen sollte, dass für die ehemaligen Klienten kein Zwang zur Einwilligung entsteht.

- **Zusammenfassung**

Eine Nachbetreuung zur HpE sollte dann in Erwägung gezogen werden, wenn seitens des Klienten bzw. dessen erziehungsberechtigten Bezugspersonen dafür ein begründeter Anlass besteht. Gründe und Anlässe für eine Nachbetreuung variieren von Fall zu Fall, so dass keine generellen Richtlinien entwickelt werden können. Zu beachten sind jedoch einige Kriterien zur Unterscheidung für oder gegen Nachbetreuung, u.a. auch die unbewussten Einflussfaktoren der an der HpE beteiligten Partner einschließlich der Heilpädagogin. Weiterhin sind altersspezifische Gesichtspunkte zu berücksichtigen, weshalb die Heilpädagogin bei einer Nachbetreuung in verschiedenen Rollen handeln und sich zur Verfügung stellen sollte. Unabhängig von Anforderungen bzw. Wünschen seitens des Klienten bzw. der erziehungsberechtigten Bezugspersonen, kann eine nachgehende Betreuung im Sinne einer Katamnese für die heilpädagogische Forschung von Bedeutung sein. Katamnestische Erhebungen müssen nicht von Heilpädagogen, sondern können auch von Fremduntersuchern durchgeführt werden, sollten jedoch in jedem Fall die Intimssphäre und mögliche Verletzbarkeit des Klienten berücksichtigen und unangemessene (Befragungs-)Aktionen vermeiden.

Ziff. 9   PERSONALIEN   —> S. 93

Begriffsbestimmung:

Personalien sind Angaben über die Lebensdaten eines Menschen, wie Name, Wohnung, Beruf, Nationalität, Staatsangehörigkeit, Personenstand, Religionszugehörigkeit. Die Personalien, die die Heilpädagogin oder ein Mitarbeiter der Stelle beim –>Erstkontakt aufnimmt, sind aber nicht nur als schematisch einzuordnende Fakten anzusehen, sondern zugleich immer als Aussage über die betreffende Person[1] zu werten und dementsprechend sorgfältig zu handhaben.

In diesem Übersichtsartikel werden folgende Themen angesprochen:

- Umgang mit Personaldaten 627
- Aufnahme der Personaldaten 627
- Treffen von Vereinbarungen 629
- Verschlüsselung von Daten 631

---

[1]Der Begriff *Person* umfasst den Menschen als leibseelische, unteilbare Ganzheit, pädagogisch gesehen als autonomes, selbstbewusstes und selbstbestimmtes Einzelwesen (= Individuum) in seiner menschlichen Existenz. Demgegenüber verstehen wir unter dem Begriff *Persönlichkeit* die ausgeprägte und entwickelte individuelle Eigenart eines Menschen in seinen stabilen und überdauernden Merkmalen. Man spricht in diesem Sinne von einer "reifen Persönlichkeit" als einem in sich gefestigten, bedeutenden Einzelmenschen. Dies zu erreichen ist Aufgabe und Ziel aller Entwicklung, Erziehung und Bildung. Für ein heilpädagogisches Menschenbild ist jedoch besonders zu bedenken, dass der 'fehlentwickelte', 'beeinträchtigte' oder 'behinderte' Mensch und die 'unreife' Einzelpersönlichkeit niemals den Anspruch auf Achtung vor der *Würde der Person* verlieren dürfen. Jeder Mensch ist "natürliche Person" als Träger von Rechten und Pflichten. Demgegenüber existieren auch "juristische Personen" wie Körperschaften des öffentlichen Rechts als Träger von Rechten und Pflichten. Ursprünglich wurde der Begriff Person für eine Figur oder Gestalt benutzt, die in Bühnenwerken, im Schauspiel und dort in der Maske (= persona) auftritt und beim Spiel laut durch den Mund der Maske spricht (lat. "personare": durch und durch ertönen, laut erschallen). Noch heute spricht man von den "Personen und ihren Darstellern" und von "Charakterrollen". In diesem Zusammenhang sei auch auf den Begriff der *Rolle* hingewiesen: Gemeint ist ursprünglich die Schriftrolle, aus der der Schauspieler seinen Text ablas. Insofern ergibt sich im symbolischen Sinne ein enger Zusammenhang zwischen den Begriffen Person, Persönlichkeit, Maske und Rolle.

• Umgang mit Personaldaten

Aus dem sorgfältigen Umgang mit Personaldaten ergeben sich für die Heilpädagogin mehrere Verpflichtungen:

1. Die Personalien sind und bleiben persönliches Eigentum eines Menschen. Sie unterliegen dem *Berufsgeheimnis,* d.h. der Verpflichtung, Privatgeheimnisse, die der Heilpädagogin kraft ihres Berufes anvertraut werden, geheimzuhalten durch die *Schweigepflicht.* Darüber hinaus unterliegen sie dem *Datenschutz,* d.h. gesetzlichen Maßnahmen und Regelungen zum Schutz gespeicherter oder übertragener Daten gegen Verfälschung oder unberechtigte Benutzung. Aus diesem Grund sollte die Heilpädagogin sorgsam darauf achten, Protokollnotizen mit Personendaten niemals offen herumliegen zu lassen, sondern stets verschlossen aufzubewahren.

2. Die Heilpädagogin nimmt die Personalien so auf, dass sie im Rahmen der Dienstleistung ihrer Institution, auch im Falle ihrer Abwesenheit oder ihres Ausfalls, vertretungsweise für andere Mitarbeiter, die derselben Schweigepflicht unterliegen, zugänglich sind, damit im Notfall entsprechende Orientierung und Hilfe gewährleistet ist.

3. Die Heilpädagogin bereitet sich die Personalien so auf, dass sie für *ihre* Arbeit aussagekräftig werden. Anders gesagt: Sie wird die Angaben über die Person daraufhin reflektieren, was sie ihr für Aufschlüsse über die (Rolle der) Person in ihren Lebensbezügen und Erziehungsverhältnissen geben können. Hierbei hilft der Heilpädagogin ihre Wahrnehmung und Beobachtung, *wie* die Person mit ihren Daten umgeht: ; betont/beiläufig; rasch/zögernd; ausführlich/knapp; ausschweifend/sachlich; auftrumpfend/verschämt. Solche Hinweise dienen, wie Mosaiksteine, bereits als Teil der –>Befunderhebung mit dem Ziel der Diagnosenstellung für eine angemessene Hilfeleistung.

• Aufnahme der Personaldaten

Die Aufnahme der Personalien sollte die Heilpädagogin der Würde der menschlichen Person entsprechend gestalten. Ob sie sich im Erst-

kontakt Notizen macht oder nicht, ist nicht nur eine Sache der ge-
konnten Technik der Datensammlung, sondern vielmehr auch ein
Ausdruck der Achtung vor der Person des Du. Es kommt wesentlich
darauf an, *wie* die Heilpädagogin mit den Personalien umgeht: Ob sie
sie schematisch abfragt und gleichzeitig in den Computer speichert
(wie es aus technischen Gründen z.B. beim Arzt oder bei der Kran-
kenhausaufnahme oftmals sehr unpersönlich geschieht) oder ob sie
mit dem Gegenüber im Verlauf des Kontaktes in angemessener Weise
um Übereinkunft bittet, sich evtl. Notizen machen zu dürfen, um ihren Auftrag im Sinne des Vertragspartners besser erfüllen zu können. In einer HpE geht es immer auch um *seelische* Phänomene. Daher sollte die Heilpädagogin berücksichtigen, dass der unachtsame
Umgang mit der Verletzlichkeit des Menschen, der sich durch die
Befragung zu einer Nummer herabgewürdigt fühlen mag, bereits im
Vorfeld oftmals zu seiner Beeinträchtigung und Behinderung beigetragen hat und dass oft schon Verletzungen geschehen sind, wenn
beeinträchtigte und behinderte Menschen und ihre Bezugspersonen
bereits mehrfach nach ihren Personalen gefragt wurden. Diese Kette
von oft ungewollten und unreflektierten aber negativ wirkenden
Handlungsweisen sollte die Heilpädagogin von vornherein durch die
Art und Weise ihres Eingehens auf ihr Gegenüber unterbrechen.

Bei erstmaligem Anruf, schriftlicher oder mündlicher Anfrage, sind
die Personalien so aufzunehmen und festzuhalten, dass ein erneuter
Kontakt hergestellt werden kann. Es sollten nicht zu viele Fragen
gestellt werden, um den Anfragenden nicht durch Ausforschen zu
verunsichern.

Wenn weitergehende Fragen gestellt werden, sollte eine *Begründung*
für die Fragestellung und die Bitte um *Einverständnis* formuliert
werden, z.B.:

Heilpädagogin: So ist es wohl schwierig für Sie, hierherzukommen...

Mutter: Ja, es war auch heute eine umständliche Fahrt, und insgesamt muss man ja wohl mit zwei Stunden rechnen. Ich weiß nicht,
wie ich das machen soll...

Hp: Das ist sicher nicht einfach zu planen... Könnte Ihr Mann Sie
nicht bringen?

Mu: Nein, das geht nicht.

Hp: Meinen Sie, er kann es zeitlich nicht einrichten?

Mu: Ich weiß nicht so recht, ob er es machen würde... Ich muss mal sehen...

Hp: Vielleicht sieht er es auch nicht so gern, wenn Sie mit Peter hierherkommen. (Begründung:) Ich frage Sie das alles, weil wir ja gut überlegen müssen, welche Hilfe wir Ihnen für Peter anbieten können. Es soll ja alles gut gelingen, auch von der Zeit, vom Aufwand und von der Mitarbeit der Eltern her.

Mu: Es ist ihm eher egal. Aber er will nicht dadurch belästigt werden...

Bei der Aufnahme der Personalien im Rahmen der ersten –>Kontaktaufnahme sollten - wenn es sich nicht um ein –>Erstgespräch handelt - zunächst keine weiteren Vereinbarungen getroffen werden. Dies gilt vor allem bei Anrufen oder Anfragen im Vorfeld. Die entsprechenden Auskünfte, wie Öffnungszeiten der Institution, Möglichkeiten einer persönlichen Kontaktaufnahme und übliche Vorgehensweise sollten benannt werden, so dass sich der Betreffende nochmals gezielter melden kann. Wird bereits ein konkreter Termin erfragt, sollte dieser - entsprechend den Gepflogenheiten der –>Institution - benannt werden; es kann aber auch günstig sein, auf die allgemeinen Sprechzeiten hinzuweisen und anzukündigen, man würde einen schriftlichen Terminvorschlag machen und gleichzeitig zur Vorbereitung (mittels eines Fragebogens) um Beantwortung einiger Fragen bitten. In diesem Zusammenhang kann auch erfragt werden, an welchen Tagen und zu welchen Zeiten eine persönliche Kontaktaufnahme seitens des Anfragenden am ehesten möglich ist, um dies bei der Terminvergabe zu berücksichtigen.

• **Treffen von Vereinbarungen**

Es gilt die Regel: *Keine Verabredung für denselben Tag!*
Dringendes Verlangen kann ein Zeichen für innere Zweifel sein, ob jemand überhaupt kommen will: Er wehrt sich gegen den inneren Impuls, nicht kommen zu wollen. Vielleicht wurde der Anruf erst

nach langen inneren Kämpfen möglich, und der Betreffende wollte sich durch eine Flucht nach vorn überlisten. Die Erfahrung lehrt in solchen Fällen häufige Absagen oder Nichterscheinen, obwohl dringend Hilfe angefordert war. Dies zeigt, dass der Anfragende noch nicht zu einem Gespräch bereit ist und noch Zeit benötigt, den Entschluss in sich reifen zu lassen, um zu einer inneren Haltung zu gelangen, die Hilfe durch einen anderen, fremden Menschen akzeptieren kann. Der Vorteil der Regel besteht darin, dass eine angemessene Zeit zwischen dem *Impuls* des Anfragenden und der *Realisierung* eines –>Erstgespräches verstreichen kann, so dass beide Partner die Möglichkeit haben, sich vorzubereiten, d.h. Belangreiches von Belanglosem zu unterscheiden; innerlich und äußerlich Ordnung in die Themen zu bringen und sich zu sammeln; Affekte zu verarbeiten; bei sich zu Hause oder im Beruf weitere Absprachen treffen zu können.

Ausnahmen von der Regel sind im Einzelfall eine akute Notsituation, in der ersichtlich Soforthilfe geleistet werden muss, ggf. unter Mitbeteiligung anderer Fachkollegen bzw. Institutionen.

Wird bei der ersten –>Kontaktaufnahme eine Verabredung getroffen, so sollte wie folgt vorgegangen werden:

1. Deutliche Benennung und Beschreibung des *Ortes* der Institution sowie *Hinweise auf Verkehrsbedingungen,* falls erforderlich.

2. Unmissverständliche Vereinbarung der *Zeit* und der *Dauer* (Beginn und Ende) des Termins, damit der Ratsuchende sich einstellen kann. Generell sollte die Zeitdauer von maximal 60 Minuten für einen Gesprächstermin nicht überschritten werden!

3. Nochmalige Wiederholung des –>Anlasses für die Terminvereinbarung. Hierbei sollte sich die Heilpädagogin vergewissern, ob der Anrufer selbst zu kommen wünscht, bzw. *in wessen Auftrag* er kommt und wen er mitbringen möchte. Bei Unsicherheiten sollte man sich danach erkundigen, wer dem Anfragenden geraten hat, sich mit der Stelle in Verbindung zu setzen und ob er die Verabredung für sich oder jemand anderen trifft.

4. Zum Abschluss der Absprache sollte die *Vereinbarung nochmals* in den wichtigen Punkten *wiederholt werden,* um Missverständnisse

auszuschließen. Günstig erweist es sich auch, wenn die Heilpädagogin dem Anfragenden einen Notizzettel mit Adresse und Telefon der Institution, ihrem Namen und dem vereinbarten Termin mitgibt.

Sind die Personalien einmal erfasst, sollte sie die Heilpädagogin vorsorglich in einer –>Akte notieren und später immer wieder auf ihre Richtigkeit hin überprüfen, um die Tradierung von Datenfehlern zu verhindern und sie im Zusammenhang mit hinzukommenden Informationen erneut zu reflektieren.

• **Verschlüsselung von Daten**

Werden Personalien an Drittpersonen (z.B. in der –>Fallarbeit oder –>Supervision) weitergegeben, so sind sie so zu verschlüsseln, dass sie zwar sachlich aussagekräftig bleiben, jedoch die betreffende Person nicht identifiziert werden kann. Codenamen, Schwärzen von Nachnamen oder Einrichtungsnamen usw. dienen der ungewollten oder missbräuchlichen Fehlverwendung und dem Schutz der Person.

Ziff. 2   PRAXISANLEITUNG   —> S. 92

Begriffsbestimmung:

Praxisanleitung ist ein didaktisches Mittel zur Anleitung von Praktikanten in der berufsbezogenen Ausbildung von Heilpädagogen. Sie dient der Integration des Fachwissens und des beruflichen Könnens. Außerdem fördert sie die Entwicklung der eigenen Berufsrolle und Berufsidentität als Heilpädagogin bzw. Heilpädagoge. Schwerpunktmäßig ist Praxisanleitung für Studenten der Heilpädagogik *Aufgaben-* und *Zielgruppen*-orientiert: Aufgabenorientiert als Hilfe zum Erlernen der «Heilpädagogischen Erziehungshilfe und Entwicklungsförderung (HpE)» und zielgruppenorientiert als Hilfe zur Entwicklung spezifischer Modalitäten bei der Durchführung der HpE mit unterschiedlich beeinträchtigten, behinderten, entwicklungsgestörten oder sozialauffälligen Menschen. In der Praxisanleitung findet auch die Reflexion persönlicher Anteile der Praktikantin Berücksichtigung, soweit diese das berufliche Handeln in besonderer Weise beeinflussen. Praxisanleitung unterstützt das Lernen der Studenten bei dem Versuch, Zusammenhänge zwischen Theorie und Praxis herzustellen und fördert die Auseinandersetzung mit der Berufsrolle und dem beruflichen Handeln der zukünftigen Heilpädagogen. Praxisanleitung umfasst Information, Einübung, Vertiefung und Verselbstständigung.[1] Praxisanleitung ist zu unterscheiden von Supervision/Praxisberatung als einer spezifisch fachlichen Beratung durch ausgebildete Supervisoren.

In diesem Übersichtsartikel werden folgende Themen angesprochen:

---

[1]Die Begriffsbestimmung erfolgt in Anlehnung an die Schrift: "Praxisanleitung: Qualifikation und Anforderungsprofil"; hrsg. von der «Bundesarbeitsgemeinschaft der Freien Wohlfahrtspflege». Der Rückgriff auf diese Quelle ist in diesem Übersichtsartikel mit * gekennzeichnet.

- **Die Ausgangsituation der Praktikantin in ihren Auswirkungen für die Praxisanleitung**

Studenten der Heilpädagogik sind in der Regel junge Frauen und Männer, die über pädagogische oder pflegerische Vorpraktika oder mehrjährige Erfahrung in erzieherischen oder pflegerischen Berufen verfügen. Sie geben als Motivation für ihre Bewerbung an, die Erfahrung gemacht zu haben, mit ihrer bisherigen Ausbildung für die Bewältigung schwieriger Praxissituationen nicht genügend gerüstet zu sein, sich aufgrund dessen überfordert zu fühlen und deshalb nach neuen Erkenntnissen und Wegen zu suchen, ihre berufliche Kompetenz zu verbessern. Sie wollen fachlich qualitativer und persönlich befriedigender mit Menschen aller Altersklassen "unter schwierigen Bedingungen" arbeiten.

Aufgrund ihrer Erfahrungen in Ausbildung und Beruf erscheinen während des Studiums Inhalte grundlegender Fächer bekannt und werden mit der bisherigen Praxiserfahrung in Zusammenhang gebracht. Sehr bald aber setzt eine selbstkritische Reflexion ein, hervorgerufen durch differenziertere Sicht- und Handlungsweisen aus heilpädagogisch Sicht. Es entsteht eine fruchtbare, aber zunächst eher als störend erlebte Verunsicherung bisherigen beruflichen und persönlichen Denkens und Handelns, die (ausgehend von heilpädagogisch-anthropologischen Grundfragen und berufsethischer Reflexion) zu einer neuen Wachheit und persönlicher, kritischer Bereitschaft zur Auseinandersetzung führt. Nach einiger Zeit des Studiums wächst zunehmend der Wunsch, der "Theorie" zu entgehen und sich in die (scheinbar) "gewohnte und gekonnte Praxis" zurückzubegeben, die "Ärmel aufzukrempeln und endlich wieder etwas Vernünftiges zu tun, um neu erworbenes Wissen praktisch auszuprobieren." Je nach beruflicher Vorbildung, Studienzeitpunkt und Ausbildungsstand werden dabei in verschiedenen Formen von Praktika und Projekten unterschiedliche Erfahrungen gemacht, die für die Praxisanleitung wichtig sind.

Aus der Ausgangsposition der Praktikantin lassen sich für die Praxisanleitung folgende Auswirkungen ableiten:

633

- Im Gegensatz zum primär kognitiven Lernen in der Hochschule geht es beim *Erfahrungslernen* darum, dass die Praktikantin auf Grund eines Mangels, den sie empfindet und mit Hilfe ihrer Motivation versucht, diesen Mangel zu beseitigen. (–>Ziele) Die Intensität der Motivation hat großen Einfluss auf die Lernleistung. Aus der Lernpsychologie wissen wir, dass die Befriedigung eines Mangels verstärkende Wirkung hat, also wiederum motivierend im Sinne eines Ansporns wirkt. Die Bekräftigung ist in ihrer Intensität abhängig von der Art des Erfolges, der in den verschiedenen Praxissituationen erzielt wird. Zugleich ist mitzureflektieren, dass der subjektive Wert des Erreichten stark mit dem Aufwand zusammenhängt, der mit dem Erlangen des Zieles verbunden ist. Transferiert auf die Situation des Studentin in der Praktikantenrolle heißt das:

- Zu Beginn hat die Praktikantin einen je unterschiedlichen Mangel an Kenntnissen und Fertigkeiten in der heilpädagogischen Arbeit, der aus der Erfahrung des Mangels in der bisherigen Berufspraxis bzw. aus dem augenblicklichen Stand des Studiums heraus erwachsen ist. Wenn das Praktikum beginnt, ist es für die Studentin nötig zu erleben, dass sie durchaus in der Lage ist, sich auf ihre vielfältigen Fragen eine Antwort zu suchen, mit Fachkräften zu kooperieren, aufgrund beruflicher Vorerfahrungen und bisheriger Studien Hilfe anzubieten und in ihrer Situation als heilpädagogisch Unerfahrene, Lernende akzeptiert zu werden. Dieses Erleben wird sich positiv verstärkend auswirken und die Lernbereitschaft, d.h. die Bereitschaft weitere Erfahrungen zu machen, erhöhen.

Hier liegt ein wichtiger Ansatz für Praxisanleitung: Die Praktikantin soll in ihrer Lernsituation akzeptiert werden. Dies kann geschehen, indem der Anleiter kleine Erfolge sieht und anerkennt. Die Lernforschung hat eindeutig bewiesen, dass Anerkennung weitaus lernmotivierender ist als Tadel, der eher entmutigende Wirkung hat. Das heißt nicht, jede Kritik zu vermeiden. Es kommt jedoch darauf an, ob die Kritik in einer Art und Weise erfolgt, die gleichermaßen auch umgekehrt erfolgen könnte, von der Praktikantin zum Anleiter, also auf gleicher Ebene, offen, ehrlich und in symmetrischer Kommunikation.

Die Ausgangslage der Praktikantin ist Verunsicherung. Das bedeutet, dass sie nicht sicher ist, ob die von ihr getroffene Entscheidung, Heilpädagogin werden zu wollen, für ihre persönliche und berufliche Zukunft wirklich zum Erfolg führt. Sie ist unsicher, ob sie mit ihren momentanen Möglichkeiten den Anforderungen der Hochschule und der Praxisstelle gewachsen ist. Sie stellt die Frage, ob es überhaupt sinnvoll ist, angesichts politischer und ökonomischer Unsicherheiten für die Zukunft zu lernen. Ihre Unsicherheit ist mitbestimmt durch schwankende Tendenzen auf dem Arbeitsmarkt und notwendige Einsparungen auf Grund abnehmender finanzieller Mittel bei freien Trägern und Kommunen. Hier ist ein weiterer Ansatzpunkt für Praxisberatung zu sehen: Es ist wichtig, schon im Vorgespräch und dann nochmals zu Beginn des jeweiligen Praktikums die gegenseitigen Erwartungen kennenzulernen, sie inhaltlich zu klären, an den vorhandenen Bedürfnissen und Realitäten zu messen, um dann eine angemessene und damit sinnvolle Übereinkunft zu treffen. Sie sollte die beiderseitigen Wünsche und Interessen beinhalten und sich an den realen Möglichkeiten von Anleiter, Praktikantin und –>Institution orientieren. Dadurch lassen sich gleich zu Beginn falsche Hoffnungen vermeiden, beiderseitige Erwartungen realer einschätzen und überhöhte Anforderungen der anderen Seite korrigieren.

Zusammenfassend kann durch die Reflexion der Ausgangslage der Praktikantin resümiert werden: Praxisanleitung ist nicht gleich Praxisanleitung; Praktikant ist nicht gleich Praktikant. Es sind zu berücksichtigen:
1. die je einmalige Persönlichkeit der Praktikantin;
2. die beruflichen Vorerfahrungen, die die Praktikantin mitbringt;
3. der Ausbildungsstand im Studium;
4. die Art und Dauer des Praktikums oder Projekts.
Aus diesen Überlegungen heraus kann die jeweilige Praxissituation sinnvoll geplant und organisiert werden. Dazu benötigt die Praxisanleiterin bzw. der Praxisanleiter bestimmte Qualifikationen.

• Qualifikationsanforderungen an die Praxisanleiter

Um Praxisanleitung leisten zu können, müssen Anleiter(innen) über folgende Grundqualifikationen verfügen*, die sie sich in entsprechenden Ausbildungskursen für Praxisanleiter oder Leitungskräfte im Sozialwesen angeeignet haben sollten:

personale Kompetenz:
Sie sollten
- zwischen Rolle und Person differenzieren können
- sich mit ihrem Beruf identifizieren können und gleichzeitig eine kritische Distanz dazu haben
- die Fähigkeit besitzen, sich selbst realistisch wahrzunehmen
- über die erforderliche Belastbarkeit verfügen.

soziale Kompetenz:
Sie sollten
- Konflikte sehen, aushalten und regeln können
- Kritik- und distanzfähig sein
- sich mit ihrer beruflichen Rolle im Kontext heilpädagogischer Arbeit auseinandersetzen und ihren Standort benennen können
- sich ihrer Vorbild- und Modellfunktion bewusst sein.

Feldkompetenz:
Sie sollten
- umfassende und differenzierte aufgabenbezogene und zielgruppenbezogene heilpädagogische Kenntnisse besitzen
- Aufgaben und Entscheidungswege der Dienststelle darstellen können
- die Ausbildungskonzeption der Fachhochschule kennen
- den Wissensstand der Praktikantin realistisch einschätzen können.

fachliche Kompetenz:
Sie sollten
- Anregungen geben können zu didaktisch-methodischer Reflexion
- die Praktikantin für heilpädagogisches Handeln motivieren können
- Ziele für ihre Arbeit benennen und ihren Arbeitsstil und ihre Vorgehensweisen transparent machen und begründen können
- methodische Gesprächsführung beherrschen

- das Spezifische ihrer heilpädagogischen Tätigkeit in Abgrenzung zu anderen Professionen benennen und in Einzelsituationen vertreten können
- sowohl die Ziele und Inhalte der Praxisstelle argumentativ darstellen und erläutern als auch ihre Position dazu vermitteln können.

soziales und *sozialpolitisches Engagement:*
Sie sollten
- eine positive Grundtendenz für ihr Berufs- und Arbeitsfeld haben
- sich mit ihrer Berufsrolle als Heilpädagogen identifizieren können
- in diesem Rahmen sozialpolitische Verantwortung übernehmen können
- für die Tätigkeit als Praxisanleiterin motiviert sein und sich freiwillig dafür zur Verfügung stellen.

• Der Anleitungsprozess

Um eine Praxisanleitung effektiv vorbereiten, durchführen und auswerten zu können ist es notwendig, sich über den Begriff «Prozess» klar zu werden (vgl. das Einleitungskapitel). Prozess meint Ablauf, Hergang, *Entwicklung.* Entwicklung verläuft nicht gleichförmig und gradlinig, sondern ist etwas Dynamisches, das sich in ruhigen und unruhigen Phasen, in Höhen und Tiefen bewegt. Ähnlich verhält es sich mit dem Anleitungsprozess, der zugleich als wichtiger (spiegelbildlicher) Prozess und immanenter Bestandteil der Heilpädagogischen Erziehungshilfe und Entwicklungsförderung (HpE) gesehen werden muss: Alles geschieht hier *zum ersten Mal,* nicht mehr 'als-ob', sondern sozusagen im 'Ernstfall', was eine besondere Herausforderung und Belastung für die Praktikantin und alle Beteiligten in Praxisstelle und Hochschule bedeutet, wenn sie ihrer personalen Verantwortung für das der Praktikantin anvertraute beeinträchtigte, behinderte, entwicklungsgestörte oder sozialauffälligen Kind oder den Jugendlichen und der Erziehungsberatung deren Eltern und Bezugspersonen gerecht werden wollen.

Beginnphase

In der Beginnphase einer Praxissituation erfolgt ein starker Einschnitt: Der Wechsel in eine neue Umgebung mit neuen Gesetzmäßigkeiten, Erwartungen, anderen Menschen, anderen Arbeitszeiten, anderen Lerninhalten, starkem persönlichen Gefordertsein aufgrund des Umgangs mit konflikthaften Klienten unterschiedlichen Schwierigkeitsgrades. Hinzu kommt die Konfrontation mit der Problematik, die die heilpädagogische Arbeit mit sozial benachteiligten und/oder behinderten Menschen in ethischer Hinsicht aufwirft. Letztlich ist dies alles eine Konfrontation mit der persönlichen Werthaltung, der persönlichen Einstellung zum (eigenen) Leben, zur Krankheit, zur Behinderung, zum Leid, zum Sterben im Leben, zum Werden und Vergehen, zum Tod und den religiösen Überzeugungen über ein mögliches Leben nach dem Tod. Hier ist der eigene Standort zu erkennen und neu zu bestimmen, hier werden Ausweichen, klein Beigeben, Flucht nach vorn, Abwehr durch Regression und Aggressivität, Verkehrung ins Gegenteil, Verleugnung usw. direkt spürbar und notwendig reflektierbar, wenn die Praktikantin ihre Selbstachtung, ihr Menschenbild überprüfen, entwickeln, wieder herstellen will und im Angesicht des Du zeigen muss. Gerade in der Beginnphase eines jeden Praktikums besteht die Gefahr, dass die Praktikantin negative Erfahrungen und Versagenserlebnisse unzulässig generalisiert. Hier können Praxisanleiter und andere Mitarbeiter in der Institution aufgrund ihrer Erfahrung als wichtige Vorbilder, Modelle und Korrektive wirken. Sie können Vermittler sein zwischen den Forderungen, die die Praktikantin durch die Übernahme und Übergabe ihrer jeweiligen Aufgabe an sich selbst stellt und den realen Möglichkeiten, die sie zunächst hat.

Durchführungsphase

Im weiteren Verlauf des Lernprozesses im Praktikum, wir können von der Durchführungsphase sprechen, wird es nach den ersten Verunsicherungen bei guter Anleitung gewöhnlich zu einer Zeit der Beruhigung, der vermehrten Sicherheit und des größeren Zutrauens in die eigenen Fähigkeiten kommen. Wenn alles zum ersten Mal 'im

Ernst' geschieht und sich das in der weiteren Reflexion des Lernprozesses wiederholt, lernen sich Anleiter, Praktikantin und andere Mitarbeiter besser kennen. In den meisten Fällen wird sie "ihren Platz" in der –>Institution gefunden haben. Sie wird die Folgen ihres Tuns eher einzuschätzen wissen; sie kennt die Möglichkeiten der Einrichtung besser und kann sie für die ihr anvertrauten Menschen besser ausschöpfen; sie hat einen Zugewinn an fachlicher und persönlicher Autorität erlangt, weiß, wozu sie legitimiert ist und kann ihre berufliche Kompetenz besser einschätzen. Daraus gewinnt die Praktikantin größere Selbständigkeit und Zuversicht, auch zukünftigen Anforderungen gewachsen zu sein. Zugleich kann sie abwägen, wo die eigenen Grenzen beginnen. Während die Anleitung der Praktikantin in der Beginnphase erhöhter Bereitschaft, vermehrten Einsatzes und intensiverer persönlicher Betreuung durch den Anleiter bedarf (z.B. im genauen Lesen von Beobachtungsprotokollen und im direkten Reflektieren angemessener Interventionsmodalitäten), kann in der Durchführungsphase verstärkt das "typisch heilpädagogische Handeln" sowohl im persönlichen wie auch im methodischen und institutionellen Bereich reflektiert werden, etwa anhand der Fragen: "Warum/wozu ist die Heilpädagogin zuständig? *Was* sollte sie tun? *Wie* sollte sie ihre Aufgabe wahrnehmen (dem Kind, den Eltern, den Kollegen im –>Team gegenüber; in der –>Konsultation von Fachkräften außerhalb usw.)? Welche ganz konkreten und *spezifisch heilpädagogischen Hilfen* sind zu leisten? *Wo* muss um ergänzende Hilfe nachgefragt werden? usw.

Dabei kann die Praktikantin bei guter Anleitung zunehmend selbständiger werden und etwa in der Mitte des Praktikums ergänzende Hilfe sein, weil sie als festes Mitglied im Team der Praxisstelle integriert ist und in wichtigen Vollzügen mitwirkt. Dies wird sich in der Regel im Verlauf des Praktikums verstärken. Dabei ist es nicht nur wünschens-, sondern im Hinblick auf die berufliche Qualifikation zukünftiger Dipl.-Heilpädagogen empfehlens- und erstrebenswert, wenn die zunehmende Eigeninitiative der Praktikantin auf ein positives Echo der Mitarbeiter stoßen würde. Dabei kommt dem Anleiter eine besondere Brücken- und Übermittler-, ggf. auch Vermittlerrolle zu, da er die Praktikantin am intensivsten kennt und ihre Leistung am besten beurteilen kann. Sicher bleibt die Letztverantwortung bei der Institution, dem Anleiter und den hauptamtlichen Mitarbeitern. Es ist aber wichtig, einen Delegationsmodus zu praktizieren, der der angehenden Heilpädagogin einen Aktionsraum zubilligt, in dem sie ihre Ideen in Absprache so weit wie möglich eigenverantwortlich zu realisieren versucht. Auf diese Weise wird die berufliche Kompetenz der Praktikantin entwickelt, indem sie ihre physischen und psychischen Kräfte für die jeweiligen derzeitigen und potentiellen Klienten sinnvoll zu mobilisieren lernt. Wir können sagen: Wenn ich als Anleiter auf die Fähigkeit des Individuums vertraue, sein eigenes Potential zu entwickeln, dann kann ich ihm viele Möglichkeiten anbieten und ihm erlauben, seinen eigenen Lernweg und seine eigene Richtung zu bestimmen. (nach ROGERS 1974)

Abschlussphase

In der Abschlussphase der Praxiszeit kann die Praktikantin auf Erlebtes zurückgreifen und hat ein umfassenderes heilpädagogisches Verhaltensrepertoire erworben. Der Anleitungsprozess wird sich mehr und mehr zu einem wechselseitigen Geben und Nehmen entwickelt haben. Es wird der Praktikantin nun schwer fallen, das «erstgeborene Kind» abzugeben, sich aus vertrauten Beziehungen zu lösen, sich von Klienten zu trennen, die möglicherweise ihr Engagement auch weiterhin brauchen könnten. Hier ist der Anleiter herausgefordert, die schmerzlichen Trennungen behutsam zu begleiten und die Gefühle der Praktikantin nicht zu bagatellisieren. Wer sich in ein *personales Verhältnis, in einen personalen heilpädagogischen Bezug* einlässt, der hat einen hohen Gewinn, den er zugleich mit ebenso hohem Verlust begleichen muss, gemäß der ausgleichenden Gerechtigkeit alles Lebendigen. Vielleicht ist dies der tiefere Grund, weshalb im Sozialwesen so viele Methoden und Techniken jenseits eines personalen Angebotes funktionalistisch, mechanisch, bürokratisch, unter Umgehung der Übernahme individueller persönlicher Verantwortung praktiziert werden: Man möchte den immer wieder neuen Prozess personaler Auseinandersetzung mit dem heilpädagogisch bedürftigen Mitmenschen und die damit verbundenen Entbehrungen und Trennungen vermeiden. Allerdings begibt man sich damit zugleich außerhalb der Erfahrung von tiefer Anteilnahme und Freude über den Prozess des Wachsens und Werdens menschlichen Lebens, der immer zugleich gepaart ist mit dem Erleben von Angst und Versagen, Kummer und Leid, Scheitern und letztlich von Trennung und Verlust. Wer sich als Praktikantin traut, sich persönlich einzusetzen und damit ein offenes Risiko einzugehen, weil sich der Anleiter dies selber traut und deshalb auch der Praktikantin zutrauen kann, wird sich in seinen Hilfeangeboten nicht nur zu einem denkenden und problemlösenden Menschen entwickeln und aus seinem Wissen heraus handeln; die Praktikantin wird vielmehr in reflektierter Erfahrung erkennen, dass eine wirksame Tätigkeit davon abhängig ist, wie die Helferin ihr Selbst einsetzt, von der besonderen Weise, wie sie ihr Wissen und ihre Auffassungen mit ihren eigenen, einzigartigen Möglichkeiten kombinieren kann, um sie in der Praxis in angemessene Hilfe für andere umzusetzen. (vgl. COMBS u.a. 1975)

• **Funktionen des Anleiters im Anleitungsprozess**

In der Unterstützung dieses Lernprozesses der Praktikantin kommen dem Anleiter und den verantwortlichen Mitarbeitern in der Stelle folgende Funktionen zu:
1. Die lehrende Funktion
2. Die beratende Funktion
3. Die administrative Funktion
4. Die koordinierende Funktion
5. Die gesprächsleitende Funktion
6. Die beurteilende Funktion

- Die lehrende Funktion
Die lehrende Funktion besteht aus Wissensvermittlung sowie aus Umsetzungshilfe von entsprechendem Wissen in konkrete Praxissituationen.* Dazu gehören Hinweise auf entsprechende Fachliteratur; Hilfen zur Auseinandersetzung mit den institutionellen Konzeptionen; Teilnahme an besonderen Gesprächs- oder Teamsituationen; konkrete

Hilfen zum gezielten Vorgehen im –>Befunderhebungs-, –> Begleitungs- und –>Beratungsprozess der HpE.

- Die beratende Funktion

Die beratende Funktion besteht in der systematischen Anregung, berufliche Tätigkeit zu reflektieren.* Dazu gehören Hilfen, die es der Praktikantin ermöglichen, auf ihre vorhandenen Kenntnisse zurückzugreifen und ihre Ressourcen zu mobilisieren. Auf diese Weise kann die Praktikantin angeregt werden, ihre Erfahrungen und ihr Wissen, die Wirkung ihrer Einstellungen und Verhaltensweisen auf die heilpädagogische Arbeit mit Klienten zu reflektieren. So kann es gelingen, das Ziel einer (selbst-)kritischen Reflexion in Bezug auf die eigene Person und die eigene Vorgehensweise in der HpE zu erreichen.

- Die administrative Funktion

Die administrative Funktion besteht in der Einordnung der heilpädagogischen Ziele und Handlungen in organisatorische und rechtliche Zusammenhänge.* Dazu gehört die einweisende und erklärende Hilfe zum Begreifen von Verwaltungsabläufen und Organisationsstrukturen in sozialen Institutionen, um die Praktikantin in die Lage zu versetzen, diese für ihr Klientel nutzbringend einsetzen zu können. Dabei sollte der Praxisanleiter durchsichtig und durch seinen persönlichen Einsatz nachvollziehbar machen, wie der individuelle, positionelle und rollenspezifische Handlungsspielraum realistisch einzuschätzen und - mittels Inanspruchnahme anderer Mitarbeiter - bestmöglich auszunutzen ist. Die Praktikantin sollte dabei erkennen lernen, dass die Organisation und Administration einer Einrichtung für den inneren Erhalt wie für die äußere Zusammenarbeit mit anderen Institutionen notwendig ist. Sie sollte zugleich kritisch bewerten lernen, dass administrative Teilbereiche zur Verselbstständigung neigen und dadurch in die Gefahr geraten, die Hilfsfunktion von Verwaltung und Organisation *für* die soziale und heilpädagogische Arbeit zu einer Hindernisfunktion gegen die eigentlichen Ziele umzumünzen, vor allem, wenn entsprechende Funktionen nicht sinnvoll aufeinander abgestimmt und durch klare Führungskompetenzen, kooperative Schnittstellen und eindeutige Delegationsprinzipien miteinander vernetzt sind. (–>Institution; –>Teamarbeit)

- Die koordinierende Funktion

Der Anleiter sollte die Lernschritte der Praktikantin, ihre unterschiedlichen Aufgaben, die überlappenden Bereiche in der Institution und die verschiedenen Handlungen in der HpE in Zusammenarbeit mit Praxisstelle und Hochschule im Hinblick auf die getroffenen Entscheidungen und die gefundenen Ergebnisse zusammenfassen; Informationen zugänglich machen; auf den Transfer zu anderen Mitarbeitern hinweisen; Leistungen der Praktikantin durch deren Erläuterungen im Team erkennbar machen und unterstützen; Offenheit und Reflexionsbereitschaft dem eigenen Verhalten und Konflikten aus der Praxis gegenüber signalisieren; in einer Atmosphäre des Vertrauens die Lernerfahrungen der Praktikantin aufgreifen, in Beziehung setzen, zusammenfassen und auf diese Weise an der Entwicklung der beruflichen Identität als Heilpädagogin weiter mitarbeiten.

- Die gesprächsleitende Funktion

Der Anleiter übernimmt in Einzel- und Gruppensituationen mit Praktikanten(gruppen) die Gesprächsleitung. Er hilft dabei, dass die wichtigen Themen Vorrang haben und tatsächlich (auch bei gelegentlichem Widerstand der Praktikanten) angemessen zur Sprache kommen. Er verknüpft die Lernerfahrungen mehrerer Praktikanten und regt dazu an, sich darüber auszutauschen und miteinander ins Gespräch kommen. Er strukturiert das Anleitungsgespräch, klärt, um welche Punkte es geht und was das Ziel des gemeinsamen Arbeitens sein soll. Dabei hilft er den Praktikanten, eigene Ziele zu finden, ihre Arbeit zu strukturieren und die Anleitungsgespräche mit ihren Anliegen vorzubereiten. Am Ende wird er die Ergebnisse des Gespräches, die Lernerfolge, die Ziele des weiteren Vorgehens, die Vereinbarungen und die Absprachen zusammenfassen und auf diese Weise der Praktikantin helfen, die anfangs unübersichtliche und schwierig zu bewältigende Datenfülle allmählich für sich zu ordnen und sinnvoll zum Wohle des Klienten zu nutzen.

- Die beurteilende Funktion

Die beurteilende Funktion besteht in der Aufgabe, den Lernprozess der Praktikantin zu beschreiben, zu gewichten und im Hinblick auf die Ziele des jeweiligen Praktikums zu bewerten. Die Beurteilung durch den Anleiter ist kein Arbeitszeugnis. Sie sollte jedoch folgende Kriterien berücksichtigen:*

1. Die Beurteilung des Praktikums
   a) Rahmenbedingungen des Praktikums
   b) Einhaltung des Praktikumsplans einschließlich Veränderungen und Ergänzungen
   c) besondere Aufgabenstellungen und Situationen während des Praktikums
   d) Formen der Anleitung
2. Beschreibung und Beurteilung der Praktikantin im Hinblick auf:
   e) Kenntnisse und Fertigkeiten und deren Umsetzung in praktisches Handeln
   f) Fähigkeit und Bereitschaft zur Aufnahme und Verarbeitung von Informationen
   g) Beziehungsgestaltung zu Klienten, Umgang mit einzelnen und/oder Gruppen
   h) Fähigkeit zur Problemerkenntnis und deren fachlicher Einordnung und Beurteilung
   i) Entwicklung von Lösungsvorstellungen und -alternativen; Realitätsbezug von Zielvorstellungen
   j) Zugang zu Handlungskompetenzen und methodischer Strukturierung bei deren Umsetzung
   k) mündliche und schriftliche Ausdrucksfähigkeit
   l) Fach-, Rechts- und Verwaltungskenntnisse
   m) Verhalten zu Kolleginnen und Kollegen und zum Anleiter
   n) Grad der Selbständigkeit in der Bestimmung von Lernzielen
   o) festgestellte Lernschritte während des Praktikums
   p) offenkundiger weiterer Lernbedarf
3. Zusammenfassende Bewertung des Praktikumsverlaufs
   Die zusammenfassende Bewertung sollte im Rahmen eines durch die Praktikantin vorbereiteten Auswertungsgespräches erfolgen,

in dem der Anleiter die Lernauswertung der Praktikantin durch die eigenen Eindrücke ergänzt, durch praktische Beispiele und Situationsschilderungen erläutert und auf Aspekte hinweist, die seitens der Praktikantin nicht berücksichtigt wurden.

Wichtigstes Kriterium im Anleitungs- und Betreuungsprozess ist es, mit Hilfe eines auf gegenseitiges sich akzeptieren und unterstützen gerichtetes Arbeitsklimas der Praktikantin zur fruchtbaren Kommunikation und Kooperation mit den Mitarbeitern und Klienten zu verhelfen. Dabei wird der Lernprozess dann am effektivsten gestaltet, wenn sich der Anleiter und betreuende Mitarbeiter als Lehrende im Sinne eines Befähigers verstehen (engl. *enable:* befähigen, ermächtigen, ermöglichen; bewirken, dass etwas geschieht; jemanden in die Lage versetzen, dass er imstande ist, etwas zu tun). Befähigend wirken heißt, Wege aufzuzeigen, die es der Praktikantin *ermöglichen*, die eigenen beruflichen Fähigkeiten besser zu erkennen und zu akzeptieren. Als verständnisvoller Partner in diesem Lernprozess sollte der Anleiter die Praktikantin in ihrem Engagement fördern und fordern und sie verständnisvoll in ihrem Bemühen ermutigen, ihr noch unbekannte Neigungen und Fähigkeiten in ihrer beruflichen Persönlichkeit auszuprobieren und zu entwickeln.

- **Strukturelemente des Anleitungsprozesses**

1. Das Kontraktgespräch oder die Vertragsabsprache
Dem Kontraktgespräch gehen die schriftliche Bewerbung und ggf. ein Einstellungsgespräch voraus, in dem darüber entschieden wird, ob die Praktikantin bereit ist, die Stelle anzunehmen und ob die Stelle bereit ist, die Praktikantin anzuleiten. Der Praxisanleiter führt das Kontraktgespräch spätestens am ersten Tag des Praktikums. Es soll ohne Störungen (durch Telefonate), nicht unter Zeitdruck und in partnerschaftlicher Atmosphäre erfolgen.
Ziel des Kontraktgespräches ist es, sich persönlich kennenzulernen, damit gemeinsame Arbeitsabsprachen getroffen werden können, so dass es zu einem möglichst effektiven Lehr- und Lernprozess kommt. Dabei wird der Anleiter auf folgende Punkte achten:
- Wie war der bisherige berufliche Werdegang der Praktikantin?

- Welche Vorerfahrungen hat sie in bisherigen Praktika gemacht?
- Wie ist der Ausbildungsstand der Praktikantin einzuschätzen?
- Wie alt ist die Praktikantin?
- Welche Motivation nennt die Praktikantin für ihre Berufswahl und für die Auswahl dieser Institution für dieses Praktikum?
- Welche Stärken und Neigungen nennt die Praktikantin (wobei der Anleiter prüft, ob er mit seinen eigenen Stärken und Neigungen entsprechen kann)
- Welche Befürchtungen, Unsicherheiten, Ängste nennt die Praktikantin (wobei der Anleiter prüft, inwieweit diese mit eigenen Befürchtungen, Unsicherheiten und Ängsten korrespondieren)
- Welche Klientengruppe interessiert die Praktikantin?
  Im Rahmen der HpE: Kann sie sich vorstellen, sowohl mit Kindern und Jugendlichen zu arbeiten, eher mit Mädchen oder Jungen? Welche Symptome bzw. 'Krankheitsbilder' hat die Praktikantin reflektieren gelernt? Wie beurteilt die Praktikantin ihr Vermögen, begleitende –>Elternarbeit zu leisten, in welcher Form (allein oder in Begleitung des Anleiters)
- Welche Schwerpunkte setzt die Praktikantin, welche Schwerpunkte sind dem Anleiter in der Arbeit wichtig?

Der im Kontrakt abgesteckte Rahmen für das jeweilige Praktikum oder Projekt soll für Anleiter und Praktikantin verbindlich sein. Änderungen werden gemeinsam vereinbart. Inhalte des Kontraktgespräches sind:

- Gegenseitige Information über Erwartungen. Es kommt darauf an, dass auf beiden Seiten die Erwartungen und Hoffnungen real, d.h. den Möglichkeiten angemessen sind.
- Absprachen über die üblichen Arbeitspraktiken und Vorgehensweisen in der Stelle (z.B. Arbeitszeit, ggf. Vergütung, Fahrtkostenbeteiligung, versicherungsrechtliche Fragen, Schweigepflicht, Arbeitsmittel und -techniken)
- Klärung der Legitimation, die die Praktikantin in ihrem Handeln berücksichtigen soll, worauf sie sich berufen und wodurch sie sich rückversichern kann

- Auswahl und Bestimmen des Arbeitsaufwandes und des Arbeits-auftrags
- Erstellen eines Lernplanes (Lehr- und Lernfragen)
- Bekanntmachen mit Vorgesetzten und Mitarbeitern
- Sachliche Darstellung der Institution in ihren Zielen und der Or-ganisationsstruktur

2. Motivation, Kommunikation, Beziehungsgestaltung
Motivation
Die Motivation der Praktikantin, ihr persönliches Interesse am Prak-tikum sind jeweils auf dem Hintergrund der individuellen Lernge-schichten von Anleiter und Praktikantin zu reflektieren. Der Anleiter sollte die Motivationsfähigkeiten und -bereitschaft der Praktikantin kennen, damit er sie fördern kann. Mögliche Blockierungen zeigen sich in Form von Ausweichverhalten, geistiger und körperlicher Pas-sivität, übersteigerter und verlagerter Aktivität. Mögliche Gründe dafür können sein: mangelndes Selbstvertrauen, negative Vorerfah-rungen, Leistungsdruck, Überforderung, Antipathie, mangelnde Be-lastbarkeit, geringe Erfolge sowie Informations- und Wissensdefizite. Folgende Lösungsversuche bieten sich an:
- psychologische Stützung (ermutigen, begleiten, fordern, sachdienli-che Hinweise geben und Verständnis äußern);
- überschaubare Aufgabenstellungen mit maximaler Erfolgsaussicht planen, unter Berücksichtigung der besonderen Stärken der Prak-tikantin;
- systematische, verständliche und situationsangemessene Vermittlung der für die Arbeit erforderlichen Information;
- bei Antipathie oder vermuteter affektiver Beteiligung: Ansprechen des Problems und Feststellen der konkreten Gründe (was stört in Verhalten, Einstellungen, Vorgehen, sachlichen Bezügen);
- Zugestehen von affektiven Äußerungen, z.B. von Lust bzw. Unlust; Ärger und Enttäuschung. Allerdings sollte der Anleiter die konkre-ten Anlässe und latenten Gefühle bzw. Spannungen beim nächsten Anleitungsgespräch aufgreifen und mit der Praktikantin erarbeiten,

wie sie in konkreten beruflichen Situationen mit ihren Affekten umgehen lernt.

- Kommunikationsstruktur und Beziehungsgestaltung

Die spezifische Motivation der Praktikantin und die vom Anleiter gewählte Kommuniktionsstruktur (eher digital oder analog; eher symmetrisch oder komplementär; eher unter Beachtung der Inhaltsebene oder auch unter Berücksichtigung der Beziehungsebene; (vgl. WATZLAWICK u.a. 1972) wirken sich schon zu Beginn der Kontaktaufnahme maßgeblich auf die weitere Beziehungsgestaltung aus. Für das Gelingen eines Lehr- und Lernprozesses ist es entscheidend, dass eine tragfähige, menschlich-berufliche Beziehung zwischen Anleiter und Praktikant aufgebaut wird, die kommunikationsfördernd und damit motivationsverstärkend wirkt. In jedem Anleitungsprozess kann es zu Spannungen kommen, die sowohl blockierend als auch fördernd genutzt werden können. Wichtig ist, dass über die möglichen Gründe von Spannungen gesprochen wird. Sie können entstehen aufgrund unterschiedlicher Wert- und Normvorstellungen; unterschiedlicher Sicht des Menschen- und/oder Berufsbildes; unterschiedlicher Beurteilung grundsätzlicher Fragen; Meinungsverschiedenheiten im beruflichen Vorgehen. Es können aber auch weniger diskutierbare als vielmehr gefühlsmäßige (Übertragungs-) Beziehungen mit im Spiel sein, die für das Empfinden von Sympathie und Antipathie eine Rolle spielen. Der Anleiter sollte dabei seine persönlichen Anteile in der Beziehungsgestaltung (ggf. unter Supervision) reflektieren, die Praktikantin auf deren (latent vorhandene) Anteile hinweisen und sie ermuntern, diese in ihrer Einzel- und Gruppensupervision an der Hochschule zu reflektieren. Bei der Beziehungsgestaltung im Anleitungsprozess, die weitgehend auf der Subjekt-Subjekt-Ebene gestaltet wird, sollte der Anleiter die *äußeren Faktoren* nicht vernachlässigen, die oft maßgeblich und unbemerkt das Praktikanten-Anleiter-Verhältnis stören können. Er sollte - trotz seiner Eingebundenheit in die Institution - mögliche Dysfunktionalitäten im Dienstleistungssystem erkennen und mit der Praktikantin kritisch reflektieren, vor allem, wenn diese als weiter 'Außenstehender' darauf aufmerksam macht. Häufig bestehen Konflikte innerhalb des

Dienstleistungssystems aufgrund mangelnder Kompetenzklärung; ungenauer Arbeitsabsprachen; unbrauchbar gewordenen Institutionsstrukturen; einem divergierenden Verhältnis zwischen Verwaltungsapparat und eigentlicher sozialer Dienstleistung entsprechend den Zielen der Institution. Rivalitätskonflikte zwischen Mitarbeitern entstehen häufig aufgrund ungeklärter oder mangelnder Führungskompetenz; mangelnder Fähigkeit, Entscheidungen zu treffen und einvernehmlich durchzusetzen; mangelnder Impulse seitens Leiterpersonen in Richtung Zukunftsvision und von dorther anzustrebende Nah- und Fernziele sowie Hilfen und Unterstützung zum Zusammenhalt der Mitarbeiter (Kohäsionsfunktion des Leiters) im Hinblick auf die Zielorientierung und das Weitergehen in der gemeinsamen Sache (Lokomotionsfunktion des Leiters). Der Anleiter sollte darauf achten, dass nicht einseitig auf die Person des Praktikanten und die Anleiter-Praktikant-Beziehung hin psychologisiert wird, sondern dass auch organisationssoziologische und sozialpsychologische Gründe im defizitären Dienstleistungssystem als Erklärungsmoment für scheinbar 'persönliches' Versagen heranzuziehen und kritisch zu reflektieren sind.

- Probleme der Partnerschaft

Im Rahmen des Anleiter-Praktikanten-Verhältnisses spielt das *Problem von Nähe und Distanz* eine wichtige Rolle. Häufig werden Praktikanten ungefragt 'geduzt', "weil das hier so üblich ist" und damit unreflektiert vereinnahmt. Sehr häufig stellt sich das solcherart als 'familiär' ausgewiesene System später als äußerst spannungsgeladenes und rivalisierendes Umgehen der Mitarbeiter untereinander heraus, die die Praktikantin von vornherein (unbewusst) für eigene Solidarisierungs- und Machteinwirkungsprozesse benutzen wollen. Durch ein vorschnelles und überrumpelndes 'Du-Angebot' gegenüber einem Fremden wird häufig die Unfähigkeit oder mangelnde Bereitschaft signalisiert, einen für erwachsene Mitarbeiter selbstverständlichen Beziehungsprozess einzugehen, der Annäherung und Vermeidung, Machtkampf und Differenzierung beinhaltet, die jeweils auf sich zu nehmen und verantwortlich zu gestalten sind. Dieser Gestaltungsprozess ist aber wesentlicher Bestandteil des Anleitungsprozesses, er sollte als 'Musterprozess' im Sinne des Modelllernens für Beziehungsgestaltung im sozialen Feld dienen, der durch entsprechende Reflexion in andere Beziehungsgestaltungen analog transferierbar wird. Nähe und Distanz sind seitens des Anleiters so zu balancieren, dass ein Klima persönlich motivierender Vertrautheit und persönlicher Wertschätzung gepaart ist mit gegenseitiger Akzeptanz und respektvoller Distanz, so dass eine *berufliche* Anleitung möglich wird.

Partnerschaft (= Teilhabe) ist im Anleiter-Praktikanten-Verhältnis notwendig. Sie wird erschwert durch die unterschiedliche Machtverteilung, durch unterschiedliches Wissen, Erfahrung, Können, also durch reale Fakten. Aus diesem Grund kommt dem Anleiter als dem Erfahreneren die größere Verantwortung für die Gestaltung des Anleitungsprozesses zu. Er sollte in der Lage sein, sein Handeln transparent zu machen und fachlich zu begründen. Er sollte in der Lage sein, die Schwächen und Grenzen seiner eigenen beruflichen Persönlichkeit aufzuzeigen und zuzugeben. Das ist nicht möglich, wenn er nur versucht, mit der Praktikantin über deren Situation zu sprechen und seine eigene Beteiligung nicht ins Gespräch einbringt. Letzteres darf allerdings nicht darin ausarten, dass der Anleiter nur noch von seiner Erfahrung, seinem Können oder seinen Schwierigkeiten berichtet. Die Praktikantin sollte zunehmend und situationsangemessen an Entscheidungen beteiligt werden, so dass Mitverantwortung wachsen kann.

3. Gesprächsinhalte und Berichte

Kontinuität, Verlässlichkeit und Regelmäßigkeit sind für das Gelingen des Anleitungsprozesses von maßgeblicher Bedeutung. Dazu gehört das *regelmäßige* Anleitungsgespräch in wöchentlichem, mindestens aber vierzehntägigem Rhythmus. Je nach Häufigkeit kann die Dauer des Gespräches von 45 Minuten bis zu 1 1/2 Std. variieren, Diese Dauer sollte - verbunden mit einer kleinen Pause - nicht überschritten werden.

Bei der inhaltlichen Gestaltung sind Wünsche, Forderungen und Erwartungen der Praktikantin im Rahmen der Auflagen seitens Hochschule, Praxisstelle und des Anleiters zu berücksichtigen. Kurzfristig ist alles zu berücksichtigen, was im Laufe der Woche anfällt. Langfristig ist darauf zu achten, dass die Gesamtthematik auf die Lernziele des Praktikums und auf die Ziele der HpE gerichtet bleiben. Der Ausgangspunkt des Gespräches richtet sich nach der jeweiligen Diagnose des Lernprozesses:

"Woher bin ich gekommen; wie bin ich hier angelangt; was ist augenblicklich zu bedenken und zu tun; welche nächsten Schritte sind zu planen und vorzubereiten; wohin, in welche Richtung bewege ich mich in meinem Lernprozess? - Welche Erschwernisse liegen sachlich und persönlich jeweils im Weg; über welche Erfahrungen und Bewältigungstechniken verfüge ich; welche Hilfen kann ich von wem, wie, anfordern?"

Das Anleitungsgespräch sollte auf der Grundlage unterschiedlicher, aber ineinander verwobener, didaktischer Ansätze erfolgen (vgl. KÖHN 1991, 68 f.):

(1) Im *lernzielorientierten* Ansatz
werden bestimmte Qualifikationen als Lernziele beschrieben. Dabei werden

- die Situation der Praktikantin analysiert
- die Lernziele gemeinsam definiert
- die Themen und Inhalte in ihrem sinnvollen Gesamtzusammenhang vorgestellt und situationsangemessen ausgewählt
- die einzelnen Lernschritte festgelegt und mittels eines Beurteilungsmaßstabes überprüfbar formuliert.

(2) Im *problemorientierten* Ansatz
werden konkrete Probleme und Konflikte der Praktikantin, ihre aktuellen Wünsche und Schwierigkeiten berücksichtigt. Ein solches Vorgehen ist entlastend und zugleich motivationsfördernd. Der Anleiter stellt Zusammenhänge her zwischen den bisherigen Erfahrungen im Lernprozess in ihrer Auswirkung auf das Hier-und-Jetzt der aktuellen Lernsituation der Praktikantin und reflektiert mit dieser das Dann-und-Demnächst für den fortlaufenden Lernprozess. Er gibt Hilfen zum konkreten Vorgehen in (z.B. für die Stunde mit dem Kind oder für das Elterngespräch während der HpE), bringt Ideen

und Vorschläge ein und macht u.U. bestimmtes Handeln vor, zeigt "wie es geht". Die Praktikantin partizipiert an der Feldkompetenz des Anleiters.

(3) Im *inhaltsorientierten* Ansatz werden Themen zum Inhalt des Gespräches gemacht, die aktuell anfallen aber nicht sofort erörtert werden können und deren Diskussion längerfristig geplant und vorbereitet werden muss, sowohl seitens der Praktikantin als auch des Anleiters. Dazu gehört das Erarbeiten von wertorientiertem, aufgaben- und zielgruppenorientiertem theoretischem Wissen und methodischem Handeln der lernenden Heilpädagogin aus der Sicht der Praxis:

- theoretische Ausbildung, Wissensgrundlagen, eigenes Konzept
- praktische Vorerfahrungen, Vergleich der Erfahrungen mit dem neu Erlernten
- Fragen nach dem Menschenbild, Wertvorstellungen, grundsätzliche Einstellung zur Arbeit, zur Institution
- Themen wie Ich-Stärken und Ich-Schwächen; Selbst- und Fremdbild; Wahrnehmungs- und Beobachtungsprozesse; Umgang mit Autoritäten; Umgang mit Macht; psychohygienische Anforderungen für die Ausübung des Berufes als Heilpädagogin.

Dabei ist es wichtig, dass im Anleitungsgespräch auch die 'Gefühlslage' der Praktikantin angesprochen wird. Es kann z.B. eine Arbeitsüberlastung gegeben sein; sie kann das Gefühl haben, dass ihr nicht genügend Toleranz entgegengebracht wird; es kann sein, dass mangelnde Einsatzbereitschaft festgestellt wird. Jeweils kritisch ist zu hinterfragen, ob Vorschriften der Institution, divergierende Ansichten zwischen Hochschule und Anleiter, die Last der zur Erledigung anstehenden Aufgaben in Hochschule (z.B. Fachprüfungen) oder Stelle (z.B. Übernahme eines weiteren Begleitungsprozesses) verkraftbar erscheinen; ob 'Verwaltungs'-aufgaben (Begleitungsprotokolle, Gesprächsberichte, Auswertung diagnostischer Verfahren, heilpädagogische Stellungnahmen oder Gutachten) einen zu breiten Raum einnehmen oder ob z.B. technische Arbeitsmittel (Ausstattung mit diagnostischem Material; Ausstattung des Arbeitsraumes) fehlen. Auch persönliche Schicksalsschläge wie Krankheit und Tod eines nahen Angehörigen oder die Trennung von einem Lebenspartner können die Praktikantin schwer belasten und ihre Lern- und Arbeitsleistung zeitweilig beeinträchtigen.

Zur *Vorbereitung* des Anleitungsgespräches gehört es, dass sich Anleiter und Praktikantin Notizen machen, was im Laufe der Woche angefallen ist. Ein schriftlicher Bericht der Praktikantin kann als Gesprächsgrundlage dienen. Zur Vorbereitung kann es auch gehören, dass Praktikantin oder Anleiter sich mit Literatur, aktuellen Artikeln oder anderem Informationsmaterial befassen und dieses durchgearbeitet als Gesprächsgrundlage zur Verfügung stellen. Die *Berichterstattung* kann sich auf die Fallbegleitung beziehen oder auf Notizen zum Anleitungsgespräch. Thematik und Umfang müssen - bis auf Spielraum für aktuell notwendige Inhalte - vorher klar vereinbart werden. Der Bericht bzw. die Thematik für das Anleitungsgespräch muss so frühzeitig vorliegen, dass sie vom Anleiter vorher durchgearbeitet werden kann. Schriftliche Berichte (z.B. Protokolle der Begleitungsstunden, Reflexionen zu Elterngesprächen) ermöglichen eine gründlichere Vorbereitung auf das Gespräch und die Praktikantin lernt, hinsichtlich ihrer Wünsche, Ziele und Beurteilungen selbständiger und zielorientierter vorzugehen und Eigenverantwortung zu übernehmen.

Zur *Auswertung* eines Anleitungsgespräches gehört immer die Frage, ob und wie die Vereinbarungen eingehalten werden können. Es ist kritisch zu fragen, inwieweit das Gespräch dazu geführt hat, Wissen, Können und Haltung der Praktikantin zu erweitern und zu vertiefen. Dies zeigt sich im veränderten beruflichen Handeln. Nur wenn solche, in der Regel geringfügigen Veränderungen im Handeln bemerkt und festgehalten werden, lässt sich der Lernprozess in der Anleitung erkennen, kontrollieren, unterstützen und sinnvoll weiterführen.

4. Weitere Mittel zur Gestaltung des Anleitungsprozesses

Das Erkennen der individuellen Situation und Person ist die Voraussetzung zum Einsatz von adäquaten Mitteln. Dabei ist zwischen bewusst eingesetzten (methodischen) Mitteln und nicht bewussten (etwa intuitiven) Mitteln zu unterscheiden. Letztere können unbemerkt eine größere Wirkung haben als erstere, weil sie sich einer Analyse des bewussten Einsatzes entziehen.

Zu nicht- oder nur teilbewussten Mitteln gehören: Gestik, Mimik, Gebärden, Körperhaltung und Körperregungen; Gefühle der Sympathie oder Antipathie; zeigen von Desinteresse oder Unzufriedenheit, von Anteilnahme, Einverständnis, Zustimmung oder Ablehnung; Ausdruck von Solidarität und solidarischem Handeln.

Die bewusst eingesetzten Mittel im Anleitungsprozess sollen auf eine Förderung der gesamten beruflichen Persönlichkeit der Praktikantin zielen, also auf ihr Wissen, ihre Einstellungen und ihre Fähigkeiten und Fertigkeiten. Dies kann u.a. geschehen durch:

- Angebote zum Nachdenken und Reflektieren
- Zusammenhänge innerhalb der Institution und deren Organisationsverläufe und außerhalb im Kontakt mit anderen Hilfesystemen erkennen lassen
- Wissenslücken erkennen lassen, Neugier wecken und die erkannten Lücken selbst schließen
- Fragen schriftlich formulieren.

Solche Angebote sollten sowohl von der Praktikantin als auch vom Anleiter her gleichermaßen gemacht werden.

Techniken und Wirkweisen hierzu können sein: Informieren, beraten, fragen, Notizen machen, Berichte schreiben, lesen, beobachten, ausprobieren, Arbeitsmittel einsetzen, telefonieren, diktieren, eigenes Verhalten wahrnehmen und begründen.

5. Lerndiagnose und Lernplanung

Das Erarbeiten einer Lerndiagnose und die Lernplanung können im Anleitungsprozess nur auf partnerschaftlicher Basis erfolgen.

Lerndiagnose

Eine Lerndiagnose kann u.a. aus folgenden Faktoren erstellt werden:

- Herkunft, Alter, Wissensstand, Vorerfahrung, Lebenserfahrung
- Ansätze für die Motivation sind vor allem Ich-Stärken; Kontakt- und Kommunikationsfähigkeit; Fähigkeit zur realistischen Selbsteinschätzung; Selbst-Bewusstsein

- Hinzu kommen: Aufmerksamkeit, Behaltfähigkeit, Eigeninitiative, Neugier (= Wissensdurst)
- Wünsche, Erwartungen, Befürchtungen, Unsicherheiten, Ängste, Ziele

Aus diesen und anderen möglichen Faktoren kann gemeinsam beurteilt und entschieden werden, welche Schwerpunkte, wann, wie, im Lehr- und Lernprozess gesetzt und beachtet werden müssen. Die Lerndiagnose umfasst den Bereich der Werte, Haltungen; des Wissens; der Methoden bzw. der Handlungskompetenz.

Lernplanung

In die Lernplanung sind sowohl die Person der Praktikantin, die Fähigkeiten des Anleiters als auch die Erfordernisse heilpädagogischen Handelns und die institutionellen Bedingungen einzubeziehen. Wichtig ist es, auf Stärken aufzubauen, den Umgang mit Autoritäten und Macht zu erlernen, persönliche Verantwortung zu übernehmen, größere Zusammenhänge im Hilfesystem dieser und anderer Institutionen zu erkennen. Praxisanleitung umfasst Informationen, Einübung, Vertiefung und Verselbstständigung. Daraus abzuleitende Ziele für die Lernplanung sind:*

Die Praktikantin, der Praktikant sollen
- ihre Fähigkeiten und Neigungen klären
- heilpädagogische Aufgabenstellungen bei unterschiedlichen Zielgruppen kennenlernen
- methodisches Handeln kennen- und anwenden lernen
- Theorie-Praxis-Zusammenhänge erkennen
- kollegial, reflektiert und kritisch handeln lernen
- rechtliche, institutionelle, finanzielle und politische Bedingungen heilpädagogischen Handelns kennenlernen
- berufliche Kompetenz entwickeln.

• **Zusammenfassung**

Praxisanleitung ist ein Lehr- und Lernprozess während des Studiums bzw. der Ausbildung zum (Diplom-)Heilpädagogen. Ausgangspunkt des Anleitungsprozesses ist die Person und die Situation der Praktikantin. Die Ausgangssituation differiert u.a. in Bezug auf unterschiedliche Formen von Praktika oder Projekten und dementsprechend unterschiedlichen Aufgabenstellungen und Möglichkeiten zum Erwerb beruflicher Handlungskompetenz als Heilpädagogin. Um Praxisanleitung verantwortlich leisten zu können, bedarf es einer besonderen Qualifikation und eines eigenen Anforderungsprofils der Praxisanleiterin bzw. des Praxisanleiters. Diese können durch Besuch von Fortbildungsmaßnahmen erworben werden, die von Fachhochschulen und anderen Sozialinstituten für qualifizierte und erfahrene Mitarbeiter im sozialen Feld angeboten werden. Ziel der Praxisanleitung ist die Unterstützung der Praktikantin zum Erwerb heilpädagogischer Handlungskompetenz. Um dieses Ziel erreichen zu können, bedarf es der Zusammenarbeit zwischen Hochschule und Praxisstelle, insbesondere der Praxisdozenten und der Praxisanleiter. Der Anlei-tungsprozess ist ein Lehr- und Lernprozess. Lernen lässt sich psychologisch als ein Prozess der Bedürfnisbefriedigung und des Strebens nach einem Ziel beim Lernenden beschreiben. Das bedeutet, dass ein Mensch in dem Maße motiviert ist, sich beim Lernen zu engagieren, wie er ein Lernbedürfnis verspürt und ein persönliches Ziel erblickt, zu dessen Erreichung ihm Lernen verhelfen kann. Er wird in dem Maße seine Energie daransetzen und von den zur Verfügung stehenden Möglichkeiten Gebrauch machen (einschließlich Praxisanleiter und Bücher), wie er sie als bedeutsam für seine Ziele und Bedürfnisse ansieht. (vgl. KNOWLES 1970) Dem entsprechend muss der Praxisanleiter bestimmte Funktionen im Anleitungsprozess wahrnehmen und die Strukturelemente des Anleitungsprozesses kennen und angemessen einsetzen können, um in partnerschaftlicher Zusammenarbeit mit der Praktikantin zu einer sinnvollen Lerndiagnose und Lernplanung zu gelangen.

Einer der klarsten Aussprüche zur Einsicht in Lernen mit Erwachsenen stammt bereits aus dem Jahre 1926 (!) von dem großen amerikanischen Pionier der Erwachsenenbildung, Eduard C. LINDEMAN. Da diese Aussage auch und insbesondere für einen Lernprozess wie Praxisanleitung Bedeutung hat, soll das Kapitel mit diesem Zitat abgeschlossen werden:

"Ich betrachte das Lernen mit Erwachsenen als eine neue Technik des Lernens, eine Technik, die genauso bedeutsam für den College-Absolventen wie für den ungebildeten Handwerker ist. Sie stellt einen Prozess dar, durch den der Erwachsene lernt, sich seiner Erfahrung bewusst zu werden und sie auszuwerten. Um das zu tun, hilft es ihm nicht, mit dem Studium von 'Inhalten' zu beginnen, in der Hoffnung, dass diese Information eines Tages für ihn nützlich sein könnte. Vielmehr beginnt er damit, auf Situationen, in denen er sich selbst (wieder-)findet, aufmerksam zu werden, auf Probleme, die ihn an seiner (beruflichen) Selbsterfüllung hindern. Tatsachen und Informationen von den verschiedenen Wissensbereichen werden nicht in der Absicht ihrer Anhäufung verwendet, sondern wegen des Bedürfnisses nach Problemlösung. In diesem Prozess findet der Lehrer (hier der Praxisanleiter; Anm. W.K.) eine neue Funktion. Er ist nicht länger das Orakel, das von der Plattform der Autorität herunterspricht, sondern einer ein Lenker, der Wegweiser, der auch am Lernen teilnimmt, gemäß der Vitalität und Bedeutung seiner Erfahrungen und der von ihm erkannten Tatsachen. Kurz gesagt ist meine Konzeption für das Lernen von Erwachsenen folgende: Ein kooperatives Geschehen eines nicht autoritären, informellen Lernens, dessen Hauptabsicht es ist, die Bedeutung der reflektierten Erfahrungen zu entdecken; eine Frage des Geistes, die auf die Wurzeln der Voraussetzungen für unser Verhalten stößt; eine Technik des Lernens für Erwachsene, die Lernen mit Leben in Verbindung bringt und das Leben selbst auf die Ebene eines abenteuerlichen Experimentes hebt." (zitiert in KNOWLES ebd.; Übers. W.K.)

Erfahrung wird hier verstanden als zentrale Dynamik des Lernprozesses und definiert als *dialogisches Geschehen* zwischen Praxisanleiter und Praktikantin.

Ziff. 1 　　　　RAT 　　　　–> S. 92

Begriffsbestimmung:

Der Rat ist ein Vorschlag für ein bestimmtes Verhalten oder Vorgehen. Der Begriff Rat bezeichnet Mittel, die zum Lebensunterhalt notwendig sind, wie 'Hausrat', 'Vorrat', 'Gerät' (aber auch 'Unrat'). Daraus entwickelte sich der Wortgebrauch im Sinne von "Besorgung der notwendigen Mittel" und im Sinne von "Beschaffung, Abhilfe, Fürsorge", wie er z.B. im Begriff 'Heirat' = 'Hausbesorgung' enthalten ist. Daran schließt sich die Wortbedeutung von 'Rat' im Sinne von "gutgemeinter Vorschlag", "Unterweisung", "Empfehlung" an, wie in 'ratsam' = 'empfehlenswert'. Rat wird auch im Sinne von "beratender Versammlung" (Familienrat, Stadtrat, Rathaus) gebraucht und bedeutet im germanischen "sich etwas zurechtlegen, überlegen, (aus-) sinnen, erraten und deuten". In diesem Zusammenhang mit 'Rätsel' muss das englische "to read" beachtet werden, in der Bedeutung von "lesen" = ursprünglich "Runen deuten". Der Ratgeber muss also ein Wissender, ein Weiser sein, der "des Rätsels Lösung kennt" = der den tieferen Sinn zu deuten vermag. (nach DUDEN, Herkunftswörterbuch)

Die Beschreibungen und Sinnzusammenhänge um den Begriff Rat machen deutlich:

1. Rat ist ein wichtiges Mittel zum Lebensunterhalt;

2. Rat ist Übernahme teilweiser Verantwortung für jemanden;

3. Rat ist Beeinflussung eines anderen.

Für die Heilpädagogin stellt sich z.B. in der –>Legitimationsprüfung oder in der –>Erziehungsberatung die Frage: "Ist es richtig oder falsch, notwendig oder überflüssig, einen Rat zu erteilen?"
Diese Frage angemessen zu beantworten setzt voraus, dass die Heilpädagogin den Anruf, die schriftliche Anfrage oder den Grund des persönlichen Vorsprechens in der Institution, den –>Anlass richtig verstanden hat und dass sie in der Lage und Willens ist, einen Rat zu erteilen.
In jedem Fall muss die Heilpädagogin eine *Entscheidung* treffen, *ob, wie* und *wann* sie einen Rat erteilt. Eine solche Entscheidung treffen zu können, setzt Entscheidungskompetenz voraus: Die Fähigkeit, die eigenen wie auch die Möglichkeiten des Gegenüber richtig einzuschätzen. Anders als eine –>Beratung schränkt der Rat ein, weil er etwas von einem Vorschlag, einer Aufforderung und einer dringen-

den Empfehlung enthält, oftmals verbunden mit einer Warnung oder Ermutigung:

"Indem dem Klienten ein bestimmtes Verhalten nahegelegt wird, kann dieses den 'suggestiven Charakter einer Aufforderung' erhalten. So oder so schränkt ein Rat die Entscheidungsfreiheit des Klienten erheblich ein". (LATTKE 1969, 97)

Die Heilpädagogin macht sich also ein Bild davon, in welcher Verfassung der Ratsuchende sich befindet, wozu er augenblicklich in der Lage ist und wie er seine Situation *selbst* einschätzt und bewertet. Beim Kind oder Jugendlichen ist immer zu berücksichtigen, inwieweit der Rat der Heilpädagogin möglicherweise in das Elternrecht eingreift oder sie gegen ihre Eltern einnehmen könnte. Beides ist unbedingt zu vermeiden. Überdies kommt die Heilpädagogin dadurch in die Gefahr, als "typischer Erwachsener" gesehen zu werden, der Kinder nicht ernst nimmt und Jugendliche in ihren Anliegen nicht versteht. Sie wird zum 'Wissenden' und damit 'Überlegenen', der dem unterlegenen, unwissenden und unmündigen Kind oder Jugendlichen 'Rat-Schläge' erteilt.

Dennoch stellt sich auch die Frage, ob der Klient aufgrund seiner augenblicklichen Haltlosigkeit nicht einen stützenden Rat benötigt, der ihm Sicherheit und Rückhalt vermittelt, ihm weiterhilft und ob es deshalb nicht vertretbar ist, einen Rat als gegenwärtig einzig richtiges und angemessenes Hilfsmittel einzusetzen. Ein Rat kann dann angezeigt sein,

"wenn ein Klient unbegabt, sehr unentschlossen, sehr schwach in seinem Selbstvertrauen und seinem Willen ist, verworren in seinen Vorstellungen und Gedanken, so dass er nicht zu eigener Einsicht, einem Entschluss oder einer Tat zu kommen vermag". (LATTKE 1969, 97)

Demgegenüber muss immer bedacht werden, dass der Ratgebende durch die Verwendung von Ratschlägen vermittelnd in das Leben des Klienten eingreift, um sicherzustellen, dass der Klient sich in Richtung auf das Ziel hin bewegt, das der Ratgeber gesetzt hat. Hier besteht die Gefahr des Ratgebens im Sinne unreflektierten 'Überredens'. Nach ROGERS (1972, 33) lehnt der Mensch als Individuum, das über ein beträchtliches Maß an Unabhängigkeit verfügt, derartige

Beeinflussung zwangsläufig ab, um seine Integrität zu wahren. Andererseits wird das Individuum, das bereits dazu neigt, abhängig zu sein und anderen die Entscheidung zu überlassen, noch tiefer in diese Abhängigkeit getrieben. Deshalb sind Ratgeben und Ratschläge erteilen dann abzulehnen, wenn

- der Klient selbst die Verantwortung für seine Entscheidung tragen kann und übernehmen will;
- der Ratgebende durch seine eigene, zu einseitige Sicht der Probleme des anderen selber beeinträchtigt und nicht frei von eigenen Anpassungsschwierigkeiten ist (was durch unbewusste Gegenübertragung[1] oft nicht bemerkt wird);
- der Klient die Annahme derartiger Ratschläge, Vorschläge ablehnt oder anzweifelt. Er bringt dadurch zum Ausdruck, dass er durchaus in der Lage ist, Beurteilungsmaßstäbe *selbst* zu setzen oder aufgrund affektiver Betroffenheit Widerstand zu leisten. Ist dies der Fall, kann der Ratsuchende einen Rat nicht in seine Situation umsetzen, weil er ihn nicht als 'sein Eigenes' sondern als einen 'Fremdkörper' erlebt, den er abstoßen muss. Der Ratgeber wird dann als feindlich und zu bedrohlich erlebt und der Beratungsprozess möglicherweise abgebrochen. Unsichere Menschen, insbesondere auch Kinder und Jugendliche, können durch solchen Rat abhängiger werden und im Zusammenhang mit ihrer Unfähigkeit, den Rat auszuführen oder

---

[1] *Gegen-Übertragung* ist ein psychoanalytischer Begriff. Er beschreibt den Einfluss unbewusster Konflikte und Bedürfnisse, die der Ratgeber, Berater oder Therapeut in einer Beratungs- oder Therapiesituation entwickelt. Positiv gesehen beinhaltet sie alle Gefühle der Sorge und Zuwendung, die Bereitschaft zur Einfühlung, das Bedürfnis, helfen zu wollen usw. Unter negativer Gegenübertragung werden Hassgefühle, Ablehnung und aggressive Impulse verstanden, die gegenüber dem Ratsuchenden entwickelt werden. Sie können den Erfolg der Beratung verhindern. Oft entstammen solche Gefühle aus persönlichen Beziehungskrisen (auch der frühen Kindheit), die wegen ihrer Bedrohlichkeit verdrängt wurden und die nun in der neu zu gestaltenden Beziehung zwischen Ratgeber und Ratsuchendem wiederbelebt werden. Dieser Vorgang ist (bis auf das Bemerken, dass etwas den Beratungsprozess stört, der Berater sich nicht richtig einlassen kann) unbewusst. –> Fallarbeit und –>Supervision bzw. berufsbezogene –>Selbsterfahrung ermöglichen ein Aufdecken der Zusammenhänge und die Verarbeitung solcher abgewehrten Gefühle des Beraters, so dass er diese häufiger erkennt und sie auflöst, um den Beratungsprozess real angemessen und effektiv gestalten zu können.

durchzusetzen, in große emotionale Schwierigkeiten oder Loyalitätskonflikte zu ihren Bezugspersonen geraten.

Besonders über letzteres sollte sich die Heilpädagogin in ihrer Arbeit mit Kindern und Jugendlichen sehr bewusst sein: Das Kind, der Jugendliche ist bereits in hohem Maße von seinen Erziehern abhängig. Eltern, Lehrer, Vorgesetzte erteilen gewöhnlich eine Menge Ratschläge und Verhaltensmaßregeln. Gerade diese sind es aber, die weniger als helfend und stützend sondern vielmehr als herabsetzend und bevormundend, als mangelndes Vertrauen in die eigenen Fähigkeiten erlebt werden. In der heilpädagogischen –>Begleitung muss die Heilpädagogin deshalb eine geradezu konträre Haltung einnehmen, die zum üblicherweise als 'sozial' beschriebenen Verhalten eher 'asozial' (= ungewöhnlich) wirkt, wenn sie beim Kind oder Jugendlichen nicht in den Verdacht geraten will, als 'verlängerter Arm' von Eltern, Lehrern, Erziehern angesehen zu werden. Dann wäre jegliche Zusammenarbeit unmöglich gemacht und das Kind, der Jugendliche wären nur noch mehr in die psychische Abwehr gedrängt, die ihre derzeitigen Probleme ja bereits als 'Symptome' zum Ausdruck bringt.

Allerdings kann die Heilpädagogin auch der gegenteiligen Gefahr erliegen, in einer falsch verstandenen 'Nichtdirektivität' selber keine Initiative zu ergreifen, keinen deutlichen Hinweis zu geben, keinen Rat zu erteilen. In schwierigen Situationen ist es oft bequem, die Verantwortung von sich auf den Klienten abzuwälzen, nach dem Motto: "Das ist dein, das ist Ihr Problem". Mit einer solchen, oftmals eine Gegenübertragung kennzeichnenden und vom Ratsuchenden emotional als Zurückweisung erlebten Äußerung bekundet die Heilpädagogin im Grunde ihre eigene Unfähigkeit oder augenblickliche Hilflosigkeit und Überforderung, mit einem Konflikt angemessen umzugehen. Sie ist also momentan nicht im Besitz ihrer vollen Fachautorität, sondern handelt (aus eigener psychischer Abwehr heraus) moralisierend nach dem Motto: "Wer nicht hören kann, muss fühlen" bzw. "Wem nicht zu raten ist, dem ist auch nicht zu helfen". Dabei wird die anders lautende Weisheit vergessen, die besagt: "Ein Löffel voll Tat ist besser als ein Scheffel von Rat", will heißen: Hilfe zu einem kleinen, *eigenständigen* Schritt führt oft weiter als gut gemeinte Ratschläge. Der Erfolg einer kleinen, durch die Heilpädagogin unterstützten Handlung verdeutlicht dem Ratsuchenden besser als viele Worte: "Ich selbst kann es doch!" Das schafft Mut für weitere Schritte. So kann sich die Heilpädagogin zur Regel machen, was in der definitorischen Unterscheidung von 'Rat' und 'Beratung' zum Ausdruck kommt:

"Ein Rat kann auch ohne Begründung, allein auf die Autorität des Ratgebenden hin, befolgt werden. Eine Beratung aber schließt immer eine mehr oder minder ausführliche Begründung ein". (BOLLNOW 1969, zit. in LATTKE a.a.O. 99 ff.)

Letzteres kann die suggestive und manipulative Auswirkung eines Ratschlags abmildern und den Klienten eher an *seiner* Entscheidung mit beteiligen. Es ist unabdingbar notwendig, dass die Heilpädagogin einen Rat in Not- oder Krisensituationen geben muss, ja dass sie u.U. sogar selber - stellvertretend - für den Klienten zu dessen eigenem Schutz handeln muss, sofern dieser handlungsunfähig ist. In jedem Fall sollte jedoch eine weitergehende Beratung oder Begleitung einsetzen, es sollte niemals bei einer Einzelaktion im Sinne des 'nur Ratgebens' bleiben. Hierbei gilt es zu berücksichtigen:

"Der Klient soll selbst die Verantwortung, die Entscheidung und - nicht zuletzt - die Ehre des Erfolges haben! Rat und Anleitung bleiben immer etwas von außen Kommendes, sie werden nicht in der Weise Eigentum des Klienten, wie wenn dieser - sofern er gedurft hätte - selbst dahin gelangt wäre". (FELDMANN 1970, 34)

Zusammenfassend sollte die Heilpädagogin folgendes bedenken:

1. Begrifflich bedeutet Rat die Empfehlung an einen anderen, eine Handlung zu tun oder zu unterlassen, wobei der andere dieser Empfehlung und den persönlichen Wertschätzungen, die der Ratgebende in sie einfließen lässt, nicht notwendigerweise folgen muss.

2. Der Rat berührt die Entscheidungsfreiheit des Ratsuchenden. Um diese zu wahren, muss der Ratgebende darauf verzichten, (offen oder versteckt) die Behauptung aufzustellen, etwas absolut Richtiges zu wissen und eine einzige (richtige) Lösung parat zu haben. Dies wird ihm um so leichter fallen, je mehr er sich vergegenwärtigt, dass er

nicht alle Beweggründe des Ratsuchenden kennen und verstehen kann, so dass eine aus seiner Sicht objektiv 'richtige' Lösung für den augenblicklichen Entwicklungsstand des Klienten durchaus eine subjektiv 'falsche' Lösung sein kann. Ratgeben wird immer mit einer Vielfalt von Entscheidungsmöglichkeiten verbunden sein müssen und versuchen, dem Ratsuchenden auf die Art und Weise Hilfen anzubieten, die es ihm ermöglichen, selbst die jeweils *für ihn* bessere unter mehreren Möglichkeiten herauszufinden.

3. Diese Haltung darf den Berater nicht dazu verführen, sich vom Ratsuchenden emotional zu distanzieren, d.h. sich so zu verhalten, dass der Ratsuchende meint, ihm allein würde die Last des weiteren Weges aufgebürdet. Der Rückzug mit der Bemerkung "Das ist jetzt Ihr Problem" lässt den Ratsuchenden allein auf der Strecke. Der selbstkritische Ratgeber wird bei eigener Ratlosigkeit und emotionaler Betroffenheit seine Gefühle wahrnehmen, annehmen und als Verständnishintergrund für das Erleben des Ratsuchenden umsetzen, indem er dessen Situation angemessen reflektiert. Jedenfalls wird er nicht heimlich ausweichen, sich zurückziehen und damit den Ratsuchenden alleine lassen, sondern nach neuen (auch konfrontierenden) Interventionen suchen, die den Prozess weiterführen.

4. Wenn keine akute Not- oder Gefahrensituation gegeben ist und Ratschläge nicht zur Lösung eines momentanen Problems nützlich sein können, sollten sie weitgehend unterbleiben, weil dadurch die Selbständigkeit des Klienten selten angeregt und gefördert wird. Ratgeben, Vorschlagen, Lösungen anbieten verursachen im Gegenüber Gefühle der Unsicherheit aufgrund mangelnden Zutrauens in sein Urteilsvermögen oder seine Fähigkeiten, selbst eigene Lösungen zu finden. Auf Dauer würde sich eine "dann mach' du das doch besser für mich" Mentalität entwickeln, die in die Abhängigkeit führt. Sie erhöht das Gefühl von Nichtverstehen, Unterlegenheit und Entmündigung. Formulierungen von Ratschlägen sollten - wenn überhaupt - so offen wie möglich sein, um dem Klienten möglichst weiten Spielraum zu lassen, seine eigenen Gedanken, Gefühle, Wünsche und Ideen in den Vorschlag mit hineinzunehmen und so einen von außen gegebenen Rat zu einem eigenen Entschluss reifen zu lassen.

Begriffsbestimmung:

Berufsbezogene Selbsterfahrung geschieht vorrangig in einer auf Zeit miteinander arbeitenden Ausbildungsgruppe von Heilpädagogen, die sich in Vorbereitung auf berufliches Handeln regelmäßig unter fachlicher Begleitung trifft. Ziel der Selbsterfahrungsgruppe ist die intensivere emotionale Erfahrung der Wirkweise der eigenen Person auf andere Menschen und in verschiedenen Situationen, mittels Fremd- und Selbstbeobachtung und -reflexion, um ein höheres Maß an Selbstbewusstheit (wahrnehmen, denken, fühlen, wollen, handeln) und Selbsterkenntnis (Hinwendung des Erkennens auf das eigene Ich, das eigene Sein, Verhalten, Anlagen, Fähigkeiten, Einstellungen, Motivationen) im Spiegel des einzelnen Du und der Gruppe zu erlangen. Dazu gehört ein selbstkritisches Kennenlernen und eine kritische Beurteilung der Besonderheiten der eigenen Person in ihren verschiedenen Anteilen. Beides ist zum Erlernen und zur realistischen Einschätzung der Berufsrolle sowie zum Erwerb heilpädagogischer Kompetenz für die Beziehungsgestaltung unerlässlich.

In diesem Übersichtsartikel werden folgende Themen angesprochen:

• Ausgangspositionen und Grundlagen für Selbsterfahrung

Es besteht schon immer ein großes Interesse an der Persönlichkeit, den individuellen charaktcristischen Eigenschaften der Menschen, insbesondere aber daran, über die eigene Person mehr zu erfahren. Grund dafür ist einmal sicher Neugierde: Wie funktionieren unser Verstand und unsere Gefühle? Weshalb sehe ich eine Situation so, wie ich sie sehe? Weshalb ist mein Freund in einer bestimmten Situation wütend, während sie mich eher deprimiert?

Es ist aufregend, über diese Dinge nachzudenken und mit anderen über sie zu sprechen.

Ein weiteres Motiv kann der große Nutzen sein, den wir aus dem Bemühen ziehen können, Antworten auf solche Fragen zu finden. In jedem Leben gibt es Freude und Glück, aber auch Trauer und Leid. Körperlicher Schmerz, unerfüllte Erwartungen, viele kleine oder größere Ärgernisse und Unregelmäßigkeiten, Menschen, die uns abweisen oder uns kränken - alles das kann bewirken, dass wir leiden: Wir fühlen uns abgelehnt, missbraucht, minderwertig, unfähig; wir spüren, dass "uns etwas fehlt", dass wir versagen, unsere Ziele nicht erreichen. Wir empfinden Druck, Einengung, Leere. Wir trauern über zerbrochene Beziehungen und den Verlust lieber Menschen.

Gewöhnlich helfen sich Menschen dadurch, dass sie für das Leid äußere Umstände verantwortlich machen:

Wenn die Post pünktlich gekommen wäre...; wenn mein Rücken nicht so wehtäte...; wenn die Fahrt zur Arbeit nicht so stressig wäre...; wenn die Kollegen einsichtiger wären; wenn die Leute doch erkennen würden, wie klug und liebenswert ich wirklich bin - dann wäre ich wirklich zufrieden... "Wenn das Wörtchen 'wenn' nicht wär..."

Kennen wir uns etwas besser, wird uns klar, dass es zwar ärgerliche Ereignisse dieser Art gibt, dass wir aber auch einen Großteil unseres Leides unnötig selbst schaffen:

Würde ich meine Arbeit besser einteilen, wäre ich nicht so abhängig vom Postempfang; würde ich mit meinem schmerzenden Rücken nicht so schwere Gegenstände heben...?; würde ich 10 Minuten früher zur Arbeit aufbrechen...?; würde ich die Kollegen über wichtige Anliegen frühzeitig und angemessen informieren...?; hätte ich die Bestätigung anderer nicht so nötig...?, dann wäre mein Leben sicher um einiges leichter.

So fragen sich Menschen, die sich bemühen, *selbst*-bewusster zu leben: Was ist da in meiner Persönlichkeit, das mich ungeduldig macht und in einer Welt, die bestimmten Gesetzmäßigkeiten folgt, so oft leiden lässt? *Warum* neige ich dazu, die von anderen erhaltene oder erhoffte Anerkennung zu überschätzen, obwohl ich gedanklich weiß,

dass sie gar nicht so wichtig ist? *Was habe ich davon,* mir Dinge auf-
zubürden, die mir Rückenschmerzen verursachen? Könnte ich die
Lasten verlagern, andere um Hilfe bitten, Arbeit teilen? *Wie kommt
es* dazu, dass ich die Dinge so tue, wie ich sie tue und unver-
hältnismäßig darunter kranke, leide? Wie gehen meine Mitmenschen
mit solchen Problemen um?

Ein Blick in die Menschheitsgeschichte lehrt uns:

Die Forderung nach Selbsterkenntnis als Voraussetzung und Gestaltung der eigenen Persönlichkeit und Aufgabe zur Menschwerdung ist
so alt wie die menschlichen Hochkulturen. Alle Weisheitslehren und
Religionen betonen, dass der Mensch andere Menschen nur so weit
verstehen kann, als er sich selber kennt:

Der Apollo-Tempel des Orakels in Delphi trug die Aufschrift:
"Erkenne dich selbst".

Ein Lehrsatz altindischer Philosophie lautet: "Das bist du, das bin
ich". Hier wird bereits das Dialogische des Selbsterkenntnisprozesses
in der zwischenmenschlichen Beziehung angedeutet.

Im christlichen Liebesgebot wird verlangt, "den Nächsten zu lieben
wie sich selbst" (Mk 12, 33). Dies entspringt der Erkenntnis, dass nur
der zu anderen gut sein kann, der sich selber leiden mag, d.h. sich
selber bewusst akzeptiert mit allen Licht- und Schattenseiten. Wer
sich als Christ auf den wahren Weg zum wahren Menschsein macht,
der wird weiter so angesprochen:

"Ihr habt gehört, daß gesagt worden ist: Du sollst deinen Nächsten
lieben und deinen Feind hassen. Ich aber sage euch: Liebt eure Fein-
de und betet für die, die euch verfolgen..." (Mt 5, 43)

Diese von vielen als Unsinn, Weltfremdheit und schier unmögliche
Forderung missbilligte Lebensaufgabe deutet der Schweizer Tiefenpsychologe C. G. JUNG (GW XI, 367) auf folgende Weise:

„Wenn ich nun aber entdecken sollte, daß der Geringste von allen,
der Ärmste aller Bettler, der Frechste aller Beleidiger, ja *der Feind
selber in mir ist,* ja daß ich selber des Almosens meiner Güte bedarf,
daß ich mir selber der zu liebende Feind bin, was dann?"

Und er gibt die Antwort:

„Wenn man sich jemanden vorstellt, der tapfer genug ist, die Projektionen seiner Illusionen allesamt zurückzuziehen, dann ergibt sich

ein Individuum, das sich eines beträchtlichen «Schattens»[1] bewußt ist. Ein solcher Mensch hat sich neue Probleme und Konflikte aufgeladen. Er ist sich selbst eine ernste Aufgabe geworden, da er jetzt nicht mehr sagen kann, daß die *anderen* dies oder jenes tun, daß *sie* im Fehler sind und daß man gegen *sie* kämpfen muß. Er lebt im «Hause der Selbstbesinnung», der inneren Sammlung. Solch ein Mensch weiß, daß, was immer in der Welt verkehrt ist, auch in ihm selber ist, und wenn er nur lernt, mit seinem eigenen Schatten fertig zu werden, dann hat er etwas Wirkliches für die Welt getan. Es ist ihm dann gelungen, wenigstens einen allerkleinsten Teil der ungelösten riesenhaften Fragen unserer Tage zu beantworten.“ (GW II, § 140)

Das ist eine ungeheuer Mut machende und herausfordernde Deutung und Aussage: Die Erkenntnis des eigenen Schattens als weltverändernde Leistung! Es ist zugleich eine Absage an die Kleingeistigkeit und Hoffnungslosigkeit vieler Menschen unserer Tage, die stets zu sagen gewohnt sind: "Das ist alles so schrecklich, aber ich kann ja doch nichts daran ändern; sollen mal erst 'die anderen', die 'da oben' anfangen..."

Im biblischen Matthäus-Evangelium wird der Mensch ebenfalls zu einer solchen Auseinandersetzung mit seinem Schatten herausgefordert. Es wird ihm aufgetragen, *mit sich selbst* und *dadurch mit dem Du* in Frieden zu leben und auf diese Weise in der Welt Frieden zu schaffen, indem er sein *Fremdbild* korrigiert:

---

[1]Den *Schatten* definierte JUNG 1945 ganz klar und direkt als das, was ein Mensch "nicht sein möchte". (GW XVI, § 470) Der Schatten hat zwei Aspekte, einen gefährlichen und einen wertvollen. Die wertvollen Anteile sind Werte und unterdrückte positive Eigenschaften, die nicht in das eigene Selbstbild passen oder die sich schwer mit anderen Neigungen und Strebungen vereinbaren lassen. Der Mensch "lebt nur halb", weil er Teile seiner Persönlichkeit abspaltet. Wenn der Schatten wertvolle Lebenselemente enthält, sollten sie ins Leben eingebaut und nicht bekämpft werden. Dann muss vielleicht ein Stück der äußeren Maske (Persona) geopfert werden. Der Schatten besteht aber nicht nur aus den kleinen Schwächen und Schönheitsfehlern, sondern aus allen inferioren Persönlichkeitsanteilen, deren unterste Schichten sich kaum von der Triebhaftigkeit eines Tieres unterscheiden lassen. Zum Schatten gehören zudem alle verdrängten, minderwertigen und schuldhaften Anteile der Person, die bisher unbewusst das Leben des Menschen beherrschten und ins Bewusstsein integriert werden müssen, wenn der Mensch "ganz Mensch werden" will. Dies ist ein schwieriges moralisches Problem und zugleich ein wichtiger Schritt zur Selbsterkenntnis als Vorstufe zur Selbstverwirklichung (Individuation).

"Warum siehst du den Splitter im Auge deines Bruders, aber den Balken in deinem eigenen Auge bemerkst du nicht?... Du Heuchler! Zieh zuerst den Balken aus deinem Auge..." (Mt 7,3 u. 7,5)

Hier ist das Phänomen der *Projektion* angesprochen: Sobald man einen kleinen Fehler beim anderen gefunden zu haben meint, braucht man bei sich selber nicht mehr nach größeren Fehlern zu suchen. Der Mensch entlastet sich auf diese Weise unbewusst vom eigenen Schatten, unterliegt aber zugleich unbemerkt der eigenen *Selbsttäuschung:*

Indem er die eigenen, ungeliebten Anteile aus sich heraus auf einen oder eine Gruppe von Menschen verlagert, meint er, der "Andere" sei es, der wegen seiner negative Seiten 'erzogen' und bekämpft werden müsse. In Wirklichkeit wird *der eigene Schatten* in der Person des anderen bekämpft. Dadurch entsteht Krieg auf vielen Ebenen, innere wie äußere Zerstörung.

Zu allen Zeiten bis heute waren und sind politische Hetzpropaganda und Pogrome (Verwüstung, Hetze mit Plünderung und Gewalttaten gegenüber Andersgläubigen und anderen Rassen, besonders gegen Juden); Religionskriege (z.B. Kreuzzüge), Inquisition (Ketzerverbrennung und Hexenwahn) sowie Klatsch und Tratsch der Menschen voll von Projektionen, die die objektive Sicht auf andere Menschen verdunkeln, die Möglichkeiten echter menschlicher Beziehung verhindern und letztendlich menschliches Leben einschränken, behindern oder vernichten.

In der biblischen Weisheit vom Splitter im Auge des anderen und dem Balken im eigenen Auge wird der Mensch zur mutigen Rücknahme der Projektion, zum Hinschauen auf das Störende nicht nur beim anderen, sondern bei sich selbst herausgefordert. In solcher Selbsterfahrung kann er mit Hilfe anderer reflektieren, was ihn bei seiner Fremdwahrnehmung so affektiv betroffen macht und wie die Auslöser eigener affektiver Betroffenheit (nämlich die eigenen Schattenseiten) vom eigenen Idealbild abhängen und mit dem Selbstbild zu vereinbaren sind, ohne dass sie maskiert, verdrängt und schließlich anderen Menschen angelastet und aufgebürdet werden.

Insofern hängt es von uns selber ab, ob unser Schatten zum Freund oder Feind wird. Dieser zunächst unbekannte Anteil unseres Selbst, mit seinen verborgenen Schätzen und lauernden Gefahren ist - wie der äußere Mitmensch - gewissermaßen ein 'Wesen', mit dem man auskommen muss, sei es durch Zugeständnisse, Abwehr oder Liebe. Der Schatten wird nur feindlich, wenn man ihn ganz verständnislos behandelt oder links liegen lässt. Dann entstehen nicht nur *im einzelnen Menschen,* sondern auch *in der menschlichen Gemeinschaft* jene gefährlichen Zuschreibungen, Etikettierungen und Stigmatisierungen, die als "Außenseiterphänomen", "Sündenbockphänomen", als Phänomen des "Schwarzen Schafes" oder des "Prügelknaben" (NEUHAUS 1993, 104) von alters her bekannt sind. Auch der "Fremdenhass" ist ein solches Phänomen: "Ich lehne (in mir das) ab, was mir (bei mir selber) fremd und unheimlich vorkommt. Die eigene Selbstverachtung und Minderwertigkeit wird 'verfremdet', nach außen auf den anderen Menschen verlagert und an diesem bekämpft: „Das Fremde, der Fremde, die mir Angst machen!"

Auch der helfende Beruf, bzw. der Mensch, der eine solche Berufswahl trifft, hat seine "Schattenseite".

Sie kann darin bestehen, 'aufopfernd' auf der Seite der Unterdrückten zu kämpfen (und dadurch zugleich wiederum andere zu unterdrücken); sich dem hilfsbedürftigen Menschen 'aufopfernd' zuzuwenden (falscher Altruismus) und sich unbewusst in diesem Tun selber zu 'pflegen'. Reicht diese (auf Kosten Dritter gewonnene) Selbstbefriedigung uneingestandener Bedürfnisse nicht aus, können Enttäuschung, Selbstmitleid und schließlich Ausgebranntsein oder (auto-) aggressive Reaktionen in vielen Verkleidungen und mit vielen Rechtfertigungen folgen.

- **Selbsterfahrung als ethische Verpflichtung**

Aus dem Gesagten erwächst für die Heilpädagogin die *berufsethische Verpflichtung,* sich durch Selbsterfahrung eine Maxime herauszuarbeiten, die für ihr persönliches Leben *und* ihr heilpädagogisches Handeln und darüber hinaus als Richtschnur für die menschliche Gemeinschaft gelten kann.

Eine solche Maxime könnte die "Goldene Regel" sein, eine nicht nur hypothetische, bedingte, sondern kategorische, apodiktische, *unbe-*

dingte Wertgrundlage, aus der heraus Handlungsnormen und -kategorien erschlossen und angewendet werden können, wie sie in komplexen Situationen, denen sich der Einzelne und Gruppen von Menschen heute ausgesetzt sehen, lebensnotwendig und menschenwürdig sind.

Diese goldene Regel ist schon bei Konfuzius bezeugt: «Was du selbst nicht wünschst, das tue auch nicht anderen Menschen an.» (KONFUZIUS ca. 551 - 489 v. Chr.); aber auch im Judentum: «Tue nicht anderen, was du nicht willst, das sie dir tun» (RABBI HILLEL 60 v. Chr. - 10 n. Chr.), und schließlich auch im Christentum: «Alles, was ihr wollt, das euch die Menschen tun, das tut auch ihr ihnen ebenso.» KANTs kategorischer Imperativ könnte als eine Modernisierung, Rationalisierung und Säkularisierung dieser Goldenen Regel verstanden werden: «Handle so, daß die Maxime deines Willens jederzeit zugleich als Prinzip einer allgemeinen Gesetzgebung gelten könnte», oder: «Handle so, daß du die Menschheit, sowohl in deiner Person, als in der Person eines jeden anderen ... jederzeit zugleich als Zweck, niemals bloß als Mittel brauchst.»

Deshalb ist die berufsbezogene Selbsterfahrung ein unerlässliches Element in Studium und Ausbildung der Heilpädagogin. Wer sich dem entzieht, ist mit Sicherheit (zur Zeit) nicht für den Beruf der Heilpädagogin geeignet, denn bevor sie sich zutrauen kann, anderen Menschen bei der Lösung ihrer Probleme zu helfen, sollte sie gelernt haben, ihre eigenen Probleme hinsichtlich ihrer Beziehungsarbeit einzuschätzen bzw. auszuklammern. Mit Hans ZULLIGER (1957), dem Pädagogen und Kinderanalytiker, kann man sagen:

„Es ist nicht übertrieben auszusagen, daß der Heilpädagoge die Kinder und Jugendlichen nicht besser versteht, als er sich selber versteht.“

• Hilfen zur Selbsterkenntnis

Da dieses Selbstverständnis nicht leicht und manchmal schwierig ist, sollte die Heilpädagogin jene persönlichen Anzeichen zu bemerken lernen, die ihr signalisieren, dass sie sich selber in einer Begleitungs- oder Beratungssituation unzulässig involviert. Körpersignale wie:

Erschrecken, Erröten, Erblassen, Hitze oder Kältewellen, Sprachlosigkeit, Verkrampfungen, Kopfschmerzen, Unkonzentriertheit, unvermuteter Blasendruck bzw. Harndrang können u.a. Ausdruck von Spannungen aufgrund Furcht, Angst, Hilflosigkeit sein. Affektive Imspulse wie: Ärger, Wut, Empörung oder Nachgiebigkeit, Unsicherheit, Suche nach Ausreden, das Gefühl, "ertappt" worden zu sein, der unbedingte Wunsch dies oder das "durchsetzen zu müssen", Ironie, Bloßstellen oder Lächerlichmachen anderer können u.a. eine Abwehr der Furcht vor Tadel, der Angst vor Bloßstellung oder Verletzung, der Angst vor "Liebes"-Verlust bzw. positiver Zuwendung sein.

Darüber hinaus sollte sich die Heilpädagogin nach bestimmten Eigenschaften oder Verhaltensweisen fragen, die ihr in ihrem bisherigen Leben von anderen als störend benannt wurden; sie sollte sich fragen, ob es im eigenen Leben sich wiederholende und für sie 'typische' Situationen gibt, die zu ähnlichen oder gleichen Verstrickungen und Konfliktlösungen geführt haben (z.B. zu Beziehungsabbrüchen in einem bestimmten Stadium; oder 'typischer' Ärger in beruflichen Situationen); auch Vorurteile, die bei anderen Menschen entdeckt wurden, weisen oft auf eigene, ähnliche Besetzungen hin.

Zur Selbsterfahrung gehört, sich seiner Daseinsängste bewusst zu werden und zu wissen, dass auch die Heilpädagogin zur Überwindung solcher Angst den aggressiven Selbsterhaltungtrieb einsetzt. Indem die Heilpädagogin ihre *eigene Aggression* akzeptiert und gestaltet, kann es ihr gelingen, aggressives Verhalten des Kindes/Jugendlichen zu ertragen, nicht als persönlichen Angriff zu werten und (selbst-) zerstörerisch zu reagieren, sondern mit Hilfe der einsichtigen Vernunft und der Reflexion eigener und fremder Gefühle die Qualität und Quantität ihrer aggressiven Impulse zu steuern. Dies gilt auch für die gestaltete Beziehung gegenüber Autoritäten, z.B. der Eltern (−>Elternarbeit) oder Vorgesetzen (−>Teamgespräch). Je weniger die Heilpädagogin um ihre eigene Selbstbehauptung besorgt sein muss, um so eher kann sie auf kompromisslose Verfechtung eigener Vorstellungen verzichten und statt dessen eine −>Autorität verkörpern, die Interesse, positive Gefühle der Sympathie, Achtung, Bewunderung, Liebe für den beeinträchtigten Menschen, seine Umgebung und die gemeinsame Aufgabe weckt. Dazu gehört es, die eigenen unbewussten sadistischen und masochistischen Impulse, die Grausamkeits- und Vergeltungswünsche in der eigenen menschlichen Natur mit Hilfe Dritter in berufsbezogener Selbsterfahrung und –> Supervision zu erfühlen, zu verstehen und so beherrschen zu lernen, um die psychodynamischen Kräfte sublimiert[1] einsetzen zu können. Schließlich sollte die Heilpädagogin aufgrund ihrer Selbsterfahrung und im daraus erwachsenden Wissen um ihre *existenzielle* menschliche Begrenztheit, aber auch im Wissen um ihre Begabungen und Fähigkeiten, die ihr ermöglichen, ihre Lebensaufgabe und berufliche Aufgabe zu meistern, bereit sein, sich zeitlebens in eine *geistig-seelische Auseinandersetzung* mit sich, der Welt und einer darüber hinausgehenden transzendenten Anschauung (Gott) zu begeben, um Sinn und Aufgabe menschlichen Lebens in Geburt, Krisen, Krankheit, Beeinträchtigung, Behinderung, Leiden, Sterben und Tod, ebenso wie in Lust, Freude, Liebe und Heil (Erlösung) immer tiefer zu erfahren und zu begreifen. Dies wird sie befähigen, auf ihrem eigenen Lebensweg zum ganzheitlichen Erleben, Verstehen und Gestalten menschlicher Existenz zu gelangen, um dadurch auf dem Lebensweg beeinträchtigter und behinderter Menschen zur Wegbegleiterin werden zu können und dies auch ohne 'Verbiegungen' sein zu dürfen.

• **Ziele der Selbsterfahrung**

Die Grundidee und die Zielperspektive lassen sich anhand des nachfolgenden Diagramms verdeutlichen:

---

[1]*Sublimierung* ist nach S. FREUD ein Abwehrmechanismus des Ich, durch den die Umwandlung unbewusster psychosexueller Energien in Impulse und Handlungen angestrebt wird, die als hoch bewertete soziale, kulturelle oder geistige Ziele anerkannt sind. Der Sexualtrieb stellt "der Kulturarbeit außerordentliche Kraftmengen zur Verfügung und dies infolge der bei ihm besonders ausgeprägten Eigentümlichkeit, sein Ziel verschieben zu können, ohne wesentlich an Intensität abnehmen zu können. Man nennt diese Fähigkeit, das ursprünglich sexuelle Ziel gegen ein anderes, nicht mehr sexuelles, aber psychisch mit ihm verwandtes zu vertauschen, die Fähigkeit zur Sublimierung". (GW VII, 150) Nach C. G. JUNG wird die "Libido", d.h. die psychosexuelle Energie des Menschen, nicht mehr ausschließlich als 'sexuelle Energie' im engeren Sinn verstanden, sondern vielmehr als 'psychische Energie', als 'Lebenskraft' schlechthin.

Bewusstes in Wahrnehmungen und Darstellungsweisen	Erleben	Verhalten	Beziehung
verbal			
nonverbal			
symbolisch			
Bezug zur aktuellen Lebenssituation			
Bezug zu Lebensgeschichte, Lebensweg			
Unbewusstes in Wahrnehmungen und Darstellungsweisen	Erleben	Verhalten	Beziehung

Abb. 50: Reflexionsebenen von Erleben und Verhalten in Beziehungen
(leicht verändert nach Jaeggi u.a. 1983, 15)

Bewusstes und *Unbewusstes* in Erleben, Verhalten und Beziehungen sollen auf verschiedenen Ebenen (verbal, nonverbal, symbolisch, in Bezug zur aktuellen Lebenssituation und in Bezug zu Lebensgeschichte und Lebensweg) deutlicher wahrgenommen und ausgedrückt werden können. Mit Hilfe dieser Grundidee lassen sich aus den genannten Grundlagen und Ausgangspositionen für Selbsterfahrung folgende Ziele bestimmen:

1. Vertiefte und reflektierte Erfahrungen mit der eigenen Person
- Vermehrtes Bewusstsein und vermehrte Sensibilität gegenüber den eigenen emotionalen Reaktionen und Ausdrucksweisen durch Selbstwahrnehmung; Wahrnehmung von Körpersignalen; Verstehen von bisher ungeklärten Zusammenhängen in der eigenen Lebens- und Lerngeschichte; Entwicklung der eigenen Person durch Annäherung an ihre charakteristischen Persönlichkeitsmerkmale; Erkennen typischer Beziehungsmuster und -strategien; typische Formen der Konfliktbewältigung; typische Umdeutungen eigener Erfahrungen;

- Erkennen der eigenen 'blinden Flecke', Vorurteile, Projektionen; erspüren von eigenem Widerstand und eigenen Gegenübertragungen;
- Auseinandersetzung mit eigenen Ängsten, mit den bevorzugten Formen der eigenen Angstabwehr;
- Bewusstwerden von persönlichen Werten und Zielen, besonders im Bereich erzieherischer, heilpädagogischer und sozialer Entscheidungen und Handlungen;
  Entwickeln von Vorstellungen und Einsichten, die dazu dienen, persönliche Werte, Ziele, Absichten und Handlungen mit den notwendigen Anforderungen der jeweiligen Situation und Aufgabe in Beziehung zu anderen Menschen hilfreich zu verbinden.

2. *Wissen um die Wirkung der eigenen Person auf andere*
- Ausdrucksverhalten und Reaktionsvermögen handelnd sinnvoll einsetzen;
- Annehmen, Prüfen, Akzeptieren und Verarbeiten von Fremdkritik; Unterscheiden von angemessener und unangemessener Fremdkritik;
- Verstehen der Reaktionen anderer ohne übermäßige persönliche Kränkung;
- Lernen, andere persönlich angemessen und sachgerecht zu kritisieren;

3. *Verbesserung der Empathie, der Kontaktfähigkeit und des aktiven Zuhörens*

4. *Transfer des Gelernten in den beruflichen Alltag*

5. *Entwicklung eines Menschenbildes und berufsethischer Grundlagen durch und in Gestaltung und Reflexion bewusster Kontakt- und Beziehungsaufnahme, um auch in schwierigen Lebenssituationen sinnvolles, mitmenschliches Handeln für sich und andere zu ermöglichen.*

Heilpädagogische Arbeit ist *erzieherisch-förderndes, (tiefen-) hermeneutisch-verstehendes, ganzheitliches Handeln und Reflektieren von Erlebens- und Verhaltensweisen in Beziehungen.* (Nicht, wie leider auch angenommen und praktiziert, methodisch-technisches Trainieren von Funktionen am Objekt.)

Deshalb muss auch in der Ausbildungssituation bzw. im Studium *ganzheitliches, lebendiges Lernen zwischen Lehrenden und Studierenden* praktiziert und eingeübt werden. (vgl. KÖHN 1992, 28) Die Heilpädagogin soll neben wissenschaftlichem Studium und im Verbund mit didaktischen und methodischen Überlegungen durch Selbsterfahrung erkennen lernen, dass ihr nicht passiv-rezeptiv beliebige Inhalte vermittelt werden, sondern dass der Student der Heilpädagogik

„als Wahrnehmender durch das Wahrgenommene selbst verändert wird, und daß er auch umgekehrt durch seine Individualität das jeweils Wahrgenommene in spezifischer Weise bearbeitet und strukturiert. In der Ausbildung sollte dieser Prozeß möglichst so beschaffen sein, dass die eigene Erfahrung des Studenten mit sich selbst einer Erfahrung entspricht, von der wir annehmen, daß sie einem Klienten in einer therapeutischen Beziehung hilfreich ist." (JAEGGI ebd. 14)

Dabei wird die Heilpädagogin ihr Gegenüber unter den Aspekten Erleben, Verhalten und Beziehung, auf verbaler, nonverbaler und symbolischer Ebene bewusst wahrnehmen und zugleich mit ihrem Gegenüber unbewusst auf allen Ebenen korrespondieren lernen. Die Ausdrucksweisen des Kindes und Jugendlichen, seiner Eltern und die der Heilpädagogin bilden auf diese Weise ein vielfach verwobenes Szenario. Sowohl die aktuelle Lebenssituation als auch der Bezug zur Lebensgeschichte, zum Lebensweg in ihrer *Lebensbedeutsamkeit* (der unterschiedlichen Art und Weise, wie dieser Weg bis jetzt 'begangen' und daher erlebt wurde und wird) können im Hier-und-Jetzt der Beratungs- oder Begleitungssituation, eher bewusst oder unbewusst, von allen Teilnehmern inszeniert werden. Die Heilpädagogin wird mittels 'szenischem Verstehen'[1] versuchen, die unbewusste Dynamik der Szenen in Aufbau, Abfolge, Darstellungsform und Inhalt zu erken-

---

[1]*Szenisches Verstehen* ist ein tiefenhermeneutischer, diagnostischer Ansatz, der zunächst in psychoanalytischen Therapien angewendet wurde, um unbewusste Konflikte der Patienten zu entschlüsseln und der Behandlung zugänglich zu machen. In der tiefenpsychologischen Therapie spiegeln sich diese unbewussten Konflikte in der konkreten Interaktion zwischen dem Patienten und dem Analytiker szenisch wieder und können so erkannt, aufgedeckt und schließlich bearbeitet werden. Szenische Darstellungen finden aber auch überall im Alltagsleben statt, werden dort aber meist nicht als solche erkannt. (vgl. LORENZER 1970)

nen. Sie fühlt sich in die Sinn-Bedeutung der Szenen ein und versucht aus diesem Verstehen heraus zu einer angemessenen, analogen *Beziehungs* und damit *Erziehungs*-Sprache wiederum verbal, nonverbal oder symbolisch zu gelangen.

• Wege in die Selbsterfahrung

Die Selbsterfahrungsgruppe beginnt mit der bewussten Hinwendung zum eigenen Lebensweg der Heilpädagogin, zu äußeren Situationen und inneren Zuständen der persönlichen Entwicklung als Kind, Jugendlicher und Erwachsener, zum Befinden im Hier-und-Jetzt der Lerngruppe mit möglichen Projektionen und Übertragungen und mündet in Bildern von Lebensentwürfen für die Zukunft. Dabei kommen vorrangig solche Methoden und Übungselemente zur Anwendung, wie sie die angehende Heilpädagogin später selber in ihrer Arbeit nutzen wird, um über eigenes und fremdes *Erleben* und *Verhalten* die –>Kompetenz zur angemessenen *Beziehungsgestaltung* zu erwerben.

In der Selbsterfahrungsgruppe kommt es darauf an, sich nach einer Eingewöhnungsphase gegenseitigen Vertrautwerdens und sich Einlassens gezielt vorzunehmen, auf was man bei sich und anderen besonders achten möchte, um sich so eigenem und fremdem Erleben und Verhalten zu öffnen und auf diese Weise die eigenen Erfahrungen für den gemeinsamen Lernprozess zur Verfügung zu stellen. Ein einfaches grafisches Modell für diese Vorgehensweise ist das Johari-Window (–>Abb. 51) , benannt nach seinen Autoren Joe Luft und Harry Ingham. Es stellt (hier in leicht abgewandelter Form nach ANTONS, 1973) die Veränderungen von Selbst- und Fremdwahrnehmung im Verlaufe eines reflektierten Gruppenprozesses dar.

Quadrant A: Ist der Bereich der freien Aktivität, der öffentlichen Sachverhalte und Tatsachen, wo Verhalten und Motivationen sowohl mir selbst bekannt als auch für andere wahrnehmbar sind.

Quadrant B: Ist der Bereich des Erlebens und Verhaltens, der mir bekannt und bewusst ist, den ich aber anderen nicht bekannt gemacht habe oder machen will. Dieser Teil des Verhaltens ist für andere verborgen oder versteckt.

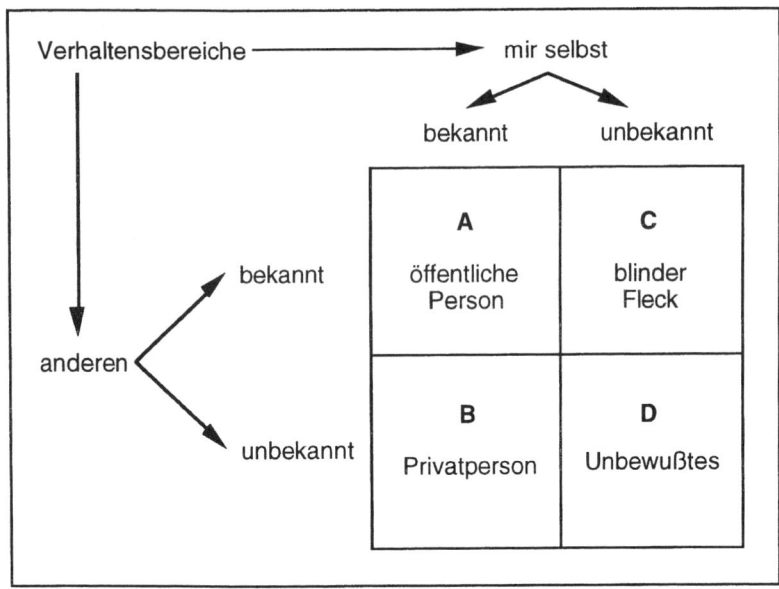

Abb. 51: Das „Johari"-Fenster (in: Antons 1973, 111)

Quadrant C: Ist der blinde Fleck der Selbstwahrnehmung, d.h. der Teil des Verhaltens, der für andere sichtbar und erkennbar ist, aus dem mein Erleben vermutet werden kann, der mir selbst hingegen nicht bewusst ist. Abgewehrtes, Vorbewusstes und nicht mehr bewusste Gewohnheiten fallen hierunter.

Quadrant D: Ist jener Bereich, der Vorgänge erfasst, die zunächst weder mir noch anderen bekannt sind und sich in dem Bereich bewegen, der in der Tiefenpsychologie 'unbewusst' genannt wird. Er kann sich z.B. durch unwillkürliche Körperreaktionen, Mimik, Gestik oder Fehlleistungen erkennbar machen.

In der Selbsterfahrungsgruppe kommt es nun darauf an, den Bereich A der "öffentlichen Person", d.h. zugleich den persönlichen Freiraum, der zunächst sehr eng und eingeschränkt ist,

(1) *zu vergrößern,* um auf diese Weise mehr emotionale und soziale Entwicklungsmöglichkeiten für sich zu entdecken, einzuüben, zu festigen und in berufliche Situationen zu transferieren. Dadurch werden zunächst die Bereiche B und C verkleinert.

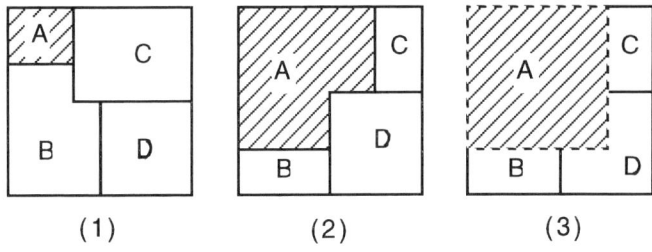

Abb. 52: Prozess der Verringerung des „blinden Flecks" und vorbewusster Erlebens- und Verhaltensformen durch Öffnung der „Privatperson" gegenüber Dritten in der berufsbezogenen Selbsterfahrungsgruppe

(2) Der Preis, der für die Verringerung des 'blinden Flecks' zu zahlen ist, ist die 'Preis-Gabe' der Privatperson, d.h. Anteile jener Erlebnisse und Verhaltensweisen, die normalerweise nicht ohne weiteres anderen bekannt gemacht werden. Aufgrund der Einsichten und Erkenntnisse, die der Heilpädagogin im offenen Umgang mit anderen Menschen über ihr *Erleben* und *Verhalten* in *Beziehungen* auf ihrem bisherigen Lebensweg und im Hier-und-Jetzt der Selbsterfahrungsgruppe bewusst werden, kann auch der zunächst unberührte Bereich des Unbewussten immer durchlässiger und verfügbarer werden.

(3) Insgesamt wächst die Flexibilität, Authentizität und Selbstkongruenz der Heilpädagogin und damit zugleich die immer neue Chance objektiverer Selbst- und Fremderkenntnis, mit dem Ziel der Selbstverwirklichung für sich und andere.

Die Methoden zur Vergrößerung des Freiraumes A sind insbesondere:

- Informationen über sich und bisher privates Erleben und Verhalten preiszugeben;

- Feedback (Rückmeldung) über Verhalten und vermutetes Erleben zu vermitteln und aufzunehmen;

- Mit heilpädagogischen relevanten Methoden wie Spielen, Malen, Erzählen, Schreiben, Bewegen dem eigenen Erleben aufgrund des erhaltenen Feedbacks Ausdruck zu verleihen;

- Den Entstehungsprozess, das Ergebnis und die Darstellung der 'Preis-Gabe' zunächst für sich und dann unter Mitwirkung der Gruppenmitglieder vertieft zu reflektieren.

Bis zu welchem Maße das möglich ist, wird weitgehend durch die Lernbereitschaft und die Lernfähigkeit des einzelnen und der Gruppe bestimmt. Techniken und Wirkweisen dazu sind:

- "Das Selbstbild des anderen akzeptieren und ernst nehmen
- Selbst mitteilen, wenn die eigenen Grenzen erreicht sind
- Bereitschaft, das Selbstverständnis zu erweitern, wodurch die Bereitschaft, Feed Back zu geben und zu empfangen, wächst
- Dadurch wird dem Gegenüber Sicherheit und Bereitschaft gegeben, vorurteilsfrei zu hören
- Dadurch wird der Widerstand gegen Verhaltensänderungen und die Angst vor der Bearbeitung der Hintergründe verringert
- Es wird möglich, die eigene Situation zu reflektieren und neue, zukunftsorientierte Aktivitäten auszuprobieren
- Durch das Feedback wird die eigene Wirkung auf andere erfahren, auch die Wirkung von non- und präverbalen Verhaltensweisen." (ANTONS 1973, 112)

In der Selbsterfahrungsgruppe kommt es darauf an, dass sich die Teilnehmer gegenseitig annehmen, sich akzeptieren und unterstützen in ihrem Versuch, sich selbst besser kennenzulernen. Wenn sich alle Gruppenmitglieder *verantwortlich,* d.h. in gleicher Weise zugehörig, miteinander unterwegs und im gleichen Ziel zusammengehörig fühlen, kommt es bei jedem einzelnen zum psychodynamischen Geschehen und in der Gruppe zu einer lebendigen, ungeschminkten Auseinandersetzung. Das Ergebnis sind der Wunsch und der Mut, sich in bestimmten Situationen und in ihren Beziehungen *neu* zu erleben und *neu* zu verhalten, unter Rücknahme bisher hinderlicher unbewusster Projektionen, Übertragungen und eingefurchter Verhaltensmuster. So wird *lebendiges Lernen* zur Veränderung möglich. Jeder einzelne, die Leiter und die Mitglieder, sind mitverantwortlich dafür, dass es bei einem Teilnehmer nicht zur Angst vor dem 'Eingeschätztwerden' kommt, zum 'Sich-vergleichen' im Sinne von 'besser' oder 'schlechter'. Geschieht dies, besteht die Gefahr, dass sich Teilnehmer strategisch klug und taktisch verhalten, ihre eigenen Konflikte in den anderen und auf den anderen projizieren oder sich der Mitarbeit enthalten, z.B. durch:

Projektion: „Nicht ich, sondern ein anderer ist schuld und muss bestraft werden (Prügelknabe); nicht ich bin feige, träge, unfähig, überfordert, mangelhaft vorbereitet, sondern der andere (Sündenbock); nicht ich habe Furcht und Angst, meinem Schatten zu begegnen, sondern der andere ist so gefährlich und bedrohlich."

Hier werden nicht akzeptierte Empfindungen und Merkmale der eigenen Person unbemerkt anderen zugeschrieben und mittels Abwehrmechanismen das eigene Verhalten vor sich selber legitimiert.

Übertragung: Die Heilpädagogin überträgt unbewusst (und damit unkritisch und unangemessen) frühere Erlebnisse und Erfahrungen, vor allem mit Eltern und Geschwistern, auf die Leiter oder die Gruppenmitglieder. Übertragungen sind normale Alltagsvorgänge, die jedermann immer wieder nutzt und die normalerweise das Leben aus der Erfahrung heraus erleichtern. Enthalten sie allerdings unverarbeitete Verletzungen, Kränkungen, unerfüllte Wünsche und Hoffnungen, Ängste, Beschämungen usw., dann erlebt die Heilpädagogin Gefühle, Triebe, Haltungen, Fantasien und Abwehr in bezug auf eine Person in der Gegenwart, die dieser Person und dieser Situation *nicht angemessen* sind. Dabei kommt es zu einer Wiederholung, zu einer Verschiebung von Reaktionen, die der Beziehung zu wichtigen Personen aus der frühen Kindheit entspringen. Jede Übertragung kann sowohl *positiv* wie *negativ* getönt sein. Positive Übertragungen sind erotische Gefühle und Formen des sexuellen Begehrens, wie Sympathie, Liebe, Respekt. Negative Übertragungen enthalten meist irgendeine Form der Aggression, die als Zorn, Abneigung, Hass oder Verachtung sichtbar wird. *Alle* Übertragungsreaktionen sind jedoch immer *ambivalent,* d.h. doppelwertig, sie enthalten sowohl Liebe als auch Hass, die auch die primären frühkindlichen Beziehungen zu den Bezugspersonen (–>Elternarbeit) kennzeichnen.

Widerstand: Der Widerstand der lernenden Heilpädagogin richtet sich gegen das "Entdecktwerden", gegen die Begegnung mit dem eigenen Schatten, z.B. in Gedanken wie: „Was würden die oder der über mich denken und von mir halten, wenn sie wüssten..." Um "unentdeckt" zu bleiben, fallen einem stets "gute Gründe" ein. Nicht:

„Ich traue mich nicht, mich ins Spiel zu bringen"; sondern: „Die anderen haben so gewichtige Probleme, dass ich ihnen ihre kostbare Zeit mit meinen Bagatellen nicht stehlen will..." Widerstände sind Wiederholungen aller Abwehrmaßnahmen, die der Mensch in seinem Leben bisher benutzt hat und mit denen er bisher mehr oder weniger Erfolg hatte. In der Selbsterfahrungsgruppe kommt es darauf an, sich seiner Widerstände bewusster zu werden und ein Stück weit zu erkennen, *wie* Widerstand geleistet wird, *wogegen* Widerstand geleistet wird und *warum/wozu* Widerstand geleistet wird.

Ziel für die Reflexion von Projektionen, Widerständen, Abwehrhaltungen und Übertragungsreaktionen ist es, der lernenden Heilpädagogin dabei zu helfen,

a) ihr Erleben deutlicher wahrzunehmen, um angemessenere Verhaltensweisen zu entwickeln, so dass nicht unnötig psychische Kräfte zur Aufrechterhaltung von Projektionen, Übertragungen und Widerständen gebunden werden und statt dessen im Feld der freien Aktivität zur Verfügung stehen;

b) in Begleitungssituationen mit dem Kind, dem Jugendlichen und in der –>Elternarbeit die fremden Projektionen, Widerstände, Abwehrhaltungen und Übertragungsreaktionen zu erkennen und von eigenen Projektionen und *Gegenübertragungen[1]* unterscheiden zu lernen, damit Bedürfnisse und Konflikte der Heilpädagogin die Klienten nicht dominieren, sondern statt dessen das eigene Unbewusste, die Empathie und Intuition der Heilpädagogin mittels Teil- bzw. Probe-Identifikation und eigenem Wissen ungehindert zur Erkenntnis der Problematik der ihr anvertrauten Menschen hinführen kann.

---

[1] *Gegenübertragung* ist die (aus der Psychoanalyse kommende) Bezeichnung für solche positiven oder negativen Übertragungsreaktionen, die *die Heilpädagogin* in ihrer beruflichen Beziehungsgestaltung *gegenüber* dem Kind, dem Jugendlichen oder deren Eltern und Bezugspersonen durch den Einfluss eigener unbewusster Bedürfnisse und Konflikte entwickelt. Werden Gegenübertragungsgefühle der Heilpädagogin bewusst und von ihr reflektiert, sind sie ein wichtiges *diagnostisches Instrument* in der Beziehungsgestaltung zwischen ihr und den Klienten.

- **Eigenanamnese und Tagebuch der Heilpädagogin als Entwicklungsinstrumente**

Berufsbezogene Selbsterfahrung hat das Ziel, die eigene Wahrnehmung zu sensibilisieren, um für die Wahrnehmung anderer aufgeschlossener und vorurteilsfreier zu werden, damit berufliche, pädagogisch-fördernde und helfende Beziehungen realistischer gestaltet werden können. Dazu soll sich die Heilpädagogin in solche Methoden einüben, die sie später in ihrer Berufspraxis mit anderen Menschen hilfreich einsetzen will.

Deswegen ist es eine notwendige *berufsethische* Forderung, dass jede Heilpädagogin sich während ihres Studiums, ihrer Ausbildung und später während ihrer beruflichen Tätigkeit immer wieder mittels berufsbezogener –>Selbsterfahrung und –>Supervision auf die gleiche Weise zu reflektieren und mit ihrem Leben auseinanderzusetzen lernt, wie sie es zusammen mit den ihr anvertrauten Menschen tun will. Dies sollte dadurch geschehen, dass der eigene Lebensweg beschrieben und Tagebuch geführt wird. Es kommt dabei nicht nur darauf an, Fakten und konkrete Ereignisse zu sammeln, sondern vor allem *Erlebnisse* zu beschreiben, die einen sowohl positiv wie negativ geprägt haben, um sie später - meist in anderem Licht - erneut zu reflektieren und so dem eigenen Entwicklungsweg folgen zu können. In Lebensbericht (über die Vergangenheit) und Tagebuch (über die Gegenwart) stellt der Mensch sich alles, was er bisher mit- und durchgemacht hat, vor Augen. Daher dürfte es öfter sinnvoll sein, *das Geschehen wie das Erleben zu malen* (wie es die Heilpädagogin auch anderen zu tun empfiehlt, um mit ihnen ihren Lebensweg in der bildhaft-symbolischen Aussage zu reflektieren).

Eine wichtige Methode heilpädagogischer Arbeit zu Beginn und im weiteren Verlauf der HpE ist die Anamneseerhebung als Instrument des Kennenlernens und Verstehenlernens des Kindes und der Eltern in Ihren Beziehungs- und Erziehungsverhältnissen. Sie dient dazu, den *Lebensweg* des Kindes oder Jugendlichen in seiner Familie und seinem Umfeld erlebnismäßig annähernd 'nachgehen' und 'mitgehen' zu können, um sich auf diese Weise der *Lebensbedeutsamkeit* erlebter Ereignisse für dieses Kind, diesen Jugendlichen und seine Eltern und Bezugspersonen aus deren jeweiligem Blickwinkel bewusst zu werden.

Im Wissen darum, dass sich auch die Heilpädagogin selber als Mensch auf dem Hintergrund der Lebensbedeutsamkeit von Ereignissen im eigenen Werde-Gang ständig entwickelt oder auch an ihrer Entwicklung gehindert ist, bedeutet die *Eigenanamnese* eine hilfreiche Methode zur Selbsterkenntnis. Darum möchte auch die Heilpädagogin immer wieder selber etwas über ihre eigene Entwicklung, über ihr Leben wissen. So blättern wir immer wieder in unseren Fotoalben, um uns an Erlebnisse, Urlaubsfahrten u.a. zu erinnern. Oftmals verstehen wir dann manche Situation anders, neu. Wer als Heilpädagogin seinen Lebenslauf malt oder schreibt, schafft sich die Möglichkeit, seine Vergangenheit noch einmal zu überdenken, Situationen anders zu verstehen oder sich selbst Lösungsmöglichkeiten zu erarbeiten. Im 'Be-Schreiben', im 'Ausmalen' ihres eigenen Lebensweges sollte die Heilpädagogin alles ausdrücken, wovon sie glaubt, dass es für ihre Entwicklung bedeutsam war. Deshalb malt und schreibt sie alles, was ihr spontan einfällt, auch dann, wenn sie im Augenblick meint, dass es unwichtig ist. Die nachfolgenden Hinweise und Fragen können die Heilpädagogin anregen, über ihr Leben umfassender nachzudenken; sie sind zugleich Anregungen für die heilpädagogische Arbeit mit Jugendlichen und jungen Erwachsenen:

1. Berichten Sie von 4 - 5 Erlebnissen oder Situationen, die Sie besonders geprägt haben. Malen Sie evtl. diese Erlebnisse, Situationen, so gut wie sie können und mit Material, das sie mögen.

2. Wie würden Sie die Atmosphäre in Ihrer Familie beschreiben, evtl. anhand einer Situation malen, als Sie 5 Jahre, 10 Jahre, 15 Jahre, 20 Jahre alt waren?
   Wie würden Sie das Verhältnis der Eltern untereinander, zu Ihnen und zu Ihren Geschwistern darstellen oder beschreiben?
   Gab es, gibt es 'Besonderheiten' in Ihrer Familie?

3. Wie sehen Sie Ihre Schulzeit und Ihre Berufsausbildung heute?
   Sind Sie mit Ihrer Schullaufbahn, mit Ihrer Schul- und Berufsausbildung zufrieden?

4. Welche Erinnerungen haben Sie noch bis zum 10./12. Lebensjahr?

Welche Menschen haben in diesen Jahren auf Sie einen besonderen Einfluss ausgeübt?

5. Wie beurteilen Sie Ihre Geschlechterentwicklung?

Von wem, wann und wie wurden Sie 'aufgeklärt'? Können Sie sich, so wie Sie jetzt sind, als Frau oder Mann akzeptieren? Was hindert Sie daran?

Fallen Ihnen Situationen ein, an die Sie sich nicht mehr gerne erinnern wollen?

6. Wie sehen Sie Ihr Verhältnis zum anderen Geschlecht?

7. Können Sie sich noch an Ihr Lieblingsmärchen, Lieblingsspiel, Lieblingslied erinnern, als Kind, als Jugendlicher?

Was ist jetzt Ihr Lieblingslied, Ihr Lieblingsmärchen, Ihr Lieblingsspiel? Welche Hobbys haben Sie?

Diese und ähnliche Fragen bzw. Themenkreise können jede Heilpädagogin immer wieder anregen, sich selbst, zusammen mit Menschen ihres Vertrauens, in ihrer berufsbezogenen –>Selbsterfahrung und –>Supervision zu reflektieren, um dadurch anderen Menschen bei ihrer Selbstreflexion behilflich sein zu können.

Für ihren weiteren 'Weg-Gang' kann sich die Heilpädagogin eines *Tagebuches* bedienen: „Das Tagebuch ist ein langer Brief; und das Erstaunlichste daran ist: Man gibt sich darin über sich selber Nachricht." (Julien Green)

• Regeln für die berufsbezogene Selbsterfahrung

Die Heilpädagogin wird für die heilpädagogische Beziehung zum Kind, Jugendlichen oder dessen Eltern *Regeln* aufstellen, die zum sogenannten 'setting'[1] gehören. Deshalb muss sie sich selber prüfen, ob sie bereit und in der Lage ist, gleiche Regeln einzuüben und einzuhalten.

---

[1] *Setting* (engl.) ist die Anordnung, das Milieu, die Umgebung, das Arrangement und alle Faktoren wie Ort, Raum, Teilnehmer, Dauer, Urzeit, Entgelt, Regeln und Vereinbarungen usw., die notwendig sind, um eine tragfähige heilpädagogische Beziehung von den sozio-ökologischen Bedingungen her entwickeln zu können.

1. *Die Gruppensitzung beginnt und schließt pünktlich.*
Jegliches Fehlen sollte aufgrund der Prozessentwicklung unterbleiben. Im Notfall oder bei ernsthafter Krankheit benachrichtigen sich die Gruppenmitglieder und die Leiter. Auf diese Weise kann mitmenschlich Anteil genommen und Verantwortung übernommen werden.

2. *Alle angesprochenen Themen unterliegen der Schweigepflicht*
gegenüber Dritten und dürfen nach der Sitzung nicht untereinander weiter besprochen werden. Hingegen sollten Zuwendung, Hilfeleistung, Unterstützung oder Anteilnahme, die aufgrund des Prozesses notwendig erscheinen, in der realen Studiensituation außerhalb der Selbsterfahrungseinheit nicht unterbleiben. Die betreffende Thematik sollte aber außer sachlich notwendiger Information nicht weiter besprochen oder ohne fachliche Begleitung vertieft werden.

3. *Jedes Gruppenmitglied ist verpflichtet, ein subjektives Erlebnisprotokoll von jeder Sitzung anzufertigen.*
Mit dieser Auswertung gehen wichtige Eindrücke, Erlebnisse, Erkenntnisse, Fragen, Vermutungen, Verletzungen, Freude oder Ängste, alles, was jeden in der Gruppensitzung ausgesprochen oder unausgesprochen bewegte, nicht verloren. Jeder lernt sich selbst in seiner Prozessentwicklung immer selbständiger zu reflektieren und immer besser zu verstehen. Anhand der eigenen Erlebnisprotokolle, wie denen der anderen Mitglieder, übt die Heilpädagogin, sich selbst und andere verantwortlich zu fragen und angemessen Rückmeldung (Feedback) zu geben, wie sie es später gegenüber dem Kind, dem Jugendlichen, den Eltern können will. Jeweils 2 Gruppenmitglieder verlesen zu Beginn der darauffolgenden Sitzung ihr subjektives Erlebnisprotokoll. Die Gruppenleiter und andere Gruppenmitglieder können bestimmte Teilnehmer auch dazu auffordern.

4. *Aktuelle persönliche Anliegen haben Vorrang.*
Das können Situationen aus der letzten Sitzung, Konflikte in der Gruppe, Träume, persönliche Notlagen, familiäre Ereignisse, Bitten um konkrete Hilfeleistung, aktuelle persönliche Störungen aufgrund des Sitzungsverlaufs, freudige Ereignisse, gelungene Erfüllung eines Vorsatzes und alles sein, was auch später den beruflichen wie den persönlichen Alltag unter Kollegen und mit Klienten untrennbar ver-

bindet und dann verantwortlich gemeistert werden will. Je nach Situation geben die Leiter das Thema vor. Falls erforderlich, wird für die nächste Sitzung eine Aufgabe zum Thema vergeben, die im Verlauf der Woche anzufertigen ist.

5. *Alles bleibt in der Selbsterfahrungsgruppe.* Wie in der heilpädagogischen Begleitungsstunde bleiben alle Bilder, gefertigte Gegenstände usw. - mit Ausnahme der subjektiven Erlebnisprotokolle - in der Stunde, d.h. in Verwahrung der Gruppenleiter, so lange die Gruppe besteht. Ausnahmen müssen besonders geregelt werden. Da auf diese Weise alles Material in jeder Stunde verlässlich zur Verfügung steht, können alle Gruppenmitglieder immer wieder damit arbeiten.

6. *Für jede Sitzung gilt der Vorsatz:*
"Ich will mich selbst, mit Hilfe der anderen in der berufsbezogenen Selbsterfahrungsgruppe, immer besser kennenlernen, damit ich mein Ziel erreiche: Mit den mir anvertrauten Kindern, Jugendlichen und deren Bezugspersonen angemessene heilpädagogische Hilfe in einem *personalen Beziehungsverhältnis* gestalten zu können. Deshalb gebe ich mir Mühe, immer mehr Ich-Selbst zu werden und vertraue darauf, dass sich alle anderen um ebensolche Echtheit bemühen. *Deshalb bereite ich mich entsprechend vor* und teile mein wichtigstes Thema zu Beginn der Sitzung sofort mit."

- **Weiterführende Eigenverantwortung in der Selbsterfahrung**

Die während des Studiums offiziell zur Verfügung stehenden Zeiten zur beruflichen Selbsterfahrung sind relativ eng bemessen. Sie werden zwar später in Fallarbeit und –>Supervision, noch stärker auf das berufliche Handeln ausgerichtet und weiter vertieft, jedoch ist jede Heilpädagogin darüber hinaus herausgefordert, an sich selber weiter zu arbeiten. Da dies nicht immer für jeden Teilnehmer in jeder Sitzung zu berücksichtigen ist, ist jede angehende Heilpädagogin in dieser Weise auch sich selber wert und verantwortlich. Wenn immer möglich, sollte sich jede auch mit dieser ihrer persönlichen Arbeit in der Gruppe vorstellen, um sich mit Hilfe der Mitglieder neu anzuschauen und kennenzulernen. Damit keine persönliche Überlastung oder Desorientierung geschieht, sollten unbedingt folgende Gesichtspunkte berücksichtigt werden:

- Die Heilpädagogin sollte der Gruppe (zumindest aber den Leitern) mitteilen, wenn sie sich zur Zeit in einer Psychoanalyse oder Psychotherapie befindet. Nur so kann verantwortlich delegiert bzw. die Überschneidung wichtiger persönlicher Themen vermieden werden. Die Gruppe und die Leiter können Rücksicht nehmen.

- Die Heilpädagogin sollte während der Zeit der berufsbezogenen Selbsterfahrungsgruppe keine zusätzlichen, länger anhaltenden gruppendynamischen oder therapeutischen Ausbildungen oder Begleitungen (ohne Rücksprache mit den Leitern) eingehen. Sie sollte nicht unbesehen zusätzliche Seminare oder Wochenenden mit überwiegenden Selbsterfahrungsanteilen besuchen. Schwere seelische Belastungen, wie z.B. eine Trennung, Krankheits- oder Todesfall in der Familie oder im Freundeskreis sollten (zumindest den Leitern) mitgeteilt werden, so dass gemeinsam überlegt werden kann, wie damit ohne Überlastung oder Schädigung umzugehen ist. Dies gilt auch für alle ungewöhnlich starken Ängste, Befürchtungen o.ä., die die Heilpädagogin sonst nicht gewohnt ist.

- **Selbstverwirklichung als Lebensaufgabe**

Die Selbsterfahrungsgruppe dient der gezielten und kontrollierten *Selbstbeobachtung,* nicht dem Um-sich-selbst-Kreisen mit und ohne Gesprächspartner in endlosen Grübeleien und in narzisstischer Selbstbespiegelung.[1]

---

[1]*Narzissmus* ist die Verliebtheit in sich selbst, sowohl mit sexueller Selbsterregung als auch ohne. Der Name geht auf die mythologische Gestalt des schönen Jünglings Narkissos (Narziss) zurück, der die Liebe zu einem Du verschmähte. Zur Strafe erfasste ihn unstillbare Selbstliebe in sein eigenes Spiegelbild; er wurde schließlich in die nach ihm benannte Blume verwandelt. Als Ursachen für den krankhaften Narzissmus werden in der Psychoanalyse Liebesversagung und Kontaktmangel im frühen Kindesalter angenommen, so dass er beim Erwachsenen als Regression in die frühkindliche Autoerotik angesehen wird. Nach s. FREUD ist der Narzissmus ein normales Durchgangsstadium in der Entwicklung der frühen Objektbeziehungen, in denen das Kind sich und die Mutter als Einheit erlebt, weil 'Ich' (= Kind) und 'Liebesobjekt' (= Mutter) noch nicht getrennt wahrgenommen werden. Dies entspricht dem "primären Narzissmus": Alle Lebensenergie (Libido) wird auf diese Weise dem Ich zugewendet. Beim "sekundären Narzissmus" wird die Libido den Objekten entzogen und wieder (regressiv) dem Ich zugewendet. Dies kann bei einer

Selbstbeobachtung ist aber nur eine Vorstufe zur *Selbsterkenntnis.* Da die Forderung "Erkenne dich selbst!" so alt ist wie die Suche des Menschen nach seiner Bestimmung und dem Sinn seines Lebens, ist sie als ernstzunehmende *Lebensaufgabe für jeden Menschen* anzusehen. Sie ist insbesondere denjenigen aufgetragen, der sich als Heilpädagogen ausbilden und als kundige Wegbegleiter anderer Menschen auf dieser Suche mitgehen wollen. Auf diesem Weg des Suchens wird oftmals Ratlosigkeit, zeitweise auch Orientierungslosigkeit eintreten, wenn es um schwere Wirklichkeiten wie Beeinträchtigung, Behinderung, Krankheit, Trennung, Leiden, Sterben und Tod geht. Mit Paul MOOR (1965, 502) dürfen wir sagen:

„Eines bleibt aber immer möglich: nach dem Sinn der Erziehung und nach dem Sinn unseres Daseins zu *suchen.* Soweit wir nun wissen, wie fruchtbares Suchen möglich ist, welche Notwendigkeiten dabei zu beachten, welche Gefahren zu bestehen und zu meiden sind, wissen wir auch um den Sinn dieses Suchens und damit unseres suchenden Daseins. Wir dürfen nur nie vergessen, dass die Aufgabe dieses Suchens eine unendliche ist, dass jedes gefundene Ziel nur eine Trittstufe ist, die sich im weiteren Suchen bewähren muss. Und wir erleben im Suchen - das ist gerade das Kriterium des rechten Suchens - dass jede neue Aufgabe eine neue Verheißung ist und die Unendlichkeit der Aufgabe nur die Kehrseite der Unerschöpflichkeit der Verheißung.

Wir kennen das Ziel nicht. Aber wir können es suchen. Und wir erfahren im Suchen, welche Art des Suchens sich bewährt und welche nicht. Wo wir auf diese Bewährung achten, uns auch nicht zu schade sind, das Suchen auf die Weise zu versuchen und zu wagen, die wir eben sehen und kennen, ohne zu wissen, ob sie die rechte sei, wo wir bereit sind, aus den Fehlschlägen des Suchens zu lernen, was unrichtig war an unserem Suchen, da lernen wir die Notwendigkeiten des rechten Suchens kennen. Da erkennen wir vor allem dies, dass es nicht nur das strebende, forschende, sich bemühende Suchen gibt,

---

"Narzisstischen Kränkung" der Fall sein, einer unangenehmen Gefühlserfahrung des Ich durch einen Verlust in der äußeren oder inneren Realität, z.B. durch Trennung von einem geliebten Menschen; durch traumatisierende schwere Enttäuschungen in engen Beziehungen; bei schwerer, unheilbarer Krankheit, Verstümmelung oder Verletzung, durch die der Mensch zeitweise seine Identität einbüßt.

sondern auch das erwartende, sich offen haltende, empfangsbereite, das sich etwas sagen lässt. Und so reifen wir langsam dazu heran, den Anruf zu hören und den Aufbruch zu wagen zu dem hin, was uns angesprochen hat. Verantwortung gerade auch im Suchen ist da, wo wir antworten auf den Anruf."

Dieser Anruf ergeht an die Heilpädagogin gerade von den Menschen, deren Menschsein gefährdet ist. *In* ihnen kann sich die Heilpädagogin selber in der Begrenztheit ihres Menschseins, auch ihres Berufes, erkennen; *mit* ihnen kann sie in der existentiellen Begegnung über ihre engen Grenzen hinauswachsen. Hier trifft die Aussage von Martin BUBER: "Der Mensch wird nur am Du zum Ich", d.h. ohne Spiegel bleibt es bei der narzisstischen Selbstbetrachtung, der unfruchtbaren Eigendrehung. Aber das Du der Heilpädagogin muss ein klarer Spiegel sein, gereinigt in Selbsterkenntnis, sonst wird es am Ende von ihr und ihresgleichen heißen: "Laßt sie, es sind blinde Blindenführer. Und wenn ein Blinder einen Blinden führt, werden beide in die Grube fallen." (Lk 6, 39)

Echte, heile und heilsame *Selbsterkenntnis* befreit und ist frei von Unsicherheit und Minderwertigkeitsgefühlen. Sie ist aufbauend, sie bedeutet das Finden des innersten Selbst im lebenslangen Ringen und im Sich-bekennen zu diesem Selbst. Sie ist daher zugleich ein *Weg der Erziehung und Selbsterziehung:*

„Erziehung und die Selbsterziehung des Erziehers... beginnen nicht zu einem bestimmten Zeitpunkt im Laufe des Lebens, sondern sie sind jederzeit und durch alles Begegnende schon im Gange. Sie enden nicht zu einem bestimmten Zeitpunkt, sondern stellen in der Selbsterziehung eine permanente, lebenslängliche Aufgabe dar. Sie richten sich nicht auf eine seelische Einzelerscheinung unter Berücksichtigung ihrer Beziehungen zum Ganzen des menschlichen Charakters, sondern ihr Gegenstand ist der Mensch als ganzer, wie er in jedem seiner einzelnen Züge auf immer wieder andere Art enthalten ist. Und schließlich richten sie sich nicht *gegen* eine Einzelerscheinung, die zu beheben wäre, sondern bemühen sich *für* das Werden des Menschen als ganzen zum Menschen. ... Erziehung des Erziehers... hat ihren Schwerpunkt in der auch durch die Ausbildung nur angeregten und durch seine ganze erzieherische Tätigkeit fortgesetzten

Selbsterziehung, zu der dem Erzieher alles und jedes, was er an Erziehungsnotwendigkeiten beim Kinde antrifft, zum Anlaß werden muß..." (MOOR 1965, 501)

Auf diesem Weg der Selbstreflexion und Selbsterziehung gelangt die Heilpädagogin zur *Selbstverwirklichung,* die der Tiefenpsychologe C. G. JUNG als Weg der "Individuation" bezeichnet hat. Unter Berufung auf JUNG schreibt Jolande JACOBI (1978, 108):

„Selbstforschung und Selbstverwirklichung ist - oder vielmehr sollte es sein! - die unerläßliche Voraussetzung für die Übernahme höherer Verpflichtung, und wäre es auch nur die, den Sinn des individuellen Lebens in bestmöglicher Form und in größtmöglichem Umfang zu verwirklichen, was die Natur ja immer tut, allerdings ohne die Verantwortung, welche die schicksalsmäßige und göttliche Bestimmung des Menschen ist. >Individuation bedeutet: zum Einzelwesen werden, und insofern wir unter Individualität unsere innerste, letzte, unvergleichliche Einzigartigkeit verstehen, zum eigenen Selbst werden.< Individuation bedeutet jedoch keineswegs Individualismus im engen, egozentrischen Sinn dieses Wortes, denn die Individuation macht den Menschen nur zu dem Einzelwesen, das er nun einmal ist. Er wird aber dadurch nicht 'selbstisch', sondern erfüllt nur seine Eigenart, was von Egoismus und Individualismus himmelhoch entfernt ist. Seine errungene Ganzheit ist durch Bewußtes und Unbewußtes als Einzel- wie als Kollektivwesen auf das Ganze der Welt bezogen. Das bedeutet aber nicht ein individualistisches Betonen der vermeintlichen Eigenart im Gegensatz zu kollektiven Verpflichtungen, sondern die Erfüllung dieser Eigenart innerhalb ihrer Einordnung in ein Ganzes. >Denn ein wirklicher Konflikt mit der Kollektivnorm entsteht nur dann, wenn ein individueller Weg zur Norm erhoben wird, was die eigentliche Absicht des extremen Individualismus ist.< "

Mit Martin BUBER kann die *Aufgabe der Selbstverwirklichung* so zusammengefaßt werden:

Bei sich selbst beginnen, aber nicht bei sich enden;
von sich ausgehen, aber nicht auf sich abzielen;
sich erfassen, aber sich nicht mit sich befassen.

- **Zusammenfassung**

Die Motivation für Selbsterfahrung entspringt der Neugier des Menschen als fühlendes, denkendes und handelndes Wesen, mehr über sich, die anderen und die Welt wissen zu wollen, dem „Geheimnis der Schöpfung" auf die Spur kommen, den „Stein der Weisen", die „blaue Blume" finden zu wollen. Berufsbezogene Selbsterfahrung resultiert aus der Erkenntnis, dass die Heilpädagogin anderen Menschen in einem helfenden Prozess immer nur soweit Wegbegleiterin sein kann, wie ihre eigene Erfahrung und Kenntnis reicht. Daraus resultiert zugleich die berufsethische Verpflichtung der Heilpädagogin, sich mit ihrem Schatten, ihren ungelebten oder verleugneten seelischen Anteilen auseinanderzusetzen, um ihre eigene Lebenskraft voll entfalten zu können und davon anderen mitzuteilen. Selbsterkenntnis und Selbsterfahrung können dabei helfen, sich nicht dadurch von Konflikten zu entlasten, dass abgewehrte persönliche Anteile auf andere sogenannte 'Sündenböcke' projiziert oder 'schwarzen Schafen' angelastet werden; vielmehr entdeckt die Heilpädagogin mehr und mehr, wie sie durch Rücknahme ihrer Projektionen ihr Leben kreativ gestalten, ihren Beruf verantwortlich ausüben und dadurch für die Zukunft der Welt wesentliches beitragen kann. In der berufsbezogenen Selbsterfahrungsgruppe werden diejenigen Regeln und Methoden eingesetzt, die auch die Heilpädagogin in der HpE mit anderen Menschen teilt: Spielen, Malen und Gespräch in allen Ausdrucksformen, z.B. in Eigenanamnese und Tagebuch. Ziel jeglicher Selbsterfahrung ist es, durch Selbstbeobachtung im Spiegel des Du, auf dem Weg über Selbsterkenntnis und Fremderkenntnis zur Selbstverwirklichung im mitmenschlichen Zusammenleben zu gelangen.

Begriffsbestimmung:

Heilpädagogische Begleitung im Spiel ist die gezielte Reflexion des Spieles als individuumzentrierte pädagogisch-fördernde Methode. Durch die erlebnisaktivierende Kraft des Spieles können Gefühle wie Angst, Unsicherheit, Frustration und Aggression ausgespielt und im spielerischen Dialog mit der Heilpädagogin erkannt und verändert werden. Das Kind wird im Spiel affektiv und imaginativ angesprochen, so dass auf dem Weg über das Spiel und die heilpädagogische Reflexion des Spielgeschehens konfliktgeladene Erlebens- und Verhaltensweisen, Fehlhaltungen und sog. Verhaltensstörungen direkt oder indirekt (symbolisch) ausgedrückt, kathartisch neu durchlebt, alternativ gestaltet und dadurch gemildert oder beseitigt werden können. Dabei stehen weniger symptomzentrierte therapeutische Veränderungen als vielmehr die komplexe Fähigkeit des Kindes zur Selbstregulation und zum eigenständigen Handeln im Vordergrund. Durch eine Intensivierung des freien Spieles, im Rollenspiel, Malen, Gestalten und unter Zuhilfenahme verschiedener Medien, wird ein tragfähiger heilpädagogischer Bezug, ein personales Verhältnis aufgebaut. Aufgrund der so inszenierten und gestalteten (Übertragungs-) Beziehung kann sich das Kind im reflektierten Dialog und im stellvertretenden Handeln mit der Heilpädagogin von belastenden psychischen Konflikten befreien und zugleich effizientere soziale Handlungsstrategien erwerben und einsetzen lernen. So können vermehrtes Selbstvertrauen, größere Unabhängigkeit von anderen, eine gesteigerte soziale Reife, zunehmende soziale Einpassungsfähigkeit sowie eine Verbesserung kognitiver Fähigkeiten wie Denkfähigkeit, Flexibilität der Wahrnehmung und Verbalisierungsfähigkeit erreicht werden. Spielbegleitung kann als Einzel- und/oder Gruppenbegleitung erfolgen.[1]

In diesem Übersichtsartikel werden folgende Themen angesprochen:

---

[1] Wer sich über Spiel grundlegend und ausführlich informieren möchte, sei an dieser Stelle auf das gleichnamige Übungsbuch zur HpE hingewiesen: W. Köhn (2002): Heilpädagogische Begleitung im Spiel. UNI-Verlag-Winter, Edition „S"

• Spielen gehört zum Leben

Mensch und Tier können spielen, jedoch in unterschiedlicher Bedeutung. Für den Menschen hat das Spiel fundamentalen und existentiellen Sinngehalt. Es ist allerdings ein so komplexes Phänomen, dass darüber zwar eine Vielzahl unterschiedlicher Spieltheorien existieren, es aber bis heute nicht gelungen ist, das Spiel begrifflich letztgültig zu definieren.

Spielenkönnen und Spielenwollen gehören allerdings so zur menschlichen Grundausstattung, dass darin u.a. ein Wesensspezifikum des Menschen gesehen und er deshalb als *homo ludens,* der Spielende, benannt wird. Künstler und Philosophen, Wissenschaftler und Literaten widmeten dem Spiel ihre Aufmerksamkeit:

"Das Spiel ist der Weg der Kinder zur Erkenntnis der Welt, in der sie leben und die zu verändern sie berufen sind." (GORKI 1954)

In seinem fünfzehnten Brief "Über die ästhetische Erziehung des Menschen" bringt SCHILLER (1795) zum Ausdruck:

"Denn, um es endlich auf einmal herauszusagen, der Mensch spielt nur, wo er in voller Bedeutung des Wortes Mensch ist, und er ist nur da ganz Mensch, wo er spielt."; und weiter: "Mitten im furchtbaren Reich der Kräfte und mitten im heiligen Reich der Gesetze baut der ästhetische Bildungstrieb an einem dritten, fröhlichen Reich des Spiels und des Scheins, worin er dem Menschen die Fesseln aller Verhältnisse abnimmt und ihn von allem, was Zwang heißt, sowohl im Physischen als im Moralischen entbindet";

wir können hinzufügen: Auch im Psychischen, wenn die traumatisierenden Erlebnisse des Kindes in der Spielbegleitung dem Wiederholungszwang entrissen und seine gestalterischen Kräfte wieder frei werden für neues Erleben und sinnvolles Tun. Das spielende Kind (und hoffentlich auch noch der Erwachsene) ist imstande, seine ganze Umwelt zu verwandeln, letztlich auch sich selbst. (vgl. Ernst BLOCH 1979, 22: "Spielen ist verwandeln").

• Spiel als therapeutisches Medium

In solcher Verwandlung liegen die "Heilenden Kräfte im kindlichen Spiel", wie Hans ZULLIGER (1972) es treffend formulierte bzw. die kathartische Kraft, die nach Auffassung psychoanalytischer Spieltheorie im spielenden Ausdrücken unbewältigte Probleme freisetzen kann:

"Bei jüngeren Patienten haben die Spiele den Zweck:

1. den pathogenen Konflikt aufzudecken;
2. ihn psychotherapeutisch zu bearbeiten," indem er "dramatisch agierend abgewandelt und gelöst" wird;
3. dem Kind die Möglichkeit zu geben, "anhand der Spiele zu kultivierten Triebbefriedigungen zu gelangen, indem man ihm in wohldosierter Folge feinere Spiele oder Spielpraktiken vorlegt. Auf die gleiche Art können Triebumsetzungen in die Wege geleitet... und Sublimierungen angebahnt werden";
4. Anhaltspunkte darüber zu geben, "was am Milieu des Kindes verändert werden muß". (ZULLIGER ebd. 78)

Als Vertreterin der nichtdirektiven Spieltherapie sieht auch AXLINE (1973) die Bedeutung des Spiels in seiner emotionalen Entlastungsfunktion:

"Spieltherapie basiert auf der Tatsache, das Spiel sei das natürliche Medium des Kindes, sich selbst auszudrücken und darzustellen. Es stellt eine Gelegenheit für das Kind dar, seine Gefühle und Probleme auszuspielen, genauso wie in bestimmten Arten der Erwachsenentherapie ein Individuum seine Schwierigkeiten ausspricht." (9)

"Wenn das Kind frei spielt, ...drückt es seine Persönlichkeit aus, ... und gibt seinen Gefühlen und Einstellungen, die nach außen drängen, freien Ausdruck." (23)

• Spiel als heilpädagogisches Medium

Etymologisch betrachtet bedeutet das Wort Medium (lat.) die "Mitte", das "Mittelste". Spiel in diesem Sinne als Medium zu bezeichnen, heißt, sich der zentralen Bedeutung des Spiels für den Menschen bewusst zu sein, nicht das Spiel zu einem 'Träger' bzw. 'Vermittler' zu machen, wie der Begriff 'Medium' heute vielfach im technisierenden Sinne missverstanden wird. Spiel ist kein technisches Mittel, kein Medium, mit dessen Hilfe etwas transportiert werden kann.

Gerade deshalb ist es als heilpädagogisches Medium geeignet, Erziehung unter erschwerenden Bedingungen zu ermöglichen, weil es den unerlässlichen pädagogischen Bezug, das pädagogische Verhältnis durch ursprüngliches und unmittelbares mitmenschliches Erleben und Verstehen in besonderer Weise fördert.

Der offene lateinische Bedeutungsgehalt des Begriffs Medium im Sinne von 'Gemeinwohl, Gemeinsamkeit, gemeinsames Bestes' legt nahe, das Spiel als pädagogisches Medium aus dem einseitig instrumentalisierenden Missverständnis herauszulösen und als 'Mitte' mitmenschlich gestalteter Beziehung zwischen Heilpädagogin und Kind zu verstehen. Das Spiel ist eine, wenn nicht d i e *Erziehungssprache:* "Wir könnten formulieren, das Kinderspiel sei die eigentliche Sprache des Kindes." (ZULLIGER 1966, 78)

Diese Sprache ist selbst bei schwerstbehinderten Menschen, wenigstens in Teilaspekten, vorhanden (z.B. im Bewegungsdrang; in der Wiederholung; im Rhythmus von Bewegungs- oder Lautäußerungen; in der Imitation; in noch so geringen Formen der Konstruktion wie der Reihung oder Gruppierung im Legespiel usw.) und führt zu wenigstens rudimentären Verständigungsmöglichkeiten. So können Heilpädagogin und Kind die 'gemeinsame Mitte' finden, die Verständigung und damit erzieherische Einflussnahme ermöglicht. Das Spiel zeichnet sich durch vielfältige Ausdrucks- und Gestaltungsmöglichkeiten (in Sprache, Musik, Rhythmik, Tanz, Formen, Gestalten, Malen, Bewegen) und in seiner symbolischen Bedeutung aus und ist daher als heilpädagogisches Medium besonders geeignet:

1. Es ist als allgemeines Kulturgut vorhanden und verfügbar;
2. Es ist für alle Beteiligten handhabbar und begünstigt gemeinsames Tun;
3. Es erfordert aktive Beteiligung und Gegenseitigkeit aller Subjekte, zwischen denen eine gemeinsame Mitte (was durchaus auch Konflikt und Auseinandersetzung bedeuten kann) hervorgebracht werden soll;

4. Es hilft auf der Grundlage von Beteiligung und Gegenseitigkeit jedem Individuum, seinen subjektiven Ausdruck zu finden und damit intersubjektives Verstehen der Beteiligten zu ermöglichen;

5. Es wird als pädagogisches Medium dadurch wirksam, dass es dem Erzieher hilft, über Ausdruck und Verstehen das fachkundige pädagogische Urteil und die moralische pädagogische Verantwortung in Bezug auf die Kinder und Jugendlichen zu erkennen und praktisch zu verwirklichen. (vgl. LAUFF/HOMFELDT 1981, 50)

- **Das altersgemäße Kinderspiel unter entwicklungspsychologischen Gesichtspunkten**

Im folgenden soll das Kinderspiel, eingebettet in die normale kindliche Entwicklung, reflektiert werden. Die normale Entwicklung des Kindes wird skizziert, und Unterschiede zur Entwicklung beeinträchtigter oder behinderter Kinder können dadurch verdeutlicht werden. Zugleich sollen Hinweise für den altersgerechten spielerischen Umgang mit Kindern vermittelt werden.

- Aspekte zur Entwicklung der 3 - 4jährigen
Das Kind hat einen hohen Grad an motorischer Selbstbeherrschung, vor allem an Bewegungsbeherrschung, erreicht. Es kann 'sicher' um Ecken und Kurven laufen. Es hat Freude an der Bewegung. Dabei lässt es aber noch eine gewisse ängstliche Vorsicht erkennen.
Das Kind begleitet seine Handlungen gerne mit Selbstgesprächen. Es kann kleine Szenen (nach-)spielen, d.h. beginnendes Rollenspiel und dadurch beginnende Einübung in die soziale Wirklichkeit. Es imitiert den Erwachsenen, identifiziert sich auch mit ihm.
Tätigkeiten machen als Vorgang Freude. Erfolgserlebnisse werden auf kleine Leistungsschritte, Erfolge im gelingenden Tun bezogen. Das drei- bis vierjährige Kind kann primär motiviert werden und motiviert sich selbst intrinsisch.
Die Kinder entwickeln ein großes Mitteilungsbedürfnis gegenüber den Erwachsenen, aber noch nicht gegenüber den Gleichaltrigen.
Das drei- bis vierjährige Kind kann zuhören. Es kann auf etwas warten (Handlungen können aufgeschoben werden).

Es geht auf Vorschläge des Erwachsenen ein; es wartet sogar darauf und fordert dazu auf, dass ihm Vorschläge gemacht werden.

Zu zweit oder zu dritt ist für kürzere Zeit ein Gemeinschaftsspiel mit Gleichaltrigen ohne anwesenden und anleitenden Erwachsenen möglich. Unter Anleitung durch einen Erwachsenen können auch Spielgruppen von 5 - 7 Gleichaltrigen gebildet werden.

Das Zeitgefühl beginnt sich zu entwickeln.

Der soziale Bezug ist vorwiegend passiv: "Ich auch!" Das Kind kann soziales Handeln nachahmen und reagieren, weniger agieren.

Das drei- bis vierjährige Kind lernt durch Nachahmung der Erwachsenen und in der Gemeinschaft mit Kindern. Es lernt durch Freude an der Eroberung der Umwelt neue Verhaltensweisen, -strategien und -normen. Es ist das Alter des beginnenden Sozialisationsprozesses im weiteren sozialen Umfeld.

- Aspekte zur Entwicklung der 4 - 5jährigen

Das 5. Lebensjahr ist durch zunehmende und überströmende Aktivität und durch einen unbändigen Wunsch nach Durchsetzung motorischer Bewegungsabläufe gekennzeichnet. Das Kind freut sich in und an der Bewegung. Vor Freude und in der Freude über Bewegung und Fortbewegung kann das 4 - 5jährige Kind jede Zielsetzung und jeden Auftrag 'vergessen'.

(Selbst-)Gespräche finden jetzt nicht mehr nur als Begleitung des Tuns, sondern auch schon als Dialog mit (erwachsenen) Partnern statt. Hier beginnt die psychohygienische Bedeutung des Szenen- und Rollenspiels.

In diesem Alter neigt das Kind zum 'Fantasieren', d.h. auch zur Flüchtigkeit in den Gedanken und damit auch im Tun. Das Kind motiviert sich selbst durch seine Phantasien. So werden Rollen- und Szenenspiele bereichert durch selbsterfundene Elemente; in Berichten und Erzählungen finden Übertreibungen statt, und es vermischen sich Dichtung und Wahrheit.

Die 4 - 5jährigen möchten größer und älter sein. Im Rollenspiel werden Requisiten aus der Erwachsenenwelt benötigt.

Das Sprechen macht große Freude. Das Kind möchte alles sprachlich ausdrücken, darum konstruiert es neue Wörter und Wortzusammensetzungen. Es hat Freude am Zuhören. Vielleicht sind die vielen 'Warum-Fragen' nicht nur als Neugier, sondern auch als Freude am Zuhören zu verstehen. Die Sprech- und Spracherziehung sollte durch Instrumentalisierung und Veranschaulichung unterstützt werden.

Das hohe Mitteilungsbedürfnis richtet sich nicht nur an die Erwachsenen, sondern zunehmend auch an die Gleichaltrigen. Beim Gemeinschaftsspiel können die Kinder längere Zeit als Kleingruppe zusammenspielen. Aufgrund wachsenden Gruppenbewusstseins werden 'andere' beim Spiel schnell ausgeschlossen. Sie werden zwar auf Anregung des Erwachsenen relativ leicht wieder als Mitspieler akzeptiert, oftmals aber nur in 'minderen' Rollen oder als zweite, korrespondierende Gruppe.

Der soziale Bezug wird aggressiver: "Ich kann - du kannst nicht!" Die Handlungsform ist nun das Agieren, weniger das Reagieren und Nachahmen.

Bei 4 - 5jährigen erscheinen die ersten charakteristischen Züge des persönlichen Leistungsverhaltens.

- Aspekte zur Entwicklung der 5 - 6jährigen

Das Kind erlebt bewusst die Entwicklung der sensumotorischen Sicherheit. Es ist über seine Möglichkeiten erfreut und erstaunt, aber manchmal auch verärgert und verunsichert.

Die Sprache ist jetzt nicht mehr nur lustbetont, sie ist auch themen- und zielorientiert. Der 5 - 6jährige will mittels Sprache etwas erreichen.

Das Tun der Kinder ist weniger sprunghaft, sondern eher am Gegenstand orientiert. Sie lassen Planmäßigkeit und beginnende Selbstkritik erkennen: "Ich möchte wohl... tun, aber ich weiß nicht wie." Dabei liegt das Anspruchsniveau höher als das Vermögen. Es besteht Gefahr der Entwicklung von Minderwertigkeitsgefühlen und starken Regressionen.

Im Kontaktbereich zeigt das Kind eine zunehmende Störungsfreiheit und Gelassenheit. Es kann mit 5 - 7 Kindern in einer Gruppe spielen. Ausschluss oder Einbezug von anderen in die Spielgruppe werden überlegt. Dabei wird oft nach Geschlecht getrennt gespielt. Es entwickelt sich zunehmend Gruppenbewusstsein.

In diesem Alter erreicht das Kind einen relativ hohen Grad an sachgerechter Leistungsorientierung mit wachsendem Anspruchsniveau.
Es entwickelt sich Selbständigkeit, und die Grundformen des individuellen Leistungsverhalten werden entscheidend ausgeprägt.

- Zusammenschau der Entwicklungsaspekte 3 - 6jähriger Kinder
Die Symbiose zwischen Mutter und Kind im Fühlen und Wollen wird
immer geringer und klingt aus. Es zieht das Kleinkind immer mehr
'hinaus ins große Leben'. Dabei erlebt es sich bei seinem Versuch,
ins große Leben hinauszuziehen
- in der Angst, allein zu sein und zu bleiben;
- in der Angst vor der Dunkelheit;
- in der Angst vor Menschen, Tieren, Dingen, die ihm begegnen;
- in der Angst zu versagen.
In dieser Zeit zieht es das Kleinkind immer wieder zum Schoß der
Mutter,
- weil die Mutter nicht traurig sein soll;
- weil es sich als zu schwach und hilflos fühlt;
- weil es aufgrund seiner Wünsche und seines Tuns Schuldgefühle
entwickelt.
Auf der einen Seite fühlt sich das Kleinkind groß und mutig genug,
das Leben zu meistern; auf der anderen Seite möchte es klein sein
und die Hilfe und Zärtlichkeit der Mutter erfahren.
In der Auseinandersetzung mit den Erwachsenen ist das Kleinkind
unsicher, ob es so sein darf, wie es sein möchte und könnte. Es erlebt
einen gewissen Gefühlszwiespalt, teilweise Schuldgefühle, die notwendig sind, um vom Über-Ich zur Gewissensbildung zu gelangen.
Das 3 - 6jährige Kind erfährt, dass es Person ist und Persönlichkeit
werden kann, dass es ganz für sich sein und leben kann, dass es "Ich"
sagen kann und "Ich" ist. Dies zeigt sich zwar zunächst in der Nega-
tion als "Ich-will-nicht", wird aber dann zum positiven, weltzu-
gewandten "Ich will!".
Das 3 - 6jährige Kind erfährt das Du, die Beziehung zum Mitmenschen und damit auch zum eigenen wie zum anderen Geschlecht. Im
Spiel erforscht es seinen Körper und den Körper des anderen Ge-

schlechts, seine Mitwelt und Umwelt und lernt so das 'große' Leben kennen.

Das 3 - 6jährige Kind stellt seine ersten 'Lebenspläne', 'Berufs- und Heiratswünsche' auf. Sein Leitthema lautet: "Ich will selbständig, unabhängig und selbstbestimmend sein!", d.h. autonom und autark. Jede Verhaltensweise ist dabei umweltorientiert, auch dann, wenn das Kind introvertiert und trotzig erscheint bzw. ist.

Die Initiative zum Lernen sollte überwiegend vom Kind ausgehen. Kindliches Lernen geschieht durch
- aktives Erobern;
- aktive Reaktionen;
- aktives Erfassen von Zusammenhängen.

Notwendig ist dabei das Bereitstellen einer 'eroberungswerten' Mitwelt und Umwelt. Ferner braucht das Kleinkind nachahmenswerte Vorbilder bei altersgemäßer Anleitung und Anregung. In diesem Alter braucht das Kind:
- emotionale Zuwendung;
- das Geliebt-werden und Lieben-dürfen;
- eine Gemeinschaft, die trägt und das Gefühl der Gruppenzugehörigkeit;
- Unterstützung, Hilfe durch Anerkennung der Person und der Leistung.

Das Kleinkindalter ist ein Alter
- wechselvoller Spannung zwischen Festhalten und Hergeben;
- des Eindringens, Eroberns und der aktiven Auseinandersetzung;
- produktiver Prozesse;
- kognitiver, steuernder, selektiver, synthetischer Funktionen.

• **Das altersgemäße Kinderspiel unter tiefenpsychologischen Gesichtspunkten**

In diesem Kapitel wird die Spielentwicklung auf dem Hintergrund des (unbewussten) *Erlebens* des Kindes unter tiefenpschologischen Gesichtspunkten reflektiert.

Abb. 53: Psychosexuelle Entwicklung des Kindes im 1. - 2. Lebensjahr

Im 1. - 2. Lebensjahr (–>Abb. 53) aktiviert das Kind sich in seinen fließenden Bewegungen, ins aufgeregte Herumrennen, ins Auf-und-ab-Springen und ins 'Sprechen' und erfährt auf diese Weise seine Macht bei der Defäkation (Zerstören des Objekts - Beherrschung des Objekts). Die Unsicherheit in der Beherrschung des Körpers lässt Ängste aufkommen. Das Kind bewältigt die Ängste durch Introjizieren der Prototypen sicheren Funktionierens oder durch Projizieren seiner Ängste auf andere Personen, Situationen, Gegenstände. Das Introjizieren und das Projizieren erfolgt mit Hilfe des Imaginations- bzw. Fantasiespiels. Im Traum und im Imaginations- bzw. Fantasie- spiel werden aber nicht nur die beängstigenden Situationen verarbei- tet, Wünsche und Zukunftspläne geschmiedet, sondern das Kind übt sich zugleich ein in das Leben, ins Erwachsen-werden-Müssen.

Im 2. - 3. Lebensjahr (–>Abb. 54) aktiviert sich das Kind bei rätsel- haften Sachverhalten, stellt Fragen. Es ist die Zeit der Begriffsbil- dung. Dieses Neugier-Verhalten wird begleitet von intellektuellen und emotionalen Unsicherheiten. Im 4. Lj. bekommt das Kind eine 'Vorstellung' über die eigenen Gefühle und die der Mitmenschen. Es introjiziert seine Mitwelt und Umwelt, d.h. es bezieht alles in den subjektiven Interessenkreis ein. Das Introjizieren führt zur Identifi- kation. Im Gruppenspiel zwischen 3 - 4 Gleichaltrigen wird das Er-

staunen und die Verwirrung über die Welt 'aggressiv', d.h. herange-
hend ausgespielt: "Ich kann - du kannst nicht". Dabei werden die An-
fangsgründe gelegt für eine soziale Gesinnung, für die Fähigkeit, mit
anderen zusammen zu 'arbeiten'. Die Erfahrungen aus Traum und
Imaginations- und Fantasie-Spiel werden im Rollen- und Szenenspiel
eingesetzt.

Abb. 54: Psychosexuelle Entwicklung des Kindes im 2. - 3. Lebensjahr

Im 3. - 5. Lebensjahr aktiviert das Kind (–>Abb. 55) seine Neigungen,
Abneigungen und Wünsche. "Ich-will-alles-haben", denn "Ich-bin-
erwachsen". Dabei projiziert das Kind seine Eigenschaften, Wünsche,
Bedürfnisse und Probleme in die Mitwelt und Umwelt. Die Projektion kann aber nur gelingen, wenn vorher die Identifikation gelungen
ist. Wenn in der Identifikation das Über-Ich und das beginnende Gewissen keinen Konsens zum Es finden, es also nicht zu einer befriedigenden Übereinstimmung zwischen den Trieb-Bedürfnissen und den

Müssen's- bzw. Wollen's-Ansprüchen des Über-Ich/Gewissens kommt, entstehen innere Ängste, die abgewehrt bzw. verarbeitet werden müssen. Mit Hilfe der *Symbolsprache,* die besonders in Mythen, Märchen, Sagen, religiösen Bildern und Erfahrungen zum Tragen kommt, können Einsicht und damit wachsende innere Sicherheit erworben werden.

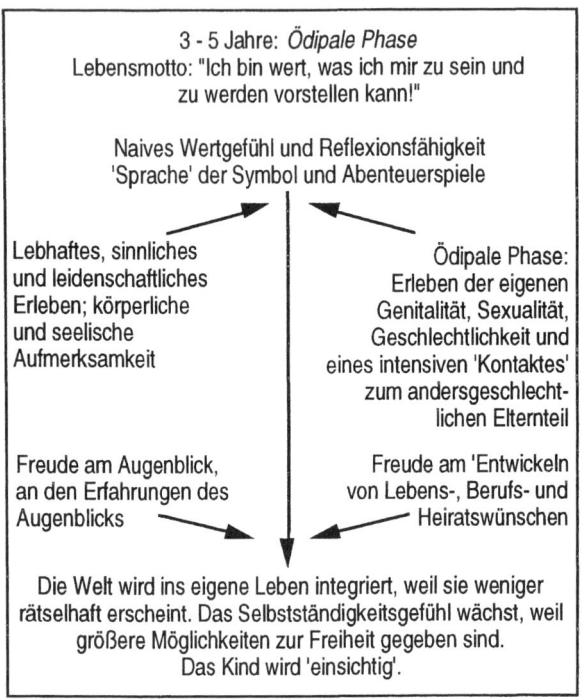

3 - 5 Jahre: *Ödipale Phase*
Lebensmotto: "Ich bin wert, was ich mir zu sein und zu werden vorstellen kann!"

Naives Wertgefühl und Reflexionsfähigkeit
'Sprache' der Symbol und Abenteuerspiele

Lebhaftes, sinnliches und leidenschaftliches Erleben; körperliche und seelische Aufmerksamkeit

Ödipale Phase: Erleben der eigenen Genitalität, Sexualität, Geschlechtlichkeit und eines intensiven 'Kontaktes' zum andersgeschlechtlichen Elternteil

Freude am Augenblick, an den Erfahrungen des Augenblicks

Freude am 'Entwickeln von Lebens-, Berufs- und Heiratswünschen

Die Welt wird ins eigene Leben integriert, weil sie weniger rätselhaft erscheint. Das Selbstständigkeitsgefühl wächst, weil größere Möglichkeiten zur Freiheit gegeben sind. Das Kind wird 'einsichtig'.

Abb. 55: Psychosexuelle Entwicklung des Kindes im 3. - 5. Lebensjahr

Daraus entwickeln sich Reflexionsfähigkeit und (Selbst-)Wertgefühl. Voraussetzung ist die Bereitschaft der Eltern bzw. Bezugspersonen, das Kind 'loszulassen' und die Sicherheit des Kindes, dass es durch die Ablösung von den Eltern nicht zugrunde geht.
Das Spiel ist aus tiefenpsychologischer Sicht ein Weg, sich Erfahrungen, die zu vielschichtig sind und das Kind zu überwältigen drohen, nach und nach anzueignen. Ereignisse erhalten ja dadurch eine traumatisierende Wirkung, weil unerklärliche, beängstigende und

schmerzhafte Geschehnisse auf eine Weise erfolgen, die der kindliche Organismus nicht ertragen kann. Die spätere Wiederholung im Spiel ermöglicht es dem Kind, sich erneut mit den schmerzlichen Erfahrungen auseinanderzusetzen, sich aus seiner Passivität zu lösen und eine aktive Haltung einzunehmen. Dies geschieht häufig im (psychodramatischen) Rollentausch, in dem sich das Kind vom Leidtragenden und Ängstlichen in den Leid zufügenden, mutigen, starken Aggressor verwandelt und im Spielgeschehen den Ausgang einer unglücklichen Situation in ein Happy-End verwandelt. Der Zwang, eine traumatisierende Erfahrung zu wiederholen, erklärt, warum die spielende Tätigkeit für das Kind oft größte emotionale Tiefe und Intensität besitzen kann. Auf diese Weise kann im Spiel eine allmähliche Assimilierung von Beängstigungen durch äußere traumatische Erfahrungen, aber auch durch innerpsychische Konflikte erfolgen.

"Um einen Eindruck in die verschiedenen Formen des Spiels, in ihre Unterschiede und Ähnlichkeiten zu gewinnen, haben wir sie in der folgenden Tabelle zusammengestellt. Es erübrigt sich zu sagen, dass eine derartige schematische Darbietung übermäßig vereinfacht und sogar Entwicklungsabläufe, die langsam und kontinuierlich sind, verzerrt". (PELLER 1971, 201 ff.)
Dennoch kann der folgende Überblick für die Heilpädagogin eine informative Hilfe in der Beobachtung, Identifizierung und Beurteilung des Kinderspiels sein.

Überblick über die Spielhandlungen

1. Spiele, die ihren Ursprung in der Beziehung zum eigenen Körper haben:

Zentrales Thema des Spiels Objektbeziehung	Unzulänglichkeits angst (verneint)	Kompensierende Phantasie	Formale Elemente Stil	Sozialer Aspekt	Spiel-Material	Sekundäre Spielgewinne
Beziehung zum eigenen *Körper*	Mein Körper ist nicht gut	Mein Körper (seine Glieder, erlebte Gestalt, Veränderungen) ist ein vollkommenes Werkzeug für meine Wünsche	Eher Halluzinationen (positiv und negativ) als Phantasien	Allein	Vergrößerungen u. Veränderungen von Körperfunktionen u. Körperteilen	Wachsende körperliche Fähigkeit u. Körperbeherrschung
Körperbezogene Angst	Ich bin oft hilflos					
		Vorstellungen von Größe, vollkommener Leichtigkeit	Vorstellungen vergrößern Lustandauer			Anstoß zur aktiven Suche nach Befriedigung

Abb. 56: Spielhandlungen in der Beziehung zum eigenen Körper

Beispiele (nach PELLER ebd. 200):

"Zwei Monate lang war ein Dreijähriger häufig damit beschäftigt, «Kaffeemachen» zu spielen. Es grenzte manchmal an zwanghaftes Verhalten, durch die Stärke der Emotion, die er im Spiel zeigte, und durch den Widerstand, den er bot, wenn er aufhören sollte. Die liebste unter den vielen Arten, «Kaffee zu machen», war ihm das Spielen mit drei Aschenbechern, mit denen er eine bestimmte Maschine nachahmte; diesen Vorgang wiederholte er mit vielen anderen Gegenständen. Er schüttete sich Sand auf den Kopf und nannte das «Kaffeemachen», er jagte den Hund unter das Klavier, er rutschte den Rücken seines Vaters und an Stuhllehnen herunter und nannte es «Kaffeemachen». Zu diesem Spiel gab es viele anale Assoziationen, und während dieser Zeit zeigte er besonderes Interesse an seinem eigenen «A-a» (Kot oder After), an dem von Tieren, Straßenbahnen, anderen Leuten usw. Manchmal nannte er den Kaffee A-a. Er sprach von «Kaffee, der oben hineingeht und unten herauskommt». Anale Phantasien waren die konstantesten Assoziationen zu diesen Spielen, aber sie machten nicht die ganze Geschichte aus... Einige Kinder weisen in dieser Phase (Anfang des zweiten Lebensjahres) eine Zeitlang alles Spielzeug zurück und zeigen an ihren Spielkameraden wenig Interesse; sie gebärden sich, als seien sie trunken von dem Gedanken des Raums und sogar der Geschwindigkeit; sie krabbeln, gehen, marschieren und rennen und wenden sich mit dem größten Vergnügen von einer Bewegungsart zur anderen. Diese Kinder gebrauchen Spielzeug meist dann, wenn sie es in ihr fortgesetztes Bewegungsspiel einbauen können. Stühle und Töpfe werden nicht zum Sitzen verwandt, sondern durch das Zimmer geschoben. Mit weichem Spielzeug und Tieren auf Rädern wird «spazierengegangen», man rennt Bällen nach, und einige Kinder zeigen, wenn sie einmal das Gleichgewicht gut halten können, besonderes Vergnügen daran, zu gehen, während sie in jeder Hand ein Spielzeug halten. Manchmal ist zum Schluss eine ganze Kinderschar im Spielzimmer stundenlang in Bewegung, im Kreise sich drehend oder immer wieder das Zimmer durchquerend wie die Leute auf der Schlittschuhbahn."

2. Spiele, die in der Beziehung des Kindes zur präödipalen Mutter wurzeln (nach PELLER ebd. 206):

Ein 20 Monate altes Mädchen sah interessiert zu, wenn anderen Kindern die Nase geputzt wurde, ergriff plötzlich einen alten Umschlag, rannte von einem Kind zum anderen und wischte deren Nasen. Andere Kinder kämmen ihre Spielkameraden und füttern sie an Stelle der Erzieherin. FREUD beschreibt in seinem berühmtem Beispiel in "Jenseits des Lustprinzips", wie ein oft allein gelassenes Kind eine Spule außer Sichtweite wirft, um sie dann wieder zurückzuholen; genauso lässt es sein Gesicht im Spiegel erscheinen und verschwinden. In diese Kategorie gehört auch das "Guck-Guck-Spielen", das Kinder in aller Welt spielen. Im Versteckspielen umschreibt das Kind das Kommen und Gehen der Mutter: "Ich kann dich allein lassen, wie du mich allein gelassen hast." Indem es wegrennt und sich hinter einem Tisch oder einem Vorhang versteckt, fordert es seine Mutter heraus und entzieht sich spielerisch ihrer Herrschaft und ihrem Schutz.

Überblick über die Spielhandlungen

2. Spiele, die in der Beziehung des Kindes zur präödipalen Mutter wurzeln

Zentrales Thema des Spiels Objekt- beziehung	Unzuläng lichkeits angst (ver- neint)	Kompen- sierende Phantasie	Formale Elemente Stil	Sozialer Aspekt	Spiel- Material	Sekun- däre Spiel- gewinne
Bezie- hung zur *präödi- palen Mutter*	Meine Mutter kann mich verlas- sen - mit mir ma- chen, was sie will	Ich kann mit *anderen* machen, was sie mit mir macht	Kurze Phanta- sien, endlose monotone Wieder- holungen	Allein oder mit der Mutter zusam- men	Mütter- liches Spielen mit Puppen, Stofftie- ren, mit anderen Kindern u. der Mutter selbst	Wut, Angst ge- mildert; Fähig- keit, Frustra- tion und Verzug zu ertragen
Angst, das libidobe- setzte Objekt zu verlieren		Ich kann weiter- machen oder auf- hören	Wenige Variati- onen, kein Ri- siko, kein Höhe- punkt, keine echte Fa- bel 'Wie du mir, so ich dir'	Andere Kinder, Tiere u. Dinge werden nicht als Mitspie- ler aufge fasst. Spo radisch: Spiegel- spiel	'Guck- Guck' Erste Werk- zeuge	Anstoß zu dau- ernder Objekt- beziehung

Abb. 57: Spielhandlungen aus der Beziehung zur präödipalen Mutter

Alle diese Spielfantasien ranken sich um die Figur der präödipalen Mutter, die sowohl eine unauslotbare Quelle für Annehmlichkeiten als auch für Furcht und Schrecken ist. Die Kernformel lautet: "Ich kann mit dir machen, was Mama mit mir macht." So macht das Kind seine Puppe, seinen Teddybären oder ein kleineres Kind zum Emp- fänger seiner mütterlichen Fürsorge oder mütterlichen Versagens und Strafens. Das Kind gelangt auf diese Weise von der passiven in die aktive Rolle. Indem es "anderen das tut, was ihm die allmächtige Mutter angetan hat, kann es seine Emotionen der Wut und der Angst ergründen. Wut ist die machtvollste, am höchsten gesteigerte Emoti- on in der präödipalen Phase. Die gute und die böse Mutter im Spiel verkörpert zu haben, kann dem Kind helfen, in Leidenszeiten sich der guten Mutter zu erinnern, und das wiederum bereitet den Boden für eine Objektbindung, z.B. für eine Bindung, die über das Stillen einer Not hinausreicht.

3. Spiele im Zusammenhang mit Konflikten auf der ödipalen Stufe
(nach PELLER ebd. 206)

Die typischen Spiele der 4 - 5jährigen wurden bereits unter entwicklungspsychologischem Gesichtspunkt erörtert. Das Wichtigste in der ödipalen Situation äußert sich auch im Spiel als ein Dreiecksverhältnis: Die vorher so einfachen Beziehungen verstricken sich jetzt, das Erreichenwollen eines Zieles tut weh, und die Enttäuschungen schmerzen.

Überblick über die Spielhandlungen

3. Spiele im Zusammenhang mit Konflikten auf der ödipalen Stufe:

Zentrales Thema des Spiels Objektbeziehung	Unzuläng lichkeits angst (ver- neint)	Kompen- sierende Phantasie	Formale Elemente Stil	Sozialer Aspekt	Spiel- Material	Sekun- däre Spiel- gewinne
Ödipale Beziehungen u. Abwehrmechanismen	Ich kann mich nicht an dem freuen, was die Erwachsenen freut	Ich bin groß, ich kann tun, was die Großen machen	Spontaneität Unendliche Vielfalt von Emotionen, Rollen, Fabeln, Hintergründen	Frühes Zusammenspiel Versuche, Phantasien zu teilen; innersoziale Phantasien	Puppenspiel: Weiter Bereich von Spielhandlungen, Vater und Mutter-Imagines (Pilot, Krankenschwest., Zauberer)	Vorbereitung auf Rollen u. Fähigkeiten Erwachsener Zusammenspiel bereitet Zusammenarbeit vor
Angst, die Liebe geliebter Objekte zu verlieren		Familien roman	Zeit ist verschoben - später Drama, Gefahr	Tätigkeit allein oder in Gesellschaft		Anstoß zum Abenteuer Durchführung

Abb. 58: Spielhandlungen im Zusammenhang mit ödipalen Konflikten

707

Der weite Bereich starker Emotionen spiegelt sich in der Lebendigkeit des Spielens. In den verschiedenen Rollen und Verkleidungen gibt das Kind vor, Privilegien zu besitzen, die in der Wirklichkeit den Erwachsenen vorbehalten sind; auf diese Weise gewinnt es die Befriedigung seiner libidinösen oder auch destruktiven Triebe. Seine akuten Konflikte, seine scharfe Intelligenz, die sich nicht leicht durch irgendwelche Gepflogenheiten beirren lässt, verleihen diesen Spielen eine Vitalität und naive Unmittelbarkeit, die sich später bei älteren Kindern mäßigt. Die Stimmung, die das ödipale Spiel durchzieht, ist gewöhnlich glücklich, sogar triumphierend, von naiver Unüberwindlichkeit. In der ödipalen Phase nimmt es das Kind auch mit intellektuellen Fragen auf, die es selbst dann nicht bewältigen kann, wenn ihm Erwachsene sachlich richtige Antworten geben. Diese Spannungen führen zu Entwicklungen, die außerhalb des Reiches der Spiele liegen: Die Neugier des Kindes ist aufs höchste geweckt, es fragt viel und lernt viel. Aber die Neugier führt auch zu spielerischen Handlungen, zu Rätseln mit überraschenden Lösungen und zu kniffligen Problemen. Geduldsspiele werden interessant, und das Kind beginnt an Scherzreimen, Späßen und Wortspielen Freude zu haben. Im Familienroman heißt es: «Ihr seid nicht meine richtigen Eltern.» Das kann zur nächsten Stufe führen: «Um sie zu suchen, muß ich weit, weit fortgehen», und das facht das Interesse an fremden Ländern und längst vergangenen Zeiten an. Mythen, Märchen und Sagen, der Weg der Heldin oder des Helden bieten sich als Herausforderungen für die eigenen emotionalen Suchwege an. Oft gelangen Kinder zu rebellischen und selbstbewußten Phantasien: «Ich brauche meine Eltern nicht; ich brauche überhaupt niemanden. Ich schaffe alles aus eigener Kraft, ich bin mutig genug, alle Gefahren zu meistern!» In der Wiederbelebung ödipaler Konflikte während der Pubertät erreichen Abenteuerbücher, Hörspiel- und Videokassetten ähnlichen Inhalts große Beliebtheit. Ein literarisches Beispiel ist Robinson Crusoe, der aufgrund seines Mutes und seines Erfindungsreichtums auch als Gestrandeter allein überlebt. Auf tieferer unbewußter Ebene hat er seine Eltern und seine Heimat verworfen (oder verloren), um zur Natur zurückzukehren, d.h. zum idealisierten Bild der allgegenwärtigen, mildtätigen, archetypischen 'Großen Mutter'.

4. Postödipale Spiele (nach PELLER ebd. 206):
In diese Gruppe von Spielen gehören viele Gemeinschafts- und Gesellschaftsspiele für drinnen und draußen, wie Fußball, Völkerball, Kegeln, Domino, Karten- und Brettspiele, aber auch weniger organisierte Spiele wie Räuber und Gendarm und Verstecken.

Überblick über die Spielhandlungen
4. Latenzzeit

Zentrales Thema des Spiels Objektbeziehung	Unzulänglichkeits angst (verneint)	Kompensierende Phantasie	Formale Elemente Stil	Sozialer Aspekt	SpielMaterial	Sekundäre Spielgewinne
Geschwisterbeziehungen Angst vor dem Über-Ich und vor Über-Ich Figuren	Ich bin drohender Autorität ausgeliefert Ich kann nicht alles noch einmal von vorn anfangen	Viele von uns sind vereint Wir folgen bewusst den Regeln	Festgelegte Fabeln und Rollen Regeln, Programm, Ritual und *formale* Elemente sind bedeutungsvoll Gegenseitige Beziehung (Piaget)	Organisiertes Zusammenspiel Phantasie von allen stillschweigend akzeptiert	Gruppenspiele, Brettspiele Organisierte Spiele Spiele mit vorgestellten Armeen	Sich lösende ödipale Bindungen Zusammenarbeit mit Brüdern, mit Gefolgsleuten und Führern wird als befriedigend erfahren

Abb. 59: Spielhandlungen in der Latenzzeit

Diese Spiele unterscheiden sich von den vorherigen schon durch ihre psychologische Charakterisierung als "Regelspiele". Das 5 - 6jährige Kind versucht, sich aus den schmerzlichen ödipalen Bindungen und Verstrickungen zu lösen. In den Spielen der Latenzzeit schätzt das Kind seine Fähigkeiten realistischer ein und steckt sich daher bescheidenere Ziele. Sigmund FREUD hat in einer Metapher beschrieben, daß der Tourist, der die hohen Stufen der Pyramiden von Gizeh ersteigt, von den begleitenden Fremdenführern von hinten gestoßen und von vorne gezogen wird. So ergeht es auch dem sechsjährigen in unserer Gesellschaft: Biologische Gründe und wiederholte Enttäuschungen stoßen ihn aus seinem frühen Paradies, und beginnende libidinöse Bindungen zu seinen Spielkameraden und zu neuen Eltern- vor allem Vaterimagines (Lehrer und ältere Freunde) ziehen ihn vorwärts, heraus aus der Mutterwelt.

Die Gruppenspiele und Sportarten, anale Sublimierungen wie Sammeln und damit verbunden Wettstreit, Tauschgeschäfte, Handeltreiben, Freundschaftstaten und Missgunst gehören zu der Phantasie, einer Gruppe von Brüdern anzugehören, die wechselseitig und eifersüchtig ihre Vorrechte wahren oder einem gewählten Anführer folgen. Die unbewusste Dynamik von Regelspielen könnte lauten: «Ich muss der Autorität gegenübertreten, drohender, gefährlicher Autorität ganz auf mich gestellt begegnen»; oder: «Ich kann alles neu anfangen, sooft ich will» bzw.: «Ich kann nicht eines, sondern viele Leben leben». Dabei dient die peinliche Beachtung der Regeln der Unabhängigkeit von den äußeren Repräsentanten des Über-Ichs. Indem man die Regeln akzeptiert, denen auch jene sich beugen müssen, gelangt man zu ihnen auf gleiche Stufe. In den Regelspielen kann immer wieder neu begonnen und geprobt werden, nach dem Motto: "Neues Spiel, neues Glück!" Die Uhr wird zurückgedreht, und der Spielende beginnt von vorn, mit je neuer Chance. Dadurch werden Niederlagen bewältigt und Können erprobt. Wichtig ist auch die Identifikation mit den Kameraden, nicht mehr mit dem Vater. In der Gruppe und bei den Mädchen in den Dyaden werden homosexuelle Wünsche kanalisiert. Die Rollen und Positionen sind festgelegt und überliefert, Regeln, Zeremonien und Riten sind wesentliche Bestandteile der Spiele. Gewinner und Verlierer kehren zum Ausgangspunkt zurück und schütteln sich die Hand, wodurch erneute Identifikation möglich wird. In der ödipalen Situation galt der Satz: Wenn die Rivalität mit dem gleichgeschlechtlichen Elternteil beseitigt werden könnte, so wäre der Rivale, der das Feld behauptet, befriedigt. Für die Spielgruppe gilt: Es wäre reizlos, um etwas zu kämpfen, um das sich nicht auch andere Rivalen bemühten. Das Hin- und Her des Wettbewerbs schafft Befriedigung, und sogar der Verlust bzw. die Niederlage wird verkraftet, wenn sie «nach der Regel» erfolgt ist. So kommt keine Beschämung auf, was einer sinnreichen Schutzfunktion gleichkommt.

• Spielen in der heilpädagogischen Begleitung

Um spielen zu können, müssen nach PORTMANN verschiedene Bedingungen erfüllt sein, für die die Heilpädagogin Sorge tragen muss:

1. reiche Umweltbeziehung, gegeben durch die gesamte Organisation des Lebewesens (Körperorgane wie Psyche);
2. Freiheit von der unmittelbaren Erhaltungs- bzw. Überlebenssorge;

3. echte Geborgenheit, Aufgehobensein in der Umwelt, besonders in der Gruppe.

Was der Biologe PORTMANN (1975, 338 f.) als wichtige Voraussetzungen für das frei zu entfaltende Spiel aller höheren Lebewesen nennt, wird für die heilpädagogische Praxis im Umgang mit beeinträchtigten und behinderten Kindern zur *pädagogischen Aufgabe.* Es ist nicht selbstverständlich, dass Kinder heute (noch) spielen können. Viele haben niemals im Sand gebuddelt, ekeln sich vor Ton und Fingerfarben, sind nur mit einem begrenzten Wortschatz ausgestattet, den sie dürftig einsetzen können, hatten (mangels geeignetem Spielzeug, mangels Spielkameraden, mangels Anleitung durch die Eltern) nie die Gelegenheit zu kreativem Spiel. Mit FRÖBEL können wir uns vergegenwärtigen:

"Die Spiele... setzen also inneres Leben und Lebendigkeit, setzen rege Lebenskraft, setzen ein wirkliches äußeres Leben voraus; wo dieses mangelt oder früher mangelte, da mangelt dann auch in dieser Zeit echtes, wahres, Leben in sich tragendes und darum auch wieder Leben weckendes und erhöhendes Spiel". (zit. in SCHEUERL 1955, 61)

Für solche Kinder, die nicht oder nicht mehr aus eigenem Angetriebensein spielen können, ist die besondere Aufmerksamkeit der Heilpädagogin gefordert. Noch *bevor* eine Begleitung im engeren Sinne überhaupt beginnen kann, ist individual-*pädagogische* Hilfe dringend nötig.

Diese Hilfe ist sicher keine 'Lernhilfe' im Sinne einer (eng) verstandenen pädagogisch-methodisch kompetenten Spielanleitung. Sie besteht vielmehr im Herstellen der notwendigen Rahmenbedingungen, die die bergenden Voraussetzungen für ein freies Spiel beinhalten.

Dazu gehört an erster Stelle, den fehlenden oder verlorengegangen *Schutzraum* (wieder-) bzw. wenigstens zeitweise herzustellen und damit jene Geborgenheit, in der allein freies Spielen sich entfalten kann, auch gegen die Widrigkeiten der spezifischen kindlichen Lebenswelt. Heilpädagogisch kommt es darauf an, zu begreifen, dass für die Kinder - heute mehr denn je - *Spiel-Räume* zu schaffen sind, in denen sie ihre Spiele selbsttätig gestalten können.

Bei dieser Betätigung kommt es nicht so sehr auf das vorhandene Spielzeug an. Nicht die materialorientierten, spielpädagogischen Vorstellungen oder die unreflektiert mit (zum Teil beschädigten) Materialien überhäuften Spielzimmer mancher Beratungsstellen zählen, sondern vielmehr, inwieweit es gelingt, die im Kind (noch) vorhandenen immanenten Kräfte selbst mit einfachsten alltäglichen Mitteln *symbolisch* "ins Spiel zu bringen" und es zu *seiner eigenen* Kreativität im Spiel anzuregen und zu ermutigen.

Auf diese Weise lernt das Kind sich selbst im Spiegel der reflektierenden Heilpädagogin zu entdecken, auch in all jenen Gestalten, die in der oftmals dürftigen und traurigen Realität des Kindes vorhanden sind und die es aus Angst und Schuldgefühlen heraus abwehren muss (die Riesen, Gespenster, fressenden und vernichtenden Ungeheuer). Es kann sich darstellen und erleben

- wie jener Bettelknabe aus der Londoner Gosse, der durch Kleidertausch zum Prince of Wales avanciert (Mark TWAIN: Prinz und Bettelknabe);
- oder wie Aschenputtel, das trotz Verbannung aus Staub und Dreck aufsteht und als diejenige erkannt wird, die zur Liebe berufen ist;
- oder wie jene Geschwister, die fest zusammenhalten und denen es gemeinsam gelingt, den bösen Zauber zu überwinden, der ihre kranke Mutter gefangenhält usf.

Es erkennt sich mit allen (zum Teil verdrängten) emotionalen Anteilen, die, sonst nur unbewusst im Symptom ausgedrückt, zu Strafe, Spott und Isolierung beitragen.

"So kann Spiel für das Kind immer auch zu einer Form der Selbstinszenierung werden. Das heißt, im Spiel kann es sich darstellen, erleben, reflektieren, bewähren, kurz: das kindliche Spiel kann den Charakter von spezifischen Lebenserprobungen annehmen und beispielsweise Antwort geben auf die Fragen:

- *Wer bin ich?*
- *Was kann ich?*
- *Wie wirke ich?*

Oder auch:

- *Wie fühle ich mich?*
- *Was geht in mir vor?*

Gerade die Möglichkeiten der Selbstinszenierung des Kindes bieten viele konstruktive Ansatzpunkte für die pädagogische Arbeit. Es ist

dabei nicht bloß an Rollenspiele ... zu denken, auch wesentlich «einfachere» Formen der spielenden oder spielerischen Selbstinszenierung bieten sich an:
- *Ich verkleide mich;*
- *ich stelle mich durch meine Körpersprache dar;*
- *ich bin ein Denkmal;*
- *ich bin ein Tier;*
- *ich bin ich;*
- *ich bin ein Anderer;*
- *ich bin ein Fremder;*
- *ich bin glücklich;*
- *ich bin traurig;*
- *ich bin wütend (zornig);*
- *ich bin ängstlich (ich habe Angst);*
- *ich habe Schmerzen (mir tut etwas weh)*
und viele andere Möglichkeiten sind denkbar."
(KRAWITZ 1992, 329 f.)

• Diagnose und Intervention in der Spielbegleitung

Je nach heilpädagogischem Konzept werden auch Spieldiagnostik und Spielbegleitung unterschiedlich sein. Der tiefenpsychologisch orientierte Heilpädagoge wird psychodynamische Gesichtspunkte berücksichtigen:

1. *Äußere Konflikte,* die sich zwischen dem Kind und seiner Umwelt, insbesondere zwischen dem Kind und seinen primären Bezugspersonen abspielen, da sich die Umwelt dem kindlichen Luststreben entgegenstellt;

2. *Verinnerlichte Konflikte,* bei denen das Kind sich mit seinen Bezugspersonen identifiziert hat und sich dadurch die Anforderungen der Außenwelt zu seinen eigenen gemacht hat. Der Konflikt spielt sich nicht mehr zwischen außen und innen ab, sondern intrapsychisch zwischen den psychoanalytisch so genannten Instanzen des Ich, Über-Ich und Es.

3. *Innere Konflikte,* auf die die Außenwelt keinen unmittelbaren Einfluss hat, da sie sich zwischen dem Ich und dem Es des Kindes ab-

spielen. Diese entwicklungsbedingten Konflikte empfindet das Kind als Bedrohung, denn das sich entwickelnde Ich wird durch mächtige Es-Impulse sozusagen überschwemmt, denen sich das Kind wider Willen ausgeliefert erlebt und gegen die es sich zur Wehr setzen muss, wenn es nicht 'vernichtet' werden will.

Das Erkennen und die diagnostische Einordnung des kindlichen Spielverhaltens versucht die Heilpädagogin durch verschiedene *Interventionen* zu erreichen, *die zugleich therapeutischen Charakter haben,* da sie sich zwischen Kind und Heilpädagoge dialogisch und meist auf der Symbolebene abspielen:

- Die Heilpädagogin kann das Spiel des Kindes auf seine vermuteten Widerstände, Abwehrhaltungen und Übertragungsreaktionen hin vorsichtig so reflektieren, dass das Kind angeregt wird, seine Gefühle, die es als passiv erlitten empfindet, wahrzunehmen und diese psychischen Konflikte *aktiv* im Spiel auszudrücken;

- Die Heilpädagogin bietet dem Kind bei der Darstellung seiner in das Spiel projizierten psychischen Realität Verbalisierungshilfen an, die die Einsicht in die dem Spielgeschehen latent zugrunde liegenden Konflikte ermöglichen und so zu einer Integration verdrängter bzw. abgespaltener psychischer Anteile führen können;

- Die Heilpädagogin hält sich weitgehend aus dem Spielgeschehen des Kindes heraus und greift nicht frühzeitig in die Inszenierung des 'Psychodramas' ein, um durch "szenisches Verstehen" in die innere wie äußere Welt des Kindes Eintritt zu erlangen und aus dem hermeneutisch-kritischen Verstehen heraus darin zu späterem Zeitpunkt reflektierend und handelnd Anteil zu nehmen;

- Die Heilpädagogin kommuniziert mit dem Kind auf der magischen Ebene seiner Spiel-Sprache, verzichtet vorübergehend auf die Reflexion von Spielinhalten und greift statt dessen handelnd und in seiner vom Kind zugeschriebenen Rolle (mit oder ohne Medium) nonverbal (mimisch, gestisch, z.B. mit Handpuppe oder Figur agierend) oder aus der Rolle spielend, kommentierend in das Spiel des Kindes ein;

- Die Heilpädagogin erzählt, spielt, zeichnet und malt Märchen, besonders jene, die das Kind für sich als bedeutungsvoll ausdrückt und immer wieder gern hören oder gestalten möchte, um dadurch die Komplexe und Motive zu diagnostizieren, die im Kind sensibilisiert sind. Dabei wird wieder auf symbolischer Ebene mit den kindlichen Spiel-, Mal-, Zeichen- und Märchenwahlmotiven über die Phantasiegestalten kommuniziert, indem deren Gefühle und Handlungen reflektiert werden, um auf diese Weise die kindlichen Gefühle zum Ausdruck zu bringen und Lösungsmöglichkeiten für Konflikte zu erarbeiten.

- Die Heilpädagogin malt, kritzelt, knetet und baut mit dem Kind Traumbilder und Traumlandschaften, die indirekt individuelle und kollektive unbewusste psychische Inhalte des Kindes zum Ausdruck bringen und dadurch über die kindliche Entwicklung und psychische Störungen Auskunft geben. Dabei wird die Heilpädagogin mit dem Kind zusammen die Vorstellungs- bzw. Traum-Welten derart weitergestalten und durch analoges Symbolmaterial anreichern (amplifizieren), dass verschiedene psychische Abspaltungen (z.B. in Gestalt aggressiver Tiere) der Welt der Menschen (z.B. in einem Zoo) angenähert werden können, so dass sie (z.B. durch liebevolle Versorgung) ihre Fremdheit und Bedrohung verlieren und auf diese Weise (z.B. als Wächter, Reittier oder starker Helfer) integriert werden können.

- Da es sich in der heilpädagogischen Begleitung im Spiel um beeinträchtigte oder behinderte *Kinder* handelt, die benachteiligt sind und deshalb auf der Schattenseite des Lebens stehen, bemüht sich die Heilpädagogin in allem um gleichbleibend akzeptierende positive Anteilnahme, Interesse und wissendes Verständnis und gestaltet die heilpädagogische Beziehung zum Kind auch mittels Zuspruch und Trost sowie Bestätigung und Lob. Auf diesem Hintergrund kann auch gelegentlich (situative) Kritik angebracht sein, um die Realbeziehung angemessen zu gestalten. Die Heilpädagogin wird ermuntern und vorsichtig einschränken und auf diese Weise mittels positiver und negativer Verstärkung den therapeutischen Prozess aktiv-lenkend mitgestalten. Dabei wird die wachsende bewusste Mitarbeit des Kindes im Vordergrund gesehen.

- Die Heilpädagogin fügt in das Spielgeschehen die Schicksale anderer Kinder im Sinne von Fremdschilderungen ein. Dadurch wird das Kind in seiner eigenen Problematik indirekt angesprochen, so dass sein Widerstand reduziert wird und keine akute Beunruhigung eintritt. Durch die Identifikation mit dem kindlichen Helden kann sich das Kind aus einer gewissen Distanz heraus mit dem Konflikt beschäftigen und in relativ angstfreier Atmosphäre quasi für einen Dritten Lösungen suchen. Dies kann wiederum mittels Symbolsprache (in Märchenbildern oder Tiergestalten) oder auch auf realer Ebene (durch eine kindliche Heldin, einen kindlichen Helden) geschehen, bis eine emotionale Annäherung des fremden Konfliktes an die eigene Situation erreicht ist.

- Die Heilpädagogin kann das Kind in alltäglichen Situationen, z.B. bei einem Spaziergang; bei den Schularbeiten in einer Heimgruppe; während eines Streites im Kindergarten; beim Hantieren in der Küche; beim Zubettgehen; im Spiel mit anderen Kindern; in der Begleitung beim Einkauf; beim Besuch im Zoo; bei einem Ausflug; oder auf dem Flur (Flur-Therapie[1]) der Kinderstation eines Kran-

---

[1]Heilpädagogische Begleitung von Kindern und Jugendlichen im Rahmen einer HpE findet nur selten im geschützten Raum eines Spielzimmers, sondern meist "unter erschwerenden Bedingungen" statt. Die Heilpädagogin ist primär für diejenigen beeinträchtigten, behinderten oder psychosozial gestörten Kinder und Jugendlichen da, denen "nicht zu helfen ist", bzw. die "therapieresistent" sind. "Eine Möglichkeit für eine heilpädagogisch-psychosoziale Betreuung ist die tiefenpsychologisch orientierte heilpädagogische «Flur-Therapie», die sich auf die Theoriebildung zur Fokaltherapie, zur Kurztherapie stützt. Durch die Flur-Therapie, d.h. das heilpädagogische Handeln am Bett, das Gespräch auf dem Flur, in der Cafeteria, im Park oder sonst wo, will der heilpädagogisch-psychosoziale Betreuer seinem Gesprächspartner helfen, das, was die momentane, sichtbare oder auch verdeckte emotionale Befindlichkeit ausgelöst hat, in seiner Bedeutung zu verstehen und zu akzeptieren bzw. zu verändern. Bei der Flur-Therapie geht es primär um die direkte, möglichst nahe am Auslöser liegende Aufarbeitung, Entspannung einer emotional bedrückenden oder bedrohenden Erfahrung. (ähnlich dem –>„Fördernden Dialog"; Anm. W.K.). Hier spricht der heilpädagogisch-psychosoziale Betreuer das Kind, die Eltern und Geschwister von sich aus an, reflektiert - ob vom Kind, von den Familienmitgliedern 'gewollt' oder 'nicht gewollt' - die momentane emotionale Befindlichkeit, um so mit dem Kind, den Eltern, Geschwistern ins 'klärende' Gespräch zu kommen. In diesem Gespräch muss zunächst ein Bild von dem «Auslöser» der emotionalen Befindlichkeit vermittelt werden, dieses Bild eventuell korrigiert werden. Wenn eine Flur-Therapie gelingen soll, dann ist es notwendig, dass der heilpädagogisch-psychosoziale Betreuer zum Begleitungsteam (hier wird auf klinische Einrichtungen Bezug genommen; Anm. W.K.) gehört, dabei aber von diesem Team nicht als Blitzableiter bei Problemen missbraucht wird, die sich durch die (medizinische; Anm.W.K.) Begleitung und wegen des Verlaufs der Krankheit oder in Stresssituationen ergeben. Auch sollte er nicht zum Puffer zwischen dem Arzt, der Schwester, dem Pfleger und dem kranken Kind bzw. den Eltern, Geschwistern werden. Der heilpädagogisch-psychosoziale Betreuer muss sich immer verstehen als Vermittler, als 'Dolmetscher' zwischen dem Arzt, den Eltern, den Geschwistern, den Bezugspersonen auf der einen und dem kranken Kind auf der anderen Seite. Er bietet sich zur positiven wie negativen Übertragung an, reflektiert sowohl aus der

kenhauses direkt so ansprechen, dass es sich in seiner augenblicklichen Situation angenommen und verstanden fühlt, aber - nach eingetretener Beruhigung - zugleich auch einen Bezug mit anderen Situationen und zu anderen Personen (z.B. den primären Beziehungspersonen) herstellen, die dem Kind die Verbindung zwischen aktuellem Geschehen und ursprünglich auslösender Beziehungsproblematik verdeutlichen. Voraussetzung für solche gezielten Interventionen sind Vertrauen, eine tragfähige Beziehung zwischen Kind und Heilpädagoge und eine genaue Kenntnis der Lebensgeschichte wie des häuslichen Milieus.

- Die Heilpädagogin kann - im Unterschied zu der vorgenannten direkten und unmittelbaren Vorgehensweise - die distanziertere Form des gemalten oder geschriebenen Briefkontaktes wählen, um dadurch auf Entfernung und Zeit eine heilpädagogische Begleitung (zusätzlich) zu gestalten. Als "Brieffreundin" kann sie alle wichtigen Erlebnis- und Konfliktbereiche so ansprechen, dass das Kind bzw. der Jugendliche sich herausgefordert fühlt, den Brief zu beantworten und sich auf diese Weise durch das Schreiben und Malen entlastet. Es versteht sich, dass eher ältere Kinder bzw. schreibgewandte Jugendliche in der Lage sind, sich dieses Mediums zu bedienen, wenn es ihnen entsprechend naheliegt.

- Mit zunehmendem Alter der Kinder (ab etwa 10 Jahren aufwärts) wird die Heilpädagogin stärker die Sprache zum Hauptinstrument ihrer heilpädagogischen Begleitung machen. Dabei wird das Spiel in seinen verschiedenen Ausdrucks- und Gestaltungsformen immer

---

Sicht der einen wie der anderen Person das Erleben der einen oder anderen Situation, die die emotionale Befindlichkeit ausgelöst hat. Dabei greift er letztlich strukturierend in das Alltagsgeschehen des kranken Kindes, der Familie wie der Station im Krankenhaus ein, was manchmal Spannungen zwischen dem heilpädagogisch-psychosozialen Betreuer und dem kranken Kind, den Eltern, Geschwistern, den Ärzten und den Bezugspersonen zur Folge hat. Er regt an, sich mit der Befindlichkeit auseinanderzusetzen, die Realität zu nutzen, um so die Kräfte freizubekommen, die sinnvoller bei der Bewältigung der Krankheit, des Krankseins wie der konkreten Situation eingesetzt werden könnten. Wenn vom heilpädagogisch-psychosozialen Betreuer beide Aspekte gesehen werden, dann ist die Flur-Therapie für alle ein Gewinn. In diesem Zusammenhang sei darauf hingewiesen, dass... Konflikte... in einer Balint-Gruppe (oder Supervisionsgruppe; Anm. W.K.) bearbeitet werden, weil sie fast immer begründet sind im falschen Rollenverständnis wie im verzerrten Bild der Rolle, des Status des Arztes, der Krankenschwester, des Krankenpflegers, des heilpädagogisch-psychosozialen Betreuers. (NEUHAUS 1988, 107 f.)

mehr in den Hintergrund treten und eher ergänzenden Charakter erhalten. Im Mittelpunkt heilpädagogischer Interventionen wird das Bemühen um "Ich-Stärkung" (BALINT 1971) stehen, die durch gewachsene Ich-Stabilität, Ich-Differenzierung und Eigenverantwortung eher mittels annähernder Bewusstmachung von Unbewusstem bzw. Vorbewusstem auf verbaler Ebene vollzogen werden kann. Dabei wird sich die Heilpädagogin vornehmlich als Hilfs-Ich anbieten, der das (teilweise noch) Unaussprechliche auf angemessene Weise vorformuliert, bis immer weniger Diskrepanz zwischen den Gefühlen und den Ausdrucksmöglichkeiten des Kindes bzw. Jugendlichen besteht, so dass Hemmungen gelockert und verdeckte Wünsche, Gefühle, Hoffnungen und Möglichkeiten der Lebensgestaltung zunehmend auch vom Kind oder Jugendlichen verbalisiert werden können. Anstelle des Handelns, des Agierens, der Symptomatisierung und der Impulshandlungen kommt eine stärker verbale Auseinandersetzung zustande, wodurch Affekte verbal-aggressiv ausgesprochen und dadurch bewältigt werden können. Dabei wird die unterschiedliche Verbalisierungsfähigkeit des Kindes bzw. Jugendlichen berücksichtigt, die z.B. in der Unterschicht oder bei behinderten Kindern stark eingeschränkt sein kann.

Das gemeinsame Spiel und Gespräch zwischen Heilpädagogen und Kind bzw. Jugendlichem ermöglicht es, dass das Kind neue Reaktionen auf seine Handlungen kennenlernen kann, die sich von seinen bisherigen Erfahrungen unterscheiden. Insofern verhält sich die Heilpädagogin 'a-sozial', indem sie durch ihre Interventionen und Stellungnahmen dem Kind neue Antworten auf eingeschliffene Erlebens- und Verhaltensmuster anbietet und es anleitet, sein Verhalten alternativ zu gestalten. Aus der 'Antwort' des Kindes kann sie zugleich diagnostischen Gewinn ziehen, um weitere angemessene Angebote zu entwickeln.

- **Zielsetzungen heilpädagogischer Spielbegleitung**

Wie jede Erziehung und Förderung muss auch die heilpädagogische Begleitung in ihren Zielsetzungen und Handlungsweisen drei Dimensionen berücksichtigen, in denen sie einen Ausgleich herzustellen hat:

1. Im *emotionalen* Bereich hat sie zwischen den konfliktreichen Ansprüchen und Impulsen des Kindes und den gesetzten Einschränkungen der Umwelt zu vermitteln;
2. auf der *kognitiven* Ebene hat sie zwischen den ungleichgewichtigen und schwankenden kognitiven Strukturen des Kindes und dem realitätsangepassten Denken der Erwachsenen zu vermitteln;
3. auf der *sozialen* Ebene hat sie zwischen den widerstrebenden und ambivalenten Ansprüchen des Kindes und dem Aufbau stabiler Sozialbeziehungen zu vermitteln.

Dabei werden im heilpädagogischen Handeln immer zugleich alle drei Dimensionen angesprochen, die in allen Entwicklungs- und Lernprozessen eng miteinander verbunden sind und für den Menschen in ganzheitlicher Betrachtung nur einen einzigen 'Spiel-Raum' darstellen. Der affektive Aspekt liefert die Motivationen, die Triebfedern, die Energie unseres Verhaltens; der kognitive Aspekt ist die Ausformung, die strukturierte und materialisierte Aktion des affektiven Wunsches; und der soziale Aspekt weist auf den Einbezug der Umwelt und Mitwelt in das Verhalten, bzw. die Handlung hin. Im Spiel kann der Mensch - vor allem das Kind - die Diskrepanzen und Dissonanzen, die aufgrund vorhandener Beeinträchtigungen oder Behinderungen entstanden sind und die drei Bereiche ins Ungleichgewicht gebracht oder sogar partiell voneinander getrennt haben, sozusagen 'überspielen' und so als 'ganze' Person handeln. Dadurch wird einmal die Ungleichheit überspielt (= angemessen kompensiert und stetig sublimiert), die *im Kind selbst liegt,* so dass das Kind, das mit seinen Bedürfnissen, Wünschen, Trieben im Konflikt liegt, im Denken viele Probleme noch nicht realitätsgerecht (und damit erfolgreich) bewältigen kann und das in seinen Sozialkontakten zwischen kindlichem Egozentrismus und Ablösung bzw. Trennung wichtiger Bezugspersonen hin- und her schwankt, zu realitätsnahen "als-ob" Handlungen kommt und gleichsam im Probehandeln und mit Hilfe der heilpädagogischen Beziehungsgestaltung die divergierenden Bereiche integrieren lernt. Des Weiteren wird die Ungleichheit überspielt, die *im Verhältnis der Erwachsenen gegenüber dem Kind liegt* und durch die das Kind ständig erlebt, dass es nicht so erfolgreich wie der Erwachsene ist, dass es vom Willen anderer abhängig ist und dass es Dinge lernen muss, die es nicht lernen will. Im Spiel hingegen ist das Kind der Hauptakteur, es beherrscht sowohl seine Triebe als auch seine Umwelt und im Mitspielen sogar die Heilpädagogin - einen Prototyp der sonst allmächtigen Erwachsenen - wenigstens bis zu gewissen tabuisierten Grenzen der (körperlichen) Verletzung. Dadurch wird das Spiel zum eigenen Bereich, zum Beweis der Unabhängigkeit von den Erwachsenen, zum Wunderland der kreativen Phantasie, in dem es unendliche Geschichten gibt, in denen das Kind immer wieder neue Wandlungen und Verwandlungen erkämpft und erleidet, unter Einsatz aller seiner emotionalen, rationalen und sozialen Kräfte (dies besonders in der heilpädagogischen Spielgruppe). Durch die Kompensations- und Sublimierungsmöglichkeiten, durch das Schaffen eines Spiel-Raumes kann das Kind Kraft schöpfen für die Bewältigung einer Realität, in der es allzu oft der Schwächere, der Unterlegene, der Abhängige, der Feigling ist und nicht der Held.

Die heilpädagogische Begleitung im Rahmen der HpE muss aber immer durch –>Elternarbeit im Sinne der –>Erziehungsberatung flankiert und unterstützt werden. Ziel ist es, den für das Kind zur Verfügung gestellten Spiel-Raum durch andere Spiel-Räume zu erweitern; denn das Kind wie der Jugendliche brauchen *Zeit* und *Raum,* die nur der Erwachsene bereitstellen oder beschneiden kann. Wie bereits gesagt wurde, ist das Spiel auch *keine natürliche Entwicklungstatsache.* Allzu oft misslingt das Spiel aus psychischen Gründen oder aus sozialen Gründen in der Kindergruppe, dann wird das Kind 'verhaltensauffällig', weil es nicht 'mit-spielt'. Die Erwachsenen, vorrangig die Eltern, müssen von der Heilpädagogin angeleitet werden, ihre *erzieherische Aufgabe* dadurch wahrzunehmen, dass sie durch angemessenes 'Zusammenspiel' mit dem Kind in dessen Sprache und auf dessen emotionalem Entwicklungsniveau ein verwandeltes Vertrauens- und Verständigungsverhältnis aufbauen können. Das Spiel selbst muss gelernt werden, damit es diese Aufgaben erfüllen kann, nicht nur vom Kind, sondern mehr noch vom Erwachsenen. Es ist unbestritten, dass das Hauptvergnügen der Kinder darin besteht, im Zusammenspiel mit den Erwachsenen *auf einer Ebene* zu stehen. Wo sonst wäre das möglich? Dementsprechend wird die Heilpädagogin den Eltern und Bezugspersonen helfen, die eigenen, narzisstischen Geltungsansprüche, die gegenüber dem Kind fehl am Platze sind, zugunsten der berechtigten Ansprüche des Kindes zurückzustellen (man denke an den aufdeckenden Witz des mit der elektrischen Eisenbahn spielenden Vaters und des danebenstehenden, weinenden Sohnes).

• Aufbau und Verlauf heilpädagogischer Spielbegleitung[1]

Die heilpädagogische Spielbegleitung ist ein Kernelement der HpE und als solche entsprechend integriert. Die Begleitung findet in ambulanten Institutionen in der Regel einmal oder zweimal wöchentlich statt, die –>Erziehungsberatung der Eltern bzw. Erzieher in der Regel einmal monatlich, in regelmäßigen Abständen von vier Begleitungsstunden des Kindes. Der formale Ablauf gliedert sich wie folgt:

1. Vorbereitungsphase

Vorbereitende und klärende Gespräche mit den Eltern und Bezugspersonen; Erstellung eines Entwicklungsschemas des Kindes; einer Familien- und Milieuanamnese; Auftragsvergabe und -bestätigung durch eine erste Vertragsabsprache.[2]

2. Anfangsphase

Erste Gestaltung der persönlichen Kontaktaufnahme zum Kind; Spielbeobachtung und weitere diagnostische Verfahren; Vertragsabschluss mit dem Kind in altersgemäßer Form; Aufbau der heilpädagogischen Beziehung.

3. Durchführungsphase

Vorbereitung, Durchführung und Reflexion der Begleitung des Kindes und der –>Beratung der Eltern und Bezugspersonen; –> Fallarbeit; Einzel- und Gruppensupervision; Prozessdiagnosen im Verlauf der Begleitung sowie der Eltern- bzw. Erzieherberatung.

4. Ablösungsphase

Vorbereitung des Kindes und der Eltern auf das Ende der Begleitung; Zusammenfassung und Auswertung der Begleitung mit ab-

---

[1] Lesen Sie hierzu den Artikel –>Prozesskontrolle zu Beginn dieses Buches
[2] Zur vorbereitenden Information für die Eltern bzw. Bezugspersonen kann der folgende Elternbrief weitergegeben werden.

schließender Reflexion und ggf. Vorschlägen bzw. Förderplänen für eine weitere Begleitung, ggf. in einer kleinen Gruppe.

Abb. 60: Beispiel eines Elternbriefes für die heilpädagogische Begleitung

---

Liebe Eltern,

Sie haben Ihr Kind zur Heilpädagogischen Erziehungshilfe und Entwicklungsförderung (HpE) angemeldet. Sie werden zu regelmäßigen Elterngesprächen und Ihr Kind zur heilpädagogischen Begleitung eingeladen. Worum handelt es sich dabei?

In der heilpädagogischen Begleitung *spielen* und *üben* wir mit Ihrem Kind alles, was in seinem Lebens- und Entwicklungsalter wichtig ist.

Dabei "erzählt" uns Ihr Kind in seiner Sprache über sich selbst: Über seine Sorgen und Nöte, Freuden und Ängste, Hoffnungen und Wünsche.

Ein Erwachsener könnte seine Probleme in Worte fassen, wenn es uns allen auch manchmal schwerfällt.

Ein Kind hingegen kann dies nur selten. Es drückt alles, was es nicht in Worte fassen kann, symbolisch aus: Es malt Bilder, baut Szenen, spielt und erzählt Geschichten und Träume. So „sagt" es, was es bedrückt und ängstigt, was es nicht versteht und fragen möchte, was ihm nicht gelingt und wofür es nach Lösungen sucht. Auf diese Weise können wir Ihr Kind besser verstehen. Im Spiel lernt Ihr Kind aber auch, sich selbst besser zu begreifen. Wenn wir ihm in seiner Sprache antworten, erkennt es sich so, wie es wirklich ist, was es verletzt und gekränkt hat, weshalb es nach Hilfe und Trost sucht. Zugleich lernt es spielerisch auszuprobieren, was es sich zutraut, was ihm hilft, was geht und was nicht. Es gewinnt an Zuversicht und Selbstvertrauen und erfährt dabei die Hilfe und Unterstützung der Heilpädagogin.

Das Ziel der Heilpädagogischen Erziehungshilfe und Entwicklungsförderung ist es, Ihr Kind ein Stück weit auf seinem ganz persönlichen Lebensweg zu begleiten und in seiner altersgemäßen Entwicklung zu unterstützen Dadurch helfen wir mit zur gesunden Entwicklung Ihres Kindes. Deshalb schließen wir mit Ihnen und Ihrem Kind einen Vertrag. Einige wichtige Regeln sind folgende:

- Es ist wichtig, dass Ihr Kind sicher sein kann: "An diesem Tag, zu dieser Stunde, ist die Zeit, die mir allein gehört". Darum sollte die heilpädagogische Begleitung nur aus schwerwiegenden Gründen ausfallen, z.B. wegen Krankheit. Sowohl die Heilpädagogin, als auch ihr Kind und Sie als Eltern, benachrichtigen sich gegenseitig, wenn die Stunde unvorhergesehen ausfallen muss.

- Die heilpädagogische Stunde findet auch dann statt, wenn Ihr Kind einmal keine Lust hat. Wir haben nur dann Aussicht, weiterzukommen, wenn Ihr Kind ganz regelmäßig erscheint. Auch das "keine Lust haben" gehört mit in die Stunde, in der Ihr Kind alles ausdrükken kann, was es bewegt, auch, warum es ungern kommt.

- Damit Ihr Kind die Spielmöglichkeiten, die wir ihm anbieten, ungezwungen ausschöpfen kann, sollte es Kleidung tragen, die leicht zu waschen ist. Dann braucht es keine Angst zu haben, sich schmutzig zu machen. Wichtig ist auch, dass Ihr Kind pünktlich kommt. Es kann dann seine Zeit gut nutzen.

- Bitte fragen Sie Ihr Kind über das Geschehen in der Begleitung nicht aus; es könnte sonst unsicher werden, von sich und seinem Leben zu erzählen. Sie brauchen keine Furcht zu haben, dass Ihr Kind von zu Hause etwas Falsches erzählt. Wir wissen sehr gut, dass ein Kind stets nur schildern kann, w i e es selber *erlebt*. Das ist oft anders, als Dinge sich wirklich zutragen. Wenn Ihr Kind Ihnen von sich aus etwas aus der Stunde erzählt, hören Sie einfach ruhig zu, ohne zu bewerten in 'gut' oder 'schlecht', 'brav' oder 'ungezogen'. Nehmen Sie einfach alles zur Kenntnis und merken Sie sich die Dinge, die Sie beim nächsten Elterngespräch klären möchten.

Wir freuen uns, mit Ihnen zusammen für Ihr Kind gute Hilfen für eine gesunde körperliche, geistige und seelische Entwicklung finden zu können.

- **Zusammenfassung**

Heilpädagogische Begleitung im Spiel zielt weniger auf symptomzentrierte therapeutische Veränderungen ab als vielmehr auf eine *ganzheitliche Befähigung des Kindes zur Selbstregulation*. Angestrebt werden die Aktivierung, Neueinschätzung und Veränderung emotionaler Erlebnisinhalte, eine verbesserte und angemessenere Verhaltenssteuerung sowie gesteigerte Selbstbeobachtung, Selbstbewertung und Selbstbewusstheit des Kindes, so dass auch kritische und angstbesetzte Situationen eher gemeistert werden können. Zugleich wird die Erlebnisfähigkeit aktiviert, sollen Informationen besser genutzt und Handlungen angemessen und flexibler ausgeführt werden. Dadurch wird zugleich eine Förderung motorischer, imaginativer und gedanklicher Fähigkeiten und Fertigkeiten angestrebt.

Ziff. 43   STELLUNGNAHME   —> S. 102

Begriffsbestimmung:

Die heilpädagogische Stellungnahme ist eine Aussage zu einem bestimmten, heilpädagogisch relevanten *Sachverhalt aufgrund einer spezifischen Fragestellung* und als solche sachlich begrenzt.

Im Unterschied zum heilpädagogischen –>Gutachten ist die heilpädagogische Stellungnahme weniger umfassend. Sie gibt keine Auskunft über die Befindlichkeit eines beeinträchtigten oder behinderten Kindes oder Jugendlichen in seinen gestörten Erziehungsverhältnissen, sondern enthält eine Antwort zu einer Anfrage im Rahmen eines eng umgrenzten Fragenkomplexes.

In der Literatur wird die Unterscheidung der Begriffe Stellungnahme und Gutachten nicht eindeutig vorgenommen bzw. beide Begriffe werden synonym gebraucht: HEISS (1964, 975) unterscheidet je nach Gutachtenzweck drei Formen, von denen er die zweite, das stellungnehmende und urteilende Gutachten, so beschreibt: "Kommt das Gutachten zu einer Stellungnahme, welche z.B. als Fragestellung definiert ist, so liegt ein sogenanntes Prüfungs- oder Urteils-Gutachten vor."

BOERNER (1980, 41) beschreibt: "Die Stellungnahme zur Fragestellung als dritter Teil des Gutachtens nach der Darstellung des bisherigen Sachverhalts und der Auswertung der... Untersuchung sollte aus einer zusammenfassenden Übersicht über die für die Fragestellung relevanten Einzelergebnisse heraus stimmig die Begutachtung des spezifischen Problemfalles ergeben."

ARNDT/OBERLOSKAMP (1983) sprechen von "Gutachtliche Stellungnahmen in der sozialen Arbeit".

In diesem Übersichtsartikel werden folgende Themen angesprochen:

• Unterscheidung von Stellungnahme und Gutachten

Durch die Unterscheidung von –>'Gutachten' und 'Stellungnahme' soll die Heilpädagogin angeregt werden, je nach Anforderung spezifische Aussagen zu machen, die nicht den voluminösen Eindruck eines umfassenden Gutachtens erwecken. Es ist unverkennbar, dass in der Praxis der Begriff des Gutachtens ungleich schwerer wiegt als eine Stellungnahme. Die Heilpädagogin ist daher gehalten, ihre Aussage als eine unter anderen fachlichen Aspekten anzusehen und kenntlich zu machen, so dass sie entsprechend gewichtet und eingeordnet werden kann. Die fachliche Stellungnahme zu einem bestimmten, heilpädagogisch relevanten Sachverhalt aufgrund einer spezifischen Fragestellung ist sachlich begrenzt und daher als 'Teil-Gutachten' zu verstehen.

• *Wann* wird eine Stellungnahme abgegeben?

Eine Stellungnahme wird dann abgegeben, wenn die Heilpädagogin *über ausreichendes Datenmaterial* verfügt, um die *spezifische Fragestellung* beantworten zu können. Dies kann relativ kurzfristig zu Beginn einer HpE, in deren weiterem Verlauf und/oder auch zu deren Abschluss geschehen, je nach Anfrage des –>Auftraggebers bzw. der Notwendigkeit, die die Heilpädagogin selbst erachtet, um sie dem Auftraggeber oder jemand Drittem kundzutun.

• *Warum* wird eine Stellungnahme abgegeben?

1. Der Auftraggeber hat das Recht der Antwort auf seine Fragestellung. Häufig kommt es vor, dass z.B. Eltern als Auftraggeber nicht genau wissen, weshalb sie sich in eine Beratungssituation begeben; sie können auch nicht zwischen verschiedenen Fachleuten, die z.B. in einer Beratungsstelle im Team zusammenarbeiten, unterscheiden. Andererseits haben sie vielleicht ein Problembewusstsein, stellen fest, dass sie das Problem allein nicht lösen können und erhoffen sich Hilfe, wobei sie darauf vertrauen, an die richtige Fachkraft zu geraten. Die Heilpädagogin wird mit dem Auftraggeber die Fragestellung *im Gespräch* umreißen und mit ihm eine Übereinkunft (–>Vertrag, Kontrakt) darüber erzielen, wie die Dienstleistung aussehen wird, die notwendig ist, die erwünschte Antwort auf die Frage- bzw. Problemstellung zu gewährleisten. Die Art und Weise der Stellungnahme, ihre mündliche oder schriftliche Abfassung, in welchem Umfang, zu welchem genauer beschriebenen Zweck sie erstellt werden und an

welchen Adressaten sie gerichtet sein soll, ist Gegenstand des Beratungsgespräches und des Vertrages.

2. Das beeinträchtigte oder behinderte Kind, der Jugendliche hat das Recht, dass Eingriffe in oder Absprachen über sein Leben zu seinen Gunsten erfolgen und dementsprechend kontrollierbar und überprüfbar sind. Stellen Eltern ihr Kind z.B. auf Anraten einer Lehrperson wegen sogenannter 'Schulschwierigkeiten' vor, und hat die Heilpädagogin den Verdacht, das Kind sei nicht altersgemäß entwickelt, so dass sie zur genaueren Überprüfung ihrer ->Vermutungsdiagnose ein heilpädagogisch relevantes diagnostisches Mittel (z.B. einen Entwicklungstest) einsetzen will, so ist in der Stellungnahme zum Test (d.h. bei der Interpretation des Testergebnisses) zu begründen, weshalb *dieses* diagnostische Instrument eingesetzt wurde und ob sich die Vorannahmen bestätigen oder nicht. Andernfalls wäre es möglich, das Kind, den Jugendlichen einer ganzen Testbatterie auszusetzen (möglicherweise um durch den Einsatz entsprechend dotierter Mittel zunächst einen Gewinn abzusichern), ohne dies im einzelnen begründen und eine gezielte Stellungnahme abgeben zu müssen.

3. Die Heilpädagogin ist der Institution gegenüber verpflichtet, aufgrund ihres Dienstvertrages ihre Dienstleistung optimal, d.h. in kürzester Zeit mit dem bestmöglichen Erfolg zu erbringen. In Rechenschaftsberichten, statistischen Auswertungen, Teamgesprächen und Supervision muss sich die Heilpädagogin der fachgerechten Kontrolle über ihr Handeln aussetzen. Ihre Stellungnahme zu bestimmten Problembereichen der ihr überantworteten Fallbearbeitungen ermöglicht eine gezielte Kontrolle der Arbeit und effektive kollegiale Hilfe. Unnötige Belastungen des oder der Klienten, der Auftraggeber, der Institution und der Heilpädagogin selbst werden in Grenzen gehalten oder reduziert. Gegebenenfalls kann ein Kollege aufgrund seiner Kompetenz nach Kenntnisnahme einer heilpädagogischen Stellungnahme rascher eine bestimmte Fragestellung beantworten und die Heilpädagogin hat nun die Möglichkeit, aus ihrer Sicht eher und effektiver zu arbeiten, eine HpE einzuleiten, zu beenden oder sinnvoll ergänzend weiterzuführen.

4. Die Heilpädagogin ist sich selbst gegenüber rechenschaftspflichtig über ihr Handeln. In der Stellungnahme bezieht die Heilpädagogin eindeutig 'Stellung', d.h. sie vertritt unmissverständlich und verantwortungsbewusst ihren Standpunkt: Sie macht klare Aussagen, sie belegt ihre Meinung zu einem bestimmten Problem, sie begründet ihre Stellungnahme aufgrund nachprüfbarer Sachverhalte. Die Stellungnahme zwingt zur Genauigkeit und hilft, Kompetenzüberschreitungen und unkontrolliertes Vorgehen zu verhindern. Die Heilpädagogin kann sich auf ihre Aussage als Antwort auf eine bestimmte Fragestellung des Auftraggebers berufen, falls es zu unterschiedlichen Meinungen in der Sache kommt. Die Stellungnahme als Ausgangspunkt, Zwischenergebnis oder Endpunkt einer Heilpädagogischen Erziehungshilfe und Entwicklungsförderung (HpE) erleichtert die Orientierung und ist als 'Meilenstein' auf dem Weg vom Ist-Stand zum Soll-Stand eine angemessene Hilfeleistung. Gleichzeitig ermöglicht sie Kontrolle und Entscheidung über die Art und Weise und den Zweck des weiteren Vorgehens.

5. Die Heilpädagogin kann Dritten gegenüber zu einer Stellungnahme verpflichtet sein, z.B. im Zusammenhang mit Auskünften, die zu einer Rechtsentscheidung benötigt werden. So könnte die Heilpädagogin im Rahmen des § 1634 BGB von Kollegen aus dem Jugendamt angefragt werden, wie sie aus ihrer Sicht zur Sorgerechts- und Umgangsregelung eines Kindes von geschiedenen Eltern steht. Im Wissen um die Problematik des Kinderwunsches, zu welchem Elternteil es selbst möchte, kann eine zu dieser Frage angefertigte Stellungnahme der Heilpädagogin sehr hilfreich für eine Entscheidung im Sinne des Kindeswohls sein.

- *Wie* wird eine Stellungnahme abgefasst?

Als struktureller Aufbau einer heilpädagogischen Stellungnahme bietet sich folgende Gliederung an:

Heilpädagogische Stellungnahme

1. Briefkopf, Absender, Anschrift, Betreff, Bezug, Datum

2. Schilderung der näheren Umstände, die zur Abfassung der Stellungnahme geführt haben

3. Daten und Ergebnisse der Befunderhebung, einschließlich der Erläuterung der diagnostischen Verfahren, soweit sie für die Fragestellung relevant sind und ggf. wichtige Hinweise aus Begleitung, Beratung

4. Empfehlungen, Vorschläge zu bestimmten Maßnahmen, soweit sie für die Fragestellung relevant sind; ggf. prognostische Hinweise

5. Zusammenfassung der Ergebnisse und Beantwortung der Ausgangsfrage

---

Abb. 61: Struktureller Aufbau einer heilpädagogischen Stellungnahme

- **Zusammenfassung**

Die heilpädagogische Stellungnahme ist eine Aussage zu einem bestimmten, heilpädagogisch relevanten Sachverhalt aufgrund einer spezifischen Fragestellung und als solche sachlich begrenzt. Sie kann auf Veranlassung eines Auftraggebers oder von der Heilpädagogin selbst zu Beginn, während des Verlaufs oder zum Abschluss einer HpE mündlich oder schriftlich abgefasst werden. Vorausgehen sollte ein klärendes Gespräch über den Zweck, den Inhalt, die Notwendigkeit und den Empfänger der Stellungnahme sowie eine entsprechende vertragliche Absprache über deren Verwendung.

Begriffsbestimmung:

Supervision[1] ist der aus dem anglo-amerikanischen Sprachraum übernommene Begriff für die Kontrolle beruflichen Handelns, der sich im deutschsprachigen Raum als eigenständiges Beratungskonzept zur beruflichen Qualifikation, vor allem im Sozialwesen, durchgesetzt hat.

"Lerninhalt der Supervision (Sv) sind die Probleme und Konflikte, die der Supervisand (Sd) in seinem beruflichen Handeln erlebt. Am Leitfaden dieser Erfahrungen versucht der Supervisor (Sr) zusammen mit dem Supervisanden die psychischen Anteile beruflicher Interaktion sowie die objektiven institutionellen Gegebenheiten, unter denen berufliches Handeln geschieht, zu analysieren und systematisch zu reflektieren. Ziel ist die realitätsangemessene Wahrnehmung der psychischen und sozialen Determinanten einer als problematisch erlebten beruflichen Situation als Voraussetzung für die Entwicklung von angemessenen und wirkungsvollen Handlungsweisen." (OBERHOFF 1979, 105)

Supervision kann in folgenden drei Thesen beschrieben werden:

1. Supervision bedeutet *systematische Reflexion* der Berufspraxis mit dem Ziel der Entwicklung einer kritischen sozialen Handlungskompetenz. Die Entwicklung einer kritischen sozialen Handlungskompetenz muss ... an der Aufarbeitung der subjektiven Anteile konflikthafter beruflicher Interaktion ansetzen...;

2. Supervision hat eine *therapeutische Dimension,* indem sie das bewusste und unbewusste affektive Erleben, wie es der Supervisand in Gefühlen, Übertragungen, Widerständen u.ä. äußert, in den Reflexionsprozess einbezieht;

3. Supervision hat eine *politische Dimension,* indem sie die soziale (gesellschaftliche, institutionelle) Realität im Berufsfeld in ihrer Auswirkung auf die Beteiligten zum Gegenstand ihrer Reflexion macht. (vgl. OBERHOFF ebd. 105 ff.)

In diesem Übersichtsartikel werden folgende Themen angesprochen:

---

[1]"Das (englische) Wort «Supervisor» bezeichnet 'Aufseher', 'Inspektor', 'Direktor', sprich: Leiter in einem hierarchischen Gefüge ... eine Funktion, die soviel verwaltungsmäßige und beurteilende Aspekte hat wie pädagogische und beratende." (WIERINGA 1979, 11) (So kennen wir den "Supervisor" z.B. aus dem Vorspann eines jeden Kinofilms als Kontrolleur der verschiedenen Aufgaben und Abläufe.)

• Formen und Varianten der Supervision

Nach SPIESS (1991, 15) lassen sich folgende Formen bzw. Varianten von Supervision unterscheiden:

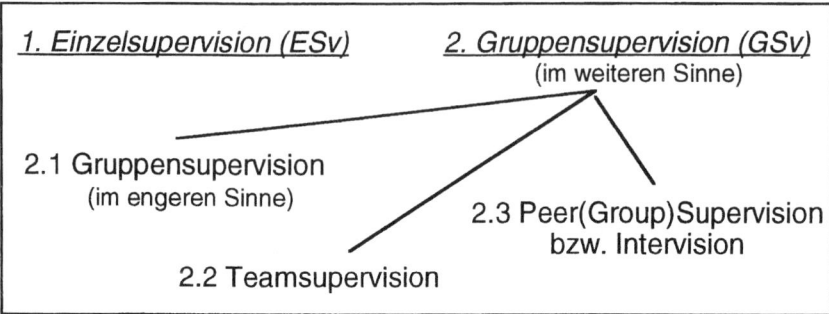

Abb. 62: Formen und Varianten von Supervision
(nach Spiess 1991, 15)

1. Der Begriff *Einzelsupervision (ESv)* steht für Supervision in der Dyade Supervisor (Sr) <—> Supervisand (Sd).
2. Der Begriff *Gruppensupervision* kann als Oberbegriff für drei Varianten gelten:
2.1 In der GSv im engeren Sinne arbeiten die Supervisanden in verschiedenen Institutionen bzw. mit verschiedenen Klienten.
2.2 In der Teamsupervision arbeiten die Supervisanden in derselben Institution bzw. mit denselben Klienten.
2.3 In der Peer(Group)Supervision/Intervision arbeiten Kollegen in einer Supervisionsgruppe methodisch zusammen, jedoch ohne Leitung durch eine zusätzliche Person in der Rolle des Supervisors. Sie supervisieren sich gegenseitig.
Im Rahmen obiger Praxisformen von Supervision kann man letztlich davon ausgehen, dass es so viele Supervisionskonzepte gibt, wie es Supervisoren gibt. Letztlich muss jeder Supervisor neben den in seiner Ausbildung akzentuierten Konzepten persönliche Ansätze integrieren, wenn er mehr und mehr auch eine eigene Berufsidentität als Supervisor erringen will.

Im Verlauf der historischen Entwicklung von Supervison in der sozialen Arbeit, seit etwa 1870 bis heute, wandelte sich entsprechend den sozialen Gegebenheiten auch die Auffassung von Supervision. WIERINGA (1979, 10 ff.) beschreibt die Entwicklungsphasen von Supervision

- über die Anfangsphase sozialer Notstände in den großen Städten der USA, die zur Entwicklung des "social casework" und "social groupwork" und die Beratung in diesen klassischen Sozialarbeitsmethoden durch Supervision führte;
- über die Phase der "Psychologisierung" von Supervision auf dem Hintergrund der Psychoanalyse Sigmund FREUDs um die Jahrhundertwende und den aufgrund veränderter sozialer Bedingungen einsetzenden Wandel von karitativ Hilfeleistenden zum psychotherapeutisch orientierten fachlich ausgebildeten Hilfeleistenden;
- über die "soziologisierende Phase" der Supervision aufgrund der Feldtheorie von Kurt LEWIN und der Kritik an der "bürgerlichen Gesellschaft" in einen Wandel zum gesellschaftskritischen, aktivistischen, "alternativen" Helfertypus und dementsprechende Supervisionsansätze bis etwa in die siebziger Jahre.
- Es folgten Jahre der Entwicklung und Integration verschiedener supervisorischer Ansätze sowie der Versuch der Professionalisierung und Etablierung von Supervision als festen Bestandteil der Arbeit im Sozialwesen.

Aus diesen Strömungen gesellschaftlich-supervisorischer Entwicklung lassen sich folgende theoretische Orientierungen klassifizieren:
- die Balint-Gruppenmethode
- die psychoanalytisch orientierte Supervision
- die TZI-orientierte Supervision
- die gestalttherapeutisch orientierte Supervision
- die systemisch orientierte Supervision
- persönliche eklektische Ansätze. (vgl. SPIESS 1991, 16)

Als Beispiel für ein integriertes Modell von Gruppensupervision, das auch für tiefenpsychologisch orientierte Heilpädagogik als relevant anzusehen ist, sei auf die Gruppen- und Teamsupervision nach RAPPE-GIESECKE (1990) hingewiesen, die aus den vier Wurzeln

1. der Balint-Gruppenarbeit,
2. aus Konzepten der psychoanalytisch orientierten Gruppentherapie und -selbsterfahrung,
3. aus der Organisationsentwicklung und der angewandten Gruppendynamik sowie
4. den soziologischen Systemtheorien

ein Modell entwickelt, das drei Konzepte bzw. Programme supervisorischer Fokussierung zu verbinden sucht:

- das Programm Fallarbeit (für Heilpädagogen mit behinderungsspezifischem Fachwissen; Anm. W.K.)
- das Programm Institutionsanalyse und
- das Programm Selbstthematisierung.

- **Ein Paradigma supervisorischen Handelns und ein Kompetenzmodell des Supervisors**

Jeder Supervisionsprozess spielt sich auf verschiedenen Ebenen ab, die der Supervisor wahrnehmen und auf die hin er intervenieren muss, gleich nach welchem (integrierten) Konzept er arbeitet. Die folgende Abbildung verdeutlicht die einzelnen Ebenen des Interaktionsgeschehens im Zusammenhang:

1. Ebene des aktuellen Interaktionsgeschehens.
Diese Ebene spielt sich zwischen Supervisor und Supervisand in der Einzelsupervision bzw. weiteren Teilnehmern in der Gruppensupervision ab. Hier erfolgen die manifesten Vertragsabsprachen, die Entwicklung von Lernzielen, die Reflexion von Berichten, die geäußerten Erwartungen usw.; zugleich aber auch die latenten Übertragungen, Widerstände und emotionalen Reaktionsweisen des Supervisanden sowie die Gegenübertragungsreaktionen des Supervisors im gemeinsamen Kommunikationsgeschehen.

2. Ebene des beruflichen Handelns der Supervisanden in Praxissituationen
Manifest sind die von den Supervisanden mitgeteilten Wahrnehmungen, Erlebnisse und Handlungsweisen aus seiner beruflichen Praxis. Daraus werden die latent wirksamen psychischen Anteile in Form von unbewussten Motiven, Fehlwahrnehmungen usw. des Supervisan-

den im gemeinsamen Reflexionsprozess herausgearbeitet. Diese Reflexionsarbeit macht die Sicht frei für

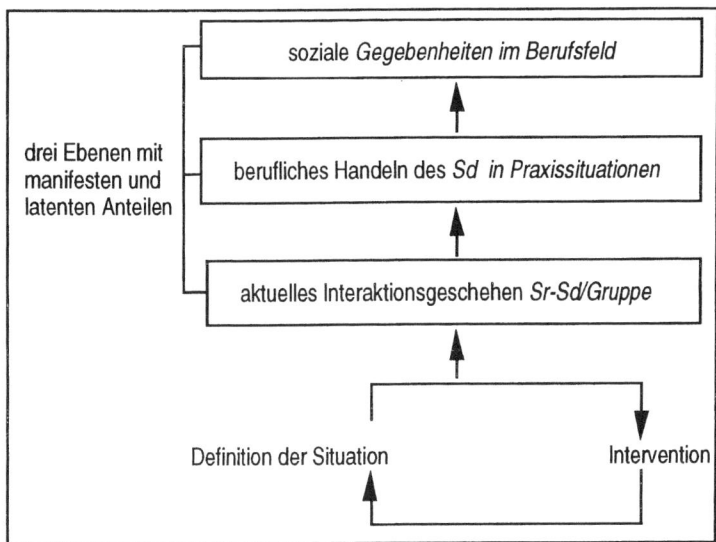

Abb. 63: Drei Ebenen des Interaktionsgeschehens in der Supervision
(nach Oberhoff 1979, 110)

3. *Ebene der sozialen Gegebenheiten im Berufsfeld*

Auch diese Ebene beinhaltet - analog zu den beiden vorher genannten Ebenen - manifeste Anteile wie offizielle Ziele, Absichten, Verlautbarungen usw. und ihre latenten Anteile wie Entfremdungsprozesse, Anpassungszwänge, Befriedigung von Orientierungsbedürfnissen usw., die im Reflexionsprozess gemeinsam analysiert und interpretiert werden.

4. Die sich wechselseitig auslösenden *Aktivitäten des Supervisors* von *Situationsdefinition und Intervention* sind auf die unmittelbar zugänglichen unterschiedlichen Ebenen und deren manifeste und latente Anteile gerichtet. Um diese Reflexionsaufgabe erfüllen zu können, muss der Supervisor drei Kompetenzbereiche beherrschen:

a) Die *Subjektkompetenz* richtet sich auf die eigene Person des Supervisors. Er ist sich der eigenen Person in seinem sozialen Handeln bewusst, indem er Einsicht in die eigenen Übertragungs- und Gegenübertragungsreaktionen gewinnt, die eigene Person in ihren Mög-

733

lichkeiten und Grenzen im supervisorischen Handeln realistisch einschätzt und die Supervisor-Rolle mit eigenen narzisstischen Bedürfnissen in Einklang bringt (Spaß haben an der Ausübung von Lehrer- und Leiterfunktionen).

b) Mittels seiner *Beratungskompetenz* ist der Supervisor bemüht, seine kommunikativen didaktisch-methodischen Fähigkeiten so einzusetzen, dass eine günstige, motivierende Lernsituation hergestellt wird, in der der Supervisand entsprechend den vereinbarten Zielen an seinem Lernprozess arbeiten und dabei gefördert werden kann.

c) Die *Feldkompetenz* des Supervisors beinhaltet die Wahrnehmungsfähigkeiten und die kritische Einschätzung der objektiven Gegebenheiten im Berufsfeld des Supervisanden sowie die Kenntnis der entsprechenden Praxismethoden, um entsprechend beraten zu können. (vgl. OBERHOFF ebd. 111 f.)

- **Supervision für Heilpädagogen in Ausbildung und Praxis**

Supervision wird von verschiedenen Supervisoren und Ausbildungsinstituten nach unterschiedlichen Modellen und Konzepten favorisiert. Als eine Lernform bei der Ausbildung für verschiedene Berufe dient sie der Integration einiger für den jeweiligen Beruf bedeutsamer Elemente in das berufliche Reflektieren und Handeln, jedoch nur insoweit, als es sich um den *Umgang mit Beziehungen* handelt, die den anderen befähigen sollen, im sozialen Bereich beruflich angemessen zu handeln. Dabei ist es *entscheidend, inwieweit der Beruf durch den Beziehungsaspekt gekennzeichnet wird*. Dies ist bei der Heilpädagogin in ihrer Arbeit mit beeinträchtigten und behinderten Kindern und Jugendlichen und in der Beratung der Bezugspersonen unter erschwerenden Bedingungen besonders gegeben.

In der Ausbildungssituation von Heilpädagogen sind einige Voraussetzungen notwendig, die in einem zum Studium gehörenden Ausbildungsvertrag zu erläutern und zu bejahen sind:

1. Grundvoraussetzung ist die Einwilligung, Bereitschaft und Fähigkeit der Studentin, sich als lernende Heilpädagogin supervisorisch auszubilden. Supervision ist verpflichtender integrierter Anteil des Ausbildungs- bzw. Studienkonzeptes von Heilpädagogik.

2. Der *Fokus* der Supervision liegt auf dem *beruflichen Handeln* als Heilpädagogin, *nicht* auf den latent vorhandenen eigenen Konflikten, auch wenn diese das berufliche Handeln beeinträchtigen können. Ist dies in erhöhtem Maße der Fall, wird der Supervisandin geraten, mittels eigener Therapie oder psychotherapeutischer Beratung günstigere Voraussetzungen für das Erlernen des Berufes der Heilpädagogin und für Supervision zu erlangen und/oder die Ausbildung, das Studium zu unterbrechen bzw. zu beenden. Die Supervisandin muss fähig, bereit und in der Lage sein, sich selber als Subjekt in ihren beruflichen Beziehungen zu reflektieren, d.h. Zusammenhänge aufzuzeigen und durchsichtig zu machen, inwieweit die eigene Grundhaltung als Resultat der persönlichen Sozialisationsgeschichte in beruflichen Beziehungen positiv oder negativ hineinwirkt. Dazu gehört die Bereitschaft, *einen emotionalen Lernprozess als Beziehungsprozess einzugehen* und die damit verbundenen zeitweisen Verunsicherungen auf sich zu nehmen.

3. Darüber hinaus sollte die Supervisandin fähig sein, in Alternativen zu denken; verschiedene theoretische Ansätze *auf ihre heilpädagogische Relevanz und Praktikabilität hin zu prüfen;* eigenes berufliches Handeln zu beschreiben und auf seine Effektivität hin zu hinterfragen; gesellschaftspolitische Ansätze zu analysieren und ein Handlungskonzept, eine Heilpädagogische Erziehungshilfe und Entwicklungsförderung (HpE) angemessen der heilpädagogischen Bedürftigkeit durchführen zu können.

In Studium und Ausbildung der Heilpädagogik kommt es darauf an, dass die Supervisandin ihr eigenes Handlungskonzept unter Berücksichtigung der professionellen Dimension entwickelt. Dabei fühlt sich der Supervisor beruflich mitverantwortlich für die Durchführung der HpE, die den Klienten durch die Berufsanfängerin angeboten wird. Die Supervisandin soll sich mit ganz bestimmten Inhalten und Methoden des beruflichen Handelns auseinandersetzen und lernen, ihr berufliches Integrationsvermögen im eigenen Praxishandeln zu entwickeln. Für eine Berufsanfängerin stehen zu Beginn der Ausbildung bestimmte didaktisch-methodische Lerninhalte im Vordergrund. Dabei wird die Supervisandin angehalten, sich selber als Subjekt ihres

Handelns immer mehr reflektieren zu lernen und dabei zunehmend die wissenschaftskritische Frage in der Heilpädagogik zu stellen.

Arbeitsorientiert soll die Supervisandin lernen, die ihr übertragenen Aufgaben in Übereinstimmung mit den beruflichen Werten und Normen gut und immer besser zu verrichten und die ihr übertragene Aufgabe in methodisch verantwortbarer Weise zu erfüllen. Die Kriterien für verantwortliches Handeln werden aus dem Berufssystem der Heilpädagogik abgeleitet (heilpädagogische Anthropologie, Berufsethik, bestehendes Handlungskonzept und Methodensystem) und der professionelle Umgang mit einzelnen Elementen, z.B. –> Kontaktaufnahme, –>Hypothetische Diagnose, Planung der heilpädagogischen –>Begleitung, Interventionsmodalitäten usw. werden eingeübt.

Inhaltsorientiert liegt der Schwerpunkt in einer Idee von Heilpädagogik, im Kontext verschiedener wissenschaftlicher Konzepte, unter Hereinnahme pädagogischer bzw. erziehungswissenschaftlicher, medizinischer, psychologischer, soziologischer Denk- und Handlungsweisen. Dabei werden die Einsichten einer bestimmten wissenschaftlichen Denkrichtung beim Reflektieren und Handeln experimentiert, angewandt, eingeübt und zunehmend integriert, damit die Supervisandin entsprechend als verantwortungsvolle Fachkraft auftreten kann. Die Kritik kann sich sowohl auf das System der Methode richten, fokussiert jedoch die eventuell unzulängliche Anwendung dieser Methode durch die Supervisandin (z.B. mangelnde Reflexionsfähigkeit von Übertragungs- und Gegenübertragungsreaktionen; mangelnde Einsicht in Szenisches Verstehen; mangelnde Kreativität bei der Erstellung von Übungseinheiten usw.).

Lernorientiert steht das Lernen der Supervisandin im Hinblick auf ihr Verhalten bei der Ausübung ihrer Tätigkeit im Vordergrund. Im Mittelpunkt steht die Person der Supervisandin, die diejenigen Elemente in ihre Reflexion und Praxis integrieren soll, die es ihr ermöglichen, verantwortlich zu handeln. Die Themen stammen unter lernorientiertem Blickwinkel nicht aus dem Methodiksystem, sondern ergeben sich aus der gemeinsamen Identifikation von Supervisand und Supervisor im Lernprozess der Supervisandin, die ihren Lernprozess besser analysieren möchte, die anstrebt, sich emotional angemessener einzubringen und die in schwierigen Situationen angemessener handeln können möchte. Kritisch wird die Fähigkeit der Supervisandin reflektiert, ob und inwiefern sie bei ihrem Bemühen um Integration Fortschritte macht.

Supervision für Heilpädagogen in Ausbildung und Praxis steht für das *dialogische Prinzip im personalen heilpädagogischen Bezug*. Da Supervision als Lernmodell für die heilpädagogische Praxis dienen soll, stehen auch hier die *Interaktion zwischen Supervisor und Supervisand* in Einzel- und oder Gruppensupervision im Vordergrund. In der Ausbildungssituation verändert sich mit fortschreitendem Entwicklungsprozess auch die Supervisionstätigkeit: von anfänglichen Wünschen nach Information, Instruktion und Demonstration hin zu Wünschen nach persönlicher Beratung und therapeutischer Unterstützung; von einem anfangs stärker erwarteten bzw. projizierten Lehrer/Schüler-Verhältnis mit relativ hoher Abhängigkeit hin zu einem kollegialen Verhältnis, das mehr und mehr von gegenseitiger persönlicher Achtung, Akzeptanz und fachlicher Kompetenz getragen wird.

* **Ziele für Supervision in Ausbildung und Praxis**

Ziele für Supervision, vor allem in der Ausbildung, werden nach PLESSEN/KAATZ (1985, 15) in drei Zielgruppen differenziert:
1. Die Förderung einer persönlich emotionalen Entwicklung;
2. Das Erlernen verschiedener fach- und interaktionsbezogener Fertigkeiten;
3. Der Erwerb einer kognitiven Handlungsstruktur für diese Fertigkeiten.

1. Eine *persönliche emotionale Entwicklung* setzt bei der Supervisandin die Bereitschaft für persönliche Veränderung voraus. Dabei entstehen Verunsicherungen, die supervisorisch als fruchtbare Unsicherheit und als Chance für kreative persönliche Entwicklungsschritte zu nutzen und mit der Supervisandin zu reflektieren sind, damit keine übermäßigen Ängste die persönliche Entwicklung allzu lange hemmen oder verunmöglichen. (Hier ist bei aller Toleranz für individuelle Reifungs- und Entwicklungsprozesse der Zeitfaktor in

737

Studium oder Ausbildung sehr real mitzusehen und entprechend müssen [wie auch später in der heilpädagogischen Praxis] Interventionen fokussiert erfolgen). Daher wird der Supervisor kompensatorisch zur Zeitnot Geduld und Ruhe wahren und der Supervisandin verdeutlichen, dass sie als Lernende akzeptiert ist. Er wird den Sv-Prozess entsprechend den Bedürfnissen der Supervisanden strukturieren und bestimmte Inhalte sowohl themenzentriert, gruppenprozesszentriert und dyadisch bzw. dialogisch personzentriert so gestalten, dass unnötige Konflikte vermieden werden. Wichtig ist dabei das Herausheben der Erfahrung, dass die Studierenden mit der Umsetzung der Lerninhalte des heilpädagogischen Studiums zurechtkommen und erfolgreich sind. Dies wird den Supervisanden den nötigen Raum verschaffen, immer bewusster wahrzunehmen, dass sie meist dann in ihrer Arbeit nicht weiterkommen, wenn sie sich mit ihren eigenen Einstellungen dabei 'im Weg stehen'. Aufgabe des Supervisors ist es, den Supervisanden die genannten Vorgänge in angemessenem Verhältnis zum individuellen und Gruppen-Entwicklungsprozess zu reflektieren.

Zusammenfassend kann man auf diesen Zielkomplex bezogen von *personzentrierter Reflexion* sprechen, die z.B. Eignung, Neigung, Motivation, Psychohygiene, psychosexuelle Entwicklung, Psychodynamik, Integration verdrängter Gefühlsinhalte der Heilpädagogin, subjektive Wahrnehmung, Stellung in der Institution, methodisches Handeln umfassen kann.

2. Auch das Erlernen *fach- und interventionsbezogener Fertigkeiten* ist nicht nur ein Gewinn von Neuem, sondern setzt häufig die 'Aufgabe', das Sich-Trennen von Altem voraus. Heilpädagogen in Studium und Ausbildung sind überwiegend berufserfahrene Fachkräfte aus pflegerischen und erzieherischen Berufen. Sie werden mit ihren eingeschliffenen, zum Teil falschen Handlungsweisen konfrontiert, die ihnen möglicherweise in ihrer bisherigen Berufspraxis ein relativ sicheres und entlastendes 'Überleben' garantierten. Zu erleben, dass diese Sicherheit aufgegeben werden muss, dass sie beim Ausprobieren und Üben neuer, ungewohnter Verhaltens- und Handlungsweisen zum Teil fremde und beängstigende Empfindungen regi-

strieren und von Klienten anders 'gesehen' werden, als es ihnen vielleicht angenehm ist, kostet Überwindung; Durchhaltevermögen; Bereitschaft zur Übernahme von Verantwortung; Mut zur Zivilcourage und zum Anderssein; zur Herausforderung von Stellungnahmen immer auch auf die Gefahr hin, letztlich keinen Erfolg zu erzielen oder zu scheitern. Zu bemerken, dass man wohl weiß, wie man handeln müsste, aber dennoch dazu nicht in der Lage zu sein und wie in innerem Zwang ungewollt reagieren zu müssen, kann schmerzlich wirken und die eigenen Grenzen der Willenskraft und des 'Machbaren' vor Augen führen. Mit zunehmender Übung und Vertrautheit mit den als Heilpädagogin notwendigerweise zu erlernenden Reflexions-, Interaktions- und Interventionsstrategien sowie den praktischen Fertigkeiten, lassen sich Fortschritte leichter erkennen und Handlungsstrukturen bewusster angehen und trainieren, so dass auch die gesamte Lernsituation greifbarer, überschaubarer und zunehmend weniger bedrohlich erscheint. Mit stärkerem Blick auf die methodisch-sachliche Ebene der Wahrnehmungsdifferenzierung, über Fertigkeiten der Einflussnahme, Techniken der Gesprächsführung, Protokollierung und Auswertung von Diagnosedaten usw. ergeben sich für Supervisor und Supervisandin immer vertrautere Anforderungen, die gekonnter in die berufliche Praxis umgesetzt werden.

Zusammenfassend kann man auf diesen Zielkomplex bezogen von supervisorisch *methodenzentrierter Anleitung* (im Feld) *und/oder Beratung* (z.B. an der Hochschule) sprechen, z.B. in Beantwortung von Fragen: Wie spiele ich, übe ich, berate ich, diagnostiziere ich? Besonders in der Gruppensupervision eröffnet sich hier für die einzelne Teilnehmerin eine Fülle neuer, anregender Möglichkeiten und Impulse in gemeinsamer Auseinandersetzung mit den Kolleginnen.

3. Bezogen auf den Erwerb einer *kognitiven Handlungsstruktur* für den sinnvollen Einsatz der verschiedenen erworbenen Fertigkeiten wird auf die vermittelten theoretischen Grundlagen der verschiedenen, wissenschaftlichen Ansätze und Schulen, z.B. tiefenpsychologischer, lerntheoretischer, gestalttheoretischer, systemischer Handlungsstrukturen zurückgegriffen werden. Dabei ist in Ausbildung und Studium zu beachten, dass die akademisch vermittelte Fülle un-

terschiedlicher pädagogischer, psychologischer, sozialer und medizinischer Richtungen und Schulen eher dazu beiträgt, den Studenten mit teils ergänzenden oder sich widersprechenden Daten zu verwirren. Die allseits geforderte "Integrationsfähigkeit" als besondere studentische Leistung kann bei der Fülle des heute in immer kürzeren Studienzeiten vermittelten und über Prüfungen kontrollierten Wissens kaum vorausgesetzt und erst spät im Studium erworben werden, so dass die verschiedenen Wissensbereiche kaum zu einer sinnvollen Synthese gebracht und in einer Handlungstheorie sowie zu einem persönlichen Handlungskonzept verschmolzen werden können. Die Beschränkung und Orientierung auf einige heilpädagogisch relevante Richtungen (z.B. Tiefenpsychologie, Lernpsychologie, Systemtheorie) ermöglicht demgegenüber die *vertiefte und damit qualifizierende inhaltliche Auseinandersetzung und die Umsetzung und Einübung der erlernten Inhalte in der beruflichen Praxis.* Sie bewirkt so überhaupt erst einmal in sinnvoller Weise den Aufbau kognitiver Strukturen für eigenes, der Studentin mögliches, in Praktika erstmals einzuübendes Handeln. Unter diesem Gesichtspunkt bekommt zu späterem Zeitpunkt für den erfahrenen Praktiker die Fort- und Weiterbildung (auch mittels Supervision) besonderes Gewicht, da er über ein solides theoretisches Wissen und praktische Erfahrung als Fundament verfügt, zu dem nun in vielfacher Weise neue Theorien und Konzepte als Ergänzung, Erweiterung, Modifizierung eingefügt werden können, weil ein Vergleichsmaßstab vorhanden ist.

In diesem Zusammenhang wird auch der Aspekt einer *institutionsorientierten Beratung* zunehmend wichtig: Es werden Fragen gestellt nach der eigenen Berufsrolle; der Position in der Institution; dem Berufsbild; der Kooperation mit anderen Fachkräften; Fragen nach organisationssoziologischen Bedingungen; nach institutionellen Veränderungsstrategien; Fragen des (sozialen) Managements und effektiver politischer Einflussnahme z.B. für Behindertengruppen.

Zusammenfassend kann man auf diesen Zielkomplex bezogen von *theoriezentrierter Objektivierung* sprechen, die durch Supervision zu systematischem und vertieftem Durchdenken und Reflektieren des Berufsalltags das Ziel der Entwicklung einer kritischen sozialen Handlungskompetenz anstrebt. Dies ist bereits bei Heilpädagogen in

Praktika oder Projekten viel häufiger der Fall, da im Vordergrund die Probleme und Konflikte des *beruflichen* und nicht mehr die des studentischen Alltags stehen.

Die genannten Ziele für Supervision können sowohl in der Einzelsupervision (ESv) wie auch in der Gruppensupervison (GSv) angestrebt werden.

Kriterien für die Durchführung von Einzelsupervision (ESv) können sein:

- der direktere Transfer für heilpädagogische Maßnahmen durch ESv;
- das Zutagetreten einer sehr intimen, persönlichen Problematik beim Supervisanden;
- überhöhte Furcht vor einer Gruppe (Schutzraum);
- ESv als Möglichkeit, auf eine GSv vorzubereiten;
- Die Notwendigkeit rascher und intensiver Hilfe, so dass der persönlich notwendige Zeitrahmen erweitert werden muss.

Kriterien für die Durchführung von Gruppensupervision (GSv) können sein:

- Einübung in Kooperations- und Teamfähigkeit;
- der direktere Transfer für heilpädagogische Maßnahmen durch GSv;
- Relativierung von Autorität und Macht des Supervisors;
- Übungsraum für das Erlernen des Umgangs mit sozialen Konflikten und Ermessen des eigenen Spielraums in Vorangehen und Zurückhaltung;
- Vielseitigeres Feedback und Erlernen, mit Alternativen umzugehen;
- Die Identitätsbildung kann im Spiegel der Gruppe erleichtert werden.

Einzel- oder Gruppensupervision sind nicht alternativ zu sehen. Sie können als ergänzende oder aufeinander aufbauende Konzepte gesehen werden oder auch zeitweise nebeneinander erfolgen, wenn z.B. in der GSv Probleme auftreten, die individuell in einer ESv-Sitzung genauer geklärt werden müssen. Entscheidend für die Wahl der Methode ist es, einen optimalen Lernerfolg auf dem Hintergrund des derzeitigen Entwicklungsstandes der Supervisandin in Ausbildung und Praxis zu erreichen mit dem Ziel, Supervision als Mittel zur

Qualifizierung für Heilpädagogen im Dienst am beeinträchtigten und behinderten Menschen einzusetzen.

• Der Prozess der Supervisionstätigkeit

1. Der Ablauf eines Supervisionsprozesses

Bei der Beschreibung des Ablaufs eines Supervisionsprozesses lassen sich verschiedene Stufen oder Schritte (steps) unterscheiden, denen sich konkrete Handlungen der Supervisandin und dementsprechend Aufgaben des Supervisors zuordnen lassen. Eine solche Handlungsfolge ist aber nicht als schematisch streng einzuhaltende Arbeitsanweisung zu verstehen, sondern als funktionale Aufteilung eines Entwicklungsprozesses mit dem Ziel des Erlangens beruflicher Kompetenz als Heilpädagogin und dem Aufbau einer Berufsidentität. Sie dient dem Supervisor als Leitlinie und «roter Faden» in der Rückmeldung und Auseinandersetzung mit der Supervisandin.

„Der Supervisor klärt mit dem Supervisanden, worüber er eine Rückmeldung haben will. Wenn ihm klar ist, worauf er sein Augenmerk richten soll, teilt ihm der Supervisand entweder in Form eines Gespräches oder in Form eines Bandausschnittes oder auch in Form eines Rollenspiels (oder in Form eines schriftlichen Berichtes; Anm. w.k.) mit, wie er sich in der Interaktion mit dem/den Klienten verhalten hat. Beide erhalten Eindrücke aus der Therapiesequenz, die mitgeteilt oder vorgestellt wird, und versuchen diese Eindrücke zu systematisieren. Aufgrund des Austausches dieser Eindrücke ergeben sich entweder neue Lernschritte für weitere Therapeut-/Klient-Interaktionen oder Auseinandersetzungen über Probleme des Therapeuten (hier der Heilpädagogin; Anm. W.K). Der Supervisand entscheidet, welche Konsequenzen er aus diesen Ergebnissen der Rückmeldung zieht, sei es in Form von Strategien oder Übungen für neues Verhalten, sei es, dass er für sich noch weitere Zeit zum Nachdenken und Überprüfen beansprucht. Der Supervisionsprozess ist abgeschlossen, wenn der Supervisand für sich eine Entscheidung getroffen hat." (PLESSEN/KAATZ 1985, 70)

Arbeitsschritte im Supervisionsprozess

Schritte	Funktionen	Tätigkeiten
Suche nach Orientierung	Entwicklung und Bestimmung einer gemeinsamen Handlungsgrundlage	- Klärung des Anliegens des *Sd* - Klärung des Anliegens des *Sr* - Bestimmen des Auftrags
Suche nach Information	Datensammlung und Eindrucksbildung	- Interaktionsbeobachtung - Klientenbeobachtung - Beobachtung der Heilpädagogin
Gewichtung	Systematisierung der verschiedenen Eindrücke	- Ordnen der Beob. - Vergleichen mit Anliegen des *Sd* - Auswählen für Rückmeldung
Rückmeldung (Feedback)	Austausch und Vergleich von Eindrücken	- Mitteilen der Rückmeldung - Erfragen des Eindrucks des *Sd* - Bestimmen von Lernschritten
Kontrolle	Entwicklung von Handlungskonsequenzen	- Ergebnis "so" stehenlassen - Strategien absprechen - Neues Verhalten üben

Abb. 64: Arbeitsschritte im Supervisionsprozess
Tabelle (leicht verändert) nach Plessen und Kaatz (1985, 70)

Die hier beschriebenen Arbeitsschritte können sowohl mehrmals in einer Supervisionssitzung (Einzel- und/oder Gruppensupervision) als auch im Sinne des gesamten Supervisionsprozesses verstanden werden.

2. Ein Phasenmodell[1] zur Veranschaulichung von Entwicklungsverläufen in der Gruppensupervision

Phasen sind aufeinander folgende und ineinander übergreifende, meist unbewusste, Abläufe von (innerpsychischem) Entwicklungsgeschehen. Sie unterscheiden sich dadurch von geplanten Handlungsabläufen (planning of change), in denen Stufen und Schritte (steps) bewusst initiiert werden. Phasenabläufe sind unter dem Gesichtspunkt der Entwicklung (development) zu sehen.

Durch die bewusste Kenntnisnahme von phasenspezifischen Entwicklungsabläufen in Gruppenprozessen, hier des Prozesses in der Gruppensupervision, kann mit einem Phasenmodell einerseits mehr normativ (steuernd, beeinflussend) und andererseits mehr deskriptiv (beschreibend, aus der Entwicklung des Prozesses heraus reflektierend) umgegangen werden.

Mit einem Phasenmodell in der Gruppensupervision zu arbeiten hat verschiedene Vorteile, vor allem für die *Ausbildungssituation* von Studenten der Heilpädagogik: Der eigene Entwicklungsprozess kann sowohl im Verhältnis zur Fallbegleitung in der Praxis wie auch in den kollegialen Beziehungen mit Teilnehmern und Supervisoren im Hinblick auf das individuelle und soziale *Entwicklungsgeschehen* auf allen Ebenen, durch Reflexion bewusster und unbewusster psychodynamischer und gruppendynamischer Prozesse, unter Einbeziehung des eigenen Lebensweges, vertieft reflektiert werden.

Dies ermöglicht zugleich eine zunehmend offenere Selbstkontrolle des 'Werde-Ganges' im Spiegel der Gruppe von Anfang bis Ende und damit die Entwicklung zu Autonomie und Eigenverantwortung der Teilnehmer und zukünftigen Heilpädagogen.

---

[1]Das hier vorgestellte Phasenmodell basiert auf den "Untersuchungen zur Sozialen Gruppenarbeit" nach BERNSTEIN/LOWY (1974) und wurde unter Leitung von Herrn Prof. L. LOWY[†] (Boston University) während einer Studientagung über Gruppensupervision in einer Gruppe Berufskollegen vom Autor im Jahre 1976 mitentwickelt und protokolliert.

Voranschluss- oder Orientierungsphase

Charakteristik	Relevanz für das Lernen	Rolle u. Interventionen des Supervisors
Thema: Nähe/Distanz - Wer ist der andere? - Wer bin ich? - Welche Rollen kann bzw. soll ich spielen - Annäherung, Ausweichen, Abtasten - Gespräche im Bereich des Konventionellen - Aggregat (= noch keine Gruppe, sondern eine Ansammlung von Menschen) - Soll ich mich einlassen oder nicht? - Furcht oder Mut zum Riskieren	- Wie kann ein Vertrag geschlossen werden? - Wie findet jeder einen angemessenen Platz? - Schwierigkeiten im sachlichen Lernen, da emotional Unsicherheit vorherrscht - Frage: Welchen Gewinn habe ich a) für mich persönlich; b) für meine Klienten? - unterschiedliche Motivation - Wahrnehmen von Gefühlen der Verwundbarkeit und der narzisstischen Kränkung - Beziehungen a) untereinander? b) zum Supervisor? Ziel: Kontraktabsprache und erste Einübung mit dem Fokus "Hilfe für die Klientel"	- Unsicherheit und Ängste sind legitim und erlaubt - Sr steht im Mittelpunkt: "Allmachtserwartungen"; Er muss anbieten, probieren, Unsicherheit handhaben, zu ersten Erfolgen verhelfen; - Kompetenz des Sr muss deutlich werden. Er darf sich nicht verweigern und sagen: Ich bin genauso unsicher; der Wissens- und Erfahrungsvorsprung müssen deutlich werden - Bemühung, damit rasch Sicherheit erlangt werden kann (z.B. Lernziele setzen, Strukturierung, rasche Befriedigung von Bedürfnissen, Kontrakt, Herausarbeiten von Möglichkeiten und Stärken) - Verbalisieren, "wie weit wir schon gekommen sind": Ermutigung z.B. aufgrund der Klärung von Fakten im Sinne von Absprachen; jedoch ist auf einen offenen Kontrakt zu achten, keine ritualisierte Verfestigung, sondern "Seiltanz mit Netz" bzw. "kalkuliertes Risiko"

Abb. 65.1: Phasenmodell für die Gruppensupervision

Machtkampfphase

Charakteristik	Relevanz für das Lernen	Rolle u. Interventionen des Supervisors
Thema: Machtkampf - Wer sind wir? - Was sind wir? - Warum sind wir hier? ...nicht mehr so sehr im Sinne des Abtastens, sondern im Sinne des Sichdurchsetzens, Sichbehauptens, des Kampfes um Macht und Ansehen, des Ringens um Positionen - unterschiedliche Meinungen, daraus resultierend Auseinandersetzung und Konfrontation - Gesteigerte Aggressivität - Rivalität: Kampf um die Gunst und Aufmerksamkeit des Supervisiors - Oben und unten ist wichtig: Wer kontrolliert wen wie? Was ist der Bereich der gegenseitigen Kontrolle und der Bereich der Kontrolle durch den Sr? - Auseinandersetzung und Rivalität mit der Autorität und Rolle des SR: "Er gibt mir keine Rezepte, was ist denn 'super' an ihm? - Wettbewerb, z.B. im Sinne der Geschwisterrivalität	Rollenfixierung bzw. -stabilisierung: Letzteres ist wichtig zur Erlangung von Sicherheit; ersteres verhindert Lernen - Rollen nehmen, ablehnen und ausprobieren (role-taking and role-making) - Selbsterfahrungsan-teile (Projektionen und Übertragungsprozesse als diganostisches Material im Dienste der Klientel (Transfermöglichkeiten überprüfen, Analogien aufzeigen) - Suchen nach Antwort auf sich selbst, die "Nabelschau" hat Vorrang Themen: Krisen im Klientsystem, Eltern-Kind-Rivalitäten und Konflikte - Klient fragt: Wer bin ich? Ziel: Klärung der eigenen Position und Rolle in der Gruppe und analoger Transfer für die Berufspraxis	- Sündenbockrolle annehmen, ohne darin stecken zu bleiben - Rollenfixierungen verhindern - Dynamik, d.h. den Prozessverlauf zum Thema machen; das Erleben in der Gruppe thematisieren, spiegelbildlichen Tranfer herstellen zwischen Berufspraxis - Gruppe - Kompetenz: Abstinenz vom therapeutischen Geschehen; versuchen, mit dem vorhandenen Potential umzugehen. Bei einem therapeutischen Fall in der Gruppe individualisieren bzw. verweisen an... Neuer Kontrakt außerhalb der Sv-Gruppe

Abb. 65.2: Phasenmodell für die Gruppensupervision

Intimitätsphase

Charakteristik	Relevanz für das Lernen	Rolle u. Interventionen des Supervisors
Thema: Intimität statt Nähe versus Distanz und Kampf um Macht - nach Innen wenden (Phase der Introversion) - Beziehungen verdichten sich - Teilnehmer sprechen vom "Wir" - Supervisanden zeigen gewachsene Einsatzbereitschaft und ein höheres Maß an Mitarbeit - Die Gruppe wird sich ihrer Geschichtlichkeit bewusst und bringt dies in Verbindung mit dem eigenen Lebensweg - Interaktionen vervielfachen sich - Rollendominanz lässt nach - Bindungen verstärken sich	- Einübung höherer Toleranz - größere Lernbereitschaft ermöglicht eher Erfahrungen, die zu Erfolgserlebnissen und zu wachsenden Erkenntnissen über sich selbst und sein Handeln führen - bessere Nutzung des Supervisors und dessen Ressourcen - Supervisanden werden zu Mitlehrenden - Parallelität und Transfer für Lösungen werden eher erkannt - Das eigentlich optimale Lernklima ist erreicht - Es herrscht Offenheit auch im Äußern intimer Gefühle Ziel: Vertiefte Wahrnehmung und Reflexion persönlicher psychodynamischer und gruppendynamischer Anteile im Lern- und Prozessgeschehen in Analogie zur Praxis	- Rolle des *Sr* klärt sich und wird als hilfreich akzeptiert: "Primus inter pares" - Modellverhalten: Authentizität Kongruenz Echtheit - Das Miteinander und Miteinander-Klären nimmt zu - Entlastung des *Sr* durch Annahme seiner Interventionen im Sinne von Versachlichen, Thematisieren - Bereitschaft zur Klärung und Aufarbeitung früherer Konflikte - Neue und weiterreichende Lernziele entwickeln helfen - Arbeiten an der gemeinsamen Aufgabe durch Abgabe von Verantwortung an die Supervisanden - Stärken der Einzelnen nutzen - Verantwortlichkeit verdeutlichen, positive Perspektiven und Hoffnung vermitteln

Abb. 65.3: Phasenmodell für die Gruppensupervision

Differenzierungsphase

Charakteristik	*Relevanz für das Lernen*	*Rolle u. Interventionen des Supervisors*
Thema: Wachsende Autonomie, Unabhängigkeit und Verselbständigung - "Wir kennen uns, brauchen uns nicht zu verstecken" - Alternativen ängstigen nicht - Die Vielfalt eigener und fremder Fähigkeiten wird erkannt, angefordert, eingesetzt und ausprobiert - Autonomie in der Dependenz und Unabhängigkeit werden wahrgenommen - Außenbeziehungen erweitern sich und werden als Bereicherung mit ins Geschehen eingebracht - Gruppenbeziehungen werden differenzierter - Sorge um Machterhalt bzw. Einflussgewinnung weicht der Machtnivellierung und der Einflussteilung - Wachsende Kollegialität	- Positive Lernphase ("goldenes Zeitalter des Lernens"), Freiheit im Lernen - Freude am Experiment - Offenheit für neue Theorien und Konzepte - Verselbständigung und wachsende Eigenverantwortlichkeit des Lernenden - Erkennen verschiedener Möglichkeiten zur Problemlösung bei sich und anderen und im angewandten Transfer für die Praxis - Phasenbewusstsein: Erkenntnis über den eigenen Ist-Stand als Person und Gruppenmitglied - Themen: Stärken des Klienten; Positive Ansätze sehen, Kräfte bewusstmachen. - Stärkemodell ist wichtiger als Pathologiemodell Ziel: Ausprobieren und Einüben eigener Fähigkeiten und Fertigkeiten zum Aufbau beruflicher Kompetenz und Identität als HP	- *Sr* ist "ein Kollege unter anderen" - Geben und Nehmen ist ausgeglichen - Erkennen und Einüben, dass man sowohl abhängig ist wie nicht abhängig ist, dass man über den Grad der Abhängigkeit mitentscheiden kann - Verselbständigung der Mitglieder anregen und fördern - Lernziele reflektieren: Wie weit sind wir gekommen? Wo gehen wir noch hin? - Frage nach der Problemlösung: Wie gehe "ich" ein Problem an?, nicht: Wie kann "man" Probleme lösen? - Elemente der Ablösungsphase vorbereitend verdeutlichen: "leeres Nest" für den *Sr* bei Emanzipationsstreben, "Flüggewerden" der Teilnehmer

Abb. 65.4: Phasenmodell für die Gruppensupervision

Ablösungsphase

Charakteristik	Relevanz für das Lernen	Rolle u. Interventionen des Supervisors
Thema: Problem der Ablösung Umgang mit Trennung Frage nach der eigenen Identität - Ablösung wird von außen initiiert - Ablösung wird von innen (nicht?) mitgetragen und vollzogen - Ambivalenz zwischen Ab- hängigkeit und Loslösung, Nähe und Distanz - Regression in frühere Verhaltensweisen (z.B. wird ein "unlösbares" Problem angeboten) - Mobilität der Teilnehmer wird in gelegentlichem Fehlen sichtbar - Die Trennung wird bewusst und bedauert - Tendenz zum Fest-halten - Absprachen und Ver- sprechungen werden ge- macht (oft unrealist-isch)	- Beendigung der Gruppen- beziehungen - Beendigung oder Übergabe des Falles vorbereiten - Trauerarbeit leisten - Ablösung von Beziehungen thematisieren: Das Suchen, Finden, Lösen von Beziehungen - Ansprechen von Schuldge- fühlen - Parallelität zum Klient- System verdeutlichen - Auswertung - Kontraktlösung - Symbolischer Ausdruck von Ende und Neubeginn Ziel: Reflektierter Umgang mit Ablösung und Trennung im Hinblick auf persönliche und berufliche Identität; Her- ausarbeiten individueller Schwierigkeiten bei Supervi- sand und Klient im Spiegel der Gruppensituation	Auswertung: Inhalt und Pro- zess des Einzelnen, der Gruppe und des Klient- Systems - Welche Ziele wurden er- reicht, welche wurden nicht erreicht? - Auswertung der Beziehun- gen: Wer bist du für mich gewesen und geworden? Wie weit sind wir miteinander gekommen? Wie haben wir zusammenge- arbeitet? Wie haben wir miteinander 'gelebt'? - Welche Erfahrungen, Er- kenntnisse, Fähigkeiten kön- nen wann, wie und wo in die Praxis transferiert werden? - Suche nach Genera- lisierungen - Gruppenlebenslauf: Wo kamen wir her? Wie war es? Wo stehen wir? Wo gehen wir hin? - Neuformulierung weiterer persönlicher Lernziele - antizipierende, konstruktive Ablösung vorbereiten - Beginn autonomen Lernens und Handelns in eigener Verantwortlichkeit bewusst machen

Abb. 65.5: Phasenmodell für die Gruppensupervision

• Zusammenfassung

Supervision ist ein Lernprozess zur Vermittlung sozialer Fertigkeiten, ein Lernprozess zur Einstellungsänderung und ein Kontroll- und Korrekturprozess beruflichen Handelns. Er kann als Einzel- und/oder Gruppensupervision angelegt und in bestimmten Arbeitsschritten sowie unter Berücksichtigung von Phasenverläufen initiiert werden. Tragendes Element ist die Beziehung zwischen Supervisand und Supervisor, die der Verbesserung des interaktiven heilpädagogischen Handelns zwischen beeinträchtigtem oder behindertem Kind oder Jugendlichen und deren Bezugspersonen dient. Dabei übernimmt der Supervisor die Hauptverantwortung für die Steuerung des Interaktionsprozesses in der Supervision. Dieser Interaktionsprozess wirkt sich (wenn er nicht im Feld direkt geschieht) indirekt im Begleitungs- bzw. Beratungsprozess zwischen dem Heilpädagogen (Supervisand) und seine Klientel durch reflektierten Transfer aus. Unter Berücksichtigung unterschiedlicher (integrierter) Supervisionskonzepte und Formen von Supervision kann definiert werden:
"Die Supervision ist ein professionelles Kommunikationssystem. Ausgangspunkt und Inhalt sind die beruflichen Anliegen des Supervisanden: Probleme mit dem Klienten, dem Kollegen oder mit der Institution. Vorrangiges Ziel ist eine allerseits befriedigende Bewältigung beruflicher Belastungssituationen. Die Methoden variieren mit der (äußeren) Form der Supervision sowie mit der Person des Supervisors. Invariante Methoden sind der (Erlebnis-)Bericht des Supervisanden sowie das diesbezügliche Feedback des Supervisors, ggf. der anderen Supervisanden. Der Prozess baut auf eine gemeinsame Suchhaltung und läuft über die Entwicklung alternativer Sichtweisen und Handlungsentwürfe bis hin zur Veränderung institutioneller Bedingungen." (SPIESS 1991, 14)

Begriffsbestimmung:

In der Teamarbeit werden alle Fragen erörtert, die
a) die *inhaltliche* Arbeit mit den Klientel,
b) die *organisatorischen* Belange der –>Institution und
c) die *gruppendynamischen* Vorgänge der Zusammenarbeit
betreffen.
Teamgespräche können deshalb gemäß der erforderlichen Belange in Art und Gestaltung verschieden angelegt sein und in der Durchführung unterschiedlich verlaufen. *Ziel* einer jeden Besprechung ist die Planung, Durchführung und Auswertung des gegebenen Auftrags unter Zuhilfenahme verschiedener fachlicher Gesichtspunkte zum Wohle der Klienten.

In diesem Übersichtsartikel werden folgende Themen berücksichtigt:

• Grundlagen für Teamarbeit

Die Heilpädagogin wird immer in einem Team von Fachleuten arbeiten. Heilpädagogik als "Erziehung unter erschwerenden Bedingungen" (MOOR 1965, 260) kann verantwortungsvoll nur erfolgen, wenn medizinische, psychologische, schulische, soziologische (gesellschaftliche) und andere Fragen geklärt wurden und im Hinblick auf die Erziehungsfähigkeit und -bedürftigkeit des beeinträchtigten oder behinderten Menschen immer wieder neu durchdacht werden. Was als berufsethische Forderung ansteht, ist auch sachlogisch leicht nachvollziehbar, wenn man bedenkt, dass in der heilpädagogischen Arbeit vielschichtige Informationen zu verarbeiten und komplexe Probleme zu lösen sind, die weite Beurteilungsspielräume zulassen. Wenn von einem 'Team' bzw. von 'Teamarbeit' die Rede sein soll, müssen folgende Aspekte berücksichtigt werden:

751

1. Das Team als leistungsorientierte Gruppe

Im Unterschied zu anderen Gruppen ist ein Team eine leistungsorientierte Gruppe, in der die Erwartungen und das Verhalten "der Gruppenmitglieder also durch ein maßgebliches Mehr an Aufgabenorientiertheit im Vergleich zu den gefühlsmäßigen Einstellungen der Sympathie und Antipathie bestimmt werden". (SCHARMANN 1972, 22)

2. Ausgangspunkte für den Aufbau eines Teams

Ausgangspunkt für den Aufbau eines Teams ist die genaue Analyse der –>Institution, Organisation und der äußeren Bedingungen des Arbeitsfeldes, um Mitarbeiterverhältnisse zu schaffen, die effektive Teamarbeit zulassen. PERLE (1969, 20 ff.) führt dazu aus:

- Ein Team kann nicht, wie hier und dort angenommen wird, einfach nach dem 'Abzählverfahren' zusammengestellt werden.
- Gewisse Grundsympathien im Sinne eines 'Sympathie-Klimas' sind zwischen den Mitgliedern eines Teams unerlässlich.
- Die Größe des Teams muss überschaubar sein.
- Prinzipiell müssen in einem Team alle an der gleichen Sache beteiligten Mitarbeiter gleichberechtigt sein und Mitverantwortung tragen.

3. Personale Voraussetzungen für Teamarbeit

Über die institutionellen und organisatorischen Bedingungen hinaus sind die personalen Voraussetzungen für Teamarbeit zu berücksichtigen (PERLE 1969, 65 ff.):

- Überzeugung vom Wert der Teamarbeit; Selbstvertrauen;
- Fähigkeiten, für Team und Sachauftrag investieren zu wollen, durch: Vertrauensvorschuss; Akzeptieren des Anders-Seins als Ergänzungsvorteil; Bereitschaft zur Auseinandersetzung (Konfrontationsbereitschaft);
- Qualifikation und Verantwortung für einen bestimmten Sachbereich;
- Realistische Einschätzung eigener und fremder Fähigkeiten und Grenzen; Bereitschaft zur Beratung und Unterstützung;
- Selbstkritisches Denken; Entfaltung persönlicher Initiative; Übernahme von Verantwortung mit allen Konsequenzen;

- Bewusste und disziplinierte Handhabung der gegenseitigen Abhängigkeit.

• **Grenzen von Teamarbeit**

Diesen personalen Voraussetzungen für Teamarbeit sind dort Grenzen gesetzt,
- wo die Mitarbeiter durch autoritäres Denken, Untertanengeist und falsche Anpassung bestimmt sind;
- wo Geltungssucht, unkritisches Denken und geistige Müdigkeit (die immer auch Intoleranz bedeutet) vorherrschen;
- wo Inkonsequenz in Bezug auf die Verpflichtungen herrscht, die das Team auferlegt: Unzuverlässigkeit und fehlendes Mitdenken für das Gesamte;
- wo Mangel an fachlicher Qualifikation und Kompetenz, Widerstand gegen Experimentierfreudigkeit und Geringschätzung der Diskussion vorherrschen und auf Eigennutz hin gedacht und gehandelt wird.

• **Aufgaben eines Teams**

Eine der wichtigsten Aufgaben eines Teams in der sozialen Arbeit ist die *Beratung und Entscheidung schwieriger Einzelfälle* (FELDMANN/ SCHELLHORN 1976, 21), also die Arbeit mit hilfsbedürftigen Personen unter Einbeziehung ihres sozialen Umfeldes. Um diese Aufgabe lösen zu können, bedarf es der kooperativen Tätigkeit von Fachleuten, die gemeinsam an der Lösung dieser Aufgabe arbeiten. Dabei ist es wichtig, eigenes Fachwissen nicht nur zur Verfügung zu stellen und auszutauschen, sondern sein Vermögen so einzusetzen, dass durch Integration von Fachwissen und unterschiedlichen Handlungskompetenzen im Ergebnis dem betroffenen Menschen, dem Kind, dem Jugendlichen und seinen Bezugspersonen daraus der größtmögliche Gewinn an Lebenshilfe erwächst.
Eine solche effektive *Gruppenleistung* (LERSCH 1964, 196 ff.) kann nur erreicht werden, wenn alle Teammitglieder sich um *Zusammenhalt* bemühen.

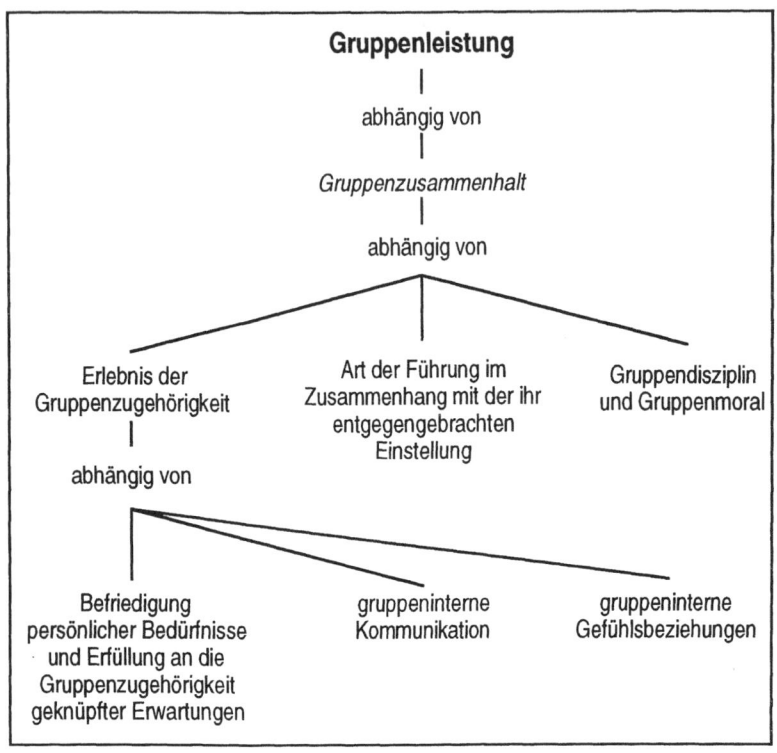

Abb. 66: Bedingungen der Gruppenleistung (In: Lersch 1964, 199)

Der Zusammenhalt ist jedoch abhängig von dem *Erlebnis der Gruppenzugehörigkeit,* d.h. von der Befriedigung persönlicher Bedürfnisse und der Erfüllung jener Erwartungen, die an die Gruppenzugehörigkeit geknüpft sind: Von der *gruppeninternen Kommunikation*
sowie den *gruppeninternen Gefühlsbeziehungen.* Darüber hinaus sind
die *Art der Führung und die ihr entgegengebrachte Einstellung* wie
auch *Gruppendisziplin und Gruppenmoral* von entscheidender Bedeutung für das Gelingen effektiver Teamarbeit.

Dies bedeutet, dass sich die Heilpädagogin während ihres Studiums
befähigen muss, gruppendynamische Prozesse in ihrem Entstehen
und in ihrer lähmenden oder fördernden Wirkung auf sich, das einzelne Teammitglied wie auch auf das Gesamt der Arbeitsgruppe zu
bemerken und zu reflektieren. *Dazu bedarf es in Studium und Aus-*

bildung zum Heilpädagogen einer überschaubaren Lerngruppe, in der u.a. durch berufsbezogene –>Selbsterfahrung und –>Supervision diejenigen Lernprozesse gelebt und erarbeitet werden können, die unter dem Gedanken der Teamarbeit für die spätere Arbeit von Wichtigkeit sind. Als Ziel solcher Vorbereitung für die Durchführung von Teamwork ist die *Kooperationsfähigkeit aller Mitglieder* anzustreben.

Vorbedingungen für Kooperation sind nach BROCHER (1967, 162):

- Kenntnis über das zu lösende Problem;
- Notwendigkeit zu wissen, was und wie der einzelne zur Lösung des Problems beitragen kann;
- Notwendigkeit, sich der möglichen Beiträge anderer zur Lösung des Problems bewusst zu werden;
- Notwendigkeit, die individuellen Probleme des einzelnen Mitarbeiters wahrzunehmen, die es erforderlich machen, *ihm zuerst* zu helfen, bevor er sich offen und frei genug fühlt, (wieder) selbst zur Problemlösung beitragen zu können.

Auf diese Weise ist das Teamgespräch, insbesondere auch die –> Fallarbeit im Sinne einer *kollegialen Kontrollberatung* (Kollegensupervision, Balintgruppe) zu verstehen, in der es möglich wird, konstruktive Kritik geben und annehmen zu können, kontroverse Standpunkte zu vertreten, sachlichen Disput zu pflegen und mittels einer solchen offenen, digitalen und analogen, situativ komplementären und grundsätzlich symmetrischen Interaktion (WATZLAWICK u.a. 1972) *partnerschaftlich,* d.h. gleichberechtigt und in gegenseitiger Anerkennung der Personwürde (SCHÄFER/SCHALLER 1971, 147 ff.) miteinander um das Wohl des hilfsbedürftigen Menschen zu ringen.

In einer solchen *Gruppenatmosphäre* (LERSCH 1964, 205) kann das 'Klima, das in der Luft liegt', das zwar weder zu sehen noch zu hören ist, aber die reale, ganzheitliche Qualität des Teams wesentlich beeinflusst, dazu beitragen, dass sich alle Kräfte der Einzelnen wie die besondere Eigenart des Teams als Ganzes sich positiv entwickeln. Dies geschieht durch die zugewandten und entlastenden Äußerungen und Hilfen der Teammitglieder gegenüber dem einzelnen, so dass sich dessen Erwartungen auf Anerkennung, Achtung und Unterstützung, auch bei fehlerhaftem Verhalten und menschlichem Versagen, erfüllen.

In der Sicherheit einer solchen atmosphärischen Grundstimmung können aufkeimende Spannungen, Feindschaften und Rivalitäten zwischen Teammitgliedern, die sich sonst womöglich separieren oder zu rivalisierenden Cliquen zusammenschließen, aufgefangen werden. Dadurch wird verhindert, dass die Leistungsfähigkeit und -bereitschaft des ganzen Teams erheblich geschmälert wird, weil Konflikte frühzeitig wahrgenommen, ausgesprochen und verarbeitet werden. Es kommt dann auf der Beziehungsebene ebensowenig zu zerstörerischem Streit wie zu scheinharmonischer Anpassung. Beides würde effektive Teamarbeit verhindern. Um eine solche Balance herzustellen, bedarf es zusätzlich eindeutig geklärter Führungskompetenzen, die formell wie informell angenommen werden.

- **Regeln und Leitlinien für Teamarbeit**

Nach CLAUDE (1971, 120 ff.) lassen sich folgende Regeln für Teamarbeit ableiten:

1. *Selber teamfähig sein,* d.h. zuhören können; sich bemühen, die eigenen und die Stärken und Schwächen anderer realistisch wahrzunehmen, um sich und anderen hilfreich begegnen zu können und weder sich noch andere zu überfordern.

2. *Mitarbeiter sorgfältig auswählen,* d.h. nach Möglichkeit *seitens des Teams* aufgrund der übertragenen *Aufgabe* und *Ziele* und nicht allein aufgrund äußerer Kriterien die Auswahl treffen, so dass das Gelingen zur Zusammenarbeit nicht einzig vom Geschick des Leiters bzw. von der Großzügigkeit und Langmut der Mitglieder abhängt. Je homogener ein Team, um so zielstrebiger und befriedigender kann gearbeitet werden.

3. *Klare Ziele setzen,* d.h. nicht nur Teilaufgaben zuweisen und in bürokratischer Manier auf deren Erledigung pochen, sondern von den eigenen Absichten und Zielen Kenntnis geben, so dass möglichst viele Mitarbeiter mitdenken und (im Notfall) selbständig mit- und weiter arbeiten können.

4. *Aufgaben delegieren,* d.h. sich selbst in Bezug auf die gemeinsamen Aufgaben nicht für unentbehrlich und unersetzlich halten, sondern anders lautende Meinungen als Ergänzung, Rat und Hilfe zu interpretieren und "in den größeren Rahmen hineinzustellen". Dazu muss das verantwortliche Teammitglied, insbesondere der Leiter, in der Lage sein,

a) den ganzen Arbeitsbereich zu überblicken und entsprechend den Fähigkeit des einzelnen zu effektiver Mitarbeit sinnvoll zu unterteilen;

b) Verzögerungen und Komplikationen aufgrund mangelnder Erfahrung eines Mitarbeiters oder aufgrund von Sach- und Prozessproblematik bewusst in Kauf zu nehmen.

Selbst wenn die (richtig gewählte!) Aufgabenerfüllung anfangs länger dauern sollte, wird sich aufgrund des Übungseffektes das Delegieren mehrfach auszahlen, weil das gemeinsame Erreichen des Zieles für manche Härte auf dem Weg dorthin entschädigt und für die Zukunft effektivere Leistungen unter Einsatz aller Kräfte ermöglicht.

5. *Ermutigen, Anspornen, Loben,* d.h. Anstöße und Impulse geben, die auch langsamere oder zaghaftere Teammitglieder ermutigen, neue Risiken einzugehen. Hierbei ist zu beachten, dass Ansporn und Lob auf wirklicher Leistung beruhen und nicht Ausdruck jovialer Gönnerhaftigkeit sind, wie beim umgangssprachlich bekannten "wegloben". Dies setzt echtes Interesse (geistige Anteilnahme und Aufmerksamkeit) für die Möglichkeiten und Grenzen jedes Teammitglieds voraus, den Wunsch, die spezifischen Erfahrungen, Lebensumstände, Kenntnisse und Fähigkeiten eines jeden kennenlernen und ansprechen zu wollen, um wirklich - wie oben beschrieben - *kooperieren* zu können. Auf diese Weise kann selbst zeitweilig anstrengende, belastende und zermürbende Arbeit, in der sich jeder bei der Erfüllung der gemeinsamen Aufgabe und zur Erreichung des gesteckten Zieles mitgetragen fühlt, zu einem bereichernden und beglückenden Erlebnis werden.

Das weitere Vorgehen (–>Handlungsprozess Ziff. 17, 18) die Klärung der fachlichen –>Kompetenz: *Wer arbeitet mit wem, wo wann und wie?;*

die Klärung der Bereitschaft zur Übernahme von Verantwortung für Einzelaufgaben; die Klärung des Zeitfaktors, Raumfaktors und Kostenfaktors dürften bei Beachtung der Richtlinien keine Schwierigkeit sein.

Die gesteigerte Motivation der Mitarbeiter, 'in die Bresche zu springen', wenn es notwendig wird, zeitweise Schwierigkeiten und Einschränkungen in Kauf zu nehmen oder eine gewisse Überlast zu tragen steigert sich und wird letztlich nicht als Zumutung und Ausbeutung auf eigene Kosten erfahren,

- je klarer die Aufgabe formuliert ist;
- je deutlicher die Ziele und Delegationen zu deren Erreichung einsichtig sind;
- je symmetrischer die Kommunikationskanäle verlaufen;
- je intensiver der Beteiligungsgrad jedes Einzelnen an der Erfüllung der Gesamtaufgabe ist;
- je hilfreicher und stützender die Führungskompetenz eingesetzt wird und
- je häufiger die Einzelleistung zur Erledigung der Aufgabe im Hinblick auf das Erreichen der Ziele für alle sichtbar und anerkannt wird.

Als Leitlinie für die Zusammenarbeit der Heilpädagogin im Team kann die folgende Aussage eines der 'Väter der Heilpädagogik' gelten:

"Es dürfte eigentlich nie darum gehen, Kompetenzbereiche (des Arztes, des Erziehers, des Therapeuten usw.) gegenüber abzugrenzen. Es müsste vielmehr jeder an der Hilfe Beteiligte sich darüber klar sein, was sein zentrales Anliegen ist und welches die ebenso berechtigten Anliegen der anderen sind. Zwischen diesen Zentren der Hilfe aber sollten keine Grenzen verlaufen; sondern zwischen ihnen müssen die Bereiche der Zusammenarbeit liegen, einer Zusammenarbeit, die in erster Linie ein menschliches Problem ist. Jeder der Helfenden hat sich dafür offen zu halten, in der praktischen Arbeit in jeder einzelnen Situation das hier und jetzt Notwendige mit den anderen zusammen zu suchen. Dabei ergeben sich wohl Regeln der Zusammenarbeit für häufig wiederkehrende Situationen. Solche Regeln dürfen aber nie unnachgiebig werden, sondern müssen jederzeit auch wieder in Frage gestellt werden können durch die Besonderheiten einer konkreten Situation." (MOOR 1965, 347)

* **Zusammenfassung**

Die Heilpädagogin kann ihre komplexe Aufgabe der Erziehung unter erschwerenden Bedingungen nur in einem Team mit Hilfe interdisziplinärer Zusammenarbeit wahrnehmen. Dabei ist es wichtig, eigenes Fachwissen nicht nur zur Verfügung zu stellen und auszutauschen, sondern ihr Vermögen so einzusetzen, dass durch Integration von Fachwissen und unterschiedlicher Handlungskompetenzen im Ergebnis dem betroffenen Menschen, dem Kind, dem Jugendlichen und seinen Bezugspersonen daraus der größtmögliche Gewinn an Lebenshilfe erwächst. Die Heilpädagogin wird neben der sachlichen Arbeit, je nach Position und Rolle, auch den Gruppenzusammenhalt unter den Teammitgliedern durch Kooperationsbereitschaft fördern, um dazu beizutragen, eine bestmögliche Gruppenleitstung im Dienste des Klienten zu erbringen. Dazu wird sie sich über Regeln zur Teamarbeit kundig machen und dabei helfen, Leitlinien zur Zusammenarbeit zu suchen und an deren Einhaltung mitzuwirken.

Begriffsbestimmung:

Die heilpädagogisch begleitete Übung ist „eine Methode der systematischen Hilfe für entwicklungsgestörte und geistig behinderte Menschen, vor allem für Kinder und Jugendliche. Durch ein ausgewogenes Angebot von Übungseinheiten unter Berücksichtigung der individuellen Möglichkeiten werden im Spiel und durch Spiele neue Kenntnisse, Fähigkeiten und sinnvolle Verhaltensweisen in Einzel- und Gruppensituationen geweckt, entwickelt und gefestigt." Die heilpädagogisch begleitete Übung „ist grundsätzlich auf die Gesamtförderung, d.h. auf die Förderung der emotionalen, sensorischen, motorischen, sozialen und kognitiven Fähigkeiten ausgerichtet. Teilleistungsschwächen unterschiedlicher Ursachen sollen durch ein vielfältiges Angebot an Erfahrungs- und Handlungsmöglichkeiten in der optischen, akustischen sowie taktilen Erfassung und Differenzierung der Umwelt ausgeglichen werden. Die Zusammenarbeit mit den Eltern ist integrierter Bestandteil..." (OY/SAGI 1988, 67)

Im diesem Kapitel werden folgende Themen angesprochen:

• Üben und Übung im Kontext

Der Begriff 'Übung, üben' ist im Lateinischen urverwandt mit 'opus', d.h. Arbeit, Tätigkeit, Geschäft, die mit Mühe und Anstrengung verbunden sind und ein Werk als Erzeugnis bzw. Ergebnis der Tätigkeit und des Bemühens zustande bringen sollen; ebenso mit 'exercitatio', d.h. Übung, Geübtheit; und 'exerceo', d.h. eifrig beschäftigen, betreiben, bearbeiten, im Zusammenhang mit beunruhigen, plagen und quälen.

Wer immer sich erinnert, in seinem Leben geübt zu haben, wird sein Üben und Ausüben, Betreiben und Handhaben eines Lehrstoffes oder einer Tätigkeit oft als mühselig und anstrengend, vielleicht am Ende auch als ergebnislos oder aber als erfolgbringend in Erinnerung haben.

Vom Übenden wird erwartet, dass er Fleiß und Sorgfalt verwendet, etwas geschickt bearbeitet, sich befleißigt, etwas tun zu *können*. Im Germanischen bezieht das Verb 'üben' zugleich bebauen, hegen und pflegen eines Werkes oder einer guten Gewohnheit im Zusammenhang mit der Feldarbeit und gottesdienstlichen Handlungen ein, mit denen die Wurzel 'op' auch das Opfern und 'ops' den Reichtum, das Vermögen verbindet.

Im Zusammenhang mit diesem Wortverständnis haben sich Sprichwörter herausgebildet, die den Sinn des Übens veranschaulichen und wohl auch die Motivation steigern sollen, z.B. "Früh übt sich, was ein Meister werden will"; (nach SCHILLER, Wilhelm Tell) und "Übung tut mehr als aller Meister Lehr'"; oder: "Übung und Fleiß vermag alles"; und "Wer die Kunst nicht übt, verliert sie bald".

1. Übung ist eine besondere Art der Wiederholung.
Die Übung setzt bestimmte, bereits erworbene Fähigkeiten und/oder Fertigkeiten beim Lernenden voraus. Sie bedarf aber auch einer auf bestimmte Weise angebotenen Aufgabenstruktur, auf die der Lernende seine besonderen Lernvoraussetzungen und seine Aufmerksamkeit richten kann. Weil sich alles Lernen in zeitlicher Erstreckung des Nacheinander vollzieht, ist es notwendig, einzelne Übungen durch Wiederholung zu festigen. Wiederholung ist aber nur dann sinnvoll, wenn sie auf bereits vollzogene Übungen aufbaut, so dass es zu einem konsequenten Fortschreiten kommt. Am Ende einer Übung einzelner Akte soll das so Gewonnene von der zeitlichen Dimension unabhängig gemacht und gehalten werden, um als Ganzes im (Über-)Blick präsent zu sein.

Dies geschieht mittels Wiederholung.[1] Die sachliche Qualität der Wiederholung wird deshalb immer davon abhängig sein, ob und in-

---

[1] z.B. üben, einen Löffel von der Gabel unterscheiden, ihn greifen, ihn vorsichtig in die Suppe eintauchen und nicht überfüllen, ihn zum Mund führen, die Suppe ein-

wieweit die Einzelschritte des zu überschauenden Prozesses identisch und als zusammenhängende Schritte deutlich geworden sind. Im Rahmen von Übung ist Wiederholung insofern sinnvoll, als das Überschauen und damit die Eigenleistung als produktives, transferierbares Ziel intendiert ist. Anderenfalls wird Wiederholung stupide, langweilt den Übenden und schafft Gegenwehr und Resignation. Deshalb ist Wiederholung als ein Element von Übung nicht nur als sachliches sondern zugleich als persönlich-prozessuales Arrangement anzusehen. Dazu gehören neben zeitlicher Planung sowie instrumentellen und materiellen Voraussetzungen auch Überlegungen zur Motivation und zum sozialen Kontext, die unter dem Aspekt der *heilpädagogischen Beziehung als personales Angebot* zu reflektieren sind. Anderenfalls entartet übende Wiederholung und wiederholte Übung zur *Dressur.*

2. Übung ist keine Dressur

Dressieren heißt abrichten, anrichten und zurichten. (italienisch: dirizzare, geraderichten). Die Dressur ist Abrichtung mittels häufiger Wiederholung und *Verstärkung (Konditionierung)* auf ganz bestimmte Reize, um spezifische Reaktionen herauszubilden. Die Voraussetzung ist die *Lernfähigkeit.* Bei der Dressur wird ein Ausbrechen aus der Situation durch die Errichtung realer oder sozialer Barrieren verhindert, so dass der Dressurakt einer willkürlichen Automatisierung gleichkommt. Es werden über Fähigkeiten und Interessen hinaus Handgriffe, geistige Leistungen, überspitzte Umgangsformen u.ä. andressiert, ohne dass bei den Verhaltensweisen auf die Person Rücksicht genommen werden müsste. Fehlverhalten wird abdressiert, Wohlverhalten wird andressiert.

Demgegenüber zielt die Übung auf Beschleunigung und Erleichterung bestimmter Fähigkeiten zu *Fertigkeiten,* die mittels Übung "in Fleisch und Blut übergehen". Mit Hilfe bestimmter Übungen soll ein

---

nehmen, den Löffel ablecken, weglegen und den Mund abwischen bedarf der Wiederholung einzelner Akte, soll aber schließlich als Ganzes, nämlich "Suppe essen" angemessen im sozialen Kontext vollzogen werden und dies in verschiedenen Situationen und bei unterschiedlichen Gelegenheiten, mit verschiedenen Löffeln, Suppen und von anders geformten Tellern, womöglich im Sitzen oder Stehen.

Umwandlungsprozess eingeleitet und beschleunigt werden, der vom konkreten Menschen zu leisten ist.

Bei der Dressur wird mit "Zuckerbrot und Peitsche" eine Verhaltensweise aufgezwungen. Deshalb schafft sie Unfreiheit, weil etwas getan werden *muss*. Die Übung hingegen - wenngleich mit Mühe verbunden - befähigt zur Ausübung einer Fertigkeit in Leichtigkeit. Übung dient der Leistungssteigerung, der Verringerung von Fehlern, der Geläufigkeit von Handlungen und Tätigkeiten; dem Erwerb neuer Verhaltensweisen und Fertigkeiten; dem selbsttätigen und selbstverständlichen Ablauf von Bewegungen und Handlungen, die ohne bewusste Steuerung genauer und rascher ausgeführt werden können.

3. Übung steht Erfahrung und Lernen näher als Training
Übung wird in Verbindung gebracht mit *Erfahrung* und *Lernen*. Wiederholtes 'Reagieren' schafft Erfahrung und erleichtert so das Lernen, wenn Lernen verstanden wird als überdauernde Verhaltensänderung als Folge von Übung. In diesem Zusammenhang kann *Training* als systematische Übung verstanden werden. Allerdings sollte zwischen Übung und Training unterschieden werden; denn Übungsbegleitung ist *kein* Funktionstraining. KLENNER (1972) reflektiert den Unterschied an zwei Beispielen[1]. Resümierend schreibt

---

[1] *Erstes Beispiel:* Bei einem Kurs zum Erlernen des Maschineschreibens werden nach einem Plan für jeden Finger beider Hände ganz bestimmte Tasten betätigt, um die Hand- und Fingerstellungen auszuprobieren, erst nach leichtem, dann nach schwierigerem Text. Durch Wiederholung ist der Übende in der Lage, am Ende des Kurses jeden beliebigen Text zu schreiben, weil er die Beherrschung des Tastenschemas auf verschiedene Schreibsituationen und -geräte transferieren kann. Bei der Vorbereitung auf ein Schreibmaschinenturnier käme es darauf an, bereits gut Schreibmaschine schreiben zu können und einen gleichbleibenden Text so lange niederzuschreiben, bis man dabei die kürzeste Zeit und die geringste Fehlerzahl erreicht. Hierbei geht es um eine Leistung, die durch Training erreicht werden soll. *Zweites Beispiel:* Ein Vater bemerkt die Tolpatschigkeit und Ungelenkigkeit seines Sohnes beim Spielen mit den Kameraden. Um ihm zu helfen, bringt er ihm das Schwimmen bei, beginnend mit Wassergewöhnungsübungen, weiter über Bewegungsübungen der Arme und Beine, zuerst außerhalb und dann im Wasser, bis hin zum Sprung ins Wasser. So sprang der Junge zum Erstaunen der Kameraden vom Dreimeterbrett und zehrte lange von seinem Erfolg. Solche Erlebnisse gehören für einen Entmutigten zu den Sternstunden des Lebens. Es ging also nicht nur um das Schwimmen und Brettspringen mittels Funktions-Training, sondern beides waren für den Vater nur Mittel, seinem Sohn zu einer anderen sozialen Position unter seinen Kameraden zu verhelfen. (zit. nach HÜNNEKENS, in: KLENNER ebd. 29 f.)

er: "So deutet sich an, daß Übungen dort angebracht sind, wo es sich um das Kennenlernen neuer Situationen oder um das Erlernen neuer Fertigkeiten handelt. Damit steht die Übung psychologisch dem Lernen nahe und pädagogisch der Didaktik und Methodik. Training setzt dagegen Situationskenntnis und Fertigkeiten voraus, die dann zu Höchstleistungen gebracht werden. Außerdem deutet sich die Unterscheidung an, daß das, was jeweils geübt wird, nicht wie beim Training Zweck und Ziel ist, sondern lediglich Mittel zu einem anderen, allgemeineren, lebensbedeutsamen Zweck. So üben wir das Greifen nicht, um darin eine besondere Fertigkeit zu erlangen, sondern um mit den Gegenständen unserer alltäglichen Umgebung überhaupt erst einmal hantieren zu können, um später im Geistigen etwas zu begreifen und um - im übertragenen Sinne - unser ganzes Leben in den Griff zu bekommen. Woran wir uns anfangs im Greifen geübt haben, ist für diesen Zweck belanglos, wenn es der Hand nur dazu diente, die verschiedenen Greiffunktionen zur Anwendung zu bringen. Wo solche Übungen nicht schon im Kleinkindalter spontan auftreten, sind sie vom Fachmann absichtlich und planmäßig im Zuge der Übungsbehandlung durchzuführen... Aus dem Gesagten ergibt sich die Hypothese, daß die Übungsbehandlung, vom Trainingsbegriff losgelöst, eine Zwischenstellung einnimmt, und zwar zwischen der Didaktik und Methodik in der Pädagogik einerseits und der Verhaltenstherapie in der Psychologie andererseits. Auf diese Zwischenstellung trifft am ehesten der Begriff der *Verhaltensmodifikation* zu." (KLENNER ebd. 30)

4. Übung und Verhaltensmodifikation

Bei Verwendung des Begriffs 'Verhaltensmodifikation' im *heilpädagogischen* Sinne ist zu berücksichtigen, dass nicht nach Fehlverhalten und letztlich auch nicht nach Ausfällen gefragt wird, gemäß der MOORschen Maxime: "Nicht gegen den Fehler, sondern für das Fehlende". (MOOR 1965, 20) Es geht in der heilpädagogischen Übungsbegleitung vielmehr darum, latent vorhandene, aber noch nicht oder nicht altersgemäß entwickelte Fähigkeiten oder (Rest-) Funktionen zu erkennen, sie zu 'wecken', 'anzusprechen' und mittels Übung zu Fertigkeiten auf- und auszubauen, so dass die Fähigkeiten für den selbständigen und virtuosen Umgang im alltäglichen Leben in verschiedenen Situationen und unter unterschiedlichen Bedingungen flexibel zur Verfügung stehen.

• **Übung, Förderung und Begleitung**

Heilpädagogische Übungsbegleitung (HpÜ) richtet sich nicht instrumentell auf eine objektivierte Krankheit, eine Störung, einen Defekt, sondern ist dadurch gekennzeichnet, dass die *Person der Heilpädagogin* auf die Person des Klienten (und nicht auf die Störung als solche) Einfluss nimmt. HpÜ vollzieht sich im *Dialog zwischen Subjekten*. Es geht bei der Verhaltensmodifikation im Rahmen der HpÜ nicht um Dressur oder Training, sondern um den Aufbau psychosozialer Lern- und Erkenntnisprozesse und Einstellungsänderungen *personaler* Art, soweit dies im Rahmen eines Beeinträchtigungs- oder Behinderungsgeschehens möglich ist.

Im Rahmen einer solchen unmittelbaren *dialogischen Situation* kann es vonnöten sein, vorübergehend eine stärker funktionelle Stellung einzunehmen, wenn es um die Ertüchtigung bestimmter Organe oder die Verbesserung von Funktionsabläufen geht, die aber letztlich immer nur in enger Zusammenarbeit mit dem beeinträchtigten oder behinderten Menschen erreicht werden können. Hierbei geht es vor allem um den Aspekt der *Förderung*.

Förderung umfasst sämtliche Bestrebungen die versuchen, Basis-Funktionen zu entwickeln. Sie ist - in Ergänzung zu einer gegen den Fehler gerichteten Therapie - *um das Fehlende bemüht*. Sie ist auf *Fähigkeits*bereiche bezogen. Das Ziel sämtlicher Födermaßnahmen ist die Befähigung eines beeinträchtigten oder behinderten Menschen, nicht etwas Bestimmtes (im Sinne eines Fächerkanons oder einer isolierten Funktion) zu lernen, sondern vor allem sich selbst und seine Möglichkeiten im Umgang mit der Person und Sachwelt in Raum und Zeit, allein und in der Gruppe (neu) zu entdecken, die (verbliebenen) Fähigkeiten optimal zu nutzen und wo immer möglich auf verschiedene Situationen transferieren zu können. (vgl. KOBI 1982, 32)

Nach KLENNER (ebd. 30) ist die heilpädagogisch begleitete Übung in verschiedenen Bereichen durchführbar:

- Als Sinnesübung im sensorischen Bereich;
- durch Entspannungsübungen im emotionalen und sprachlichen Bereich;
- im motorischen Bereich wird sie angeboten als Rhythmik[1]; als Eurythmie[2]; oder als psychomotorische Übungsbegleitung[3].

[1]*Rhythmik* ist die von dem Schweizer Musikpädagogen Emil Jaques DALCROZE als rhythmische Gymnastik für Musiker begründete und von seiner Schülerin Mimi SCHEIBLAUER für die (heil-)pädagogische Arbeit entwickelte Erziehungsmethode, die als besondere Arbeitsmittel Musik *und* Bewegung, Sprache *und* Geräte einsetzt, um menschliche Entwicklungsprozesse zu aktivieren, zu unterstützen, zu fördern, zu lenken und zu korrigieren. Sie wird verstanden als "Erziehungsgeschehen, Erziehungsmaßnahme, die Erziehungshilfe leisten kann." (VOGEL-STEINMANN 1979, 86) Im Gegensatz zum üblichen Weg unserer Erziehung und Bildung, vom Benennen ("Das ist eine Kugel!") über das Erkennen ("Suche im Raum weitere Kugeln!") zum Erleben zu gelangen ("Nimm die Kugel in die Hand, beschreibe, was du wahrnimmst!") wird in der Rhythmik der umgekehrte Weg beschritten: Vom *Erleben* zum *Erkennen* zum *Benennen*. Dadurch entsteht weniger Leistungsdruck und mehr Eigeninitiative, und so ist Rhythmik (besonders auch für verhaltensgestörte Kinder) ein angemessener Weg erzieherischer Hilfe aus psychischen Zwängen. Für geistig behinderte Menschen ist Rhythmik oft der einzige Weg, bestimmte Wissens- bzw. Erfahrungsinhalte zu vermitteln. (vgl. OY/SAGI 1988, 60 f.)

[2]*Eurhythmie* ist die vom Begründer der Anthroposophie, Rudolf STEINER, entwickelte Bewegungskunst und -therapie, bei der Wörter oder Melodien in Bewegung umgesetzt werden. Schon beim Wecken kann der Rhythmus des Tagesgeschehens variierend der Situation des einzelnen Kindes angepasst dargeboten werden, z.B. durch eine Tonfolge oder Klänge auf verschiedenen Instrumenten. Tagsüber können durch Bewegung und Gegenbewegung (Nachahmen und Einüben von Laut- und Tongebärden, Versmaß, Raumformen und -richtungen, rhythmische Reifen- und Ballspiele usw.) sowie Sammlung im Kreis auch sehr unruhige Kinder immer wieder neu und ohne Stress durch körperliche Erlebnismöglichkeit ins Geschehen eingebunden und tagsüber begleitet werden, bis am Abend der Tag 'ausklingt'. Die besondere *Heileurhythmie* sucht einzelne, dem Organ- und Funktionsgeschehen zugeordnete Laute aus, die ganz intensiv wiederholt geübt werden. Auch Rhythmen und Formen kommen zur Anwendung. Sie ist ein wesentlicher Faktor in der Begleitung entwicklungsgehemmter Kinder und setzt eine genaue Diagnose aller organischen, funktionellen und psychischen Störungen voraus. Sie unterscheidet sich von Bewegungstherapien wie Physiotherapie, Heilgymnastik usw. dadurch, dass versucht wird, die angewandten Bewegungsgestalten aus dem Körpergeschehen mit dem Kind zu entwickeln. Durch rhythmische Wiederholung sollen die Organkräfte angeregt werden, so dass durch die verlangte Bewusstseinsanstrengung und Konzentration allmählich ein ruhigeres, motivierteres Handeln und tieferes Empfinden im entwicklungsgestörten Menschen wächst. (vgl. Vereinigung der Heil- und Erziehungsinstitute für seelenpflegebedürftige Kinder e.V. und sozialtherapeutische Werkgemeinschaft e.V. (Hg.), Stuttgart 1974)

[3]*Psychomotorische Übungsbegleitung* soll die Beziehungen des Körpers zu Raum und Zeit wie Koordination und Sicherheit im Bewegungsablauf ermöglichen. In spielerischer Weise soll das Kind seinen Körper und dessen Bewegungsmöglichkeiten erfahren und Geschicklichkeit erproben im Kriechen, Laufen, Schaukeln, Springen, Klettern, usw. Gewandtheit- und Geschicklichkeitsspiele an fest-

- im intellektuellen Bereich wird sie angeboten als Übung zur Begriffsbildung und zur Denktätigkeit durch Problemlösen.

Nach KLENNER gliedert sich die HpÜ in drei Phasen: die Phase der Kognition, Phase der Aktion und Phase der Interaktion.

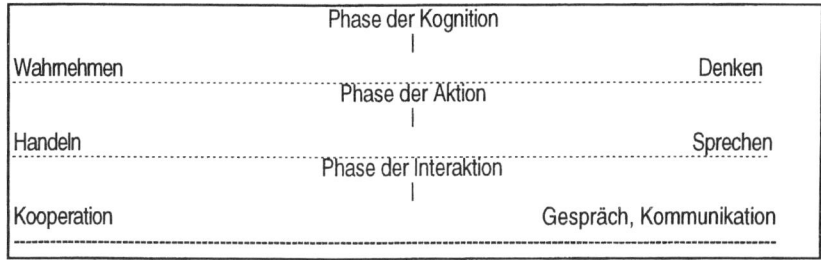

Abb. 67 ff.: Phasen heilpädagogischer Begleitung durch Übung
(nach Klenner 1979, 88)

Wir sehen,
"daß sich das Geschehen jeder Phase in zwei Dimensionen erstrecken kann, die Kognition in die Dimension des Wahrnehmens und Denkens, die Aktion in die Dimensionen des Handelns und Sprechens und die Interaktion schließlich in die Dimensionen von Kooperation und Kommunikation bzw. des Gesprächs (und des Spielens; Anm. W.K.) So ergibt sich ein Orientierungssystem, ähnlich einem Raster, innerhalb dessen das reale Geschehen des Erkennens und Handelns beim heilpädagogisch bedürftigen Menschen bestimmt wird und woraus der Heilpädagoge die Anweisung für sein eigenes Handeln ableitet." (KLENNER ebd. 89)

Durch *Verhaltensanalyse* werden die für den jeweiligen Menschen wichtigen Themenkreise aus dem realen Tagesablauf abgeleitet, um mittels *Verhaltensmodifikation* je individuell eingeübt zu werden.

---

stehenden Geräten oder mit beweglichen Gegenständen sollen zu Förderung grob- und feinmotorischer Koordination Anreiz bieten. Je nach Art der Koordinations-, Haltungs- und Orientierungsschwächen sollten Förderungsangebote der psychomotorischen Übungsbegleitung nur in Zusammenarbeit mit krankengymnastisch geschultem Personal gemacht werden. (vgl. u.a. FROSTIG 1973)

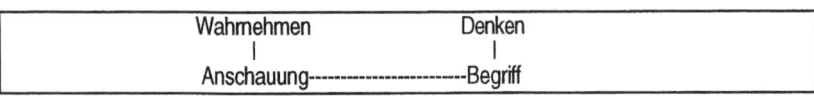

In der Beziehung der Dimensionen des Wahrnehmens und Denkens ist der didaktische Grundsatz: "Von der Anschauung zum Begriff" (nach PESTALOZZI) enthalten.

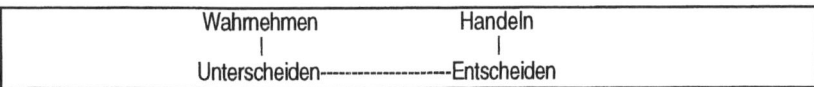

Entscheidungsfähigkeit setzt die Fähigkeit zu *unter*scheiden voraus. Konfliktbewältigung, Erfolg und Misserfolg sind weitgehend davon abhängig.

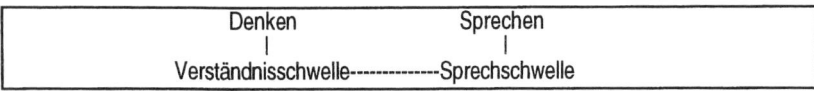

Entwicklungspsychologisch erreicht das Kind die Verständnisschwelle eher als die Sprechschwelle. Ist die Verständnisschwelle schon vorhanden, kann ein bestimmter Gegenstand aus anderen herausgefunden, gezeigt, bedeutet werden; mit Erreichen der Sprechschwelle wird der Gegenstand auch benannt werden können.

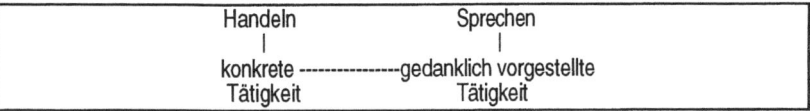

Das Verhältnis von Handeln und Sprechen verdeutlicht, dass die Sprache als Fortsetzung des Handelns mit anderen Mitteln angesehen werden kann.

In der dritten Phase der Interaktion kommen die Handlungsstrukturen der Dyade und Gruppe hinzu, deren vielfältige Beziehungen in einem Interaktionsnetzwerk (z.B. durch Soziometrie oder Genogramme) dargestellt werden könnten, ihrer Komplexität wegen hier jedoch ausgespart werden.

Für die *Übungsplanung* ist das *Prinzip der Variation der Übungsanordnung* (vgl. LOTZ 1993, 160) nach dem je individuellen Vermögen des heilpädagogisch bedürftigen Menschen und entsprechend der bereits vorhandenen Beziehungsgestaltung mit der Heilpädagogin wich-

768

tig, aus der heraus das gemeinsame Vorgehen sensibel entwickelt wird. Die heilpädagogisch begleitete Übung ist kein Trainingsprogramm aus der Schublade eines Verhaltenstechnikers, da sie weder vom Symptom ausgeht noch rein funktional oder rein leistungsbezogen verstanden werden darf. Da der Übende bei diesem Vorgehen auf entwicklungspsychologischer und entwicklungsdiagnostischer Grundlage nicht über- oder unterfordert wird, ist sie in einer schwierigen oder nicht zu bewältigenden Lebenssituation für den beeinträchtigten bzw. behinderten Menschen eine wichtige Hilfeleistung:

"Weil sie nicht vom Symptom ausgeht, sondern vom aktuellen und existentiellen Problem, kann sie den Menschen - wenn wir beispielsweise an einen schwerbehinderten oder verhaltensauffälligen Menschen denken - hinausführen aus der Beengtheit durch das eigene Leiden, dem er sich bis dahin vielleicht dumpf ergeben hat, oder gegen das er trotzig, aber erfolglos aufbegehrte, hinausführen, mit uns die Wunder der Schöpfung zu schauen und sich mit uns an ihnen zu erbauen, um sich wieder zu regen, damit er wenigstens erahne, daß auch sein Leben einen Sinn hat." (KLENNER ebd. 94)

Die Heilpädagogin wird neben entwicklungspsychologischen, personalen und situativen Gesichtspunkten auch die *Grundlagen der Gedächtnis- und Lernforschung* in ihre Übungsanordnungen mit einbeziehen, um einen dauerhaften Erfolg zu gewährleisten:

1. Ohne Übungsbereitschaft kein Übungserfolg;
2. Erfolg weckt neue Übungsbereitschaft;
3. Übung in sinnvollen Zusammenhängen ist erfolgreicher als sinnlose Wiederholung von Einzelheiten;
4. Beim Üben und Lernen in Teilen werden eher Erfolge erlebt. Die Beherrschung von Teileinheiten wird zu einem Zwischenziel. Der Erfolg, der sich dann einstellt, motiviert zu weiteren Anstrengungen;
5. Von der Klarheit und Intensität des ersten Reizeindrucks hängt wesentlich das Behalten und erneute Identifizieren des Übungsangebotes ab;
6. Selbsttätig Erworbenes wird länger behalten als reine Vermittlung;

7. Der Übungserfolg wird durch Wiederholung gesichert, wobei kurze, über einen längeren Zeitraum verteilte Wiederholungen einem langen, gehäuften Üben vorzuziehen sind;

8. Die ersten Übungen müssen bald nach der Neueinführung stattfinden, da die Behaltenskurve in den ersten Tagen stark sinkt;

9. Ein Wechsel im Übungsangebot bringt neue Übungsbereitschaft und neuen Übungserfolg;

10. Beim Einprägen müssen die verschiedenen Ebenen (sensorisch, visuell, akustisch, motorisch) berücksichtigt werden;

11. Fehler im Übungsablauf müssen sofort korrigiert werden;

12. Der natürliche, individuelle Übungsrhythmus sollte beachtet werden, so dass keine zu langsamen oder forcierten Übungseinheiten angeboten werden;

13. Befindet sich in einer Serie gleichartigen Lernmaterials ein fremdes Element, so prägt sich dieses besonders gut ein. Was sich abhebt, was auffällt, wird besonders gut gelernt.

14. Was am Anfang und am Ende einer Übungseinheit plaziert ist, prägt sich am besten ein; was in der Mitte steht, wird erheblich schlechter gelernt (Serienpositionseffekt);

15. Kinder lernen langsamer als Erwachsene, behalten aber besser (wobei die individuellen Beeinträchtigungen oder Behinderungen zu beachten sind). (vgl. u.a. FOPPA 1965; ROTH 1966; CORRELL 1978)

Neben der Übung kann im Ablauf psychophysischer Prozesse durch *Gewöhnung* zugleich ein Entlastungsvorgang erreicht werden, der die gesamte Persönlichkeit des beeinträchtigten oder behinderten Menschen betreffen kann. Im Unterschied zur Übung wird bei der *Gewöhnung* vorrangig an die *Steigerung der inneren Bereitschaft* und erst in zweiter Linie an den Leistungszuwachs gedacht, so dass unter Einbeziehung entwicklungspsychologischer Gesetzmäßigkeiten die Erziehung zur Lebenstüchtigkeit auch unter erschwerenden Bedingungen ermöglicht wird:

„Durch Gewöhnung wird der Antrieb zur Gewohnheit. Den entsprechenden Vorgang nennen wir bei der Fähigkeit 'Übung'.

Durch Übung wird die Fähigkeit zur Fertigkeit. Wird ein Antrieb durch Gewöhnung in seiner Richtung und seiner Intensität festgelegt, so sprechen wir von einer Gewohnheit im engeren Sinne.

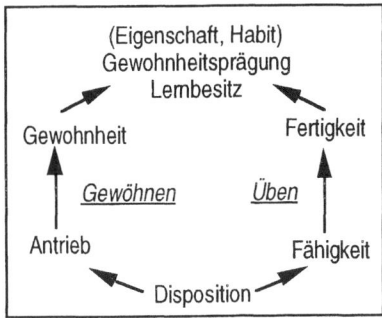

Abb. 68: Gewöhnung und Übung (nach Moor 1974, 35)

Aber auch Fertigkeiten sind nichts anderes als Gewohnheitsprägungen; und auch das Gewöhnen des Wünschens und Begehrens kann ebenso systematisch vorgenommen werden wie das Üben einer Fertigkeit." (MOOR 1974, Bd. I, 35) Durch Gewöhnung können z.B. unterstützt werden:

- Die fortschreitende psychische oder vegetative Anpassung an veränderte Lebensbedingungen (z.B. neue Formen selbständigeren Wohnens für geistig behinderte Menschen);
- die wachsende Bereitschaft für dauernde und sich relativ gleichbleibende Verrichtungen durch vielfache Wiederholung derselben;
- die Einfügung und die dadurch ermöglichte Teilnahme des einzelnen beeinträchtigten oder behinderten Menschen in die Fülle der sozialen Normen und Institutionen, soweit sie in Übernahme und Ausübung Selbstverständlichkeitscharakter annehmen.

Unter diesem Aspekt der Sinnstiftung und ganzheitlichen Bedeutungserschließung von Wahrnehmungsförderung durch Spiel und Übung schlägt FISCHER (2000, 265) folgende integrierte Ansätze vor:

Abb. 69: Ansätze zur Förderung der Wahrnehmung
(Fischer 2000, 265)

„Vor allem für Kinder und Jugendliche mit Beeinträchtigungen in der Sensorik, Motorik und Kognition ist es notwendig, daß sie sich auf der Grundlage ausreichender Körpererfahrungen als „Brücke zur Welt" in vielfältigen Situationen mit der gegenständlichen und sozialen Wirklichkeit sinnlich auseinandersetzen und die darin verkörperten Gegenstandsbedeutungen aneignen. Dies darf nicht in isolierten programmartigen Übungssituationen mit dem Ziel der Diskrimination figural-qualitativer Merkmale von Gegenständen und Sachverhalten oder als bloßes sensomotorisches Funktionstraining geschehen, da eine auf Sinnerfassung ausgerichtete ganzheitliche Wahrnehmung sich nicht formal vorüben läßt... (265) Möge es uns gelingen, Kindern und Jugendlichen eine Erfahrungs- und Lebenswelt zu bieten, in der sie über ihre Sinne und über die handelnde Auseinandersetzung mit gegenständlichen und sozialen Wahrnehmungsgegebenheiten Schritt für Schritt Bedeutungen erschließen, Sinn stiften und Wirklichkeit konstruieren können, so daß ihnen die Welt zunehmend vertrauter wird und sie sich in ihr immer erfolgreicher bewegen und orientieren." (FISCHER 2000, 267)

• Übung und Spiel

"Wenn wir das wahre Leben des Menschen mit dem Begriff der inneren Freiheit bezeichnen, dann ist die Übung der Weg - und zwar
der einzige Weg - auf dem der Mensch durch eigene Anstrengung
zur inneren Freiheit gelangen kann." (BOLLNOW 1978)

Der Zusammenhang von innerer Freiheit und Übung, wie ihn BOLL-
NOW hier beschreibt und wie er vielleicht von manchem aufgrund falscher, stereotyper und stupider Übungsverpflichtungen im Gegenteil
als Druck, Einengung oder gar Zwang erfahren wurde, wird besonders deutlich und nachvollziehbar im Spiel.

Der Mensch als *Homo Ludens* (HUIZINGA 1971), als der große Spielende, ist immer auch der Genießende, der sich Unterhaltende. Die
Unmittelbarkeit, Ungezwungenheit, Selbstverständlichkeit, Leichtigkeit, das Sichgehenlassen, die Freudenwellen durchtönen den Menschen im Spiel wie himmlischer Gesang, dessen Ausdruck und Melodie das Lachen ist.

Diese Erfahrung brachte Philosophen und Poeten, Maler und Musiker aller Jahrhunderte dazu, zu denken und zu dichten, in Farben und
in Tönen zu komponieren, wie "schön es sei, ein Kind noch zu sein"
(LORTZING: Zar und Zimmermann) und (wieder) "ganz Mensch zu werden" (SCHILLER: Über die ästhetische Erziehung des Menschen).

Das Kind unterhält sich mit seinen Füßen, seinen Händen, seiner
Stimme und im "Guck-guck-da-da-Spiel" mit seinem mütterlichen
Du, das die Welt bedeutet, schon, wenn es noch in der Wiege liegt.
Durch die pränatale Forschung wissen wir, dass Kinder sich mit ihren Müttern bereits im interuterinen Stadium zu "unterhalten" vermögen. Das Kind unterhält sich mit den Tieren und mit dem Sand,
wenn es zu laufen beginnt und mit anderen kleinen Menschen.

Das Spiel bedeutet für das Kind zuerst nur die Freiheit, sein Vergnügen dort zu suchen, wo es gefunden werden kann. Zum Spiel gehört das Vergnügen. Ohne Vergnügen gibt es kein Spiel. Wenn man
dem Kind eine Übung aufzwingt, die ihm missfällt, so will es lieber
"spielen gehen" oder "sich unterhalten" (was gleichbedeutend ist). Im
weiten Sinn ist Spiel jede unabhängige Tätigkeit, durch die sich der

Mensch von der Arbeitsgemeinschaft trennt, denn es fehlt im Spiel jeder materielle Zweck.

Dies bedeutet nicht, dass Arbeit oder Kunst, die einen Zweck haben und auf ein Werk abzielen, nicht auch Spielerisches in sich tragen: Im weiteren Sinn sprechen wir vom Spiel mit Worten; vom Spiel des Motors, wie er läuft; vom Spiel des Schauspielers, des Clowns; wir lassen gern unsere Fähigkeiten, Kunstfertigkeiten, unsere Muskeln oder unseren Witz "spielen", wir machen Liebesspiele. In diesen glücklichen Augenblicken, wie sie sich z.B. nach getaner Arbeit beim Betrachten oder Verfeinern eines gelungenen Werkes, in Gesellschaft guter Freunde, beim Sport nach vollbrachter Leistung oder im feinsinnigen, intimen Beisammensein einstellen, begegnen wir der Grundbeschaffenheit des Spieles, nämlich dem Fehlen einer augenblicklichen Nützlichkeit.

Mit dem Spiel verbunden ist aber immer auch die *Übung*. Die Lallmonologe des Säuglings tragen in sich die *Wiederholung* in endlosen Lautverbindungen. Solche Beobachtungen haben einige Autoren dazu gebracht, im Spiel eine Vorübung, eine funktionale Vorwegnahme späterer 'sinnvoller' Tätigkeit zu sehen und so das kindliche Spiel zu vorschnell dem tierischen Spiel gleichzusetzen und als bloße, vorbereitende Übung für kompliziertere Tätigkeiten anzusehen. Demgegenüber betont BUYTENDIJK (1933, 236):

"Man kann die Ergebnisse bei Kindern und Tieren nicht vergleichen. Schon beim kleinsten Kind spielen die völlig anderen psychischen Faktoren eine Rolle".

Der Übergang vom tierischen Spiel zum Kinderspiel ist - spätestens ab dem dritten Lebensjahr, meist schon früher - der Übergang von einer rein funktionalen biologischen Spieltätigkeit zu einer psychologischen, genussvollen Spieltätigkeit, die aus dem Wunsch erwächst, mittels Übung spielerisch ein Ziel zu erreichen. So können Übung und Wiederholung als *Funktionen im Spiel* verstanden werden, nicht jedoch das Spiel als vorbereitende Übung.

Der spielerische Genuss ist zugleich immer ein funktionaler Genuss. Die Wiederholungs- und Funktionsspiele der Kinder haben keinen Zweck, der außerhalb ihrer selbst liegt. Der Genuss erwächst aus der Tätigkeit, die man nicht vorauszuplanen braucht. So geht das spielerische Vergnügen über den sensuellen Genuss hinaus ins aktive Tun: "Eine Tätigkeit, die mit funktionaler Freude ausgestattet ist und durch diese funktionale Freude direkt oder wegen ihr aufrecht erhalten wird, nennen wir Spiel. Es ist unbedeutend, was für eine Wirkung sie außerdem noch hat und in welchen Zusammenhang man sie bringen könnte." (BÜHLER, K. 1924, 459)

Auf solchem Verstehenshintergrund können die Voraussetzungen für die heilpädagogisch begleitete Übung nachvollzogen werden, wie sie OY/SAGI beschreiben:

"- Wichtigste Voraussetzung ist die Auseinandersetzung des Heilpädagogen mit dem Charakter der HpÜ: er liegt in der Spannung zwischen zielgerichteter Förderung und Spiel, also dem Spiel und der Übung.

- Wenn Spiel die erste Bildungsform des Kindes ist und der geistig behinderte Mensch ohne unsere Hilfe diese Bildungsform nicht für sich in Anspruch nehmen kann, versuchen wir mit allen uns zur Verfügung stehenden Mitteln, ihm zu seinem Recht auf Bildung zu verhelfen.

- Das gemeinsame Spiel - das Zusammenspiel vom Heilpädagogen und vom behinderten Menschen - ist das Charakteristikum der HpÜ.

- Das Spiel in der HpÜ ist ein gelenktes Spiel: der geistig behinderte Mensch braucht zur Entfaltung seiner Persönlichkeit der vorgehenden und vorgegebenen Hilfe anderer Menschen. Deshalb wird ihm in der HpÜ Hilfe zur Selbstentfaltung angeboten, d.h. die angebotenen Lernziele sind auf sein individuelles Wohl auszurichten.

- Bei diesem wechselseitigen Vorgang führt und folgt der Heilpädagoge, er spricht und hört, er gibt und nimmt. Nur so vermag er, das Widersprüchliche zu verbinden und dem geistig behinderten Menschen durch äußere Vorgaben zur Entfaltung seiner Persönlichkeit zu verhelfen. Nur so begegnet er der Person und der Persönlichkeit des geistig behinderten Menschen, und nur so vermag er, dessen Lernfähigkeit einzuordnen." (OY/SAGI 1988, 155 f.)

So wird die Heilpädagogin alle Spiele des gesunden Kindes in die heilpädagogisch begleitete Übung einbeziehen:

Funktionsspiele, Konstruktionsspiele, Übungsspiele, Rollenspiele, Symbolspiele und Regelspiele, um auf diese Weise die Spielaktivität und Initiative, die das nichtbehinderte Kind spontan entfaltet, beim behinderten Kind zu wecken, planvoll zu entwickeln und systematisch aufzubauen. Dadurch soll sich das beeinträchtigte, behinderte oder verhaltensauffällige Kind aus seiner Passivität und Ich-Verhaftung lösen und spielend zu den Objekten seiner Umwelt in Beziehung treten, zunächst unter Mitwirkung seiner Bezugspersonen und der Heilpädagogin, später immer selbständiger.

Hier ergänzen und durchdringen sich heilpädagogisch begleitete Übung und Spiel.

• **Bedingungen für alle Begegnungen in der HpÜ**

Bevor eine heilpädagogische Übungsbegleitung beginnen und verantwortungsvoll durchgeführt werden kann, müssen bestimmte Bedingungen erfüllt sein, die OY/SAGI (1988) wie folgt beschreiben:

1. Die erste Bedingung wirksamer heilpädagogischer Hilfe liegt darin, zum geistig behinderten Kind einen Zugang zu finden, eine partnerschaftliche und verlässliche Beziehung aufzubauen, sie zu entwikkeln und durchzutragen, solange das Kind diese Zuwendung braucht.

2. Die Heilpädagogin wird den behinderten Menschen akzeptieren, wie er ist, sowohl in seinem äußeren Erscheinungsbild als auch in seinem augenblicklichen Entwicklungsstand - so wie sie selber in seinem So-sein (Anders-Sein) akzeptiert sein möchte.

3. Die Heilpädagogin wird den behinderten Menschen genau kennenlernen in Begegnungen im häuslichen und außerhäuslichen Lebensbereich, in freien und gelenkten Spielsituationen. Die Beobachtungen werden protokolliert und durch Gutachten und Aussagen anderer Fachbereiche sowie weiterer Bezugspersonen ergänzt.

4. Die Heilpädagogin wird das Spiel als Sprache des Kindes verstehen lernen, dem Spiel und Entwicklungsverlauf des behinderten Kindes nachspüren, seinen andersartigen Verlauf be-'achten' und darin seine individuelle Lebensäußerung entdecken.

5. Sie muss Spiel an sich selber erfahren, Spiel-Freude entwickeln, dem Erleben spielender und ein-'übender' Elemente in der eigenen Lebensgestaltung nachgehen.

6. Die Heilpädagogin wird das Spielverhalten des nichtbehinderten und des behinderten Kindes unter entwicklungspsychologischem und lernpsychologischem Aspekt erkennen. Das Spiel des nichtbehinderten Kindes ist das erste Lernziel für das geistig behinderte Kind: es hat ein Recht darauf, spielend zu lernen.

7. Die umfassende Kenntnis, praktische Handhabung und sachgemäße Beurteilung des verfügbaren Spielmaterials für jedes Entwicklungsalter ist für die Durchführung der heilpädagogischen Übungsbegleitung unumgänglich.

8. Die Heilpädagogin wird sich eine breite Skala von unterschiedlichen Spiel- und Beschäftigungsmöglichkeiten erarbeiten; die Auswahl richtet sich nach der Persönlichkeit des behinderten Menschen, d.h. sowohl nach seiner augenblicklichen situativen Lernbereitschaft als auch nach seiner Fähigkeit, sich mit dem Material-Angebot auseinanderzusetzen.

9. Die Heilpädagogin wird aufgrund der persönlichen Kenntnis des geistig behinderten Kindes und der ihm bekannten mehrdimensionalen Diagnose einen individuellen Begleitungsplan aufstellen. Dieser wird in Begleitungsgseinheiten aufgegliedert und zu bestimmten Zeiten durchgeführt.

10. Jede Übung muss so aufgebaut sein, dass der behinderte Mensch rasch zu einem Erfolg kommt, der vom Heilpädagogen erkannt und bestätigt wird.

11. Die Heilpädagogin wird den kleinsten Entwicklungsschritt des Übenden registrieren, vertiefen und erweitern. Beim geistig behinderten Kind dauert es u.U. wesentlich länger, bis Entwicklungsschritte erreicht werden als bei nichtbehinderten Kindern.

12. Die Übungen sollen dem Kind und der Heilpädagogin Freude machen, sich in fröhlicher Atmosphäre entwickeln. Das lustvolle, freie, gelöst-heitere Spiel in der Art des positiven, optimistischen und ermutigenden Denkens ist eine methodische Anweisung in der HpÜ.

13. Jeder einzelne Handgriff muss gezeigt und geübt werden. Dem geistig behinderten Kind dürfen nur Aufgaben gestellt werden, bei denen die zum Erfolg notwendigen Schritte überschaubar sind. Die Schwierigkeitsgrade innerhalb eines stufenweisen, folgerichtigen Vorgehens müssen langsam gesteigert werden.

14. Die Übungen werden in ruhiger Konsequenz gezeigt und konzentriert angeboten. Die Anweisungen erfolgen in einfacher, verständlicher Sprache und Gestik.

15. Die geplanten Übungen werden geändert, wenn das Kind unruhig oder gereizt wird. Die emotionale Sicherung des Kindes ist wichtiger als jeder Übungseffekt.

16. Soweit das behinderte Kind sich selbst bestimmen kann, soll es die Möglichkeit haben, Spielangebote anzunehmen, abzuwandeln oder abzulehnen.

17. Die Übungsbegleitung soll das Kind auch zu eigenem Suchen und Finden befähigen; die Heilpädagogin wird ihm den dazu nötigen Spielraum sichern.

18. Bei der Planung der Übungsstunde ist auf den sinnvollen Wechsel von Anspannung und Entspannung zu achten (z.B. feinmotorische, Auge-Hand-Koordination übende Spiele am Tisch im Wechsel mit grobmotorischen Bewegungen in Kreis- und Tanzspielen anbieten).

19. Kann sich das geistig behinderte Kind nicht mehr konzentrieren, so ist zu überlegen, ob der Übungsverlauf oder/und das Spiel- und Beschäftigungsmaterial geändert werden müssen. Allerdings ist auch im Wechsel Maßhalten notwendig.

20. Die heilpädagogisch begleitete Übung wird zu festgesetzten Tageszeiten, an denen das jeweilige Kind besonders aufnahmefähig und -bereit ist, durchgeführt. Sie kann in Begleitungseinheiten von fünf bis sechzig Minuten, mindestens einmal in der Woche, höchstens viermal am Tag durchgeführt werden. Je kürzer die Begleitungseinheit ist, um so häufiger sollte sie erfolgen. Als besonders günstig hat sich gezeigt: fünfmal dreißig Minuten in der Woche.

21. Der Verlauf der Übungsstunde wird protokolliert und bei der Planung der nächsten Übungsstunde berücksichtigt.

22. Die heilpädagogisch begleitete Übung ist grundsätzlich auf eine *Gesamtförderung* des geistig behinderten Menschen ausgerichtet: seine motorischen, kognitiven, sozialen und emotionalen Fähigkeiten sollen geweckt, entwickelt und gefestigt werden. Die Übung führt über das Spiel zum Erwerb von Kulturtechniken und Verhaltensnormen mit dem Ziel der höchstmöglichen Autonomie.

Die heilpädagogisch begleitete Übung ist sowohl methodische Hilfe für den behinderten Menschen als auch persönliche Begegnung zwischen ihm und der Heilpädagogin. Angstfreie Sicherheit in neuen Fähigkeiten kann allein durch zuverlässige Methoden nicht entstehen, vielmehr braucht sie als unverzichtbare Grundlage die geglückte Beziehung. Das Kennzeichen einer Beziehung ist das gegenseitige Vertrauen: "Es ist gut, dass es dich gibt!" Die gegenseitige Bejahung: konzentriertes Aufeinander-Hinhören und immer neues Sich-aufeinander-Einstellen sind unverzichtbare Bedingungen der effektiven Hilfe. (nach OY/SAGI 1988, 116-119)

- **Durchführung der heilpädagogischen Übungsbegleitung**

1. Der Übungsplan ist die Grundlage, der nach vorherigen Gesprächen mit den Bezugspersonen sowie fachärztlicher und psychologischer Abklärung und heilpädagogischer Diagnostik erstellt wird.

2. Die Vorbereitung: Vor jeder Begleitungsstunde bereitet sich die Heilpädagogin innerlich und äußerlich vor. Sie gestaltet den Raum und das Material in der Weise, wie es für die Durchführung der Begleitungsstunde mit *diesem* Kind notwendig und richtig ist. Die Vorbereitungen sollen rechtzeitig vor Eintreffen des Kindes beendet sein.

3. Der Verlauf: Die Begrüßung, das Aus- und Anziehen, das Treppensteigen usw. können bereits zu ersten lebenspraktischen Übungen ausgebaut werden. Zu Beginn ist das Hinhorchen auf die (noch so geringen) Reaktionen des Kindes entscheidend. Die Aufmerksamkeit des Kindes wird durch gezielte Spielgaben herausgelockt. Kurze taktile oder verbale soziale Bekräftigungen werden bewusst und gezielt, überlegt und kontrolliert eingesetzt. Bei passivem Verhalten oder starken Perseverationstendenzen sollen Funktionsübungen in angemessenem Maß durchgeführt werden.

"Die rasche Folge der Übungen verlangt einen wohldurchdachten Wechsel von Anspannung und Entspannung. Bewegungsübungen und Rhythmikübungen ohne Material wechseln mit konzentrierten Spielübungen mit Material am Tisch oder auf dem Boden. Sichtbare

Freude motiviert das Kind und den Heilpädagogen zu neuen Spielversuchen. Die fröhliche Atmosphäre, in der sich die Übungen entwickeln, ist ausschlaggebend für den Erfolg." (OY/SAGI 1988, 122)

4. *Das Protokoll der Übungsbegleitung* umfasst die Angabe der vorbereiteten Übungen (Plan), ein Verlaufsprotokoll, Beobachtungen und Auswertung. Die Reflexion der Begleitungsstunde anhand des Protokolls ist zugleich der Ausgangspunkt für die Planung der nächsten Übungseinheit.

5. *Die Verlaufskontrolle:* Das Teamgespräch mit Vertretern benachbarter Fachdisziplinen (Pädagogen, Psychologen, Mediziner) ist für eine optimale Durchführung der HpÜ unverzichtbar. Die systematische Eigenkontrolle der Heilpädagogin (erstellt aus den o.g. schriftlichen Aufzeichnungen) ist die Grundlage für die –>Teamarbeit, die –>Fallarbeit bzw. die –>Supervision.

6. *Die Gruppenbegleitung:* Wenn das behinderte Kind über ein bestimmtes Repertoire an Funktionsspielen verfügt und Ansätze zum Rollenspiel vorhanden sind, kann am Aufbau des Sozialverhaltens durch Einbeziehung von ein oder zwei weiteren Kindern in ähnlichem Entwicklungsalter weiter gearbeitet werden. Es kann eine Übertragung der positiven Beziehung zwischen Heilpädagogin und Kind auf andere Kinder erreicht werden, wenn die emotionalen Faktoren in angemessener Weise berücksichtigt und reflektiert werden. Die emotionale und soziale Bereicherung durch die Spielkameraden ermöglicht es zugleich der Heilpädagogin, sich langsam vom behinderten Kind zu lösen. (vgl. OY/SAGI 1988, 120-123)

• Sinnperspektive der Heilpädagogischen Übungsbegleitung

Die Heilpädagogische Übungsbegleitung (HpÜ) ist eine (vielleicht sogar die einzige!) originäre heilpädagogische Methode. Sie beinhaltet Fragen, Herausforderungen und Antworten nach dem Sinn des Lebens beeinträchtigter und behinderter Menschen.
Sie wurde zunächst funktionsorientiert nach lern- und verhaltenstheoretischen Kriterien entwickelt.
"Eine erste Ergänzung erfuhr die funktionsorientierte Heilpädagogische Übungsbehandlung durch die Beifügung emotional-

erlebnisorientierter Gehalte. Damit erfolgte der erste Schritt zur Überwindung des funktionalen Reduktionismus hin zu einem ganzheitlichen System, sind doch Funktionales und Ganzheitliches so ineinander verschachtelt, daß den einzelnen Funktionen die Rolle der zum Ganzen gehörenden Teile zukommt." (LOTZ 1993, 12)

Die Arbeit mit beeinträchtigten und mehr noch mit behinderten, ja schwerstbehinderten Menschen lässt unausweichlich die Frage nach dem *Sinn* menschlichen Lebens aufkommen:

„Was hat es für einen Sinn, dass solch ein Mensch lebt?"

„Was hat es für einen Sinn, dass man sich müht, einen solchen Menschen z.B. die Unterscheidung von Farben zu lehren?"

Die Heilpädagogin antwortet auf solche Fragen, indem sie sich dazu bekennt, dass es für sie kein lebensunwertes menschliches Leben gibt; und sie begründet ihre Arbeit mit dem beeinträchtigten, behinderten Menschen, indem sie beschreibt, dass in jedem Menschen ein Schlüssel zu sich selbst wie zur Welt verborgen ist, den es zu finden gilt. Dabei wird sie darauf verweisen, dass es nicht darum geht, dem beeinträchtigten, behinderten Menschen durch Rehabilitation zu einer erfolgreichen Daseinstechnik zu verhelfen, sondern anknüpfend an den Begriff der Übung (lat. = exercitatio) um ein Exerzitium, eine *Aufgabe zur Wandlung und Verwandlung.* Die Lebens- und Wandlungsaufgabe, die den Menschen, den behinderten ebenso wie die Heilpädagogin existentiell betrifft, ist die Erkenntnis und die Bewältigung des *Schattens,* des dunklen Bruders, dessen was ein Mensch "nicht sein möchte", die Auseinandersetzung mit seiner "zweiten Persönlichkeit" (JUNG GW 16, § 470).

Im Gegenüber des behinderten Menschen findet sich der gesunde Mensch in eben diesen Anteilen wie in einem Spiegel wieder. Nicht von ungefähr werden von alters her bis heute behinderte Menschen aufgrund ihrer Fremdheit und Anstößigkeit zu Fremden und Ausgestoßenen: Der Mensch (er)duldet und (er)leidet es nicht, sich im Spiegel ohne Maske und Schminke zu betrachten, entkleidet dem Ich-Ideal, in nackter Wahrheit. (Schon Adam und Eva suchten sich vor der Frage nach ihrer wahren Identität unter Blätterkleidern zu verstecken.) Um so mehr ist gerade die Heilpädagogin als Anwältin und Repräsentantin *für* den beeinträchtigten und behinderten Menschen, als Garantin für sein Recht auf Erziehung und Bildung herausgefordert, bei sich und anderen das Spürbewusstsein für die Wahrheitsstimme im Menschen freizulegen und immer wieder neu einzuüben. Sie tut dies, weil sie sich berufen weiß und dieser Berufung in ihrem Leben Raum verschafft, indem sie überlegt, fragt und bittet und sich in der Beziehung zum behinderten Menschen fragen und bitten lässt:

1. Frage, Überlegung, Bitte: Du kennst mich, du weißt von mir; Du hast deine Hand auf mich gelegt...sprich zu mir, bleibe bei mir!
2. Frage, Überlegung, Bitte: Was ist mein Leben - vor dem und im Angesicht dessen, der mich kennt?
3. Frage, Überlegung, Bitte: Kann ich eine Wahl treffen? Bin ich offen, d.h. aufnahmefähig und aufnahmebereit für den Anspruch dessen, der mich kennt?

So vertieft sich Beziehung in *Begegnung,* in das Aufeinandertreffen

- von Mensch und Mensch;
- Mensch und geistigem Gehalt; (auch in der geistigen Behinderung!);
- Mensch und Geschichte; und für den religiösen Menschen
- in das Aufeinandertreffen von Mensch und Gott.

Es ereignet sich ein Grundvorgang des *miteinander Existierens* und zugleich wird einer der Hauptwege beschritten, auf denen Erziehung und Bildung vor sich gehen. Im spezifisch pädagogischen Sinn vollzieht sich in der Begegnung geistiges Wachstum, im Geben und Nehmen tiefere Bildung. Dabei sieht und erlebt sich die Heilpädagogin mit dem behinderten Menschen strukturverwandt, beide bejahen sich in ihren Möglichkeiten und Begrenzungen, beide begegnen sich in ihrer Fremdheit des 'Gegen' und des 'Betroffenwerden' durch die 'Anderheit' des Gegenüber, sie werden einander zum Symbol des Menschlichen schlechthin, das die eigene Erfahrung transzendiert: "Begegnung heißt immer, daß der Mensch hier auf etwas stößt, das ihm unvorhergesehen und unvorhersehbar, vielmehr schicksalhaft entgegentritt, und das ganz anders ist"..., das den Menschen auf sich selber zurückwirft und ihn zwingt, "sich aus sich selbst heraus neu zu entscheiden." (BOLLNOW 1959)

Solche schicksalhafte Begegnung kann u.U. in lebenslange Beziehung gewandelt werden, wie beispielsweise zwischen der Heilpädagogin

Anne SULLIVAN und ihrer Anvertrauten und späteren Freundin Helen Keller. Helen Keller[1] schreibt über ihre Beziehung:
"Meine Lehrerin steht mir so nahe, daß ich mich kaum als von ihr getrennt fühle. Wieviel von meiner Freude an allem Schönen mir angeboren ist, wieviel ich ihrem Einfluß verdanke, werde ich nie anzugeben vermögen. Ich fühle, ihr Wesen ist untrennbar von dem meinigen, und sie ist mir auf den Bahnen, die ich wandle, vorausgegangen. Alles Gute an mir ist ihr Werk - es gibt keine Fähigkeit, kein Streben, keine Freude in mir, die sie nicht durch ihre liebevolle Berührung zum Leben erweckt hätte." (KELLER 1966, 47)
Diese "liebevolle Berührung" ist es, worauf es ankommt, die das Leben in der Begegnung mit dem Du mit Sinn erfüllt. Es geht in der Begegnung nicht um eine therapeutische "Komm-Struktur" (LOTZ 1993, 132) nach dem Motto: „Wer nicht will (oder kann), der hat schon!" *Heilpädagogik ist keine Therapie und die Heilpädagogin keine Therapeutin*, zu der der beeinträchtigte oder behinderte Mensch in die Praxis kommt.
Heilpädagogik ereignet sich zuerst im Alltag und dort, wo der beeinträchtigte und behinderte Mensch lebt.
Heilpädagogik ist Berufung zum Leben und Mit(er)leben in Freude und Leid. Zum heilpädagogisch bedürftigen Menschen muss man häufig 'hin-gehen' und auch dann tätig werden und handeln, wenn kein (verbaler) Auftrag erteilt werden kann (Frage nach der heilpädagogischen –>Legitimation). Um so wichtiger und unentbehrlich ist die gewissenhafte Reflexion eines Menschenbildes für die Heilpädagogik, das sich jede Heilpädagogin subjektiv zu eigen machen sollte und in persönlicher Freiheit verantworten will und muss.

---

[1]Helen Keller war seit frühestem Kindesalter taub und blind, absolvierte aber mit Hilfe ihrer Lehrerin, die als eine große Heilpädagogin genannt sein darf, ein akademisches Studium mit dem Abschluss der Promotion und übernahm eine einflussreiche Stellung in der Blindenfürsorge. Zu der "Welteroberung" dieser taubblinden Amerikanerin gehört ihr Leben, das durch die Begegnung mit Anne Sullivan dem Dunkel und dem Schweigen entrissen wurde. Diese große Pädagogin hat dadurch den unendlichen Wert auch des Geringsten und Schwächsten gesehen, aus dieser Einsicht gehandelt und ihr Leben ganz eingesetzt, in der Liebe zum Leben und zu allem Lebendigen.

Zusammenfassung

Heilpädagogische Übungsbegleitung ist eine originäre heilpädagogische Methode der systematischen Hilfe für entwicklungsgestörte und geistig behinderte Menschen in und durch Spiel und Übung. Sie ist grundsätzlich auf die Gesamtförderung der emotionalen, sensorischen, motorischen, sozialen und kognitiven Fähigkeiten ausgerichtet. Übung wird verstanden als eine besondere Art der Wiederholung. Sie steht der Erfahrung und dem Lernen näher als dem Training und ist nicht zu verwechseln mit irgendeiner Art von Dressur. Übung und Verhaltensmodifikation korrellieren einander auf dem Hintergrund lernpsychologischer Erkenntnisse und bezogen auf den Leitsatz: „Nicht gegen den Fehler, sondern für das Fehlende!" (MOOR 1965, 20). Es sollen latent vorhandene, aber noch nicht oder nicht altersgemäß entwickelte Fähigkeiten oder (Rest-) Funktionen erkannt, 'geweckt', 'angesprochen' und mittels Übung zu Fertigkeiten auf- und ausgebaut werden, so dass die Fähigkeiten für den selbständigen und virtuosen Umgang im alltäglichen Leben in verschiedenen Situationen und unter unterschiedlichen Bedingungen flexibel zur Verfügung stehen. Dabei werden Phasen der Kognition, Aktion und Interaktion entsprechend der Entwicklung psychischer Funktionen beachtet und mittels Gewöhnung ein Entlastungsvorgang im Ablauf der psychophysischen Prozesse angestrebt. Wichtigste Voraussetzung ist dabei der gekonnte Umgang mit der Spannung zwischen zielgerichteter Förderung und Spiel, zwischen Spiel und Übung. Die HpÜ beinhaltet Fragen, Herausforderungen und Antworten nach dem Sinn des Lebens beeinträchtigter und behinderter Menschen. Dazu gehört, das eine Zerstückelung der Erziehung in unterschiedliche Förder- und Funktionsbereiche nicht zulässig ist, sondern eine möglichst ganzheitliche, alltagsintegrierende, alle psychischen Funktionen integrierende Vorgehensweise angestrebt wird. Ein wichtiger Ansatzpunkt für die HpÜ ist die Kenntnis des subjektiven Lebensraumes als Anker und Rückzugspunkt. (–>Begleitung) Es gilt die persönliche Bedürfnislage, die Eigenheiten und Auffassungen jedes Kindes ernst zu nehmen um herausfinden zu können, wie neue Gegenstände bzw. Inhalte am besten an Wiederholungshandlungen assimiliert werden können bzw. sich über Bewegungshandlungen Akkomodationen erreichen lassen, die als Sinnstiftung und ganzheitliche Bedeutungserschließung wahrgenommen werden.

Ziff. 27   Vertragsabschluss   —> S. 97

Begriffsbestimmung:

Ein Vertrag ist eine rechtsgültige Abmachung zwischen zwei oder mehreren Personen, bei der die Rechtsfolge durch übereinstimmende Willenserklärungen herbeigeführt wird (= privatrechtlicher Vertrag im Unterschied zum "öffentlich-rechtlichen" bzw. verwaltungsrechtlichen Vertrag). Im Sprachgebrauch werden Redewendungen wie "einen Vertrag abschließen, auflösen; "an einen Vertrag gebunden sein"; "bei jemandem in Vertrag stehen"; "einen Vertrag mit jemandem abschließen" verwendet. Der *heilpädagogische Vertragsabschluss* ist die auf rechtlicher Grundlage nach freiem Willensentschluss zustande gekommene mündliche oder schriftliche Übereinkunft zwischen einem beeinträchtigten, behinderten oder psychosozial hilfsbedürftigen Menschen bzw. seinen erziehungsberechtigten Bezugspersonen und dem Heilpädagogen (als Vertreter einer Institution) über die Durchführung einer Heilpädagogischen Erziehungshilfe und Entwicklungsförderung (HpE) nach den vereinbarten Bedingungen.

In diesem Übersichtsartikel werden folgende Themen angesprochen:

• Vertragsrechtliche Grundlagen

Jedermann kann mit einem anderen einen Vertrag abschließen und ist dabei autonom, sofern er nicht gegen ein Gesetz oder die guten Sitten verstößt (§§ 134, 138 BGB). Auf der Grundlage des Privatrechts kommt der Vertrag durch einen Antrag, eine Bitte oder ein Angebot und deren Annahme seitens der beteiligten Parteien zustande. Dabei geht der Gesetzgeber davon aus, dass die vertragschließenden Parteien *ebenbürtig* sind, dass also jeder seine Interessen gewahrt, vertreten und durchgesetzt weiß. Dazu gehört die Übereinstimmung (Konsens) der beteiligten Vertragspartner, die durch ihre *freie Willenserklärung* ihr Einverständnis geben. Decken sich die Willenserklärungen nicht vollständig, bestehen also Zweifel über bestimmte Teile des Vertrages, ist der Vertrag nicht zustande gekommen (= Dissens: §§ 154 f. BGB).

Ein Vertrag wird durch mündliche Absprache wirksam. Nur in Ausnahmefällen wird er schriftlich oder vor einem Notar abgeschlossen, wobei bestimmte Formvorschriften zu beachten sind.

Wenn über den Inhalt eines Vertrages ein Streit entsteht, so ist dieser vom Gericht so auszulegen, "wie Treu und Glauben mit Rücksicht auf die Verkehrssitte es erfordern" (§ 157 BGB).

Kommt eine Partei den Vertragsverpflichtungen nicht nach, so liegt eine Vertragsverletzung vor. Eine Vertragsverletzung kann in unterschiedlicher Form eintreten:

a) dadurch, dass eine Partei die übernommenen Verpflichtungen überhaupt nicht leistet (Nichterfüllung oder Unmöglichkeit);

b) dadurch, dass eine Partei die übernommenen Verpflichtungen nicht rechtzeitig leistet oder eine erbrachte Leistung nicht rechtzeitig entgegen bzw. in Anspruch nimmt (Verzug);

c) dadurch, dass die Verpflichtungen nicht ordnungsgemäß geleistet werden (Schlechterfüllung). Hierdurch können Mängel oder Schäden entstehen, wobei die andere Partei einen Anspruch auf Schadenersatz hat, wenn die schlecht erfüllende Partei eine Schuld trifft.

Rechtsfolgen bei Vertragsverletzungen können eine Kündigung, ein Rücktritt vom Vertrag oder die Forderung nach Schadenersatz sein.

• Voraussetzungen für den Vertragsabschluss

Diese rechtlichen Grundlagen gelten auch für den heilpädagogischen Vertragsabschluss. Deshalb sollte die Heilpädagogin vor einer vertraglichen Vereinbarung über die Durchführung einer Heilpädagogischen Erziehungshilfe und Entwicklungsförderung (HpE) die –> Legitimationsprüfung vollzogen haben und sich durch die –> Kontaktaufnahme sowie das –>Erstgespräch über die inhaltliche Ausgestaltung der vertraglichen Vereinbarungen im Klaren sein. Sie sollte ihre eigenen Auffassungen und Überlegungen im –>Teamgespräch vorgestellt und ihre –>Vermutungsdiagnose als Arbeitshypothese und vorläufige diagnostische Annahme formuliert haben. Die Vermutungsdiagnose ist die Grundlage vertraglicher Vereinbarungen, und nur in Übereinstimmung beider Vertragspartner, über die angenommene Beeinträchtigung bzw. Störung oder Behinderung, ist die Heilpädagogin nach Zustandekommen des Vertrages berechtigt und verpflichtet, in diesem Sinne weiter tätig zu werden.

Um einen gültigen Vertrag abschließen, eine Übereinkunft über das weitere Vorgehen so treffen zu können, dass die beteiligten Parteien "ebenbürtig" sind und nicht übervorteilt werden, ist die Heilpädagogin als die "Wissendere" verpflichtet, sich um eine *dem Gegenüber verständliche und angemessene Absprache* zu bemühen. Sie hat die Aufgabe, den Eltern, Erziehern, Lehrern und anderen erziehungsberechtigten Bezugspersonen, vor allem aber dem beeinträchtigten, behinderten Kind oder Jugendlichen selbst, die Notwendigkeit ihres Vorgehens auf je angemessene Art und Weise durchsichtig zu machen und die *Verpflichtungen,* die jede der Parteien eingeht, wahrheitsgemäß und deutlich zu benennen[1]. Dazu gehört, dass die *Konsequenzen* bei Nichteinhaltung des Vertrages allen Beteiligten bekannt und einsichtig sind.

Um diese Aufgabe gut erfüllen zu können, sollte sich die Heilpädagogin fragen:

1. Was geschieht durch Vertragsabschluss zwischen den Parteien?
2. Wie wird die vertragliche Absprache getroffen?
3. Welche Rahmenbedingungen sind beim Vertragsabschluss mit den Erziehungsberechtigten, dem Kind oder Jugendlichen, zu beachten?

---

[1] Dazu gehört u.a. der Hinweis auf die *Schweigepflicht* der Heilpädagogin und anderer Mitarbeiter des Teams, über alle Dinge, von denen sie beruflich erfahren. Von der Schweigepflicht kann nur der rechtsfähige Vertragspartner entbinden.

- **Was geschieht durch Vertragsabschluss zwischen den Parteien?**

Einige Beispiele (nach MENNINGER/HOLZMAN) sollen typische Vertragssituationen illustrieren:

Beispiel 1:

Bei einem alltäglichen Austauschgeschäft bietet ein Verkäufer ein paar Äpfel an, weil er am Verkauf verdienen möchte. Ein Kunde möchte gern Äpfel haben, vielleicht, weil er Hunger hat. Er hat auch das Geld, um die Äpfel zu kaufen. Es erfolgt ein Angebot, der Käufer tritt hinzu, begutachtet die Ware, der Verkäufer nennt einen Preis...

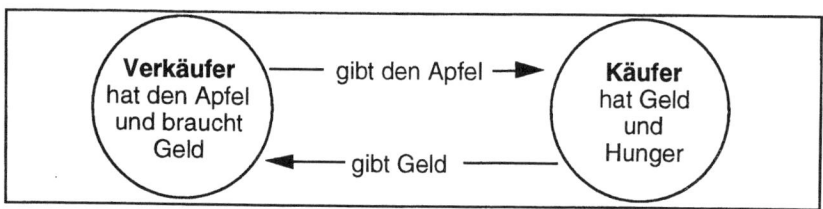

Abb. 70: Vertragsabschluss: Käufer - Verkäufer

Noch ist kein Vertrag zustande gekommen! Erst, wenn sich beide Seiten darüber einig sind, dass ein fairer Austausch erfolgen kann, ist das Geschäft endgültig vollzogen: Der Verkäufer gibt dem Käufer einen oder mehrere Äpfel und erhält als Gegenwert realen oder symbolischen Wert, z.B. Geld. Nun kann der Käufer seinen Hunger stillen, der Verkäufer kann neue Äpfel kaufen und damit seinen Bestand vergrößern. Ein gleichwertiger Austausch hat stattgefunden, ein Saldo wurde gezogen. Bedürfnisse sind gegenseitig befriedigt worden. Dennoch hat ein Begutachtungs-, Entscheidungs- und "Spiele"-Prozess stattgefunden, ohne dass sich die Beteiligten dessen unmittelbar bewusst waren.

Beispiel 2:

Hier bietet der 'Verkäufer' keine Ware, sondern Fertigkeiten an. Es handelt sich um eine *Dienstleistung,* wie z.B. Fußbodenputzen oder Herzplantation. Der Friseur ist in der Lage und Willens, für einen

788

bestimmten Preis eine Leistung zu erbringen; der Kunde ist der Ansicht, dass er einen Haarschnitt braucht. Er geht zum Friseur und unterwirft sich physischen Anforderungen (im Friseurstuhl sitzen, stillhalten). Der Friseur benutzt die Schere und andere Gerätschaften und bekommt nach getaner Arbeit sein Geld, womit das Geschäft abgeschlossen ist.

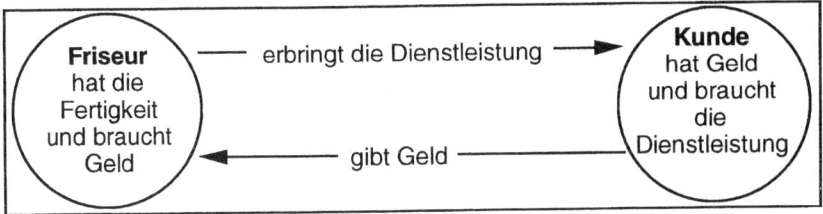

Abb. 71: Vertragsabschluss: Kunde - Friseur

Auch in diesem Fall ist ein echtes Gleichgewicht der vertraglichen Vereinbarung zustande gekommen, ein gegenseitiger Gewinn erzielt worden: Der Friseur konnte seine Kunst beweisen, der Kunde hat ein gepflegteres Äußeres. Einher gehen beim Friseur Freude über sein gelungenes Werk, evtl. Prestigegewinn; beim Kunden möglicherweise ein gehobenes Selbstwertgefühl.

Beispiel 3:

In diesem Fall ist der 'Kunde' ein Patient, der eigentlich nicht ganz sicher weiß, was er will oder was er bekommt. Daher muss der Arzt schon im Vorhinein seine Qualifikation (medizinische Ausbildung), seine Autorität (staatlich geprüft), seine gute Vorbereitung (geistiges und materielles Rüstzeug und Praxis) ausweisen und seine Bereitschaft (Sprechstunden) signalisieren, seine Dienstleistung jedem erbringen zu wollen, der sich "krank" fühlt. Wenn ein kranker Mensch weiß, wo der Arzt zu finden ist, sucht er ihn auf und legt ihm sein Problem vor. Dies ist ein erster, versuchsweiser Schritt vertraglicher Annäherung. Der Arzt bekundet Aufmerksamkeit und trifft eine Entscheidung, ob er - berechtigterweise - die Verantwortung übernehmen kann, eine medizinische Hilfeleistung zu erbringen. Verneint er dies, ist kein Vertrag zustande gekommen. Es handelte sich lediglich um eine Legitimationsprüfung. Anderenfalls hat der Arzt "den Fall" übernommen, entsprechend seinem Eid, dem Kranken nach bestem Wissen und Gewissen zu helfen.

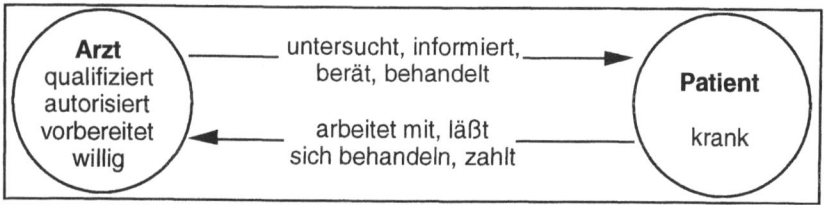

Abb. 72: Vertragsabschluss: Patient - Arzt

Er kann dazu übergehen, die Krankengeschichte zu ermitteln, verschiedene Untersuchungen anzustellen usw. Alles macht der Patient bereitwillig mit, antwortet auf Fragen und unterzieht sich der Prozedur. Sobald sich der Patient weigern würde, würde der Vertrag automatisch beendet (mit Ausnahme in der Pädiatrie und Psychiatrie). Ansonsten kommt der Arzt zu einem Ergebnis, teilt dies dem Patienten mit und bespricht mit ihm die Möglichkeiten medizinischer Hilfeleistung, evtl. auch die Inanspruchnahme eines weiteren Arztes, eines Spezialisten. So kann der Vertrag beibehalten oder auch, nachdem ein Rat erteilt ist, beendet werden.

Es wird deutlich, dass der Vertrag Arzt <—> Patient nicht nur zur Symptombeseitigung gedacht ist, eine Aufgabe, die der Arzt - wenn er überweist - womöglich gar nicht wahrnimmt. Vielmehr 'kauft' der Patient ein 'Paket von Leistungen' wie Untersuchungsbefund, Anteile aus dem Wissen und der Erfahrung des Arztes, bestimmte Anwendungen usw. Erst wenn der Behandlungsplan akzeptiert, die Behandlung vorgenommen wird, bezahlt der Patient auch für die erhaltenen Dienstleistungen. Möglicherweise tritt aber auch nach der Behandlung keine Linderung von Schmerzen ein, und der Patient ist unzufrieden über die Vertragsleistung. Er kann den Vertrag beenden oder aber verlängern, weil er hofft, dass der Arzt doch noch eine Lösung findet.

So kann das Unbefriedigende und Unvollkommene manchmal als die Grundlage für den Fortbestand eines Vertrages angesehen werden. Es könnte sich hier ein Ungleichgewicht für die Vertragspartner ergeben, vielleicht sogar eine Umkehrung: Der Arzt hat einen Lerngewinn durch die Behandlung der Krankheit und das Ausprobieren von Medikamenten; der Patient hat überhaupt keinen Gewinn im Sinne der Linderung des Leidens, vielleicht aber einen Gewinn an nicht greifbaren Faktoren wie Aufmerksamkeit, Rat, Mühe usw. Vielleicht empfindet er aber auch den Zeitaufwand und die aufgewendete Mühe als 'nutzlos' und ärgert sich.

Die bisherigen Überlegungen zum Vertragsabschluss lassen deutlich werden:

1. In Kaufverträgen handelt es sich um Waren, Dienstleistungen oder –>Rat bzw. –>Beratung. Gewöhnlich sind die *Beziehungen* von untergeordneter Bedeutung oder man räumt ihnen nicht die angemessene Beachtung ein. Bei dem Vertrag über eine Heilpädagogische Erziehungshilfe und Entwicklungsförderung (HpE) und die vereinbarte Art der heilpädagogischen Begleitung, ist die *Beziehung* jedoch ein *wesentlicher Faktor*. Sie ist als gelungene Kontaktaufnahme die Grundvoraussetzung jeder weiteren vertraglichen Vereinbarung und deren Folgen.

2. Gewöhnlich kann man den Zeitfaktor in Verträgen bestimmen. Je nachdem ist dies in der HpE nur schwer möglich. Beim Apfelkauf, einer medizinischen Bestrahlung oder beim Rat eines Rechtsanwaltes ist nach Erfüllung des 'Bedürfnisses' der Vertrag rechtsgültig vollzogen. Das *Ziel einer HpE ist jedoch ein Entwicklungsprozess mit Wendung zum besseren seelischen Wachstum, zur Reife, der Fähigkeit zur Selbsterziehung und Annahme von Fremderziehung, des gewandelten Umgangs mit Menschen, Situationen und Dingen.*

Entwicklung ist aber ein Prozess mit *offenem* Ende, denn es gibt keinen vorher bestimmbaren Zustand, wann ein Mensch *seine* Vollendung, *seine* letztgültige Reife erreicht haben mag. Zwar sind Annäherungswerte möglich, wenn man an entwicklungspsychologische Phasen im menschlichen Leben denkt, in denen bestimmte Krisen zu bewältigen sind. Ob aber der Lernprozess in einer heilpädagogischen Begleitung zur Bewältigung einer Krise ausreicht, um eine Erfahrung ohne Ende, nämlich das Leben, so lange es währt zu bestehen, ist eher anzuzweifeln.

Insofern ist die Auflösung des Vertrages dann angebracht, wenn die Eltern, der Jugendliche, das Kind sich entschließen oder in der Lage sind, allein fertig zu werden, bzw. wenn die Heilpädagogin in Erkenntnis eines Entwicklungsfortschritts und gewachsener Ich-Stärke des Kindes oder Jugendlichen diesen Schritt nahelegt. Aber selbst dann ist und bleibt diese Entscheidung nichts anderes als ein neues Wagnis, ein Risiko.

3. Häufig sind vertragliche Vereinbarungen auf zwei Parteien beschränkt. In einer heilpädagogisch-vertraglichen Beziehung sind meistens andere Parteien mitbeteiligt: Eltern, Verwandte, Nachbarn, andere Fachleute mit ihrer partiellen Eigenverantwortlichkeit.

Im Mittelpunkt heilpädagogischen Denkens und Handelns *steht der Mensch als Subjekt in seinen existenziellen und dialogischen Bezügen, in seinen Beziehungen und Erziehungsverhältnissen:* WER ist er in seiner existenziellen und subjektiven Befindlichkeit?

So besteht auch das 'Geschäft' zwischen der Heilpädagogin und ihren Vertragspartnern im Wesentlichen aus der Diagnose, Begleitung und Beratung von *Beziehungen,* bei denen es sich zumeist um *gestörte Erziehungsverhältnisse* handelt. Erst in diesem Kontext gewinnt die *Beeinträchtigung, die Störung, die Behinderung* des Kindes oder Jugendlichen ihren beachtenswerten Stellenwert und ihre spezifische Relevanz für den Prozess der HpE.

Im Folgenden (–>Abb. 73) wird sichtbar, dass die Heilpädagogin deshalb sowohl eine Beziehung zu den Eltern bzw. den verantwortlichen Erziehungspersonen als Auftraggeber, als auch zum Kind bzw. Jugendlichen als 'Nutznießer' des Vertrages auf unterschiedlichen Ebenen gestalten wird. In der heilpädagogischen –>Begleitung des Kindes und der –>Beratung der Eltern wird die ursprüngliche *Beziehung* zwischen Eltern <—> Kind/Jugendlichen reflektiert, die wiederum die je neu entstehenden Beziehungsqualitäten zur Heilpädagogin positiv oder negativ beeinflusst.

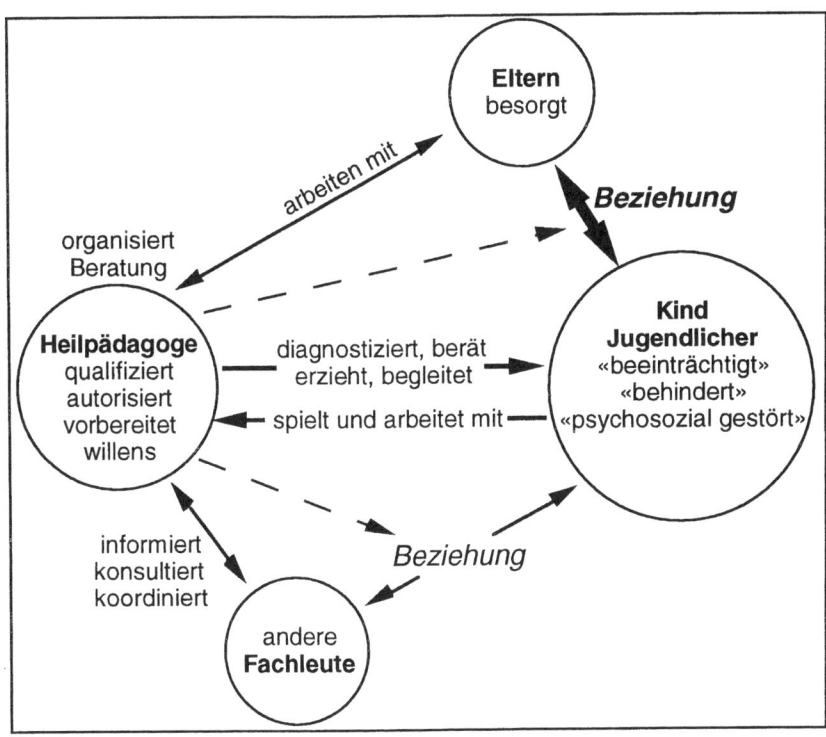

Abb. 73: Heilpädagogischer Vertrag als Verpflichtung zur *Beziehungsgestaltung*

Die Heilpädagogin steht aber in einer vertraglichen Verpflichtung zu beiden Parteien: Zum Auftraggeber (Eltern) wie zum Klienten (Kind). Diese Vertragspartnerschaft ist so zu gestalten, dass sich ein verändertes *Beziehungs*verhältnis und daraus ein verändertes *Erziehungs*verhältnis auf neuem Niveau zwischen den Vertragspartnern entwickeln kann. Oft genug muss sich die Heilpädagogin außerdem direkt oder indirekt zusätzlich mit den Beziehungen zu Drittpersonen von Auftraggeber und Klient auseinandersetzen, sie sorgfältig prüfen, in ihrer Auswirkung auf die heilpädagogische Beziehung reflektieren und dementsprechend berücksichtigen (interdisziplinäre Zusammenarbeit –>Auskunft, Information und –>Konsultation).
4. Eine weitere Besonderheit der vertraglich-heilpädagogischen Beziehung besteht darin, dass die Heilpädagogin einerseits die Verantwortung für den Dienstleistungsprozess trägt, die methodischen und

medialen Möglichkeiten zur Begleitung kennt, andererseits aber dem Kind oder Jugendlichen und seinen Eltern und Erzieherpersonen zeigen muss, dass *sie selber* die Letztverantwortlichen für das Gelingen oder Misslingen der Begleitung sind. Einerseits beansprucht die Heilpädagogin das Mandat, Begleiterin und Beraterin im Leben des Kindes, des Jugendlichen und seiner Eltern zu werden, also aktiv teilzunehmen und einzugreifen; andererseits muss sie gerade dann, wenn dies vielleicht am meisten von einer der Parteien (z.B. den Eltern) gewünscht wird, einen solchen 'Eingriff' verweigern und statt dessen bemüht sein, etwas geschehen zu 'lassen'. Insofern ist die Balance der Spannung zwischen Einmischung und Enthaltsamkeit auf verschiedenen Ebenen in der Heilpädagogischen Erziehungshilfe und Entwicklungsförderung (HpE) von großer Bedeutung.

5. Bei gewöhnlichen vertraglichen Vereinbarungen 'weiß' der Kunde, was er kauft, er hat zumindest eine Vorstellung davon. In der heilpädagogisch-vertraglichen Beziehung 'glaubt' man zu wissen und weiß letztendlich nichts.

Das Bedürfnis, zu 'wissen', das die Eltern und Bezugspersonen berechtigterweise hegen, muss manchmal - um einer gelungenen Fortführung der Begleitung willen - vorerst ungestillt bleiben, bis eine - oftmals mühsam geförderte - *Selbsterkenntnis* einsetzt. Der Versuch, das Vorgehen, die Methoden und Mittel zu beschreiben, die die Heilpädagogin einsetzt, erntet nicht selten Missachtung, Unbehagen, Widerstand bzw. Abwehr oder Spott und Unverständnis, gepaart mit magischen Vorstellungen über 'geheimnisvolle' Geschehnisse im Zusammenhang mit malen, spielen, träumen, erzählen, imaginieren und reflektieren. Statt dessen wird dem Üben im funktionalen Sinne - weil augenscheinlich und 'handgreiflich' nachvollziehbar - eine höhere Bedeutung beigemessen.

Insofern besteht beim Vertragsabschluss für die Heilpädagogin die Schwierigkeit, der anderen Partei in je unterschiedlicher und je angemessener Weise, den Eltern anders als dem Kind oder Jugendlichen zu verdeutlichen, was die Heilpädagogin anzubieten hat. Einerseits soll und muss die Heilpädagogin wahrhaftig und aufrichtig sein; andererseits trägt sie die Verantwortung dafür, wieviel Wahrheit und

Aufrichtigkeit zu welchem Zeitpunkt wem gegenüber hilfreich ist. Die Heilpädagogin muss also in ihrem Versprechen, etwas 'zu bieten' vorsichtig sein: Sie kann und darf nichts versprechen, was falsche Hoffnungen weckt oder als Ablenkungsmanöver gedacht ist. Sie kann sich nur bemühen zu verdeutlichen, dass sie selbst als Person mit verschiedenen heilpädagogisch relevanten Methoden versuchen wird, unter Berücksichtigung der bestehenden Beziehungen *neue Beziehungen mit allen Beteiligten zu gestalten* und so eine Hilfe zu leisten, die anderen bereits geholfen hat, die jedoch nur dann hilfreich ist, wenn alle Beteiligten selbst 'mit-helfen'. So 'weiß' weder die Heilpädagogin als Vertragspartei noch wissen die Betroffenen als Vertragspartei, wie sich die Veränderung von Beziehungen auswirken wird; sie alle leben jedoch in der Hoffnung und Erwartung, dass 'etwas' geschieht. Manchmal hat eine Vertragspartei (unbewusst!) allerdings die Hoffnung, dass eben dies - die Um- und Neugestaltung von Beziehungen - gerade nicht geschieht, und hält daher ängstlich am Bestehen der derzeitigen Familienhomöostase fest. Um so sorgfältiger muss die Heilpädagogin mit dieser krankmachenden (und kränkenden) Doppelbindungs-Beziehung: „Tu etwas! (aber lass es bleiben!)" umgehen; denn wahrscheinlich ist gerade dies die Ursache der Störung.

• Wie wird die vertragliche Absprache getroffen?

In der Praxis der HpE ist die Vertragsabsprache ein integraler, immer wieder neu zu tätigender Bestandteil. Dies mag insofern paradox erscheinen, als zu Beginn der HpE die eigentliche Begleitung im engeren Sinne noch gar nicht begonnen hat und die *Vertragsabsprache eine Voraussetzung für den Beginn der heilpädagogischen Diagnostik (–>Befunderhebung) ist.* Jedoch gehören die vorausgegangenen Elemente der HpE: –>Legitimationsprüfung, –>Kontaktaufnahme, –> Erstgespräch, –>Vermutungsdiagnose einschließlich der Vertragsabsprache bereits insofern zum Begleitungsprozess, als die einleitende Kontaktaufnahme und Beziehungsgestaltung bereits therapeutische Anteile hat, die für das Zustandekommen des Vertrages und das mögliche Gelingen der Begleitung eine wesentliche Voraussetzung

sind. Die bisher geleistete Exploration des Kindes oder Jugendlichen und deren Eltern und Erzieherpersonen ist bereits ein befähigender Prozess, der *mit* den beteiligten Vertragsparteien durch die Hilfe der Heilpädagogin zustande kommen und gelingen oder misslingen kann. Dieser Prozess bietet nicht nur diagnostischen Zugang zu der Beeinträchtigung des Klienten, sondern ermöglicht auch ein besseres menschliches Verständnis und in diesem Kontext auch ein besseres Problemverständnis, wobei die *Beziehungen zwischen den Vertragsparteien zum Prüfstein für die weitere Begleitung wird.*
Da meist die Eltern die rechtlichen Vertragspartner für die Heilpädagogin sind, muss sie in ihrem Ausdruck des 'Bittens um Hilfe' ihre Gefühle und veränderlichen Empfindungen akzeptieren durch die Art und Weise, wie sie das Gespräch auf das Herausfinden der wirklichen Schwierigkeiten lenkt und das Formulieren des vertraglichen Anspruchs stellvertretend übernimmt, falls es dem Gegenüber nicht gelingt. Sie muss dabei acht geben, ihr Wissen und ihre überlegene Position nicht rücksichtslos in die Waagschale zu werfen und die Partner zu überrumpeln. Ebensowenig darf sie ihr Gegenüber in seiner Hilflosigkeit 'zappeln lassen' und dadurch quälen, dass sie dazu nötigt, angst- oder schambesetztes jetzt schon in Worte zu fassen. Vielmehr wird die Heilpädagogin 'Unaussprechliches' in annehmbare Worte kleiden und 'Ungesagtes' verständnisvoll formulieren. Solche Gesprächsführung mildert die Furcht, da die wahre Natur der Schwierigkeiten dem Gesprächspartner in einem anfangs verkraftbaren Maß (vor-)bewusst werden kann und er sich verstanden und dadurch angenommen und ernstgenommen fühlt. Die Heilpädagogin macht sich so die verfügbaren Aussagen und dahinter liegenden Gefühle des Gegenüber zunutze und hilft diesem dadurch, dem Problem möglichst realistisch und immer offener und freier gegenüberzutreten. In einer solchen vertraglichen Beziehungsgestaltung wird Sinn und Bedeutung der Problematik *versuchsweise* bestimmt. Wenn die Eltern, das Kind, der Jugendliche um das bitten, was sie *wirklich brauchen,* sind sie fähig, ihr Bedürfnis zu begründen. War dies bisher nicht möglich, so kommt es in der Vertragsabsprache allmählich dazu, die Komplexität des Geschehens, z.B. einer Symptomatik und

die eigene Mitbeteiligung daran, ansatzweise zu erkennen. Hierbei ist die Heilpädagogin sehr bemüht, keine Schuldzuweisungen zu machen oder Schuldgefühle zu wecken. Oft genug haben ratsuchende Eltern das Gefühl, "alles falsch gemacht zu haben"; auch das Kind, der Jugendliche fühlen sich "schuldig". Sie sagen: "Ich bin nicht lieb gewesen, meine Mama hat geweint"; oder "Ich hasse meinen Alten, aber der kann ja selber nichts dafür" (= unausgesprochen: „Deshalb habe ich mich stellvertretend schuldig gemacht, denn wie kann man einen "Unzurechnungsfähigen" verantwortlich machen?")

Dementsprechend wird die Entscheidung, Hilfe im Rahmen einer HpE anzunehmen, erst allmählich reifen. Auch die Eltern, das Kind, der Jugendliche können in dem so geleiteten Prozess wenigstens annähernd die Arbeitsweise der Heilpädagogin anfänglich kennenlernen, vor allem aber sie selbst als Mensch und Fachfrau: Als jemanden, die sich persönlich vorgestellt, 'vor das Du hin gestellt' hat in ihrem Bemühen, das Gegenüber zu achten und dessen Gefühle zu akzeptieren; als eine, die erläutert, was sie und die Einrichtung zu bieten haben; als eine, die den Anspruch auf aktive Mitarbeit stellt.

Auf dem Hintergrund des so gestalteten *heilpädagogischen Dialoges* können die beteiligten Personen doch insofern beruhigt sein, als sie die Erfahrung der Annahme und des Verständnisses machen durften. Der weiteren Sicherheit, als Grundlage für den Beginn der heilpädagogischen –>Befunderhebung (–>Diagnostik, –>Hypothetische Diagnose) dienen die Absprachen über praktische Einzelheiten:

- Art und Umfang der nächsten Schritte zu konkreter Hilfe;
- Teilnehmer der nächsten Treffen;
- Zeitpunkt und Dauer der nächsten Treffen;
- Begegnungsort;
- anfallende Kosten (materieller oder ideeller Art).

- • **Welche Ziele und Rahmenbedingungen sind beim Vertragsabschluss zu beachten?**

Ziel der Vertragsabsprache ist es, auf dem Hintergrund der *Vermutungsdiagnose...*

- das Erleben und die Erfahrung der anfänglichen Beziehungsgestaltung in den bisherigen Kontakten für die zukünftige Hilfeleistung im Rahmen der HpE durch Anleitung zur Reflexion in angemessener Weise bewusst und damit nutzbar zu machen;
- eine emotionale und sachliche Übereinkunft der beteiligten Parteien
über den Rahmen des weiteren Vorgehens zu erzielen;
- anstehende Kosten materieller und ideeller Art sowie die beiderseitigen Rechte und Pflichten als Voraussetzung für die Einhaltung der
Vertragsvereinbarungen festzulegen.
Um dieses Ziel erreichen zu können ist es notwendig, dass sich die
Heilpädagogin über die Zusammenarbeit mit den betreffenden Vertragsparteien folgende Gedanken macht.

a) Überlegungen zum Vertragsabschluss der HpE
*1. Welche Einstellungen haben die Beteiligten zur Durchführung der
Heilpädagogischen Erziehungshilfe und Entwicklungsförderung?*
1.1 Werden seitens des Kindes, des Jugendlichen oder seitens der beteiligten Erzieherpersonen Fragen, Einwände, Unsicherheiten gegenüber der Durchführung der Befunderhebung bzw. Begleitung, dem
Heilpädagogen oder der Einrichtung geäußert, die das normale Informationsbedürfnis übersteigen?
1.2 Kann angenommen werden, dass die Erzieherpersonen und das
Kind, der Jugendliche, eine endgültige Entscheidung getroffen haben,
sich tiefer in eine Heilpädagogische Maßnahme einzulassen und sie in
der vereinbarten Art und Weise durchzuführen?
Welche Eindrücke bestätigen diese Annahme, welche lassen eine hinlänglich positive Einstellung vermissen? Ist Leidensdruck vorhanden
und wie äußert sich dieser bei den beteiligten Parteien? Wie kann
damit umgegangen werden?
*2. Welche Vereinbarungen wurden über Diagnose-, Begleitungs- und
Beratungsstunden getroffen?*
2.1 Wieviele Diagnose-, Begleitungs-, bzw. Beratungsstunden finden
pro Woche statt? Ist der Zeitfaktor so kalkuliert, dass dem Kind, dem
Jugendlichen und dessen Eltern bzw. Erzieherpersonen sowie der

Heilpädagogin und deren Kollegen die Möglichkeit zur Vorbereitung, Durchführung und Auswertung der Stunden gegeben ist?

2.2 Kann bzw. soll das Kind, der Jugendliche allein zur Stunde kommen? Welche Gründe sprechen dafür bzw. dagegen? Wie kann erreicht werden, dass sowohl das Kind, der Jugendliche, wie auch die Eltern, die Erziehungspersonen, für die Zeit der Arbeit mit dem Klienten angemessen in Anspruch genommen werden bzw. ihre Zeit nutzen können?

2.3 Sind die räumlichen Bedingungen und die äußeren Umstände so beschaffen, dass eine ungestörte Diagnose- bzw. Begleitungs- oder Beratungssituation ermöglicht und für die Wartenden ein angemessener Aufenthaltsort gegeben ist?

2.4 Welche Art von materiellem oder ideellem Kostenaufwand wurde vereinbart? Sind die anfallenden Kosten für die Diagnostik bzw. Begleitung so kalkuliert, dass sie von allen Beteiligten getragen und im Sinne der Vereinbarung eingehalten werden können?

3. Kann die Befunderhebung, Begleitung, Beratung wie vereinbart durchgeführt werden?

3.1 Kommen das Kind, der Jugendliche und die Eltern bzw. Erzieherpersonen regelmäßig oder unregelmäßig zur Einrichtung? Welche Gründe für dieses Verhalten sind bekannt oder werden vermutet bzw. von den Beteiligten benannt? Wie sind diese zu interpretieren?

3.2 Werden die Vereinbarungen zur Mitarbeit im Sinne der –> Kosten eingehalten oder nicht? Welche Gründe werden genannt oder vermutet? Wie sind sie zu interpretieren?

3.3 Inwieweit wird die Befunderhebung, Begleitung, Beratung durch die nicht eingehaltenen Vereinbarungen beeinträchtigt bzw. in Frage gestellt? Handelt es sich bei dem Kind, Jugendlichen oder deren Bezugspersonen um Abwehr oder Widerstand im psychischen Sinne oder um Gleichgültigkeit, Unlust, Unzuverlässigkeit im erzieherischen Sinne? Wie kann mit beiden Möglichkeiten umgegangen werden?

3.4 Wie reagieren das Kind, der Jugendliche und die erziehungsberechtigten Bezugspersonen auf unvermeidliche Änderungen, z.B. Wechsel des Begleitungszimmers; Änderung der Zeiten für die Stunden; anderes Spielmaterial; die Erscheinung oder den Familienstand, das Alter oder Geschlecht der Heilpädagogin? (z.B. auf Verlobungs- oder Ehering, Schwangerschaft, Verletzung, Kleidungswechsel, Schmuck, Frisur usw.?)

3.5 Wie reagieren das Kind, der Jugendliche vor, während und nach Unterbrechungen der Diagnostik oder Begleitung, z.B. durch Wochenende, Feiertage, Urlaub, Ferien, Versäumnisse usw.? Handelt es sich um antizipatorische Reaktionen von Ärger, Widerstand, Ausdruck einer Phantasie oder eines Gefühls?

3.6 Wann und aus welchem Grund findet ein Wechsel der Heilpädagogin statt? Wer wird für die Elternberatung evtl. als weiterer Kollege hinzugezogen? Welchen Punkt hatte die Befunderhebung bzw. Begleitung erreicht? Wie wurde der Wechsel, die Mitarbeit vorbereitet? Wie reagieren das Kind der Jugendliche und die Bezugspersonen auf den erwarteten oder vollzogenen Wechsel, bzw. die Mitarbeit anderer z.B. in einer Gruppe?

Diese Fragestellungen verdeutlichen, dass das *Gesamtgeschehen der HpE* nicht nur als formaler Ablauf gesehen und die Vertragsabsprache als ein sachlich, rechtlich und intellektuell zu vollziehender Akt gewertet werden darf, sondern im Wesentlichen vom *Erleben und Verhalten auf der Beziehungsebene* her reflektiert und interpretiert werden muss. Wenn die Heilpädagogin hier leichtfertig oder oberflächlich verfährt, kann dies zu einem späteren Zeitpunkt weitreichende Konsequenzen für das Gelingen der Begleitung haben und unter bestimmten Umständen sogar zur 'Kündigung' bzw. zum 'Vertragsabbruch' führen.

b) Der Vertragsabschluss mit dem Kind bzw. Jugendlichen

Das Kind, der Jugendliche werden von der Heilpädagogin, entsprechend ihren Fähigkeiten bzw. nach ihren Möglichkeiten, aufgrund einer Beeinträchtigung, Behinderung oder Sozialauffälligkeit in die Vertragsabsprache eingebunden. Sie sollen erfahren, dass die Eltern zwar für sie die Verantwortung tragen und von daher der Verpflichtung nachgekommen sind, sich um Hilfe an die Heilpädagogin zu wenden, dass es aber letztlich auf die *Beziehung zwischen*

Kind/Jugendlichem und Heilpädagogen ankommt, ob und wie etwas gelingen kann.
Folgender Vorschlag zur Vertragsgestaltung (nach WINTGEN 1998) enthält wesentliche Regeln, die beachtet werden und mit dem Kind entsprechend verhandelt werden sollten:

Vertrag zwischen Kind/Jugendlichem und Heilpädagogin

* ___(Kind) und ___(Frau/Herr/[Hp]): Wir treffen uns jede Woche am ___(Wochentag) zur heilpädagogischen Stunde.

* Die heilpädagogische Stunde fängt pünktlich um___Uhr an und hört pünktlich um ___Uhr auf.

* Wir bleiben in unserem Raum. Wichtige Dinge werden draußen vorher oder nachher erledigt.

* Wenn ___(Kind) oder ___(Heilpädagoge) aus wichtigen Gründen nicht kommen können, sagen wir uns vorher rechtzeitig Bescheid.

* ___(Kind) darf die Stunde so gestalten, wie sie/er möchte, so lange es hilft, ihre/seine Probleme zu lösen.

* In die Stunde wird nichts mit hereingebracht und nichts mit hinausgenommen. Alle gemalten Bilder und Bastelarbeiten bleiben im Raum.

* Es wird auch nichts aus der heilpädagogischen Stunde weitererzählt (Dies evtl. verschärft oder eingeschränkt formulieren); bzw.: Niemand erfährt etwas darüber, was ___(Kind) und ___(Hp) miteinander in den Stunden erzählen, spielen oder malen. Wenn die Eltern mit Hp sprechen wollen, dann überlegen ___(Kind) und ___(Hp) vorher, was wir den Eltern sagen wollen.

* Im Raum haben alle Dinge ihren festen Platz. Deswegen wird am Ende der Stunde wieder alles dorthin zurückgebracht.

* ___(Kind) und ___(Hp) tun sich gegenseitig nicht weh. Es werden auch keine Sachen zerstört. Wenn etwas kaputt geht, wird es repariert oder ersetzt.

* Dieser Vertrag gilt zunächst einmal für ___Stunden (bzw. kindgemäßen Zeitabschnitt benennen). Nach dieser Zeit überlegen ___(Kind) und ___(Hp) wieviele weitere Stunden ___(Kind) noch braucht, um seine/ihre Probleme zu klären.

* ....
   Unterschrift Kind   Unterschrift Heilpädagogin

Abb. 74: Vertrag zwischen Kind/Jugendlichem und Heilpädagogin für die heilpädagogische Begleitung (nach Wintgen 1998)

Diese Regeln werden für die –>Begleitung real oder symbolisch, schriftlich oder mündlich, spielerisch oder formal, gleich zu Beginn oder erst im weiteren Verlauf der Beziehungsgestaltung vereinbart. Sie verdeutlichen die Wichtigkeit und Ernsthaftigkeit des gemeinsamen Tuns und zeigen dem Kind, dem Jugendlichen, dass sie angemessen an der gemeinsamen Verantwortung für ihr Leben beteiligt sind. Die Regeln zeigen dem Kind bzw. Jugendlichen, dass die Chance menschlichen Lebens im Erringen der *Freiheit in Bindung und Verantwortung* besteht, nämlich *freiwillig das zu tun, was getan werden muss, um immer mehr Mensch zu werden und sich des Lebens freuen zu können,* ohne unter Schwierigkeiten übermäßig und unangemessen leiden oder Mittel und Wege ersinnen und beschreiten zu müssen, die einem selbst und anderen das Leben unnötig schwer machen oder gar schaden.

- **Zusammenfassung**

Der Vertrag im Rahmen der HpE ist eine rechtsgültige Abmachung zwischen den Eltern bzw. erziehungsberechtigten Bezugspersonen, dem Kind/Jugendlichen sowie der Heilpädagogin und ihrer Institution, bei der die Rechtsfolge durch übereinstimmende Willenserklärungen herbeigeführt wird. Vor einer vertraglichen Vereinbarung über die Durchführung einer HpE sollte die Heilpädagogin die –> Legitimationsprüfung vollzogen haben und sich durch die –>Kontaktaufnahme sowie das –> Erstgespräch über die inhaltliche Ausgestaltung der vertraglichen Vereinbarungen im Klaren sein. Sie sollte ihre eigenen Auffassungen und Überlegungen im –> Teamgespräch vorgestellt und ihre vorläufige diagnostische Annahme formuliert haben. Tragendes Element für eine gelungene Vertragsabsprache ist die vertrauensvolle Beziehung zwischen den Vertragsparteien. Ist diese geschaffen, werden Art und Umfang der nächsten Schritte zu konkreter Hilfe besprochen, z.B. Zeitpunkt und Dauer des nächsten Treffens usw. Neben der Vertragsabsprache mit den Eltern bzw. den erziehungsberechtigten Bezugspersonen wird ebenfalls ein Vertrag mit dem Kind bzw. Jugendlichen in je altersentsprechend angemessener Form ausgehandelt, der neben formalen Bedingungen die wesentlichen Regeln für das heilpädagogisch-fördernde Prozessgeschehen in der Begleitung beinhaltet.

Begriffsbestimmung:

Ziele der Heilpädagogischen Erziehungshilfe und Entwicklungsförderung (HpE) sind Schritte auf dem Weg zur Erreichung menschlicher Lebensziele. Allgemeine Erziehungsziele sind in der Heilpädagogik identisch mit allgemeinen Erziehungszielen der Pädagogik überhaupt. Spezielle Erziehungsziele sind in der Heilpädagogik hergeleitet aus einem heilpädagogischen Menschenbild, das in besonderer Weise die Bedürftigkeit des beeinträchtigten, behinderten, entwicklungsgestörten oder sozialauffälligen Menschen berücksichtigt. Aus der Sicht heilpädagogischer Anthropologie unterscheidet sich der beeinträchtigte oder behinderte Mensch aber nicht vom sogenannten 'gesunden' oder 'normalen' Menschen: Der Mensch ist Mensch und bleibt Mensch, auch wenn er unter erschwerenden Bedingungen lebt. Insofern sind Ziele der HpE aus der Bedürftigkeit des beeinträchtigten und behinderten Menschen heraus so zu entwickeln, dass es mit ihrem Erreichen dem beeinträchtigten oder behinderten Menschen durch Beseitigung des Mangels mehr als bisher gelingen kann, die jedem Menschen aufgegebenen Entwicklungsaufgaben für sein Menschsein (wieder) leisten zu können, um zu einem sinnerfüllten Leben zu gelangen.

In diesem Übersichtsartikel werden folgende Themen angesprochen:

- Über die Eigenart des Menschen und seine besondere Stellung in der Welt 803
- Heilpädagogische Zielfindung aus anthropologischer und ethischer Sicht 804
- Spezifika heilpädagogischer Zielfindung 808
  1. Offenheit und Flexibilität 808
  2. "Heilpädagogische Bedürftigkeit" als Ausgangspunkt 811
  3. Entwicklungsaufgaben als Orientierungsrahmen 820
  4. Der "innere Halt" als grundlegendes Ziel 827
- Allgemeine und spezielle heilpädagogische Ziele 836
- Diagnosenstellung und Zielfindung im Hinblick auf die „Befindlichkeit" des Menschen 848
- Zusammenfassung 853

• Über die Eigenart des Menschen und seine besondere Stellung in der Welt

Wenn die Heilpädagogin im Rahmen einer Heilpädagogischen Erziehungshilfe und Entwicklungsförderung (HpE) Ziele entwickeln will, wird sie *den Menschen* in seiner Natur und Stellung in der Welt *beachten* und damit sich selbst und ihr Gegenüber auch in den Beeinträchtigungen, Behinderungen, Bedürfnissen und Lebensaufgaben *achten.* Dies kann verhindern helfen, ihre Aufmerksamkeit kurzschlüssig einer wie auch immer gearteten 'Behinderung' oder 'Symptomatik' zuzuwenden und technisch-funktional zu agieren. Um heilpädagogisch *handeln* zu können, wird sie charakteristische Merkmale des Menschen erinnern, wie sie im Kapitel –>Grundlagen (im Abschnitt „Entwicklung", S. 34 ff.) ausführlicher vorgestellt wurden. Aus dieser Wesensart des Menschen ergibt sich die Notwendigkeit zur Zielfindung aus anthropologischer und ethischer Sicht.

- **Heilpädagogische Zielfindung aus anthropologischer und ethischer Sicht**

Anthropologisch, d.h. aus dieser Eigenart und Wesenheit des Menschen, lässt sich folgern:
Weil der Mensch so geartet ist, *darum* ist es ihm aufgegeben, seine menschlichen Qualitäten immer weiter zu entwickeln, zu vertiefen und an folgende Generationen zu übermitteln. (= Legitimation und Auftrag für die *Erziehung* als Fremd- und Selbsterziehung des Menschen im Sinne eines anthropologisch-schöpferischen Prozesses.)

Pädagogisch, d.h. immer auch *heil*-pädagogisch gesehen (= Heilpädagogik ist *Erziehung* unter erschwerenden Bedingungen) bedarf es für den Erziehungs- und Förderprozess und damit für die Entwicklung allgemeiner und spezieller Erziehungs- und Förderziele einer Orientierung, eines Wertmaßstabes, den die *Ethik* zu leisten hat: Sie hat für die Ziele des erzieherisch-fördernden, d.h. heilpädagogischen Handelns aufzukommen, denn allen Zielvorstellungen liegen mehr oder weniger implizite oder explizite Werte- und Normenvorstellungen zugrunde. Da diese nicht übereinstimmend sind und historischem Wandel unterliegen, bedarf es einer umfassenden rationalen Auseinandersetzung verschiedener pädagogischer und therapeutischer Theorien, um eine *maßgebliche* Antwort darauf zu finden, *woran* sich Heilpädagogik ausrichten soll, *welche* Aufgaben sie konkret zu erfüllen hat und *woraufhin* heute zu erziehen ist. Die Antworten auf die Zielfragen hätten gleichermaßen für alle zu erziehenden Menschen in einer bestimmten Kultur oder Gesellschaft(s)gruppe Gültigkeit zu haben, seien sie krank oder gesund, normal entwickelt oder entwicklungsgestört, beeinträchtigt oder behindert. Sie wären zugleich Bewertungsmaßstäbe für Selbst- wie für Fremderziehung, hätten also sowohl für die Heilpädagogin als auch für die ihr anvertrauten Menschen in je angemessener Weise gleichermaßen Gültigkeit.

Ethisch gesehen bedeutet dies: Der Mensch ist ein zur Selbsterziehung und Selbstbestimmung (Autonomie) berufenes Wesen, denn nur aus einer solchen 'Selbständigkeit' heraus kann er überhaupt ethisch, d.h. (selbst-)verantwortlich handeln. Sein Handeln wird aber durch die realen Lebensbedingungen, d.h. durch andere Menschen und Sachnormen mitbestimmt. Kein Mensch ist eine Insel, er kann sich immer nur als intersubjektiv, d.h. in Beziehungen lebend, begreifen und seine Autonomie wird von der Realität "in die Pflicht genommen" (BÖCKLE 1981, 37 ff.) Was (heil-)pädagogisch wichtig sein *soll,* d.h. welche Ziele angestrebt werden sollen, wird begrenzt durch die Abhängigkeit des Menschen - nicht nur des behinderten oder beeinträchtigten Menschen, es sei denn, ein jeder rechnet sich selbst auch dazu - von der ihn umgebenden Lebens-, Seins- und Überlebensordnung, die er nur dann im tieferen Sinn erkennen kann, wenn er sich zur Begrenzung seiner Bedürfnisse, d.h. zu seiner Unvollkommenheit, Beschränktheit und Abhängigkeit bekennt. Die Einsicht des Menschen in sein *Angewiesensein auf das Du* ist letztlich die Anerkennung einer für jeden einzelnen Menschen geltenden transzendierenden (= über ihn selbst hinausweisenden) sittlichen Ordnung, in der sittliche Werte als *verpflichtend aufgegeben sind.* Dies bedeutet: "Sittlich handeln heißt verantwortlich handeln". (BÖCKLE ebd. 64) "Das Wesen der Verantwortung besteht aus der Hinordnung freien Handelns auf das Wohl der durch dieses Handeln betroffenen Personen, so daß der Grund der Verantwortung die der Würde der Personen geschuldete Achtung ist." (MOLINSKI in SCHREY 1977, 98) So ist Verantwortung 'Ausdruck dialogischer Existenz'. Verpflichtung füreinander ist immer, insbesondere aber angesichts der Zu-

kunftsbedrohung des Menschen durch ihn selbst, geboten. Im zwischenmenschlichen Bereich ist Verantwortung
"die als Pflicht anerkannte Sorge um ein anderes Sein, die bei Bedrohung seiner Verletzlichkeit zur Besorgnis wird..." (SCHREY ebd. 398 ff.)
Nur wenn der Mensch sich darauf einrichtet, daß die innere Gefährdung des Menschen zu seiner Wesenheit gehört, wird es ihm möglich, sich der Forderung nach Gerechtigkeit, Güte und Vernunft zu stellen und damit seiner (heilpädagogischen) Aufgabe für das "Gedeihen der Menschen in unverkümmerter Menschlichkeit" gerecht zu werden. (SCHREY ebd. 398 ff.)
Als Begründung und Legitimationsbasis für zielorientiertes (heil-) pädagogisches Handeln gilt daher:
"Da jede Erziehungspraxis immer schon einen Begriff des Menschen einschließt und jede Erziehungstheorie in ihrem Begriff des Menschen eine Praxis, wie mit diesem Menschen umzugehen sei, vorsieht, bezeichnet jedes pädagogische Konzept vom Menschen unmittelbar zugleich eine bestimmte Gestalt pädagogischen Handelns am Menschen. Es ist die für das pädagogische Verhalten entscheidend maßgebende Kategorie... Jedes pädagogische Konzept vom Menschen ist ein ethisches Konzept, weil für die Pädagogik das Begreifen des zu erziehenden Menschen im Grunde das Erziehen dieses Menschen ist und weil umgekehrt jedes Erziehen ein Begreifen des zu erziehenden Menschen ist. Daraus folgt zwingend, daß der Pädagoge, wenn er sich über die moralische Richtigkeit seines erzieherischen Handelns Rechenschaft gibt, gar nicht anders kann, als sich über sein Konzept des Menschen Rechenschaft zu geben. Die ethische Reflexion des Pädagogen ist somit eo ipso eine anthropologische Reflexion." (LOCH 1971, 113 f.)
Somit ist jede heilpädagogische Zielsetzung, z.B. "ein behindertes Kind soll Farben unterscheiden können" zugleich *sinnzentriert* zu reflektieren. Damit ist die finale Frage angesprochen: Warum/*Wozu* soll ein Kind z.B. Farben unterscheiden können? Warum/*Wozu* soll ein Mensch mit anderen zusammen spielen oder zusammenarbeiten können? Die Antwort müßte lauten: Um ihm eine Ausdehnung seines Erfahrungs-, Erlebens- und Erkenntnishorizontes zu ermöglichen,

damit er sein Leben sinnvoller gestalten kann; nicht, um ihn in einen wie auch immer gearteten Vergleich 'einzunormen' und ihn seines Lebensraumes, seiner Fähigkeiten, seiner Bezugspersonen und damit seines Lebenssinnes zu berauben.[1] Es geht, wie gesagt, nicht darum, eine wie auch immer geartete Norm voranzustellen und Ziele deduktiv von einer solchen Norm abzuleiten. Es gilt vielmehr *der Mensch* selber in seiner dialogischen Bezogenheit zum Heilpädagogen (im pädagogischen Bezug, im pädagogischen Verhältnis einer individualpädagogischen Heilpädagogik) als derjenige, der letztlich durch seine Erwiderung die Ziele mitbestimmt, denn

"hierbei gibt der heilpädagogisch bedürftige Mensch den Weg und das Tempo an". (KLENNER 1979, 93)

Dies bedeutet nicht, dass keine 'Ansprache' und keine spürbare 'Herausforderung' im Sinne einer pädagogischen 'Ziel-Zug-Situation', im Sinne einer 'Pädagogik der günstigen Gelegenheit' erfolgt. Aber die Aufgabe der Heilpädagogin ist es, wo immer möglich, den *Lebensraum* mit dem beeinträchtigten, behinderten, sozialauffälligen Kind

---

[1]Eine alte Frau lebte mit ihrem offensichtlich stark geistig behinderten erwachsenen Sohn in einem abgeschiedenen Alpental. In der Selbstverständlichkeit des alltäglich gelebten Lebens, das nach unseren Maßstäben allerdings "karg" zu nennen wäre, tut sie in immer wiederkehrender Verlässlichkeit was not tut. Behutsam geht die alte Mutter mit ihrem Sohn und seinen Eigenheiten um und eröffnet ihm so einen weiten, individuell möglichen Freiheitsraum des Lebens: Sie toleriert seine Weigerung Kleider zu tragen, begleitet ihn wie ein Baby in den Schlaf, füttert ihn, gibt ihm einfaches Spielzeug. Keine Spur von intentionaler Beeinflussung wird hier sichtbar, nur der sprachlose Dialog zwischen beiden trägt die Beziehung mit überzeugender Gültigkeit. Und dann: "An einem der nächsten Tage klopfte es ein paarmal am Haus der Alten. Nicht gewohnt an Besuch, hatte sie zuerst nichts gehört. Sie führten den Sohn im Auto weg in eine psychiatrische Klinik. Er brauche Begleitung, sagte der Arzt, der Polizist meinte, das gehe eben nicht mehr weiter so, man habe reklamiert, das sei doch keine Gegend. Sie meinten auch, die Frau, erkältet, mit Fieber im Bett, brauche Pflege, ob sie nicht für eine Weile ins Spital wolle. Die Alte verneinte ... Es war feucht in ihrer Hütte. ... Am nächsten Morgen stand sie nicht mehr auf. Als nach einiger Zeit der Postbote, das Invalidengeld bringend, keine Antwort bekam, gab es nochmals Bewegung um das Haus in der Schlucht. ... Die Alte wurde für eine Weile ins Spital gebracht, sie starb dann rasch. Mit Zähigkeit verlangte sie fast bis zuletzt, mit ihrem Sohn in die Schlucht zurückkehren zu können. - Der Sohn bekam einen Vormund. Sie brachten ihn in der Klinik dazu, Kleidungsstücke zu tragen. Da sei doch ein Fortschritt gelungen, meinte der Arzt, die Pflegerin meinte, man sei sehr zufrieden mit ihm, er lerne jetzt Farben unterscheiden. Er verweigere zwar neuerdings feste Nahrung, aber das werde sich schon noch geben." (Nach Helen MEIER, Ingeborg-Bachmann-Preisträgerin und Schweizer Sonderschullehrerin: Trockenwiese. Geschichten, Zürich 1984; zit. aus: KRAWITZ 1992, 14)

oder Jugendlichen zu teilen und so zu gestalten, dass darin neue *Erfahrungsräume* miterschlossen und mitgeteilt werden. Aus diesem Grund sind variable Handlungsziele zu entwickeln, herausfordernde, aber variable, Handlungsangebote zu machen und Handlungsschritte flexibel zu ändern, um sich der veränderten Lage, z.b. dem Widerstand des Kindes oder Jugendlichen, anzupassen:

"Denn die Aufgabe wechselt nicht nur von Mensch zu Mensch - entsprechend der Einzigartigkeit seiner Person -, sondern auch von Stunde zu Stunde, gemäß der Einmaligkeit jeder Situation". (FRANKL 1982, 68)

"Die heilpädagogisch entscheidende Frage lautet daher nicht: Wie ändert man ein kindliches Störverhalten?, sondern: wie stelle ich mich einem Kind dar, daß es mich in einer Art und Weise erlebt, die ihm ein angemesseneres Verhalten ermöglicht?" (KOBI 1983, 50)

- **Spezifika heilpädagogischer Zielfindung**

1. Offenheit und Flexibilität
Der Heilpädagogin ist und bleibt es aber aufgegeben, gemäß der Diagnose des *Ist*-Zustandes Ziele zu entwickeln, die eine Annäherung an den *Soll*-Zustand ermöglichen können. Dabei ist die Frage nach dem Sollzustand immer problematisch und muss die Heilpädagogin zu fortwährender Reflexion ihres verantwortlichen Handelns auf der Grundlage ihres Menschenbildes und aus dem pädagogischen Bezug heraus bewegen. In diesem steht das 'rechte Maß' immer in der Spannung zwischen dem "Gegebenem" und dem "Aufgegebenem" hin zum "Verheißenen" (MOOR 1974), dies auch in zeitlicher Dimension: Von dem, was dort und damals war, zu dem, was hier und heute notwendig ist, fortschreitend zu dem, was dann und demnächst möglich werden könnte. Dabei kann

"Das Gesollte ... dem Menschen weder durch Normen noch durch Erwägungen der Zweckmäßigkeit auferlegt werden. Das Sollen ist Ausdruck jener Gesetzmäßigkeit der praktischen Vernunft, in deren Befolgung der Mensch überhaupt erst sittlich handeln kann. Das Geltendmachen jenes Sollens ist deshalb keine fremdbestimmte Bevormundung, sondern koinzidiert mit dem Anspruch der Selbstbe-

stimmung. Wo diese sich vom Sollen löst, da entartet sie zu willkür-
licher Selbstverwirklichung, gerät unter die Herrschaft bloßer Neigung, pragmatischer Nützlichkeitserwägungen und beliebiger Modeerscheinungen, gerät unter die Herrschaft von Macht und verfällt
dem Opportunismus." (HEITGER 1989, 164)

So gesehen können der Sollzustand und damit die Erziehungs- und
Förderziele immer nur angedeutet werden, kann ein Begleitungsplan
niemals formal festgeschrieben sein, wenn er nicht als Vorschriften-
katalog zu Willkürhandlungen 'an' dem beeinträchtigten und behinderten Kind verleiten und missbraucht werden, sondern als In-
zwischen-Klient-Heilpädagogin sich entwickelnde dialogische Situation *mit* dem Kind oder Jugendlichen und seinen Bezugspersonen erwachsen soll. Die folgende (–>Abb. 75)

„bildhafte Vorstellung soll den Eindruck verhindern, daß dem Helfer
die Problemlösung bereits klar vor Augen steht und er lediglich eine
bestimmte Methode oder Didaktik anzuwenden braucht, bis das Ziel
erreicht ist...

Zwar steht zunächst einmal
"die Individuallage, das Problem *vor* und nicht zwischen Helfer und
homo patiens ...

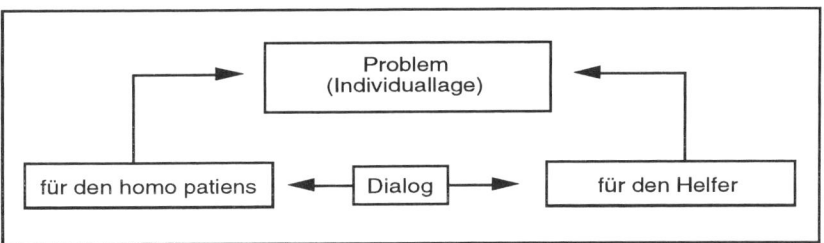

Abb. 75: Die Individuallage des Menschen
als gemeinsam zu bewältigende Aufgabe (nach Lotz 1993, 97 f.)

... Ziel und Weg sind aber in der Heilpädagogik nicht klar festgeschrieben... und die Lösungswege sind (*miteinander!* Anm. W.K.) ebenso
zu suchen, wie das konkrete Ziel selbst." (LOTZ 1993, 97 f.)

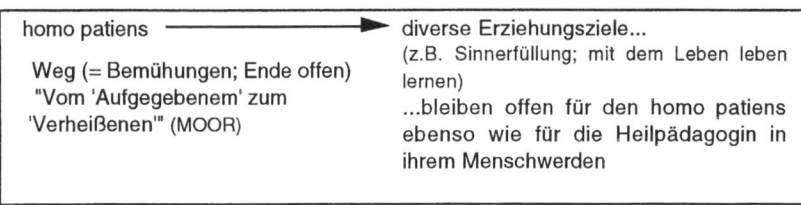

homo patiens ————————▶	diverse Erziehungsziele...
Weg (= Bemühungen; Ende offen) "Vom 'Aufgegebenem' zum 'Verheißenen'" (MOOR)	(z.B. Sinnerfüllung; mit dem Leben leben lernen) ...bleiben offen für den homo patiens ebenso wie für die Heilpädagogin in ihrem Menschwerden

Abb. 76: Offene Ziel- und Wegsuche der Heilpädagogin mit dem Klienten
(leicht verändert nach Lotz 1993, 97 f.)

"Kennzeichnend für viele heilpädagogisch bedürftige Menschen ist ja gerade ihre Erfahrung, vorgegebenen Anforderungen oder Standards nicht entsprochen zu haben. Das, was üblicherweise in einem gewissen Alter, in einer Entwicklungsphase oder unter bestimmten (günstigen) Umständen nicht geschafft bzw. geleistet wurde, bedingt jene schlechten 'Zensuren', die eine soziale Abgrenzung zur Folge haben könnte. Die Symptome werden zu Indizien, d.h. zu Nachweisungen, die eine 'Unhaltbarkeit' in einer Gruppe zu rechtfertigen suchen. ... Die in der Heilpädagogik relevanten Erziehungsziele orientieren sich an den Möglichkeiten des Einzelnen. ... Der Mensch wächst und entwickelt sich gemäß seiner bereits gewonnenen bzw. erworbenen Fähigkeiten sowie seiner ihm gemäßen Geschwindigkeit (Entwicklungstempo). So geht es in der Heilpädagogik nicht primär nur um Veränderung, sondern um Verbesserung bzw. um Niveausteigerung. Dieser qualitative Ansatz erfordert vom Heilpädagogen eine grundsätzliche Absage an das Belassen des Anderen in seinem Ist-Stand. Aufgrund dieser Sichtweise lassen sich drei Kategorien der Einflussnahme verdeutlichen:

a) die Veränderung (Bewegung),

b) die Verbesserung (Richtung) und

c) die Setzung/Wertsetzung (Niveau; Bestimmung)

In allen Bereichen wird der heilpädagogisch bedürftige Mensch konfrontiert mit seiner Möglichkeit, auch anders sein zu können. Durch die Konfrontation wird er zur Selbstdistanzierung befähigt sowie zur Stellungnahme (Position) gegenüber seiner Faktizität. Die Selbstkompetenz, zwischen Ist und Soll, zwischen Gegebenem und Aufgegebenem, unterscheiden zu können, um daraus Entscheidungen fällen zu können, ist ein wesentliches heilpädagogisches Erziehungsziel." (LOTZ ebd. 98 f.)

2. *"Heilpädagogische Bedürftigkeit" als Ausgangspunkt*

Ziele in der HpE sind sowohl Erziehungsziele[1] als auch Förderziele[2]. Beide sind unter dem Aspekt der "heilpädagogischen Bedürftigkeit" (HAGEL 1990) zu reflektieren.

Während die Erziehungsbedürftigkeit des Menschen, d.h. sein Angewiesensein auf andere Menschen aufgrund seiner Eigenart und seiner besonderen Stellung in der Welt unstrittig ist, bedarf die Durchführung der HpE, wie überhaupt heilpädagogisches Handeln, einer eigenen Legitimation und einer "objektiv überprüfbaren Veranlassung". (HAGEL 1990, 12)

Anders als bei der anthropologisch für alle Menschen vorauszusetzenden Erziehungsbedürftigkeit brauchen beeinträchtigte, behinderte, entwicklungsgestörte oder sozialauffällige Menschen eine *professionelle Hilfe*. Deshalb ist die HpE keine Erziehungshilfe, wie sie beispielsweise ganz selbstverständlich die Eltern leisten könnten. Sie ist eine *professionelle Hilfe zur Erziehung und Entwicklungsförderung*

---

[1]*Erziehungsziele* sind normative (vorschreibende) Orientierungen über das Ergebnis der Erziehung, also über den Soll-Zustand der kindlichen Persönlichkeit. Durch Erziehungsziele wird das 'Wozu' und 'Wohin' der Erziehung erläutert... Die Funktion der Erziehungsziele wird gesehen a) in der Organisation des heilpädagogischen Handelns auf ein Ziel hin, b) in der Möglichkeit, heilpädagogisches Handeln auf seine Effektivität hin zu überprüfen, c) in der Kontrolle der Heilpädagogin. Erziehungsziele dienen der Verständigung und Kooperation zwischen Erziehern und Heilpädagogen, und nicht zuletzt bilden sie einen Anstoß für eine reflektierte und verantwortungsbewusste Diskussion in der Öffentlichkeit über die Erziehung. (vgl. KELLER u. NOVAK 1979, 109)

[2]*Förderziele* im Sinne heilpädagogisch-therapeutischer Begleitung streben die (Re-) Organisation, Umorientierung und Befähigung des Menschen zu seinen weiteren Persönlichkeitsentwicklung an. Neben konkreten Förderzielen, z.B. durch Einübung lebenspraktischer Tätigkeiten, können auf dem Hintergrund tiefenpsychologisch orientierter Heilpädagogik folgende allgemeine Begleitungsziele formuliert werden, um die *psychischen* Belange des Kindes/Jugendlichen nicht zu vernachlässigen:
- Auflösung von Ängsten und Verdrängungsreaktionen;
- bessere Verarbeitung der Antriebs- und Impulswelt;
- Klärung der Position zu den Eltern;
- bessere Realitätsanpassung;
- tragfähigere Gefühlslage.

unter erschwerenden Bedingungen und bedarf daher einer *Indikationsstellung,* einer Veranlassung, einer Begründung, eines Auftrags. Deshalb geht jedem heilpädagogischen Handeln eine diagnostische Phase bzw. –>Befunderhebung voran. (–>Erstgespräch, –> Anamnese, –>Exploration, –>Diagnostik) Am (vorläufigen) Ende dieser Befunderhebung bleibt mit der –>Vermutungsdiagnose oder der –> Hypothetischen Diagnose die heilpädagogische Überlegung, *wie* dieses Kind, dieser Jugendliche mit seinem speziellen 'Befund' leben kann.

"Aus der heilpädagogischen Bedürftigkeit folgt also keine Normanpassung, sondern die Förderung der jeweiligen individuellen Möglichkeiten. Diese aufzudecken ist Teil der heilpädagogischen Diagnostik." (LOTZ 1993, 94)

"Eine heilpädagogische Bedürftigkeit erwächst z.B. dort, wo ein Mensch sich aufgrund seiner schicksalhaft gegebenen Beeinträchtigungen nicht geliebt fühlt, d.h. sich in seiner Eigenart nicht angenommen weiß. Mit allen ihm zur Verfügung stehenden Mitteln kämpft er um dieses Angenommensein - und er wird in diesem Bemühen nicht selten verhaltensauffällig: es schließt sich der Circulus vitiosus, in dem der homo patiens mehr und mehr zum Außenseiter seiner Sozietät wird. Er fühlt weder seine Daseinsberechtigung noch einen Daseins-Sinn. Diese Gefühle werden nicht unbedingt rational analysiert und formuliert. Sie äußern sich z.B. in Formen der Langeweile, ... der Interesselosigkeit, vielleicht auch in Aggressionen oder auch in Verzweiflung gegenüber dem Unverständnis, der Intoleranz oder Stigmatisierung durch seine Mitmenschen.

Ganz anders als in klassisch therapeutischen Situationen, in denen ein Klient relativ klar seine Erwartungen formulieren muss, sind wir als Helfer im Kontext der heilpädagogischen Bedürftigkeit oft auf Deutungen, Spekulationen bzw. Interpretationen angewiesen. Insofern *unterstellen* wir in vielen Fällen von Sprachlosigkeit eine heilpädagogische Bedürftigkeit. Würden wir nur warten, bis der Leidensdruck eines Menschen so groß geworden ist und der Hilfesuchende zu uns kommt, so würden wir oft vergeblich warten und manches Kind der Verwahrlosung bzw. Deprivation preisgeben. Ein Merkmal der

Heilpädagogik ist jenes dialogische Element, die Bereitschaft aufeinander zuzugehen, auch ohne verbalisierten Auftrag... Die jeweilige Begründung erfolgt immer im Einzelfall aufgrund einer heilpädagogisch diagnostischen Abklärung. Die Beachtung der jeweiligen Individuallage vermindert den sozialen Vergleich (Individuum mit einer Gruppe), der ja mit zu dem Ausgrenzungsprozess geführt haben könnte und konstruiert einen Vergleich mit dem Individuum selbst. Die eigentliche Bedürftigkeit orientiert sich folglich nicht an Normvorgaben irgendeiner Gruppe, sondern an den bisher ungelebten Möglichkeiten und Aufgaben des Individuums. *Insofern kann Heilpädagogik nur Individualpädagogik sein.*" (LOTZ 1993, 95; letzte Hervorhebung durch W.K.)

Schließlich ist zu bedenken, dass im jeweiligen Einzelschicksal des beeinträchtigten und/oder behinderten Menschen irreversible Gebrechen vorliegen können, wie bestimmte organische Schädigungen; Elterntrennung; Unfälle; Beziehungsverluste usw., auf die heilpädagogisch und/oder therapeutisch kein unmittelbarer Einfluss genommen werden kann. Hier wird die Heilpädagogin - je nach ihrer übertragenen Aufgabe, nicht nur 'Gesellschaft', sondern 'Gemeinschaft' mit dem beeinträchtigten oder behinderten Kind oder Jugendlichen zu pflegen suchen, d.h. Anteil nehmen, Anteil geben, Teilnahme zulassen und ein Bündnis zu Schutz und Trutz aufrichten dort, wo allein das dauerhafte Miteinander-unterwegs-Sein als einzige mitmenschliche Gabe noch zu leisten ist. Sie wird aufgrund ihrer persönlichen und beruflichen Identität *Betreuung*[1], *Begleitung*[2] oder

---

[1]*Betreuung:* "Der betreuende Helfer übernimmt "treu", gewissenhaft die Verantwortung für die physischen oder psychischen alltäglichen Bedürfnisse, sorgt sich um die Befriedigung der Grundbedürfnisse in dem Maße, wie der zu betreuende Mensch nicht die Verantwortung für sich gewissenhaft ausüben kann (= Handeln nach dem Subsidiaritätsprinzip). Hier steht der Mensch in und mit seinen physischen und psychischen Bedürfnissen im Mittelpunkt des Geschehens." (NEUHAUS 1993, 62)

[2]*Begleitung:* "Der Helfer begleitet mit Rat und Tat unter Berücksichtigung des Subsidiaritätsprinzips den Menschen, der zur Unterstützung in der Selbsterziehung der Hilfe durch den Begleiter bedarf. Hier steht die Herausforderung des Menschen, die Lebensaufgabe optimal zu erfüllen und das Lebensziel zu erreichen im Mittelpunkt des Geschehens." (NEUHAUS ebd. 62)

Beistand[1] leisten wollen, weil sie sich dazu berufen fühlt und in der Lage weiß, das unabdingbare Recht des Menschen auf Erziehung und Leben in Gemeinschaft auch unter erschwerenden Bedingungen zu erwirken, zu verteidigen und zu garantieren.

Unter Berücksichtigung dieser Tragweite heilpädagogischen Handelns können heilpädagogische Interventionen

"folglich auf kein fixiertes Begleitungsende abzielen, weil der Anlass der heilpädagogischen Bedürftigkeit (der irreversible Zustand) konstant bleibt und somit die individuelle Stellungnahme in ihrer entwicklungsabhängigen Intensität eigendynamischen Veränderungen unterlegen ist. Das Ende einer heilpädagogischen Bedürftigkeit bzw. einer heilpädagogischen Intervention ist also immer nur vorläufig." (LOTZ 1993, 96)

Wir können hinzufügen: Ebenso vorläufig sind die Erziehungs- und Begleitungsziele, denn

"Ziel und Weg ... sind in der Heilpädagogik nicht klar festgeschrieben. Das (fiktive) Problem liegt wie gesagt *vor* beiden (Heilpädagoge und Kind z.B.), und die Lösungswege sind ebenso zu suchen wie das konkrete Ziel selbst. Jede Zielvorgabe ohne Beachtung des heilpädagogisch bedürftigen Menschen wäre kontraindiziert, weil ein solches Vorgehen eine Abweichung, ein Versagen, einen Mißerfolg, eine Ausgrenzung usf. implizieren könnte." (LOTZ ebd. 98)

Es steht nun die Frage an, wie die "heilpädagogische Bedürftigkeit" im einzelnen aussieht und ermittelt werden kann. (vgl. –>Befunderhebung; –>Diagnostik; –>Vermutungs- und –>Hypothetische Diagnose; Begleitung im –>Spiel; Begleitung in der –>Übung) Dabei ist nach den *Bedürfnissen* nicht nur des beeinträchtigten und behinderten Menschen im Besonderen, sondern nach den Bedürfnissen *des Menschen* generell zu fragen, will man nicht vorschnell Ausgrenzung und Selektion betreiben. Wiederum ist zu betonen: Diese Bedürfnisse

---

[1]*Beistand:* "Der Helfer, der Beistand 'leisten' will, muß bei einem Menschen 'stehen' und aushalten, damit dieser sich nicht verlassen, alleingelassen, isoliert erleben muß. Hier steht der Mensch, der auf 'etwas' Existentielles, auf eine existentielle Begegnung mit einem menschlichen 'Du' oder dem transzendenten 'DU' wartet, in seiner Befindlichkeit im Mittelpunkt des Geschehens." (NEUHAUS ebd. 63)

unterscheiden sich in keiner Weise! Allerdings nimmt die Befriedigung bestimmter Bedürfnisse des beeinträchtigten oder behinderten Mensch zu Zeiten besonderen Raum ein, weil ein besonders schwerwiegender Mangel vorliegt, den es auszugleichen gilt.

"Heilpädagogische Bedürftigkeit" und in diesem Zusammenhang zu nennende 'Bedürfnisse' sollten also nicht vorschnell mit Wünschen, Trieben, Motiven assoziiert werden, sondern zuerst mit *Bedarf* in dem Sinne,

"was eine Person zum Leben braucht, um sich entfalten zu können, um in verschiedener Weise handlungsfähig zu sein. Hier wird von einem inneren Streben des Menschen nach einem besseren, volleren, erfüllteren Sein ausgegangen, das auf Verwirklichung seiner Menschlichkeit zielt. Die Rolle der erzieherisch wirksamen Umwelt intendiert, dem Kind Hilfen anzubieten, seine eigenen Möglichkeiten zu verwirklichen, wobei je nach Ausmaß vorliegender Entwicklungsverzögerung, "Entwicklungshemmung" (HANSELMANN 1930) die erzieherischen Angebote (Förderung, Didaktisierung, ...) besser reflektiert und intensiver, aber auch sensibler gestaltet sein müssen, damit die Bedürfnisse des betroffenen Subjektes nicht untergehen, nicht nur erhalten bleiben, sondern sich tatsächlich entfalten, zum Tragen kommen können." (BUNDSCHUH 1994, 25)

Die Bedürftigkeit des Menschen im Allgemeinen und die heilpädagogische Bedürftigkeit des beeinträchtigten, behinderten oder entwicklungsgestörten Menschen im Besonderen lässt sich anhand der Bedürfnispyramide von MASLOW (1977) in fünf Stufen zeigen (–>Abb. 77):

In der *ersten Stufe* sind die primären Bedürfnisse wichtig, die dem physiologischen Gleichgewicht (= Homöostase) dienen und zugleich als primäre Motive anzusehen sind.

Die *zweite Stufe* besteht aus den Bedürfnissen nach Sicherheit und Geborgenheit, die als sekundäre Motive grundlegender Art anzusehen sind. Darunter zählt auch körperliche Unversehrtheit und wirtschaftliche Sicherheit. Es ist eine Art primitiver Zukunftsperspektive. Vielleicht gehört hierzu auch das 'moderne' Bedürfnis nach einer sauberen und intakten Umwelt.

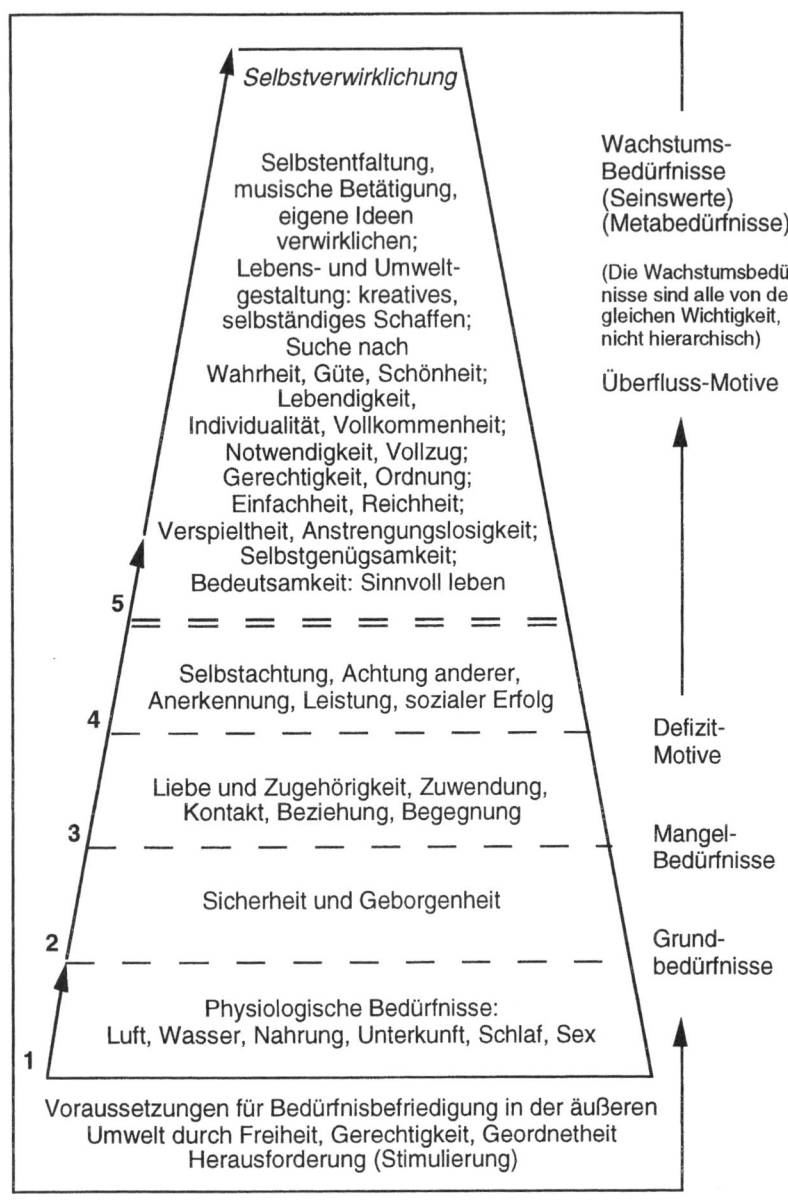

Abb. 77: Bedürfnispyramide (nach Maslow 1977)

Die *dritte Stufe* beinhaltet Bedürfnisse nach Zuwendung, Freundschaft, Liebe und Akzeptanz. Diese Bedürfnisse zeigen die Angewiesenheit des Menschen auf Gemeinschaft und Geselligkeit und weisen ihn als soziales Wesen aus, das sich außerhalb von Familie und Gruppe unvollkommen fühlt.

Daran schließt sich die *vierte Stufe* mit ihren Bedürfnissen nach Anerkennung an: Nur wenn man von anderen anerkannt und geschätzt wird, kann man sich selber schätzen lernen.

Hier endet die Reihe der *Mangelbedürfnisse* und *Defizitmotive:* Allen diesen Stufen ist gemeinsam, dass das Verhalten dazu dient, einen Mangelzustand auf der jeweiligen Stufe auszugleichen, also etwas zu bekommen. Tiefenpsychologisch und unter dem Aspekt der psychosexuellen Entwicklung gesehen sind es letztlich orale Bedürfnisse, nach dem Lebensmotto: "Ich bin wert, was ich bekomme!", gekoppelt mit dem Erleben: "Ich bin wert, was ich annehme!"

Die *fünfte Stufe* mit dem *Bedürfnis nach Selbstverwirklichung* unterscheidet sich dagegen grundlegend von den vorhergehenden: Hier geht es darum, aus einem gegebenen Überfluss heraus etwas zu *geben,* etwas kreativ zu entwickeln, sich selbst zu entfalten und eigene Fähigkeiten zur Geltung zu bringen. Dies kennzeichnet sozusagen die Krönung der menschlichen Existenz. So wird erklärbar, weshalb Menschen unzufrieden sind, obwohl sie keinen Mangel leiden, obwohl sie genügend Nahrung haben, gesund sind, finanziell gesichert sind, Freunde und beruflichen Erfolg haben. Diese Menschen wollen mehr, sie wollen von sich etwas geben, z.B. helfen (altruistisches Verhalten). Tiefenpsychologisch und unter dem Aspekt der psychosexuellen Entwicklung gesehen kommen die analen Bedürfnisse ("Ich bin wert, was ich wollen und gestalten kann, in festhalten *und* loslassen, geben *und* nehmen!"); die phallisch-ödipalen Bedürfnisse: ("Ich bin wert, was ich mir zu sein und zu werden vorstellen kann!", d.h. auf den Mitmenschen bezogene Hingabebedürfnisse) sowie das Lebensmotto der Latenzzeit hinzu ("Ich bin wert, was ich lernen und leisten kann!").

Maslow versteht seine Fünf-Stufen-Hierarchie als ein Aufbauen der jeweils höheren Stufe auf der jeweils niedrigeren Stufe. Die Befriedigung höherer Bedürfnisse und das Hervorbringen entsprechender

Motive ist demnach erst dann möglich, wenn die niedrigeren Bedürfnisse "gestillt" sind. So hat jede Stufe ihren Wert, denn die Hierarchie obenstehender Motive haben nur bei Erfüllung der vorausgegangenen einen Sinn (vgl. Bert BRECHT: "Erst das Fressen, dann die Moral."):

Beim Neugeborenen ist die Nahrungsaufnahme (= primäres Bedürfnis und Motiv der Nahrungssuche) verbunden mit Körperkontakt und Zuwendung durch eine Bezugsperson. Der Säugling besitzt in einem Zusammenspiel von Bedürfnis und körperlichen Reflexen die Voraussetzung zur Nahrungsaufnahme. Das Hungerbedürfnis setzt das körperliche Ausdrucksverhalten "Schreien" in Gang. Damit wird der Umwelt das Bedürfnis signalisiert. Die darauf erfolgende Darbietung der Brust oder Flasche wäre für das Neugeborene ohne Zusammenhang mit Nahrung, es würde also nicht trinken, wenn nicht der Saugreflex ein automatisches, instinktgesteuertes Trinkverhalten in Gang setzen würde. So sorgt der Organismus für sein physiologisches Gleichgewicht, ohne dass Denkprozesse nötig sind. Im Laufe der Zeit wird diese Situation so wichtig, dass daraus ein sekundäres Bedürfnis entsteht, nämlich das Bedürfnis nach Zuwendung und Kontakt mit anderen. In ähnlicher Weise, wie die Nichtbefriedigung eines primären Bedürfnisses zu Störungen des Körperhaushaltes führt, führt die Nichtbefriedigung eines sekundären Bedürfnisses zu Störungen der psychischen Gesundheit und sogar zu körperlichen Symptomen (= psychosomatische Krankheiten). Auf dem weiteren Lebensweg wird es zu einem Ideal, sich in der Arbeit zu entfalten (Selbstverwirklichung, Stufe 5). Wenn jedoch meine Arbeit nicht die Anerkennung der Kollegen und der Umgebung findet, so werde ich erst einmal das tun, was mir die Anerkennung bringt (Stufe 4). Doch muss damit auch meine ökonomische Zukunft gesichert sein (Stufe 2), denn sonst werde ich lieber eine andere Arbeit suchen. Aber selbst die Zukunftssorgen werden in den Hintergrund treten vor einem momentanen Mangel an Nahrung, der mich zuerst einmal zur Nahrungssuche treibt (Stufe 1).

Das bedeutet: Erst die Befriedigung bestimmter Grundbedürfnisse ermöglicht eine optimale Entfaltung der menschlichen Persönlichkeit. Zwar haben die Wachstumsbedürfnisse (growth needs) nach Ganzheit, Vollkommenheit, Erfüllung usw. eine für den Menschen hohe Bedeutung, es spricht aber vieles dafür, dass die Grundbedürfnisse (basic needs), die zu den 'Mangelbedürfnissen' gehören, bei beeinträchtigten, behinderten und vor allem Kindern und Jugendlichen mit sog. Verhaltensstörungen und schwerer Behinderung nicht hinreichend erlebt, erfahren, gelebt und befriedigt wurden. Dabei geht es weniger um den Mangel an Befriedigung physiologischer Grundbedürfnisse wie Nahrung, Flüssigkeit, Unterkunft, Bekleidung, Sexualität, Schlaf, Sauerstoff usw. als vielmehr um die *sozialen* und *emotionalen Bedürfnisse.* Mit MASLOW (1977, 87 ff.) können wir sagen:

- Sicherheit, Schutz, Angstfreiheit und Ordnung

gelten als frühe Bedürfnisse. Gesunde und nicht auffällige Kinder reagieren mit Alarm- oder Angstreaktionen, wenn sie mit unvertrauten, fremdartigen, nicht zu bewältigenden Reizen oder Situationen konfrontiert werden; dies gilt auch für Lernsituationen. Beeinträchtigte Kinder tun dies oft nicht, sondern reagieren apathisch oder gleichgültig.

- Liebe, Zuneigung, Geborgenheit und Zugehörigkeit

sind notwendig, um Sicherheit zu gewinnen und ein gesundes Selbstwertgefühl zu entwickeln. Heilpädagogisch bedürftige Kinder erfahren und empfinden Einsamkeit, Ächtung, Zurückweisung, Isolierung, Entwurzelung. Daraus entstehen Gefühle der Entfremdung, Verlassenheit, Frustration im Sinne von Regression (Rückzug) bzw. Passivität oder Aggressivität.

- Wertschätzung, Achtung, Anerkennung und Geltung

führen zur Befriedigung des Bedürfnisses nach Selbstachtung und damit zu Gefühlen wie Selbstvertrauen, Stärke, Kompetenz; zum Gefühl nützlich und notwendig für die Mitmenschen und die Welt zu sein. Bei Nichtbefriedigung dieser Bedürfnisse entstehen Gefühle wie Minderwertigkeit, Schwäche und Hilflosigkeit.

Mangelerlebnisse o.g. Art führen zu einer mangelnden Ausstattung mit dem zum Leben Notwendigen. Ein heilpädagogisch bedürftiges Kind oder ein Jugendlicher sind daher nicht in der Lage, die ihnen gemäßen Entwicklungsaufgaben im Leben zu meistern. Allerdings sind bei einem Versuch, die Bedürftigkeit, den Mangel des beeinträchtigten und behinderten Kindes und Jugendlichen zu «stillen», auch die *Grenzen* mitzureflektieren: Nicht jeder Wunsch kann im Leben in Erfüllung gehen, das wäre sogar schädlich (z.B. Rauchen; Alkoholgenuss; motorische Bedürfnisse, die zu Verletzungen führen könnten; das Bedürfnis eines Kindes, vielleicht nicht zur Schule gehen zu wollen, weil dies Überwindung, Anpassung und Leistung kostet; das Bedürfnis des Jugendlichen oder geistig behinderten Erwachsenen nach einem verständnisvollen und liebevollen Partner, den es nicht zu jeder Zeit gibt und dessen Fehlen nicht dazu berechtigt, einen anderen Menschen als genitales Reizobjekt zur Selbstbefriedigung zu missbrauchen usw.) Heilpädagogischer Bedürftigkeit kompensatorisch zu begegnen und Bedürfnisse zu fördern bedeutet also nicht, 'nur' auf jemanden einzugehen und ihm jeden Wunsch zu erfüllen - dies wäre eben nicht bedürfnisorientiertes *menschliches* Handeln, weil der Mensch lernen soll, zu sublimieren, d.h. seine Bedürfnisse zurückzustellen bzw. auf andere mögliche Arten und Weisen als der direkten Triebbefriedigung zu stillen. Dies zu ermöglichen kann nur von der realen *menschlichen* Basis, d.h. dem mitmenschlichen, personalen Angebot her, vom pädagogischen Bezug, vom pädagogischen Verhältnis her geschehen, d.h. in Ansprache, Anforderung, Konfrontation und in Auseinandersetzung. Wie im Leben muss in der HpE mit Grenzen, Widerständen der betroffenen Person selbst und mit Schwierigkeiten in der sozialen Umwelt gerechnet werden. Jedermann, auch der beeinträchtigte und behinderte Mensch muss lernen, sich einzupassen und auf Konsens hinzustreben. Will die Heilpädagogin im wirklichen Sinne bedürfnisorientiert fördern, so ist sie herausgefordert, den bedürftigen Menschen zu *fordern,* wenn sie ihn *fördern* will, dies jedoch in individuell zumutbaren Grenzen, im Aufzeigen von Lernmöglichkeiten, im Bereitstellen von Situationen, die einen Anreiz zur Aktivierung schaffen.

3. Entwicklungsaufgaben als Orientierungsrahmen
Wenn dem heilpädagogisch bedürftigen Menschen - wie oben beschrieben - *angemessen* geholfen werden soll, ergibt sich für die

heilpädagogische Praxis die Schwierigkeit, angemessene Zielvorgaben zu ermitteln. Es wäre möglich, entweder von übergeordneten, allgemeinen und beschreibenden Zielvorstellungen auszugehen oder punktuelle, auf das Individuum und dessen Bedürfnisse und Handlungen gerichtete, 'operationalisierte' Zielbeschreibungen zu gebrauchen. Letztere erscheinen oftmals als zu 'kurzschlüssig' und rein funktional; erstere als zu umschweifig, unkonkret und beliebig. Ebenso ist zu berücksichtigen, dass allen Zielen gemeinsam, seien sie tendenziell eher auf Erziehungshilfe oder auf Entwicklungsförderung angelegt, mehr oder weniger implizite oder explizite Werte- und Normenvorstellungen zugrunde liegen. Da diese nicht übereinstimmend sind und historischem Wandel unterliegen, bedarf es einer umfassenden rationalen Auseinandersetzung, um eine *maßgebliche* Antwort darauf zu finden, *woran* sich Erziehung und Förderung ausrichten sollen, *welche* Aufgaben sie konkret zu erfüllen haben und *woraufhin* heute zu erziehen und zu fördern ist. Diese Antwort auf die Zielfragen hätte gleichermaßen für alle zu erziehenden Menschen in einer bestimmten Kultur oder Gesellschaft(s)gruppe zu gelten, seien sie krank oder gesund, normal entwickelt oder entwicklungsgestört, beeinträchtigt oder behindert. In der Zielfindung sind also
- anthropologische Aussagen über das Wesen des Menschen;
- Werte und Normen der jeweiligen Kultur und Gesellschaft; und die
- pragmatische Begründung
zu berücksichtigen, allerdings ausgerichtet auf den individuellen Zustand des beeinträchtigten, behinderten, entwicklungsgestörten und sozialauffälligen Menschen.
Es wird nochmals deutlich, dass grundlegende Ziele heilpädagogischen Handelns identisch sind mit allgemeinen Erziehungszielen überhaupt, wobei Heilpädagogik als "Erziehung, unter erschwerenden Bedingungen" (MOOR 1965) von Beeinträchtigung, Behinderung, Entwicklungsstörung zunächst kompensatorisch auf die Befriedigung der entsprechenden Mangelbedürfnisse ausgerichtet ist. Das bedeutet, dass Ziele in der HpE nicht
„im Sinne traditioneller Verhaltensmodifikation 'gesetzt' oder 'bestimmt' werden. Vielmehr sind hier Angebote gemeint, die ein Kind

wahrnehmen kann, aber nicht muss. Bedürfnisse, der emotionale Bereich, sollen nicht unterdrückt werden, vielmehr geht es um die Freilegung, um das Evozieren von Bedürfnissen, in erster Linie um ursprüngliche Motivation in Richtung Zuwendung zur Welt. Ein Kind sollte im Rahmen von Diagnose und Förderung die Möglichkeit haben, sich selbst zu finden, sich selbst zu entdecken, eigene Möglichkeiten auszuprobieren, auszuloten und zu wagen. ... Dabei erweist es sich als selbstverständlich, dass alles getan wird, um Erziehungs- und Entwicklungshemmnisse sowie behindernde Bedingungen von außen zu beseitigen. Hierbei ist sowohl an die familiäre, die schulische als auch an die übrige soziale Umwelt gedacht, die einem Kind im Bereich Spiel und Freizeit (Nachbarschaft, Bekanntenkreis, Verwandtschaft, ... begegnet, denn «nicht nur das Kind, auch seine Umgebung ist zu erziehen» (Moor 1965, 33)." (BUNDSCHUH 1994, 131 f.)

So "bedarf" z.B. ein „gehemmtes" Kind einer Hilfe, sich im Schutzraum einer personalen, heilpädagogischen Beziehung ausdrücken und seine Hemmung überwinden zu lernen. Das kann vielleicht in der –> Spielbegleitung über das freie Spiel gelingen, in dem Handlungsmöglichkeiten angeboten werden, Probleme, die auf der Ebene einer sehr niedrigen und gleichzeitig starken Hemmschwelle liegen, zu überwinden und zu bewältigen. Im möglichen Wechsel von der –>Einzelbegleitung zur –>Gruppenbegleitung könnte das Kind zunehmend Vertrauen in seinen Umgang mit Menschen, vor allem mit Gleichaltrigen gewinnen und neue Materialien ausprobieren lernen.

Ein schwerstbehindertes Kind z.B. könnte der unmittelbaren körperlichen Zuwendung 'bedürftig' sein, damit es den eigenen und den anderen Körper spüren und differenzieren lernt, es 'bedarf' der Herausnahme aus seinem Bett, damit es erfahren kann, wie es ist, wenn sich die 'Lage' verändert, damit es über sich selbst hinaus andere Objekte wahrnehmen kann und sein Bedürfnis nach Wahrnehmung überhaupt spüren und entwickeln kann. Es 'bedarf' der *Ansprache,* damit es merkt, dass es angesprochen wird, damit es seinen Namen zu hören lernt, um so zu entdecken, dass es *Mensch* ist (= ein beim Namen Gerufener: "Fürchte dich nicht, denn ich habe dich ausgelöst, ich habe dich beim Namen gerufen, du gehörst zu mir." [Jes. 43,1])

Heilpädagogisches Handeln ist also niemals defizitorientiert oder symptomorientiert. Dementsprechend ist auch die Zielfindung prospektiv, d.h. auf Zukunft, auf das Mögliche hin ausgerichtet. Die Heilpädagogin beginnt dort, wo die Bedürftigkeit des Menschen beginnt, wo es gilt, einen Mangel auszugleichen. Sie handelt "Nicht gegen den Fehler, sondern *für das Fehlende"*. (MOOR 1965, 20) So wird sich die Heilpädagogin in den erschwerten Erziehungsverhältnissen leiten lassen vom

1. "momentan dringlichen Erziehungsziel";
2. "individuell möglichen Erziehungsziel";
3. "generell notwendigen Erziehungsziel".

"Das momentan Dringliche ist das, was sofort getan werden muß und von dem aus der Weg zum individuell Möglichen hin anzutreten ist. Das individuell Mögliche wird erkannt, wenn man die durch die Erfassung (–>Befunderhebung, –>Diagnostik; Anm. W.K.) gegebenen Bedingungen der inneren und äußeren Situation (= Befindlichkeit; Anm. W.K.) des Kindes auf die pädagogischen Notwendigkeiten hin ausrichtet. An den allgemeingültigen pädagogischen Notwendigkeiten orientiert sich der Erziehungsplan. Sie sind etwas, das man so wenig erreichen kann, als der Seemann je die Sterne erreicht, mit deren Hilfe er seinen Weg findet zu einem möglichen Ziel". (MOOR ebd. 315) Wie aber erkennt die Heilpädagogin das momentan dringliche, das individuell mögliche Erziehungsziel?

Bei der Entwicklung von Erziehungs- und Förderungszielen wird sich die Heilpädagogin immer von den *Entwicklungsaufgaben im Rahmen der Normalbiographie* leiten lassen. Damit werden typische psychosoziale Problemkonstellationen bedacht, die *jeder Mensch* in der Auseinandersetzung mit der Umwelt handelnd antrifft und die er erfolgreich bewältigen muss auf seinem Weg der Menschwerdung. Dies gilt in je angemessenem Maße auch für den beeinträchtigten, behinderten, entwicklungsgestörten und sozialauffälligen Menschen, dem es an Voraussetzungen zur Lösung allgemeiner und spezieller Entwicklungsaufgaben mangelt.

"Entwicklungs-Aufgaben strukturieren also den menschlichen Lebenslauf von der Wiege bis zur Bahre, ihre Lösung führt zu zunehmender «Selbstverwirklichung in sozialer Integration»; sie bedürfen

allerdings wie jede Entwicklung der *pädagogischen Unterstützung,* je mehr, desto mehr eine Person mit Entwicklungserschwernissen ihren Lebenslauf beginnt. Entwicklungsaufgaben entstehen aus drei Quellen:
- körperliche Entwicklung
  (bzw. psychophysische Leistungsfähigkeit)
- kultureller Druck
  (Verhaltensnormen, -standards und -erwartungen)
- individuelle Wünsche und Werte
  (subjektive Bedürfnisse und Prioritäten der Person selbst).

Aus dem dynamischen Wechselspiel dieser drei Komponenten ergibt sich das für eine bestimmte Person mögliche und förderliche Maß an Beteiligung an bestimmten alterstypischen Lebensformen und insgesamt das Maß an Lebenszufriedenheit. Die folgende Übersicht (-> Abb. 78; Anm. W.K.) zeigt, welche normativen Entwicklungs-Aufgaben in bestimmten Altersstufen 'anstehen' und deutet an, welche komplexen Handlungskompetenzen eine Person verfügbar haben muß, um diesen Aufgaben gerecht werden zu können. Es lenkt die Diskussion auch gezielt auf die Punkte, wo die Möglichkeiten der Partizipation für geistig behinderte Menschen nach wie vor durchaus kontrovers beurteilt werden, bzw. wo die Realisierungschancen besonders sorgfältig und 'gewissenhaft' abgeklärt werden müssen, soweit es irgend geht mit den Betroffenen selber!" (GRÖSCHKE 1992, 61 f.)

Die Heilpädagogin wird diese Entwicklungsaufgaben (vgl. auch Abb.-> 77 [Bedürfnispyramide] und Abb. ->17 [Entwicklungsleiter]) nicht 'fordernd erzwingen', sondern 'fördernd zu erreichen suchen', soweit die Fähigkeiten und Fertigkeiten des beeinträchtigten und behinderten Menschen jeweils reichen. Insofern gelten die Entwicklungsaufgaben als *Richt*ziele, nicht als Normziele für die Entwicklung zur Menschwerdung.

Um die entwicklungspsychologischen Erkenntnisse heilpädagogisch sinnvoll zu nutzen, reicht es aber noch nicht aus, die spezifischen Bedürfnisse des Kindes oder Jugendlichen zu kennen und die Differenz zwischen Lebensalter (LA) und Entwicklungsalter (EA) festzustellen.

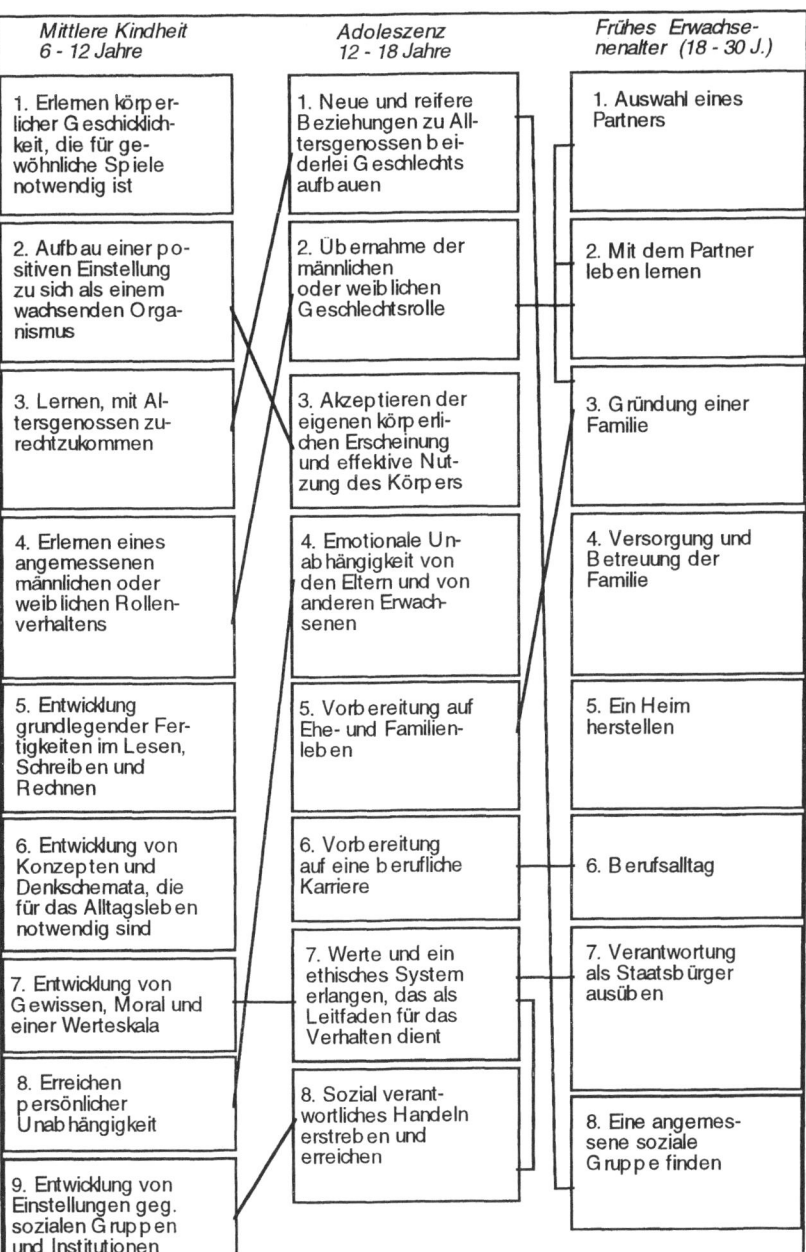

Mittlere Kindheit 6 - 12 Jahre	Adoleszenz 12 - 18 Jahre	Frühes Erwachse- nenalter (18 - 30 J.)
1. Erlernen körperlicher Geschicklichkeit, die für gewöhnliche Spiele notwendig ist	1. Neue und reifere Beziehungen zu Alltersgenossen beiderlei Geschlechts aufbauen	1. Auswahl eines Partners
2. Aufbau einer positiven Einstellung zu sich als einem wachsenden Organismus	2. Übernahme der männlichen oder weiblichen Geschlechtsrolle	2. Mit dem Partner leben lernen
3. Lernen, mit Altersgenossen zurechtzukommen	3. Akzeptieren der eigenen körperlichen Erscheinung und effektive Nutzung des Körpers	3. Gründung einer Familie
4. Erlernen eines angemessenen männlichen oder weiblichen Rollenverhaltens	4. Emotionale Unabhängigkeit von den Eltern und von anderen Erwachsenen	4. Versorgung und Betreuung der Familie
5. Entwicklung grundlegender Fertigkeiten im Lesen, Schreiben und Rechnen	5. Vorbereitung auf Ehe- und Familienleben	5. Ein Heim herstellen
6. Entwicklung von Konzepten und Denkschemata, die für das Alltagsleben notwendig sind	6. Vorbereitung auf eine berufliche Karriere	6. Berufsalltag
7. Entwicklung von Gewissen, Moral und einer Werteskala	7. Werte und ein ethisches System erlangen, das als Leitfaden für das Verhalten dient	7. Verantwortung als Staatsbürger ausüben
8. Erreichen persönlicher Unabhängigkeit	8. Sozial verantwortliches Handeln erstreben und erreichen	8. Eine angemessene soziale Gruppe finden
9. Entwicklung von Einstellungen geg. sozialen Gruppen und Institutionen		

Abb. 78: Entwicklungsaufgaben nach Havighurst unter life-span Perspektive

Offen bleibt auch bei gewissenhafter heilpädagogischer Diagnostik, unter Einbeziehung medizinischer, psychologischer und soziologischer Befunde, bei allem Nachdenken und Tun die permanente Ungewissheit und Unsicherheit, ob das - vielleicht sogar wissenschaftlich abgesicherte - heilpädagogische Handeln *für dieses Kind angemessen ist und von diesem Kind angenommen werden soll und muss.* Die Heilpädagogin ringt in dieser konkreten Auseinandersetzung *mit diesem Kind, mit diesem Jugendlichen* um die immer wieder neu zu findende und zu begründende Legitimierung für eben diese *individuell angemessene Normierung.* Anders gesagt: Es bleibt für die Heilpädagogin letztlich immer eine unaufhebbare normative Unsicherheit, eine normative Offenheit in der individuell geprägten erzieherischen Situation bestehen. In diesem Ringen, das wir von seiten der Heilpädagogin das *personale Angebot zum heilpädagogischen Dialog* nennen, ist jedes Kind, jeder Jugendliche als Einzelner beteiligt. Lässt sich die Heilpädagogin nicht in dieser Weise ein, handelt sie nicht mehr als Mensch, sondern nur noch als Positions- oder Rolleninhaberin, als Vermittlerin und Vollstreckerin eines fiktiven Menschenbildes. Sie hätte versäumt, ihr Menschenbild *mit* dem Menschenbild dieses Kindes neu zu malen, dessen besondere Tönung und Farbgebung erst gemeinsam gemischt werden muss. Die Heilpädagogin würde zum Künder und Verkünder eines dogmatisch als 'wahr' ausgegebenen Menschenbildes, das mehr oder minder nur mit Gewaltanwendung zu erreichen wäre; und damit würde sie zur 'Unheil'-Pädagogin. (GRUNWALD 1992, 65)

Erst wenn die Heilpädagogin in ihrer eigenen Entwicklung zur Reflexion einer letztlich unaufhebbaren normativen Unsicherheit fähig ist, der sie sich in ihrer menschlichen und beruflichen Identitätsfindung stellen muss und durch die sie sich selber als Mensch mit dem Kind, dem Jugendlichen unterwegs als 'fragwürdig' und 'in Frage gestellt' erlebt:

- als angewiesen auf Sicherheit... *und* offen für das Risiko...;
- als verpflichtet auf die Orientierung an allgemeingültigen Werten und Normen... *und* herausgefordert zu der ganz individuellen, gewissenhaften Erfüllung derselben...;

- als verantwortlich für das Pflegen, Beschützen, Bewahren *und* frei für das ganz Andere, das ganz Neue, das zur Bewährung anstehende...,

nur dann kann sie ihr Wissen um die Verhaltensweisen von Kindern einer Altersstufe für die Einsicht in die konkrete erzieherische Situation nutzen. Ihre wissenschaftlichen Erkenntnisse und Einsichten tragen dann in erheblichem Maß dazu bei, die konkrete Lage dieses Kindes oder Jugendlichen aufzuklären, zu analysieren, zu beschreiben und zu interpretieren. Sie tragen dazu bei, die individuelle Position dieses Kindes oder Jugendlichen in ihrer Einmaligkeit und Konkretheit zu erfassen und (wie in einem Spiegel) zu reflektieren.[1]

4. Der "innere Halt" als grundlegendes Erziehungs- und Förderungsziel

Auch in der "Erziehung unter erschwerenden Bedingungen" (= Heilpädagogik) steht an erster Stelle die klare Vorstellung des Erziehers bzw. der Heilpädagogin darüber, *wozu* und *wohin* sich ein Mensch entwickeln *soll*. Voraussetzung hierzu ist das Wissen darüber, wozu sich ein Mensch entsprechend seinen Dispositionen unter günstigen Voraussetzungen überhaupt entwickeln *kann*. Dieses Wissen hat sich die Heilpädagogin - neben anderen Wissenschaften - durch die anthropologische, philosophische, persönlichkeitspsychologische Dimension jeder Pädagogik und ihre ethische Verantwortung gegenüber dem menschlichen Leben erworben. Ein wesentliches Moment dieses Menschenbildes ist die *Identitätsentwicklung,* d.h. die mensch-

---

[1]Ein schwer misshandelter Junge mit einer irreparablen Kopfverletzung, der immer Analphabet bleiben und auf betreutes Wohnen angewiesen sein wird, zeigte schwere Koordinationsschwächen. Auf Betreiben und Übernahme persönlicher Verantwortung der Heilpädagogin konnte die Furcht der Erzieher vor Regress genommen und der Junge über 3 Jahre hinweg so gefördert werden, dass er Fahrrad- und Skateboardfahren und sich so mit Altersgenossen in einem ihm angemessenen Rahmen einbringen kann. Er genießt die Dazugehörigkeit, freut sich seines Könnens, wird darin anerkannt und geachtet und anerkennt und achtet seinerseits die ebenso angemessenen Leistungen der anderen, *ohne* zerstörerischen, unangemessenen Leistungsvergleich. Dieser Junge verhält sich *angemessen altersgerecht, entsprechend seiner individuellen Position, im Rahmen seiner Entwicklungsaufgabe.* (vgl. –>Abb. 78, Punkt 3 der Tabelle: Entwicklungsaufgaben für Adoleszenten im Alter von 12 - 18 Jahren) Niemand hat ihn genötigt, sich einem altersspezifischen Verhaltensstandard als Bewertungsmaßstab zu unterwerfen, nur um festzustellen, dass er "aus dem Rahmen fällt". Das Erziehungsziel der 'Normalisierung' kann hier zunächst als erreicht gelten.

liche Fähigkeit zum *Selbstsein* als elementare Erlebnisbedingung. Paul MOOR, einer der „Väter" der Heilpädagogik, versucht identitätsbildend zu erziehen, indem er den *«inneren Halt»* des Menschen als Erziehungsziel kindlicher und jugendlicher Entwicklung und als bleibende Lebensaufgabe für den erwachsenen Menschen in seinen Lebenskrisen fördert.

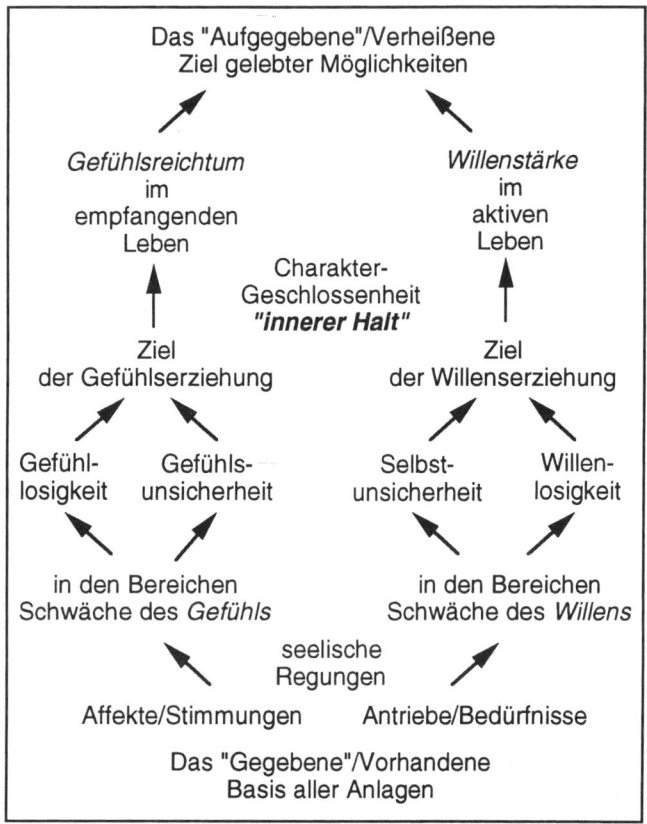

Abb. 79: Der „innere Halt" in seiner Bezogenheit zwischen Gefühl und Wille
(in Anlehnung an Paul Moor, 1965)

Ein Mensch, der - aus welchen Gründen auch immer - keinen inneren Halt aufbauen kann, wird haltschwach oder haltlos, d.h. außengesteuert und abhängig. *Der innere Halt ist die Verbundenheit bzw. die Integration eines tiefen Gefühlslebens mit einem festen Willen,* wor-

aus sich beide als Entwicklungs- und Erziehungsziele zugleich erge-
ben. Haltschwäche oder Haltlosigkeit können (in der Folge immer im
Sinne von MOOR) eine Schwäche des *Willens* oder eine Schwäche des
Gefühls sein, wenn der Mensch das Spannungsverhältnis zwischen
Gefühlsleben im empfangenden Leben und *Willensstärke im aktiven*
Leben nicht meistert. Wie kann das Gegenteil erreicht werden?

Jedem Menschen ist für sein Leben etwas mitgegeben, er ist mit vielfältigen Gaben ausgestattet: das «Gegebene». Ziel menschlichen Lebens ist es, den Lebensweg, d.h. die Lebensaufgabe zu immer mehr
Menschwerdung zu meistern: das «Aufgegebene».

Gelingt es dem Menschen, entsprechend seinen ihm gegebenen Möglichkeiten unter den (erschwerenden) Bedingungen sein Leben (mit
Hilfe anderer) zu meistern, also seine Lebensaufgabe zu erfüllen, lebt
er glücklich im Erlangen seines Lebensziels: das «Verheißene».

Damit der Mensch seine Lebensaufgabe meistern kann, ist er von
Geburt an zu seelischen Regungen fähig, die in vitale *Antrie-
be/Bedürfnisse* und *Affekte/Stimmungen* differenziert werden. Antriebe befähigen den Menschen zum *aktiven* Leben; Stimmungen befähigen den Menschen zum *empfangenden* Leben.

Aufgabe von Erziehung und Förderung (auch unter erschwerenden
Bedingungen) ist es, das ergänzende Zusammenspiel der *personalen
und sozialen Kräfte* im Hinblick auf die Identitätsfindung des Menschen positiv zu beeinflussen, damit er zu einem Fließgleichgewicht
gelangt, mit dem er auch in Krisenzeiten haltgebende Funktionen
entwickeln und seine innere Balance stabilisieren kann. Damit der
Mensch seinen inneren Halt entwickeln kann, bedarf es einer halt-
und orientierunggebender Beeinflussung der Lebenswelt in möglichst
vielen Bereichen. Dazu ist es notwendig, die Komponenten des inneren Haltes im *empfangenden* wie im *aktiven* Leben zu differenzieren,
um daraus angemessene Erziehungs- und Förderziele sowohl im Bereich der *Gemütsbildung* wie im Bereich der *Willensbildung* zu entwickeln. Die folgenden Abbildungen veranschaulichen diesen Vorgang.

Komponenten des «Haltes im *empfangenden* Leben» sind:

Der innere Halt		Der äußere Halt
Ideal und Entscheidung	VERWIRKLICHUNG in der Lebensführung	*Mitwelt*
Ergriffenheit und Sehnsucht	ERFÜLLT-SEIN von einem Lebensinhalt	*Heimat*
Stimmungen und Bilder	ANGESPROCHEN-SEIN durch ein Erleben	*Umwelt*

Abb. 80: Komponenten des Haltes im empfangenden Leben
(nach Moor 1974, 265)

Daraus ergeben sich folgende Erziehungs- und Förderungsziele im Bereich der *Gefühls- und Gemütsbildung:*

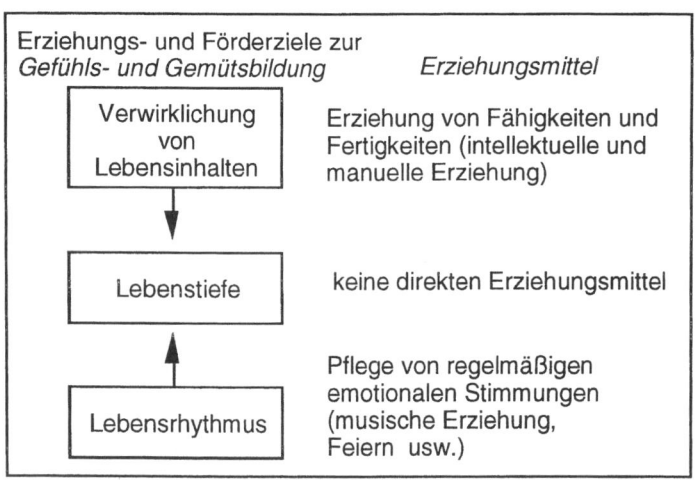

Abb. 81: Erziehungs- u. Förderungsziele für die Gefühls- u. Gemütsbildung
(nach Haeberlin 1985, 75)

830

Komponenten des «Haltes im tätigen, *aktiven* Leben» sind:

Der innere Halt		Der äußere Halt
Sehnsucht und Ergriffenheit (Freude, Staunen, Liebe, Glaube)	EMPFÄNGLICHKEIT für Lebensinhalte (das Verheißene)	*Heimat*
Gesinnung und Einsichtigkeit ↑　　　↑ │　　　│ *Entscheidung* und Ideal	WOLLEN als Träger der moralischen und geistigen *Lebensführung* (das Aufgegebene)	(moralische) *Mitwelt*
Antrieb und Fähigkeit │　　　│ ↓　　　↓ Gewohnheit und Fertigkeit	KÖNNEN als *Lebenstechnik* (das Gegebene)	(vitale) *Umwelt*

Abb. 82: Komponenten des Haltes im tätigen, aktiven Leben
(nach Moor 1974, 243)

Daraus ergeben sich folgende Erziehungs- und Förderungsgsziele im Bereich der *Willensbildung:*

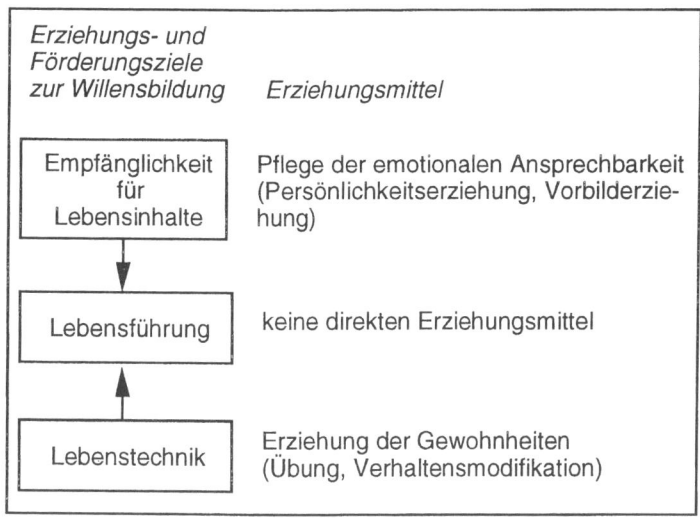

Abb. 83: Erziehungs- und Förderungziele zur Willensbildung
(nach Haeberlin 1985, 73)

Nach MOOR wäre die Trennung der Erziehung zur Willensbildung gegenüber der Gefühls- und Gemütsbildung eine künstliche Trennung. Eine isolierte Willenserziehung würde bis hin zur eiskalten Durchsetzung egoistischer Ziele auf Kosten anderer pervertieren können, zum "über Leichen gehen". Eine isolierte Gefühls- und Gemütsbildung würde zur Lebensuntüchtigkeit, zum Verharren in Regression, Untätigkeit, zur übermäßigen Selbstbespiegelung (krankhafter Narzissmus) bis hin zur depressiven Grundstimmung pervertieren können. Daher ist eine *ganzheitliche Erziehung* notwendig. HAEBERLIN stellt diese ganzheitliche Sicht MOORs in folgendem Schaubild dar:

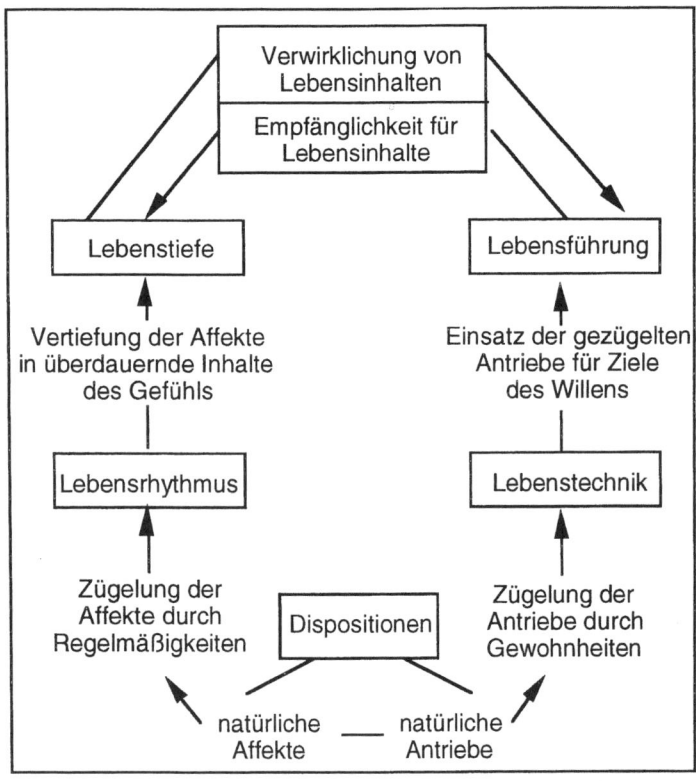

Abb. 84: Willensbildung <–> Gefühlsbildung in ganzheitlicher Sicht
(nach Haeberlin 1985, 75)

832

Damit ist jeder Dressur äußerer Verhaltensweisen und jeder Fördermechanik ohne personalen Bezug eine Absage erteilt. Sie würden das Kind, den Jugendlichen aus dem pädagogischen Bezug, aus dem pädagogischen Verhältnis und damit aus der personalen Bindung herauslösen, in der und aus der heraus allein ein personaler (heil-) pädagogischer Anspruch zu rechtfertigen und zu begründen ist. Anstatt den Menschen in eine dialogische Subjekt-Subjekt-Beziehung hineinzubitten, würde er in eine normierende Subjekt-Objekt-Beziehung überführt.

Wie aber könnte eine solche Erziehung und Förderung auf intersubjektiv-sinnverstehender und anteilnehmender Beziehungsbasis praktisch geleistet werden?

- Sind z.B. bei einem geistig behinderten Kind geschwächte Dispositionen vorhanden, kann es lebenslang auf die Hilfe des Erwachsenen angewiesen sein, d.h. es ist des *äußeren Haltes* bedürftig.

- Sind normale Dispositionen vorhanden, aber keine Lebenstechnik entwickelt worden, kann das Kind, der Jugendliche seine Antriebe nicht durch Gewohnheiten zügeln. Es fehlen wichtige Grundlagen zur Willensbildung. Ein Nachholen der Entwicklung von Lebenstechniken unter Einbeziehung der Pflege des Gefühlslebens wäre ein anzustrebendes Erziehungs- und Förderungsziel.

- Eine mangelnde bzw. Fehlerziehung kann auch durch einseitige Pflege der Lebenstechnik (reibungsloses Funktionieren) erfolgt sein, wobei die emotionale Seite vernachlässigt wurde. Dadurch würde sich ein nach außen willensstark wirkender Mensch entwickeln, der jedoch in bestimmten Krisensituationen zusammenbrechen würde, da ihm keine emotionalen Verarbeitungsmöglichkeiten zur Verfügung stehen (wie es z.B. bei neurotischen Menschen der Fall ist). (vgl. HAEBERLIN 1985, 76)

- Bei seelisch behinderten Kindern und Jugendlichen, bei denen Gefühls- und Willensbereiche besonders ins Ungleichgewicht geraten sind, könnten die notwendigen Zielsetzungen realisiert werden durch

1. ein pädagogisch-therapeutisches Erzieherverhalten;
2. in einem spezifisch strukturierten Lebens- und Lernfeld;
3. über pädagogisch-therapeutische Verfahren.

833

MYSCHKER (1996, 185) schlägt zur Reduzierung von Leistungsunlust, Ängsten, Misstrauen, Aufmerksamkeitsstörungen, Misserfolgserwartungen, negativer Selbsteinschätzung u.a. folgende „Oberste Erziehungsziele" vor:

EMANZIPATION/AU-TONOMIE	SOLIDARITÄT	LEISTUNGSFÄHIGKEIT LEISTUNGSWILLIG-KEIT
Selbstkontrolle Selbstvertrauen Selbständigkeit Ich-Stärke	Gemeinschaftssinn Teamgeist Kooperationsfähigkeit	Kognitive Aktivität Lernen wollen neugierig sein, Interesse haben
Selbstbestimmung Verantwortungsbewußt-sein	Mitgefühl Hilfsbereitschaft Rücksichtnahme	Kognitive Belastbarkeit Konzentrationsfähigkeit, Durchhaltevermögen
Pflichtgefühl	Fairneß Vertrauen	Ausdauer
Durchsetzungsvermögen		Soziale Aktivität Konflikte erkennen und lösen können Kontaktfähigkeit
Urteilskraft Kritikfähigkeit Entscheidungsfähigkeit		Soziale Belastbarkeit Konflikte und Unstimmig-keiten ertragen können Kompromißbereitschaft
		Emotionale Aktivität Freundschaft Zärtlichkeit, Begeiste-rungsfähigkeit
		Emotionale Belastbarkeit Ambiguitätstoleranz Angst ertragen können Frustrationstoleranz
		Somatische Belastbarkeit

Abb. 85: „Oberste Erziehungsziele" (nach Myschker 1996, 185)

Pädagogisch-therapeutische (= heilpädagogische) Maßnahmen zum Erreichen dieser Erziehungsziele wären demnach so zu entwickeln, dass die Heilpädagogin vielfältige Einwirkungsmöglichkeiten auf das Kind, den Jugendlichen sowohl in seiner Lebenswelt wie auch in Ein-

zel- und Kleingruppensituationen erhält, dass aber auch das Kind, der Jugendliche selber in die Lage versetzt werden, sich in einem sicheren Rahmen selber auszuprobieren und die 'Standfestigkeit', die 'haltgebende Funktion' der Heilpädagogin zu überprüfen. Solche Einwirkungsmöglichkeiten könnten gegeben sein
- durch 'Abschalten', Entspannung und Ruhe, z.B. in Selbstentspannung, Autogenem Training oder Meditation;
- durch Körperstimulation und körperliche Aktionen, z.B. mit den Verfahren der Pädagogischen Mototherapie;
- durch spielerisches und schöpferisch-gestaltendes Tun, z.B. mit den Verfahren der Pädagogischen Spieltherapie, der Pädagogischen Kunsttherapie und der Pädagogischen Musiktherapie;
- durch Lernen über klassisches und operantes Konditionieren sowie über Modelllernen mit den Verfahren der Verhaltenstherapie und der Pädagogischen Verhaltensmodifikation;
- durch Gespräch und verbale Zuwendung, z.B. mit den Verfahren der tiefenpsychologischen Therapien (–>Szenisches Verstehen und –> helfender Dialog), mit Methoden der Gesprächspsychotherapie und der pädagogisch-therapeutischen Gesprächsführung.

Das Konstrukt des „Inneren Haltes" nach MOOR lässt sich in vielfältiger Weise entfalten und differenzieren so z.B. in Bezug auf Begeisterungsfähigkeit, Tatkraft und Leidenschaftlichkeit des Menschen, im Zusammenhang mit Intelligenz und Phantasie sowie im Hinblick auf Befriedigung von Bedürfnissen, Glück und Lebensfülle. Als heilpädagogisches Teilziel benennt er die Suche nach dem rechten *Maß,* das in seinem - immer nur für das Individuum gemeinten - Ausmaß der Befriedigung bestimmt wird durch die jeweilige Lebens-*Aufgabe,* die im Zusammenklang mit Willen *und* Gefühl, Gewissen *und* Gemüt und nicht durch eine von außen her normierende Maßgabe bewältigt wird.
Man könnte sich in diesem Zusammenhang an eine wichtige Zielvorgabe menschlich-freiheitlichen Handelns aus christlicher Sicht erinnert fühlen: "Der Sabbat ist für den Menschen da, nicht der Mensch für den Sabbat." (Mk 2,27) Anders gesagt: Wer die Gesetze des Lebens kennt, kann seine Lebensaufgabe in Freiheit auf sich nehmen, um sie

zu erfüllen. Er braucht nicht darüber nachgrübeln, was im normie-
renden Sinne erlaubt ist oder nicht, weil er aus der Freiheit alles Lebendigen, aus der Liebe heraus, in Verantwortung handelt und daraus seine Pflicht erfüllt (Pflicht = Schutz und Pflege des eigenen und
fremden Lebens). So entgeht er dem Zwang zu falscher Anpassung
und Machtstreben. Ein solcher Mensch hätte erkannt, dass die letztlich ausschlaggebenden Motive für das menschliche Sein und Handeln
nicht in einem Moral- oder Gesetzessystem wurzeln, sondern in Einsichten, um die man sich allerdings bemühen, um die man ringen
muss. So verstanden gilt für den Menschen, der aus "innerem Halt"
heraus fähig wird, sein Leben zu gestalten, die Einsicht:
"Alles ist mir erlaubt! - Doch nicht alles tut gut!
Alles ist mir erlaubt! - Doch möchte ich mich nicht unterjochen lassen von irgendeiner Sache!" (1 Kor 6,12)
Aus einer solchen Einsicht erwächst die Freiheit (= das Herausge-
fordertsein zu...) und *zugleich* die Pflicht (= das Verantwortlichsein
für...) in der Verwirklichung der Maxime: "Liebe und tu, was du
willst." (AUGUSTINUS)
Das bedeutet mit den Worten von Martin BUBER:
"Wer das helfende Wort in sich aufruft, erfährt das Wort.
Wer Halt gewährt, verstärkt in sich den Halt.
Wer Trost spendet, vertieft in sich den Trost.
Wer Heil wirkt, dem offenbart sich das Heil."
Heilpädagogen, die sich ihres Berufes als einer persönlichen *Beru-
fung* bewusst geworden sind, werden sich bemühen, aus "innerem
Halt" heraus in diesem Sinne zielorientiert zu handeln.

- **Allgemeine und spezielle heilpädagogische
  Erziehungsziele**

Der heilpädagogisch bedürftige Mensch braucht (nach KOBI 1982, 26 f.)
aufgrund komplexer Formen von körperlich-, geistig-, seelisch-, sozialer Behinderung wie jeder andere Mensch, jedoch unter erschwerenden Bedingungen,

Allgemeine Erziehungsziele
1. Die Pflege
(Erhaltung, Förderung) naturhaft gegebener Anlagen. Unter diesem Aspekt kann das Ziel heilpädagogischen Handelns als Hilfe zur Selbstentfaltung und Lebensentfaltung im Beeinträchtigtsein/Behindertsein definiert werden. Heilpädagogik ist so zu sehen als Entwicklungs- und Lebenshilfe.
2. Hilfe zur Anpassung
(Tradierung, Einordnung) an die kulturell-gesellschaftlich vorgegebenen Verhältnisse. Unter diesem Aspekt kann das Ziel heilpädagogischen Handelns als Hilfe zu möglichst weitgehender Besserung bzw. Optimierung der beeinträchtigten körperlichen, geistigen und seelischen Kräfte sowie Hilfe bei der Eingliederung/Wiedereingliederung in die Gesellschaft definiert werden. Heilpädagogik ist so zu sehen als Enkulturations- und Sozialisationshilfe.
3. Unterstützung zur Selbstverwirklichung
(Individuation) des Menschen als Subjekt. Unter diesem Aspekt kann das Ziel heilpädagogischen Handelns als Hilfe zur Annahme von Erziehung und als Hilfe zur Selbsterziehung definiert werden. Heilpädagogik ist so zu sehen als Personalisationshilfe, auch und gerade im Behindertsein.
Heilpädagogik als "Erziehung unter erschwerenden Bedingungen" steht in einem verschärften Spannungsverhältnis bei der Erreichung dieser *drei allgemeinen Erziehungsziele,* bedingt durch die Beeinträchtigung, Behinderung, Entwicklungsstörung des Menschen. Dadurch ist die Heilpädagogin herausgefordert, *spezielle Erziehungsziele* zusammen mit dem beeinträchtigten und behinderten Menschen anzustreben:

Spezielle Erziehungsziele
a) Das Erziehungsziel der Prophylaxe
beinhaltet das Bemühen, im Vorfeld heilpädagogischer Tätigkeit diejenigen Erziehungsverhältnisse ausfindig zu machen, zu erhalten und zu unterstützen, die im Rahmen von Normalerziehung unter Hinzunahme erweiterter Erziehungshilfen verhindern können, dass ein erzieherischer Ausnahmezustand entsteht. Dazu gehört neben der Ar-

beit mit dem Kind/Jugendlichen die Entwicklung der Erziehungsfähigkeit der Eltern/Erzieher sowie der Erziehungswilligkeit aller am Erziehungsgeschehen beteiligter Personen und Instanzen.

b) Das Erziehungsziel der Heilung
beinhaltet - wenn oftmals auch nicht die (Wieder-)herstellung der Unversehrtheit - die prozesshafte Annäherung an die Befreiung von Krankheit und Gebrechen und die Linderung bzw. Befreiung von Leiden und personaler Entfremdung trotz oder in der Beeinträchtigung/Behinderung, indem der Entwicklungsprozess im Menschen so weit wie möglich (wieder) in Gang gesetzt wird, so dass der Mensch sich in seiner Individualität darstellen, ausgestalten und leben kann.

c) Das Erziehungsziel der Rehabilitation
beinhaltet die Wiederherstellung der Eignung und des Ansehens des beeinträchtigten/behinderten Menschen in der Gesellschaft, insbesondere in der Arbeitswelt, so dass er im Rahmen gesellschaftlicher Bedürfnisse seinen Platz und seine Rolle finden und ausfüllen kann.

d) Das Erziehungsziel der Normalisierung
beinhaltet die Minderung von Spannungen innerhalb eines Beeinträchtigten-/Behinderungszustandes, so dass der Mensch von sich aus anpassungsfähiger und -bereiter wird, durch Erleichterung oder durch Absenken des Anforderungs- bzw. Anspruchsniveaus sein Leben weniger auffällig zu leben.

e) Das Erziehungsziel der Integration
beinhaltet die Aufnahme des beeinträchtigten/behinderten Menschen durch vertieftes Verständnis und unmittelbare Anteilnahme an seinem subjektiven Sosein, so dass - wenigstens vorübergehend - die Erfahrung der Wesenszugehörigkeit von nichtbehinderten und behinderten Menschen wechselseitig ermöglicht und der Zustand der Anstößigkeit und Trennung aufgehoben wird.

f) Das Erziehungsziel der Emanzipation
beinhaltet die Hereinnahme der Behinderung ins Persönlichkeitsganze des beeinträchtigten/behinderten Menschen, so dass dieser mit zunehmender Autonomie im Umgang mit seiner Beeinträchtigung oder Behinderung lernt, seine ihm gegebenen Möglichkeiten auszuschöpfen.

g) Das Erziehungsziel der Aussöhnung
beinhaltet die bewusste Auseinandersetzung mit dem (Rest-)Status der Beeinträchtigung/Behinderung als eine jedem Menschen mitgegebene existentielle Aufgabe im Umgang mit seinen Möglichkeiten und Grenzen, ohne in ein Sich-Abfinden oder in Lebenslügen zu flüchten.

Die genannten Erziehungsziele beziehen sich auf verschiedene Erlebens- und Verhaltensdimensionen des Menschen:

Kognitive Dimension	Wissen, Verstehen, Analyse, Synthese, Bewertung, Anwendung
Affektive/emotionale Dimension	Erleben, werten können, Aufbau einer Werthierarchie, fühlen
Psychomotorisch/pragmatische Dimension	*Gewohnheit zu,* Bereitschaft, Fertigkeit, Bewegungsformen
Soziale Dimension	*Verhalten zu,* Anpassung, Miteinander, Gemeinsinn, Einordnung in Gruppen, Kommunikation
Ethische Dimension	*Werthaltung zu,* Einstellung, Offenheit, Reflexion, Gewissensentwicklung

Abb. 86: Erziehungsziele und Erlebens-/Verhaltensdimensionen
(nach Weinschenk 1976, 48 ff.)

Das Erreichen dieser Erziehungsziele, die sich auf die Erlebens- und Verhaltensdimensionen des beeinträchtigten Menschen beziehen, wird in der konkreten *Lebenswelt* ermöglicht, eingeschränkt oder verhindert und erlangt so für das Individuum seine einzigartige, subjektive *Lebensbedeutsamkeit:*
- im Körperlichen (Gesundheit, Lebenserhaltung, Sexualität);
- im Kulturellen (Kultur, Geschichte, Tradition, Brauchtum, Kunst);
- im Geistigen (Denken, Ideen, Kommunikation, Beziehung, Wissen);
- im Musischen (Spiel, Tanz, Theater, Gestalten);
- im Technischen (Technik, Handwerk, Naturwissenschaft);
- im Produktiven (Arbeit, Beruf, Schaffen von Neuem, Bearbeitung);

- im Politischen (Macht, Mitwirkung, Freiheit, Staat);
- im Zeitlichen (Zeit, Vergangenheit, Geschichte, Zukunft);
- im Religiösen (Gott, Lebenssinn, Gotteserfahrung, Ewigkeit).

Die speziellen Erziehungsziele, die die Heilpädagogin mit dem beeinträchtigten/behinderten Menschen in seinen ihm erfahrbaren und möglichen Erlebens- und Verhaltensdimensionen in seiner konkreten Lebenswelt zu erreichen sucht, sind im Rahmen einer Heilpädagogischen Erziehungshilfe und Entwicklungsförderung (HpE) zu konkretisieren und pragmatisch zu begründen als

Ziele heilpädagogischer Begleitung

1. Die Ziele der heilpädagogischen Begleitung sollten so formuliert sein, dass sie auf einen befriedigenderen Soll-Zustand des beeinträchtigten/behinderten Menschen hinweisen, der über den Zeitpunkt der Begleitung hinaus wirksam ist und bleibt.
2. Die Ziele der heilpädagogischen Begleitung sollten eine Verminderung des Leidensdruckes bzw. Lösungen von Schwierigkeiten vorsehen, die der beeinträchtigte/ behinderte Mensch erfährt.
3. Die Ziele der heilpädagogischen Begleitung sollten Hilfen zur Verbesserung der Probleme des beeinträchtigten/behinderten Menschen beinhalten, die die Heilpädagogin oder andere für das Kind, den Jugendlichen wichtige Personen wahrnehmen, wahrgenommen haben oder besonders beachten wollen.
4. Die Ziele der heilpädagogischen Begleitung sollten Hinweise auf die Fähigkeiten des beeinträchtigten oder behinderten Menschen enthalten, z.B. seine Bereitschaft zur Mitarbeit und Veränderung.
5. Die Ziele der heilpädagogischen Begleitung sollten realistisch und kontrollierbar sein in Bezug auf die wirklichen Möglichkeiten des beeinträchtigten/behinderten Menschen in seinem Dasein und Sosein, d.h. sie sollten auf diejenigen Veränderungen gerichtet sein, die mittels der entsprechenden heilpädagogischen Begleitungsmethode erreicht werden können.

Bei der Erarbeitung von Zielen in der heilpädagogischen –> Begleitung sollte sich die Heilpädagogin um eine Klassifizierung der Ziele bemühen. Hier bietet sich folgende Unterteilung an:

a) Formulieren von Richtzielen,
die das Zustandsbild beschreiben bzw. diejenigen Verhaltensweisen benennen, die erkennen lassen, dass die Begleitung in Richtung auf den angestrebten Sollzustand verlaufen ist, diesen erreicht hat und beendet werden kann.
b) Formulieren von Teilzielen,
die das Zustandsbild beschreiben bzw. diejenigen Verhaltensweisen benennen, die in bestimmten Abschnitten des Begleitungsprozesses eine Annäherung an das Richtziel erkennen lassen und dadurch die Effizienz der Begleitung nachprüfbar machen. Je nach Methode der heilpädagogischen Begleitung können die Teilziele nochmals differenziert werden in:
- Grobziele (= unspezifische allgemeinere Beschreibungen) und
- Feinziele (= spezifische, detaillierte Beschreibungen).
c) Formulieren von methodischen Zielen,
die Art und Weise des heilpädagogischen Vorgehens, den Umgang mit Interventionsmodalitäten sowie den Einsatz bestimmter Medien beschreiben, die der HP in der Begleitung zur Erreichung o.g. Ziele anwendet.

Zu a): Formulieren von Richtzielen
Als Richtziele einer heilpädagogischen Begleitung können allgemeine Begleitungsziele formuliert werden. In einer *objektiven* (von außen gesehen) Betrachtungsweise, die mehr oder minder von Verhaltensbeschreibungen ausgeht, kann als Richtziel der heilpädagogischen Begleitung formuliert werden:
Das Kind, der Jugendliche soll in der Lage sein, sein Verhalten so zu steuern, dass eine angemessene Bewältigung vorhandener Konflikte erreicht wird. Dabei sollen die Methoden der Konfliktbewältigung altersangemessen so eingesetzt werden, dass das Kind, der Jugendliche mehr Selbstvertrauen und Eigenständigkeit für zukünftige Problemlösungen erlangt. Primäres Ziel ist die Selbstregulierung eigenen Verhaltens, nicht eine einfache Symptombeseitigung. Als Grundlage dazu dient die (Re-)Organisation und Stärkung der Persönlichkeit des Kindes/Jugendlichen.

In einer *subjektiven* (vom Erleben ausgehenden) Betrachtungsweise, kann als Richtziel der heilpädagogischen Begleitung formuliert werden: Das Kind, der Jugendliche soll sich um die Erfahrung bereichert fühlen, mehr Möglichkeiten als bisher zur Kontrolle und Aktionsfähigkeit seines Handelns zur Verfügung zu haben. Das Kind, der Jugendliche soll sich eingebunden und angenommen wissen in ein wechselseitiges Abhängigkeitsverhältnis zu seiner Umgebung, das nicht nur als Zwang empfunden und passiv erlitten wird, sondern mehr als bisher aktiv mitgestaltet werden kann. In diesem Mitgestaltungsprozess soll das Kind, der Jugendliche seine Möglichkeiten der Einflussnahme realistischer einschätzen können, indem die eigene Angst durch gewachsenes Selbstvertrauen bewältigt wird und Erfolg und Misserfolg als Selbstverständlichkeiten des Lebens angenommen und angemessen verarbeitet werden, ohne übermäßige aggressive oder regressive (depressive) Tendenzen auszulösen.

Zu b): Formulieren von Teilzielen
Die Formulierung von Teilzielen ist um so einfacher, je konkreter das jeweilige Verhalten beschrieben wird, welches das Kind, der Jugendliche äußern soll und woran die Heilpädagogin erkennen kann, dass das jeweilige Teilziel erreicht ist.
Sehr viel schwieriger ist die Formulierung von Teilzielen, wenn ein innerpsychischer Prozess angestrebt wird, der eine Veränderung im Erleben des Kindes bzw. Jugendlichen bewirken soll, da kein unmittelbarer Rückschluss von veränderten Verhaltensweisen auf das Erleben des Menschen möglich ist. Hier ergibt sich für die Heilpädagogin die Schwierigkeit, beim Anstreben von Teilzielen in der Begleitung den Menschen in seiner Ganzheit von Bewusstsein/Unbewusstsein und Erleben/Verhalten sowie in seinen individuellen/sozialen Daseinsaspekten nicht aus dem Auge zu verlieren. Die Heilpädagogin wird aber immer durch die jeweilige Art der Beeinträchtigung gezwungen sein, sich auch bei ganzheitlichen heilpädagogisch-methodischen Ansätzen (wenigstens zeitweise) dem Menschen in bestimmten Teilbereichen besonders zuzuwenden. So muss sie zur Erreichung bestimmter Begleitungsziele eine objektive Differenzierung vorneh-

men, um dann nach der *Befindlichkeit* rückzufragen. Zur Überprüfung der Hypothese und der angestrebten Teilziele wird sie kontrollieren, ob gegenüber der Ausgangslage (Ist-Stand) eine Veränderung eingetreten ist, die nicht durch normale oder zufällige Prozesse verursacht wurde und die sich durch die Abweichung in einer Handlung, einer Handlungsfolge oder einem Gefühlszustand erfassen lässt.

Um diese Zielkontrolle leisten zu können, bietet sich der "Drei Ebenen-Ansatz" an, wie er von SCHMIDTCHEN (1974, 42 ff.) und modifiziert nach BAUMGÄRTEL (1976, 137) dargestellt wird. Hierbei wird versucht,

"...verschiedene psychologische Betrachtungsweisen zu integrieren; so den Behavioristischen Ansatz, den Denkpsychologischen oder Intelligenzpsychologischen Ansatz und den Triebdynamischen, Tiefenpsychologischen Ansatz. Diese Betrachtungsweise erscheint deshalb legitim, weil sie es ermöglicht, wesentliche Forschungsergebnisse über menschliches Verhalten in einem System zusammenzufassen. Die Zerlegung von Verhalten in drei Ebenen ist künstlich, weil sie die Interdependenzen zwischen den drei Ebenen zu übersehen scheint. ... Es fehlt im Grunde genommen ein integratives Modell, das alle drei Aspekte in ihrer Wechselwirkung berücksichtigt." (SCHMITDCHEN 1974, 42)

Den hier geäußerten Mangel kann die Heilpädagogin mit Hilfe ihrer «*Befindlichkeits-Diagnostik*» überwinden, wie sie im nächsten Abschnitt beschrieben wird. Hier soll zunächst ein modifizierter "Drei-Ebenen-Ansatz" vorgestellt werden, der der Heilpädagogin bei der Bestimmung und Kontrolle von Teilzielen (Grob- und Feinzielen) hilfreich sein kann:

1. Die aktionale bzw. phänomenologische Ebene

beschäftigt sich mit dem Verhalten des Kindes/Jugendlichen, wie es die Heilpädagogin mittels verschiedener Methoden der *Verhaltensbeobachtung* feststellen kann. Die Ziele der heilpädagogischen Begleitung sollen so weit wie möglich als konkrete *Verhaltensziele operationalisiert* sein, wobei die Heilpädagogin das Lernen von Signalen (klassisches Konditionieren), das Lernen am Erfolg (operantes Konditionieren), das Lernen durch Einsicht und das Lernen durch Nachahmung (Modellernen) unterscheiden sollte, um durch entsprechende

methodische Zielbestimmung die für das jeweilige Kind, den Jugendlichen geeignetsten (Kombinationen von) Lernformen zu benennen.
In der Praxis wird die Heilpädagogin versuchen, die Verhaltensweisen des Kindes auf der aktionalen Ebene zu beobachten, um von den
Verhaltensweisen her auf Anteile der rationalen und emotionalen
Ebene Rückschlüsse zu ziehen und Hypothesen zu bilden. Sie wird
auch versuchen, dem Kind/Jugendlichen einzelne Verhaltensweisen
und Handlungen zu ermöglichen, die es bisher nicht in dieser Weise
gezeigt hat. Durch das Intervenieren der Heilpädagogin, ihre Reflexion, Verbalisierung von Gefühlen, Einführen bestimmten Materials,
Erzählen von Problemgeschichten, Gespräch über Problemlösungen
usw. wird jedoch gleichzeitig und direkt die zweite, die rationale
Ebene angesprochen.

2. Die rationale bzw. kognitive Ebene
beinhaltet *Wahrnehmungs- und Problemlösungsprozesse.* Ein Problem ist dann gegeben, wenn ein Kind/Jugendlicher oder ein Elternteil ein bestimmtes Ziel erreichen will, jedoch nicht weiß, wie man
zu diesem Ziel gelangt, also nicht auf wohlbekannte spezifische Verfahren und spezifische Problemlösungstechniken zurückgreifen kann.
"Problemlösungsverhalten beinhaltet die Gesamtheit der äußeren und
auch inneren Handlungen, die der Mensch ausführt, um die Schwierigkeit, die Problemsituation, zu überwinden und das angestrebte
Ziel zu erreichen." (SÜLLWOLD in SCHMIDTCHEN 1974, 43)

a) Lösungshandlungen
bestehen aus *Wahrnehmungshandlungen,* die einen bestimmten Zustand in seinen Eigenschaften (physikalischer, abstrakter, sozialer,
emotionaler usw. Natur) erkennen und durch die der Mensch in die
Lage versetzt ist, diesen Zustand ganz oder teilweise zu verändern;
aus dem Entwickeln von *Zielvorstellungen,* die die wahrgenommene
Problemlage verändern können; und schließlich in der *Fertigkeit,
Mittel und Wege zu finden,* durch die der Anfangszustand in den
Zielzustand zu überführen ist. Das Problemlösungsverhalten lässt
sich inhaltlich in vier Bereiche aufteilen: einen abstrakten, instrumentellen, sozialen und emotionalen Bereich. Für diese vier Bereiche

kann die Heilpädagogin Teilziele bestimmen, welche das Richtziel: "Eigenständigkeit des Individuums" verbessern helfen:

b) Teilziele für Lösungshandlungen:

- Erkennen und akzeptieren (= emotionaler Bereich!) einer Problemsituation als solcher und das Entwickeln der Bereitschaft, diese in ihren Bestandteilen zu untersuchen;
- Entwicklung von Fertigkeiten, Lösungen zu suchen durch
  + Versuch und Irrtum
  + Schlussfolgerndes Denken
  + Entwicklung neuer Ideen
  + Bitten um Hilfestellung
  + Nachahmung
- Entwicklung von Ausdauer und Durchhaltevermögen im Problemlösungsprozess und Veränderung des Verhaltens bei Frustration

3. Die emotionale bzw. affektive Ebene

beinhaltet die *Auseinandersetzung mit Gefühlen, Einstellungen, Wertungen, Interessen und Wünschen.*

„Es sind im allgemeinen nicht rationale Faktoren, die bedingen, daß ein Kind unangepaßt ist, daß es sich unsozial verhält, daß es keinen Kontakt mit anderen Kindern wünscht, daß es lügt oder stiehlt. Das Kind weiß hinreichend, daß (etwa) Lügen, Stehlen und asoziales Verhalten keine angepaßten, befriedigenden Verhaltensformen sind, ja, es möchte sich selber in den meisten Fällen anders verhalten, wenn es das könnte. Es sind tiefere dynamische Faktoren, die das Denken des Kindes nicht aus bestimmten Bahnen herauslassen, Gefühle der Aggression, der Minderwertigkeit, Beeinträchtigung, Bedrohung, Angst und Furcht. Sie hindern das Kind, neutral und sachlich die Umwelt zu sehen, einfache - für jeden Außenstehenden selbstverständliche - Einsichten zu erlangen und sich entsprechend zu verhalten. Diese tieferen dynamischen Faktoren gestalten das Verhalten entscheidend. Und erst wenn eine Klärung und Beruhigung dieser Faktoren erreicht ist, ist Platz für eine distanzierte Betrachtung der Umwelt und damit für ein angepaßtes Verhalten gegeben. Dieses wird erreicht durch Klärung der Gefühle, die erlebbarer Ausdruck dieser tieferen dynamischen Faktoren sind. Aus diesem

Grund betrachtet der Therapeut das vom Kind Ausgedrückte weniger inhaltlich. Er wendet sich vielmehr in entscheidender Weise den *Gefühlen, Haltungen* und *Einstellungen* zu, die dem Inhaltlichen oder dem äußeren Verhalten zugrunde liegen." (TAUSCH/TAUSCH 1956, 99)

Folgende Teilziele lassen sich im emotionalen Bereich benennen:
a) Ziele im persönlichen Bereich des Kindes/Jugendlichen
- größere Erlebnisfähigkeit durch aktives gestalterisches, musisches, verbales und aktionales Verhalten und passive Rezeption kreativer Ausdrucksmöglichkeiten;
- Fähigkeit, Gefühle sich selbst und anderen gegenüber besser beschreiben und ausdrücken zu können;
- Abbau von Angst;
b) Ziele im sozialen Bereich:
- Aufbau positiver Selbstwertgefühle
- Aufbau positiver Fremdwertgefühle (hier ist der Vorbild- bzw. Modellcharakter der Heilpädagogin besonders wichtig, die als verstehende Partnerin erlebt wird)
- Entwicklung von Möglichkeiten der Selbstbehauptung, um die eigenen vitalen Interessen ohne Angst vor Unterdrückung oder Misserfolg durchsetzen zu können (hier ist auch der aktionale und rationale Bereich angesprochen, wenn es z.B. um Entwicklung von Konfliktlösungstechniken bzw. -strategien geht)
- Abbau von Minderwertigkeitsgefühlen.
Das direkte Erreichen emotionaler Ziele im Sinne planmäßiger Veränderung von Gefühlen, wird die Heilpädagogin nur sehr selten - wenn überhaupt - erreichen können. Gewöhnlich ist die Veränderung von Gefühlen ein Begleiteffekt zu Handlungen auf aktionaler Ebene (z.B. Freude über ein gelungenes Werk nach Ertragen von Frustration) oder auf rationaler Ebene (z.B. Wegfall von Angst oder Furcht beim Vorstellen von aktuellen Konflikten). Dass alle drei Ebenen ineinander verwoben sind, wurde bereits betont.

Zu c): Formulieren von methodischen Zielen
Hier soll die Heilpädagogin angeben, welche Methoden und Medien sie aufgrund ihrer spezifischen heilpädagogischen Vorgehensweise

zum Erreichen bestimmter Begleitungsziele einsetzt. Dazu gehört auch das Einführen bestimmter Regeln und Techniken, die vom Kind/Jugendlichen im Rahmen der Begleitung erst erlernt werden müssen, bevor eine weiterführende, vertiefte Begleitung raumgreifen kann. So muss z.B. ein überaus erethisches (= übernormal reizbares, erregbares) Kind durch die Person der Heilpädagogin und die reizarme Gestaltung des Begleitungszimmers so auf einen bestimmten 'Ausschnitt' der Umgebung fixiert werden, dass es überhaupt erst in die Lage versetzt wird, Berührung, Ansprache, Material wahrzunehmen. Ein technisches Mittel wäre hier beispielsweise die gezielte Beleuchtung eines bestimmten Platzes in einem sonst abgedunkelten Raum. Ein methodisches Mittel wäre z.B. die zu Beginn einer Begleitung stets gleichbleibend gesummte 'Erkennungsmelodie', wobei die Heilpädagogin durch gezielten Körperkontakt mit dem Kind 'in Berührung' tritt. Erst wenn das Teilziel "Absenkung der Reizschwelle durch Reduzierung von Außenreizen und Angebot gezielter Reize" auf rationaler Ebene erreicht ist und dies durch verändertes Verhalten des Kindes (es wird ruhiger, entspannter, weniger nervös, lehnt sich am Heilpädagogen an usw. = aktionale Ebene) nachprüfbar wurde, kann als nächster methodischer Schritt das Angebot eines bestimmten Materials (z.B. ein Stück dunkelfarbige Knetmasse) geplant und eingesetzt werden.

Auch im Rahmen heilpädagogischer Methoden, in denen psychotherapeutische Elemente enthalten sind, müssen entsprechende methodische Ziele erreicht sein, ehe ein Fortschreiten der Begleitung angestrebt werden kann. So muss ein Kind z.B. lernen, das "Übergangsobjekt" des geliebten Teddy, den es jeweils als Ersatz für die fehlende Mutter mit in das Begleitungszimmer nimmt, sukzessive zu entbehren, indem dieser in immer größerer Entfernung "zum Schlafen" oder "zum Zuschauen" aufbewahrt wird und das Kind die Freiheit erlangt, sich der Heilpädagogin und anderen Angeboten zuzuwenden. Erst dann kann später die Regel eingeführt werden: "Wir spielen nur mit den Dingen, die wir hier im Raum zur Verfügung haben", um ein regressives Ausweichen des Kindes bei bestimmten Anforderungen zu verhindern. Schließlich kann erst jetzt eine angemessene 'Reflexion der Gefühle' des Kindes erfolgen, die Verbalisierung seiner

Angst, die Mutter könne nicht wiederkommen und seiner Gefühle
der Verlassenheit, um sodann mit dem Kind angemessene Lösungsmöglichkeiten für eine solche Situation analog im Handpuppen-, Fi-
guren- Rollenspiel oder Malen/Kritzeln zu entwickeln.

- **Diagnosestellung und Zielfindung im Hinblick auf die
  «Befindlichkeit» des Menschen**

Ausgehend vom als "menschenwürdig" angenommenen "Sollstand"
eines anthropologisch begründeten Menschenbildes, das für alle Menschen, auch für den beeinträchtigten, behinderten, entwicklungsgestörten oder sozialauffälligen Menschen auf je individuelle Weise
Gültigkeit haben soll, versucht die Heilpädagogin via eigener und
Hineinnahme von Fremddiagnostik den Ist-Stand des Klienten in der
Differenz zum Sollstand zu ermitteln.
Dabei steht die Heilpädagogin vor der Schwierigkeit, wie sie psychologische, medizinische, soziologische Befunde auf einen für ihr heilpädagogisches Handeln sinnvollen Nenner bringen kann. Sie steht vor
der Schwierigkeit, so unterschiedliche Bezogenheiten wie Bewusstes
und Unbewusstes; Erleben und Verhalten; genetische Faktoren und
Umweltfaktoren; behinderungsspezifische Einschränkungen und
Normalentwicklung als Orientierungsrahmen sinnvoll miteinander
verbinden kann, ohne dabei Wichtiges auszulassen oder sich in einer
ungeordneten Fülle einzelner Details zu verlieren. Sie wird sich fragen, wie sie *den Menschen als Individuum* und in *seinen gestörten
Erziehungsverhältnissen,* mit seinen *Fähigkeiten und Möglichkeiten*
und in seinen möglicherweise *irreparablen und unheilbaren Grenzzu-
ständen* als *ganzen Menschen* und zugleich *in sehr differenzierten
Teilbereichen* sehen kann.
Eine Möglichkeit, die genannten Schwierigkeiten zu bewältigen, eine
geeignete –>Hypothetische Diagnose des Ist-Standes zu erstellen und
vom Sollstand anthropologischer Aussagen über das Wesen des Menschen rückzuschließen, um so zu sinnvoller Zielfindung zu gelangen,
ist der Orientierungspunkt der *«Befindlichkeit»* als "fundamentales
Existential" des Menschen in seinem "In-der-Welt-Sein" (HEIDEGGER
1927), in seinem Dasein und Sosein.

Die Heilpädagogin wird bei der Erarbeitung von Begleitungszielen versuchen, stets nach der Befindlichkeit des Kindes oder Jugendlichen, seiner Eltern oder Erzieherpersonen in deren Dasein und in ihrem "In-der-Welt-Sein" zurückzufragen. Dabei wird sie sich kontrollieren, ob sie sich mit ihren *Begleitungszielen in Übereinstimmung mit anthropologisch fundierten Lebenszielen* befindet. Anderenfalls verliert die Heilpädagogin den 'ganzen Menschen' aus dem Auge und vergewaltigt ihn als Objekt ihrer wie auch immer begründeten Erziehung und Förderung, indem sie sich lediglich jeweils dem Symptom, der Beeinträchtigung, der Behinderung, der Ratio, den Gefühlen, dem Verhalten des Menschen widmet, ihn dabei aber selbst aus den Augen verliert. Es geht also darum, ein "mittleres Abstraktionsniveau" (EINSIEDEL 1983, 10) zu finden und damit die Möglichkeit zu eröffnen, zwischen allgemeiner Schematisierung und besonderer Differenzierung zu vermitteln.

Ein Modell zur Entwicklung und Erfassung existentieller menschlicher Ziele und damit ein auch für die Heilpädagogin brauchbares Modell zur Erreichung von Erziehungs- und Förderungszielen die auf mittlerer Abstraktionsebene überprüfbar sind, bietet EINSIEDEL (1983) an. Sein integratives Diagnostik- und Therapiemodell basiert auf folgenden "Zielen der Existenz" (ebd. 79):

Existenzielle Ziele

1. Befriedigung vitaler Bedürfnisse
wie Sicherheit für Leib und Leben; Nahrung; Schlaf bzw. Regenerationsbedürfnis und Erholung als Wiederaufbau verbrauchter Energien und Aktivierung vorher deprivierter Verhaltenstendenzen; Bedürfnis nach Wohnung und Revier, nach einem geeigneten und ausreichenden 'Platz' im Leben; Bedürfnis nach primärer Kommunikation wie Hautkontakt des Säuglings mit der Bezugsperson, Beachtung, Rede und Antwort im Miteinander, Zärtlichkeit, Sexualität; Bedürfnis nach Gesundheit, d.h. möglichst Vollbesitz aller körperlichen, geistigen und seelischen Kräfte.

2. Erfüllung von Verhaltensnotwendigkeiten
d.h. die Einhaltung von Verhaltensnormen der Gesellschaft, in der man lebt und die regional, ideologisch und zeitlich unterschiedlich sind, sich ändern können und reflektiert werden müssen, wie z.b. "Erlaubt ist, was gefällt" (SHAKESPEARE) oder "Meine Freiheit ist immer die Freiheit eines anderen" (Rosa LUXEMBURG) oder "Ich mißbillige, was Du sagst, aber ich werde bis zum Schluß Dein Recht verteidigen, dies sagen zu dürfen" (VOLTAIRE) oder "Was Ihr dem Geringsten meiner Brüder tut, das habt Ihr mir getan" (JESUS v. N.)

3. Verwirklichung von Leistungsnotwendigkeiten
Da der Mensch als "sekundärer Nesthocker" (PORTMANN), "instinktreduziertes Wesen" (TINBERGEN, LORENZ), "unspezialisiertes, biologisches Mängelwesen" (GEHLEN), "weltoffenes Wesen" (UEXKÜLL, SCHELER) sowie als soziokulturelles und geschichtliches Wesen anzusehen ist, hat er die Chance und die Verpflichtung zugleich, seine 'biologischen Mängel' zu kompensieren, um dadurch - der Notwendigkeit zu überleben gehorchend - sich als ein Wesen zu entwickeln, das eine "ins Lebensdienliche umgearbeitete Natur", nämlich *Kultur* (GEHLEN) schaffen, d.h. schöpferisch tätig sein kann; sozial mit anderen Gemeinschaft pflegen und aus der Geschichte lernen kann, um aus der Gegenwart heraus die Zukunft zu gestalten. Dabei muss der Leistungsaspekt immer wieder neu reflektiert werden auf dem Hintergrund von Über- und Unterforderung, von Menschenwürde (Arbeitssucht und Freizeitsucht) und mitmenschlicher Verantwortung, vor allem für den 'Schwächeren', sowie mit dem Beeinträchtigten und Behinderten selbst.

4. Bemühungen um Autonomie
sind eine allgemein als notwendig erachtete Zielvorgabe auf existentiellem Niveau, die unterschiedlich benannt wird (z.B. als Individuation oder Personalisation) und je nach historischen, gesellschaftlichen und ökonomischen Bedingungen mehr oder weniger repressiv oder offener gestaltet werden kann. Die für den Menschen notwendige 'Für-Sorge', die einerseits am Leben erhält und Entfaltungs- bzw. Entwicklungsmöglichkeiten schafft, kann andererseits (z.B. bei Over-

protection oder Kontrasterziehung) einengend, bedrückend, entwicklungshemmend wirken. So entstehen große Dramen der Selbstwerdung, der Ablösung von elterlicher Liebe, Trennung von Liebespartnern und 'Welteroberung' des Einzelnen wie ganzer Völker, es entstehen ganze 'Kriege', um die Gesetzmäßigkeiten menschlichen Strebens hin zur Freiheit, (Ich-)Identität, Emanzipation zu finden und zu erkämpfen, selbst auf die erneute Gefahr noch größerer Unfreiheit hin (vgl. "Die Revolution entlässt ihre Kinder"; das Stichwort "Generationenkonflikt" sei hierzu ebenfalls genannt.

5. Streben nach Lebensgenuss
meint die Fähigkeit und Möglichkeit des Menschen zu taktilem, oralem, kommunikativem, sexuellem, ästhetischem Genuss, wie auch die Fähigkeit, zum Erkennen, Differenzieren, Realisieren von subjektiven Bedürfnissen und Vorstellungen. Dazu gehört für den Menschen die Möglichkeit zu einem Leben, das im Gleichklang zu primären, wesenseigenen, frühesten Erfahrungen steht (z.B. Urvertrauen nach ERIKSON), die 'zur eigenen Sache' verinnerlicht wurden. Daraus erwachsen für den Einzelnen wie auch für die menschliche Gemeinschaft Werte der Sozialisation, des freudigen Genusses, der spielerischen und kreativen Intention, Meditation, der Kontemplation. Ebenso gehört dazu die Fähigkeit des Menschen, sich in seinem Erleben bewusst und frei von Schuldgefühlen zu erleben, arbeiten *und* Nichtstun (= "faulenzen") zu können, die Fähigkeit zur (Selbst-) Erkenntnis zu entwickeln und Sinnfragen (persönlich-ganzheitlich) und nicht nur verkopft-abstrakt (entpersonalisiert, entsubjektiviert als Dogmen) reflektieren zu können. Streben nach Lebensgenuss heißt, sich in Liebe mit Genuss vereinigen, geben und nehmen können; ein Kind zeugen, austragen und gebären können; kreativ sein können (z.B. ein Gedicht schreiben oder einen Stock schnitzen oder eine Idee entwickeln); religiös sein (die Transzendenz reflektieren); die Absurdität der Existenz aushalten können; die Sehnsucht des alten Menschen sich erfüllen können, die lautet: "Ich will wieder zur Erde werden" oder "Unruhig ist unser Herz, bis es ruht in Dir." (AUGUSTINUS)

Nach EINSIEDEL (ebd. 79) sind diese existentiellen Ziele zugleich anthropologisch fundierte Lebensziele, mithin anzustrebende Erziehungs- und Förderungsziele. So kann auf der Grundlage vitaler Bedürfnisse in Übereinstimmung mit den genannten anthropologisch fundierten Lebenszielen ein *Ziel-Kontinuum* für ein erfülltes Leben entwickelt werden:

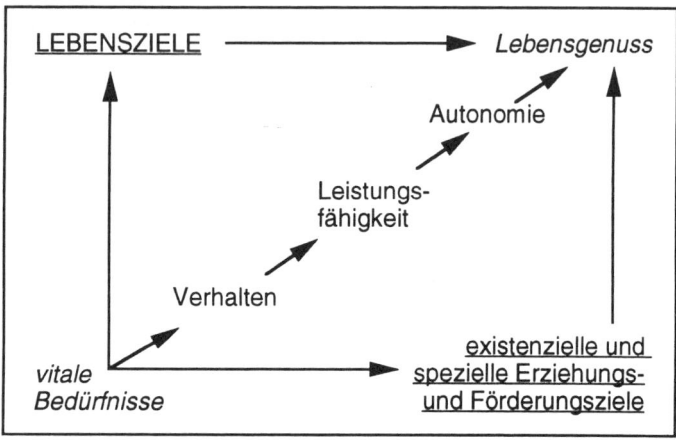

Abb. 87: Zielkontinuum für Erziehungs- und Förderungsziele
(nach Einsiedel 1983, 50)

Es ist Bedingung, diese Ziele in der genannten hierarchischen Reihenfolge anzustreben, bildhaft dem Brecht-Wort entsprechend: "Erst das Fressen, dann die Moral"; anders gesagt: Die Erfüllung primärer Bedürfnisse ist Voraussetzung für eine dauerhafte Erfüllung höherer Ziele (vgl. die Bedürfnispyramide nach MASLOW, –>Abb. 77 und die Entwicklungsleiter –>Abb. 17), denn nur wer in seiner frühen Existenz bejaht wurde, kann 'ja' zu sich, 'ja' zur Welt sagen; oder: Sublimierung (nach Sigmund FREUD) als Verschiebung eines Triebzieles im Sinne einer höheren sozialen Wertung kann nur leisten, wer nicht darum bangen muss, das für ihn Allerletzte zu verlieren. Dabei vollzieht sich folgende Entwicklung:
"Mit steigendem Niveau (formal: höherer Strukturiertheit, Differenziertheit) der existentiellen Ziele steigt auch (bildlich gesehen:) der Energieaufwand (Beispiel: basalere Bedürfnisse sind vorher ab-

zusättigen, Informationsgrad, Konzentration nehmen zu). Damit steigen jedoch auch Störbarkeit und Unsicherheit (vgl. dazu die PASCAL-Sentenz: «Die menschliche Erkenntnis gleicht einer Kugel, die unauffällig wächst. Je größer sie wird, um so zahlreicher sind ihre Berührungspunkte mit dem Unendlichen»)." (EINSIEDEL ebd. 79)

Das Ziel-Kontinuum in der heilpädagogischen –>Begleitung zur Erreichung existenzieller Lebensziele beinhaltet also zugleich schon ein heilpädagogisches Konzept, wie es bereits bei MASLOW (–>Abb. 77) angeklungen ist: Erst dann kann ein höheres Ziel angestrebt, ein nächster Schritt auf dem gemeinsamen Weg der Heilpädagogin mit dem beeinträchtigten oder behinderten Menschen gegangen werden, wenn ein 'Meilenstein' erreicht, d.h. ein vorheriges Ziel zu Genüge 'ausgekostet' wurde, um daraus 'Wegzehrung' für das nächst höhere Ziel zu gewinnen. Dabei wird die Heilpädagogin die «Befindlichkeit» des Kindes/Jugendlichen und seiner Beziehungspersonen sowie den Grad der Gestörtheit der Erziehungsverhältnisse immer wieder neu reflektieren. Dadurch wird die Gefahr gebannt oder zumindest reduziert, dass einerseits die Beziehung zur Heilpädagogin in der HpE als willkommene Ersatzlösung für die Nichtbewältigung der eigenen, ungelösten Lebensproblematik missbraucht werden kann, gemäß dem FAUSTschen Satz: "Wenn ich zum Augenblicke sage, verweile doch, du bist so schön..." (wobei dies sowohl für die Klientel, wie auch für die Heilpädagogin in ihren narzisstischen Bedürfnissen gilt!); andererseits kann es gelingen, die unbedingt 'not-wendige', tiefe, emotionale Verarbeitung existentieller Betroffenheit in Trauer, Verzeihung und Annahme von Erlösung (von Hilfe und Zuwendung) zu gestalten, ohne in falscher Hast zu übertriebener Leistung angetrieben zu werden. Weder das falsche sich Ausruhen in regressiver Beziehung, noch das vor sich Weglaufen, wo Verweilen nötig wäre, sind der Menschwerdung mit dem existentiellen Ziel des 'Lebensgenusses' dienlich. Hier ist die Heilpädagogin herausgefordert, in nüchterner (Selbst-)Reflexion die notwendigen Ziele in der Arbeit mit dem Kind/Jugendlichen und dessen Bezugspersonen voranzustellen und geeignete Hilfen zu deren Erreichen zu suchen.

• **Zusammenfassung**

Ziele der Heilpädagogischen Erziehungshilfe und Entwicklungsförderung (HpE)
sind Schritte auf dem Weg zur Erreichung menschlicher Lebensziele, die sich aus
der Eigenart des Menschen und seiner besonderen Stellung in der Welt ergeben.
Allgemeine Erziehungsziele sind in der Heilpädagogik identisch mit allgemeinen
Erziehungszielen der Pädagogik überhaupt. Spezielle Erziehungsziele sind in der
Heilpädagogik hergeleitet aus einem heilpädagogischen Menschenbild, das in besonderer Weise die Bedürftigkeit des beeinträchtigten, behinderten, entwicklungsgestörten oder sozialauffälligen, des kranken, leidenden, sterbenden Menschen berücksichtigt. Dementsprechend sind Offenheit und Flexibilität in der Zielfindung
erforderlich, je nach ermitteltem Ist-Stand des Klienten in seinen gestörten Erzie-
hungs- und Beziehungsverhältnissen und auf dem Hintergrund der Befunderhebung
mit dem Ziel der Verstehensdiagnose. Ausgangspunkt bildet die "heilpädagogische
Bedürftigkeit". Orientierung erhält die Heilpädagogin durch die Entwicklungsaufgaben in den verschiedenen Lebensaltern, die dem Menschen aufgrund seiner Ent-
wicklungsfähigkeit und seines Eingebundenseins in die je besonderen kulturellen,
gesellschaftlichen und sozialen Bedingungen zufallen. Um diese Entwicklungsaufgaben angemessen meistern zu können, bedarf es des "inneren Haltes" als
grundlegendes Erziehungsziel. Die Ziele der HpE sind aus der Bedürftigkeit des
beeinträchtigten und behinderten Menschen heraus mit ihm so zu entwickeln, dass
es ihm mit ihrem Erreichen durch Beseitigung des eigenen Mangels mehr als bisher
gelingen kann, die jedem Menschen aufgegebenen Entwicklungsaufgaben für sein
Menschsein (wieder) leisten zu können, um zu einem sinnvollen Leben zu gelangen. Aufgrund der besonderen Beachtung und Reflexion der «Befindlichkeit»
des Menschen, seines existentiellen "In-der-Welt-Seins", kann es gelingen, allgemeine und spezielle heilpädagogische Erziehungs- und Förderungsziele auf mittlerer
Abstraktionsebene zu einem Ziel-Kontinuum zusammenzustellen, so dass damit
zugleich existentielle Lebensziele mit dem Ziel des Lebensgenusses, der Lebens-
erfüllung, angestrebt und erreicht werden können.

Abbildungsverzeichnis

Literaturverzeichnis

A

AICHHORN, A.: Erziehungsberatung und Erziehungshilfe. Stuttgart 1959

ders.: Verwahrloste Jugend. Die Psychoanalyse in der Fürsorgeerziehung. Bern 1974 (Erstausgabe 1925)

AICHINGER, A.: Zurück zum Ursprung. Abweichungen von der klassischen Psychodramatechnik in der therapeutischen Arbeit mit Kindergruppen. In: Bosselmann, R.: Variationen des Psychodramas. Meezen 1993

AINSWORTH, M.D.S.: Feinfühligkeit versus Unempfindlichkeit gegenüber den Signalen des Babys. In: Grossmann, K. E. (Hg.): Entwicklung der Lernfähigkeit in der sozialen Umwelt. Kindler TB "Geist und Psyche" Nr. 2177, München 1977

ALLPORT, G. W., In: Hartley, E.L. und Hartley R.E.: Die Grundlagen der Sozialpsychologie, Berlin 1955

ANGERMAIER/KRÜGER: Über die Geburtswehen von Vätern. Belastungsreaktionen von Vätern anläßlich der Geburt ihres ersten Kindes. Unveröfftl. Artikel, Köln 1990

ANTONS, K.: Praxis der Gruppendynamik. Göttingen 1973

ARNDT/OBERLOSKAMP: Gutachtliche Stellungnahmen in der sozialen Arbeit. Heidelberg 1983

ARNOLD u.a.: Lexikon der Psychologie. Freiburg, Bd. 1 - 3, 1987/4

AXLINE, V.: Spieltherapie. München 1973

B

BACH, H.: Heilpädagogik. In: Heese/Wegener (Hg.): Enzyklopädisches Handbuch der Sonderpädagogik und ihrer Grenzgebiete. 3.,völlig neubearbeitete Aufl., Berlin 1969

ders.: Pädagogisch-psychologische Beratung von Eltern Behinderter. In: Beratung - lebensbegleitende Hilfe für Behinderte. Handbücherei der Bundesvereinigung Lebenshilfe für geistig Behinderte e.V., Bd. 8, 1972, 32

ders.: Pädagogik der Geistigbehinderten. Handbuch der Sonderpädagogik 5, Berlin 1979

ders.: Grundbegriffe der Behindertenpädagogik. In: Bleidick, U. (Hg.): Theorie der Behindertenpädagogik; Handbuch der Sonderpädagogik Bd. 1, Berlin 1985

BADRY/BUCHKA/KNAPP (Hg.): Pädagogik, Grundlagen und Arbeitsfelder. Neuwied 1992

BALINT, M.: Ichstärke, Ichpädagogik und "Lernen"; in: Cremerius, J. (Hg.): Psychoanalyse und Erziehungspraxis; Frankfurt 1971

ders.: und ORNSTEIN, P.H. / BALINT, E.: Fokaltherapie. Frankfurt 1973

BALLAUFF, TH.: Skeptische Didaktik. Heidelberg 1970

BÄUERLE, W.: Der Begriff "Beratung" in der Jugendhilfe. In: Neues Beginnen, 1969/5

BAUMGÄRTEL, F.: Theorie und Praxis der Kinderpschotherapie. München 1976

BECK, D.: Die Kurzpsychotherapie. Stuttgart 1974

BECK, R.: Familientherapie. Bad Heilbrunn 1985

BENTELE/METZGER: Didaktik und Praxis der Heilerziehungspflege. Ein Lehrbuch. Freiburg 1996

BERGER, M.: Einführung in die Psychosomatik des Kindes. Referat im Rahmen der Psychotherapie-Lehrgänge für Kinderärzte, Brixen - Köln. (o. J.)

BERNER, C.: Der Karriere-Terror. München 1974

BETTELHEIM, B.: Liebe allein genügt nicht. Die Erziehung emotional gestörter Kinder. Stuttgart 1970

BIENE, E.: Zusammenarbeit mit den Eltern. Arbeitshefte zur heilpädagogischen Übungsbehandlung, Bd. 5, Heidelberg 1988

BIERMANN, G.: Unsere kranken Kinder. Neue Wege ihrer Behandlung, Fellbach 1975

ders.: Mutter und Kind im Krankenhaus. München 1978

BLEIDICK, U.: Zum Begriff der Behinderung in der sonderpädagogischen Theorie. In: Bürli, A. (Hg.), Luzern 1977, S. 25 - 38

BLOCH, E.: Das Prinzip Hoffnung. 3 Bände, Frankfurt 1979/6

BÖCKLE, F.: Werte und Normbegründung. In: Böckle u.a. (Hg.): Christlicher Glaube in moderner Gesellschaft. Bd. 12, Freiburg 1987

BOERNER, K.: Das psychologische Gutachten. Weinheim 1980

BÖHM, W.: Wörterbuch der Pädagogik. Stuttgart 1982/12

BOLLNOW, O.F.: Existenzphilosophie und Pädagogik. Freiburg 1959

ders.: Vom Geist des Übens. Freiburg 1978

ders.: In: Lattke a.a.O.

BOMMERT/PLESSEN: Psychologische Erziehungsberatung. Stuttgart 1978

BÖNNEKEN, K.: Elternarbeit im Heim - theoretische Überlegungen und praktische Erfahrungen. In: Jugendwohl Heft 2, 1979

BOPP, L.: Allgemeine Heilpädagogik in systematischer Grundlegung und mit erziehungspraktischer Einstellung. Feiburg 1930

BORNEMANN, E.: Erziehungsberatung. München 1963

BOWLBY, J.: Maternal Care and Mental Health. World Health Organisation (WHO), Genf 1951

BRACK, U.B.: Frühdiagnostik und Frühtherapie. Psychologische Behandlung von entwicklungs- und verhaltensgestörten Kindern. München 1986

BREDE, K.: Sozioanalyse psychosomatischer Störungen. Zum Verhältnis von Soziologie und Psychosomatischer Medizin. 1972

BRANDTSTÄDTER, J.: Prävention von Lern- und Entwicklungsproblemen im schulischen Bereich. In: Brandtstädter, H., Eye, A. v.: Psychologische Prävention. Stuttgart 1982

BREM-GRÄSER, L.: Handbuch der Beratung für helfende Berufe. München 1993

BREUER, H. (u.a.): Besondere Entwicklungsauffälligkeiten bei Fünf- bis Achtjährigen. 3., überarb. u. erw. Aufl., Neuwied 1996

BROCHER, T.: Gruppendynamik und Erwachsenenbildung. Braunschweig 1967

ders.: mit Deichmann/Fürstenau: Zur Konzentration berufsbezogener gruppendynamischer Laboratorien. In: Gruppendynamik, Heft 4, 3. Jg., Stuttgart 1972

BROCKHAUS ENZYKLOPÄDIE. B. 18. 17. völlig neu bearb. Aufl. des Großen Brockhaus. Wiesbaden 1973

BRONFENBRENNER, U.: Die Ökologie der menschlichen Entwicklung. Stuttgart 1981

BUBER, M: Reden über die Erziehung. Heidelberg 1956

ders.: Das dialogische Prinzip, 1979/9

BUDDHA GAUTAMA (ca. 560-480); Text (in Anlehnung) aus: Reden des Buddha, aus dem Palikanon übersetzt von Ilse-Lore Gunsser, Stuttgart (Reclam 6245) 1971
BÜHLER, K.: Die geistige Entwicklung des Kindes. Jena 1924/4
BUNDESARBEITSGEMEINSCHAFT der Freien Wohlfahrtspflege und Konferenz der Fachbereichsleitungen der Fachbereiche für Sozialwesen in der BRD: Praxisanleitung: Qualifikation und Anforderungsprofil, Freiburg 1989
BUNDSCHUH, K.: Einführung in die sonderpädagogische Diagnostik. München 1991/3
ders.: Heilpädagogische Psychologie. München 1992
ders.: Praxiskonzepte der Förderdiagnostik. Möglichkeiten der Anwendung in der sonder- oder heilpädagogischen Praxis. Bad Heilbrunn 1994
BUNDSCHU/HEIMLICH/KRAWITZ: Wörterbuch Heilpädagogik. Bad Heilbrunn 1999
BÜNNER/RÖTHIG: Grundlagen und Methoden rhythmischer Erziehung. Stuttgart 1975
BÜRGERMANN, S.: Einführung in die pädagogische Therapie. Düsseldorf 1984
BUYTENDIJK, F.J,.: Das Spielen des Menschen und der Tiere als Erscheinungsform der Lebenstriebe. Berlin 1933

C

CAMUS, A.: Der Mythos von Sisyphos. Hamburg 1959
CLAUDE, A.: Fünf Regeln für Teamarbeit. In: Signum Nr. 4, 43. Jg., Okt. 1971
COHN, R.C.: Das Thema als Mittelpunkt interaktioneller Gruppen. In: Gruppenpsychotherapie und Gruppendynamik, Bd. 3, Heft 2, Göttingen 1970
dies.: Von der Psychoanalyse zur themenzentrierten Interaktion. Stuttgart 1990/9
COMBS u.a.: Die helfenden Berufe. Stuttgart 1975
CORRELL, W.: Lernen und Verhalten. Grundlagen der Optimierung von Lernen und Lehren. Fischer TB 6146, Frankfurt 1978

D

DEHNHARDT/RITTERFELD: Modelle der Elternarbeit in der sprachtherapeutischen Intervention. In: Die Sprachheilarbeit 43 (1998) 3, S. 128 - 136
DERUYTER, P.A./STOLK, J.: Wann ist professionelle Hilfe gut genug? Über Qualifikationen in der Behindertenhilfe. VHN 1996, Heft 1, S. 15 - 31
DICKOPP, K.H.: Lehrbuch der systematischen Pädagogik. Düsseldorf 1983
DIETERICH, R.: Psychodiagnostik. München 1973
DIETRICH, G.: Spezielle Beratungspsychologie. Göttingen 1987
DILTHEY, W.: Gesammelte Schriften
Bd. V Die Entstehung der Hermeneutik, [6]1974
Bd. VII Der Aufbau der geschichtlichen Welt in den Geisteswissenschaften. Leipzig/Berlin 1927, 291 und [6]1973
ders.: Bd. VIII Weltanschauungslehre. Abhandlungen zur Philosophie der Philosophie. Leipzig/Berlin 1931, 17
ders.: Ideen über eine beschreibende und zergliedernde Psychologie. Zuerst 1894
DORSCH, F.: Psychologisches Wörterbuch. Bern 1976[9] und 1994[12]
DREHER, E. und M.: Wahrnehmung und Bewältigung von Entwicklungsaufgaben im Jugendalter: Fragen, Ergebnisse und Hypothesen zum Konzept einer Entwicklungs- und Pädago-gischen Psychologie des Jugendalters. In: Oerter, R. (Hg.): Lebensbewältigung im Jugendalter, Weinheim 1985

DÜHRSSEN, A.: Psychotherapie bei Kindern und Jugendlichen.
Göttingen 1968³
dies.: Möglichkeiten und Formen der Elternberatung. In: Praxis der Kinderpsychologie und Kinderpsychiatrie, 26. Jg., Heft 1, 1977, S. 1 ff.

E

EINSIEDEL, E.: Psychische Führung des Patienten in extremen Altersklassen. In: Psychische Führung am Krankenbett, hrsg. v. Rudolf Frey u.a., Stuttgart 1976
ders.: Störungen im Kindesalter. Göttingen 1983
ERIKSON, E. H.: Die menschliche Stärke und der Zyklus der Generationen. Psyche, XX (1966), S. 241 ff.
ders.: Einsicht und Verantwortung, Stuttgart 1966
ders.: Identität und Lebenszyklus. Suhrkamp, Frankfurt (4) 1977
ders.: Kindheit und Gesellschaft. Frankfurt/M. Stuttgart (9) 1984
ERTLE, CH.: Erziehungsberatung. Stuttgart 1971
ETZIONI, A.: Soziologie der Organisation. München 1967

F

FELDMANN, W.: Sozialtherapie, Gruppendynamische Prozesse in Familien und Institutionen 1970
FELDMANN/SCHELLHORN: Empfehlungen zur Teamarbeit in sozialen Diensten. Eigenvlg. dtv 1976
FISCHER, E.: Wahrnehmungsförderung. Handeln und sinnliche Erkenntnis bei Kindern und Jugendlichen. Dortmund 2000
FLITNER, W.: Das Selbstverständnis der Erziehungswissenschaft in der Gegenwart, 1958
ders.: Allgemeine Pädagogik, 1963
FOPPA, K.: Lernen, Gedächtnis, Verhalten. Köln 1965
FRANKL, V.E.: Ärztliche Seelsorge. München 1982/10
FREUD, A.: Einführung in die Technik der Kinderanalyse. München 1966/4
dies.: Wege und Irrwege in der Kinderentwicklung. Stuttgart 1971/2
dies.: Psychoanalyse für Pädagogen. Stuttgart 1971/5
dies.: Kranke Kinder. Ein psychoanalytischer Beitrag zu ihrem Verständnis. Fischer TB 6363, Frankfurt 1977
dies.: in: Sandler/Kennedy/Tyson: Kinderanalyse, Gespräche mit Anna Freud. Frankfurt 1982
FREUD, S.: Gesammelte Werke. Studienausgabe, Frankfurt 1969
FROMM, E.: Märchen, Mythen, Träume. Reinbek 1981/51 rororo 7448
FROSTIG, M.: Bewegungserziehung. München 1973
FÜRSTENAU, P.: Entwicklungsförderung durch Therapie. Grundlagen psychoanalytisch-systemischer Psychotherapie. München 1992
FRÖHLICH, A. (u.a.): Fördern, Pflegen, Begleiten. Beiträge zur Pflege- und Entwicklungsförderung schwerst beeinträchtigter Menschen. Düsseldorf 1997

G

GEHLEN, A.: Der Mensch, seine Natur und seine Stellung in der Welt. Bonn 1958/6
GEIßLER/HEGE: Konzepte sozialpädagogischen Handelns 1985/3
GENOVES, S.: Die Arche Acali. 1976

GERMAIN/GITTERMAN: Praktische Sozialarbeit - Das „Life Model" der sozialen Arbeit. Stuttgart 1988²

GERSPACH, M.: Kritische Heilpädagogik. Frankfurt 1981

GINOTT, H. G.: Gruppenpsychotherapie mit Kindern. Weinheim 1973

GORDON, TH.: Familienkonferenz. Hamburg 1973

ders.: Familienkonferenz in der Praxis. Hamburg 1981

GORKI, M.: Über die Jugend, Berlin 1954

GÖRRES/HANSEN (Hg.): Psychotherapie bei Menschen mit geistiger Behinderung. Bad Heilbrunn 1992

GREENSON, R. R.: Technik und Praxis der Psychoanalyse. Bd. 1, 1981/3

GREVING, H.: Heilpädagogische Organisationen. Eine Grundlegung, Freiburg 2000

GRODDECK, G.: Krankheit als Symbol. Schriften zur Psychosomatik, Fischer TB 6396, 1983

GROHNFELDT, M.: Lebenslaufstudien als Grundlage einzelfallbezogenen Vorgehens. In: Die Sprachheilarbeit 41 (1996) 4. 204 - 214

GROND, E.: Sozialmedizin. Handbuch für soziale Berufe. Dortmund 1978

ders.: (Hrsg.) Einführung in die Sozialmedizin für Sozialarbeiter, Sozial- und Heilpädagogen. Dortmund 1990

GRÖSCHKE, D.: Praxiskonzepte der Heilpädagogik. München 1989; und: 2., neubearbeitete Aufl. 1997

ders.: Psychologische Grundlagen der Heilpädagogik. Bad Heilbrunn 1992

ders.: Heilpädagoge: Vom Sinn einer Berufsbezeichnung. In: Köhn 1992, 32

ders.: Heilpädagogik mit geistig behinderten Erwachsenen. Aspekte und Prinzipien.
Beide in: Köhn (Hg.): Auf der Suche nach dem Verbindenden in der Heilpädagogik. Reihe: Studientexte Heilpädagogik Bd. 3, Köln 1992/2

ders.: Psychologische Grundlagen der Heilpädagogik. Bad Heilbrunn 1992

ders.: Praktische Ethik der Heilpädagogik. Bad Heilbrunn 1993

ders.: Eine unendliche Geschichte: Die Heilpädagogik und ihre Methoden - Rückblick und Ausblick. In: Methodensuche - Methodensucht in der Heilpädagogik? Eine Standortbestimmung. Fachtagung des BHP, Nov. 1995, S. 39 ff., Rendsburg

GROSSMANN, E. M.: Die Problematik des Dazwischenstehens, 1967

GRUNWALD, F.: Heil-Pädagogik und Un-Heil-Pädagogik. In: Köhn W. (Hg.): Auf der Suche nach dem Verbindende in der Heilpädagogik. Reihe: Studientexte Heilpädagogik Bd. 3, Köln 1992

GUARDINI, R.: Der Mensch in seiner Welt. In: Der große Herder, Bd. 10, 1953

H

HAEBERLIN, U.: Das Menschenbild für die Heilpädagogik. Bern, Stuttgart 1985 a

ders.: Allgemeine Heilpädagogik. Bern, Stuttgart 1985 b

ders.: Menschenbild und Diagnostik. In: VHN 59 (1990), S. 411 - 418

ders.: Heilpädagogik als wertgeleitete Wissenschaft, Stuttgart 1996

HAGEL, H.J.: Zum Selbstverständnis der Heilpädagogik als Handlungswissenschaft. In. W. Trautmann (Hg.). Denken und Handeln, Bd. 11, Bochum 1990

HANSELMANN, H.: Einführung in die Heilpädagogik. Zürich 1930

HARBAUER/LEMPP/NISSEN/STRUNK: Lehrbuch der speziellen Kinder- und Jugendpsychiatrie. 1976

HARNACK/WALLIS: Möglichkeiten und Grenzen der Anwendbarkeit des Scenotests. Monatszeitschrift für Kinderheilkunde 102. Bd., Dez. 1954, Heft 12, 505

HARTMANN, H.: Psychologische Diagnostik. Stuttgart 1973/2

HAVIGHURST, R.J.: Developmental Tasks ans Education, New York 1982

HEIDEGGER, M.: Sein und Zeit, 1927

HEIMLICH, U.: Der Situationsansatz in seiner Bedeutung für die Lernbehindertenpädagogik. Ökologisch orientierte Förderkonzepte bei erschwerten Lernsituationen. Z. f. Heilpädagogik 45 (1994) Heft 9, 578 - 602

HEIMLICH/ROTHER: Wenn's zu Hause nicht mehr geht. Eltern lösen sich von ihrem behinderten Kind. München 1991

HEINEMANN/RAUCHFLEISCH/GRÜTTNER: Gewalttätige Kinder. Psychoanalyse und Pädagogik in Schule, Heim und Therapie. Frankfurt 1993

HEINEMANN, E./de GROEF, J.: Psychoanalyse und geistige Behinderung. Mainz 1997

HEISS, R.: Technik, Methodik und Problematik des Gutachtens. In: Hdb. d. Psychol., Bd. 6

HEITGER, M.: Vom Selbstverständnis transzendentalphilosophischer Pädagogik. In: RÖHRS/SCHEUERL: Richtungsstreit in der Erziehungswissenschaft und pädagogische Verständigung; Frankfurt 1989

HELLMANN, M.: Interdisziplinäres Arbeiten in Praxisfeldern der Heilpädagogik. In: Köhn, W. (Hg.): Auf der Suche nach dem Verbindenden in der Heilpädagogik. Reihe: Studientexte Heilpädagogik Bd. 3; Köln 1992

HERZOG-DÜRCK, J.: Grundströmungen der Lebensangst. München 1984

HOBMAIR/GOTTHARDT u.a.: Pädagogik extra. Alle neuen Themen - Prüfungstips und -aufgaben. Köln 1995

HORNSTEIN, W.: Beratung - ein Erfordernis unserer heutigen Gesellschaft. In: Jugendwohl 9/10 1969, Sonderdruck

HUIZINGA, J.: Homo Ludens. Vom Ursprung der Kultur im Spiel. Hamburg 1971

HÜLSHOFF, TH.: Schwere Wirklichkeiten. In: Köhn, W.: Studientexte Heilpädagogik Bd. 3, Auf der Suche nach dem Verbindenden in der Heilpädagogik, Köln 1992/2

HUPPERTZ, N.: Elternarbeit vom Kindergarten aus. Freiburg 1976

ders.: Elternmitsprache im Kindergarten. Eine Aufgabe für Eltern, Erzieher und Träger. Freiburg 1977

HUPPERTZ/SCHINZLER: Grundfragen der Pädagogik. München 1983

I

IBEN, G. (Hg.): Das Dialogische in der Heilpädagogik. Mainz 1988

INGLIN, J.: Die heilpädagogische Anamnese in der Kinder- und Jugendfürsorge. Reihe: Formen und Führen Heft 7, Solothurn: St. Antonius Vlg. 1957, 74 ff.

IRLE, M.: Macht und Entscheidungen in Organisationen. Frankfurt 1971

ITARD, J.: Victor, das Wildkind vom Aveyron, 1965

J

JACOBI, J.: Die Psychologie von C. G. Jung. Fischer 6365, 1978

JETTER, K.: Förderdiagnostik als kooperative Rekonstruktion bedeutsamer Handlungserfahrungen. VHN (54), 3/1985, 280 - 294

JUNG, C. G. in: JACOBI, J.: Die Psychologie von C. G. Jung. Fischer 6365, 1978, 108 f.

ders.: Gesammelte Werke (GW) 1-19, hg. v. Jung-Merker/Rüf, Olten: Walter

JUST, H.: Heilpädagogische Spieltherapie als Beziehungsprozeß unter therapeutischem und pädagogischem Aspekt. In: Köhn, W. (Hg.). Reihe: Studientexte Heilpädagogik Bd. 3: Auf der Suche nach dem Verbindenden in der Heilpädagogik, Köln 1992

K

KAMPHUIS, M.: Die persönliche Hilfe in der Sozialarbeit unserer Zeit. 1963, 78

KANT, I.: Über Pädagogik. 1803. Herausgegeben von T. Dietrich, Bad Heilbrunn 1960

KATHOLISCHE ERZIEHERGEMEINSCHAFT: Der pädagogische Bezug heute. Donauwörth 1983

KELLER, H.: Geschichte meines Lebens. Berlin 1966

KELLER/NOVAK: Kleines pädagogisches Wörterbuch. Freiburg 1979

KLAFKI, W. u.a.: Funkkolleg, Erziehungswissenschaft Band 1 - 3, Frankfurt 1970

KLEBER, E. W.: Grundlagen sonderpädagogischer Diagnostik. Berlin 1976/2

KLENNER, W.: Übungsbehandlung als heilpädagogische Praxis. In: VHN, 41. Jg., Heft 1, 1972

ders.: Heilpädagogik als Handlungswissenschaft - dargestellt am Beispiel der Heilpädagogischen Übungsbehandlung. In: Schneeberger, F. (Hg.): Erziehungserschwernisse. Antworten aus dem Werk Paul Moors. Luzern 1979

KNOWLES, M.S.: The modern Practice of Adult Education. Ass. Press, N.Y. 1970, S. 49 - 53

KOBI, E.E.: Heilpädagogik als Herausforderung. Luzern 1979

ders.: Heilpädagogik im Abriss. 1982/4

ders.: Grundfragen der Heilpädagogik, Stuttgart 1983/4; 5. bearbeitete und ergänzte Aufl. 1993

ders.: Diagnostik in der heilpädagogischen Arbeit. Luzern 1990

KÖHN, W.: Verbindende Elemente in der Ausbildung zum Heilpädagogen - Überlegungen zu einem Curriculum für den ganz-heitlichen Ansatz im Studium der Heilpädagogik. In: Köhn, W. (Hg.): Verbindende Elemente in heilpädagogischer Ausbildung und Praxis; Reihe: Studientexte Heilpädagogik Bd. 5, Eigen-verlag, Köln 1991

ders. (Hg.): Auf der Suche nach dem Verbindenden in der Heilpädagogik. Reihe: Studientexte Heilpädagogik Bd. 3, Köln 1992/2

ders. Heilpädagogische Begleitung im Spiel - Ein Übungsbuch zur Heilpädagogischen Erziehungshilfe und Entwicklungsförderung (HpE). Heidelberg 2002

KOMBRINK, U.: Bildnerisches Gestalten als Entwicklungsförderung bei geistig Behinderten, 1987. Inst. f. Heil- u. Sonderpädagogik der Justus-Liebig-Uni., Karl-Glöckner-Str. 21, 35394 Giessen

KÖNIG, K.: Der Mongolismus. Stuttgart 1959

KORMANN, R.: Wie Förderdiagnostik zur Gestaltung von Übungen der Rechenfertigkeit genutzt werden kann. In: Zeitschrift für Heilpädagogik Nr. 41, 1990, 102 - 108

KRAWITZ, R.: Pädagogik statt Therapie: vom Sinn individualpädagogischen Sehens, Denkens und Handelns. Bad Heilbrunn 1992

KÜNG, H.: Projekt Weltethos. Neuausgabe 1992

L

LAMBERT, J.L.: Enseignement spécial et handicap mental. Bruxelles 1981; zitiert in: Haeberlin U.: Allgemeine Heilpädagogik, Stuttgart 1985

LANGFELDT, H.-P (Hg.).: Diagnostik bei Lernbehinderten. Standpunkte einer zwanzigjährigen Diskussion. Neuwied 1993

LATTKE, H.: Das helfende Gespräch. Freiburg 1969

LAUER, W.: Das therapeutische Team im Krankenhaus. Freiburg 1976

LAUFF, W. / HOMFELDT, H.G.: Pädagogische Lehre und Selbsterfahrung: Erziehung der Erzieher mit pädag. Medien. Weinheim, 1981

LEBER, A.: Zur Begründung des fördernden Dialogs in der psychoanalytischen Heilpädagogik. In: Iben, G. (Hg.): Das Dialogische in der Heilpädagogik, Mainz 1988, 41-61

LERSCH, PH.: Der Mensch als soziales Wesen 1965/2

ders.: Aufbau der Person. München 1966/10

LINDEMAN, E.C.: Zit. in –> KNOWLES

LINERT, G.: Testaufbau und Testanalyse. Weinheim 1969/3

LOCH, W.: Der pädagogische Sinn der anthropologischen Betrachtungsweise. In: Becker, H.H.: Anthropologie und Pädagogik, Bad Heilbrunn 1971/2

LORENZER, A.: Sprachzerstörung und Rekonstruktion. Frankfurt 1970

ders.: Die Wahrheit der psychoanalytischen Erkenntnis. Frankfurt 1974

ders.: Sprachspiel und Interaktionsformen. Frankfurt 1977

LOTZ, D.: Heilpädagogische Übungsbehandlung als Suche nach Sinn. Bielefeld 1993

LÖWISCH, D.J.: Pädagogisches Heilen. Versuch einer erziehungsphilosophischen Grundlage der Heilpädagogik. München 1969

LOWY, L.: Untersuchungen zur Sozialen Gruppenarbeit. Freiburg 1971/2

ders.: Sozialarbeit/Sozialpädagogik als Wissenschaft im angloamerikanischen und deutschsprachigen Raum. Freiburg 1983

LÜCKERT, H.-R.: Handbuch der Erziehungsberatung. München 1964

LÜDERS, Ch.: Der wissenschaftlich ausgebildete Praktiker. Entstehung und Auswirkung des Theorie-Praxis-Konzeptes des Diplomstudienganges Sozialpädagogik. Weinheim 1989

LUHMANN, N.: Formen des Helfens im Wandel gesellschaftlicher Bedingungen. In: OTTO/SCHNEIDER: Gesellschaftliche Perspektiven der Sozialarbeit, Bd. 1, 1973

M

MAGER, R. F.: Lernziele und programmierter Unterricht. Weinheim 1972

MAHLER, M. S. u.a.: Die psychische Geburt des Menschen - Symbiose und Individuation. Frankfurt 1975

MALAN, D. H.: Psychoanalytische Kurztherapie. Stuttgart 1965

MARMON, E.: Konzepte der Erziehungsberatung. Weinheim 1979

MASLOW, A.H.: Motivation und Persönlichkeit. Freiburg 1977

MATTNER, D./GERSPACH, M.: Heilpädagogische Anthropologie. Stuttgart 1997

MAUßHARDT, M.: Beratung als Instrument der Lebenshilfe. In: Blätter f. d. Wohlfahrtspflege, 1970/4

MAYNTZ, R.: Soziologie der Organisation. Reinbeck 1963

McGOLDRICK/GERSON: Genogramme in der Familienberatung. Stuttgart 1990

MEHRINGER, A.: Eine kleine Heilpädagogik. Vom Umgang mit schwierigen Kindern. München 1982/7

MEINERTZ, F. u.a.: Heilpädagogik. Eine Einführung in pädagogisches Sehen und Verstehen. Bad Heilbrunn 1987/7

MEKELBURGER, H.-B. u. a.: Arborole und Kaskadenmoleküle: Aufbruch zu neuen Materialien im Generationentakt. In: Angewandte Chemie 104, Dez. 1992

MENNINGER/HOLZMAN: Theorie der psychoanalytischen Technik; Reihe problemata 52, 1977

MERKENS, L.: Anwendungsmöglichkeiten gesprächs- und verhaltenstherapeutischer Prinzipien bei der Beratung von Eltern behinderter Kinder. VHN 1978, 47. Jg. Heft 3, S. 249-260

MICHEL/NOVAK: Kleines Psychologisches Wörterbuch 1981/6

MOLLENHAUER, K.: Erziehung und Emanzipation. München 1973

MOOR, P.: Heilpädagogik. Stuttgart 1965

ders.: Heilpädagogische Psychologie. Bd. I u. II, 1974/4

MORENO, J.L.: Die Grundlagen der Soziometrie. Wege zur Neuordnung der Gesellschaft. Köln-Opladen 1954

MÜLLER, M.: Denkansätze in der Heilpädagogik. Heidelberg 1991

MYSCHKER, N.: Verhaltensstörungen bei Kindern und Jugendlichen. Suttgart, 1996[2]

N

NEUHAUS, N.: Aufgaben des außerschulischen Heilpädagogen in der Kinderklinik. In: Biermann, Gerd: Mutter und Kind im Krankenhaus. München 1978, 75

ders.: Die heilpädagogisch-psychosoziale Betreuung kranker Kinder und Jugendlicher. Reihe: Studientexte Heilpädagogik Bd. 1, Köln 1988

ders.: Aids - Herausforderung zum Menschsein. Reihe: Studientexte Heilpädagogik Bd. 2, Köln 1989

ders.: Über das Selbstverständnis des Heilpädagogen und sein Handeln. In: Köhn, W. (Hg.): Verbindende Elemente in heilpädagogischer Ausbildung und Praxis. Reihe: Studientexte Heilpädagogik Bd. 5, Köln 1991

NOHL, H.: Die pädagogische Bewegung in Deutschland und ihre Theorie, Frankfurt 1961

O

OBERHOFF, B.: Konzeption der Supervisorenausbildung an der Akademie für Jugendfragen. In: Supervision im Spannungsfeld zwischen Person und Institution; Hg.: Akademie für Jugendfragen Münster, Freiburg 1979

ORNSTEIN, P. H.: Fokaltherapie: ein Beispiel angewandter Psychoanalyse. Frankfurt 1973

OY/SAGI: Lehrbuch der heilpädagogischen Übungsbehandlung. Hilfe für das behinderte und entwicklungsgestörte Kind. (11. Aufl. 1987). Heidelberg

P

PAWLIK, K.: Diagnose der Diagnostik. Stuttgart 1976

PELLER, L. E.: Das Spiel im Zusammenhang der Trieb- und Ichentwicklung. In: Bittner u.a. (Hg.): Erziehung in früher Kindheit. München 1971/4

PERLE, U.: Arbeiten im Team. Tübingen 1969

PETERMANN/KUSCH/NIEBANK: Entwicklungspsychopathologie. Weinheim 1998

PFAUNDLER, M. v.: Klinik und Fürsorge. Gesundheitsfürsorge für das Kindesalter, 1925

PFLÜGER, L.: Neurogene Entwicklungsstörungen: Eine Einführung für Sonder- und Heilpädagogen. München 1991

PIAGET, J.: Das moralische Urteil beim Kinde, 1954
PLESSEN/KAATZ: Supervision in Beratung und Therapie. Salzburg 1985
PORTMANN, A.: Das Spiel als gestaltete Zeit. In: ZfPäd. 21. 1975, 333 - 340

R

RAPPE-GIESECKE, K.: Gruppen- und Teamsupervision. Berlin 1990
RATTNER, J.: Psychosomatische Medizin heute. Seelische Ursachen   körperlicher
    Erkrankungen, 1979
REDL, F.: Erziehung schwieriger Kinder. München 1971
ders.: REDL/WINEMAN: Kinder, die hassen. München 1984
ders.: Steuerung des aggressiven Verhaltens beim Kinde. München 1986

RICHTER, H. E.: Eltern, Kind und Neurose, 1963
ders.: Die Gruppe, 1972
ROGERS, C. R.: Counseling and Psychotherapy 1942
ders.: Die nicht-direktive Beratung 1972
ders.: Lernen in Freiheit. München 1974
RÖHRS, H./ SCHEUERL, H.: Richtungsstreit in der Erziehungswissenschaft und päd-
    agogische Verständigung. Frankfurt 1989
ROSENBERG, A.: Einführung in das Symbolverständnis - Ursymbole und ihre
    Wandlungen. Freiburg 1984
ROSS, A.: Das Sonderkind. Problemkinder in ihrer Umgebung, 1967
ROTH, H.: Pädagogische Psychologie des Lehrens und Lernens. Hannover 1966/9
ders.: Pädagogische Anthropologie Bd. II, 1976, 180

S

SAINT-EXUPÉRIE, A.: Der Kleine Prinz
    Düsseldorf 1956
SANDSCHULTE, M.: Tiefenpsychologie und heilpädagogische Praxis. Kleine
    Schriften zur Psychologie, Reihe: Formen und Führen (Pädagogik und
    Heilpädagogik) Bd. 17; Vlg. des Instituts für Heilpädagogik, Luzern 1960
SATIR, V.: Familienbehandlung. Kommunikation und Beziehung in Theorie, Erle-
    ben und Therapie, 1973
SCHÄFER/SCHALLER: Kritische Erziehungswissenschaft und
    kommunikative Didaktik, 1971
SCHARMANN, TH.: Teamarbeit in der Unternehmung. UTB 154, 1972
SCHENK-DANZINGER, L.: Entwicklungspsychologie. 21., unveränderte Aufl. 1991
SCHEUERL, H.: Beiträge zur Theorie des Spiels. Kleine Pädagogische Texte, Bd.
    23, Hg. Elisabeth Blochmann u.a., 9. Aufl., Weinheim 1955
SCHILLER, F.: "Über die ästhetische Erziehung des Menschen in einer Reihe von
    Briefen", 1795. In: Sämtliche Werke, Horenausgabe, besorgt von Conrad
    Höfer, München/Leipzig 1913, Bd. 11 (Schiller 11)
SCHLEE, J.: Zum Dilemma der heilpädagogischen Diagnostik. VHN 54 (1985) 3, 256 -
    297
SCHMALOHR, E.: Frühe Mutterentbehrung bei Mensch und Tier. München 1968
SCHMIDBAUER, W.: Die hilflosen Helfer. Über die seelische Problematik der hel-
    fenden Berufe, 1985
SCHMIDT, J.: Einführung in die Erziehungsberatung. Darmstadt 1978
SCHMIDTCHEN, S.: Klientzentrierte Spieltherapie - Beschreibung und Kontrolle
    ihrer Wirkweise. 1974
SCHRAML, W.J.: Abriß der Klinischen Psychologie. Stuttgart 1969
SCHREY, H.-H.: Einführung in die Ethik. Darmstadt 1977

SCHWARZER, W./ TROST, A. (Hg): Psychiatrie und Psychotherapie für psychosoziale und pädagogische Berufe, Dortmund 1999

SINGER, K.: Lernhemmung, Psychoanalyse und Schulpädagogik. München 1970

SKIBA, E. G.: Der Sozialarbeiter in der gegenwärtigen Gesellschaft. In: Päd. Zentrum Reihe E: Untersuchungen Bd. 12, 1969, 95

SPECK, O.: Pädagogische Modelle für Kinder mit Verhaltensstörungen - Berichte aus dem Ausland. München 1979

ders.: System Heilpädagogik. München 1987

SPIESS, W. (Hg.): Gruppen- und Team-Supervision in der Heilpädagogik. Stuttgart 1991

SPITZ, R. A.: Die Entstehung der ersten Objektbeziehungen. Stuttgart 1957

SPRANGER, E.: Lebensformen. Geisteswissenschaftliche Psychologie und Ethik der Persönlichkeit. 1930

STAABS, G. von: Der Scenotest 1964/4

STEINHAUSEN, H. CH. (Hrsg.): Psychosomatische Störungen und Krankheiten bei Kindern und Jugendlichen. 1981

STEKEL, W.: Die Technik der analytischen Psychotherapie. Bern 1938

STIERLIN, H.: Eltern und Kinder im Prozeß der Ablösung. 1975

ders.: Delegation und Familie. Frankfurt 1978

STÖRMER/JÖDECKE: Überlegungen zum beruflichen Selbstverständnis von Dipl.-HeilpädagogInnen (FH). Hochschule für Technik, Wirtschaft und Sozialwesen (FH) Zittau/Görlitz. Studiengang Heilpädagogik: Internes Arbeitspapier 1996

STRASSER, U.: Wahrnehmen, Verstehen, Handeln. Förderdiagnostik für Menschen mit einer geistigen Behinderung; Bd. 6 der Schriftenreihe des Heilpädagogischen Seminars Zürich (HPS); Luzern, 1997[3]

SUHRWEIER, H.: Förderdiagnostik für Kinder mit Behinderungen. Neuwied 1993

ders.: Behindertenpsychologie aus der Sicht Betroffener. Neuwied 1997

T

TAUSCH/TAUSCH: Kinderpsychotherapie in nichtdirektivem Verfahren. 1956

TAUSCH, R.: Gesprächspsychotherapie 1970/9

THESING, TH.: Heilerziehungspflege. Freiburg 1992

THEUNISSEN, G.: Abgeschoben, isoliert, vergessen - Schwerstbehinderte und mehrfachbehinderte Erwachsene in Anstalten, Frankfurt 1985

ders.: Der Schule entwachsen - Wege zur Rehabilitation Geistigbehinderter im Erwachsenenalter. Frankfurt 1986

ders.: Heilpädagogik im Umbruch, Freiburg 1991

THIERSCH 1978. In: Tscheulin, D. (Hg.): Beziehung und Technik in der klientzentrierten Therapie. Weinheim 1983

TOTMAN, R.: Was uns krank macht. Die sozialen Ursachen der Krankheit, 1982

TRAPMANN/LIEBETRAU/ROTTHAUS: Auffälliges Verhalten im Kindesalter, Bedeutung, Ursache, Korrektur. 1981

TROST, A.: Systemische Fallarbeit für Heilpädagogen. KFH NW, Abt. Köln, Studiengang Heilpädagogik. Skript (unveröfftl.) 1999

V/W

VOGEL-STEINMANN, B.: Was ist Rhythmik? Analyse und Bestimmung der rhythmisch-musikalischen Erziehung. Regensburg 1979

WATZLAWICK/BEAVIN/JACKSON: Menschliche Kommunikation, Stuttgart 1972

WEINSCHENK, R.: Didaktik und Methodik für Sozialpädagogen,
    Bad Heilbrunn 1976
WEIZSÄCKER, V. V.: Pathosophie, Göttingen 1956
WIERINGA, C.: Supervision in ihren unterschiedlichen Entwicklungsphasen. In:
    Supervision im Spannungsfeld zwischen Person und Institution; Hg.: Aka-
    demie für Jugendfragen Münster, Freiburg 1979
WINNICOTT, D.W.: Übergangsobjekte und Übergangsphänomene. In: Psyche, Bd.
    XXIII/1969, S. 666 - 682
WINTGEN, I.: Skripten zur Didaktik und Methodik der Heilpädagogik. Köln 1998/99
    (unveröffentlicht)
WITTGENSTEIN, L.: Tractatus logico-philosophicus. - Philosophische Untersuchun-
    gen. London 1922; Reclam Nr. 1381, Leipzig 1990
WÖHLER, K.: Erfahren, Verstehen und Deuten in der Sonderpädagogik. Eine phä-
    nomenologisch-handlungstheoretische Grundlegung zum Fremdverstehen.
    Lüneburg 1986

Z

ZIMMERMANN, G.: Beratung als Pflichtaufgabe der Jugendhilfeträger. In: Beratung
    und Beratungspflicht. Kleinere Schriften des Deutschen Vereins f. öfftl. u.
    priv. Fürsorge, Heft 10, 1964

ZULLIGER, H.: Über symbolische Diebstähle. Aus dem Institut für Psychohygiene,
    1950
ders.: Symbolische Diebstähle einer Sechzehnnjährigen. In: Psyche, Jg. IV, Heft 2,
    1950
ders.: Schwierige Kinder, 1951
ders.: Psychoanalyse und Pädagogik. In: Freud in der Gegenwart. Frankfurter
    Beiträge zur Soziologie, Bd. 6, 1957
ders.: Bausteine zur Kinderpsychotherapie, Stuttgart 1966
ders.: Heilende Kräfte im kindlichen Spiel, Frankfurt 1972/3

Stichwortverzeichnis

Wolfgang Köhn

Heilpädagogische Begleitung im Spiel

Ein Übungsbuch
zur Heilpädagogischen Erziehungshilfe
und Entwicklungsförderung (HpE)

»Edition S«

WOLFGANG KÖHN

Heilpädagogische Begleitung im Spiel

Ein Übungsbuch
zur Heilpädagogisches
Erziehungshilfe und
Entwicklungsförderung (HpE)

2002. 615 Seiten,
mit 52 Abbildungen.
Kart. ISBN 3-8253-8291-5

Dem Spiel und den spielerischen Interaktionsformen im Kindesalter kommt eine hohe Entwicklungsbedeutsamkeit zu; ganzheitlich, d.h. für alle Bereiche der kindlichen Persönlichkeitsentwicklung in ihrem sozialen Kontext. Spielen vermittelt uns in gewisser Weise ein Alphabet menschlicher Beziehungen. Und dass auch „heilende Kräfte im kindlichen Spiel" liegen können, weiß man in Heilpädagogik und Kindertherapie spätestens seit ZULLIGER.

Heilpädagogisch Tätige, die das Spielen der Kinder verstehen und die sich selbst mit ihrer Person auf spielerische Kontakt- und Beziehungsformen mit Kindern einlassen können, sind methodisch gut gerüstet, entwicklungsbeeinträchtigten und emotional belasteten Kindern wirksam Hilfe zu leisten.

Das vorliegende Lehr- und Übungsbuch bietet ein didaktisch klar strukturiertes Konzept für eine an Spiel und Kommunikation orientierte Entwicklungsbegleitung an. Es liefert einen vertiefenden kommunikations-und spielpädagogisch fundierten Baustein im Rahmen des umfassenden Handlungskonzepts des Autors zur „Heilpädagogischen Erziehungshilfe und Entwicklungsförderung" (3. aktualisierte Auflage 2003)

Der Autor lehrt seit vielen Jahren Didaktik und Methodik heilpädagogischen Handelns im Studiengang Heilpädagogik an der Kath. Fachhochschule NW, erst in Köln, jetzt in Münster.

»EDITION S«
Programm »EDITION s« im Universitätsverlag Winter GmbH, Heidelberg
Postfach 10 61 40 · 69051 Heidelberg · Telefon 0 62 21/77 02 60 · Telefax 0 62 21/77 02 69